Handbuch
der Kulturwissenschaften

Band 3

Themen
und Tendenzen

Herausgegeben von Friedrich Jaeger
und Jörn Rüsen

Sonderausgabe

Verlag J. B. Metzler
Stuttgart · Weimar

Bibliografische Information Der Deutschen
Nationalbibliothek
Die Deutsche Nationalbibliothek verzeichnet diese
Publikation in der Deutschen Nationalbibliografie;
detaillierte bibliografische Daten sind im Internet über
<http://dnb.d-nb.de> abrufbar.

Gedruckt auf chlorfrei gebleichtem, säurefreiem
und alterungsbeständigem Papier

ISBN 978-3-476-02400-8

© 2011 J. B. Metzler'sche Verlagsbuchhandlung
und Carl Ernst Poeschel Verlag GmbH in Stuttgart

www.metzlerverlag.de
info@metzlerverlag.de

Einbandgestaltung: Willy Löffelhardt/Melanie Frasch
Satz: Dörr + Schiller GmbH, Stuttgart
Druck und Bindung: Kösel Krugzell · www.koeselbuch.de
Printed in Germany
Juli 2011

Verlag J. B. Metzler Stuttgart · Weimar

Inhalt

Vorwort

Die Kulturwissenschaften befinden sich momentan in einer ambivalenten Lage. Einerseits gewinnen sie zunehmendes Gewicht für die Prozesse der kulturellen Deutung und Orientierung gegenwärtiger Gesellschaften, nicht zuletzt im Kontext der interkulturellen Verständigung in einer globalisierten Welt. Andererseits ist ihr fachliches, theoretisches und methodisches Selbstverständnis keineswegs hinreichend geklärt. Auch gibt es derzeit keinen Konsens in der Frage, ob die Kulturwissenschaften im Sinne einer einheitlichen Disziplin institutionalisiert, oder ob sie in der Pluralität teils traditioneller, teils neuer Fachwissenschaften betrieben werden sollen. Das vorliegende Handbuch plädiert für den zweiten Weg. Dazu sollen die trans- und interdisziplinären Fragestellungen, die sich bislang erst sehr vereinzelt bemerkbar machen, stärker vernetzt werden, um sie als kulturwissenschaftliche Forschungsperspektiven in den verschiedenen Disziplinen fruchtbar zu machen. Diese Tendenz zu einer fächerübergreifenden Kooperation entspricht zwar einer seit längerem erhobenen Forderung, hat sich aber in jüngerer Zeit verstärkt und zeitigt ermutigende Ergebnisse.

Die Schwierigkeit, das interdisziplinäre Profil der Kulturwissenschaften und die Spezifik ihrer jeweiligen Erkenntnisleistungen zu bestimmen, hat nicht zuletzt mit der wachsenden Internationalität der Diskussion zu tun. Sie hat dazu geführt, dass eine Verständigung über disziplinäre Strukturen und Abgrenzungen, über methodische Konzepte und Forschungsstrategien sowie schließlich über praktische Aufgabenfelder und Funktionsbestimmungen der Kulturwissenschaften komplexer geworden ist. »Kulturwissenschaften« im Sinne deutscher Traditionen des frühen 20. Jahrhunderts meinen offensichtlich etwas anderes als die »Cultural Studies« britischer und amerikanischer Prägung oder als die aus der Annales-Tradition, der Phänomenologie oder dem Poststrukturalismus hervorgegangenen französischen Strömungen kulturwissenschaftlichen Denkens. Weder die Verwandtschaften und Gemeinsamkeiten noch die Unterschiede und Divergenzen zwischen diesen verschiedenen Traditionen kulturwissenschaftlichen Denkens wurden bislang in ausreichender Klarheit herausgearbeitet.

Infolge dieser unübersichtlichen Diskussionslage droht »Kultur« zu einem Allgemeinplatz zu werden, der keinerlei analytische Trennschärfe mehr besitzt und die Fragestellungen, Perspektiven, Methoden, Funktionen und Erkenntnisleistungen der mit ihr befassten Wissenschaften nicht mehr zu bündeln und zu begründen vermag. Damit stehen nicht nur der fachliche Zusammenhang und die Dialogfähigkeit, sondern auch die Legitimität der Kulturwissenschaften als Instanzen der kulturellen Deutung und Orientierung auf dem Spiel. Angesichts dieser schwierigen Situation möchte das vorliegende Handbuch, das die Kulturwissenschaften mit ihren bereits erwiesenen Stärken, aber auch mit ihren offenen Fragen vorstellt und aufeinander bezieht, einen Überblick über den Stand der Diskussion bieten, der zu weiterer Klärung und Kooperation motiviert. Zu diesem Zweck wurden von nahezu einhundert Autoren Beiträge erarbeitet, die einen weit gefächerten Einblick in Grundfragen der kulturwissenschaftlichen Forschung eröffnen.

Im ersten Band »Grundlagen und Schlüsselbegriffe« wird die derzeitige Lage der Kulturwissenschaften anhand der theoretischen Leitkategorien Erfahrung, Sprache, Handlung, Geltung, Identität und Geschichte sondiert. Dabei werden diese Begriffe stets auch mit ihrem Gegenstand konfrontiert: mit der »gelebten Kultur« und mit den lebenspraktischen Herausforderungen, die sie beinhaltet. Die Konzeption des Bandes ist von der Überzeugung geleitet, dass die Kulturwissenschaften sich nicht selbst genügen. Vielmehr sollen sie die dem kulturellen Leben selber inhärenten Ansprüche, Herausforderungen, Probleme und Aporien zur Sprache bringen. Ob das bislang wirklich in angemessener Weise geschehen ist, wird ausdrücklich zur Diskussion gestellt. In diesem Sinne präsentieren die Beiträge nicht etwa einen letzten Erkenntnisstand, sondern sollen die kulturwissenschaftliche Arbeit neu inspirieren.

Im zweiten Band geht es unter dem Titel »Paradigmen und Disziplinen« um die epistemologischen, methodologischen und fachlichen Grundlagen der Kulturwissenschaften in einem weiten Sinne. Die Hauptthemen sind hier der Zusammenhang von methodischer Rationalität und Lebenspraxis, die grundlegenden wissenschaftlichen Problemstellungen, einflussreiche theoretische Ansätze wie Handlungs- und Systemtheorie, Sprachpragmatik, strukturalistische und poststrukturalistische Konzeptionen oder allgemein relevante Methodenkonzepte. Schließlich werden zahlreiche traditionelle Disziplinen – teilweise gegen den Strich ihres jeweils dominierenden Selbstverständnisses – als *Kulturwissenschaften* präsentiert, wobei sowohl historische Rekonstruktionen als auch systematische Reflexionen angestellt werden.

Im hier nun vorliegenden dritten Band »Themen und Tendenzen« liegt der Schwerpunkt auf den in den Kulturwissenschaften gegenwärtig favorisierten und angewandten Interpretationsmodellen von Kultur, Wirtschaft, Gesellschaft, Politik und Recht. In ihm ziehen die Autoren eine Zwischenbilanz aktueller Forschungstrends und präsentieren wichtige Ergebnisse der empirisch-analytischen Arbeit.

Diese Gliederung soll die Diskussion darum, was Kulturwissenschaft ist, zusammenfassen und einen Überblick bieten, der mehr als nur eine Bestandsaufnahme darstellt. Sie versucht eine Ordnung in die Debatte zu bringen, die sie einen Schritt weiterführt – zu einer systematischen Reflexion von Grundlagen, Kategorien und Erkenntnisfeldern, von transdisziplinären Voraussetzungen, Implikationen und Funktionen des kulturwissenschaftlichen Denkens, von interdisziplinären Konstellationen, Verflechtungen und Überschneidungen. Schließlich werden mit ausgewählten Forschungsparadigmen auch Praktiken der kulturwissenschaftlichen Erkenntnisarbeit präsentiert. Theoretische Grundlagenreflexion, methodologische Selbstvergewisserung und forschungspraktische Erfahrungen werden in ein systematisches Verhältnis zueinander gesetzt. Dadurch soll die Debatte um den *cultural turn* in den Humanwissenschaften angeregt, erweitert und vertieft werden, – ein Überblick über das Ganze, das dem Einzelnen zugute kommen kann und weitere Erkenntnisfortschritte stimulieren soll.

Andererseits soll mit diesem Handbuch kein bestimmtes Verständnis von Kultur und Kulturwissenschaft festgeschrieben werden. Vielmehr soll die Vielfalt von Positionen, Zugriffen und Disziplinen dokumentiert und ein Beitrag zur Klärung ihres Verhältnisses zueinander geleistet werden. Zugleich geht es darum, diese Vielfalt der kulturwissenschaftlichen Forschung auf übergreifende Fragen und Problemstellungen hin zu beziehen. Daher wurden die einzelnen Bände, Kapitel und Artikel des Projekts so weit wie möglich aufeinander abgestimmt, um die Verzahnung der Grundbegriffe, Methoden und Themen der Kulturwissenschaften transparent werden zu lassen.

Realisiert werden konnte das Unternehmen allein aufgrund der engagierten Mitwirkung seiner Autorinnen und Autoren. Ihnen sei dafür an erster Stelle herzlich gedankt. Nur in wenigen Fällen konnten ursprünglich vorgesehene Artikel und Themen keine Berücksichtigung finden, da ihre Bearbeiter die zugesagten Beiträge nicht fertiggestellt haben.

Der Arbeit der Autorinnen und Autoren gingen jedoch mehrere Schritte voraus, die für die Realisierung dieses Handbuch ebenfalls wichtig waren: Hervorgegangen ist es aus Diskussionen, die seit 1997 innerhalb der Studiengruppe »Sinnkonzepte als lebens- und handlungsleitende Orientierungssysteme« und seit Oktober 1999 zusätzlich in der Studiengruppe »Lebensformen im Widerstreit. Identität und Moral unter dem Druck gesellschaftlicher Desintegration« am Kulturwissenschaftlichen Institut in Essen geführt worden sind. Allen Wissenschaftlerinnen und Wissenschaftlern, die sich entweder als Mitglieder oder als Gäste dieser beiden Studiengruppen an der Vorbereitung des Unternehmens beteiligt haben, gilt unser Dank.

Neben ihnen danken wir den Mitarbeiterinnen und Mitarbeitern des Kulturwissenschaftlichen Instituts in Verwaltung und Bibliothek für ihre Hilfe bei der Durchführung dieses Unternehmens, vor allem Ursula Sanders für die Sorgfalt und Kompetenz, mit der sie für die formale Gestaltung und Vereinheitlichung aller Manuskripte gesorgt hat sowie Kerstin Nethövel und Annelie Rammsbrock für ihre Unterstützung bei der Endkontrolle des Textes. Bernd Lutz vom Verlag J.B. Metzler danken wir schließlich für die verlegerische Betreuung des Handbuchs.

Essen im März 2003

Friedrich Jaeger / Burkhard Liebsch / Jörn Rüsen / Jürgen Straub

Einführung

Friedrich Jaeger / Jörn Rüsen

Gegenüber dem kulturtheoretischen Zugriff des ersten Bandes und der methodenreflexiven Perspektive des zweiten besitzt der hier vorliegende, das Handbuch der Kulturwissenschaften abschließende Band einen eher dokumentarischen Charakter. In ihm geht es darum, Einblicke in eine disziplinär ausdifferenzierte Forschungspraxis zu geben. Ohne dabei einem Anspruch auf Vollständigkeit genügen zu wollen, markieren die Beiträge angesichts der Heterogenität fachspezifischer Konzepte und einer geradezu unübersehbaren Vielfalt von Themen stichprobenartig Brennpunkte einer aktuellen Forschungslandschaft und arbeiten an konkreten Sachverhalten leitende Fragestellungen, Forschungsstrategien und Ergebnisse heraus. Dabei wurde darauf verzichtet, die präsentierte Themenpalette kulturwissenschaftlicher Arbeiten auf die Grundbegriffe des ersten Bandes zu beziehen oder gar von diesen abzuleiten. Die dort thematisierten Begriffe Erfahrung, Sprache, Handlung, Geltung, Identität und Geschichte markieren keine distinkten Existenzweisen der Kultur, noch folgen aus ihnen klar identifizierbare Forschungsgegenstände und voneinander abgrenzbare Themenkreise der Kulturwissenschaften. Vielmehr spannen sie ein kategoriales Netz, innerhalb dessen sich kulturwissenschaftliche Arbeiten aus ganz unterschiedlichen Perspektiven und Disziplinen flexibel bewegen und jeweils auf ihre Weise unterschiedliche Aspekte einer kulturell vermittelten Lebenspraxis thematisieren. Kulturwissenschaftliche Grundbegriffe im Sinne dieses Handbuchs sind keine Substanzbegriffe, sondern Erkenntnisinstrumente; ihnen kommt kein ontologisch-essentieller, sondern ein operativ-theoretischer Status zu.

Stattdessen waren vor allem zwei erkenntnispragmatische Überlegungen bei der Strukturierung des Bandes und beim Zuschnitt der Beiträge leitend: Zum einen wurde bewusst ein Gliederungsschema gewählt, das an bewährte Themenzuordnungen und Forschungstraditionen anknüpft, um die Anschlussfähigkeit kulturwissenschaftlicher Arbeiten an ältere Fragestellungen und Perspektiven unter

Beweis zu stellen. Die Artikel gruppieren sich entsprechend um einzelne Kapitel zu den Themenschwerpunkten Kultur, Wirtschaft, Gesellschaft sowie schließlich Politik und Recht. Zum anderen war das Ziel leitend, aktuelle Kontroversen und Probleme mit einem hohen Maß an lebenspraktischer Relevanz aufzugreifen und zu Themenbereichen zusammenzustellen, die die Kulturwissenschaften nicht nur gegenwärtig, sondern auch in absehbarer Zukunft noch beschäftigen dürften.

Kapitel 12 reflektiert zunächst Schwerpunkte der kulturwissenschaftlichen Thematisierung der Kultur und wird durch einen Beitrag eingeleitet, der allgemein den Bedeutungshorizont und die forschungspragmatische Reichweite des Kulturbegriffs herausarbeitet. Es folgen drei Beiträge zu denjenigen Sphären der Kultur, die sich als Kristallisationskerne kultureller Ideen im Sinne geistiger Instanzen der Sinndeutung und Lebensreglementierung begreifen lassen und lange Zeit auch im Zentrum kulturwissenschaftlicher Forschungsinteressen standen: Gemeint ist die Trias von Religion, Wissenschaft und Kunst. Den Anfang macht dabei ein Beitrag zur kulturgenerierenden Kraft von Religionen und zum Verhältnis von Religion und Kultur, das bereits den Problemkern des religionssoziologischen Werks Max Webers bildete. Es folgt ein Beitrag, der den zivilisatorischen Ort der Wissenschaft als Rationalisierungsmacht menschlicher Lebensordnungen reflektiert. Im Selbstverständnis der Moderne tritt der kulturelle Geltungsanspruch der Wissenschaft neben oder gar an die Stelle religiöser Geltungsansprüche und schafft damit eine Spannung der modernen Kultur, die auch aus der Perspektive der Wissenschaft eigens reflektiert werden muss. Die gegenwärtigen Forschungen zur »Wissensgesellschaft« thematisieren diesen kulturellen Ort der Wissenschaft im Gefüge moderner Gesellschaften. Mit dem Aufstieg der Wissenschaft als Ordnungsmacht bricht ein Konflikt zwischen kognitiven und normativen Geltungsansprüchen auf, für den etwa die gegenwärtigen Diskussionen um die Bio-Ethik als Beispiel dienen können. Dieser in der Tendenz zur Verwissenschaftlichung angelegte Konflikt kann die Form einer Überwältigung der Lebenspraxis durch die spezifische Rationalität wissenschaftlicher Denkformen annehmen und ist ein kulturwissenschaftliches Thema von großer Aktualität. Zum tradierten Kanon kultureller Sinninstanzen und Ideenwelten gehört schließlich die Kunst, der ein weiterer Artikel dieses Kapitels gewidmet ist. Er zielt auf die neueren Auseinandersetzungen um die Kulturbedeutung der Kunst sowie auf die von den Kulturwissenschaften betriebene Transformation der Ästhetik, die zugleich Probleme einer Ästhetisierung von Politik und Gesellschaft aufwerfen.

Zu diesen klassischen Themen kulturwissenschaftlicher Forschung sind seit geraumer Zeit neue Fragestellungen hinzugekommen, die auch andere Faktoren der menschlichen Lebensführung in kulturellem Licht erscheinen lassen. Es handelt sich dabei um Aspekte, die auf den ersten Blick jenseits der Grenzen der Kultur als sinnhaft gedeuteter Welt zu liegen scheinen: Aspekte wie Umwelt und Natur, Leiblichkeit und Emotionen, Unbewusstes und Verdrängtes.

Die gegenwärtigen Debatten um Natur und Umwelt, die in einem eigenen Beitrag dieses Kapitels aufgegriffen werden, lassen sich den Kulturwissenschaften zurechnen, insofern sie im Sinne einer Wahrnehmungsgeschichte der Natur die kulturellen Deutungsmuster thematisieren, mit denen Menschen ihrer Umwelt begegnen und sie sich aneignen. Der sich daran anschließende, die Phänomene Leiblichkeit und Emotionalität thematisierende Beitrag steckt ein weiteres kulturwissenschaftliches Forschungsfeld von großer Aktualität ab, das sich um Fragen zur Geschichte des menschlichen Körpers sowie der Sinne und Gefühle herausgebildet hat. Auch die medizinischen Konzeptualisierungen des »kranken Körpers« in seiner Differenz zum gesunden verdienen in diesem Kontext Beachtung, weil sie ebenfalls die Öffnung der Kulturwissenschaften gegenüber ursprünglich von den Naturwissenschaften besetzten Themen dokumentieren und Natur als ein kulturelles, sinnhaft gedeutetes Phänomen erfahrbar machen. Unter derartigen Gesichtspunkten erfährt die im ersten und zweiten Band bereits mehrfach aufgegriffene Spannung zwischen Kultur und Natur in der Konfrontation mit der tatsächlichen Forschungspraxis eine empirische Konkretisierung.

Dasselbe gilt für die kulturwissenschaftliche Thematisierung des Unbewussten und Verdrängten in der Kultur. In den Ausführungen zum zweiten Band sind bereits die sprachtheoretische Konzeption der strukturalen Psychoanalyse sowie die methodische Bedeutung der Psychologie und Psychoanalyse als Kulturwissenschaften angesprochen worden, die nun unter anderem in der Auseinandersetzung mit dem Werk Freuds ihre Fortsetzung finden.

Der darauf folgende Beitrag dieses Kapitels greift die Frage nach den Grenzen des kulturellen Sinns angesichts der Erfahrungen von Leiden, traumatischen Ereignissen und Katastrophen auf und rekonstruiert auf breiter empirischer Grundlage den mittlerweile in zahlreichen Disziplinen geführten Traumadiskurs, von dem in den letzten Jahren wichtige Anregungen und Perspektiven für die kulturwissenschaftliche Erforschung innerpsychischer Prozesse ausgegangen sind, die insbesondere in neueren Arbeiten zu Überlebenden des Holocaust und ähnlicher Katastrophen ihren Niederschlag gefunden haben.

Ein weiterer Artikel verweist auf eine kulturwissenschaftliche Diskussion, die das im zweiten Band bereits reflektierte Problem des Kulturvergleichs berührt und auch in den Kontext der aktuellen Debatten um Postkolonialismus und kulturelle Differenz gehört. Das öffentliche Bewusstsein von der Vielfalt der Kulturen ist heute so ausgeprägt wie kaum zuvor. Damit ist zugleich die Einsicht in Probleme und Chancen gewachsen, die Kulturbegegnungen, Kulturtransfers, Kulturkonflikte oder bereits die Abgrenzung kultureller Einheiten voneinander mit sich bringen. In diesem Zusammenhang sind die Begriffe der Hybridität und Interkulturalität ins Zentrum des wissenschaftlichen und gesellschaftlichen Interesses gerückt. Das Aufeinandertreffen von »Eigenem« und »Fremdem« fordert zu kulturellen Sinnbildungsleistungen heraus, die gegenwärtig auf vielfache Weise kulturwissenschaftlich aufgearbeitet werden.

Die beiden abschließenden Beiträge dieses Kapitels sind dem Überschneidungsbereich von Kultur- und Naturwissenschaften gewidmet und reflektieren das wechselseitige Anregungspotential dieser gemeinhin streng unterschiedenen Wissenschaftstraditionen füreinander. Der erste arbeitet dabei vor allem die Bedeutung der neueren Kognitions- und Neurowissenschaften für die kulturwissenschaftlichen Diskussionen um Gedächtnis und Erinnerung heraus und ordnet deren Ergebnisse und Fragestellungen ein. Der zweite nähert sich schließlich dem Verhältnis zwischen Naturwissenschaften und Kulturwissenschaften, indem er nach dem kulturellen Ort und nach der spezifischen »Kulturleistung« der Naturwissenschaften fragt und ihre handlungstheoretisch bestimmbare, auf Lebenswelt und Praxis bezogene Struktur präzisiert.

Kapitel 13 reflektiert Ökonomie und Kapitalismus als weitere Brennpunkte der kulturwissenschaftlichen Forschung. Auch hier dient, wie in den übrigen Kapiteln, der erste Beitrag dazu, das Problemfeld, die thematischen Perspektiven sowie die kategorialen Zugriffe einer kulturwissenschaftlichen Interpretation ökonomischen Handelns und der kulturellen Vergesellschaftung über Marktmechanismen und Konsumverhalten zunächst übergreifend abzustecken. Der sich daran anschließende Beitrag zu Grundstrukturen moderner Arbeitsgesellschaften fragt nach den spezifisch kulturellen Grundlagen der Formierung von Klassen, Professionen und Eliten. In dem Maße, in dem sich der Faktor Arbeit als Mechanismus gesellschaftlicher Rollen- und Statuszuweisung verändert, kommt es zu dramatischen Umbrüchen in der kulturellen Konstituierung von Klassen und in der Berufsethik von Professionen, die als Herausforderungen der Kulturwissenschaften wahrgenommen werden müssen und dem aktuellen Aufstieg kulturwissenschaftlicher Forschungsinteressen und Perspektiven in der neueren Wirtschafts- und Sozialgeschichte zugrunde liegen. Auch diese Disziplinen vollziehen gegenwärtig einen »cultural turn«, der sie auf neue Weise nach den kulturellen Bedingungen von Arbeits- und Klassenbeziehungen, nach normativen Verhaltensmustern von Berufsgruppen oder nach den ökonomischen Ideen und Interessen von Eliten fragen lässt.

Im Anschluss an diese verschiedenen Aspekte einer kulturwissenschaftlichen Thematisierung von Ökonomie und Kapitalismus reflektiert ein weiterer Beitrag den Begriff der Massenkultur als eine kulturwissenschaftliche Kategorie, mit deren Hilfe sich,

durchaus auch im Anschluss an die Motive der älteren Kulturkritik, die medien- und öffentlichkeitstheoretischen Ansätze der Analyse moderner Massengesellschaften thematisch bündeln lassen.

Schließlich werden unter zwei Gesichtspunkten Gerechtigkeitsfragen moderner Wirtschaftsordnungen als Herausforderungen der Kulturwissenschaften angesprochen: zum einen aus der Binnenperspektive westlich geprägter Gesellschaften als Frage nach den Konsequenzen des Kapitalismus für soziale Beziehungen und die etablierten, aber zunehmend unter Druck und Legitimitätszwang geratenen Systeme der sozialen Sicherung. Das Projekt des Sozialstaats ist in einem Transformationsprozess begriffen, dessen Konsequenzen noch gar nicht hinreichend absehbar sind. Angesichts des steigenden sozialpolitischen Problemdrucks, den eine neoliberale Wendung der Politik erzeugt, wächst den Kulturwissenschaften ein Deutungsbedarf und eine Orientierungsfunktion zu, denen sie sich stellen müssen, wollen sie sich heuristisch und analytisch in Augenhöhe gegenwärtiger Problemlagen bewegen. Zum anderen stellen sich Fragen der Solidarität und sozialen Gerechtigkeit auch auf der interkulturellen Ebene, die in ihrer Eigenart als Probleme der Kulturwissenschaften bestimmt werden müssen. Hier geht es um ethische Fragen im Verhältnis zwischen verschiedenen Kulturen und Gesellschaften sowie um die Legitimitätsprobleme einer Politik, die mit Entwicklungsgefällen im Prozess der ökonomischen Globalisierung konfrontiert ist.

Daran anschließend erkundet Kapitel 14 kulturwissenschaftliche Zugänge zur Gesellschaft. Auch hier geht es in einem ersten Beitrag zunächst darum, überblicksartig den Umriss einer spezifisch kulturwissenschaftlichen Theorie der Gesellschaft zu skizzieren, wobei insbesondere die in der Geschichtswissenschaft seit einigen Jahren ausgetragene Kontroverse zwischen Gesellschaftsgeschichte und Kulturgeschichte von großer Bedeutung ist.

Ein weiterer Artikel greift mit der Frage nach den kulturellen Faktoren sozialen Wandels ein klassisches Thema der soziologischen Forschung auf und gibt ihm eine kulturwissenschaftliche Wendung. Er zeigt, in welchem Licht die Prozesse sozialen Wandels erscheinen, wenn man sie nicht allein auf strukturalistisch oder systemtheoretisch rekonstruierbare Bedingungsfaktoren zurückführt, sondern kulturelle Faktoren wie Normen, Werte, Handlungsmotive oder innerpsychische Aspekte gleichermaßen berücksichtigt. In Auseinandersetzung mit Klassikern der Soziologie geht es darum, Prozesse von Modernisierung und sozialem Wandel im Rekurs auf kulturelle Deutungsmuster zu erklären.

Ein zentrales Erkenntnismotiv der Gesellschafts- und Sozialgeschichte seit den 1970er Jahren war die Analyse der Ursachen und Erscheinungsformen sozialer Ungleichheit. Im Vergleich damit wird den Kulturwissenschaften in diesem Punkt oft ein Mangel an Sensibilität sowie eine unpolitische Haltung gegenüber Problemen der sozioökonomischen Verteilungsgerechtigkeit vorgeworfen. Daher untersucht ein weiterer Beitrag dieses Kapitels, wie sich diese Frage im Medium kulturwissenschaftlicher Forschung neu stellt und dabei das Konzept sozialer Ungleichheit in die kulturelle Dimension hinein erweitert werden kann. Dazu gehören auch Reflexionen darüber, wie das Verhältnis zwischen sozialer und kultureller Zugehörigkeit zu begreifen ist und ob die Kulturwissenschaften tatsächlich einer Verschleierung politischer Machtverhältnisse und sozialer Ungleichheit Vorschub geleistet haben, – oder ob sie nicht vielmehr den Blick für neue, bisher unbeachtet gebliebene Dimensionen der Zugehörigkeit zu unterschiedlichen sozialen Milieus sowie für spezifisch kulturelle Bedingungen von Lebenschancen und Mechanismen ihrer Verhinderung geschärft haben.

Ein weiteres Forschungsfeld hat sich in den letzten Jahren – teilweise in direkter Anknüpfung an Georg Simmel oder an Max Webers Begriff der »Lebensführung« – im Blick auf die Untersuchung kultureller Lebensstile und Lebensformen etabliert. Der sich dabei abzeichnenden Lebensstilsoziologie geht es um Transformationsprozesse der Lebensführung als Folge von Individualisierungsprozessen und der zunehmenden Erosion tradierter Gemeinschaftsformen; um den Wandel von Familienstrukturen und Generationenverhältnissen, von Jugend und Alter; um die Veränderung urbaner Räume und Kommunikationsstrukturen; schließlich um die Entwicklung von Subkulturen im Zuge von Migration und der Ausbildung multiethnischer Milieus, um nur einige Tendenzen dieses heterogenen

Feldes zu nennen. Derartige Forschungsstrategien, deren gemeinsame Perspektive durch die Frage nach dem Wandel von Lebensstilen, -formen und -räumen geprägt ist, werden daraufhin befragt, welches übergreifende Konzept kulturwissenschaftlicher Forschung in ihnen sichtbar wird.

Ferner werden am Leitfaden der Begriffe »Habitus« und »Mentalität« kulturelle Orientierungen sozialen Handelns herausgearbeitet. Vor allem Bourdieus Begriff des Habitus hat innerhalb der kulturwissenschaftlichen Diskussionen der letzten Jahre eine breite Wirkung entfaltet und wird hier in Applikation auf konkrete Forschungsprobleme aus der alten Geschichte auf seine analytischen Implikationen, Leistungen und Grenzen hin untersucht.

Ebenfalls geht ein Beitrag dieses der Gesellschaft und den Formen der Vergesellschaftung gewidmeten Kapitels der Frage nach den kulturellen Grundlagen von Geschlechterverhältnissen nach, die einen Schwerpunkt der kulturwissenschaftlichen Diskussion der letzten Jahre bildete und deren Verlauf nachhaltig geprägt hat. Für die Entstehung eines kulturwissenschaftlichen Problembewusstseins gegenüber bislang weitgehend unterbelichteten Faktoren politischer Herrschaft, sozialer Ungleichheit und kultureller Differenz haben Untersuchungen zu Geschlechterverhältnissen und Geschlechterstereotypen oftmals eine Vorreiterrolle besessen, die in diesem Artikel vor allem im Hinblick auf kulturelle Konstruktionen des »Männlichen« angesprochen werden.

Auch die Stadtsoziologie und Urbanisierungsforschung haben sich in den letzten Jahren neuen kulturwissenschaftlichen Fragestellungen und Forschungsperspektiven geöffnet. Im Zuge dieser Entwicklung kommen Städte als kulturelle Räume in den Blick und werden als Netze von Kommunikationen, Bedeutungen, Interpretationen und Erzählungen auf neue Weise verstehbar. In ihrer Rolle als Laboratorien moderner Lebensformen und Identitätskonfigurationen spiegeln urbane Zentren sowie die Transformation ihrer kulturellen Klimata die Kulturprobleme unserer Zeit in besonderer Schärfe. Diese Eigenschaft von Metropolen als paradigmatischen Räumen der kulturellen Vergesellschaftung wird daher in einem eigenen Beitrag herausgearbeitet.

Der letzte Beitrag dieses Kapitels widmet sich schließlich der kulturellen Struktur der Alltagswelt, des Alltagswissens und des Alltagshandelns als besonderen Sphären des gesellschaftlichen Lebens. Als eine durch routinisierte und ritualisierte Handlungsabläufe, vertraute Regeln, gemeinsamen Symbolgebrauch und eingespielte Rollen geprägte Welt der Normalität repräsentiert der Alltag eine kulturelle Tiefenstruktur der Lebenspraxis, die Halt und Gewissheit in einer Welt beschleunigten Wandels verheißt. Eine theoretisch reflektierte und heuristisch sensible Alltagssoziologie, die auf bewährte Traditionen der älteren Wissenssoziologie, der Lebensweltphänomenologie und des Symbolischen Interaktionismus zurückgreifen kann, bleibt ein zentraler Bezugspunkt auch der neueren kulturwissenschaftlichen Forschung.

Kapitel 15 widmet sich der Dimension des Politischen, wobei die beiden einführenden Beiträge die Aufgabe besitzen, überblicksartig wichtige Aspekte und Perspektiven einer Kulturwissenschaft der Politik und des Rechts vorzustellen.

Die in den letzten Jahren erneut aufgebrochenen Nationalismen und Nationalitätenkonflikte, aber auch der wachsende Einfluss supranationaler Handlungseinheiten auf politische Entscheidungsprozesse haben dazu geführt, dass Nation und Nationalismus als Leitgrößen politischer Identität und Zugehörigkeit in den letzten Jahren intensiv diskutiert worden sind. Dem trägt ein eigener Beitrag Rechnung, der die spezifisch kulturwissenschaftlichen Zugriffsweisen auf diesen Themenbereich darstellt. Ihn kontrastieren und ergänzen drei Artikel zu dezidiert transnationalen Grundelementen der politischen Kultur, in deren Zentrum die Menschenrechte stehen: Der erste dieser Beiträge erläutert unter der Leitfrage nach einer Kulturwissenschaft der internationalen Politik den theoretischen und normativen Status von Menschenrechten im Geflecht der internationalen Beziehungen; der zweite reflektiert unter Anknüpfung an die aktuellen Debatten um den Multikulturalismus die Probleme einer Politik der Anerkennung in der Spannung zwischen kultureller Differenz und dem universalistischen Anspruch der Menschenrechte; der dritte schließlich stellt sich in Anknüpfung an die verzweigten Debatten um Demokratie und Zivilgesell-

schaft, wie sie im Streit zwischen Kommunitarismus und Liberalismus als konkurrierenden Konzeptionen des Politischen ausgetragen worden sind, der Frage einer zukünftigen Organisation von Weltgesellschaft und Weltöffentlichkeit auf dem Boden einer politischen Kultur der Menschenrechte.

Eine kulturwissenschaftliche Reflexion der politischen Kultur wäre jedoch unangemessen und unvollständig, wenn sie vor einer alle zwischenmenschlichen Beziehungen durchwaltenden, entweder offen oder versteckt ausgetragenen, legitimen oder illegitimen Gewaltsamkeit die Augen verschließen würde. Aus diesem Grunde wurde in den Band ein Beitrag aufgenommen, der sich unter der Leitfrage nach der Spannung zwischen Gewalt und Legitimität der Verletzbarkeit von Menschen und den Chancen einer Zivilisierung der Gewalt zuwendet und damit existenzielle Grundfragen der politischen Philosophie berührt.

Der letzte Beitrag dieses Kapitels reflektiert schließlich die Bedingungen einer zukünftigen Politik unter den geschichtlichen Bedingungen aktueller Globalisierungsprozesse und sondiert Möglichkeiten und Voraussetzungen einer politischen Kultur, die ihre nationalstaatliche Vergangenheit in Richtung einer transnational entfesselten Weltinnenpolitik überschreitet.

Der Band – und in gewisser Weise auch das Unternehmen insgesamt – schließt mit einer Skizze der Herausforderungen der Kultur und ihrer Wissenschaften zu Beginn des 21. Jahrhunderts, womit das thematische Spektrum seiner Beiträge in groben Zügen abgesteckt ist. Auch wenn die Vielfalt an Inhalten und Forschungstendenzen, die in den letzten Jahren Eingang in die kulturwissenschaftliche Diskussion gefunden haben, keineswegs erschöpfend behandelt werden konnte, sondern Schwerpunkte gesetzt und damit zugleich andere Gesichtspunkte vernachlässigt werden mussten, eröffnet sich doch eine breite Palette an Strömungen und Zugriffen, die den intellektuellen Reichtum der gegenwärtigen Kulturwissenschaften ausmachen und erkennen lassen. Zusammen mit den an kulturwissenschaftlichen Grundbegriffen orientierten Überlegungen des ersten Bandes und den methodologischen Überlegungen des zweiten Bandes war es das Ziel dieser das Unternehmen abschließenden Rekonstruktion von For-

schungsthemen und -tendenzen, die Kulturwissen-
schaften als eine ertragreiche Wissenschaftslandschaft und Forschungspraxis sichtbar werden zu lassen, die in dynamischer Fortentwicklung begriffen ist.

12 Brennpunkte einer kulturwissenschaftlichen Interpretation der Kultur

12.1 Die Kontingenzperspektive der ›Kultur‹. Kulturbegriffe, Kulturtheorien und das kulturwissenschaftliche Forschungsprogramm

Andreas Reckwitz

›Kultur‹ ist kein Gegenstand neben anderen Gegenständen. ›Kulturwissenschaft‹ ist keine spezifische geistes- und sozialwissenschaftliche Disziplin neben anderen Disziplinen. ›Kultur‹ ist auch nicht das, was die Humanwissenschaften ›natürlicherweise‹ als ihr konstitutives Objekt reklamieren können. Um zu begreifen, was auf dem Spiel steht, wenn seit dem letzten Drittel des 20. Jahrhunderts in der Soziologie, Geschichtswissenschaft, Ethnologie und Literaturwissenschaft im englischen, französischen und deutschen Sprachraum eine Expansion der ›kulturwissenschaftlichen‹ Denkweisen stattfindet, sollte man statt dessen ›Kulturwissenschaften‹ als ein spezifisches, intern vielfach differenziertes ›Forschungsprogramm‹ verstehen. Man kann die Attraktivität, die der kulturwissenschaftlichen Denkweise für viele Geistes- und Sozialwissenschaftler zukommt, ebenso wie den Widerstand, den sie bei anderen hervorruft, erst dann nachvollziehen, wenn man sie als ein solches fächerübergreifendes ›research programme‹ wahrnimmt, als eine bestimmte Perspektive des Fragens und der Analyse, die sich gegenüber anderen, klassischen ›research programmes‹ in einer Situation der Konkurrenz und des Konflikts befindet. Was sind die Spezifika des kulturwissenschaftlichen Forschungsprogramms? Und wogegen richtet es seine Kritik?

Wenn ›Kultur‹ nur ein Gegenstand neben anderen wäre, dann würde die Kulturanalyse nicht mehr als eine Ergänzung der Analyse klassischer Gegenstände bilden. Tatsächlich entsprachen die klassischen Subdisziplinen der ›Kultursoziologie‹ und der ›Kulturgeschichte‹ weitgehend diesem Verständnis: Die Kultursoziologie analysiert in diesem Sinne nicht die Ökonomie, die Sozialstruktur oder die Politik, sondern die ›Kultur‹. Die Kulturgeschichte überlässt der Politik-, Wirtschafts- und Gesellschaftsgeschichte ihre Gegenstände und betreibt

parallel zu diesen eine Geschichte der ›Kultur‹. Aber dies ist nicht die Bedeutung des ›Cultural Turn‹. Kein bloßer Zulauf für Kultursoziologie oder Kulturgeschichte als Subdisziplinen ist hier gemeint (es sei denn, man versuchte eine Domestizierung des Phänomens); nicht eine Partialperspektive, sondern eine Totalperspektive ›Kultur‹ wird im kulturwissenschaftlichen Forschungsprogramm eröffnet. *Jeder* Gegenstand der Geistes- und Sozialwissenschaften kann und soll nun als kulturelles Phänomen rekonstruiert werden: ökonomisch-technische Praktiken ebenso wie Politik und Staat, die Sozialstruktur ebenso wie Familie oder Geschlechter, die modernen ebenso wie die vormodernen Gesellschaften, die Natur so wie der Affekthaushalt.

Die kulturwissenschaftliche Programmatik wäre gleichfalls missverstanden, wenn man sie ausschließlich als Verfechterin einer eigenständigen, neuartigen Disziplin ›Kulturwissenschaft‹ neben den anderen, traditionellen Disziplinen verstünde. Zwar wird ein solches Programm vertreten,[1] und namentlich in den angelsächsischen Cultural Studies ist eine genuin kulturalistische Disziplin flächendeckend institutionalisiert worden. Jedoch besteht eine Besonderheit der kulturwissenschaftlichen Programmatik gerade darin, über diese neuen Disziplinen hinaus die klassischen Disziplinen nicht unberührt zu lassen, vielmehr eine entsprechende Transformation der Forschungspraxis von Ethnologie, Geschichtswissenschaft, Literaturwissenschaft und Soziologie selbst voranzutreiben. Schließlich liefert die kulturwissenschaftliche Programmatik aber auch mehr als lediglich die Anerkennung einer ›selbstverständlichen‹ Tatsache, die etwa schon der

---

1 Vgl. etwa Böhme u.a. (2000).

Neukantianismus der vorigen Jahrhundertwende benannte: nämlich dass alle Wissenschaften, die nicht Naturwissenschaften sind, sich als Disziplinen der menschlichen Angelegenheiten und damit des sinnhaften Handelns per definitionem als ›Kulturwissenschaften‹ darstellen.[2] Es verfehlte die Pointe des kulturwissenschaftlichen Programms, kurzerhand sämtliche Geistes- und Sozialwissenschaftler (möglicherweise mit Ausnahme der Soziobiologen) zu Kulturwissenschaftlern zu erklären, die sie ›immer schon‹ gewesen seien.

Die genannten Engführungen von Kultur und Kulturwissenschaft – Kultur als Partialgegenstand, Kultur allein als Perspektive einer neuen Disziplin, Kultur als selbstverständliche Grundlage der Nicht-Naturwissenschaften – haben ihre Wurzeln in bestimmten Konnotationen des chronisch vieldeutigen Kulturbegriffs, der eine genauere Klärung erfordert. Aber die Besonderheit des vielgliedrigen kulturwissenschaftlichen Forschungsprogramms, das so unterschiedliche Richtungen einschließt wie die ›New cultural history‹, die Ethnomethodologie, die symbolistische Anthropologie, den ›New historicism‹, das Programm der Semiotik, die von Foucault inspirierten Diskursanalysen und die von Bourdieu beeinflussten Habitusstudien, die Mentalitätsgeschichte, die Rezeptionsästhetik, die sozialkonstruktivistischen ›gender studies‹ und ›organizational studies‹, die historische Semantik, die Arbeiten im Kontext der ethnologischen ›writing culture‹-Debatte, die ›science studies‹ oder die Arbeiten im Umkreis des Postkolonialismus, sind damit kaum angemessen erfasst. Was ist es aber statt dessen, was dieses kulturwissenschaftliche Forschungsprogramm – trotz aller internen konzeptuellen Differenzen und disziplinären Besonderheiten – ausmacht? Was wird hier unter ›Kultur‹ verstanden? In einem ersten Zugriff kann man es folgendermaßen formulieren: Das kulturwissenschaftliche Forschungsprogramm zielt darauf ab, die impliziten, in der Regel nicht bewussten symbolischen Ordnungen, kulturellen Codes und Sinnhorizonte

zu explizieren, die in unterschiedlichsten menschlichen Praktiken – verschiedener Zeiten und Räume – zum Ausdruck kommen und diese ermöglichen. Indem die Abhängigkeit der Praktiken von historisch- und lokal-spezifischen Wissensordnungen herausgearbeitet wird, wird die *Kontingenz* dieser Praktiken, ihre Nicht-Notwendigkeit und Historizität demonstriert.[3] Die Kontingenzperspektive des kulturwissenschaftlichen Forschungsprogramms steht jedoch der in diesen Praktiken selbst, aber zum Teil auch in den intellektuellen Diskurs eingebauten Tendenz entgegen, diese Kontingenz unsichtbar zu machen, zu ›invisibilisieren‹ und statt dessen die Notwendigkeit der Praktiken zu suggerieren: eine Notwendigkeit als ›natürlich‹, ›allgemeingültig‹ oder Produkt einer rationalen Entwicklung.

Die Kontextualisierung und teilweise auch ›Verfremdung‹ menschlicher Handlungsformen und ihrer Hervorbringungen, die das kulturwissenschaftliche Forschungsprogramm betreibt, steht nun jedoch in einem kritischen Verhältnis zu Grundannahmen klassischer Forschungsprogramme der Soziologie, der Ethnologie, der Geschichtswissenschaft und der Literaturwissenschaft. Die vier zentralen Disziplinen der Geistes- und Sozialwissenschaften sind, unter sehr spezifischen Bedingungen zu Beginn (Geschichts- und Literaturwissenschaft) bzw. gegen Ende des 19. Jahrhunderts (Soziologie und Ethnologie) entstanden, genuine Produkte der intellektuellen Entwicklung der Moderne und deren Bestreben, kulturelle und soziale Strukturen transparent zu machen. Aber diese wissenschaftlichen Diskurse haben selbst häufig sehr spezifische theoretische, programmatische und forschungspraktische Festlegungen betrieben, die nicht transparent gemacht worden sind. Diese konzeptuellen Festlegungen, die die besonderen Perspektive der Disziplinen und ihre Forschungspraxis begründet haben, bewegen sich auf drei Ebenen: Es wurden regelmäßig bestimmte, scheinbar selbstverständliche begriffliche Voraussetzungen zur Struktur der modernen Gesellschaft und Kultur gemacht – so ist etwa für die Soziologie ein strikter Dualismus zwischen sog. traditionalen und sog. modernen Gesellschaften disziplinenkonstitutiv gewesen. Es sind bestimmte grundbegriffliche Voraussetzungen zur generellen Struktur der Sozial- und Kulturwelt in

---

2 Vgl. Frühwald u.a. (1991).
3 Im sozialtheoretischen und sozialphilosophischen Kontext ist der Begriff der 'Kontingenz' vor allem von Richard Rorty (1993) und Niklas Luhmann (1992, S. 93 ff.) profiliert worden.

Anspruch genommen worden, die sich auf die gesamte Forschungspraxis auswirken: etwa Konzepte von Text, Autor und Werk in der Literaturwissenschaft oder Unterscheidungen von Basis/Sozialstruktur und Überbau/Kultur in den drei anderen Disziplinen. Schließlich hatten alle vier Disziplinen auf der wissenschaftstheoretischen Ebene die Tendenz, ihre eigene kulturelle Standortgebundenheit unsichtbar zu machen und den Status eines scheinbar autonomen ›unbeobachteten Beobachters‹ einzunehmen.

Das kulturwissenschaftliche Forschungsprogramm betreibt nun, indem es die Abhängigkeit sozialer Praktiken von kontingenten symbolischen Ordnungen demonstriert und im Detail analysiert, auf allen drei Ebenen unmittelbar oder indirekt eine Revision der humanwissenschaftlichen Perspektive. Insbesondere das Bild der ›Moderne‹, der modernen Gesellschaft und Kultur, verschiebt sich durch die kulturwissenschaftlichen Forschungen, aber auch das Bild der eigenen wissenschaftlichen Praxis. Die Einsicht in die häufig nicht bewusst gemachte Abhängigkeit verschiedenster moderner Praktiken – alltagsweltlicher, politischer, wirtschaftlicher, technischer, ästhetischer, geschlechtlicher Art – von alles andere als natürlichen, universalen oder rational entscheidbaren kulturellen Codes trägt zu einem modifizierten Verständnis des Verhältnisses von Moderne und Nicht-Moderne bei, ebenso wie die Bewusstwerdung der kulturellen Voraussetzungen der ›eigenen‹ wissenschaftlichen Praktiken das Verständnis der wissenschaftlichen Tätigkeit und ihrer Beziehung zum ›Gegenstand‹ verändert. Möglich werden diese neuen Perspektiven letztlich infolge der Transformation der Grundbegrifflichkeit zur Analyse der Humanwelt, wie sie von den Kulturtheorien im Zuge des Strukturalismus und der Semiotik, der Phänomenologie, Hermeneutik und der Sprach- und Symbolphilosophie ausgelöst worden sind. Allerdings: Dass man in dieser Weise von einem allgemeinen *kulturwissenschaftlichen* Forschungsprogramm im Singular sprechen kann, vermag nicht darüber hinwegzutäuschen, dass innerhalb dieses Programms die begriffliche Grundlage, somit die Frage, welches *kulturtheoretische* Vokabular verwendet werden soll, das die Forschungspraxis anleitet, hochgradig umstritten bleibt. Offen ist in der kulturalistischen Theoriediskussion und For-

schungspraxis vor allem, ob eine stärker strukturalistisch-semiotische, das heißt ›holistische‹, oder eine stärker hermeneutisch-interpretative, ›subjektorientierte‹ Perspektive eingenommen werden und ob das Konzept des ›Diskurses‹ oder das der ›Praktiken‹ eine Leitfunktion erhalten soll: Ist Kultur als ›Struktur‹ oder als ›subjektive Leistung‹ zu verstehen? Bewegt sich Kultur auf der Ebene von ›Diskursen‹ oder auf der von ›Praktiken‹?

Um die Voraussetzungen des kulturwissenschaftlichen Forschungsprogramms zu erläutern, sollen drei Problemebenen unterschieden werden: Zunächst geht es um eine historisch-systematische Klärung des *Kulturbegriffs*, so dass das spezifische bedeutungsorientierte Kulturverständnis von traditionellen Konnotationen des Kulturbegriffs abgegrenzt werden kann (1). Vor diesem Hintergrund kann die *Kontingenzperspektive* des kulturwissenschaftlichen Forschungsprogramms, das auf diesem bedeutungsorientierten Kulturbegriff aufbaut, herausgearbeitet werden. Dieses Programm geht auf Distanz zu Kontingenzinvisibilisierungen auf modernetheoretischer, wissenschaftstheoretischer und sozialtheoretischer Ebene in klassischen Forschungsprogrammen der Soziologie, Geschichtswissenschaft, Ethnologie und Literaturwissenschaft (2). Schließlich sollen die unterschiedlichen *kulturtheoretischen Optionen* innerhalb des kulturwissenschaftlichen Forschungsprogramms gegenübergestellt werden, die um die Fragen ›Strukturen oder Subjekte?‹ und ›Diskurse oder Praktiken?‹ kreisen (3).

1. Der Kulturbegriff: Normative, totalitätsorientierte, differenzierungstheoretische und bedeutungsorientierte Versionen

Ganz allgemein kann man feststellen, dass die Entstehung und Verbreitung des modernen Begriffs der ›Kultur‹, die sich seit der zweiten Hälfte des 18. Jahrhunderts verfolgen lässt, mit dem Bewusstsein der Kontingenz menschlicher Lebensformen verknüpft ist. ›Kultur‹ ist damit ähnlich wie ›Gesellschaft‹ oder ›Geschichte‹ einer der Schlüsselbegriffe der Sattelzeit, der signalisiert, dass im modernen Denken und der modernen Praxis etwas bisher naturwüchsig Erscheinendes als problematisch und gestaltbar interpretiert wird.[4] Allerdings nimmt dieses Kontingenzbewusstsein, das mit dem Kulturbegriff verbunden ist, zunächst noch moderate, domestizierte Formen an. Vier verschiedene Kulturbegriffe lassen sich hier systematisch unterscheiden: zunächst der normative und der totalitätsorientierte, im 20. Jahrhundert schließlich der differenzierungstheoretische und der bedeutungsorientierte Kulturbegriff. Erst die letzte Version des Kulturbegriffs betreibt eine Radikalisierung des Kontingenzgedankens.

Die erste Version des Kulturbegriffs, die sich im Kontext der Aufklärung ausbildet, aber teilweise bis ins erste Drittel des 20. Jahrhunderts hineinreicht (und bis in die Alltagsverwendung selbst der nachbürgerlichen Gegenwart), ist *normativ* ausgerichtet: ›Kultur‹ im Sinne einer menschlichen Lebensweise zu umschreiben, ist zunächst noch untrennbar verbunden mit einer *Bewertung* dieser Lebensweise. ›Kultur‹ bezeichnet dann eine ausgezeichnete, letztlich für ›jedermann‹ erstrebenswerte Lebensform. Diejenige Lebensform, der dieser Kulturwert zukommen soll, ist faktisch jene des um kulturelle Hegemonie kämpfenden Bürgertums, welches sich sowohl gegen den Adel als auch gegen die agrarischen, später proletarischen Unterklassen kulturell-moralisch abgrenzt, aber seinen eigenen Lebensstil mit einem Universalanspruch vertritt.

Der moderne Kulturbegriff kann die klassische Verwendungsweise des Begriffs aus der Antike und der Renaissance aufnehmen und umdeklinieren: ›Cultura‹ verwies ursprünglich auf die ›Pflege‹, die sorgfältige Gestaltung eines Gegenstandes, vor allem die Bebauung des Ackerlandes, in einem zweiten Schritt auch auf die Verfeinerung des individuellen Geistes. Erst in der modernen Verwendung wird ›Kultur‹ nun konsequenterweise auf die Lebensform eines *Kollektivs* bezogen: Nicht allein einzelne Individuen, ganze Kollektive können ›Kultur‹ erwerben. Kennzeichnend für den normativ-bürgerlichen Kulturbegriff ist dabei jedoch, dass nicht jedes Kollektiv seine eigene Form von Kultur be-

sitzt, vielmehr ein universaler Maßstab des ›Kultivierten‹ angenommen wird, der insgeheim dem der bürgerlichen Kultur entspricht. Repräsentativ für diese Begriffstradition definiert der Sprachtheoretiker Johann Christoph Adelung 1793 Kultur als »die Veredelung oder Verfeinerung der gesamten Geistes- und Leibeskräfte […] eines Volkes, so dass dieses Wort sowohl die Aufklärung, die Veredelung des Verstandes durch Befreiung von Vorurteilen, als auch die Politur, die Veredlung und Verfeinerung der Sitten, unter sich begreift«.[5]

Während bei Adelung der ›Kultur‹ noch ein eigentlicher Gegenbegriff fehlt, wird in der weiteren Tradition des normativen Kulturkonzepts ›Kultur‹ zunehmend kontrastiv gegenüber dem Begriff der ›Zivilisation‹ einerseits, dem der ›Gesellschaft‹ andererseits in Anschlag gebracht. Wegweisend für den Dualismus zwischen ›Kultur‹ – welche die moralische Bildung des Subjekts bezeichnet – und ›Zivilisation‹ als der bloßen Verfeinerung der Sitten ist zunächst Kant: »Wir sind zivilisiert bis zum Überlästigen, zu allerlei gesellschaftlicher Artigkeit und Anständigkeit. Aber, uns für schon moralisiert zu halten, daran fehlt noch sehr viel. Denn die Idee der Moralität gehört noch zur Kultur; der Gebrauch dieser Idee aber, welcher nur auf das Sittenähnliche in der Ehrliebe und der äußeren Anständigkeit hinausläuft, macht bloß die Zivilisierung aus.«[6]

Während der soziologische Hintergrund der Kant'schen Opposition von Kultur und Zivilisation noch die Distinktion der bürgerlichen Lebensform gegen die der alten Elite des Adels ist,[7] verschiebt sich das Differenzschema durch die Kontrastierung von ›Kultur‹ und ›Gesellschaft‹ im Laufe des 19. Jahrhunderts. Repräsentativ ist hier die post-romantische Sozial- und Kulturkritik in Großbritannien im Kontext der Industriellen Revolution, für die etwa Matthew Arnold steht:[8] Die ›Kultur‹ im Sinne der Ideale der bürgerlichen, auf Bildung und Persönlichkeitsentwicklung abzielenden Lebensform wird hier der ›Gesellschaft‹ entgegengestellt, welche sich als Prozess der formalen Rationalisierung und Technisierung darstellt.

Der normative Kulturbegriff nimmt Kultur, verstanden als menschliche Lebensweise, somit zwar als kontingent, als der Gestaltung und Veränderung zugänglich an. Aber diese Kontingentsetzung der Kultur wird durch die normative Fassung des Be-

---

4 Vgl. Williams (1972); Koselleck (1979); Tenbruck (1979); Luhmann (1995).
5 Adelung (1807 [1793], Spalten 1354 f.).
6 Kant (1991 [1784], 44, A 402, 403).
7 Vgl. auch Elias (1990, I, S. 1–42).
8 Arnold (1990 [1869]); vgl. auch Williams (1972).

griffs von vornherein domestiziert: Da ein allgemeiner – in Wahrheit der bürgerlichen Kultur entsprechender – Maßstab des Kultivierten und des Nicht-
Kultivierten vorausgesetzt wird, liegt die Richtung
der wünschenswerten Gestaltung der Lebensweise
von vornherein fest.

Jene Begriffstradition, die man als die des *totalitätsorientierten* Kulturbegriffs umschreiben kann,
beschreitet hier einen alternativen Weg. Der totalitätsorientierte Kulturbegriff entuniversalisiert das
Kulturkonzept, er kontextualisiert und historisiert
es. Kultur ist keine ausgezeichnete Lebensform
mehr, Kulturen sind vielmehr spezifische Lebensformen einzelner Kollektive in der Geschichte, und
der Kulturbegriff kommt konsequenterweise im
Plural vor. ›Kultur‹ wird damit zu einem holistischen Konzept, das sich zum Vergleich von unterschiedlichen Kulturen eignet: Die Diversität der
Totalitäten menschlicher Lebensweisen in verschiedenen ›Völkern‹, ›Nationen‹, ›Gemeinschaften‹,
›Kulturkreisen‹ soll sichtbar gemacht werden. Es
ist Johann Gottfried Herder, der im Kontext des
romantischen Interesses für einzelne Völker und
Gemeinschaften und deren Geschichte den totalitätsorientierten Kulturbegriff auf den Weg bringt,
wenn er (mit leicht normativen Untertönen) formuliert: »Die Kultur eines Volkes ist die Blüte seines
Daseins, mit welcher es sich zwar angenehm, aber
hinfällig offenbaret. Wie der Mensch, der auf die
Welt kommt, nichts weiß – er muß, was er wissen
will, lernen – so lernt ein rohes Volk durch Übung
für sich oder durch Umgang mit anderen. Nun aber
hat jede Art der menschlichen Kenntnisse ihren
eigenen Kreis, d.i. ihre Natur, Zeit, Stelle und Le-
bensperiode.«[9]

Tatsächlich enthält auch der kontextualistische
Kulturbegriff teilweise eine normative Konnotation,
jedoch ist diese eine andere als im bürgerlich-nor-
mativen Kulturverständnis: Nun ist es die ›unver-
gleichliche‹ Individualität eines Kollektivs, die prä-
miert wird und die den jeweiligen normativen Maßstab in sich selbst trägt. Vor allem aber liefert der
totalitätsorientierte Kulturbegriff im Laufe des
19. Jahrhunderts den Hintergrund für eine empi-
risch-wissenschaftliche Analyse dieser kulturellen
Totalitäten. Für die anglo-amerikanische Ethnologie, die sich unter der Bezeichnung ›anthropology‹
im letzten Drittel des 19. Jahrhunderts ausbildet

und sich als ›Kulturanthropologie‹ versteht, hat
das holistische Kulturverständnis zunächst diszip-
linkonstitutive Bedeutung. Dies wird auch in Edward B. Tylors Definition des Kulturbegriffs im
Rahmen seiner Darstellung über ›Primitive Culture‹
(1871) deutlich: »Culture or civilization, taken in its
wide ethnographic sense, is that complex whole
which includes knowledge, belief, art, morals, law,
custom, and any other capabilities and habits acqui-
red by man as a member of society.«[10]

Im Unterschied zur normativen Gegenüberstellung von ›Kultur‹ und ›Gesellschaft‹ werden hier
letztlich Kulturen und Gesellschaften miteinander
identifiziert, es wird ein »condensed concept of
culture and society«[11] vertreten: Gesellschaften –
zumindest jene vormodernen Gesellschaften, denen
das Interesse der frühen Ethnologie gilt – sind
›ganze Lebensformen‹ von Gemeinschaften und in
diesem Sinne Kulturen.

Das totalitätsorientierte Kulturkonzept scheint
zunächst in seiner Anerkennung der Verschiedenartigkeit von Kulturen im Vergleich zum normativ-
bürgerlichen Kulturbegriff auf einem gesteigerten
Kontingenzbewusstsein zu beruhen. Jedoch findet
hier regelmäßig in anderer Weise eine Einschränkung des Kontingenzgedankens statt, und zwar in
zwei verschiedenen Formen: einmal durch die feste
Kopplung von Kulturen an einzelne ›Gemeinschaften‹; zum anderen durch eine Universalisierung der
menschlichen ›Natur‹ als ›kulturbedürftig‹. Die
Kopplung von Kulturen als Lebensformen an einzelne ›Kollektivsubjekte‹ – Völker, Ethnien, Nationen,
Kulturkreise –, damit an Gemeinschaften ist für das
totalitätsorientierte Kulturkonzept insgesamt charakteristisch. Man muss hier wohl schon die Alternative des späteren bedeutungs- und symbolorien-
tierten Kulturbegriffs kennen, um den letztlich vorkonstruktivistischen Charakter dieser Festlegung zu
sehen: Es sind für die Totalitätskulturalisten nicht
unterschiedliche Zeichen- und Symbolsysteme, verschiedene Sinnhorizonte oder Sprachspiele, zwischen denen Differenzen bestehen, sondern gesamte
Lebensformen (unter denen ›Ideen‹ nur ein Element

---

9 Herder (1903 [1784], S. 157).
10 Tylor (1903 [1871], S. 1).
11 Kroeber/Parsons (1958, S. 583).

von mehreren darstellt), die hier unterschieden werden und die scheinbar untrennbar an bestimmte
Gemeinschaften gebunden sind. ›Es gibt‹ zwar radikal unterschiedliche Lebensformen, aber für das einzelne Kollektiv (oder gar das einzelne Individuum)
sind diese keineswegs austauschbar oder kombinierbar, vielmehr erscheint eine bestimmte Lebensweise
idealerweise nach innen homogen und nach außen
geschlossen, gleich – wie Herder es formulierte –
einer ›Kugel‹ gegenüber anderen ›Kugeln‹.[12]

Die zweite Möglichkeit der Kontingenzeinschränkung, die im totalitätsorientierten Kulturbegriff angelegt ist, wird in der Philosophischen
Anthropologie demonstriert: Letztlich läuft das holistische Kulturverständnis darauf hinaus, als ›Kultur‹ alles das zu bezeichnen, was nicht ›Natur‹ ist.
Kultur stellt sich als alles das dar, was vom Menschen selbst ›hergestellt‹ wird und nicht unmittelbar
biologisch determiniert ist. Aber diese Bindung des
Kulturbegriffs an die Kultur/Natur-Relation kann
zu einer konzeptuellen Abhängigkeit der ›Kultur‹
von der ›Natur‹ führen, wie sie in der Philosophischen Anthropologie, etwa bei Arnold Gehlen
(1940), vorgeführt wird: Nun wird argumentiert,
dass es gerade ein entscheidendes Merkmal der
menschlichen Natur, der universalen ›conditio humana‹ ist, ›kulturbedürftig‹ zu sein, sich soziale
Institutionen zu schaffen, die die menschliche
›Mängelsituation‹ kompensieren. Die ›Kulturalität
des Menschen‹ kann somit dazu genutzt werden,
eine allgemeine Theorie aller Kulturen und deren
gemeinsamer Fundierung in einer bestimmten anthropologischen Struktur zu formulieren, die als
alles andere denn kontingent, vielmehr als ›natürlich‹ und ›notwendig‹ erscheint.

Neben dem totalitätsorientierten Konzept bedient sich auch der *differenzierungstheoretische* Kulturbegriff aus der Erbmasse des normativen Kulturbegriffs. Während das holistische Kulturverständnis
den Weg einer begrifflichen Ausweitung beschreitet, wählt der differenzierungstheoretische Kulturbegriff – der gleichfalls in die Alltagssemantik eingegangen ist – den einer radikalen Einschränkung.

Der ›sektorale Kulturbegriff‹ lässt den Bezug auf
›ganze Lebensweisen‹ hinter sich und bezieht sich
nurmehr auf das enge Feld der Kunst, der Bildung,
der Wissenschaft und sonstiger intellektueller Aktivitäten: auf ein sozial ausdifferenziertes Teilsystem
der modernen Gesellschaft, das sich auf intellektuelle und ästhetische Weltdeutungen spezialisiert.
Die Umwandlung des normativen in den funktional-differenzierungstheoretischen Kulturbegriff war
jedoch nicht unmittelbar möglich. Der semantische
Zwischenschritt bestand zunächst darin, das *normative* Kulturverständnis, das insgeheim von Anfang an auf die Maßstäbe der bürgerlichen Kultur
(und zwar auch der Alltagskultur) verwies, in eine
deskriptive Identifikation von Kultur und bürgerlicher ›Hochkultur‹ zu transformieren: ›Kultur‹ bezieht sich bei Autoren wie T. S. Eliot (1948) oder
Tenbruck (1989) auf jene hochkulturellen Objektivationen, die das bürgerliche Publikum rezipiert,
und die von der Massen- oder Volkskultur eindeutig abgrenzbar erscheinen. In dem Maße, in dem
diese eindeutige stratifikatorische Differenzierung
kultureller Objektivationen zweifelhaft erscheint,
wird der sektorale Kulturbegriff jedoch zunehmend
funktionalistisch umgedeutet: Nicht mehr als Ausdruck der Hochkultur werden Kunst und Wissenschaft interpretiert, sondern als ein spezialisiertes
soziales System, das zum Bestand der modernen
Gesellschaft bestimmte funktionale Leistungen erbringt. Die klassische Formulierung eines solchen
differenzierungstheoretischen Kulturkonzepts findet sich in der Soziologie Talcott Parsons‹.[13] Parsons zufolge stellt das ›sozial-kulturelle System‹ neben Politik, Wirtschaft und der ›societal community‹ der Familien eines der vier Teilsysteme der modernen Gesellschaft dar, das sich in Gestalt der
Bildungs- und Wissenschaftsinstitutionen, auch
der künstlerischen Institutionen historisch ausdifferenziert hat und das die Funktion eines ›Treuhändersystems‹, eines Treuhänders gesellschaftlicher
Symbolisierungen übernimmt. In seiner differenzierungstheoretischen Version verliert der Kulturbegriff damit weitgehend seine – in der normativen
und totalitätsorientierten Variante eingeschränkt
vorhandene – Konnotation eines Indikators von
Kontingenz der Lebensformen und sein Anregungspotenzial zum ›Vergleich‹[14] von unterschiedlichen
Lebensweisen.

---

12 Vgl. Herder (1967 [1774], S. 44 f.).
13 Vgl. Parsons/Platt (1990, S. 33 ff.).
14 Vgl. Luhmann (1995).

Der Sprung von einem differenzierungstheoretischen zu einem *bedeutungsorientierten* Kulturbegriff könnte kaum größer sein. Es ist dieses bedeutungs-, wissens- und symbolorientierte Kulturverständnis, das letztlich den Hintergrund für das kulturwissenschaftliche Forschungsprogramm in den verschiedenen Geistes- und Sozialwissenschaften der letzten Jahrzehnte und ihre Kontingenzperspektive liefert. Das Neuartige dieses Kulturbegriffs wird insbesondere deutlich, wenn man ihn mit dem totalitätsorientierten Kulturmodell vergleicht. Wenn letzteres davon ausging, dass ›es verschiedene Kulturen gibt‹ und damit meinte, dass an unterschiedlichen Orten zu unterschiedlichen Zeiten verschiedenartige Verhaltenskomplexe existieren, so impliziert der bedeutungsorientierte Kulturbegriff ein *theoretisches Argument*: dass diese Verhaltenskomplexe vor dem Hintergrund von symbolischen Ordnungen, von spezifischen Formen der Weltinterpretation entstehen, reproduziert werden und sich verändern. Diese Sinn- und Unterscheidungssysteme, die keinen bloßen gesellschaftlichen ›Überbau‹, sondern in ihrer spezifischen Form einer ›symbolischen Organisation der Wirklichkeit‹ den notwendigen handlungskonstitutiven Hintergrund aller sozialen Praktiken darstellen, machen die Ebene der ›Kultur‹ aus – dies ist das sozialkonstruktivistische Argument des bedeutungsorientierten Kulturverständnisses. Ernst Cassirer kann in seiner (allerdings noch universalistisch konnotierten) Kulturphilosophie dessen Kerngedanken herausarbeiten, dem zufolge die Welt nicht anders erfahren werden kann, als dadurch, dass ihr fortwährend und meist implizit Bedeutungen verliehen werden; sie ist zwangsläufig »Bedeutungswelt«. Damit gelte, dass »die Funktion des Symbolischen es ist, die die Vorbedingung für alles Erfassen von ›Gegenständen‹ oder ›Sachverhalten‹« darstellt:[15] Die ›Welt‹ existiert als Humanwelt nur als bedeutungsvolle, symbolische, alles ›Sinnliche nur als Sinnhaftes‹.

Der theoretische Hintergrund für das bedeutungsorientierte Kulturverständnis und die kulturwissenschaftliche Forschungsprogrammatik findet sich nun in einer Reihe von – relativ unabhängig voneinander entstandenen – Philosophien und Sozialtheorien der ersten Hälfte des 20. Jahrhunderts. Auch wenn hier zentrale theoretische Versatzstücke bis zu den Philosophien des deutschen Idealismus zurückreichen, sind es im wesentlichen die als ›Kulturtheorien‹ umschreibbaren theoretischen Modelle des vergangenen Jahrhunderts, die in ihrer intensiven Thematisierung von Sprache, Zeichen, Wissen und Symbolen den Anstoß zum Perspektivenwechsel des ›Cultural Turn‹ in den Geistes- und Sozialwissenschaften gegeben haben. Vor allem vier kulturtheoretische Diskurse sind hier zu nennen, welche in unterschiedlichsten Versionen in der kulturwissenschaftlichen Programmatik verarbeitet worden sind: die Phänomenologie und Hermeneutik; der Strukturalismus und die Semiotik; der Pragmatismus; schließlich die Sprachspielphilosophie Wittgensteins. Alle vier liefern das Rüstzeug für ein bedeutungsorientiertes, sozialkonstruktivistisches Kulturverständnis (auch wenn der Begriff ›Kultur‹ dabei teilweise gar nicht mehr an prominenter Stelle verwendet wird).

Der ›interpretative‹ Diskurs der Phänomenologie nach Husserl setzt zunächst am Bruch mit der ›natürlichen Einstellung‹ und an der Freilegung der sinnzuschreibenden Leistungen und Sinnhorizonte der Subjekte an, um dann mit der modernen Hermeneutik, wie sie von Heidegger, Gadamer und Ricœur auf den Weg gebracht worden ist, sein Interesse auf die sinnhaften Verweisungszusammenhänge und historischen Überlieferungszusammenhänge zu verschieben, welche ein ›Verstehen‹ – des alltäglichen ›Daseins‹ wie von Texten – ermöglichen. Der strukturalistisch-semiotische Diskurs setzt mit Saussure bei einer Analyse der immanenten Differenzialität und Arbitrarität sozialer, insbesondere sprachlicher, Zeichensysteme an, die in einem nicht-repräsentationellen Verhältnis zur ›Welt‹ stehen, um sich in der Folge auch nicht-sprachlichen Symbolsystemen zuzuwenden (etwa bei Barthes), diese auf der Ebene der Diskurse (Foucault), der Praxis von Körpern (Bourdieu) oder des Unbewussten (Lacan) zuzurechnen und das Problem der Temporalität dieser Sinnsysteme (Derrida) und ihren einschränkenden oder agonalen Charakter zu thematisieren. In ihrer realen Wirksamkeit für die kulturwissenschaftliche Forschungspraxis begrenzter sind bisher die Diskurse des Pragmatismus und der Sprachspielphilosophie

---

15 Cassirer (1980 [1942], S. 31).

gewesen: Der amerikanische Pragmatismus bei Peirce, James, Dewey und anderen betreibt eine Transformation der Handlungstheorie in Richtung einer Theorie symbolvermittelter Handlungskoordination und einer Theorie der ›Semiosis‹, der im Prinzip endlosen interpretativen Zeichenanwendung. Ludwig Wittgenstein formuliert in seinem Spätwerk eine Theorie der ›Sprachspiele‹ als ›Lebensformen‹, die den praktischen Routinecharakter des im Prinzip immer ›bodenlosen‹ alltäglichen Verstehens und ›Wissens‹ thematisiert; diese Sprachspielphilosophie erlangt eine Schlüsselbedeutung für die ›post-analytische‹ Philosophie von Quine bis Rorty, welche sich unter anderem mit der Frage nach dem Verhältnis unterschiedlicher Vokabulare zueinander und ihrer Übersetzbarkeit beschäftigt.

Erst die modernen Kulturtheorien, die sich aus diesen vier verschiedenen theoretischen Quellen speisen, vermögen damit die Implikation der Kontingenz menschlicher Lebensformen, die im Kulturbegriff von Anfang an angelegt war, zu radikalisieren. Entscheidend ist nun die Einsicht, dass sämtliche Komplexe von Praktiken der Vergangenheit und Gegenwart – vom archaischen Ritus bis zur modernen Naturwissenschaft – erst vor dem Hintergrund der jeweiligen, sehr spezifischen Sinnhorizonte und Bedeutungscodes möglich sind, ›normal‹ und ›rational‹ werden oder gar als ›notwendig‹ und ›natürlich‹ erscheinen. Normal, rational, notwendig oder natürlich sind die Praktiken nur im Verhältnis zu ihren spezifischen, kontingenten Sinnsystemen – gleichgültig, ob man diese Sinnsysteme nun als Zeichensysteme, Diskurse, Sinnhorizonte oder Sprachspiele konzeptualisieren mag. Natürlich existiert auch innerhalb des bedeutungsorientierten Kulturbegriffs noch ein weiteres Mal die Möglichkeit, das Kontingenzverständnis einzuschränken, und zwar über den Weg eines ›Symboluniversalismus‹: Man kann auch im Rahmen einer bedeutungsorientierten Kulturtheorie voraussetzen, dass die differenten Sprachspiele von einem ›universalen‹, für die gesamte Menschheit geltenden Meta-Sprachspiel überwölbt werden. Eine solche universalistische Kulturtheorie wird im Rahmen des Strukturalismus etwa in Claude Lévi-Strauss' Ethnologie vertreten; die Phänomenologie Husserls setzt gleichfalls voraus, dass den historisch differenten Lebenswelten eine überhistorische Lebenswelt zugrunde liegt. Das kulturwissenschaftliche Forschungsprogramm in Soziologie, Ethnologie, Geschichtswissenschaft und Literaturwissenschaft lehnt sich jedoch im wesentlichen nicht an diese universalistischen Versionen an, sondern an das Potential eines radikalisierten Kontingenzbegriffs, das in der semiotischen, hermeneutischen, pragmatistischen und sprachspieltheoretischen Tradition enthalten ist. Inwiefern verändert ein solches bedeutungsorientiertes, sozialkonstruktivistisches Kulturverständnis nun jedoch die geistes- und sozialwissenschaftliche Forschungspraxis? Und welchen bisherigen Grundannahmen dieser Disziplinen steht es entgegen?

2. ›Kultur‹ als Kontingenzperspektive. Modernetheoretische, gegenstandstheoretische und wissenschaftstheoretische Implikationen

Die Kontingenzperspektive des kulturwissenschaftlichen Forschungsprogramms, das auf dem bedeutungsorientierten Kulturbegriff aufbaut, steht insgesamt in einem kritischen Verhältnis zu bestimmten konzeptuellen Festlegungen traditioneller Soziologie, Ethnologie, Geschichts- und Literaturwissenschaft. Diese disziplinären Basisannahmen haben als Formen der *Invisibilisierung von Kontingenz* gewirkt, und zwar auf der Ebene einer – expliziten oder impliziten – *Theorie der Moderne*, der *gegenstandstheoretischen Grundbegrifflichkeit* und der *Wissenschaftstheorie*. Alle vier Disziplinen verwenden zwangsläufig derartige modernetheoretische, gegenstandstheoretische und wissenschaftstheoretische Basisvokabulare und in allen Fällen – so wird nun aus der kulturwissenschaftlichen Perspektive deutlich – wurden Kontingenzen sowohl des jeweiligen Gegenstandes als auch des wissenschaftlichen Verhältnisses zu ihm ›unsichtbar‹ gemacht. Diese begrifflichen Vorgaben zur Einschränkung von Kontingenz dienen letztlich dazu, auf verschiedenen Ebenen *Rationalität* voraussetzen zu können, eine immanente Rationalität des Gegenstandes wie auch eine Rationalität der wissenschaftlichen Analyse: beispielsweise die Rationalität der Moderne im Vergleich zur Vormoderne; die formale Rationalität der sozialen Akteure oder der Binnenstruktur von Texten; schließlich die Rationalität des wissenschaftlichen Beobachters.

Im Wesentlichen hat es in den Geistes- und Sozialwissenschaften dabei drei Formen gegeben, um durch begriffliche Vorgaben kulturelle Kontingenz unsichtbar zu machen: den Naturalismus, den Universalismus/Formalismus und die Geschichtsphilosophie. Der ›Naturalismus‹ kann bestimmte Phänomene – und nicht selten gerade die fundamentalen menschlichen Antriebe und Strukturen – dem Kontingenzspiel des Kulturellen dadurch als entzogen betrachten, dass er sie als ›natürlich‹, dem Menschen als biologischem Wesen zukommend interpretiert. Der ›Universalismus‹ geht davon aus, dass – jenseits von Aussagen über die Natur – auf der Ebene der Gesellschaft und Kultur, den normativen, symbolischen und systemischen Ordnungen, allgemeine, für alle Menschen oder Lebensformen geltende Strukturen existieren. Ein Spezialfall des Universalismus ist der ›Formalismus‹: Ausgehend von der Unterscheidung zwischen Form und Inhalt wird hier vorausgesetzt, dass auf der Ebene der ›Inhalte‹ kulturelle Variationen existieren mögen, dass jedoch die ›formalen Strukturen‹, die diesen inhaltlichen Differenzen ›vorausliegen‹, allgemeiner, kulturübergreifender Art sind. Das Vokabular der ›Geschichtsphilosophie‹ setzt demgegenüber voraus, dass zwar kulturelle oder soziale Differenzen existieren, dass diese Formationen jedoch in der historischen Entwicklung im Prinzip einer Fortschrittssequenz folgen und jede Praxis im Rahmen dieser Sequenz ›seinen Platz hat‹. Die beiden sozialwissenschaftlichen Disziplinen der Soziologie und Ethnologie sowie die beiden geisteswissenschaftlichen Disziplinen der Geschichts- und Literaturwissenschaft – die sowohl für die bisherigen Humanwissenschaften als auch für das kulturwissenschaftliche Forschungsprogramm ein disziplinäres Kernquarré bilden – haben in ihren traditionellen Forschungsprogrammen auf unterschiedlichen Wegen begriffliche Vorannahmen getroffen, die zu einer Marginalisierung der Kontingenzwirkung von Kultur führten und die sich systematisch gegenüberstellen lassen. Das kulturwissenschaftliche Programm führt in allen vier Fällen dazu, dass diese Festlegungen zweifelhaft werden:

Für die *Soziologie* von Comte, Spencer und Marx bis zu aktuellen Versionen der Modernisierungs- und Differenzierungstheorie ist auf der Ebene der Theorie der Moderne die strikte Unterscheidung zwischen ›moderner Gesellschaft‹ und ›traditionaler Gesellschaft‹ disziplinenkonstitutiv gewesen. Um ihre Identität als Wissenschaft der Moderne zu erlangen, bedarf die Soziologie der strikten Differentsetzung zu ›traditionalen‹, ›vormodernen‹ Formen der Sozialität. Die Unterscheidung zwischen diesen beiden Gesellschaftstypen ist regelmäßig mit der Zuschreibung einer besonderen Form von Rationalität gegenüber dem modernen Gesellschaftstypus verbunden (formale Rationalität, kommunikative Rationalität, ökonomisch-technologische Effizienz, Reflexivität der Individuen, politisch-rechtliche Verfahrensrationalität). Im Rahmen der Modernisierungstheorien wird die Entwicklung von der traditionalen zur modernen Gesellschaftsform dabei als ein unilinearer, allgemeingültiger Entwicklungspfad konzeptualisiert.

Analysen aus dem Kontext des kulturwissenschaftlichen Forschungsprogramms haben den Dualismus von ›moderner‹ und ›traditionaler‹ Sozialität zunehmend fragil werden lassen. Auch in den modernen Gesellschaften lassen sich Vergesellschaftungs- und Vergemeinschaftungsformen von grundlegender Bedeutung auffinden, die Gemeinsamkeiten mit denen ›traditionaler‹ Gesellschaften aufweisen – von kollektiven Identitäten über Rituale bis zu neuen Tribalismen und Religionen (M. Castells, M. Maffesoli). Andererseits scheint aber auch die ›Modernität‹ der modernen Vergesellschaftungen nicht einem einheitlichen allgemeinen Muster zu folgen: So erscheint das, was einmal als typisch ›modern‹ und als Endpunkt des Pfades der Modernisierungstheorien galt, im Zeichen von Analysen hochmoderner Sozialitäts- und Subjektformen zunehmend als historisch-kulturell spezifische Besonderheit (L. Boltanski, S. Lash). Im Zuge der Analyse kultureller Mikroprozesse sind zudem die Annahmen bezüglich ›typisch moderner‹ institutioneller Rationalität relativiert worden, wofür die Untersuchungen nur sehr ›begrenzt rationaler‹ organisationeller Binnenlogiken im Kontext der ›organizational studies‹ und ›science studies‹ die besten Beispiele liefern (H. Simon, B. Latour). Schließlich ist in kulturwissenschaftlichen Untersuchungen zunehmend die kulturelle Voraussetzungshaftigkeit vieler modernisierungstheoretisch scheinbar zwingender oder gar ›natürlicher‹ Strukturen der Moderne herausgearbeitet worden: die sehr speziellen symbolischen Bedingungen des modernen Verständnisses von Politik und der Marktökonomie, aber auch die des modernen Geschlechterverhältnisses, der modernen Affektstrukturen, der Formen des Körpers oder des Umgangs mit technischen Artefakten. Dabei wird – gerade im Rahmen von kulturvergleichenden Studien – zunehmend deutlich, dass man statt eines universalen Entwicklungspfades ›multiple modernities‹,[16] unterschiedliche kulturelle Transformationsprozesse in der Moderne annehmen muss.

Auch die gegenstandstheoretische Grundbegrifflichkeit der soziologisch relevanten Sozialtheorien hat in der Geschichte der Disziplin regelmäßig dazu geführt, dass die Kontingenz sozial-kultureller Praktiken und ihres Sinnhintergrundes marginalisiert worden ist. Zwar ist der Soziologie das kulturwissenschaftliche Vokabular niemals völlig fremd gewesen – man denke an Max Weber oder den symbolischen Interaktionismus –, aber einflussreiche Sozialtheorien haben die Sichtweise befördert, dass der Sozialwelt letztlich *vorkulturelle* bzw. formale Strukturen zugrunde liegen. Dies gilt für das auch über den Marxismus hinaus wirkungsmächtige Schema von ›Basis und Überbau‹ ebenso wie für die ›formale Soziologie‹ (Simmel), die in der ›structural sociology‹ (P. Blau) weitergeführt worden ist, sowie für das Erklärungsmodell des Funktionalismus. Während in diesen Fällen die eigentlich relevanten sozialen Strukturen als nicht-sinnhafte Muster verstanden werden, geht die Kontingenzeinschränkung in den rationalistischen Handlungsmodellen des ›Homo oeconomicus‹ und ›Homo sociologicus‹ einen anderen Weg. Diesen Vokabularen zufolge ist menschliches Handeln zwar durchaus als ›sinnhaft‹ zu verstehen, jedoch wird dem Konzept des Sinns im Rahmen eines Rationalmodells des Handelns ein eingeschränkter Stellenwert jenseits des bedeutungsorientierten Kulturbegriffs zugeschrieben: Handelnde erscheinen hier entweder als interessensorientierte, nutzenkalkulierende Individuen oder als norm- und rollenbefolgende Akteure. Dieser Suche nach einem ›soliden Fundament‹ der Handlungserklärungen in vorsinnhaften Strukturen oder rationalistischen Handlungsmodellen

stehen die kulturtheoretischen Ansätze in der Soziologie – von Bourdieu bis zur Ethnomethodologie – entgegen, indem sie die kontingenten symbolischen Ordnungen und Wissensbestände als konstitutive Voraussetzungen sozialer Praktiken ans Tageslicht bringen, vor deren Hintergrund bestimmte Interessen erst definiert und Normen ›normal‹ erscheinen, vor deren Hintergrund etwaige Nutzenkalküle und Rollenkonformität erst als kultureller Standard für Akteurskompetenz gelten können.

Schließlich stellt das kulturwissenschaftliche Programm auch bestimmte, in der Soziologie weit verbreitete Grundannahmen bezüglich des epistemologischen Status des eigenen wissenschaftlichen Handelns in Frage. Die Soziologie hat in der Vergangenheit wesentlich stärker als etwa die Ethnologie und Geschichtswissenschaft Sympathien für Neuraths Programm einer ›Einheitswissenschaft‹ gehegt, das heißt für eine Position, die von einer identischen wissenschaftstheoretischen Grundstruktur für Natur- und Humanwissenschaften ausgeht. Gleichzeitig hat das soziologische Erkenntnisinteresse in der Gründungsphase (Mitte des 19. Jahrhunderts) wie in der Institutionalisierungsphase (1950 bis 70er Jahre) der Disziplin in geradezu prototypischer Form dem entsprochen, was Zygmunt Bauman als die Haltung der ›legislators‹ (gegenüber den ›interpreters‹) umschrieben hat: ein reformistisches Interesse an gesellschaftlicher Steuerung. Diese Kombination von einheitswissenschaftlichem und steuerungspragmatischem Interesse hat in der Soziologie ›realistischen‹ Wissenschafts- und Erkenntnisinteressen zur Verbreitung verholfen, zu denen das kulturwissenschaftliche Programm – etwa in der soziologischen Hermeneutik oder im systemtheoretischen Konstruktivismus – auf wissenschaftskritische Distanz geht. Die postempiristischen Wissenschaftstheorien lassen die Theorien und Methoden der Sozialwissenschaftler als kulturell spezifische Vokabulare und Techniken erscheinen – und gerade die Wissenschaftssoziologie hat in ihren Analysen der Praktiken und Diskurse des Wissenschaftsalltags die Einsicht in die Strukturen wissenschaftlicher Erkenntnisproduktion gefördert.

Auch in der *Ethnologie* haben die Vertreter des kulturwissenschaftlichen Forschungsprogramms grundsätzliche Kritik an bestimmten Vorannahmen

---

16 Eisenstadt (2000).

der Fachtradition vorgebracht.[17] Wenn die Soziologie sich in ihrem Selbstverständnis von vornherein als Disziplin der Moderne definiert hat, dann hat die Ethnologie im Feld der Humanwissenschaften seit ihrer Entstehung insbesondere in England, Frankreich und den Vereinigten Staaten im letzten Drittel des 19. Jahrhunderts gewissermaßen die Komplementärposition übernommen: die einer Wissenschaft des Vor- und Nicht-Modernen, der schriftlosen und im Lévi-Strauss'schen Sinne ›kalten‹, scheinbar ahistorischen Gesellschaften und Kulturen. Im Sinne einer strikten Unterscheidung zwischen dem ›Eigenen‹ – der westlichen Kultur, die aber immer ›im Rücken‹ des Beobachters bleibt – und dem ›Fremden‹, das heißt dem in einem emphatischen und radikalen Sinne ›Anderen‹ (im Unterschied etwa zur Antike oder zum Mittelalter, die zwar auch nicht-modern, aber doch als hochkulturelle Vorgängerinnen der Moderne erscheinen), ist die Differenz zwischen traditionalen und modernen Sozialitätsformen auch für die Ethnologie konstitutiv.[18]

Auf sozialtheoretischer Ebene ist die klassische Ethnologie im Vergleich zur Soziologie auf den ersten Blick deutlich offener für den Kulturbegriff – ja, die Ethnologie definierte sich zu großen Teilen als ›Kulturanthropologie‹: Es bestand eine gewisse Arbeitsteilung darin, die fremden, nicht-modernen Sozialitäten ›von außen‹ als einzelne ›Kulturen‹ analysieren zu können, während die eigenen Sozialitätsformen in der Soziologie *nicht* als Kulturen, sondern als soziale Strukturen interpretiert wurden. Diese Kulturanthropologie beruhte jedoch vor dem Cultural Turn der 1970er Jahre größtenteils auf jenem vorkonstruktivistischen totalitätsorientierten Kulturbegriff, der zwar immer auch auf ideelle Elemente verwies, aber Kultur letztlich als ›ganze Lebensform‹ verstand, die an eine Gemeinschaft gebunden bleibt.[19] Neben einer solchen Version des Kulturalismus hat die Ethnologie jedoch vor allem auch eine Reihe dezidiert nicht-kulturalistischer Vokabulare als sozialtheoretischen Hintergrund ihrer Forschungen gewählt. Hier ist vor allem der an ausdrücklich nicht-symbolischen, ›sozialen Strukturen‹ orientierte Zweig zu nennen (Radcliffe-Brown; Evans-Pritchard), der die ›Sozialanthropologie‹ gegen die ›Kulturanthropologie‹ in Stellung brachte, hier sind aber auch evolutionistische

sowie funktionalistische Sozialtheorien einzuordnen (B. Malinowski und L. White). Mit diesen funktionalistischen, sozialstrukturellen oder totalitätskulturalistischen Sozialtheorien ist – so die Kritik der Kulturwissenschaftler – regelmäßig auf wissenschaftstheoretischer und methodologischer Ebene die Voraussetzung des ethnologischen Feldforschers als eines ›anthropological hero‹ (Stocking) verknüpft gewesen: als ein unbeobachteter Beobachter, der über den Weg des ›Eintauchens‹ ins Feld ein ›wirklichkeitsgetreues‹ Abbild des ›Fremden‹ zu geben vermag.

Die kulturwissenschaftlich gewendete Ethnologie hat die disziplinenkonstitutive Differenz zwischen dem ›Fremden‹/›Anderen‹ und dem ›Eigenen‹ problematisiert und unter Druck gesetzt. Zum einen hat die Kontingenzperspektive auf wissenschaftstheoretischer Ebene eine ›Krise der ethnologischen Repräsentation‹ bewirkt: Die unausweichlichen und nicht selten durch die westliche Herkunfts-›Kultur‹ geprägten, begrifflichen und methodischen Voraussetzungen sowohl der ethnographischen Feldforschung als auch der Praxis ethnologischer Textproduktion und der dort hergestellten ›Bilder des Fremden‹ sind insbesondere im Kontext der ›writing culture‹- und Postkolonialismus-Debatte herausgearbeitet worden. Auf sozialtheoretischer Ebene haben bedeutungsorientierte Kulturtheorien –

---

17 Vgl. beispielhaft Geertz (1993); Clifford/Marcus (1986); Clifford (1988).

18 Der implizite These der grundsätzlichen strukturellen Andersartigkeit der ›primitiven‹ schriftlosen Kulturen der Nicht-Moderne gegenüber der ›eigenen‹ modernen Zivilisation steht in der ethnologischen Tradition ein anderes modernetheoretisches Muster nur scheinbar gegenüber: An die Stelle des Primitivismus und Exotismus tritt hier genau umgekehrt der kulturelle Universalismus. Dieser Universalismus, etwa in Durkheims ›Formen des religiösen Lebens‹ und bei Lévi-Strauss, geht davon aus, dass in den schriftlosen und den westlichen Kulturen in der ›Tiefenstruktur‹ die selben Codes und Normen gelten. Während der Primitivismus die radikale Verschiedenartigkeit von nicht-westlichen und westlichen Kulturen voraussetzt und damit etwaige Gemeinsamkeiten aus dem Blick geraten lässt, setzt der Universalismus die basale Gleichartigkeit voraus und entschärft damit mögliche Differenzen.

19 So definiert etwa Franz Boas: »Culture embraces all the manifestations of social habits of a community« (Boas 1930, S. 79) und Margaret Mead: »Culture means the whole complex of traditional behavior« (Mead 1937, S. 17).

von denen die ›symbolistic anthropology‹ von Clifford Geertz die wirkungsmächtigste darstellt – dazu geführt, dass sich der Blick von den ›Gebräuchen‹ und ›sozialen Strukturen‹ auf die ›dahinter‹ befindlichen Wirklichkeitsmodelle und interpretativen Leistungen der ›fremden‹ Subjekte richtet. Schließlich ist auf modernetheoretischer Ebene die strikte Differenz zwischen westlichen und nicht-westlichen Gesellschaften/Kulturen unterminiert worden, was zu einer Neustrukturierung des ethnologischen Forschungsgegenstandes geführt hat. Insbesondere unter den Bedingungen kultureller Globalisierung lässt sich die strikte Grenzziehung zwischen dem Westen und seinem ›Anderen‹ in asiatischen oder afrikanischen Kulturen nicht mehr aufrechterhalten. Die Kulturen außerhalb Europas oder Nordamerikas erscheinen so wie dieser ›westliche Kern‹ selbst als komplexe ›hybride‹ Überlagerung verschiedener symbolischer Ordnungen – so dass schließlich auch die westlichen Kulturen zum Gegenstand des nun bewusst ›verfremdenden‹ Blicks ethnologischer Forschung werden können.

Wenn die klassische Ethnologie auf eine Analyse des ›Anderen‹ der Moderne in den nicht-westlichen Kulturen abzielt, so richtet sich die *Geschichtswissenschaft* in erster Linie auf die westliche Vorgeschichte dieser modernen Gegenwart. Kennzeichnend für die moderne Geschichtswissenschaft, die sich zunächst im Kontext der Aufklärungsphilosophie und der Romantik ausbildet, sich im Rahmen des Historismus des 19. Jahrhunderts professionalisiert und im 20. Jahrhundert in nationalspezifisch verschiedener Weise mit sozialwissenschaftlichen Theorieprogrammen vom Historischen Materialismus bis zur Modernisierungstheorie in Berührung kommt, ist jedoch, diese Geschichte *der* Moderne größtenteils tatsächlich als Vor-Geschichte auf dem Weg *zur* Moderne zu deuten, als eine kontinuierliche Sequenz von Etappen, die in die Gegenwart einmündet. Diese modernetheoretische Denkfigur einer ›kontinuierlichen‹ Entwicklung findet sich in der liberalen (›Wiggish‹) Geschichtsschreibung aus der Tradition der Aufklärung, die Geschichte als empirische Demonstrationsfläche der sich entfal-

tenden Vernunft deutet, in anderer Form aber auch im aufklärungsskeptischen Historismus, für den die Entwicklung der jeweiligen ›individuellen‹ Nation bzw. der fortlaufende Konflikt der Nationen die ›große Linie‹ der Geschichte bildet, und schließlich in den sozialwissenschatlichen Theorieimporten des Historischen Materialismus und der historisch angewandten Modernisierungstheorien. Dieses implizierte Moderneverständnis der Geschichtswissenschaft bildet die Zielscheibe der Kritik von Seiten der ›historischen Kulturwissenschaft‹, ›Historischen Anthropologie‹ und ›new cultural history‹:[20] Indem Historiker eine Kontinuität historischer Entwicklung bis zur Gegenwart voraussetzten und insofern verschiedenen Versionen einer ›großen Erzählung‹ folgten, war die Geschichtswissenschaft gerade keine Disziplin historischer Kontingenzen, sondern eine Disziplin der Konstatierung von *ex post*-Notwendigkeiten. Das kulturwissenschaftliche Programm in der Geschichtswissenschaft zielt dann umgekehrt darauf ab, zu demonstrieren, wie an bestimmten Punkten in der Geschichte erst sehr spezifische kulturelle Praktiken und Diskurse nachfolgende Entwicklungen ermöglicht und erzwungen haben. Historische Kontingenz wird demonstriert, indem man die historische Spezifität (und möglicherweise auch Befremdlichkeit) von symbolischen Ordnungen und Praktiken anfertigt, deren Konsequenzen in eine scheinbar allgemeingültige Struktur der Moderne mündeten. Somit können auch die ›Gleichzeitigkeit des Ungleichzeitigen‹ in der kulturellen Entwicklung und das historische Potential ›anderer Möglichkeiten‹ im Sinne nicht ausgeschöpfter kultureller Bedeutungsressourcen sichtbar gemacht werden. Während die klassischen Erzählungen der Geschichtswissenschaft damit die verstehbare *Kontinuität* des Historischen voraussetzten, werden aus kulturhistorischer Perspektive damit die historischen *Diskontinuitäten* wahrnehmbar.

Dieser modernetheoretische Perspektivenwechsel ist mit entsprechenden gegenstandstheoretischen und wissenschaftstheoretischen Verschiebungen aufs engste verknüpft: In ihrer heuristischen Grundbegrifflichkeit steht die durch die Kulturtheorien informierte neue Kulturgeschichte der Politikgeschichte, die vor allem mit ›intentionalen Akteuren‹ (individueller oder auch kollektiver Art) han-

---

20 Vgl. beispielhaft White (1973); LeGoff u.a. (1978); Hunt (1989).

tierte, und der Sozial- und Gesellschaftsgeschichte, deren Leitbegriffe die der Institutionen und sozialen Klassen sind, entgegen. Wissenschaftstheoretisch schließlich bringt die Kulturgeschichte ein gesteigertes Kontingenzbewusstsein gegenüber der begrifflichen und methodischen Kontextabhängigkeit der historischen Forschung, damit für Fragen der Darstellung und Repräsentation von Geschichte auf den Weg: Dem ›Positivismus der Geisteswissenschaft‹ (Habermas) des klassischen Historismus und dem Positivismus der Sozialwissenschaften wird nun mit einem selbstreflexiven Blick auf die Begriffsabhängigkeit und Narrativität der historiographischen Perspektive geantwortet – und letztlich hat insbesondere die neue Wissenschaftsgeschichte dazu beigetragen, für die Geistes- und Sozial- wie für die Naturwissenschaften eine historisch-kulturelle Kontextualisierung wissenschaftlicher Paradigmen zu betreiben.

Auch in der *Literaturwissenschaft* hat der Cultural Turn dazu geführt, dass disziplinenkonstitutive Unterscheidungen, die die immanente Rationalität des Gegenstandes wie auch die Rationalität des wissenschaftlichen Handelns sichern sollten, unter Druck geraten sind.[21] Konstitutiv für die moderne Literaturwissenschaft und Zielscheibe der kulturwissenschaftlichen Kritik ist vor allem die Unterscheidung zwischen ›Text‹ und ›Kontext‹. Die moderne Literaturwissenschaft, die im Zusammenhang von Romantik und Historismus im 19. Jahrhundert zunächst durchgreifend historisiert wird, um dann im 20. Jahrhundert eine zunehmende strukturale Systematisierung ihre Gegenstandes zu betreiben (New criticism, strukturale Analyse, werkimmanente Interpretation), versteht sich als eine Wissenschaft von Texten, und zwar in erster Linie von ›künstlerischen‹ Texten, denen die Merkmale der Literarizität bzw. Poetizität zukommt. Die gegenstandstheoretische Grundbegrifflichkeit der Literaturtheorie kreiste in der klassischen Hermeneutik zunächst um das Expressionsverhältnis zwischen Text und Autor, um sich im Kontext der systematischen Textanalyse zunehmend auf die Binnenstrukturen und -logiken von Texten zu richten. Die kulturwissenschaftlichen Ansätze – von der Rezeptionsästhetik und einer radikalisierten Hermeneutik über die Dekonstruktion bis zum New historicism – haben diese Grundannahmen als latent

kontingenzinvisibilisierend kritisiert: Zum einen scheint die Annahme einer ›Sicherung‹ der Textbedeutung durch die Intentionen des Autors bzw. durch eine objektiv-autonome Binnenstruktur des Textes, die eine Abschließung des Textes von nicht-textuellen Kontexten (bzw. anderen Texten) ermöglichen sollen, zweifelhaft. Statt dessen kann man die Position vertreten, dass die Bedeutung von Texten von den Bedeutungszuschreibungen, das heißt Interpretationen der Leser, Interpreten und Rezipienten, mithin von ihrem sozial-kulturellen Gebrauch in bestimmten historischen *Kontexten* sowie von den instabilen semiotischen Verweisen zwischen dem jeweiligen Text und anderen kulturell relevanten Texten und Diskursen abhängt. Zum anderen erscheint die Begrenzung von ›Literatur‹ auf Texte ästhetischer Literarizität und ihre Abgrenzung vom ›Nicht-Literarischen‹ fragil. Der Textbegriff lässt sich statt dessen auch auf ›nicht-fiktionale‹ Texte sowie schließlich auf alle zeichentragenden Medien (etwa auch audiovisuelle Medien) ausdehnen.

Die Neudefinition des literaturwissenschaftlichen Gegenstandes hat dabei tiefgreifende wissenschaftstheoretische wie modernetheoretische Konsequenzen: Wissenschaftstheoretisch erscheint im Zeichen der radikalen Hermeneutik und des Poststrukturalismus die Möglichkeit der Feststellung eines ›objektiven Textsinns‹ durch den Interpreten – sei es auf dem Wege einer Nachempfindungshermeneutik oder einer ›textimmanenten‹ Analyse – unterminiert. Modernetheoretisch hatte die Literaturwissenschaft mehr implizit als explizit zwei Grundpositionen vertreten: Die eine begriff Literatur als eine hochkulturelle Selbstkommentierung der Moderne, die individuelle oder kollektive ›Bildung‹ ermöglichen sollte; die andere verstand Literatur in der Moderne als ein autonomes System von Texten, im Prinzip separiert von anderen gesellschaftlichen Sphären. Die kulturwissenschaftliche Literaturwissenschaft hingegen versteht literarische und nicht-literarische Texte als modernespezifische Medien einer diskursiven Produktion und Veränderung kultureller Codes. Paradigmatisch erscheinen hier der ›New historicism‹ und die Medienwissenschaft:

---

21 Vgl. beispielhaft Bloom u.a. (1979); Greenblatt/Gunn (1992); Lentricchia/McLaughlin (1995).

Der ›New historicism‹ (S. Greenblatt) rekonstruiert, wie in bestimmten historischen und sozialen Kontexten Texte bestimmte gesellschaftliche Sinnoptionen transportieren und andere ausschließen; die Medienwissenschaft (F. Kittler) arbeitet heraus, wie die modernespezifischen Medien bestimmte Wahrnehmungsweisen präformieren und eröffnen (wobei dabei auch die Grenze zwischen ›high culture‹ und ›popular culture‹ überschritten wird). Die kulturwissenschaftliche gewendete Literaturwissenschaft überschneidet sich damit anders als die klassische Textwissenschaft in ihren Fragestellungen mit denen von Soziologie, Geschichtswissenschaft und Ethnologie.

Die Perspektive der ›Kultur‹ im kulturwissenschaftlichen Programm enthält auf diese Weise in allen Disziplinen eine kritische wie eine konstruktive Seite. Kritisch wendet sie sich gegen jene rationalitätsverbürgenden Invisibilisierungen von Kontingenz in den Grundbegrifflichkeiten der modernen Geistes- und Sozialwissenschaft: gegen die scheinbare Eindeutigkeit der Unterscheidungen zwischen *moderner* und *traditionaler Gesellschaft* in der Soziologie, zwischen dem *Eigenen* und dem *Fremden* in der Ethnologie, dem *Kontinuierlichen* und dem *Diskontinuierlichen* in der Geschichtswissenschaft sowie zwischen *Text* und *Kontext* in der Literaturwissenschaft. Auf wissenschaftstheoretischer Ebene wurde zur ›Rationalitätssicherung‹ in allen vier Disziplinen die Denkfigur des reinen, ›unbeobachteten Beobachters‹ eingeführt und auf die vorgeblich kontextneutralen Methoden der wissenschaftlichen Praxis verwiesen, die den Status von wissenschaftlichen Aussagen als nicht-kontingente, akulturelle und erfahrungsdeterminierte Produkte garantieren sollten. Auf gegenstandstheoretischer Ebene sollte die immanente Rationalität des jeweiligen Forschungsobjekts über Vokabulare abgesichert werden, die den Gegenstand auf der Ebene formaler, akultureller Strukturen oder Handlungsmuster verorten (Basis/Überbau, strukturale Soziologie und strukturale Ethnologie, Homo oeconomicus, Homo sociologicus, Funktionalismus, symbolischer Universalismus, formaler Textstrukturalismus). Auf modernetheoretischer Ebene schließlich ist es die Gegenüberstellung zwischen ›der Moderne‹ und nicht-modernen Formationen – welche entweder als arational oder als ›Etappen zur Moderne‹ interpretiert werden –, die der Demonstration moderner Rationalität dienen sollte. In der kritischen Abgrenzung von diesen begrifflichen Vorannahmen gewinnt das kulturwissenschaftliche Forschungsprogramm sein Profil: Wissenschaftstheoretisch gilt es nun, die symbolischen Ordnungen und kulturellen Praktiken, aus denen sich die historisch-spezifischen wissenschaftlichen Tätigkeiten zusammensetzen, reflexiv in den Blick zu nehmen und forschungspraktische Konsequenzen aus den post-empiristischen Wissenschaftstheorien zu ziehen. Modernetheoretisch gilt das Interesse den sehr spezifischen historisch-kulturellen Kontexten, in denen scheinbar notwendige moderne Strukturentscheidungen ihren kontingenten Anfang nehmen, sowie den alternativen Codes und Praktiken der Gegenwart und Vergangenheit, die die Existenz von ›multiple modernities‹ demonstrieren. Gegenstandstheoretisch schließlich kommen jene Sozialtheorien zum Einsatz, die man unter der Überschrift der ›Kulturtheorien‹ zusammenfassen kann. Die Verschiedenartigkeit dieser Kulturtheorien hat jedoch für die Fragerichtung der kulturwissenschaftlichen Forschungspraxis erhebliche Auswirkungen, die abschließend angedeutet werden sollen.

3. Optionen der Kulturtheorien: Kultur als Strukturen oder als subjektive Leistungen – Kultur als Diskurse oder als soziale Praktiken

Der bedeutungsorientierte Kulturbegriff, welcher der kulturwissenschaftlichen Forschungsprogrammatik die Richtung weist, wird in ›Kulturtheorien‹ verarbeitet und systematisch weitergeführt. Diese unterscheiden sich im Aufbau ihres Vokabulars und damit in ihren forschungspraktischen Anschlussmöglichkeiten deutlich voneinander. Das bedeutungsorientierte Kulturverständnis unterstützt zwar generell ein Vokabular, das von der symbolischen Konstituiertheit menschlicher Handlungsformen ausgeht – was darunter jedoch genau zu verstehen ist, bleibt zwischen den verschiedenen Ansätzen der Kulturtheorien, die sich insbesondere im Gefolge von Semiotik, Strukturalismus, Phänomenologie, Hermeneutik, Pragmatismus und Sprachspielphilosophie ausgebildet haben, strittig. Die kulturwissenschaftliche Forschungspraxis greift – ob in expliziter oder in impliziter Form – auf diese Kulturtheorien zurück. Mit der Form der Kulturtheorien verändert sich jedoch die Ausrichtung des kulturwissenschaftlichen Forschungsinteresses. Insbesondere unter zwei zentralen Gesichtspunkten liefern die Kulturtheorien unterschiedliche forschungspraktische Optionen und in beiden Fällen ist wiederum das Verständnis dessen strittig, was ›Kultur‹ ausmacht: Die eine Frage lautet, ob Kultur grundsätzlich als eine Konfiguration von übersubjektiven symbolischen Strukturen oder als ein Ergebnis subjektiv-interpretativer Leistungen zu verstehen ist. Die zweite Frage lautet, ob Kultur in erster Linie auf der Ebene von Diskursen (oder Texten oder Symbolsequenzen) oder auf der Ebene (körperlich verankerter) routinisierter sozialer Praktiken situiert werden soll.[22]

Die strukturalistisch-semiotische und die ›interpretative‹ phänomenologisch-hermeneutische Theorietradition bilden die beiden einflussreichsten Stränge kulturalistischer Theoriebildung im 20. Jahrhundert. Idealtypisch exemplifizieren diese beiden Theorieschulen – zumindest in ihren klassischen Anfangsversionen – einerseits ein Verständnis von *Kultur als symbolische Strukturen*, andererseits ein Verständnis von *Kultur als Produkt subjektiver Interpretationsleistungen*. Im Rahmen des strukturalistisch-semiotischen Vokabulars, welches eine für das kulturwissenschaftliche Denken klassische Form in der Ethnologie von Claude Lévi-Strauss gefunden hat, werden symbolische Ordnungen als unüberschreitbare Voraussetzungen, als Bedingungen verstanden, die vorgeben, welche Ereignisse, welche Formen des Subjekts, welche Handlungs- und Diskurspraktiken möglich sind: Sie erscheinen als Sinnmuster, die den Möglichkeitsspielraum aktualer Sinnzuschreibungen in einzelnen Situationen durch die jeweiligen Subjekte bestimmen. Als Strukturen können die symbolischen Ordnungen eine historisch-spezifisch distinkte Form besitzen, aber im Zeitraum ihrer historischen Wirksamkeit stellen sie bestimmte Unterscheidungsmuster ›auf Dauer‹ – ein Konzept, das Foucaults Modell historischer ›episteme‹ ebenso zugrunde liegt wie der Konzeption von Mentalitäten in der ›long durée‹ im Rahmen der Annales-Historiographie. Leitend für das strukturalistische Vokabular ist die Position, dass die klassisch-modernen Konzeptualisierungen des ›Subjekts‹ dessen Wirkungsmöglichkeiten – in Form eines auto-

nomen Akteurs, eines Stifters von Bedeutungen etc. – regelmäßig überschätzt haben. Dem stellt das strukturalistische Kulturkonzept eine ›Minimierung des Subjekts‹ entgegen, welches nun im wesentlichen als Produkt oder Exekutor kultureller Strukturen erscheint. Das Verständnis von Kultur als Konstellation von symbolischen Strukturen ist dabei mit einer einflussreichen Neuprofilierung des Begriffs der Macht verknüpft: Macht existiert nicht außerhalb der Kultur, die Kultur ist keine Sphäre ›weicher‹ Faktoren, die machtlos blieben. Im Gegenteil sind die symbolischen Codes der Ort, an dem Macht ihre subtilste Wirkung entfalten kann: Durch die symbolischen Codes wird eingeschränkt, was überhaupt denkbar, sagbar, wünschbar ist. Gleichzeitig entfaltet die Macht der symbolischen Codes eine produktive Qualität: Sie limitiert nicht nur, sondern bringt auch bestimmte Denk-, Wahrnehmungs- und Handlungsweisen hervor.[23]

Im Unterschied zum strukturalistischen Denken setzt die phänomenologisch-hermeneutische, ›interpretative‹ Tradition in ihrem Verständnis von Kultur als symbolische Ordnungen an den Verstehensleistungen der Subjekte an. Kultur ist hier etwas, was allein in den Zuschreibungen von Sinn und Bedeutung durch Subjekte in bestimmten Situationen gegenüber bestimmten Gegenständen existieren kann – Sinn ist im phänomenologischen Kontext immer als ›intentional‹, als Sinn ›von etwas‹ zu begreifen: ein Sinn, mit dem Subjekte sich die Welt als ihre Welt verstehbar und handhabbar machen. Konsequenterweise wird im interpretativen Kontext der situative und der intersubjektive Charakter von Sinnzuschreibungen betont: Interpretationen erscheinen hier als Ergebnis von ›interpretative work‹,[24] das vom einzelnen Akteur im Angesicht einer häufig überkomplexen oder mehrdeutigen Situation oder von mehreren Akteuren in der Sequenz einer ›Bedeutungsaushandlung‹ vollzogen wird. Im Unterschied zum strukturalistischen vertritt ein derartiges interpretatives Kulturverständnis, das in der soziologischen Ethnomethodologie ebenso wie in der Rezeptionsästhetik und der Alltags- und Mi-

22 Vgl. auch Reckwitz (2000).
23 Vgl. Foucault (1991 a).
24 Garfinkel (1984).

krogeschichte zum Einsatz kommt, die Position, dass in klassisch-modernen Theorien der Status des Subjekts nicht über- sondern umgekehrt systematisch unterschätzt, auf einen bloßen ›subjektiven Faktor‹ ›individueller Vorstellungen‹ reduziert worden ist. Demgegenüber betreibt eine interpretative Kulturwissenschaft gerade eine Rehabilitierung der subjektiven Verstehensleistungen als unhintergehbarer Hintergrund allen Handelns: sie stärkt den Stellenwert der interpretierenden Akteure gegenüber den übersubjektiven Strukturen. Auf diese Weise treten im interpretativen Kulturverständnis auch die Bedeutungsinstabilitäten und situativen Transformationsmöglichkeiten der Kultur in den Vordergrund.

Die Konzeptualisierungen von ›Kultur als Struktur‹ und von ›Kultur als Produkt subjektiver Interpretationsleistungen‹ stellen sich beide als für die kulturwissenschaftliche Forschungspraxis einflussreich dar und sind beide mit komplementären heuristischen Vorzügen und Nachteilen verknüpft. Die strukturalistische Perspektive ermöglicht ein Verständnis kultureller Reproduktion, eine Analyse der Mechanismen, in denen symbolische Ordnungen ›auf Dauer gestellt‹ und räumliche wie zeitliche Grenzen transzendiert werden. Kultur wird hier als eine ›Makro‹-Struktur sichtbar, die Sinnoptionen einschränkt. Auf der anderen Seite besteht das Problem einer derartigen kulturalistischen ›top down‹-Perspektive darin, dass sie kulturelle Transformationen und situative Destabilisierungen nur mit Mühe verständlich zu machen vermag und sie die Prozesse, in denen individuelle oder kollektive Akteure routinisiert, innovativ oder agonal Interpretationsleistungen vollziehen, zugunsten der strukturellen Voraussetzungen und Ergebnisse dieser Prozesse einklammert. Umgekehrt vermag die interpretative ›bottom up‹-Perspektive einen theoretischen Hintergrund für die Analyse dieser situationsspezifischen Mikroprozesse zu liefern, tut sich jedoch schwer mit einer Analyse der übersubjektiven und bestimmte Kontexte transzendierenden kulturellen Reproduktionen. Zunehmend sind je-

doch kulturtheoretische Synthesemodelle erarbeitet worden, die den Antagonismus von ›Kultur als Struktur‹ und ›Kultur als Interpretationsleistung‹ als überwindbar erscheinen lassen:[25] Gefragt ist hier ein ›structure and agency-link‹ für die Kulturtheorien, der kulturelle Reproduktion und kulturelle Innovation gleichermaßen verständlich macht und den Dualismus zwischen ›kulturellen Strukturen‹ und ›interpretierenden Akteuren‹ hinter sich lässt.

Neben der Frage nach der strukturellen oder subjektiven Qualität von Kultur, aber davon nicht unberührt erscheint für die kulturwissenschaftliche Forschungspraxis eine zweite grundsätzliche Begriffsentscheidung auf der Ebene der Kulturtheorien folgenreich: die Frage, was als ›Ort‹ von Kultur auszumachen ist. Sind die symbolischen Ordnungen der Kultur auf einer ›geistigen‹, mentalen Ebene zu verorten, bewegen sie sich auf der Ebene von ›Diskursen‹ oder auf der von ›sozialen Praktiken‹? In der kulturtheoretischen Diskussion stehen sich entsprechend *mentalistische, textualistische* und *praxeologische* Theorievokabulare gegenüber, wobei für die gegenwärtige Diskussion vor allem die beiden letzteren von Relevanz sind.

Die frühen Versionen der modernen Kulturtheorien im klassischen Strukturalismus und in der klassischen Sozialphänomenologie waren der Tendenz nach mentalistisch ausgerichtet: Kultur erscheint hier als eine Eigenschaft des Geistes. In der klassisch-strukturalistischen Zeichen- und Kulturtheorie werden symbolische Codes als Eigenschaften eines mentalen Unbewussten zugerechnet, als »produit social déposé dans le cerveau de chacun«.[26] Im Bereich der symbolischen Ordnungen erscheinen die psychische und die sozial-kollektive Ebene als identisch, Kulturanalyse stellt sich entsprechend als Geistanalyse dar – Ziel ist es, zu den grundlegenden Strukturen des Geistes vorzudringen. In der klassischen sozialphänomenologischen Kulturtheorie – für die in der Soziologie Alfred Schütz' Programmatik »Der sinnhafte Aufbau der sozialen Welt« (1932) steht – wird ein gegenüber dem Strukturalismus konträres Modell des Mentalen verwendet: Bedeutungen existieren hier nicht in einem geistigen Unbewussten, sondern allein in den intentionalen Sinnzuschreibungen des Bewusstseins. Der Interpret hat nicht die Aufgabe, eine den Subjekten

---

25 Vgl. Giddens (1979); Bourdieu (1987); Alexander u.a. (1987); Schatzki (1996).
26 Saussure (1985, S. 44).

selbst nicht bewusste Zeichensystematik zu dechiffrieren, sondern sich in die ›subjektive Perspektive‹ der Teilnehmer und ihrer interpretativen Akte zu versetzen. Trotz dieses konträren Aufbaus der strukturalistischen und sozialphänomenologischen Vokabulare sind sie sich in ihrer scheinbar selbstverständlichen Verortung der Bedeutungswelt der Kultur auf der Ebene des Mentalen, des Geistes einig: Übereinstimmung herrscht in »the idea that mind is a substance, place, or realm that houses a particular range of activities and attributes«.[27]

Die mentalistisch orientierten klassischen Kulturtheorien und ihr Verständnis von Kultur als ›geistige Welt‹ (Husserl) haben für die kulturwissenschaftliche Forschungspraxis in der Soziologie, Ethnologie, Geschichtswissenschaft und Literaturwissenschaft nur eine begrenzte Anschlussfähigkeit besessen. Das Problem des in Kontinuität zur Kantianischen Subjektphilosophie stehenden Mentalismus besteht aus der Perspektive der Kulturwissenschaften in der impliziten Annahme einer Separiertheit des ›inneren‹ Geistes vom ›Außen‹ der Handlungspraxis und der materialen Kultur (Zeichen, Medien, Artefakte, Körper). Die Relation zwischen diesem ›Innen‹ des Mentalen und der Außenwelt der Handlungsakte und Zeichen bleibt jedoch in allen Versionen des Mentalismus prekär. Durchaus konsequent hat der kulturalistische Mentalismus darüber hinaus eine problematische Tendenz zum Universalismus und damit zu einer Dementierung der Kontingenzperspektive der Kulturwissenschaften: Wenn letztlich die kulturellen Codes des Geistes jenseits der Variabilität der Außenwelt des Handelns herausgearbeitet werden sollen, dann ist der Fluchtpunkt in einer post-kantianischen universalen Struktur kognitiver Schemata folgerichtig, auf den sowohl Lévi-Strauss' Strukturalismus als auch Husserls Phänomenologie, aber auch die kognitive Psychologie zulaufen.

Im Feld der Kulturtheorien haben sich mit dem Modell von ›Kultur als Diskurse‹ und dem Modell von ›Kultur als Praktiken‹ zwei nicht-mentalistische Optionen herausgebildet, die beide für die kulturwissenschaftliche Praxis attraktiv sind. Eine Konzeptualisierung von Kultur als Diskurse, Texte oder Symbolsequenzen hat sich insbesondere in den 1960er und 70er Jahren entwickelt: einerseits im Kontext des Poststrukturalismus in Michel Foucaults Diskursanalyse[28] und Jacques Derridas Dekonstruktion,[29] andererseits im Rahmen des interpretativen Ansatzes in Clifford Geertz' Modell von ›culture as text‹.[30] Später lässt sich hier auch Niklas Luhmanns konstruktivistische Systemtheorie einordnen,[31] die soziale Systeme als Kommunikationssequenzen versteht. Diese Theorieperspektiven vollziehen eine resolute ›Dezentrierung des Subjekts‹ und rechnen Sinnsysteme eindeutig außerhalb mentaler Eigenschaften auf der Ebene von Diskursformationen oder Symbolen und Zeichen zu. Es ist in diesen historisch-spezifischen Diskursen – so die Annahme in Foucaults Diskursanalyse – bzw. in der Symbolhaftigkeit von Gegenständen und Ereignissen – so Geertz' Konzeption von ›Kultur als Text‹ –, dass eine spezifische symbolische Organisation der Wirklichkeit stattfindet. Die kulturwissenschaftliche Analyse stellt sich dann konsequenterweise entweder als Diskursanalyse oder als semiotische Analyse dar – sie kann von den ›Subjekten‹ abstrahieren, die erst in den spezifischen Codes dieser Diskurse bzw. Symbolsysteme *als* Subjekte definiert werden.

Dem textualistischen Kulturverständnis gegenüber stehen neuere Kulturtheorien, die die symbolischen Ordnungen der Kultur auf der Ebene körperlich verankerter, Artefakte verwendender und öffentlich wahrnehmbarer ›sozialer Praktiken‹ verorten. Verschiedene Versionen dieser praxeologischen Ansätze finden sich vor allem seit den 1980er Jahren etwa in Pierre Bourdieus Theorie der Praxis,[32] Victor Turners und Judith Butlers Theorien des Performativen,[33] Charles Taylors Modell der ›embodied agency‹,[34] aber auch in der Subjekttheorie des späten Foucault[35] und zuvor bereits in der Ethnomethodologie.[36] Neben Theorieelementen aus der neostrukturalistischen und interpretativen Tradition sind es hier vor allem die Sprachspiele-als-Lebensformen-Philosophie des

---

27 Schatzki (1996, S. 22).
28 Foucault (1990).
29 Derrida (1983).
30 Geertz (1993).
31 Luhmann (1984).
32 Bourdieu (1987).
33 Turner (1974); Butler (1991).
34 Taylor (1903).
35 Foucault (1991 b).
36 Garfinkel (1984).

späten Wittgenstein[37] und die Philosophie des Pragmatismus, die diese Version der Kulturtheorie beeinflusst haben. Als ›kleinste Einheit‹ kulturwissenschaftlicher Analyse stellen sich aus dieser Perspektive weder mentale Kategorien noch Diskurse, sondern ›soziale Praktiken‹ dar. Unter einer ›sozialen Praktik‹ wird hier »a temporally unfolding and spatially dispersed nexus of doings and sayings«[38] verstanden – die Praktik des bürokratischen Verwaltens, der körperlichen Hygiene oder des riskanten Unternehmens, der Praktikkomplex der wissenschaftlichen Theoriebildung, des bürgerlichen Ehelebens oder der Rezeption von Popmusik etc. – ein ›nexus of doings and sayings‹, der durch einen bestimmten ›praktischen Sinn‹ (Bourdieu), das heißt einen Komplex von impliziten Interpretationsformen, know how-Wissen und kulturell geformten emotional-motivationalen Zuständen, strukturiert wird. Eine ›Praktik‹ stellt sich in diesem Sinne als ein zwangsläufig immer körperlich vollzogener Komplex von implizit sinnhaft organisierten, routinisierten Verhaltensweisen dar, der in der öffentlichen Performanz auch als ›verständlich‹ wahrgenommen wird. Soziale Praktiken können dabei eine intersubjektive Struktur haben, das heißt mehrere körperlich-mentale ›Träger‹ voraussetzen, sie können jedoch auch ›interobjektiv‹ (Latour) strukturiert sein und materiale Artefakte voraussetzen oder schließlich im Sinne der ›Techniken des Selbst‹ (Foucault) eine auf einen einzelnen Träger bezogene Struktur aufweisen. Aus kulturwissenschaftlich-praxeologischer Perspektive erscheinen dann ›soziale Institutionen‹ – von der Ökonomie bis zur Intimsphäre – als Konfigurationen historisch-spezifischer sozialer Praktiken und auch ›Texte‹ stellen sich als Bestandteile von bestimmten Rezeptions- und Produktionspraktiken dar.

Textualistische und praxeologische Kulturtheorien haben gleichermaßen einen fruchtbaren Hintergrund für ein forschungspraktisch handhabbares Kulturverständnis geliefert. Beide haben dazu geführt, dass sich der kulturwissenschaftliche Blick von der mentalen Welt des Geistes auf die ›öffentlich

wahrnehmbare‹ materiale Kultur richten konnte – und gegenwärtig sind es vor allem die textualistischen und praxeologischen Ansätze, die den Hintergrund für die kulturwissenschaftliche Forschungspraxis liefern. Manches spricht jedoch dafür, dass die neuen praxeologischen Kulturtheorien auf bestimmte Defizite der textualistischen Kulturmodelle antworten: Die textualistischen Ansätze – etwa die Diskursanalyse oder Geertz' ›Kultur als Text‹-Modell – haben eine Tendenz zum ›Mythos des autonomen Diskurses‹[39] impliziert und damit zu der stillschweigenden Annahme, dass den Diskursen oder den symbolischen Gegenständen ›an sich‹ und bereits außerhalb ihres interpretativ-praktischen Verwendungskontextes bestimmte Bedeutungen oder Codes zukämen. Hinzu kommt, dass die Ausrichtung des Blicks auf die Diskurse die nicht-diskursiven Praktiken sowie die körperlichen, mentalen, materialen und psychischen Bedingungen, unter denen die Diskurse vollzogen werden, marginalisiert hat: Diese körperlichen, mentalen, materialen und psychischen Bedingungen erscheinen aus textualistischer Sicht bevorzugt als diskursive *Definitionen* des Körpers, des Geistes etc., aber kaum als kulturell produzierte Bestandteile einer bestimmten sozialen Praxis. Die praxeologische Perspektive betreibt hingegen der Tendenz nach eine ›Entintellektualisierung‹ des Kulturverständnisses, welche den Ort der symbolischen Ordnungen der Kultur von den mentalen Kategorien *und* Diskursen in Richtung des ›tool kit‹[40] praktischen Wissens verschiebt. Die verschiedenen Praxistheorien vollziehen auf diese Weise eine theoretische und damit auch forschungspraktische Rehabilitierung sowohl der menschlichen Körper als auch der materialen Artefakte als Bestandteile sozialer Praktiken, vor allem aber des vorbewussten Routinecharakters der Verwendung der symbolischen Ordnungen, die Kultur ausmachen.

Die Debatte zwischen textualistischen und praxeologischen Forschungsansätzen und die Probleme einer weiteren Ausarbeitung der – bisher eher in Umrissen erkennbaren – praxeologischen Kulturtheorie stellen sich als zentrale Aufgaben der künftigen Weiterentwicklung des kulturwissenschaftlichen Forschungsprogramms jenseits einer traditionellen Ausrichtung auf ›geistige Strukturen‹ und ›Ideen‹ dar. Auf welche Art und Weise sich die kulturalistische Kontingenzperspektive am frucht-

---

37 Hierzu Schatzki (1996).
38 Schatzki (1996, S. 89).
39 Dreyfus/Rabinow (1982).
40 Swidler (1986).

barsten in die Forschungspraxis umsetzen lässt und am wirkungsvollsten eine Revision der Perspektive auf die Moderne, die Sozialwelt und die Wissenschaft betreiben kann, ist damit eine offene Frage. Es wäre verwunderlich, wenn die Kulturtheorien hier nicht auch nach der Etablierung des ›Cultural Turn‹ ihre Stärke ausspielen, ›alte‹ Theorievokabulare dekonstruieren und ›neue‹, überraschende, perspektivenreichere Vokabulare entwickeln würden.

Literatur

ADELUNG, JOHANN CHRISTOPH (1807 [1793]), *Grammatisch-kritisches Wörterbuch der hochdeutschen Mundart*, Wien: Pichler. ▪ ALEXANDER, JEFFREY C. U. A. (1987) (Hg.), *The Micro-Macro-Link*, Berkeley u. a.: Univ. of California Press. ▪ ARNOLD, MATTHEW (1990 [1869]), *Culture and Anarchy*, Cambridge: Cambridge University Press. ▪ BAUMAN, ZYGMUNT (1987), *Legislators and Interpreters*, Cambridge: Polity. ▪ BLOOM, HAROLD / MAN, PAUL DE / DERRIDA, JACQUES U. A. (1979) (Hg.), *Deconstruction & Criticism*, New York: Continuum. ▪ BOAS, FRANZ (1930), »Anthropology«, in: *Encyclopaedia of the Social Sciences*, Bd. 2, London: Macmillan. ▪ BÖHME, HARTMUT / MATUSSEK, PETER / MÜLLER, LOTHAR (2000), *Orientierung Kulturwissenschaft. Was sie kann, was sie will*, Reinbek: Rowohlt. ▪ BOURDIEU, PIERRE (1987), *Sozialer Sinn. Kritik der theoretischen Vernunft*, Frankfurt/M.: Suhrkamp. ▪ BUTLER, JUDITH (1991), *Das Unbehagen der Geschlechter*, Frankfurt/M.: Suhrkamp. ▪ CASSIRER, ERNST (1980 [1942]), *Zur Logik der Kulturwissenschaften*, Darmstadt: Wiss. Buchgesellschaft. ▪ CLIFFORD, JAMES (1988), *The Predicament of Culture. Twentieth-century ethnography, literature, and art*, Cambridge (Mass.): Harvard University. ▪ CLIFFORD, JAMES / MARCUS, GEORGE E. (1986) (Hg.), *Writing Culture. The poetics and politics of ethnography*, Berkeley: Univ. of California. ▪ DERRIDA, JACQUES (1983), *Grammatologie*, Frankfurt/M.: Suhrkamp. ▪ DREYFUS, HUBERT L. / RABINOW, PAUL (1982), *Michel Foucault. Beyond structuralism and hermeneutics*, New York u. a.: Harvester. ▪ EISENSTADT, SHMUEL NOAH (2000), *Die Vielfalt der Moderne*, Weilerswist: Velbrück. ▪ ELIAS, NORBERT (1990[15] [1939]), *Über den Prozeß der Zivilisation. Soziogenetische und psychogenetische Untersuchungen*, 2 Bde., Frankfurt/M.: Suhrkamp. ▪ ELIOT, T. S. (1948), *Notes Towards the Definition of Culture*, London: Faber & Faber. ▪ FOUCAULT, MICHEL (1990[4]), *Archäologie des Wissens*, Frankfurt/M.: Suhrkamp. ▪ FOUCAULT, MICHEL (1991 a), *Die Ordnung des Diskurses*, erweiterte Ausgabe, Frankfurt/M.: Fischer. ▪ FOUCAULT, MICHEL (1991 b), *Der Gebrauch der Lüste. Sexualität und Wahrheit, Band 2*, Frankfurt/M.: Suhrkamp. ▪ FRÜHWALD, WOLFGANG U. A. (1991), *Geisteswissenschaften heute. Eine Denkschrift*, Frankfurt/M.: Suhrkamp. ▪ GARFINKEL, HAROLD (1984), *Studies in Ethnomethodology*, Cambridge: Polity. ▪ GEERTZ, CLIFFORD (1993), »Deep play: Notes on the Balinese cockfight«, in: Geertz, Clifford, *The Interpreta-*
tion of Cultures. Selected Essays, London: Fontana, S. 412–453. ▪ GEHLEN, ARNOLD (1940), *Der Mensch. Seine Natur und seine Stellung in der Welt*, Berlin: Junker und Dünnhaupt. ▪ GIDDENS, ANTHONY (1979), *Central Problems in Social Theory. Action, structure and contradiction in social analysis*, London: Macmillan. ▪ GREENBLATT, STEPHEN / GUNN, GILES (1992) (Hg.), *Redrawing the Boundaries. The transformation of English and American literary studies*, New York: MLA. ▪ HERDER, JOHANN GOTTFRIED (1967 [1774]), *Auch eine Philosophie der Geschichte zur Bildung der Menschheit*, Frankfurt/M.: Suhrkamp. ▪ HERDER, JOHANN GOTTFRIED (1903 [1784 ff.]), *Ideen zur Philosophie der Geschichte der Menschheit*, Leipzig: Reclam. ▪ HUNT, LYNN (1989) (Hg.), *The New Cultural History*, Berkeley: Univ. of California. ▪ KANT, IMMANUEL (1991 [1784]), »Idee zu einer allgemeinen Geschichte in weltbürgerlicher Absicht«, in: Kant, Immanuel, *Werkausgabe*, Bd. XI, Frankfurt/M.: Suhrkamp, S. 31–50. ▪ KOSELLECK, REINHART (1979), *Vergangene Zukunft*, Frankfurt/M.: Suhrkamp. ▪ KROEBER, ARNOLD L. / KLUCKHOHN, CLYDE (1952), *Culture. A critical review of concepts and definitions*, Cambridge/Mass.: Harvard Univ. Press. ▪ KROEBER, ARNOLD L. / PARSONS, TALCOTT (1958), »The concepts of culture and of social system«, in: *American Sociological Review*, 22, S. 582–583. ▪ LEGOFF, JACQUES U. A. (1978), *La nouvelle histoire*, Paris: CEPL. ▪ LENTRICCHIA, FRANK / MCLAUGHLIN, THOMAS (1995) (Hg.), *Critical Terms for Literary Study*, Chicago: Univ. of Chicago. ▪ LÉVI-STRAUSS, CLAUDE (1991[5]), *Strukturale Anthropologie I*, Frankfurt/M.: Suhrkamp. ▪ LUHMANN, NIKLAS (1984), *Soziale Systeme*, Frankfurt/M.: Suhrkamp. ▪ LUHMANN, NIKLAS (1992), *Beobachtungen der Moderne*, Opladen: Westdeutscher Verlag. ▪ LUHMANN, NIKLAS (1995), »Kultur als historischer Begriff«, in: *Gesellschaftsstruktur und Semantik. Studien zur Wissenssoziologie der modernen Gesellschaft*, Bd. 4, Frankfurt/M.: Suhrkamp, S. 31–54. ▪ MEAD, MARGARET (1937), *Cooperation and Competition among Primitive Peoples*, New York: McGrawHill. ▪ PARSONS, TALCOTT / PLATT, GERALD M. (1990), *Die amerikanische Universität. Ein Beitrag zur Soziologie der Erkenntnis*, Frankfurt/M.: Suhrkamp. ▪ RECKWITZ, ANDREAS (2000), *Die Transformation der Kulturtheorien. Zur Entwicklung eines Theorieprogramms*, Weilerswist: Velbrück. ▪ RORTY, RICHARD (1993), *Kontingenz, Ironie und Solidarität*, Frankfurt/M.: Suhrkamp. ▪ SAUSSURE, FERDINAND DE (1985 [1916]), *Cours de linguistique générale*, Paris: Payot. ▪ SCHATZKI, THEODORE (1996), *Social Practices. A Wittgensteinian approach to human activity and the social*, Cambridge: CUP. ▪ SCHÜTZ, ALFRED (1991[5] [1932], *Der sinnhafte Aufbau der sozialen Welt. Eine Einleitung in die verstehende Soziologie*, Frankfurt/M.: Suhrkamp. ▪ SWIDLER, ANN (1986), »Culture in action: symbols and strategies«, in: *American Sociological Review*, 51, S. 273–286. ▪ TAYLOR, CHARLES (1993), »To follow a rule [...]«, in: Taylor, Charles (1995): *Philosophical Arguments*, Cambridge/Mass.: Harvard Univ. Press, S. 165–180. ▪ TENBRUCK, FRIEDRICH H. (1979), »Die Aufgaben der Kultursoziologie«, in: *Kölner Zeitschrift für Soziologie und Sozialpsychologie*, 31, S. 399–421. ▪ TENBRUCK, FRIEDRICH H. (1989), *Die kulturellen Grundlagen der Gesellschaft*, Opladen: Westdeutscher Verlag. ▪ TURNER, VICTOR (1974), *Dramas, Fields,*

and Metaphors. Symbolic action in human society, Ithaca: Cornell University Press. ■ TYLOR, EDWARD B. (1903 [1871]), *Primitive Culture. Researches into the development of mythology. philosophy, religion, language, art and custom*, London: Murray. ■ WHITE, HAYDEN (1973), *Metahistory. The historical imagination in 19ᵗʰ century Europe*, Baltimore: John Hopkins Univ. Press. ■ WILLIAMS, RAYMOND (1972), *Gesellschaftstheorie als Begriffsgeschichte. Studien zur historischen Semantik von ›Kultur‹*, München: Rogner & Bernhard. ■ WITTGENSTEIN, LUDWIG (1984), »Philosophische Untersuchungen«, in: *Werkausgabe*, Bd. 1, Frankfurt/M.: Suhrkamp, S. 225–580.

12.2 Religion in der Kultur – Kultur in der Religion

Burkhard Gladigow

1. Differenzierung von Kulturen

Kulturelle Entwicklung[1] lässt sich nicht nur über ›Innovationen‹ beschreiben, die Fortschritte für Problemlösungen mit sich bringen, sondern auch über Ausdifferenzierungsprozesse, die in der Folge institutionell verfestigter Arbeitsteiligkeit stehen. Die Teilbereiche von Kultur, die auf diese Weise entstehen, haben als ›Subsysteme‹ andere Teilbereiche von Kultur, oder Kultur als ganze als ihre ›Systemumwelt‹,[2] beziehen sich also auf sie oder sind in einer definierten Weise von ihnen abhängig. Wenn man unter dieser Perspektive klassische Bereiche wie etwa Wirtschaft, Recht, Kunst und ›Religion‹ ins Auge fasst, zeigt sich, dass Entwicklungsniveaus, Komplexitätsgewinne, Rationalitätssteigerungen oder gar Professionalisierungstendenzen höchst unterschiedliche Dynamiken entwickeln. Zugleich scheint sich die Tendenz herauszubilden, dass Menschen nicht nur über Arbeitsteilung und Machtgefälle voneinander getrennt sind, sondern zugleich Lebensbereiche und Lebensformen entwickeln, ›in‹ denen sie für eine gewisse Zeit (oder dauerhaft) leben können. Räumliche Trennung und akzeptierte Rollenübernahmen verstärken die Möglichkeiten, sich ›in‹ einer Kultur Sonderformen der Lebensweise zu schaffen und zu erhalten. Der zentrifugalen Dynamik in der Etablierung von Kulturbereichen und der ihnen zugeordneten Wissens- und Lebensformen stehen, soll die Kultur sich nicht ›auflösen‹, systemintegrierende Leistungen wie Reziprozität, normativer Konsens und schließlich Herrschaft gegenüber.

Ohne auf die Vexier-Frage einer Wesensdefinition von Religion[3] eingehen zu wollen, seien die folgenden Überlegungen durch die Vorannahme oder These bestimmt, dass es erst von einer gewissen Komplexität der Kultur an möglich ist, von ›Religion‹ und schließlich gar von Religion ›in‹ der Kultur zu reden. Unterhalb einer hinreichenden Komplexität gehen kulturelle Kommunikationsformen, Organisationsmuster und mitlaufende Normativitäten

ununterscheidbar ineinander über, so dass ›Kultur‹ und ›Religion‹ nicht wie distinkte Größen angesprochen werden können. Trotzdem wird unter Anwendung eines religionswissenschaftlichen Religionsbegriffs[4] erkennbar, dass Religion im Prozess der Ausdifferenzierung der Teilbereiche von Kultur[5] eine besondere Rolle spielt. Gegen eine ›naturwüchsige‹ Ausdifferenzierung von Teilbereichen zu selbständigen ›Kulturen‹ werden von dem Teilsystem ›Religion‹ ausgehend Normativitäten generiert und schließlich professionell vertreten, die sich deutlich von vergleichbaren ›Binnenregelungen‹ anderer kultureller Teilsysteme unterscheiden. Von dem Bereich ›Religion‹ aus werden beispielsweise Abgaben, Strafverfügungen, Heiratsverbindungen, Stadtgründungen und Kriegspraxen geregelt, für die es ›schon lange‹ interne Regulative und Plausibilitäten gab. Ökonomische, soziale, rechtliche, urbanistische und militärische Professionalität haben regelmäßig eine je eigene Rationalität entwickelt. In gewisser Hinsicht ist ›Religion‹ dann der kulturelle Teilbereich, der die Differenzierungsfolgen, denen er selbst seine Entstehung ›verdankt‹ hat, ständig zurück zu nehmen versucht. Religiöse Vorgaben für Wirtschaft, Recht und später vor allem für den Bereich der Wissenschaften ›negieren‹ gewissermaßen Differenzierung und Differenzierungsfolgen von Kulturen. Dieser ›anachronistische‹ Anspruch des Teilbereichs ›Religion‹ auf Systemintegration[6] begründet die Dynamik vor allem europäischer Entwicklungen, in denen eine materielle oder normative Kompetenz der Religion mit den in der Geschich-

---

1 Dazu Tenbruck (1989) und Parsons (1966 b). Zu Max Weber als Hintergrund des Differenzierungsmodells Tenbruck (1975).
2 Gladigow (1998).
3 Zu den Problemen Haußig/Scherer (1998).
4 Zur Generierung religionswissenschaftlicher Grundbegriffe Cancik/Gladigow/Kohl (1988).
5 Zu den kulturellen Differenzierungsbedingungen Gladigow (1998); zur Differenzierung Religion-Kultur Hahn (1986).
6 Zu den Alternativen der Interpretation Luhmann (1977).

te zunehmenden Kompetenzen anderer Professionen in Konflikt tritt. Der religiöse Anspruch auf ›Systemintegration‹ kann eine gewisse Zeit lang über Komplexitätssteigerungen oder Professionalisierungen aufgefangen werden. Wenn Grenzen für diese Leistung, wie beispielsweise in Renaissance und Aufklärung, erreicht sind (oder provoziert werden), ergeben sich Orientierungskonflikte, bei denen Sinn-Ressourcen unterschiedlicher Bereiche gegeneinander stehen können. Das religiöse Sinnsystem kann dann ein Sinnsystem unter anderen sein (sekundärer Pluralismus), oder aber in seiner Reichweite systematisch eingeschränkt werden (Säkularisierung).

Gemeinsam ist diesen höchst unterschiedlichen kulturellen Prozessen, dass im Rahmen einer Binnendifferenzierung von Kulturen spezifische Funktionen generiert werden, von denen die religiöse nur eine unter vielen ist. Die Verbindung (oder Konkurrenz) einer Professionalisierung von Religion mit einer kulturellen Binnendifferenzierung, eine weitere diskrete Stufe ihres dynamischen Verhältnisses, hat beschreibbare Gründe: Rituelle Konformität beispielsweise kann solange mit den traditionellen Mitteln der sozialen Kontrolle gesichert werden, wie Rituale situations- und kontextgebunden praktiziert werden. Das kann auch für kulturelle Phasen einer weiteren sozialen und funktionalen Differenzierung gelten, solange die Anlässe für den Einsatz von Ritualen konstant bleiben, wie im Falle von Geburt, Bestattung oder Statuswechsel. Prozesse der Generalisierung setzen dann ein, wenn »die Evolution der Ideen [...] als eigenständige, d. h. vom unmittelbaren Handeln gelöste vor(kommt), wo sie in der Oberschichtenkommunikation eine gewisse Unabhängigkeit von den direkten Interaktionen erhält«.[7] Das heißt, erst wenn ein Kontrollinteresse über kultisches Handeln

thematisierbar wird, kann eine Tendenz von der Orthopraxie zu Orthodoxie sichtbar werden. Mit einer Zunahme kultureller Komplexität ist zugleich ein Anwachsen der Freiheit in der Wahl von Orientierungen möglich, bis hin schließlich zu einem ›Wechsel‹ der Religion.

Das aber scheint vor allem ein strukturelles Problem monotheistischer Religionen zu sein: Kollektive Verbindlichkeiten können bei neuen Anforderungen nicht mehr durch bloße ›Ausweitung‹ des religiösen Systems, etwa durch die Aufnahme neuer Götter,[8] aufrechterhalten werden, sondern müssen auf einer ›Metaebene‹ bedient werden. Die ›Pflege‹ dieser Metaebene gerät üblicherweise exklusiv in die Hände von Spezialisten, die nun ihrerseits Anwendungsregeln und Anspruchsbereiche[9] für die Postulate der Metaebene vorgeben. Latente rigoristische Tendenzen bekommen erst auf diese Weise einen expliziten theoretischen Apparat, der nun ausformuliert, dass ›Frömmigkeit‹ sich nicht in der Erfüllung möglichst vieler religiöser Normen erfüllt,[10] sondern in ihrer Intensivierung zu einer ›Meta-Norm‹. Eine dramatische Konsequenz dieses ›Intensivierungsparadigmas‹ ist: Der Mensch brauche nur *eine* ›Religion‹, *dürfe* gar nur eine haben. Konversion und Apostasie können nun auch theoretisch gefasst werden.

Die modernen Interpreten gehen – dieser christlichen, philosophischen Tradition folgend – weitestgehend unreflektiert davon aus, dass ein Mensch – auch unter den Bedingungen antiker Polytheismen – ›seine‹ Religion ›hat‹, sie beherrscht und angemessen anwendet. Christlich eingefärbte Oberbegriffe wie ›Frömmigkeit‹, oder wissenschaftliche Sammelbegriffe wie ›rituelle Konformität‹ verdecken die Problemfelder religiöser Kompetenz dabei eher, als sie zu erschließen. Bis in den Bereich einer Religionsgeschichte der Neuzeit dominiert in der religionshistorischen Forschung die Annahme, ›der Mensch‹ habe ›eine‹ Religion, die er als ›eine‹ hat, erwirbt – oder ablegt.

---

7   Hahn (1986, S. 217); vgl. auch Luhmann (1977, S. 85).

8   Dazu plakativ Luhmann (1977, S. 126 ff.) mit Betonung des ›Generalisierungszwangs‹ in der israelitischen und christlichen Entwicklung.

9   Luhmann (1977, S. 89 ff. und 106) fasst diesen Vorgang unter dem Begriff der Respezifikation und sieht ihn komplementär zu einer Dogmenbildung.

10 Schon in der Antike wurde versucht, den Begriff von ›Aberglaube‹ (*deisidaimonia*) über eine (sinnlose) Extensivierung von Normenerfüllung zu fassen.

2. Professionalisierung von Religion

Professionalisierungsprozesse von Religionen erzeugen zunächst einmal systeminterne Ansprüche: Die richtige Ausführung des jeweiligen Kultes, die

Wahl des richtiges Gottes und das richtige Verhalten gegenüber den Göttern (bereits drei Referenzebenen) werden unter bestimmte Anforderungen gestellt, die nun von einer religiösen Metaebene her eingeordnet und beurteilt werden können. Die Verlagerung von ›Professionalität‹ auf eine Metaebene – durchaus nicht die einzige notwendige Form von Professionalisierung – hat zur Folge, dass nun nicht mehr ›nur‹ der richtige Vollzug eines Kultaktes relevant ist und beurteilt werden kann, sondern eine bestimmte Aussage und ein bestimmbares Verhältnis zu den Göttern oder einem Gott (*theologia* bei Platon).

Die ›Pflege‹ der Metaebene durch Spezialisten erzeugt in diesem Rahmen Trennregeln, die nun auch auf der gleichen Ebene nicht nur ›richtig‹ und ›falsch‹ vorgeben, sondern auch grundsätzliche religiöse Divergenzen. Aus einer Überlagerung von Symbolkontrolle und Gruppendruck (in Mary Douglas' Schema)[11] ergeben sich so Häresien, die ›mehr‹ sind als eine *hairesis*, die Wahl oder Entscheidung zwischen mehreren, aber gleichwertigen Möglichkeiten. In diesen Prozess der Professionalisierung ist eine typologische Differenzierung von Religionen einindividiert: Die grundsätzliche Regionalisierung polytheistischer Religionen bindet religiöse Optionen zunächst in regionale, soziale und politische Schemata ein, Konversionen und Häresien sind gewissermaßen ›verräumlicht‹. Erst wenn Geltungsansprüche und Geltungsgründe von Göttern oder einem Gott überregional vertreten und soteriologisch monopolisiert werden können, sind Kontrolle und Kontrollinteresse thematisierbar, ein Ausgangsfeld für Theologien.

Im Rahmen von Ausdifferenzierungsprozessen, wie sie für die Entwicklung neuzeitlicher Gesellschaften charakteristisch sind, steigen die Ansprüche an ›kulturelle Semantiken‹ signifikant. Wenn Teilsysteme von Gesellschaft eigene Deutungsmuster und eigene Semantiken entwerfen,[12] werden ›Verrechenbarkeit‹ und ›Übertragung‹ zu einem Problem, – das wiederum nur im Rahmen von Professionalität gelöst werden kann. Bei einem Transfer von Deutungsmustern von einem Bereich in einen anderen[13] kann man ›Fehler machen‹, oder Neues erschließen. Religiöse Ansprüche auf das ›Recht‹ anzuwenden, kann ›richtig‹ sein, wirtschaftliche auf ›Religion‹ ganz falsch,[14] den Kultus ›bild-

lich wiederzugeben‹, unmittelbar plausibel, Götterbilder herzustellen, eine Dummheit oder Anmaßung. Unterschiedliche Medien der Wiedergabe oder Repräsentation zuzulassen, führt mit einer gewissen Notwendigkeit zu Kontroversen über Richtigkeit und Angemessenheit:[15] Wie müssen Götter im Mythos dargestellt werden, dürfen Götternamen niedergeschrieben werden, wie viele Bilder eines Gottes kann es geben, ist der Tanz das angemessene Medium von Verehrung?

3. Der ›Passungscharakter‹ von Religionen

Aus einer unterschiedlichen Dynamik im Binnenverhältnis kultureller Subsysteme, konkret: der positiven Religionen zu den sie umgebenden anderen Teilsystemen, entsteht ein Problem, für das man den ethologischen Begriff der ›Passung‹ anwenden könnte. Wie genau ›passt‹ eine Religion in ›ihre‹ Kultur,[16] kann sich dieses Passungsverhältnis im Laufe der Zeit verschlechtern, und gar: Gibt es Religionen am falschen Ort, in der ›falschen‹ Kultur?

Es fällt auf, dass die großen Religionen mit ihren Modellvorstellungen und ihren Leitideen an einer früh-agrarischen Stufe kultureller Entwicklung, mit einem entsprechend begrenzten technologischen Repertoire, orientiert sind. Agrarische Praxis, einfache handwerkliche Techniken und ein beschränktes Rechts- und Wirtschaftssystem geben hier die Orientierungsmuster[17] für religiöse Operationen vor. Das gilt vor allem für zentrale Begriffe und Vorstellungskomplexe monotheistischer Religionen: Schöpfung, Erlösung, Heil und Gnade sind strukturell frühagrarischen Gesellschaften[18] zuzuordnen. Lässt man den Manichäismus einmal beiseite, der zu seiner Zeit praktisch alle aktuellen wissenschaftlichen Innovationen aufgenommen hatte, haben die positiven Reli-

---

11 Douglas (1981, S. 79 ff.).
12 Luhmann (1993).
13 Zu Schemata und Strategien Gladigow (1993).
14 Die großen Aufarbeitungen solchen Transfers stammen von Juristen: Kelsen (1946) und Fikentscher (1995).
15 Zu den grundsätzlichen Problemen Stolz (1988).
16 Im Blick auf eine ›Vielzahl der Welten‹: Gladigow (1999).
17 Zum systematischen Rahmen Gladigow (1993).
18 Zu Struktur und Zeithorizont Kippenberg (1991).

gionen, die ›großen Religionen‹ der allgemeinen Religionsgeschichte, ihre ›Modellvorstellungen‹[19] nach der agrarischen Entwicklungsstufe nicht mehr den veränderten kulturellen Kontexten angeglichen. Das Auffallende an dieser Beobachtung oder These ist, dass diese Diskrepanzen zwar immer ›gesehen‹ wurden, dass aber, gerade im Rahmen einer grundsätzlichen Professionalisierung der großen Religionen, Akkomodationsversuche an neue Modelle und Muster zurückgewiesen wurden. Auf der Ebene der Gottesvorstellungen werden fahrende und reitende Götter ikonographisch noch ›zugelassen‹, sie bewegen sich auch zu Schiff, fliegende Götter jedoch sind zwar ›gedacht‹ (ikonographisch bleiben sie aber später meist auf Botengötter beschränkt), – die Religionskritik setzt jedoch sehr schnell an einer ›profanen‹ Mobilität der Götter[20] an. Noch restriktiver werden Akkomodationen beurteilt, wenn in großem zeitlichen Abstand grundsätzliche neue Paradigmata auftauchen: Eine ›Elektrifizierung‹ des Alten Testamentes beispielsweise ist zwar unmittelbar nach der Popularisierung von Magnetismus und Elektrizität durch Theologen wie Divisch und Oetinger versucht worden, stieß aber auf vehementen Einspruch der Amtskirche.[21]

In den meisten historisch fassbaren Phasen kultureller Entwicklung wird ein veränderter Orientierungsbedarf sichtbar, wird ›Sinn‹ an den Stellen prekär, an denen sich unterschiedliche gesellschaftliche, religiöse oder kulturelle Bereiche mit ihren je eigenen zeitlichen und historischen Mustern überlagern (Konkurrenz, Komplikation, Interferenz). Die Zuschreibung von Sinn ist offensichtlich dann unter besondere Anforderungen gestellt, wenn Routine fehlschlägt, Kohärenzmuster versagen, konkurrieren-

de Deutungssysteme in Kontroversen, Alternativen oder Paradoxien[22] einmünden. Diese Analyse setzt voraus, dass bei den handelnden Personen ein Erwartungshorizont vorhanden ist, Kohärenzmodelle existieren, von denen aus erst Kontingenz bestimmt und ›erfahren‹ werden kann. Religiöse Grundmuster der grundsätzlichen Thematisierung von Kontingenz sind üblicherweise am Tun-Ergehen-Zusammenhang orientiert und münden beispielsweise im altorientalischen Bereich in ›Vorwürfe an die Götter‹ und Klagepsalmen. Hier wird in der Folgezeit eine grundsätzliche Differenz zwischen unterschiedlichen Religionstypen sichtbar, die noch für eine Bestimmung des religiösen Pluralismus in modernen Gesellschaften von Bedeutung ist: Kontingenz wird in polytheistischen Religionen primär über eine Vielzahl der Götter, ihren Antagonismus und ihre Spontaneität erfasst,[23] in monotheistischen Religionen über eine komplexe Verschuldensgeschichte. Eine Implikation dieses komplementären Verhältnisses von polytheistischen und monotheistischen Religionen liegt nicht nur in unterschiedlich konzipierten Orientierungsmustern, sondern – auf einem höheren Syntheseniveau – in einer unterschiedlichen Soteriologie. Polytheistische Religionen haben über ihre grundsätzliche Regionalisierung Abhängigkeiten von Göttern und ›Konversionen‹ gewissermaßen vorgängig ›verräumlicht‹, Soteriologien[24] oder gar Geschichtstheologien sind ihnen eher fremd. Auch aus diesen Differenzen gehen unterschiedliche Strategien der ›Passung‹ mit einer gewissen Notwendigkeit hervor.

Die großen, ›professionell gepflegten‹ Religionen scheinen hier einer eigenen Entwicklungslogik zu folgen, was in Vergleichen mit den Neuen Religionen leicht zu belegen ist: Dass sich Religionen evolutionär schnell an aktuelle naturwissenschaftliche Paradigmata anschließen können, sie geradezu aufsaugen können, zeigen die New Age-Entwürfe, die – um nur einige Beispiele zu nennen – das Modell des Hologramms in ein holographisches Weltbild transformieren, dissipative Strukturen und Selbstorganisation des Universums zum Ausgangspunkt normativer Vorgaben machen, oder Kernphysik und eine ›komplexe Relativitätstheorie‹ mit einer Neo-Gnosis und einer neuen Heilslehre kombinieren. Kernphysik und Kosmologie sind durch eine Art ›Orientierungsüberschuss‹ (W. Lepenies) ausgezeichnet.[25] Das Größte wie das Kleinste scheinen sich in besonderem

---

19 Es ist das Verdienst von Topitsch (1972), auf die Genese und Konstanz von Modellvorstellungen hingewiesen zu haben.
20 Vgl. Xenophanes fr. 26 D.-K. »[...] es geziemt (dem Gott) nicht hin- und herzugehen, bald hierhin bald dorthin«.
21 Zur ›Theologie der Elektrizität‹ Benz (1970).
22 Zu antiken Mustern Gladigow (1992).
23 Dazu Döbert (1973); zu Polytheismus als spezifischem Gegenstand Gladigow (1997 a) mit weiterer Literatur.
24 Brelich hat polytheistischen Religionen eine Soteriologie kurzerhand abgesprochen: »In conclusione: il politeismo, prima di disgregarsi sotto l' azione di nuovi orientamenti culturali ad esso estranei, ignora la soteriologia«. Brelich (1963, S. 46).
25 Zum Kontext Lepenies (1982).

Maß, durch Extension oder Inversion, dazu zu eignen, einen Sinn des Ganzen zu generieren. Das Problem aller dieser religiösen Entwürfe liegt freilich auf einem Gebiet, auf dem auch die wohl verbreitetste religiöse Grundorientierung der Neuzeit, der Pantheismus,[26] ihre institutionellen Schwierigkeiten hat: Man kann sie kognitiv vermitteln, eine ›Kirche‹ lässt sich daraus aber kaum machen, – dazu fehlen offensichtlich noch andere Elemente.

Von religionssoziologischer Seite ist verschiedentlich darauf hingewiesen worden, dass die veränderte religiöse Situation der Neuzeit nicht so sehr durch eine »Auflösung des Religiösen« charakterisierbar sei, sondern eher dadurch, dass es neben einem Kernbereich institutionell gestützter Religion (»soziale Marktwirtschaft der Religion«) einen deregulierten religiösen Markt gebe. Eng damit verbunden ist die korrespondierende Beobachtung, dass das Verschwinden von Personengruppen aus dem Bereich ›sichtbar organisierter Religion‹ nicht gleichbedeutend mit einer zunehmenden Säkularisierung der Gesellschaft ist, sondern sich in einer Privatisierung oder Subjektivierung von Religion fassen lasse. Neue kommunikative Medien können dabei dramatisch veränderte Kontextualisierungen der religiösen Kommunikation anbieten, wie der Buchdruck oder das Fernsehen. Da sich diese Medien selbst auf einem Markt befinden, stellen sie eine religiöse Marktkommunikation sicher, die ihrerseits eine Sichtbarkeit der ›unsichtbaren Religion‹[27] herstellt. Die andere, dazu gegenläufige Komponente liegt darin, dass mit der Etablierung einer ›Lesbarkeit von Religion‹, vor allem mit dem Übergang von der Handschriftenkultur zu Buchkultur, bestimmte Teile von Religion nicht mehr geschätzt oder wahrgenommen werden. Präferenzen für eine ›Lesbarkeit von Religion‹ sind in der Regel mit einer spezifischen Antiritualistik[28] verbunden, so wie – auf derselben Ebene – eine Individualisierung[29] mit einer Distanz zur institutionell verfestigten Religion: Rituale werden gewissermaßen ›unleserlich‹.

4. Der Verlust der Einheit von Religion und Kultur

Nach herrschender Meinung ist eine Einheit von religiösem und gesellschaftlichem Bewusstsein vor allem als Folge des Säkularisierungsprozesses in der Neuzeit verloren gegangen,[30] – eine solche Einheit bestehe nur noch bei besonderen religiösen Gruppierungen. Prämisse dieser an sich richtigen Beobachtung ist, dass die Definition von Religion so gewählt wird, dass ein Mensch jeweils nur ›eine‹ Religion hat bzw. haben kann – mit der Folge, dass diese eine Religion unter beschleunigten gesellschaftlichen Wandlungsprozessen nicht mehr alle Bedürfnisse abdeckt. Mit dieser Diagnose im Hintergrund entsteht entweder – aus theologischer Sicht – der Zwang zur Häresie, P. L. Bergers Befund,[31] oder aber ein freier Wechsel der Orientierungssysteme, wie er in unterschiedlicher Breite in komplexen Kulturen wohl immer praktiziert worden ist. Pluralisierung auf Säkularisierung zurückzuführen,[32] beschränkt die Analyse auf moderne Entwicklungen; unter anderen Traditionsbedingungen von Religion bleibt die typische Offenheit von Pragmatik der Regelfall, für polytheistische Religionen ist sie konstitutiv.

Goethes bekannte Selbsteinschätzung, in einem Brief an Jacobi vom 6. Januar 1813 geäußert,[33] ist für dieses Muster ein hübscher Beleg: Als Dichter und Künstler, schreibt Goethe, sei er Polytheist, Pantheist als Naturforscher und als sittlicher Mensch – sinngemäß – Christ. Was Goethe in dieser Notiz für sich in Anspruch nahm, dürfte seit dem 19. Jahrhundert in zunehmendem Maße für ›die gebildeten Stände‹ und ihre religiösen Orientierungen zutreffen. Unter Einschluss der Feststellung, dass auf diese Weise auch höchst unterschiedliche, sich gegebenenfalls logisch gegenseitig ausschließende Sinnsysteme[34] benutzt werden können. Ori-

---

26 Gladigow (1989).

27 Knoblauch (1997).

28 Zu besonderen Bedingungen einer Antiritualistik Douglas (1981, S. 74 ff.).

29 Dazu Pollack (1996).

30 Van Dülmen (1989, S. 223).

31 Berger (1980).

32 Auf eine Pluralisierung der sozialen Lebenswelten sind die Analysen von Berger (1973) fokussiert; zum Problem der Privatisierung von Religion jetzt Knoblauch (1991, S. 19 ff.).

33 Siehe hierzu den von Max Jacobi herausgegebenen Briefwechsel zwischen Goethe und F. H. Jacobi, (Leipzig 1846, S. 261).

34 Nur formallogisch schließen sich kontradiktorische Glaubensüberzeugungen (»Is it Possible to have Contradictory Beliefs?«) gegenseitig aus; dazu Foley (1986).

entierungsmuster auch in der ›schönen Literatur‹ vorgegeben zu finden,[35] ist in Europa spätestens seit der Romantik zu einem festen Bestandteil religiösen Verhaltens geworden. Die Dichtung als »Neue Mythologie« hat seit dem 18. Jahrhundert nicht nur neue Orientierungsfunktionen,[36] sondern erfüllt zugleich allgemeine gesellschaftliche Legitimationsbedürfnisse.

Ein Beschreibungsproblem für die Europäische Religionsgeschichte liegt unter anderem darin, dass für die ›gleichzeitige‹ oder sukzessive Nutzung verschiedener Sinnsysteme bisher keine hinreichend plausiblen Beschreibungsmuster entwickelt worden sind, nicht einmal für die Pragmatik antiker polytheistischer Systeme. Das ›Marktmodell‹ der Wissens- und Religionssoziologie berücksichtigt zwar durchaus dieses Problemfeld, beschränkt sich aber auf das Schema von Nachfrage und Angebot. Vor allem fehlt ein systematischer Ansatz, der es erlaubt, das System in einer kulturellen Region koexistierender Glaubens- oder Sinnsysteme zu beschreiben. Es geht dabei nicht um die Vermischung der Sinnsysteme, einen Synkretismus, sondern um eine erweiterte ›Semiotik‹, die die einzelnen Kulte und Religionen, als die Sinnkonstrukte von Teilbereichen der Gesellschaft, wie Zeichen eines gemeinsamen Zeichensystems zusammenstellt.

Ein horizontaler oder vertikaler Transfer von Ergebnissen der Wissenschaften als den neuen kultureller Teilbereichen mit dem Bereich von ›Religion‹ scheint ein Charakteristikum der Europäischen Religionsgeschichte zu sein. Auch die Geschichte der Naturwissenschaften und die Religionsgeschichte sind in diesem Sinne eng miteinander verknüpft.

---

35 Zum Vorlauf bei Schleiermacher und der Ästhetisierung der Religion in der Romantik siehe Rohls (1985).

36 Im Blick auf das »Systemprogramm« Frank (1983).

37 Berechtigte Kritik an der wissenschaftsgeschichtlichen Behandlung des Verhältnisses von Religion und Naturwissenschaften bei Merton (1985) unter der Themenstellung »Puritanismus und Wissenschaft«.

38 Dazu Gladigow (1986).

39 Planck (1949, S. 29).

40 Dazu Gladigow (1986) mit weiteren Literaturhinweisen; aktuell ist die »Physik der Unsterblichkeit« von Tipler (1994), ein weiterer Versuch, den metaphorischen Gebrauch traditioneller Begriffe durch »physikalische Eigentlichkeit« zu überholen.

Die dramatischen Reaktionen der christlichen Kirchen auf den Darwinismus (in einigen Denominationen bis heute) – und im Gegenzug Ernst Haeckels Erweiterung der Forschungssituation zum Monismus hin – sind einschlägige Beispiele für Vorgänge, die sich durchaus nicht auf die Schemata von Religionskritik und Apologetik[37] reduzieren lassen. Dabei überrascht nicht so sehr die breite Skala von Versuchen ›Dritter‹, Naturwissenschaften in den Rahmen religiöser Deutungen einzubeziehen,[38] als vielmehr die Bereitschaft vieler bedeutender Naturwissenschaftler, selbst religiöse Perspektiven ihrer Arbeiten zu entwickeln. Als ein Beispiel dafür sei Max Planck zitiert, der in einem Vortrag von 1938 ›Religion und Naturwissenschaft‹[39] nach Bemerkungen über die unterschiedlichen Gegenstände von Wissenschaft und Religion resümiert: »Dagegen begegnen sich Religion und Naturwissenschaft in der Frage nach der Existenz und nach dem Wesen einer höchsten über die Welt regierenden Macht, und hier werden die Antworten, die sie beide darauf geben, wenigstens bis zu einem gewissen Grade miteinander vergleichbar [...] Nichts hindert uns also, und unser nach einer einheitlichen Weltanschauung verlangender Erkenntnistrieb fordert es, die beiden überall wirksamen und doch geheimnisvollen Mächte, die Weltordnung der Naturwissenschaft und den Gott der Religion, miteinander zu identifizieren!«

In den letzten Jahrzehnten liefern vor allem die Naturwissenschaften in schneller Folge Paradigmata für religiöse Deutungen von Welt und Geschichte.[40] An die Wellenmechanik der 20er Jahre schloss sich sehr bald eine ausgedehnte Diskussion über Quantenphysik und Mystik an, Fritjof Capras Bücher, allen voran das ›Tao der Physik‹, setzen sie bis in die Gegenwart fort; die Entdeckung und Entwicklung des Hologramms in der Konsequenz der Lasertechnologien bot rasch das Paradigma für Ken Wilbers ›holographisches Weltbild‹; eine Neo-Gnosis schließt sich an neuentworfene komplexe Relativitätstheorien an (Jean E. Charon und R. Ruyer; seit neuestem F. J. Tipler); das Konzept autopoietischer Prozesse lässt ›Selbstorganisation‹ religiös wirksam werden, die Chaosforschung liefert ein breites Feld an Deutungsmustern; ›seltsame Attraktoren‹ und das ›Schmetterlingsparadigma‹ gehen gegenwärtig unmittelbar in Weltbilder ein, die alte religiöse Deutungsschemata überlagern. Die von den Wissenschaften erzwungene Beschränkung der Gültigkeit religiöser Aussagen auf zunehmend begrenztere Bereiche (Säkularisierung) wird hier von einer ›Sinnproduktion‹ der aktuellsten Wissenschaften kompensiert oder überholt; der ›Sinntransfer‹ zwischen Wissenschaften und Religion hat insoweit seine Richtung verkehrt.

5. Die professionelle Singularisierung von Religion

Eine Auswirkung der im Schema von Theologie oder Religionsphilosophie vertretenen professionellen Selbstthematisierung von Religion führt nicht nur auf das Postulat, Religion sei ein ›Phänomen sui iuris‹, sondern ein weiteres Mal auf die mitlaufende Prämisse der grundsätzlichen Singularisierung von Religion: ›Der Mensch‹ ›habe‹ nur ›eine‹ Religion, so die selbstverständliche Überzeugung, dürfe jeweils nur eine Religion haben. Mit dieser Vorgabe einer christlichen, monotheistisch ausgerichteten Theologie sind in der allgemeinen religionshistorischen Praxis polytheistische Religionen zwar jeweils als ›eine‹ Religion angesprochen, eine Pluralisierung religiöser Konzepte in Europa aber wird unter ›Säkularisierung‹ verhandelt. Dem Menschen, der mit der ›einen‹ Religion nicht mehr zurechtkommt, wird dann ein ›Zwang zur Häresie‹ attestiert, er ist eine ›Orientierungswaise‹ in der ›säkularen Kultur‹.

Dass die zuständigen Wissenschaften, vor allem die Religionswissenschaft, diesen für europäische Verhältnisse typischen komplexen religiösen Orientierungen kaum Aufmerksamkeit geschenkt haben, hängt weitgehend damit zusammen, dass eine sukzessive Ausgliederung unterschiedlicher Lebensbereiche aus den christlichen Normierungsansprüchen generell als ›Säkularisierung‹ interpretiert wurde, – womit die Säkularisate zugleich pauschal aus dem Bereich von Religion ausgeschieden wurden. Sofern die anderen Systeme noch unbestritten als ›Religionen‹ gelten, wird der Wechsel von Orientierungssystemen, nach Bedarfslagen oder in biographischer Sukzession, im Schema von Apostasie und Konversion verhandelt: Temporäre, partielle oder sukzessive Wechsel unterliegen dann gewissermaßen automatisch einem ›Häresie-Verdacht‹. P. L. Bergers ›häretischer Imperativ‹ ist ein solcher Ver-

such, die Defizienzen des traditionellen Christentums in der modernen Gesellschaft zu beschreiben – und zu bewerten. Zusammengefasst in der Antithese: »Für den prämodernen Menschen stellt die Häresie eine Möglichkeit dar, für gewöhnlich allerdings eine fernab gelegene; für den modernen Menschen wird Häresie typischerweise zur Notwendigkeit. [...] Modernität schafft eine Situation, in der Aussuchen und Auswählen zum Imperativ wird.«[41]

Die modernen Interpreten gehen – dieser christlichen, philosophischen Tradition folgend – weitestgehend unreflektiert davon aus, dass ein Mensch – auch unter den Bedingungen antiker Polytheismen – ›seine‹ Religion ›hat‹, sie beherrscht und angemessen anwendet. Christlich eingefärbte Oberbegriffe wie ›Frömmigkeit‹, oder wissenschaftliche Sammelbegriffe wie ›rituelle Konformität‹ verdecken dabei die Problemfelder religiöser Kompetenz eher,[42] als sie sie erschließen. Bis in den Bereich einer Religionsgeschichte der Neuzeit dominiert in der religionshistorischen Forschung die Annahme, ›der Mensch‹ habe ›eine‹ Religion, die er als ›eine‹ hat, erwirbt – oder ablegt. Für die antiken polytheistischen Religionen ist aber durchaus unklar, an welchen Mustern, Strukturen, Kategorien sich beispielsweise ein Grieche, Römer oder Kelte außerhalb kollektiver kultischer Verpflichtungen orientierte. Mit dem Fehlen von Offenbarungsschriften und ihrer autoritativen Auslegung,[43] dem Fehlen eines ›Religionsunterrichts‹ und eines auf Lehre spezialisierten Priesterstandes, sind für die antiken und rezenten polytheistischen Religionen alle die Elemente religiöser Tradition disponibel, die in monotheistischen ›Offenbarungsreligionen‹ übergreifende Traditions- und Professionalisierungsprozesse getragen haben.

6. Religiöse Nativismen und ›displaced religions‹

Mit der Ausdifferenzierung von Kultur in relativ selbständige Teile (Subsysteme) ergibt sich auch

---

41 Berger (1980, S. 41).
42 Gladigow (1997 b).
43 Dazu jetzt die Beiträge in Assmann/Gladigow (1995).

die Möglichkeit (oder das Problem), diese Teile in einer neuen Weise zu rekombinieren, oder gar ›fremde‹ Elemente zu inkorporieren. Was unter den ethnologischen Begriffen wie Diffusion oder Enkulturation den ›Normalfall‹ kultureller Kontakte und Austauschbeziehungen erfasst, wird prekär, wenn ein dominantes Subsystem ›ausgetauscht‹ werden soll. Und doch ist die Abfolge von mediterraner zu europäischer Religionsgeschichte durch ein solches Paradigma charakterisierbar. Mit der Etablierung des Christentums als Staatsreligion haben es die christlichen Kaiser unternommen, ›die‹ antiken Religionen von Gesetzes wegen gegen das Christentum auszutauschen,[44] – unter weitestgehender Beibehaltung aller anderen Subsysteme der römischen Kultur. Ja, es scheint so, als ob der ›europäische‹ Religionsbegriff überhaupt ein Reflex oder Indikator dieses singulären Unternehmens ist.[45] Er diente dazu, einen Bereich der antiken Kultur zu definieren, der herauslösbar sein sollte, ohne das Gesamtsystem der Kultur zum Einsturz zu bringen. Der historisch unbestreitbare Erfolg dieses Unternehmens schien den eurozentrischen Begriff zu legitimieren und ›Religion‹ zu einem kontextlosen, ja zeitlos verwendbaren Phänomen[46] zu machen.

Mit zu unterschiedlichen Zeiten unterschiedlicher Intensität hat die europäische Kultur seitdem Elemente fremder Kulturen und Religionen rezipiert. Mit den verschiedenen Renaissancen bilden sich feste Traditionsschemata heraus, die Rückgriffe, Revitalisierungen oder eine rinàscita ermöglichten und in Konkurrenz mit den dominanten Orientierungen setzen konnten. Die zeitliche oder räumliche Distanz, Anachronismus und Exotismus,[47] liefern dann die sinngebenden Differenzen für eine Programmatik des Rückgriffs und seine latente oder explizite Normativität.[48] Das ferne Alte wird als das alte Wahre ›neu‹ rezipiert, im Fernen kann das Eigentliche erkannt werden. Dieses Rezeptionsschema eines reflexiven Traditionalismus findet sich zwar grundsätzlich und unter bestimmbaren Bedingungen in allen kulturellen Traditionen der Erde, scheint aber unter den Bedingungen europäischer Wissenschaftsgeschichte und Religionsgeschichte eine besondere Qualität gewonnen zu haben, eine Qualität, die man als europäische Variante von Nativismus und Exotismus bezeichnen könnte. Europa ist in der Tat der kulturelle Raum, der mehr und systematischer als andere ›fremde‹ und ›alte‹ Kulturen rezipiert hat.

Zum anderen ist, gewissermaßen als Kehrseite dieses Traditionsverhaltens, aber auch als Folge der Ausdifferenzierung des Christentums aus der mediterranen religiösen Koine, die ›missionarische Gewissheit‹ entstanden, im Ensemble des ›kolonialen Gegenüber‹ jeweils auch mit ›Religion‹ konfrontiert zu sein. ›Religion‹ ist dann aus missionarischer Perspektive das, was man bei einer fremden Kultur am ehesten austauschen kann. Die ›unendliche Geschichte‹ der Definitionsversuche von Religion, Teil der Geschichte der Religionswissenschaft, lässt sich so auch als Teil einer impliziten, mitlaufenden missionswissenschaftlichen Prämisse für Religionswissenschaft lesen. Ein ›religiöser Ensembleschutz‹, für die Kunst- und Denkmalswissenschaften selbstverständlich und darüber hinaus in die Unesco-Statuten eingegangen, ist daher nie auch nur in Erwägung gezogen worden. Der Gedanke, dass es ›Religionen in der falschen Kultur‹, displaced religions gewissermaßen, geben könnte, noch weniger.

7. Theodizee des Glücks: Bilanzierungen des Lebens in der Kultur

Betrachtet man das Binnenverhältnis des religiösen Bereichs einer Kultur zu den anderen kulturellen Teilsystemen unter der Perspektive von Integration und Disintegration, so zeigen sich neben den systematischen und historischen Relationen auch ganz pragmatische Beziehungen der Subsysteme untereinander. Diese Beziehung lässt sich als *system of rewards*, als die Systeme übergreifendes Belohnungssystem bezeichnen, das nun spezifische Erfol-

---

44 Unterschiedliche Perspektiven dieses Vorgangs sind angedeutet bei Cancik (1986), Fögen (1993) und Gladigow (2002).
45 Dies die These von Sabbatucci (1988).
46 Zur Kritik der daraus resultierenden Methodologie Sabbatucci (1988, S. 46 ff.). Die Komparatistik des 19. und die Religionsphänomenologie des 20. Jahrhunderts bauen auf diesem ›Erfolg‹ auf, s. die Beiträge bei Klimkeit (1997) und Michaels (2001).
47 Skizzen zu dieser interpretatorischen Alternative bei Trümpy (1973).
48 Gladigow (1994).

ge in Einzelbereichen in ein religiöses Bewertungs- und Deutungssystem übernimmt. Fruchtbarkeit, Reichtum, Gesundheit und militärische Siege sind dann ›Indikatoren‹ dafür, »von den Göttern geliebt zu sein«: der Tun-Ergehen-Zusammenhang der mediterranen Kulturen. Das bloße Faktum von Erfolg und ›Glück‹, das handwerklichen, politischen und ökonomischen Fertigkeiten und Fähigkeiten entspringt, wird noch über die Begrenzungen von Arbeitsteiligkeit zusätzlich ›gerechtfertigt‹. Max Weber hat in seiner Einleitung zur Wirtschaftsethik der Weltreligionen dies als ein allgemeines Bedürfnis (»Das Glück will ›legitim‹ sein«) herausgestellt und dafür die plakative Formulierung der »Theodizee des Glücks« geprägt. Was schon für eine ›Theodizee des Glücks‹ gilt, wird für die Theodizee des Unglücks konstitutiv: Die negative Bilanz von ›Tun und Investieren‹ wird nun endgültig in eine übergreifende, religiöse Deutung aufgenommen und eine ›Neubilanzierung‹ vollzogen, bei der die ausdifferenzierten Bereiche der Kultur, aber auch die Zeit der Alltagskalkulationen programmatisch überschritten werden. Die Kontingenzen zwischen ›Tun‹ und ›Ergehen‹ zu bewältigen, machen einen großen Teil religiöser Professionalisierungen aus. Eschatologien spiegeln immer auch Gesamtbilanzen, in denen der ›leidende Gerechte‹ über eine Extension von ›Zeit‹ mit dem ›glücklichen Gerechten‹ die Positionen tauschen kann. Mit der Konsequenz einer ›Neuvalutierung‹ der für Teilbereiche von Kulturen typischen Ergebnisse und Erfolge: Der in einer arbeitsteiligen Professionalisierung gewonnene Reichtum des Bauern muss ›hingegeben werden‹, der Sieg des Heerführers ist bedeutungslos, das Bauwerk des Baumeisters hat keinen Bestand. Eine Neubewertung um den Preis von Kulturkritik, Weltablehnung und Angst.

Vorstellungen von Zeit innerhalb und außerhalb von ›Religion‹ zu bestimmen, führt in den Kernbereich von Aufrechnungs- und Bilanzierungsstrategien und zeigt ganz konkret, wie weit eine Ordnung der Zeit unterschiedliche Bereiche von Kultur integriert und synchronisiert, – aber auch in Kontingenten voneinander trennt. Für die frühen Kulturen war der Untergang eines ›Reiches‹ das Ende der größten vorstellbaren (Zeit-)Einheit.[49] Mit der jeweiligen Herrschaft geht die Welt, geht die Zeit unter, mit dem neuen Herrscher setzt eine neue Schöpfung und eine neue Zeit ein. Die Risiken der Sukzession, die Wirren des Übergangs und die Ansätze der Reorganisation sind entsprechend eine schlimme Zwischenzeit oder aber die Phase neuer Hoffnung. Im Bereich der mediterranen Religionsgeschichte finden sich zunächst Weltreiche-Lehren, die an Weltherrschern orientiert sind und hieraus eine Abfolgelogik der Herrschaften entwickeln. Der dritte Herrscher stellt die Ordnung wieder her, die in einem zweiten Reich gestört war, und erreicht so einen stabilen Zustand der Welt. Das spätere Ineinander von Epochenmetaphorik und Heilsgeschichte ist so vorbereitet,[50] goldene Zeit und Neue Zeit können dann analog konzipiert werden

Die Spannweite der Bilanzierungsstruktur reicht von altorientalischen Weltreiche-Lehren über millenaristische Orientierungen des Mittelalters bis zu ›Diskursapokalypsen‹ der Gegenwart und den Neuen Himmeln der Science fiction-Literatur. Das Warten auf das Ende einer Epoche, das Erwarten des Endes gewohnter Verhältnisse oder kritisierter Lebensbedingungen formuliert oder definiert Angst zunächst einmal in Erwartung um: Die Hoffnung auf eine Neue Zeit ist eng mit der Angst vor den Bedingungen des Übergangs, der ›Wendezeit‹ verknüpft. In konsequent soteriologischen Entwürfen ist der Übergang in eine Neue Zeit mit einer konkreten, wenn auch manchmal partiellen Heilsgewinnung verbunden: Wenige, ›die Wenigen‹, werden gerettet – wenn sie die »Zeichen der Zeit« erkennen und bestimmten gruppendynamischen und rituellen Vorbedingungen entsprechen. Das »Wissen« um die Bedingungen der Endzeit und das soteriologische Szenario erzeugen so etwas wie ein »Erwählungsbewusstsein« und bestimmen den »fundamentalistischen Charme« (M. Nüchtern) dieses apokalyptischen Denkens. Fehlschläge solcher Erwartungen können zu besonderen Professionalisierungsprozessen (›Theologie‹ als Reaktion auf Apokalyptik) und Institutionalisierungsfolgen führen (Kirche als Reaktion auf die Parusieverzögerung). Bloße Epochenillusionen oder Epochenirrtümer (»von hier und heute [...]«) scheinen demgegenüber eher folgenlos geblieben zu sein.

---

49 Gatz (1967).
50 Überblick und aktuelle Rezeptionen bei Brentjes (1997).

8. Zeit der Seelen – Zeit der Götter

Unter der Perspektive von Bilanzierungsstrategien spielt die Seelenkonzeption der entwickelten Religionen eine besondere Rolle: Die *eine* Seele ist die ›Innovation‹ des 7. vorchristlichen Jahrhunderts, die – je nach philosophischem oder theologischem Rahmen – die Zeit der Menschen, die Zeit der Götter, oder gar der Welten miteinander verbindet oder transformiert. Schon ›während‹ dieses Lebens bilden sich alle Verfehlungen, aber auch positiven Leistungen an der Seele ab: Die Seele läuft als Kontokorrent ›neben dem Leben‹ des Menschen her, in ihr und an ihr notieren sich alle positiven und negativen ›Einträge‹. Der Vergleich der Seele mit einer Tafel, in die regelmäßig Einträge vorgenommen werden, ist schon antik. Zum Zeitpunkt des Todes wird das ›Konto geschlossen‹ und in einer Gesamtbilanz der Status des Menschen für die postmortale Existenz bestimmt. Dass Herz oder Seele des Toten von den Göttern ›aufgewogen‹ werden, ist eine seit dem alten Ägypten verbreitete Vorstellung, deren Instrument, die zweischalige Waage (*libra bilanx*), schließlich noch der italienischen Buchführungspraxis den Namen gegeben hat.

Ein Seelenbegriff mit der *einen* Seele, die dem Menschen zugehört, liefert nun die Verbindungsgröße zwischen den kurzfristigen und falsifizierbaren Handlungsstrategien und den *longe range* Perspektiven, die die soteriologischen Schemata der großen Religionen ausmachen. Diese Art von Rechnungslegung und Rechnungsführung hat ihre Erweiterung und systematische Komplettierung in Seelenwanderungs-Vorstellungen gefunden. Die Sequenz der Existenzformen und ihrer Existenzhöhe – im europäischen Kontext am deutlichsten bei Empedokles zu erkennen – ist über jeweilige ›Bilanzierungen‹ definiert. Die Seelenwanderungsvorstellung – auch im indischen Bereich, trotz wesentlich differierender Grundannahmen – ist in einem solchen Maße durch Gewinn- und Verlust-Rechnungen bestimmt, dass hier wohl mehr als nur metaphorische Anwendungen von ›Buchführung‹ oder ›Bilanzie-

rung‹ vorliegen. Mit einer Ablösung religiöser Investitions-Strategien von dem unmittelbaren ›innerweltlichen‹ Erfolg komplizieren sich jedoch die religiösen und kulturellen Muster: Was ist nun Gegenwert und Belohnung? Die monotheistischen Religionen und die Mysterienkulte, die in dieser Hinsicht vergleichbar sind, haben die Muster hier dramatisiert: Erlösung oder Verdammnis, Platz an der Tafel der Seligen oder modriger Hades! Mit den Investitionen größter Reichweite verknüpft sind die des größten Ausmaßes: Nicht ein Körnchen Salz, jene sprichwörtliche *mica salis*, die im antike Rom den Laren geopfert wird, ist das investierte Gut, sondern ›das ganze Leben‹.

In einem vielbeachteten Aufsatz mit dem Titel »Zeit der Kirche und Zeit des Händlers im Mittelalter« aus dem Jahre 1960 hatte Jacques LeGoff dem 14. und 15. Jahrhundert einen Wandel der Zeitvorstellungen attestiert, der von der Zeit der Kirche zur Zeit der Händler geführt habe. Ausgangspunkt dieses Wechsels ›von Argumenten zu Mentalitäten‹ war für LeGoff die Polemik der christlichen Theologen gegen eine *Nutzung der Zeit* durch die Händler. Der Händler, so der Vorwurf, würde in Zinsannahme und noch weitergehend: in allen Geschäften, deren Profit in dem zeitlichen Abstand zwischen Ankauf und Verkauf liege, die *Zeit* verkaufen, »die allein Gott gehört« [...] *tunc venderet tempus et sic usuram committeret vendens non suum.*[51] Er würde also seinen (Zins-)Gewinn mit etwas machen, das ihm gar nicht gehört: *vendens non suum*. Der Wandel des Zeitbegriffs und die parallelen Änderungen der ökonomischen Strukturen markieren für LeGoff Wendepunkte in der abendländischen Geschichte, an denen unter anderem auch eschatologische und millenaristische Konzepte wiederaufleben, vor allem aber »die Ideologie der Neuzeit« sich herausbildet.[52] Mit Bezug auf LeGoff fasst Parravicini die Konsequenzen – stark vereinfachend – so zusammen: »Tatsache ist, dass Zeitgefühl und Jenseitsvorstellungen sich wandeln, dass in den Städten anstelle der zyklischen Zeit der Kirche, die lineare, kostbare des Kaufmanns tritt.«[53] An Elementen der LeGoffschen Argumentation ist vielfach Kritik geübt worden, insbesondere an seinem ·Verweis auf die mechanische Uhr als Ausgangspunkt dieser Entwicklungen, – es bleiben trotzdem zentrale Beobachtungen wichtig und richtig: Dazu gehört neben anderem, dass bis in das 16. Jahrhundert hi-

---

51 LeGoff (1977, S. 393).
52 LeGoff (1977, S. 394).
53 Dohrn-van Rossum (1988, S. 96).

nein der »gläubige Händler« für sein berufliches Handeln und sein religiösen Leben in je anderen Zeithorizonten lebt: »Von einem Horizont zum anderen berühren sich die Zonen nur äußerlich. Von seinem Gewinn pflegt ›der Händler‹ den Gottespfennig zu Wohltätigkeitszwecken abzuziehen. Er weiß, dass die Zeit, die ihn Gott und der Ewigkeit näher bringt, Pausen, Zusammenbrüche und Beschleunigungen kennt. Zeit der Sünde und Zeit der Gnade. Bald fördert er diese, indem er sein Leben im Kloster beschließt, bald und normalerweise akkumuliert er Wiedergutmachungen, fromme Taten und Spenden für die Stunde, da der fürchterliche Übergang in Jenseits droht.«[54] Renaissance und Reformation liefern in LeGoffs Perspektive jeweils Endpunkte dieser Entwicklungen: den seiner Herrschaft über die Zeit sicheren Renaissance-Händler und den protestantischen Kaufmann, der in seinem prosperierenden Vermögen die Bestätigung seiner Gnadenwahl sehen konnte.

9. Sekurisierung, Religion, Kultur

Parallel zu einer Religionsgeschichte des persönlichen Sicherheitsbedürfnisses ließe sich eine Religionsgeschichte der Sicherheitsgewährung oder -garantie entwerfen. Insbesondere die großen Götter, die Stadt- und Staatsgötter wie der babylonische Marduk, die semitischen Baal-Formen oder die kleinasiatische Artemis, geben der Stadt Schutz und Sicherheit. Ihre menschlichen Stellvertreter, die hellenistischen Könige, werden entsprechend wie Götter als Retter und Heiland (*theoi soteres*) angesprochen: In dieser Position einer Garantenstellung sind sie ›Mensch und Gott‹. Securitas schließlich, neben pax und libertas Element der Reichsidee des Imperium Romanum, geht über in den Schutz von »Frieden und Sicherheit« durch die christlichen Kaiser, hinter denen nun der christliche Gott als ›protector‹ steht. Mit der Renaissance wird die ›securitas publica‹ zu einem Ziel politischen Denkens und mündet im 17. und 18. Jahrhundert in eine Definition der Staatsziele durch »gemeine Wohlfahrt und Sicherheit«. In der absolutistischen Herrschaft gipfelt noch einmal das Programm, die ›innere öffentliche Sicherheit‹ und die ›allgemeine Glückseligkeit‹ zum Ziel staatlicher Intervention zu machen.

Parallel zu diesen Prozessen einer staatlichen Sekurisierung entwickeln sich mit der beginnenden Neuzeit in Europa Konzepte und Institutionen einer individuellen Versicherung, diese wie jene auch in Ablösung religiöser Muster. Aus dem Opfer an die Meeresgötter bei Abfahrt des Schiffes, in der vorchristlichen und christlichen Antike und darüber hinaus üblich, werden Lebens- und Kasko-Versicherungen. Größe und Intensität der Opfer entsprechen den Gefahren der Seefahrt, so wie im modernen Versicherungswesen eine Relation zwischen Prämie und Risiko besteht. Ähnlich lässt sich verfolgen, wie Bitten und Ex voto an den Heiligen Florian in dem Maße verschwinden, in dem ein öffentlicher Brandschutz und ein Feuerversicherungs-Wesen die Gefahren eines Brandes reduziert haben.

Auf der Basis einer allgemeinen Sekurisierung des öffentlichen Bereichs entstehen schließlich auch Überlegungen, die in einer Verbindung von Wahrscheinlichkeitstheorie und Risikosteuerung die Bedingungen moderner Rationalität mitbestimmt haben. Auf eine verwickelte Weise ist die Entstehung der modernen Wahrscheinlichkeitstheorie mit einer Bestimmung des Verhältnisses von Glücksspiel und Gott und einer Wette über die Existenz Gottes verbunden. Im 17. Jahrhundert konnte der puritanische Geistliche Thomas Gataker die (letztlich häretische) These vertreten, dass der Erfolg in einem Glücksspiel nicht nach göttlichem Gesetz, sondern nach dem Gesetz der Natur auftrete. Blaise Pascal wendet die Fragestellung und die Begriffe des Glücksspiels in dem berühmten Fragment 233 seiner Pensées schließlich auf die Existenz Gottes an: »Gott ist, oder Er ist nicht. Wofür werden wir uns entscheiden? Die Vernunft kann hier nichts bestimmen.« Die zentrale europäische Frage nach der Existenz Gottes wird in das Schema einer Wette gekleidet (›le pari de Pascal‹)[55] und das Risiko der zwei möglichen Entscheidungen durch die unterschiedlichen Konsequenzen der Ergebnisse bestimmt. Nur wer ›wettet‹, *dass* Gott existiert, ist nach Ablauf der Zeit beim jüngsten Gericht ›auf der sicheren Seite‹; wenn – bei der gleichen Option – Gott *nicht* existiert, ergeben sich daraus für Pascal zumindest keine vergleichbar

---

54 LeGoff (1977, S. 404).
55 Dazu die Beiträge bei Jordan (1994).

gravierenden Nachteile. ›Pascals Wette‹ ist als Beginn der modernen Verbindung von Wahrscheinlichkeitstheorie und Risikosteuerung bezeichnet worden, einer Lebensentscheidung, die dazu führt, die unentrinnbare Unsicherheit der Zukunft in kalkulierte Sicherheit zu überführen. »Das Revolutionäre, das die Neuzeit von historischer Vergangenheit trennt, ist die Vorstellung und der Gedanke, dass die Zukunft nicht bloß den Launen der Götter entspringt [...] Die Risikosteuerung, welche dadurch in Gang kam, hat die Spiel- und Wettleidenschaft des Menschen in wirtschaftliches Wachstum, verbesserte Lebensqualität und technologischen Fortschritt umgesetzt.«[56] Sekurisierungsprozesse sind elementare Komponenten kultureller Entwicklungen, die schließlich Bilanzierungen von Leben und Lebenssinn in komplexen Kulturen zusammenführen; sie sind zugleich Weiterführungen eines bilanzierenden Pluralismus. Die »alten vielen Götter« zeigen sich,[57] trotz Max Webers Dictum, weniger in einem »ewigen Kampf«, als vielmehr in einem schwer durchschaubaren, komplexen Szenario von »struggles and alliances«. Der komplexe religionshistorische Erfahrungsraum wandelt sich nicht unmittelbar in ein einfaches Plausibilitätsmuster, sondern ein konstellativer Erwartungshorizont wird zusätzlich konstitutiver Teil des Deutungsmusters.

Literatur

ASSMANN, JAN / GLADIGOW, BURKHARD (Hg.) (1995), *Text und Kommentar*, München: Fink. ▪ BENZ, ERNST (1970), *Theologie der Elektrizität. Zur Begegnung und Auseinandersetzung von Theologie und Naturwissenschaft im 17. und 18. Jahrhundert*, Mainz: Akademie der Wissenschaften und der Literatur, Abhandlungen der Geistes- und Sozialwissenschaftlichen Klasse, 12. ▪ BERGER, PETER L. (1973), »Die Pluralisierung der sozialen Lebenswelten«, in: Berger, Peter L., (Hg.), *Das Unbehagen in der Moderne*, Frankfurt/M.: Campus, S. 59–74. ▪ BERGER, PETER L. (1980), *Der Zwang zur Häresie. Die Religion in der pluralistischen Gesellschaft*, Frankfurt/M.: Fischer. ▪ BERNSTEIN, PETER L. (1997), *Wider die Götter. Die Geschichte von Risiko und Riskmanagement von der Antike bis heute*, Berlin: Gerling Akademie Verlag. ▪ BRELICH, ANGELO (1963), »Politeismo e soteriologia«, in: Brandon, Samuel George Frederick (Hg.), *The Saviour God*,

Manchester: Manchester University Press, S. 37–50. ▪ BRENTJES, BUCHARD (1997), *Der Mythos vom Dritten Reich*, Hannover: Fackelträger-Verlag. ▪ BROMLEY, DAVID G., (Hg.) (1991), *Religion and Social Order*, Bd. 1, Greenwich: JaiPress. ▪ CANCIK, HUBERT (1986), »Nutzen, Schmuck und Aberglaube. Ende und Wandlungen der römischen Religion im 4. und 5. Jahrhundert«, in: Zinser, Hartmut (Hg.), *Der Untergang von Religionen*, Berlin: Reimer, S. 65–90. ▪ DAHM, KARL-WILHELM / HÖRNER, VOLKER (1978), »Religiöse Sinndeutung und gesellschaftliche Komplexität. Religionssoziologische Betrachtungen zur evolutionären Differenzierung der Religionen«, in: Volp, Rainer (Hg.), *Chancen der Religion*, Gütersloh: Mohn, S. 76–89. ▪ DÖBERT, RAINER (1973), »Zur Logik des Übergangs von archaischen zu hochkulturellen Religionssystemen«, in: Eder, Klaus (Hg.), *Die Entstehung von Klassengesellschaften*, Frankfurt/M.: Suhrkamp, S. 330–363. ▪ DOHRN-VAN ROSSUM, GERHARD (1988), »Zeit der Kirche – Zeit der Händler – Zeit der Städte«, in: Rainer Zoll (Hg.), *Zerstörung und Wiederaneignung der Zeit*, Frankfurt, Suhrkamp, S. 89–119 ▪ DOUGLAS, MARY (1981), *Ritual, Tabu und Körpersymbolik*, Frankfurt/M.: Suhrkamp. ▪ DREHSEN, VOLKER / SPARN, WALTER (Hg.) (1996), *Vom Weltbildwandel zur Weltanschauungsanalyse. Krisenwahrnehmung und Krisenbewältigung um 1900*, Berlin: Akademie-Verlag. ▪ DÜLMEN, RICHARD VAN (1989), *Religion und Gesellschaft*, Frankfurt/M.: Fischer. ▪ DUX, GÜNTER (1982), *Logik der Weltbilder*, Frankfurt/M.: Suhrkamp. ▪ FÖGEN, MARIE THERES (1993), *Die Enteignung der Wahrsager. Studien zum kaiserlichen Wissensmonopol in der Spätantike*, Frankfurt/M.: Suhrkamp. ▪ FOLEY, ROBERT (1986), »Is It Possible to have Contradictory Beliefs?«, in: *Midwest Studies in Philosophy*, X, S. 327–355. ▪ FRANK, MANFRED (1983), »Die Dichtung als ›Neue Mythologie‹«, in: Bohrer, Karl-Heinz (Hg.), *Mythos und Moderne*, Frankfurt/M.: Suhrkamp, S. 15–40. ▪ GATZ, BODO (1967), »Weltalter, goldene Zeit und sinnverwandte Vorstellungen«, in: *Spudasmata*, 16, Hildesheim: Olms. ▪ GLADIGOW, BURKHARD (1986),«›Wir gläubigen Physiker‹. Zur Religionsgeschichte physikalischer Entwicklungen im 20. Jahrhundert«, in: Zinser, Hartmut (Hg), *Der Untergang von Religionen*, Berlin: Reimer, S. 158–168. ▪ GLADIGOW, BURKHARD (1989), »Pantheismus als ›Religion‹ von Naturwissenschaftlern«, in: Antes, Peter / Pahnke, Donate (Hg.), *Die Religion von Oberschichten*, Marburg: Diagonal-Verlag, S. 219–239. ▪ GLADIGOW, BURKHARD (1990), »Chresthai theois – Orientierungs- und Loyalitätskonflikte in der griechischen Religion«, in: Elsas, Christoph / Kippenberg, Hans G. (Hg.), *Loyalitätskonflikte in der Religionsgeschichte*, Würzburg: Königshausen und Neumann, S. 237–251. ▪ GLADIGOW, BURKHARD (1992), »Das Paradox macht Sinn. Sinnkonstitution durch Paradoxien in der griechischen Antike«, in: Geyer, Paul / Hagenbüchle, Roland (Hg.), *Das Paradox. Eine Herausforderung des abendländischen Denkens*, Tübingen: Stauffenburg, S. 195–208. ▪ GLADIGOW, BURKHARD (1993), *Interpretationsmodelle*, in: in: Cancik, Hubert / Gladigow, Burkhard / Kohl, Karl-Heinz (Hg.), *Handbuch religionswissenschaftlicher Grundbegriffe*, Bd. 3, Stuttgart: Kohlhammer, S. 289–298. ▪ GLADIGOW, BURKHARD (1994), »Europäische Nativismen und Bilder der Antike«, in: Preißler, Holger / Seiwert, Hubert (Hg.),

---

56 Bernstein (1997, S. 9).
57 Zum Verhältnis von Polytheismus und Pluralismus Gladigow (2001).

Gnosisforschung und Religionsgeschichte, Festschrift für Kurt Rudolph, Marburg: Diagonal-Verlag, S. 421–433. ∎ GLADIGOW, BURKHARD (1995 a), »Der Kommentar als Hypothek des Textes«, in: Assmann, Jan / Gladigow, Burkhard (Hg.), *Text und Kommentar*, München: Fink, S. 35–49. ∎ GLADIGOW, BURKHARD (1995 b), »Europäische Religionsgeschichte«, in: Kippenberg, Hans G. / Luchesi, Brigitte (Hg.), *Lokale Religionsgeschichte*, Marburg: Diagonal-Verlag, S. 21–42. ∎ GLADIGOW, BURKHARD (1997 a), »Polytheismus. Akzente, Perspektiven und Optionen der Forschung«, in: *Zeitschrift für Religionswissenschaft*, 5, S. 59–77. ∎ GLADIGOW, BURKHARD (1997 b), »Erwerb religiöser Kompetenz. Kult und Öffentlichkeit in den klassischen Religionen«, in: Binder, Gerhard (Hg.), *Religiöse Kommunikation*, Bochumer altertumswissenschaftliches Colloquium (BAC VII), Trier: Wissenschaftlicher Verlag Trier (WVT), S. 103–118. ∎ GLADIGOW, BURKHARD (1997 c), »Historische Orientierungsmuster in komplexen Kulturen. Europäische Religionsgeschichte und historischer Sinn«, in: Müller, Klaus E. / Rüsen, Jörn (Hg.), *Historische Sinnbildung*, Reinbek: Rowohlt, S. 353–372. ∎ GLADIGOW, BURKHARD (1998), »Kulturen in der Kultur«, in: Blanke, Horst Walter / Jaeger, Friedrich / Sandkühler, Thomas (Hg.) (1998), *Dimensionen der Historik. Geschichtstheorie, Wissenschaftsgeschichte und Geschichtskultur heute*, Festschrift Jörn Rüsen, Wien/Köln: Böhlau, S. 53–66. ∎ GLADIGOW, BURKHARD (1999), «Welche Welt passt zu welchen Religionen? Zur Konkurrenz von ›religiösen Weltbildern‹ und ›säkularen Religionen‹«, in: Zeller, Dieter (Hg.), *Religion im Wandel der Kosmologien*, Frankfurt/M.: Lang, S. 13–31. ∎ GLADIGOW, BURKHARD (2001), »Polytheismus«, in: Kippenberg, Hans G. / Riesebrodt, Martin (Hg.), *Max Webers ›Religionssystematik‹*, Tübingen: Mohr Siebeck, S. 131–150. ∎ GLADIGOW, BURKHARD (2002), »Mediterrane Religionsgeschichte, Römische Religionsgeschichte, Europäische Religionsgeschichte. Zur Genese eines Fachkonzepts«, in: Horstmanshoff, Herman Frederik Johan u.a. (Hg.) Kykeon. Studies in Honour of Hendrik Simon Versnel, (Religions in the Graeco-Roman World), Leiden: Brill, S. 49–68. ∎ HAHN, ALOIS (1986), »Differenzierung, Zivilisationsprozess, Religion. Aspekte einer Theorie der Moderne«, in: Neidhardt, Friedhelm / Lepsius, M. Rainer / Weiss, Johannes (Hg.) (1986), *Kultur und Gesellschaft*, René König zum 80. Geburtstag, Opladen: Westdeutscher Verlag, S. 214–231. ∎ HAUSSIG, HANS MICHAEL / SCHERER, BERND (Hg.) (1998), *Religion – eine europäisch-christliche Erfindung*, Frankfurt/M.: Syndikat. ∎ JORDAN, JEFF (1994), *Gambling on God: Pascal's Wager*, Lanham, Md.: Rowman & Littlefield. ∎ KIPPENBERG, HANS G. (1991), *Die vorderasiatischen Erlösungsreligionen in ihrem Zusammenhang mit der antiken Stadtherrschaft*, Frankfurt/M.: Suhrkamp. ∎ KLIM-

KEIT, HANS-JOACHIM (Hg.) (1997), *Vergleichen und Verstehen in der Religionswissenschaft*, Wiesbaden: Harrassowitz. ∎ KNOBLAUCH, HUBERT (1991), »Die Verflüchtigung der Religion ins Religiöse«, Einleitung zu Luckmann, Thomas, Die unsichtbare Religion, Frankfurt/M.: Suhrkamp, S. 7–41. ∎ LE GOFF, JACQUES (1977), »Zeit der Kirche und Zeit des Händlers im Mittelalter«, in: Bloch, Marc u.a. *Schrift und Materie der Geschichte*, Frankfurt/M.: Suhrkamp, S. 393–414. ∎ LÜBBE, HERMANN U.A. (1982), *Der Mensch als Orientierungswaise? Ein interdisziplinärer Erkundungsgang*, mit Beiträgen von Lübbe, Hermann u.a., Freiburg: Alber. ∎ LUHMANN, NIKLAS (1977), *Funktion der Religion* , Frankfurt/M.: Suhrkamp. ∎ LUHMANN, NIKLAS (1993), *Gesellschaftsstruktur und Semantik. Studien zur Wissenssoziologie der modernen Gesellschaft*, 3 Bde (1980/89), Frankfurt/M.: Suhrkamp. ∎ MERTON, ROBERT KING (1985), »Puritanismus und Wissenschaft«, in Merton, Robert King, *Entwicklung und Wandel von Forschungsinteressen*, Frankfurt/M.: Suhrkamp, S. 59–85. ∎ MICHAELS, AXEL / PEZZOLI-OLGIATI, DARIA / STOLZ, FRITZ (Hg.) (2001), *Noch eine Chance für die Religionsphänomenologie?*, Studia Religiosa Helvetica 6/7, Bern: Lang. ∎ MÜLLER, KLAUS E. / RÜSEN, JÖRN (Hg.) (1997), *Historische Sinnbildung*, Reinbek: Rowohlt. ∎ PARSONS, TALCOTT (1966 a), »Religion in a Modern Pluralistic Society«, in: *The Review of Religious Research*, 7, S. 125–146. ∎ PARSONS, TALCOTT (1966 b), *Societies. Evolutionary and Comparative Perspectives*, Englewood Cliffs, NJ: Prentice-Hall. ∎ PLANCK, MAX (1949), »Religion und Naturwissenschaft«, in: *Vorträge und Erinnerungen*, Stuttgart: Hirzel, S. 318–333. ∎ POLLACK, DETLEF (1996), »Individualisierung statt Säkularisierung ?«, in: Gabriel, Karl (Hg.), *Religiöse Individualisierung oder Säkularisierung*, Gütersloh: Kaiser. ∎ SABBATUCCI, DARIO (1988), *Kultur und Religion*, in: Cancik, Hubert / Gladigow, Burkhard / Kohl, Karl-Heinz (Hg.), Handbuch religionswissenschaftlicher Grundbegriffe, Bd. 1, Stuttgart: Kohlhammer, S. 43–58. ∎ STOLZ, FRITZ (1988), »Hierarchien der Darstellungsebenen religiöser Botschaft«, in: Zinser, Hartmut (Hg.), *Religionswissenschaft. Eine Einführung*, Berlin: Reimer, S. 55–72. ∎ TENBRUCK, FRIEDRICH H. (1989), *Die kulturellen Grundlagen der Gesellschaft. Der Fall der Moderne*, Opladen: Westdeutscher Verlag. ∎ TIPLER, FRANK J. (1994), *Die Physik der Unsterblichkeit. Moderne Kosmologie, Gott und die Auferstehung der Toten*, München: Piper. ∎ TOPITSCH, ERNST (1972 [1958]), *Vom Ursprung und Ende der Metaphysik*, München: Deutscher Taschenbuch-Verlag. ∎ TRÜMPY, HANS (Hg.) (1973), *Kontinuität-Diskontinuität in den Geisteswissenschaften*, Darmstadt: Wissenschaftliche Buchgesellschaft. ∎ WUTHNOW, ROBERT (1991), »Religion as Culture«, in: Bromley, David G., (Hg.), *Religion and Social Order*, Bd. 1, Greenwich: JaiPress, S. 267–283.

12.3 Wissensgesellschaften

Nico Stehr

Alles Wissen, und vor allem alles gemeinsame Wissen um *dieselben* Gegenstände, *bestimmt* ferner irgendwie das *Sosein* der Gesellschaft in allen möglichen Hinsichten. Alles Wissen ist endlich aber auch umgekehrt *durch* die Gesellschaft und *ihre* Struktur bestimmt.

Max Scheler[1]

Geänderte Verhältnisse bescheren uns neue Einsichten, bedingen aber auch andere Sichtweisen.[2] Zu diesen neuen Handlungsbedingungen des Menschen gehört einerseits die wachsende Fähigkeit des Individuums, nein zu sagen. Andererseits ist im letzten Jahrzehnt die Machbarkeit der Verhältnisse zu einer sehr viel zweifelhafteren Erwartung und selteneren Erfahrung geworden – zumindest aus der Sicht der das 20. Jahrhundert prägenden Institutionen der modernen Gesellschaft wie Staat, Wirtschaft, Militär, Erziehungswesen und Kirche. Das Zeitalter der Industrialisierung, der sozialen Ordnung der Industriegesellschaft und der Fähigkeiten und Fertigkeiten, die nötig waren, um es zu bewältigen, steht vor dem Ende seiner Aufgaben. Die Grundlagen der sich am Horizont abzeichnenden Gesellschaftsordnung basieren auf Wissen.

Wenn Wissen in steigendem Maß nicht nur als konstitutives Merkmal für die moderne Ökonomie und deren Produktionsprozesse und -beziehungen, sondern insgesamt zum Organisations- und Integrationsprinzip und zur Problemquelle der modernen Gesellschaft wird, ist es angebracht, diese Lebensform als *Wissensgesellschaft* zu bezeichnen. Und dies heißt nichts anderes, als dass wir uns unsere Wirklichkeit durchweg aufgrund unseres Wissens einrichten.

Meine Beobachtungen lassen sich in einer Reihe von Gedankenschritten vorbringen. In einem vorbereitenden Teil gehe ich auf die Theorie der Wissensgesellschaft sowie auf Einwände ein, die gegen den Begriff der Wissensgesellschaft vorgebracht werden. Anschließend diskutiere ich das Konzept des Wissens und definiere Wissen als Handlungsvermögen. Ich wende mich dann der Entwicklung von Wissensgesellschaften zu, insbesondere der ökonomischen Struktur moderner, wissensbasierter Gesellschaften. In einen abschließenden Teil verweise ich auf die Risiken und Chancen von Wissensgesellschaften.

1. Wissensgesellschaften

In seinem Buch *The Spirit of the Age*, das John Stuart Mill 1831, aus Frankreich kommend, wo er die politischen Ideen der Anhänger Saint-Simons kennen gelernt hatte, veröffentlichte, unterstreicht er seine allgemeine Überzeugung, dass ein gesellschaftlich-zivilisatorischer Fortschritt möglich sei, und zwar auf Grund einer Kultivierung und Steigerung zeitgenössischer intellektueller Fortschritte. Die Möglichkeit einer gesellschaftlichen Aufwärtsentwicklung und verbesserter sozialer Bedingungen sind aber nicht, wie Mill gleichfalls betont, Ergebnis einer Zunahme an »Weisheit« oder kollektiver Fortschritte in der Wissenschaft, sondern Resultat einer sehr viel allgemeineren und umfassenderen sozialen Verbreitung des Wissens in der Gesellschaft: »Men may not reason better, concerning the great questions in which human nature is interested, but they reason more. Large subjects are discussed more, and longer, and by more minds. Discussion has penetrated deeper into society; and if greater numbers than before have attained the higher degree of intelligence, fewer grovel in the state of stupidity [...].«[3]

---

1 Scheler (1960, S. 52).
2 Dieser Beitrag ist durch Überlegungen begünstigt worden, die ich meinen Studien *Die Zerbrechlichkeit moderner Gesellschaften* (Stehr, 2000) und *Wirtschaft und Wissen: Die gesellschaftlichen Grundlagen der modernen Ökonomie* (Stehr, 2001) angestellt habe.
3 Mill (1942, S. 13).

Der liberale englische Philosoph John Stuart Mill war ein Bewunderer der klassischen, von ihm rezensierten Amerikastudie Alexis de Tocquevilles: *Demokratie in Amerika* (1835–40). Sie erschien fast zeitgleich mit Mills *The Spirit of the Age*. Dennoch gibt es einige nicht unerhebliche Unterschiede in ihrer Einschätzung der Demokratie, insbesondere des Stellenwerts der Bildung und des Wissen für und in der Demokratie.

De Tocqueville schließt aus seinen Beobachtungen der amerikanischen Gesellschaft, dass der Bildungsgrad der Bürger der USA ein einflussreicher und zum Erhalt der Demokratie beitragender Faktor sei. Während Mill ein großes Vertrauen in die unabhängigen, sich selbst verstärkenden Fähigkeiten von Aufklärung, Bildung, und Wissen als *hinreichende* Bedingungen für die Stärke von Demokratien hat (und Intellektuellen und Wissenschaftlern deshalb eine zentrale politische Funktion zuschrieb), ist Wissen für de Tocqueville eine *notwendige* Bedingung demokratischer Regime. Was nach de Tocqueville die Demokratie vor allem stärkt, ist eine unmittelbare Erfahrung des einzelnen Bürgers mit der Praxis des Mitbestimmens im politischen System.

Die Erwartungen und Hoffnungen auf eine bessere Gesellschaft, die Mill und de Tocqueville Mitte des 19. Jahrhunderts an eine umfassendere Dissemination von Wissen und Bildung (und sei es nur »oberflächliches Wissen«) als Bedingung für die Möglichkeit eines größeren Teils der Bevölkerung knüpfte, Optionen zu wählen und sich von traditionellen Gewohnheiten zu emanzipieren, stellen eine Verbindung her zur Idee der modernen Gesellschaften als Wissensgesellschaften. Insbesondere zu der in Wissensgesellschaften herrschenden Machtverteilung, dem Ungleichheitsregime sowie der Rolle der großen Institutionen, die die gesellschaftlichen Zustände nicht nur im Jahrhundert Mills, sondern bis weit in das 20. Jahrhundert hinein weitgehend beherrschten.

2. Einwände

Gegen den Begriff der Wissensgesellschaft, der bewusst breit angelegt ist, werden oft zwei Einwände erhoben, die nicht unbedingt präzise voneinander zu trennen sind. Der häufigste Einwand ist wohl der der historischen Redundanz. Die Skeptiker betonen schnell und mit großer Überzeugung, dass wir schon immer in Wissensgesellschaften gelebt haben. Infolgedessen ist dieser Begriff weder neu, noch erlaubt die Idee irgendwelche frischen Einsichten in die Architektur und die Lebensweisen unseres gegenwärtigen Sozial- und Wirtschaftssystems. Schließlich ist doch der Aufstieg ganzer vergangener Zivilisationen, wie zum Beispiel die der Azteken, der Römer oder Chinesen, ein Frage der Überlegenheit ihres Wissens oder sogar ihrer Informationstechnologien gewesen. Macht und Herrschaft waren auch in vergangenen Gesellschaften niemals nur eine Angelegenheit der physischen Dominanz. Oder noch elementarer ausgedrückt: Wissen ist eine universelle, anthropologische Eigenschaft des Menschen.

Der zweite Einwand bezieht sich in der Regel auf den für viele Kritiker ambivalenten, widersprüchlichen und unzureichend definierten Begriff des Wissens und damit auf die Frage, ob es in Wirklichkeit überhaupt sinnvoll und praktisch ist, eine Vielzahl ganz unterschiedlicher gesellschaftlicher Attribute unter diesem theoretischen Dach zusammenzuführen, um somit den Wissensbegriff zum Grundpfeiler einer Theorie der modernen Gesellschaft zu machen.

Der erste Einwand ist sicher durchaus nachvollziehbar, aber meiner Ansicht nach keineswegs entscheidend. Wissen hat in der Tat immer eine Rolle im menschlichen Zusammenleben gespielt. Es geht deshalb eher darum, dass sich der Stellenwert des Wissens in modernen Gesellschaften, also in jüngster Zeit, grundlegend ändert und zunehmend die Faktoren ablöst oder modifiziert, die bisher konstitutiv für gesellschaftliches Handeln waren, und dass das Selbstverständnis einer wachsenden Anzahl von Akteuren in der modernen Gesellschaft in einem umfassenden Maß durch Wissen gefiltert und bestimmt wird.

Angesichts der vehementen Kritik der angeblichen Redundanz und Inkohärenz des Wissensbegriffs überrascht es aber, dass Wissen (und technischer Wandel) zum Beispiel weiter die Achillesferse der gegenwärtigen ökonomischen Theorie bleibt. In ökonomischen Diskursen ist Wissen allenfalls eine residuale Kategorie und damit eine oft unsichtbare Komponente der Produktion, der Investition und der Vermögenswerte von Wirtschaftsunternehmen. Wissen besteht nicht zuletzt vor allem aus »qualitativen« Komponenten. Qualitative Elemente wiederum sind bisher von Ökonomen kaum erfolgreich spezifiziert worden. Sie bleiben weiter schwer fassbare, wenn nicht sogar trügerische Elemente des ökonomischen Diskurses.

Mit anderen Worten: Was in vielen Diskursen zu einer weitgehend selbstverständlichen Kategorie deklariert wird, ist in der Mehrzahl der Wissenschaftsdiskurse zugleich fast unsichtbar. In der Tat, unser Wissen über Wissen ist mangelhaft. Um den Wissensbegriff zur Grundlage einer Theorie der modernen Gesellschaft machen zu können, muss man sich deshalb primär aus wissenssoziologischer und sekundär aus wissenschaftstheoretischer Sicht intensiv um das Konzept Wissen bemühen und es zum Beispiel von solchen anderen, scheinbar identischen Begriffen wie Information oder Humankapital abgrenzen. Ich möchte zeigen, warum die Idee der modernen Gesellschaft als einer »Wissensgesellschaft« sinnvoll ist und praktische Bedeutung hat, obwohl es auch in der Vergangenheit Gesellschaften gab, die durch wissensbasierte Handlungsformen gekennzeichnet waren, genauso wie es sinnvoll war, von der Industriegesellschaft zu sprechen, obwohl es schon vorher Sozialsysteme gegeben hat, die sich auf »Maschinen« stützten.

3. Wissen über Wissen

Um die Bedeutung von Wissen für Gesellschaften und soziales Handeln im Allgemeinen und für entwickelte Gesellschaften im Besonderen demonstrieren und erfassen zu können, muss Wissen jedoch zuerst soziologisch definiert werden. Es muss unterschieden werden können zwischen dem, was man weiß, dem Inhalt des Wissens und dem Wissensprozess selbst. Was heißt es also »zu wissen«? Einige Beispiele aus dem *Oxford Dictionary of Current English* beschreiben es wie folgt: »Every child knows that two and two make four. He knows a lot of English. Do you know how to play chess? I don't

know whether he is here or not.« An diesen Beispielen zeigt sich, dass Wissen aus einer Beziehung zu Dingen und Fakten besteht, aber auch zu Gesetzen und Regeln. Jedenfalls handelt es sich beim Wissen um eine Partizipation irgendwelcher Art: Dinge, Fakten, Regeln zu kennen, heißt, sie auf irgendeine Art und Weise zu »appropriieren«, sie in den eigenen Orientierungs- und Kompetenzbereich einzubeziehen. Anstatt Wissen als etwas zu definieren, das der Mensch zu seinen Besitztümern zählt oder relativ leicht erwerben kann – eine Vorstellung, die eher auf den Begriff der Information zutrifft –, sollte der Wissensvorgang vielmehr als Handlung gesehen werden, als etwas, das der Mensch tut.[4] Sehr wichtig ist die Tatsache, dass Wissen objektiviert werden kann, das heißt, die geistige Aneignung von Dingen, Fakten und Regeln kann symbolisch vonstatten gehen, so dass der direkte Kontakt zukünftig nicht mehr nötig ist. Darin liegt die soziale Bedeutung von Sprache, Schrift, Druck und Datenspeicherung. Moderne Gesellschaften haben in der intellektuellen Aneignung von Natur und Gesellschaft dramatische Fortschritte gemacht. Es ist ein riesiger Bestand an objektiviertem Wissen vorhanden, das als Mittler fungiert in der Beziehung des Menschen zur Natur und zu sich selbst. Diese Entwicklung ist in frühen theoretischen Kontexten Modernisierungs- oder Rationalisierungsprozess genannt worden, der zur »Einheit der Zivilisation« führt. Realität und Fiktion sind nicht mehr voneinander zu unterscheiden; Theorien werden zu Fakten, nicht umgekehrt, das heißt, Fakten führen nicht zur Theorie. Ein soziologisches Konzept des Wissens muss dessen innere »Unreinheit« akzeptieren, sein Verwurzeltsein in allen sozialen Einrichtungen einschließlich der Wissenschaft im kulturellen Prozess, seine Verstrickung mit der Macht und den Interessen und seine enorme Wandlungsfähigkeit.

Erst wenn die gesellschaftliche Bedeutung solcher Gegensätzlichkeiten und Gegenteile erkannt worden ist, zeigt sich die volle soziologische Bedeutung des Wissens. Erst dann ist sicher, dass das Ausmaß, in dem Wissen zur Autoritätsgrundlage werden kann, erfasst wird, dass der Zugang zu Wissen zu einer wichtigen gesellschaftlichen Ressource und zum Anlass für politische und soziale Auseinandersetzungen wird.

---

4 Vgl. Blackler (1995, S. 1023).

Erst in jüngster Zeit haben Wissenschaftler, die sich mit der Strukturierung und Entwicklung der Gesellschaft befassen, begonnen, in diesen Untersuchungen die Wissensproduktion, -verteilung und -reproduktion zu einem zentralen Thema aufzuwerten. Dass Wissen eine kritische gesellschaftliche Funktion erfüllt, ist in den Sozialwissenschaften schon häufiger problematisiert worden; dass es jedoch auch in der gesamtgesellschaftlichen Entwicklung eine bedeutende und zunehmend entscheidende Rolle spielt und damit für die Soziologie in hohem Maße relevant wird, ist erst in den letzten Jahrzehnten erkannt worden. Die Tatsache, dass Soziologen die soziale und politische Tragweite von Wissen erkannt haben, könnte geradezu als symbolisches Zeichen für diese Einflussnahme auf den Verlauf der modernen Gesellschaft und auf die Entwicklung des allgemeinen gesellschaftlichen Bewusstseins darüber verstanden werden[5]. Für die Analyse moderner Gesellschaften stellt sich also die Frage: Kann Wissen zum Leitprinzip werden für soziale Hierarchien und soziale Ungleichheit, für den Aufbau der Klassenstruktur, für die Chancenverteilung bei sozialer und politischer Machtausübung und für die Lebensweise des Individuums? Und könnte sich Wissen schließlich auch in irgendeiner Weise als Leitprinzip für soziale Kohäsion und Integration erweisen?

Daniel Bell spricht in seiner Studie *Die nachindustrielle* Gesellschaft von zwei Gründen, die es rechtfertigen, die moderne Gesellschaft als »Wissensgesellschaft« zu bezeichnen: (1) »weil Neuerungen mehr und mehr von Forschung und Entwicklung getragen werden (oder unmittelbarer gesagt, weil sich auf Grund der zentralen Stellung des theoretischen Wissens eine neue Beziehung zwischen Wissenschaft und Technologie herangebildet hat)«, (2) »weil die Gesellschaft wie aus dem aufgewandten höheren Prozentsatz des Bruttosozialprodukts und dem steigenden Anteil der auf diesem Sektor Beschäftigten ersichtlich, immer mehr Gewicht auf das Gebiet des Wissens legt«.[6]

Die Wissenschaft ist natürlich der Ort, an dem in den letzten Jahrhunderten die meisten der gegenwärtig zirkulierenden Wissenskonzepte fabriziert worden sind. Doch hat der wissenschaftliche Diskurs im Verlauf der ausführlichen Beschäftigung mit dem Wissen und vielleicht auch in dem Bemühen, zu einem gewissen gemeinsamen Verständnis von Wissen zu kommen, dem eigenen Wissen gegenüber eine selbstverständliche Haltung eingenommen. Aus diesem Grund hält sich die Anzahl wohl durchdachter Wissenskategorien in Grenzen. Wir haben uns eigentlich nicht sehr weit über die Vorschläge zu verschiedenen Formen des Wissens hinausbewegt, wie sie zunächst in Max Schelers[7] Beiträgen zur Wissenssoziologie aus den zwanziger Jahren zu finden sind. Es handelt sich um die Einteilung in (1) Erlösungswissen, (2) Bildungswissen und (3) Herrschaftswissen.

Selbst jene, die, wie wir sehen konnten, Wissen zum neuen axialen Prinzip der modernen Gesellschaft erhoben haben, unter ihnen Daniel Bell mit seiner Vorstellung von einer postindustriellen Gesellschaft, behandeln Wissen wie eine black box. Bell und viele soziologische Theoretiker vor ihm sahen allen Grund, insbesondere das positive Wissen – häufig unter polemisch aufgeheizten Umständen – als nicht-korporales Phänomen zu verteidigen, das zudem weitgehend unproblematisch, unstrittig, praktisch, effizient, stark und womöglich gar ethisch ist. Sie beschränken sich daher darauf, die Autorität des »theoretischen« Wissens mit seiner Kopplung an die empirische Realität (und nichts anderem) zu verbinden.

Um die Diskussion über den neuartigen gesellschaftlichen Stellenwert des Wissens voranzubringen, aber auch um mögliche Missverständnisse zu vermeiden, sollte ich einige grundsätzliche Überlegungen zu dem Begriff »Wissen« anführen und in größerem Detail darlegen, wie dieser Begriff im Kontext meiner Analyse der modernen Gesellschaft verwendet wird. Den Prozessen der Distribution und Reproduktion muss in der Wissensgesellschaft ebensoviel Bedeutung beigemessen werden wie der Wissensproduktion sowie der Regulierung der Anwendung von Wissen (d. h. der Wissenspolitik).

Um die soziale Bedeutung von Wissen verstehen zu können, müsste man zunächst Wissen selbst soziologisch definiert haben. Man könnte zum Beispiel unterscheiden zwischen dem, was man weiß

---

5 Vgl. Richta (1972).
6 Bell (1979, S. 214).
7 Scheler (1960).

(Wissensinhalt), und dem, wie man weiß (Wissensprozess). Letztere Formulierung stellt eine Beziehung zu Dingen und Fakten dar, aber auch zu Regeln, Gesetzen und Programmen. Es erfordert irgendeine Form des Partizipierens; denn Wissen über Dinge, Programme, Regeln, Fakten zu erlangen heißt ja, diese in gewissem Sinne zu »appropriieren«, sie in den eigenen Orientierungs- und Erfahrungsbereich aufzunehmen.[8] Die intellektuelle Aneignung von Dingen kann sich direkt oder vermittelt vollziehen. Seit sich der Wissensinhalt in Symbolen darstellen lässt, ist der direkte Kontakt mit den Dingen selbst nicht mehr nötig. Wissen ist aus Büchern erlernbar.[9] Die Sprache, das Schreiben, Drucken, Datenspeichern usw. sind sozial relevante Mechanismen, weil sie Wissen symbolisch darstellen oder, anders ausgedrückt, objektiviertes Wissen ermöglichen.

So handelt es sich bei einem Großteil dessen, was wir heutzutage Wissen und Lernen nennen, nicht um die Aufnahme einer Beziehung zu Fakten, Regeln oder Dingen direkt, sondern zu objektiviertem Wissen. Objektiviertes Wissen ist zu einer kulturellen Ressource der Gesellschaft geworden, wenn man so will. Der Wissensprozess ist also, grob gesagt, Teilnahme an den kulturellen Ressourcen der Gesellschaft. Allerdings ist diese Teilnahme abhängig vom Schichtungsprinzip. Lebenschancen, Lebensstil und soziales Einflussvermögen des Individuums hängen von dessen Zugang zum jeweiligen Wissensbestand der Gesellschaft ab. Zu den Veränderungen, die meiner Ansicht nach zur Wissensgesellschaft führen, gehören also auch Neuerungen im Prozess der intellektuellen Aneignung von Natur und Gesellschaft.

Heutzutage ist ein enormer Bestand an objektiviertem Wissen vorhanden, der zwischen Mensch und Natur vermittelt. Natur wird oder kann kaum anders erfahren werden, als in Form eines menschlichen Produkts oder als Teil menschlicher Produkte; soziale Beziehungen werden mit Hilfe eines ständig anwachsenden Netzes von administrativen, juristischen oder technischen Systemen geknüpft.

Materielle Aneignung der Natur heißt zunächst Umstrukturierung der Natur und schließlich ihre allmähliche Umwandlung in ein menschliches Produkt. Die neue soziale Struktur, die ihr auferlegt wird, ist im Grunde das objektivierte Wissen oder, mit anderen Worten, eine Realisierung dessen, was wir wissen: die durch die Technologie erweiterten Naturgesetze. Die Aneignung der Gesellschaft vollzieht sich ähnlich, und zwar durch den Prozess der Regelproduktion. Was nun die Produktion, Verbreitung und Reproduktion von Wissen betrifft, so lässt sich für die Gegenwartsgesellschaft zunächst einmal nur eine rein quantitative Diagnose stellen: Der Überbau der Gesellschaft ist mittlerweile so immens geworden, dass die Mehrzahl sozialer Handlungen nicht Produktion sondern Reproduktion ist, insbesondere Reproduktion von Wissen selbst. Dass die Reproduktion überwiegt, dazu trägt vor allem die Tatsache bei, dass ein Großteil des wissenschaftlichen Wissens als eine Form universalen Wissens behandelt wird.

Wissen, Ideen und Information, um vorläufig bewusst relativ allgemeine und ambivalente Bezeichnungen zu benutzen, sind höchst merkwürdige »Entitäten« mit ganz anderen Eigenschaften als zum Beispiel Güter, Waren oder auch geheime Botschaften. Werden sie verkauft, so gehen sie an den Käufer über und bleiben doch auch Eigentum ihres ursprünglichen Produzenten. Außerdem verliert man in einem Tauschprozess nicht die Verfügungsgewalt über das Wissen. Wissen hat keine Nullsummeneigenschaften. Im Gegenteil, Wissen ist ein Positivsummenspiel: Alle können gewinnen. Allerdings ist die gleichgewichtige Verteilung des Gewinns keineswegs garantiert. Sie muss auch nicht unbedingt Voraussetzung sein für gesellschaftlichen Einfluss und soziale Kompetenz. Für viele Bereiche des Lebens mag es durchaus vernünftig, ja sogar notwendig sein, Wachstumsgrenzen zu setzen; für das Wissen scheint das nicht zu gelten. Dem Wachstum des Wissens sind praktisch keine Grenzen gesetzt.[10]

Die These von den nicht vorhandenen Grenzen des Wachstums des Wissen, insbesondere (natur)wissenschaftlicher Erkenntnisse, hat natürlich seine Kritiker. Schon 1872 hielt Emil de Bois-Reymond einen in der Öffentlichkeit seiner Zeit viel beachteten Vortrag »Ueber die Grenzen des Naturerkennens«. Eine Anzahl von prominenten Wissen-

---

8 Siehe auch Lave (1993).
9 Vgl. Collins (1993).
10 Siehe auch Weber (1992, S. 534 f.).

schaftlern hat in jüngster Zeit zum Missfallen ihrer Kollegen den Verdacht ausgesprochen, dass die wissenschaftlichen Erkenntnisse in Zukunft im Vergleich zu den in den vergangenen Jahrzehnten erreichten nur noch unwesentlich oder sehr verlangsamt wachsen dürften. Die Behauptung von einem fast grenzenlosen Wachstum des wissenschaftlichen Wissens übersieht die Tatsache, so ihre Kritiker, dass auch das Wachstum wissenschaftlicher Erkenntnis sich dem Gesetz abnehmender Erträge beugen muss. Die Kritiker der Idee von einer grenzenlosen Wertschöpfung wissenschaftlicher Erkenntnisse argumentieren, dass wir die wichtigsten Geheimnisse oder Gesetzmäßigkeiten der Natur inzwischen entdeckt haben. Die Wissenschaft hat die Mehrzahl ihrer Probleme gelöst. Aber woher wissen wird das? Wir wissen dies, weil diese wissenschaftlichen Erkenntnisse wahr sind, sie spiegeln die Realität sehr gut wider.[11] Darüber hinaus gilt, »given how far science has already come, and given the physical, social, and cognitive limits constraining further research, science is unlikely to make any significant additions to the knowledge it has already generated. There will be no great revelations in the future comparable to those bestowed upon us by Darwin or Einstein and Crick.«[12]

Es gibt zudem sozio-ökonomisch bestimmte Grenzen des Wachstums wissenschaftlicher Erkenntnisse, wie zum Beispiel Rescher[13] herausgestellt hat. Diese Grenzen lassen sich beispielsweise aus der Notwendigkeit ableiten, dass neue Erkenntnisse immer umfangreichere Ressourcen und eine immer kostspieligere Infrastruktur verlangen, die über kurz oder lang nicht mehr bezahlbar sei. Die von Rescher angeschnittene Ursache der Grenzen des Wachstums des Wissens bezieht sich allem Anschein nach auf das Wachstum der Grundlagenforschung. Aber selbst wenn man die Analyse der Grenzen des Wachstums der Erkenntnis auf die Differenz von praktischem und fundamentalem Wissen beschränkt, sind Verfechter der These vom Wachstum des Wissens, das sich nicht den Bedingungen des Gesetzes vom abnehmenden Grenzertrag entziehen kann, davon überzeugt, dass das Volumen angewandten Wissens weiter über einen sehr langen Zeitraum wachsen wird. Die umstrittenen und angesichts der Schwierigkeiten, Prognosen dieser Art zu formulieren, risikobehafteten Thesen

von den Grenzen des Wachstums wissenschaftlicher Erkenntnisse stellen kein unmittelbares Hindernis meiner Studie dar, da ich mich mit dem traditionell so bezeichneten Problem anwendungsorientierter Forschung beschäftige.

Wissen, so hat es den Anschein, ist ein Gemeingut (*public good*); es ist prinzipiell für alle da und verliert, auch wenn es bekannt wird, nicht an Einfluss. Dies wiederum impliziert, dass es äußerst schwierig ist, Eigentumsrechte an Wissen, von dem man behauptet, es entdeckt zu haben, durchzusetzen. Es ist beispielsweise sehr schwer, den Gebrauch von Wissen und möglicherweise dadurch erzielte Erträge nachzuweisen, genauso wie es schwierig ist, den Beweis anzutreten, dass der Entdecker/Eigentümer des Wissens durch diesen Gebrauch des Wissens durch eine anderen Person oder Organisation einen Verlust erlitten hat.[14] Dass die »Wissensschöpfung« voller Ungewissheiten steckt, ist seit langem bekannt. Zu der Überzeugung, dass die Wissensnutzung risikolos ist und der Wissenserwerb Ungewissheit zu reduzieren hilft, kam man dagegen erst sehr viel später.

Wissen gilt, wie gesagt, häufig als das öffentliche Gemeingut par excellence; das in der Institution Wissenschaft verankerte Ethos verlangt zum Beispiel, dass Wissen – zumindest im Prinzip – allen zugänglich ist. Aber handelt es sich wirklich um »gleiches« Wissen für alle? Unterliegt wissenschaftliches Wissen, das in Technologie umgewandelt wurde, noch den gleichen normativen Regeln? Welche Kosten sind mit der Übertragung von Wissen verbunden? Wissen ist fast immer, auch trotz seines guten Rufes, anfechtbar. Diese Eigenschaft gilt in der wissenschaftlichen Theorie als ein großer Vorteil und als Tugend; in der Praxis wird diese prinzipielle Anfechtbarkeit der wissenschaftlichen Erkenntnis häufig verdrängt. Es kommt entweder zu einer gravierenden Überschätzung oder systematischen Unterbewertung wissenschaftlichen Wissens. Da Wissen in anscheinend unbegrenzten Mengen verfügbar ist, ohne dadurch an Bedeutung zu ver-

---

11 Stent (1969); Glass (1971).
12 Horgan (1996, S. 16).
13 Rescher (1978, S. 193–207).
14 Siehe Easterbrook (1982).

lieren, verbindet es sich nur sehr begrenzt mit privaten Eigentumsansprüchen.[15] Moderne Kommunikationstechniken garantieren anscheinend einen leichteren Zugang zum Wissen und tragen womöglich dazu bei, etwaige, noch bestehende Auflagen aus Besitzansprüchen fast wirkungslos zu machen. Allerdings besteht auch die Möglichkeit und Gefahr, dass nicht ungehinderte Wissensverbreitung sondern Wissenskonzentration eintritt. Man könnte allerdings genauso gut annehmen, es läge an der größeren sozialen Bedeutung des Wissens und nicht an seiner Besonderheit, dass es seine Ausschließlichkeit verliert. Aber das Gegenteil scheint zuzutreffen. Es stellt sich also erneut die Frage nach der Grundlage für die (an)dauernde »Macht« des Wissens. Trotz seines allgemein guten Rufs ist Wissen selten unstrittig.[16] Im markanten Gegensatz zu den Überzeugungen der klassischen funktionalistischen Theorie der gesellschaftlichen Differenzierung ist die Wissenschaft in vielen Fällen unfähig, kognitive Sicherheit zu liefern. Der wissenschaftliche Diskurs ist entpragmatisiert, er sieht sich nicht in der Lage, definitive oder sogar wahre Aussagen (im Sinn bewiesener kausaler Sätze) für praktische Zwecke anzubieten, sondern nur mehr oder weniger plausible Annahmen, Szenarien oder Wahrscheinlichkeitsaussagen.[17] Die Wissenschaft ist demnach nicht Lieferant zuverlässiger Erkenntnis, sondern eine Quelle von Unsicherheit.[18] Und im Gegensatz zu dem, was rationale wissenschaftstheoretische Theorien verlauten lassen, kann man diese Problematik nicht dadurch in den Griff bekommen oder gar lösen, dass man zwischen »guter« und »schlechter« Wissenschaft (bzw. zwischen Pseudo-Wissenschaften und adäquater Wissenschaft) unterscheidet. Wie sollte dies unter Unsicherheitsbedingungen auch möglich sein?

In der Wissenschaft und in manchen Philosophien der Wissenschaft wird die Vorläufigkeit, die Überprüfbarkeit und die Offenheit von Wissensansprüchen als Tugend begriffen. Unter praktischen, alltäglichen Handlungsbedingungen wird der strittige Charakter des Wissens häufig unterdrückt und steht in einem Konflikt zum Handlungsdruck im Alltag.

4. Wissen als Handlungsvermögen

Ich möchte Wissen als *Fähigkeit zum sozialen Handeln* (Handlungsvermögen) definieren, als die Möglichkeit, etwas in »Gang zu setzen«. Wissen ist ein Modell *für die Wirklichkeit.* Wissen illuminiert. Wissen ist entdecken. Erkenntnisse sind aber nicht nur passives Wissen. Wissen als erster Schritt zum Handeln ist in der Lage, die Realität zu verändern. Wissen bereichert menschliches Können. Und damit hebe ich, wenn auch nur zeitweise und vorläufig, die Verbindung von sozialem Handeln und Wissen auf oder unterbreche sie. Im Sinne dieser Definition ist Wissen ein universales Phänomen oder eine konstante anthropologische Größe. In der praktischen Verschränkung von Erkenntnissen und Handeln trifft dann die unkritisch-optimistische Beobachtung von C. P. Snow aus den fünfziger Jahren,[19] dass Wissenschaftler »die Zukunft in den Knochen haben«, zweifellos zu.

Meine Begriffswahl stützt sich unmittelbar auf Francis Bacons berühmte und faszinierende These »scientia est potentia« oder wie diese Formulierung häufig, aber irreführend, übersetzt wurde: *Wissen ist Macht.* Bacon behauptet, dass sich der besondere Nutzen des Wissens von seiner Fähigkeit ableitet, etwas in Gang zu setzen. Der Begriff *potentia*, die Fähigkeit, umschreibt hier die »Macht« des Wissens. Wissen ist Entstehen. Genauer gesagt: Bacon unterstreicht am Anfang seines *Novum Organum*, »menschliches Wissen und menschliche Macht treffen in einem zusammen; denn bei Unkenntnis der Ursache versagt sich die Wirkung. Die Natur kann nur beherrscht werden, wenn man ihr gehorcht; und was in der Kontemplation als Ursache auftritt, ist in der Operation die Regel«.[20] Menschliche Na-

---

15 Simmel (1989, S. 438).

16 Die Entzauberung der Wissenschaft durch die Wissenschaft führt zu dem Ruf nach einer Philosophie der Forschung, da die wissenschaftliche Forschung das sein kann, was die Wissenschaft nicht sein darf. Forschung produziert Dispute und darf strittige Wissensansprüche formulieren. Die Wissenschaft soll Kontroversen beenden. Die Wissenschaft soll sich von der Gesellschaft distanzieren, die Forschung soll sich involvieren (siehe Latour, 1998).

17 Vgl. Stehr (1991).

18 Grundmann/Stehr (2000).

19 Snow (1964).

20 Bacon (Novum Organum, I, Aph. 3).

turerkenntnis ist demzufolge Ursachenwissen, aber auch gleichzeitig Kenntnis der Handlungsregeln und damit das Vermögen, den fraglichen Prozess in Gang zu setzen oder etwas erzeugen zu können. Erfolge oder Folgen menschlichen Handelns lassen sich demnach an der Veränderung der Realität ablesen.[21]

Meine Begriffsbestimmung des Wissens als Handlungsmöglichkeit erinnert etwa an Ludwig von Mises *soziologische* Definition von Eigentum: »Als soziologische Kategorie betrachtet erscheint das Eigentum als das Vermögen, die Verwendung wirtschaftlicher Güter zu bestimmen.«[22] Das »Eigentum« an Wissen und damit die Verfügungsgewalt über Wissen ist in der Regel nicht exklusiv. Diese Exklusivität verlangt aber die Rechtslehre als Begriffsbestimmung von Eigentum oder der Institution von Eigentum. Das formale Recht kennt, wie bekannt ist, Eigentümer und Besitzer; insbesondere kennt es Individuen, die haben sollten, aber nicht haben. Aus der Sicht des Rechtssystems ist Eigentum unteilbar. Es spielt auch keine Rolle, um welche konkreten materiellen oder immateriellen »Sachen« es sich handelt. Die soziologische Bedeutung von Wissen liegt ebenfalls primär in der tatsächlichen Fähigkeit, über Wissen als Handlungsvermögen verfügen zu können. Erkenntnis gewinnt an *Distinktion* aufgrund seiner Fähigkeit, die Wirklichkeit zu verändern.

Wissen erfüllt gewiss nur dort eine »aktive« Funktion im gesellschaftlichen Handlungsablauf, wo Handeln nicht nach im Wesentlichen stereotypisierten Mustern (Max Weber) abläuft oder ansonsten weitgehend reguliert ist,[23] sondern wo es, aus welchen Gründen auch immer, einen Entscheidungsspielraum oder -notwendigkeiten gibt.[24] Für Karl Mannheim beginnt soziales Handeln deshalb auch erst dort, »wo der noch nicht rationalisierte Spielraum anfängt, wo nicht regulierte Situationen zu Entscheidungen zwingen«.[25] Konkreter formuliert: »Es ist kein Handeln [...], wenn ein Bureaukrat ein Aktenbündel nach vorgegebenen Vorschriften erledigt. Es liegt auch kein Handeln vor, wenn ein Richter einen Fall unter einen Paragraphen subsumiert, wenn ein Fabrikarbeiter eine Schraube nach vorgeschriebenen Handgriffen herstellt, aber eigentlich auch dann nicht, wenn ein Techniker generelle Gesetze des Naturablaufs zu irgendeinem

Zweck kombiniert. Alle diese Verhaltensweisen sollen als *reproduktive* bezeichnet werden, weil diese Handlungen in einem rationalisierten Gefüge nach Vorschriften ohne *persönliche* Entscheidung vollzogen werden.«

Infolgedessen beschränkt sich für Mannheim etwa das Problem des Verhältnisses von Theorie und Praxis auf Situationen genau dieser Art. Allerdings sind selbst weitgehend regulierte und durchrationalisierte Situationen, die sich beständig wiederholen, nicht frei von »irrationalen« (d.h. »offenen«) Momenten. Gleichzeitig weist diese Perspektive auf die Bedingungen von Wissen hin, und zwar als Ergebnis menschlicher Betätigung. Wissen kann zu sozialem Handeln führen und ist gleichzeitig Ergebnis von sozialem Handeln. Hierin deutet sich bereits an, dass man das Vermögen zum Handeln keineswegs identisch setzen muss mit tatsächlichem Handeln, d.h. Wissen ist nicht selbst schon Handeln.

Ohne in allzu lange terminologische Debatten geraten zu wollen, möchte ich auf den Begriff »knowledgeability« eingehen, den zum Beispiel Giddens benutzt.[26] Er bedeutet in erster Linie praktisches Wissen, Wissen also als ein »normaler« oder alltäglicher, von vielen geteilter, nicht unmittelbar offener (*tacit*) Bezugspunkt sozialen Handelns. So definiert, ist das Wissen eine Bedingung für soziales Handeln. Giddens beruft sich hauptsächlich auf diesen univer-

---

21 Siehe auch Krohn (1988, S. 87–89).

22 Von Mises (1922, S. 14).

23 Auf der Prämisse aufbauend, dass Wissen eine Handlungsmöglichkeit konstituiert, kann man zwischen Wissensformen unterscheiden, je nachdem welche Handlungskapazität Wissen verkörpert. Lyotard's (1984, S. 6) Versuch, in Analogie zur Unterscheidung zwischen Investiv- und Konsumausgaben zwischen »Verbrauchswissen« und »Investivwissen« zu differenzieren, kann als ein Beispiel einer solchen funktionalen Separation von Wissensformen gelten.

24 Luhmanns (1992, S. 136) Beobachtungen über die Bedingungen für die Möglichkeit, eine Entscheidung zu treffen, lassen vielleicht eine noch breitere Anwendung von Wissen zu. Entscheiden »kann man nur«, wie er sehr einleuchtend unterstreicht, »wenn und soweit nicht feststeht, was geschehen wird.« Unter der Voraussetzung, dass die Zukunft höchst ungewiss ist, kann sich der Einsatz von Wissen im Entscheidungsprozess auf sehr viel mehr soziale Kontexte erstrecken, auch auf jene, die normalerweise nur von Routine und Gewohnheitsverhalten geprägt sind.

25 Mannheim (1929, S. 74).

26 Giddens (1984, S. 21 f.).

salistischen Aspekt und nicht auf die Fragen, die mich im Kontext dieser Studie beschäftigen: Wie und warum nimmt Wissen zu; wie ist Wissen in modernen Gesellschaften verteilt; wie vermitteln die wissensfundierten Berufe Wissen; wie entsteht aus Wissen Autorität, Solidarität oder wirtschaftliches Wachstum; oder welchen Einfluss hat Wissen auf das gesellschaftliche Machtgefüge? Giddens' Interesse gilt dem Gemeinschaftsaspekt des Wissens der handelnden Akteure vor dem Hintergrund der nichtintendierten Folgen ihres Handelns;[27] mein Interesse gilt dem, wenn auch nur vorläufigen, nicht präsenten Wissen, das sich der Akteur immer wieder beschaffen muss. Giddens präsentiert eine ontologische These. Mich beschäftigt im Grunde die Tatsache, dass sich ein Akteur nicht damit begnügt, zu wissen, sondern mehr wissen will als sein Mitakteur, und damit das Problem, dass Wissen in gesellschaftlichen Kontexten ein stratifizierendes Phänomen sozialen Handelns ist. Offensichtlich ermöglicht *wissenschaftliches oder technologisches Wissen* ganz allgemein gesehen Handeln. Allerdings ist wissenschaftliches Wissen keine unanfechtbare, interpretationsfreie Größe, die zum Beispiel frei ist oder befreit ist von banalen menschlichen Handlungsumständen. Wenn die Annahme zuträfe, dass sich Wissen in der Tat fast ohne Behinderungen »bewegt« und dass man es ohne wesentliche Hindernisse implementieren kann, wäre die These von der besonderen gesellschaftlichen Macht der Produzenten dieser Erkenntnisse sicher glaubwürdiger.

»Befähigung« zum Handeln heißt auch, dass Wissen unbenutzt bleiben oder für irrationale Zwecke genutzt werden kann. Die Vorstellung, dass wissenschaftlich-technisches Wissen fast ohne Kontemplation der Konsequenzen notwendigerweise implementiert wird, ist eine Idee, die zum Beispiel C. P. Snow[28] vertritt, aber auch unter Beobachtern bestimmter technologischer Entwicklungen häufiger anzutreffen ist. Die Vorstellung, dass wissenschaftliche Erkenntnis und Technik ihre eigene praktische Realisierung sozusagen automatisch erzwingen, übersieht natürlich, dass der Kontext der Anwendung und die Anwender eine gewichtige

Rolle bei der Realisierung von Wissen spielen. Eine solche Konzeption unmittelbarer praktischer Effizienz wissenschaftlicher und technischer Erkenntnisse überschätzt die »immanente« oder eingebaute praktische Leistungsfähigkeit von in der Wissenschaft produzierten Wissensansprüchen. Ich werde später noch häufiger auf die Problematik der Grenzen der praktischen Verwertbarkeit und somit der »Macht« wissenschaftlicher Erkenntnisse eingehen.

Es wäre missverständlich, aus meiner Definition von Wissen als Handlungsvermögen abzuleiten, weil sie zum Beispiel nicht insistiert, um einen eher herkömmlichen Kontrast zu bemühen, Erkenntnis sei »wahr«, dass dieser Wissensbegriff eine Umkehr der berühmten Metapher »Wissen ist Macht« in »Macht ist Wissen« stützt oder sogar erfordert. Es trifft in der Tat zu, dass die Implementation von Wissen als Handlungsvermögen mehr verlangt als nur das Wissen, wie man etwas in Gang setzt kann oder verändert. Die praktische Umsetzung von Wissen und Macht sind Alliierte. Genauer: Erkenntnis und die Kontrolle von Handlungsbedingungen sind Alliierte, wenn es darum geht, etwas mit Hilfe von Wissen in Bewegung zu setzen. Die Verbindung oder Beziehung ist nicht symmetrisch. Wissen hat nicht immer Macht zur Folge. Macht führt nicht zu Wissen und Macht muss sich nicht immer auf Wissen stützen.

Sofern man die »Gesellschaft als Labor« bezeichnet, wie Krohn und Weyer dies tun,[29] impliziert diese Idee, dass eine Verlagerung oder Wiederholung eines Forschungsprozesses, aber auch der Risiken, aus dem Labor in die Gesellschaft, also etwa im Fall der Nukleartechnologie, des Pflanzens von genetisch modifiziertem Saatgut oder der Verwendung von bestimmten Chemikalien mit unerwünschten Nebenfolgen, als Grundvoraussetzung eine Kontrolle der Handlungsumstände erfordert, unter denen man dann erwarten kann, dass die ursprünglich beobachteten Wirkungen erneut realisiert werden können. Das heißt, man muss die experimentellen Bedingungen – auf der grünen Wiese sozusagen – reproduzieren. Erst dann lässt sich die ursprüngliche Beobachtung wiederholen. Dies heißt aber auch, dass jede Realisierung von Erkenntnissen, nicht nur die von großen Experimenten, eine Kontrolle der Handlungsumstände

27 Giddens (1981, S. 28).
28 Vgl. Sibley (1973).
29 Krohn/Weyer (1989, S. 349).

erfordert. Anders formuliert, wenn »wissenschaftliche Erkenntnis in der Gesellschaft ›angewendet‹ werden soll, muß eine Anpassung an dort bestehende Randbedingungen erfolgen, oder die gesellschaftliche Praxis muß gemäß den von der Wissenschaft gesetzten Standards umgestaltet werden«.[30]

Der besondere, geradezu herausragende Stellenwert des wissenschaftlichen und technischen Wissens in der modernen Gesellschaft resultiert allerdings nicht aus der Tatsache, dass wissenschaftliche Erkenntnis etwa immer noch weitgehend als wahrhaftiger, objektiver Maßstab oder als eine unstrittige Instanz behandelt wird, sondern daraus, dass wissenschaftliches Wissen, mehr als jede andere Wissensform, permanent zusätzliche (*incremental*) Handlungsmöglichkeiten fabriziert und konstituiert. Wissenschaftliche Erkenntnisse repräsentieren somit Handlungsmöglichkeiten, die sich ständig ausweiten und verändern, indem neuartige Handlungschancen produziert werden, die, wenn auch nur vorübergehend, sogar »privat appropriiert« werden können. Kurz: In der modernen Gesellschaft ist Wissen Grundlage und Motor der fortschreitenden Modernisierung als Extensionsprozess.

5. Die Entwicklung von Wissensgesellschaften

In diesem Abschnitt werde ich die These, dass die sich entwickelnde moderne Gesellschaft am zutreffendsten als eine Wissensgesellschaft verstanden werden sollte, näher erläutern.

Im Ablauf des historischen Prozesses ist das Auftauchen von Gesellschaftsformationen, die wir als »Wissensgesellschaften« analysieren, nicht etwa eine plötzliche Erscheinung, also in diesem Sinne auch keine revolutionäre Entwicklung. Diese umgreifenden gesellschaftlichen Veränderungen müssen vielmehr als ein evolutionärer Prozess verstanden werden, in dessen Verlauf sich das die Gesellschaft definierende Merkmal ändert bzw. ein neues hinzukommt. In der Regel sind Ende und Entstehung eines Gesellschaftstyps gleich langwierige Prozesse. Nur selten vollzieht sich gesellschaftlicher Wandel sprunghaft und spektakulär. Eingefahrene Verhaltensweisen werden gestört, Orientierungen verlieren an Bedeutung; dennoch bleibt es immer schwierig, klar und eindeutig festzustellen, wann ein neuer

Typus von Gesellschaft entstanden ist und neue Verhaltensweisen gegeben sind.

Wissensgesellschaften sind nicht Ergebnis eines einfachen, eindimensionalen gesellschaftlichen Wandlungsprozesses. Sie entstehen nicht auf Grund eindeutiger Entwicklungsmuster. Man ist geneigt zu sagen, dass viele konkrete soziale, politische Wege zur Wissensgesellschaft führen. Wissensgesellschaften sind schon aus diesem Grund keine einheitlichen gesellschaftlichen Konfigurationen. Sie assimilieren sich, indem sie, so paradox dies auch klingen mag, jeweils eigenen Entwicklungsmustern folgen und dabei in vieler Hinsicht verschiedenartig bleiben. Obschon neuere Entwicklungen in der Kommunikations- und Transporttechnik dazu beitragen, dass die einstige Distanz zwischen Gruppen und Individuen aufbricht, bleibt die erhebliche Isolation zwischen Regionen, Städten und Dörfern erhalten. Die Welt öffnet sich zwar, Stile, Waren und Personen zirkulieren sehr viel intensiver, aber die Mauern zwischen den Überzeugungen über das, was heilig ist, bleiben bestehen. Die Bedeutung von Zeit und Ort verändert sich, aber Grenzen werden weiter mit Intensität gefeiert und geachtet. Fasziniert vom Zeitalter der Globalisierung leben wir mit der Obsession von Identität und Ethnizität. Und Hand in Hand mit der Territorialität von Sensibilitäten und der Regionalisierung von Konflikten geht eine wachsende Gleichzeitigkeit von Ereignissen auf unterschiedlichen Kontinenten.

Die moderne Gesellschaft wurde bisher in erster Linie von den sozialen Merkmalen Arbeit und Eigentum (Kapital) geprägt. Arbeit und Eigentum sind deshalb seit langer Zeit in der soziologischen, politikwissenschaftlichen und ökonomischen Theorie eng miteinander in Verbindung gebracht worden. Arbeit wird als Eigentum verstanden und als Quelle für neues Eigentum. In der marxistischen Tradition, in der Kapital als objektivierte Arbeit verstanden wird, ist diese unmittelbare Verbindung besonders deutlich. Auf der Grundlage dieser Eigenschaften war es einzelnen Individuen oder Gruppen von Individuen möglich, sich als bestimmte Mitglieder der Gesellschaft zu definieren. Mit der Veränderung des gesellschaftlichen Stellen-

---

30 Krohn/Weyer (1989, S. 354).

werts, insbesondere im produktiven Prozess, ändern sich auch die sozialen Konstrukte Arbeit und Eigentum. Allerdings verschwinden diese Merkmale nicht etwa im Verlauf der von uns ins Auge gefassten Entwicklungsphase der Moderne, sondern es kommt eine neue Eigenschaft, das Wissen, hinzu und konkurriert gewissermaßen mit Eigentum und Arbeit als Strukturierungsmechanismus der modernen Industriegesellschaft.

Natürlich hat Wissen seit je eine Rolle für das menschliche Zusammenleben gespielt. Man kann geradezu von einer anthropologischen Konstante sprechen: Soziales Handeln, soziale Interaktionen oder die soziale Rolle sind wissensgeleitet und soziale Gruppierungen sind nicht bloß Herdenbildung, sondern symbolisch vermittelt, das heißt, sie beruhen auf Wissen. Alle Beziehungen zwischen Individuen beruhen grundsätzlich darauf, wie etwa Georg Simmel betont,[31] dass Menschen etwas voneinander wissen. Helmut Plessner[32] drückt diese wissenssoziologische Grundüberzeugung, die er darüber hinaus in eine unmittelbare Beziehung zur Ausübung sozialer Macht, aber auch zur gesellschaftlichen Bestimmung von Wissen setzt, mit folgenden Worten aus: »Zu allen Zeiten hat das Wissen eine soziale Bedeutung durch seine gesellschaftsgestaltende Kraft; denn jedes Wissen ist Machtquelle, wie es stets auch sozialen Einflüssen unterliegt, je nach Schichten, Ständen, Klassen, welche es vornehmlich oder ausschließlich erwerben, verwalten und nützen.«[33]

Aber auch Herrschaft hat sich stets nicht nur auf physische Gewalt gestützt, sondern sehr häufig auch auf einen Wissensvorsprung. Und schließlich ist die gesellschaftliche Reproduktion nicht nur eine physische, sondern beim Menschen auch immer eine kulturelle, das heißt Reproduktion von Wissen. Rückblickend lassen sich deshalb heute auch vergangene Gesellschaftsformationen sehr wohl als frühe Formen von »Wissensgesellschaften« erkennen, wie zum Beispiel die altisraelitische Gesellschaft, die durch das religiös-gesetzliche Torawissen struktu-

riert wurde, oder die altägyptische, für die das religiös-astronomische und das agrarische Wissen Herrschaftsbasis und Organisationsprinzip war. Dass wir Anlas haben, unsere gegenwärtigen, entwickelten Industriegesellschaften als Wissensgesellschaften zu beschreiben, liegt also am eindeutigen Vordringen der Wissenschaft in alle gesellschaftlichen Lebensbereiche.

Das Phänomen Wissen und die Größe der Gruppen von Individuen, deren sozialer Einfluss und soziale Kontrolle auf Wissen basieren, wird in vielen Gesellschaftstheorien, in denen es eine prominente Rolle spielt, in der Regel eher restriktiv konzipiert. Und zwar begnügt man sich typischerweise mit dem anscheinend für unproblematisch gehaltenen Verweis auf die gesellschaftliche Funktion der als besonders zuverlässig geltenden und von der »scientific community« ratifizierten objektiven wissenschaftlichen Erkenntnis. Dieser in manchen Theorien der modernen Gesellschaft oft mit großer Selbstverständlichkeit vorgetragene und von mir als oberflächlich charakterisierte Wissensbegriff ist in dieser Form keineswegs von gesellschaftlicher Belanglosigkeit. Im Gegenteil, der eng begrenzte Wissensbegriff hat eine nicht unerhebliche öffentliche Bedeutung und politischen Einfluss. Er verbindet die Annahme einer konkurrenzlosen praktischen Effizienz mit der in der Wissenschaft produzierten Erkenntnis. Gleichzeitig ist er der sowohl in der Öffentlichkeit als auch in der Wissenschaft bevorzugte oder vorherrschende Wissensbegriff. Damit setzt er auf den umfassenden Kredit und den großen Autoritätsbonus, dessen sich insbesondere Naturwissenschaftler in der Gesellschaft erfreuen. Der restriktive Wissensbegriff zeugt somit auch von dem Erfolg der Wissenschaft, ihren Wissensbegriff und die daran geknüpften Erwartungen zum gesamtgesellschaftlich führenden Verständnis zu machen. Sieht man einmal von den oft schon mystischen Eigenschaften ab, die einem wissenschaftszentristischen Begriff des Wissens zugeordnet sind, so signalisiert seine Dominanz im gesellschaftlichen Verständnis von wissenschaftlicher Erkenntnis ganz offenbar einen erheblichen Verlust des Stellenwerts nicht-wissenschaftlichen Wissens in der modernen Gesellschaft. Trotz des Anwachsens einer insgesamt sehr viel kritischeren Einstellung zur Technik und manifester anti-wissenschaftlicher kultureller Vorstellungen in der Bevölkerung, wie sie von Wis-

---

31 Vgl. Simmels »Das Geheimnis und die geheime Gesellschaft [1908]«; in: Simmel (1992, S. 383–455).
32 Plessner (1985 a, S. 7).
33 Siehe auch Michels (1970, S. 74–86).

senschaftlern diagnostiziert und gefürchtet werden,[34] lässt der Einfluss und die Bedeutung der Wissenschaft für alltägliche Lebensformen keineswegs nach. Das eng begrenzte begriffliche Verständnis von wissenschaftlicher Erkenntnis dominiert weiter. In der voranschreitenden Verwissenschaftlichung des Alltags, zum Beispiel im Gesundheitswesen oder bei der Bewertung von Risiken aller Art, manifestiert sich der kulturelle Vorrang und die gesellschaftliche Übermacht einer bestimmten Wissenskonzeption, die wiederum in der Mehrzahl der gängigen Theorien der modernen Gesellschaft ebenfalls ihre Entsprechung findet.

Aufgrund dieser restriktiven Wissenskonzeption werden die gesellschaftlichen Folgen in der Regel als ebenfalls relativ eindeutig beschrieben. Paradoxerweise neigt man also dazu, die soziale Wirkungskraft »objektiven« wissenschaftlich-technischen oder formalen Wissens zu überschätzen. Es kommt zum Beispiel zu angeblich weit verbreiteten und hoch rationalisierten sozialen Verhaltensformen. Ich werde noch ausführlich zeigen, dass dies nicht der Fall ist. Moderne Gesellschaftstheorien lassen demnach bei der Konzeptualisierung des als Motor der gesellschaftlichen Transformationen ins Auge gefassten »Wissens« kritische Details und einen weniger affirmativen Überblick vermissen. Gleichzeitig problematisiert etwa die Theorie der postindustriellen Gesellschaft die Gründe für die angeblich steigende Nachfrage nach Wissen, wenn überhaupt, kaum. Die Analyse der oft keineswegs gradlinigen Wege, die das Wissen in seiner praktischen Realisierung nimmt, ist wenig entwickelt. Der rasch wachsenden Zahl von Individuen, die auf die eine oder andere Weise vom Wissen leben, wird kaum Aufmerksamkeit geschenkt. Die differenzierten Wissensformen, denen pragmatischer Nutzen zugesprochen werden kann, die umfassenden Auswirkungen des Wissens auf die sozialen Beziehungen und den Einfluss gesellschaftlicher Prozesse auf die Entwicklung wissenschaftlicher Erkenntnis analysiert man häufig nur am Rande.

6. Die wissensbasierte Ökonomie

Als erstes Anzeichen für das Entstehen einer Wissensgesellschaft kann in der Tat die radikale Umwandlung der *Wirtschaftsstruktur* der industriellen Gesellschaft gelten. In der *Industriegesellschaft* sind eine Reihe von Faktoren für den Ablauf der Produktionsprozesse verantwortlich, die aber als Bedingungen für die Möglichkeit des wirtschaftlichen Wachstums an Bedeutung zu *verlieren* scheinen: Dazu gehören vor allem die Entwicklung von Angebot und Nachfrage nach Primärgütern und Rohmaterial; die Abhängigkeit der Nachfrage nach Arbeit vom Produktionsumfang; die relative Bedeutung des Herstellungssektors, der die Primärgüter verarbeitet; die Rolle der Arbeit (im Sinne von Handarbeit) und deren soziale Organisation; das Gewicht des internationalen Handels mit Waren; die Funktion von Ort und Zeit im Produktionsprozess, sowie die Grenzen des Wachstums der wirtschaftlichen Wertschöpfung. Gemeinsamer Nenner dieser Veränderungen in der Wirtschaftsstruktur der Industriegesellschaft ist ein Wechsel von einer Ökonomie, deren Produktion hauptsächlich durch »materielle« Faktoren bestimmt wird, zu einer Wirtschaft, in der Produktion und Distribution auf »symbolischen« oder wissensfundierten Faktoren basieren. In der Entwicklung und Auswirkung der modernen Informationstechnologie zeigen sich nicht nur im wirtschaftlichen Bereich viele dieser Transformationen wie zum Beispiel die Entmaterialisierung der Produktion mit neuen und sehr viel niedrigeren Angebotsbeschränkungen, niedrigeren und zurückgehenden Kosten, einer hohen Diversität und Flexibilität der Verwendungszwecke von Produkten, sowie einer Neudefinition der sozialen Funktionen von Geschwindigkeit, Zeit und Ort.[35]

Die Wirtschaft der Industriegesellschaft ist, auf eine Kurzformel gebracht, zunächst überwiegend eine *materielle*, die dann allmählich in eine Geldwirtschaft übergeht. Diesen Wandel beschreibt zum Beispiel John Maynard Keynes in seiner Wirtschaftstheorie, insbesondere in *Allgemeine Theorie* aus dem Jahre 1936, wenn er davon spricht, dass sich die Wirtschaft der Industriegesellschaft zu seiner Zeit zunehmend in eine Wirtschaft verwandelt,

---

34 Siehe Holton (1993).
35 Vgl. Pérez (1985, S. 452 f.); Miles/Rush/Turner/Bessant (1988).

die in starkem Maße vom Geld abhängt. Jüngste Entwicklungen lassen allerdings vermuten, dass die von Keynes beschriebene Geldwirtschaft heutzutage durch eine *symbolische* Ökonomie ersetzt wird. Das heißt, die Veränderungen in Struktur und Ablauf der Wirtschaft spiegeln mehr und mehr die Tatsache wieder, dass *Wissen* zum Motor und zur führenden Größe im Produktionsprozess wird, zur primären Voraussetzung für eine weitere wirtschaftliche Expansion und die Herausbildung neuer Grenzen des wirtschaftlichen Wachstums in den entwickelten Ländern. In der Wissensgesellschaft machen kognitive Faktoren, Kreativität, Wissen und Information in zunehmendem Maße den Großteil des Wohlstands eines Unternehmens aus. Auf den Punkt gebracht bedeutet dies, dass in den Wirtschaften dieser Länder für die Produktion von Gütern und Dienstleistungen mit Ausnahme der hochstandardisierten Güterproduktion andere Faktoren im Mittelpunkt stehen als »the amount of labor time or the amount of physical capital«.[36]

7. Ausblick oder die neuen Risiken des Wissens

Ich möchte abschließend auf weitgehend unterschätzte »Risiken« der wissenschaftlich-technischen Entwicklung verweisen, insbesondere darauf, dass Wissen ein emanzipatorisches Potential hat. Diese Sichtweise der Kultur der Moderne birgt das Risiko, dass man sich in einer Epoche, die ansonsten durch den Verzicht auf den Glauben »an einen natürlichen Fortschritt in Natur und Menschenwelt« und den Verlust »des Vertrauens auf den humanen kosmopolitischen Sinn der intellektuellen und moralischen Anstrengungen«[37] gekennzeichnet ist, nur sehr schwer an ein befreiendes Potential des Wissens erinnern mag. Entzauberung der Wissenschaft heißt, dass die Illusion aufgegeben wird, sie bringe uns auf den sicheren Weg zur Wahrheit und zum Glück. Aber auch in diesem Kontext zeigt sich das Dilemma der modernen Erkenntnis: Die Entzaube-

rung des Fortschritts wäre ohne die wissenschaftliche Kritik am Fortschrittsgedanken unmöglich gewesen.

Denn es haben sich nicht nur die Prognosen über den Aufstieg eines dieser angeblich besonders mächtigen gesellschaftlichen Akteure in eine irreversible monopolistische Machtposition in der Gesellschaft, wie die Geschichte bisher bewiesen hat, als falsch erwiesen, sondern auch die Diskussionen über die einseitig repressive Instrumentalität des Wissens in diesem Entwicklungszusammenhang und sogar als deren Ausgangspunkt und Motor haben sich als unrealistisch herausgestellt. Zweifellos haben sich mächtige Institutionen immer wieder mit aller Kraft bemüht, Wissen, Informationen und technische Entwicklungen anzuhäufen, zu instrumentalisieren und zu privilegieren. Ergebnis war aber fast immer auch, dass sie sich damit zwar zunächst in Sicherheit wogen, um sich schließlich unter den völlig Überraschten wiederzufinden, die die Nachricht vom Untergang erst ganz zuletzt erreicht. Die Mächtigen haben Wissensvorsprünge und den exklusiven Gebrauch technischer Entwicklungen zweifellos immer geschätzt, aber als Instrumente der Herrschaft überschätzt.

Die gesellschaftliche Rolle des Wissens war zu lange in klassen-, staats-, professions- oder wissenschaftszentrierte Perspektiven eingebettet, die immer wieder Erwartungen und Warnungen über eine bevorstehende Konzentration der Macht und Herrschaft in den Händen einer dieser gesellschaftlichen Gruppen stützten. Die Assoziation von Herrschaft und Erkenntnis und die einseitige gesellschaftliche Rolle des Wissens als Brücke zwischen Herrschen und Erkennen überrascht nicht. Aus der Sicht einer Gesellschaftstheorie, die eine Machtkonzentration in den Händen einer Klasse, der Professionen, der Wirtschaftsunternehmen, der politischen Elite usw. beschwört, ist es in der Tat sinnvoll, die scheinbar einseitige Funktion des Wissens in der Gesellschaft als Handlanger der Mächtigen zu unterstreichen.

Es fällt also auf, dass die Tradition der Aufklärung, in der Wissen als eine emanzipatorische Kraft verstanden wurde, in vielen späteren theoretischen Reflexionen zum gesellschaftlichen Stellenwert des Wissens nur selten diese Rolle gespielt hat. Wenn es deshalb zum Beispiel zutrifft, wie Hans Morgenthau[38] dies ausdrückt, dass viele Menschen das Ge-

---

36　Block (1985, S. 95); siehe auch Drucker (1986) und Lipsey (1992).
37　Plessner (1985 b, S. 77).
38　Morgenthau (1972, S. 38).

fühl haben, heute in einer »something approaching a Kafkaesque world, insignificant and at the mercy of unchangeable and invisible forces […] a world of make-believe, a gigantic hoax« zu leben, dann hat das Projekt der Aufklärung mit seinen dem Wissen zugerechneten befreienden Eigenschaften selbstverständlich miserabel versagt und ist bestenfalls ein utopischer Traum, der gegenwärtig von seiner Realisierung noch weiter entfernt ist, als dies vielleicht vor zweihundert Jahren der Fall gewesen sein mag. Sogar Karl Popper kommt bei dem Versuch, die Vor- und Nachteile des Wissenschaftsfortschritts für die Menschheit in ein Gesamturteil zu fassen, zu einer skeptischen Bilanz: »The progress of science – itself partly a consequence of the ideal of self-emancipation through knowledge – is contributing to the lengthening and to the enrichment of our lives; yet it has led us to spend those lives under the threat of an atomic war, and it is doubtful whether it has on balance contributed to the happiness and contentment of man.«[39] Erfolge und Erträge, die aber doch mit dem Wachstum wissenschaftlichen Wissens und technischer Entwicklungen in Verbindung gebracht werden, sind fast ebenso selbstverständlich mit einem Wissenschaftsverständnis verbunden, das man heute immer häufiger als das szientistische Image der Wissenschaft beschreibt. Damit sind nicht nur Situationen gemeint, in denen die Grenzen der kognitiven Autorität von wissenschaftlichen Ansprüchen umstritten sind oder womöglich erweitert wurden, um solche Bereiche zu umfassen, die gegenwärtig nicht als der wissenschaftlichen Kompetenz unterliegend akzeptiert werden. Vielmehr sollte Szientismus für die Exklusivität stehen, mit der bestimmte Vorstellungen über wertvolle und effiziente Methoden, Wissensansprüche in der Wissenschaft zu formulieren und für gültig zu erklären, durchgesetzt werden. Was zum Beispiel als »realistische« Vorstellung darüber gilt, wie Wissenschaft gemacht wird, könnte als eine szientistische Konzeption mit Anspruch auf Universalität angesehen werden. Die intellektuelle und materielle Ausbeute wachsender wissenschaftlicher Erkenntnis wird in einem solchen Kontext in ummittelbarer Abhängigkeit vom Grad der Wissenschaftlichkeit der Wissensform gesehen.

Ich unterstreiche dagegen, dass eine solche Abhängigkeit nicht unbedingt vorhanden ist. Wenn eine solche Relation nachgewiesen werden kann, ist sie zufällig zustande gekommen. Die Koppelung von Emanzipation und Wissenszuwächsen hängt nicht ausschließlich oder vorrangig von der wachsenden Wissenschaftlichkeit (Objektivität) wissenschaftlicher Erkenntnisse ab. Die Nützlichkeit des Wissens ist nicht unbedingt eine Frage abstrakter Standards, an denen es gemessen wird. Auch besteht kein direkter Zusammenhang zwischen der Verbindung von Wissen, Praktikabilität und Emanzipation und der wachsenden Überzeugung in den Sozialwissenschaften, dass wissenschaftliche Erkenntnisse konstruiert und nicht entdeckt werden. Diese Sichtweise wissenschaftlichen Wissens ist andererseits auch nicht völlig unwichtig. Im Gegenteil, eine Entmythologisierung wissenschaftlicher Erkenntnis, eine Abkehr von dem Ideal der absoluten Rationalität oder der Überzeugung, dass der Grad der Konformität mit der Realität von Erkenntnissen deren Verwendbarkeit sozusagen automatisch optimiert, gibt den Blick auf die tatsächliche Produktion von Wissen frei und verhilft zur Dissemination einer von der Erwartung extremen Leistungsdrucks befreiten Vorstellung wissenschaftlichen Wissens in der modernen Gesellschaft. Das Vertrauen, das in die wissenschaftliche Erkenntnis gesetzt wird, mag sich zwar zurückbilden, dafür wird aber die Vertrautheit mit wissenschaftlich verbrämten Argumentationsweisen größer. Da definitive, auf wissenschaftlicher Erkenntnis basierende Lösungen immer weniger möglich werden, und sie auch in diesem Sinne akzeptiert werden, wächst die Zahl der Personen und Gruppen, die wissenschaftliche Argumente für sich, d. h. für ihre unterschiedlichen Interessen mobilisieren können.

Eine realistische und illusionslose Bewertung der gesellschaftlichen Rolle des Wissens muss dagegen zu dem Schluss kommen, dass die Ausweitung des Wissens als Handlungsmöglichkeit in der modernen Gesellschaft insgesamt nicht nur unüberschaubare Risiken und Unsicherheiten birgt, die von den Kritikern der Wissenschaft und Technik immer wieder und mit Recht aufgelistet worden sind, sondern auch ein befreiendes Potential für viele Individuen und soziale Gruppen hat. Das einer realisti-

---

39 Popper (1992, S. 141).

scheren Einschätzung der sozialen Rolle des Wissens im Wege stehende Haupthindernis ist wohl die Selbstverständlichkeit, mit der man Wissen die Eigenschaft zuschreibt, bestehende Machtverhältnisse zentralisieren und zementieren zu können, weil »Wissensfortschritte« den Mächtigen ganz »natürlich« zuzufließen scheinen, einen weitgehend instrumentellen Charakter haben, von den Herrschenden mit Leichtigkeit monopolisiert werden können und die gesellschaftliche Effektivität traditioneller Wissensformen mit Erfolg immer wieder aushöhlen oder gar auslöschen.

Dieser wahrscheinlich ausschließlich von den Mächtigen der Gesellschaft bevorzugte Ruf des Wissens, aber auch sein summarisches Image als ein irgendwie immanent repressives Instrument, ist insgesamt gesehen unverdient und unzutreffend. Dieses Image des Wissens unterschätzt den Einfluss verschiedenster (manchmal sogenannter externer) Faktoren auf die Produktion des Wissens und die Schwierigkeiten des Wissens beim Überschreiten existierender sozialer und kultureller Grenzen. Aber genau diese Schwierigkeiten und Interpretationsspielräume sind es, die Akteuren der Expertise dem Fachwissen und dem autoritativen Wissen gegenüber erhebliche Gestaltungs- und Einflusschancen eröffnen und einräumen. Mit anderen Worten, allein aus der Notwendigkeit, dass Wissen immer wieder (re)produziert werden muss und dass Akteure es immer wieder appropriieren müssen, ergibt sich die Chance, dem Wissen sozusagen seinen Stempel aufzudrücken. Der Aneignungsprozess hinterlässt Spuren. Im Verlauf dieser zur Selbstverständlichkeit werdenden Tätigkeit eignen sich Akteure neue kognitive Fähigkeiten an, vertiefen bestehende und verbessern insgesamt die Effizienz ihres Umgangs mit Wissen, wodurch sie in die Lage versetzt werden, zunehmend kritisch mit Wissensangeboten umzugehen und neue Handlungsmöglichkeiten zu realisieren. So wichtig die Herausarbeitung eines konträren, skeptischen Images wissenschaftlicher Erkenntnis auch sein mag, seine verbreitete gesellschaftliche Anerkennung steht wohl noch aus. Deshalb ist der Verweis auf die soziale Verteilung des Wissens in der modernen Gesellschaft von besonderem Gewicht.

Diese Verteilung hat keine Nullsummeneigenschaften. Mit der Ausweitung der Summe des ge-

sellschaftlichen Umfangs des Wissens kommt es zum Beispiel nicht einfach zu einer linearen Erhöhung des Wissenshaushaltes, sondern mit großer Wahrscheinlichkeit zu einer Art explosiven, das heißt geometrischen Vermehrung der Handlungsfähigkeiten und damit zur Ausweitung des Wissens vieler Individuen und Gruppen. Dadurch tritt eine Situation ein, in der nicht mehr, wie in der Vergangenheit, nur wenige Akteure relevante Handlungskapazitäten kontrollieren, sondern viele Akteure einen gewissen Einfluss auf für sie bestimmende Handlungsmöglichkeiten haben. Diese allgemeine Ausweitung in der gesellschaftlichen Verteilung des Wissens bedeutet aber noch lange nicht, dass Durchschnittsbürger, Wähler, Konsumenten, Patienten oder Schüler plötzlich ein generell und intensiv ausgeprägtes Gefühl entwickeln, dass alltägliche Handlungskontexte transparent und verständlich oder sogar beherrschbar geworden sind.

Die generelle Ausweitung der gesellschaftlichen Handlungsmöglichkeiten sollte nicht als Eliminierung der Angst, der Risiken, des Zufalls, der Willkür, des Glücks und generell der Handlungsumstände, über die der Einzelne nur wenige Kontrollmöglichkeiten ausübt, missverstanden werden. Dennoch ist eine Gesellschaft, in der nur Wenige fast alle Handlungsbedingungen kontrollieren, meilenweit entfernt von einer Gesellschaft, in der Viele zumindest eine begrenzte Kontrolle über sie interessierende Handlungsumstände ausüben.

Literatur

BELL, DANIEL (1979 [1973]), *Die nachindustrielle Gesellschaft*, Frankfurt/M.: Campus. ■ BLACKLER, FRANK (1995),«Knowledge, knowledge work and organizations: an overview and interpretation«, in: *Organization Studies*, 16, S. 1021–1046. ■ BLOCK, FRED (1985) »Postindustrial development and the obsolescence of economic categories«, in: *Politics and Society*, 14, S. 416–441. ■ COLLINS, HARRY M. (1993), »The structures of knowledge«, in: *Social Research*, 60, S. 95–116. ■ DRUCKER, PETER F. (1986), »The changed world economy«, in: *Foreign Affairs*, 64, S. 768–791. ■ EASTERBROOK, FRANK H. (1982), »Insider trading, secret agents, evidentiary privileges, and the production of information«, in: *The Supreme Court Review*, 11, S. 309–365. ■ GIDDENS, ANTHONY (1981), *A Contemporary Critique of Historical Materialism*, Bd. 1: Power, Property and the State, London: Macmillan. ■ GIDDENS, ANTHONY (1984), *The Constitution of Society: Outline of the Theory of Structuration*, Cambridge:

Polity Press. ▪ GLASS, BENTLY (1971), »Science: endless horizons or golden age?«, in: *Science,* January 8, S. 23–29. ▪ GRUNDMANN, REINER / STEHR, NICO (2000), »Social science and the absence of nature«, in: *Social Science Information,* 39, S. 155–179. ▪ HOLTON, GERALD (1993), *Science and Anti-Science,* Cambridge: Harvard University Press. ▪ HORGAN, JOHN (1996), *The End of Science. Facing the Limits of Knowledge in the Twilight of the Scientific Age,* New York: Addison Wesley. ▪ KROHN, WOLFGANG (1981), »‹Wissen ist Macht›: Zur Soziogenese eines neuzeitlichen wissenschaftlichen Geltungsanspruchs«, in: Bayertz, Klaus (Hg.), *Wissenschaftsgeschichte und wissenschaftliche Revolution,* Köln: Pahl-Rugenstein, S. 29–57. ▪ KROHN, WOLFGANG (1988), *Francis Bacon,* München: C. H. Beck. ▪ KROHN, WOLFGANG / WEYER, JOHANNES (1989), »Gesellschaft als Labor. Die Erzeugung sozialer Risiken durch experimentelle Forschung«, in: *Soziale Welt,* 40, S. 349–373. ▪ LATOUR, BRUNO (1998), »From the world of science to the world of research?«, in: *Science,* 280, S. 208–209. ▪ LAVE, JEAN (1993), »The practice of learning«, in: Chaiklin, Seth / Lave, Jean (Hg.), *Understanding Practice. Perspectives on Activity and Context,* Cambridge: Cambridge University Press, S. 3–32. ▪ LIPSEY, RICHARD G. (1992), »Global change and economic policy«, in: Stehr, Nico / Ericson, Richard V. (Hg.), *The Culture and Power of Knowledge: Inquiries into Contemporary Societies,* Berlin/New York: de Gruyter, S. 279–299. ▪ LUHMANN, NIKLAS (1992), *Beobachtungen der Moderne,* Opladen: Westdeutscher Verlag. ▪ LYOTARD, JEAN-FRANÇOIS (1984 [1979]), *The Postmodern Condition: A Report on Knowledge,* Minnesota: University of Minnesota Press. ▪ MANNHEIM, KARL (1929), *Ideologie und Utopie,* Bonn: Cohen. ▪ MICHELS, ROBERT (1970 [1915]), *Zur Soziologie des Parteiwesens in der modernen Demokratie. Untersuchungen über die oligarchischen Tendenzen des Gruppenlebens,* Stuttgart: Alfred Kröber. ▪ MILES, IAN / RUSH, HOWARD / TURNER, KEVIN / BESSANT, JOHN (Hg.) (1988), *Information Horizons. The Long-Term Social Implications of New Information Technology,* London: Edward Elgar. ▪ MILL, JOHN STEWART (1942 [1831]), *The Spirit of the Age,* Chicago: University of Chicago Press. ▪ MISES, LUDWIG VON (1922), *Die Gemeinwirtschaft: Untersuchungen über den Sozialismus,* Jena: Gustav Fischer. ▪ MORGENTHAU, HANS J. (1972), *Science: Servant or Master?,* New York: New American Library. ▪ PÉREZ, CARLOTA (1985), »Microelectronics, long waves and world structural change«, in: *World Development,* 13, S. 441–63. ▪ PLESSNER, HELMUTH (1985 a), »Zur Soziologie der modernen Forschung und ihrer Organisation in der Deutschen Universität – Tradition und Ideologie [1924]«, in: Plessner, Helmuth, *Gesammelte Schriften,* Bd. X: Schriften zur Soziologie und Sozialphilosophie, Frankfurt/M.: Suhrkamp, S. 7–30. ▪ PLESSNER, HELMUTH (1985 b), »Die Entzauberung des Fortschritts [1936]«, in: Plessner, Helmuth, *Gesammelte Schriften,* Bd. X: *Schriften zur Soziologie und Sozialphilosophie,* Frankfurt/M.: Suhrkamp, S. 71–79. ▪ POPPER, KARL (1992), »Emancipation through knowledge [1961]«, in: Popper, Karl, *In Search of a Better World. Lectures and Essays from Thirty Years,* London: Routledge, S. 137–150. ▪ RESCHER, NICHOLAS (1978), *Scientific Progress,* Oxford: Blackwell. ▪ RICHTA, RADOVAN U. A. (1972), *Technischer Fortschritt und industrielle Gesellschaft,* Frankfurt/M.: Makol Verlag. ▪ SCHELER, MAX (1960 [1926]). *Versuche zu einer Soziologie des Wissens,* Bern/München: Francke. ▪ SIBLEY, MULFORD Q. (1973), »Utopian thought and technology«, in: *American Journal of Political Science,* 17, S. 255–281. ▪ SIMMEL, GEORG (1989 [1907]), *Philosophie des Geldes,* Gesamtausgabe Bd. 6, Frankfurt/M.: Suhrkamp. ▪ SIMMEL, GEORG (1992 [1908]), *Soziologie. Untersuchungen über die Formen der Vergesellschaftung,* Gesamtausgabe Bd. 11, Frankfurt/M.: Suhrkamp. ▪ SNOW, CHARLES PERCY (1964 [1959]), *The Two Cultures: A Second Look. An Expanded Version of the Two Cultures and the Scientific Revolution,* Cambridge: Cambridge University Press. ▪ STEHR, NICO (1991), *Praktische Erkenntnis,* Frankfurt/M.: Suhrkamp. ▪ STEHR, NICO (2000), *Die Zerbrechlichkeit moderner Gesellschaften,* Weilerswist: Velbrück. ▪ STEHR, NICO (2001), *Wissen und Wirtschaften. Die gesellschaftlichen Grundlagen der modernen Ökonomie,* Frankfurt/M.: Suhrkamp. ▪ STENT, GUNTHER S. (1969), *The Coming of the Golden Age. A View of the End of Progress,* New York: Garden City, Natural History Press. ▪ WEBER, MAX (1992), »Wissenschaft als Beruf [1919]«, in: Weber, Max, *Gesammelte Aufsätze zur Wissenschaftslehre,* Tübingen: Mohr, S. 524–579.

12.4 Die Kunst als Sphäre der Kultur und die kulturwissenschaftliche Transformation der Ästhetik

Ruth Sonderegger

1. Die Herausforderung des Titels. Annäherung

Ich verstehe den ersten Teil des mir vorgegebenen Titels als Frage nach den Möglichkeiten der Grenzbestimmung von Kunst; seine zweite Hälfte als Frage nach der Bedeutsamkeit der Kulturwissenschaften für die Veränderung traditioneller Beantwortungsstrategien in Bezug auf diese Grenzfrage. Mit anderen Worten: Es geht einerseits um die Diskussion, wie es um die von Anfang an umstrittene Autonomie der Kunst bestellt ist, und andererseits um die Vermutung, dass die Autonomiediskussion durch die Kulturwissenschaften zumindest verkompliziert, wenn nicht grundsätzlich in Frage gestellt worden ist. Unter dieser Voraussetzung ist unter »Ästhetik« – und an diesen Sprachgebrauch werde ich mich im Folgenden halten – (philosophische) Kunsttheorie zu verstehen und nicht, wie die Ethymologie des Begriffs nahe legt, Wahrnehmungstheorie. Die Grundfragen der solcherart als Autonomiebehörde verstandenen Ästhetik sind die nach dem Wesen und dem Wozu der Kunst.

Der Titel scheint darüber hinaus nahe zu legen, dass diese Behörde die ihr anvertraute Kunst in und trotz ihrer Besonderheit als einen unproblematisch identifizierbaren Teil innerhalb eines größeren Kultur-Ganzen sieht; des Weiteren, dass diese Behörde offen für Grenzverschiebungen ist und die bekannten kulturwissenschaftlichen Kampfansagen an die Ästhetik nur Transformationsvorschläge sind. Meine Zuspitzung des Titels macht deutlich, dass ich auf dem kurz umrissenen Schauplatz mehr Konflikte sehe als die Überschrift auf den ersten Blick zu bedenken gibt. Es wird mir im Folgenden aber weniger darum gehen, diese Konflikte und ihre Geschichten en détail nachzuzeichnen. Dem kulturwissenschaftlichen Credo – insbesondere der Birminghamer Schule und ihr verpflichteter TheoretikerInnen – folgend, wonach Kulturwissenschaften zu betreiben nicht bedeutet, mehr oder weniger positivistisch einer Wissenschaft nachzugehen, sondern (Theorie-)Politik zu machen,[1] möchte ich vielmehr versuchen, die wechselseitigen Infragestellungen von Kunsttheorien und Kulturwissenschaften exemplarisch zu rezipieren. Ich werde sie jeweils nach systematischen Elementen einer besseren Kunsttheorie durchforsten als sie uns derzeit *entweder* in der Ästhetik *oder* in den Kulturwissenschaften zur Verfügung steht. Dieser Versuch, das gespannte *Verhältnis* zwischen Ästhetik und Kulturwissenschaften für einen Neuansatz auf dem Feld der Kunsttheorie zu benutzen, huldigt keiner Systematizität, die die Geschichte der erwähnten Entwicklungen und die historische Situiertheit des eigenen Einsatzes vernachlässigt. Mein Ausgangspunkt ist der ganz spezifische der Geschichte der deutschen philosophischen Ästhetik seit den 70er Jahren, die die kulturwissenschaftlichen Entwicklungen in Großbritannien und in den USA geradezu konsequent vernachlässigt hat.

2. Eine Positionsbestimmung der gegenwärtigen Ästhetik

Die Geschichte der deutschen Ästhetik seit den 70er Jahren ist durch einen offensiven Kantianismus geprägt. Dieser hat zur Folge, dass der Begriff der

---

1 «Diese Wissenschaftler (= KulturwissenschaftlerInnen, R. S.) sind stark in allgemeinen gesellschaftlichen Auseinandersetzungen eingebunden, veröffentlichen auch in populären Medien und verbinden so den schon von Raymond Williams in seinen TV-Kolumnen erhobenen Anspruch, die besagten ›Kulturen‹ nicht zur zu untersuchen, sondern, gut gramscianisch, als Aktivisten im Kampf um ihre Besetzung zu verstehen [...].« Diederichsen (1996, S. 54 f.) Ganz ähnlich charakterisieren Cary Nelson, Paula A. Treichler und Lawrence Grossberg in der Einleitung des von ihnen herausgegebenen Readers *Cultural Studies* die Kulturwissenschaften: »[...] cultural studies is both an intellectual and a political tradition. There is a kind of double articulation of culture in cultural studies, where ›culture‹ is simultaneously the ground on which analysis proceeds, the object of study, and the site of political critique and intervention.« (Nelson/Treichler/Grossberg, 1992, S. 5).

ästhetischen Erfahrung zur kunsttheoretischen Kategorie schlechthin mutiert und dass Werk- und Wahrheitsästhetiken eine klare Absage erteilt wird.[2] Daneben ist die angesprochene Traditionslinie durch den Anspruch bestimmt, die ästhetische Erfahrung so strukturell wie möglich zu erläutern. Als äußerlich gelten den Theorien dieser Tradition kunsthistorische, kunstsoziologische, institutionstheoretische oder gar institutionskritische Überlegungen. Der strukturpuristische Zug neuerer Konzeptionen der ästhetischen Erfahrung impliziert auch eine Zurückweisung all jener Ansätze, die kunsttheoretische mit kunstkritischen Überlegungen zu verbinden suchen oder sogar dafür argumentieren, dass Kunsttheorie sich in den Streit um die Gelungenheit spezifischer Kunstwerke einmischen muss. Unter Verdacht geraten damit in der deutschsprachigen Tradition der Ästhetik zuallererst die Kunsttheorien von Benjamin und Adorno sowie deren frühromantischer Hintergrund – insbesondere die Versuche von August und Wilhelm Schlegel, Kunsttheorie, Kunstgeschichte und Kunstkritik in ein unhintergehbares Bedingungsverhältnis zu setzen.

Eine Art Gründungsdokument der skizzierten Entwicklung ist Rüdiger Bubners programmatischer Text »Über einige Bedingungen gegenwärtiger Ästhetik« von 1973.[3] Gegen Versuche, die Kunst in ein »ontologische[s] Gehege«[4] zu sperren, macht Bubner geltend, dass mit der Moderne ein derartiger Kanonverlust einhergeht, dass sich über die Verfassung von Kunst*werken* nichts Verbindliches mehr sagen lässt und dass auch die einzelnen Werke der Moderne der eigenen Werkhaftigkeit, verstanden als geschlossene und organische Einheit, entgegenarbeiten.[5] Wie schon angedeutet, sieht Bubner nicht nur in Werkästhetiken ein Problem, sondern auch in wahrheitsästhetischen Ansätzen. Diese sind dadurch charakterisiert, dass sie das Wesen der Kunst über die Besonderheit von Gehalten bzw. über die besondere Präsentationsform von Gehalten bestimmen und dabei der Kunst jeweils eine ausgezeichnete Form von »künstlerischer« Wahrheit zusprechen. Als wesentliche Gegner gelten Bubner diesbezüglich die Hermeneutik (insbesondere Gadamer und Heidegger) und die Ideologiekritik (Marx, Lukács und – wenngleich auf eine kompliziertere Weise – Adorno und Benjamin). Während

es im Rahmen des Hegelschen Systems Bubner zufolge noch möglich gewesen sein soll, einen klaren Unterschied zwischen der Wahrheit der Kunst und der Wahrheit der Philosophie – freilich zugunsten einer eindeutigen Vorrangstellung der Philosophie – zu machen, so stehe ein kunst*spezifischer* Wahrheitsbegriff Hegels halbherzigen, postsystemphilosophischen Nachfolgern nicht mehr zur Verfügung. Unter Zuhilfenahme der unzeitgemäßen Kategorien »Werk« und »Wahrheit« machen sie in den Augen Bubners aus der Kunst vielmehr die angeblich bessere Philosophie: Kunst wird darauf verpflichtet, jene höheren und tieferen philosophischen Wahrheiten zu offenbaren, die die Philosophie sich nicht mehr zutraut. Was somit zunächst wie eine Aufwertung der Kunst aussieht, ist für Bubner ihre höchste Abwertung. Indem die Kunst nämlich auf Philosophie reduziert wird, verliert sie ihre Eigenlogik.

Gegen diese heteronome Bestimmung der Kunst entwirft Bubner eine an Kant orientierte Theorie der ästhetischen Erfahrung. Sie soll der Autonomie der Kunst zu ihrem Recht verhelfen, ohne auf die überholten Kategorien »Werk« und »Wahrheit« zurückgreifen zu müssen. Das ist zunächst einmal doppelt plausibel. (1) Den kunstästhetischen Eigensinn erläutern zu wollen und gegenüber Unternehmungen skeptisch zu sein, in denen die Kunst als Künderin höherer (philosophischer) Wahrheiten fungiert, ist gerade auf dem Feld der Philosophie ein guter Vorsatz. Denn hier sind die Vereinnahmungen der Kunst so zahlreich wie ihre Verwerfungen, ihrer genuinen Eigenlogik jedoch wurde nie allzu viel Aufmerksamkeit geschenkt. Daraus resultiert nicht nur das meist in moralischer Terminologie formulierte Problem, dass die Philosophie die Kunst missbraucht und auf Philosophie reduziert, sondern auch ein begriffliches: Wäre Kunst Phi-

---

2 Vgl. Bohrer (1981); Bubner (1973); Jauß (1982); Kern (2000); Menke (1991); Seel (1985); Szukala (1988).

3 Vgl. Bubner (1973). Weil dieses »Gründungsdokument« außerordentlich wirkungsmächtig geworden ist, beschränke ich mich bei meiner Darstellung der Theorie ästhetischer Erfahrung, wie sie die deutsche Ästhetikdebatte seit dem Erscheinen von Bubners Text beherrscht hat, auf eine Diskussion seines Ansatzes.

4 Bubner (1973, S. 38).

5 Vgl. Bubner (1973, S. 49).

losophie oder vice versa, würde zumindest eines der beiden Wörter leer und der wie eh und je aktuelle Streit um ihr Verhältnis unverständlich. (2) Zudem ist unbestreitbar, dass der Traum von einem Werkkanon, der die Kriterien für alles Kunsthafte enthält, veraltet ist; und zwar seit es Kunst gibt, wenn man die Differenz der Künste und die Normativität des je einzelnen Werks, auf die ich zurückkommen werde, auch nur halbwegs ernst nimmt.[6] So überzeugend der Einsatzpunkt von Bubner also ist: Sein Rettungspathos in Bezug auf eine von allen Vergewaltigte sollte einen von Anfang an misstrauisch machen, ob die Befreiungsaktion tatsächlich so uneigennützig wie angekündigt und einzig im Namen der Malträtierten vonstatten geht.

Ich versuche im Folgenden zu zeigen, warum Bubner in seiner Rettung der Kunst aus den Fängen der Philosophie und bei ihrer Heimholung ins Reich der Autonomie nicht nur ein wenig zu weit, sondern grundsätzlich in die falsche Richtung geht, und zwar in eine Richtung, die vor allem die Kritik kulturwissenschaftlicher Auseinandersetzungen mit Kunst auf sich ziehen muss. Aus der Tatsache, dass hermeneutische und ideologiekritische Kunsttheorien auf unterschiedliche, Bubner zufolge jedoch gleichermaßen problematische Weisen Wahrheitsvermittlung zum Definiens der Kunst machen und somit die Differenz zwischen Kunst einerseits, Welterschließung, Philosophie, Gesellschaftskritik oder negativer Theologie andererseits leugnen, zieht er einen gänzlich unzulässigen Schluss: dass nämlich die Kategorie der Wahrheit in Bezug auf die Kunst grundsätzlich verabschiedet und die Rede von Gehalten der Kunst zurückgewiesen werden muss. Anstatt zu untersuchen, auf welch eigen- und möglicherweise einzigartige Weise in der Kunst Gehalte und die Frage nach ihrer Wahrheit ins Spiel kommen, geht Bubner davon aus, dass die Kunst

nur dann wirklich autonom ist, wenn sie sich von Gehalten und ihren Wahrheitsansprüchen verabschiedet. Die Autonomie der Kunst in seinem Sinn geltend zu machen, heißt dann nicht mehr (nur) zu sagen, dass die Kunst ein anderes Verhältnis zu Wahrheitsfragen einnimmt als es jenseits von ihr der Fall ist, sondern dass Kunst mit Wahrheitsfragen und den dabei verhandelten Gehalten gar nichts zu tun hat.

Zur Verabschiedung der Wahrheit als kunstrelevanter Kategorie gesellt sich die Verabschiedung des Werkbegriffs bei Bubner wie folgt. Bubner beruft sich einerseits auf den faktischen Lauf der Dinge, wenn er schreibt: »[S]eit den Konstruktionen des Kubismus und Futurismus, seit den Ready-mades und den Materialbildern aller Art zielt eine der wesentlichen Tendenzen moderner Produktion auf Überwindung oder Sprengung der herkömmlichen Werkeinheit.«[7] Andererseits macht er geltend, dass mit dem Wegfall des Wahrheitsbezugs, von dem er offen lässt, ob er faktisch auch schon stattgefunden hat oder ein uneingelöstes Postulat der eigenen Theorie ist, auch der Werkbezug überflüssig werde. Wenn es keine Botschaft mehr gibt, so muss man das wohl verstehen, dann bedarf es auch ihrer Manifestation im Werk nicht mehr. Warum Bubner auch einem nicht-»herkömmlichen« (postharmonistischen, postorganizistischen etc.) Werkbegriff keine Chance gibt[8] und an keiner Stelle selbstkritisch in Betracht zieht, dass gerade auch formalistische und andere antihermeneutische Kunstkonzeptionen auf eine materiale Manifestation angewiesen sind, wird nur dann verständlich – obgleich nicht richtig –, wenn man sich das mehr implizite als explizite Ziel seiner Überlegungen klar macht und von dort aus auf die Kategorien »Werk« und »Wahrheit« zurückblickt.

Bubner verteidigt m. E. eine ästhetische Erfahrung, bei der es letztlich nicht um die Rettung der Kunst, sondern vielmehr um die Selbstaffirmation eines merkwürdig weltfremden Subjekts »aus Anlass eines sinnlichen Angerührtseins«[9] geht. Kant paraphrasierend bestimmt er die ästhetische Erfahrung nämlich folgendermaßen: »Die gewohnte bestimmende Tätigkeit scheitert an Kunstphänomenen, denn diese sind ja nicht identisch mit den erfahrbaren und bestimmbaren Gegenständen, als die Kunstwerke auch erscheinen können. [...] Das

---

6 Deshalb sollte man sich auch fragen, ob es um die Einheit der Kunstwerke und ihre kanonische Norm jemals so vormodern geschlossen bestellt war, wie Bubners Auflösungsszenario suggeriert.

7 Bubner (1973, S. 62).

8 Einen alternativen, »weit genug« gefassten Werkbegriff lehnt er explizit ab. Vgl. Bubner (1973, S. 62 f.). Zur Verteidigung des Werkbegriffs unter zeitgenössischen Bedingungen vgl. dagegen Wellmer (2002).

9 Bubner (1973, S. 66).

Urteilen wird verwirrt und damit wird der Urteilskraft ihre Funktion überhaupt präsent. [...] Dass die reflektierende Urteilskraft an kein Ziel gelangt, lässt sie erst ihrer vermittelnden Funktion inne werden und darin gründet die ästhetische Wirkung. Dies meint Kant mit der ›Belebung der Erkenntniskräfte‹ und der Anregung eines ›Lebensgefühls‹, worin sich auf der Ebene der Empfindung, also ohne Begriff, das reine Leisten der intellektuellen Vermittlung selber darstellt.«[10] Was somit von Bubner zur Rettung der Autonomie der Kunst bemüht wird, ist allenfalls die Autonomie einer bestimmten subjektiven Erfahrung gegenüber dem Welt- und Selbsterkennen. Die von Bubner rekonstruierte ästhetische Erfahrung und ihre interesselose Lust können sich, wenn das Subjekt nur subtil genug ist, um von immer möglichen Bestimmbarkeiten eines Objekts zu abstrahieren, *überall* – etwa auch an Naturobjekten oder imaginierten Gegenständen – entzünden. Deshalb taugen sie nicht zur Bestimmung von autonomen *Kunst*werken als ganz spezifischen Anlässen ästhetischer Erfahrungen.

Der Anspruch, unter den Bubner seine Überlegungen stellt – Philosophie müsse sich »an den *Phänomenen der Kunst* orientieren« und »einen Beitrag zum philosophischen Begreifen der Kunst« liefern[11] – muss deshalb schlicht als uneingelöst bezeichnet werden. Wenn die Belebung und Affirmation der subjektiven Erkenntniskräfte der eigentliche Kern der Kunst sein soll, wird auch einsichtig, warum Werk und Wahrheit keine Rolle mehr spielen dürfen: Sie sind allenfalls hinderlich bei der Produktion jener unendlichen Selbsterfahrung, die Kant als die ästhetische auszeichnet. Denn sie stehen jeweils für eine Dimension, die sich der Anverwandlung in Subjektaffirmation qua Belebung der eigenen und reinen Erkenntnisvermögen immer wieder entgegenstellt. Sobald nämlich materiale Gegenständlichkeit und hermeneutische Gehalte, ästhetisch gesehen, tatsächlich eine Rolle spielen, führt kein Weg daran vorbei anzuerkennen, dass sie weit mehr als bloße »Anlässe« sind, nämlich genauso zum Definiens ästhetischer Erfahrungen gezählt werden müssen wie die intensive und möglicherweise tatsächlich auch selbstbezügliche Herausforderung der menschlichen Erkenntniskräfte.

Angesichts der konsequenten Durchstreichung von Wahrheit und Werkbezug des Kunstwerks

weiß man nicht, ob man Bubner positiv oder negativ anrechnen soll, dass die verworfenen Kategorien widersprüchlicher Weise trotzdem im Spiel bleiben. Der Werkbezug klingt zumindest an in Bubners Wörtern »Phänomen« und »sinnliches Objekt«, und der Verweisungszusammenhang von Wahrheitsbegriff und Gehalten bleibt insofern im Spiel, als Bubner gegen Ende seines Aufsatzes nicht mehr, wie bis dahin ausschließlich, von einem formalistisch interpretierten Naturschönen ausgeht, sondern von Kunstwerken, die als Darstellungen von ästhetischen Ideen[12] aufgefasst und somit wesentlich als hermeneutische Verstehensherausforderung konzipiert werden müssen.[13]

Natürlich bedeutet meine Kritik an Bubner nicht, dass die Kategorie der (unendlichen) ästhetischen Erfahrung gänzlich zu verabschieden wäre. Die Tatsache, dass sie sich auch bei Bubner nicht konsequent von Fragen der Werkhaftigkeit und der Wahrheit abtrennen lässt, ist vielmehr ein Hinweis darauf, dass sie anders verstanden werden kann und muss. Es heißt auch nicht, dass alle an Bubner anschließenden Versuche, eine Theorie der ästhetischen Erfahrung zu entwickeln, die Probleme von Bubners Ansatz reproduzieren. Bevor ich (in Abschnitt 4) auf ein alternatives Verständnis der ästhetischen Erfahrung zurückkomme, werde ich erläutern, warum es insbesondere Ästhetiken wie diejenige Bubners sind, die heftigen Protest seitens der Kulturwissenschaften provoziert haben. Obwohl dieser Protest seinerseits nicht kritiklos akzeptiert werden kann, wird der letzte Abschnitt meiner Überlegungen deutlich machen, warum es trotzdem gute Gründe gibt, gegenüber der philosophischen Ästhetik generell Vorbehalte zu haben und nicht nur gegenüber Bubners Theorie der ästhetischen Erfahrung. Sie ist lediglich die verzerrteste Variante eines Autonomiegedankens, der die Kunst als ein weltliches Phänomen durchstreicht und sie durch ein

---

10 Bubner (1973, S. 65 f.).
11 Bubner (1973, S. 39).
12 Bubner (1973, S. 67).
13 Damit wiederholt sich bei Bubner das Kantische Problem, bei einer auf unendliches hermeneutisches Verstehen angelegten Kunsttheorie zu enden, die mit den formalistischen Vorüberlegungen, die Kant in der sog. Analytik verhandelt, nicht in Einklang gebracht werden kann.

ubiquitär veranstaltbares, subjektivistisches Exerzitium – nur scheinbar zu ihrer Errettung – ersetzt.

3. Eine kulturwissenschaftliche Kritik der Ästhetik

Meine bisherige Kritik an der Kunstkonzeption von Bubner war immanent. Ich habe zu zeigen versucht, inwiefern Bubner am eigenen Anspruch, die Autonomie der *Kunst* zu verteidigen, scheitert und dass er die verworfenen Begriffe »Werk« und »Wahrheit« nicht wirklich los wird. Was sich über das bisher Gesagte hinaus an einer Kantischen Autonomieästhetik à la Bubner kritisieren lässt, macht exemplarisch Ian Hunters kulturwissenschaftliche Kritik an der – ebenfalls Kantischen – Ästhetik Schillers deutlich. Ich teile zwar nicht Hunters Überzeugung, dass seine Einwände die Ästhetik überhaupt treffen. Dem wäre nur dann zuzustimmen, wenn jede Ästhetik notwendig denjenigen Kantischen Zuschnitt hätte, der unter Verdacht steht. Sofern aber ein Großteil – insbesondere auch der deutschen – gegenwärtigen Ästhetiken durchaus an einer Kantischen Autonomiekonzeption orientiert ist, richten sich Hunters Argumente keinesfalls nur gegen Kant und Schiller und müssen insbesondere in der Diskussion des gegenwärtigen Verhältnisses von Ästhetik und Kulturwissenschaften ernst genommen werden.

In »Aesthetics and Cultural Studies« beginnt Hunter seine Überlegungen mit einer Zusammenfassung der bekannten kulturwissenschaftlichen Kritik an der Ästhetik. »The cultural studies movement conceives of itself as a critique of aesthetics. It construes its history in terms of the need to transcend the limited conceptions of culture handed down by nineteenth-century aesthetics. And it formulates its project in terms of the expansion of this conception to include other departments of existence – the political, the economic, the popular – perhaps even ›the way of life as a whole‹. The slogan of this project is the proposal to ›politicize aesthetics‹.«[14] Dieser Slogan geht Hunter absolut nicht weit genug. Die darin zum Ausdruck kommende Kritik übersieht, was für eine dezidiert politische, und zwar reaktionäre politische Angelegenheit die Ästhetik selbst ist, die Hunter im Wesentlichen als ein deutsches Unternehmen von Schiller über den Idealismus bis zu Habermas sieht.[15] Darüber hinaus wirft Hunter dem gängigen kulturwissenschaftlichen Einklagen eines weniger elitären Kunstbegriffs vor, dass es eine naive und sogar ideologische Auffassung von der Grenze zwischen der Kunst und dem Rest einer Kultur hat. Hunters Vorschlag ist deshalb nicht nur als eine (weitere) kulturwissenschaftliche Kritik der Ästhetik aufzufassen, sondern in eins damit auch als eine Metakritik der Kulturwissenschaften, insoweit sie sich als Kritik des Felds der Kunst und ihrer Theorie verstehen. Darum scheint es mir legitim, mich in meiner Auseinandersetzung mit den Kulturwissenschaften auf eine Diskussion dieser Metakritik zu konzentrieren.

Hunters Kronzeuge der politischen Ideologie des Ästhetischen ist Schiller, genauer gesagt Schillers Schrift über die ästhetische Erziehung des Menschen.[16] Er rekonstruiert sie – von Anfang an freilich in ideologiekritischer Absicht und von ihren bildungsbürgerlichen Folgen her – so: Der erste, von Schiller durchaus nicht explizit gemachte Schritt der ästhetischen Erziehung besteht darin, dass die Subjekte dieser Erziehung die überlegene Verschlossenheit von Objekten anerkennen, die ihnen als Kunstwerk gegenübertreten. »Individuals learn to call themselves into aesthetic question by learning that true literary art is not immediately open to them, owing to a series of fundamental internal oppositions. Such are the famous divisions between form and content, intellect and imagination, morality and the senses.«[17] Ist die Erhabenheit der Kunst gegenüber dem Verstehen erst einmal anerkannt, so werden Kunstwerke, sofern man an ihrer Komplexität gewissermaßen immer nur abprallen kann, zur idealen Eröffnung einer Selbsterfahrung. Mit Hunter müsste man wohl eher von

---

14 Hunter (1992, S. 347). Das erste Zitat im Zitat bezieht sich auf Raymond Williams Monographie *Culture and Society 1780–1950* (1958), die Hunter zufolge der »locus classicus« (Hunter 1992, S. 367) der kulturwissenschaftlichen Forderung nach einer Politisierung der Ästhetik ist. Hohendahl (1982) und Eagleton (1984) bezeichnet Hunter als spätere Variationen dieser Forderung.

15 Der 2. Abschnitt meiner Überlegungen ist freilich als ein Plädoyer dafür zu verstehen, diese Geschichte mit Kant beginnen zu lassen.

16 Schiller (1992).

17 Hunter (1992, S. 350).

einer einzigartigen Projektionsfläche für eine unendliche Selbstproblematisierung und -disziplinierung sprechen. Woran sich die ästhetisch Erfahrenden beim unmöglichen Verstehen des Kunstwerks abarbeiten, ist letztlich nämlich weniger ein opakes Objekt als das entfremdete Verhältnis der subjektiven Erkenntniskräfte. Das komplexe Ineinander der sinnlichen und rationalen, inhaltlichen und formalen etc. Aspekte von Kunstwerken macht den Rezipienten nicht nur klar, wie wenig gewachsen sie der Kunst sind. Es weist diese Subjekte vor allem darauf hin, wie mangelhaft, genauer gesagt: entfremdet es um das Verhältnis ihrer sinnlichen und rationalen Kräfte und dementsprechend um ihr Selbst und ihre Welt bestellt ist. Die Kunst fördert somit einerseits etwas zutage, was man überall in der Welt sehen könnte: entfremdete Verhältnisse. Andererseits – und darin besteht ihre Besonderheit – definiert sie die Krise als eine der Erkenntniskräfte und sorgt dafür, dass diese Krise als eine allenfalls approximativ und in ferner Zukunft lösbare angesehen wird. Schiller stellt nämlich geschichtsphilosophisch sicher, dass selbst die Kunst als die am wenigsten entfremdete Sphäre den modernen Verhältnissen nur partiell und d. h. nie wirklich entkommen kann. »[S]o kann die Vortrefflichkeit eines Kunstwerks bloß in seiner größeren Annäherung zu jenem Ideale ästhetischer Reinigkeit bestehen, und bei aller Freiheit, zu der man es steigern mag, werden wir es doch immer in einer besondern Stimmung und mit einer eigentümlichen Richtung verlassen«,[18] also stets das versöhnte Verhältnis unserer Erkenntniskräfte verfehlen.

Weil die Krise der Moderne damit als eine wesentlich subjektive definiert ist, muss das ästhetische Subjekt sich unendlich an nichts anderem als sich selbst abarbeiten. Und weil eben die Kunst der Ort ist, an dem diese Krise am adäquatesten ausagiert, partiell sogar überwunden wird, ist sie die ausgezeichnete Instanz, die Rezipienten einerseits in eine unendliche Selbstbearbeitung zu zwingen und andererseits dafür zu sorgen, dass ihre Subjekte Urteilen und Handeln als etwas betrachten, was ihnen unter den entfremdeten Bedingungen eigentlich nicht zusteht – am allerwenigsten in Bezug auf Kunstwerke. Entscheidend ist dementsprechend weder das Kunstwerk als ein spezifisches Objekt noch die Gehalte, die es bearbeitet, andeutet etc.

Von Belang ist vielmehr einzig, dass es die Anleitung zu einer Bildung – verstanden als unabschließbare Beschäftigung mit den eigenen Erkenntniskräften – darstellt, die von allen möglichen Inhalten und Dringlichkeiten pragmatischer und insbesondere politischer Art ablenkt: »And so the process continues as an intellectual gymnastic [...] – shaping a distinctively aesthetic self through the successive intensification and neutralization of capacities for feeling and thought. [...] this practice is one that suspends conclusions and conclusiveness.«[19] Ehrfurcht vor der Kunst und Abstinenz von der Politik sind die natürlichen Folgen solcher Bildung.

War bei Kant das zweckfreie Spiel der unaufhebbar geschiedenen Vermögen Einbildungskraft und Verstand noch eine wie auch immer eskapistische Lust, die an keiner Entzweiung der Erkenntniskräfte Anstoß nahm, diese vielmehr als den Motor der ästhetischen Lust affirmierte, so wird dieses Spiel bei Schiller zur disziplinarisch gebotenen Mühsal, die mit der Erbsünde der Moderne zu unser aller unendlichen Aufgabe werden soll; zu einer Aufgabe, die in ihrem vermeintlichen Subjektivismus und Eskapismus, Hunter zufolge, das Allerpolitischste ist: Die Politik der Kunst besteht darin, die Politik als schmutziges Geschäft zu outen. Denn Politik zu machen – und das heißt vor allem, Entscheidungen zu fällen, anstatt diese unendlich aufzuschieben – ist letztlich genauso verdorben und Ausdruck entfremdeter Verhältnisse, wie es falsch ist, ein Kunstwerk zu beurteilen, solange die Entfremdung zwischen den Erkenntniskräften nicht aufgehoben ist.

Den Fortgang der Geschichte der Ästhetik stellt Hunter wie folgt dar: Bei Schiller noch geschichtsphilosophisch als Entfremdung gedacht, die in einer fernen Zukunft vielleicht überwunden werden kann, wird die These vom unversöhnten Verhältnis der menschlichen Erkenntnisvermögen durch die Idealisten »transzendentalisiert«[20] und im 19. Jahrhundert durch die disziplinären Maßnahmen von Schulbehörden in Bezug auf den Literaturunterricht massenwirksam.

---

18 Diese Bemerkung Schillers (Schiller 1992, S. 639 f.), zitiert auch Hunter (Hunter 1992, S. 354).
19 Hunter (1992, S. 353).
20 Vgl. Hunter (1992, S. 360 ff.).

Vor dem Hintergrund dieser Geschichte leuchtet unmittelbar ein, warum die bekannten kulturwissenschaftlichen Einwände gegenüber der Ästhetik zu kurz greifen: Der Vorwurf, unter dem Stichwort »Kunst« würde ungerechtfertigterweise der beschränkte Kanon einer bestimmten Klasse zum willkürlichen Maßstab erhoben, wird hinfällig, wenn es auf die Werke konstitutiverweise ohnehin viel weniger ankommt als auf die Vermittlung einer bestimmten selbstdisziplinierenden und entpolitisierenden Haltung. Ein anderer Kanon könnte unter diesen Umständen denselben Dienst tun. Die aus kulturwissenschaftlicher Perspektive ebenfalls häufig erhobene Forderung, Kunst nicht länger von anderen Bereichen der Kultur, insbesondere von der Politik und der Ökonomie zu trennen, weist Hunter als zumindest zu einfach zurück. Seiner Meinung nach ist diese Forderung nur eine Wiederholung von derjenigen Schillers, die Kluft zwischen den verschiedenen subjektiven Vermögen, die der Motor der Ausdifferenzierung moderner Gesellschaften ist, in unendlicher Anstrengung zum Verschwinden zu bringen; und zwar im Namen eines – in Hunters Augen leeren – Wunsches nach absoluter Versöhnung. Das trifft m. E. allerdings nur solche (kaum real existierenden) Positionen, die jede Grenze als einen illegitimen Ausschluss und jedes Einreißen von Grenzen als eine Befreiung verstehen.

Wenn man Hunters Kritik an Schiller auf Bubners Vorschläge zur Rettung der Kunst bezieht – und auf die Probleme von Hunters Position werde ich gleich zurückkommen –, so wird zweierlei deutlich: Bubner ist nicht der einsame Rufer in einer Wüste von Verblendung, zu dem er sich stilisiert; er steht vielmehr in einer langen und sehr deutschen Tradition der Rettung der Autonomie der Kunst durch ihre Reduktion auf eine selbstreferentielle Beschäftigung der subjektiven Erkenntniskräfte miteinander. Darüber hinaus ist die Subjektivierung der Kunst beileibe nicht so neutral und vor allem unpolitisch, wie es zunächst einmal den Anschein hat.

4. Entwurf einer Kunsttheorie, die es ohne die *cultural studies* wohl kaum gäbe

Bei aller Opposition sind sich Bubner und Hunter darin einig, dass unter »Kunst« die Chiffre für eine einzigartige Selbsterfahrung zu verstehen ist. Sie unterscheiden sich allerdings in der Einschätzung der Weltabgewandtheit von ästhetischen Selbsterfahrungen. Sind sie für den einen etwas irreduzibel Subjektbezügliches, das schon verfehlt wäre, wenn man nach seiner Welthaltigkeit und erst recht, wenn man nach einem weitergehenden Wozu fragte, so stellt der andere den durchaus vorhandenen, wenngleich verleugneten Weltbezug der ästhetischen Selbsterfahrung unter besonderer Berücksichtigung der politischen Folgen ins Zentrum. Solange diese subjektivistischen Prämissen als selbstverständliche Grundlage der Autonomie der Kunst gelten, spricht zweifelsohne viel für Hunters Kritik. Ich teile allerdings weder Bubners Auffassung, dass diese Prämissen philosophisch seit Kant gesichert und alternativlos sind, noch Hunters Verdacht, sie seien zumindest faktisch im Bereich der Kunstphilosophie von universeller Geltung.

Sowohl gegen die kritisierte als auch gegen die affirmierte Subjektivierung will ich als nächstes die Kunst selbst verteidigen, die in beiden Ansätzen zu verschwinden scheint. Deshalb ist ein angemessener Begriff von ihr allererst zu entwickeln. Um das zu tun, scheinen mir Elemente einer Autonomieästhetik ebenso vonnöten wie Hunters Kritik daran. Gegen Bubner ist zu zeigen, dass eine richtig verstandene Autonomie der Kunst den von ihm ins Feld geführten Subjektivismus nicht nur nicht nötig hat, sondern dass ein solcher Subjektivismus die Kunst vielmehr unmöglich macht. Auf Hunters Kritik an der vorgeblichen Eigenlogik der Kunst ist zu entgegnen, dass eine richtig verstandene Autonomie mehr als der Deckname für eine entpolitisierende Selbstdisziplinierungstechnik ist und dass ein normativer Begriff autonomer Kunst gerade dann unerlässlich ist, wenn es darum geht, ideologische Instrumentalisierungen des Kunstbegriffs dingfest zu machen, zu kritisieren und von alternativen Kunstverständnissen zu unterscheiden.

Kunstwerke, darin ist Bubner recht zu geben, können nicht auf Philosophie, Wissenschaft oder weniger spezialisierte Weisen der Wissensvermittlung reduziert werden. Ebenso wenig ist davon auszugehen, dass Kunstwerke in einer raumzeitlich definierbaren, von ihrer Umgebung strikt und eindeutig abgetrennten Objekt- oder Werkhaftigkeit aufgehen. Angesichts dieser Eingeständnisse ist es naheliegend, das

Wesentliche von Kunstwerken ins Innere von Subjekten zu verlagern. Und wenn man dann nicht einfach behaupten will, Kunstwerke seien besonders intensive sinnliche, emotionale etc. Erfahrungen – das bringt das Problem mit sich, dass es selbstverständlich auch und gerade jenseits der Kunst ebenfalls sehr eindringliche Erfahrungen der genannten Arten gibt –, scheint die Kantische Lösung Bubners sogar beinah zwingend: nämlich »ästhetisch« nur jene Erfahrungen zu nennen, in denen die Erkenntnisvermögen menschlicher Wesen mit nichts anderem als sich selbst spielen. Damit jedoch wird das richtige Anliegen, die Eigenlogik der Kunst begreifen zu wollen, einer absurden und letztlich kaum überprüfbaren Abstraktion geopfert. Nur philosophische Systemzwängler können aus der Tatsache, dass es verschiedene Erkenntnisvermögen gibt, schließen, dass diese auch ohne Erkenntnisobjekte miteinander tätig sein und auf diese Weise eine Systemlücke füllen können müssten.

Deshalb also erst recht zurück zur Kunst und zur angekündigten Erläuterung der These, dass die ästhetische Autonomie mit einem revidierten Werkbegriff und einem Bezug auf Wahrheit durchaus zu vereinbaren ist. In meinen Augen impliziert die Rede von der Autonomie der Kunst nämlich keineswegs, dass Kunstwerke von dem ablösbar sind, was unser Leben jenseits der Kunst ausmacht. Unter dieser Voraussetzung nach der Autonomie der Kunst zu fragen, bedeutet dem Problem nachzugehen, welcher spezifischen – oder eben autonomen – Logik der kunstästhetische Bezug auf die Welt folgt. Um diese Frage zu beantworten, sind die Werkhaftigkeit und der Weltbezug der Kunst aufeinander zu beziehen und mit der These zusammenzudenken, dass Kunstwerke gleichwohl nicht auf Instanzen der Wissensvermittlung reduziert werden können. Das wird durch einen Rekurs auf die Kategorie der Unendlichkeit möglich, die Bubner und Hunter in Sachen Kunst gleichermaßen für zentral halten (wenngleich diametral entgegengesetzt beurteilen).

Die ästhetische Unendlichkeit ist m. E. missverstanden, wenn man in ihr wie Hunter von vornherein eine unabschließbare Selbstdisziplinierung sieht; aber ebenso, wenn man sie im Sinn Bubners als Ausdruck davon versteht, dass ästhetische Erfahrungen keinen Weltbezug – sowohl im Sinn des notwendigen Bezugs auf ein materiales Objekts als auch im Sinn eines Bezugs auf ein hermeneutisches Objekt, das Darstellung von Welt ist – haben. Sie ist vielmehr das Resultat des komplexen Weltbezugs von Kunstwerken. Etwas als Kunstwerk zu erfahren bedeutet nämlich, es als Darstellung eines Stücks Welt zu erfahren; und zwar so, dass diese Darstellung von der Objekthaftigkeit der Darstellungselemente in *zweifacher* Weise *immer wieder* durchkreuzt wird. Mit Objekthaftigkeit meine ich nämlich zum einen die materiale Seite von Darstellungselementen und auf der anderen deren formalen Verweisungszusammenhang. Dieser rechtfertigt es, bei allem Abschied von geschlossenen, organizistischen und anderen überholten Werkvorstellungen, weiterhin von einem Werk zu sprechen – wie fragil und temporär solche Verweisungszusammenhänge und ihre Grenzen zum Jenseits des Kunstwerks auch immer sein mögen. Aufgrund der Durchkreuzung der dargestellten Welt durch die materiale und formale Werk- bzw. Objekthaftigkeit wird die ästhetische Erfahrung potentiell unendlich. Das bedeutet, dass sie zwar irgendwann – gerade im Namen ihrer eigenlogischen *Differenz* – notwendigerweise beendet werden muss, allerdings nie an einem bestimmten, beschließenden Punkt. Die unendliche, und d. h. nun: beliebig beendbare Erfahrung von Kunstwerken besteht demzufolge darin, etwas immer wieder als Darstellung zu erfahren, die in der Spannung von Wahrheit und Falschheit steht und in dieser Hinsicht auch beurteilt werden will; aber ebenso als einen bloß formalen, über die Ordnungen von Wiederholung, Variation und Differenz gestifteten Zusammenhang zwischen sinnhaften oder sinnlichen Elementen und schließlich als Versammlung von materialen Begebenheiten, die nicht nur die Rede von einem hermeneutischen Darstellungszusammenhang sprengen, sondern auch diejenige von einem »bloß« formalen.

Die Rekonstruktion dieser sehr allgemeinen Logik[21] des Zusammenhangs zwischen Werk, Wahrheit und ästhetischer Erfahrung besagt wenig. Sie ist nämlich nur dann mit Recht in Anschlag zu bringen, wenn der Zusammenhang zwischen den genannten Elementen geleugnet bzw. eines von ihnen

---

21 Ausführlicher erläutert habe ich dies in: Sonderegger (2000).

bei der Erläuterung der Eigenart von Kunstwerken verabsolutiert[22] oder die Rede von Kunst generell infrage gestellt oder als ideologisch bezeichnet wird.[23] Doch selbst dann, wenn das partielle Recht und die Relevanz meiner Erläuterung des Eigensinns der Kunst zugestanden werden, müssen sich – gerade aus kulturwissenschaftlicher Perspektive – mehrere Fragen stellen; unter anderem genau diejenigen Fragen, die Hunter als zu naiv zurückweist: (1) Ist diese Charakterisierung nicht viel zu allgemein und suggeriert sie damit nicht eine überzeitliche Idee von Kunst, der die Heterogenität der Künste ebenso widerspricht wie die historischen Entwicklungen innerhalb der Künste – und letztlich schon die emphatische Singularität eines jeden einzelnen Kunstwerks? (2) Redet man damit nicht einem derart komplexen Verständnis von Kunst das Wort, dass sogenannte U- oder populäre Kunst von vornherein ausgeschlossen sind? Und wird die ästhetische Erfahrung dadurch nicht zu einer elitären Veranstaltung unendlicher Vertiefung in ein nie ausschöpfbares Werk, die genau jene Ehrfürchtigkeit im Angesicht der Kunst festschreibt, die Hunter überzeugend kritisiert? (3) Ist mein Vorschlag letztlich nicht doch wieder indifferent gegenüber der Wahrheitsfrage bzw. gegenüber der Problematik spezifischer Gehalte und damit nicht weniger eskapistisch als beispielsweise der Vorschlag Bubners? Denn mehr als der Anspruch auf die Darstellung *irgendwelcher* Gehalte scheint zunächst einmal nicht erforderlich, und damit würde die Wahrheitsfrage mehrfach überflüssig: Nicht nur scheint es auf die Darstellungsdimension von Kunstwerken viel weniger anzukommen als auf das Wechselspiel zwischen Darstellung und Infragestellung der Darstellung durch ein und dasselbe Objekt; die Frage der Wahrheit und der Relevanz *spezifischer* Gehalte scheint erst recht keine Rolle zu spielen.[24]

Den ersten und den dritten Einwand möchte ich als einen einzigen diskutieren, da sie unmittelbar aufeinander verweisen: Die Allgemeinheit der Beschreibung der Logik des Kunstwerks und seiner antiteleologischen Erfahrung ist nur dadurch zu retten, dass man einerseits klarstellt, in welchen bestimmten Kontexten sie einzig und allein angebracht ist – das habe ich oben bereits getan –, und indem man darüber hinaus klärt, wie sie sich zu konkreten, singulären Kunstwerken, ihren Gehalten und Einzelanalysen verhält.

Die inkriminierte Allgemeinheit ist dann keine schlechte, wenn sie als Geste der Bescheidenheit verstanden wird: Eine allgemeine Kunsttheorie kann nicht alles sagen, was aus begrifflichen Gründen über Kunst gesagt werden muss. Nicht nur ist das, was *allgemein* über Kunst gesagt werden kann und immer dann wieder gesagt werden muss, wenn sie (in ihrer Eigenart) geleugnet wird, wenig und beinah trivial. Ich glaube darüber hinaus, dass die oben gegebene, scheinbar fast leere Charakterisierung des Begriffs »Kunst« von sich aus auf eine notwendige Konkretisierung verweist, die von der allgemeinen Theorie selbst nie eingeholt werden kann. Denn die von ihr geforderten Kunstwerke setzen die Verhandlung von Gehalten voraus, die für die jeweiligen *spezifischen* Rezipienten bedeutsam sind. Ansonsten würde die formale und materiale Negation dieser Gehalte keine Subversion darstellen und nicht die gespannte potentielle Unendlichkeit erzeugen, die Kunstwerke und ihre Erfahrung kennzeichnen, sondern das schnelle Ende einer nur vermeintlich ästhetischen Erfahrung. Nur dort, wo das Bedeutsamste auf dem Spiel steht, ist seine materiale und formale Vernichtung tatsächlich eine solche und die gleichzeitige Unwiderlegbarkeit der Verhandlung konkreter Gehalte in einem Kunstwerk auch eine Bestätigung ihrer Bedeutsamkeit. Zwar lässt sich ziemlich allgemein auch noch sagen, dass die geforderte Bedeutsamkeit eine Fokussierung auf die jeweilige Jetztzeit der Rezipienten samt ihren dringlichsten Fragen und unhintergehbarsten Grundlagen impliziert. Doch was das jeweils für ein bestimmtes Kunstwerk heißt, kann – und darf – eine allgemeine Konzeption dessen, was Kunst ist, nicht sagen. Das muss sie der jeweiligen Zeit und ihren Kämpfen überlassen, aber auch den Kulturwissenschaften, sofern diese analysierend mitbestimmen, was warum in einer bestimmten

---

22 Ein Beleg für die Leugnung dieses Zusammenhangs sind die Ausführungen Bubners; beispielhaft für die Verabsolutierung eines seiner Elemente sind einseitig hermeneutische oder formalistische Kunsttheorien.

23 Das ist tendenziell bei Hunter der Fall.

24 Dieselbe kritische Frage müsste man selbstverständlich auch in Bezug auf spezifische, zeitgemäße Formen, Materialien, Mediengebräuche etc. stellen; nicht zuletzt deshalb, weil in sie stets auch Gehalte eingeschrieben sind.

Kultur bedeutsam ist,[25] dem ästhetischen Diskurs bzw. der mehr oder weniger institutionalisierten Kunstkritik – und nicht zuletzt der Kunst selbst, sofern manche Bedeutsamkeiten allererst durch konkrete Kunstwerke sichtbar werden.

Die spezifisch ästhetische »Verhandlung« von Gehalten besteht einerseits darin, für die jeweilige Gegenwart Bedeutsames zu erkunden, was zweifelsohne nicht ausschließlich Sache der Kunst ist; andererseits geht es in der Kunst darum – und das ist ihr Spezifikum –, dieses Allerbedeutsamste als zerstörbar und fragil zu präsentieren. Das kann selbstredend nicht bedeuten, Kunstwerke auf die Präsentation negativer Gehalte oder Gehalte in ihrer Negation zu verpflichten, sondern vielmehr einzig, dass in der Kunst die relevantesten und undistanzierbarsten positiven *und* negativen Gehalte so verhandelt werden, dass sie permanent zerstört *und* wieder affirmiert werden. Auf diese Weise werden die dringlichsten Fragen und selbstverständlichsten Antworten in ihrer Fraglichkeit präsentiert und in eins damit auch festgestellt, welche Fragen jetzt zu stellen bzw. neu zu stellen sind. Deshalb sind die Gehalte trotz allem unhintergehbar und alles andere als beliebig und Kunst gleichwohl nie auf die Vermittlung irgendwelcher Wahrheiten philosophischer oder sonstiger Provenienz zu reduzieren. Allerdings sind Kunstwerke hervorragende Ausgangspunkte, um in aller nur wünschenswerten Komplexität über die Sachverhalte nachzudenken, die sie präsentieren als wären sie alles *und* nichts. Die Wahrheitsfrage bleibt auf diese Weise mehrfach im Spiel: im Sinn der zeitgenössischen Relevanz und im Sinn der angemessenen Darstellung der relevanten Gehalte. Sofern Kunstwerke nur in den seltensten Fällen relevante Sachverhalte einfach aufgreifen und abbilden, sondern meist am Kampf um ihre Etablierung beteiligt sind, geht es in ihnen auch um die Wahrheit im Sinn der Präsentation oder Eröffnung von Bedeutsamkeit.

Wenn man den allgemeinen Kunstbegriff richtig versteht, so verweist er m. E. nicht nur auf die Notwendigkeit der historischen Konkretion von Gehalten, Formen, Materialien – und d. h. auf kulturelle und politische Kämpfe, zu denen er nichts beträgt, für die er bestenfalls offen sein kann. Sofern jener Begriff die Frage der Kunst keinem subjektiven Geschmack überlässt, sondern sie als normatives Phänomen begreift, das vom Streit über seine Gelungenheit lebt, verweist er auch auf die Notwendigkeit der Auseinandersetzung mit je bestimmten Kunstwerken in mehr oder weniger professionalisierten Einzelanalysen. Die spezifische Normativität des Kunstwerks besteht nämlich darin – und das scheint mir der absolut plausible Kern des modernistischen Avantgarde-Anspruchs von Kunst zu sein –, jeweils als singuläres neu zu bestimmen, was Kunst ist; d. h. jetzt zu sein hat. Mit anderen Worten: So unverzichtbar eine allgemeine Begriffsbestimmung von Kunst ist, so wenig resultieren daraus Regeln für die emphatisch jetztzeitige Kunstproduktion; wie im Übrigen auch Kant in seiner Zurückweisung diesbezüglicher Vorschriften gewusst haben mag. Der kritische Bezug eines jeden Kunstwerks zu den Werken der Vergangenheit und der Gegenwart, d. h. sein Anspruch auf Singularität, kommt in der kämpferischen Kunstkritik, als die sich insbesondere auch kulturwissenschaftliche Auseinandersetzungen mit Kunst verstehen, am deutlichsten zum Ausdruck; also in Analysen, die den spezifisch zeitgenössischen und kunstkritischen Anspruch eines einzelnen Werks ernst nehmen und es beurteilen, wie das einzelne Werk implizit andere beurteilt. Solche Analysen können erst recht von keiner Theorie der allgemeinen ästhetischen Logik eingeholt werden.

Damit will ich auf den zweiten der oben erhobenen Einwände zurückkommen, nämlich auf den Verdacht, dass das vorgeschlagene allgemeine Konzept von Kunst und ihrer Erfahrung nur einen bourgeoisen Kanon reproduziert; genauer gesagt, jenen sinnsubversiven Kanon einer Avantgarde der Hyperkomplexität, in Bezug auf den immer wieder Mallarmé als Paradigma und Begründer genannt wird. »Hyperkomplexität« meint dabei sowohl den unauflösbaren, nach keiner Seite hin zu vereindeutigenden und deshalb potentiell unend-

---

25 Beispielhaft dafür sind etwa die Arbeiten von Meaghan Morris (1998) über die Gegenwartsspezifik so globalisierter Orte wie Motels, Shopping Centers und Billigtourismusstrände. Worin der Unterschied zwischen solchen kulturwissenschaftlichen Bestimmungen des Zeitgenössischen einerseits und seiner künstlerischen Bearbeitung andererseits besteht, würde deutlich, wenn Morris' Texte z. B. mit den Theaterarbeiten von René Pollesch über globalisierte Lebensformen zwischen Hotels, Showrooms und ubiquitären Laptops ins Verhältnis gesetzt würden.

lichen Verweisungszusammenhang von semantischen, reimhaften und materialen Elementen in Mallarmés Texten als auch die damit verbundene Negation von Verstehbarkeit. Der Vorbehalt gegenüber derartiger Kunst ist berechtigt, zumal die mit ihr zur Diskussion stehende Komplexität nur schwer von zeitlich, inhaltlich – und damit letztlich auch ökonomisch – sehr voraussetzungsreichen Rezeptionsbedingungen abgetrennt werden kann: Ohne Muße, Bildung und Geld ist derartige Kunst unzugänglich. Deshalb ist es absolut naheliegend, die Konfrontation mit Kunst, für deren Begriff beispielsweise Mallarmé eine paradigmatische Rolle spielt, als ein elitäres Unterfangen zu kritisieren, als ein Unternehmen, das zudem eine gewissen Tendenz zur unterwürfigen Ehrfurcht vor seinen Objekten nicht leugnen kann. Die entscheidende Frage ist hier natürlich, ob diese elitäre Kunstreligion mit den Avantgarden der Moderne bzw. mit dem autonomen Kunstkonzept Kants und späterer Theorien ästhetischer Erfahrungen *notwendigerweise* verbunden ist oder ob sie als eine – wenngleich unbestreitbar dominante – Rezeptionstradition vom oben verteidigten Kunstbegriff abgelöst werden kann. Zudem muss der Einwand geprüft werden, wonach der von mir geltend gemachte Kunstbegriff auf Kunst à la Mallarmé zugeschnitten und deshalb ein partikularer ist, der insbesondere Phänomene der Massenkunst ausschließt.

In meinen Augen besteht kein notwendiger, jedoch ein naheliegender Zusammenhang zwischen einem Kunstkonzept, das Kunstwerke einem schnellen und verwertbaren verstehenden Zugang sowie einer fasslichen Objekthaftigkeit entzieht, und der Möglichkeit, Kunstwerke aufgrund dieses ephemeren Zustands zu sakralisieren. Diese Möglichkeit hängt aufs engste und notwendig mit dem widerständigen, unterbrechenden und subversiven Potential von Kunstwerken zusammen, ohne dessen Risiko es nur Verdoppelungen der Welt, wie wir sie kennen und wie wir sie bequemerweise affirmieren, gäbe. Das heißt nicht, dass man den kunstreligösen Kitsch und die elitären Distinktionskulturen, die von der Kunst ermöglicht werden, einfach als notwendigen

Bestandteil in Kauf nehmen muss; es bedeutet vielmehr, dass die Diskussion dieser der Kunst keineswegs äußerlichen Phänomene auch *in* jeder adäquaten Auseinandersetzung mit Kunst eine Rolle zu spielen hat; dass eine wirklich allgemeine Kunsttheorie nicht nur auf die ästhetische Verhandlung der jeweils zeitgenössischen Gehalte, Formen und Materialien sowie die entsprechenden Einzelanalysen angewiesen ist, die sie selbst nicht leisten kann, sondern auch auf eine Analyse der jeweiligen Rezeptionsformen und -traditionen. Ein adäquates Verständnis von Kunst impliziert genealogische und zeitdiagnostische Untersuchungen der mehr oder weniger instrumentellen sozialen, politischen, ökonomischen und institutionellen Gebräuche von Kunst, und zwar gerade auch dort, wo die Funktionalisierung bestimmter Kunstwerke mit diesen selbst kaum mehr etwas zu tun hat; und selbst dann, wenn diese Untersuchungen viel mehr sozialwissenschaftlichen als kunsttheoretischen Charakter haben.[26]

Damit ist noch nicht der Einwand entkräftet, wonach das oben verteidigte allgemeine Konzept von Kunst einem elitären Hyperkomplexismus und damit einem Kanon huldigt, dem die kulturwissenschaftliche Kritik der Ästhetik von Anfang an gegolten hat. Denn wenn analysiert wäre, was es heißt, in einer bestimmten Gesellschaft Mallarmézitate zurückspielen zu können und selbst wenn gezeigt wäre, dass ein derartiger Gebrauch von Mallarmétexten diesen selbst Abbruch tut, könnte immer noch behauptet werden, dass Mallarmé überhaupt nicht vor wem auch immer zu retten ist, da seine Texte aufgrund ihrer Komplexität von vorne herein zu viele Leserinnen ausschließen und deshalb einem falschen Kunstideal huldigen. Damit geht es noch einmal um die Rezeptionen und Institutionen von klassischen (modernistischen) Kunstwerken; nun jedoch nicht mit Blick auf ihre naheliegenden quasi-religiösen oder distinktionsorientierten Gebräuche, sondern in Bezug auf die Frage, inwiefern sie meinem nur vermeintlich allgemeinen Kunstbegriff der unauflösbaren Hyperkomplexität illegitimerweise zugrunde liegen: Denn dieser Kunstbegriff redet einer ästhetischen Praxis das Wort, von der die meisten nicht nur faktisch ausgeschlossen sind. Vielmehr, so der kritische Einwand, ist es ein notwendiger Bestandteil dieses Begriffs von Kunst, dass nur wenige Zugang haben.

---

26 Vgl. dazu etwa die Arbeiten von Bourdieu (1982; 2001) und Moulin (1997).

In meinen Augen darf in diesem Zusammenhang nicht die komplexe Logik antiteleologischer Erfahrung zum Feind gemacht werden. Kritikwürdig ist lediglich die keineswegs unschuldige Praxis, bestimmte partikulare Formen ästhetischer Komplexität zur ästhetischen Komplexität überhaupt zu erklären und auf diese Weise tatsächlich einen äußerst fragwürdigen Kanon zu kreieren und zu verewigen. Weder darf die sprachliche Kunst das Paradigma von Kunst sein – dagegen protestieren die kulturwissenschaftlichen Politiken eines »performative turn« oder eines »visual turn« mit Grund –, noch darf die wechselseitige Verstörung von Semantik, Reim, Graphik und unbeschriebenem Papier auf den Altar des Immerwährenden und einzig Paradigmatischen befördert werden;[27] wobei schon das Beispiel Mallarmé zeigt, dass es weniger um den Vorrang einer der säuberlich abgesonderten Künste oder Gattungen geht, sondern um die Verhandlung von Formen, Materialien, Gehalten mit und gegeneinander. Und was hier ein »Mit«, was ein »Gegen« ist, ist vor allem anderen Ausdruck der jeweiligen historischen Bedingungen.

Deshalb lässt sich zeigen, dass die behauptete Komplexität nicht nur modernistische Texte auszeichnet und dass sie darüber hinaus keineswegs notwendig einer Kunst vorbehalten ist, die wenige Rezipienten hat. Gerade die britischen Versionen der *cultural studies* haben genügend Belege geliefert, dass sog. populäre Kunst – insbesondere die Musik der englischen Jugendkulturen – von hochkomplexen Codes des »Mit« und »Gegen« auf der Ebene der Musik, des Textes, der Rezeptions- und zu ihnen gehörenden Lebensformen lebt.[28] Das macht die entsprechende Musik natürlich noch nicht notwendig zu Kunst, sondern zunächst einmal nur zu einem Element in einer komplexen Kultur des Protests. Darüber hinaus – und erst das ist in diesem Kontext natürlich entscheidend – gab und gibt es in der sog. Massenkunst immer wieder Phänomene und Traditionen, die der Kunstszene entscheidende Impulse liefern, ihr voraus sind, und es in manchen Momenten sogar schaffen, die Avantgarde in ihrer widerständigsten Komplexität einem größeren Publikum zugänglich zu machen – und das muss zumindest der Anspruch von Kunst sein!

In diesem Sinn hat etwa Van M. Cagle gezeigt, wie Kunstkonzepte oder besser: Konzeptkunstwerke der Warholfabrik durch Bowie, die Velvets, Roxy Music und andere popularisiert wurden, ohne der künstlerischen Komplexität und ihrer Widerständigkeit Abbruch zu tun.[29] Diese Arbeit ist im Kontext der britischen Kulturwissenschaften nicht nur deshalb hervorzuheben, weil sie sich nicht auf die Analyse der politischen Widerständigkeit subkultureller Phänomene beschränkt, sondern diese auf die Frage der Kunst hin öffnet. Darüber hinaus liefert sie auch einen eindrücklichen Beleg dafür, dass die Vervielfältigung eines Kunstkonzepts nicht notwendig in den kulturindustriellen Mainstream führt. Kulturwissenschaftliche Arbeiten wie diejenige von Cagle verdeutlichen zudem nicht nur, dass die Komplexität modernistischer Literatur nur eine von vielen Möglichkeiten der Kunst darstellt und dass diese kein Alleinbesitz einer minoritären Elite ist. Indem sie eine komplexe Fankultur zum Thema machen, in der eine keineswegs interesselose Identifikation gleichwohl nicht mit der restlosen Beherrschung des Gegenstands gleichgesetzt werden kann, zeigen sie ganz nebenbei, dass es durchaus Alternativen zur Rezeptionsweise des andächtigen, unterwürfigen, isolierten Lesersubjekts gibt. Dadurch retten sie nicht zuletzt den von mir verteidigten Kunstbegriff vor dem Vorwurf, notwendig mit einer elitären Kunstreligion (als Politikersatz) verbunden zu sein.

Gerade der von den britischen Kulturwissenschaften gegen die Verabsolutierung der Frage der Ästhetizität ins Zentrum gerückte Zusammenhang zwischen widerständigen politischen Haltungen und Massenkultur erlaubt es, die auf dem Prüfstand stehende Komplexität der Kunst noch einmal neu

---

27 Zum »visual turn« vgl. Mitchell (1994), zum »performative turn« Fischer-Lichte/Kolesch (1998). Wenngleich derartige Arbeiten meist zu generalisierend alle Analyseobjekte über den immer gleichen Kamm des jeweils nur scheinbar alles neu machenden Begriffs scheren und damit gerade der Frage nach der spezifisch künstlerischen Manifestation solcher »turns« kaum Beachtung schenken, so heißt das keineswegs, dass die inkriminierte Allgemeinheit ein Grund ist, zu den alten, anti-interdisziplinären Fragestellungen klar voneinander abgegrenzter Kunstwissenschaften zurückzukehren, wie Krauss (1995) das in Reaktion auf die These vom »visual turn« vorschlägt. Vielmehr sind die Felder des Visuellen oder des Performativen ausgezeichnete und zeitgemäße Areale, um über den Ort der Kunst in der gegenwärtigen Kultur nachzudenken.
28 Vgl. Hall/Jefferson (1993); Hebdige (1979).
29 Cagle (1995).

zu betrachten. Die potentielle Unendlichkeit ästhetischer Erfahrungen, für die sie steht, ist nämlich insbesondere in Bezug auf die Tatsache der ökonomischen Vereinnahmbarkeit von Massenkunst bzw. deren Transformation in Kulturindustrie entscheidend. Zwar haben die Kulturtheoretiker der Frankfurter Schule Massenkunst zu schnell mit diesem Verdikt belegt und den eigenen modernistischen Kanon kritiklos über alles gestellt,[30] und ihre Birminghamer Nachfolger haben mit Recht dagegen eingewendet, dass Popularität nicht per se gegen politische Widerständigkeit – und Kunststatus, wie ich ergänzen möchte –, sprechen muss. Doch es ist unbestreitbar, dass die Popkultur, auf die die Birminghamer Schule ihre Hoffnung gesetzt hat, auch in ihren komplexesten Varianten zu einem Großteil von der Plattenindustrie aufgekauft wurde.[31] Deshalb kann man sich auf den modernistischen Kanon der Komplexität genauso wenig einfach verlassen wie auf einen popkulturellen.[32] Zugegebenermaßen sind bestimmte popkulturelle künstlerische Strategien in ihrer Antiteleologie ebenso gegen Vereinnahmungen zu eindeutigen Zwecken gerichtet wie die klassisch avantgardistischen. Aber damit ist keineswegs ausgemacht, wie widerständige antiteleologische Konstellationen heute bewerkstelligt werden können, zumal es nicht zuletzt Aspekte jener künstlerischen Strategien der Komplexität sind, die zum gegenwärtigen Marktwert von universeller Flexibilität, permanenter Innovation und fortlaufender Auflösung von Identitäten zumindest beigetragen haben.

---

30 Vgl. Adorno/Horkheimer (1986).
31 Vgl. dazu Gurk (1996) in Bezug auf die Aktualität der Kulturindustriethesen von Adorno und Horkheimer sowie Höller (1996) in Bezug auf die Thesen der Birminghamer Theoretiker der Populärkultur.
32 Angela McRobbie hat allerdings gute Argumente für die These, dass sich im politischen und ökonomischen Sinn widerspenstige ästhetische Komplexitäten auch heute – in der von ihr so genannten Kulturgesellschaft – ausfindig machen lassen, und zwar bei drum ›n‹ bass-Musikern wie Goldie und Roni Size, um nur die bekanntesten zu nennen. Vgl. McRobbie (1999) insbes. S. 14 ff.
33 Vgl. Fn. 1.
34 Das heißt nicht, dass es nicht auch Spielarten kulturwissenschaftlicher Theorie gibt, die sich auf Deskription zurückziehen: Hunters Ansatz ist in dieser Hinsicht ein interessanter Grenzfall, weil er unklar lässt, ob er über die imma-

5. Zukünftige Verhältnisse

Nachdem ich die Autonomie der Kunst, wie sie von der Ästhetik m. E. beschrieben werden müsste, als ihr eigensinniges, antiteleologisches Weltverhältnis rehabilitiert und in Bezug auf die von ihr selbst nicht behebbaren Desiderate insbesondere den *cultural studies* eine zentrale Rolle zugeschrieben habe, sieht es so aus, als stünden Kunsttheorien und je konkrete kulturwissenschaftliche Untersuchungen in einem Ergänzungsverhältnis. Ganz so einfach ist es um dieses Verhältnis allerdings nicht bestellt: Eine Kunsttheorie, die im Kern – so allgemein, wie ich es oben auch getan und problematisiert habe – die Eigenlogik der Kunst erläutert, ist in mehrfacher Weise blind für das Außen der Kunst bzw. für eine gewisse Unreinheit der Kunst und damit letztlich auch für die jeweils konkreten Kunstwerke selbst: Sie ist nicht an den Streiten über die jeweils zeitspezifischen kulturellen Praktiken (und deren Abgrenzungen von der Kunst) interessiert und kann damit nichts über die notwendig spezifischen Gehalte sagen, die Kunstwerke konstituieren. Ebenso wenig beschäftigt sie sich mit der Frage, inwiefern bestimmte, vielleicht sogar durchaus gelungene Kunstwerke oder -traditionen ideologischen Gebräuchen Vorschub leisten. Jene Kulturwissenschaften hingegen, die Kultur nicht nur als Analysefeld, sondern als Ort der Intervention begreifen,[33] müssen per definitionem auch über diese Grenzen verhandeln, weil sie von einem umfassenderen Begriff der Kultur auf Phänomene der Kunst blicken. Deshalb sind sie letzterer gegenüber nicht nur kritischer, sondern im Allgemeinen auch an den einzelnen Phänomenen – und insbesondere an Grenzphänomenen – sowie an der Frage ihres Gegenwartsbezugs interessiert. Damit tragen sie der spezifischen Normativität der Kunstwerke Rechnung, die dort am deutlichsten wird, wo ein bestimmtes Kunstwerk noch nicht (oder nicht mehr) von vornherein als solches anerkannt ist, sondern als Grenzgänger dazu zwingt, die Frage der Gelungenheit von neuem zu stellen – sei es durch Infragestellung bestehender Kunstwerke, Traditionen und Genres, sei es durch eine Überschreitung der bestehenden Grenze zwischen Kunst und anderen Sphären der Kultur.[34] Und weil solches Grenzgängertum als Kritik des Bestehenden letztlich das Telos jedes einzelnen Kunstwerks ist, gibt es eine

Nötigung zur Einzelanalyse, die von einer allgemeinen Kunsttheorie allenfalls zugegeben, jedoch nicht praktiziert werden kann.

Ein angemessenes Verständnis der Kunst setzt m. E. also drei Analyseperspektiven voraus, die keineswegs ineinander aufgehen, sondern einander vielmehr kritisieren: die Perspektive der Grenzziehung. d. h. die Rekonstruktion der autonomen Eigenlogik der Kunst; die Perspektive, diese Grenze immer wieder in Frage zu stellen oder zumindest herauszufordern, und zwar durch eine Rekonstruktion von Rezeptionstraditionen und ihren Übergängen ins Politische einerseits, durch das Interesse an jener Gegenwartskunst andererseits, die nicht nur die herrschenden Kanons infrage stellt, sondern auch die jeweiligen Gegenwarten neu definiert; und schließlich die Perspektive der Kunstkritik bzw. der Kunsttheorie als Kunstpolitik, welche die Kunst als umstrittenes normatives Phänomen outet. Während der erste Aspekt traditionell von der Ästhetik bearbeitet wird, ist der zweite klarerweise in den Kulturwissenschaften beheimatet; der dritte in der Kunstkritik und in einer Kulturwissenschaft, die sich als Kunst- und Kulturpolitik versteht. Dabei geht es selbstredend nicht um disziplinäre und institutionelle Zuordnungen, sondern um die sachliche Frage, wo man derzeit die Analysen findet, für deren wechselseitige kritische Verschränkung Darstellungsformen erst noch gefunden werden müssen und Institutionen vielleicht gar nie möglich sein können.

Die Tatsache, dass ich meine Überlegungen zum Verhältnis von Kunstwissenschaften und Ästhetik mit einer Diskussion traditioneller Theorien der ästhetischen Autonomie begonnen und mit einer diesbezüglichen Alternative fortgesetzt habe, bedeutet keinesfalls, dass man die autonomiekritische sowie die kunstkritische Perspektive in die autonomietheoretische einfach integrieren könnte. Eine angemessene allgemeine Kunsttheorie kann die eigenen notwendigen Defizite nur mitreflektieren, jedoch nie beheben. Das heißt, dass man die Geschichte des in Rede stehenden Verhältnisses auch von der Seite der Kulturwissenschaften, so wie ich sie in Bezug auf die Frage der Kunst verteidigt habe, hätte erzählen können. Sofern sie nicht von vornherein den Unterschied zwischen Kunst und anderen kulturellen Praktiken leugnen oder mit Ideologieverdacht belegen und damit die Kunst und ihre Politik den Bürokraten und

dem Kapital überlassen, setzen auch die Kulturwissenschaften eine Begriffsbestimmung von »Kunst« und damit die Suche nach ihrer autonomen Logik voraus; wobei gerade die erwähnte kulturwissenschaftliche Nivellierung und Totalverdächtigung der Kunst im Übrigen nur deutlich macht, warum auf einen allgemeinen Begriff der Kunst nicht verzichtet werden kann – wie sehr auch immer dieser allein nicht alles über die Kunst sagt. Weil es somit zwischen Ästhetik und Kulturwissenschaft ein wechselseitiges Verweisungs- und Ausschlussverhältnis gibt, kann die eine nie in der anderen aufgehen. Und da es sich um irreduzibel verschiedene Perspektiven handelt, die gleichwohl aufeinander verweisen, kann man sie weder als einzelne »Sparten« sich selbst überlassen noch zu einer umfassenden Theorie synthetisieren. Ansätze, diesem gespannten Verhältnis notwendig verschiedener Analyseperspektiven Rechnung zu tragen, finden sich derzeit wohl am ehesten in einigen Spielarten kulturwissenschaftlicher Auseinandersetzungen mit Kunst,[35] während die philosophische Ästhetik durchweg die erste Perspektive totalisiert und die Kunst dadurch verrät.[36]

Literatur

ADORNO, THEODOR W. / HORKHEIMER, MAX (1986), *Dialektik der Aufklärung. Philosophische Fragmente*, Frankfurt/M.: Fischer. ■ BOHRER, KARL HEINZ (1981), *Plötzlichkeit. Zum Augenblick des ästhetischen Scheins*, Frankfurt/M.:

---

nente genealogische Entlarvung der deutschen Ästhetiktradition hinaus ein Ziel verfolgt. Andere, von Foucault inspirierte Ansätze argumentieren explizit gegen die Möglichkeit, einen kritischen bzw. überhaupt wertenden Standpunkt einnehmen zu können oder machen mit der Dekonstruktion geltend, dass Urteile zwar notwendig, jedoch haltlos paradox sind. Eine dritte Variante besteht in der Reduktion kultur- und kunstwissenschaftlicher Fragestellungen auf Technikgeschichte, wie man sie im deutschen Sprachraum insbesondere von Kittler (1987) kennt.

35 So verstehe ich beispielsweise den Anspruch des Bandes *Games. Fights. Collaborations*, wie er in der Einleitung mit dem Titel »Kunst und Cultural Studies« von den HerausgeberInnen in Berufung auf Adorno formuliert wird. Vgl. von Bismarck/Stoller/Wuggenig (1996).

36 Beim Schreiben dieses Textes habe ich von Vorarbeiten und Diskussionen im Rahmen des Forschungsprojekts »Zum Verhältnis von Philosophie und Kunst im Ausgang von Begriff und Praxis der Kunstkritik« profitiert, an dem ich zusammen mit Romano Pocai arbeite.

Suhrkamp. ▪ BOURDIEU, PIERRE (1982), *Die feinen Unterschiede. Kritik der gesellschaftlichen Urteilskraft*, Frankfurt/M.: Suhrkamp. ▪ BOURDIEU, PIERRE (2001), *Die Regeln der Kunst. Genese und Struktur des literarischen Feldes*, Frankfurt/M.: Suhrkamp. ▪ BUBNER, RÜDIGER (1973), »Über einige Bedingungen gegenwärtiger Ästhetik«, in: *Neue Hefte für Philosophie*, 5, S. 38–73. ▪ CAGLE, VAN M. (1995), *Reconstructing Pop / Subculture. Art, Rock, and Andy Warhol*, Thousand Oaks/London/New Delhi: Sage Publications. ▪ DIEDERICHSEN, DIEDRICH (1996), »Nachsitzen für das ideale Institut. Von der Utopie des ganzheitlichen Gestalters zur Utopie von Cultural Producer und Cultural Studies«, in: *Spex* 1996, 5, S. 53–55. ▪ EAGLETON, TERRY (1984), *The Function of Criticism*, London: Verso. ▪ FISCHER-LICHTE, ERIKA / KOLESCH, DORIS (Hg.) (1998), *Kulturen des Performativen*, Berlin: Akademie Verlag (= Paragrana, Zeitschrift für Historische Anthropologie, Band 7, Heft 1). ▪ GURK, CHRISTOPH (1996), »Wem gehört die Popmusik? Die Kulturindustriethese unter den Bedingungen postmoderner Ökonomie«, in: Holert, Tom / Terkessidis, Mark (1996), *Mainstream der Minderheiten. Pop in der Kontrollgesellschaft*, Berlin/Amsterdam: Edition ID-Archiv, S. 20–40. ▪ HALL, STUART / JEFFERSON, TONY (Hg.) (1993), *Resistance Through Rituals. Youth Subcultures in Post-War Britain*, London: Routledge. ▪ HEBDIGE, DICK (1979), *Subculture. The Meaning of Style*, London: Methuen. ▪ HOHENDAHL, PETER (1982), *The Institution of Criticism*, Ithaca: Cornell University Press. ▪ HÖLLER, CHRISTIAN (1996), »Widerstandsrituale und Pop-Plateaus. Birmingham School, Deleuze/Guattari und Popkultur heute«, in: Holert, Tom / Terkessidis, Mark (Hg.), *Mainstream der Minderheiten. Pop in der Kontrollgesellschaft*, Berlin/Amsterdam: Edition ID-Archiv, S. 55–71. ▪ HUNTER, IAN (1992), »Aesthetics and Cultural Studies«, in: Grossberg, Lawrence / Nelson, Cary / Treichler, Paula (Hg.), *Cultural Studies*, New York/London: Routledge, S. 347–372. ▪ JAUSS, HANS ROBERT (1982), *Ästhetische Erfahrung und literarische Hermeneutik*, Frankfurt/M.: Suhrkamp. ▪ KERN, ANDREA (2000), *Schöne Lust. Eine Theorie der ästhetischen Erfahrung nach Kant*, Frankfurt/M.: Suhrkamp. ▪ KITTLER, FRIEDRICH A. (1987), *Aufschreibesysteme. 1800/1900*, München: Fink. ▪ KRAUSS, ROSALIND (1995), »Der Tod der Fachkenntnisse und Kunstfertigkeiten«, in: *Texte zur Kunst*, 1995, 20, S. 61–68. ▪ McROBBIE, ANGELA (1999), »Art, fashion and music in the culture society«, in: McRobbie, Angela, *In the Culture Society. Art, Fashion and Popular Music*, London/New York: Routledge. ▪ MENKE, CHRISTOPH (1991), *Die Souveränität der Kunst. Ästhetische Erfahrung nach Adorno und Derrida*, Frankfurt/M.: Suhrkamp. ▪ MITCHELL, WILLIAM J. THOMAS (1994), *Picture Theory. Essays on Verbal and Visual Representation*, Chicago: University of Chicago Press. ▪ MORRIS, MEAGHAN (1998), *Too Soon Too Late: History in Popular Culture*, Bloomington: Indiana University Press. ▪ MOULIN, RAYMONDE (1997), *L' artiste, l' institution et le marché*, Paris: Flammarion. ▪ NELSON, CARY / TREICHLER, PAULA A. / GROSSBERG, LAWRENCE (1992), »Cultural Studies: An Introduction«, in: Grossberg, Lawrence / Nelson, Cary / Treichler, Paula (Hg.), *Cultural Studies*, New York/London: Routledge, S. 1–22. ▪ SCHILLER, FRIEDRICH (1992), »Über die ästhetische Erziehung des Menschen in einer Reihe von Briefen«, in: Schiller, Friedrich, *Theoretische Schriften*, hg. von Janz, Rolf-Peter unter Mitarbeit von Brittnacher, Hans Richard / Kleiner, Gerd / Störmer, Fabian, Frankfurt/M.: Deutscher Klassiker Verlag, S. 556–676. ▪ SEEL, MARTIN (1985), *Die Kunst der Entzweiung. Zum Begriff der ästhetischen Rationalität*, Frankfurt/M.: Suhrkamp. ▪ SONDEREGGER, RUTH (2000), *Für eine Ästhetik des Spiels. Hermeneutik, Dekonstruktion und der Eigensinn der Kunst*, Frankfurt/M.: Suhrkamp. ▪ SZUKALA, RALPH (1988), *Philosophische Untersuchungen zur Theorie ästhetischer Erfahrung*, Stuttgart: Metzler. ▪ VON BISMARCK, BEATRICE / STOLLER, DIETHELM / WUGGENIG, ULF (Hg.) (1996), *Games, Fights, Collaborations. Das Spiel von Grenze und Überschreitung. Kunst und Cultural Studies in den 90er Jahren*, Ostfildern-Ruit bei Stuttgart: Cantz. ▪ WELLMER, ALBRECHT (2002), »Das musikalische Kunstwerk«, in: Kern, Andrea / Sonderegger, Ruth (Hg.), *Falsche Gegensätze. Zeitgenössische Positionen zur philosophischen Ästhetik*, Frankfurt/M.: Suhrkamp, S. 133–175. ▪ WILLIAMS, RAYMOND (1958), *Culture and Society 1780–1950*, London: Chatto and Windus; (1963) Harmondsworth: Penguin.

12.5 Natur und kulturelle Deutungsmuster. Die Kulturwissenschaft menschlicher Umwelten

Franz-Josef Brüggemeier

Natur und Umwelt sind interessante Themen für die Kulturwissenschaft und deren Interesse an dem Verhältnis von Konstruktion, Realität und Repräsentation. Denn auf der einen Seite ist es ganz offensichtlich, dass Menschen Natur und Umwelt konstruieren und zwar nicht nur ideell, sondern auch materiell. Ideell, da sie Messmethoden, Konzepte oder Modelle entwickeln müssen, um Natur und Umwelt überhaupt erfassen, beschreiben und untersuchen zu können; und materiell, da sie zunehmend massiver in diese eingreifen, sie verändern und mittlerweile dazu übergehen, neue, oft künstliche Arten der Umwelt zu schaffen. Andererseits aber werden die Natur und weitgehend auch die Umwelt nicht erst durch Menschen geschaffen, sondern bestehen auch unabhängig von menschlichen Eingriffen. Sie existieren nicht lediglich als Konstruktionen und Produkte unseres Handelns oder unserer Imaginationen, sondern verkörpern eine eigene Realität, geprägt von ›Naturgesetzen‹.

Diese ›Naturgesetze‹ ergeben sich nicht von selbst. Sie müssen nicht lediglich abgerufen oder entdeckt werden, sondern entstehen aus unseren Bemühungen, Zusammenhänge in der Natur zu verstehen, Regelmäßigkeiten zu erkennen und diese zu einem System von ›Gesetzen‹ zu verdichten. Deshalb sind diese Gesetze konstruiert; wir entwickeln sie weiter, müssen sie oftmals sogar revidieren oder verwerfen. Sie sind also durch dieselben Möglichkeiten und Grenzen geprägt wie jede menschliche Erkenntnis. Doch aus ihrem konstruierten Charakter folgt nicht, dass wir sie in dem Maße grundsätzlich ändern oder selbst erst schaffen können, wie dies in konventionellen Bereichen und Themen der Geschichts- und Kulturwissenschaften möglich ist und fortwährend geschieht, sei es bei Ideologien, sozialen und politischen Bewegungen oder Staaten.

Hinzu kommt ein weiterer Aspekt: Natur und Umwelt können sich weder selbst ausdrücken und uns etwa ihre ›Gesetze‹ mitteilen, noch verfügen sie über eigene Repräsentanten. Wenn wir hingegen Ideologien, Individuen, soziale Gruppen und Bewegungen oder Staaten untersuchen, liegen Äußerungen vor, die diese selbst, ihre Repräsentanten oder auch ihre Gegner hervorgebracht haben und die einen wichtigen Bestandteil der historischen Überlieferung bilden. Diese Überlieferung können wir analysieren und die Aussagen übernehmen, sie modifizieren oder zu dem Urteil kommen, dass sie auf fehlerhaften, verzerrenden oder gar falschen Einschätzungen beruhen. Nicht erst die aktuelle kulturwissenschaftliche Debatte hat unterstrichen, dass hierbei nicht die Quellen selbst zu uns sprechen, sondern dass vielmehr erst unsere Interpretationen bzw. Konstruktionen sie zum Sprechen bringen. Zugleich herrscht Konsens – vielleicht auch nur der Wunsch – darüber, dass diese Konstruktionen nicht beliebig sind, ohne dass sich dabei aber eindeutig benennen ließe, welche Grenzen, Verfahren oder Standards benannt werden können, die ›objektive‹ Kontrollmöglichkeiten bieten. Als eine Art salvatorischer Formel hat deshalb die Aussage breite Zustimmung gefunden, die Quellen besäßen ein Vetorecht gegenüber jeder Interpretation.

Diese Kontrollmöglichkeit besteht bei Untersuchungen von Natur und Umwelt nicht. Diese verfügen über keinerlei Möglichkeiten, sich selbst auszudrücken, zumindest nicht in Formen, die uns unmittelbar zugänglich sind. Jede Form ihrer Repräsentation kommt von außen, sie ist unvermeidbar das Ergebnis einer Fremdwahrnehmung. Natur und Umwelt sind deshalb also sowohl äußerst real wie auch in jeder Beziehung konstruiert. Sie können sich bei Prozessen der Interpretation, Konstruktion oder Dekonstruktion weder selbst äußern noch auf andere Art unmittelbar einbringen, gehen zugleich jedoch in diesen Prozessen nicht auf.

Es hat sich herumgesprochen, dass Natur und Umwelt in Europa schon seit mehreren Jahrhunderten nicht mehr in ursprünglicher Form bestehen, sondern durch Menschen verändert, geschaffen und konstruiert wurden bzw. noch werden. Zugleich sind Vorstellungen von einer unberührten

Natur und Bilder davon, wie diese idealerweise aussehen soll, im alltäglichen Sprachgebrauch und den Medien weit verbreitet. Doch ›natürlich‹ ist die Natur schon lange nicht mehr, sondern geprägt durch eine »unrevidierbare Künstlichkeit«. Die Natur, auf die wir uns berufen, »um ihre Zerstörung aufzuhalten, gibt es nicht mehr.«[1] Doch was sollen wir dann schützen? Welche Ausprägungen von Natur und Umwelt sollen wir anstreben, wenn um uns herum keine unberührten Formen mehr bestehen, die als Vorbild dienen können?

Jeder Versuch, hierfür eine Antwort zu finden, stößt auf das bereits erwähnte Problem, dass Natur und Umwelt sich nicht selbst äußern können. Wir mögen beschließen, dass Bäume oder gar Steine Rechte erhalten. Doch wir können nichts daran ändern, dass sie nicht sprechen, noch auf andere Weise ihre Meinungen äußern und etwa bestimmte Rechte einfordern können. Tiere, Pflanzen oder das Klima können uns nicht einmal mitteilen, in welchem Zustand sie sich befinden, ob es ihnen ›gut‹ geht oder ›schlecht‹. Das müssen wir übernehmen und deshalb Messverfahren, Modelle oder Konzepte entwickeln, um darüber Aussage zu treffen. Doch in keinem dieser Verfahren, wie anschaulich, komplex oder elaboriert auch immer sie ausfallen mögen, äußert sich die Natur selbst. Selbst Bemühungen, anthropozentrische Sichtweisen und Urteile zu vermeiden, ändern nichts an diesem Sachverhalt. Wir können uns allenfalls vornehmen – und möglicherweise sogar einbilden –, die Position und die Interessen von Fröschen oder Bäumen zu vertreten. Tatsächlich gelingt uns dies nicht. Auch macht es keinen prinzipiellen Unterschied, ob (natur)wissenschaftliche, literarische oder populäre Annäherungen bzw. Konstruktionen dazu benutzt werden, Aussagen über Natur und Umwelt zu treffen. Zwischen diesen Verfahren bestehen große methodische Unterschiede, die jedoch nicht ihren konstruktiven Charakter betreffen, sondern vor allem die unterschiedlichen Herangehensweisen, die zur Anwendung kommen, um die erzielten Aussagen zu überprüfen, zu korrigieren oder zu verwerfen.

Bemerkenswert ist nicht nur, dass Natur und Umwelt sich nicht äußern können und wir deshalb

Indikatoren und Verfahren bestimmen müssen, um unsererseits Aussagen über sie zu treffen. Hinzu kommt, dass viele der Faktoren und Prozesse, die wir dazu benutzen, unserer Wahrnehmung nicht unmittelbar zugänglich sind. So fallen fast alle Emissionen, die heute in Boden, Wasser oder Luft gelangen, in so minimalen Konzentrationen an, dass hochkomplexe Apparaturen und technisch generierte Maßeinheiten erforderlich sind, um sie überhaupt feststellen zu können. Allein gestützt auf unsere Sinnesorgane können wir kaum eines der heutigen Umweltprobleme wahrnehmen. Bis vor zwei bis drei Jahrzehnten waren dazu nicht einmal die Messtechniken weit genug entwickelt.

Die Grenzen des menschlichen Wahrnehmungsvermögens sind offensichtlich und sie werden oftmals als ein wesentlicher Grund dafür genannt, dass das allgemeine Umweltbewusstsein hinter der tatsächlichen Gefährdung zurückbleibt. Das mag sein, doch dies ist nicht die einzig mögliche Konsequenz. Denn die Nicht-Wahrnehmbarkeit der Indikatoren führt auch dazu, dass anschauliche Konzepte, Modelle und nicht zuletzt medienwirksame Bilder entwickelt werden, um diese Nicht-Wahrnehmbarkeit zu kompensieren und die ›tatsächliche‹ Aussage deutlich zu machen. Debatten über Natur und Umwelt stehen also vor der Aufgabe, diese überhaupt zum Sprechen zu bringen, dabei möglichst prägnant zu sein und zugleich Vorstellungen davon zu vermitteln, welcher Zustand anzustreben ist.

Vorstellungen von einer idealen Natur haben eine alte Tradition und weisen große Variationen auf, die heute von naturwissenschaftlichen Modellen bis zu Bildmontagen in Urlaubsprospekten reichen und nicht mehr überschaubar sind. Die folgenden Ausführungen werden sich deshalb beschränken und die letzten 200 Jahre herausgreifen, also die Zeit seit der Industrialisierung. Auch behandeln sie nur einige der Vorstellungen, die in Öffentlichkeit und Wissenschaft verbreitet waren und noch sind. Dabei wird sich zeigen, dass insbesondere diejenigen Vorstellungen, die breite Resonanz gefunden haben, sich zu Bilderwelten verdichteten, die auf anschauliche Weise die erstrebten Ideale ausdrückten. Es fällt jedoch auf, wie begrenzt das Repertoire war und ist, das hierfür zur Verfügung steht, so dass unterschiedliche Wertvorstellungen und politische Auffassungen auf sehr ähnliche Bilderwelten rekurrie-

---

1 Beck (1988, S. 62); Tribe (1983).

ren. Zu unterscheiden ist deshalb zwischen Bilderwelten, die hohe Gemeinsamkeiten aufweisen, und Weltbildern, die sehr unterschiedlich ausfallen und geradezu unvereinbar sein können. Zwischen Bilderwelten und Weltbildern besteht kein eindeutiger Zusammenhang.[2] Vielmehr können erstere über das gesamte politische Spektrum verteilt und sowohl auf dem äußeren linken wie auch dem rechten Flügel anzutreffen sein.

Vorstellungen über die Natur reichen selbstverständlich weit über die letzten 200 Jahre zurück, die dieser Beitrag behandelt. Dazu sind in den letzten Jahren zahlreiche Untersuchungen erschienen, unter denen Clarence Glackens Darstellung des westlichen Denkens über Natur und Kultur von der Antike bis zum Beginn der Neuzeit ein Klassiker geworden ist.[3] Die darauf folgenden Entwicklungen behandelt Donald Worster, während Peter Coates eine deutlich knappere und dennoch äußerst informative Darstellung bietet, die auch die jüngsten ›postmodernen‹ Entwicklungen aufgreift und den Schwerpunkt auf westliche Vorstellungen legt, aber auch die Welt außerhalb Europas behandelt.[4] Von besonderem Interesse sind die jüngsten Debatten in den USA, nicht nur weil die Umweltgeschichte hier eine große Tradition und Verankerung besitzt, sondern auch weil in den USA das Konzept der unberührten, wilden Natur bis heute als Idealvorstellung verbreitet ist – im deutlichen Kontrast zu Europa, wo schon seit Jahrhunderten keine unberührte Natur mehr existiert und entsprechende Konzepte keine Bedeutung erlangten.[5] Breit angelegt und zudem gut bebildert ist die Untersuchung von Simon Schama, der nicht nur schriftliche Quellen auswertet, sondern auch künstlerische Darstellungen von Natur.[6] Eine wichtige Tradition stellt dabei die europäische Landschaftsmalerei dar, die in ebenso zahlreichen Veröffentlichungen analysiert worden ist wie die Veränderungen von Naturvorstellungen in den Wissenschaften.[7]

Wie sehr sich in den letzten Jahrhunderten über die Wissenschaften hinaus die Wahrnehmung der Natur geändert hat, behandeln mehrere Arbeiten. Zur Erklärung verweisen sie u. a. auf die Bedeutung des Christentums und der modernen Naturwissenschaften, worauf dieser Beitrag später eingeht.[8] Mehrere Veröffentlichungen haben zudem die bereits formulierte Frage aufgeworfen, ob es eine ›objektive‹ Natur gibt, oder ob es sich hierbei lediglich um ein Konstrukt handelt.[9] Ein deutlicher Schwerpunkt liegt hierbei auf der Zeit vor und zu Beginn der Industrialisierung, so dass sie eine gute Ergänzung zu den folgenden Ausführungen bieten. Das gilt auch für diejenigen Veröffentlichungen, die über die westliche Welt hinausblicken und Asien und Afrika behandeln, die hier leider unberücksichtigt bleiben müssen.[10]

1798 erschien in London ein Buch, das inhaltlich und thematisch die moderne Umweltdebatte einläutete und bis heute einflussreich ist. Der Verfasser hieß Thomas Robert Malthus und das Buch: »An Essay on the Principle of Population«,[11] oder – so die deutsche Übersetzung – »Versuch über das Bevölkerungsgesetz«.[12] Inhaltlich hat Malthus nicht direkt Fragen der Natur oder Umwelt behandelt, sondern die der Bevölkerungsvermehrung. Doch diese gilt seither als eine der entscheidenden Ursachen für Umweltprobleme und steht bis heute im Zentrum der Umweltdebatte. Methodisch hat Malthus sich zudem explizit auf die Natur, genauer deren Gesetze, berufen und argumentiert, diese setzten natürliche, unveränderliche Grenzen für jegliches menschliches Handeln, für »the future improvement of society«.[13]

Diese Berufung auf die Gesetze der Natur richtete sich gegen diejenigen Vertreter der Aufklärung, denen zufolge eine Orientierung an der Vernunft den Zustand der Menschen fortwährend verbessern werde. Mit dieser Argumentation und der Aufklärung

---

2 Die Unterscheidung zwischen Bilderwelten und Weltbildern verdanke ich Gesprächen mit dem lippischen Arbeitskreis für Umweltgeschichte, insbesondere W. Oberkrome.

3 Glacken (1967).

4 Worster (1977); Coates (1998).

5 Cronon (1995).

6 Schama (1996).

7 Schneider (1999); Bätschmann (1989); Lepenies (1976); Trepl (1987).

8 Merchant (1987); Krolzik (1980).

9 Groh/Groh (1991); Böhme (1992); Sieferle/Breuninger (1999); schließlich die Kongressdokumentation: Zum Naturbegriff der Gegenwart (1994).

10 Elvin/Ts'ui-jung (1998); Grove/Damodaran/Sangwan (1997); Beinart (2000).

11 London (1798).

12 Berlin (1879).

13 So der Untertitel.

selbst setzte Malthus sich nicht direkt auseinander und versuchte auch nicht, sie zu widerlegen. Er berief sich vielmehr auf Gesetze der Natur, die außerhalb davon lägen, und weder durch Vernunft noch durch menschliches Handeln verändert werden könnten. Diese Gesetze müssten befolgt und dabei vor allem ein zu großer Anstieg der Bevölkerung vermieden werden, sei es freiwillig durch Beschränkungen oder zwangsweise durch Seuchen, Kriege, Hungersnöte etc. Das angestrebte Reich der Freiheit und Gleichheit könne es deshalb nicht geben. Schon die Armenpolitik müsse diese Gegebenheiten akzeptieren und Zahlungen an Bedürftige möglichst gering halten. Ansonsten glaubten diese, sie könnten sich von den tatsächlich herrschenden Mängeln befreien, bekämen zu viele Kinder und würden die Gesetze der Natur später um so drastischer erfahren.

Malthus hat damit ein Argumentationsschema etabliert, das bis heute fortbesteht. Ihm zufolge gibt es Gesetze der Natur, die die Menschen akzeptieren müssen, um nicht Hungersnöte, Kriege oder (Umwelt-)Katastrophen auszulösen.[14] Die säkularisierte Welt, die sich anschickte, die Herrschaft der Religion abzuschaffen, stieß an eine Grenze, die sie nicht überwinden oder wegdiskutieren konnte. Während sich Religionen als Produkt menschlicher Imagination darstellen und deshalb abschaffen ließen, wurde hier eine neue Art höherer Gewalt postuliert, deren Gesetze keinen Glauben erforderten, die man aber auch nicht infrage stellen konnte. Diese Gesetze mussten als gegeben akzeptiert werden, und sie waren unerbittlich. Jeder Verstoß wurde bestraft, im Gegensatz zu den Erwartungen an einen gütigen Gott, der auch schlimmste Vergehen verzeihen konnte. Diese Möglichkeit bestand nicht mehr. Vielmehr drohte sogar, so eine Arbeit aus dem Jahre 1951: »[…] sonst Untergang. Die Antwort der Erde auf die Missachtung ihrer Gesetze.«[15]

Eine zusätzliche Unterstützung erfuhr diese Argumentation in den 1950er und 60er Jahren mit dem Aufkommen der Ökologie und der Kybernetik, die in einem engen Zusammenhang zueinander entstanden. Beide Ansätze erlaubten es, die seit langem beschworenen Gesetze der Natur präziser als bisher zu analysieren, Wechselwirkungen zu ermitteln und diese vor allem auch zu quantifizieren. Die Auswirkungen menschlichen Handelns und dessen Abhängigkeit von Natur und Umwelt ließen sich dadurch berechnen und zweifelsfrei bestimmen. Die Ökologie, so hieß es, habe eine wissenschaftliche Grundlage, sie sei »exakt beweisbar, nachprüfbar, also genau den Ansprüchen der abendländischen, rationalen Wissenschaftlichkeit genügend«. Niemand dürfe sich darum herumdrücken: »Wäre Ökologie doch nur eine subjektive Marotte, käme sie doch nicht aus der Materie selbst, wäre sie wie eine Religion, wie herrlich frei wären wir in unseren Entscheidungen! Aber die Ökologie ist zwingend. Ihren Einsichten können wir uns bei Strafe des Untergangs nicht entziehen. Hierin sind wir unfrei, denn es handelt sich um über uns hinausgreifende, mit uns selbst schaltende Gesetze des Seins.«[16]

Besonders prägnant vertreten hat diesen Anspruch der »Bericht des Club of Rome zur Lage der Menschheit« über die »Grenzen des Wachstums«, der 1972 erschien und weltweit Aufsehen erregte. Darin warnten die Autoren vor den Folgen eines exponentiellen Wachstums und beschrieben geradezu verheerende Entwicklungen. Dabei stützten sie sich auf ein computergestütztes kybernetisches Weltmodell, das gegenüber herkömmlichen Denkmodellen bedeutende Vorteile bot: »Jede Annahme ist in präziser Form niedergeschrieben und ist deshalb der Nachprüfung und der Kritik durch jedermann zugänglich. Weiterhin werden die Auswirkungen der Annahmen, die nach Überprüfung, Diskussion und Revision entsprechend dem bestmöglichen Wissen getroffen wurden, exakt mit Hilfe eines Computers verfolgt und ihre Bedeutung für das Gesamtverhalten des Weltsystems jeweils genau erfasst, gleichgültig, welche komplizierten Kombinationen sich dabei auch ergeben.«[17] Das Modell könne verbessert werden, soviel räumten die Autoren ein, doch zugleich sei die daraus zu ziehenden Konsequenzen eindeutig.

Wie ausgeprägt die Überzeugung war, die Gesetze der Natur erkennen und davon ausgehend das Verhalten der Menschen bestimmen zu können,

---

14 Während die ersten Übersetzungen im Titel noch vom ›Versuch über die Bedingungen und die Folgen der Volksvermehrung‹ (Altona 1807) sprachen, heißt es in aktuellen Ausgaben lediglich ›Das Bevölkerungsgesetz‹.
15 Hornsmann (1951).
16 Maren-Grisebach (1982, S. 32).
17 Meadows (1972, S. 15 f.).

unterstreicht eine Aussage von Dennis L. Meadows, der den Bericht für den Club of Rome mitverfasst hatte. Im Oktober 1973, 18 Monate nach dessen Veröffentlichung, zog er Bilanz und stellte beeindruckende Entwicklungen, aber auch Enttäuschungen fest. Das Buch lag in mehr als 25 Sprachen vor, hatte eine Auflage von 2,5 Millionen erreicht, war Anlass für Dutzende von Fernsehsendungen und ungefähr 50 Konferenzen in aller Welt gewesen, und der Club of Rome hatte den Friedenspreis des Deutschen Buchhandels erhalten. Doch Meadows sah »absolut keinen Grund zur Freude«, wenn er an das Anliegen seines Buches dachte, denn: »Kein einziger Politiker auf der Welt, keine einzige politische Organisation, keine Partei, kein wichtiges Industrieunternehmen hat sich bisher anders als vor der Veröffentlichung von ›Die Grenzen des Wachstums‹ verhalten. Es ist, als ob nichts geschehen wäre; als ob wir diese Studie in unseren Schreibtischen versteckt hätten: alles blieb beim alten!« Die Situation habe sich vielmehr verschlimmert. Die Preise für Rohstoffe stiegen, allein 1974 würden 10 bis 30 Millionen Menschen verhungern, und Seuchen stünden bevor.[18]

Diese Aussage ist erstaunlich, die damit verbundene Erwartungshaltung erscheint heute kaum verständlich, zumal Meadows keine seit langem respektierte Autorität war. 1968, als er den Auftrag erhielt, den Bericht zu erstellen, war er 26 Jahre alt, zum Zeitpunkt seiner kritischen Bilanz gerade einmal 31 Jahre. Nicht minder erstaunlich ist, dass diese Aussage weithin Zustimmung fand. Mittlerweile scheint größere Vorsicht mit vergleichbaren Prognosen und davon abgeleiteten Handlungsanweisungen zu herrschen, wenngleich die Debatte über den Treibhauseffekt einige Parallelen aufweist. Auch sie stützt sich auf Modellrechnungen aus dem Computer, die inzwischen ungleich komplexer, damit allerdings auch fehlerhafter sind. Und erneut werden aus den Berechnungen weitreichende Schlussfolgerungen gezogen. Einige beschränken sich auf Forderungen, den Ausstoß an CO_2 durch alternative Energien und einen allmählichen Preisanstieg für fossile Brennstoffe zu vermindern. Doch andere gehen bedeutend weiter. Sie kritisieren diese Maßnahmen als unzureichend und fordern tief greifende Einschnitte in Wirtschaft, Gesellschaft und Politik nicht nur der Industrieländer, sondern des gesamten Globus, um den ansonsten drohenden Verstoß gegen die Gesetze der Natur und die damit verbundenen, wissenschaftlich berechneten Katastrophen zu vermeiden.

Die Gesetze der Natur mögen exakt und unerbittlich sein, und es nahe legen, wenn nicht gar erzwingen, bestimmte Verhaltensweisen zu unterlassen. Doch sie enthalten vor allem Warnungen und vermitteln kein eindeutiges oder umfassendes Bild davon, welche Arten von Natur und Umwelt anzustreben sind. An entsprechenden Entwürfen besteht jedoch kein Mangel. Vorstellungen einer idealen Natur reichen weit zurück. Sie dienen – offensichtlich in allen Kulturen – vielfach als Gegenbild zu den Mühsalen der tatsächlichen Existenz und beschwören ein Paradies, das als harmonische, liebliche Natur erscheint. Mit Rousseau haben Bilder einer idealisierten Natur und damit verbundene Vorstellungen eines einfachen, besseren Lebens einen erneuten Aufschwung erlebt und sind seitdem zentrales Element der Bemühungen, die Eingriffe der Menschen in die natürliche Umwelt zu reduzieren und Alternativen zu entwickeln.[19]

Diese Bemühungen sind weitgehend von der Annahme geprägt, frühere – und das heißt auch: kleinere – Gesellschaften hätten in größerer Harmonie mit der Natur gelebt. Es bestehen allerdings unterschiedliche Auffassungen darüber, in welche Zeit diese Phase zu datieren ist und wie groß die damaligen Einheiten waren. Ernst Rudorff, einer der Begründer des Heimatschutzes, sah um 1900 das Ideal im späten Mittelalter verwirklicht und strebte eine agrarische Gesellschaft an, die aus Dörfern und kleinen Städten bestand.[20] Ganz so weit wollen Teilnehmer der aktuellen Debatte nicht zurückgehen. Angesichts der seitdem eingetretenen Veränderungen wäre der damit verbundene Bruch zu groß. So benennt Klaus Meyer-Abich als Bezugspunkt den Zustand der Natur, der in Deutschland gegen Ende des 19. Jahrhunderts herrschte, und beruft sich damit ausgerechnet auf eine Zeit, der Rudorff entfliehen wollte.[21]

---

18 Meadows (1974, S. 98).
19 Glacken (1967); Coates (1998); Worster (1977); Grove/Damodaran/Sangwan (1997); Elvin/Ts'uijung (1998).
20 Rudorff (1904 und 1880).
21 Meyer-Abich (1984, S. 148).

Ländliche Gemeinschaften, die zudem möglichst autark sein sollen, sind – weit über Deutschland hinaus – ein fester Bestandteil alternativer kultureller Deutungsmuster. Sie finden sich in der Romantik, erlebten eine weltweite Renaissance in den 1970er Jahren und kennzeichneten auch die Siedlerbewegungen des Kaiserreiches und vor allem der Weimarer Republik, als diese vielfach zum anarchosyndikalistischen Flügel gehörten. Angesichts der großen Krisen und wirtschaftlichen Probleme zu Beginn der Weimarer Republik schienen selbstversorgende Agrarkommunen einen Ausweg zu bieten und fanden eine gewisse Resonanz, die jedoch mit der Stabilisierung der politischen und ökonomischen Situation nahezu vollständig abstarb.

Ebenfalls verbreitet waren derartige Überlegungen im rechten Spektrum, und die Siedlungsbewegungen sind ein gutes Beispiel dafür, dass ähnliche Bilderwelten – hier die Rückkehr zum einfachen ländlichen Leben – mit ganz unterschiedlichen politischen Weltbildern verbunden sein können. Genannt seien die Artamanen, eine völkische Gruppierung innerhalb der Siedlerbewegung, die 1923 gegründet wurde und der Himmler als bayerischer Gauleiter angehörte. Im Gegensatz zu vielen linken Gruppen blieben die Artamanen nicht bei bloßen Konzepten stehen, sondern wollten durch ›beispielgebende Tat‹ vorleben, wie die künftige Lebensform der deutschen Volksgemeinschaft aussehen sollte.[22]

Die Anhänger der Artamanen stammten überwiegend aus dem städtischen, bürgerlichen Milieu. Auf den 300 Gütern dieser Bewegung arbeiteten 1929 etwa 2000 Jugendliche und wollten dort »in freiwilliger Armut und Einfachheit und mit harter, gesunder Feldarbeit [...] die seelischen und praktischen Voraussetzungen für eine landwirtschaftliche Siedlung« schaffen.[23] So vorbereitet konnten etwa 100 bis 150 Artamanen auf eigenem Boden siedeln

und der internationalen Asphaltkultur eine Kultur auf dem Lande entgegensetzen. Tanzmann, der Gründer dieser Bewegung, verherrlichte den Bauern als den einzigen ›organischen Menschen‹ und wollte die kalte Rationalität der modernen Welt durch einen naturverbundenen bäuerlichen Lebenszusammenhang ersetzen, um nicht nur Deutschland, sondern die »gesamte Menschheit« zu retten. Dazu propagierte er eugenische Zuchtprogramme sowie eine Besiedlung des Ostens. Schon vor 1933 bereiteten sich die Artamanen »in Theorie und Praxis intensiv auf ihre künftige Rolle als *Wehrbauern* in einem mit Waffengewalt eroberten Osten vor«.[24]

Erschreckende Realität wurden diese Überlegungen nach der Machtergreifung durch die Nationalsozialisten. Die Rückkehr zum einfachen, bäuerlichen Leben wurde zur Staatsdoktrin erhoben, und durch den Krieg gegen Polen und die Sowjetunion sollte der benötigte Raum für das deutsche Volk gewonnen und die Landschaft entsprechend umgestaltet werden. Himmler forderte, die Gestaltung des Ostens auf der Grundlage »neuester Forschungsergebnisse« durchzuführen, und eine Studie aus dem Jahre 1942 erklärte dies zur »entscheidenden Kulturaufgabe der Gegenwart«. Als erstes abendländisches Volk könnten die Deutschen, so hieß es dort, bewusst und geplant Natur und leibliches sowie seelisches Wohl miteinander in Einklang bringen.[25]

Dazu waren tiefe Eingriffe in die Natur erforderlich, die jedoch als unausweichlich galten, denn die Landschaft sei »auf weiten Flächen durch das kulturelle Unvermögen des fremden Volkstums vernachlässigt, verödet und durch Raubbau verwüstet. Sie hat in großen Teilen entgegen den standörtlichen Bedingungen steppenhaftes Gepräge angenommen«.[26] Dem germanisch-deutschen Menschen hingegen sei »der Umgang mit der Natur ein tiefes Lebensbedürfnis«. Erforderlich sei deshalb eine »planvolle und naturnahe Gestaltung der Landschaft«, um den neuen Siedlern eine Heimat zu bieten und eine naturnahe Landschaft zu schaffen. Die entsprechenden Vorhaben lesen sich wie ein grünes Manifest. Der natürliche Aufbau der Landschaft sollte erhalten bleiben und die Gestaltung sich daran anlehnen. Wälder, Waldstreifen, Baum- und Gehölzreihen, Hecken und Knicks waren zu schonen und generell ein Bild der »Reich-

---

22 Kater (1971).
23 Heuser (1991, S. 58).
24 Kater (1971, S. 605).
25 Zit. nach Gröning/Wolschke-Bulmahn (1987, S. 30 f.); vgl. Rössler/Schleiermacher (1993).
26 Dies und die folgenden Zitate aus der »Allgemeinen Anordnung Nr. 20/VI/42 über die Gestaltung der Landschaft in den eingegliederten Ostgebieten vom 21. Dezember 1942«, abgedruckt bei Rössler/Schleiermacher (1993, S. 136–47).

haltigkeit, Fruchtbarkeit, Belebtheit und Ordnung« anzustreben. Geregelt waren ebenfalls Feldflur und deren Gestaltung, die Anlage von Dörfern, der Bauerngärten usw., selbst Müllabladeflächen und Fern- sowie Naherholungsgebiete. Das Ziel war eine riesige Garten- und Parklandschaft, durchsetzt mit Bauernhöfen, Dörfern und kleinen Städten, um die lang ersehnte Rückkehr zur Natur zu erreichen.

Die Planer gingen ganz selbstverständlich davon aus, dass die dort lebende Bevölkerung den deutschen Siedlern Platz machen musste, sei es durch Vertreibung, durch gezielte Vernichtung – vor allem im Falle der Juden – oder durch Tod infolge von Hunger oder Strapazen. Entsprechend ließe sich argumentieren, dass diese Planungen wegen ihrer gewaltsamen und rassistischen Merkmale nicht wirklich als Ausdruck alternativer Naturvorstellungen oder als ›grün‹ bezeichnet werden können. Doch diese Antwort ist zu einfach. Die Vorschläge zeigen vielmehr, dass derartige Vorstellungen nicht von vornherein pazifistisch, voller Verständnis für Menschen, Tiere und die Natur oder einfach ›gut‹ sind, wie es heute den Anschein hat. Sie können vielmehr mit ganz unterschiedlichen politischen Deutungsmustern verbunden sein. Die nationalsozialistischen Zielsetzungen waren eine Variante davon.

Abgesehen von Vertretern fundamentaler ökologischer Bewegungen wie der ›deep ecology‹ spielen derartige Vorstellungen heute keine Rolle mehr.[27] Vorherrschend sind sanfte, kleinräumige Konzepte, die sich vielfach an früheren Gesellschaften orientieren, da diese der Natur weniger Schaden zufügten und im Gleichgewicht mit ihr lebten. Als geradezu prototypisch für diese Auffassung kann die Rede von Chief Seattle gelten, ein Manifest der internationalen Umweltbewegung, das als »die Verkörperung aller Umweltideen« galt.[28] Diese Rede hielt Chief Seattle, als er mit einem Vertreter der Regierung aus Washington über das Land seines Stammes verhandelte, aus dem dieser schließlich vertrieben wurde. Er zeigte sich erstaunt darüber, dass die Weißen das Land der Indianer kaufen wollten:»Wie könnt ihr den Himmel und die Wärme der Erde kaufen oder verkaufen? Diese Vorstellung ist uns fremd. [...] Jeder Teil dieser Erde ist meinem Volke heilig. Jede glänzende Kiefernnadel, jeder lichte Nebel in dunklen Wäldern, jede Lich-

tung und jedes summende Insekt ist heilig in der Erinnerung und der Erfahrung meines Volkes. Der in den Bäumen aufsteigende Saft trägt die Erinnerungen des Roten Mannes in sich. [...] Wir wissen, dass die Weißen unsere Art nicht verstehen. Ein Teil des Landes ist für sie wie der andere. [...] Die Erde ist nicht ihr Bruder, sondern ihr Feind, und wenn sie sie erobert haben, ziehen sie weiter. [...] Sie stehlen ihren Kindern die Erde. Sie machen sich nichts daraus.«[29]

Angesichts der Katastrophenmeldungen der 1970er und 80er Jahre boten diese Äußerungen Hoffnung. Sie zeigten, dass ein Leben im Einklang mit der Natur nicht nur denkbar war, sondern bereits existiert hatte. Noch im Kolumbusjahr 1992 wurde diese Rede ausführlich zitiert, so in der großen Ausstellung im Gropiusbau in Berlin, als Beleg dafür, welche Lebensweisen die Ankunft der Europäer zerstört hatte. Die Zukunft lag also in der Vergangenheit, die auch deshalb überzeugte, weil sie so schön formuliert war. Doch leider zu schön. Denn Chief Seattle hat die ihm zugeschriebene Rede nicht gehalten. In dem überlieferten Text hat er die natürliche Umwelt eher beiläufig erwähnt und sie als Hort der Ahnen beschrieben. Eine ökologische Zielrichtung hingegen findet sich bei ihm nicht. Diese hat erst ein amerikanischer Drehbuchautor formuliert, der an einem Film über Umweltverschmutzung arbeitete und sich vom ursprünglichen Text inspirieren ließ, dann allerdings eine ganz neue Fassung erstellte. Als er den fertigen Film sah und feststellte, dass diese Fassung fälschlicherweise Chief Seattle zugeschrieben wurde, legte er Protest ein. Doch der Produzent ließ sich nicht beirren, denn – so sein Argument – der Text wirke »authentischer«, wenn er von Chief Seattle stamme.[30] Mit dieser Einschätzung lag er richtig. Der Text wirkte so authentisch, dass er weltweit als Beispiel für das Naturverständnis von Indianern angesehen wurde. Doch tatsächlich war er nicht deshalb authentisch, weil er indianische Auffassun-

---

27 Devall/Sessions (1985); Devall (1990).
28 Kaiser (1992, S. 63), aus dem Brief einer jungen Schweizerin an den Autor.
29 Kaiser (1992, S. 83 f.).
30 Kaiser (1992, S. 71), aus einem Brief des Drehbuchautors an R. Kaiser.

gen widerspiegelte, sondern weil er auf nahezu ideale Weise Deutungsmuster und Sehnsüchte ausdrückte, die in der Umweltbewegung weit verbreitet waren.

Es ist allgemein bekannt, wie sehr die Gegenwart historische Fragestellungen und auch Erkenntnisse prägt, doch eine derart ausgeprägte Loslösung der Konstruktion von historischen Befunden fällt aus dem Rahmen. Es scheint allerdings, dass der Gegenwartsbezug besonders ausgeprägt ist, wenn historische Beispiele für ein Leben im Gleichgewicht mit der Natur gesucht werden. An derartigen Beispielen mangelt es nicht. Sie betreffen ganz unterschiedliche Zeiten und Regionen und sind fast stets mit der Annahme verbunden, der Kontakt mit der modernen westlichen Welt habe bestehende Gleichgewichte zerstört. Damit sind im Einzelnen sehr unterschiedliche Aspekte gemeint, so der (vermeintliche) Auftrag des Christentums, die Erde untertan zu machen;[31] die Entstehung der modernen Naturwissenschaften und eines mechanistischen Weltbildes sowie die Aufklärung;[32] die ausbeuterische Wirtschaftsweise und der Eroberungsdrang der weißen Siedler;[33] oder die Verdrängung ganzheitlicher, organischer Auffassungen der Natur, die vor allem Frauen verkörpert hätten. Die »naturverhafteten« Frauen seien auf die Reproduktion beschränkt worden, während die Sphäre der Produktion sich zu einem Betätigungsfeld für die Männer entwickelt und zunehmend aggressive Züge herausgebildet habe, bis hin zur heutigen Zerstörung der Natur. Die Frauen- und die Umweltbewegung seien deshalb, so die amerikanische Historikern Carolyn Merchant, enge Verbündete im Kampf gegen eine mechanistische, männliche Weltauffassung, die Natur nur noch als nützliches, totes Objekt begreife.[34]

Unterstützung erhielt die Suche nach natürlichen Gleichgewichten von der Ökologie, die in den 70er Jahren den Status einer Leitwissenschaft erlangte. Traditionelle Gleichgewichtsvorstellungen, die vor allem ästhetisch oder moralisch begründet waren, erhielten (endlich) ihre naturwissenschaftliche Aufwertung. Ökologisch betrachtet liefen die Prozesse in der natürlichen Umwelt offensichtlich auf Gleichgewichte hinaus, die Ziele und Endpunkte aller Entwicklungen waren. Menschliche Eingriffe, die diese Gleichgewichte gefährdeten oder gar zerstörten, verstießen gegen Grundsätze der Natur und mussten deshalb vermieden werden. Es schien möglich zu sein, wissenschaftlich begründete und damit eindeutige Kriterien für den Umgang mit Natur und Umwelt zu entwickeln. Diese bedeuteten eine Ergänzung und Überlagerung historischer Orientierungen und fanden in der Öffentlichkeit große Resonanz. Im Fache selbst waren derartige Vorstellungen jedoch schon lange aufgegeben worden, denn es hatte sich gezeigt, dass natürliche Gleichgewichte sehr labil sein können; dass Entwicklungen nicht auf einen End- oder Idealzustand hinaus laufen; dass die verschiedenen (labilen) Gleichgewichte einander gleichwertig sind und dass keine eindeutigen wissenschaftlichen Kriterien existieren, um höher- und minderwertige natürliche Gleichgewichte voneinander zu unterscheiden.[35]

Die Vorstellung davon, besser vielleicht: die Sehnsucht danach lebt jedoch fort. Konkret ist sie fast durchgängig mit den bereits erwähnten Bildern einer ländlichen, kleinstädtischen oder dörflichen Lebensweise verknüpft. Eine moderne Variante davon war die »small-is-beautiful«-Vorstellung, die ihren Höhepunkt in den 1980er Jahren erreichte, aber weiterbesteht. Besonders interessant sind in diesem Zusammenhang Debatten um alternative Entwicklungen in der sog. Dritten Welt. Angesichts der schädlichen Konsequenzen von industriellen Großprojekten, einer übergestülpten westlichen ›Modernisierung‹ oder den Abhängigkeiten des Weltmarktes werden die Bedeutung kleiner Einheiten, überlieferten Wissens, lokaler sowie regionaler Selbstversorgung oder indigener Traditionen betont. Diese Debatte hat wichtige Korrekturen an vertrauten Annahmen hervorgebracht. So hatten Untersuchungen über Afrika die Rückständigkeit traditioneller Gesellschaften betont und herausgearbeitet, dass die einheimische Bevölkerung einen Raubbau an ihren Ressourcen betreibe, Wälder abholze, zu viel Wasser verbrauche, Wildbestände dezimiere oder generell an überholten Verfahren festhalte. Doch mittlerweile hat sich erwiesen, dass diese Befunde wesentlich auf einer verzerrenden Dichotomie von rückständiger Tradition und

---

31 White (1967); Krolzig (1980); Liedke (1979); Kinsley (1995).
32 Merchant (1987); Gray (1995).
33 Crosby (1991); Kiple/Beck (1997); MacKenzie (1990).
34 Merchant (1987, S. 12); Plant (1989).
35 Trepl (1987); Müller (1984).

fortschrittlicher Modernisierung aufbauten. Es hat sich gezeigt, dass viele der scheinbar überholten Traditionen an die örtlichen Gegebenheiten besonders gut angepasst und sehr wohl leistungsfähig waren oder dass Aussagen zur vermeintlichen Übernutzung von Ressourcen importierten westlichen Vorstellungen verhaftet blieben. Eine Neubewertung war erforderlich und hat wichtige Ergebnisse erbracht. Allerdings, dies ist ebenfalls deutlich geworden, hilft es nicht weiter, an derartigen Dichotomien festzuhalten, lediglich Umetikettierungen vorzunehmen und traditionelle (=gute) gegen moderne (=schlechte) Konzepte auszuspielen. Denn in beiden Fällen handelt es sich um Konstruktionen, die nicht per se über- bzw. unterlegen sind, sondern sich in der Kritik ihrer Ergebnisse bewähren müssen.[36]

Wenn traditionelle Welten nicht nur dazu dienen, einfache Dichotomien und Idealisierungen zu begründen, bieten sie wichtige Deutungsmuster für die Analyse von und den Umgang mit der natürlichen Umwelt. Vielfach hat es sogar den Anschein, sie böten die einzige Orientierung. Denn es fällt auf, wie sehr die Alternativkonzepte und Leitbilder der Umweltdebatte ganz unterschiedlicher politischer Richtungen agrarromantisch und kleinstädtisch durchzogen sind. Ein markantes Beispiel dafür ist die jüngste BSE-Krise. In Politik und Öffentlichkeit setzte sich über die Parteien hinweg die Auffassung durch, dass die Viehhaltung in großen Stallungen dafür verantwortlich war. Die Alternative lag auf der Hand: zurück zum Kleinbetrieb mit bäuerlicher Kleinfamilie und einigen wenigen Tieren, die als überschaubare Gemeinschaft in Harmonie miteinander und mit der Natur leben sollten.

Dieser Hinweis soll nicht Auswüchse der modernen Industriegesellschaften generell oder der Massentierhaltung speziell herunterspielen, wobei letztere zur BSE-Krise scheinbar weniger beigetragen hat, als weithin angenommen wird. Doch es ist auffällig, wie sehr die Alternativen und Bilderwelten, die für einen anderen Umgang mit Natur und Umwelt vorgeschlagen werden, auf vorindustrielle Welten verweisen. Es fällt offensichtlich äußerst schwer, damit konkurrierende Vorstellungen zu entwickeln und anders gelagerte Bilder künftiger Entwicklungen zu zeichnen. Das mag nicht zuletzt damit zusammenhängen, dass die vorherrschenden Zukunftsentwürfe – sei es bei Jules Verne, der jüngeren Science-Fiction-

Literatur oder aktuellen Hollywood-Filmen – ausgeprägt technokratisch orientiert sind und geradezu das Gegenteil eines Ausgleichs mit der Natur verkörpern.

Das angestrebte Gleichgewicht zwischen Mensch und Natur setzt voraus, dass die Menschen auf die Natur Rücksicht nehmen. Zusätzlich ist damit jedoch die – meist nicht bewusste – Annahme verbunden, dass auch die Natur die Harmonie nicht gefährden und sich entsprechend verhalten soll. Die vorindustrielle Erfahrung mit der Natur sah anders aus. Diese konnte jederzeit Gefährdungen hervorrufen, sei es durch Unwetter, Sturm, Hitze, Trockenheit, Überschwemmungen, lange Winter usw. Der Übergang von dieser schrecklichen zum Bild der erhabenen Natur erfolgte in Europa erst im 18. Jahrhundert. Schon zuvor gab es die erwähnten Vorstellungen einer idyllischen Natur ebenso wie Gärten, Parks oder liebliche Landschaften. Doch daneben bestanden, zusätzlich zu den Schwankungen des Wetters und des Klimas, weite Bereiche der Natur, die wenig zugänglich, kaum berührt und für die Zeitgenossen geradezu wild waren. Bis in die Neuzeit hinein galt »nur diejenige Natur als schön« die – anders als etwa Hochgebirge – »den Schrecken der Wildnis verloren hatte«.[37] Gerade die Alpen jedoch wurden im 18. Jahrhundert neu entdeckt. In ihnen erlebten die Reisenden ein neues Naturerlebnis. Hier bot sich »eine Natur ohne Hülle, in ihrer jungfräulichen Gestalt; alles groß und rein,« so ein Brief nach der Besteigung des Gotthard im Jahre 1780.[38]

Es scheint, dass zu dieser Zeit ein Wandel »von einer negativen zu einer positiven Sicht der wilden Natur« stattgefunden hat,[39] ermöglicht durch die modernen Naturwissenschaften, die größere Sicherheit gegenüber der Natur boten; durch bessere, weniger mühsame Reisemöglichkeiten; durch effektiveren Schutz gegen die Unbill der Natur und zahlreiche andere Faktoren. Die wilde Natur war dadurch nicht mehr gefährlich, zumindest in den

---

36 Ein vorzüglicher Überblick über diese Debatte am Beispiel Afrikas findet sich bei Beinart (2000).
37 Sieferle (1986, S. 238).
38 Wilhelm Heinse an Fritz Jacobi, 10.09.1780, zit. nach Groh/ Groh (1991, S. 92).
39 Groh/Groh (1991, S. 94).

industrialisierten Ländern. Genau genommen war sie gar nicht mehr wild und sollte es auch nicht sein. Die Besteiger der Alpen und die Natur- und Heimatschützer des Kaiserreiches beschworen eine unberührte Natur, die sie erwandern, genießen und kontemplativ betrachten wollten. Dazu benötigten sie eine harmonische, möglicherweise auch eine wild anmutende Natur, doch keine, die tatsächlich wild war und Gefahren verursachte.

Wild und damit unberechenbar war für sie nicht die Natur mit ihrer idealisierten Harmonie. Gefährlich waren vielmehr die großen Städte. Hier standen sie dem ›Dschungel der Großstadt‹ gegenüber, beschworen das ›Dickicht der Städte‹, fürchteten sich vor einem moralischen ›Sumpf‹ und sahen sich konfrontiert mit großen Gefahren, nicht verursacht durch eine wilde Natur, sondern durch großstädtische Nomaden, Lumpenproletarier und anonyme Massen, kurz durch die unteren Schichten, die Arbeiter und all die anderen Gruppen, durch die sie ihre Existenz bedroht sahen. Die Gefahren, die zuvor von der Natur ausgingen, fanden sich nunmehr in den Städten, während die früher schreckliche Natur jetzt als harmonisches Gegenbild erschien und geschützt werden sollte.

Diese neue Wahrnehmung der Natur war nicht notwendig mit herablassenden Moralurteilen verbunden und sie war nicht auf den Kreis der Naturschützer beschränkt. Das zeigen die Debatten anlässlich der Überschwemmungen des Rheins in den 1870er Jahren. Derartige Überschwemmungen hatte es zuvor geradezu regelmäßig gegeben. Sie waren typisch für diesen und andere Flüsse, die nicht nur immer wieder über die Ufer traten, sondern vielfach keine klar abgrenzbaren Ufer besaßen, ihren Lauf oftmals änderten und sich innerhalb breiter Flusslandschaften mäandernd fortbewegten. Doch die Situation am Rhein hatte sich durch die Korrekturen geändert, die im Laufe des 19. Jahrhunderts an dessen Oberlauf durchgeführt wurden. Die Korrekturen verengten das Flussbett, schufen an dessen Rändern hohe Deiche, legten die früheren Überschwemmungsgebiete trocken und erhöhten die Flussgeschwindigkeit. Hinzu kamen Abholzungen in den Gebirgen. Die Schlussfolgerung lag auf der

Hand: Die Menschen hatten so massiv in den Rhein und die Wälder der umgebenden Gebirge eingegriffen, dass sie den Naturhaushalt gestört und die Überschwemmungen verursacht hatten. Diese Argumentation setzte sich auch durch, als Ende der 1990er Jahre große Überschwemmungen am Mittel- und Unterrhein auftraten. Erneut hieß es, dass hierfür Abholzungen in den Gebirgen, Begradigungen der Flüsse, Versiegelungen des Bodens und andere menschliche Eingriffe in die Natur verantwortlich waren. Anders ausgedrückt: Die Natur selbst galt nicht länger als wild und als Ursache von Gefährdungen. Diese gingen auf menschliches Fehlverhalten zurück.

Eine zugespitzte Version dieses Arguments findet sich in der Gaja-Hypothese, die nach der griechischen Göttin der Erde benannt ist und auf den englischen Naturwissenschaftler James Lovelock zurückgeht.[40] Er bezeichnet damit das globale Ökosystem, welches er als eine hochkomplexe organische Einheit sieht und dem er nahezu den Charakter eines handelnden Subjektes zuschreibt. Vor allem diese Auslegung hat große Resonanz gefunden und sich zu der Auffassung verfestigt, das Ökosystem Erde handle selbständig und wehre sich gegen die Belastungen, die Menschen ihm zufügen. Entsprechend sind Stürme, Überflutungen oder Hochwasser nicht so sehr ›natürlich‹ vorkommende Schwankungen, sondern Ergebnisse menschlichen Fehlverhaltens, eine Gegenwehr, wenn nicht Rache des gepeinigten Ökosystems. Erneut gilt, dass dieser Hinweis nicht die massiven Eingriffe von Menschen in die Umwelt herunterspielen will. Doch es ist interessant festzustellen, dass sich – gewissermaßen unter der Hand – Auffassungen entwickelt haben, die Unwetter weniger als eine mögliche Variante des Wetters sehen, sondern sie auf menschliches Fehlverhalten zurückführen und dabei implizit die Natur zu etwas Erhabenem und Harmonischen stilisieren.

Demgegenüber weisen neuere Arbeiten darauf hin, dass die Überschwemmungen des 19. Jahrhunderts und der 1990er Jahren weitgehend auf ungewöhnlich große Regenfälle zurückzuführen sind; auch lässt sich zeigen, dass Ausmaß und Auswirkungen der Abholzungen deutlich geringer zu bewerten sind. Zwischen Rodungen im Gebirge und Überschwemmungen im Vorland besteht kein eindeutiger Zusammenhang, wenngleich dieses Deu-

---

40 Lovelock (1979); Lawrence (1990).

tungsmuster Karriere gemacht und andere Erklärungen in der Berichterstattung verdrängt hat.[41]

Geradezu als Gegenposition zur Gaja-These kann die lange verbreitete Auffassung gelten, die Natur könne die zunehmenden Belastungen gut vertragen und sei sogar in der Lage, sie folgenlos abzubauen. Gravierende negative Folgen oder gar eine Gegenwehr der Natur wurden deshalb nicht erwartet. Diese Annahme betraf vor allem die drastisch wachsenden Mengen an Gasen, Rauch, Schmutz und anderen Emissionen, die mit zunehmender Industrialisierung in Luft, Wasser und Boden gelangten und wachsende Schäden verursachten. Im Umfeld von Industrieanlagen und Städten konnten diese erheblich sein, doch weithin bestand die Erwartung, die Schadstoffe würden im unendlichen Meer der Lüfte oder in der Tiefe der Ozeane auf kleinste Konzentrationen verdünnt werden und schließlich ganz verschwinden, zumal zusätzlich die Selbstreinigungskraft der Flüsse greife.[42] Diese Annahmen klangen plausibel, denn Verdünnungseffekte waren zu beobachten, da Flüsse und natürliche Prozesse generell in der Lage sind, Schadstoffe abzubauen. Skeptische Stimmen, die davor warnten, diese Möglichkeiten zu überschätzen, und darauf hinwiesen, dass viele dieser Stoffe zwar verdünnt würden, jedoch nicht verschwänden, blieben in der Minderheit. Größeres Gehör fanden sie erst, als nach dem Zweiten Weltkrieg neue Argumentationsmuster entstanden, die auf ökologische Kreisläufe und Langzeitwirkungen verwiesen und zeigten, dass diese Variante des Vertrauens in die ausgleichende Kraft der Natur unbegründet war.

Ein aufschlussreiches Beispiel dafür, wie Wahrnehmungen der Natur sich verändern und auf welchen Konstruktionen auch naturwissenschaftliche Befunde beruhen, ist die Debatte um das Waldsterben. Diese Debatte war unvermittelt losgebrochen, als der Spiegel im November 1981 eine dreiteilige Serie über die Vergiftung der Wälder durch sauren Regen veröffentlichte: In den Wäldern ticke eine Zeitbombe, Tannen und Fichten stürben großflächig ab. Dies sei das erste Vorzeichen einer »weltweiten Umweltkatastrophe von unvorstellbarem Ausmaß«. Für den Stern waren 1984 zwei der sieben Millionen Hektar Wald in Deutschland unheilbar krank oder bereits abgestorben. Die Höhenzüge des Harzes entwickelten sich langsam zur Mondlandschaft, die Förster stellten dort einen »gewaltigen Todesschub« unter den Bäumen fest. Auch Buchen, Eichen, Eschen oder Kirschbäume seien befallen, die Krankheit fresse sich wie ein Krebsgeschwür durch das Land. 1990, so die Experten, gäbe es in Deutschland keine Nadelwälder mehr, und kurz darauf würden auch die Buchen verschwunden sein. Eine vom Bonner Innenministerium in Auftrag gegebene Studie ging noch weiter. Im Jahre 2002 werde es kein Waldsterben mehr geben, denn »dann existiert praktisch kein Wald mehr«.[43] Und das sei nur der Anfang. Sei der Wald erst einmal verschwunden, drohten Hochwasser und Lawinen, in den Alpen und Mittelgebirgen müssten Siedlungen und Straßen aufgegeben werden.

Diese Befürchtungen wurden weithin geteilt. Eine ganze Generation von Schulkindern wuchs unter dem Eindruck dieser Aussagen auf, und sie verhalfen der Partei der Grünen zum Durchbruch. Die schlimmsten Befürchtungen haben sich nicht bewahrheitet, doch bis heute ist offensichtlich keine wirkliche Verbesserung eingetreten, wie die jährlichen Berichte zum Zustand der Wälder zeigen. Es gibt allerdings auch eine andere Version, der zufolge die Bäume in Europa, auch in Deutschland schneller wachsen als zuvor, von einem allgemeinen Waldsterben könne keine Rede sein. Zwischen 1950 und 1990 habe das Gesamtvolumen der Bäume in Europa um 43 Prozent zugenommen, wobei die deutschen Wälder zu den holzreichsten gehören. In den Worten der Frankfurter Rundschau: »Soviel Holz gab es lange nicht.«[44] Die Wachstumsbedingungen der Wälder hätten sich in den letzten Jahren nicht verschlechtert, wie die These vom Waldsterben impliziert, sondern seien besser geworden, lediglich an Standorten, die außergewöhnlich stark belastet sind oder unter extremen Witterungsbedingungen leiden, seien Rückgänge des Wachstums zu verzeichnen. Zudem sei dieses Wachstum in ganz Europa zu beobachten, bei ganz unterschiedlichen Standorten und auch bei verschiedenen Baumsorten.

---

41 Pfister/Brändli (1999).
42 Büschenfeld (1997); Kluge/Schramm (1986, S. 76 ff.); Brüggemeier (1998, Kap. 2).
43 Stern vom 24. März 1983/5. Juli 1984.
44 Frankfurter Rundschau vom 24. November 1996.

Der Gegensatz dieser Position zur These vom Waldsterben kann kaum größer sein. Er beruht auf unterschiedlichen Erhebungsmethoden und Vorstellungen davon, wann Bäume normal, krank oder gesund sind. Diese Begriffe sind fraglos nicht eindeutig zu bestimmen, auch nicht in der Humanmedizin. Hier besteht allerdings ein gewisses Korrektiv dadurch, dass Untersuchungsmethoden und Diagnosen mit den Aussagen der Patienten korreliert werden können. Dabei können zwischen Befund und Befinden erhebliche Unterschiede bestehen, und eine der zentralen Aufgaben der Medizin besteht darin, diese zueinander in Beziehung zu setzen, Differenzen zu erklären und in einem Prozess des Aushandelns zu plausiblen Ergebnissen zu kommen. Diese Möglichkeiten bestehen bei der Untersuchung von Bäumen nicht. Wiederum gilt: Diese können uns nicht mitteilen, ob sie sich gesund oder krank fühlen. Das müssen wir für sie übernehmen und dazu entsprechende Kriterien entwickeln.

Die Angaben zum Waldsterben beziehen sich auf die sogenannte Kronenverlichtung, bei der die Zustände von Nadeln und Blättern beobachtet werden. Diese können geschädigt sein oder auch ganz abfallen, und je nach Schädigung werden die Bäume unterschiedlichen Schadensklassen zugeordnet. Dieses Vorgehen hat den Vorteil, dass es wenig Aufwand erfordert, schnell erlernbar ist und allgemein angewandt werden kann, so dass großflächige Erhebungen relativ einfach durchgeführt werden können. Damit sind jedoch auch Probleme verbunden. Zum einen beruht die Zuordnung zu Schadensklassen wesentlich auf dem Augenschein und ist deshalb nicht ganz exakt. Und zum anderen ist umstritten, welche Rückschlüsse aus dem Zustand der Nadeln und Blätter gezogen werden können. So kann der Verlust von Nadeln oder Blättern ein Schutzmechanismus sein, um Trockenperioden zu überstehen; auch können Bäume selbst dann wachsen, wenn eine gewisse Kronenverlichtung bestehe. Zudem ist der Lebenszyklus eines Waldes ohnehin davon geprägt, dass einzelne Bäume erkranken oder absterben. Statistisch lässt sich zeigen,

dass heute in den Wäldern weder wesentlich mehr, noch weniger kranke oder dürre Bäume stehen als früher. Und schließlich ist zu berücksichtigen, dass auftretende Schäden sehr unterschiedliche Ursachen haben könnten, darunter die wachstumsstarken, aber anfälligen Monokulturen, die sich in den letzten 200 Jahren durchgesetzt haben.[45]

Die Gegenposition beruht auf Erhebungen, bei denen der Längen- und Umfangzuwachs der Bäume gemessen wird. Dieses Verfahren ist aufwändig, erhebt jedoch recht exakte Daten, ist gut quantifizierbar und kommt zu eindeutigen Befunden. Es besteht deshalb Konsens darüber, dass Länge, Umfang und Zahl der Bäume in den letzten Jahrzehnten deutlich zugenommen haben. Umstritten ist allerdings, wie diese Befunde zu interpretieren sind. So kann das Wachstum eine Folge der Stickstoff-Emissionen sein, da dieser Stoff über die Luft in die Böden gelangt, sich dort anreichert und als Dünger wirken kann. Die Vertreter der These vom Waldsterben argumentieren deshalb, aufgrund dieser Düngung wachse sich der Wald förmlich zu Tode. Das klingt anschaulich, ist jedoch nicht gesichert. Das gilt auch für die Behauptung, zwei Drittel der Böden seien so versauert, dass die Wald-Ökosysteme grundlegend gefährdet seien. Diese Behauptung ist insofern zutreffend, als die Emissionen der letzten Jahrzehnte vielfach tatsächlich zu einer Versauerung der Böden geführt haben. Wichtige mineralische Nährstoffe können dadurch aus dem Boden ausgewaschen und andere, für die Wurzeln schädliche, Verbindungen angereichert werden. Die Wälder werden so anfälliger gegenüber der Witterung und Schädlingen, ohne dass sich eindeutig bestimmen lässt, wann und wie diese Anfälligkeit sich äußern wird. Das hängt von der Entwicklung des Wetters und nicht zuletzt davon ab, ob die Versauerung des Bodens und die damit verbundenen schädlichen Reaktionen zunehmen werden. Auch hier gibt es gegenläufige Tendenzen. So ist der pH-Wert des Regens seit 1982 deutlich angestiegen, der Regen ist also wesentlich weniger sauer als vor einem Jahrzehnt, was zum größten Teil auf den Rückgang schwefliger Emissionen zurückzuführen ist.

Die wissenschaftliche Kontroverse hält an. Eindeutige Ergebnisse liegen nicht vor, im Gegensatz zur öffentlichen Wahrnehmung. Hier herrscht weiterhin das Deutungsmuster vor, das auf der These

---

45 Spieker (1996); vgl. Süddeutsche Zeitung vom 7./8. und 14./15. September 1996.

des Waldsterbens beruht. Diesem gegenüber konnte sich die Gegenposition nicht durchsetzen und kaum Resonanz verschaffen. Zwar liegen ihre Befunde in wissenschaftlichen Veröffentlichungen seit mehreren Jahren vor, doch den Weg in die Medien und in die allgemeine Öffentlichkeit haben sie bisher erst zaghaft gefunden. Diese bevorzugen die vertraute Geschichte von den sterbenden Bäumen.

Eindeutige und konsensfähige Aussagen über den Zustand der Wälder sind auf absehbare Zeit nicht zu erwarten. Dazu stehen weder allgemein akzeptierte Begriffe noch Verfahren oder Kriterien zur Verfügung. Wir sind deshalb auf langfristige Wachstumsprozesse angewiesen und müssen diese abwarten. Auch dann können die Bäume selbst nicht sagen, in welchem Zustand sie sich befinden. Doch in einigen Jahrzehnten dürfte schon mit bloßem Auge zu erkennen sein, ob sie weiterhin wachsen oder absterben. Dann wird man feststellen können, welchen tatsächlichen Erklärungswert die verschiedenen Erhebungsmethoden, Daten und Modelle besitzen und welche der konkurrierenden Konstruktionen der ›Realität‹ näher kommen.

Das Fehlen ›objektiver‹ Befunde betrifft nicht allein das Waldsterben, noch handelt es sich um ein spezifisches Merkmal der Geistes- und Sozialwissenschaften. Es ist zu einem Gemeinplatz geworden zu behaupten, dass deren Aussagen auf Konstruktionen beruhen. Doch diese Feststellung gilt – wie die Debatte über das Waldsterben zeigt – generell. Die geläufige Unterscheidung zwischen exakten Naturwissenschaften auf der einen und interpretierenden Geistes- und Sozialwissenschaften auf der anderen Seite führt in die Irre und ›konstruiert‹ dort einen harten Gegensatz, wo es sich eher um feine Unterschiede handelt. Das oft beschworene Auseinanderdriften der beiden Kulturen mag in der künstlichen Welt der Labore und der klar eingrenzbaren Experimente einigermaßen deutlich zu erkennen sein. Doch wenn wir diese Welten verlassen und komplexe Zusammenhänge, konkrete Erscheinungsformen der Natur oder auch konkrete Gesellschaften betrachten, bewegen sich alle Disziplinen auf unsicherem Terrain.

Für alle bedeutet es eine Herausforderung, das Verhältnis von Konstruktion, Realität und Repräsentation zu erkennen und damit umzugehen. Dafür gibt es keine klaren Anweisungen, auch nicht

durch eine Orientierung an Natur und Umwelt, wenngleich von Malthus bis zu Vertretern der modernen Ökologie die These vertreten wurde, hieraus ließen sich ›Gesetze des Seins‹ ableiten, deren Nichtbeachtung zum Untergang führe. Klarheit haben diese vermeintlichen Gesetze nicht gebracht. Sie führten vielmehr – auch über die hier behandelten letzten 200 Jahren hinaus – zu sehr unterschiedlichen Vorstellungen, die sich zudem nicht eindeutig politisch zuordnen lassen. Zugleich gibt es einige gemeinsame Elemente, darunter eine Orientierung an kleineren Welten und Idealvorstellungen einer harmonischen Natur, so dass trotz aller politischer Unterschiede ein letztlich kleiner Bestand an Bilderwelten und kulturellen Deutungsmustern festzustellen ist. Die Debatte darüber, welche Natur und Umwelt anzustreben sind, ist bisher zu keinen überzeugenden Ergebnissen gekommen. Sie bedarf zusätzlicher Konstruktionen.

Literatur

BÄTSCHMANN, OSKAR (1989), *Entfernung der Natur. Landschaftsmalerei 1750–1920*, Köln: DuMont. ■ BECK, ULRICH (1988), *Gegengifte. Die organisierte Unverantwortlichkeit*, Frankfurt/M.: Suhrkamp. ■ BEINART, WILLIAM (2000), »African History and Environmental History«, in: *African Affairs*, 99, S. 269–302. ■ BÖHME, GERNOT (1992), *Natürlich Natur. Über Natur im Zeitalter ihrer technischen Reproduzierbarkeit*, Frankfurt/M.: Suhrkamp. ■ BRÜGGEMEIER, FRANZ-JOSEF (1998), *Tschernobyl, 26. April 1986. Die ökologische Herausforderung*, München: dtv. ■ BÜSCHENFELD, JÜRGEN (1997), *Flüsse und Kloaken. Umweltfragen im Zeitalter der Industrialisierung (1870–1918)*, Stuttgart: Klett-Cotta. ■ COATES, PETER (1998), *Nature. Western Attitudes since Ancient Times*, Berkeley: University of California Press. ■ CRONON, WILLIAM (1995), *Uncommon Ground: Toward Reinventing Nature*, New York/London: W. W. Norton. ■ CROSBY, ALFRED W. (1991), *Die Früchte des weißen Mannes. Ökologischer Imperialismus 900–1900*, Frankfurt/M./New York: Campus. ■ DEVALL, BILL (1990), *Simple in Means, Rich in Ends. Practising Deep Ecology*, London: Green Print. ■ DEVALL, BILL / SESSIONS, GEORGE (1985), *Deep Ecology. Living as if Nature Mattered*, Salt Lake City: Peregrine Books. ■ ELVIN, MARK / TS'UI-JUNG, LIU/ (Hg.) (1998), *Sediments of Time. Environment and Society in Chinese History*, Cambridge: Cambridge University Press. ■ GLACKEN, CLARENCE J. (1967), *Traces on the Rhodian Shore. Nature and Culture in Western Thought from Ancient Times to the End of the Eighteenth Century*, Berkeley: University of California Press. ■ GRAY, JOHN (1995), *Enlightenment's Wake. Politics and Culture at the Close of the Modern Age*, London: Routledge. ■ GROH, RUTH / GROH, DIETER (1991), »Von den schrecklichen zu den erhabenen Bergen. Zur Entstehung ästhetischer Naturerfahrung«, in: *Weltbild und Naturaneignung. Zur Kulturgeschichte der Natur*, Frankfurt/M.: Suhrkamp, S. 92–140. ■ GRÖNING, GERD / WOLSCHKE-BULMAHN, JOCHEN (1987), *Die Liebe zur Landschaft. Teil III: Der Drang nach Osten*, München: Minerva-Publikation. ■ GROVE, RICHARD H. / DAMODARAN, VINETA / SANGWAN, SATPAL (Hg.) (1998), *Nature and the Orient. Essays in the Environmental History of South and South-East Asia*, Dehli: Oxford University Press. ■ HEUSER, MARIE-LUISE (1991), »Was grün begann endete blutigrot. Von der Naturromantik zu den Reagrarisierungs- und Entvölkerungsplänen der SA und SS«, in: Hassenpflug, Dieter (Hg.), *Industrialismus und Ökoromantik. Geschichte und Perspektiven der Ökologisierung*, Wiesbaden: Deutscher Universitätsverlag, S. 43–64. ■ HORNSMANN, ERICH (1951), [...] *Sonst Untergang (Die Antwort der Erde auf die Missachtung ihrer Gesetze)*, Rheinhausen: Verl.-Anst. Rheinhausen. ■ KAISER, RUDOLF (1992), *Die Erde ist uns heilig. Die Reden des Chief Seattle und anderer indianischer Häuptlinge*, Freiburg: Herder. ■ KATER, MICHAEL (1971), »Die Artamanen – Völkische Jugend in der Weimarer Republik«, in: *Historische Zeitschrift*, 213, S. 577–638. ■ KINSLEY, DAVID (1995), *Ecology and Religion*, Englewood Cliffs: Prentice Hall. ■ KIPLE, KENNETH F. / BECK, STEPHEN V. (Hg.) (1997), *Biological Consequences of the European Expansion, 1450–1800*, Aldershot: Ashgate Variorum. ■ KLUGE, THOMAS / SCHRAMM, ENGELBERT (1986), *Wassernöte. Umwelt- und Sozialgeschichte des Trinkwassers*, Aachen: Alano. ■ KROLZIK, UDO (1980²), *Umweltkrise – Folge des Christentums?*, Stuttgart: Kreuz Verlag. ■ LAWRENCE, JOSEPH E. (1991), *Gaia. The Growth of an Idea*, London: Arkana. ■ LEPENIES, WOLFGANG (1976), *Das Ende der Naturgeschichte. Wandel kultureller Selbstverständlichkeiten in den Wissenschaften des 18. und 19. Jahrhunderts*, München/Wien: Hanser. ■ LIEDKE, GERHARD (1979), *Im Bauch des Fisches. Ökologische Theologie*, Stuttgart: Kreuz Verlag. ■ LOVELOCK, JAMES (1979), *Gaia. A New Look at Life on Earth*, Oxford: Oxford University Press. ■ MACKENZIE, JOHN M. (Hg.) (1990), *Imperialism and the Natural World*, Manchester: University Press. ■ MALTHUS, THOMAS ROBERT (1798), *An Essay on the Principle of Population*, London. ■ MALTHUS, THOMAS ROBERT (1879), *Versuch über das Bevölkerungsgesetz*, Berlin: Merkur. ■ MAREN-GRISEBACH, MANON (1982), *Philosophie der Grünen*, München/Wien: Olzog. ■ MEADOWS, DENNIS L. u. a. (1972), *Die Grenzen des Wachstums. Bericht des Club of Rome zur Lage der Menschheit*, Stuttgart: Deutsche Verlagsanstalt. ■ MEADOWS, DENNIS L.

(1974), »Korrektur oder bis zur Kollision«, in: Richter, Horst-Eberhard (Hg.), *Wachstum bis zur Katastrophe? Pro und Contra zum Weltmodell*, Stuttgart: Deutsche Verlags-Anstalt, S. 98–107. ■ MERCHANT, CAROLYN (1987), *Der Tod der Natur. Ökologie, Frauen und neuzeitliche Naturwissenschaft*, München: C. H. Beck. ■ MEYER-ABICH, KLAUS MICHAEL (1984), *Wege zum Frieden mit der Natur. Praktische Naturphilosophie für die Umweltpolitik*, München: Hanser. ■ MEYER-ABICH, KLAUS MICHAEL (1990), *Aufstand für die Natur. Von der Umwelt zur Mitwelt*, München: Hanser. ■ MÜLLER, HANS JOACHIM (1984), *Ökologie*, Stuttgart: Fischer. ■ PFISTER, CHRISTIAN / BRÄNDLI, DANIEL (1999), »Rodungen im Gebirge – Überschwemmungen. Ein Deutungsmuster macht Karriere«, in: Sieferle, Rolf Peter / Breuninger, Helga (Hg.), *Natur-Bilder. Wahrnehmungen von Natur und Umwelt in der Geschichte*, Frankfurt/M.: Campus, S. 297–324. ■ PLANT, JUDITH (Hg.) (1989), *Healing the Wounds. The Promise of Ecofeminism*, Philadelphia: New Society Publ. ■ RÖSSLER, MECHTHILD / SCHLEIERMACHER, SABINE (Hg.) (1993), *Der »Generalplan Ost«. Hauptlinien der nationalsozialistischen Planungs- und Vernichtungspolitik*, Berlin: Akademie-Verlag. ■ RUDORFF, ERNST (1880), »Über das Verhältnis des modernen Lebens zur Natur«, in: Preußische Jahrbücher, 45, S. 261–276. ■ RUDORFF, ERNST (1904), *Heimatschutz*, München: Georg Müller. ■ SCHAMA, SIMON (1996), *Der Traum von der Wildnis. Natur als Imagination*, München: Kindler. ■ SCHNEIDER, NORBERT (1999), *Geschichte der Landschaftsmalerei. Vom Spätmittelalter bis zur Romantik*, Darmstadt: Wissenschaftliche Buchgesellschaft. ■ SIEFERLE, ROLF-PETER (1986), »Entstehung und Zerstörung der Landschaft«, in: Smuda, Manfred (Hg.), *Landschaft*, Frankfurt/M.: Suhrkamp, S. 238–265. ■ SIEFERLE, ROLF PETER / HELGA BREUNINGER (Hg.) (1999), *Natur-Bilder. Wahrnehmungen von Natur und Umwelt in der Geschichte*, Frankfurt/M.: Campus. ■ SPIEKER, HEINRICH (Hg.) (1996), *Growth Trends in European Forests*, Berlin: Springer. ■ TREPL, LUDWIG (1987), *Geschichte der Ökologie. Vom 17. Jahrhundert bis zur Gegenwart*, Frankfurt/M.: Athenäum. ■ TRIBE, LAWRENCE H. (1983), »Was spricht gegen Plastikbäume?« in: Birnbacher, Dieter (Hg.), *Ökologie und Ethik*, Stuttgart: Reclam, S. 20–71. ■ WHITE, LYNN (1967), »The Historical Roots of Our Ecological Crisis«, in: *Science*, 155, S. 1203–1207. ■ WORSTER, DONALD (1977), *Nature's Economy. A History of Ecological Ideas*. Cambridge/Mass.: Cambridge University Press. ■ *Zum Naturbegriff der Gegenwart* (1994), Kongressdokumentation zum Projekt »Natur im Kopf«, 2 Bde., Stuttgart: Frommann-Holzboog.

12.6 Leiblichkeit und Emotionalität: Zur Kulturwissenschaft des Körpers und der Gefühle

Eva Labouvie

In mehrfacher Hinsicht hat die Beschäftigung mit dem Körper in den letzten Jahrzehnten Beachtung gefunden. Unübersehbar ist das Interesse an Körperthemen, körperbetonten Lebens- und Ernährungsweisen oder Körpertherapien. Dieses neue Körperbewusstsein, das sich nach Ansicht Utz Jeggles seit den ausgehenden 60er Jahren zunächst in einer Veränderung von Kleidung, Haartracht und Einstellung zu Körperlichkeit und Sexualität,[1] ebenso aber in einer gewandelten Einstellung gegenüber der Schul- und Apparatemedizin manifestiert habe,[2] stilisiert den Körper einerseits zum sichtbaren Mittelpunkt der eigenen Ich- und Welterfahrung innerhalb eines körperbezogenen Lebensstils, andererseits zum Medium eines durch naturwissenschaftliche Überformung und industriellen Funktionalismus verloren geglaubten ursprünglichen Körperideals.[3] Der intakte Körper ist sowohl Kennzeichen für Gesundheit, Natürlichkeit und Fitness als auch für Leistungs- und Arbeitsfähigkeit, Erfolg und Anerkennung. Publikationen zu Körpersprache, Körpersignalen und zum ›Körpereinsatz‹ versprechen zudem die bessere Deutung der Körperlichkeit eines Gegenübers und die Optimierung des eigenen Körperausdrucks. Freilich zeige der Körper, dem eine ›natürliche‹ Vernunft in Form eines physischen wie psychischen Alarmsystems zugesprochen wird, im Rahmen des neuen Körperbooms überdeutlich die Grenzen seiner Vereinseitigung und Belastbarkeit, ja eine zwangsläufige Dualität: Die Palette reicht vom nicht mehr erwünschten Körper des Anorexia-Nervosa-Patienten und der Ablehnung des kranken, nicht (mehr) normgerechten oder nicht (mehr) funktionstüchtigen Körpers als Ort von Schmerzen, Konflikten und Unwohlsein bis zum vergötterten, exzessiv überstrapazierten Body-Building-Körper, der ohne Eiweißdiät, Hormonbehandlung und Muskeltraining nicht mehr auszukommen vermag und dennoch zum Sitz von Schönheit, Jugend, Kreativität, Produktivität und Wohlbefinden avanciert.[4]

Am Körper versucht man zugleich Individualität mittels Körperbewusstsein und -ästhetik, der Kultivierung körperbetonter Persönlichkeitsideale oder der Selbstdarstellung einer persönlichen ›Körpernote‹ durch Life-Style, Mode und Körpertraining nicht nur individuell und im Bezug auf geltende Körperbilder zu entwerfen, sondern auch ohne ikonographische Folie festzumachen: Wie schon im alten System von »Überwachen und Strafen«, doch in weit perfektionierterem Maße dient der Körper als Zeichensystem in der modernen Kriminalistik der individuellen Identifizierung durch Fingerabdruck, Handschrift, Blutgruppen- und Gentest.[5]

Im Gegensatz zu den Human-, Neuro- und Biowissenschaften konnten Kulturwissenschaften und »Cultural Studies« ihren Blick dem Körper lange entziehen.[6] Doch er ›kehrte wieder‹ als ein ›anderer‹, ›transfigurierter‹ Körper[7] in der Untersuchung des Blickes und der Gesten, von Sexualität, Krankheit, Gewalt oder Repräsentation, als ein heiliger, medialer, dressierter, schamhafter, abgebildeter, geklonter, konstruierter und wieder dekonstruierter Körper. Neben der Körperforschung in den Biowissenschaften, den Literatur- und Medienwissenschaften, der Psychologie, Soziologie, Anthropologie, Ethnologie, Volkskunde, Philosophie, Medizin- und Kunstgeschichte sieht vor allem die neuere kulturhistorisch orientierte Geschichtswissenschaft seit der Mitte der 1980er Jahre in der Beschäftigung mit der Körpergeschichte nicht nur Möglichkeiten einer

---

1 Vgl. Jeggle (1980).
2 Vgl. Ritter (1982); Lutz (1996).
3 Vgl. Gebauer (1983).
4 U. a.: Krüger (1995); Wedemeyer (1996); Gilman (1998); Thompson (1999); Posch (1999).
5 Stellvertretend: Haraway (1995); Ivanceanu/Schweickhardt (1997); Kleeberg (2001).
6 Vgl. allein aus der Fülle neuerer deutscher Forschungsberichte: Sander (1990); Angerer (1995); Stoff (1999); Tilmann (2000); Lorenz (2000); Stephan (1995); Hessische Vereinigung für Volkskunde (1996); Österreichische Gesellschaft für Geschichtswissenschaft (1997); KEA. Zeitschrift für Kulturwissenschaften (1998, S. 11); Frevert (2000 a, 2000 c).
7 Kamper/Wulf (1982); Kamper/Wulf (1989).

kontextuellen Historisierung von menschlichen Erfahrungen, Wahrnehmungen und Erlebnisräumen, sondern bisweilen eine »Metatheorie des Kulturellen«.[8] Dabei wird einerseits im Zuge der Ausrichtung neuerer Kultur- und Alltagsforschung anhand von Leitlinien wie Bedeutung und Sinnstiftung, individuelle Erfahrung und Handlungspraxis nach vergangenen Befindlichkeiten und Erlebniswelten, sich wandelnden Umgangsweisen und Körpergefühlen, andererseits in Anlehnung an »linguistic turn« und »new historicism« nach der Symbolisierung, Objektivierung, Diskursivierung, Ritualisierung und Disziplinierung des Körpers und schließlich in Verbindung mit zivilisations- und mentalitätstheoretischen sowie demographischen Ansätzen nach theoretischen Modellen, experimentell gewonnenen Körperkonzepten, sozialen Deutungsmustern und der Soziogenese des Körpers im Spannungsfeld zwischen ›Natur‹ und Kultur, Diskurs und Materialität, anthropologischer Manifestation und soziokultureller Internalisierung, Bioorganismus und »erlebtem Leib« (»corporeality«) gefragt. Konzepte wie Sex/Gender, Körper/Leib oder (sozialer) Konstruktivismus/(biologischer) Essentialismus stehen für derart unterschiedliche Perspektiven und Zugänge, können die Vielzahl der Ansätze und die unüberschaubare Fülle an Einzeluntersuchungen jedoch beileibe nicht subsumieren.

Feministische und Ansätze der »Queer Theory« in allen Bereichen der Kulturwissenschaften wollten mit der Trennung von Sex (Materialität des biologischen Körpergeschlechts) und Gender (kulturelles, soziales, psychisches (Körper-)Geschlecht) zunächst sowohl das zweigeschlechtliche Köpersystem als auch die Dichotomie zwischen ›Natur‹ und Kultur hinterfragen. Sie rücken mittlerweile aber sowohl von dieser Unterscheidung wie von der ursprünglichen Annahme, Gender sei die kulturell überformte Ausprägung von Sex, mit dem Einwand ab, auch biologische Körperlichkeit sei sprachlich und kulturell vermittelt, also kulturelles Konstrukt, Klassifikation und Determinismus. Die Rückführung des Sex/Gender-Systems in ein entbiologisiertes Gender-System sowie die Ausgrenzung von »Leiblichkeit« als individuell erfahrbarer geschlechtlicher Körperlichkeit machten den Körper und seine generativen Möglichkeiten damit zu feministischen Tabuthemen.[9] Einen Gegenpol stellt die von Leibphilosophie und Ethnologie angeregte und sich gegen (De-)Konstruktivismus, anthropologische Sonderstellung der Frau und postmoderne ›Unsinnlichkeit‹ wendende Forderung nach dem Einbezug der sinnlich-subjektiven Erfahrung von Mann und Frau (»embodyment«) und ihrer Abgrenzung von kulturellen Körperbildern und wissenschaftlichen Konzepten dar.[10] So haben Barbara Duden und Emily Martin am Beispiel des schwangeren Frauenleibes aufgezeigt, wie subjektives Erleben, sinnliche Wahrnehmung und populäres, aber auch medizinisches Wissen als Erkenntnismittel im Umgang mit dem eigenen Körper zunehmend disqualifiziert und verändert wurden.[11] Um die Kontextualisierung von geschlechtsspezifischer Körpererfahrung und individueller Körperwahrnehmung im Kontext von Lebenswelten kreisen die Arbeiten der Ethnologinnen Yvonne Verdier, Françoise Loux, Jeanne Favret-Saada und Maya Nadig. Ebenso wie Arbeiten zu Tanz, Geburt, Menstruation oder Frömmigkeit untersuchen sie den handelnden, zumeist weiblichen Körper als Spiegel der Wirklichkeit, in seiner Beziehung zum Kosmos und in seiner Rolle als Ausdrucks- und Symbolträger wie individuellem Erfahrungsbereich im sozialen Kontext traditionaler und außereuropäischer Gesellschaften.[12] Ihre Arbeiten gehören zum mittlerweile unüberschaubaren Untersuchungsfeld von geschlechtsspezifischer Körperlichkeit, Geschlechterbildern, Sexualität und Körperverständnis quer durch alle Kulturwissenschaften[13] mit deutlichem Schwerpunkt im Bereich Geschlecht – Körper/Leib – Sexualität.[14]

---

8 Tanner (1994, S. 489).

9 Vgl. Butler (1991); Grosz (1994); Pomata (1983); Moore (1994); Angerer (2001); Backett-Milburn (2001).

10 So: Barkhaus (1996); Duden (1991 a); Duden (1991 b); Duden (1993).

11 Duden (1987, bes. S. 205 f.); Duden (1998 b); Martin (1989); vgl. auch Labouvie (1999).

12 Verdier (1982); Loux (1979); Nadig (1986); Hering/Maierhof (1991); Klein (1994); Bynum (1996 b); Kasten (1998); Labouvie (2001 a); Davis-Sulikowski/Diemberger/Gingrich (2001).

13 Allgemein siehe Honegger (1996); Laqueur (1992); Epstein/Straub (1991); Tagungen u. a.: »Differenz und Selbst«, Kolloquium der Studienstiftung, München 23./24.07.01; »Erfahrung: Alles nur Diskurs?«, Schweizerische HistorikerInnentagung, Univ. Zürich 15./16.02.02.

14 Etwa: Brown (1991); Lindemann (1993); Brooten (1996); Morrien (2001); Hofstadler/Buchinger (2001).

Im Paradigma der kulturell generierten und diskursiv produzierten Körperlichkeit treffen sich feministische mit diskursanalytischen, kulturanthropologischen, kommunikationswissenschaftlichen und soziologischen Zugängen.[15] Wegweisend analysierte Michel Foucault die komplexe kulturelle Eingebundenheit des Körperlichen im ärztlichen Blick und medizinischen Diskurs, die »Bio-Politik« und die Entstehung eines ›privaten‹ und doch gesellschaftlich überformten Körpers. Während er in »Sexualität und Wahrheit« die »diskursiven Ereignisse« untersucht, die (Körper-)«Wissen« bildeten, verfolgt er in »Überwachen und Strafen« die »Mikrophysik der Macht« anhand der Verzahnung von Wissen, (Straf-)Macht und Organisation des Körpers. Mit seiner Disziplinierung und Anpassung durch Einschließung und Isolation habe sich allmählich eine Tendenz zur ›Unkörperlichkeit‹ und zum instrumentell-technischen Körperumgang abgezeichnet, die mit der Dissoziierung der Körperkräfte zugleich neue Macht- und Perzeptionsfelder geschaffen habe.[16] Mary Douglas unterschied in diesem Zusammenhang zwischen dem Körper als einem sozialen Gebilde und der physischen Wahrnehmung des Körpers: Da der physische Körper Symbol des Gesellschaftskörpers sei, während sich Gesellschaft wiederum in den physischen Körper einschreibe, bilde der wahrgenommene Körper ein Segment der »gesellschaftlichen Konstruktion der Wirklichkeit«.[17] Macht, Kontrolle und Disziplin gelten neben Internalisierung und Affektmodellierung auch als Leitlinien unterschiedlichster Sozialdisziplinierungsansätze. Der Soziologe Norbert Elias, dem es, anders als Foucault, um den Zusammenhang von Zivilisationsprozess, den Veränderungen in der Körperwahrnehmung und in körperlichen Handlungen sowie um die Monopolisierung körperlicher Gewalt geht, konstatierte das Eindringen des Staates in den Körper im Verlauf der Neuzeit als einen allmählichen Verlust der körperlichen Autonomie. Zu Selbstzwängen transformierte Fremdzwänge im Bereich der Affekte, Handlungsmöglichkeiten und Mentalitäten hätten schließlich zur Entfremdung vom Körper geführt, eine These, die ähnlich auch Mary Douglas, Michail Bachtin, Carolyn Merchant und viele VertreterInnen aus Psychologie, Psychoanalyse und Psychohistorie teilen.[18]

Aus der Debatte um diskursive Prägung, Machtbeziehungen und Zivilisationsprozess entstanden medizinhistorische Forschungsarbeiten zu Körperhygiene und Gesundheit, sportsoziologische, kunst- und sozialgeschichtliche Untersuchungen zu Nacktheit, Bewegung, Esskultur, Prostitution und Körperdisziplin sowie Analysen der Kriminalitätsforschung, Ethnologie und Soziologie zu Gewalt, Devianz, Folter und Sozialisation.[19] Neuere kritische Ansätze sind unter Einbezug der Erfahrungs- und Sinnebene, einer ›dichten Mikroskopie‹ und ›Anthropologisierung‹ der individuellen Praktiken, Handlungs- und Wahrnehmungsmuster im direkten Zugriff auf den Körper vor allem Fragen nach den Bezügen zwischen körperlicher Gewalt, Vergewaltigung, Erziehung, Disziplinierung, Arbeit und sozialem Gedächtnis oder Rassen- und Klassenzugehörigkeit nachgegangen.[20] Zudem eröffneten gegenwärtige visuelle Medienrevolution und die Infragestellung linear fortschreitender diskursiver und zivilisatorischer Allmacht sowohl den Blick für das Symbolische, Rituelle und Zeremonielle als auch für Akteure außerhalb des von Elias anvisierten Adels und der bei Foucault diskursprägenden geistigen Eliten. Als »rituals of the body« (Muir, Turner) finden hier nicht nur Themen wie Gewalt, Strafe, Körperkontrolle und Folter, Karneval, Turnier, Etikette, Sexualität, politische, administrative und religiöse Repräsentation, sondern auch »rites de passage« (Genep) wie Geburt, Tod, Taufe, Heirat oder Beerdigung eine neuartige Interpretation als rituelle ›Verkörperungen‹ und inkorporierte ›Symbolisierungsfelder‹ kultureller Bedeutungsstiftung.[21]

---

15 Etwa: Mauss (1978); Butler (1995); Butler (2001); Sarasin (1996); Hübler (2001).

16 Foucault (1976[1]); Foucault (1976[2]); Foucault (1976[3]); Foucault (1977); Foucault (1992, hier S. 30–34).

17 Douglas (1981, S. 99 f.).

18 Elias (1979, Bd. 2); Douglas (1998); Merchant (1987); Bachtin (1994); Fischer-Homberger (1997); Gay (1999 a, 1999 b); Benthien (1999).

19 König (1990); Reemtsma (1991); Bauch (1996); Richartz (1996); Goltermann (1998); Schwerhoff (1999); Schipperges (1999); Gürtler/Hausbacher (1999); Hirschfelder (2001).

20 Vgl. Ehalt/Weiß (1993); Stiglmayer (1993); Lindenberger/Lüttke (1995); Becker (1996); Sofsky (2001); Ölschläger (1997); Trotha (1997); Luzzatto (1998); Assmann (1999); Mohanram (1999); Burschel/Distelrath/Lembke (2000); Kappeler (2000); Götsch (2001).

21 Vgl. u.a. Muir (1997); Metz-Becker (1997); Sabean (1996); Dillmann (1996); Souzenelle (1998); Groebner (1999); Labouvie (2000).

Historisch-anthropologische und neuere ethnologische Forschungen trennten zwischen dem Begriff des Körpers zur Bezeichnung szientistisch-instrumenteller Erkenntnisformen, biologischer, sexualwissenschaftlicher, medizinischer und ästhetischer Körperkonzepte oder -bilder und dem Begriff des Leibes für den Bereich der »Unmittelbarkeit des Körpers«[22] in leiblich-sinnlichen Befindlichkeiten als stets von historischem Wandel und kulturellen Bedingungen tangierten Grunderfahrungen.[23] Der Mensch als Akteur in historischen oder gegenwärtigen Kulturen, so der allgemeine Tenor, repräsentiere, deute, codiere und reproduziere ›historisch gewachsene‹ Körper, zugleich aber erfahre, manipuliere und produziere er Körper in Geschichte, Gegenwart und Zukunft. Von der Betrachtung idealer Körperbilder und -konzepte in Kunst, Literatur, Religion und Wissenschaften, der Verwaltung, Kasernierung, Klassifizierung, Erziehung und Medikalisierung des Körpers (»body politics«)[24] nahm die kulturwissenschaftliche Untersuchung von Krankheit, Schönheit, Nacktheit, Kraft, Sexualität und Gesundheit sowie vom Körper als Zeichenträger, Medium, ›Instrument‹ und ›Werkzeug‹ ihren Ausgangspunkt.[25] Gefragt wird quer durch die Jahrhunderte einerseits nach kulturellen Ausprägungen individueller Körperwahrnehmung oder Leiberfahrung und dem Verhältnis zwischen Physischem und Psychischem,[26] andererseits nach Körperpraktiken und dem Umgang mit Körperlichkeit, etwa in den Bereichen Körperhygiene, Kleidung, leibliche Genüsse und Askese, schließlich nach Körpersprache, Körperverhalten und Körperkulten.[27] Trotz einer verwirrenden Gemengelage gilt das besondere Interesse der kulturwissenschaftlichen Körperforschung in bewusster Abgrenzung vom populären Postulat der ›verlorenen Natürlichkeit‹ einer ahistorischen Physis mittlerweile gerade den kulturellen Verbindungslinien, den soziokulturellen Überlappungen und Verzahnungen zwischen wissenschaftlichen wie populären Körpervorstellungen und den von Menschen erfahrenen und geäußerten körperlichen Empfindungen sowie deren historischer Relativität wie Wandelbarkeit. Der Körper wird weniger in der Gegenüberstellung von Biologie/Natur und Sozialem/Kulturellem als naturhafter ›Reliktbereich‹ im soziokulturellen Umfeld, als vielmehr in seinen Dimensionen des Körperlichen wie subjektiv Leiblichen und als restringiertes, codifiziertes, konditioniertes, kulturell und kulturspezifisch geprägtes Phänomen innerhalb und in Verbindung mit gesellschaftlichen wie individuellen Kontexten verortet. Begriffe wie »Körpererleben«, »verkörperte Gefühle« oder »Körpergefühl« tragen dieser neuen mehrdimensionalen Sichtweise Rechnung, in der auch die Erforschung von Emotionen ihre Berechtigung gefunden hat.

Fragen nach dem Zusammenwirken von Leib und Seele, Psyche und Soma, Denken, Fühlen und Agieren wurden in den letzten Jahren nicht zuletzt ausgelöst durch Diskussionen in Kognitions- und Neurowissenschaften, Biologie und Informatik um die »emotionale Intelligenz«, die »Koevolution von Rationalität und Emotionalität« und deren Anbindung an physiologische Impulse und Reize.[28] In den Geistes- und Kulturwissenschaften hatten Gefühle lange nichts zu suchen, gehörten, weil nicht zum Intellekt und zur Ratio zählend, entweder in die Nähe der ›archaischen Instinkte‹ oder zum unantastbaren Gegenstand der Humanwissenschaften. Forschung sollte emotionsfrei, der Forscher über jede subjektive Projektion erhaben sein, Sujekt-Objekt-Trennung bestimmte sowohl Theorie, Habitus wie Inhalte. Fragen nach der Psyche handelnder Menschen, emotionalen Funktionen und Bedeutungen, subjektiven Wahrnehmungen und Sensibi-

---

22 Bynum (1996 a, S. 31).

23 Martin (1994); Akashe-Böhme (1995); Schlehe (1996); Duden (1997); Duden (1998 a); Tanner (1999); Historische Zeitschrift, Beiheft 31 (2001).

24 Vgl. Borrmann (1994); Courtine/Haroche (1994); Schings (1994); Eckart/Jütte (1994); Hagner (1995); Kosenina (1995); Alt/Gelbhaar/Oechsler (1996); van Dülmen (1998); Tanner/Sarasin (1998); Schroer/Staubli (1998); Bauer (1998); Berdolt (1999); LEIBUNDLEBEN.BL.CH. (2000); Diehr (2000).

25 Vgl. u. a. Warneken (1990); Jütte (1991); Oettermann (1995); Garland (1996); Lalvani (1996); de Baecque (1997); Hödl (1997); Aurich (2000).

26 Etwa: Benzenhöfer/Kühlmann (1992); Rappe (1995); Lachmund/Stollberg (1995); Dinges (1997); Kahlcke (1997); Alheit (1999); Schoenfeldt (1999); Goltermann (1999); von Engelhardt (1999); Stolberg (2001); Labouvie (2001 b); Wedemeyer (2001).

27 Etwa: Bremmer/Roodenburg (1991); Stolz (1992); Löneke/Spieker (1996); Boscagli (1996); Blanc (1997); Didou-Manent/Ky/Hervé (1998); Toepfer (1998); Stolberg (2000); Baxmann (2000).

28 Vgl. Brähler (1995); Keleman (1992).

litäten – vormals der Psychologie, allenfalls der Kunstästhetik überlassen – erobern jedoch seit einigen Jahren mehr und mehr auch Teildisziplinen der Kulturwissenschaften. Derzeit übertreffen Forderungen nach Etablierung bzw. Rehabilitierung einer »kulturwissenschaftlichen Emotionsforschung«, der Erforschung einer »Gefühlskultur im Wandel«, einer »Psychohistorie des Erlebens«, einer »Anthropologie der Sinneswahrnehmungen«, ja des »Erfahrungsraum(s) Herz« und Postulate von der »Geschichtsmächtigkeit« der Gefühle und wider »die Vernachlässigung der Emotion«[29] noch die Einlösung empirischer Forschungsarbeiten. Doch entpuppt sich das Thema mit einem Blick in die englisch- und französischsprachige Forschung seit der Mitte der 80er Jahre (»emotions history«, »histoire et anthropologie sensorielle«), in Literaturwissenschaften, Linguistik, Kunstgeschichte und Soziologie, auf Themen wie Empfindsamkeit, Tod, Trauer, Mutterliebe, Affekte und Gefühlsdisziplinierung, Angst, Essen und Trinken oder Selbstmord, Melancholie und Passion[30] keineswegs als völlig neu. Emotionsforschung und »Geschichte von innen« erhielten jedoch durch Arbeiten aus Neurologie und Psychologie,[31] durch eine über die Naturwissenschaften hinausgreifende Zusammenschau von Körper und ›Geist‹, die Erweiterung der Körperforschung um »Gefühlsräume« sowie die postmoderne Vernunft- und Subjektkritik eine andersartige Konjunktur.

Die Beschäftigung mit Emotionen begann in den Kulturwissenschaften auf der einen Seite mit der Untersuchung von wissenschaftlichen Konzepten, etwa den Affektlehren, Seelenkunden, physiognomischen, anthropologischen, medizinischen und ersten psychoanalytischen Lehren seit dem 17. Jahrhundert,[32] andererseits mit der Analyse sprachlicher Repräsentation und Funktion emotionaler Äußerungen in der Literatur.[33] Mittlerweile hat sich die Forschung in diesen Feldern von der eher deskriptiven und monolithischen Betrachtung allein der Texte der Untersuchung ihrer emotionalen Wirkungen im soziokulturellen Wandel zugewandt: den Gefühlen beim Schreiben und Lesen und dem »Leseglück«, d. h. den Emotionen, die von in Sprache gefassten Gefühlen erzeugt werden, auf der einen,[34] der Gefühlsdifferenzierung und dem Wandel bzw. der Kultivierung von Gefühlsnormen im Modernisierungs-

und Rationalisierungsprozess sowie für die Herausbildung von Vergemeinschaftung (Weber) und sozialen Gruppenkulturen auf der anderen Seite. Ein besonderes Interesse erlangte dabei vor allem in Anlehnung an die französische Mentalitätsgeschichte, in den englischsprachigen Ländern und im Zuge der Auseinandersetzung mit Elias' Thesen zu »Affektkontrolle«, »Triebhaushalt« und »Scham- und Peinlichkeitsschwellen« sowie Webers und Parsons Konzepten vom kulturell strukturierten »affektuellen« bzw. »affektiven« Handeln auch in Deutschland zunächst die Untersuchung jener Gefühlsbündel, die als kollektive Emotionen, als »systèmes des émotions« (Febvre) und als »emotional style« (Stearns)[35] mit der Interpretation von sozialem Wandel und kultureller Eigenart in Verbindung gebracht werden konnten: Angst, Schuldgefühle oder Schmerz mit der Ablösung des Körperstrafsystems durch die Disziplinierung und Medikalisierung der Sinne und Emotionen, Scham, Peinlichkeit, Solidarität, Neid, Freundschaft und die Sensibilisierung der fünf Sinne mit der Ausdifferenzierung der Klassengesellschaft,[36] Liebe, Lust oder Eifersucht mit der »Sentimentalisierung der Familien« (Shorter) und der Intimisierung der Partnerbeziehungen oder – nach Sennett – der Schaffung emotionsloser Freiräume,[37] Vaterlandsliebe, Patriotismus, Stolz und Treue mit der Entstehung nationaler Identitäten sowie der Verehrung charismatischer Führerfiguren.[38] Sowohl

---

29 Pandel (1992); Corbin (1993 a); Anz (1999); Frevert (2000 a, 2000 c).
30 U. a.: Simmel (1967); Le Brun (1979); Kahle (1981 b); Badinter (1981); DeMause (1984); Delumeau (1985); Jäger (1988); Gerhards (1988); Lenzen (1989); Fiehler (1990); Schultz (1993); Schuller/Kleber (1994); Signori (1994).
31 Etwa: Scherer (1990); Damasio (1995); Vogel (1996); vgl. auch Goleman (1997); Dörner (1999); LeDoux (1998).
32 U. a.: Obermeit (1980); Wiegemann (1987); Lempa (1993); Tilmann (1998); Wuthenow (2000).
33 Vgl. Utz (1990); Hansen (1990); Campe (1990); Saße (1996); Krebs (1996).
34 Alfes (1995); Bellebaum/Muth (1996); Fischer (1997); Anz (1998).
35 Vgl. Elias (1979); Weber (1964); Kahle (1981 a); Febvre (1977); Stearns/Stearns (1988).
36 Thuillier (1985); Bologne (1986); Duerr (1988); Stearns/Stearns (1986); Kleinspehn (1989); Muchembled (1990); Bourdieu (1992).
37 Vgl. u. a. Sennett (1986); Gay (1986); Bake/Kiupel (1996).
38 Vgl. François/Siegrist/Vogel (1995); Lenssen (2000).

die Arbeiten von Delumeau, Muchembled, DeMause, Gay, Starobinski, Shorter, Morris oder Ariès zu Angst, Tod und Trauer, Tränen, Aggression und Schmerz, Liebe und Leidenschaft, als auch die Untersuchungen zum ›Management‹ der Gefühle, zu Sinneswahrnehmungen, Zorn und Eifersucht von Corbin, Elias, Kamper/Wulf, Stearns oder Maaz[39] stehen in dieser Tradition. Ihre Ergebnisse konstatieren eine zunehmende Emotionalisierung, eine Verfeinerung, Verinnerlichung und Kultivierung der Sinne und einen allgemeinen Wandel des Gefühlshaushaltes, ohne jedoch über individuelle Qualitäten und kulturelle Sinnzusammenhänge zu reflektieren.

Dieser universalistischen Beschäftigung mit grundlegenden, in Fortschrittshypothesen und Zivilisationstheorien als Katalysatoren bewerteten Gefühlsnormen, mentalen Gefühlsentitäten und kollektiven Gefühlsräumen traten mit der Etablierung des konstruktivistischen Ansatzes, der Diskursanalyse (»overt and fantasy message«), der Psychohistorie und der ›Entdeckung‹ des Individuums in den Kulturwissenschaften Auffassungen von der sozialen Konstruktion, aber auch der Gestaltungskraft und Handlungsrelevanz, vom historischen und kulturellen Kontext der Emotionalität und von der Subjektivität erlebter »aktiver« Gefühle entgegen. Während die kulturwissenschaftliche Körperforschung entweder die Frühe Neuzeit oder die Gegenwart in den Blick nimmt, konzentrieren sich Untersuchungen über Gefühle bislang vor allem auf das Mittelalter

und das 19./20. Jahrhundert. Bildete die Untersuchung von Emotionen bis zu Beginn der 1990er Jahre zumeist den Hintergrund, eine Parallelebene oder einen Kontext für die Untersuchung politischer, ökonomischer oder sozialer Prozesse, avancierten Gefühle in der neueren Forschung dagegen zum primären Gegenstand der Analyse. Dabei interessiert einerseits quer durch die Disziplinen ihre ontologische Ermittlung und phänomenologische Beschreibung sowie ihre reale, symbolische, sprachliche Präsenz und Wertigkeit: Ob Diane Ackermanns oder Robert Jüttes Geschichte der Sinne, Alain Corbins oder Peter Payers Geschichte der Gerüche, Wolf Lepenies' Untersuchung zur Melancholie oder Leah Otis-Cours Beitrag zu Lust und Liebe, Heinz Kittsteiners Arbeit zum modernen Gewissen, Edward Shorters Geschichte der Psychosomatik, Otto F. Bests »Sprache der Küsse« oder Jean-Claude Schmitts »Logik der Gesten«, all diese Untersuchungen stellen ordnende Pionierarbeiten auf unsondiertem Feld dar.[40] Dennoch zeichnen sich Trends ab: Vor allem KörperforscherInnen unterschiedlichster Disziplinen nahmen sich, ausgehend vom sowohl somatischen wie kognitiven Anteil der Emotionalität, jener Gefühle an, die mit körperlich-physiologischen Veränderungen in Zusammenhang stehen oder ›entdeckten‹ die psychisch-emotionale Dimension des Körperlichen.[41] Psychologie, Kunst- und Musikwissenschaften, Psychohistorie und historische Psychologie widmen sich in Anlehnung an Konzepte aus Ethnologie, Semiotik, Soziologie, Mentalitätsgeschichte und klassischer Psychoanalyse weiterhin den ›Primäremotionen‹ als Grundlagen menschlicher Beziehungen und individueller Ausdrucksweisen,[42] Anthropologie, Literatur-, Theater- und Sozialwissenschaften der Veränderung und Differenzierung des Gefühlshaushaltes und der kollektiven bzw. gruppenspezifischen kulturellen Stile, Wertigkeiten und Codes von Emotionen. Anthropologisch gegebene Gefühle, so die Grundannahme, seien von kulturellen Mustern, Formen und Symbolen, von Sprache, Strukturen und Prozessen bestimmt bzw. überformt und drückten sich in ihnen aus: Der Inszenierung in Text, Kommunikation und Kunstwerk, der Performativität in der bürgerlichen, aristokratischen oder gegenwärtigen Welt, der Theatralisierung und manipulativen Kraft der Gefühle auf der Bühne und in den Medien gilt dabei das vor-

---

39 DeMause (1975); Shorter (1977); Ariès (1980); Kamper/Wulf (1984); Starobinski (1987); Maaz (1990); Corbin (1993 b); Morris (1996); Gay (1999 a); Gay (1999 b); vgl. Anm. 30.

40 Ackermann (1991); Kittsteiner (1991); Schmitt (1992); Payer (1997); Lepenies (1998); Menninghaus (1999); Frevert (2000 b); Böhme (1998); Otis-Cour (2000); Jütte (2000); de Sousa (2001); Best (2001).

41 Vgl. Minirth (1992); Bynum/Porter (1993); Lorenz (1999); Wright/Potter (2000).

42 Vgl. Roper (1995); Röckelein (1996); Busch (1997); Frenken/Reinheimer (2000); Kertz-Welzel (2001); Röcke (2000); vgl. auch die Ausstellungen in der Kunst- und Ausstellungshalle der BRD Bonn: »Sehnsucht. Das Panorama als Massenunterhaltung des 19. Jahrhunderts«, 1993; »Sehnsucht. Über die Veränderung der visuellen Wahrnehmung«, 1995; »Welt auf tönernen Füßen. Die Töne und das Hören«, 1994; »Das Riechen. Von Nasen, Düften und Gestank«, 1995; »Geschmacksache«, 1996; »Tasten«, 1996.

nehmliche Interesse.[43] Neuere Kulturgeschichte, Historische Anthropologie und Kommunikationswissenschaften konzentrieren sich dagegen auf Emotionen in ihrer beziehungs- und sinnstiftenden, kommunikativen Funktion für soziales wie individuelles Handeln, auf die emotionale Erfahrungswelt subjektiver Befindlichkeiten der Akteure und den Zusammenhang zwischen emotionalem Erleben, Deuten und Handeln. In »dichter Beschreibung« in klar definierten situativen Kontexten und unter Einbeziehung von Bedeutung, Gestik, Mimik, Sprache, Ritual, Symbolik und Bild sowie ihrer expressiven Qualitäten werden Gefühle im Spannungsverhältnis zwischen individueller Aneignung und Erfahrung, sozialer Reichweite und kultureller Codierung untersucht. Solcherart Untersuchungen geht es nicht mehr um die isolierte Verortung einer emotionalen Regung oder Gemütslage, auch nicht um das gesamte Repertoire der fünf Sinne und um ihre Hierarchie, um szientistische Überlegungen durch die Jahrhunderte oder die Einbindung in Modernisierungs- und Fortschrittstheorien, sondern um Sinnesgebrauch und Erleben, um das Verhältnis zwischen individuellem Fühlen und kulturellem Gefühlshaushalt, um Emotionalität als Ausdrucksform, Bedeutungs- und Gestaltungsgröße kultureller Praxis und soziokultureller Beziehungen.[44] Ihr Anliegen – zugegebenermaßen noch weitgehend Zukunftsprogramm – ist es, über die Welt der Emotionen und ihre Äußerungsformen Aufschluss über die kulturelle Welt der Werte, Symbole und Bedeutungsgehalte zu erlangen. Bisher konzentriert sich die Untersuchung – häufig anhand von Interviews, Selbstzeugnissen und Egodokumenten – zunächst auf Gefühle im sozialen, geschlechtsspezifischen oder individuellen Kontext zur Entschlüsselung von Mikrokosmen und komplexen Lebenswelten. Thematisch interessieren vorerst Auseinandersetzungen mit Norbert Elias' Triebkonzept für die Untersuchung des besonderen Stellenwertes von Empfindungen und Gefühlsäußerungen in politischer, öffentlicher Kommunikation und Sexualität.[45] Freundschaft, Langeweile, Selbstliebe und Glück werden vor dem Hintergrund der Affektelehren und Seelenkunden in ihrer spezifischen Ausprägung und individuellen Erfahrbarkeit in der bürgerlichen Kultur seit dem 18. Jahrhundert beleuchtet,[46] familiäre wie sexuelle Gefühlswelten,[47] das emotionale Erleben von Krankheit, Schmerz

und Geburt[48] und geschlechtsspezifische Emotionalität[49] erfahren in »dichter Beschreibung«, in Fall- und Mikrostudien, Himmel, Hölle, Kirchenraum, Ekstase, Besessenheit und Mystik als »Gefühlsräume« eine neuartige Sichtweise.[50] Ein weites Feld liegt jedoch noch brach: etwa die emotionale Verarbeitung von Leibeigenschaft, Krieg, Gefangenschaft, Fremdheit, von Katastrophen oder Epidemien, die Gefühlswelt alter Menschen, Kinder oder Alleinstehender, die emotionalen Komponenten von Volksfrömmigkeit oder totalitärer Herrschaft. Zu begrüßen wäre freilich eine Entwicklung, die gewissermaßen über die subjektive Empfindung, ihre gesellschaftliche Kommunizierbarkeit und Anbindung an kollektive Weltdeutung und -erfahrung nicht nur das Wesen und Symptomatische von Kulturen, ihre Stile und Veränderbarkeiten zu entschlüsseln, sondern die Lücke zwischen Subjektivem und Gesellschaftlichem, Individuellem und Kollektivem, Öffentlichem und Privatem, Idee bzw. Deutungsweise und Handlungs- bzw. Verhaltenspraxis zu erschließen versuchte.

Literatur

ACKERMANN, DIANE (1991), *Die schöne Macht der Sinne. Eine Kulturgeschichte*, München: Kindler. ■ AKASHE-BÖHME, FARIDEH (Hg.) (1995), *Von der Auffälligkeit des Leibes*, Frankfurt/M:. Suhrkamp. ■ ALFES, HENRIKE F. (1995), *Literatur*

---

43 Vgl. Ruppert (1995); Büscher (1996); Heringer (1999); Palmer (1999); Geissmar-Brandi/Sato/Fliedl (1999); Corsten (1999); Jahr (2000); Basfeld/Kracht (2001).
44 Vgl. Schlaeger/Stedman (1999); die Beiträge in Engel/Notz (2001); vgl. auch die Symposien: »Emotions and cultural change – Gefühlskultur im Wandel«, Inst. für Literaturwiss., Univ. Karlsruhe, 7.–9. Mai 1999; »Representing emotions: evidence, arousal, analysis«, Univ. of Manchester, 25.–27. Mai 2001.
45 Erlach/Reisenleitner/Vocelka (1994); Althoff (2000); Brockhaus (1997); Braithwaite/Levi (1998); Sonntag (2000); Meise (2000); Kessel (2000).
46 Radkau (1994); Kessel (1999); Kessel (1996); Vollhardt (2001); van Dülmen (2001).
47 Westheimer/Mark (1996); Beck (1997); Habermas (1998).
48 Scarry (1992); Stolberg (1996); Ritzmann (2001); Labouvie (1997); Rublack (2001); Wiesemann (2001).
49 Vgl. Schiesari (1992); die Beiträge von Grawert-May (1997) und Schönpflug (2001); Rublack (2001).
50 Spitzlei (1991); Lauritzen (1992); Vanja (1997); Largier (1998); Harris (1999); Angenendt (2000); Böhme (2000).

und Gefühl. Emotionale Aspekte literarischen Schreibens und Lesens, Opladen: Westdeutscher Verlag. ■ ALHEIT, PETER (1999), *Biographie und Leib*, Gießen: Psychosozial-Verlag. ■ ALT, PETER-ANDRÉ / GELBHAAR, SIEGFRIED / OECHSLER, JÜRGEN (Hg.) (1996), *Der fragile Leib. Körperbilder in der deutschen Literatur der frühen Neuzeit*, Stuttgart: Steiner. ■ ALTHOFF, GERD (2000), »Gefühle in der öffentlichen Kommunikation des Mittelalters«, in: Benthien, Claudia / Fleig, Anne / Kasten, Ingrid (Hg.), *Emotionalität. Zur Geschichte der Gefühle*, Köln/Weimar/Wien: Böhlau, S. 82–99. ■ ANGEN-ENDT, ARNOLD (2001), Ekstase und Wunder – Vorbild und Inbild: die Heiligen, in: Dülmen, Richard van (Hg.), *Erfindung des Menschen. Schöpfungsträume und Körperbilder 1500–2000*, Wien: Böhlau, S. 93–112. ■ ANGERER, MARIE-LUISE (2001), »Zwischen Ekstase und Melancholie: Der Körper in der neuen feministischen Diskussion«, in: *L'Homme*, 5/1, S. 28–44. ■ ANGERER, MARIE-LUISE (Hg.) (1995), *The body of gender. Körper. Geschlechter. Identitäten*, Wien: Passagen-Verlag, S. 17–34. ■ ANZ, THOMAS (1998), *Literatur und Lust. Glück und Unglück beim Lesen*, München: C. H. Beck. ■ ANZ, THOMAS (1999), »Plädoyer für eine kulturwissenschaftliche Emotionsforschung«, in: *http://www.literaturkritik.de*, Nr. 2/3, 1. März 1999. ■ ARIÈS, PHILIPP (1980), *Geschichte des Todes*, München: Hanser. ■ ASSMANN, ALEIDA (1999), *Erinnerungsräume. Formen und Wandlungen des kulturellen Gedächtnisses*, München: C. H.Beck. ■ AURICH, ROLF (2000), *Künstliche Menschen. Manische Maschinen, kontrollierte Körper*, Berlin: Jovis. ■ BACHTIN, MICHAIL M. (1994), *Rabelais und seine Welt. Volkskultur als Gegenkultur*, Frankfurt/M.: Suhrkamp. ■ BACKETT-MILBURN, KATHRYN (Hg.) (2001), *Constructing gendered bodies*, New York: Palgrave. ■ BADINTER, EDITH (1981), *Die Mutterliebe. Geschichte eines Gefühls vom 17. Jahrhundert bis heute*, München: Piper. ■ BAECQUE, ANTOINE DE (1997), *The body politic. Corporeal metaphor in revolutionary France, 1700–800*, Stanford: Stanford Univ. Press. ■ BAKE, RITA / KIUPEL, BIRGIT (1996), *Unordentliche Begierden. Liebe, Sexualität und Ehe im 18. Jahrhundert*, Hamburg: Kabel. ■ BARKHAUS, ANNETTE (1996), *Identität, Leiblichkeit, Normativität*, Frankfurt/M.: Suhrkamp. ■ BASFELD, MARTIN / KRACHT, THOMAS (Hg.) (2001), *Subjekt und Wahrnehmung. Beiträge zu einer Anthropologie der Sinneserfahrung*, Basel: Schwabe. ■ BAUCH, JOST (1996), *Gesundheit als sozialer Code. Von der Vergesellschaftung des Gesundheitswesens zur Medikalisierung der Gesellschaft*, Weinheim/München: Juventa. ■ BAUER, AXEL W. (1998), *Körperwelten. Einblicke in den menschlichen Körper*, Mannheim: Landesmuseum für Technik und Arbeit. ■ BAXMANN, INGE (2000), *Mythos Gemeinschaft. Körper- und Tanzkulturen in der Moderne*, München: C. H. Beck. ■ BECK, RAINER (1997), »Spuren der Emotion? Eheliche Unordnung im frühneuzeitlichen Bayern«, in: Ehmer, Josef / Hareven, Tamara (Hg.), *Historische Familienforschung. Ergebnisse und Kontroversen*, Frankfurt/M.: Campus, S. 171–198. ■ BECKER, BARBARA / SCHNEIDER, IRMELA (Hg.) (2000), *Was vom Körper übrig bleibt. Körperlichkeit – Identität – Medien*, Frankfurt/M./New York: Campus. ■ BECKER, SIEGFRIED (1996), »Körper und Arbeit. Zur normativen Wertung physischer Anstrengung«, in: *Hess. Bll. für Volks- und Kulturforsch.*, 31, S. 55–71. ■ BELLEBAUM, ALFRED / MUTH, LUDWIG (Hg.) (1996), *Leseglück. Eine vergessene Erfahrung*, Opladen: Westdeutscher Ver-lag. ■ BENTHIEN, CLAUDIA (1999), *Haut. Literaturgeschichte – Körperbilder – Grenzdiskurse*, Reinbek: Rowohlt. ■ BENTHIEN, CLAUDIA / FLEIG, ANNE / KASTEN, INGRID (Hg.) (2000), *Emotionalität. Zur Geschichte der Gefühle*, Köln/Weimar/Wien: Böhlau. ■ BENZENHÖFER, UDO / KÜHLMANN, WILHELM (Hg.) (1992), *Heilkunde und Krankheitserfahrung in der frühen Neuzeit. Studien am Grenzrain von Literaturgeschichte und Medizingeschichte*, Tübingen: Niemeyer. ■ BERDOLT, KLAUS (1999), *Leib und Seele. Eine Kulturgeschichte des gesunden Lebens*, München: C. H.Beck. ■ BEST, OTTO F. (2001), *Die Sprache der Küsse: eine Spurensuche*, Stuttgart/München: Koehler & Amelang. ■ BLANC, ODILE (1997), *Parades et parures. L'invention du corps de la mode à la fin du moyen âge*, Paris: Gallimard. ■ BÖHME, HARTMUT (1998), »Der Tastsinn im Gefüge der Sinne. Anthropologische und historische Ansichten vorsprachlicher Aisthesis«, in: Gebauer, Gunter (Hg.), *Anthropologie*, Leipzig/Stuttgart: Reclam, S. 214–225. ■ BÖHME, HARTMUT (2000), »Himmel und Hölle als Gefühlsräume«, in: Benthien, Claudia / Fleig, Anne / Kasten, Ingrid (Hg.), *Emotionalität. Zur Geschichte der Gefühle*, Köln/Weimar/Wien: Böhlau, S. 60–81. ■ BOLOGNE, JEAN-CLAUDE (1986), *Histoire de la pudeur*, Paris: Hachette littératures. ■ BORRMANN, NORBERT (1994), *Kunst und Physiognomik. Menschendeutung und Menschendarstellung im Abendland*, Köln: DuMont. ■ BOSCAGLI, MAURIZIA (1996), *Eye on the flesh. Fashions of masculinity in the early twentieth-century*, Boulder/Colo.: Westview Press. ■ BOURDIEU, PIERRE (1992), *Die feinen Unterschiede. Kritik der gesellschaftlichen Urteilskraft*, Frankfurt/M.: Suhrkamp. ■ BRÄHLER, ELMAR (Hg.) (1995²), *Körpererleben. Ein subjektiver Ausdruck von Körper und Seele. Beiträge zur psychosomatischen Medizin*, Gießen: Psychosozial-Verlag. ■ BRAITHWAITE, VALERIE A. / LEVI, MARGARET (Hg.) (1998), *Trust and Governance*, New York: Russell Sage Foundation. ■ BREMMER, JAN N. / ROODENBURG, HERMANN (Hg.) (1991), *A cultural history of gesture*, Ithaca: Polity Press. ■ BROCKHAUS, GUDRUN (1997), *Schauder der Idylle – Faschismus als Erlebnisangebot*, München: Kunstmann. ■ BROOTEN, BERNADETTE J. (1996), *Love between women. Early christian responses to female homoeroticism*, Chicago: University of Chicago Press. ■ BROWN, PETER (1991), *Die Keuschheit der Engel. Sex, Entsagung, Askese und Körperlichkeit im frühen Christentum*, München: Hanser. ■ BURSCHEL, PETER / DISTELRATH, GÖTZ / LEMBKE, SVEN (Hg.) (2000), *Das Quälen des Körpers. Eine historische Anthropologie der Folter*, Köln/Weimar/Wien: Böhlau. ■ BÜSCHER, HARTMUT (1996), *Emotionalität in Schlagzeilen der Boulevardpresse*, Frankfurt/M.: Lang. ■ BUSCH, WERNER (1997), *Das sentimentalische Bild. Die Krise der Kunst im 18. Jahrhundert und die Geburt der Moderne*, München: C. H.Beck. ■ BUTLER, JUDITH (1991), *Das Unbehagen der Geschlechter*, Frankfurt/M.: Suhrkamp. ■ BUTLER, JUDITH (1995), *Körper von Gewicht. Die diskursiven Grenzen des Geschlechts*, Berlin: Berlin-Verlag. ■ BUTLER, JUDITH (2001), *Psyche der Macht. Das Subjekt der Unterwerfung*, Frankfurt/M.: Suhrkamp. ■ BYNUM, CAROLINE W. (1996 a), »Warum das ganze Theater mit dem Körper? Die Sicht einer Mediävistin«, in: *Historische Anthropologie*, 1/1, S. 1–33. ■ BYNUM, CAROLINE W. (1996 b), *Fragmentierung und Erlösung. Geschlecht und Körper im Glauben des Mittelalters*, Frankfurt/M.: Suhrkamp. ■ BYNUM, WILLIAM F. / PORTER, ROY (Hg.) (1993), *Medicine and the five senses*, Cambridge: Cambridge University Press. ■ CAMPE, RÜDIGER (1990), *Affekt und Ausdruck. Zur Umwandlung der literarischen Rede im 17. und 18. Jahrhundert*, Tübingen: Niemeyer. ■ CORBIN, ALAIN (1993 a), »Zur Geschichte und Anthropologie der Sinneswahrnehmung«, in: Corbin, Alain, *Wunde Sinne. Über die Begierde, den Schrecken und die Ordnung der Zeit im 19. Jahrhundert*, Stuttgart: Klett-Cotta, S. 197–211. ■ CORBIN, ALAIN (1993 b), *Wunde Sinne: über die Begierde, den Schrecken und die Ordnung der Zeit im 19. Jahrhundert*, Stuttgart: Klett-Cotta. ■ CORSTEN, VOLKER (1999), *Von heißen Tränen und großen Gefühlen. Funktionen des Melodramas im »gereinigten« Theater des 18. Jahrhunderts*, Frankfurt/M./Berlin: Lang. ■ COURTINE, JEAN-JACQUES / HAROCHE, CLAUDINE (Hg.) (1994), *Histoire du visage*, Paris: Payot & Rivages. ■ DAMASIO, ANTONIO R. (1995), *Descartes' Irrtum. Fühlen, Denken und das menschliche Gehirn*, München: List. ■ DAVIS-SULIKOWSKI, ULRIKE / DIEMBERGER, HILDEGARD / GINGRICH, ANDRE (Hg.) (2001), *Körper, Religion und Macht. Sozialanthropologie der Geschlechterbeziehungen*, Frankfurt/M./New York: Campus. ■ DE SOUSA, RONALD (2001²), *Die Rationalität des Gefühls*, Frankfurt/M.: Suhrkamp. ■ DELUMEAU, JEAN (1985), *Angst im Abendland. Die Geschichte kollektiver Ängste im Europa des 14. bis 18. Jahrhunderts*, 2 Bde., Reinbek: Rowohlt. ■ DEMAUSE, LLOYD (1984), *Reagan's Amerika*, Basel: Stroemfeld/Roter Stern. ■ DEMAUSE, LLOYD (Hg.) (1975), *The History of Childhood*, New York: Harper & Row. ■ DIDOU-MANENT, MICHÈLE / KY, TRAN / HERVÉ, ROBERT (Hg.) (1998), *Dick oder dünn? Körperkult im Wandel der Zeit*, München: Knesebeck. ■ DIEHR, ACHIM (2000), »*Speculum corporis*«. *Körperlichkeit in der Musiktheorie des Mittelalters*, Kassel/Basel: Bärenreiter. ■ DILLMANN, EDWIN (1996), »Mens sana in corpore sano? Schulturnen in der zweiten Hälfte des 19. Jahrhunderts«, in: Dülmen, Richard van (Hg.), *Körper-Geschichten*, Frankfurt/M.: Fischer TB, S. 150–175. ■ DINGES, MARTIN (1997), »Soldatenkörper in der Frühen Neuzeit. Erfahrungen mit einem unzureichend geschützten, formierten und verletzten Körper in Selbstzeugnissen«, in: Dülmen, Richard van (Hg.), *Körper-Geschichten*, Frankfurt/M.: Fischer TB, S. 71–98. ■ DÖRNER, DIETRICH (1999), *Bauplan für eine Seele*, Reinbek: Rowohlt. ■ DOUGLAS, MARY (1981), *Ritual, Tabu und Körpersymbolik. Sozialanthropologische Studien in Industriegesellschaft und Stammeskultur*, Frankfurt/M.: Suhrkamp. ■ DOUGLAS, MARY (1998), Ritual, *Tabu und Körpersymbolik*, Frankfurt/M.: Fischer TB. ■ DUDEN, BARBARA (1987), *Geschichte unter der Haut. Ein Eisenacher Arzt und seine Patientinnen um 1730*, Stuttgart: Klett-Cotta ■ DUDEN, BARBARA (1991 a), »Biologie, Körpergeschichte«, in: *Feministische Studien*, 9, S. 105–122. ■ DUDEN, BARBARA (1991 b), *Der Frauenleib als öffentlicher Ort. Vom Missbrauch des Begriffs Leben*, Hamburg/Zürich: Luchterhand. ■ DUDEN, BARBARA (1993), »Die Frau ohne Unterleib. Zu Judith Butlers Entkörperung. Ein Zeitdokument«, in: *Feministische Studien*, 11, S. 24–33. ■ DUDEN, BARBARA (1997), »Das ›System unter der Haut‹. Anmerkungen zum körpergeschichtlichen Bruch der 1990er Jahre«, in: *Österreichische Zeitschrift für Geschichtswissenschaft*, 8, S. 260–291. ■ DUDEN, BARBARA (1998 a), »In Tuchfühlung bleiben«, in: *WerkstattGeschichte*, 19, S. 75–87. ■ DUDEN, BARBARA (1998 b), »Vom Ungeborenen. Vom Untergang der Geburt im späten 20. Jahrhundert«, in: Schlumbohn, Jürgen / Duden, Barbara / Gélis, Jacques u. a. (Hg.), *Rituale der Geburt. Eine Kulturgeschichte*, München: C. H. Beck, S. 149–169. ■ DUERR, HANS PETER (1988), *Nacktheit und Scham*, Frankfurt/M.: Suhrkamp. ■ DÜLMEN, RICHARD VAN (2001), »Freundschaftskult und Kultivierung der Individualität um 1800«, in: Dülmen, Richard van (Hg.), *Entdeckung des Ich. Die Geschichte der Individualisierung vom Mittelalter bis zur Gegenwart*, Köln/Weimar/Wien: Böhlau, S. 267–286. ■ DÜLMEN, RICHARD VAN (Hg.) (1998), *Erfindung des Menschen. Schöpfungsträume und Körperbilder 1500–2000*, Wien: Böhlau. ■ ECKART, WOLFGANG U. / JÜTTE, ROBERT (Hg.) (1994), *Das europäische Gesundheitssystem. Gemeinsamkeiten und Unterschiede in historischer Perspektive*, Stuttgart: Steiner. ■ EHALT, HUBERT CH. / WEISS, OTHMAR (Hg.) (1993), *Sport zwischen Disziplinierung und neuen sozialen Bewegungen*, Wien: Böhlau. ■ ELIAS, NORBERT (1979), *Über den Prozess der Zivilisation*, Bd. 2, Frankfurt/M.: Suhrkamp. ■ ENGEL, GISELA / NOTZ, GISELA (Hg.) (2001), *Sinneslust und Sinneswandel. Beiträge zu einer Geschichte der Sinnlichkeit*, Berlin: Trafo Weist. ■ ENGELHARDT, DIETRICH VON (1999), *Krankheit, Schmerz und Lebenskunst. Eine Kulturgeschichte der Körpererfahrung*, München: C. H. Beck. ■ EPSTEIN, JULIA / STRAUB, KRISTINA (Hg.) (1991), *Body guards. The cultural politics of gender ambiguity*, London/New York: Routledge. ■ ERLACH, DANIELA / REISENLEITNER, MARKUS / VOCELKA, KARL (Hg.) (1994), *Privatisierung der Triebe? Sexualität in der Frühen Neuzeit*, Frankfurt/M.: Lang. ■ FEBVRE, LUCIEN (1977), »Sensibilität und Geschichte. Zugänge zum Gefühlsleben früherer Epochen«, in: Bloch, Marc / Braudel, Fernand / Febvre, Lucien u. a., *Schrift und Materie der Geschichte. Vorschläge zur systematischen Aneignung historischer Prozesse*, Frankfurt/M.: Suhrkamp, S. 313–334. ■ FIEHLER, REINHARD (1990), *Kommunikation und Emotion. Theoretische und empirische Untersuchungen zur Rolle von Emotionen in der verbalen Interaktion*, Berlin: de Gruyter. ■ FISCHER, CAROLIN (1997), *Gärten der Lust. Eine Geschichte erregender Lektüren*, Stuttgart/Weimar: Metzler. ■ FISCHER-HOMBERGER, ESTHER (1997), *Hunger – Herz – Schmerz – Geschlecht. Brüche und Fugen im Bild von Leib und Seele*, Bern: eFeF-Verlag. ■ FOUCAULT, MICHEL (1976¹), *Überwachen und Strafen. Die Geburt des Gefängnisses*, Frankfurt/M.: Suhrkamp. ■ FOUCAULT, MICHEL (1976²), *Mikrophysik der Macht. Über Strafjustiz, Psychiatrie und Medizin*, Berlin: Merve. ■ FOUCAULT, MICHEL (1976³), *Die Geburt der Klinik. Eine Archäologie des ärztlichen Blicks*, Frankfurt/M./Berlin/Wien: Ullstein. ■ FOUCAULT, MICHEL (1977), *Sexualität und Wahrheit. Der Wille zum Wissen*, Frankfurt/M.: Suhrkamp. ■ FOUCAULT, MICHEL (1992), »Leben machen und sterben lassen. Die Geburt des Rassismus«, in: Reinfeldt, Sebastian / Schwarz, Richard (1992), *Bio-Macht*, Duisburg: DISS. ■ FRANÇOIS, ETIENNE / SIEGRIST, HANNES / VOGEL, JAKOB (Hg.) (1995), *Nation und Emotion, Deutschland und Frankreich im Vergleich. 19. und 20. Jahrhundert*, Göttingen: Vandenhoeck & Ruprecht. ■ FRENKEN, RALF / REINHEIMER, MARTIN (Hg.) (2000), *Die Psychohistorie des Erlebens*, Kiel: Oetker-Voges. ■ FREVERT, UTE (2000 a), »Angst vor Gefühlen? Die Geschichtsmächtigkeit von Emotionen im 20. Jahrhundert«, in: Nolte, Paul / Hettling, Manfred / Kuhlemann, Frank-Michael u. a. (2000) (Hg.), *Perspektiven der Gesellschaftsgeschichte*, München: C. H. Beck, S. 95–111. ■ FRE-

VERT, UTE (2000 b), »Vertrauen. Historische Annäherungen an eine Gefühlshaltung«, in: Benthien, Claudia / Fleig, Anne / Kasten, Ingrid (Hg.), *Emotionalität. Zur Geschichte der Gefühle*, Köln/Weimar/Wien: Böhlau, S. 178–197. ■ FREVERT, UTE (2000 c), Themenheft »Körpergeschichte«, *Geschichte und Gesellschaft*, 26/4. ■ GARLAND, ROSEMARIE (Hg.) (1996), *Freakery. Cultural spectacles of the extraordinary body*, New York: New York University Press. ■ GAY, PETER (1986), *Erziehung der Sinne. Sexualität im bürgerlichen Zeitalter*, München: C. H.Beck. ■ GAY, PETER (1999 a), *Die Macht des Herzens. Das 19. Jahrhundert und die Erforschung des Ich*, München: Goldmann. ■ GAY, PETER (1999 b), *Die zarte Leidenschaft. Liebe im bürgerlichen Zeitalter*, München: Siedler. ■ GEBAUER, GUNTER (1983), »Auf der Suche nach der verlorenen Natur. Der Gedanke nach der Wiederherstellung der körperlichen Natur«, in: Großklaus, Götz / Oldemeyer, Ernst (Hg.), *Natur als Gegenwelt. Beiträge zur Kulturgeschichte der Natur*, Karlsruhe: von Loeper, S. 101–120. ■ GEISSMAR-BRANDI, CHRISTOPH / SATO, NAOKI / BARTA FLIEDL, ILSEBILL (Hg.) (1999), *Rhetorik der Leidenschaft. Zur Bildsprache in der Kunst im Abendland*, München: Dölling und Galitz. ■ GERHARDS, JÜRGEN (1988), *Soziologie der Emotionen*, Weinheim/München: Juventa. ■ GILMAN, SANDER L. (1998), *Creating beauty to cure the soul. Race and psychology in the shaping of aesthetic surgery*, Durham: Duke University Press. ■ GOLEMAN, DANIEL (1997), *Emotionale Intelligenz*, München: Hanser. ■ GOLTERMANN, SVENJA (1998), *Körper der Nation. Habitusformierung und die Politik des Turnens 1860–1890*, Göttingen: Vandenhoeck & Ruprecht. ■ GOLTERMANN, SVENJA (1999), »Verletzte Körper oder ›Building National Bodies‹. Kriegsheimkehrer, ›Krankheit‹ und Psychiatrie in der westdeutschen Nachkriegsgesellschaft 1945–1955«, in: *WerkstattGeschichte*, 24, S. 83–98. ■ GÖTSCH, SILKE (2001), »Körpererfahrung und soziale Schicht«, in: Münch, Paul (Hg.), *»Erfahrung« als Kategorie der Frühneuzeitgeschichte*, München: Oldenbourg, S. 107–114. ■ GRAWERT-MAY, ERIK VON (1997), »Ritter Soldaten Helden. Scharnhorsts Kampf als inniges Erlebnis und die Bundeswehr von heute«, in: *Paragrana*, 6/2, S. 55–72. ■ GROEBNER, VALENTIN (1999), »Körpergeschichte politisch. Montaigne und die Ordnung der Natur in den französischen Religionskriegen 1572–1592«, in: *Historische Zeitschrift*, 269, S. 281–304. ■ GROSZ, ELISABETH A. (1994), *Volatile Bodies. Toward a corporeal Feminism*, Bloomington: Indiana University Press. ■ GÜRTLER, CHRISTA / HAUSBACHER, EVA (Hg.) (1999), *Unter die Haut. Körperdiskurse in Geschichte(n) und Bildern*, Innsbruck: Studien-Verlag. ■ HABERMAS, REBEKKA (2001), »Bürgerliche Kleinfamilie – Liebesheirat«, in: Dülmen, Richard van (Hg.), *Entdeckung des Ich. Die Geschichte der Individualisierung vom Mittelalter bis zur Gegenwart*, Köln/Weimar/Wien: Böhlau, S. 287–310. ■ HAGNER, MICHAEL (Hg.) (1995), *Der falsche Körper. Beiträge zur Geschichte der Monstrositäten*, Göttingen: Wallstein. ■ HANSEN, KLAUS P. (Hg.) (1990), *Empfindsamkeiten*, Passau: Rothe. ■ HARAWAY, DONNA (1995), *Die Neuerfindung der Natur. Primaten, Cyborgs und Frauen*, Frankfurt/M.: Campus. ■ HARRIS, RUTH (20003), *Lourdes: Body and spirit in the secular age*, London: Compass Books. ■ HERING, SABINE / MAIERHOF, GUDRUN (Hg.) (1991), *Die unpässliche Frau. Sozialgeschichte der Menstruation und Hygiene 1860–1985*, Pfaffenweiler: Centaurus-Verlags-Gesellschaft.

■ HERINGER, HANS JÜRGEN (1999), *Das höchste der Gefühle. Empirische Studien zur distributiven Semantik*, Tübingen: Stauffenburg. ■ HESSISCHE VEREINIGUNG FÜR VOLKSKUNDE (1996), *Körper. Verständnis – Erfahrung*, Marburg: Jonas. ■ HIRSCHFELDER, GUNTHER (2001), *Europäische Esskultur. Eine Geschichte der Ernährung von der Steinzeit bis heute*, Göttingen/Frankfurt/M.: Campus. ■ HÖDL, KLAUS (1997), »Der ›jüdische Körper‹ als Stigma«, in: *Österreichische Zeitschrift für Geschichtswissenschaft*, 8/2, S. 212–230. ■ HOFSTADLER, BEATE / BUCHINGER, BIRGIT (2001), *KörperNormen – KörperFormen. Männer über Körper, Geschlecht und Sexualität*, Wien: Turia und Kant. ■ HONEGGER, CLAUDIA (1996), *Die Ordnung der Geschlechter. Die Wissenschaft vom Menschen und das Weib 1750–1850*, München: Campus. ■ HÜBLER, AXEL (2001), *Das Konzept »Körper« in den Sprach- und Kommunikationswissenschaften*, Tübingen/Basel: Francke. ■ HISTORISCHE ZEITSCHRIFT, Beiheft 31 (2001), *Kap. Körpererfahrung in der Frühen Neuzeit*, S. 31–134. ■ IVANCEANU, VINTILA / SCHWEICKHARDT, JOSEF (Hg.) (1997), *ZeroKörper. Der abgeschaffte Mensch*, Wien: Passagen-Verlag. ■ JÄGER, LUDWIG (Hg.) (1988), *Zur historischen Semantik des deutschen Gefühlswortschatzes. Aspekte, Probleme und Beispiele seiner lexikographischen Erfassung*, Aachen: Alano. ■ JAHR, SILKE (2000), *Emotionen und Emotionsstrukturen in Sachtexten. Ein interdisziplinärer Ansatz der qualitativen und quantitativen Beschreibung der Emotionalität von Texten*, Berlin: Gruyter. ■ JEGGLE, UTZ (1980), »Im Schatten des Körpers«, in: *Zeitschrift für Volkskunde*, 76/2, S. 169–188. ■ JÜTTE, ROBERT (1991), *Ärzte, Heiler und Patienten. Medizinischer Alltag in der frühen Neuzeit*, München: Artemis & Winkler. ■ JÜTTE, ROBERT (2000), *Geschichte der Sinne. Von der Antike bis zum Cyberspace*, München: C. H. Beck. ■ KAHLCKE, THOMAS (1997), *Lebensgeschichte als Körpergeschichte. Studien zum Bildungsroman im 18. Jahrhundert*, Würzburg: Königshausen & Neumann. ■ KAHLE, GERD (1981 a), »Affektuales Handeln bei Parsons«, in: Kahle, Gerd, *Logik des Herzens*, Frankfurt/M.: Suhrkamp, S. 254–282. ■ KAHLE, GERHARD (Hg.) (1981 b), *Logik des Herzens. Die soziale Dimension der Gefühle*, Frankfurt/M.: Suhrkamp. ■ KAMPER, DIETMAR / WULF, CHRISTOPH (Hg.) (1982), *Die Wiederkehr des Körpers*, Frankfurt/M.: Suhrkamp. ■ KAMPER, DIETMAR / WULF, CHRISTOPH (1984), *Das Schwinden der Sinne*, Frankfurt/M.: Suhrkamp. ■ KAMPER, DIETMAR / WULF, CHRISTOPH (Hg.) (1989), *Transfigurationen des Körpers. Spuren der Gewalt in der Geschichte*, Berlin: Reimer. ■ KAPPELER, SUSANNE (2000), *Der schreckliche Traum vom vollkommenen Menschen. Rassenhygiene und Eugenik in der Sozialen Arbeit*, Marburg: Schüren. ■ KASTEN, INGRID (1998), »Körperlichkeit und Performanz in der Frauenmystik«, in: *Paragrana*, 7, S. 95–111. ■ KEA. ZEITSCHRIFT FÜR KULTURWISSENSCHAFTEN (1998), Körperbilder – Körperpolitiken. ■ KELEMAN, STANLEY (1992), *Verkörperte Gefühle. Der anatomische Ursprung unserer Erfahrungen und Einstellungen*, München: Kösel. ■ KERTZ-WELZEL, ALEXANDRA (2001), *Die Transzendenz der Gefühle. Beziehungen zwischen Musik und Gefühl bei Wackenroder/Tieck und die Musikästhetik der Romantik*, St. Ingbert: Röhrig. ■ KESSEL, MARTINA (1996), »Balance der Gefühle. Langeweile im 19. Jahrhundert«, in: *Historische Anthropologie*, 4/2, S. 234–255. ■ KESSEL, MARTINA (1999), »Unter Utopieverdacht? Zum Nachdenken über Glück in Deutschland im späten 18. und frühen 19. Jahrhundert«, in: *L'Homme*, 10/2, S. 257–276. ■ KESSEL, MARTINA (2000), »Das Trauma der Affektkontrolle. Zur Sehnsucht nach Gefühlen im 19. Jahrhundert«, in: Benthien, Claudia / Fleig, Anne / Kasten, Ingrid (Hg.), *Emotionalität. Zur Geschichte der Gefühle*, Köln/ Weimar/Wien: Böhlau, S. 156–177. ■ KITTSTEINER, HEINZ-DIETER (1991), *Die Entstehung des modernen Gewissens*, Frankfurt/M.: Insel-Verlag. ■ KLEEBERG, BERNHARD (Hg.) (2001), *Die List der Gene. Strategeme eines neuen Menschen*, Tübingen: Narr. ■ KLEIN, GABRIELE (1994), *FrauenKörper-Tanz. Eine Zivilisationsgeschichte des Tanzes*, Berlin: Beltz Quadriga. ■ KLEINSPEHN, THOMAS (1989), *Der flüchtige Blick. Sehen und Identität in der Kultur der Neuzeit*, Reinbek: Rowohlt. ■ KÖNIG, OLIVER (1990), *Nacktheit. Soziale Normierung und Moral*, Opladen: Westdeutscher Verlag. ■ KOSENINA, ALEXANDER (1995), *Anthropologie und Schauspielkunst. Studien zur ›eloquentia corporis‹*, Tübingen: Niemeyer. ■ KREBS, JEAN-DANIEL (Hg.) (1996), *Die Affekte und ihre Repräsentation in der deutschen Literatur der Frühen Neuzeit*, Bern/Frankfurt/M.: Lang. ■ KRÜGER, ARND (Hg.) (1995), *Kraftkörper – Körperkraft. Zum Verständnis von Körperkultur und Fitness gestern und heute*, Göttingen: Staats- und Universitäts-Bibliothek (SUB). ■ LABOUVIE, EVA (1997), »Unter Schmerzen gebären. Gedanken zur weiblichen Empfindungswelt um die Geburt«, in: *Medizin, Gesellschaft und Geschichte*, 15, S. 79–100. ■ LABOUVIE, EVA (1999), *Beistand in Kindsnöten. Hebammen und weibliche Kultur auf dem Land*, Frankfurt/M./ New York: Campus. ■ LABOUVIE, EVA (2000[2]), *Andere Umstände. Eine Kulturgeschichte der Geburt*, Köln/Weimar/Wien: Böhlau. ■ LABOUVIE, EVA (2001 a), »Der Leib als Medium, Raum, Zeichen und Zustand. Zur kulturellen Erfahrung und Selbstwahrnehmung der schwangeren Körpers«, in: Münch, Paul (Hg.), »*Erfahrung« als Kategorie der Frühneuzeitgeschichte*, München: Oldenbourg, S. 115–126. ■ LABOUVIE, EVA (2001 b), »Individuelle Körper. Zur Selbstwahrnehmung mit ›Haut und Haar‹«, in: Dülmen, Richard van (Hg.), *Entdeckung des Ich. Die Geschichte der Individualisierung vom Mittelalter bis zur Gegenwart*, Köln/Weimar/Wien: Böhlau, S. 163–198. ■ LACHMUND, JENS / STOLLBERG, GUNNAR (1995), *Patientenwelten. Krankheit und Medizin vom späten 18. bis zum frühen 20. Jahrhundert im Spiegel von Autobiographien*, Opladen: Leske + Budrich. ■ LALVANI, SUREN (1996), *Photography, vision, and the production of modern bodies*, Albany: State University of New York Press. ■ LAQUEUR, THOMAS (1992), *Auf den Leib geschrieben. Die Inszenierung der Geschlechter von der Antike bis Freud*, Frankfurt/M./New York: Campus. ■ LARGIER, NIKOLAUS (1998), »Jenseits des Begehrens – Diesseits der Schrift. Zur Topographie mystischer Erfahrung«, in: *Paragrana*, 7/2, S. 107–121. ■ LAURITZEN, PAUL (1992), *Religious belief and emotional transformation. A light in the heart*, Lewisburg: Bucknell University Press. ■ LE BRUN, JACQUES E. A. (1979), *La Peur*, Paris. ■ LEDOUX, JOSEPH (1998), *Das Netz der Gefühle. Wie Emotionen entstehen*, München: Hanser. ■ *LEIBUNDLEBEN.BL.CH.* (2000), *Vom Umgang mit dem menschlichen Körper*, (Begleitkatalog zur Ausstellung), Basel: Schwabe & Co. ■ LEMPA, HEIKKI (1993), *Bildung der Triebe. Der deutsche Philanthropismus*, Turku: Turun Yliopisto. ■ LENSSEN, CLAUDIA (2000), »Unterworfene Gefühle. Nationalsozialistische Mobilisierung und die emotionale Manipulation

der Massen in den Parteitagsfilmen Leni Riefenstahls«, in: Benthien, Claudia / Fleig, Anne / Kasten, Ingrid (Hg.), *Emotionalität. Zur Geschichte der Gefühle*, Köln/Weimar/Wien: Böhlau, S. 198–212. ■ LENZEN, DIETER (Hg.) (1989), *Melancholie als Lebensform. Über den Umgang mit kulturellen Verlusten*, Berlin: Reimer. ■ LEPENIES, WOLF (1998), *Melancholie und Gesellschaft. Das Ende der Utopie und die Wiederkehr der Melancholie*, Frankfurt/M.: Suhrkamp. ■ LINDEMANN, GESA (1993), *Das paradoxe Geschlecht. Transsexualität im Spannungsfeld von Körper, Leib und Gefühl*, Frankfurt/M.: Fischer. ■ LINDENBERGER, THOMAS / LÜDTKE, ALF (Hg.) (1995), *Physische Gewalt. Studien zur Geschichte der Neuzeit*, Frankfurt/M.: Suhrkamp. ■ LÖNEKE, REGINA / SPIEKER, IRA (Hg.) (1996), *Reinliche Leiber – schmutzige Geschäfte. Körperhygiene und Reinlichkeitsvorstellungen in zwei Jahrhunderten*, Göttingen: Wallstein. ■ LORENZ, MAREN (1999), *Kriminelle Körper – gestörte Gemüter. Die Normierung des Individuums in Gerichtsmedizin und Psychiatrie der Aufklärung*, Hamburg, Hamburger Edition. ■ LORENZ, MAREN (2000), *Leibhaftige Vergangenheit. Einführung in die Körpergeschichte*, Tübingen: Edition Diskord. ■ LOUX, FRANÇOISE (1979), *Le corps dans la société traditionelle*, Paris: Berger-Levrault. ■ LUTZ, RONALD (1996), »Im Hier und Jetzt«. *Körper und soziale Praxis*, in: *Hess. Bll. für Kultur- und Volksforschung*, 31, S. 35–53. ■ LUZZATTO, SERGIO (1998), *Il corpo del duce. Un cadavere tra immaginazione, storia e memoria*, Turin: Einaudi. ■ MAAZ, HANS-JOACHIM (1990), *Der Gefühlsstau. Ein Psychogramm der DDR*, Berlin: Argon-Verlag. ■ MARTIN, EMILY (1989), *Die Frau im Körper. Weibliches Bewusstsein, Gynäkologie und die Reproduktion des Lebens*, Frankfurt/M.: Campus. ■ MARTIN, EMILY (1994), *Flexible bodies. Tracking immunity in american culture*, London/Boston: Beacon Press. ■ MAUSS, MARCEL (1978), »Die Techniken des Körpers«, in: Mauss, Marcel, *Soziologie und Anthropologie*, 2, Frankfurt/M./Berlin/Wien: Ullstein, S. 199–220. ■ MEISE, HELGA (2000), »Gefühl und Repräsentation in höfischen Selbstinszenierungen des 17. Jahrhunderts«, in: Benthien, Claudia / Fleig, Anne / Kasten, Ingrid (Hg.), *Emotionalität. Zur Geschichte der Gefühle*, Köln/Weimar/Wien: Böhlau, S. 119–141. ■ MENNINGHAUS, WINFRIED (1999), *Ekel. Theorie und Geschichte einer starken Empfindung*, Frankfurt/M.: Suhrkamp. ■ MERCHANT, CAROLYN (1987), *Der Tod der Natur. Ökologie, Frauen und neuzeitliche Naturwissenschaft*, München: C. H.Beck. ■ METZ-BECKER, MARITA (1997), *Der verwaltete Körper. Die Medikalisierung schwangerer Frauen in den Gebärhäusern des frühen 19. Jahrhunderts*, Frankfurt/ M./New York: Campus. ■ MINIRTH, FRANK (1992), *Liebeshunger. Zehnstufenplan für Geist, Seele und Leib*, Asslar: Schulte & Gerth. ■ MOHANRAM, RADHIKA (1999), *Black body. Women, colonialism and space*, Minneapolis: University of Minnesota Press. ■ MOORE, HENRIETTE (1994), »Divided we stand: Sex, gender and sexual difference«, in: *Feminist Review*, 47, S. 78–95. ■ MORRIEN, RITA (2001), *Sinn und Sinnlichkeit. Der weibliche Körper in der deutschen Literatur der Bürgerzeit*, Köln/Weimar/Wien: Böhlau. ■ MORRIS, DAVID B. (1996), *Geschichte des Schmerzes*, Frankfurt/M.: Suhrkamp. ■ MUCHEMBLED, ROBERT (1990), *Die Erfindung des modernen Menschen. Gefühlsdifferenzierung und kollektive Verhaltensweisen im Zeitalter des Absolutismus*, Reinbek: Rowohlt. ■ MUIR, EDWARD (1997), *Ritual in early modern Europe*, Cambridge:

Cambridge University Press. ■ NADIG, MAYA (1986), *Die verborgene Kultur der Frau*, Frankfurt/M.: Fischer. ■ OBERMEIT, WERNER (1980), *»Das unsichtbare Ding, das Seele heißt«. Die Entdeckung der Psyche im bürgerlichen Zeitalter*, Frankfurt/M.: Syndikat. ■ OETTERMANN, STEPHAN (1995⁴), *Zeichen auf der Haut. Die Geschichte der Tätowierung in Europa*, Hamburg: Europ. Verlags-Anstalt. ■ ÖLSCHLÄGER, CLAUDIA (Hg.) (1997), *Körper – Gedächtnis – Schrift. Der Körper als Medium kultureller Erinnerung*, Berlin: Erich Schmidt. ■ ÖSTERREICHISCHE GESELLSCHAFT FÜR GESCHICHTSWISSENSCHAFT (1997), *leibhaft*, Wien: Döcker. ■ OTIS-COUR, LEAH (2000), *Lust und Liebe. Geschichte der Paarbeziehung im Mittelalter*, Frankfurt/M.: Fischer. ■ PALMER, GARY B. (1999), *Languages of sentiment. Cultural constructions of emotional substrates*, Amsterdam/Philadelphia: J. Benjamins. ■ PANDEL, HANS-JÜRGEN (1992), *»Emotionalität – Ein neues Thema der Sozialgeschichte?«*, in: Mütter, Bernd / Uffelmann, Uwe (Hg.), *Emotionen und historisches Lernen*, Frankfurt/M.: Diesterweg, S. 41–61. ■ PAYER, PETER (1997), *Der Gestank von Wien. Über Kanalgase, Totendünste und andere üble Geruchskulissen*, Wien: Döcker. ■ POMATA, GIANNA (1983), *»Die Geschichte der Frauen zwischen Anthropologie und Biologie«*, in: *Feministische Studien*, 2, S. 113–127. ■ POSCH, WALTRAUD (1999), *Körper machen Leute. Der Kult um die Schönheit*, Frankfurt/M./New York: Campus. ■ RADKAU, JOACHIM (1994), *»Die Wilhelminische Ära als nervöses Zeitalter, oder: Die Nerven als Netz zwischen Tempo- und Körpergeschichte«*, in: *Geschichte und Gesellschaft*, 20, S. 211–241. ■ RAPPE, GUIDO (1995), *Archaische Leiberfahrung. Der Leib in der frühgriechischen Philosophie und in außereuropäischen Kulturen*, Berlin: Akademie-Verlag. ■ REEMTSMA, JAN PHILIPP (Hg.) (1991), *Folter. Zur Analyse eines Herrschaftsmittels*, Hamburg: Junius. ■ RICHARTZ, ALFRED (1996), *Körper – Gesundheit – Nation. Tiefenhermeneutische Analysen zur bürgerlichen Körperkultur in der ersten Hälfte des 19. Jahrhunderts*, Berlin: FU Berlin, Dissertation. ■ RITTER, VOLKER (1982), *»Krankheit und Gesundheit. Veränderungen in der sozialen Wahrnehmung des Körpers«*, in: Kamper, Dietmar / Wulf, Christoph (Hg.), *Die Wiederkehr des Körpers*, Frankfurt/M.: Suhrkamp, S. 40–51. ■ RITZMANN, IRIS (2001), *»Leidenserfahrung in der historischen Betrachtung. Ein Seiltanz zwischen sozialem Konstrukt und humanbiologischer Konstanz«*, in: Münch, Paul (Hg.), *»Erfahrung« als Kategorie der Frühneuzeitgeschichte*, München: Oldenbourg, S. 59–72. ■ RÖCKE, WERNER (2000), *»Die Faszination der Traurigkeit. Inszenierung und Reglementierung von Trauer und Melancholie in der Literatur des Spätmittelalters«*, in: Benthien, Claudia / Fleig, Anne / Kasten, Ingrid (Hg.), *Emotionalität. Zur Geschichte der Gefühle*, Köln/Weimar/Wien: Böhlau, S. 100–118. ■ RÖCKELEIN, HEDWIG (Hg.) (1996), *Kannibalismus und europäische Kultur*, Tübingen: Edition Diskord. ■ ROPER, LYNDAL (1995), *Ödipus und der Teufel. Körper und Psyche in der frühen Neuzeit*, Frankfurt/M.: Fischer TB. ■ RUBLACK, ULINKA (2001), *»Erzählungen vom Geblüt und Herzen. Zu einer Historischen Anthropologie des frühneuzeitlichen Körpers«*, in: *Historische Anthropologie*, 9/2, S. 214–232. ■ RUBLACK, ULINKA (2001), *»Geschlecht und Gefühl in der Frühen Neuzeit«*, in: Münch, Paul (Hg.), *»Erfahrung« als Kategorie der Frühneuzeitgeschichte*, München: Oldenbourg, S. 99–106. ■ RUPPERT, RAINER

(1995), *Labor der Seele und der Emotionen. Funktionen des Theaters im 18. und frühen 19. Jahrhundert*, Berlin: Edition Sigma. ■ SABEAN, DAVID W. (1996), *»Soziale Distanzierungen. Ritualisierte Gestik in deutscher bürokratischer Prosa der Frühen Neuzeit«*, in: *Historische Anthropologie*, 4/2, S. 216–233. ■ SANDER, SABINE (1990), *»Der Körper im 18. Jahrhundert«*, in: *Das Achtzehnte Jahrhundert. Zeitschrift der Deutschen Gesellschaft für die Erforschung des Achtzehnten Jahrhunderts*, S. 153–252. ■ SARASIN, PHILIPP (1996), *»Subjekte, Diskurse, Körper. Überlegungen zu einer diskursanalytischen Kulturgeschichte«*, in: Hardtwig, Wolfgang / Wehler, Hans-Ulrich (Hg.), *Kulturgeschichte heute*, Göttingen: Vandenhoeck & Ruprecht, S. 130–164. ■ SASSE, GÜNTER (1996), *Die Ordnung der Gefühle. Das Drama der Liebesheirat im 18. Jahrhundert*, Darmstadt: Wiss. Buchgesellschaft. ■ SCARRY, ELAINE (1992), *Der Körper im Schmerz. Die Chiffren der Verletzlichkeit und die Erfindung der Kultur*, Frankfurt/M.: Fischer. ■ SCHERER, KLAUS R. (Hg.) (1990), *Psychologie der Emotion*, Göttingen: Hogrefe. ■ SCHIESARI, JULIANA (1992), *The gendering of melancholia*, Ithaca/London: Cornell University Press. ■ SCHINGS, HANS-JÜRGEN (Hg.) (1994), *Der ganze Mensch. Anthropologie und Literatur im 18. Jahrhundert*, Stuttgart: Metzler. ■ SCHIPPERGES, HEINRICH (1999), *Krankheit und Kranksein im Spiegel der Geschichte*, Heidelberg/Berlin: Springer. ■ SCHLAEGER, JÜRGEN / STEDMAN, GESA (Hg.) (1999), *Representations of emotions*, Tübingen: Narr. ■ SCHLEHE, JUDITH (1996), *»Die Leibhaftigkeit der ethnologischen Feldforschung«*, in: *Historische Anthropologie*, 4/3, S. 451–460. ■ SCHMITT, JEAN-CLAUDE (1992), *Die Logik der Gesten im europäischen Mittelalter*, Stuttgart: Klett-Cotta. ■ SCHOENFELDT, MICHAEL C. (1999), *Bodies and selves in early modern England*, Cambridge: Cambridge University Press. ■ SCHÖNPFLUG, WOLFGANG (1997), *»Männliche Seele in männlichem Körper? Annahmen über die Einheitlichkeit von Körper und Seele«*, in: *Paragrana*, 6/2, S. 171–190. ■ SCHROER, SILVIA / STAUBLI, THOMAS (1998), *Die Körpersymbolik der Bibel*, Darmstadt: Wiss. Buchgesellschaft. ■ SCHULLER, ALEXANDER / KLEBER, JUTTA ANNA (Hg.) (1994), *Verschlemmte Welt. Essen und Trinken historisch-anthropologisch*, Göttingen: Vandenhoeck & Ruprecht. ■ SCHULTZ, UWE (Hg.) (1993), *Speisen, Schlemmen, Fasten. Eine Kulturgeschichte des Essens*, Frankfurt/M./Leipzig: Insel-Verlag. ■ SCHWERHOFF, GERD (1999), *Aktenkundig und gerichtsnotorisch. Einführung in die historische Kriminalitätsforschung*, Tübingen: Edition Diskord. ■ SENNETT, RICHARD (1986), *Verfall und Ende des öffentlichen Lebens. Die Tyrannei der Intimität*, Frankfurt/M.: Fischer. ■ SHORTER, EDWARD (1977), *Die Geburt der modernen Familie*, Reinbek: Rowohlt. ■ SIGNORI, GABRIELA (Hg.) (1994), *Trauer, Verzweiflung und Anfechtung. Selbstmord und Selbstmordversuch in spätmittelalterlichen und frühneuzeitlichen Gesellschaften*, Tübingen: Edition Diskord. ■ SIMMEL, GEORG (1967), *»Die Liebe«*, in: Simmel, Georg (Hg.), *Fragmente und Aufsätze*, Hildesheim: Olms, S. 49–121. ■ SOFSKY, WOLFGANG (2001), *Traktat über die Gewalt*, Frankfurt/M.: Fischer. ■ SONNTAG, MICHAEL (2000), *»Bandenführer und Triebtäter. Das Mittelalter im ›Prozess der Zivilisation‹«*, in: *Journal für Psychologie*, 8/2, S. 1–12. ■ SOUZENELLE, ANNICK DE (1998), *Le symbolisme du corps humain*, Paris: Albin Michel. ■ SPITZLEI, SABINE B. (1991), *Erfahrungsraum Herz. Zur Mystik des Zisterzienserklos-*

ters Helfta im 13. Jahrhundert, Stuttgart: Holzboog. ■ STARO-
BINSKI, JEAN (1987), *Kleine Geschichte des Körpergefühls*, Kon-
stanz: Universitätsverlag. ■ STEARNS, PETER N. / STEARNS,
CAROL Z. (1986), *Anger. The struggle of emotional control in
America's history*, Chicago: University of Chicago Press. ■
STEARNS, PETER N. / STEARNS, CAROL Z. (Hg.) (1988), *Emotion and social change: Toward a new Psychohistory*, New York:
Holmes & Meier. ■ STEPHAN, CORA (1995), *Kursbuch 11:
Verteidigung des Körpers*, Berlin: Rowohlt. ■ STIGLMAYER,
ALEXANDRA (Hg.) (1993), *Massenvergewaltigung. Krieg gegen
die Frauen*, Freiburg: Kore. ■ STOFF, HEIKO (1999), »Diskurse
und Erfahrungen. Ein Rückblick auf die Körpergeschichte der
neunziger Jahre«, in: *Zeitschrift für Sozialgeschichte des 20. und
21. Jahrhunderts*, 14, S. 142–160. ■ STOLBERG, MICHAEL
(1996), ‹Mein äskulapisches Orakel‹. Patientenbriefe als
Quelle einer Kulturgeschichte der Krankheitserfahrung im
18. Jahrhundert«, in: *Österreichische Zeitschrift für Geschichtswissenschaft*, 7, S. 385–404. ■ STOLBERG, MICHAEL (2000),
»Der gesunde und saubere Körper«, in: Dülmen, Richard
van (Hg.), *Erfindung des Menschen. Schöpfungsträume und
Körperbilder 1500–2000*, Wien: Böhlau, S. 305–317. ■ STOL-
BERG, MICHAEL (2001), »Der gesunde Leib. Zur Geschicht-
lichkeit frühneuzeitlicher Körpererfahrung«, in: Münch, Paul
(Hg.), »*Erfahrung« als Kategorie der Frühneuzeitgeschichte*,
München: Oldenbourg, S. 37–58. ■ STOLZ, SUSANNE (1992),
*Die Handwerke des Körpers. Bader, Barbier, Perückenmacher,
Friseur – Folge und Ausdruck historischen Körperverständnisses*,
Marburg: Jonas-Verlag. ■ TANNER, JAKOB (1994), »Körper-
erfahrung, Schmerz und die Konstruktion des Kulturellen«,
in: *Historische Anthropologie, 2/3*, S. 489–502. ■ TANNER, JA-
KOB (1999), »Wie machen Menschen Erfahrungen? Zur His-
torizität und Semiotik des Körpers«, in: Bielefelder Graduier-
tenkolleg Sozialgeschichte (Hg.), *Körper Macht Geschichte –
Geschichte Macht Körper. Körpergeschichte als Sozialgeschichte*,
Bielefeld: Verlag für Regionalgeschichte, S. 16–34. ■ TANNER,
JAKOB / SARASIN, PHILIPP (Hg.) (1998), *Physiologie und industrielle Gesellschaft. Studien zur Verwissenschaftlichung des Kör-
pers im 19. und 20. Jahrhundert*, Frankfurt/M.: Suhrkamp. ■
THOMPSON, J. KEVIN (1999), *Exacting beauty. Theory, assess-
ment, and treatment of body image disturbance*, Washington,
DC: American Psychological Association. ■ THUILLIER, GUY
(1985), *L'Imaginaire quotidien au XIXe siècle*, Paris: Economi-
ca. ■ TILMANN, WALTER (1998), *Unkeuschheit und Werk der
Liebe. Diskurse über Sexualität am Beginn der Neuzeit in
Deutschland*, Berlin/New York: de Gruyter. ■ TILMANN, WAL-
TER (2000), »Medikalisierung, Körperlichkeit und Emotionen:

Prolegomena zu einer neuen Geschichte des Körpers«, in:
Journal für Psychologie, 8, S. 25–49. ■ TOEPFER, KARL ERIC
(1998), *Empire of ecstasy. Nudity and movement in German
body culture, 1910–1935*, Berkeley: University of California
Press. ■ TROTHA, TRUTZ VON (Hg.) (1997), *Soziologie der
Gewalt*, Opladen/Wiesbaden: Westdeutscher Verlag. ■ UTZ,
PETER (1990), *Das Auge und das Ohr im Text. Literarische
Sinneswahrnehmung in der Goethezeit*, München: Fink. ■ VAN-
JA, CHRISTINA (1997), »Waren die Hexen gemütskrank? Psy-
chisch kranke Frauen im hessischen Hospital Merxhausen«,
in: *Ringvorlesungen der Universität Mainz*, 6, S. 75–92. ■ VER-
DIER, YVONNE (1982), *Drei Frauen. Das Leben auf dem Dorf*,
Stuttgart: Klett-Cotta. ■ VOGEL, STEFAN (1996), *Emotionspsy-
chologie. Grundriss einer exakten Wissenschaft der Gefühle*,
Opladen: Westdeutscher Verlag. ■ VOLLHARDT, FRIEDRICH
(2001), »Eigennutz – Selbstliebe – Individuelles Glück«, in:
Dülmen, Richard van (Hg.), *Entdeckung des Ich. Die Geschichte
der Individualisierung vom Mittelalter bis zur Gegenwart*, Köln/
Weimar/Wien: Böhlau, S. 219–242. ■ WARNEKEN, BERND
JÜRGEN (1990), *Der aufrechte Gang. Zur Symbolik der Körper-
haltung*, Tübingen: Tübinger Vereinigung für Volkskunde. ■
WEBER, MAX (1964), *Wirtschaft und Gesellschaft. Grundriss
der verstehenden Soziologie*, Köln: Kiepenheuer & Witsch. ■
WEDEMEYER, BERND (1996), *Starke Männer, starke Frauen.
Eine Kulturgeschichte des Bodybuildings*, München: C. H. Beck.
■ WEDEMEYER, BERND (2001), »Sport und Körper – Zwischen
Leibesübung und Selbstfindung«, in: Dülmen, Richard van
(Hg.), *Entdeckung des Ich. Die Geschichte der Individualisierung
vom Mittelalter bis zur Gegenwart*, Köln/Weimar/Wien: Böh-
lau, S. 517–540. ■ WESTHEIMER, RUTH / MARK, JONATHAN
(1996), *Himmlische Lust. Liebe und Sex in der jüdischen Kultur*,
Frankfurt/M./New York: Campus. ■ WIEGEMANN, HERMANN
(1987), *Die ästhetische Leidenschaft. Texte zur Affektlehre im 17.
und 18. Jahrhundert*, Hildesheim: Olms. ■ WIESEMANN, CLAU-
DIA (2001), »Individuelles Leiden. Sterben – Tod«, in: Dülmen, Richard van (Hg.), *Entdeckung des Ich. Die Geschichte der
Individualisierung vom Mittelalter bis zur Gegenwart*, Köln/
Weimar/Wien: Böhlau, S. 541–557. ■ WISCHERMANN, CLE-
MENS / HAAS, STEFAN (Hg.) (2000), *Körper mit Geschichte. Der
menschliche Körper als Ort der Selbst- und Weltdeutung*, Stuttgart: Franz Steiner. ■ WRIGHT, JOHN P. / POTTER, PAUL (Hg.)
(2000), *Psyche and Soma. Physicians and metaphysicians on the
mind-body problem from Antiquity to Enlightenment*, Oxford:
Clarendon Press. ■ WUTHENOW, RALPF-RAINER (2000), *Die
gebändigte Flamme. Zur Wiederentdeckung der Leidenschaften
im Zeitalter der Vernunft*, Heidelberg: Winter.

12.7 Das Unbewusste in der Kultur.
Erinnern und Verdrängen als Themen der Kulturwissenschaften

Mario Erdheim

1. Das Unbewusste

Wenn im Folgenden vom Unbewussten die Rede ist, so ist damit immer das Unbewusste von Individuen gemeint. Zwar taucht bei Freud immer wieder die Vorstellung eines Arten-, sowie eines Rassen-Unbewussten auf, aber sie hat sich nicht durchsetzen können, nicht zuletzt auch deshalb, weil die Nähe zu rassistisch-völkischen Konzepten offensichtlich war. Der Begriff des kollektiven Unbewussten, wie er von der Jungschen Richtung der Tiefenpsychologie ausgearbeitet worden ist, stieß auf eine ähnliche Kritik. Insbesondere weil es nicht möglich ist, den Träger eines solchen kollektiven Unbewussten auszumachen, ohne auf romantische Konzepte eines Volkes bzw. einer Kultur zu rekurrieren.

Als Einstieg in die kulturwissenschaftliche Problematik des Unbewussten eignet sich nach wie vor Freuds Beschreibung des Es. Das Es bildet den Kern des Unbewussten, und Freud schreibt: »Sie erwarten nicht, dass ich Ihnen vom Es außer dem neuen Namen viel Neues mitzuteilen habe. Es ist der dunkle Teil unserer Persönlichkeit; das wenige, was wir von ihm wissen, haben wir durch das Studium der Traumarbeit und der neurotischen Symptombildung erfahren und das meiste davon hat negativen Charakter, lässt sich nur als Gegensatz zum Ich beschreiben. Wir nähern uns dem Es mit Vergleichen, nennen es ein Chaos, einen Kessel voll brodelnder Erregungen. [...] Von den Trieben her erfüllt es sich mit Energie, es hat aber keine Organisation, bringt keinen Gesamtwillen auf, nur das Bestreben, den Triebbedürfnissen unter Einhaltung des Lustprinzips Befriedigung zu verschaffen. Für die Vorgänge im Es gelten die logischen Denkgesetze nicht, vor allem nicht der Satz vom Widerspruch. Gegensätzliche Regungen bestehen nebeneinander, ohne einander aufzuheben oder sich voneinander abzuziehen, höchstens, dass sie unter dem herrschenden ökonomischen Zwang

(d. h. dem triebenergetischen Verhältnis, M. E.) zur Abfuhr der Energie zu Kompromissbildungen zusammentreten. Es gibt im Es nichts, was man der Negation gleichstellen könnte, auch nimmt man mit Überraschung die Ausnahme von dem Satz der Philosophen wahr, dass Raum und Zeit notwendige Formen unserer seelischen Akte seien. Im Es findet sich nichts, was der Zeitvorstellung entspricht, keine Anerkennung eines zeitlichen Ablaufs, und [...] keine Veränderung des seelischen Vorgangs durch den Zeitlauf. Selbstverständlich kennt das Es keine Wertungen, kein Gut und Böse, keine Moral. [...] Wunschregungen, die das Es nie überschritten haben, aber auch Eindrücke, die durch Verdrängung ins Es versenkt worden sind, sind virtuell unsterblich, verhalten sich nach Dezennien als ob sie neu vorgefallen wären.«[1]

Wenn ein Inhalt im Bewusstsein Konflikte hervorruft, deren Konsequenzen dem Individuum unerträglich sind, muss er unbewusst gemacht werden. Wünsche, die nur mit großen Schwierigkeiten umgesetzt werden könnten, Vorstellungen, die mit dem Selbstbild nicht in Einklang gebracht werden können, Wahrnehmungen, die Handlungen zur Folge hätten, die sich das Individuum nicht glaubt leisten zu können, werden aus dem Bewusstsein verbannt. Was unbewusst wird, gerät ins Kraftfeld des Es, und das heißt, dass es eine bestimmte »Behandlung« erfährt: Diese Inhalte werden mit den aus der Traumarbeit bekannten Mechanismen der Verschiebung, Verdichtung und Inszenierung bearbeitet. Es entstehen neue Gebilde, man könnte auch sagen Bilder, die weder einer dem Satz des Widerspruchs folgenden Logik entsprechen, noch auf die Gesetze von Raum und Zeit Rücksicht nehmen müssen. Das Realitätsprinzip ist ausgeschaltet. Hass und Liebe sind die entscheidenden Kräfte, die bei der Metamorphose der Bilder walten.

Diese Bilder verbleiben aber nicht im Inneren der Menschen. Auf vielfältige Art und Weise drängen sie nach Außen. Wenn wir uns die mächtigen Inszenierungen der pharaonischen Gottkönige, die

---

1 Freud (1979, S. 80).

aztekischen Gottesbilder und die ihnen dargebrachten Menschenopfer oder Hobbes' Bild des Staates als das des Ungeheuers Leviathan vorzustellen versuchen, wenn wir an die Angst vor Teufel und Hexen, vor Kommunisten und Faschisten und vor gelben, roten oder schwarzen Gefahren denken, wenn es zur Überlappung der Bilder des mittelalterlichen Juden mit den Machthabern von Kreml und Wallstreet kommt, dann bewegen wir uns in einer Welt der Bilder, die ihre symbolische Kraft wesentlich aus dem Unbewussten bezieht. Erst wenn der Faktor Zeit eine Rolle zu spielen beginnt und damit ein Abstand möglich wird, kann die scheinbare Objektivität dieser Gefahren verblassen und der unbewusste Ursprung dieser Bilder offenbar werden.

An dieser Stelle treten sich jedoch zwei entgegengesetzte Positionen gegenüber.[2] Die eine geht davon aus, dass es gleichsam Urphantasien sind, die diese Bilder produzieren. Nach diesem, etwa von der kleinianischen Schule vertretenen Standpunkt[3] ist das Unbewusste die determinierende Kraft dieser Inszenierungen. So verdichten sich zum Beispiel paranoide, aus der frühen Kindheit stammende Ängste zu den Institutionen und ihren Mythen, die – wie das Pharaoenentum oder die Kirche – Schutz vor dem Chaos oder dem Teufel versprechen. Die andere Position, die ich hier weiter vertreten werde, geht davon aus, dass sowohl die Art und Weise als auch der Zeitpunkt, zu dem etwas unbewusst gemacht werden muss, determinierend werden für die Wahl und Ausgestaltung der Inszenierungen: Die Hexenverfolgungen zum Beispiel oder der Antisemitismus haben immer etwas Spezifisches, obwohl sie zeit- und kulturübergreifend sind. Das Konzept des Unbewussten verhilft dazu, das Subjekt, seine Erfahrung und die Art und Weise, wie es diese Erfahrungen zu verarbeiten versucht, besser zu verstehen.

1.1. Zur heuristischen Bedeutung des Konzepts des Unbewussten

Am Beispiel von Norbert Elias' Theorie des Zivilisationsprozesses[4] lässt sich aufzeigen, welche heuristische Bedeutung das Konzept des Unbewussten hat. Elias ging es bekanntlich darum, mit Hilfe der Ver-

innerlichungshypothese Wandlungen der Aggression zu postulieren. Er nahm an, dass im Verlauf des neuzeitlichen Zivilisationsprozesses die Aggression immer weniger nach außen gelenkt und in der Psyche eine immer perfekter funktionierende Affektkontrolle aufgerichtet worden sei. Er unterließ es jedoch, den Schicksalen der verinnerlichten Aggression nachzugehen. Was geschieht mit ihr, wenn sie »verinnerlicht« wird? Verschwindet sie ganz oder verwandelt sie sich in andere psychische Regungen und richtet sie sich dann gegen das Individuum selber? Folgen wir diesen Fragen, so wird deutlich, dass »verdrängen« und »erinnern« nicht nur Themen der Kulturwissenschaft, sondern auch Prozesse sind, denen die Wissenschaft selber unterliegt.

Ich möchte dies am Beispiel der Überlegungen erläutern, die Norbert Elias 1939 zu den Katzenverbrennungen im Paris des 16. Jahrhunderts anstellte. Elias entsetzte sich, dass sich bei den Katzenverbrennungen »die Lust, Lebendiges zu quälen, so nackt, unverhüllt, zweckfrei, nämlich ohne eine Entschuldigung vor dem Verstand, zeigt«.[5] Diese Bemerkung überrascht vor allem deshalb, weil er bei seiner Darstellung der Entstehung des neuzeitlichen absolutistischen Staates über die gleichzeitig stattfindenden Hexenverfolgungen nichts schreibt. Wie kann man die Katzenverbrennungen erwähnen und über die Hexenverbrennungen schweigen? Elias war ein gründlicher Forscher, wir dürfen also annehmen, dass er selbstverständlich vom Hexenwahn wusste. Liegt hier also eine Verdrängung vor? Von einer Verdrängung im strengen Sinne des Wortes kann man wahrscheinlich nicht sprechen, es handelt sich vielmehr um eine Verschiebung und »Absperrung«. Freud beschrieb eine zusätzliche, oft übersehene Art, Erinnerungen zu neutralisieren: »Man hat es zwar immer schon gewusst – heißt es dann, wenn man auf Vergangenes angesprochen wird – aber man habe nicht daran gedacht.«[6] Wis-

---

2 In der Geschichte der Psychoanalyse spricht man von der Trauma-Trieb Kontroverse. »Trauma« meint die Verletzung durch die Außenwelt; »Trieb« die innere Welt. Vgl. Grubrich-Simitis (1987).
3 Jaques (1953).
4 Elias (1969).
5 Elias (1969, Bd. 1, S. 282).
6 Freud (1967, S. 127 f.).

sen und Denken sind also zweierlei: Man kann durchaus etwas wissen, ohne es denkend verarbeiten zu müssen. Freud bezeichnete diese Umgangsweise mit Erinnerungen als »Absperrung«. Indem man das Gewusste nicht denkt, sperrt man es vom Fluss des Lebens ab. Wer auf das Denken verzichtet, kann sich also auch das Verdrängen ersparen.

Dass Elias auf die Katzenverbrennungen zu sprechen kam, könnte als ein Kompromiss interpretiert werden: Das Hexenthema drängte sich zwar auf, musste aber abgewiesen werden, vielleicht weil es doch sehr beunruhigende Anklänge an die damals in Deutschland stattfindenden Judenverfolgungen enthielt, die zudem die ganze Theorie vom Zivilisationsprozess infrage stellten. Die Katzenverbrennungen boten sich als Ersatz an und hatten zudem den beruhigenden Vorteil, dass sie inzwischen »unvorstellbar« geworden waren.

Beim Text über die Katzenverbrennungen handelt es sich somit um eine Art »Decktext«; darunter verbergen sich die Hexenverbrennungen.

Robert Darnton hat in seinem Buch »Das große Katzenmassaker« ausführlich diesen erst 1765 abgeschafften Brauch erläutert und gezeigt, wie sich dieser in eine bestimmte ideologische Struktur einordnete. Er schrieb: »An erster und wichtigster Stelle stehen dabei die Hexenkünste, die den Katzen zugeschrieben wurden. Wenn einem des Nachts eine Katze über den Weg lief, so konnte das nahezu überall in Frankreich heißen, dass man dem Teufel oder einem seiner Helfershelfer oder einer Hexe, die zu bösem Auftrag unterwegs waren, begegnet war. [...] Um sich vor Zauberei seitens der Katzen zu schützen, gab es ein probates, klassisches Gegenmittel: Man musste sie verstümmeln. Wenn man ihr den Schwanz abschnitt, ihre Ohren kupierte, eines ihrer Beine zermalmte, ihr Fell zerriss oder versengte, war ihre bösartige Macht gebrochen. Eine verstümmelte Katze konnte weder am Hexensabbat teilnehmen noch umherschweifen, um ihr Zaubergarn zu spinnen.«[7]

Man kann nicht über den Absolutismus sprechen, ohne zugleich den Hexenwahn und verwand-

te Formen der Verfolgung zu erwähnen. Es ist kein Zufall, dass im Werk von Jean Bodin, einem der wichtigsten Theoretiker der modernen Souveränität, der Hexenwahn eine zentrale Rolle spielte. Dilthey hingegen bezeichnete Bodins Hexenwahn verharmlosend als dessen »metaphysische Vorurteile«.[8] Und auch Friedrich Meinecke[9] versäumte es, in seinem Buch über die Staatsräson darauf hinzuweisen, dass Bodin zugleich die theoretischen Grundlagen für die Hexenverfolgungen aufbereitet hatte.

Dilthey und Meinecke betrachteten die Ideen der Souveränität des Staates und der absoluten Macht des Königs offenbar als vernünftig und dem Geist der Zeit entsprechend, die Hexenvorstellungen jedoch als unvernünftig, irrational, also als kaum erwähnenswerte Überbleibsel aus früheren Epochen. Hier begegnen wir einem weiteren Mechanismus der Unbewusstmachung: der Spaltung. Zusammengehörendes, ja einander Bedingendes wird sozusagen auseinander dividiert. Macht man die Spaltung rückgängig und betrachtet die beiden Texte – denjenigen, der vom Staat, vom Königtum und seinen Institutionen handelt, und denjenigen, der vom Teufel und seinen Hexen handelt – als zusammengehörig, so wird die Wirklichkeit des modernen Staates mit den sich ständig wiederholenden Hexen- und Judenverfolgungen sowie sonstigen »ethnischen Säuberungen« erst richtig sichtbar.

Am Beispiel des Absolutismus können wir deutlich sehen, wie die Entwicklung von komplexeren Formen des sozialen Zusammenlebens nicht nur mit der Produktion neuer Formen von Bewusstsein einhergeht, sondern auch mit Prozessen der Unbewusstmachung. In den Phantasmagorien von Teufel und Hexe sowie in den Reinigungs-Ritualen der Verfolgung und Ausrottung kam es zur Wiederkehr des Unbewusstgewordenen, nämlich der unbewussten Aggression gegen die Konzentration von Macht und Gewalt in einem Zentrum, dem königlichen Hof. Die Gestalt des Teufels, dessen Macht sich angeblich immer mehr ausdehnte, spiegelt die vom Unbewussten verzerrten Züge des absoluten Fürsten. Da man aber den Teufel statt des Königs bekämpfte, und nicht den Adel, sondern die Hexen jagte, dienten diese Ersatzbildungen letztlich der neuen Staatsform und der Zementierung ihrer Macht.

Die heuristische Bedeutung des Konzepts des Unbewussten liegt darin, neue Zusammenhänge

---

7 Darnton (1989, S. 109).
8 Dilthey (1991).
9 Meinecke (1924).

erkennen zu können. Dank der Verwendung des Konzepts des Unbewussten werden auch beim Zivilisationsprozess bisher unbeachtete Zusammenhänge sichtbar: nämlich wie dessen dunkle Seiten verdrängt oder abgespalten, auf Fremdes projiziert und dort weiter bekämpft worden sind. Ohne den Begriff des Unbewussten tendieren die Kulturwissenschaften dazu, den Verdrängungsprozess ebenso wie die Abspaltungen zu reproduzieren statt sie rückgängig zu machen.

1.2. Unbewusstes und Unbewusstheit

Georges Devereux[10] unternahm in den fünfziger Jahren einen erneuten[11] Versuch, das Freudsche Konzept des Unbewussten für kulturwissenschaftliche Zwecke nutzbar zu machen, indem er den Begriff des »ethnisch Unbewussten« einführte: »Das ethnisch Unbewusste eines Individuums ist jener Teil seines gesamten Unbewussten, den es gemeinsam mit der Mehrzahl der Mitglieder seiner Kultur besitzt. Es setzt sich aus dem zusammen, was jede Generation, entsprechend den fundamentalen Anforderungen ihrer Kultur, selbst zu verdrängen lernt und dann ihrerseits die folgende Generation zu verdrängen zwingt. Es verändert sich ebenso wie die Kultur und wird ebenso wie diese durch eine Art ›Unterweisung‹ überliefert [...] Jede Kultur gestattet gewissen Phantasien, Trieben und anderen Manifestationen des Psychischen den Zutritt und das Verweilen auf psychischem Niveau und verlangt, dass andere verdrängt werden. Dies ist der Grund, warum allen Mitgliedern ein und derselben Kultur eine gewisse Anzahl unbewusster Konflikte gemeinsam ist.«[12]

Zwar ist es Devereux hiermit gelungen, den individualisierenden Blick der Psychoanalyse zu relativieren und jene Bereiche des Unbewussten zu thematisieren, die ein Individuum mit anderen Angehörigen seiner Kultur teilt. Aber der Begriff des Ethnischen suggeriert eine Homogenität der Kultur, die den Situationen des Kulturwandels und der dadurch zugespitzten Machtkämpfe nicht gerecht werden kann.

Um gesellschaftlichen Differenzierungen (wie zum Beispiel sozialen Klassen, Geschlechterunterschieden oder Religionsgruppen) besser Rechnung

zu tragen, benutze ich den Begriff des gesellschaftlich Unbewussten,[13] den ich in Zusammenhang mit einer Entwicklungspsychologie bringe, welche die Bedeutung der Adoleszenz für die Aneignung kultureller Werte und Verhaltensweisen hervorhebt. Auf diese Weise wird es möglich, die Schaffung von Unbewusstem nicht nur in der Familie, sondern auch in anderen Institutionen (Männerbünden, Militär, Schule, Arbeit, etc.) zu lokalisieren.

Die Schaffung von Unbewusstem ist eng mit dem Funktionieren von Institutionen verknüpft; in gewisser Hinsicht bildet sie dafür sogar eine Voraussetzung. Institutionen schreiben vor, wie bestimmte Dinge getan werden müssen, und sichern sich damit ab gegenüber der Willkür und den Schwankungen individueller Motivationen. Ohne wie auch immer gearteten Zwang geht das nicht, und gegen diesen Zwang wird sich immer wieder Opposition regen. Mittels Sanktionen versucht sich die Institution gegenüber Widerstand leistenden Individuen durchzusetzen. Das ist jedoch ein aufwendiges Verfahren. Die Unbewusstmachung dessen, was sich gegen die Regeln der Institution richtet, erweist sich demgegenüber als Mittel, der Institution den Einsatz von Sanktionen zu ersparen und dennoch einen reibungslosen Ablauf zu sichern. Die Unbewusstmachung steht dabei im Dienste der Anpassung des Individuums an die Institution.

Die Unbewusstmachung im Rahmen von Institutionen kommt auf verschiedenen Wegen zustande. Die in der Institution tätigen Individuen sind libidinös miteinander verbunden; wer gegen Regeln der Institution handelt, muss mit Liebesentzug rechnen, und weil die meisten das nicht ertragen, ziehen sie es vor, das, was Konflikte hervorruft – Kritik, unliebsame Beobachtungen, neue Ideen – unbewusst zu machen. Institutionsangehörige neigen dazu, sich mit der Leitung ebenso wie mit den Werten der Institution zu identifizieren. Diese nehmen, wie Freud in seinem Buch »Massenpsychologie und Ich-Analyse«[14] aufzeigte, Platz im Über-Ich des Individuums ein und lenken unbewusst von dort aus auch die

---

10 Devereux (1974; erstmals 1956).
11 Vgl. Erdheim (2001).
12 Devereux (1974, S. 23 f.).
13 Erdheim (1982, S. 201 f.).
14 Freud (1959).

Wahrnehmung. Man sieht, hört und denkt dann nur das, was institutionell erlaubt ist – der Rest verfällt dem Unbewussten. In diesem Zusammenhang habe ich das Konzept der gesellschaftlichen Produktion von Unbewusstheit entwickelt. »Unbewusstheit« bezeichnet den Zustand eines Individuums, in welchem ihm gewisse Bereiche seines Bewusstseins nicht zugänglich sind. Dieser Zustand kann gesellschaftlich in dem Sinne hergestellt werden, als er das Produkt von Mechanismen ist, die innerhalb von Institutionen wirksam sind.

1.3. Adoleszenz und das Unbewusste

Ein von Seiten der Psychoanalyse angelegtes Hindernis, die kulturelle Relevanz des Unbewussten zu berücksichtigen, liegt in ihrer Fixierung auf die frühe Kindheit. Oftmals bekommt man den Eindruck, dass das psychoanalytische Gütezeichen dadurch erworben wird, dass man irgend ein kulturelles Phänomen – religiöser, ästhetischer oder sozialer Art – mit der frühen Kindheit in Bezug bringen kann. Eine Konsequenz dieses Vorgehens besteht darin, dass durch diesen Regress letztlich der Blick auf das Kulturelle verloren geht und nur noch Familiäres Berücksichtigung findet. In dem Masse, wie die Psychoanalyse auch der Phase der Adoleszenz eine eigenständige und bestimmende Rolle für die Entwicklung des Individuums zuerkannte,[15] wurde es möglich, die psychische Dimension der Kultur besser zu verstehen.

Dass Pubertät (der physiologisch ausgelöste Beginn der Adoleszenz) und Adoleszenz bedeutsam für die Aneignung von Kultur sind, war den traditionellen Kulturen selbstverständlich; deshalb markierten sie diese Phase auch mit besonderen Ritualen, den Initiationsritualen. Die beträchtlichen – nur mit den ersten beiden Lebensjahren vergleichbaren – physiologischen Veränderungen des Körpers erschüttern die während der Kindheit entstandene psychische Struktur und verunsichern das Individuum. Die Gesellschaft macht sich diese Verunsicherung zunutze, um das Individuum ihren Normen und Institutionen besser anzupassen. Die se-

xuellen ebenso wie die aggressiven Triebimpulse werden in erlaubte und verbotene geordnet und damit erhält die kulturelle Identität ihre spezifische Prägung; das Verhältnis zwischen Phantasie und Realität wird neu bestimmt: Die Heranwachsenden müssen entscheiden lernen, welche Phantasien in die Realität umgesetzt werden können, und welche nicht, ja sie müssen lernen, was überhaupt als Realität gelten soll. Die Zugehörigkeit zu Institutionen, aus denen das Individuum seiner fehlenden Reife wegen bisher ausgeschlossen war, beeinflusst von nun an sein Wahrnehmungs- und Beurteilungsvermögen. Die Geschlechtsidentität bestimmt weiter, welche Bereiche der Kultur es sich aneignen kann und welche dem anderen Geschlecht vorbehalten bleiben. Durch all diese Prozesse der Anpassung der Heranwachsenden an die Kultur und ihre Bewegung werden auch Strukturen des Vergessens und Erinnerns angelegt: Die Ablösung von der Familie lässt weite Bereiche der Kinderwelt ins Vergessen absinken, erinnert wird oft nur noch, was für den bewussten Übergang ins Erwachsenenalter als Erklärung relevant war. Unbewusst muss all das gemacht werden, was das Erwachsenwerden (als Frau oder Mann) stören könnte: »ungehörige« Triebimpulse ebenso wie nicht einholbare Größenphantasien. Die Adoleszenz wirkt wie ein psychischer Filter, der nur das durchlassen soll, was dem kulturellen Ideal der Erwachsenen entsprechen kann. Bleibt etwas übrig, so muss es als infantil, zurückgeblieben und unreif entwertet und unter Kontrolle gehalten werden.

1.4. Erik H. Erikson, das Unbewusste und die Machtverhältnisse

Prozesse der Unbewusstmachung finden nicht in einem Machtvakuum statt. Wenn Freud die Metapher der Zensur verwendet, um eine der unbewusstmachenden Instanzen zu bezeichnen, so nimmt er Bezug auf Machtverhältnisse, die gewisse für sie gefährliche Informationen zu unterdrücken versuchen. Auch für das Erinnern und Verdrängen gilt, dass sie innerhalb von Machtstrukturen stattfinden. Werden diese nicht berücksichtigt, so kommt es zu wesentlichen Verzerrungen. Das soll am Beispiel von Erik H. Erikson aufgezeigt werden,

---

15 Bohleber (1996).

der bis heute großen Einfluss auf die Kulturtheorie und auf die psychoanalytische Adoleszenztheorie ausübt.

Besonders mit seinen Begriffen »Identität« und »Identitätskrise«, die er auch kulturvergleichend erarbeitete, regte Erikson zahlreiche Forschungen an. In Cambridge lernte er Margaret Mead, Gregory Bateson und Ruth Benedict kennen. 1950 publizierte er seine ethnologischen Forschungen in seinem Buch »Kindheit und Gesellschaft«, in dem er die kulturspezifischen Ausprägungen von Kindheit, Normalität und Krankheit bei verschiedenen nordamerikanischen Indianerstämmen beleuchtete. Eine seiner Schlussfolgerungen lautet: »Wir wissen jetzt, dass der Primitive seine eigene erwachsene Normalität, seine eigene Form der Neurosen und Psychosen hat, und dass er, was am wichtigsten ist, auch seine eigenen Variationen der Kindheit besitzt.«[16] Gegen Eriksons Arbeiten wurde kritisch eingewendet, dass er der Marginalisierung und Ausbeutung der amerikanischen Indianer nicht Rechnung trage,[17] und dass seine Kulturinterpretation viel zu harmonisierend sei. Indem Erikson in seiner Theorie den Schwerpunkt von der Sexualität auf die Identität verlagerte, neutralisierte er die Widersprüche zwischen Individuum und Gesellschaft, klammerte die Herrschaftsverhältnisse aus und entschärfte damit auch seinen Begriff der Krise.

Das theoretische Modell, auf das sich Erikson in seiner Lebenszyklus-Theorie beruft, ist das der »Epigenese« aus der Embryonalforschung, wonach der Organismus, um ein bestimmtes Stadium zu erreichen, jeweils das Vorangegangene durchlaufen muss. Dieser Rückgriff auf biologische Wachstumsmodelle unterstützte Eriksons Ausblendung der Herrschaftsproblematik aus seinem Psychoanalysekonzept. Er entwickelte eine Art Fahrplantheorie, die es ihm erlaubte, die verschiedenen Stadien zu beschreiben, die das Individuum im Verlauf seines Lebenszyklus durchlaufen sollte, um ein nützliches (bzw. angepasstes) Mitglied der Gesellschaft zu werden.

Zu welchen Verzerrungen Eriksons Ausblendung der Macht- und Herrschaftsverhältnisse führte, wird ersichtlich aus seiner Behandlung des Identitätsproblems von Minderheiten. Mit dem Beginn der Adoleszenz kommt es laut Erikson zum Konflikt zwischen *Identität* und Rollenkonfusion: »Die

Integration, die nun in Form der Ich-Identität stattfindet, ist mehr als nur die Summe der Kindheitsidentifikationen. [...] Das Gefühl der Ich-Identität ist also die angesammelte Zuversicht des Individuums, dass der inneren Gleichheit und Kontinuität auch die Gleichheit und Kontinuität seines Wesens in den Augen anderer entspricht, wie es sich nun in der greifbaren Aussicht auf eine ›Laufbahn‹ bezeugt.«[18] Die Integrationsleistung kommt also dadurch zustande, dass sich der Jugendliche mit der für ihn relevanten Gruppe identifiziert, er sich mit deren Augen betrachtet. Zwischen Individuum und Gesellschaft wird eine weitgehende Entsprechung postuliert: Ich-Identität entsteht und behauptet sich nach Erikson dort, wo der Blick des Individuums auf sich selbst identisch ist mit dem Blick der Gesellschaft. So fallen Ich-Identität und Konformismus weitgehend zusammen, und die Spannung, die den Kulturwandel ermöglicht, ist nicht mehr fassbar. Diejenigen, bei denen diese Entsprechung zwischen innerem und äußerem Blick nicht möglich ist, werden nun zum Problem. Das gilt vor allem für die Unterprivilegierten, die sich keine positive Identität aufbauen können, wenn sie sich so sehen, wie die Gesellschaft sie wahrnimmt. Erikson stellte sich in diesem Zusammenhang die Frage: »Aber was geschieht, wenn das ›Milieu‹ darauf besteht, das Individuum nur auf Kosten eines dauernden Identitätsverlustes leben zu lassen? Sehen wir uns zum Beispiel die Chancen an, die ein amerikanisches Negerkind hat, seine Identität aufrecht zu erhalten.«[19]

Es ist bezeichnend, dass Erikson auch hier den Begriff der Herrschaft vermeidet. »Ich kenne einen farbigen Jungen«, schrieb er und erzählte von einem Afroamerikaner, der sich als Kind mit der Gestalt des Roten Reiters nicht identifizieren konnte, weil dieser kein Schwarzer war: »Er hört mit seinen Phantasien auf. Als kleines Kind war dieser Junge außerordentlich ausdrucksfähig, sowohl was seine Freude, als was seinen Kummer anbelangte. Heute ist er still und lächelt immer; seine Sprache ist weich

---

16 Erikson (1950, S. 107).
17 Elrod/Heinz/Dahmer (1978).
18 Erikson (1950, S. 256).
19 Erikson (1950, S. 236).

und undeutlich; niemand kann ihn zur Eile veranlassen, niemand kann ihm Kummer machen –
oder Freude. Die weißen Leute mögen ihn.«[20]
Erikson setzte seine Überlegungen verallgemeinernd fort: »Negersäuglinge erhalten häufig sinnliche Befriedigungen, die ihnen einen oralen und
sensorischen Überschuss vermitteln, der ein ganzes
Leben ausreicht, was die Art ihrer Bewegungen,
ihres Lachens, Redens und Singens deutlich verrät.«[21] Mit dem Verweis auf die frühe Kindheit
taucht hier eine Argumentationsfigur auf, die für
manche Psychoanalytiker eine besondere Beweis-
kraft zu haben scheint. Winnicott zum Beispiel
bringt das Problem der Rassenkonflikte ebenfalls
im Zusammenhang mit der Säuglingsernährung.[22]
Wenn man jedoch die elenden gesellschaftlichen
Verhältnisse in Den Slums und Armensiedlungen
berücksichtigt, so kann man sich eigentlich nicht
recht vorstellen, dass die Stillzeit der schwarzen
Säuglinge, deren Mütter voller Sorge und Ungewissheit leben mussten, besonders befriedigend verlaufen sein soll.

Erikson ging jedoch von der Annahme aus, dass
die »Sklavenidentität« »aus dem oral sensorischen
Schatz«[23] Vorteile geschöpft habe und dabei Charaktereigenschaften entwickelte wie sanft, unter-
würfig und abhängig; ein bisschen vorwurfsvoll,
aber immer bereit zu dienen, mit gelegentlicher
Pathetik und kindlicher Weisheit. Er beschrieb die
drei Identitätsmöglichkeiten, die so entstanden sei-
en, folgendermaßen:

»1. Mammies oralsinnliches ›Honigkindchen‹ –
zärtlich, ausdrucksfähig, rhythmisch (in der Ne-
germusik zur Kulturhöhe gereift);

2. die Identität des schmutzigen, anal-sadistischen,
phallisch-vergewaltigenden ›Niggers‹, und

3. der saubere, anal-zwanghafte, freundlich-
gehemmte und immer traurige ›Neger des weißen
Mannes‹. Sogenannte Chancen, die sich dem
emigrierenden Neger bieten, erweisen sich häufig
nur als ein größeres Gefängnis, das nur subtiler in
seinen Einschränkungen ist und dabei seine einzig
historisch erfolgreiche Identifizierung – die des
Sklaven – gefährdet.«[24]

Psychoanalytische Theoreme verkommen hier zu
einer kruden Bestätigung sozialer und kultureller
Vorurteile. Freuds Theorie der sexuellen Phasen
(»oral«, »anal«, »phallisch«) dient lediglich dazu,
eine »Sklavenidentität« zu konstruieren, und zwar
unter Außerachtlassung der Herrschaftsverhältnisse. »Der Neger stellt natürlich nur den markantesten
Fall einer amerikanischen Minderheit dar, die unter
dem Druck der Tradition und der beschränkten
Möglichkeiten gezwungen ist, sich mit ihren eigenen
schlechten Identitätsfragmenten zu identifizieren
und dadurch alle irgend mögliche, bisher errungene
Teilnahme an einer amerikanischen Identität aufs
Spiel zu setzen«,[25] schrieb Erikson weiter. Offenbar
glaubte er an eine sogenannte »amerikanische Identität«, an welcher auch der schwarze Amerikaner
teilhaben könnte, wenn seine Identität sowie seine
beschränkten Möglichkeiten ihn nicht daran hin-
derten. Wiederum fällt auf, wie wenig Erikson mit
dem Konzept der Herrschaft anfangen konnte. Er
siedelte seine Identitätsproblematik sozusagen in
einem herrschaftsfreien Raum an, um anschließend
festzustellen: »Aus solchen Untersuchungen gewinnen wir den Eindruck von den Gefahren, die den
Amerikaner aus einer Minoritätengruppe erwarten,
wenn er aus einer bestimmten und gut geleisteten
Phase der Autonomie in die entscheidende Phase
der amerikanischen Kindheit übertritt: in die Phase
der Initiative und Leistung. Wie wir schon erwähnten, sind die weniger amerikanisierten Minoritäten-
gruppen häufig hinsichtlich des Genusses einer
sinnlich freieren frühen Kindheit bevorzugt. Die
Krise tritt ein, wenn ihre Mütter ihr Selbstvertrauen
verlieren und plötzlich Zwangsmassnahmen ergreifen, um dem vagen, aber alles durchtränkenden
angelsächsischen Ideal näherzukommen, womit sie
einen gewaltsamen Abbruch der Kontinuität schaffen. [...] Im Ganzen darf man wohl sagen, dass die
amerikanischen Schulen erfolgreich die Aufgabe be-

---

20 Erikson (1950, S. 236).
21 Erikson (1950, S. 236).
22 Siehe etwa Winnicott (1971, S. 161): »Es könnte sich herausstellen, dass die Spannungen zwischen der weißen und schwarzen Bevölkerung der Vereinigten Staaten weniger eine Frage
   der Hautfarbe als eine der Säuglingsernährung ist. Der Neid
   der weißen, flaschenernährten Bevölkerung auf die schwarze,
   die, wie ich glaube, meist an der Brust genährt wird, ist
   unabschätzbar.«
23 Erikson (1950, S. 236).
24 Erikson (1950, S. 237).
25 Erikson (1950, S. 239).

wältigen, Kinder im Spielschulalter und in den ersten Volksschulklassen im Geist des Selbstvertrauens und der Unternehmungsfreude zu erziehen. [...] Das lässt uns hoffen, dass es einmal eine ›leistungsmäßige Gemeinschaftsbildung‹ geben könnte [...]«.[26] Hier schlägt wiederum Eriksons harmonisierende Tendenz durch: Wenn die Mütter nur mehr Selbstvertrauen hätten, dann käme alles gut, und die Schule werde schließlich zustandebringen, womit die Familien Schwierigkeiten haben, nämlich die Herstellung einer amerikanischen Identität.

Erikson greift hier ein wesentliches Problem auf, das im Zusammenhang mit dem Kulturwandel auftaucht. Nämlich die Frage, welche Rolle die Diskrepanz zwischen unterschiedlichen kulturellen Identitäten in einer Gesellschaft spielt, die von einem beschleunigten Wandel ergriffen ist. Da aber für Erikson die Identität vor allem im Dienste der Anpassung steht, verkennt er deren verdeckte rebellische und widerständige Seiten. Im afroamerikanischen Blues zum Beispiel, den Erikson als Anpassung interpretiert, kommt auch Kritik an der Leiden erzeugenden Unterdrückung zum Ausdruck. Die von Erikson als Problem betrachtete »nichtamerikanische« Identität ist also auch eine Form, innerhalb von diskriminierenden Herrschaftsverhältnissen einen eigenen widerständigen Standpunkt zu behaupten und die persönliche leidvolle Geschichte nicht zu verdrängen.

2. Erinnern

Wenn man über das Erinnern nachdenkt, tauchen zwei grundsätzlich verschiedene Modelle auf. Je nachdem, welchem man folgt, wird man das Erinnern, das Verdängen und auch das Unbewusste anders interpretieren. Das eine Modell ist von Freud entwickelt worden und begreift das Erinnern als einen Vorgang, der sich sozusagen von selbst versteht. Dass der Mensch das erinnert, was ihm wesentlich ist, bedarf an sich keiner Erklärung; erklärt muss vielmehr werden, weshalb der Mensch etwas vergisst, bzw. verdrängt. Im Freuds Wien war das keine geläufige Fragestellung. »Glücklich ist, wer vergisst, was nicht zu ändern ist«, lautete eine weitverbreitete, auch durch die Operette verewigte Redensart in Wien. Die Beliebtheit dieser Einstellung macht Freuds Leistung in dieser Stadt umso größer. Er betrachtete den Menschen als erinnerndes Wesen, das nur mit großem Aufwand zum Vergessen gebracht werden kann. Er betonte dabei die aktive Qualität des Vergessens: Das Vergessen ist nicht ein allmähliches Verlöschen; es muss vielmehr etwas beiseite geschoben bzw. *verdrängt* werden, und damit es verdrängt bleibt, muss eine Gegenbesetzung aufgerichtet werden. Das Vergessen versteht sich also nicht von selbst, sondern erweist sich als ein mühsamer, energieraubender Prozess. Aus dieser Sicht macht das Vergessen auch nicht glücklich, sondern kränklich.

Nietzsche hingegen ging davon aus, dass man dem Menschen ein Gedächtnis machen muss. Das Vergessen ist für ihn das, was sich von selbst versteht. Er schrieb: »Wie macht man dem Menschen-Tiere ein Gedächtnis? Wie prägt man diesem teils stumpfen, teils faseligen Augenblicks-Verstande, dieser leibhaften Vergesslichkeit etwas so ein, dass es gegenwärtig bleibt? [...] Dieses uralte Problem ist, wie man denken kann, nicht gerade mit zarten Antworten und Mitteln gelöst worden; vielleicht ist sogar nichts furchtbarer und unheimlicher an der ganzen Vorgeschichte des Menschen, als seine Mnemotechnik. ›Man brennt etwas ein, damit es im Gedächtnis bleibt: nur was nicht aufhört, weh zu tun, bleibt im Gedächtnis‹ – das ist ein Hauptsatz aus der allerältesten [...] Psychologie auf Erden.«[27]

2.1. Erinnern aus der Sicht der Herrschaft

Nietzsche verknüpfte Grausamkeit, Herrschaft und Gedächtnis miteinander: Damit man einen Menschen beherrschen kann, braucht er ein Gedächtnis. Schließlich muss er sich an die Befehle, die man ihm gegeben hat, erinnern. Erst auf Grund seines Gedächtnisses kann der Mensch an die Herrschaft gebunden werden. Mit anderen Worten: Vergessliche Menschen sind schlecht beherrschbar. So wie Nietzsche die Sache angeht, ist es klar, dass er den Standpunkt der Herrschaft einnimmt. Seine Frage lautet: Wie macht man dem Menschen ein Ge-

---

26 Erikson (1950, S. 239 f.).
27 Nietzsche (1887, S. 289 f.).

dächtnis, so dass er beherrschbar und kontrollierbar werden kann? Aus der Sicht der Beherrschten lautet die Frage jedoch anders: Wie bringt man den Menschen dazu, seine Freiheit zu »vergessen«? Je nachdem, welcher Fragestellung man folgt, wird man eine andere Art Geschichtsschreibung entwickeln und ganz andere »Erinnerungen« zulassen und festhalten.

Eine charakteristische Form des Erinnerns aus der Sicht der Herrschaft stellen die Denkmäler dar. Bereits sie aufzustellen ist ein Akt der Macht. Robert Musil erkannte, dass die Denkmäler zwar bewusst an etwas erinnern wollen, aber unbewusst das zu Erinnernde der Vergessenheit preisgeben.

»Das auffallendste an Denkmälern ist nämlich, dass man sie nicht bemerkt. [...] Sie wurden doch zweifellos aufgestellt, um gesehen zu werden [...] aber gleichzeitig sind sie durch irgend etwas gegen Aufmerksamkeit imprägniert. [...] der Beruf der meisten Denkmale ist es wohl, ein Gedenken erst zu erzeugen [...] und diesen ihren Hauptberuf verfehlen Denkmäler immer. Sie verscheuchen geradezu das, was sie anziehen sollten. Man kann nicht sagen, wir bemerkten sie nicht; man müsste sagen, sie entmerken uns, sie entziehen sich unseren Sinnen«, schrieb er und fragte sich, »weshalb dann, wenn die Dinge so liegen, gerade großen Männern Denkmale gesetzt werden. Es scheint eine ganz ausgesuchte Bosheit zu sein. Da man ihnen im Leben nicht mehr schaden kann, stürzt man sie gleichsam, mit einem Gedenkstein um den Hals, ins Meer des Vergessens.«[28]

Musil beschrieb hier ironisch die Grundzüge einer Kultur des Vergessens, die sich als Kultur des Gedenkens tarnt. Auch Kriegsdenkmäler zeigen oft diese merkwürdige Verflechtung zwischen Erinnern und Vergessen. Zwar sollten sie an die Toten der

Kriege erinnern, bringen aber durch die Heroisierung der »unsterblichen Helden« im gleichen Zug das Leiden und oft auch die Sinnlosigkeit ihres Sterbens zum Verschwinden. Alfred Hrdlickas Ergänzung zum alten Hamburger Kriegdenkmal zeigt eben das, was das ursprünglich gesetzte Denkmal verdrängen sollte. Das rostende Eisen, die verbrannten Leichen und die herausragenden Körperteile mahnen daran, dass es im Krieg letztlich nicht um Heldentaten geht, sondern um das Sterben. Die beiden Denkmäler können veranschaulichen, was eine Kultur des Vergessens ist, und was eine Kultur des Erinnerns wäre. Es scheint mir auch kein Zufall zu sein, dass Hrdlickas Denkmal unvollendet ist: Denn diese Art Erinnern bereitet uns Mühe.

Vom Standpunkt der Herrschaft aus betrachtet, ist Erinnern also etwas Quälendes: Nur was Schmerzen bereitet, bleibt im Gedächtnis haften. Nietzsche deutete die Gewalt der Institutionen, die »Bräuche«, als ein Mittel zur Herstellung von Erinnerung und Bewusstsein. Die Religion mit ihren Opferritualen und Denkmälern und das Recht mit seinen Gesetzen und Strafen sollten den Menschen ein Gedächtnis machen. Woran aber sollten sie erinnert werden? Was man ihnen gewaltsam ins Gedächtnis einbrennen musste, war vor allem, dass sie eigentlich nichts seien und deshalb ohne Widerrede gehorchen sollten. Kulturen, die auf diese Weise entstehen, sind menschenverachtend, und wir verstehen nun auch besser, weshalb ihre Denkmäler immer auch ein Vergessen beinhalten.[29]

2.2. Erinnern aus der Sicht der Beherrschten, bzw. der Opfer

Ein zentrales Thema von Peter Weiss' »Die Ästhetik des Widerstandes«[30] ist die Erinnerung der Unterworfenen und Beherrschten. Die Sprachlosigkeit, zu der man diese verurteilte, engte ihr Erinnerungsvermögen ein, und deshalb war die Aneignung der Sprache und der Literatur oft ein erster Schritt zur Rekonstruktion von Erinnerung und Geschichte. Ein Protagonist in Weiss' Roman, ein junger Arbeiter, erklärt: »Als Eigentumslose näherten wir uns dem Angesammelten zuerst beängstigt, voller Ehrfurcht, bis es uns klar wurde, dass wir dies alles mit unseren eigenen Bewertungen zu füllen hatten, dass der Ge-

---

28 Musil (1936, S. 480–483).
29 Es geht nicht zuletzt darum, die Entstehungsbedingungen der Denkmäler zu vergessen. »Wer baute das siebentorige Theben?« lässt Brecht einen lesenden Arbeiter fragen und feststellen: »In den Büchern stehen die Namen von Königen. Haben die Könige die Felsbrocken herbeigeschleppt? Und das mehrmals zerstörte Babylon – Wer baute es so viele Male auf? In welchen Häusern des goldstrahlenden Lima wohnten die Bauleute? [...] Das große Rom ist voll von Triumphbögen. Über wen triumphierten die Cäsaren?«
30 Weiss (1975, Bd. 1, S. 81).

samtbegriff erst nutzbar werden konnte, wenn er etwas über unsere Lebensbedingungen sowie die Schwierigkeiten und Eigentümlichkeiten unserer Denkprozesse aussagte,«[31] Was sind die Schwierigkeiten und Eigentümlichkeiten der Denkprozesse von Beherrschten? Einen Einblick vermitteln die psychoanalytischen Untersuchungen der Opfer nationalsozialistischer Verfolgungen. Die Berichte der Traumatisierten machen die Schwierigkeiten deutlich, nach einer Katastrophe die eigene Geschichte zurückzugewinnen. Es ist kein Zufall, dass es lange brauchte, bis man bereit war, die Auswirkungen von Traumata auf die Generationenfolge zu untersuchen. Wir müssen jedoch annehmen, dass historische Katastrophen wie Kriege, Eroberungen, Kolonisationen, Verfolgungen und Pogrome auf entscheidende Art und Weise den Umgang des Menschen mit Erinnerungen geprägt haben.

Opfer müssen immer wieder die traumatische Situation reproduzieren und das Denken quälend um ihre Niederlage kreisen lassen. Sie fragen sich unaufhörlich: Wie war das möglich? Hätte ich mich anders verhalten sollen? Wäre es passiert, wenn ich dieses oder jenes Zeichen beachtet und nicht übersehen hätte? Wäre es womöglich anders gekommen? William Niederland spricht in diesem Zusammenhang auch von einer »tiefen Überlebensschuld, die sich um die Frage zentriert: Warum habe ich das Unheil überlebt, während die anderen – die Eltern, Kinder, Geschwister, Freunde – daran zugrunde gingen? In dieser unbeantwortbaren Frage liegt wahrscheinlich die stärkste psychische Belastung des Überlebenden und zugleich die makabre Ironie, dass weniger die Täter und Vollstrecker der nazistischen Verbrechen als vielmehr deren Opfer an einer Überlebensschuld zu leiden scheinen.«[32]

Dieses Leiden wird noch zusätzlich durch den Umstand verstärkt, dass traumatische Erinnerungen in der Regel nicht vergesellschaftet werden können. Gefühle der Scham verhindern, dass ein traumatisches Erlebnis anderen mitgeteilt werden kann und somit Eingang ins »kommunikative Gedächtnis« findet, das Jan Assmann folgendermaßen definiert hat: »Dieses Gedächtnis gehört in den Zwischenbereich zwischen Individuen, es bildet sich im Verkehr der Menschen untereinander heraus. Dabei spielen die Affekte die entscheidende Rolle. Liebe, Interesse, Anteilnahme, Gefühle der

Verbundenheit, der Wunsch dazuzugehören, aber auch Hass, Feindschaft, Misstrauen, Schmerz, Schuld und Scham geben unseren Erinnerungen Prägnanz und Horizont. Ohne Prägnanz würden sie sich nicht einprägen, ohne Horizont besäßen sie keine Relevanz und Bedeutung innerhalb einer kulturellen Welt. Für ein funktionierendes kommunikatives Gedächtnis ist das Vergessen ebenso wichtig wie das Erinnern [...] Erinnern heißt, anderes in den Hintergrund treten lassen, Unterscheidungen treffen, vieles ausblenden, um manches auszuleuchten.«[33]

Zu diesem kommunikativen Gedächtnis findet das Trauma meist keinen Zugang. Denn die Traumatisierten können das Erlittene, das ihre psychische Kapazität massiv überforderte, oft nicht einmal in ihre persönlichen Erinnerungen integrieren. In ihrem Aufsatz über die »Nachkommen der Holocaust-Generation in der Psychoanalyse« schreibt Ilse Grubrich-Simitis: »Es hat sich gezeigt, dass die Opfer nicht selten das während der Verfolgung Erlebte auf Dauer verleugnen müssen. In den Familien kam es zum ›pact of silence‹, der es den Eltern erleichterte, wider besseres Wissen eine Illusion aufrechtzuerhalten, die sich vielleicht so umschreiben lässt: All das kann nicht wahr gewesen sein; vielleicht ist es doch nur ein Alptraum, aus dem ich eines Tages noch erwachen werde (was für die Betroffenen nicht zuletzt hieße: Entlastung von Überlebensschuld und von dem Schmerz, die ermordeten Liebesobjekte endgültig verloren geben zu müssen.) Indem die Spuren, die das Trauma im Gedächtnis der Verfolgten hinterlassen hat, auf diese Weise ständig entwirklicht werden, vermögen sie nicht Erinnerungscharakter und damit Vergangenheitsqualität zu gewinnen.«[34]

Mit dieser Entwirklichung der Vergangenheit werden aber auch die persönlichen Erfahrungen ebenso wie die Schlüsse, die daraus für die Zukunft gezogen werden könnten, derealisiert. Epstein[35] beschrieb eindrücklich, wie die Kinder von Verfolgten um ihre Zukunft kämpfen, indem sie die Vergan-

---

31 Weiss (1975, Bd. 1, S. 54).
32 Niederland (1980, S. 232).
33 Assmann (2000, S. 13).
34 Grubrich-Simitis (1984, S. 18 f.).
35 Epstein (1987).

genheit ihrer Eltern zu begreifen versuchen. So erzählte zum Beispiel Eli, dessen Eltern nach der Befreiung aus dem Konzentrationslager nach Kanada emigriert waren: »Andere Kinder hatten Großeltern, ich dagegen nicht. Als ich meine Mutter nach dem Grund fragte, sagte sie, böse Menschen hätten sie umgebracht. Ich habe nicht begriffen, wer diese Menschen waren oder was sie veranlasst haben könnte, meine Großeltern umzubringen. Ich war mir nicht bewusst, dass zwischen ihrer Ermordung und dem Umstand, dass sie Juden waren, ein Zusammenhang bestand.« Zuvor sagte er: »Ich habe immer gespürt, dass bei uns zu Hause irgend etwas anders war, aber es blieb unangreifbar. Ich spürte, dass sich ein Geheimnis, irgend etwas Eigenartiges mit der Vergangenheit, mit dem Ort verband, wo ich auf die Welt gekommen bin. Was aber, das wusste ich nicht.« Als Eli 16 Jahre alt wurde, klärten seine Eltern ihn über den Holocaust auf. Der Vater hatte nie darüber sprechen wollen und wurde ganz nervös, als die Mutter es tat. »Ich wollte es hören, und ich wollte es nicht hören«, erinnert sich Eli, »und ich hatte ungewöhnlich große Schwierigkeiten zu behalten, was sie mir erzählt hatte.«

Die Störung des kommunikativen Gedächtnisses innerhalb der Familie kontaminiert auch die ethnische Identität. Assmann schreibt: »Wenn Kollektive ›sich erinnern‹ vergewissern sie sich einer verbindenden ›konnektiven‹ Semantik, die sie ›im Inneren zusammenhält‹ und ihre einzelnen Glieder wieder in die Perspektive einer gemeinsamen Orientierung integriert.«[36] Indem ein entscheidendes Kapitel gar nicht zur Sprache kommen kann, wird die Plausibilität der Wertestruktur der Gemeinschaft ausgehöhlt. Elis Eltern waren gläubige Juden, und so erhielt Eli eine orthodoxe Erziehung. »Gott hat mich beschäftigt. Die Standardfrage, wie ein gnädiger, gütiger Gott es denn zulassen konnte, dass Millionen unschuldiger Männer, Frauen und Kinder zugrunde gingen. Das war für mich die große Frage, aber in der Schule ist sie nie, nicht ein einziges Mal zur Sprache gekommen. Sie war tabu. [...] Wir sind in der Jeschiwa nie auf den Holocaust zu sprechen gekommen. Niemand

war sachkundig, alle hatten Angst vor dem Thema. Es konnte einen auf gefährliches Gelände führen [...]. Ich habe meine Lehrer in der Jeschiwa bewundert und geachtet. Ich habe in ihnen die Autoritäten gesehen. Wenn sie schon mit diesen Dingen nicht zurechtkommen, habe ich mir gesagt, dann kommt niemand damit zurecht. Also habe ich mich damit abgefunden« erzählte Eli.

Die Idealisierung der Lehrer ebenso wie die der Eltern stellt eine Art Gegenbesetzung dar, um das Unaussprechliche, Unbenennbare aus der Kommunikation auszusperren: »Es war etwas Teuflisches an dem Ziel der Nazi, das jüdische Volk in seiner Gesamtheit auszutilgen. [...] Meine Eltern hatten diese Entsetzlichkeiten überstanden, und ich habe eine grenzenlose Bewunderung für sie beide empfunden, weil sie sie mit Würde überlebt, weil sie einen neuen Anfang gewagt und es in ihrem neuen Leben so weit gebracht haben. [...] Ich habe mir nie vorgestellt, wie meine Eltern Entwürdigung und Erniedrigung über sich ergehen lassen mussten. Ich kann mich nicht erinnern, jemals Zorn oder Scham wegen der Dinge empfunden zu haben, die sie durchmachen mussten.«[37]

Diese Gegenbesetzung hält aber nicht. Obwohl die Eltern dagegen sind, unternimmt Eli eine Reise nach Ungarn, in das Dorf, aus dem die Eltern vertrieben worden waren. Den Dorfbewohnern sagte er, wer er sei: »Darüber gerieten alle aus dem Häuschen, aber sie wirkten auch nervös. Manche hatten vermutlich Angst, ich sei gekommen, das Haus und die Mühle meines Vaters zurückzufordern – die ja ohnehin seit langem verstaatlicht war. Ich hatte ein sehr, sehr ungutes Gefühl, eines der scheußlichsten in meinem ganzen Leben. [...] Ich hatte kein Recht, hier plötzlich aufzutauchen, eigentlich müsste ich tot sein.«[38] Deutlich wird hier Elis psychische Bewegung in der Auseinandersetzung mit seiner Vergangenheit, im Kampf um die Erinnerung – was er nicht von den Eltern zu hören bekam, erhofft er sich von den ehemaligen Verfolgern zu bekommen. Dabei geschieht etwas Bezeichnendes: Er spürt, dass die Dorfbewohner befürchten, er wolle den geraubten Besitz zurückfordern, darüber hinaus – aber das sagt Eli nicht – mögen sie aber auch Angst gehabt haben, Eli wolle sich für das, was sie seinen Eltern angetan haben, rächen. Eli könnte nun – im Namen der Gerechtigkeit – selber zum Verfolger werden.

36 Assmann (2000, S. 22).
37 Epstein (1987).
38 Epstein (1987, S. 21 f.).

Eli tut das nicht, sondern identifiziert sich mit den verfolgten Eltern und deren Schicksal: »Eigentlich müsste ich tot sein.«

Dieser Todeswunsch gegen sich selber macht deutlich, wie quälend, sogar lebensbedrohlich die Identifikation mit den Verfolgten und Opfern ist. Bereits die Vorstellung, wie seine Eltern einst erniedrigt und gequält wurden, musste Eli abweisen, indem er das Bild der idealisierten Eltern aufrechterhielt. Das Eigentümliche und Schwierige am Trauma ist, dass es die Grenzen zwischen Phantasie und Realität sowie zwischen Vergangenheit und Gegenwart durchlöchert und zuweilen auch aufhebt. Die Erinnerung, in der sich Phantasie und Realität durchmischen, wird immer wieder zum Ereignis, die Vergangenheit Gegenwart. Dabei verliert auch die Dimension der Zukunft ihre Bedeutung. Ohne Erinnerung auch keine Zukunft. Der Denkprozess, durch den Ereignisse in Erinnerungen verwandelt werden, ist am sozialen Ort der Beherrschten, Verfolgten und von Vernichtung Bedrohten ein beängstigender Prozess.

3. Verdrängen, Spalten und Projizieren

Von »verdrängen« kann man dann sprechen, wenn es um Erfahrungsinhalte eines Individuums geht, die zwar wesentlich für sein Selbstverständnis wären, aber seinem Bewusstsein nicht mehr zugänglich sind. Weil Verdrängtes aber immer zum Bewusstsein hin drängt,[39] müssen hier gleichsam Wachen (sogenannte Gegenbesetzungen) aufgestellt werden, die den Zugang des Verpönten zum Bewusstsein abblocken. Das Verdrängte tendiert zwar dazu, immer neue Wege zum Bewusstsein auszukundschaften, tritt jedoch auch auf immer neue Wachen. Allmählich kann sich das Bewusstsein – wie eine von Terroristen bedrohte Stadt – mit solchen Wachen füllen und kaum mehr einen Gedankenverkehr gestatten. Verdrängen ist also ein aufwendiges und lähmendes Verfahren. Demgegenüber bieten die Mechanismen der Spaltung und der Projektion einfachere Entlastungsmöglichkeiten. Während das Verdrängen das, was nicht erinnert werden soll, in der Psyche des Individuums zum Verschwinden bringt, gestattet die Spaltung all das, was man mit seinem Normensystem nicht in Einklang bringen kann, abzuspalten. Das Abgespaltene wird der Erinnerung entzogen und

nach außen auf Fremdes zu projiziert, wo es auch bekämpft und verfolgt werden kann.

3.1. Spaltung und Projektion

Am Beispiel des Kalten Krieges kann man sich diese psychischen Mechanismen deutlich veranschaulichen. Bekanntlich nahm der Kulturwandel zwischen 1947 und 1989 weltweit beachtliche Ausmaße an und erfasste praktisch alle Lebensbereiche. Dass ein solcher Wandel aber auch psychisch verarbeitet werden muss und die Individuen stark unter Druck bringt, wird in der Regel weniger beachtet. Dieser Wandel bedeutete, dass von vielen Traditionen und Gewohnheiten Abschied genommen werden musste. Die kirchlich gebundene Religion verlor als sinngebender Faktor an Bedeutung. Feste Lebensformen, insbesondere Familie und Arbeit, die bisher unangefochten den Alltag regulierten, weichten auf und traten in Konkurrenz mit anderen, vor allem auf Konsum ausgerichteten Lebensentwürfen. Auch die bisher scheinbar fest im Biologischen verankerten Vorstellungen über Männlichkeit und Weiblichkeit kamen ins Fliessen. Das Schwinden alter Sicherheiten, Anpassungsprobleme an Verhältnisse, die sich ständig veränderten, sowie die Unübersichtlichkeit der sozialen und ökonomischen Entwicklungen lösten massive Ängste aus. Der Kalte Krieg bot nun die Möglichkeit, diese Ängste von der Dynamik unserer eigenen Gesellschaft abzuspalten, um sie nicht mehr als Produkt eigener Entwicklungen, sondern als Reaktionen auf äußere Bedrohungen zu interpretieren.

Ähnliche Erklärungsstrukturen wie bei den Hexenverfolgungen bildeten sich heraus. So wie einst alles Böse auf den Teufel und sein Heer von Hexen zurückgeführt wurde, konnten im Zeichen des Kalten Kriegs alle Entwicklungsdefizite, die soziale Spannungen erzeugten, dem Einfluss der Kommunisten zugeschrieben werden. Die Vertreter der »Moralischen Aufrüstung«, einer antikommunistisch engagierten Organisation, verbreiteten z.B. die Ansicht, der Kommunismus zersetze die Werte der Religion

---

39 Nicht zuletzt deshalb, weil es sich ja um wesentliche Inhalte handelt, deren Fehlen für das Individuum etwas Desorientierendes hat.

und der Familie. Dass Religion und Familie historische und als solche dem Wandel unterworfene Phänomene sind, und man sich deshalb hätte fragen müssen, auf Grund welcher bei uns stattfindenden Veränderungen die aus dem 19. Jahrhundert stammenden Formen sich so rasant änderten, galt als eine ›soziologische‹ und damit bereits als ›kommunistisch‹ verdächtigte Betrachtungsweise. Auch von den Drogen hieß es, ›Peking‹ versuche damit die westliche Jugend zu korrumpieren, um so den Westen zu unterwandern und seinen Kampfwillen gegen das Totalitäre zu lähmen. Ähnlich wurde auch gegen den Wandel des Frauenbildes argumentiert. Die Frauenbefreiungs-Bewegung galt nicht als Ausdruck einer notwendigen Suche nach neuen Weiblichkeitsentwürfen, sondern als weiterer Ableger kommunistischer Subversionsversuche. Der Entkolonialisierungsprozess, durch den sich die politische Landkarte vollkommen veränderte, wurde ebenfalls mit dem Raster des Kalten Krieges interpretiert. Als ob die ehemaligen Kolonien nur unter dem Einfluss der Kommunisten sich von ihrem ›Mutterland‹ hätten trennen wollen und nicht aufgrund der Logik ihrer eigenen Entwicklung. Auch hier versuchte man, die Kritiker des Kolonialismus als Kommunisten erscheinen zu lassen und sie damit zu entwerten.

Heute erkennen wir, dass sich hier zwei Problembereiche überschneiden. Einerseits ging es um eine Kontinuität: Im Kampf gegen den Kommunismus konnten rechtskonservative und nationalsozialistische Haltungen gleichsam legitim weiter tradiert werden. Andererseits erlaubte der Kalte Krieg, neben dem angsterregenden Kulturwandel auch den Zivilisationsbruch zu verleugnen, der in der ersten Hälfte des 20. Jahrhunderts Abgründe eröffnet hatte. Der Sieg über Deutschland schien 1945 der Hoffnung Raum zu geben, solche Katastrophen würden sich nicht mehr wiederholen. Aber bald zeigte es sich, dass die Voraussetzungen zum Völkermord – wie staatliche Bürokratien, Zentralismus, Rassismus und Nationalismus – in der modernen Gesellschaft nach wie vor wirksam blieben und es insofern keine Sicherheit gibt, dass sich solche Zivilisationsbrüche nicht wieder ereignen. Der Kalte Krieg verdeckte lange den durch die beiden Weltkriege bewirkten Verlust des Vertrauens

zur Kultur. Der für die Aufrechterhaltung der Identität bisher so wichtige Gegensatz zwischen Kultur und Barbarei verlor nun an Plausibilität. Wenn KZ-Kommandanten Beethoven- und Schubertquartette liebten, dann bedeutet das, dass die Teilhabe an der sogenannt ›hohen Kultur‹ den Menschen nicht davor bewahren kann, anderen unsagbares Leid zuzufügen. Wenn aus dem hohen Amt der Richter und Juristen ein Amt der Mörder werden konnte, und wenn aus dem Berufsstand des Arztes, Philosophen, Künstlers oder Offiziers gnadenlose Folterer und Handlanger von Verbrechern hervorgehen konnten, ist Kultur offenbar nicht das erhoffte Bollwerk gegen die Barbarei. Der Glaube an die Humanität der Kultur geriet auf diese Weise grundsätzlich ins Wanken.

Die psychischen Folgen des Verlusts des Vertrauens zur Kultur sind beträchtlich: Verunsicherung und Desorientierung lassen die Individuen in fundamentalistisch-autoritären Bewegungen Halt suchen; der Zerfall des gesellschaftlichen Geschichtsbildes geht einher mit einer Auflösung der Zukunftsperspektiven und begünstigt die Neigung, aus esoterischen Quellen Hoffnungen zu schöpfen, die jedoch den Blick auf die Probleme der Gegenwart verstellen.

In diese chaotische Situation brachte der Kalte Krieg eine gewisse Ordnung. Mit Hilfe von Spaltung und Projektion konnten die unheimlichen Seiten der eigenen Kultur nach außen verlagert werden. Nun war es lediglich die Kultur der Kommunisten, welche die Zivilisation bedrohte. Der Glaube an die Humanität der eigenen Kultur hingegen schien wiederherstellbar zu sein, wie die von Bomben zerstörten Städte, Schlösser oder Kirchen. Der Kalte Krieg gab den Ängsten eine Richtung und eine Erklärung: Für den Westen war es der Osten und für den Osten der Westen, dem die Verantwortung für alle in der eigenen Gesellschaft erzeugten Spannungen und Missgeschicke zugeschrieben werden konnten. Das Ende des Kalten Krieges warf West und Ost gleichsam auf sich selbst zurück und erleichterte die Wiederkehr des Abgespalteten, Verdrängten und Verleugneten.

3.2. Verdrängen

Man kann aus Freuds Werk »Totem und Tabu«[40] ein Modell entnehmen, wie die Verdrängung eines

---

40 Freud (1968).

für die Gesellschaft wesentlichen Ereignisses vor sich geht.

Freud stellte sich vor, dass in der urzeitlichen Horde die Söhne eines Tages beschlossen, den Vater, unter dessen Willkür sie litten, umzubringen. Nach der Tat packte sie aber die Reue, denn sie hatten den Vater ja nicht nur gehasst, sondern auch geliebt. Sie versuchten, den Mord am Vater ungeschehen zu machen, indem sie ihn zum Totem erhoben und ihm alle Macht zuschrieben. »Der Tote wird nun stärker als der Lebende gewesen war«,[41] schreibt Freud. Was verdrängt wird, ist der Mord und der zur Tat führende Hass; was erinnert wird, ist die Gestalt des Vaters, der aber als Totem auch eine gewisse Entstellung erfährt: Er erscheint nun als mächtiges Tier (Bär, Adler, Löwe), als Ahnherr und Schutzgeist des Stammes. Betrachtet man die Mordtat als einen Choc, der die Söhne traumatisiert, dann kann man das, was Freud »Totemismus« nannte, als die Verarbeitung dieses Traumas interpretieren, und zwar als eine Verarbeitung, durch welche die zentrale Tat, der Aufstand der Söhne, verdrängt und unbewusst gemacht wird.

Freuds These über den Vatermord wurde immer so diskutiert, als ob es sich um eine wirkliche Tat gehandelt hätte, und aus diesem Grunde versandete die Diskussion immer bei der Frage, ob es sich wirklich so abgespielt haben könnte oder nicht. Ich hingegen schlage vor, Freuds Kapitel »Die infantile Wiederkehr des Totemismus«[42] als eine Art Gedankenexperiment zu lesen, um die Verdrängung traumatisierender Erfahrungen zu verstehen.[43] Statt um einen Vatermord könnte es sich auch um Eroberungen, Versklavungen, Niederlagen, Revolutionen oder soziale Katastrophen handeln, und zwar immer auf der Erfahrungsebene der »Täter«.

Es ist ein bekanntes Phänomen, dass das, was in den Revolutionen abgeschafft wird, deswegen noch lange nicht verschwindet. Es verwandelt sich vielmehr in eine moralische Instanz, die die Legitimitätsvorstellungen zutiefst prägt. Auch hier gilt also Freuds Satz: »Der Tote wird nun stärker als der Lebende gewesen war.« Zwar wurde Ludwig XVI. geköpft, aber die Idee der königlichen Macht verschwand nicht. Napoleon griff zur Krone, weil er annahm, dass diese Form von Herrschaft immer noch als eine legitime, sogar als die einzig legitime betrachtet wurde.

Weshalb wird das Alte, gewalttätig Gestürzte wieder so mächtig? Freuds Antwort arbeitet mit der Theorie der Ambivalenz. Das Alte war eben nicht nur verhasst, sondern es wurde auch geliebt. Statt »geliebt« könnte man auch sagen: Man identifizierte sich mit der alten Macht, sah – auch aus der Position der Beherrschten – die Welt mit den Augen der Herrscher an. Wie sehr man die Herrschaft und ihre Träger auch ablehnte, man liebäugelte auch mit ihnen. Georg Simmel erwähnt die 1848 gemachte Äußerung einer Kohlenträgerin zu einer reichgekleideten Dame: »Ja. Madame, jetzt wird alles gleich werden: ich werde in Seiden gehen, und Sie werden Kohlen tragen.«[44] Es wäre ein Missverständnis, wenn man glaubte, es ginge hierbei nur darum, dass diejenigen, die »unten« sind, einfach nach »oben« möchten, weil es dort schöner sei. Es geht um etwas anderes, nämlich um das Problem, dass man immer wieder unfähig ist, die Welt anders zu sehen, als die Herrschaft sie sieht. Man identifiziert sich leicht, vielleicht kann man sogar sagen »naturwüchsig« nach oben, unter anderem auch deshalb, weil man den Leitlinien des Kindes folgt, das endlich erwachsen werden und die Welt wie seine Vorbilder sehen möchte. Es ist außerordentlich schwer, diese quasi naturwüchsige oder »sozialisationswüchsige« Weltbetrachtung durch eine den kulturellen Umwälzungen adäquatere zu ersetzen. Eine Voraussetzung dafür wäre, dass einem die eigene ambivalente Haltung gegenüber der Herrschaft bewusst würde.

Revolutionäre Zeiten verdecken aber diese Ambivalenz, fördern deren Verdrängung und machen sie unbewusst. Gerade wenn die Revolution erfolgreich verläuft, will niemand sich mit der alten Herrschaft identifiziert haben. Alle wollen schon immer dagegen gewesen sein, und man übertrumpft einander, das zu beweisen. Die Identifikation mit der alten Macht muss verdrängt werden und versinkt ins Unbewusste. Aber worin bestand eigentlich diese Identifikation? Sie ist keine abstrakte, und sie äußerte sich nicht unbedingt nur darin, dass jeder

41 Freud (1968, S. 173).
42 Freud (1968, S. 122–194).
43 Erdheim (1990).
44 Simmel (1908, S. 220).

selber König sein möchte. Diese Identifikation ist im Alltag aufgehoben, in den Sinngebungen, die ihn strukturieren, besonders im Verhältnis der Geschlechter sowie der Generationen zueinander, im Verhältnis zur Arbeit und zur Freizeit, und ganz allgemein in der herrschenden Ordnung.

»Ordnung bieten, das soll hier zunächst heißen«, schreibt Heinrich Popitz, »Ordnungssicherheit bieten. Ordnungssicher sind die Beteiligten, wenn sie ein sicheres Wissen haben, was sie und was andere tun dürfen und tun müssen; wenn sie eine Gewissheit entwickeln können, dass sich alle Beteiligten mit einiger Verlässlichkeit auch wirklich so verhalten, wie es von ihnen erwartet wird; [...]. Man muss mit einem Wort wissen, woran man ist. Ordnungssicherheit in diesem Sinn kann sich nun offensichtlich auch in einem despotischen Regime entwickeln. Sie ist mit Unterdrückung und Ausbeutung ausgezeichnet vereinbar.«[45]

Revolutionäre Zeiten bringen diese Ordnung bekanntlich durcheinander, und die Individuen verdrängen die Identifikation mit der Herrschaft; bewusst sind lediglich die Ablehnung, die Kritik sowie der Kampf gegen die Herrschaft. Wo eine solche Unbewusstheit herrscht, kommt es leicht zur Verherrlichung der Gewalt. In seinem Vorwort zu Frantz Fanons »Die Verdammten dieser Erde« schrieb Sartre:

»Diese unundrückbare Gewalt [der Kolonisierten gegen die Kolonialherren] ist wie er [Fanon] genau nachweist, kein absurdes Unwetter, auch nicht das Wiederdurchbrechen wilder Instinkte [...] sie ist nichts weiter als der sich neu schaffende Mensch. Diese Wahrheit haben wir, glaube ich, gewusst und wieder vergessen: keine Sanftmut kann die Auswirkungen der Gewalt auslöschen, nur die Gewalt selbst kann sie tilgen. Und der Kolonisierte heilt sich von der kolonialen Neurose, indem er den Kolonialherrn mit Waffengewalt davonjagt. Wenn seine Wut ausbricht, findet er sein verlorenes Selbstverständnis wieder, und er erkennt sich wieder in dem Masse, wie er sich schafft. Von weitem halten wir seinen Krieg für den Triumph der Barbarei, aber er bewirkt durch sich selbst die

fortschreitende Emanzipation des Kämpfers und vernichtet in ihm und außerhalb seiner Schritt für Schritt die koloniale Finsternis. Sobald dieser Krieg ausbricht, ist er erbarmungslos. Man bleibt entweder terrorisiert oder wird selbst terroristisch. [...] Denn in der ersten Zeit des Aufstands muss getötet werden: einen Europäer erschlagen heißt zwei Fliegen auf einmal treffen, nämlich gleichzeitig einen Unterdrücker und einen Unterdrückten aus der Welt schaffen. Was übrig bleibt, ist ein toter Mensch und ein freier Mensch.«[46]

Ob unter solchen Umständen ein freier Mensch übrig bleibt oder aber ob die Möglichkeiten zur Freiheit verdrängt werden – das eben ist die Frage. Die Gewalt, die gegen die Herrschaft eingesetzt wird, scheint die Identifikation der Beherrschten mit der bekämpften Herrschaft in der Regel nicht zu zerstören, sondern sie lediglich zu verdrängen, also im Unbewussten zu verankern und dadurch sogar zu vertiefen. Warum vertieft Gewalttätigkeit diese Identifikation? Weil sie das Gefälle Macht-Ohnmacht herstellt, und das heißt, dass derjenige, der die Gewalt einsetzt, gleichsam automatisch in die Position der Herrschenden kommt, und zwar auch dann, wenn er die Gewalt gegen die Herrschaft einsetzt. Gewalt kann man wahrscheinlich nicht einsetzen, ohne diese Identifikation zu vertiefen, nicht zuletzt deshalb, weil der, der gewalttätig ist, meistens nicht zur Selbstreflexion neigt. Im Gegenteil, die Anwendung der Gewalt entlastet das Individuum von der Mühe der Selbstreflexion.

4. Erinnerungsarbeit

Wenn sich laut Freud das Erinnern von selbst versteht – welchen Sinn sollte dann die Erinnerungsarbeit haben? Die Erinnerungsarbeit richtet sich einerseits gegen den von der herrschenden Kultur ausgehenden Verdrängungsdruck und andererseits gegen die Absperrungen, die Wissen und Denken voneinander isolieren. Wenn wir Erinnerungsarbeit leisten wollen, müssen wir die Identifikation mit dem Stärkeren und Mächtigeren, mit der Herrschaft, verweigern. Diese Verweigerung ist die Voraussetzung für die Entstehung eines Raums, in dem sich eine andere Art von Kultur als die des Vergessens und Verdrängens entfalten kann.

---

45 Popitz (1968, S. 35).
46 Fanon (1961, S. 18).

Grundsätzlich macht jede hierarchisch gegliederte Institution Angebote zur Identifikation mit dem Mächtigeren: Vom Soldaten heißt es, er trage den Marschallstab im Tornister, und der Student, der im Seminar einen Vortrag halten soll, identifiziert sich in der Regel mit dem Professor, und zwar nicht nur mit dessen intellektuellen Leistungen, sondern vor allem mit dessen sozialer Position und dem dazu gehörenden Habitus. Diese Identifikationen hat Freud in »Massenpsychologie und Ich-Analyse« beschrieben. Er zeigte insbesondere auf, wie es in den Institutionen, als deren Prototypen er Kirche und Militär bezeichnete, zum Zerfall des Individuums kommt, indem dieses seine Vernunft zugunsten der Logik der Institution opfern muss.

Gegen den Identifikationsdruck der Institutionen aufzukommen, ist keine leichte Aufgabe. Im Extremfall macht man dabei die Erfahrung, dass der Sinn zu schwinden beginnt und alles trüb und leer aussieht. Maya Nadig hat für diese Art Sinnverlust den Ausdruck des »sozialen Sterbens«[47] geprägt. Die in uns allen wirksamen Größen- und Allmachtsphantasien treiben uns zu einer Identifikation mit dem Mächtigen: Sobald unsere narzisstischen Anteile nun nicht mehr an solche Identifikationen gebunden sind, fallen sie auf uns selbst zurück, und wir müssen sehen, was wir damit anfangen. Erinnern wir uns aber daran, dass auch Freud eine Art sozialen Tod aushalten musste, als er seine akademischen Identifikationen nicht mehr aufrechterhalten konnte und als junger Arzt Misserfolg um Misserfolg erlebte. Letztlich war es aber das Aufgeben von Rollen voller Prestige, was ihn befähigte, die Erinnerungsarbeit zu leisten, die er Psychoanalyse nennen sollte.

Bei der Erinnerungsarbeit müssen wir uns in der Regel nicht nur fragwürdigen Identifikationsangeboten und dem Verdrängungsdruck entgegenstemmen, sondern auch die Absperrungen auflösen, die Wissen und Denken voneinander trennen, und damit das Erinnern verunmöglichen. Hier stoßen wir auf außerordentlich große, gesellschaftlich gut abgestützte Widerstände. So wurden zum Beispiel infolge der hohen Berufsspezialisierung verschiedene Bereiche der Realität voneinander getrennt, um sie rationeller bearbeiten zu können. Die Spezialisierung erstarrte dabei zunehmend zur Absperrung, die es erschwerte, von einem Gebiet zum anderen

überzugehen. So kann auch der Prozess der Geschichte, in dem die einzelnen Bereiche auseinander hervorgegangen sind, nicht mehr erfasst werden.

Es ist zum Beispiel bekannt, dass die Menschenversuche, die in den deutschen Konzentrationslagern durchgeführt wurden, nicht bloß Produkt eines irrationalen Sadismus waren, sondern im Dienste wohlüberlegter Experimente standen, deren Ergebnisse schließlich in die Entwicklung der amerikanischen und vermutlich auch der russischen Weltraumfahrt eingingen. Man hat es zwar schon immer gewusst, aber man hat nicht daran gedacht: Die Weltraumfahrt, auf die die Menschheit so stolz zu sein vorgibt, und die für viele zu einer Art Maßstab des Fortschritts geworden ist, wurzelt in der unsäglichen Menschenquälerei der Konzentrationslager. Wenn uns diese Zusammenhänge bewusst wären, würden wir nicht das eine in den Bereich des Bösen und Teuflischen versetzen und das andere zum Inbegriff des Guten und Modernen machen, und wären infolgedessen vielleicht befähigt, eine vernünftigere Einstellung zu Wissenschaft, Technik und Fortschritt zu entwickeln.

Literatur

Assmann, Jan (2000), *Religion und kulturelles Gedächtnis*, München: C.H.Beck. ▪ Bohleber, Werner (1996), »Einführung in die psychoanalytische Adoleszenzforschung«, in: Bohleber, Werner (Hg.), *Adoleszenz und Identität*, Stuttgart: Verlag Internationale Psychoanalyse, S. 7–40. ▪ Darnton, Robert (1989), *Das große Katzenmassaker. Streifzüge durch die französische Kultur vor der Revolution*, München: Hanser. ▪ Devereux, George (1974), Normal und Anormal. Aufsätze zur allgemeinen Ethnopsychiatrie, Frankfurt/M.: Suhrkamp. ▪ Dilthey, Wilhelm (1991[11]), »Das natürliche System der Geisteswissenschaften im 17. Jahrhundert« (1892/93), in: Dilthey, Wilhelm, *Weltanschauung und Analyse des Menschen seit Renaissance und Reformation*, Gesammelte Schriften Bd. II, Stuttgart/Göttingen: Vandenhoeck & Ruprecht. ▪ Elias, Norbert (1969 [1938]), *Über den Prozess der Zivilisation. Soziogenetische und psychogenetische Untersuchungen*, 2 Bde., Frankfurt/M.: Suhrkamp. ▪ Elrod, Norman / Heinz, Rudolf / Dahmer, Helmut (1978), *Der Wolf im Schafspelz. Erikson, die Ich-Psychologie und das Anpassungsproblem*. Frankfurt/M.: Campus. ▪ Epstein, Helen (1987), *Die Kinder des Holocaust. Gespräche mit Söhnen und Töchtern von Überlebenden*, München: C.H.Beck. ▪ Erdheim, Mario (1982), *Die gesellschaftliche Produktion*

---

47 In: Erdheim/Nadig (1979).

von Unbewusstheit. Eine Einführung in den ethnopsychoana-lytischen Prozess, Frankfurt/M.: Suhrkamp. ▪ ERDHEIM, MA-RIO (1990), »Vorwort«, in: Freud, Sigmund, *Totem und Tabu*, Frankfurt/M.: Fischer. ▪ ERDHEIM, MARIO (2001), »Psychoanalyse und Kulturwissenschaften«, in: *Ethnopsy-choanalyse, 6, Forschen, erzählen und reflektieren*, Frank-furt/M.: Brandes & Apsel, S. 182–201. ▪ ERDHEIM, MARIO / NADIG, MAYA (1979), »Größenphantasien und sozialer Tod«, in: *Kursbuch*, 58, S. 115–128. ▪ ERIKSON, ERIK H. (1950), *Kindheit und Gesellschaft*. Stuttgart: Klett-Cotta. ▪ FANON, FRANTZ (1961), *Die Verdammten dieser Erde*, Frank-furt/M.: Suhrkamp. ▪ FREUD, SIGMUND (1959), »Massen-psychologie und Ich-Analyse« [1921], in: *Gesammelte Werke*, Bd. 13, Frankfurt/M.: Fischer, S. 71–161. ▪ FREUD, SIGMUND (1967), »Erinnern, Wiederholen und Durcharbeiten« [1914], in: *Gesammelte Werke*, Bd. 10, Frankfurt/M.: Fischer, S. 125–136. ▪ FREUD, SIGMUND (1968), »Totem und Tabu. Einige Übereinstimmungen im Seelenleben der Wilden und der Neurotiker« [1912/13], in: *Gesammelte Werke*, Bd. 9, Frankfurt/M.: Fischer. ▪ FREUD, SIGMUND (1979), »Neue Folge der Vorlesungen zur Einführung in die Psychoanalyse« [1916], in: Gesammelte Werke, Bd. 16, Frankfurt/M: Fischer. ▪ GRUBRICH-SIMITIS, ILSE (1984), »Vom Konkretismus zur

Metaphorik. Gedanken zur psychoanalytischen Arbeit mit Nachkommen der Holocaust-Generation«, in: *Psyche*, 38, S. 1–28. ▪ GRUBRICH-SIMITIS, ILSE (1987), »Trauma oder Trieb – Trieb und Trauma. Lektionen aus Sigmund Freuds phylogenetischer Phantasie von 1915«, in: *Psyche*, 41, S. 992–1023. ▪ JAQUES, ELLIOT (1953), »The Social System as a defence against persecutory and depressive anxiety«, in: Klein, Melanie / Heimann, Paula / Money-Kyrle, Roger E. (Hg.) (1955), *New Directions in Psycho-Analysis*, London: Tavistock, S. 478–498. ▪ MEINECKE, FRIEDRICH (1924), *Die Idee der Staatsräson in der neueren Geschichte*, München/ Berlin: Oldenbourg. ▪ NIEDERLAND, WILLIAM G. (1980), *Folgen der Verfolgung: Das Überlebenssyndrom Seelenmord*, Frankfurt/M.: Suhrkamp. ▪ NIETZSCHE, FRIEDRICH (1887), *Zur Genealogie der Moral*, Stuttgart: Kröner. ▪ MUSIL, RO-BERT (1936), »Denkmale«, in: *Nachlass zu Lebzeiten: Prosa, Dramen, späte Briefe*, Hamburg: Rowohlt, S. 480–483. ▪ POPITZ, HEINRICH (1968), *Prozesse der Machtbildung*, Tü-bingen: Mohr. ▪ SIMMEL, GEORG (1908), *Soziologie*, Leipzig: Duncker & Humblot. ▪ WEISS, PETER (1975–81), *Die Äs-thetik des Widerstands*, Bd. 1–3, Frankfurt/M.: Suhrkamp. ▪ WINNICOTT, DONALD W. (1971), *Vom Spiel zur Kreativität*, Stuttgart: Klett-Cotta.

12.8 Menschheitstrauma, Holocausttrauma, kulturelles Trauma: Eine kritische Genealogie der philosophischen, psychologischen und kulturwissenschaftlichen Traumaforschung seit 1945

Wulf Kansteiner

1. Einleitung

Der Holocaust wird heute als zentrales Ereignis des 20. Jahrhunderts begriffen, und diese Entwicklung ist eng verbunden mit dem Aufstieg des Traumabegriffs in die Position einer wichtigen Deutungskategorie für die Analyse gesellschaftlicher und kultureller Prozesse. Mit großem Aufwand haben Experten vieler Forschungsdisziplinen die Langzeitfolgen außergewöhnlich gewaltsamer Ereignisse wie Krieg und Völkermord untersucht, die in der Geschichte des 20. Jahrhunderts eine so bedeutsame Rolle gespielt haben. Im Verlauf dieser Bemühungen haben diese Repräsentanten verschiedener Wissenschaftszweige und erkenntnistheoretischer Schulen, die sich sonst kaum über den Status von Realität und Wissenschaft einigen können, die Idee vom Trauma als dem Kennzeichen unserer Zeit aufgegriffen. Aber trotz der guten Absichten, die mit der verspäteten Einsicht in die langfristigen Folgen von Menschen geschaffener Katastrophen verbunden waren, hatte der Aufstieg des Traumas in die Stellung eines beherrschenden Forschungsparadigmas auch ungünstige Nebeneffekte. Als immer mehr Vertreter der Trauma-Forschung über die Beschäftigung mit konkreten psychologischen Kräften, die durch geschichtliche Ereignisse wie die »Endlösung« oder den Vietnamkrieg ausgelöst wurden, hinausgingen und das Traumakonzept zu einem großzügig angewandten Instrument machten, liefen sie Gefahr, die historische und moralische Präzision aufzugeben, deren Förderung das Konzept ursprünglich gedient hatte. Wegen ihres außerordentlichen Erfolges neigen nun führende Denkschulen der Traumaforschung dazu, Traumatisches und Nichttraumatisches, Außergewöhnliches und Alltägliches zu vermischen und sogar den grundlegenden Unterschied zwischen den Opfern und den Tätern extremer Gewalt aufzuheben.

Dieser Essay bietet keine allgemeine Genealogie des psychologischen Trauma-Konzepts. Diese Aufgabe hat Ruth Leys bereits überzeugend gelöst.[1] Statt-dessen werden wir uns dem Begriff Trauma von beiden Seiten der antirealistischen/realistischen Trennlinie nähern, indem wir die entscheidenden Wendepunkte in der geschichtsphilosophischen Deutung des Holocaust rekonstruieren und im zweiten Schritt die Entwicklung der psychologischen Literatur über Holocaust-Überlebende, deren Familien und die Familien der Täter im Überblick darstellen. Dieses kritische Unternehmen wird uns von Theodor Adorno zu Jean-François Lyotard führen, bevor wir eine Bestandsaufnahme der verschiedenen Anwendungen und Diskussionen des Traumakonzepts bei psychologischen Experten in Israel, Deutschland und in den Vereinigten Staaten vornehmen. Unsere vergleichende Analyse deckt die Entstehung des Traumakonzepts in zwei voneinander unabhängigen Feldern der Holocaust-Deutung auf, die jahrzehntelang miteinander nicht in Verbindung standen, die aber, in unterschiedlichem Ausmaß, eine auffallende und beunruhigende Tendenz zeigen, zunehmende Bereiche menschlicher Existenz und menschlichen Verhaltens unter dem Aspekt ›Trauma‹ zu deuten.

Zusätzlich zu der Analyse der philosophischen und psychologischen Literatur über das Holocausttrauma beschäftigen wir uns mit dem relativ neuen Konzept des kulturellen Traumas, das Literatur- und Kulturwissenschaftler wie Cathy Caruth and Kirby Farrell in den 1990er Jahren entwickelt haben. Die Texte, die in diesem Kontext entstanden sind, enthalten wenig direkte Bezüge zum historischen Ereignis der »Endlösung«, aber sie haben zum ersten Mal eine wirklich interdisziplinäre Traumaforschung ins Leben gerufen, als Kulturkritiker die philosophischen und psychologischen Traditionen des Traumadiskurses miteinander verbanden, um die neue Idee des kulturellen Traumas zu begründen. Leider hat diese kulturwissenschaftliche Literatur, die sich die ausgreifende Dynamik zweier verschiedener Felder der Trauma-

---

1 Leys (2000); siehe auch Lerner/Micale (2001).

forschung zunutze macht, zu einer ästhetisierenden, moralisch und politisch unscharfen Traumaforschung geführt, die für die Analyse der tatsächlichen kulturellen und sozialen Folgen historischer Traumata wenig hilfreich ist. Dieses Problem entsteht aus einer irreführenden symbolischen Gleichsetzung zwischen den vorgeblich traumatischen Komponenten aller menschlichen Kommunikation und dem konkreten Leiden der Opfer physischer und mentaler Traumata. Indem sie diese beiden verschiedenen Probleme der Darstellung – den unaufhebbaren Relativismus in allen sprachlichen und kulturellen Darstellungsprozessen einerseits und die quälenden Gedächtnis- und Identitätsprobleme von Überlebenden von Traumata andererseits – gleichsetzen, heben die Vertreter des kulturellen Trauma-Paradigmas die moralischen Unterschiede zwischen Opfern, Tätern und Zuschauern von Gewalthandlungen auf. Außerdem ist das Konzept des kulturellen Traumas nicht geeignet, die sozialen und psychologischen Folgen zu erklären, die von kulturellen Darstellungen von Trauma und Gewalt ausgelöst werden. Beide Probleme – das ethische und das empirisch-psychologische – werden offenkundig, wenn das Konzept des kulturellen Traumas an den traumatischen Folgen des Holocaust bei seinen Überlebenden und den nichttraumatischen Folgen des Medienkonsums von Gewaltdarstellungen gemessen wird, einschließlich der Darstellung des Holocaust, die in unserer populären Kultur eine so große Rolle spielen. Am Ende stehen wir vor einem seltsamen Phänomen: einem interdisziplinären Forschungsprojekt, das auf Abwege geraten ist und weder das selbstkritische Reflexionsangebot noch die Trennschärfe bereitstellt, die die beiden voneinander unabhängigen Traditionen der Traumaforschung auszeichnete, die es miteinander verbinden wollte. Folglich wollen wir nach einer Erläuterung und einer Kritik des Konzepts vom kulturellen Trauma nach alternativen Ansätzen zur Analyse der Darstellung von Gewalt und deren gesellschaftlichen Folgen Ausschau halten.

Es ist schwer, sich der Anziehungskraft des Trauma-Paradigmas zu entziehen und neue Kategorien

für emotional-psychologisches Engagement und Disengagement zu finden, die subtiler und genauer sind als der gewichtige Trauma-Begriff. Aber im Verlauf unserer Analyse wird sich zeigen, dass diese ungelöste Aufgabe eine wichtige Lücke in der Literatur zu den Folgen traumatischer Ereignisse darstellt. Wir brauchen psychologische Konzepte für die Analyse von Prozessen gesellschaftlicher und kultureller Verarbeitung, die sich mit den Folgen und der Reproduktion von Gewalt auseinandersetzen, die aber die extremen moralischen und politischen Ansprüche des Traumakonzepts vermeiden. Solche Konzepte geringerer Intensität und Reichweite sind nützlich, wenn es darum geht, das weite psychologisch-kulturelle Gelände zu erschließen, das zwischen der Erfahrung extremer Traumata einerseits und der viel häufigeren Begegnung mit Mediengewalt andererseits liegt. Mit präziseren Konzepten können wir besser zwischen kulturellem Trauma und Traumakultur oder, anders ausgedrückt, zwischen Trauma und Unterhaltung unterscheiden.

2. Frankfurter Schule und strukturelles Trauma

Max Horkheimer und Theodor Adorno gehören zu der sehr kleinen Zahl von Intellektuellen, die sich in ihren Nachkriegsschriften mit der »Endlösung« befassten.[2] Vor allem Adorno erinnerte seine Landsleute beharrlich an ihre historische Schuld und kritisierte sie unermüdlich wegen ihrer unzureichenden Bemühungen, sich mit der Last der Vergangenheit auseinanderzusetzen.[3] Aber auch Adornos Mahnungen, so ungewöhnlich sie in der Nachkriegszeit waren, gingen von einem sehr allgemeinen Schuldkonzept aus und beruhten auf einem ambivalenten Philosemitismus.

Adornos und Horkheimers erste umfassende Deutung des Nationalsozialismus, *Dialektik der Aufklärung*, wurde während des Krieges ohne vollständige Kenntnis von den Tatsachen des Holocaust verfasst.[4] Die Gemeinschaftsarbeit ist ein beeindruckender Versuch zur historischen Anthropologie, der eine wichtige Abkehr von den eher marxistisch geprägten Vorkriegsschriften seiner Autoren kennzeichnet. Mit Blick auf die gesamte Menschheitsgeschichte nutzten Horkheimer und Adorno die

---

2 Traverso (2000, S. 27–33); siehe auch: Kuhlmann (1997).
3 Siehe z. B. Adorno (1977).
4 Adorno/Horkheimer (1969).

Katastrophe des Dritten Reichs, um die fundamentalen Prinzipien menschlicher Existenz aufzuzeigen. Nach ihrer Analyse beruhten die Verbrechen des Naziregimes auf einer ursprünglichen Fehlkonstruktion der menschlichen Kultur, die bis in die Vorgeschichte zurückweist.

Das anthropologische Modell, das in *Dialektik der Vernunft* in groben Zügen vorgestellt wird, teilt die Geschichte in vier Abschnitte, die durch verschiedene mimetische Strategien gekennzeichnet sind, die die Menschheit einsetzte, um ihr Überleben zu sichern. Über die Stationen Animalismus, Magie, Mythos und Aufklärung entwickelten die Menschen immer erfolgreichere Mittel der Repräsentation und Manipulation, die es ihnen ermöglichten, ihre Furcht vor der Natur einzudämmen und schließlich die Natur auf immer effizientere Weise zu beherrschen, was am Ende zu den modernen Naturwissenschaften führte.[5] Aber die Erfolgsgeschichte der menschlichen Selbsterhaltung, die ihren Höhepunkt in der Ideologie der Aufklärung erreichte, ist nur die eine Seite der Gleichung. Wie Adorno und Horkheimer mit viel Dramatik ausführen, veranlasste die schicksalhafte Trennung und Interaktion zwischen Kultur und Natur, zwischen Subjekt und Objekt das scheinbar autonome Individuum, seine Macht über die Natur gegen sich selbst zu wenden und seine eigene Existenzgrundlage zu unterhöhlen. Jeder Schritt auf dem Weg zu fortschreitender Kontrolle der Natur durch Abstraktion und Kategorisierung prägte das Herrschaftsprinzip tief in die menschlich Psyche ein und hatte ein entsprechendes Maß an Unterdrückung der Teile der menschlichen Natur zur Folge, die nicht dem rigiden System der instrumentellen Vernunft entsprachen. Wie Horkheimer und Adorno glauben, veranschaulichen die nationalsozialistischen Konzentrations- und Vernichtungslager diese selbstzerstörerische Kraft im Zentrum der westlichen Zivilisation.[6]

Schon in *Dialektik der Aufklärung,* vor allem aber in Adornos folgenden Schriften wird die umfassende Anklage gegen Geschichte und Kultur des Westens mit selbstkritischer Schärfe vorgetragen. Indem sie ihre Kritik radikal bis zum Ende fortführen, kommen Horkheimer und Adorno zu dem Schluss, dass die Dynamik der Selbstzerstörung, die die Geschichte der Menschheit beherrscht, auch die Integrität ihrer eigenen Position angreift. Sie stellen fest, dass ihre eigene rationale Analyse des Triumphs der rationalen Vernunft unauflösbar in das undurchdringliche Gewebe von Macht, Schuld und Repräsentation verwoben ist, das sie eigentlich aufdecken wollen. Dieses Dilemma erklärt die rhetorische Struktur des Buches mit seinen vielen Brüchen, Übertreibungen und Widersprüchen.[7] Indem sie ihre eigene Kritik ins Wanken bringen, versuchen sie die Reproduktion von selbstzerstörerischer Macht aufzuheben und, zumindest vorübergehend, archaische Darstellungsformen zurückzugewinnen, die noch die Unvereinbarkeit von Objekt und Sprache erkennen lassen. Diese rhetorische Haltung gelangt zur Perfektion in Adornos Denkstrategie der negativen Dialektik, was zu solch berühmten und widersprüchlichen Sätzen wie den folgenden führt: »Erheischt negative Dialektik die Selbstreflexion des Denkens, so impliziert das handgreiflich, Denken müsse, um wahr zu sein, heute jedenfalls, auch gegen sich selbst denken. Misst es sich nicht an dem Äußersten, das dem Begriff entflieht, so ist es vorweg vom Schlag der Begleitmusik, mit welcher die SS die Schreie ihrer Opfer zu übertönen liebte.«[8]

Man könnte versucht sein, sich mit Adorno gegen Adorno zu wenden, und folgern, dass seine Praxis der negativen Dialektik noch nicht radikal genug ist. Seine Texte, und vielleicht auch ihr Autor, scheinen unangemessen auf ihren eigenen Zitierwert bedacht zu sein und insofern an der abstoßenden Praxis teilzuhaben, aus dem Schicksal der Opfer einen Sinn herauszupressen, wie es Adorno selbst formuliert hat.[9] Außerdem werfen *Dialektik der Aufklärung* und andere Texte Adornos über Auschwitz zwei spezifische Probleme auf, die sie als Produkte der Nachkriegszeit kennzeichnen. Erstens verwischt die allumfassende und unausweichliche Schuld der westlichen Zivilisation, wie sie bei Horkheimer und Adorno beschrieben wird, den Unterschied zwischen Opfern und Tätern des Nationalsozialismus

---

5 Adorno/Horkheimer (1969, S. 9–19).

6 Adorno/Horkheimer (1969, S. 182, 185–187).

7 Van der Brink (1997).

8 Adorno (1966, S. 365). Einen ausgezeichneten Kommentar zu dem mit »After Auschwitz« betitelten Kapitel gibt Bernstein (2001, S. 371–414).

9 Adorno (1966, S. 361).

und macht auf diese Weise die durchaus konkrete Schuld der vielen Organisatoren und Vollstrecker der »Endlösung« unkenntlich.[10] Trotz Adornos scharfer Verurteilung der moralischen Selbstzufriedenheit der Deutschen nach 1945 steht das Gedankengebäude in der *Dialektik der Aufklärung* nicht im Widerspruch zu der Verteidigungsstrategie vieler Deutscher in den 1950er Jahren, die sich als Opfer Hitlers, der Alliierten und allgemein der Geschichte betrachteten und es vorzogen, ihre eigene entscheidende Mitwirkung an der deutschen Katastrophe nicht zu beachten. Zweitens gibt die *Dialektik der Aufklärung* ein ambivalentes Urteil über die Rolle der Juden in der Geschichte der westlichen Zivilisation ab, das hier nicht zum ersten Mal entwickelt wird, das aber gleichzeitig ambivalente philo- und antisemitische Themen der deutschen Nachkriegskultur spiegelt. Laut Horkheimer und Adorno sind die Juden sowohl Schrittmacher als auch Nachzügler im Streben nach Aufklärung. Einerseits förderten sie das Tabu der Mimesis durch das Verbot von Opfer und Götzendienst. Andererseits bewahrt ihre Kultur Elemente einer vormythologischen Stufe der menschlichen Kultur, z. B. bei dem Beharren auf dem ›unzivilisierten‹ Lebensstil der Nomaden. Diese Ambivalenz weist das Judentum als eine höhere, ehrlichere Religion als das Christentum aus, sie kann aber auch als Erklärung für die »Endlösung« verstanden werden, die die Opfer für ihre Vernichtung verantwortlich macht.[11] Denn nach Horkheimer und Adorno richteten sich die Nazis gegen die Juden, um ihren beharrlichen Gegenpol auszulöschen, der als beschämende Erinnerung an die Schrecken der Vorgeschichte und die Lust der Mimesis fungierte.

Das Traumakonzept nimmt keine Schlüsselposition in Adornos Interpretation des Nationalsozialismus ein. Er benutzt den Begriff nur gelegentlich, z. B.

um das zukünftige Zerstörungspotential hervorzuheben, das der Schock des Zweiten Weltkriegs in der Psyche der Überlebenden hinterlassen hat.[12] Das Fehlen dieses Begriffs verdeutlicht, welchen marginalen Status das Traumakonzept im Nachkriegsdiskurs über den Krieg und den Holocaust hatte. Außerdem belegt die Bevorzugung weniger psychoanalytisch besetzter Formulierungen Adornos zwiespältiges Urteil über die Theorie und Praxis der Psychoanalyse. Einerseits hielten er und seine Mitarbeiter Freuds Werk für die letzte erfolgreiche Theorie zur bürgerlichen Identität. Als solche spielten die psychoanalytischen Einsichten eine Schlüsselrolle bei der Erklärung der Ursprünge des Nationalsozialismus, z. B. in den Untersuchungen zur autoritären Persönlichkeit.[13] Auf der anderen Seite machte die historische Nähe zwischen der Entdeckung der Psychoanalyse und der deutschen Katastrophe eine besonders genaue Untersuchung möglicher konzeptioneller Wechselbeziehungen zwischen den beiden erforderlich. Außerdem lehnte Adorno die therapeutische Praxis der Psychoanalyse ab, wie er sie in den Vereinigten Staaten kennenlernte. Die Vorstellung, Patienten könnten sich durch Therapie erfolgreich mit ihrer Vergangenheit aussöhnen, schien eine besonders abstoßende Empfehlung für das Zeitalter nach dem Holocaust zu sein.[14] Schließlich kann man sogar vermuten, dass das Traumakonzept die Emigranten zu unmittelbar betraf, da sie unter ihrem eigenen Anteil an Überlebensschuld litten.[15] Diese Vermutung berührt einen besonders problematischen Aspekt des gegenwärtigen Traumadiskurses, die Idee des Sekundärtraumas. Wir werden auf diese Frage unten noch zurückkommen, sollten aber unsere Bemerkungen zu Adorno nicht ohne den Hinweis abschließen, dass die in seinen Schriften evidente terminologische Distanz zum Traumadiskurs keine strukturelle bedeutet. Ganz im Gegenteil liefern Adornos kategorischer Imperativ und seine summarischen Vorwürfe gegen die westliche Zivilisation die Prototypen für spätere philosophisch-literarische Reflexionen über die Bedeutung des Nationalsozialismus und der »Endlösung«, die das Traumakonzept explizit verwenden. Adornos Argument, dass die post-faschistische Kultur ihre eigenen Grenzen der Darstellung ansprechen und anerkennen muss, gehört zum Rüstzeug jeder Holocaust-Ästhetik.[16] Aber im Gegensatz zu Adorno waren einige seiner Nach-

---

10 Rensmann (1998, S. 162).
11 Rabinbach (1997, S. 189–190).
12 Adorno (1951, S. 63)
13 Adorno (1969).
14 Schneider/Stillke/Leinweber (2000, S. 68–74).
15 Adorno äußert sich selbst ausdrücklich zur Schuld des Überlebenden in *Negative Dialektik* (S. 363), was Bernstein als eine autobiographische Anmerkung interpretiert, siehe Bernstein (2001, S. 392).
16 Krankenhagen (2001); siehe auch Köppen (1993).

folger, die die Grenzen der Darstellung unter dem Aspekt des Traumas untersuchten, weniger durch Auschwitz geschockt, weniger daran interessiert, seine Ursprünge zu erklären, und mehr darauf bedacht, die Erinnerung an die »Endlösung« zu benutzen, um ihre eigenen intellektuellen Vorhaben zu fördern.

3. Das postmoderne Traumakonzept bei Lyotard

Lyotard stellt einen bedeutenden Wendepunkt in der Entwicklung der philosophischen Konstellation dar, die wir hier rekonstruieren wollen. Einerseits kann man Lyotards Werk als eine Übertragung von Adornos negativer Dialektik in den Sprach- und Denkstil der Postmoderne verstehen.[17] Andererseits aber unterliegt die philosophische Darstellung des Holocaust im Verlauf der Übertragung zwei wichtigen Veränderungen. Bei Adorno ist die Wendung gegen die spekulative Philosophie und das fundamentale Denken autobiographisch auf den Nationalsozialismus und seine Verbrechen bezogen. Wie andere Denker zitiert Adorno Auschwitz, um seinen idiosynkratischen ästhetischen Vorlieben und philosophischen Optionen Gewicht zu verleihen, aber die radikale Veränderung seines Denkens hätte ohne Hitler nicht stattgefunden.[18] Im Gegensatz dazu hat der wesentlich jüngere Lyotard die Phänomenologie und seine marxistisch geprägten politischen Überzeugungen erst nach dem französischen Desaster in Algerien und nach dem Scheitern der Studentenbewegung aufgegeben.[19] Deswegen scheinen die zahlreichen Verweise auf Auschwitz in Lyotards Werk spielerischer zu sein als ähnliche Hinweise in den Schriften Adornos. Der schlichte biographische Unterschied hilft zu erklären, weshalb Lyotards Texte sich weniger mit dem geschichtlichen Ausnahmecharakter der »Endlösung« und seiner Opfer befassen und stattdessen den Holocaust als eine Art philosophischen Lackmustest benutzen, was vier Jahrzehnte nach dem Krieg im Gefolge des beginnenden populären Holocaust-Gedenkens nicht sonderlich überrascht. Die zweite wichtige Veränderung, die das Denken der Frankfurter Schule von den Sprachspielen in Paris unterscheidet, betrifft die Verwendung psychoanalytischer Terminologie. Lyotard benutzt die Ereignisse

der »Endlösung«, um seine radikale linguistische Kritik an allen von ihm so wahrgenommenen fundamentalistischen, totalitären philosophischen Paradigmen zu entfalten, aber er postuliert auch – irgendwie im Gegensatz dazu – einen Urschock in der kollektiven Psyche des Westens, der erklärt, weshalb der Westen so nachdrücklich darauf bedacht ist, alles Andersartige auszulöschen, das an seinem Rande lebt. Als Folge beider Transformationen wird aus Auschwitz ein metaphorisches, psychoanalytisch aufgeladenes Ereignis, das geradezu ideal geeignet ist, als Waffe in allen Arten philosophischer Scharmützel zu dienen: ein umfassendes und zugleich flexibles, akademisches Kollektivgedächtnis für das postmoderne Zeitalter.

In *The Postmodern Condition* hatte Lyotard bereits die Berechtigung jeder umfassenden Gesellschaftstheorie in der Tradition von Hegel und Marx infrage gestellt.[20] Seiner Meinung nach unterdrücken diese absolut gesetzten Gedankengebäude, die jeden Tag in den verschiedensten Wissenschaftsdisziplinen praktiziert werden, die zunehmende soziale und linguistische Vielfalt der postmodernen Informationsgesellschaft. Vier Jahre später ergänzte Lyotard seine kurze, etwas oberflächliche Verherrlichung von sozialem und linguistischem Pluralismus in seiner rigorosesten philosophischen Abhandlung *The Differend*.[21] Er gab sein früheres analytisches Interesse an Erzählstrukturen auf und stellte ein grundsätzlicheres linguistisches Modell vor, das darauf abzielte, den Ausschlusscharakter von Sprache aufzuzeigen und die Unmöglichkeit, in menschlicher Sprache zu angemessenen Urteilen zu gelangen. Diesmal sind Sätze bzw. Phrasen das linguistische Grundelement seiner Analyse, und er versucht nachzuweisen, dass Sätze oft entsprechend verschiedenen Regeln und von widerstreitenden methodologischen und ideologischen Standpunkten aus formuliert werden, die sich nicht inte-

---

17 Bernstein (2000, S. 108).

18 Adorno teilt diesen Sinneswandel mit anderen deutsch-jüdischen Emigranten, und ihre Erfahrungen und spezifischen Einsichten trennten sie von der intellektuellen Nachkriegsszene beiderseits des Atlantik, siehe Traverso (2000, S. 43–50) und Diner (1988, S. 79–96).

19 Browning (2000, S. 91–99).

20 Pfestroff (2002, S. 236).

21 Lyotard (1988, französische Ausgabe 1983).

grieren lassen. Der daraus folgende Zusammenprall von Meinungen bewirkt ein theoretisches Dilemma und oft auch politische Ungerechtigkeit. Aus erkenntnistheoretischer Perspektive betrachtet, blockieren einander widerstreitende Regeln und Wahrheitsansprüche Entscheidungsprozesse, da es kein übergeordnetes Regelwerk gibt, solche Konflikte zu lösen. In der gesellschaftlichen Praxis jedoch, wo Machtdifferenzen zwischen verschiedenen Sprechern und verschiedenen Ideologien die Regel sind, werden solche Zusammenstöße schnell in erkenntnistheoretisch willkürlicher, aber politisch voraussehbarer Weise beigelegt. Neben vielen anderen Folgen unterminiert dieses Dilemma die Integrität konventioneller Geschichtsphilosophie und -schreibung.[22]

In diesem Zusammenhang führt Lyotard als Beispiel den Holocaust auf besonders provozierende Weise an. Seiner Einschätzung nach argumentieren Holocaust-Leugner wie Robert Faurisson geschmacklos, aber erkenntnistheoretisch überzeugend, wenn sie Augenzeugenberichte aus dem Innern der Gaskammern verlangen, ehe sie die Behauptung akzeptieren, dass solche Einrichtungen wirklich existierten. Natürlich kann eine solche Forderung nicht erfüllt werden, weil alle Menschen, die diesen Beweis erbringen könnten, ermordet wurden. Aber man muss festhalten, fährt Lyotard fort, dass die Regeln der Beweisführung, die von den Holocaust-Leugnern aufgestellt wurden, einige von vielen möglichen für die Herstellung wahrheitsgemäßer Aussagen über die Vergangenheit sind und dass diese Regeln nicht im Rückgriff auf eine übergeordnete, allgemein anerkannte Logik für wahrheitsgemäße Aussagen ersetzt werden können.[23] Außerdem sind die von den Leugnern aufgestellten Regeln prinzipiell mit denen der Beweisführung kompatibel, die in vielen Forschungszweigen angewendet werden, die Geschichtsschreibung eingeschlossen. So gesehen werden die Opfer, die in Auschwitz starben, noch

einmal verletzt, wenn die Ereignisse der »Endlösung« gemäß den anerkannten erkenntnistheoretischen Verfahrensweisen der Wissenschaft behandelt werden. Mit Lyotards Worten erlitten die Opfer einen »Schaden, dem der Mangel an Mitteln anhaftet, den Schaden beweisen zu können«;[24] sie sind die Opfer eines Dilemmas, eines *differend*, das in der Sprache ausgedrückt werden sollte, aber in die gegenwärtigen Darstellungsformen nicht hineinpasst. Lyotard fand eine überzeugende Metapher, um seine Anliegen zu verdeutlichen, indem er Auschwitz mit einem Erdbeben verglich, das alle seismographischen Geräte zerstörte und deshalb nicht präzise gemessen und in einem brauchbaren Zeichensystem dargestellt werden kann und nur gewaltige, aber ungenaue Spuren seiner Gewalt hinterlässt.[25]

Kritiker Lyotards haben darauf hingewiesen, dass seine verallgemeinernden Anmerkungen zur Kommunikation und zur Unmöglichkeit von Gerechtigkeit als ein weiterer totalisierender Mythos in der Tradition der westlichen Philosophie verstanden werden kann.[26] Außerdem hat man argumentiert, Lyotard unterschätze die Komplexität und erkenntnistheoretische Ausgereiftheit der Geschichtsschreibung und anderer Forschungszweige.[27] Beide Kritikpunkte sind bedenkenswert, aber für unsere Zwecke ist es wichtiger, darauf hinzuweisen, dass Lyotard, in stärkerem Maß als Adorno, Auschwitz dazu benutzt, seine Überzeugung von der Unvereinbarkeit von Realität und Darstellung zu verdeutlichen. Außerdem, und diesmal im Gegensatz zu Adorno, ordnet Lyotard Auschwitz in eine potentiell positive, sogar ermutigende Botschaft ein: Von Menschen verursachte Katastrophen lassen uns die zerstörerische Natur geschlossener, totalisierender Denksysteme erkennen, denn solche Systeme sind der Nährboden für Ereignisse wie Auschwitz. Folglich können uns derartige Katastrophen helfen, der Anziehungskraft solcher Systeme zu widerstehen, indem wir nicht-identische diskursive und soziale Verfahren erproben, um uns auf diese Weise dem Zugriff umfassender Gesellschaftstheorien und sozialer Reformprojekte zu entziehen.[28] Im Verlauf seiner weiteren Karriere erkannte Lyotard, dass erfolgreicher Widerstand angesichts des überwältigenden Triumphs des westlichen Kapitalismus immer schwieriger geworden ist. In der Tat folgt die intellektuelle Entwicklung seines Werks von diesem Punkt an wieder eng den Pfaden Adornos,

---

22 Flynn (2002).
23 Lyotard (1988, S. 3, 19, 32).
24 Lyotard (1988, S. 5); siehe auch Readings (1991, S. 122).
25 Lyotard (1988, S. 56).
26 Anderson (1989); und in diesem Punkt besonders überzeugend: Frank (1988).
27 Norris (2000).
28 Davies (1998, S. 91 f.).

weil beide nach Spuren authentischer Nicht-Identität im Bereich der Ästhetik suchen. In Lyotards Fall anhand des Konzepts des Erhabenen.[29]

Eine volle Würdigung der Komplexität Lyotardscher Gedanken zu Auschwitz führt zu dem Schluss, dass seine oft zitierte Metapher vom Erdbeben irreführend ist. Dieser Vergleich ergäbe nur Sinn, wenn man annähme, dass technische Apparaturen, die Erdbeben messen sollen, selbst eine entscheidende Ursache für zerstörerische Erdbewegungen wären. Die Metapher vom Erdbeben erhellt jedoch die strukturelle Kompatibilität zwischen Lyotards Denkansatz und Freuds Konzept der *Nachträglichkeit*, das Lyotard ausführlich in einer anderen Studie über die Bedeutung von Auschwitz und die Geschichte des Judaismus untersuchte. Im Verlauf dieser Erkundung gewinnt Lyotards Arbeit eine ausgesprochen psychologische Dimension, die in seinen früheren Schriften unberücksichtigt blieb und die auch in Adornos Gedanken über die »Endlösung« fehlt.

In *Heidegger and the Jews* versucht Lyotard eine weitere ethische Begründung für seine Aufwertung des Nicht-Identischen zu geben und verdeutlicht die Rolle, die Auschwitz in seiner Philosophie hat. Er unterstellt einen elementaren Schock im Kern der westlichen Subjektivität, der so schwerwiegend war, dass unsere Psyche und unsere Kultur nie in der Lage waren, ihn darzustellen. Lyotard verwendet den Begriff Trauma nicht ausdrücklich, aber er paraphrasiert Freuds klassische Definition des Traumas als eines asymmetrischen, scheinbar unverbundenen Doppelschlags, der aus einer ursprünglichen Verletzung von solcher Wucht besteht, dass sie niemals von dem menschlichen Bewusstsein verarbeitet werden konnte, und aus einem zweiten verspäteten Auftauchen von Symptomen, die aus dem Nichts zu kommen scheinen.[30] Lyotard bleibt bei der Beschreibung der Art dieses Traumas absichtlich unpräzise, stellt aber in zwei Schritten eine Beziehung zum Holocaust her. Erstens behauptet er, dass die Juden nicht an der westlichen Tradition teilhaben, weil sie einen anderen, ehrlicheren Weg gefunden haben, mit dem auslösenden Schock umzugehen, indem sie seine immanente Nichtdarstellbarkeit anerkannten. Als Folge davon sind die Juden für den Westen, der auf seine Fähigkeit zur Darstellung vertraut, eine sichtbare, schmerzhafte Erinnerung an das vergesse-

ne Ursprungstrauma.[31] Dieser zweite Schritt in Lyotards Argumentation erklärt, weshalb die Juden als die ewig Anderen Opfer einer solch unbarmherzigen Verfolgung geworden sind, die in Auschwitz ihren Höhepunkt fand. Darüber hinaus erklärt diese Verbindung, warum die Bedeutung von Auschwitz nie ganz erfasst werden kann. Eine solche Darstellung würde nichts weniger als eine völlige Erklärung des nicht darstellbaren Traumas im Zentrum der westlichen Kultur und Psyche erforderlich machen.[32]

Die Parallelen zu Adornos Denken über Auschwitz sind deutlich erkennbar, auch wenn Lyotard nachdrücklicher als sein Vorgänger darauf besteht, dass er den Terminus »die Juden« nicht wörtlich verstanden wissen will. Bei ihm kennzeichnet der Ausdruck »die Juden« alle verfolgten Minderheiten in der Geschichte des Westens.[33] Dieses Caveat schafft Distanz zum historischen Ereignis der »Endlösung« und erlaubt Lyotard, eine frei schwebende Metapher für ein ernstes, nicht darstellbares (und nicht verifizierbares) kollektives Trauma zu formulieren, das ohne Mühe mit allen möglichen Gegenständen und Themen verknüpft werden kann.[34]

4. Kulturelles Trauma und postmoderne Literaturkritik

Eine Reihe anderer postmoderner Denker hat parallel zu Lyotards Bemühungen Vorstellungen zu Trauma, Kultur und Holocaust entwickelt, obwohl nur wenige das Thema mit der gleichen Konsequenz verfolgt haben.[35] Diese Ansätze inspirierten die Literaturkritikerin Cathy Caruth, als eine der ersten TheoretikerInnen sowohl philosophische als auch psychologische Texte zum Thema Trauma zu Rate zu ziehen und ein kurzes Buch zu schreiben,

---

29 Lyotard (1997).
30 Lyotard (1990, S. 15–17).
31 Lyotard (1990, S. 22).
32 Lyotard (1990, S. 45); siehe auch Seymour (2000, S. 132).
33 Lyotard (1990, S. 3). Die Austauschbarkeit der Opfer hatten bereits Horkheimer und Adorno (1969, S. 171–173) vorgeschlagen, aber sie vertraten eine konventionellere marxistische Interpretation des Antisemitismus.
34 Seidler (1998, S. 115).
35 Siehe die Beiträge in Milchman/Rosenberg (1998) und zusätzlich Spiegel (1997, S. 35–42).

das es in den Geisteswissenschaften zu einigem Einfluss brachte.[36] Caruth vermeidet die komplizierte, sich selbst reflektierende Sprache und die psychologische Präzision ihrer verschiedenen intellektuellen Quellen. Stattdessen stellt sie ein kompaktes, leicht verständliches Modell des kulturellen Traumas vor, dem jede historische Spezifik fehlt. Von konkreten Schmerzen und Leiden entblößt, macht ihr ästhetisierter Begriff vom kulturellen Trauma uns alle zu perfekten Überlebenden. Erwartungsgemäß spielen der Holocaust oder vergleichbare Ereignisse keine bedeutsame Rolle mehr in Caruths Welt des ›Trauma light‹.[37]

Caruth kombiniert eine selektive Deutung Freuds und eine ähnlich reduktive Interpretation der psychologischen Traumaforschung mit einer Kritik der referentiellen Illusion menschlicher Sprache. Wie bei vielen anderen Theoretikern befindet sich das Traumaopfer nach Caruth in einem vorübergehenden Schwebezustand, gefangen zwischen einem zerstörenden Ereignis, das zum Zeitpunkt des Geschehens nicht registriert wurde, und verspäteten Symptomen, die unbewusst und hartnäckig die Beschädigung des Schutzschildes einer Person wiederholen, ohne die Einsicht des Opfers in sein eigenes Schicksal zu erweitern. Obwohl aber der Sinn vergangener Ereignisse dem Bewusstsein verborgen und von schriftlicher Fixierung ausgeschlossen bleibt, deutet Caruth die Traumasymptome, z. B. Alpträume etc., als authentische Wiedergaben des ursprünglichen verstörenden Geschehens.[38] Mit dieser Auffassung steht sie im Widerspruch zu den meisten empiri-

schen und theoretischen Arbeiten zum Thema Trauma. Während eine sehr aktive und einflussreiche Minderheit der zeitgenössischen Traumaforscher, die Caruth für ihre Zwecke anführt, auf der Richtigkeit der buchstäblichen Wahrheit traumatischer Erinnerungen beharrt, stellen die meisten Empiriker diese vereinfachende Behauptung infrage. Caruth verwendet viel Mühe für die Suche nach Belegen in Freuds umfangreichem, komplexem und widersprüchlichem Werk, um ihre Annahmen zu stützen. Trotzdem erscheint der Gedanke, dass es im Leben eines Menschen so etwas wie ein nicht-symbolisches, nicht-aufgearbeitetes, authentisches Gedächtnis emotionaler Schlüsselereignisse geben soll, als eine Freud grundsätzlich widersprechende Vorstellung.[39] Aber in gewissem Sinn lenkt all diese Kritik, so zutreffend sie auch sein mag, vom Hauptinteresse und -anliegen der Arbeit Caruths ab. Sie ist nicht daran interessiert, unser Verständnis der Erfahrungen von Traumaopfern zu verbessern oder die theoretischen Grundlagen ihrer Behandlung zu überprüfen. Ihr Interesse gilt der Frage nach dem Trauma, weil ihr dieses Phänomen eine perfekte, besonders anschauliche Illustration der Grenzen des sprachlichen Darstellungsvermögens zu sein scheint, die sie von Paul de Man übernimmt.

In *The Resistance to Theory* gesteht de Man den Kritikern der Dekonstruktion zu, dass Sprache und Philosophie ein referentielles Element enthalten, fügt aber gleich hinzu, dass dieses Element nur in Augenblicken der Krise eines Repräsentationssystems sichtbar wird, wenn das System zeitweilig unter dem Gewicht seiner eigenen Lücken und Widersprüche auseinander bricht.[40] Bei Caruth führt diese Einsicht zu dem folgenden Paradox: »Sprachlicher Zugriff auf Realität wird nicht möglich durch ihre direkte Wahrnehmung, sondern im Widerstand der Sprache gegen Wahrnehmungsanalogien; […] die Macht der Realität über Sprache lässt sich nicht über die Suche nach einem direkten Zugang zur Realität ausdrücken oder empfinden, sondern nur über die Notwendigkeit – und Unzulänglichkeit – theoretischer Modelle.«[41] Das Traumamodell biete eine gute Möglichkeit, de Mans Theorie eine neue diachronische Komponente zu geben, indem man argumentiert, dass unsere Kenntnis der Geschichte allein auf dem nachträglichen Versagen unserer Darstellungsmittel beruht. Mit den Worten Caruths:

36 Caruth (1996); siehe auch Caruth (1995). Zu Anwendungsmöglichkeiten von Caruths Konzept des kulturellen Traumas siehe z. B.: Hammer (2001); Ramadanovic (2001); und Horvitz (2000).

37 Andere Wissenschaftler haben versucht, Caruths Konzepte auf die Analyse von Holocaustdarstellungen und Holocaust-Pädagogik zu übertragen, endeten aber in einer ähnlichen moralischen und empirischen Sackgasse, aus der sich keine Einsichten in die tatsächlichen sozialen und psychologischen Konsequenzen von Holocaust-Erziehung ableiten lassen. Siehe Bernard-Donals/Gljzer (2001).

38 Caruth (1996, S. 4, 11,17, 57–59, 91–92).

39 Diese Kritikpunkte zu Caruths Arbeit sind überzeugend bei Leys (2000, S. 266–297) ausgeführt; siehe auch Weigel (1999) und McNally (2003).

40 de Man (1986).

41 Caruth (1996, S. 90).

»Wenn Geschichte immer die Geschichte eines Traumas ist, heißt das, dass sie überhaupt nur dadurch z. T. wahrnehmungsfähig wird, dass sie nie völlig erfasst werden kann, während sie sich ereignet; oder um es etwas anders auszudrücken, dass Geschichte nur in der eigentlichen Unzugänglichkeit ihres Geschehens begreifbar ist.«[42] Caruths verallgemeinernde Darlegungen haben ernste Folgen. Da sie sich nicht damit zufrieden gibt, die Grenzen des Wissens über vergangene Ereignisse katastrophalen Ausmaßes zu erkunden, und stattdessen die vorgeblichen traumatischen Komponenten in allen Geschichtsdarstellungen betont, hat sie Traumata in eine alltäglichen Erfahrung verwandelt. In ihrer Vorstellung sind wir alle Opfer und Überlebende des Traumas der Grenzen sprachlicher Abbildung.[43]

Es ist wahrscheinlich kein Zufall, dass Caruth ihren inflationären Trauma-Begriff zu einem Zeitpunkt vorstellt, an dem Opfer- und Überlebendenstatus einen erheblichen symbolischen Wert angenommen haben. Unter diesen Umständen konnte Caruth ein Interpretationsthema voll ausbauen, das es, wenn auch nur in Ansätzen, schon während des Krieges in den Schriften der Emigranten der Frankfurter Schule gab und das dann viele der folgenden philosophischen Untersuchungen zur Bedeutung von Auschwitz beeinflusst hat. Offensichtlich fanden nicht nur die Konsumenten populärer Kultur der 1980er und 1990er Jahre, sondern auch Avantgarde-Philosophen, die der Kulturindustrie kritisch gegenüberstanden, die Gestalt des Traumaüberlebenden unwiderstehlich attraktiv.[44] Aber nur wenige Texte dieser Tradition stellen den Neid auf die Überlebenden und dessen unerfreuliche Folgen so deutlich zur Schau wie Caruth's *Unclaimed Experience*.[45]

Unabsichtlich hat Caruth in ihrer Einleitung verdeutlicht, worum es geht, wenn die Erfahrung Überlebender ihres Zusammenhangs und ihres historischen Ortes beraubt wird. Im Anschluss an Freuds Einleitung zu *Jenseits des Lustprinzips* geht sie auf eine packende Szene in Torquato Tassos epischem Werk *Das befreite Jerusalem* ein. In der betreffenden Szene tötet Tancred, der Held des Epos‹, unabsichtlich seine Geliebte Clorinda, da sie sich in der Rüstung eines feindlichen Soldaten versteckt. Nachdem er seinen schrecklichen Irrtum bemerkt hat, begeht er denselben Fehler noch einmal, indem er in einem magischen Wald einen Baum fällt, aus dessen Wun-

de das Blut und die Stimme Clorindas hervordringen und seine wiederholte Attacke beklagen. Nach Caruths Meinung passen die Erfahrung und die Taten Tancreds in das Traumaprofil. Weil er seine erste Erfahrung nicht verinnerlicht hat, ist er verurteilt, sie zu wiederholen.[46] Wie aber Ruth Leys in ihren Anmerkungen zu Caruths Deutung der Szene aufzeigt, benutzte Freud das Beispiel Tassos, um die Gewalt des Wiederholungszwangs zu veranschaulichen, nicht aber das Konzept der traumatischen Neurose.[47] Außerdem spricht Caruth von Tancred wiederholt als dem Überlebenden eines Traumas, obwohl man ihn genauer als Täter bezeichnen sollte. Im Fall von Tassos Helden mag ein solcher Einwand pedantisch scheinen, aber wir dächten sicherlich anders über diese Frage, wenn wir Tancred durch die Organisatoren und Vollstrecker der »Endlösung« ersetzten. Da sich Caruth nie mit konkreten historischen Traumata beschäftigt, bemerkt sie nicht, dass sie, zumindest implizit, den Unterschied zwischen den Überlebenden und den Tätern von Ereignissen wie der »Endlösung« aufgehoben hat.

5. Traumatischer Realismus

Caruth dürfte die erfolgreichste Theoretikerin sein, die sich im posttraumatischen Zeitalter mit den Problemen der Darstellung auseinandersetzt, sie ist aber nicht die einzige. Zu ihren Mitstreitern gehören Literaturwissenschaftler wie Shoshana Felman, die de Man's Theorien direkt auf Holocaustdiskurse angewendet hat, und Intellektuelle wie Slavoj Zizek, der die narzisstische Selbstreferentialität des postmodernen Subjekts aus der Sicht der

---

42 Caruth (1996, S. 18).
43 Deborah Jenson setzt die Ästhetisierung des Leidens in Caruths Schriften in Beziehung zum Kult der Wunde als literarischer Metapher in religiösen wie in weltlichen Zusammenhängen, siehe Jenson (2001, S. 22).
44 Zur Darstellung der Figur des Holocaust-Überlebenden in der US-amerikanischen Populärkultur siehe Shandler (1999); zu parallelen Entwicklungen in Deutschland siehe Kansteiner (2003).
45 Geoffrey Hartmann hat den Terminus »memory envy« für dieses Phänomen geprägt, Hartmann (1996, S. 111).
46 Caruth (1996, S. 1–9).
47 Leys (2000, S. 193).

Psychologie Lacans untersucht.[48] Wir können also schon auf eine durchaus beeindruckende Tradition zurückblicken, die das Trauma als Metapher für das Scheitern sprachlicher Wirklichkeitsbezüge verwendet. Während es aber sicherlich sinnvoll ist, auf einem beunruhigenden Element der Unbestimmtheit in allen sprachlichen Darstellungsprozessen zu beharren, ist es weder notwendig noch ratsam, das im Wesen der Darstellung begründete Dilemma durch die Metapher vom Trauma zum Ausdruck zu bringen. Die Tatsache, dass Traumata unvermeidbare Gedächtnis- und Kommunikationsprobleme zur Folge haben, lässt nicht automatisch den Umkehrschluss zu, dass Probleme der Repräsentation immer Anteil am Traumatischen haben. Auch wenn es bestimmte Parallelen gibt, sollten wir anerkennen, dass die Erfahrung der Grenzen menschlicher Ausdrucksmöglichkeiten in beiden Fällen sehr unterschiedliche Wirkungen, Intensitäten und Risiken in sich bergen, die diese Erfahrungen in völlig andere moralische und politische Kontexte einordnen und deshalb nicht leichtfertig gleichgesetzt werden sollten. Es ist deshalb enttäuschend, dass keiner der oben angesprochenen Intellektuellen sich um eine theoretisch ehrgeizige und gleichzeitig historisch exakte Analyse der sozialen, kulturellen und psychologischen Folgen von extremer Gewaltanwendung bemüht hat. Dieser Mangel mag in sich selbst eine Antwort auf den Holocaust darstellen, aber er verursacht ein gewisses Maß an konzeptioneller Frustration und ethischem Unbehagen beim historisch und theoretisch interessierten Beobachter.[49] Schon der beachtliche intellektuelle Anspruch und der ästhetische Ehrgeiz vieler geisteswissenschaftlicher Abhandlungen über die Bedeutung von Auschwitz stehen in einem merkwürdigen Spannungsverhältnis zu dem konkreten historischen Leiden, für das der Name Auschwitz steht. Adorno hatte noch eine deutliche Vorstellung von dieser Unzulänglichkeit, aber wie seine weniger sensiblen Nachfolger übermittelte er nur wenige konkrete Einsichten in das spezielle

Verhältnis zwischen den historischen Vorgängen der »Endlösung« und den Generationen, die in relativer zeitlicher Nähe zu der Katastrophe leben. In Reaktion auf diese Lücke im zeitgenössischen theoretischen Diskurs über Trauma und posttraumatische Kultur plädiert eine kleine Gruppe von Theoretikern für eine alternative, interdisziplinär ausgerichtete Annäherung an das Thema Trauma, die poststrukturalistische und realistisch-wissenschaftliche Ansätze miteinander in Bezug setzt.[50]

Aus der Sicht eines solchen traumatischen Realismus hat Dominick LaCapra die konzeptionellen Probleme aufgedeckt, die dem Auschwitz-Traumadiskurs von Adorno bis Caruth immanent sind. La Capra legt dar, dass die Philosophen und Kulturkritiker dazu neigen, vom Grenzfall her zu argumentieren, was zuerst einmal erklärt, weshalb sie der Topos Auschwitz so anzieht. Ihr Interesse besteht darin, radikale philosophische Konsequenzen aus Ereignissen wie der »Endlösung« darzulegen, die auf andere Weise schwerer zu vermitteln wären. Aber diese Forschungsstrategie ist nur begrenzt für eine differenzierende, kontextbezogene Erkundung der kulturellen und psychologischen Faktoren und Konsequenzen geeignet, die das Kollektivgedächtnis an den Holocaust geformt haben. Dieser Fehler betrifft besonders die Verwendung des Traumakonzepts, weil, wie LaCapra überzeugend argumentiert, die betreffenden Theoretiker dazu neigen, Verlust mit Abwesenheit zu verwechseln, oder anders ausgedrückt, es unterlassen, den Unterschied zwischen historischem und strukturellem Trauma herauszuarbeiten.[51] Letzterer Begriff bezeichnet die ontogenetischen Herausforderungen, die alle Menschen in ihrem Leben bewältigen müssen und die von der Psychoanalyse bei ihren Versuchen identifiziert worden sind, die normale, sexuelle Entwicklung und geschlechtliche Identitätsfindung zu beschreiben. Die Gefahren des Erwachsenwerdens – z. B. die Trennung von dem Anderen oder die Begegnung mit der Wirklichkeit – werden nicht von allen Individuen auf die gleiche Weise bewältigt und schließen traumatische Erfahrungen ein. Trotzdem sind diese Vorgänge definitionsgemäß überschichtlich und müssen von bestimmten gewaltsamen, historischen Ereignissen unterschieden werden, die den betroffenen Personen außergewöhnliche psychologische Belastungen aufbürden. Schon die Anwendung der Me-

---

48 Zizek (1989); Felman/Laub (1992).
49 Welzer (2002 b, S. 248).
50 Rothberg (2000); LaCapra (2001).
51 LaCapra (2001, S. 64–65, 76–84).

thoden und der Sprache der Psychoanalyse auf den Aufarbeitungsprozess nach Ereignissen wie dem Holocaust erfordert eine Anpassung der Terminologie und des Forschungsdesigns, weil die Psychoanalyse als Disziplin in erster Linie auf die Erklärung struktureller Traumata ausgerichtet ist. Eine solche Anpassung ist besonders notwendig, wenn die psychoanalytische Sprache ›nur‹ in einem metaphorischen Sinn angewandt wird, weil dieser Gebrauch mit großer Wahrscheinlichkeit problematische und unbeabsichtigte semantische Probleme zur Folge hat. Eine der ernsthaftesten und offenkundigsten Folgen ist die Vermischung von strukturellem und historischem Trauma und die Gleichsetzung von historischen Opfern und Tätern.

Im Anschluss an LaCapras ausgezeichnete Kritik werden wir seine Forderung nach einem traumatischen Realismus noch einen Schritt weiter verfolgen und die Entwicklung des psychologischen und psychotherapeutischen Diskurses zum Trauma im Allgemeinen und des Holocaust-Traumas im Besonderen nachzeichnen. Der Vergleich des philosophischen mit dem psychologischen Trauma-Diskurs zeitigt interessante Interpretationskonflikte und auch einige beunruhigende Übereinstimmungen zwischen den Traditionen der philosophischen Trauma-Theorie und der psychologischen Trauma-Behandlung.

6. Die Überlebenden des Holocaust

Die psychiatrische Behandlung von KZ-Überlebenden begann erst in den frühen 1950er Jahren. Sie war das Ergebnis der ersten internationalen Wiedergutmachungsanstrengungen der Bundesrepublik Deutschland. Während alle Experten auf diesem Gebiet die Bedeutung dieses politischen Wendepunktes anerkennen, stimmen sie in der Bewertung der psychologischen Verfassung der annähernd 250.000 Überlebenden in den Jahren nach der Befreiung nicht überein. Nach Meinung der einen Psychiater sind die Nachkriegsjahre eine relativ symptomfreie Latenzperiode, die beendet war, als sich die Überlebenden in anderer Umgebung, vor allem in Israel und den USA, ein neues Leben aufgebaut hatten. Nach Meinung der anderen stellen die Nachkriegsjahre eine Phase privaten Elends dar. Die

Überlebenden litten schon unter den Folgen des Lagertraumas, aber niemand interessierte sich für ihre Erfahrungen und ihre Qual.[52] Auch nach dem verspäteten Einsetzen individueller Ersatzleistungen im Jahr 1953 stießen die Überlebenden auf eine unsensible, widerstrebende deutsche Bürokratie. Es förderte die Sache der Antragsteller sicher nicht, dass ihre Akten manchmal von denselben medizinischen Gutachtern bearbeitet wurden, die sie erst ein paar Jahre zuvor in den Lagern gequält hatten. Aber die Haltung der Gerichte und ihrer Gutachter, einen direkten Kausalzusammenhang zwischen physischen und psychischen Schäden zu unterstellen, erwies sich als noch nachteiliger. Wie die deutschen Psychiater im Ersten Weltkrieg versuchten auch ihre Nachfolger, die Staatskasse zu verteidigen, indem sie eine extrem enge Definition des Traumas zugrunde legten.[53] Ihrer Meinung nach verursachten die Bedingungen in den Lagern Langzeitschäden nur bei den wenigen Überlebenden, die ernsthafte neurologische Verletzungen erlitten hatten oder die schon vor ihrer Lagerhaft zu psychologischen Komplikationen neigten. Entsprechend konnte nach Auffassung der Gerichte die Mehrzahl der Überlebenden nicht unter psychischen Langzeitschäden leiden, die sie zu einer dauerhaften Unterstützung durch den deutschen Steuerzahler berechtigt hätten.[54]

Einige auswärtige Experten kritisierten die restriktive und missbräuchliche Praxis in Deutschland und setzten sich zugunsten der Überlebenden ein. Psychiater aus den USA und anderen Ländern betonten die fortgesetzten psychischen Leiden aller Überlebenden, auch derer, die sich physisch vollständig erholt hatten, und zeichneten ein ganz anderes Bild der Lagererlebnisse und der psychischen Langzeitfolgen. Ihrer Meinung nach litten fast alle früheren Insassen unter einem Überlebenssyndrom, das eine ganze Reihe von schweren Symptomen umfasste wie Angst, Depression, psychosomatische Krankheiten, psychotisches Verhalten, intensive Schuldgefühle und Trübung der Wahrnehmung

---

52 Vgl. z. B. Hoppe (1968); mit Kestenberg/Kestenberg (1974); siehe außerdem die Zusammenfassung bei Luchterhand (1970).

53 Zur Behandlung traumatisierter deutscher Veteranen des Ersten Weltkriegs siehe z. B. Lerner (2000).

54 Kestenberg (1982); Pross (1988); und Forster (2001).

und der Erinnerung, z. B. Amnesie und Verwechslung von Vergangenheit und Gegenwart.[55] Die Vertreter des neuen Paradigmas waren von Bruno Bettelheims extrem negativer Einschätzung der kurz- und langfristigen psychischen Folgen der Lagerhaft beeinflusst. Bettelheim, dem Überlebenden eines Vorkriegs-KZ, folgend, nahmen sie an, dass die Insassen auf eine infantile Entwicklungsstufe zurückfielen, sich mit den Tätern identifizierten und dabei ihre Persönlichkeit und ihre Fähigkeit verloren, sinnvolle soziale Beziehungen aufzubauen.[56] Die Vertreter des Überlebenssyndroms wichen in ihrer Interpretation von konventionellen psychoanalytischen Vorstellungen ab. Ihrer Meinung nach war die extreme Brutalität in den Lagern der einzige Grund für die Nachkriegssymptome der Überlebenden, und es war sinnlos, kindliche Erfahrungen und Phantasien aufzuspüren, um die Ichfunktionen der Patienten wiederherzustellen. Diese Auffassung klingt intuitiv überzeugend und mag sogar den Ansprüchen der Überlebenden gegenüber der deutschen Staatsbürokratie genutzt haben, aber sie raubte ihnen auch die Möglichkeit zur Rehabilitierung. Die Überlebenden wurden auf die rigiden Parameter eines psychiatrischen Paradigmas reduziert, das sie zu einem Kollektiv für immer gezeichneter Personen ohne bedeutungsvolle Erfahrungen aus der Zeit vor oder nach dem Holocaust machte.[57] Infolgedessen konnten die Therapeuten die früheren Insassen behandeln und ihnen in ihrem Rechtsstreit helfen, ohne sie als Individuen in ihrem konkreten Leben genauer in Betracht ziehen zu müssen.[58] Anders ausgedrückt: Das Paradigma war ein Versuch, eine unhaltbare rechtliche Situation zu korrigieren *und* eine wirksame Verteidigungsstrategie eines emotional überforderten psychiatrischen Establishments.

Die Überlebenssyndromhypothese wurde seit den späten siebziger Jahren ernsthaft kritisiert und revidiert, als sich das öffentliche Bild von den Überlebenden des Holocaust gründlich änderte. Als Verkörperung menschlicher Widerstandskraft und Integrität wurde der Überlebende zu einer populären Figur in den Massenmedien, und diese verspätete Anerkennung fiel zeitlich mit einer ähnlichen Revision in der psychiatrischen Literatur zusammen, ja veranlasste diese vielleicht sogar. Forscher erhoben nun Zweifel an der wissenschaftlichen Integrität der Studien, die die Grundlagen für das Paradigma des Überlebenssyndroms geliefert hatten.[59] Außerdem berichtete eine Reihe von Therapeuten von beeindruckenden Erfolgen bei der Behandlung von Überlebenden, die ihrer Meinung nach ihre Persönlichkeitsstruktur aus der Zeit vor dem Holocaust wiedererlangt hatten.[60] Folgerichtig lehnten die Kritiker die äußerst pessimistische Vorstellung ihrer Vorgänger ab, nach deren Meinung alle Überlebenden per definitionem unter psychopathologischen Symptomen litten.[61] Das gewachsene Interesse an den und der Streit über die Langzeitfolgen traumatischer Ereignisse hatte theoretische Innovationen und eine Ausweitung der Forschung zur Folge, die jetzt auch Einsichten berücksichtigte, die man bei der Behandlung von Vietnamveteranen und Überlebenden von Hiroshima gewonnen hatte. Insbesondere die Behandlung und politische Unterstützung von Vietnamveteranen führte dann 1980 auch zu der ersten offiziellen Kodifizierung von »Posttraumatic Stress Disorder« im *Diagnostic and Statistical Manual of Mental Disorders,* das von der American Psychiatric Association veröffentlicht wird.[62]. Von diesem Zeitpunkt an hat sich die Behandlung von Traumaopfern schnell als Spezialdisziplin herausgebildet, aber dadurch wurden die Auseinandersetzungen um die genaue Beschaffenheit von Traumaleiden nicht beigelegt. Tatsächlich lässt sich anhand des kurzen Eintrages gut aufzeigen, wie schwierig es ist, Traumafolgen in Kollektiven zu erfassen, die die traumatisierenden Ereignisse selbst gar nicht direkt erlebt haben und nur indirekt seinen Konsequenzen

---

55 Siehe z. B. Niederland (1968); Niederland (1981); Krystal (1966); und Hoppe (1968).
56 Bettelheim (1960).
57 Markus/Rosenberg (1988).
58 Die Behandlungsstatistiken für die 1950er und 60er Jahre bezeugen eine Distanz zwischen Überlebenden und Gesundheitsspezialisten. Manche Psychiater schrieben für Gerichte Hunderte von Expertengutachten, obwohl sie nur eine Handvoll Überlebender in ihrer Praxis gesehen und behandelt hatten; Durst (2002).
59 Solkoff (1982).
60 Klein (1984) und Harel/Kahana/Kahana (1988).
61 Am freimütigsten äußerte sich in diesem Zusammenhang Terry (1984).
62 Derzeit in der revidierten vierten Ausgabe: American Psychiatric Association (2000). Wegweisend für die Anerkennung der Leiden der Vietnamveteranen war Lifton (1973).

ausgesetzt waren. Trotz aller Meinungsverschiedenheiten sind sich alle Beobachter darin einig, dass die Erfahrungen der Überlebenden die Möglichkeit, wenn nicht sogar die Wahrscheinlichkeit langfristiger psychischer Schäden begründen. Aber es ist eine ganz andere Herausforderung, die psychologische Wirkung des Verbrechens in ihrem größeren gesellschaftlichen und historischen Kontext zu erfassen. Genau diese zweite Frage steht im Zentrum unseres Bemühens, die genaue Beschaffenheit kollektiven und kulturellen Traumas zu verstehen.

7. Posttraumatic Stress Disorder

Der Eintrag über »Posttraumatic Stress Disorder« im *Diagnostic and Statistical Manual of Mental Disorders* wird mittlerweile oft von Kulturkritikern zitiert, die sich mit Trauma beschäftigen, aber selten genauer zu Rate gezogen, vielleicht weil seine Definition des Traumas nicht in allen Aspekten der Meinung besagter Kritiker entspricht: »Das wesentliche Charakteristikum einer Störung durch posttraumatischen Stress (Posttraumatic Stress Disorder, PTSD) ist das Auftreten bestimmter Symptome, die dem Ausgesetztsein extremer traumatischer Stressfaktoren folgen. Dazu gehören: das unmittelbare persönliche Erleben eines Ereignisses, das tatsächlichen oder angedrohten Tod oder schwere Beschädigung oder die Bedrohung der physischen Unversehrtheit einer Person beinhaltet; oder die Beobachtung eines Ereignisses, das Tod, Beschädigung oder Bedrohung der physischen Integrität einer anderen Person beinhaltet; oder das Wissen über den unerwarteten oder gewaltsamen Tod, schwere Beschädigung oder die Androhung von Tod oder Beschädigung, die ein Familienmitglied oder ein anderer sehr Nahestehender erlitten hat.«[63]

Der Text fährt mit der Beschreibung von Symptomen der Störung fort, die auch große Furcht, ständiges Neudurchleben des traumatischen Ereignisses, Abstumpfung gegenüber und Vermeidung von bestimmten Reizen, zunehmende Erregung und Beeinträchtigung in wichtigen Bereichen sozialen Handelns miteinschließen. Solche Symptome können laut Handbuch durch direkte Erfahrung, Beobachtung oder Bericht von Kampf, Überfall, Folterung, Einkerkerung, schlimmen Unfällen,

durch die Diagnose lebensbedrohlicher Krankheit und – bei Kindern – durch die Erfahrung nicht altersgemäßer sexueller Handlungen verursacht werden. Drei Aspekte der psychiatrischen Definition sind für unsere Diskussion besonders relevant. Die Experten, die die offizielle Definition formulierten, schätzen, dass die Symptome gewöhnlich innerhalb von drei Monaten nach dem Trauma auftreten, aber auch mit einer Verzögerung von Jahren einsetzen können, dass aber diese Verzögerung keine notwendige Bedingung der Erkrankung ist.[64] Außerdem leiden betroffene Personen unter bedrängenden Erinnerungen, aber nur in seltenen Fällen werden diese Erinnerungen in einem Zustand der Dissoziation erlebt. Anders ausgedrückt: Die meisten Patienten sind sich der bedrängenden Erinnerungen wohl bewusst, auch wenn sie in Bezug auf manche der fraglichen Ereignisse unter Amnesie leiden mögen. Schließlich halten die Psychiater daran fest, dass der Patient das Trauma entweder selbst erlebt hat, unmittelbarer Zeuge war oder von der Bedrohung eines Familienmitgliedes oder einer anderen eng verbundenen Person erfahren hat. Aus dieser wichtigen Einschränkung folgert die APA, dass nur 8 % der erwachsenen Bevölkerung der USA in ihrem Leben unter PTSD leiden und dass die Opfer von Vergewaltigung, Kampf, Gefangenschaft und von Internierung und Völkermord besonders gefährdet sind, weil etwa ein Drittel bis gut die Hälfte der Menschen dieser Gruppe ernsthafte Symptome entwickeln.[65]

Es gibt gute Gründe, die offizielle Definition von PTSD infrage zu stellen. Die APA ist in dieser Frage sicher nicht unparteiisch. Indem sie Patienten- und Expertenverhalten lenkt und versucht, eine überzeugende, effiziente und erschwingliche psychologische Behandlung der Bevölkerung zu gewährleisten, übt die Organisation die Kontrolle über wichtige kulturelle und ökonomische Ressourcen aus. In der Praxis widersprechen diese Definitionsbemühungen oft den

---

63 American Psychiatric Association (2000, S. 463).

64 Die erste offizielle APA-Definition von 1980 war in dieser Hinsicht eher noch deutlicher: »Die Symptome können unmittelbar oder bald nach dem Trauma einsetzen.« American Psychiatric Association (1980, S. 237).

65 Alle Angaben nach American Psychiatric Association (2000, S. 463–469).

Interessen der Überlebenden von Traumata und ihrer Familien, die nur dann Unterstützung und Wiedergutmachung erlangen, nachdem ihre Ansprüche von Experten als gültig anerkannt wurden.[66] Es ist deshalb durchaus möglich, wie manche Gesundheitsfachleute annehmen, dass es eine weit größere Zahl von Traumaopfern gibt, als die offiziellen Statistiken vermuten lassen.[67] Schließlich erscheint, zumindest für Uneingeweihte, das Klassifikationsschema der APA höchst willkürlich und offen für eine große Zahl anderer Deutungen und Ausgestaltungen.[68] Im Fall von PTSD könnte man z. B. argumentieren, dass das Verhältnis zwischen Ursache und Wirkung entgegengesetzt zu dem verläuft, was die APA-Experten annehmen. Patienten, die eine graduelle Verstärkung von Symptomen erlebt haben, könnten ihr Gedächtnis auf- und umarbeiten, so dass sich ihre Erinnerungen mit dem PTSD-Modell vereinbaren lassen. Mit Hilfe ihrer Therapeuten könnten sie sich so ein traumatisches Urerlebnis als passende Erklärung ihres Leidens konstruieren, zumal diese Erklärung Zugang zu emotionaler und finanzieller Unterstützung ermöglicht.[69] Vielleicht haben sogar derartige Umdeutungen die Entdeckung von PTSD in den 1970er Jahren mitbestimmt, weil die neue Krankheit den Vietnamveteranen eine großartige Möglichkeit verschaffte, sich selbst von verachteten Tätern in bemitleidenswerte Opfer zu verwandeln.[70]

So verwundert es nicht, dass die PTSD Definition der APA von Anfang an erheblicher Kritik ausgesetzt gewesen ist. Für einige Kommentatoren handelt es sich bei der offiziellen Klassifikation einfach nur um einen pazifistischen Handstreich der Gegner des Vietnamkrieges, oder, allgemeiner ausgedrückt, um die pseudowissenschaftliche Fixierung von politisch und gesellschaftlich anerkannten Formen menschlichen Leidens. Diese Kritik erscheint u. a. dadurch plausibel, dass die Definition

und Anwendung von PTSD in seiner relativ kurzen Geschichte erhebliche Veränderungen erfahren hat. Ursprünglich waren die Experten der APA davon ausgegangen, dass PTSD eine normale Reaktion auf außerordentlich stressvolle Ereignisse darstellt, auf die fast jeder Mensch mit ähnlich schweren psychologischen Krankheitssymptomen reagieren würde.[71] Diese Einschätzung lässt sich mittlerweile aus einer Reihe von Gründen nicht mehr aufrecht erhalten. Erstens hat sich herausgestellt, dass bestimmte Gruppen von Menschen, die ernsten Traumata ausgesetzt waren, z. B. US Soldaten in Nordvietnamesischer Gefangenschaft, nur in wenigen Fällen PTSD-Symptome entwickelten.[72] Zweitens ist verlässlich dokumentiert, dass Menschen an PTSD leiden, die ›objektiv‹ gesehen gar keinen Grund dafür haben, entweder weil sie nur generell nichttraumatisierende Erfahrungen wie Scheidungen erlebt haben, oder weil sie an den Folgen von Ereignissen leiden, die gar nicht stattgefunden haben können, wie z. B. eine Entführung durch Außerirdische.[73] Die wichtigsten Revisionen der PTSD-Theorie und -Praxis fanden aber im Kontext der Gedächtniskriege der 80er und 90er Jahre statt, als viele Therapeuten und Juristen vorübergehend zu der Überzeugung gelangten, dass sexueller Missbrauch von Kindern viel verbreiteter war als zuvor angenommen und dass die unbewussten, unterdrückten Erinnerungen der Opfer an die traumatisierenden Ereignisse ihrer Kindheit und Jugend in der therapeutischen Arbeit freigelegt werden könnten. Im Laufe der heftigen Debatten über diese ›wiedergefundenen Erinnerungen‹ und das ›falsche Gedächtnis-Syndrom‹ sind Rechtsexperten und viele Therapeuten wieder von der Annahme abgerückt, dass vergangene Sexualstraftaten durch therapeutische Eingriffe bewiesen werden könnten.[74]

Diese Entwicklungen haben die meisten empirischen Traumaforscher dazu bewogen, nicht mehr nach allgemeingültigen Kriterien für traumatisierende Ereignisse zu suchen und sich stattdessen auf die Erforschung der subjektiven Faktoren zu konzentrieren, die offensichtlich bei der Entwicklung von PTSD eine ausschlaggebende Rolle spielen. Insbesondere in der transkulturellen Traumaforschung hat die Betonung subjektiver und kultureller Einflüsse auf die Wahrnehmung von Gewalt und Trauma zu radikalen revisionistischen Interpretationen

---

66 Lambek/Antze (1996, S. XI–XXXIII).
67 Bloom/Reichert (1998, S. 2, 9).
68 Siehe vor allem Young (1995).
69 Young (1996, S. 97).
70 Tal (1996, S. 11–13) und McNally (2003, S. 276 f.).
71 American Psychiatric Association (1980).
72 Nice u. a. (1996).
73 McNally (2003, S. 228–234).
74 McNally (2003) und Prager (1998).

geführt. Inzwischen wird z. B. auch von westlichen Forschern behauptet, dass die weitverbreitete Praxis weiblicher Beschneidung für die betreffenden Menschen generell keine langfristigen traumatischen Folgen hat, weil das Ritual in einen kulturellen und gesellschaftlichen Kontext eingebunden ist, der solche Konsequenzen und Interpretationen weitgehend ausschließt.[75] Alle diese Beispiele, von der Traumaresistenz amerikanischer Soldaten bis zur Reinterpretation weiblicher Beschneidung machen deutlich, dass der PTSD-Diskurs nie ein Stadium erreicht hat, in dem der eigentliche Referent dieses Diskurses, das Phänomen Trauma, klar eingegrenzt werden konnte. Der psychologische Traumadiskurs überzeugt mehr durch seine kontextgebundenen Wahrscheinlichkeitsaussagen als durch irgendwelche objektiven Wahrheiten und enthält wichtige symbolisch-kulturelle Komponenten, die das Erscheinungsbild psychologischen Leidens prägen und verändern.[76]

Trotz all dieser gewichtigen Bedenken stellt der APA-Diskurs ein interessantes Gegengewicht zu den oben erörterten theoretischen Schriften dar, weil er ein ganz anderes Bild vom Trauma zeichnet. Das Bild eines allgegenwärtigen, unbestimmten, reizvoll komplexen und geheimnisvollen Leidens, das willkommene Einsicht in postmoderne Lebensbedingungen ermöglicht, weicht erheblich von der psychiatrischen Klassifikation einer Krankheit ab, die einer erfolgreichen Behandlung nur wenig Möglichkeiten bietet und die das Leben einer ziemlich genau definierten Gruppe von Menschen zerstört. Dieser Gegensatz lässt die Frage aufkommen, ob die Metapher des Traumas, wie sie in kulturellen und literarischen Untersuchungen benutzt wird, nicht die Beziehung zwischen Trauma, den kulturellen Produkten, die zur Darstellung der Form und Inhalte solcher Traumata eingesetzt werden, und denen, die diese Produkte konsumieren, vereinfacht und verfälscht. Anders ausgedrückt: Erfasst die Metapher vom kulturellen Trauma die diskursiven und nichtdiskursiven Faktoren und Wirkungen, die in der Darstellung von Traumata enthalten sind oder freigesetzt werden? Die Frage zielt auf die soziale Übersetzung von Traumata, sowohl im direkten Kontakt mit Überlebenden von Traumata wie auch durch indirekte Erfahrungen z. B. durch elektronische und digitale Medien. Diese Frage bestimmt den weiteren Gang unserer Untersuchung,

wenn wir uns in konzentrischen Kreisen vom Epizentrum des historischen Traumas der »Endlösung« entfernen. Wir beginnen mit der Analyse der Erfahrungen, die Kinder von Holocaust-Überlebenden gemacht haben, und schließen mit den Auswirkungen von Gewaltdarstellungen in den Medien.

8. Holocaust-Trauma in der zweiten Generation

Die Veröffentlichungen zu Kindern der Holocaust-Überlebenden sind für unsere Beschäftigung mit dem kulturellen Trauma wichtig, weil ihre Autoren zu erklären versuchen, wie die Ereignisse der »Endlösung« die psychische Gesundheit einer ganzen Generation beeinträchtigt haben, deren Angehörige noch nicht einmal geboren waren, als das Dritte Reich 1945 zusammenbrach. Einige Veröffentlichungen zu diesem Thema erschienen schon in den 1970er, sogar in den 1960er Jahren, aber die »zweite Generation« wurde erst in den 80er Jahren zu einer bedeutenden Zielgruppe der Psychiatrie, als die Behandlung von Traumaopfern professionalisiert worden war, die Figur des Überlebenden Popularität erlangte und die Überlebenden selbst ein Alter erreicht hatten, das sie zu relativ unwahrscheinlichen Therapiekandidaten machte.[77] Die Mehrheit der Fachleute, die Kinder von Überlebenden in den letzten beiden Jahrzehnten behandelt haben, ist überzeugt, dass das Leiden der Elterngeneration noch die Kinder und sogar die Enkel der Überlebenden zeichnet. Sie beschreiben die zerstörerische Kraft der Sekundär-Traumatisierung, die niemals zuvor so eingehend untersucht worden ist. In diesem Zusammenhang entwickeln sie einen komplexen theoretischen Rahmen, der erklärt, wie ein Trauma sich in den Seelen und Körpern von Menschen wiederholt, denen die Lager erspart blie-

---

75 Obermeyer (1999).

76 Ian Hacking hat in diesem Kontext auf die besonderen interaktiven Qualitäten von Diagnosemitteln wie PTSD hingewiesen, die psychologischen Leiden in einem sozialen und kulturellen Austauschprozess spezielle Ausdrucksformen verleihen, Hacking (1999).

77 Bahnbrechend war Epsteins (1979); den besten Gesamtüberblick zum Trauma der zweiten Generationen, auch der zweiten Generation des Holocausttraumas, gibt es bei Danieli (1998).

ben, die aber intensiven Reflexen des Primärtraumas in der Beziehung zu ihren Eltern ausgesetzt waren.

Gemäß der Literatur über sekundäre Traumatisierung sind die Kinder von Holocaust-Überlebenden von früher Jugend an emotional überbeansprucht und vernachlässigt und niemals ihrem Alter gemäß gestützt und gefordert worden. Eltern waren z. B. oft nicht fähig, zwischen den Kindern und ihrer Umgebung erfolgreich zu vermitteln, und überließen sie unabsichtlich äußerer Reizüberflutung. Keiner dieser Fehler musste Außenstehenden offensichtlich sein oder ernsthafte Vernachlässigung anzeigen, doch auf die Dauer produzierte dieser Umgang zwischen Eltern und Kindern ein ernstes kumulatives Trauma.[78] Die Verfechter des Sekundärtraumas betonen, dass selbst dann, wenn die Eltern sich entschieden, nicht offen über ihre Erfahrungen zu sprechen, sie durch Gesten, Stimmungen und Erwartungen nicht aufgearbeitete Trauer und Aggression auf ihre Kinder übertrugen.[79] Infolgedessen übernahmen die Kinder wichtige Elemente aus dem psychischen Leben ihrer Eltern. Sie nahmen die Stelle verlorener geliebter Menschen ein, z. B. die von Familienmitgliedern, die während der »Endlösung« ermordet worden waren. In anderen Fällen übernahmen sie die Rolle von Beschützern ihrer geschädigten Eltern oder wurden zeitweilig sogar der symbolische Ersatz für die NS-Täter. In all diesen Rollen, die im Laufe der Zeit wechseln konnten, waren die Kinder psychisch überfordert und in ein enges symbiotisches Verhältnis mit ihren Eltern gezwungen, das es ihnen unmöglich machte, eine eigene Identität aufzubauen, und ihre Fähigkeit untergrub, sich von ihren Eltern zu lösen.[80] Die Therapeuten nehmen an, dass diese Konflikte und Projektionen auch Herrschaft über die Phantasien und Träume der Kinder gewannen. Mit einem Be-

reich von Geheimnis und Tabu in der Vergangenheit ihrer Eltern konfrontiert, erschufen die Kinder von Überlebenden in ihrer eigenen Vorstellung ein Lageruniversum und allein schon diese Erfindungen könnten traumatische Auswirkungen gehabt haben.[81]

Infolgedessen leben die Kinder gleichzeitig in zwei miteinander nicht zu vereinbarenden Welten. Einerseits identifizieren sie sich mit der Sicht ihrer Eltern und teilen deren Auffassung von einer feindlichen, lebensbedrohenden Umwelt; andererseits müssen sie in einer Alltagswelt funktionieren, die anderen Gesetzen folgt und von Menschen bevölkert ist, die nach ganz anderen Prinzipien handeln. Es ist daher, wie die Analysten folgern, nicht verwunderlich, dass die Angehörigen der zweiten Generation unter ähnlichen psychopathologischen Symptomen leiden wie ihre Eltern.[82] In einer Hinsicht mögen die Kinder sogar noch schlimmere Konsequenzen tragen als ihre Eltern: Die letzteren hatten ein Leben vor der Katastrophe, an das sie vielleicht wieder anschließen konnten, für die ersteren gilt das nicht. In einem psychologischen Sinn sind die Kinder in den Holocaust hineingeboren.[83]

Für eine Minderheit von Psychotherapeuten und Psychoanalytikern wird das Konstrukt eines Holocaustsyndroms in der zweiten Generation durch keinerlei statistischen oder klinischen Beleg abgestützt und verrät mehr über die unbewussten Motive der Therapeuten als über den Gesundheitszustand der Patienten. Die Kritiker erkennen an, dass die Vertreter der Transpositionsthese, die oft selbst Angehörige der zweiten Generation sind, ihre therapeutischen Expertisen für lobenswerte Zwecke einsetzen, indem sie z. B. gegen den Antisemitismus kämpfen oder sich für Rückerstattung und Minderheitenrechte einsetzen. Gleichzeitig aber begleichen die Aktivisten auch alte Rechnungen mit ihren Eltern. Mit Hilfe der wissenschaftlichen Manipulation des Holocaust-Erbes erweisen sie sich als ihren geängstigten Eltern überlegen, und dieser Ödipustriumph ist umso erfreulicher, als ihre Arbeit tatsächlich hilft, ihre Eltern zu schützen und ihnen das Leben zu erleichtern.[84] Solche kritischen Spekulationen über die psychologische Wirkung von Holocauststudien werden zumindest indirekt bestätigt von einer Reihe vergleichender Forschungsprojekte, die keinen wesentlichen Unterschied in der menta-

---

78 Khan (1974); Keilson (1979); und Grubrich-Simitis (1979).

79 Besonders überzeugend ist in diesem Zusammenhang Grünberg (2000); siehe auch Auerhahn/Laub (1998).

80 Für eine allgemeine Definition des Holocausttraumas in der zweiten Generation siehe Kogan (1995).

81 Siehe z. B. Bergmann (1982) und Auerhahn/Laub (1998).

82 Siehe z. B. Barocas/Barocas (1979).

83 Hadar (1991).

84 Brainin/Ligeti/Teicher (2001).

len Gesundheit der Kinder von Holocaust-Überlebenden und anderen Kindern feststellen, die in einem vergleichbaren sozialen Umfeld leben.[85] Aus dieser Perspektive entsprechen die psychischen Probleme der Kinder von Holocaust-Überlebenden den normalen Konflikten bei Heranwachsenden. Im Unterschied zu Gleichaltrigen phantasieren die Kinder von Überlebenden oft über die Lager, aber der ungewöhnliche Inhalt ihrer Träume hilft ihnen, ganz gewöhnliche ödipale Szenarien durchzustehen.[86] Selbst wenn die betreffenden Kinder unter schweren psychischen Problemen leiden und die Hilfe eines Therapeuten suchen, sollten ihre Fälle mit denen anderer Kinder von Eltern verglichen werden, die von ihrer Elternrolle überfordert sind, z. B. von Alkoholikern, nicht aber mit den wirklich außergewöhnlichen Traumata der Überlebenden selbst.[87] Therapeuten, die von diesem theoretischen Ansatz an ihre Arbeit herangehen, glauben, dass es kontraproduktiv ist, wenn man die Kinder von Überlebenden den Holocaust als Verteidigungsstrategie benutzen lässt und ihnen auf diese Weise dabei hilft, eine ehrlichere Auseinandersetzung mit ihren prosaischen, aber nichtsdestoweniger zerstörerischen Ängsten zu umgehen.[88]

Wir sind nicht in der Lage, diese interessante Auseinandersetzung zu entscheiden, die in den meisten Fällen entlang der Grenzlinie zwischen klinischer und empirisch-statistisch ausgerichteter Forschung verläuft.[89] Aber die Argumente der Kritiker, wenn auch nicht ihr bilderstürmender Eifer, lassen uns fragen, ob wir gut beraten sind, das Trauma im Allgemeinen und das Holocausttrauma im Besonderen als psychologischen Schlüssel für die Analyse unserer Alltagskultur und -kommunikation zu benutzen. Wenn die Kritiker des Zweite-Generation-Syndroms recht haben, was ich hier unterstelle, müssen wir uns trotzdem vergegenwärtigen, dass das Leiden von Kindern der Überlebenden einen direkten Zusammenhang mit dem NS-Genozid herstellt. In moralischer wie in politischer Hinsicht verdienen sie als Opfer der »Endlösung« Anerkennung und Unterstützung. Aber in psychologischer und psychoanalytischer Hinsicht wird ihre Lage angemessener als ein anderer Typ von historischem Trauma aufgefasst und behandelt. Die meisten, wenn nicht alle ihre Symptome – emotionaler Stress, symbiotisches Verhältnis zu ihren Eltern und daraus folgende

Trennungsängste – entsprechen den Problemen vieler Kinder vernachlässigender Eltern. Wenn man diese Interpretation bis zum logischen, wenn auch unerfreulichen Ende verfolgt, heißt das, dass – gemessen an den emotionalen Bedürfnissen der Kinder – Holocaust-Überlebende dazu tendieren, schlechte Eltern zu sein, obwohl sie in diesem Punkt natürlich nie eine Wahl hatten.

Die Auseinandersetzung zwischen Vertretern und Kritikern des Syndroms der zweiten Holocaust-Generation verdeckt eine wichtige Übereinstimmung, die nach und nach in der psychologischen Nachkriegstheorie und -praxis zutage trat. Gesundheitspraktiker und -theoretiker erkannten, dass schwere physische oder mentale Traumata eine Person zugrunde richten können, unabhängig von ihrer vorherigen psychischen Disposition. Aber diese Erkenntnis legt im Umkehrschluss nahe, dass, von Ausnahmen abgesehen, Menschen, die nicht extrem gelitten haben, auch nicht dieselben Symptome entwickeln wie Überlebende solcher Traumata. Die Erklärung und die Heilung für wie auch immer geartete Symptome nachfolgender Generationen sind in ihrem eigenen Leben zu finden; die Symptome sind keine direkten *psychischen* Folgen der Erfahrungen anderer Menschen, selbst wenn diese die Eltern der Patienten sind. Viele dieser Deutungsunterschiede drehen sich um die schwierige Frage, was psychische Gesundheit und Krankheit ausmacht, welche Rolle objektive und subjektive Faktoren bei der Ausprägung von PTSD spielen und welche Erfahrungen noch ein normales strukturelles Trauma darstellen oder schon als historisches bezeichnet werden sollten. Aber diese Fragen sind unvermeidbar, wenn man verstehen will, in welchem Ausmaß und auf welche Weise posttraumatischer Stress in der Psyche von Kollektiven und

---

85 Siehe z. B. Solkoff (1992); Leon u. a. (1981); Berger (1988); und den sehr ausgewogenen Überblick von Felsen (1998).

86 Oliner (1982); und Brainin/Ligeti/Teicher (2001, S. 162).

87 Sigal u. a. (1973).

88 Fogelmann (1992).

89 Es ist ein interessanter Nebeneffekt dieser Auseinandersetzung, dass es nur sehr wenige empirische Versuche gegeben hat, die PTSD-Definition bei Kindern von Holocaust-Überlebenden anzuwenden, deren Leiden ursprünglich aus der Sicht der klinischen Praktiker beschrieben und konzeptionell erfasst wurde.; siehe Yehuda u. a. (1998).

Generationen umgesetzt und reproduziert wird, die erheblichen emotionalen, zeitlichen und sozialen Abstand von historischen Traumata haben. Diese Fragen werden noch bedeutender und sind noch schwieriger zu beantworten, wenn wir uns weiter von der Stätte des Originaltraumas entfernen und die Wirkung des Holocaust auf Täter, Beobachter und deren Kinder betrachten.

9. Die Täter und Zeitgenossen des Holocaust als Traumaopfer

Aus verständlichen politischen und moralischen Gründen haben Psychologen und Psychoanalytiker sich lange nicht mit den möglichen psychischen Langzeitfolgen der Täter des Holocaust beschäftigt. Dieses Thema ist erst vor kurzem als bisher vernachlässigtes Forschungsgebiet erkannt worden, und auch diese Einsicht war die unbeabsichtigte Folge einer eigentümlichen Entwicklung in der Geschichte der Nachkriegspsychotherapie. Die Täter erschienen versehentlich auf dem psychologischen Radarschirm, nachdem man bei ihren Kindern schwere mentale Störungen diagnostiziert hatte, die nach Meinung einiger Beobachter denen zu entsprechen schienen, die die Kinder überlebender Opfer erlitten hatten. Für die Therapeuten, die diese Parallelen verfolgen, bedeuten die Ergebnisse einen Hoffnungsschimmer. Wenn es ähnliche Erfahrungen gibt, könnten die zweiten Generationen in einen Dialog eintreten und die traumatische Vergangenheit, die sie trennt und verbindet, zusammen

aufarbeiten.[90] Aber die Annahme psychologischer Symmetrien zwischen den Nachkommen von Opfern und Tätern weckt sofort Bedenken. Da sie von deutschen Psychotherapeuten vorgeschlagen wurde, die die Kinder früherer Nazis behandeln, kann man sich dem Verdacht verdächtiger apologetischer Wünsche auf beiden Seiten der Couch nicht völlig entziehen. Trotz dieser Vorbehalte ist die Erforschung der psychischen Vorgänge auf der Täterseite und der Vergleich dieser Vorgänge mit den weit besser erforschten Entwicklungen auf der Opferseite ein wichtiges psychologisches und soziologisches Unterfangen.[91] Was immer man über die politische Verantwortung des deutschen Volkes denkt (und darüber, ob sein Leiden als Folge dieser Verantwortung gerechtfertigt war), es kann kein Zweifel daran bestehen, dass Kriegsopfer, Gefangenschaft, Bombardierungen, Massenvergewaltigungen und Vertreibung bei vielen Deutschen Traumata verursachten, auf sehr ähnliche Art wie zuvor das deutsche Militär die Völker in den besetzten Gebieten traumatisiert hatte.[92] Vor dem Hintergrund dieses allgemeinen Elends und in Anbetracht fehlender Spezialuntersuchungen ist es allerdings schwierig, die psychischen Auswirkungen des Holocaust auf seine Vollstrecker genauer zu bestimmen.

Wir wissen, dass einige Ereignisse in der Geschichte der »Endlösung«, z.B. die ›konventionellen‹ Massenerschießungen durch die Einsatzgruppen, ihren mentalen Tribut von den Mördern forderten. Nach den Quellen zu urteilen, wurden die Truppen besonders bei den seltenen Gelegenheiten geschockt, bei denen sie sich deutschen Juden gegenübersahen, die sie als frühere Nachbarn oder Bekannte wiedererkannten. Aber auch abgesehen von solch seltenen Gelegenheiten erwies sich der Mord an Zivilisten für einige Täter als unangenehm, vielleicht sogar als quälend. Und dieser Umstand beschleunigte unter anderem die Suche nach effizienteren, die beteiligten Täter weniger belastenden Methoden. Soweit wir aber wissen, wurde der Tötungsprozess wegen solcher Probleme niemals verlangsamt; offensichtlich wurde das Morden im Lauf der Zeit leichter.[93] All diese Ergebnisse lassen vermuten, dass die Täter wegen ihrer Verbrechen zumeist erst erhebliche Ängste ausstanden, als sie feststellten, dass die Weltmeinung, die offizielle deutsche Haltung im Nachkriegsdeutschland eingeschlossen, sich gegen sie ge-

---

90 Hierbei am hoffnungsvollsten: Moser (1996); Moser (1997). Zu den Ähnlichkeiten der Symptome siehe auch Hardtmann (1982); Eckstaedt (1989); und, vorsichtiger in ihren Folgerungen: Rosenthal (1997). Die Annahme ähnlicher psychologischer Probleme und Dispositionen ist die Basis eines beachtlichen Gruppentherapieexperiments, das von Dan Bar-On ermöglicht wurde, siehe Bar-On (1995).

91 Siehe insbesondere Straub (2001).

92 Siehe Förster/Beck (2003). Interessanterweise hat die *öffentliche* Trauer über die deutschen Kriegsopfer mehr als 50 Jahre nach dem Ende des Krieges zugenommen. Man beachte z.B. die Debatten, die die Veröffentlichungen von Günter Grass' Novelle *Im Krebsgang* (2002) und Jörg Friedrichs Analyse der Bombardierung deutscher Städte im Zweiten Weltkrieg begleiteten; Friedrich (2002).

93 Browning (1998) und Paul (2002).

wandt hatte. Sie waren durch einen Wertewechsel geschockt, der aus einem unerfreulichen Unternehmen ein äußerst unmoralisches Verbrechen gemacht hatte.[94]

Trotz fehlender Untersuchungen speziell zu den deutschen Tätern lassen ähnlich gelagerte, besser erforschte Fälle vermuten, dass die Täter des Holocaust durchaus durch ihre eigenen Taten hätten traumatisiert werden können. Sowohl Literatur über Vietnamveteranen als auch eher sporadische Daten über den Algerienkrieg zeigen, dass Folterer und Kriegsverbrecher an PTSD erkranken können, auch wenn sie ihre Taten routinemäßig und ohne Bedrohung für ihr eigenes Leben begangen haben.[95] Es muss allerdings betont werden, dass dieses mögliche Trauma sich in einer wichtigen Hinsicht vom Holocausttrauma der Opfer unterscheidet. Im Gegensatz zu den Opfern wären die Täter nicht durch ausgestandene Leiden und Todesängste traumatisiert, sondern durch überwältigende, nachträgliche Schuld- und Schamgefühle. Dieser Unterschied verdeutlicht die Bedeutung subjektiver Faktoren und die moralische Komplexität des Traumaleidens, denn die Holocausttäter hätten offensichtlich nur dann unter ernsten psychologischen Folgekosten zu leiden gehabt, wenn sie für ihre eigene Person den radikalen offiziellen Wertewandel der Nachkriegsgesellschaft mitvollzogen hätten. Gerade diese Entwicklung erscheint allerdings zweifelhaft. Trotz aller an die Alliierten gerichteten Anti-NS-Rhetorik gaben sich beide deutschen Regierungen große Mühe, die ehemaligen Nazis in die Nachkriegsordnung zu integrieren, und es dauerte mehrere Jahrzehnte, bis die offizielle Umkehr der Werte in die Privatsphäre eindrang.[96] Folglich konnten sich nach einer kurzen Zeit der Unsicherheit und nach dem Ende der ehrgeizigen Entnazifizierungsbemühungen die Täter in einen Kreis von Gesinnungsgenossen einfügen, die dabei helfen konnten, rigorose Nachforschungen in die Vergangenheit und quälende Selbstzweifel zu vermeiden. Zudem wurde der Holocaust für viele Jahre gar nicht als separates Verbrechen wahrgenommen und in allgemeine, vorgeblich von allen Kriegsparteien begangene Tatbestände wie Kriegsverbrechen eingegliedert. In der Literatur findet sich auch ein Parallelfall, der diese Spekulationen zumindest indirekt bestätigt. Die Folterer politischer Oppositioneller während der Herrschaft der griechischen Militärjunta von 1967 bis 1974 identifizierten sich auch nach dem Zusammenbruch der Diktatur noch mit ihrer patriotischen Pflicht zum Kampf gegen den Kommunismus und waren deshalb offensichtlich vor Schuldgefühlen und PTSD gefeit.[97]

Es ist schwer zu entscheiden, ob deutsche Nachkriegsfamilien im Allgemeinen und Täterfamilien im Besonderen ein positives oder negatives Umfeld für die heranwachsende Generation boten. Einerseits mögen die unterdrückten Scham- und Schuldgefühle der Eltern und die Lügen, die sie über die Vergangenheit erzählten, das Verhältnis zu ihren Kindern vergiftet haben. Zumindest einige Mitglieder der neuen Generation waren sicherlich nachträglich geschockt, als sie erkannten, wie sehr die Eltern an die Nazirevolution geglaubt und an deren Verbrechen partiziert hatten.[98] Andererseits muss man aber auch bedenken, dass die Inanspruchnahme der Eltern bei der Krisenbewältigung und die Abwesenheit der Väter während Krieg und Gefangenschaft eine Reihe von positiven Auswirkungen auf das Leben der Kinder hatte; deutsche Jugendliche der Nachkriegszeit genossen oft ein höheres Maß an Freiheit als Gleichaltrige der folgenden Jahrzehnte.[99] Angesichts der Komplexität der Situation und der vielen verschiedenen Faktoren, die das psychische Gleichgewicht der Nachkriegsgeneration beeinflussten, scheint es mir äußerst problematisch, irgendeinen direkten Zusammenhang zwischen dem Holocaust und den möglichen psychischen Problemen dieser Generation zu konstruieren. In einigen Fällen waren die Kinder der Täter ernsthaft durch die Brutalität ihrer Väter traumatisiert, aber es ist unklar, ob ihre Not eine direkte Folge der »Endlösung« oder anderer Erfahrungen war, die

---

94 Die Tatsache wird auch von Psychoanalytikern betont, die annehmen, dass die Täter von ihren Verbrechen traumatisiert waren, siehe Hardtmann (2001). Wir finden eine ähnliche Entwicklung nach dem Vietnamkrieg. Zusätzlich zur Last des Kampftraumas wurden die heimkehrenden Soldaten schwer von der kritischen Aufnahme getroffen, der sie in den USA begegneten; Joas (2000, S. 165–189), Tal (1996, S. 11–13) und McNally (2003, S. 85).

95 King u. a. (1995) und Ignatieff (2002).

96 Frei (1996); Herf (1997).

97 Haritos-Fatouros (1988).

98 Hardtmann (2001); Eckstaedt (1989).

99 Siehe Schütze/Geulen (1991).

ihre Väter während des Dritten Reichs gemacht haben mögen.[100] Es ist weit sinnvoller anzunehmen, dass das Verhalten der meisten überforderten Väter eine allgemeine Reaktion auf Fronterfahrung, Gefangenschaft und sozialen Abstieg war.[101]

Am Ende dieser kurzen tour de force durch die psychologischen Ruinen, die Krieg und Völkermord zurückließen, sehen wir uns tatsächlich einer symmetrischen Konstellation gegenüber, die interessant, aber gleichzeitig recht banal ist. Die Kinder der Überlebenden und der Täter mögen das Schicksal teilen, mit Eltern aufgewachsen zu sein, die ihre Aufgabe nur schlecht erfüllen konnten. Im Fall der jüdischen Kinder war das Leiden eine unmittelbare Folge des Holocaust, obwohl es nicht hilfreich ist, sie als an einem Holocaustsyndrom Leidende zu betrachten. Im Fall der deutschen Kinder war eine ganze Reihe von Faktoren die Ursache, unter denen die historischen Ereignisse der Endlösung wahrscheinlich nur selten eine entscheidende Rolle spielten.

In einem Punkt ermöglicht die Fachliteratur zu der psychologischen Befindlichkeit der zweiten Generationen einen interessanten, indirekten Einblick in die spekulative Frage eines besonderen Tätertraumas. Die phänomenologischen Ähnlichkeiten zwischen den beiden zweiten Generationen überdecken wichtige Unterschiede, besonders im Blick auf das Schweigen zwischen den Generationen, das die Therapeuten auf beiden Seiten feststellten. Im Fall der Familien von Überlebenden wirkt das Schweigen über die Vergangenheit selbst als Kommunikationsmedium, das die Kinder durchaus über das Leiden und die Ängste der Eltern informierte. Weil sie so schwer traumatisiert waren, hatten die Eltern keine andere Wahl, als sich durch ihr Verhalten zu den Kindern über die Vergangenheit mitzuteilen. Im Gegensatz dazu errichtete das Schwei-

gen der Nazitäter einen recht wirksamen cordon sanitaire um die Vergangenheit, der die Kinder über die Verbrechen der Väter im Unklaren ließ.[102] Ich möchte vermuten, dass die Täter, gerade weil sie durch ihre Beteiligung an der »Endlösung« nicht traumatisiert waren, bei der Kommunikation mit ihren Kindern im Prinzip eine Wahl hatten und sich aus offensichtlichen Gründen gegen einen Austausch entschieden.

Wenn die meisten Holocausttäter vor ernsthaftem traumatischen Stress bewahrt blieben, zumindest in Bezug auf ihre speziellen Erfahrungen als Täter, dann dürfen wir annehmen, dass die vielen Opportunisten des Dritten Reiches und ihre Nachfahren dieses Schicksal teilen, weil sie der Brutalität des Genozids durch die Nazis nicht unmittelbar ausgesetzt waren. Auch zu dieser Frage gibt es keine direkten Forschungen, aber die neuen Arbeiten des Sozialpsychologen Harald Welzer und seiner Mitarbeiter geben einige indirekte Hinweise, die diese Vermutung bestätigen. Sie zeigen, dass die Kinder und Enkel der Kriegsgeneration die Vergangenheit, einschließlich des Holocaust, kreativ zu ihrer eigenen Identitätsfindung nutzen. Die Mitglieder der Nachkriegsgeneration neigen dabei dazu, sich ihre Väter und Großväter als Opfer oder Helden vorzustellen und das sogar dann, wenn die Zeitgenossen des Nationalsozialismus ihr verbrecherisches oder wenig heroisches Verhalten im Dritten Reich offen in der Familie ansprechen und damit den Beschönigungen widersprechen. Oft beruhen die erfundenen Familiengeschichten auf den Plotstrukturen und Bildern des Holocaust-Paradigmas, die von den Medien so erfolgreich verbreitet werden. Natürlich ist diese Manipulation durch das Wissen um die extremen Verbrechen des Regimes geprägt und bringt den Wunsch zum Ausdruck, Verantwortung von der eigenen Familie abzuwenden, aber die Geschichten sind nicht Symptome eines kollektiven Traumas. Eher bestätigen die Fabeln von Leiden und Heldentum die ganz normalen Kräfte kollektiven Identitätsaufbaus, der im Fall des gegenwärtigen Deutschland eine vielleicht politisch unerwünschte, aber psychologisch ›redliche‹ Distanz zur Geschichte der »Endlösung« ausdrückt. Offensichtlich ist das Kollektivgedächtnis der Nachfahren der Opportunisten planend, selektiv, aber nicht traumatisch.[103]

---

100 Jürgen Müller-Hohagen hat versucht, eine direkte Verbindungslinie zwischen den Leiden der Opfer des Holocaust und dem der Kinder von Nazi-Tätern zu ziehen, siehe Müller-Hohagen (1996).

101 Siehe z. B. Latzel (1998) und allgemein zum Kriegstrauma Shephard (2001).

102 Zu der unterschiedlichen Bedeutung dieser verschiedenen Arten des Schweigens siehe Grünberg (2001) und Straub (2001).

103 Welzer/Moller/Tschuggnall (2002), siehe auch Welzer (2002 a).

Sowohl die Forschungsergebnisse über deutsche Familienerinnerungen an das Dritte Reich wie die Schriften der Kritiker des Holocaust-Syndroms in der zweiten Generation werfen ein kritisches Schlaglicht auf die fragwürdige Tendenz in der psychologischen Literatur, eine immer größere Zahl von Individuen und Kollektiven nachträglich in das Gravitationsfeld des historischen Traumas des Holocausts einzubeziehen. Deshalb bietet dieses Material auch einen guten Ansatzpunkt für eine kritische Auseinandersetzung mit dem Konzept des kulturellen Traumas, das die inflationären Tendenzen der psychologischen und philosophischen Literatur miteinander verbindet.

10. Kulturelles Trauma in der Mediengesellschaft

Vorbildern wie Caruth nacheifernd, beklagen und zelebrieren die Kulturwissenschaften die Allgegenwärtigkeit des Traumas in der zeitgenössischen Kultur. Dabei wechseln Kritiker schnell von den Schriften postmoderner Theoretiker zu den Veröffentlichungen der Psychotherapeuten und von tatsächlichen Opfern zu denen, die mit ihnen oder durch sie leiden, und erklären all diese Gruppen zu Teilhabern und Opfern des Prozesses des kulturellen Traumas. Unter Hinweis auf die besondere Übertragbarkeit von Traumasymptomen definieren sie posttraumatischen Stress als eine »Kategorie, die zwischen speziellen individuellen Verletzungen und einer Gruppe oder einer Kultur vermittelt«. Kirby Farrell, der diese besondere Definition vorschlägt, beruft sich auch auf ein Beispiel, das er für besonders anschaulich hält. »Hitler«, so seine Vorstellung, »der im Ersten Weltkrieg fast getötet worden wäre, infizierte eine ganze Nation mit seinen posttraumatischen Symptomen. In einem gewissen Sinn versuchten alle seine Handlungen, das frühere Unglück durch obsessives und phantastisches Ausagieren ungeschehen zu machen.«[104] Farrells phantasievolle Gedanken zu Hitlers psychischen Absonderlichkeiten, denen schon seit langem das Interesse der Psychohistoriker gilt, sind nicht der problematischste Teil seines Gedankengangs. Wichtiger und irreführender ist die Unterstellung, dass ein individuelles Trauma auf zauberhafte Weise in den Köp-

fen eines heterogenen Publikums reproduziert wird, dessen Mehrheit keine vergleichbaren Gewalterfahrungen gemacht hat.

Selbst Kulturkritiker, die wesentliche Unterschiede zwischen individuellen und kollektiven Gemütsverfassungen anerkennen, neigen dazu, ein kulturelles Trauma als einen Prozess zu verstehen, der irgendwie parallel zu der Entwicklung individueller Traumata verläuft. So argumentiert Ron Eyerman z. B. im Hinblick auf die Darstellung der Geschichte der Sklaverei in den Vereinigten Staaten, dass ein kulturelles Trauma durch Medienrepräsentationen vermittelt wird, »die einen dramatischen Verlust an Identität und Sinn, einen Riss im sozialen Gewebe einer relativ geschlossenen Gruppe entstehen lassen, z. B. einer Nation oder eines kleineren Kollektivs.«[105] Eyerman bezieht den Begriff des kulturellen Traumas sowohl auf die verfälschende Darstellung der Sklaverei in den amerikanischen Medien als auch auf das gegensätzlich gelagerte kollektive Gedächtnis der Sklaverei in der Subkultur der Schwarzen selbst. Er zeigt, dass der amerikanische Mainstream die Sklaverei nach dem Bürgerkrieg in eine historische Idylle verwandelte, während das schwarze Gegengedächtnis kritische Gruppenidentitäten und Emanzipationsstrategien unterstützte, die 100 Jahre später zumindest zum Teil zum Erfolg führten.[106] Schon diese kurze Zusammenfassung von Eyermans Studie macht deutlich, dass das kulturelle Gedächtnis der Sklaverei in den USA viel komplexer ist als der Begriff kulturelles Trauma impliziert. Die verschiedenen, gegenläufigen Darstellungen der Sklaverei führten eben nicht einseitig zu einem »Verlust an Identität und Sinn«, sondern – ganz im Gegenteil und ähnlich wie im Fall des kollektiven Gedächtnisses des Holocaust – auch zu kulturellen Identitätseffekten, die wichtige

---

104 Farrell (1998, S. 12).

105 Eyerman (2001, S. 3). Leider ist die UC-Press-Veröffentlichung, die die Grundlage für Eyermans interessantes konzeptionelles Gerüst bietet und in seiner Einleitung oft zitiert wird, nicht lieferbar: *Cultural Trauma Theory and Applications* von Jeffrey Alexander, Ron Eyerman u. a. ist noch nicht veröffentlicht, jedenfalls nicht im Jahr 2001, wie von Eyerman behauptet. Siehe auch Alexander (2002), der die Entwicklung des populären Holocaust-Gedächtnisses ausgezeichnet rekonstruiert, aber in seinem Konzeptentwurf eines kulturellen Traumas nicht überzeugt.

106 Siehe insbesondere Eyerman (2001, S. 1–22).

positive, stabilisierende und emanzipierende Wirkungen hatten. In diesem Fall, wie in vielen ähnlichen Fällen, erscheint es ausgesprochen fragwürdig, komplexe Medieneffekte auf den Begriff des Traumas zu reduzieren, weil die kollektiven Konsequenzen der medialisierten Aufarbeitung historischer Traumata sich mit den Erfahrungen von Traumaleidenden auch metaphorisch nicht in Einklang bringen lassen. Trotz aller Meinungsverschiedenheiten über die genauen Eigenschaften von PTSD sind sich die Experten generell einig, dass Traumaleidende meist erst dann positiven Nutzen aus ihrer Krankheit ziehen, wenn sie das Trauma und seine Folgen überwunden haben.

Die Verfechter des kulturellen Traumaparadigmas berufen sich auf empirische Daten wie z. B. die steigende Stressbelastung in westlichen Gesellschaften, auf angeblich traumatisierende Medieneffekte, z. B. durch Medienereignisse wie die Challengerkatastrophe oder den Anschlag vom 11. September 2001, und auf eher kulturanthropologische Vorstellungen über die traumatischen Komponenten, die allen menschlichen Darstellungsversuchen anhaften.[107] Indem sie angebliche Fakten der Massentraumatisierung und allgemeine anthropologische Überlegungen zur Funktion des Traumas miteinander in Beziehung setzen, verbinden Kulturtheoretiker die zwei verschiedenen, oben dargestellten Traditionen der Trauma-Theorie. Aber diese Verbindung erhöht die Beweislast der Interventionen, die sich nun mit den Erfordernissen psychologischer Theorie und Praxis und dem konzeptionellen Ehrgeiz der spekulativen Philosophie auseinandersetzen müssen. Es überrascht nicht, dass die kulturwissenschaftlichen Traumaforscher diesen Erwartungen nicht gerecht werden können und in ihrer begrenzten Einsicht in die sozialen und kulturellen Folgen tatsächlicher historischer Traumata besonders enttäuschen. Das kulturelle Trauma gewinnt nur dann an Überzeu-

gungskraft als Forschungskonzept oder Metapher, wenn wir empirisch oder theoretisch zeigen können, wie das Zusammenspiel von elektronischen Medien und ihrer Benutzer ein Trauma oder traumaähnliche Effekte auf kollektiver Ebene produziert.

Zunächst ist da der banale, aber trotzdem gewichtige Einwand, dass das Trauma zu einem Zeitpunkt ein Modeinstrument der Kulturkritik geworden ist, als die Unfall- und Gewaltverbrechensraten in den meisten westlichen Gesellschaften stark gefallen sind.[108] Zweitens erhebt sich, besonders angesichts der zurückgegangenen Zahl aktueller Traumaopfer, die praktische Frage, wie viele Mitglieder eines gegebenen Kollektivs an posttraumatischem Stress leiden müssen, bevor das Kollektiv als ganzes zutreffend als eine traumatisierte Gemeinschaft bezeichnet werden kann. Wenn aber das Kollektivtrauma nicht als Aggregat individueller Traumata gedacht werden soll, bleibt das Problem, wie dieses kollektive Phänomen definiert und behandelt werden soll.[109] Schließlich weisen all diese Fragen auf einen interessanten Mangel in der Literatur zum kulturellen Trauma hin, der besonders schwer wiegt, weil er den engeren Forschungsbereich von Kulturwissenschaftlern betrifft. Während die Verfechter des kulturellen Traumas die Rolle der Medien bei der Entstehung von kulturellen Traumata betonen, zeigen sie wenig Interesse an der Arbeit ihrer Kollegen in den Kommunikationswissenschaften, die schon seit Jahrzehnten die psychologischen Auswirkungen von modernen Medien untersuchen. Wir wollen deshalb abschließend die empirische Stichhaltigkeit des Modells vom kulturellen Trauma anhand eines Überblicks über die Literatur zu den Auswirkungen gewaltsamer Medieninhalte überprüfen, weil Mediendarstellungen von Traumata vermutlich einen vielversprechenden Ansatzpunkt für die Suche nach traumatischen Medieneffekten bieten.[110]

---

107 Farrell (1998, S. 2, 27).
108 Siehe z. B. US Department of Justice (1998).
109 Matraux (2001).
110 Leider sind die besonderen psychologischen Auswirkungen von Holocaustdarstellungen bisher nicht im Detail untersucht worden, obwohl gerade die Popularität des Genre eine solche Erforschung nahe legt.
111 Sparks/Sparks (2002).

11. Mediengewalt und Psychologie

Seit es Film und Fernsehen gibt, haben Wissenschaftler, Gesetzgeber und Repräsentanten der Medienindustrie über mögliche negative Auswirkungen gewaltsamer Medieninhalte gestritten.[111] Obwohl Experten immer noch unterschiedliche, sogar

einander ausschließende Erklärungen für ihre Ergebnisse anbieten, stimmt die überwältigende
Mehrheit der Forscher darin überein, dass Gewaltdarstellungen einer von vielen Faktoren ist, der zu
gewaltsamem sozialen Verhalten beiträgt. Dabei
haben Medienpsychologen eine große Zahl kognitiver und physiologischer Theorien entwickelt, um
die negativen Kurz- und Langzeitfolgen von Ge-
waltdarstellung in den Medien zu erklären, aber
keine schließt Vermutungen über traumatisierende
psychische Schädigungen ein, die Erwachsene oder
Jugendliche bei ihrem Medienkonsum erleiden
können. Eine klare Ausnahme wird lediglich für
jüngere Kinder gemacht, die nur allmählich die
Fähigkeit erwerben, zwischen Realität und Darstellung zu unterscheiden, und sich deshalb während
und nach dem Betrachten gewalttätiger Sendungen
sehr fürchten können. Diese Erfahrung kann schwere nachteilige Auswirkungen auf ihre emotionale
und kognitive Entwicklung haben.[112] Aber abgesehen von diesem speziellen Fall lässt die zur Verfügung stehende Literatur nicht vermuten, dass das
Traumakonzept jemals ein besonders nützliches Instrument für die Analyse von Medienrezeptions-
prozessen sein wird.

Leider steckt auch die Erforschung der Gründe
für die Attraktivität von Gewaltdarstellungen noch
in den Kinderschuhen. Experten haben außergewöhnlich viel Zeit und Mühe in den Versuch investiert, die negativen Auswirkungen von Gewalt im
Fernsehen zu verstehen, aber sie haben sich kaum
Mühe mit der Frage gegeben, warum Gewalt überhaupt so interessant ist.[113] Deshalb bietet die For-
schungsliteratur eine ganze Palette von interessanten, aber höchst spekulativen Hypothesen. Wir werden z. B. belehrt, dass unser Vergnügen an Gewalt in
den Medien ein deutlicher Fall fehlerhafter evolutionärer Anpassung zu sein scheint. Für unsere
Vorfahren war der Nervenkitzel der Gewaltausübung untrennbar mit der Befriedigung ihrer
Grundbedürfnisse verbunden. Da wir die Ergebnisse eines jahrtausendelangen Evolutionsdrucks nicht
kurzfristig ändern können, suchen wir im Dschungel der Kabelnetzwerke immer noch nach diesem
Nervenkitzel.[114] Solche Erklärungen basieren auf
spekulativen philosophischen und psychologischen
Modellen, zu denen auch Jungs Begriff des kollektiven Unbewussten, Elias' Gedanken zum Zivilisa-

tionsprozess und Adornos Spekulationen über Mimesis und menschliche Kultur gehören, auf die wir
oben schon kurz eingegangen sind.[115] Natürlich
können die Modelle selbst empirisch nicht verifiziert werden, aber sie haben die Einrichtung von
Forschungsprojekten gefördert, die einige Einsichten in die komplexen psychischen Kräfte der Me-
dienrezeption gebracht haben. Es hat z. B. verschiedene Versuche gegeben, die angeblich kathartischen
Wirkungen von Gewaltdarstellungen im Fernsehen
nachzuweisen. Die Hypothese lautete, dass die Betrachtung solchen Materials den Abbau von Furcht
und Phobien ermöglicht. Inzwischen aber ist klar
erwiesen, dass eher das Gegenteil der Fall ist, d. h.
dass Gewalt in der TV-Kost bestehende Ängste und
Spannungen eher verschärft als abbaut.[116]

Andere Projekte erwiesen sich als wesentlich erfolgreicher. Medienpsychologen haben z. B. eine
Reihe von psychologischen Experimenten durchgeführt, die den Zweck hatten, die Wechselwirkung
zwischen moralischen Werten und dem Vergnügen
an Gewaltinhalten in den Medien zu beleuchten.
Offenbar nehmen Zuschauer an dem narrativen
Universum, das sich auf dem Bildschirm entfaltet,
in derselben Weise teil, wie sie auf reale Ereignisse
reagieren, die sie als Zeugen zur Kenntnis nehmen.
In beiden Fällen beobachten wir unser soziales oder
mediales Umfeld und beurteilen das Verhalten der
Figuren, die es bevölkern, von unserem eigenen
moralischen Standpunkt. Je nach dem Ergebnis
unserer moralischen Urteile entfalten wir positive
oder negative Einstellungen gegenüber den Charak-
teren und nehmen Anteil an ihrem guten oder
schlechten Schicksal. Negative Gefühlsdispositio-
nen ermöglichen es uns, aus der Gewalt, die sich
gegen unsympathische Figuren richtet, Genugtuung
zu ziehen, besonders wenn wir eben erst erlebt
haben, wie sie Figuren, die wir mögen, schikaniert
haben. Psychologen, die diese Dispositionstheorie
entwickelt und getestet haben, versichern, dass sie
weit besser geeignet ist, unsere Interaktion mit elek-

---

112 Perse (2001, S. 269–285); Weimann (2000, S. 79–121); ver-
     gleiche auch: Potter (2003, S. 67–84).
113 Sparks/Sparks (2000).
114 Zillmann (1998, S. 193).
115 Jung (1953); Elias (1982).
116 Berkowitz (1993).

tronischen und digitalen Medien zu erklären als der traditionelle Freudsche Begriff der Identifikation. Ihrer Meinung nach identifizieren sich Zuschauer mit Darstellungen in den Medien nicht auf die Weise, wie sie sich mit Eltern, Geschwistern oder engen Freunden verbunden fühlen. Folglich wird unsere emotionale Reaktion auf Medienkonsum verfälscht, wenn wir einfach annehmen, dass wir in die Rolle der Figuren schlüpfen und an ihrer Stelle Vergnügen oder Leiden bzw. Trauma empfinden. Wir versetzen uns nicht in die Lage der Charaktere auf dem Bildschirm, sondern wir beobachten sie nur und stellen zu ihnen eine Beziehung her, die erhebliche Distanz aufweist und unseren eigenen moralischen Interessen entspricht.[117]

Die Dispositionstheorie stellt nur eine Möglichkeit dar, die weite Skala der Erfahrungen mit Gewalt aufzufächern, die von persönlichem Leiden und Trauma am einen Ende des Spektrums bis zur Konsumierung von Gewaltdarstellungen in den Medien am anderen Ende reicht. Je nach den theoretischen Instrumenten, die wir anwenden, um diesen Bereich zu erfassen, können wir verschiedene Systeme der Einteilung und Differenzierung entwickeln. Folgen wir dem obigen Modell, könnten wir einen entscheidenden qualitativen Unterschied in der Wechselwirkung zwischen menschlichen Wesen und ihren engsten emotionalen Bezugspersonen einerseits und ihrer Wechselwirkung mit dem Rest der Welt (einschließlich von Medienbildern) andererseits unterstellen. Dieses Modell wäre z.B. mit der Definition von PTSD kompatibel, das von der APA entwickelt worden ist. Alternativ könnten wir den Vorschlägen anderer Wissenschaftler folgen und einen entscheidenden qualitativen Unterschied zwischen Realität und Darstellung annehmen und unterstellen, dass sich die emotionalen Register unseres sozialen Lebens grundsätzlich von unserer emotionalen Anteilnahme beim Medienkonsum unterscheiden.[118] Aber unabhängig von unserer Entscheidung in dieser Frage

nach dem richtigen Konzept sollten wir uns darüber klar sein, dass die Wahrscheinlichkeit einer traumatischen Erfahrung und posttraumatischen Stresses abnimmt, wenn wir uns an der Skala entlang bewegen, und dass die meisten von uns am einen Ende der Skala, die so glücklich sind, Traumata nur durch die Medien zu erleben, wahrscheinlich und hoffentlich niemals die Qual der verhältnismäßig wenigen am anderen Ende erdulden müssen.

Die Erfahrung von Gewalt, Schmerz und Trauma ist immer sozial vermittelt. Die Art, wie wir auf Leiden reagieren und es zu verstehen versuchen, kann nicht von unserem sozialen Umfeld getrennt werden, das uns geprägt hat. Unsere Umwelt formt uns und hilft uns, die Grenzlinie zwischen einem normalen, ja wünschenswerten strukturellen Trauma und schwerer traumatischer Qual zu ziehen.[119] Unsere Umgebung spielt auch eine Schlüsselrolle bei der Genesung nach strukturellem und historischem Trauma. Aber diese konstruktivistische Einsicht sollte uns nicht darüber täuschen, dass unter den gegenwärtigen Bedingungen die Medien nur selten ein Trauma auslösen, obwohl sie eine bedeutende Quelle für unser Wissen vom Trauma sind. Selbstverständlich kann dieses Wissen von sehr unterschiedlicher Qualität sein. Einerseits mögen wir als eifrige Betrachter von Gewalt im Fernsehen zu falschen Schlüssen über das aktuelle Gewaltpotential in der Welt außerhalb unserer Wohnzimmer kommen.[120] Andererseits verhelfen uns die besten Darstellungen traumatischer Ereignisse auf dem Bildschirm zu einer Einsicht in das Leiden tatsächlicher Opfer, indem sie uns eine Ahnung von deren Leid vermitteln. Diese Erfahrung aus zweiter Hand, die wir dispositionales Unbehagen nennen können und für die LaCapra den Begriff »emphatic unsettlement« prägte, nutzt unsere Bereitschaft zum Mitgefühl aus.[121] Bilder von Gewalt, besonders von gequälten Körpern, können bei uns spontane, körperliche Reaktionen hervorrufen, die uns im Mitgefühl mit den Opfern zusammenzucken lassen. In den meisten Medienprodukten wird diese »Gefühlsansteckung« bald wieder in erlösenden, harmonischen Erzähltypen aufgehoben.[122] Die überwiegende Mehrzahl der Holocaust-Darstellungen, Klassiker wie Schindlers Liste eingeschlossen, bieten einen derartigen emotional befriedigenden Schluss, was erklärt, warum das Medienpublikum auf der

117　Zillmann (1998, S. 199–208); Gerrig (1993).
118　McCauley (1998, S. 160 f.); Tal (1996, S. 15).
119　Immer noch ausgezeichnet in diesem Punkt: Scarry (1985).
120　Solche aus Gewohnheit entstandenen Folgen des Fernsehens sind ziemlich gut erforscht; Potter (1999, S. 129 f.).
121　LaCapra (2001, S. 41 und passim).
122　Bennett (2000).

ganzen Welt soviel Gefallen an der Geschichte des Holocaust findet.[123]

Es ist gut möglich, dass Holocaust-Darstellungen auf Überlebende der »Endlösung« erneut traumatisierend wirken, aber es gibt keinen Hinweis darauf, dass die kulturelle und politische Aneignung des Holocaust durch andere Gruppen, einschließlich der jüdischen Gemeinden in Israel und den USA, irgendeine traumatische Auswirkung auf diese Gemeinschaften hat.[124] Sich zu Identitätszwecken an den Holocaust zu klammern, mag negative politische und pädagogische Folgen haben, aber diese Wirkungen passen kaum in das Traumamodell.[125] Weitere Untersuchungen zu dieser Frage könnten sehr wohl zutage fördern, dass heutige Zuschauer Holocaustdarstellungen in erster Linie zu Unterhaltungszwecken nutzen, z. B. als eine Art intellektuelles Horrorgenre. Folglich dürfte trotz der Tatsache, dass Darstellungen von Traumata sehr unterschiedlichen politischen und sozialen Wert haben, keine von ihnen, von der faktisch irreführenden bis zu der didaktisch angemessensten, beim Publikum ein Trauma verursachen. In unserer gewaltsamen Kultur scheinen kulturelle Traumata ein seltenes Phänomen zu sein.

12. Schlussbetrachtung

Das Traumakonzept, im individuellen und kollektiven Rahmen angewandt, unterscheidet sich von eng verwandten Konzepten wie Identität und Gedächtnis. Im Unterschied zu diesen beiden Begriffen beinhaltet das Trauma das Ereignis einer ernsthaften, u. U. auch eingebildeten Verletzung mit wichtigen psychologischen, politischen und moralischen Folgen. Der allzu großzügige, inflationäre Gebrauch des Begriffes Trauma hat ein seltsam unbestimmtes Symbol entstehen lassen. Durch falsche Verwendung ist Trauma zu einer metaphorischen Unwahrheit geworden. Die bloße Anwesenheit von Gewalt, ob nun real oder symbolisch, wird routinemäßig mit der Anwesenheit eines Traumas in Verbindung gebracht, mit der Folge, dass alle, die Gewalt in irgendeiner Form wahrnehmen, als Opfer bezeichnet werden. Die wachsende Zahl schließt tatsächliche Opfer, Zeugen, Täter und sogar Zuschauer von Medien ein, wobei völlig unklar bleibt, wer und auf welche Weise

Gewalt empirisch oder metaphorisch erlitten hat.[126] Natürlich ist es unmöglich, den genauen Punkt festzulegen, von dem an politische Interessenvertretung, emotionales Einfühlungsvermögen oder therapeutischer bzw. philosophischer Ehrgeiz eine metaphorisch falsche Darstellung erzeugen, wie unsere Analyse des Holocaust-Syndroms zeigt. Wie problematisch das Konstrukt eines Holocaust-Syndroms der zweiten Generation aus psychotherapeutischer Sicht auch sein mag, es stellt sicher eine vertretbare, sogar verantwortungsbewusste Verwendung der Trauma-Metapher dar. Aber schon die Erfahrungen von Tätern und Zuschauern unterwerfen den Trauma-Begriff einem schweren Elastizitätstest, und das Vergnügen von Film- und Fernsehzuschauern kann auch nicht mit dem flexibelsten Traumabegriff in Einklang gebracht werden. Sowohl empirische als auch metaphorische Ehrlichkeit und konzeptionelle und historische Gewissenhaftigkeit verlangen, dass das Trauma zuerst aus der Sicht der Opfer verstanden wird und erst dann vorsichtig erweitert wird, um die Erkundung von Randphänomenen zu ermöglichen.[127] Nur auf diesem Weg können wir die außerordentlich zerstörische Verbindung von Gewalt und Identifikation im Zentrum der Traumaerfahrung besser verstehen und vielleicht auch begreifen, was eine verantwortungsvolle metaphorische Verwendung des Traumabegriffs auszeichnen würde.

Die Macht des Traumadiskurses wurde in verschiedenen unabhängigen Forschungsfeldern begründet, von denen wir oben einige analysiert haben. Mit beträchtlichem zeitlichen Abstand und unterschiedlichem Tempo definierten Geistes- und Humanwissenschaften, die sich mit dem Trauma beschäftigen, die Erfahrungen der Opfer der »Endlösung« und anderer gewaltsamer Ereignisse, wendeten das mit neuen Inhalten gefüllte Konstrukt

---

123 Miller/Tougaw (2002, S. 3).

124 Zur Semiotik der wiederholten Traumatisierung siehe die überzeugenden Anmerkungen bei Tal (1996, S. 16).

125 Novick (1999).

126 Richard McNally benutzt für diese Entwicklung den Begriff »conceptual bracket creep«. Seiner Meinung nach setzt dieser Prozess besonders in Zeiten von Frieden und Wohlstand ein, weil Psychologen auf der Suche nach neuen Patienten die Definitionsgrenzen schrittweise auflockern, McNally (2003, S. 98 und 279).

127 Mitchell (2000, S. 298).

aber auch in vielen anderen diskursiven und analytischen Feldern an. In den beiden letzten Dekaden des 20. Jahrhunderts haben diese Entwicklungen zur Schaffung eines ideologischen Raumes beigetragen, in dem Opferstatus und damit verbundene Ansprüche zu einem alltäglichen Phänomen wurden. Unsere Analyse hatte den Zweck, dieses ideologische Konzept zu entwirren und die nur scheinbar kompatiblen Methoden und Fragen verschiedener Traumadiskurse einander gegenüberzustellen. Diese Analyse hat gezeigt, dass die psychologischen und die philosophisch-literarischen Traumadiskurse zumindest in einem wichtigen Punkt unterschiedlichen Funktionen dienen und sich gegenseitig widersprechen. Psychologen, Psychiater und Psychoanalytiker können sich offensichtlich nicht auf eine Traumadefinition einigen, aber trotz ihrer Meinungsunterschiede und ihrer Versuche, das Traumaparadigma auszuweiten, sind sie alle sehr darum bemüht, die Unterschiede zwischen traumatischen und nichttraumatischen Erfahrungen zu erforschen und zu definieren. Das genaue Abstecken der Grenze zwischen Trauma und Nicht-Trauma ist eines der Hauptziele der therapeutischen Theorie und Praxis. Man könnte deshalb sogar argumentieren, dass die erheblichen Meinungsunterschiede zwischen Therapeuten unterschiedlicher Couleur zu einem großen Teil aus ihrem Konkurrenzverhältnis im Bemühen um ein besseres Verständnis von Trauma resultieren. Im Gegensatz dazu haben die philosophisch-literarischen Traumadiskurse der letzten 60 Jahre die Grenze zwischen Trauma und Nicht-Trauma systematisch aufgehoben und wichtige Elemente traumatischer Erfahrung in unserem Alltagsleben und unserer Alltagskultur ausgemacht. Diese Spannung zwischen der geisteswissenschaftlichen und humanwissenschaftlichen Erforschung von Trauma erklärt die Widersprüchlichkeit und Instabilität des Konzepts des kulturellen Traumas, das in die Fußstapfen dieser beiden Traditionen tritt, ohne die entgegengesetzten Interessen und Funktionen dieser Traditionen bisher integrieren zu können.

Statt eine ausbalancierte Analyse zu bieten, die ein neutrales Traumakonzept zu schaffen versucht, haben wir unsere Kritik aus der Perspektive des empirischen Traumadiskurses entwickelt. Diese Vorgehensweise entspricht meiner Überzeugung, dass

der schwerste Missbrauch des Traumakonzepts derzeit in den höchst abstrakten Sprachen der Philosophie und der Kulturkritik stattfindet. In diesem intellektuellen Kontext hat die Universalisierung der Traumametapher merkwürdige Konsequenzen ausgelöst, die eine sehr selektive Wahrnehmung unserer Medienkultur im Allgemeinen und unserer Holocaust-Kultur im Besonderen zur Folge haben. Die Traumametapher ist zu dem beruhigenden Mythos einer akademischen Subkultur verkommen, deren Mitglieder mit erheblicher Verspätung den Ausnahmecharakter von Auschwitz anerkannt haben und die jetzt – daran gewöhnt, die Gesellschaft von dieser hohen moralischen Warte aus zu betrachten – sich keine Welt mehr vorstellen mögen, in der Ereignisse wie die »Endlösung« ohne erhebliche negative Kollektivfolgen stattfinden können. Wenn wir die Gesellschaft ausschließlich durch die Traumabrille betrachten, bleiben uns nur zwei Möglichkeiten: Entweder wir engagieren uns in einem Prozess kulturellen Durcharbeitens, z.B. durch Beteiligung an Holocausterziehungsinitiativen oder Traumaforschungsprojekten, oder wir sehen tatenlos zu, wie die Gesellschaft an den langfristigen Folgen und der endlosen Wiederkehr unterdrückter kollektiver Traumata leidet. So wertvoll solches Engagement auch sein mag, ist es doch bedenklich, dass viele alternative Perspektiven und Identitäten vom Modell des kulturellen Traumas systematisch ausgeschlossen werden. Es ist zum Beispiel schwierig, die distanzierte Neugierde, mit der die meisten Medienkonsumenten die Geschichte des Holocaust in Deutschland und in anderen Ländern wahrnehmen, nicht automatisch als psychologische Schutzfunktion abzuwerten. Ironischerweise wird durch das Konzept des kulturellen Traumas die radikale soziale und historische Diskontinuität, die mit der Erfahrung von Trauma verbunden ist, in ein narratives Modell langfristiger Kontinuität überführt, und es ist sicherlich kein Zufall, dass dieses Modell gleichzeitig die Kulturkritik traumakundiger Akademiker systematisch aufwertet.

Unsere Analyse der Geschichte der Traumametapher hat uns unter anderem gezeigt, was Philosophen und Kritiker am Traumakonzept ursprünglich so interessant fanden, als sie begannen, über die Erbschaft des Nationalsozialismus und des Holocaust nachzudenken. Frank Ankersmit drückte dieses intellektuelle Interesse treffend folgendermaßen aus: »Es ist oft argumentiert worden, dass unser einziger Kontakt mit oder unsere Erfahrung von Realität, bei der die Realität uns ihre wahre Natur, ihre radikale Fremdheit und ihre majestätische Gleichgültigkeit uns gegenüber enthüllt, sich im Trauma vollzieht; denn in der nichttraumatischen Erfahrung der Realität ist Realität schon immer in die Grenzen des Bekannten, des Vertrauten und Domestizierten eingebunden.«[128] Ankersmits Worte wiederholen die problematische Ästhetisierung des Traumas, die uns schon in anderen Kontexten begegnet ist, aber er erinnert uns auch daran, dass eine traumatische Erfahrung ein relativ seltenes Ereignis ist und dass Medienprodukte, Repräsentationen von Traumata und Schriften von Kulturkritikern eingeschlossen, in der Regel domestizierende und äußerst untraumatische Folgen haben.

Aus dem Amerikanischen übersetzt von Heinrich Kansteiner

Literatur

ADORNO, THEODOR W. (1951), *Minima Moralia*, Frankfurt/M.: Suhrkamp. ■ ADORNO, THEODOR W. (1966), *Negative Dialektik*, Frankfurt/M.: Suhrkamp. ■ ADORNO, THEODOR W. (1969), *The Authoritarian Personality*, London: Verso. ■ ADORNO, THEODOR W. (1977), »Was bedeutet: Aufarbeitung der Vergangenheit?«, in: Adorno, Theodor W., *Gesammelte Schriften*, Bd. 10/2, Frankfurt/M.: Suhrkamp, S. 555–572. ■ ADORNO, THEODOR W. / HORKHEIMER, MAX (1969), *Dialektik der Aufklärung*, Frankfurt/M.: Fischer. ■ ALEXANDER, JEFFREY (2002), »On the Social Construction of Moral Universals«, in: *European Journal of Social Theory*, 5/1, S. 5–85. ■ AMERICAN PSYCHIATRIC ASSOCIATION (1980[3]), *Diagnostic and Statistical Manual of Mental Disorders*, Washington DC: APA. ■ AMERICAN PSYCHIATRIC ASSOCIATION (2000[4]), *Diagnostic and Statistical Manual of Mental Disorders*, Washington DC: APA. ■ ANDERSON, PERRY (1989), *The Origin of Postmodernity*, New York: Verso. ■ ANKERSMIT, FRANK (2002), »Trauma and Suffering: Forgotten Source of Western Historical Consciousness«, in: Rüsen, Jörn (Hg.), *Western Historical Thinking: An Intercultural Debate*, New York: Berghahn, S. 72–84. ■ ANTZE, PAUL / LAMBEK, MICHAEL (Hg.) (1996), *Tense Past: Cultural Essays in Trauma and Memory*, New York: Routledge. ■ AUERHAHN, NANETTE / LAUB, DORI (1998), »Intergenerational Memory of the Holocaust«, in: Danieli, Yael (Hg.), *International Handbook of Multigenerational Legacies of Trauma*, New York: Plenum. ■ BAROCAS, HARVEY / BAROCAS CAROL (1979), »Wounds of the Fathers: the next Generation of Holocaust Victims« in: *The International Review of Psycho-Analysis*, 6, S. 331–340. ■ BAR-ON, DAN (1995), *Furcht und Hoffnung: Von den Überlebenden zu den Enkeln – Drei Generationen des Holocaust*, Hamburg: Europäische Verlagsanstalt. ■ BENNETT, JILL (2000), »The Aesthetics of Sense-Memory: Theorising Trauma through the Visual Arts«, in: Kaltenbeck, Franz / Weibel, Peter (Hg.), *Trauma und Erinnerung/Trauma and Memory: Cross Cultural Perspectives*, Wien: Passagen, S. 81–95. ■ BERGER, LESLIE (1988), »The Longterm Psychological Consequences of the Holocaust on the Survivors and their Offspring«, in: Braham, Randolph (Hg.), *The Psychological Perspectives of the Holocaust and its Aftermath*, Boulder: Social Science Monograph, S. 175–221. ■ BERGMANN, MARIA (1982) »Thoughts on Superego Psychology of Survivors and Their Children«, in: Bergmann, Martin / Jucovy, Milton (Hg.), *Generations of the Holocaust*, New York: Basic Books, S. 287–309. ■ BERGMANN, MARTIN / JUCOVY, MILTON (Hg.) (1982), *Generations of the Holocaust*, New York: Basic Books. ■ BERKOWITZ, LEONHARD (1993), *Aggression: Its Causes, Consequences, and Control*, New York: McGraw-Hill. ■ BERNARD-DONALS, MICHAEL / GLEJZER, RICHARD (2001), *Between Witness and Testimony: The Holocaust and the Limit of Representation*, Albany: SUNY Press. ■ BERNSTEIN, JAY M. (2000), »‹After Auschwitz›: Trauma and the Grammar of Ethics, in Fine, Robert / Turner, Charles (Hg.), *Social Theory after Auschwitz*, Liverpool: Liverpool UP, S. 101–124. ■ BERNSTEIN, JAY M. (2001), *Adorno: Disenchantment and Ethics*, Cambridge: Cambridge UP. ■ BETTELHEIM, BRUNO (1960), *The Informed Heart*, Glencoe: Free Press. ■ BLOOM, SANDRA / REICHERT, MICHAEL (1989), *Bearing Witness: Violence and Collective Responsibility*, Binghamton: Haworth. ■ BRAHAM, RANDOLPH (Hg.) (1988), *The Psychological Perspectives of the Holocaust and its Aftermath*, Boulder: Social Science Monograph. ■ BRAININ, ELISABETH / LIGETI, VERA / TEICHER, SAMMY (2001), »Pathologie mehrerer Generationen oder Pathologie der Wirklichkeit?«, in: Grünberg, Kurt / Straub, Jürgen (Hg.), *Unverlierbare Zeit: Psychosoziale Spätfolgen des Nationalsozialismus bei Nachkommen von Opfern und Tätern*, Tübingen: Diskord, S. 151–179. ■ BROWNING, CHRISTOPHER (1998[2]), *Ordinary Men: Reserve Battalion 101 and the Final Solution in Poland*, New York: Harper Perennial. ■ BROWNING, GARY (2000), *Lyotard and the End of Grand Narratives*, Cardiff: University of Wales Press. ■ CARUTH, CATHY (Hg.) (1995), *Trauma: Explorations in Memory*, Baltimore: Johns Hopkins UP. ■ CARUTH, CATHY (1996) *Unclaimed Experience: Trauma, Narrative, and History*, Baltimore: Johns Hopkins UP. ■ DAVIES, JOAN (1998), »Narrative, Knowledge, and Art: On Lyotard's Jewishness«, in: Rojek, Chris / Turner, Brian (Hg.), *The Politics of Jean-François Lyotard: Justice and Political Theory*, New York: Routledge. ■ DANIELI, YAEL (Hg.) (1998), *International Handbook of Multigenerational Legacies of Trauma*, New York: Plenum. ■ DE MAN, PAUL (1986), *The Resistance to Theory*, Minneapolis: University of Minnesota Press. ■ DINER, DAN (Hg.) (1988), *Zivilisationsbruch: Denken nach Auschwitz*, Frankfurt/M.: Fischer. ■ DURST, NATHAN (2002), »Eine Herausforderung für Therapeuten: Psychotherapie mit Überlebenden der Shoa«, in: Ludewig-Kedmi,

---

128 Ankersmit (2002, S. 75).

Revital / Spiegel, Miriam Victory / Tyrangiel, Silvie (Hg.), *Das Trauma des Holocaust zwischen Psychologie und Geschichte*, Zürich: Chronos. ■ ECKSTAEDT, ANITA (1989), *Nationalsozialismus in der »zweiten Generation«: Psychoanalyse von Hörigkeitsverletzungen*, Frankfurt/M.: Suhrkamp. ■ ELIAS, NORBERT (1982), *The Civilising Process*, New York: Pantheon. ■ EPSTEIN, HELEN (1979), *Children of the Holocaust: Conversations with Sons and Daughters of Survivors*, New York: Bantham. ■ EYERMAN, RON (2001), *Cultural Trauma: Slavery and the Formation of African American Identity*, New York: Cambridge UP. ■ FARRELL, KIRBY (1998), *Posttraumatic Culture: Injury and Interpretation in the Nineties*, Baltimore Johns Hopkins UP. ■ FELMAN, SHOSHANA / LAUB, DORI (1992), *Testimony: Crisis of Witnessing in Literature, Psychoanalysis, and History*, New York: Routledge. ■ FELSEN, IRIT (1998) »Transgenerational Transmission of Effects of the Holocaust« in: Danieli, Yael (Hg.), *International Handbook of Multigenerational Legacies of Trauma*, New York: Plenum, S. 43–68. ■ FINE, ROBERT / TURNER, CHARLES (Hg.) (2000), *Social Theory after Auschwitz*, Liverpool: Liverpool UP. ■ FLYNN, THOMAS (2002), »Lyotard and History without Witnesses«, in: Silverman, Hugh (Hg.), *Lyotard: Philosophy, Politics, and the Sublime*, New York: Routledge, S. 151–163. ■ FÖRSTER, ALICE / BECK, BIRGIT (2003), »Post-Traumatic Stress Disorder and World War II: Can a Psychiatric Concept Help Us Understand Postwar Society?«, in: Bessel, Richard / Schumann, Dirk (Hg.), *Life After Death: Approaches to a Cultural and Social History of Europe During the 1940 s and 1950 s*, Cambridge: Cambridge University Press, S. 15–35. ■ FOGELMANN, EVA (1992), »Gruppenarbeit mit der Zweiten Generation von Holocaustüberlebenden in den USA«, in: Hardtmann, Gertrud (Hg.), *Spuren der Verfolgung: Seelische Auswirkungen des Holocaust auf die Opfer und ihre Kinder*, Gerlingen: Bleicher, S. 102–118. ■ FORSTER, DAVID (2001), »*Wiedergutmachung*« in Österreich und der Bundesrepublik im Vergleich, Wien: Studienverlag. ■ FRANK, MANFRED (1988), *Die Grenzen der Verständigung: Ein Geistergespräch zwischen Lyotard und Habermas*, Frankfurt/M.: Suhrkamp. ■ FREI, NORBERT (1996), *Vergangenheitspolitik: Die Anfänge der Bundesrepublik und die NS-Vergangenheit*, München: C. H. Beck. ■ FRIEDRICH, JÖRG (2002), *Der Brand: Deutschland im Bombenkrieg, 1940–1945*, München: Propyläen. ■ GERRIG, RICHARD (1993), *Experiencing Narrative Worlds: On the Psychological Activities of Reading*, New Haven: Yale. ■ GOLDSTEIN, JEFFREY (Hg.) (1998), *Why we watch: The Attractions of Violent Entertainment*, New York: Oxford UP. ■ GRASS, GÜNTER (2002), *Im Krebsgang*, Göttingen: Steidl. ■ GRUBRICH-SIMITIS, ILSE (1979), »Extremtraumatisierung als kumulatives Trauma: Psychoanalytische Studien über seelische Nachwirkungen der Konzentrationslagerhaft bei Überlebenden und ihren Kindern«, in: *Psyche*, 33, S. 991–1023. ■ GRÜNBERG, KURT (2000), *Liebe nach Auschwitz: Die zweite Generation*, Tübingen: Discord. ■ GRÜNBERG, KURT (2001), »Vom Banalisieren des Traumas in Deutschland«, in: Grünberg, Kurt / Straub, Jürgen (Hg.), *Unverlierbare Zeit: Psychosoziale Spätfolgen des Nationalsozialismus bei Nachkommen von Opfern und Tätern*, Tübingen: Diskord, S. 181–221. ■ GRÜNBERG, KURT / STRAUB, JÜRGEN (Hg.) (2001), *Unverlierbare Zeit:*

Psychosoziale Spätfolgen des Nationalsozialismus bei Nachkommen von Opfern und Tätern, Tübingen: Diskord. ■ HACKING, IAN (1999), *The Social Construction of What?*, Cambridge/Mass.: Harvard UP. ■ HADAR, YITZHAK (1991), »Existentielle Erfahrung oder Krankheitssyndrom? Überlegungen zum Begriff der ›Zweiten Generation‹«, in: Stoffels, Hans (Hg.), *Schicksale der Verfolgten: Psychische und somatische Auswirkungen von Terrorherrschaft*, Berlin: Springer, S. 413–429. ■ HAMMER, STEPHANIE (2001), *Schiller's Wound: The Theater of Trauma from Crisis Commodity*, Detroit: Wayne State UP. ■ HARDTMANN, GERTRUD (1982), »The Shadows of the Past«, in: Bergmann, Martin / Jucovy, Milton (Hg.), *Generations of the Holocaust*, New York: Basic Books, S. 228–244. ■ HARDTMANN, GERTRUD (2001), »Lebensgeschichte und Identität: Die zweite Generation – Opfer und Täter«, in: Grünberg, Kurt / Straub, Jürgen (Hg.) (2001), *Unverlierbare Zeit: Psychosoziale Spätfolgen des Nationalsozialismus bei Nachkommen von Opfern und Tätern*, Tübingen: Diskord, S. 39–56. ■ HAREL, ZEV / KAHANA, BOAZ / KAHANA, EVA (1988), »Psychological Well-Being among Holocaust Survivors and Immigrants to Israel«, in: *Journal of Traumatic Stress*, 1, S. 413–429. ■ HARITOS-FATOUROS, MIKA (1988), »The official torturer: A learning model for obedience to the authority of violence«, in: *Journal of Applied Social Psychology*, 18, S. 1107–1120. ■ HARTMANN, GEOFFREY (1996), *The longest Shadow: In the Aftermath of the Holocaust*, Bloomington: Indiana UP. ■ HERF, JEFFREY (1997), *Divided Memory: The Nazi Past in the Two Germanys*, Cambridge: Harvard UP. ■ HOPPE, KLAUS (1968), »Psychotherapy with Survivors of Nazi Persecution«, in: Krystal, Henry (Hg.), *Massive Psychic Trauma*, New York: International Universities Press, S. 207–286. ■ HORVITZ, DEBORAH (2000), *Literary Trauma: Sadism, Memory, Sexual Violence in American Women's Fiction*, Albany: SUNY Press. ■ IGNATIEFF, MICHAEL (2002), »The Torture Wars,« in: *New Republic*, 22.4, S. 40–43. ■ JENSON, DEBORAH (2001), *Trauma and its Representation: The Social Life of Mimesis in Post-Revolutionary France*, Baltimore: Johns Hopkins UP. ■ JOAS, HANS (2000), *Kriege und Werte: Studien zur Gewaltgeschichte des 20. Jahrhunderts*, Weilerswist: Velbrück. ■ JUNG, CARL G. (1953), »Archetypes and the Collective Unconscious«, in: *Collected Works*, Bd. 9, New York: McGraw-Hill. ■ KANSTEINER, WULF (2003), »Ein Völkermord ohne Täter?: Die Darstellung der Endlösung in den Sendungen des Zweiten Deutschen Fernsehens«, in: *Tel Aviver Jahrbuch für deutsche Geschichte 2003*, S. 253–286. ■ KEILSON, HANS (1979), *Sequentielle Traumatisierung bei Kindern*, Stuttgart: Enke. ■ KESTENBERG, MILTON (1982), »Discriminatory Aspects of the German Indemnification Policy: A Continuation of Prosecution«, in: Bergmann, Martin / Jucovy, Milton (Hg.), *Generations of the Holocaust*, New York: Basic Books, S. 62–79. ■ KESTENBERG, MILTON / KESTENBERG, JUDITH (1974), »Introduction and Discussion in Workshop on Children of Survivors«, in: *Journal of the American Psychiatric Association*, 22, S. 200–204. ■ KHAN, MASUD (1974), *The Privacy of the Self*, New York: International Universities Press. ■ KING, DANIEL u. a. (1995), »Alternative Representations of War Zone Stressors: Relationships to Posttraumatic Stress Disorder in Male and Female Vietnam Veterans«, in: *Journal of Abnormal Psychology*, 104, S. 184–196. ■ KLEIN, HILLEL (1984), »The Survivor's Search for Meaning and Identity«, in: Vashem, Yad (Hg.), *The Nazi Concentration Camps*, Jerusalem: Yad Vashem, S. 543–554. ■ KÖPPEN, MANUEL (Hg.) (1993), *Kunst und Literatur nach Auschwitz*, Berlin: Erich Schmidt. ■ KOGAN, ILANY (1995), *Der stumme Schrei der Kinder: Die zweite Generation des Holocaust*, Frankfurt/M.: Fischer. ■ KRANKENHAGEN, STEFAN (2001), *Auschwitz darstellen: Ästhetische Positionen zwischen Adorno, Spielberg und Walser*, Köln: Böhlau. ■ KRYSTAL, HENRY (1966), »Psychic Sequelae of Massive Trauma«, in: *Excerpta Medica*, 150, S. 931–936. ■ KUHLMANN, HARTMUT (1997), »Ohne Auschwitz«, in: *Internationale Zeitschrift für Philosophie*, 45, S. 101–110 ■ LACAPRA, DOMINICK (2001), *Writing History, Writing Trauma*, Baltimore, Johns Hopkins UP. ■ LAMBECK, MICHAEL / ANTZE, PAUL (1996), »Introduction: Forecasting Memory«, in: Antze, Paul / Lambek, Michael (Hg.), *Tense Past: Cultural Essays in Trauma and Memory*, New York: Routledge, S. XI–XXXII. ■ LATZEL, KLAUS (1998), *Deutsche Soldaten – nationalsozialistischer Krieg: Kriegserlebnis, Kriegserfahrung*, Paderborn: Schöning. ■ LEON, GLORIA U.A. (1981), »Survivors of the Holocaust and Their Children: Current Status and Adjustment«, in: *Journal of Personality and Social Psychologie*, 4, S. 503–516. ■ LERNER, PAUL (2000), »Psychiatry and Casualties of War in Germany, 1914–1918«, in: *Journal of Contemporary History*, 35, S. 13–28. ■ LERNER, PAUL / MICALE, MARK (2001), »Trauma, Psychiatry and History: A Conceptual and Historiographical Introduction«, in: Lerner, Paul / Micale, Mark (Hg.), *Traumatic Pasts: History, Psychiatry, and Trauma in the Modern Age, 1870–1930*, Cambridge: Cambridge UP, S. 1–27. ■ LEYS, RUTH (2000), *Trauma: A Genealogy*, Baltimore: Johns Hopkins UP. ■ LIFTON, ROBERT (1973), *Home from the War: Vietnam Veterans: Neither Victims nor Executioners*, New York: Basic Books. ■ LUCHTERHAND, ELMER (1970), »Early and Late Effects of Imprisonment in Nazi Concentration Camp: Conflicting Interpretations in Survivor Research«, in: *Social Psychiatry*, 5, S. 102–110. ■ LYOTARD, JEAN-FRANÇOIS (1984), *The Postmodern Condition: A Report on Knowledge*, Minneapolis: University of Minnesota Press. ■ LYOTARD, JEAN-FRANÇOIS (1988), *The Differend: Phrases in Dispute*, Minneapolis: University of Minnesota Press. ■ LYOTARD, JEAN-FRANÇOIS (1997), *Postmodern Fables*, Minneapolis: University of Minnesota Press. ■ LYOTARD, JEAN-FRANÇOIS (1990), *Heidegger und »the Jews«*, Minneapolis: University of Minnesota Press. ■ MARCUS, PAUL / ROSENBERG, ALAN (1988), »In Philosophical Critique of the ›Survivor Syndrome‹ and Some Implications for Treatment«, in: Braham, Randolph (Hg.), *The Psychological Perspectives of the Holocaust and its Aftermath*, Boulder: Social Science Monograph, S. 53–78. ■ MATRAUX, ALEXANDRE (2001), »Wessen Kränkung? Bemerkungen zum Thema des individuellen und kollektiven Traumas«, in: Grünberg, Kurt / Straub, Jürgen (Hg.) (2001), *Unverlierbare Zeit: Psychosoziale Spätfolgen des Nationalsozialismus bei Nachkommen von Opfern und Tätern*, Tübingen: Diskord, S. 327–341. ■ MCCAULEY, CLARK (1998), »When Screen Violence Is not Attractive«, in: Goldstein, Jeffrey (Hg.), *Why we watch: The Attractions of Violent Entertainment*, New York: Oxford UP,

S. 144–162. ■ MCNALLY, RICHARD (2003), *Remembering Trauma*, Cambridge/Mass.: Harvard UP. ■ MILCHMAN, ALAN / ROSENBERG, ALAN (Hg.) (1998), *Postmodernism and the Holocaust*, Amsterdam: Rodopi. ■ MILLER, NANCY / TOUGAW, JASON (2002), »Introduction: Extremities«, in: Miller, Nancy / Tougaw, Jason, *Extremities, Trauma, Testimony, and Community*, Urbana: University of Illinois Press, S. 1–21. ■ MITCHELL, JULIET (2000), *Mad Men and Medusas: Reclaiming Hysteria*, New York: Basic Books. ■ MOSER, TILMANN (1996), *Dämonische Figuren: Die Wiederkehr des Dritten Reiches in der Psychotherapie*, Frankfurt/M.: Suhrkamp. ■ MOSER, TILMANN (1997), *Dabei war ich doch sein liebstes Kind: Eine Psychotherapie mit der Tochter eines SS-Mannes*, München: Kiesel. ■ MÜLLER-HOHAGEN (1996), »Tradierung von Gewalterfahrung: Sexueller Mißbrauch im Schnittpunkt des ›Politischen‹ und ›Privaten‹«, in: Hentschel, Gitti (Hg.), *Skandal und Alltag: Sexueller Mißbrauch und Gegenstrategien*, Berlin: Orlanda, S. 35–53. ■ NICE, STEPHAN U.A. (1996), »Long-term Health Outcomes and Medical Effects of Torture among US Navy Prisoners of War in Vietnam«, in: *The Journal of the American Medical Association*, 276, S. 375–381. ■ NIEDERLAND, WILLIAM (1968), »Clinical Observations on the ›Survivor Syndrome‹«, in: *International Journal of Psychiatry*, 49, S. 313–315. ■ NIEDERLAND, WILLIAM (1981), »The Survivor Syndrome: Further Observations and Dimensions«, in: *Journal of the American Psychoanalytic Association*, 29, S. 413–426. ■ NORRIS, CHRISTOPHER (2000), »Postmodernism: A Guide for the Perplexed«, in Browning, Gary / Halcli, Abigail / Webster, Frank (Hg.), *Understanding Contemporary Society: Theories of the Present*, London: Sage. ■ NOVICK, PETER (1999), *The Holocaust in American Life*, Boston: Houghton Mifflin. ■ OBERMEYER, CARLA MAKHLOUF (1999), »Female genital Surgeries: The Known, the Unknown, and the Knowable«, in: *Medical Anthropological Quarterly*, 13, S. 79–106. ■ OLINER, MARION (1982), »Hysterical Features among Children of Survivors«, in: Bergmann, Martin / Jucovy, Milton (Hg.), *Generations of the Holocaust*, New York: Basic Books, S. 267–286. ■ PAUL, GERHARD (Hg.) (2002), *Die Täter der Shoah: Fanatische Nationalsozialisten oder ganz normale Deutsche?*, Göttingen: Wallstein. ■ PERSE, ELISABETH (2001), *Media Effects and Society*, Mahwah: Lawrence Erlbaum. ■ PFESTROFF, CHRISTINA (2002), »Anamnese der Amnesie: Jean-François Lyotard und der Topos der Undarstellbarkeit in der geschichtswissenschaftlichen Diskussion«, in: Düwell, Susanne / Schmidt, Matthias (Hg.), *Narrative der Shoah: Repräsentationen der Vergangenheit in Historiographie, Kunst und Politik*, Paderborn: Schöningh, S. 229–244. ■ POTTER, JAMES (1999), *On Media Violence*, Thousand Oaks: Sage. ■ POTTER, JAMES (2003), *The 11 Myths of Media Violence*, Thousand Oaks: Sage. ■ PRAGER, JEFFREY (1998), *Presenting the Past: Psychoanalysis and the Sociology of Misremembering*, Cambridge: Harvard UP. ■ PROSS, CHRISTIAN (1988), *Wiedergutmachung: Der Kleinkrieg gegen die Opfer*, Frankfurt/M.: Athenäum. ■ PREUSS-LAUSITZ, ULF U.A. (1991³), *Kriegskinder, Konsumkinder, Krisenkinder: Zur Sozialisationsgeschichte seit dem Zweiten Weltkrieg*, Weinheim: Beltz. ■ RABINBACH, ANSON (1997), *In the Shadow of Catastrophy: German Intellectuals between Apokalypse and Enlightenment*,

Berkeley: University of California Press. ▪ RAMADANOVIC, PETAR (2001), *Forgetting Futures: On Memory, Trauma and Identity*, Lanham: Lexington Books. ▪ READINGS, BILL (1991), *Introducing Lyotard: Art and Politics*, London: Routledge. ▪ RENSMANN, LARS (1998), *Kritische Theorie über den Antisemitismus: Studien zu Struktur, Erklärungspotential und Aktualität*, Berlin: Argument-Verlag. ▪ ROJEK, CHRIS / TURNER, BRYAN (Hg.) (1998), *The Politics of Jean-François Lyotard: Justice and Political Theory*, London: Routledge. ▪ ROSENTHAL, GABRIELE (1997), »Gemeinsamkeiten und Unterschiede im familialen Dialog über den Holocaust«, in: Rosenthal, Gabriele, *Der Holocaust im Leben von drei Generationen: Familien von Überlebenden der Shoa und von Nazi-Tätern*, Gießen: Pschosozial, S. 18–32. ▪ ROTHBERG, MICHAEL (2000), *Traumatic Realism: The Demands of Holocaust Representation*, Minneapolis: The University of Minnesota Press. ▪ SCARRY, ELAINE (1985), *The Body in Pain: The Making and Unmaking of the World*, New York: Oxford Up. ▪ SCHNEIDER, CHRISTIAN / STILLKE, CORDELIA / LEINWEBER, BERND (2000), *Trauma und Kritik: Zur Generationsgeschichte der Kritischen Theorie*, Münster: Westfälisches Dampfboot. ▪ SCHÜTZE, YVONNE / GEULEN, DIETER (1991[3]), »Die Nachkriegskinder und die Konsumkinder. Kindheitsverläufe zweier Generationen«, in: Preuss-Lausitz, Ulf u.a., *Kriegskinder, Konsumkinder, Krisenkinder: Zur Sozialisationsgeschichte seit dem Zweiten Weltkrieg*, Weinheim: Beltz, S. 29–52. ▪ SEIDLER, VICTOR (1998), »Identity, Memory, and Difference: Lyotard and ›the Jews‹«, in: Rojek, Chris / Turner, Brian (Hg.), *The Politics of Jean-François Lyotard: Justice and Political Theory*, New York: Routledge, S. 102–127. ▪ SEYMOUR, DAVID (2000), »Lyotard: Emancipation, Antisemitism, and ›the Jews‹«, in: Fine, Robert / Turner, Charles (Hg.), *Social Theory after Auschwitz*, Liverpool: Liverpool UP, S. 125–140. ▪ SHANDLER, JEFFREY (1999), *While America Watches: Televising the Holocaust*, New York: Oxford UP. ▪ SHEPHARD, BEN (2001), *A War of Nerves: Soldiers and Psychiatrists in the Twentieth Century*, Cambridge: Harvard UP. ▪ SIGAL, JOHN U.A. (1973), »Some second-generation effects of survival of the Nazi Persecution,« in: *American Journal of Orthopsychiatry*, 43, S. 320–327. ▪ SOLKOFF, NORMAN (1982), »Survivors of the Holocaust: A Critical Review of the Literature«, in: *Catalog of Selected Documents in Psychology*, 12 (4.11.82). ▪ SOLKOFF, NORMAN (1992), »Children of Survivors of the Nazi Holocaust: A Critical Review of the Literature«, in: *American Journal of Orthopsychiatry*, 62, S. 342–357 ▪ SPARKS, GLENN / SPARKS, CHERI (2000), »Violence, Mayhem, Horror«, in: Zillmann, Dolf / Vorderer, Peter (Hg.), *Media Entertainment: The Psychology of the Appeal of Portrayals of Violence*, Mahwah: Lawrence Erlbaum, S. 73–91. ▪ SPARKS, GLENN / SPARKS, CHERI (2002), »Effects of Media Violence«, in: Bryant, Jennings / Zillmann, Dolf (Hg.), *Media Effects: Advances in Theory and Research*, Mahwah: Lawrence Erlbaum, S. 269–285. ▪ SPIEGEL, GABRIELLE (1997), *The Past as Text: The Theory and Practice of Medieval Historiography*, Baltimore; Johns Hopkins. ▪ STRAUB, JÜRGEN (2001), »Erbschaften des nationalsozialistischen Judäozids in ›Überlebenden-Familien‹ und die Nachkommen deutscher Täter«, in: Grünberg, Kurt / Straub, Jürgen (Hg.), *Unverlierbare Zeit: Psychosoziale Spätfolgen des Nationalsozialismus bei Nachkommen von Opfern und Tätern*, Tübingen: Diskord, S. 223–280. ▪ TAL, KALI (1996), *Worlds of Hurt: Reading of the Literature of Trauma*, Cambridge, Cambridge UP. ▪ TERRY, JACK (1984), »The Damaging Effects of the Survivor Syndrome«, in: Luel, Steven / Markus, Paul (Hg.), *Psychoanalytic Reflections on the Holocaust*, Denver: Holocaust Awareness Institute, S. 169–178. ▪ TRAVERSO, ENZO (2000), *Auschwitz denken: Die Intellektuellen und die Shoah*, Hamburg: Hamburger Edition. ▪ US DEPARTMENT OF JUSTICE (1998), *Crime in the United States 1998*, <http://www.fbi.gov/pressrm/pressrel/ucr98.htm> ▪ VAN DER BRINK, BERT (1997), »Gesellschaftstheorie und Übertreibungskunst: Für eine alternative Lesart der Dialektik der Aufklärung«, in: *Neue Rundschau*, 108/1, S. 37–59. ▪ WEIGEL, SIGRID (1999), »Teléscopage im Unbewußten: Zum Verhältnis von Trauma, Geschichtsbegriff und Literatur«, in: Bronfen, Elisabeth / Erdle, Birgit / Weigel, Sigrid, *Trauma: Zwischen Psychoanalyse und kulturellem Deutungsmuster*, Köln: Böhlau, S. 51–76. ▪ WELZER, HARALD / MOLLER, SABINE / TSCHUGGNALL, KAROLINE (2002), »*Opa war kein Nazi*«: *Nationalsozialismus und Holocaust im Familiengedächtnis*, Frankfurt/M.: Fischer. ▪ WELZER, HARALD (2002 a): *Das kommunikative Gedächtnis: Eine Theorie der Erinnerung*, München: C.H.Beck. ▪ WELZER, HARALD (2002 b), »Wer waren die Täter? Anmerkungen zur Täterforschung aus sozialpsychologischer Sicht,« in: Paul, Gerhard (Hg.), *Die Täter der Shoah: Fanatische Nationalsozialisten oder ganz normale Deutsche?*, Göttingen: Wallstein, S. 237–248. ▪ WEIMANN, GABRIEL (2000), *Communicating Unreality: Modern Media and the Reconstruction of Reality*, Thousand Oaks: Sage. ▪ YEHUDA, RACHEL U.A. (1998), »Phenomenology and Psychobiology of the Intergenerational Response to Trauma«, in: Danieli, Yael (Hg.), *International Handbook of Multigenerational Legacies of Trauma*, New York: Plenum, S. 639–655. ▪ YOUNG, ALLAN (1995), *The Harmony of Illusions: Inventing Post-Traumatic Stress Disorder*, Princeton: Princeton UP. ▪ YOUNG, ALLAN (1996), »Bodily Memory and Traumatic Memory«, in: Antze, Paul / Lambek, Michael (Hg.), *Tense Past: Cultural Essays in Trauma and Memory*, New York: Routledge, S. 89–102. ▪ ZILLMANN, DOLF (1998), »The Psychology of the Appeal of Portrayals of Violence«, in: Goldstein, Jeffrey (Hg.), *Why we watch: The Attractions of Violent Entertainment*, New York: Oxford UP, S. 179–211. ▪ ZIZEK, SLAVOJ (1989), *The Sublime Object of Ideology*, New York: Verso.

12.9 Das Eigene und das Fremde: Hybridität, Vielfalt und Kulturtransfers

Andreas Ackermann

1. Identität, Differenz und Globalisierung

Angesichts der weltweit beobachtbaren Prozesse, die inzwischen üblicherweise als »Globalisierung« bezeichnet werden, scheint es, als müssten die Begriffe »Identität« und »Differenz« bzw. »das Eigene« und »das Fremde« neu verhandelt werden. Ohne auf den inzwischen ins Unüberschaubare ausgeuferten Diskurs der Globalität genauer eingehen zu können, lässt sich doch so etwas wie ein *common sense* im Dickicht der Debatte ausmachen. Demnach stellen Globalisierungen (denn es handelt sich hier keineswegs um *einen* einzigen, genau zu umreißenden Vorgang) mehrdimensionale Prozesse dar, die sich – wie alle großen sozialen Transformationen – in mehreren Lebensbereichen gleichzeitig entfalten. Dazu gehören vor allem (a) die zunehmende weltwirtschaftliche Verflechtung, hervorgerufen durch verbesserte Transport- und Kommunikationsmöglichkeiten, eine neue internationale Arbeitsteilung und die Aktivitäten transnationaler Unternehmen sowie die Effekte liberaler Handels- und Kapitalflussregeln; (b) Formen internationaler Migration, die auf vertraglichen Beziehungen, Familienbesuchen oder zwischenzeitlichen Aufenthalten beruhen und nicht automatisch zur permanenten Niederlassung und zu einer exklusiven Annahme der Staatsbürgerschaft des Ziellandes führen; (c) die Herausbildung von sogenannten »Global Cities«, als Reaktion auf die Intensivierung wirtschaftlicher Beziehungen und ihrer Konzentration auf einzelne Städte, deren Bedeutung mehr durch ihre globale als durch ihre nationale Rolle geprägt ist; (d) die Schöpfung kosmopolitischer und lokaler Kulturen, die Globalisierung entweder befördern oder konterkarieren wollen; (e) die »Enträumlichung« sozialer Identität, die nationalstaatliche Ansprüche auf Exklusivität in Frage stellt, zugunsten sich überlappender, durchdringender und multipler Formen der Identifizierung.

Diese Prozesse haben nationale Grenzen vielleicht nicht aufgehoben, aber doch überschreitbarer gemacht. Ethnisch-kulturelle Differenzen verschwinden nicht völlig, beginnen aber zu verblassen. Die (zumindest für den Ethnologen) »guten, alten Tage von Witwenverbrennung und Kannibalismus« scheinen – so zumindest beklagt es Clifford Geertz – nun endgültig vorüber zu sein. MTV, Macintosh, und McDonald's homogenisieren die Welt in eine, wie Benjamin Barber befürchtet, »McWorld, verbunden durch Technologie, Ökologie, Kommunikation und Kommerz«. Gleichzeitig lassen sich aber auch Anzeichen finden, die nicht für eine Homogenisierung der Kultur, sondern im Gegenteil für eine Globalisierung von Differenz sprechen. Einige Beispiele mögen dies kurz illustrieren. Da wäre zum einen der Ethnologe, der im Hochland von Neuguinea auf der Suche nach einer möglichst »traditionell« lebenden Gruppe ist. Dabei trifft er bereits Flugzeuge an und muss feststellen, dass sowohl das Wort Gottes als auch die Segnungen der Lohnarbeit Einzug in »sein« Forschungsfeld gehalten haben. Zu guter Letzt sieht er sich gar mit auswanderungswilligen Einheimischen konfrontiert.[1] Nicht viel anders ergeht es der amerikanischen Historikerin bei ihrer Forschung über einen bedeutenden hinduistischen Tempel im Süden Indiens. Auf der Suche nach einem wichtigen Informanten, den sie noch einmal treffen möchte, reist sie erneut nach Südindien – nur, um dort angekommen feststellen zu müssen, dass der Gesuchte nun in Houston, Texas lebt. Auf Wunsch der dort entstandenen indischen Gemeinde ist nämlich inzwischen ein Ableger des besagten Tempels eingerichtet worden, der von ebenjenem Informanten betreut wird.[2] Schließlich gibt es da noch den Feldforscher, der im tropischen Regenwald von Paraguay Zeuge eines wohlinformierten Gesprächs seiner Feldforschungsobjekte über die Angriffe der Amerikaner auf das Bagdad Saddam Husseins

---

1 In: Wicker (1996, S. 15).
2 Appadurai (1998, S. 26 f.).

wird.[3] Das Wechselspiel von eigen und fremd spielt sich aber durchaus nicht nur in der Fremde ab, wie ein letztes – diesmal kulinarisches – Beispiel zeigen soll. Dabei handelt es sich um die verschlungenen Pfade der Verbreitung des indischen Curry-Gerichtes »Chicken Tikka Masala«, das unlängst zum Nationalgericht Großbritanniens avanciert ist, wo mittlerweile ungefähr 8.000 Curry-Häuser existieren, die rund 70.000 Angestellte beschäftigen. Die eigentliche Pointe besteht nun allerdings darin, dass, wie sich inzwischen herausgestellt hat, *Chicken Tikka Masala* in Indien bislang völlig unbekannt war. Aufgrund der zunehmenden Nachfrage vor allem durch britische Touristen und *expatriates* aber sieht man sich nun auch auf dem indischen Subkontinent gezwungen, (eigens aus England importiertes) *Chicken Tikka Masala* zu servieren.[4]

Diese Beispiele verweisen exemplarisch auf die zentrale Aufgabe der kulturwissenschaftlichen Disziplinen, sich ihres Umgangs mit Identität und Differenz immer wieder zu versichern. Die Bedingungen der Globalisierung haben den (national-)staatlichen Umgang mit Differenz zugleich unausweichlich und komplizierter gemacht. Kulturelle Differenzen, die bislang vor allem zwischen Staaten bzw. Kulturen wahrgenommen wurden, werden nun auch verstärkt innerhalb eines Staates bzw. einer Kultur augenfällig. Die Beispiele machen aber auch deutlich, dass Globalisierung keinesfalls eine einseitige, sondern eine wechselseitige Beeinflussung hervorruft, von unaufhaltsamer Homogenisierung also keine Rede sein kann. Menschen aus Asien, Afrika, Lateinamerika oder der Karibik in Europa und Nordamerika werden überwiegend als Einwanderer in die Metropolen wahrgenommen, gleichzeitig bilden sie jedoch auch Anknüpfungspunkte für ihre jeweiligen Herkunftsgesellschaften. Moderne Kommunikationstechniken und Transportsysteme eröffnen den Migranten eben nicht nur Wege in vermeintlich gelobte Länder, sondern auch die Möglichkeit, weiterhin enge Bindungen mit ihren Herkunftsländern aufrechtzuerhalten.

Aus dieser Perspektive gehören London, Paris und Brüssel nicht nur zu den Metropolen der Ersten, sondern auch zu den Großstädten der sogenannten »Dritten Welt«. Vermittelt über die Netzwerke der Arbeiter, Studenten, Unternehmer, Exilanten und Touristen erhalten sie ihren Anteil an den jeweiligen kulturellen Strömungen. Aufgrund dieser Entwicklung wird inzwischen auch von der »Karibisierung von New York« gesprochen, während sowohl Los Angeles als auch Miami als Anwärter auf den Titel »Hauptstadt von Lateinamerika« gehandelt werden. Solche Migrantennetzwerke werden immer häufiger unter dem Begriff der *Diaspora* gefasst, das durch sie hervorgerufene Zusammenspiel von Wechselwirkungen und Komplexität findet seinen metaphorischen Niederschlag vor allem in dem Begriff der *Hybridität*.

2. Biologie und Kultur

»Hybridität« wird zusehends zu einem Schlüsselbegriff der Kulturwissenschaften im Kampf gegen essentialisierende Sichtweisen auf Kultur, Nation und Ethnie, und zwar vor allem in den (englischsprachigen) Disziplinen der Ethnologie und den Cultural Studies bzw. Area Studies sowie den Postcolonial Studies – als speziellen Ausprägungen der Literatur- bzw. Theater- und Medienwissenschaften.[5] Der Begriff verweigert sich indes einer eindeutigen Verortung und verbleibt häufig im metaphorischen, indem er Transformation gegen Kontinuität und Mehr- gegen Eindeutigkeit setzt. Dies gilt sowohl im Hinblick auf den Gegenstand des Interesses, seien es Literatur, Kunst oder Migranten-Identitäten, als auch im Hinblick auf die Begrifflichkeiten selbst, deren Verwendung stark vom jeweiligen disziplinären Kontext abhängt und durchaus von persönlichen Idiosynkrasien einzelner Autoren bestimmt wird. In der Konsequenz bedeutet dies, dass die kulturwissenschaftlichen Debatten über Hybridität nicht leicht zu überschauen sind, zum einen, weil ethische, politische und epistemologische Perspektiven vermischt werden und zum anderen, weil die Theoriebildung selbst »hybrid« wird und die traditionellen Grenzen zwischen verschiedenen Diskursfeldern und Disziplinen durchbricht. Dies bedeutet auch, dass im Rahmen dieser Darstellung

---

3 Wicker (1996, S. 15).
4 BBC News vom 3. November 1999. <http://news.bbc.co.uk/hi/english/uk/newsid_503000/503680.stm>.
5 Vgl. Polylog (2001).

jeweils nur grobe Orientierungsrichtlinien gezogen werden können, die sich anhand exemplarischer Autoren verorten lassen.

Obwohl die jeweiligen Disziplinen sich z. B. in ihrer Blickrichtung auf soziale und kulturelle Phänomene unterscheiden, verbinden sie gleichwohl sowohl ein gemeinsamer Forschungskontext – Migration als Folge der Globalisierung bzw. Kolonialisierung – als auch eine übereinstimmende erkenntnistheoretische Fragestellung, nämlich die nach der Repräsentation des jeweils Eigenen bzw. Fremden und die Asymmetrien dieses Verhältnisses. So sind die Anderen der Ethnologie bis heute überwiegend in fremden Kulturen zu finden, während sich die Cultural Studies eher mit den Anderen der eigenen Kultur, den Subkulturen beschäftigt. Die Postcolonial Studies wiederum analysieren das Spannungsverhältnis zwischen eigen und fremd innerhalb der (Selbst-)darstellung der Anderen als »Subalternen«, d. h. kolonialen Subjekten bzw. Angehörigen der sogenannten Dritten Welt.

Das Wort hybrid hat biologische und botanische Ursprünge: Aus dem lateinischen *hybrida* »Mischling, Bastard« kommend, bezeichnet es »gemischtes«, »zwitterhaftes«, »aus Verschiedenem zusammengesetztes«. Das Oxford English Dictionary definiert hybrid als Abkömmling eines Haus- und eines Wildschweins bzw. von Eltern unterschiedlicher Rasse, »Mischling«. Im metaphorischen Sinne schließlich bezieht sich der Begriff auf philologische Zusammensetzungen aus unterschiedlichen Sprachen, oder, ganz allgemein, auf alles, was aus unterschiedlichen bzw. inkongruenten Elementen zusammengesetzt ist. Bis ins 19. Jahrhundert wurde der Begriff kaum verwendet, und wenn, dann auch nicht mit den rassistischen Untertönen des 19. Jahrhunderts, wo er ausschließlich negativ, als Unreinheit konstituierende Vermischung verschiedener Spezies, konnotiert ist. Auf Menschen wurde Hybridität laut Young erstmals 1813 angewandt, 1861 dann in der Bedeutung von »Kreuzung von Menschen unterschiedlicher Rasse« benutzt.[6] Lange Zeit galten Hybridität, Mischung und Mutation in der biologistisch-kulturalistischen Argumentationslinie als Entartung, die in Gesellschaft und Kultur ebenso wie in der Biologie der unterstellten ursprünglichen Reinheit schaden. Seit der Entdeckung der Mendelschen Gesetz in den siebziger Jahren des 19. Jahr-

hunderts und den Fortschritten der Biologie des frühen 20. Jahrhunderts hat jedoch eine Neubewertung stattgefunden, der zufolge Kreuzung und polygenetisches Erbgut als Bereicherung des Genpools gelten. In der Rassenlehre des 19. Jahrhunderts entwickelte sich der Begriff von einer biologischen hin zu einer kulturellen Metapher; verschiedene Rassen werden äquivalent als biologisch unterschiedliche Spezies behandelt, deren Vermischung problematisch, gefährlich und skandalös sei. Demzufolge wurden Hybriditäts-Diskussionen von Fruchtbarkeit und »Mischehen« bestimmt. Als rassistisch gefärbte Argumentationsfigur und zugleich angstbesetztes und verführerisches Phantasma sexueller Kontakte zwischen verschiedenen Rassen – häufig galten »Mischlinge« als die schönsten Menschen überhaupt – findet sich Hybridität in den Debatten über die Sklaverei, in der Typenlehre und Eugenik sowie in antisemitischen und nationalsozialistischen Texten.

Innerhalb der Kulturwissenschaften spielte das Hybriditätskonzept zuerst im Kontext der sich am Anfang des 20. Jahrhunderts in den USA entwickelnden Stadt- und Migrationssoziologie eine Rolle. Robert Ezra Park (1864–1944), der Begründer der Soziologie in Chicago, benutzte den Begriff im Zusammenhang mit den Migranten aus der Alten Welt. Die massenhafte Einwanderung nach Nordamerika seit der zweiten Hälfte des 19. Jahrhunderts führte zu einer dramatischen Veränderung der Städte, ihrer Siedlungsstruktur und der ethnischen Zusammensetzung ihrer Viertel. Ganz im Sinne des Fortschrittsgedankens wurde Migration als der wesentliche Motor von Modernisierung und Stadtentwicklung gesehen, wobei der unvermeidliche Anpassungsprozess der Migranten letztlich zum Verschwinden ethnischer Identifikationen führen würde – eine Vorstellung, die in idealer Weise zur vorherrschenden Idee von Amerika als Schmelztiegel der verschiedenen Einwandererkulturen passte. In »Human Migration and the Marginal Man« von 1928 beschreibt Park, wie die moderne Migration die Menschen verändert, und zwar vor allem dadurch, dass die traditionellen Verwandtschafts- und Sozialbeziehungen in der Stadt ihre Bedeutung ver-

---

6 Young (1995, S. 6).

lieren und durch neue, auf »rationalen Interessen« beruhende Beziehungen ersetzt werden. Ein Resultat dieses veränderten städtischen Umfelds ist der *marginal man*, eine Reminiszenz an den »Fremden« sowohl Simmels als auch Schütz'. Simmel und Schütz sprechen allerdings von jeweils unterschiedlichen Fremden: Während Simmel sich auf die mittelalterlichen Juden bezieht, handelt Schütz explizit von modernen Migranten.[7] Park, der zeitweise bei Simmel studiert hatte, beschreibt den *marginal man* als einen (u. U. auch »rassisch«, vor allem aber) »kulturell hybriden«, der die Kultur zweier Völker lebt, da er einerseits sich niemals von seiner Vergangenheit und seinen Traditionen lösen kann und andererseits in der neuen Gesellschaft – aufgrund rassistischer Vorurteile – nicht akzeptiert wird. Er ist ein Randständiger zweier Kulturen bzw. Rassen (Park erwähnt sowohl Juden als auch »Mulatten«) und Gesellschaften, die niemals voll miteinander verschmelzen.[8]

3. »Kultur«: Vielfalt und Reinheit

Kulturelle Vielfalt und kulturelle Übernahmen sind natürlich kein modernes Phänomen, und eine leichtfertige Gleichsetzung von Modernisierung, Globalisierung und »Verwestlichung« übersieht die Einwirkung nichtwestlicher Kulturen auf den Westen und überschätzt gleichzeitig die Homogenität »westlicher« Kultur. Europa war bis ins 14. Jahrhundert hinein ein fleißiger Rezipient kultureller Einflüsse aus dem »Orient« und von einer Hegemonie des Westens lässt sich erst seit dem 19. Jahrhundert sprechen. Ethnische und kulturelle Vielfalt sind universale und überzeitliche Phänomene, sie lassen sich in einfachen Gemeinschaften vorindustrieller Zeiten genauso finden, wie in den komplexen Gesellschaften des Spätkapitalismus. Völlig isolierte Gruppen hat es nie gegeben, kulturelle Kontakte mit Nachbargruppen waren immer vorhanden, genauso wie die räumliche Veränderung durch Migration oder Eroberungsfeldzüge.

Die so entstandene Koexistenz von Angehörigen ethnisch, kulturell oder religiös unterschiedlicher Gruppen stellt sowohl historisch als auch kulturvergleichend eher die Regel als die Ausnahme dar. Die gesellschaftliche Organisation von kultureller Vielfalt umfasst ein breites Spektrum, von symbiotischen Systemen bei vorindustriellen Gesellschaften, über Vielvölkerreiche bis hin zu multikulturell verfassten komplexen Gesellschaften. Prominente historische Beispiele ethnisch/kulturell/religiös pluraler Gesellschaften sind z. B. das Römische Reich, das maurische Spanien, das indische Kastensystem, das Osmanische Reich sowie die Kolonialgesellschaften Asiens. Beispiele der Gegenwart wären etwa die USA, Kanada und Australien, aber auch Singapur, Gibraltar und natürlich in steigendem Maße Deutschland.[9]

Gemeinsames Strukturmerkmal solcher Pluralitätsmodelle ist zumeist der Versuch, die verschiedenen Gruppen nicht gemischt, sondern getrennt nebeneinander her leben zu lassen, die Gruppengrenzen sowohl geographisch (etwa durch getrennte Wohnviertel) als auch sozial (z. B. durch Heiratsverbote) aufrechtzuerhalten, nicht hingegen, sie aufzulösen. Ein klassisches Modell der Organisation kulturell-religiöser Differenz stellt die Institution der »Schutzbefohlenen« (*dhimma*) im Islam dar, Anhängern einer Offenbarungsreligion (vor allem Juden, Christen und Zoroastrier), die durch einen Vertrag geschützt waren, der ihnen – gegen die Zahlung von Boden- und Kopfsteuern – körperliche Unversehrtheit, den Schutz ihres Eigentums, Bewegungsfreiheit und das Recht, ihren Glauben auszuüben, garantierte. Die den religiösen Minderheiten in bestimmten Bereichen gewährte Autonomie hatte die Ausbildung quasi eigenständiger Einheiten zur Folge, mit ihren jeweils eigenen religiösen, juristischen, sozialen und karitativen Institutionen. Nicht-Muslime wurden dabei nicht als Individuen, sondern als Angehörige ihrer jeweiligen Religionsgemeinschaft in die muslimische Gesellschaft eingegliedert. Dies bedeutete auch, dass stets eine eindeutige Grenze zwischen Muslimen und Nicht-Muslimen existierte, deren Verlauf durch Vorschriften bezüglich Kleidung, Haarschnitt und Gottesdienst ebenso markiert wurde wie hinsichtlich der Errichtung und des Erhalts von Kirchen und Synagogen, der Gebäudehöhe und der Tierhaltung, um nur einige zu nennen. Zwar gab es in den meisten

---

7 Vgl. Simmel (1995); Schütz (1971).
8 Park (1974, S. 356).
9 Vgl. Ackermann/Müller (2002).

Fällen keine erzwungene Segregation im Hinblick auf Wohnort und Beruf, wohl aber eine Spezialisierung im Sinne einer »ethno-religiösen Arbeitsteilung«, das heißt: Nicht-Muslime erfüllten komplementäre ökonomische Funktionen, indem sie Tätigkeiten ausübten, die den Muslimen als »unrein«, »nieder« oder nicht erstrebenswert galten.[10]

Für eine solche Organisation kultureller Vielfalt, bei der jede Gruppe ihre Religion, ihre eigene Sprache und Kultur, ihre eigenen Vorstellungen und Lebensgewohnheiten beibehält und sich ihre Mitglieder höchstens auf dem Marktplatz, beim Kaufen und Verkaufen treffen, hat der britische Ökonom und Verwaltungsexperte John Sydenham Furnivall (1875–1960) den Begriff der »Plural Society« geprägt.[11] Solche Plural Societies sind auch typisch für koloniale Gesellschaften. Die Idee einer Vermischung der unterschiedlichen Gruppen, wie sie z. B. in der »Schmelztiegel«-Ideologie der Vereinigten Staaten zum Ausdruck kommt, scheint dagegen nur wenig Attraktivität zu besitzen. Sie wurde empirisch bereits früh in Zweifel gezogen und sieht sich inzwischen durch die Metapher von der »Salatschüssel« abgelöst, bei der die »Zutaten« zwar gemischt werden, aber eindeutig erkennbar bleiben. Dies lässt sich auf die Vorstellung einer ethnischen Substanz (»Rasse«) zurückführen, deren Verunreinigung durch Vermischung es vorzubeugen gelte. Das gleiche gilt für kulturelle Übernahmen: Sie gelten solange als unproblematisch, solange sie nicht den imaginierten »Kern« einer Kultur antasten und vermeintlich »äußerlich« bleiben. Um auf das eingangs erwähnte Chicken Tikka Masala zurückzukommen: Die Bezeichnung dieses Gerichtes als »Nationalgericht« durch den britischen Außenminister rief in nationalen Kreisen, die dadurch die Reinheit britischer Kultur gefährdet sahen, Empörung hervor.

Derartige Reinheitsvorstellungen – gegen die das Hybriditätskonzept gerade polemisiert – lassen sich auf den klassischen Kulturbegriff Tylorscher Prägung zurückführen. Laut Sir Edward Burnett Tylor (1832–1917) umfasst Kultur von der Technik über die Sozialorganisation und die typischen Persönlichkeitsmerkmale bis zur Religion all jene Aspekte der Lebensweise einer Gruppe von Menschen, die nicht mit ihrer biologischen Natur in Zusammenhang stehen.[12] Die verschiedenen Bereiche werden durch ein Ensemble von Werten und Normen integriert

und dadurch zu einem zusammenhängenden, organischen Ganzen geformt. Jede einzelne Kultur zeugt so von der Kreativität und Vielfalt menschlicher Lebensformen. Im Unterschied zu der zu seiner Zeit herrschenden evolutionistischen Auffassung von Kultur als einem stetigen und unaufhaltsamen Fortschreiten der Zivilisation – was das Aufbrechen und folgerichtig auch die Ablösung von Traditionen erforderlich machte – verstand Tylor Kultur als die Bewahrung vermeintlich ungebrochener Traditionen. Von nun an wurden Kulturen als »komplexe Ganzheiten« beschrieben, als Summe aller Merkmale in der Form von Ideen, Repräsentationen, Glaubensüberzeugungen, Verhalten und Aktivitäten, die sich jeweils auf eine Totalität bezogen.

Dieses klassische Kulturkonzept verdankt sich vor allem dem ethnographischen Studium zahlenmäßig kleiner, traditioneller Gesellschaften mit relativ klar konturierten kulturellen Grenzen und eher geringer sozialer Differenzierung. Eine solche Gruppe gilt dann leicht als kulturell homogen und von Kontinuität geprägt, und zwar nicht nur in der Eigenwahrnehmung, sondern auch aus der Beobachterperspektive. Dabei wird außer Acht gelassen, dass es sich hier vor allem um identitätsideologische Postulate handelt, schließlich gehört intrakulturelle Variation zu den grundlegenden Tatbeständen selbst wenig komplexer Gemeinschaften und erst recht von geschichteten und arbeitsteiligen Gesellschaften. Gruppen sind flexible Einheiten, deren Bestand sowohl von außen (z. B. durch Spaltung, Zusammenschluss mit anderen Gruppen, Dezimierung durch Konflikte), als auch von innen (etwa durch Interessengegensätze der Geschlechter, Generationen, Sozialgruppen) bedroht werden kann. Daher bedürfen sie einer artifiziellen Verfestigung, die der Beweglichkeit Grenzen setzt, und Begriffe, Dinge, Institutionen, Werte, Vorstellungen usw. so fixiert, dass sie einigermaßen eindeutig bestimmt und verlässlich erscheinen. Zu diesen künstlichen Fixpunkten einer Gesellschaft gehören ihre kulturellen Traditionen.[13]

---

10 Krämer (1995).
11 Furnivall (1970).
12 Tylor (1871, S. 1).
13 Müller (1987, S. 66).

Innerhalb der Kulturwissenschaften ist ein solchermaßen essentialisierendes Verständnis von Kultur inzwischen abgelöst worden, und zwar zur Hauptsache aus zwei Gründen: Die Annahme kultureller Homogenität und Kontinuität versperrte erstens den Blick auf Variationen und Transformationen innerhalb einer Kultur und ignorierte zweitens die Rolle menschlicher Kreativität im kulturellen Prozess. Das holistische Kulturkonzept mündet in die Vorstellung, dass Kultur selbst keine Eigendynamik besitzt und sich somit höchstens durch Kontakt mit anderen Kulturen verändern kann. Probleme der Variation, der Macht, der Rationalität und des kulturellen Wandels, die in der Zeit nach dem Zweiten Weltkrieg in den Vordergrund des kulturwissenschaftlichen Interesses rückten, konnten mit dem klassischen Kulturbegriff nicht adäquat angegangen werden. Fredrik Barth, einer der Gründerväter der Ethnizitätsforschung, hatte deshalb bereits Ende der sechziger Jahre vorgeschlagen, sich auf Prozesse der Abgrenzung zu konzentrieren, »*not the cultural stuff that it encloses*«.[14] Aus dieser Perspektive resultieren ethnische bzw. kulturelle Grenzziehungen wesentlich aus einem Akt der Zuschreibung (sei es selbst oder Anderen), und nicht aus Unterschieden in der Kultur per se.

Kultur wird erfahrbar komplexer, und so kommt es, dass innerhalb der Kulturwissenschaften immer häufiger von Kultur in einer Terminologie des Prozesshaften die Rede ist. Der schwedische Ethnologe Ulf Hannerz beispielsweise spricht von Kultur als »Netzwerk von Perspektiven«. Dabei bezieht er sich auf den Umstand, dass die Mitglieder einer komplexen Gesellschaft immer wieder in Kontakt mit Mitgliedern kommen (oder zumindest von deren Existenz wissen), die andere Sichtweisen vertreten. Die Annahme einer ausschließlichen Reproduktion von Perspektiven im Sinne kultureller Tradierung scheint von daher weniger plausibel als die Vorstellung von einer Verwaltung (oder Organisation) von Sinn (*management of meaning*), die Kultur »erzeugt und aufrechterhält, übermittelt und empfängt, zur

Anwendung bringt, zur Schau stellt, erinnert, überprüft und damit experimentiert«.[15] Kultur besteht nicht nur aus kulturellen Routinen, sondern auch aus der Spannung zwischen gegebenem »Sinn« einerseits und persönlichen Erfahrungen und Interessen andererseits. In dieser Sichtweise gilt Kultur nicht länger als ein stabiles und kohärentes System, sie wird vielmehr zum *work in progress* erklärt. Mit der Veränderung der Sichtweise von komplexen Kulturen hin zu kultureller Komplexität geht eine Thematisierung von Identität und Differenz einher, die diese nicht länger ausschließlich *zwischen* den Kulturen, sondern nun auch *innerhalb* einer Kultur betrachtet.[16]

4. Exkurs: Repräsentation als kulturelle Praxis

Die Vorstellung kultureller Komplexität erfasst Kultur also nicht länger in der Form komplexer Ganzheiten mit identifizierbaren Strukturen, sondern als Variation und Übergang. Die Perspektive auf Kultur als »semiotische Praxis« konzentriert sich auch nicht länger auf so etwas wie eine kohärente kulturelle Grammatik, sondern verweist auf die Regeln der Transformationen, die für kulturelle Kontinuitäten verantwortlich sind.[17] Daher richtet sich das Augenmerk der Kulturwissenschaften auch zusehends auf die Implikationen der Repräsentation des bzw. der Anderen, auf die Konstruktion von Differenz und stellt Fragen nach der Autorschaft. Die Reflexion über Ethnographie hat dazu geführt, den naiven Glauben an die Distanz aufzugeben: Die Anderen sind nicht einfach gegeben – sie werden gemacht, ein Vorgang, der von Johannes Fabian als *Othering* bezeichnet wird. Fabian zufolge sollten Anthropologen Repräsentation nicht in erster Linie als eine Fähigkeit des menschlichen Geistes denken, sondern als Praxis – d. h. die Art und Weise, in der die Anderen gemacht werden, ist gleichzeitig die Art und Weise, in der man sich selbst macht. In dem Bedürfnis (vor allem) der Ethnologen, exotische Orte aufzusuchen, vermutet Fabian das Verlangen, seinen Platz in der Welt zu finden bzw. zu verteidigen, Präsenz zu gewinnen, indem man *Othering* betreibt. Diese Einsicht lässt sich für die Ethnologie durchaus fruchtbar machen, allerdings nur, wenn der »hartnäckige Überrest von Positivität in den

---

14 Barth (1969, S. 15).
15 Hannerz (1987, S. 55).
16 Vgl. Ackermann (2000, S. 20 ff.).
17 Wicker (1997, S. 38).

Vorstellungen vom anthropologischen Schreiben« untergraben und dem Gedanken Raum gegeben wird, »dass ethnographische Daten nicht ›gegeben‹ sind, sondern in der Kommunikation ›gemacht‹ werden«, also subjektiv und autobiographisch sind.[18]

Die Frage nach der Repräsentation hat eine Hinwendung zur Textualität zur Folge; sie bildet damit das Vor- und das Umfeld der Debatten, bei denen die Begriffe Diaspora und Hybridität eine Rolle spielen. Fuchs und Berg haben die Entwicklung dieser Diskussion zum Selbst- und Objektverständnis der Kulturwissenschaften in drei Phasen eingeteilt: den ethnographischen Realismus, eine hermeneutische und die reflexiv-textualistische Phase. Die erste Phase ist aufs engste mit der Person Bronislaw Malinowskis (1884–1942) verbunden, dem nicht nur die Durchsetzung der Feldforschung als anerkannter Methode gelang, sondern auch die Etablierung von »Erfahrung« als gestalterischem Prinzip der Repräsentation des Anderen. Diese Erfahrung fand ihren Niederschlag sowohl in einem neuen Diskurs, eben dem des ethnographischen Realismus, als auch in einer neuen Textgattung, der Monographie. Während das Konzept des Realismus eine grundsätzliche Differenz und gleichzeitige Korrespondenz zwischen zwei Ebenen unterstellt, nämlich der repräsentierten Wirklichkeit einerseits und der Wirklichkeit des Textes andererseits, verweist die Darstellungsform der Monographie auf das Anliegen der klassischen Ethnographie, geschlossene Darstellungen einzelner Lebensformen geben zu wollen. Dabei schaffen Struktur und Rhetorik des Textes kohärente Entitäten – entweder Kulturen oder Gesellschaften. Die Konstruktion des Anderen fußte auf der symbolischen Rolle des Feldforschers, um den sich diese neue Art literarischer Produktion organisiert, wobei der Text als neutrales Medium der Übermittlung bereits existierender Fakten über die Welt gilt, der auf einer anderen Ebene als der jener Welt zu operieren scheint, über die er berichtet.

Malinowski setzte sich damit von einer Ethnologie ab, die sich weitgehend auf die Reiseberichte von Missionaren, Angehörigen der Kolonialverwaltung, Händlern und Reisenden stützte. Ihn interessierte weniger die bis dahin übliche, vorwiegend auf Exotik abzielende Darstellung des Fremden, als vielmehr das am lebensweltlichen Alltag orientierte »Eintauchen in das Leben der Eingeborenen«. In der Einführung zu seiner ersten großen Monographie, den »Argonauten des westlichen Pazifik« von 1922, beschreibt Malinowski Feldforschung als »geduldige und systematische Anwendung einer Reihe von Regeln des gesunden Menschenverstandes sowie wohlbekannter wissenschaftlicher Prinzipien«, zu denen er u. a. die statistische Dokumentation von Sozialstruktur und materiellen Artefakten zählt, sowie das systematische Festhalten der »Imponderabilien des wirklichen Lebens« durch detaillierte Beobachtung.[19]

Damit war aber nicht nur ein neues Modell der Ethnographie formuliert, sondern auch der bzw. das Andere zum Objekt des *Othering* geworden, der systematischen wissenschaftlichen Betrachtung mittels Distanzierung, Kontextualisierung und Eingrenzung. In der Folge löst sich die Singularität des konkreten Menschen in ein abstraktes Subjekt auf, »den Eingeborenen aus Trobriand« beispielsweise, wie er aus der Sicht eines Außenstehenden existiert. So kommt es zu der paradoxen Situation, dass die Standpunkte der Anderen, deren Sichtweise ja eigentlich im Zentrum ethnographischer Erkenntnis stehen soll, außer in gelegentlichen Belegzitaten nicht zu Wort kommen, sondern vom Autor repräsentiert werden. Diese Vorgehensweise ist einem paternalistischen Objektivismus geschuldet, der sich aus der Überzeugung speist, dass der Ethnograph der anderen Welt gegenüber nicht nur als besonders sensibel, sondern ihren Angehörigen gegenüber auch überlegen ist. Da nur er sowohl die subjektive als auch die objektive Seite einer Kultur kennt, vermag auch nur er allein vollständiges Verstehen zu leisten. Er schaut gleichermaßen von außen bzw. von oben auf die Gesellschaft herab.

Mit Clifford Geertz (geb. 1926) kommt es zu einer hermeneutischen Wende innerhalb der Ethnologie, mit dem Ziel einer Überwindung all jener Konzeptionen, die auf Verhaltensbeobachtung gründen.[20] An die Stelle der Empathie, der Fähigkeit, wie ein Mitglied der fremden Gesellschaft denken, fühlen und wahrnehmen zu können, soll

18 Fabian (1993, S. 356 u. 358).
19 Malinowski (1984, S. 48 f.).
20 Vgl. Gottowik (1997).

die Deutung der Symbolsysteme und semiotischen Mittel treten, mit deren Hilfe die Menschen in einer Kultur ihre Welt wahrnehmen und definieren. Nicht die »subjektive« Intention, sondern den von ihr abgelösten »objektiven Sinngehalt« bestimmt Geertz als Perspektive der Handelnden. Dem französischen Theologen und Philosophen Paul Ricœur (geb. 1913) folgend, begreift Geertz Kultur und soziales Handeln als *Text-Analog*. Die Tätigkeit des Ethnographen besteht demnach einerseits im Schreiben, dem Ein- oder Niederschreiben (*inscription*), d. h. in der Verschriftlichung eines mündlichen Diskurses. Zugleich umfasst sie das Auslegen, d. h. das »Lesen« von Handlungen. Geertz geht aber über Ricœur hinaus, indem er kulturelle Handlungsformen nicht mehr nur als Textanalogien, sondern – in einer Substantialisierung der angenommenen Metaphorik – als tatsächliche Texte begreift. Ihm zufolge besteht die Kultur eines Volkes »aus einem Ensemble von Texten, die ihrerseits wieder Ensembles sind, und der Ethnologe bemüht sich, sie über die Schultern derjenigen, für die sie eigentlich gedacht sind, zu lesen«, wie er in seinem inzwischen zum Klassiker gewordenen Text über den balinesischen Hahnenkampf schreibt.[21]

Die Einführung der Text-Metapher bedeutet einen Fortschritt insofern, als sie eine Erörterung ethnographischer Repräsentationspraxis ermöglicht, thematisiert sie doch Erkenntnis als Textproduktion, als Verschriftlichung von Diskurs und Handlungspraxis. Die Perspektive aber bleibt letztlich die Malinowskis, denn das von Geertz bemühte über-die-Schultern-lesen charakterisiert eine nach wie vor asymmetrische Beziehung. Das Erkenntnissubjekt, unsichtbar hinter und über den Gesellschaftsmitgliedern, an höchster und neutraler Position stehend, eignet sich die fremde Bedeutungswelt an, während die Balinesen blasse, anonyme Chiffren bleiben. Darüber hinaus impliziert der Blick über die Schulter, dass es nur eine einzige Sichtweise gibt und verwischt die unterschiedlichen Interpretationsweisen, etwa die von Geertz und die

»der« Balinesen. Geertz präsentiert den Hahnenkampf als Resultat eines Inskriptionsprozesses. Darin steckt eine doppelte Verkürzung: Zum einen legt er nicht offen, wie er zu seiner Auslegung kommt und die interpretative Welt der Anderen erschließt, denn der tatsächliche Erkenntnisprozess bleibt hinter seinem narrativen Stil der »dichten Beschreibung« verborgen. Zum anderen lässt er seine Leser im unklaren darüber, wie die Angehörigen einer Gesellschaft ihren kulturellen Text verfassen oder wie er aus ihrem Handeln als kollektives Sediment ersteht und sich hält. Damit wird der Prozesscharakter sozialen Handelns unterschlagen. Geertz konzentriert sich ausschließlich auf die Bedeutung von Texten und vernachlässigt deren Produktion und Reproduktion.

Das Unbehagen über die unverändert vorherrschende methodologische Trennung zwischen erkennendem Subjekt einerseits und dem in vor- und außerwissenschaftlichen Kategorien befangenen Alltags-Subjekt andererseits führte in den achtziger Jahren des letzten Jahrhunderts zur reflexiv-textualistischen Wende. Gegenstand der Kritik war vor allem der Umstand, dass der eventuelle Rückbezug auf die Person des Forschers lediglich als rhetorisches Mittel diente, um eine objektive Beschreibung zu authentisieren und autorisieren. Die tatsächliche Erfahrung »im Feld« hingegen wurde entweder als persönliche Angelegenheit ins private Tagebuch abgedrängt, oder doch höchstens in Form romanähnlicher Verarbeitung, häufig unter Pseudonym[22] bzw. als persönlich gehaltene Dokumentation[23] veröffentlicht. Die Publikation der Tagebücher Malinowskis im Jahre 1967 aber hatte die Problematik dieser Aufspaltung unübersehbar werden lassen. Die Asymmetrie zwischen Subjekt und Objekt der Erkenntnis spiegelte sich dabei nicht nur in Bemerkungen rassistischen Charakters, sondern vor allem in dem Gefühl des Wissenschaftlers, kognitiv über die anderen verfügen zu können: »Besitzgefühl: Ich bin es, der sie beschreiben oder erschaffen wird.«[24]

Die Krise des Feldforschers ging einher mit einer Kritik der Ethnologie selbst, ihrem projektiven Charakter und ihrer Verstrickung in globale Machtasymmetrien. Darüber hinaus kam es – vor allem im Zuge der Entwicklung der Postcolonial Studies – zu einer Veränderung in den Beziehungen zwischen Erforschten und Forschern, die die Objektkonstitu-

---

21 Geertz (1987, S. 259).
22 Z. B. Smith Bowen (1988).
23 Etwa Lévi-Strauss (1978).
24 Malinowski (1986, S. 127).

tion selbst veränderten. Die Betroffenen wurden zunächst vom Kolonialismus übertönt, dann als bloße Objekte in den westlichen Diskurs hineingerissen, bis sie den Kampf um die Wiederaneignung der eigenen Subjektivität und Repräsentation aufnahmen. Inzwischen ist es ihnen gelungen, sich in den post-kolonialen Mutterländern Gehör zu verschaffen, sei es als Schriftsteller – wie etwa Salman Rushdie – oder als Literaturwissenschaftler, wie etwa Edward Said mit seiner Dekonstruktion des »Orientalismus«, des hegemonialen Diskurses des Westens, der die Anderen fixierte und noch ihre Kritik daran zu binden drohte.[25]

Innerhalb der Ethnologie vollzog sich die Debatte auf zwei Ebenen: Zum einen setzte eine meta-anthropologische Diskussion um die Grundlagen und Voraussetzungen der ethnologischen Forschungs- und Repräsentationspraxis ein. Gleichzeitig entstanden praktische Experimente mit neuen Formen der Ethnographie – etwa der »narrativen« oder der »dialogischen« Ethnographie – mittels derer sich die Repräsentation der Subjekt-Objekt-Beziehung neu konstituieren sollte. Dabei stellt sich die Frage, ob man wissenschaftliche Schriften als eine Literaturgattung betrachten oder eher – in Analogie zur literaturtheoretischen Dekonstruktion – die Konstruktionsprinzipien wissenschaftlicher Repräsentation untersuchen will. Ethnographie und Ethnologie werden gerne mit der Metapher des Übersetzens von oder zwischen Kulturen belegt, um auf den konstruktivistischen Charakter der Fremdrepräsentation hinzuweisen. Dabei bleibt jedoch offen, ob eine Übersetzung nicht, anstatt das Fremde dem Eigenen anzuverwandeln, die eigene Sprache der fremden öffnen und sie dadurch erweitern und vertiefen solle. Denn die Identifikation mit dem Vertrauten bringt die Andersheit des Anderen zum Verschwinden und verhindert so jegliche Fremderfahrung. Zur Bewahrung dialogischer Prinzipien auf der Ebene der Darstellung gehören die unmittelbare Abbildung des Dialogs durch Gesprächsprotokolle sowie die Berücksichtigung der Prinzipien von Polyphonie und Heteroglossie, mit der an die Romantheorie Bakhtins angeknüpft wird. So sollen der Monolog und vor allem die Autorität der wissenschaftlichen Darstellung gebrochen und die Verabsolutierung einer Perspektive vermieden werden. Allerdings konnte bisher keiner der Experi-

mentalformen ethnographischer Darstellung den Prozess der Repräsentation grundsätzlich verändern, was die Vermutung nahe legt, dass Repräsentation kein Problem ist, für das es eine endgültige, darstellungstechnische Lösung gibt, sondern ein Dilemma, mit dem die Kulturwissenschaften grundsätzlich und immer wieder aufs neue konfrontiert sind. So bleibt entweder die Möglichkeit, auf den Vorgang der Repräsentation ganz zu verzichten, oder sich explizit auf die Aufklärung von Strategien der Objektivierung und der Textualisierung zu beschränken, um sie reflexiv in eine Evaluierung der Forschungsergebnisse einbeziehen zu können.

5. Politik der Differenz

Mit der Repräsentationsdebatte innerhalb der Ethnologie war der Boden für eine strategische Neupositionierung des Hybriditätsbegriffes bereitet, und zwar vor allem von Seiten der Vertreter der sogenannten »Postcolonial Studies«, zu deren prominentesten Vertretern vor allem Edward W. Said (1935–2003), Gayatri Chakravorti Spivak (geb. 1942) und Homi K. Bhabha (geb. 1949) gezählt werden. Ihnen geht es vor allem um die literaturtheoretische Aufarbeitung der Diagnose, dass die semantischen Traditionen und diskursiven Strategien des ›Othering‹ nicht mehr funktionieren. Da keine Kultur von der globalen Zirkulation von Menschen, Dingen, Zeichen und Informationen unberührt geblieben ist, ist Kultur heutzutage generell hybrid und wird zum Ort des Widerstreits zwischen Repräsentationen von Identität und Differenz. Daher das Interesse der postkolonialen Theorie an Übergängen und Brüchen mehr als an Ursprung und Einheit, an Differenz statt Identität. Die Aufmerksamkeit auf die disruptive Kraft des ausgeschlossen-eingeschlossenen Dritten verdankt sich bei den Theoretikern des Postkolonialismus nicht nur dekonstruktivistischen Analysen bzw. literaturhistorischen Beobachtungen, sondern auch der jeweils eigenen Lebenserfahrung, die etwa Said von Jerusalem nach New York, Spivak von Kalkutta

---

25 Said (1978).

ebenfalls nach New York und Bhabha von Bombay über Oxford nach Chicago geführt haben. Ihr Lebenslauf steht sozusagen exemplarisch für die Tatsache, dass nationale Kulturen unter den Bedingungen der Globalisierung in zunehmendem Maße aus der Perspektive von Minderheiten mitproduziert werden, was zur Folge hat, dass die postkoloniale Geschichte den westlichen nationalen Identitäten inhärent ist.[26]

Der Begriff der Hybridität erscheint in diesen neuen Zusammenhängen seiner einstmals biologistischen Bedeutungen nun völlig entkleidet und wird zusehends politisch und ideologisch aufgeladen, zum Element einer herausfordernden und antagonistischen Gegenkultur uminterpretiert.[27] Zudem verlagert sich der Schwerpunkt der Betrachtung von einem kolonialen zu einem metropolitanen Szenario, weg von den einstigen Kolonien, hin zu den imperialen Zentren. So kommt es zu einer Gleichsetzung von kultureller Mischung, politischem Antagonismus und einem Leben im Exil bzw. der Diaspora.[28] Losgelöst von seinen Verankerungen in sexueller Kreuzung, rassischer Vermischung und Mischheiraten, transportiert der Hybriditätsbegriff nun eine Bandbreite von Vorstellungen, die deutlich an die Perspektive des »Subalternen« (Spivak), d. h. strukturell Ausgeschlossenen, und eine positive Bewertung von Hybridität geknüpft sind. In diesem Sinne wurde der Begriff zuerst in den 1980er Jahren benutzt, seine Bedeutung war jedoch schon zuvor mit den Begriffen

der »Kreolisierung« Jamaikas[29] und des »Synkretismus«[30] umschrieben worden, womit begriffliche Dichotomien wie z. B. »weiß« und »schwarz«, »Herr« und »Sklave«, »Selbst« und »Anderer« zugunsten einer dritten, eben hybriden, Kategorie überwunden werden sollen. Auch innerhalb der Ethnologie gab es Versuche, »Kreolisierung« als Konzept einzuführen, z. B. durch Drummond, Fabian und zuletzt Hannerz.[31] Die Veröffentlichung von »The Empire Writes Back« durch Ashcroft u. a. verhalf dem Genre »Postkolonialismus« dann zum endgültigen Durchbruch,[32] nachdem mit Saids »Orientalismus« der Weg bereitet und vorgegeben worden war. Hier wird der spezifisch biologische Terminus, aus seiner bereits metaphorisch gewendeten Anwendung auf gemischte Gesellschaften und gemischte kulturelle Praxen bei Brathwaite und JanMohamed, nochmals übertragen, und zwar auf das Feld der Sprache und ihrer Funktion der Repräsentation. Der Begriff der Kreolisierung verwies bereits auf die zentrale Bedeutung des linguistischen Elementes in der Hybridisierung der Kulturen bei der Kolonisierung. Bei Ashcroft u. a. wird diese Lesart poststrukturalistisch interpretiert, sie nutzt den postmodernen Rahmen einer subversiven Dekonstruktion des Bezeichneten und plädiert für eine Hybridität der Theoriebildung. Die Bedingungen der Postkolonialität und die poststrukturalistische Akzeptanz theoretischen und methodischen Eklektizismus' sind letztlich zwei Seiten einer Medaille.[33]

Einen Ansatzpunkt dieser Neuinterpretation speziell bei Bhabha bildete das Konzept einer organischen und intentionalen Hybridität sprachlicher Phänomene des russischen Sprachtheoretikers und Philosophen Michail Bachtin (1895–1975), der damit auf die Möglichkeit der Sprache, innerhalb ein und desselben Satzes zwei gegensätzliche Stimmen zu Wort kommen zu lassen, die sich gegenseitig ironisieren bzw. demaskieren hinwies. Bachtin unterscheidet zwischen *intentionaler* und *organischer* Hybridität, wobei erstere den Prozess der Demaskierung einer Rede durch einen anderen Autor beschreibt, während letztere sich auf das unbewusste Mischen und Verschmelzen bezieht, eine Form der Amalgamation, die auch als Kreolisierung oder Metissage bezeichnet wird, d. h. jener Wandel, der sozusagen unbewusst schon immer hingenommen wird. Bachtin ist aber vor allem an einer politisier-

---

26 Vgl. Bronfen/Marius (1997, S. 8).
27 Bronfen und Marius sehen hier einen Anschluss an die Kunsttheorie, handelt es sich doch um dieselben Strategien der Wiederaneignung, der Rekontextualisierung und der Hybridisierung, die auch die künstlerische Produktion der Avantgarden und Subkulturen antreiben. Vom virtuosen Stilmix der DJ-Kultur über die vielfältigsten Rekontextualisierungsstrategien der literarischen und bildenden Kunst in der (Post-)Moderne bis hin zu Fusion Cooking dominieren in der heutigen Kultur Tendenzen, die den Überlegungen postkolonialer Theoretiker eng korrespondieren, Bronfen/Marius (1997, S. 14).
28 Vgl. Fludernik (1998 b, S. 20).
29 Brathwaite (1971).
30 JanMohamed (1985).
31 Drummond (1978); Fabian (1978) und zuletzt Hannerz (1987).
32 Ashcroft u. a. (1989).
33 Fludernik (1998 a, S. 12).

ten Hybridität interessiert, die Macht hinterfragt und den herrschenden Diskurs dekonstruiert. Seine verdoppelte Form der Hybridität bietet ein wichtiges dialektisches Modell kultureller Interaktion, bei der sich die *organische* Hybridität, die zur Fusion drängt, im Konflikt mit *intentionaler* Hybridität befindet, die infragestellende Aktivitäten ermöglicht, ein politisiertes dialogisches Gegenüberstellen kultureller Differenzen.[34]

Das Hybriditäts-Konzept ermöglicht es zudem, über die Vorstellung der *kulturellen Vielfalt* hinauszugehen, in der die jeweils andere Kultur immer noch ein Objekt möglichen Wissens und abschließenden Verstehens ist. Das Beharren auf *kultureller Differenz* betont dagegen die interne Differenz, die jeder kulturellen Äußerung innewohnt: die implizite Spaltung ihres Subjekts in ein Subjekt des Aussagens (*de l'énonciation*) und ein ausgesagtes Subjekt (*de l'énoncé*). Die kulturelle Politik der Differenz ist auch insofern von Bedeutung, als sie auf die Schwierigkeiten von Minderheiten verweist, sich innerhalb von symbolischen Ordnungen äußern zu müssen, die entscheidend vom Diskurs der dominanten Kultur geprägt sind. Dies führt im Denken von Bhabha zur Notwendigkeit der (kolonialen) Mimikry, des Nachahmens bzw. -äffens der kolonialen Kultur, um diese von innen her transformieren zu können. Dabei stellt sich Hybridität in dem Maße ein, in dem der koloniale Diskurs seine Eindeutigkeit verliert und sich Spuren des Anderen (etwa durch seine Abwehr) finden lassen. Bei Bhabha stellt Hybridität nicht länger eine Analogie zum gescheiterten Repräsentationsdiskurs dar (wie noch bei Ashcroft u. a.), sondern wird zum Motor einer Hybridisierung, die einen »dritten Raum« zwischen Kolonisator und Kolonisiertem schafft. Er betont damit die Produktivität interner Differenzen, die an die Stelle von Exklusionsstrategien tritt, indem externe Differenz »nach innen« geholt wird.[35]

Beispielhaft dafür ist Bhabhas Analyse eines Vorfalls, über den Anund Messeh, einer der ersten einheimischen Missionare Indiens, berichtet.[36] Messeh trifft im Jahre 1817 in einem Waldstück bei Delhi auf eine Gruppe von ungefähr 500 indischen Männern, Frauen und Kindern, die in gemeinsame Lektüre und Gespräche vertieft waren. Es stellt sich heraus, dass diese Leute die Bibel studieren, und zwar in einer indischen Übersetzung, die in teils gedruckten und teils handschriftlich kopierten Exemplaren vorliegt. Auf seine Nachfragen erklären ihm die Leute, dies sei das Buch Gottes, das ihnen von einem Engel (einem gelehrten, weisen Menschen) auf dem Markt von Hurdwar gegeben worden war. Messeh erinnert sich nun, dass ins Hindustani übersetzte Exemplare der heiligen Schrift einige Jahre zuvor von der Missionsstation in Hurdwar verteilt worden waren. Sein Hinweis, dass dies das Religionsbuch der Sahibs sei, in indischer Sprache gedruckt, auf dass auch sie, die Inder, daran teilhaben könnten, stößt allerdings auf Unglauben: »Das ist unmöglich, denn sie essen Fleisch«, wird ihm entgegnet. Aus dem gleichen Grund, erläutern Messehs Gesprächspartner, würden sie auch das Sakrament (des Abendmahls) verweigern: »Denn die Europäer essen das Fleisch der Kuh, und das ist für uns unmöglich.« Erst wenn »unser ganzes Land dieses Sakrament empfängt, werden wir es auch tun.«

In der Lesart Bhabhas zeigt sich die Hybridität in dem Umstand, dass – entgegen der ursprünglichen Absicht der Missionare, die gehofft hatten, indem sie ihre Untertanen Englisch lehrten und massenhaft übersetzte Bibeln verteilten, »könnten die Heiden selbst dazu gebracht werden, ihre eigene Religion vom Sockel zu stürzen« – diese nun beginnen, kritische Fragen zu stellen, und damit die Autorität der Engländer zwangsläufig zu untergraben beginnen. Das Buch, das doch eigentlich die Überlegenheit der englischen Zivilisation verkörpern soll, wird in dieser Situation zum Ansatzpunkt erheblicher Zweifel an eben jener Superiorität. Der Bericht Messehs bezeugt dabei jene Ambivalenz, die laut Bhabha »innerhalb der Erkenntnisregeln der dominanten Diskurse produziert wird, während sie die Zeichen kultureller Differenz artikulieren«.[37] Ihm zufolge beschränkt sich die koloniale Macht nicht nur auf die »lautstarke Ausübung kolonialistischer Autorität« oder die »stillschweigende Unterdrückung einheimischer Traditionen«, sie produziert gleichzeitig auch Hybridität als Ansatzpunkt des Widerstandes gegen ebendiese Autorität.

---

34 Young (1995, S. 22).
35 Fludernik (1998 a, S. 13).
36 Bhabha (2000).
37 Bhabha (2000, S. 63).

Die Fragen der Einheimischen verwandeln den Ursprung des Buches (der Bibel) in ein Rätsel: »Wie kann das Wort Gottes aus dem Mund der Engländer kommen, wo diese doch Fleisch essen?« »Wie kann es das Buch der Europäer sein, wenn es doch Gottes Geschenk an uns ist?« Damit entwickelt sich eine diskursive Spannung zwischen Anund Messeh, dessen Rede von der eigenen Autorität einfach überzeugt ist, und den Einheimischen, die die koloniale Präsenz ihren Fragen aussetzen und damit die Hybridität der Autorität enthüllen. Die Fragen der Einheimischen werden in dem Maße subversiv, in dem sie die strategische Verleugnung kulturell/historischer Differenz in Messehs evangelikalem Diskurs zur Sprache bringen. Was Messeh im Besonderen zu verbergen trachtet, ist das Projekt, »Eingeborene« zur Zerstörung der einheimischen Kultur und Religion einzusetzen und die Engländer (bzw. die Kirche) als Stellvertreter Gottes auf Erden darzustellen. Indem sie den von ihnen eingenommenen Standpunkt auf ihre Ernährungsvorschriften stützen, widersetzen sich die Einheimischen allerdings dieser insinuierten Äquivalenz von Gott und den Engländern, sie stellen nicht nur die Grenzen des Diskurses in Frage, sondern verändern auch auf subtile Art seine Basis. Hierin erweist sich für Bhabha das politische Potential des Hybriditätsbegriffs, denn, wenn das Wort Gottes zum Ort der Hybridität werden kann, dann kann man nicht nur zwischen den Zeilen lesen, sondern sogar versuchen, die häufig von Zwang bestimmte Realität zu verändern, die sie enthalten.[38]

Schwierig bleibt es bei aller diskursiven Brillanz solcher Analysen jedoch, die Akteure auszumachen, die sich hinter solchen Behauptungen wie der, dass »die Entfaltung von Hybridität die Autorität mit der Tücke der Anerkennung, ihrer Mimikry, ihrem Hohn in Schrecken versetze«, verbergen.[39] Sind die Kolonisierten tatsächlich in der Lage, die Kolonisatoren in Schrecken zu versetzen und worin besteht das Zurschaustellen von Hybridität jenseits einer subtilen Text-Interpretation durch versierte Literaturtheoretiker? Könnte es nicht sein, dass auf diese

Weise so manches (kulturelle) Miss- oder Unverständnis nachträglich zur Subversion geadelt wird? Letztlich geht es immer um die nachträgliche Interpretation von Texten, die bereits Interpretationen darstellen. Insofern bleibt das Problem der Repräsentation nach wie vor aktuell, lässt es sich doch nicht dadurch lösen, dass es einfach umgedreht wird. Fraglich bleibt auch, inwieweit Hybridität (post-)moderner Lesart als kulturwissenschaftliche Kategorie jenseits der Metapher nutzbar ist, d. h. ob sie sich nicht nur in Texten, sondern auch anhand von sozialem Verhalten verorten lässt. Hinweise darauf lassen sich gewinnen, wenn man das Phänomen »Diaspora« versuchsweise als Schnittstelle von metaphorischer und empirischer Hybridität auffasst.

6. Diaspora: Schnittstelle von Metaphorik und Empirie

Der Begriff der Diaspora (griechisch: Zerstreuung) hat sich von einem paradigmatischen Fall zu einer weiteren »post«(-modernen bzw. -kolonialen) Metapher entwickelt, die wesentlich das Gefühl umschreibt, »nicht dort zu sein« (wo man eigentlich hingehört). Ausgehend von der Zerstörung des Tempels in Jerusalem 586 v.Chr. und der anschließenden Vertreibung der Juden ins babylonische Exil bezeichnet Diaspora inzwischen sowohl ganz unterschiedliche Kategorien von Gruppen – z. B. die im Ausland lebenden Staatsbürger eines Landes, Ausgebürgerte, politische Flüchtlinge, Einwohner mit fremdem Pass, Einwanderer und ethnische Minderheiten – als auch ganz verschiedene Ethnizitäten: Kubaner und Mexikaner in den USA, Pakistani in England, Einwanderer aus dem Maghreb in Frankreich, Türken in Deutschland, Chinesen in Südostasien, Griechen, Polen, Palästinenser, Menschen afrikanischer Herkunft in Nordamerika und der Karibik, Inder und Armenier in verschiedenen Ländern, Korsen in Marseilles und französisch-sprechende Belgier in Wallonien. Einige Autoren[40] haben versucht, übereinstimmende Charakteristika der unterschiedlichsten Diaspora-Definitionen zu bestimmen, aus denen sich wiederum drei zentrale Attribute herausfiltern lassen, nämlich erstens, die – häufig traumatische – Zerstreuung von einem Ur-

---

38 Bhabha (2000, S. 179).
39 Bhabha (2000, S. 171).
40 Vor allem Safran (1991) und Cohen (1997).

sprungsland oder Zentrum in mindestens zwei fremde oder periphere Regionen; alternativ die Ausbreitung von einem Ursprungsland auf der Suche nach Arbeit oder um Handel zu treiben. Zweitens, eine ausgeprägte (ethnische) kollektive Identität zusammen mit einem kollektiven Gedächtnis, einem Ursprungsmythos und dem (zumindest symbolisch vorhandenen) Wunsch nach Rückkehr. Drittens, Empathie und Solidarität mit Mitgliedern der Gruppe in anderen Aufenthaltsländern. Gerade dieser letzte Punkt, der dem Diaspora-Konzept seine Trennschärfe gegenüber anderen Kontexten der Migration verleiht, wird häufig übersehen.

Was jedoch besonders Cohens Diaspora-Definition für den vorliegenden Kontext interessant macht, ist sein Versuch, die bislang ausschließlich negative Konnotation des Begriffs zu revidieren. Gegen die Sichtweise von Babylon als ausschließlicher Erfahrung von Versklavung, Exil und Vertreibung der jüdischen Diaspora setzt er die Einsicht, dass das Leben in einer kulturell pluralen fremden Kultur unter Umständen durchaus vorteilhaft war. Cohen zufolge nahm eine nicht unbedeutende Zahl von Juden babylonische Namen und Gepflogenheiten an, alle Juden benutzten den babylonischen Kalender und befleißigten sich des Aramäischen. Ihr erzwungener Aufenthalt in Babylon bot ihnen die Möglichkeit, ihre historische Erfahrung in Traditionen zu verarbeiten. Mythen, Märchen, mündliche Geschichte und Gesetzestexte wurden zu den Anfängen der Bibel kombiniert, während die Diskussionszirkel etwa der Propheten Jeremia und Hesekiel sich in rudimentäre Synagogen verwandelten. Cohen geht sogar noch einen Schritt weiter, wenn er feststellt, dass gerade nach der Rückkehr in die Heimat Palästina ethnische Partikularisierung und religiöse Radikalisierung einsetzten. Exogene Heiraten, zuvor an der Tagesordnung, galten nun als unerwünscht, bis in die Einzelheiten vorgeschriebene Reinigungsrituale wurden eingeführt.[41] Im Gegensatz dazu entwickelten sich die jüdischen Gemeinden in Alexandria, Antiochia, Damaskus, Kleinasien und Babylon zu Zentren der Zivilisation, Kultur und des Lernens. Für Cohen gedieh das Judentum gerade im Exil, durch die Auseinandersetzung mit anderen religiösen und intellektuellen Traditionen. Aus diesem Grund schlägt er »im positiven Sinne die Möglich-

keit eines eigenständigen, kreativen und bereichernden Lebens in pluralistisch verfassten Residenzgesellschaften« als ein weiteres Diaspora-Merkmal vor.[42]

Dies trifft vor allem auf den Typ der sogenannten »kulturellen Diaspora« zu, die ein Resultat kolonialer Erfahrung und sich daran anschließender postkolonialer Migrationsprozesse darstellt, und deren verbindendes Element eher kultureller als ethnischer Natur ist. In diesem Sinne hat etwa die karibische Diaspora Englands oder der Vereinigten Staaten – nicht zuletzt durch die Schriften eines der prominentesten Vertreter der Cultural Studies, Stuart Hall (geb. 1932) – einen paradigmatischen Charakter erhalten. Im Unterschied zu herkömmlichen Diaspora-Definitionen handelt es sich bei der karibischen Diaspora keineswegs um die Vertreibung oder Zerstreuung eines Volkes ausgehend von einem Ursprungsland oder Zentrum. Die Mitglieder dieser Diaspora stammen ursprünglich nicht aus der Karibik, sondern sind Nachkommen westafrikanischer Sklaven (Afro-Caribbeans) und indischer Zwangsarbeiter (Indo-Caribbeans), die von den Spaniern, Holländern, Engländern und Franzosen von 1492 bis 1792 auf die Plantagen ihrer Kolonien gebracht worden waren. Zudem kehrte auch der überwiegende Teil dieser Menschen auch dann nicht nach Afrika (bzw. Indien) »zurück«, als es möglich gewesen wäre, sondern migrierte weiter nach Südamerika, in die USA sowie nach Frankreich, England und in die Niederlande.

Hall geht es denn auch nicht um »zerstreute Stämme, deren Identität nur im Verhältnis zu einem gelobten Heimatland gesichert werden kann, und die unter allen Umständen, und sei es, dass sie andere Völker ins Meer treiben, in ihre Heimat zurückkehren müssen«. Er benutzt den Diaspora-Begriff in einem metaphorischen Sinne, der nicht von Essenz oder Reinheit ausgeht, sondern von einer Anerkennung notwendiger Heterogenität und Verschiedenheit. Dies impliziert ein Verständnis von ›Identität‹, das mit und von der Differenz lebt, das durch *Hybridbildung* lebendig ist. Das charakteristische der karibischen Diaspora ist für Hall

---

41 Cohen (1997, S. 4 ff.).
42 Cohen (1997, S. 21).

deshalb gerade die »Mischung der Farben, der Pigmentierungen, der Physiognomien, in den Variationen des Geschmacks, die die karibische Küche ausmachen« sowie die Ästhetik des »Cross-Overs«, des »Cut-and-Mix« der »schwarzen« Musik.[43]

Hall sieht den sich verändernden Charakter der neuen kulturellen Diasporas vor allem im Zusammenhang mit jener Wechselwirkung, von der bereits zu Beginn die Rede war: Gemeint sind die gegenläufigen Tendenzen einer homogenisierenden und assimilierenden Globalisierung, und einer sich gleichzeitig verstärkenden Lokalisierung in Form von Ethnizität, Nationalismus und religiösem Fundamentalismus. Dies hat zur Folge, dass kulturelle Identitäten entstehen, die »im Übergang« begriffen sind und sogenannte »Kulturen der Hybridität« ausbilden, »Produkte mehrerer ineinandergreifender Geschichten und Kulturen« darstellen und zu ein und derselben Zeit mehreren »Heimaten« angehören.[44] Dabei beziehen sie sich auf unterschiedliche Traditionen, versöhnen Altes und Neues miteinander, ohne sich dabei zu assimilieren oder die Vergangenheit völlig zu verlieren.

Lässt sich dieser – von Hall ja eher metaphorisch-politisch gemeinte – Charakter der karibischen Diaspora aber auch empirisch plausibel machen? Cohen beantwortet diese Frage mit einem vorsichtigen »Ja«, betont aber gleichzeitig die Notwendigkeit weiterer Forschung zu dieser Frage. Er verweist dabei auf einige Aspekte, die den »Tatbestand« einer faktischen Diaspora zu erfüllen scheinen. Dazu zählen neben der Hautfarbe und der gemeinsamen historischen Erfahrung von Verschleppung und Zwangsarbeit vor allem der Versuch, sich auf Afrikanischsein zu besinnen. Solche Versuche finden sich etwa bei den sogenannten »Maroons« (entlaufene Sklaven) Jamaicas oder den »Buschnegern« Surinams, aber auch ganz allgemein in einer Anlehnung an afrikanische kulturelle Traditionen, etwa bei brasilianischen Kulten, karibischen Sparkassenvereinen, musikalischen Rhythmen, populärer Kunst und Voodoo-Praktiken. Dabei geht es allerdings keineswegs um eine nostalgische Rückkehr zu den »Wurzeln«, es bildet sich so etwas wie ein hybrides »doppeltes Bewusstsein« im Sinne Paul Gilroys aus, das sich sowohl aus Afrika als auch aus Europa speist.[45] Daneben lassen sich auch durchaus Anzeichen von sowohl faktischen als auch symbolischen Rückkehrabsichten finden, etwa in der auf den Jamaikaner Marcus Garvey (1887–1940) zurückgehenden Universal Negro Improvement Association oder der Rastafari-Bewegung, die in den 1930er Jahren ihren Ausgang nahm. Während Sprache, eine spezifische Form des Karnevals und vor allem Musik (z. B. Calypso, Reggae, Samba) als kultureller Ausdruck afrikanisch-karibischer Verbundenheit gelten können, findet Cohen Hinweise auf diasporisches Bewusstsein aber auch im konkreten Alltag karibischer Migranten. So erscheint in London z. B. eine karibische Wochenzeitung, voll mit Leserbriefen, die die Lage »daheim« kommentieren und gespickt mit Anzeigen, die Grundstücke und Häuser in Jamaika feilbieten, von Schifffahrtslinien und Fluggesellschaften, Fracht- und Umzugsunternehmen und Geldtransferinstitute, die alle mit dem Bezug zur »Heimat« werben.

Solchermaßen rückgebunden an empirische Phänomene könnte der Hybriditätsbegriff mehr als bloße Metaphorik sein, die den emanzipativen Hoffnungen sogenannter »Subalterner« Ausdruck verleiht. Problematisch bleiben allerdings zwei wesentliche Punkte: erstens das Insistieren auf (kultureller) Differenz, das immer auch die Gefahr birgt, das Verbindende aus den Augen zu verlieren. Zweitens, die theoretisch-analytische Dürftigkeit des Begriffs angesichts der – auch von den Verfechtern dieses Begriffs eingestandenen – Tatsache, dass alle Kulturen letztlich hybrid sind. Zudem würde eine Unterscheidung von »hybriden« und »ursprünglichen« Kulturen eine neuerliche Essentialisierung des Kulturbegriffs implizieren. Fraglich bleibt auch, ob sich kulturelle Elemente allein deshalb schon unterscheiden, weil sie aus verschiedenen Kulturen stammen, oder ob nicht vielmehr ähnliche kulturelle Elemente weitaus häufiger auftreten, wenn man sie vom Standpunkt einer Klasse oder Statusgruppe, eines Lebensgefühls oder ihrer Funktion betrachtet. Wenn man also von der Annahme ausgehen muss, dass alle Kulturen immer schon hybrid waren, folgt daraus zugleich, dass der Begriff der Hybridbildung letztlich tautologisch ist: Die gegen-

---

43 Hall (1994 a, S. 41).
44 Hall (1994 b, S. 218).
45 Vgl. Gilroy (1993).

wärtige Globalisierung wäre dann nichts anderes als eine Hybridbildung aus bereits hybriden Kulturen, eine Feststellung, deren Wert nicht sehr hoch zu veranschlagen sein dürfte (wiewohl ihr impliziter Anti-Essentialismus *politisch* bedeutsam bleibt).

Literatur

ACKERMANN, ANDREAS (2002), »Wechselwirkung – Komplexität. Einleitende Bemerkungen zum Kulturbegriff von Pluralismus und Multikulturalismus«, in: Ackermann, Andreas / Müller, Klaus E. (Hg.), *Patchwork: Dimensionen multikultureller Gesellschaften; Geschichte, Problematik und Chancen*, Bielefeld: Transcript, S. 9–29. ■ ACKERMANN, ANDREAS / MÜLLER, KLAUS E. (Hg.) (2002), *Patchwork: Dimensionen multikultureller Gesellschaften; Geschichte, Problematik und Chancen*, Bielefeld: Transcript. ■ APPADURAI, ARJUN (1998), »Globale ethnische Räume: Bemerkungen und Fragen zur Entwicklung einer transnationalen Anthropologie«, in: Beck, Ulrich (Hg.): *Perspektiven der Weltgesellschaft*, Frankfurt/M.: Suhrkamp, S. 11–40. ■ ASHCROFT, BILL / GRIFFITHS, GARETH / TIFFIN, HELEN (Hg.) (1989), *The empire writes back: theory and practice in post-colonial literatures*, London: Routledge. ■ BARTH, FREDERIK (Hg.) (1969), *Ethnic groups and boundaries: the social organization of culture difference*, Bergen: Universitetsforlaget. ■ BHABHA, HOMI K. (2000), »Zeichen als Wunder: Fragen der Ambivalenz und Autorität unter einem Baum bei Delhi im Mai 1817«, in: Bhabha, Homi K.: *Die Verortung der Kultur*, Tübingen: Stauffenburg, S. 151–180. ■ BRATHWAITE, EDWARD KAMAU (1971), *The development of Creole society in Jamaica*, Oxford: Clarendon Press. ■ BRONFEN, ELISABETH / MARIUS, BENJAMIN (1997), »Hybride Kulturen: Einleitung zur anglo-amerikanischen Multikulturalismusdebatte«, in: Bronfen, Elisabeth / Marius, Benjamin / Steffen, Therese (Hg.), *Hybride Kulturen: Beiträge zur anglo-amerikanischen Multikulturalismusdebatte*, Tübingen: Stauffenburg, S. 1–29. ■ COHEN, ROBIN (1997), *Global diasporas: an introduction*. London: UCL Press. ■ DRUMMOND, LEE (1978), »The transatlantic nanny: notes on a comparative semiotics of the family in English-speaking societies«, in: *American Ethnologist*, 5, S. 30–43. ■ FABIAN, JOHANNES (1978), »Popular culture in Africa: findings and conjectures«, in: *Africa*, 48, S. 315–334. ■ FABIAN, JOHANNES (1993), »Präsenz und Repräsentation: die Anderen und das anthropologische Schreiben«, in: Berg, Eberhard / Fuchs, Martin (Hg.), *Kultur, soziale Praxis, Text: die Krise der ethnographischen Repräsentation*, Frankfurt/M.: Suhrkamp, S. 335–364. ■ FLUDERNIK, MONIKA (1998 a), »Introduction«, in: Fludernik, Monika (Hg.): *Hybridity and postcolonialism: twentieth-century Indian literature*, Tübingen: Stauffenburg Verlag, S. 9–18. ■ FLUDERNIK, MONIKA (1998 b), »The constitution of hybridity: postcolonial interventions«, in: Fludernik, Monika (Hg.), *Hybridity and postcolonialism: twentieth-century Indian literature*, Tübingen: Stauffenburg Verlag, S. 19–53. ■ FUCHS, MARTIN / BERG, EBERHARD (1993), »Phänomenolo-

gie der Differenz: Reflexionsstufen ethnographischer Repräsentation«, in: Berg, Eberhard / Fuchs, Martin (Hg.), *Kultur, soziale Praxis, Text: die Krise der ethnographischen Repräsentation*, Frankfurt/M.: Suhrkamp, S. 11–108. ■ FURNIVALL, JOHN SYDENHAM (1970), »Tropische Wirtschaft und Pluralistische Gesellschaft«, in: von Albertini, Rudolf (Hg.), *Moderne Kolonialgeschichte* [1948], Köln: Kiepenheuer & Witsch, S. 269–292. ■ GEERTZ, CLIFFORD (1987), »›Deep play‹: Bemerkungen zum balinesischen Hahnenkampf«, in: Geertz, Clifford, *Dichte Beschreibung: Beiträge zum Verstehen kultureller Systeme*, Frankfurt/M.: Suhrkamp, S. 202–260. ■ GILROY, PAUL (1993), *The black atlantic: modernity and double consciousness*, Cambridge/Mass.: Harvard University Press. ■ GOTTOWIK, VOLKER (1997), *Konstruktionen des Anderen: Clifford Geertz und die Krise der Repräsentation*, Berlin: Friedrich Reimer. ■ HALL, STUART (1994 a), »Kulturelle Identität und Diaspora«, in: Hall, Stuart, *Rassismus und kulturelle Identität*, Hamburg: Argument Verlag, S. 26–43. ■ HALL, STUART (1994 b), »Die Frage der kulturellen Identität«, in: Hall, Stuart: *Rassismus und kulturelle Identität*, Hamburg: Argument Verlag, S. 180–222. ■ HANNERZ, ULF (1987), »The world in creolisation«, in: *Africa*, 57/4, S. 546–559. ■ JANMOHAMED, ABDUL R. (1985), »The economy of Manichean allegory: the function of racial difference in colonialist literature«, in: *Critical Inquiry*, 12/1, S. 59–87. ■ KRÄMER, GUDRUN (1995), »Minorities in Muslim societies«, in: Esposito, John L. (Hg.), *The Oxford Encyclopedia of the Modern Islamic World*, Bd. 3., New York/Oxford: Oxford University Press, S. 108–111. ■ LÉVI-STRAUSS, CLAUDE (1978 [1955]), *Traurige Tropen*, Frankfurt/M.: Suhrkamp. ■ MALINOWSKI, BRONISLAW (1984 [1922]), *Argonauten des westlichen Pazifik: ein Bericht über Unternehmungen und Abenteuer der Eingeborenen in den Inselwelten von Melanesisch-Neuguinea*, Frankfurt/M.: Syndikat. ■ MALINOWSKI, BRONISLAW (1986 [1967]), *Ein Tagebuch im strikten Sinn des Wortes*, Frankfurt/M.: Syndikat. ■ MÜLLER, KLAUS E. (1987), *Das magische Universum der Identität: Elementarformen sozialen Verhaltens; ein ethnologischer Grundriss*, Frankfurt/M./New York: Campus. ■ PARK, ROBERT EZRA (1974), »Human migration and the marginal man« [1928], in: Park, Robert Ezra, *The collected papers*, Bd. 1., New York: Arno Press, S. 345–356. ■ POLYLOG. ZEITSCHRIFT FÜR INTERKULTURELLE PHILOSOPHIE (2001), *Hybridität*, 8. ■ SAFRAN, WILLIAM (1991), »Diasporas in modern societies: myths of homeland and return«, in: *Diaspora*, 1, S. 83–99. ■ SAID, EDWARD W. (1978), *Orientalism*, New York: Vintage Books. ■ SCHÜTZ, ALFRED (1971), »The stranger: an essay in social psychology«, in: Schütz, Alfred, *Collected papers II*, The Hague: Nijhoff, S. 91–105. ■ SIMMEL, GEORG (1995), »Exkurs über den Fremden«, in: Simmel, Georg, *Soziologie* [1908], Frankfurt/M.: Suhrkamp, S. 764–771. ■ SMITH BOWEN, ELENORE (LAURA BOHANNAN) (1988 [1954]), *Rückkehr zum Lachen: ein ethnologischer Roman*, Reinbek bei Hamburg: Rowohlt. ■ TYLOR, EDWARD BURNETT (1871), *Primitive culture: researches into the development of mythology, philosophy, religion, art and custom*, London: Murray. ■ WICKER, HANS-RUDOLF (1996), »Flexible cultures, hybrid identities and reflexive capital«, in: *Anthropological Journal on European Cultures*, 5, S. 7–29. ■

WICKER, HANS-RUDOLF (1997), »From complex culture to cultural complexity«, in: Werbner, Pnina / Modood, Tariq (Hg.), *Debating cultural hybridity: multi-cultural identities* *and the politics of anti-racism*, London: Zed, S. 29–45. ∎

YOUNG, ROBERT J. C. (1995), *Colonial desire: hybridity in theory, culture and race*, London: Routledge.

12.10 Gedächtnis und Erinnerung

Harald Welzer

1. Gedächtnis und Erinnerung als Konvergenzzone von Natur- und Kulturwissenschaften

Die Themen Gedächtnis und Erinnerung erfreuen sich seit gut zwei Jahrzehnten einer anscheinend immer noch steigenden Konjunktur – und zwar über die Grenzen zwischen den natur- und kulturwissenschaftlichen Disziplinen hinweg und bis in Alltagsdiskurse hinein. Die Ursachen hierfür sind vielfältig: So machen die Kontingenzbedingungen und Gestaltungszwänge von Lebensläufen in hochindividualisierten Gesellschaften eine permanente Auseinandersetzung mit der persönlichen Vergangenheit erforderlich; ähnliche Ursachen gelten auch dann, wenn Kollektive auf Geschichtsbestände Bezug nehmen. Besonders die Systemtransformationen Ende des 20. Jahrhunderts haben dabei offenbar ein wachsendes Bedürfnis nach historischer Selbstvergewisserung und Neuerfindung hervorgerufen. Schließlich verdankt sich das wachsende Interesse an Gedächtnis und Erinnerung zum einen den altersdemographischen Veränderungen in den meisten westlichen Gesellschaften: Es gibt – und zwar mit steigender Tendenz – relativ mehr Menschen, die eher zurück- als nach vorn blicken, und die alterskorrelierten Gedächtnisstörungen durch Altersdemenz, Alzheimer etc. stellen die Gesundheits- und Sozialpolitik vor neue Aufgaben. Zum anderen hat die Medizintechnik vor einigen Jahren so genannte bildgebende Verfahren bereitgestellt, mit deren Hilfe Gehirnaktivitäten »sichtbar« gemacht werden können, was die neurowissenschaftliche Gedächtnisforschung mit einem enormen Schub versehen hat. Während man zuvor auf Tests, Tierversuche und hirngeschädigte Patienten angewiesen war, um Gedächtnissysteme und -funktionen zu differenzieren, haben die Abbildungsmöglichkeiten von aufgabenbezogenen Aktivitätsmustern im Gehirn zu so gewaltigen Fortschritten in der Forschung geführt, dass das letzte Jahrzehnt des vergangenen Jahrhunderts zum »Jahrzehnt des Gehirns« ausgerufen wurde und die Neurowissenschaften seither wenig schüchtern einen Alleinerklärungsanspruch für Fragen des Bewusstseins, des Willens und des Gedächtnisses für sich reklamieren.

Obwohl Gedächtnis und Erinnerung in den Geistes- und Kulturwissenschaften zeitweilig zu einem Metakonzept oder gar zu einem kulturwissenschaftlichen Paradigma zu werden schien, geriet die einschlägige Forschung gegenüber den Neurowissenschaften ein wenig ins Hintertreffen. Allerdings wären die entstandenen Terrainverluste mit wenigen Argumenten gutzumachen. Denn die Neurowissenschaften operieren, wo sie über Bewusstsein, Willen oder Gedächtnis zu sprechen glauben, lediglich mit dem Begriff der »Information«, die durch das Gehirn auf die eine oder andere Weise verarbeitet wird. Im Fall des menschlichen Gehirns haben wir es bei dem, was unser Bewusstsein und unser Gedächtnis bewegt und unseren Willen motiviert, aber keineswegs mit Information zu tun, sondern mit sozial und kulturell gebildeten Bewusstseins-, Gedächtnis- oder Willensinhalten, die unsere Wahrnehmung von Welt (und damit auch das, was wir erinnern) nach Kriterien von Sinn und Bedeutung selektieren. Zweitens ist das epistemische Objekt der Neurowissenschaften das Individuum, ihre Theoriebildung daher strikt individualistisch, weshalb sie wesentliche Aussagen über die Verarbeitungsmodi des Gehirns, nicht aber über das Verarbeitete machen können, das sozial und interaktiv gebildet wird. Dies ist aber drittens unabdingbar, weil das Gehirn, nach allem, was man heute weiß, ein Organ ist, das sich in seiner eigenen Entwicklung (die erst mit Erreichen des Erwachsenenalters zu Ende geht) in Abhängigkeit von sozialer Umwelterfahrung strukturiert und insofern das Produkt eines bio-psycho-sozialen Prozesses ist.[1] Die Entwicklung des Gehirns verläuft erfahrungs- und nutzungsabhängig, und genau dieser Umstand macht es unmöglich, das Gehirn oder das Bewusstsein oder das Gedächtnis als etwas konstitutiv Indi-

---

1 Z. B. Siegel (1999).

viduelles zu betrachten. Wenn wir über die Phylo- und Ontogenese des Menschen sprechen, fallen Natur- und Kulturgeschichte zusammen – wie übrigens auch die faszinierenden Arbeiten des Entwicklungsbiologen Michael Tomasello[2] erkennen lassen, der die Vergemeinschaftungsform von Menschen selbst als eine adaptive Umgebung versteht, die ihrem Nachwuchs eine schnellere und umfassendere kognitive Entwicklung als anderen Primaten erlaubt. Damit wird die langsame Geschichte der Evolution mit Mitteln des Sozialen ungeheuer beschleunigt.

Wenn wir also von der Erfahrungsabhängigkeit der Gehirnentwicklung auf der einen Seite und der biokulturellen Entwicklung des Denkens auf der anderen Seite ausgehen, können wir damit beginnen, Konvergenzzonen zwischen den Ansätzen und Befunden der jeweiligen Paradigmen zu identifizieren und fruchtbar zu machen. Ich werde deshalb den folgenden Überblick transdisziplinär anzulegen versuchen, das heißt, die Abschnitte zum individuellen, sozialen, kulturellen und kommunikativen Gedächtnis jeweils auf der Basis von Befunden aus der natur- wie der kulturwissenschaftlichen Erinnerungs- und Gedächtnisforschung skizzieren.[3]

2. Befunde aus der individuumsbezogenen Gedächtnis- und Erinnerungsforschung

Die lange Zeit gängige Vorstellung, Erlebnisse und Ereignisse würden im Gehirn wie in einem Computer gespeichert und wären – vorausgesetzt man verfügt über die richtigen Passwords und Aufrufbefehle – aus diesem Speicher wieder abrufbar, hat mit der Funktionsweise des Gedächtnisses, so weit sie bis heute entschlüsselt ist, nicht allzu viel zu tun. Das Gedächtnis ist ein konstruktives System, das Realität nicht einfach abbildet, sondern nach unterschiedlichsten Funktionen filtert und interpretiert und auf unter-

schiedlichen Wegen verarbeitet. Das Gedächtnis als »constructive memory framework«[4] operiert mit unterschiedlichen Systemen des Einspeicherns, Aufbewahrens und Abrufens, die ihrerseits wieder, je nach Art und Funktion verschiedener Lern- und Repräsentationsebenen, auf unterschiedliche Subsysteme des Gedächtnisses zugreifen. Mentale Repräsentationen von Erfahrungen werden als multimodale Muster der unterschiedlichen Aspekte und Facetten der jeweiligen Erfahrungssituation verstanden.

Die Erinnerungsspuren oder Engramme, die die Erfahrungen im Gehirn repräsentieren, sind nicht – wie man lange Zeit annahm – an bestimmten Stellen des Gehirns zu finden, sondern als Muster neuronaler Verbindungen über verschiedene Bereiche des Gehirns verteilt und als solche abrufbar. Sich zu erinnern bedeutet also, assoziativ Muster zu aktivieren, und bei diesem komplexen Vorgang kann einiges mit dem Erinnerungsinhalt geschehen.[5] Dieser Prozess der Muster-Vervollständigung unterliegt so vielfältigen internen und externen Einflüssen, dass von einer authentischen Erinnerung an die Situation und das Geschehen, die sich bei jemandem als eine Erfahrung niedergeschlagen haben, nur im seltenen Grenzfall auszugehen ist. Im Regelfall leistet das Gehirn eine komplexe und eben konstruktive Arbeit, die die Erinnerungsinhalte jeweils anwendungsbezogen modelliert.

Allgemein lässt sich zusammenfassen, dass das Gedächtnis einigermaßen ordentliche Arbeit im Aufbewahren der allgemeinen Konturen unserer Vergangenheit und im Festhalten vieler Ereignismerkmale leistet,[6] dass die Präzision dieser Erinnerungsarbeit aber zum einen begrenzt, zum anderen eine Funktion der jeweiligen Gegenwart des sich Erinnernden ist.[7]

Denn zunächst einmal ist ganz generell davon auszugehen, dass Erinnerungen mit der Zeit verblassen oder ganz verschwinden, insbesondere dann, wenn sie selten oder nie abgerufen werden, weil die neuronalen Verbindungen, die die Erinnerungen im Gehirn repräsentieren, im Fall ihrer Nichtinanspruchnahme offenbar schwächer werden und sich schließlich auflösen. Dies ist übrigens nicht zuletzt ein Grund dafür, dass sich Erinnern nicht getrennt von Vergessen betrachten lässt. Während etwa alltägliche und routinehafte Verrichtungen von äußerst geringer Erinnerungsrelevanz sind, werden Ereignisse, die aufgrund ihrer emotionalen

---

2 Tomasello (2002).
3 Einige dieser Überlegungen und Übersichten sind schon an anderer Stelle publiziert worden, insbesondere in Welzer (2001 und 2002).
4 Schacter (1996).
5 Piefke (1999).
6 Schacter (1996, S. 308).
7 Welzer (2002, S. 193).

Bedeutung einen besonderen Aufmerksamkeitswert haben, offensichtlich gerade deswegen erinnert, weil man sie sich oft wieder »ins Gedächtnis ruft« und auch, weil man häufig über sie spricht.

Dies wirft aber sofort die Frage auf, ob eigentlich Erinnern und Vergessen so klar zu scheidende Aktivitäten sind, oder ob nicht das Gedächtnis prinzipiell als ein Wandlungskontinuum aufzufassen ist, auf dem weniger relevante Wahrnehmungen und Erfah-

gedächtnis«, dem zu einem bestimmten Zeitpunkt aktiven Teil des Gedächtnisses.[8] Alle zeitlich darüber hinausgehenden Gedächtnisfunktionen werden als Langzeitgedächtnis bezeichnet.

Im Langzeitgedächtnis lassen sich auf einer funktionalen Ebene unterschiedliche Gedächtnissysteme mit je verschiedenen Einspeicherungs- und Abrufmodalitäten bestimmen (Abb. nach Markowitsch 2002 b):

GEDÄCHTNIS

PROZEDURALES GEDÄCHTNIS	PRIMING ("BAHNUNG")	PERZEPTUELLES GEDÄCHTNIS	WISSENS-SYSTEM	EPISODISCHES GEDÄCHTNIS

rungen sukzessive dem Verblassen und Vergessen anheimfallen, während subjektiv und emotional bedeutsame aufbewahrt, vertieft, refiguriert, neu bewertet, kurz: verändert werden. Daneben ist zu bedenken, dass es nicht nur einen einzigen Typ von Erinnerung gibt, sondern eine ganze Reihe verschiedener, die nach unterschiedlichen Logiken operieren und die unterschiedliche Funktionen erfüllen. Zunächst kann Gedächtnis auf einer zeitlichen Ebene differenziert werden, in Ultrakurzzeit-, Kurzzeit- und Langzeitgedächtnis. Während das Ultrakurzzeitgedächtnis im Bereich von Millisekunden operiert und vorwiegend die neuronalen Vorgänge etwa des Wahrnehmungssystems prozessiert, bleibt das Kurzzeitgedächtnis über einige Sekunden bis wenige Minuten aktiv – solange etwa, wie man benötigt, um eine nachgeschlagene Telefonnummer in die Tastatur einzugeben. Die durchschnittliche Kapazität des Kurzzeitgedächtnisses liegt etwa bei sieben Informationseinheiten, die »online« präsent gehalten werden können. Das Kurzzeitgedächtnis ist weitgehend deckungsgleich mit dem in der neueren Literatur häufig anzutreffenden »Arbeits-

Es gibt Erinnerungen, die man bewusst und absichtsvoll wieder »hervorholen« und möglichst detailliert zu erinnern versuchen kann – biographische Wendepunkte, abenteuerliche Erlebnisse, einschneidende Geschehnisse, aber auch Anekdoten. Die Modi solchen »Vor-Augen-Führens« können sehr unterschiedlich sein: indem man intensiv an die entsprechenden Begebenheiten denkt, indem man sie jemandem erzählt, indem sie innerhalb einer Gruppe, die diese Erinnerung teilt, ausgetauscht wird,[9] indem Erinnerungsgemeinschaften wie die Familie aus ganz persönlichen Anlässen – Hochzeitstage, Geburtstage, Jubiläen etc. – gemeinsam Ereignisse aus der Vergangenheit rekonstruieren usw. Die Gesamtheit dieser expliziten, intentionalen Akte des Erinnerns, bei denen man sich darüber bewusst ist, dass man sich erinnert, bildet das *episodische Gedächtnis*. Es bildet die Basis dafür, dass einzelne Zusammen-

---

8 Markowitsch (2002 a, S. 79).
9 Keppler (1994); Echebarria/Castro (1995).

hänge aus der Vergangenheit und dem biographischen Erleben als lebensgeschichtliche Episoden, als »meine« Vergangenheit konturiert werden können. Episodisches Gedächtnis ist mithin dadurch definiert, dass es sowohl zeitlichen als auch räumlichen als auch persönlichen Bezug aufweist, wobei letzteres zugleich bedeutet, dass episodische Gedächtnisinhalte grundsätzlich emotional konnotiert sind.

Die Inhalte des *semantischen Gedächtnisses*, das neuerdings etwas zutreffender auch als »Weltwissen« oder »Wissenssystem« bezeichnet wird, sind ebenfalls grundsätzlich bewusst verfügbar, sind aber kontextfrei und ohne emotionale Konnotation. Sie beziehen sich auf Wissensinhalte, wie man sie in der Schule gelernt hat oder wie sie in Quizsendungen im Fernsehen abgefragt werden.

Es gibt aber eine vermutlich weit größere Fülle von Erinnerungen, die aktiviert werden, ohne dass man sich bewusst wäre, dass man sich gerade erinnert: das Sprechen einer Sprache, das Einhalten grammatischer Regeln, die Fähigkeit, eine Unzahl von Zeichensystemen dechiffrieren zu können, Tischsitten einhalten zu können usw. – all dies sind Erinnerungen, die die Grundsemantik unserer Alltagsorientierung bilden, ohne dass wir sie, wenn wir sie einmal gelernt haben, uns bewusst vergegenwärtigen müssten. Dieser Komplex wird als *prozedurales Gedächtnis* bezeichnet; er bildet ein Subsystem des impliziten, nicht-deklarativen Gedächtnisses, weil seine Inhalte allenfalls dann bewusst erinnerbar sind, wenn das Gedächtnis nicht perfekt funktioniert: wenn man also Schwierigkeiten mit den unregelmäßigen Verben in einer Fremdsprache hat, wenn man bei einem Festbankett Rotwein ins Wasserglas schüttet etc. Kurz gesagt beinhaltet das prozedurale Gedächtnis alle routinisierten körperlichen Fähigkeiten wie Radfahren, Klavierspielen, Schreiben usw. Alle diese Fähigkeiten werden zwar

gelernt, ereichen aber im Unterschied zum semantischen Wissen nicht das Potential symbolischer Vermittlung. Das Phänomen des *priming* zeigt ebenfalls kein Symbolisierungspotential und damit auch keine reflexive Zugänglichkeit; es bezeichnet das verblüffende Phänomen, dass unser Gehirn offensichtlich auch dann permanent Reizwahrnehmungen verarbeitet, wenn wir das überhaupt nicht bemerken: also in den Randbereichen unserer Aufmerksamkeit, aber auch in Zuständen von Bewusstlosigkeit, also im Schlaf oder in der Narkose.

Ein hinsichtlich seines Bewusstseinsstatus noch nicht eindeutig bestimmtes Gedächtnissystem ist das neuerdings eingeführte perzeptuelle Gedächtnis, das sich auf die Wahrnehmung von Reizen und ihre Verarbeitung nach Maßgabe von Bekanntheit bzw. Neuigkeit bezieht.[10]

Die Grenzen zwischen diesen funktionalen Systemen sind fließend. Z. B. kann man sich bewusst daran erinnern, wie schwer es einem ursprünglich gefallen ist, das Spielen eines Instrumentes zu erlernen, das man jetzt jederzeit und ohne bewusste Erinnerung an einzelne Techniken beherrscht. Perzeptuelles, prozedurales, semantisches und episodisches Gedächtnis hängen also eng miteinander zusammen, und in einer hierarchischen Perspektive ließe sich gewiss formulieren, dass es ohne semantisches Gedächtnis ein episodisches nicht geben könnte: Ohne die Möglichkeit, Erfahrungen in ein konventionelles, d. h. sozial geteiltes System von Regeln und Rahmen einbetten zu können, nähme ein Erlebnis keine Gestalt im Bewusstsein an und würde nicht zu einer Erfahrung, die bewusst zu erinnern wäre. In diesem Sinne ist davon auszugehen, dass zwar auch Säugetiere (zum Beispiel Primaten) durchaus über ein semantisches Gedächtnis verfügen, d. h. auf einen Komplex erlernten Wissens zurückgreifen können, dass sie aber nicht in der Lage sind, sich dieses Wissen bewusst zu vergegenwärtigen. Sie erinnern sich, indem sie in erlernter Weise situativ reagieren, sie erinnern sich aber nicht daran, dass sie sich erinnern.

Das episodische Gedächtnis scheint mithin ein menschliches Spezifikum zu sein, was mit dem neuroanatomischen Befund in Einklang zu stehen scheint, dass seine Aktivität an eine evolutionär jüngere Region des Gehirns gebunden ist, an die Region des rechten Frontallappens nämlich.[11] Die

---

10 Markowitsch (2002 b); Tulving/Markowitsch (2003).

11 Tulving/Markowitsch (1998, S. 202). Beide Gedächtnissysteme, semantisches wie episodisches, sind an intakte Strukturen der Temporallappen und des sog. Diencephalon gebunden, aber Untersuchungen mit bildgebenden Verfahren haben erhöhte Durchblutungen (als Indikator für Aktivität) in Regionen des rechten Frontallappens gezeigt, wenn Versuchspersonen mit der Lösung von Aufgaben befasst waren, für die Operationen des episodischen Gedächtnisses in Anspruch genommen werden mussten (Tulving/Markowitsch 1998, S. 202).

neurowissenschaftliche Unterscheidung zwischen semantischem und episodischem Gedächtnissystem liefert eine wichtige Schnittstelle zu kulturwissenschaftlichen Fragestellungen. Denn wenn man davon ausgeht, dass einerseits der Inhalt des semantischen Gedächtnisses, das »Weltwissen«, gelerntes, also in Prozessen sozialer Interaktion erworbenes Wissen ist, und dass andererseits nur dasjenige Inhalt episodischer Erinnerung sein kann, was prinzipiell kommunizierbar ist, also eine soziale Formbestimmung erfahren hat, dann leuchtet einmal mehr ein, warum wir es hier mit einem Spezifikum der menschlichen Gattung zu tun haben: Weil eben nur Menschen in ein sozial dimensioniertes Universum hineinwachsen.[12]

Die Untersuchungen zum impliziten Gedächtnis sind übrigens in kulturwissenschaftlicher Perspektive deswegen aufschlussreich, weil man unbewusste Erinnerungen nicht intentional korrigieren kann, sie aber in der sozialen Praxis wirksam sind – was folgenreich z. B. für die Tradierung von Stereotypen und Vorurteilen ist. Bereits auf einer vorsymbolischen Ebene lernen Kinder ganz praktisch, wie man sich gegenüber anderen verhält – wie man mit anderen Menschen umgeht, welche Form von Kontakt man vermeidet, wo man sich zurückhält usw. Rassistische Einstellungen zum Beispiel basieren vor diesem Hintergrund nicht nur auf (falschen) Kognitionen, sondern können ein Ergebnis der ganz selbstverständlichen sozialen Praxis der Personen sein, mit denen das Kind aufwächst. Auch idiosynkratische Phänome finden hier einen Erklärungsansatz.

Daniel Schacter weist zu Recht ausdrücklich darauf hin, dass wir es hier mit einer unbewussten Dimension der Erinnerung zu tun haben, die dem psychoanalytischen Konzept vom Unbewussten insofern geradezu entgegengesetzt ist, als es hier nicht um unsere tiefsten Erfahrungsschichten und Konflikte geht, sondern ganz im Gegenteil um oberflächliche, alltägliche Wahrnehmungs-, Verstehens- und Handlungsprozesse. Implizite Erinnerung hat viel mehr mit routinisierten und habitualisierten Handlungs- und Verhaltensweisen zu tun, und gerade die sind es ja, die von frühkindlichen Entwicklungsphasen an prägend für die Weltwahrnehmung sind. Implizite Erinnerung ist die am stärksten sozial präformierte Art von Erinnerung, weil sie nicht-

symbolisch operiert, also nicht reflexiv und deshalb jeder subjektiven Steuerung entzogen ist. Sie ist das Produkt einer sozialen Praxis, die jenseits der Bewusstseinsschwelle verläuft, der Hintergrund, vor dem wir handeln.

Widerfahrnisse und Erlebnisse nehmen erst mit dem Spracherwerb im Bewusstsein Gestalt als Erfahrung und Erinnerung an, werden in symbolvermittelter Interaktion geformt und umgekehrt in sozialer Kommunikation wieder mitteilbar.[13] Soziale und individuelle Erinnerung sind untrennbar voneinander wie Erinnern und Vergessen. Ein Erlebnis wird erst zur Erfahrung, wenn das Kind zur repräsentationalen Erinnerung fähig ist – zuvor kann es beim Rückgriff auf etwas Vergangenes nicht unterscheiden, ob es sich um seine eigene Erinnerung oder die von jemand anders handelt, und es kann die Erinnerung auch nicht in Raum und Zeit situieren.[14] Eine repräsentationale Erinnerung ist aber eine geformte Erinnerung, und ihre Form wird sozial und kulturell generiert.

Es ist einleuchtend, dass die Niveaus und die Operationen der fünf Gedächtnissysteme jeweils auch unterschiedliche Modi des Behaltens und Vergessens implizieren: Prozedurale Gedächtnisinhalte, das zeigen insbesondere Untersuchungen an hirngeschädigten Patienten, sind offenbar ausgesprochen resistent gegen Verluste – schwimmen verlernt man nicht. Dagegen sind semantische, in noch viel stärkerem Maße aber episodische Gedächtnisinhalte höchst verletzlich gegenüber physischen Schädigungen, aber auch gegenüber altersbedingten und psychogenen Störungen: Schon Unterbrechungen kleinster Verbindungen zwischen neuronalen Netzen können für Totalausfälle episodischer Erinnerung sorgen, während das semantische und erst recht das prozedurale Gedächtnis erhalten bleiben.

Allgemein sind die Erinnerungen von Kindern anfälliger für das Verwechseln der Umstände von Geschehnissen und der Quellen von Ereignissen, übrigens auch für kryptomnestische Erinnerungen, also Erinnerungen an Ereignisse, die überhaupt nicht stattgefunden haben. Dieser Befund ist durch eine

---

12 Welzer (2002).
13 Nelson (1993, 1998, 2002); Welzer (2002).
14 Nelson (2002).

Reihe von Experimenten mit Personen untermauert worden, denen in Gesprächen Erlebnisse suggeriert wurden, an die sie sich später detailliert erinnern zu können glaubten, obwohl sie sie faktisch nie gehabt hatten.[15] Am bekanntesten ist inzwischen das »lost-in-the shopping-mall«-Experiment,[16] in dem den Versuchspersonen eine Reihe von Kindheitserlebnissen vorgelegt wurde, die zuvor von engen Verwandten berichtet worden waren. Eine der jeweils vorgelegten Episoden war allerdings frei erfunden – eine Geschichte, die davon handelte, dass die Versuchsperson als Kind in einem Supermarkt verlorengegangen war. Im ersten Durchlauf des Experiments »erinnerten« sich immerhin 29 % der Teilnehmer an dieses Erlebnis, das sie freilich nie gehabt hatten. Besonders interessant an diesem Befund ist, dass das konstruierte Erlebnis in weiteren Versuchsdurchläufen immer detaillierter erinnert wurde – es war also zum Bestandteil der eigenen Lebensgeschichte der Probanden geworden. Ihre falschen Erinnerungen fühlten sich für sie offensichtlich genauso an wie ihre echten. Analoge Ergebnisse fand man in Experimenten, in denen es um (erfundene) Ereignisse in einer nächtlichen Notaufnahme im Krankenhaus oder das peinliche Erlebnis ging, bei einer Hochzeitsfeier den Brauteltern Punsch über die festliche Kleidung geschüttet zu haben.[17]

Elisabeth Loftus, die eine wichtige Rolle in der »false-memory-debate« in den Vereinigten Staaten spielt, in der es im Kern um Beurteilungsmöglichkeiten für wahre und falsche Erinnerungen im Zusammenhang spät entdeckter (»recovered«) Kindesmissbrauchsfälle geht, führt das Eigenleben falscher Erinnerungen unter anderem darauf zurück, dass ein fiktives Erlebnis bei intensiver und wiederholter Vorstellung immer vertrauter wird und diese Vertrautheit dazu führt, die falsche Erinnerung mit »echten« Kindheitserlebnissen in Verbindung zu bringen – so dass die falsche Erinnerung gleichsam in das Ensemble der wahren Erinnerungen importiert und mehr und mehr ununterscheidbar von dieser wird.

Für die »Wahrheit« des Erinnerten kann es allerdings auf einer bestimmten Ebene unerheblich sein, ob die einzelnen Details der Erinnerung stimmen oder nicht. In einer klassischen Arbeit hat Neisser[18] am Beispiel einer Zeugenaussage zum Watergate-Skandal dargelegt, dass die überzeugend detaillierten und mit exakten Zeit- und Ortsangaben versehenen Erinnerungen des Zeugen John Dean sich allesamt als falsch erwiesen, als sie mit den später veröffentlichten Tonbandmitschnitten der entsprechenden Gespräche verglichen wurden. Interessanterweise waren aber trotz der faktischen Fehlerinnerungen Neisser zufolge Deans allgemeine Schlussfolgerungen und Situationsinterpretationen weitgehend realistisch: »Es gibt immer eine tiefere Ebene, auf der er recht hat. Er hat eine akkurate Skizze der wirklichen Situation, der handelnden Personen und der Beziehungen der Leute geliefert, mit denen er zu tun hatte, und auch der Ereignisse, die hinter den Gesprächen lagen, an die er sich zu erinnern versuchte.«[19] Ähnlich ist in traumatheoretischer und psychoanalytischer Perspektive der Versuch gemacht worden, hinter einer objektiv in einem zentralen Aspekt falschen Zeugenaussage eine historische Wahrheit zu erblicken, da der Gesamtzusammenhang richtig erfasst worden war.[20]

Die häufig geäußerte Vermutung allerdings, dass traumatische Erlebnisse besonders authentisch, wie »eingefroren« und konserviert erinnert werden, basiert wohl eher auf der subjektiven »Aufdringlichkeit« entsprechender Erinnerungen als auf deren Kongruenz mit wirklichen Geschehnissen in der Vergangenheit.

2.1. Emotionale Erinnerung

Offenbar spielt nämlich die emotionale Einbettung einer erlebten Situation eine größere Rolle für das, was erinnert wird, als was in dieser Situation »wirklich« geschehen ist. Beispiele hierfür sind die sogenannten »flashbacks«, die insbesondere von Vietnam-Veteranen als das Gefühl beschrieben werden, unmittelbar und ungeheuer plastisch in eine Situation größter Gefahr und Angst »zurück«-versetzt zu sein; das Phänomen des »flashback« wird allerdings klinisch erst verzeichnet, seit es in den Beschreibungen von LSD-Konsumenten eine gewisse Verbrei-

---

15 Loftus/Pickrell (1995); Loftus u. a. (1995); Hyman u. a. (1995).
16 Loftus/Pickrell (1995).
17 Hyman u. a. (1995).
18 Neisser (1981).
19 Neisser (1981, S. 4, Übersetzung Welzer).
20 Laub (1992); vgl. auch Assmann (1992, S. 274 ff.).

tung gefunden hat.[21] Frankel vermutet, dass die Beziehung von flashbacks zu Träumen – an die man sich ja übrigens auch erinnern kann – enger ist, als zu wirklichen Geschehnissen.[22] Im Übrigen unterliegen Erinnerungen an traumatisierende Ereignisse denselben alters- und aufbewahrungsspezifischen Einschränkungen wie solche an gewöhnliche Ereignisse: Daten, Situationsmerkmale, Personen, Umstände werden vertauscht, verzerrt oder ganz einfach vergessen.[23]

Die emotionale Tönung eines Erlebnisses und der Situation seiner Erinnerung ist generell wichtig für die Reichhaltigkeit und Präzision des Erinnerten – diese »affektive Kongruenz« zeichnet etwa das Phänomen aus, dass depressive Menschen »zeitweilig nur zu verdrießlichen Erinnerungen fähig zu sein scheinen. Die Tatsache, dass der Inhalt von Erinnerungen durch emotionale Zustände beeinflusst wird, wird durch die Existenz getrennter Systeme für die Speicherung von impliziten emotionalen Erinnerungen und von expliziten Erinnerungen an Emotionen erklärbar. [...] Eines der Elemente einer expliziten Erinnerung an ein früheres emotionales Erlebnis sind die emotionalen Implikationen des Erlebnisses. Die Gegenwart von Hinweisen, welche dieses Element aktivieren, erleichtert die Aktivierung des assoziativen Netzes. Relevant sind in diesem Fall die Hinweise aus Gehirn und Körper, die signalisieren, dass Sie sich in demselben emotionalen Zustand befinden wie während des Lernens. Diese Hinweise treten auf, weil die Reize, die auf das explizite System einwirken, auch auf das implizite emotionale Gedächtnissystem einwirken und dafür sorgen, dass der emotionale Zustand wiederkehrt, in dem Sie sich befanden, als das explizite Gedächtnissystem seine Lernaufgabe erledigte. Die Übereinstimmung zwischen dem gegenwärtigen emotionalen Zustand und dem als Teil der expliziten Erinnerung gespeicherten emotionalen Zustand erleichtert die Aktivierung der expliziten Erinnerung.«[24]

Das macht einige Beobachtungen erklärlich, die im Zusammenhang der Erinnerung an traumatisierende Geschehnisse gemacht wurden. Neben dem Auftreten von heftigen Erregungszuständen etwa beim Erzählen des Erlebnisses, das die Emotion samt ihren physiologischen Begleiterscheinungen reaktiviert, sind hier etwa Phänomene wie das

»weapon focussing« zu nennen, das die Aufmerksamkeitszentrierung um den höchsten und deutlichsten Punkt der Gefahr bezeichnet. Allgemein lässt sich sagen, dass der Grad der Angst in einer Situation das Maß der Verengung der Aufmerksamkeit auf einzelne Situationsmerkmale bestimmt.[25] Hinzu kommt, dass auch Opfer von Extremtraumatisierungen nicht notwendigerweise das erinnern, was ihnen faktisch widerfahren ist, sondern manchmal das, wovor sie sich am meisten gefürchtet haben (»greatest fear vision«).[26] Das verweist auf den allgemeinen Befund, dass Erinnerung bereits bei der Wahrnehmung, die zwangsläufig hochselektiv ist, beginnt. Schon auf dieser Ebene wird gefiltert, was überhaupt von den Gedächtnissystemen weiterverarbeitet wird.

Ein anderes Erinnerungsphänomen, das besonders bei depressiven Patienten beobachtet wurde, ist die Übergeneralisierung des emotionalen Aspektes des Erlebten, demgegenüber die Details der Situation stark zurücktreten – was schon darauf zurückzuführen ist, dass Depressive ihre Aufmerksamkeit auf jene Phänomene konzentrieren, die ihren negativen Erwartungen entsprechen. Das Wahrnehmungsmaterial und entsprechend seine Einspeicherung passiert also gewissermaßen einen Polarisationsfilter, der alles grau in grau erscheinen lässt.

Was sich hier im Extrem zeigt, gilt in milderer Form allerdings auch für nicht-depressive Menschen: Wenn man mieser Laune ist, begegnen einem deutlich mehr widrige Umstände, als wenn man glänzend aufgelegt ist – und die Erinnerung an derlei »schwarze« Tage ist denn auch in der Regel ziemlich eindimensional. Solche befindensabhängige Erinnerung zeigt sich bemerkenswerterweise auch im Zusammenhang bewusstseinseinschränkender Befindlichkeiten: Wenn man etwa Alkohol trinkt oder andere Drogen konsumiert, erinnert man sich im nüchternen Zustand schlecht an das, was in den entsprechenden Zuständen passiert ist – experimentell ist aber nachgewiesen worden, dass

21 Schacter (1996, S. 207).
22 Frankel (1994).
23 Schacter (1996, S. 208).
24 LeDoux (1998, S. 227 ff.).
25 Schacter (1996, S. 210).
26 Schacter (1996, S. 207).

die Erinnerung präziser wird, wenn der sich Erinnernde wieder auf demselben Pegel ist! Dieses Phänomen des »state dependent retrieval«[27] ist vor allem deshalb interessant, weil es den Schluss nahe legt, dass auch von einer Kongruenz zwischen sozialen Umständen des Einspeicherns und Abrufens auszugehen ist – weshalb etwa auf Kameradschaftsabenden oder Heimattreffen eine größere Reichhaltigkeit von Erinnerungen aus dem Krieg vorfindlich ist, als wenn im Rahmen von Forschungsinterviews lebensgeschichtliche Erinnerungen abgefragt werden. Dieses Phänomen verweist auf die Rolle, die Erinnerungsgemeinschaften für das Wachhalten und Fortschreiben von emotional wichtigen Ausschnitten aus der Geschichte spielen.

Neben dem Phänomen der affektiven Kongruenz des Erinnerns sind noch weitere Aspekte bedeutsam im Zusammenhang traumatischer Erinnerung: Mittlerweile gibt es gute Belege dafür, dass Stress und die damit verbundenen biochemischen Prozesse die Funktionen des Hippocampus, des zentralen Verarbeitungsorgans für die langfristige Speicherung von Gedächtnisinhalten, empfindlich stören können – woraus durchaus ein Unvermögen resultieren kann, sich an das verursachende Trauma überhaupt erinnern zu können. »Auch ist die Merkfähigkeit eingeschränkt, ohne dass der IQ oder andere kognitiven Funktionen betroffen wären. Belastende Erlebnisse können den menschlichen Hippocampus und seine Gedächtnisfunktionen verändern.«[28]

Häufiger scheint freilich der Fall zu sein, dass das traumatisierende Ereignis hinreichend Stress dafür ausgelöst hat, dass die Erinnerung an dieses Ereignis fragmentarischer ist als gewöhnlich. Gleichwohl können Aspekte des Ereignisses bewusst rekonstruiert werden, wobei bei dieser Art von Erinnerung nun aber zwangsläufig Lücken aufgefüllt werden müssen, »und die Zuverlässigkeit der Erinnerung wird davon abhängen, wie viel aufgefüllt wurde und wie wichtig die aufgefüllten Teile für den Inhalt der Erinnerung waren.«[29]

Die konstruktive Funktionsweise des Gedächtnisses kommt in solchen Fällen also verstärkt zum Tragen: Offensichtlich neigen wir dazu, Erinnerungslücken sofort zu schließen, indem wir Material einfügen, das anderen Erlebnissen (oder auch gänzlich anderen Quellen, die mit unserem eigenen Leben nichts zu tun haben) entstammt. In einer neueren Untersuchung ist gezeigt worden, wie Zeitzeugen des Zweiten Weltkriegs Szenen und Fragmente aus Spielfilmen in ihre autobiographischen Erinnerungen einmontieren und ihren Erzählungen auf diese Weise Plastizität, Sinn und Kommunikabilität verleihen.[30] Dieser Montagevorgang ist den Erzählern überhaupt nicht bewusst; sie halten ihre Erinnerungen für Wiedergaben von etwas, das wirklich geschehen ist.

Das episodische Gedächtnis, so könnte man schlussfolgern, scheint wesentlich einem Montageprinzip zu folgen, das bedeutungshaltige Bruchstücke nach ihrem sinnstiftenden und selbstbezogenen Wert zusammenfügt. Bei traumatischen Erinnerungen zeigt sich dieses Prinzip womöglich deutlicher als im Normalfall; es lässt sich jedenfalls einiges Beweismaterial dafür zusammenbringen, dass diese Erinnerungen hinsichtlich ihrer Authentizität größeren Beschränkungen unterliegen als Erinnerungen an weniger belastende Ereignisse. Sollte dieser Befund zutreffend sein, würde das bedeuten, dass Erinnerungen gerade an gefahrvolle, schreckliche und emotional belastende Situationen deutlich mehr konstruierte und montierte Bestandteile aufweisen als emotional gleichgültigere Erinnerungen.

Daneben sei noch auf die Bedeutsamkeit der visuellen Repräsentanz von Erinnerungen hingewiesen: Gerade das, was einem »noch genau vor Augen steht«, wovon man noch jedes einzelne Detail buchstäblich zu sehen glaubt, stattet den sich Erinnernden mit der felsenfesten Überzeugung aus, dass das, woran er sich erinnert, auch tatsächlich geschehen ist. Erstaunlicherweise und subjektiv äußerst schwer nachvollziehbar liegt das aber nicht unbedingt daran, dass sich das Geschehen erst auf der Netzhaut und dann im Gehirn nachgerade eingebrannt hat, sondern daran, dass die neuronalen Verarbeitungssysteme für visuelle Perzeptionen und für phantasierte Inhalte sich überlappen, so dass auch rein imaginäre Geschehnisse mit visueller Prägnanz »vor den Augen« des sich Erinnernden

27 Schacter (1996, S. 62).
28 LeDoux (1998, S. 262).
29 LeDoux (1998, S. 263).
30 Welzer u. a. (2002, S. 105 ff.).

stehen können.[31] Gerade hier ist die Diskrepanz zwischen der subjektiven Überzeugung, sich genauestens zu erinnern, und dem Artefaktischen der Erinnerung am größten.

Insgesamt lässt sich zusammenfassen, dass die scheinbar unmittelbare Erinnerung an biographische Erlebnisse und Ereignisse als Produkte subtiler Interaktionen all jener Prozesse zu verstehen ist, die am Werke sind, wenn unser Gehirn Erinnerungsarbeit leistet: Interaktionen also zwischen den Erinnerungsspuren an Ereignisse, dem Wiedererwecken von Emotionen, dem Import »fremder« Erinnerungen, affektiven Kongruenzen und ganz generell den sozialen Umständen der Situationen, in denen über Vergangenes erzählt wird.[32]

2.2. Emotionale Erinnerung oder Erinnerung an Emotionen?

Was wird im Fall emotional besonders bedeutsamer Erinnerungen erinnert – das Ereignis selbst oder die Emotion, die mit ihm verbunden ist? Dass es wohl eher Erinnerungen an Emotionen sind, die aufbewahrt und weitergegeben werden, machen einige Untersuchungen deutlich, die sich mit dem Erinnern dramatischer Ereignisse – wie etwa an das Attentat auf John F. Kennedy – beschäftigen, und die zu dem Schluss kommen, dass eine bemerkenswert geringe Korrelation zwischen der Akkuratheit einer Erinnerung und der Überzeugung besteht, sich an jede Einzelheit präzise erinnern zu können.[33]

In einer schwedischen Untersuchung wurden junge Erwachsene nach ihrer Erinnerung an die Umstände des Attentats auf Olof Palme sechs Wochen nach dem Ereignis und dann ein weiteres Mal nach einem Jahr befragt – mit dem Ergebnis, dass die Präzision der Erinnerung in diesem Zeitraum erheblich nachgelassen hatte.[34] In einem Selbstversuch zum selben Erinnerungsgegenstand hat der dänische Psychologe Steen Larsen die Umstände des Ereignisses wie auch die Situation, in der er selbst von ihm erfahren hatte, akribisch aufgezeichnet. Einige Monate später konnte sich Larsen zwar noch gut an die meisten Einzelheiten des Attentats selbst erinnern und auch daran, dass er die Nachricht über das Radio beim Frühstück in der Küche gehört hatte, im Gegensatz zu seiner ursprünglichen

Aufzeichnung war er nunmehr allerdings davon überzeugt, nicht allein in der Küche gesessen zu haben, sondern zusammen mit seiner Frau von dem Attentat erfahren zu haben! Hier handelt es sich um einen Effekt, der offenbar auf signifikante Interaktionen zurückgeht, die später im Zusammenhang des emotional bedeutsamen Ereignisses stattgefunden haben, und die nachträglich in das erinnerte Szenario montiert werden. Auch Larsens Erinnerungen daran, was er unmittelbar nach dem Hören der Nachrichten getan hatte, waren unzutreffend.[35]

Ganz ähnlich haben Neisser und Harsch[36] festgestellt, dass Studenten, die sie 24 Stunden nach dem Challenger-Unglück interviewten, zweieinhalb Jahre später ziemlich abweichende Erinnerungen an das Ereignis und die Umstände seiner Kenntnisnahme hatten, indes aber der festen Überzeugung waren, dass ihre falschen Erinnerungen absolut richtig waren. Dies hat, wie Schacter zusammenfasst, wesentlich damit zu tun, dass gerade die emotionale Bedeutsamkeit des Ereignisses die Überzeugung sichert, man würde sich genau erinnern, und diese Überzeugung wird eben genau dadurch unterfüttert, dass es sich hierbei um Ereignisse handelt, über die man oft – und unter anderem natürlich in den Befragungen selbst – gesprochen hat.[37]

Derlei Ergebnisse werfen einiges Licht auf den Umstand, dass Zeitzeugen etwa des Zweiten Weltkriegs mit felsenfester Überzeugung die Authentizität von berichteten Erlebnissen und Ereignissen behaupten können – »das weiß ich noch wie heute!« –, einfach deshalb, weil es sich hierbei um wieder und wieder erinnerte und erzählte Episoden handelt, die zudem in einen Kanon von kursierenden

---

31 Mit Hilfe von neuropsychologischen Techniken, bei denen man aufgrund der Blutsauerstoffzufuhr Gehirnaktivität messen kann, konnten Kosslyn u. a. (1995) nachweisen, dass sowohl beim Sehen als auch beim Imaginieren von Bildern, Objekten oder Szenen dieselben sensorischen Felder im visuellen Kortex aktiviert werden (Kosslyn u. a. 1995; Kosslyn u. a. 2001).

32 Vgl. Schacter (1996, S. 132).

33 Neisser/Harsch (1992).

34 Christianson (1989).

35 Schacter (1996, S. 200 ff.).

36 Neisser/Harsch (1992).

37 Schacter (1996, S. 201).

Geschichten eingebettet sind, die den gleichen sozial abgestützten Erzählmustern folgen. Hinsichtlich der Kommunikation von Erinnerungen ist das besonders deswegen interessant, weil ja nicht nur eine Geschichte – falsch oder richtig – erzählt wird, sondern sich über den Duktus des Erzählens die emotionale Tönung des Erlebten auch dem Zuhörer mitteilt und wiederum das Hören der Geschichte zu einem emotionalen Ereignis macht, das jenseits des inhaltlich Mitgeteilten Bedeutung hat.

Hinsichtlich der Authentizität bzw. vorsichtiger gesagt: der Realitätshaltigkeit von Erinnertem ist weiterhin einschränkend zu sagen, dass es lebensalter- und entwicklungsspezifisch unterschiedliche Dichten von Erinnerung gibt. Schacter spricht in diesem Zusammenhang von einem »reminiscence bump«, der insbesondere in der entwicklungsbedeutsamen Phase zwischen Adoleszenz und jungem Erwachsenenalter auftritt.[38] Ich würde vermuten, dass solche »bumps« in der autobiographischen Erinnerungsdichte allgemein im Zusammenhang von biographischen Transitionen, Statuspassagen und kritischen Lebensereignissen zu verzeichnen sind.[39] Daneben muss man von unterschiedlich gelagerten Rahmen ausgehen, in die autobiographische Erinnerungen kontextualisiert werden, die als Hierarchie von a) bedeutsamen Lebensabschnitten (»als ich in Amerika gelebt habe«), b) allgemeinen Ereignissen (»als ich damals Urlaub an der Ostküste gemacht habe« und c) spezifischen Einzelereignissen (»als ich mit dem Segelboot gekentert bin«) beschrieben werden.[40] Wenn biographisch erzählt wird, fließen diese Ebenen ineinander und können, wiederum abhängig von der emotionalen Bedeutsamkeit des Erinnerten, zur Refiguration des berichteten Ereigniszusammenhangs führen. Dies

verweist auf das Problem der sogenannten »Quellenamnesie«, womit das verbreitete Phänomen bezeichnet wird, dass ein Ereigniszusammenhang zwar korrekt erzählt wird, der Erzähler sich aber in der Quelle vertan hat, aus der er die Erinnerung geschöpft hat.

Ein der Quellenamnesie verwandtes Phänomen ist das der Konfabulation, also des Nachdichtens und Ausschmückens von Geschichten im Zuge ihres wiederholten Erzählens, was mit keinerlei bewusster Absicht des Erzählers verbunden sein muss. Im Gegenteil: gerade die »falsch« konfigurierte, aus unterschiedlichen Zusammenhängen kombinierte und aus Gründen des Unterhaltungswertes aufgepeppte, aber durch Wiederholung und erfolgreiche Kommunikation stabilisierte Geschichte kann für den Erzähler die ganz unbezweifelbare subjektive Gewissheit besitzen, eine Erinnerung zu sein, die ihm »noch genau vor Augen steht«. Gerade die visuelle Repräsentanz von nur scheinbaren Geschehnissen sichert die Überzeugung, hier über ein Stück des eigenen Lebens zu sprechen.

Ausgehend von solchen Überlegungen wird nicht nur einsichtig, wieso die besonders in Geschichtssendungen neuerdings sehr beliebten »Zeitzeugen« kunstvolle Montagen aus Landsergeschichten, Filmausschnitten und biographischen Versatzstücken zum besten geben und nicht historische Wirklichkeiten,[41] sondern auch, wieso es regelmäßig zu empörten Reaktionen von Zeitzeugen kommt, wenn sie – wie zum Beispiel im Zusammenhang der Wehrmachtsausstellung – mit historischen Befunden konfrontiert werden, die mit ihrer Erinnerung subjektiv nichts zu tun haben.[42] Wichtig scheint mir an solchen Phänomenen zu sein, dass die erzählte Erinnerung gerade in der unmittelbaren sozialen Interaktion emotional wirksam wird und Sichtweisen auf die Geschichte erzeugt, gegen die eine auch noch so fundierte historische Faktendarstellung wenig ausrichten kann, weil diese emotional nicht in vergleichbarer Weise besetzt sein kann.

Individuelle wie kollektive Vergangenheit, so kann man zusammenfassen, werden in sozialer Kommunikation beständig neu gebildet. Eine verblüffende strukturelle Entsprechung zu diesem sozialen Prozess findet sich in einer Beschreibung des Erinnerungsprozesses auf neuronaler Ebene: Wenn man die ungeheure Komplexität der assoziativen Verbindungen im Gehirn in Rechnung stellt,

---

38 Schacter (1996, S. 298).
39 Vgl. Welzer (1993, S. 37).
40 Conway/Rubin (1993).
41 Welzer u. a. (1997, S. 204 ff.); Welzer u. a. (2002); Knoch (2001).
42 Ein prominentes Beispiel hierfür liefert etwa der Alt-Bundeskanzler Helmut Schmidt, wenn er in einer Expertenrunde den anwesenden Historikern empört entgegenhält: »Sie müssen anerkennen, wenn Sie hier im Ernst Gespräche führen, daß andere Leute anderes erlebt haben, als was Sie aus Ihren Dokumenten generell herauslesen. Sonst muß ich aufstehen und den Raum verlassen, wenn Sie mich für einen Lügner halten!« (ZEIT-Punkte 3/1995, S. 84).

schreibt der Neurologe Marek-Marsel Mesulam, scheint es völlig unrealistisch, davon auszugehen, dass Erinnerung ein Prozess sei, der Dinge wirklichkeitsgetreu reproduziert: »Die Erinnerung einer Erfahrung geht auf die Aktivierung temporaler und räumlicher Muster zurück, die sich über viele Gruppen von Neuronen erstrecken. Jedes Neuron kann zu einer großen Anzahl solcher Gruppen zählen und entsprechend durch eine große Anzahl neuer Erfahrungen aktiviert werden. Jede neue Erfahrung wird auf der Grundlage der bestehenden Erfahrungen eingeschrieben. Das heißt, jede neue Erinnerung kann durch vorangegangene Erinnerungen beeinflusst werden und bestehende Erinnerungen verändern. Das distributive Speicherverfahren des Gedächtnisses sorgt dafür, dass ein- und dieselbe Erfahrung in sehr unterschiedlichen Kombinationen mit anderen Erfahrungen erinnert werden kann und jedes Mal als Ergebnis vieler verschiedener assoziativer Verknüpfungen betrachtet werden kann.«[43]

3. Soziales Gedächtnis

So wie es auf der Ebene des individuellen Gedächtnisses Systeme für implizite Erinnerungseinspeicherungen, Encodierungs- und Abrufvorgänge gibt, so lassen sich auch auf der Ebene der sozialen und kulturellen Praxis Phänomene impliziter Erinnerung beschreiben. Nun lässt sich die »mnemische Energie« der Dinge, von der bereits Aby Warburg gesprochen hat, nur äußerst schwer mit wissenschaftlichen Mitteln erschließen und scheint mehr zum Erkenntnisbereich ästhetischer Zugänge zu gehören – entsprechend finden wir besonders zu Beginn des vergangenen Jahrhunderts, von Proust über Joyce und Musil bis zu Nabokov eine Fülle von Recherchen über das Gedächtnis der Räume und Dinge.

Dagegen lässt sich in der Wissenschaft bei aller Reichhaltigkeit der Befunde und der Fortschritte in der Theoriebildung zu Erinnerung und Gedächtnis ein Vakuum im Bereich der nicht-intentionalen, beiläufigen, sozialen Erinnerungspraxis erkennen: Woraus Erinnerung gemacht ist und jeden Tag gemacht wird, ihre Textur, scheint so komplex und so ephemer, dass wissenschaftliche Instrumen-

te einfach versagen. Zugleich weiß man, dass eine individuelle Erinnerung erst innerhalb sozialer und kultureller Rahmenvorgaben Gestalt gewinnt, dass zahllose Aspekte von Vergangenem direkt und nachhaltig auf gegenwärtige Deutungen und Entscheidungen einwirken, dass es transgenerationelle Weitergaben von Erfahrungen gibt, die bis in die Biochemie der neuronalen Verarbeitungsprozesse der Nachfolgegenerationen reichen, und dass ungleichzeitige Hoffnungen plötzlich und unerwartet handlungsleitend und geschichtsmächtig werden können.[44] Tradierung, Ungleichzeitigkeit sowie die Erfahrungsgeschichte der Wünsche und Hoffnungen bilden die subjektive Seite des sozialen Gedächtnisses;[45] die Praktiken des Alltags im Umgang mit Dingen, die selbst Geschichte und Erinnerung transportieren – Architektur, Landschaft, Brachen etc. – bilden seine objektbezogene Seite. Das soziale Gedächtnis bezieht sich auf alles, was absichtslos, nicht-intentional, Vergangenheit und Vergangenheitsdeutungen transportiert und vermittelt.

Es lassen sich vier Medien der sozialen Praxis der Vergangenheitsbildung unterscheiden: Interaktionen, Aufzeichnungen, (bewegte) Bilder und Räume, und zwar jeweils solche, die nicht zu Zwecken der Traditionsbildung verfertigt wurden, gleichwohl aber Geschichte transportieren und im sozialen Gebrauch Vergangenheit bilden. Im Einzelnen:

Unter *Interaktion* fallen kommunikative Praktiken, die entweder per se die Modi der Vergegenwärtigung von Vergangenem betreffen oder Vergangenheit en passant thematisieren. Die Entwicklungspsychologie hat eindrucksvolle Untersuchungen darüber vorgelegt, wie in der gemeinsamen Praxis des »memory talk« ein autobiographisches Ich, das auf eine distinkte Vergangenheit zurückblicken kann, herangebildet wird.[46] Zugleich wird dabei »gelernt«, dass Bezugnahmen auf Vergangenes ein konstitutiver Bestandteil des Zusammenlebens überhaupt sind, dass Vergangenheit ein allgegenwärtiges Moment aktueller sozialer Praxis ist. Dieser Prozess findet als kommunikative Aktualisierung erlebter

---

43 Mesulam (1995, S. 382, Übersetzung Welzer).
44 Bloch (1962).
45 Fentress/Wickham (1992); Welzer (2001).
46 Nelson (1993).

Vergangenheiten eine lebenslange Fortsetzung,[47] wobei nicht unbedingt explizit über Vergangenheit gesprochen werden muss, wenn konversationell Vergangenheit gebildet wird. So wird bei Familientreffen gleichsam im Rücken der erzählten Geschichten so etwas wie ein historischer Assoziationsraum der Umstände, des Zeitkolorits, des Habitus der historischen Akteure vermittelt. Solche soziale Interaktion transportiert Geschichte en passant, von den Sprechern unbemerkt und beiläufig.

Dasselbe kann für *Aufzeichnungen* gelten, die nicht zu Zwecken historischer Vergegenwärtigung erstellt wurden, gleichwohl aber Subtexte von Vergangenem transportieren – das kann vom Sinnspruch in der Küche bis zum Bündel Liebesbriefe reichen, das sich im Familienarchiv befindet. Letztlich umfasst es alle jene dokumentierten Äußerungen, die nachträglich von Historikern zu Quellen nobilitiert werden.

Kulturelle Erzeugnisse – Theaterstücke, Opern, Romane und besonders *Bilder und Filme* – haben, wie Gertrud Koch[48] gesagt hat, prinzipiell einer internen Bezug zur Vergangenheit und transportieren immer auch historische Konstruktionen bzw. Lesarten des Vergangenen. Narrative und visuelle Medien haben immer mindestens einen Subtext, der dem Rezipienten eine möglicherweise ganz gegenteilige Interpretation des Gesehenen nahe legen kann, als der Kommentar, mit dem er gezeigt wird. In diesem Sinn lässt sich das historische Interpretament, das zum Beispiel die Bildsprache Leni Riefenstahls für das NS-System liefert, durch analytische Kommentare vielleicht relativieren, aber nicht zerstören; analoges gilt für historische Romane oder Historienfilme. »Nichts scheint schwerer, als den Scheincharakter des Films zu durchschauen, seine Bilder wieder zu vergessen.«[49]

Aber mediale Erzeugnisse liefern nicht nur Lesarten für Vergangenes, sie determinieren auch die Wahrnehmung der Gegenwart. Mit Goffman[50] ist

darauf hinzuweisen, dass nicht erst die Weitergabe von Erlebtem solchen Mustern und Regeln folgt, sondern schon die Wahrnehmung und Interpretation des Geschehens in dem Augenblick, in dem es passiert. Besonders seit es Fernsehen gibt, wissen Soldaten schon vor der ersten Feindberührung, wie es aussieht, wenn ein feindlicher Soldat fällt und stirbt – oder auch nicht, wie der 22jährige Offizier Gary McKay etwas enttäuscht aus dem Vietnamkrieg berichtet: »Es ist gar nicht so, wie man es normalerweise aus dem Kino oder dem Fernsehen kennt: kein fürchterliches Schreien der Verwundeten, nur ein Grunzen, und dann fällt er völlig unkontrolliert zu Boden.« Andere Berichte fallen eher erwartungsgemäß aus – etwa, wenn ein U-Boot genauso untergeht wie in einem Hollywood-Film oder ein Flugzeug »genau wie im Kino« explodiert. Diese und zahlreiche ähnliche Beispiele finden sich bei Joanna Bourke,[51] die ihre Auswertung von Kriegsromanen, Tagebüchern und Interviews so zusammenfasst: »Jede Interpretation der Tagebücher, Briefe und Autobiographien von Kriegsteilnehmern zeigt das Ausmaß, in dem literarische und filmische Bilder von Männern und Frauen übernommen (und umgeschrieben) werden, und zwar bevor der Krieg beginnt.«[52]

Kulturelle Rahmen sind bereits im individuellen Bewusstsein als Strukturierungsmatrizen für die Verarbeitung von Informationen wirksam – und das bedeutet, dass wir es bei dem Phänomen des Imports vorgestanzter Erlebnisse in die eigene Lebensgeschichte mit einem zirkulären Vorgang zu tun haben; denn wenn sich zum Beispiel, wie in einer neueren Studie dargelegt,[53] Sequenzen aus Spielfilmen als passend für die Konstruktion von »selbsterlebten« Kriegsgeschichten erweisen, dann auch deswegen, weil sie vielleicht umgekehrt eine Art gemeinsame Summe von Erlebnis- und Erfahrungsfragmenten bilden, die vielen ehemaligen Soldaten so oder ähnlich, vollständig oder in Teilen, tatsächlich begegnet sind. Denn zweifellos beziehen ja auch die filmischen Vorlagen ihre Erzählstruktur und ihre Ausstattungsmerkmale aus Narrationen, die ihnen vorausliegen: Die Bewährungsgeschichte des einfachen Soldaten im Krieg, die narrative Struktur der Abenteuergeschichte, die Dramaturgie der Tragödie sind ihrerseits Vorlagen, die von den filmischen Medien adaptiert werden, und das gesamte Verhältnis von Erzählvorlagen, Erlebnissen,

47 Middelton/Edwards (1990).
48 Koch (1997, S. 537).
49 Koch (1997, S. 547).
50 Goffman (1979).
51 Bourke (1999, S. 16 ff.).
52 Bourke (1999, S. 16, Übersetzung Welzer).
53 Welzer u. a. (2002).

Weitergaben von Erlebnisberichten und Bebilderungen mit vorhandenem visuellen Material ist unentwirrbar komplex.

Zum sozialen Gedächtnis gehören ferner *Räume*. Städtebau und Architektur sind Ensembles, in denen sich historische Zeiten in Stein, Beton und Asphalt überlagern – wobei auch diesem sozialen Gedächtnis – wie nicht nur der Historismus und die postmoderne Architektur gezeigt haben – durchaus erinnerungspolitische Intentionen zugrunde liegen können: Architekten und Stadtplaner sind nicht selten von der Absicht motiviert, eine bestimmte Konstruktion der Geschichte der Stadt zu akzentuieren, und zwar, indem Geschichtsbestände einerseits betont und andererseits zerstört werden – man lese hierzu nur die Schriften Albert Speers.

Für Einwohner und Passanten stellt sich die Stadt freilich als ein Gebilde dar, das wiederholten Refigurationen unterworfen war und in dem sich daher Schichten der Geschichte mit höherem oder geringerem Aufmerksamkeitswert überlagern. Für diejenigen, die in ihr leben oder gelebt haben, haben die Viertel der Stadt natürlich auch eine Dimension unmittelbar lebensgeschichtlicher Bedeutung – wobei gerade das Nicht-mehr-vorhandene größere Wirkung auf das Gedächtnis haben kann als das Überbaute oder auch das Rekonstruierte.[54] Erinnerungstheoretisch erwähnenswert scheint mir noch der Hinweis darauf, dass sich etwa Landschaftserfahrungen je nach der konkreten psychischen und physischen Verfassung des Erlebenden in seiner Erinnerung vollständig verschieden niederschlagen können. Kurt Lewin hat 1917 seine Erfahrungen als Feldartillerist in den Versuch einer Phänomenologie der »Kriegslandschaft« übersetzt. Er beschreibt darin seine Wahrnehmung des Charakters der Umgebung in Abhängigkeit von der militärischen Bewegung, in der der Betrachter sich jeweils befindet. Erscheint die Landschaft im Vorrücken als »gerichtet« und ihre Merkmale wie Wäldchen, Hügel und Häuser nach Funktionen im Gefecht definiert, öffnet sich dieselbe Landschaft im Rückzug wieder zur »ungerichteten« Friedenslandschaft: »Mit Verwunderung nimmt man wahr, dass, wo eben noch Stellung war, nun Land ist. Aus der Zone, wo man sich gleichsam ständig geduckt und abwehrbereit zu verhalten hatte, ist ein Teil jener Strecke Landes geworden, die man nun zu durchziehen haben wird.

Ohne dass man eine eigentliche Wandlung erlebt hätte, sind plötzlich anstelle der Gefechtsdinge ein Acker, eine Wiese oder dergleichen entstanden, die nun nach allen Seiten landwirtschaftliche Zusammenhänge zeigen zu den Feldern und Wäldern ringsum. An Stelle der durch die Front bestimmten Gerichtetheit haben die Äcker und Feldraine jetzt andere, ihnen an sich eigene Richtungen.«[55]

Zu sprechen wäre auch von Geschichtsspuren, die sich in den Körper und in den Habitus eingeschrieben haben. Sowohl die phänomenologische Erfahrung als auch die neurowissenschaftliche Forschung zum prozeduralen Gedächtnis machen unmittelbar deutlich, dass sich soziale Erfahrungen – Gewalt-, Kriegs- und Arbeitserfahrungen etwa – in spezifischer Weise in Bewegungsabläufen, Gesichtszügen und Körperhaltungen niederschlagen und damit lesbar sind, mithin als Subtexte des Historischen fungieren. Man könnte diesen Phänomenbereich mit dem Titel der Veröffentlichung eines niederländischen Traumaforschers überschreiben: »The body keeps the score.«[56]

4. Kulturelles Gedächtnis

Aleida und Jan Assmann verdanken wir eine recht genaue kulturwissenschaftliche Bestimmung von Gedächtnisformen, die eine dringend notwendige Differenzierung des so eindrucksvollen und faszinierenden, nichtsdestoweniger aber ziemlich unklaren Konzepts vom »kollektiven Gedächtnis« von Maurice Halbwachs[57] geliefert haben. Jan Assmann hat das »kulturelle Gedächtnis« zunächst definiert als »Sammelbegriff für alles Wissen, das im spezifischen Interaktionsrahmen einer Gesellschaft Handeln und Erleben steuert und von Generation zu Generation zur wiederholten Einübung und Einweisung ansteht.«[58] Diesen Sammelbegriff setzt Assmann ab vom »kommunikativen Gedächtnis« einerseits und von »Wissenschaft« als einer hoch spezialisierten Form von Gedächtnisbildung andererseits.

54 Anders (1985).
55 Lewin (1982, S. 322).
56 Van der Kolk u. a. (1991); van der Kolk (1994).
57 Halbwachs (1985).
58 Assmann (1988, S. 9).

Das »kommunikative Gedächtnis« ist Assmann zufolge gekennzeichnet »durch ein hohes Maß an Unspezialisiertheit, Rollenreziprozität, thematische Unfestgelegtheit und Unorganisiertheit«[59] – es lebt in interaktiver Praxis im Spannungsfeld der Vergegenwärtigung von Vergangenem durch Individuen und Gruppen. Das »kommunikative Gedächtnis« ist im Vergleich zum »kulturellen« beinahe so etwas wie das Kurzzeitgedächtnis der Gesellschaft – es ist an die Existenz der lebendigen Träger und Kommunikatoren von Erfahrung gebunden und umfasst etwa 80 Jahre, also drei bis vier Generationen. Der Zeithorizont des »kommunikativen Gedächtnisses« wandert entsprechend »mit dem fortschreitenden Gegenwartspunkt mit. Das kommunikative Gedächtnis kennt keine Fixpunkte, die es an eine sich mit fortschreitender Gegenwart immer weiter ausdehnende Vergangenheit binden würden.«[60] Eine dauerhaftere Fixierung der Inhalte dieses Gedächtnisses ist nur durch »kulturelle Formung« zu erreichen, d.h. durch organisierte und zeremonialisierte Kommunikation über die Vergangenheit. Während das »kommunikative Gedächtnis« durch Alltagsnähe gekennzeichnet ist, zeichnet sich das »kulturelle Gedächtnis« durch Alltagsferne aus. Es stützt sich auf Fixpunkte, die gerade nicht mit der Gegenwart mitwandern, sondern als schicksalhaft und bedeutsam markiert werden und durch »kulturelle Formung (Texte, Riten, Denkmäler) und institutionalisierte Kommunikation (Rezitation, Begehung, Betrachtung) wachgehalten« werden.[61] Merkmale des »kulturellen Gedächtnisses« sind erstens Identitätskonkretheit – d.h. es ist bezogen auf den Wissensvorrat und die konstitutive Bedeutung dieses Vorrats für die Identität einer Wir-Gruppe – und zweitens Rekonstruktivität: Dieses Wissen der Wir-Gruppe bezieht sich auf die Gegenwart. »Es ist zwar fixiert auf unverrückbare Erinnerungsfiguren und

Wissensbestände, aber jede Gegenwart setzt sich dazu in aneignende, auseinandersetzende, bewahrende und verändernde Beziehung.«[62]

Assmann zufolge existiert das »kulturelle Gedächtnis« in zwei Modi, nämlich in der Potentialität des in Archiven, Bildern und Handlungsmustern gespeicherten Wissens, und als Aktualität, also in dem, was aus diesem unermesslichen Bestand nach Maßgabe von Gegenwartsinteressen verwendet wird. Als weitere Merkmale des »kulturellen Gedächtnisses« nennt Assmann seine Geformtheit – etwa durch Schrift, Bilder und Riten –, seine Organisiertheit – durch Zeremonialisierung oder durch Spezialisierung von Erinnerungsexperten –, und schließlich seine Verbindlichkeit, d.h., es ist durch einen normativen Anspruch gekennzeichnet, der den »kulturellen Wissensvorrat und Symbolhaushalt strukturiert.«[63]

Vor dem Hintergrund dieser Bestimmungen kommt Assmann zu jenem Begriff des »kulturellen Gedächtnisses«, wie er seither in der Fachdiskussion verwendet wird: der »jeder Gesellschaft und jeder Epoche eigentümliche Bestand an Wiedergebrauchs-Texten, -Bildern und -Riten [...], in deren ›Pflege‹ sie ihr Selbstbild stabilisiert und vermittelt, ein kollektiv geteiltes Wissen vorzugsweise (aber nicht ausschließlich) über die Vergangenheit, auf das eine Gruppe ihr Bewußtsein von Einheit und Eigenart stützt.«[64]

Über Phänomene des kulturellen Gedächtnisses existiert mittlerweile eine so breite Literatur, dass hier nur ein kursorischer Überblick gegeben werden kann. Dieser reicht von den enzyklopädischen Versuchen, Erinnerungsorte (auch im nicht-räumlichen, metaphorischen Sinn) zu identifizieren und nationalspezifisch zu beschreiben.[65] Daneben hat sich aus zeithistorischer und politikwissenschaftlicher Perspektive ein Genre erinnerungs- und vergangenheitspolitischer Analysen entwickelt,[66] das die Aufmerksamkeit auf die intentionalen Steuerungsversuche kultureller Erinnerung geschärft hat. Über das Verhältnis von Geschichte und Erinnerung existiert mittlerweile eine breite Literatur, die ihr Unterscheidungsvermögen und ihre erkenntnistheoretische Kraft primär aus der Geschichte des Holocaust und den Aporien seiner Historisierung zieht.[67] Auch die Literatur zur Ikonographie der medialen Vergangenheitsrepräsenta-

---

59 Assmann (1988, S. 10).
60 Assmann (1988, S. 11).
61 Assmann (1988, S. 12).
62 Assmann (1988, S. 13).
63 Assmann (1988, S. 15).
64 Assmann (1988, S. 15).
65 Nora (1989).
66 Z.B. Frei (1996); Reichel (2001); Wolfrum (1999); Novick (2003); Levi/Sznaider (2001).
67 Friedländer (1998); Young (1992); Rüsen (1990, 2001).

tion scheint inzwischen kaum mehr überschaubar.[68] Sie hat insbesondere darauf aufmerksam gemacht, dass zu unserer Auffassung von Geschichte die Geschichte ihrer Vermittlung unausweichlich dazugehört. Dafür, dass sich nicht alles in der Vermittlung des immer schon Vermittelten auflöst, sorgt die traditionelle Historiographie mit der Lieferung der jeweils autoritativen quellenbasierten Lesart der geschichtlichen Zusammenhänge. Sie bildet trotz aller Vermittlungs- und Intertextualitätsdiskurse nach wie vor die entscheidende Berufungsinstanz aller Bemühungen im intentionalen Handlungsraum des kulturellen Gedächtnisses.

5. Kommunikatives Gedächtnis

Das »kommunikative Gedächtnis« bezeichnet demgegenüber die eigensinnige Verständigung der Gruppenmitglieder darüber, was sie für ihre eigene Vergangenheit im Wechselspiel mit der identitätskonkreten Großerzählung der Wir-Gruppe halten und welche Bedeutung sie dieser beilegen. »Kulturelles« und »kommunikatives Gedächtnis« sind also nur analytisch zu trennen; in der Erinnerungspraxis der Individuen und sozialen Gruppen hängen ihre Formen und Praktiken miteinander zusammen, weshalb sich die Gestalt des »kulturellen Gedächtnisses« auch – zumindest über längere Zeitabschnitte hinweg – wandelt, indem bestimmte Aspekte ab- und andere aufgewertet und wieder andere neu hinzugefügt werden.

Die Definition der Assmanns ist deutlich auf die kommunikative Praxis von Gruppen und Gesellschaften bezogen und klammert vor diesem Hintergrund mit Recht die Frage aus, wie das kommunikative Gedächtnis auf der Ebene des Individuums beschaffen ist. Hierzu noch einige Bemerkungen: Das autobiographische Gedächtnis, das wir für den Kernbestand unseres Selbst halten, weist viele Aspekte auf, die sich im Zusammensein mit anderen nicht nur gebildet haben, sondern auch nur dort lebendig werden.[69] Die neurowissenschaftliche und neurophilosophische Literatur weist darauf hin, dass wesentliche Aspekte unseres Selbst und unserer Entscheidungen an Intuitionen und Assoziationen gebunden sind, die wir nicht immer bewusst steuern, sondern durch die unser Handeln angeleitet

und gesteuert wird.[70] Dieser eigentümliche Zusammenhang zwischen einer relativen individuellen Autonomie und Selbstbewusstheit auf der einen Seite und einer ausgeprägten Sozialitäts- und Körperabhängigkeit auf der anderen Seite bestimmt unsere Existenz, und das autobiographische Gedächtnis übernimmt dabei die Aufgabe, diesen Zusammenhang zu synthetisieren und eine Kontinuität zwischen den beiden Seiten herzustellen, die uns gar nicht bewusst ist, so dass wir uns beständig eines scheinbar gleichbleibenden Ich – über alle Zeiten, über alle Situationen hinweg – versichern können. Dieses Ich (und alles, was wir als eine Identität bezeichnen, die aus der Lebensgeschichte und der Vergangenheit der Erinnerungsgemeinschaft geschöpft wird, zu der man gehört), ist in gewisser Weise ein Selbstmissverständnis, allerdings ein notwendiges und sinnreiches. Hans Georg Gadamer hat genau das gemeint, als er davon gesprochen hat, dass die Autobiographie die Geschichte »reprivatisiere«.[71]

Die buchstäbliche Individualität jedes einzelnen der Milliarden Menschen resultiert aus dem Zusammentreffen all jener genetischen, historischen, kulturellen, sozialen und kommunikativen Bedingungen, die so, in dieser Summe und Gestalt, nur er allein erfährt. Diese Reihung gibt zugleich ein Kontinuum der Persönlichkeitsentwicklung an, dessen einer Pol Festgelegtheit und dessen anderer Varianz ist, und dieses Kontinuum macht deutlich, dass die Geschichte individueller kommunikativer Erfahrungen das Moment ist, das sowohl das Gedächtnis wie das Selbst am stärksten individualisiert. Insofern sind Sozialität und Individualität keine Gegensätze, sondern bedingen einander.

---

68 Zelizer (1998); Knoch (2001); Young (2002); Koselleck (1979); White (1991).

69 Reddy u. a. (1997); Trevarthen (1998); Stern (1998); Nelson (1998); Welzer (2002).

70 Damasio (1997, 1999); Roth (1994); Schacter (1996); Markowitsch (2002 a); Pauen (2002).

71 «In Wahrheit gehört die Geschichte nicht uns, sondern wir gehören ihr. Lange bevor wir uns in der Rückbesinnung selbst verstehen, verstehen wir uns auf selbstverständliche Weise in Familie, Gesellschaft und Staat, in denen wir leben. Der Fokus der Subjektivität ist ein Zerrspiegel. Die Selbstbesinnung des Individuums ist nur ein Flackern im Stromkreis des geschichtlichen Lebens.« (Gadamer 1986, S. 281).

Das autobiographische Gedächtnis ist vor diesem Hintergrund »nicht mehr eine Frage – oder nicht mehr ausschließlich eine Frage – der Repräsentation eines Lebens, von der Geburt bis zum Tod. [...] Statt dessen ist sie die Frage nach der, möglichst sorgfältigen, Unterscheidung der vielfältigen Quellen, die das Selbst hervorbringen. [...] Das Projekt, um das es geht – ob es bewusst stattfindet, wie beim Schreiben einer Autobiographie, oder unbewusst, wie im Laufe des Lebens –, ist eines der poiesis, der Modellierung einer Identität innerhalb dieser und mit diesen vielfältigen Quellen.«[72]

Das Verbindende zwischen diesen Quellen ist soziale Praxis, und die besteht in kommunikativen Prozessen. Es ist ein »kommunikatives Unbewußtes«, das diese Quellen verbindet und grundsätzlich auf mehr »Wissen« basiert, als jedem einzelnen Handelnden und auch allen zusammen bewusst verfügbar ist.

Wenn kommunikative Praxis Vergangenheit und Geschichte zum Gegenstand hat, geht es keineswegs nur um die Weitergabe von narrativen und inhaltlichen Versatzstücken, die so und so kombiniert werden können und werden, sondern immer auch um die Organisationsstruktur dieser Kombinationen, die vorab schon festlegt, in welchen Rollen welche Akteure überhaupt auftreten können und wie zu bewerten ist, was sie erlebt haben. Deshalb ist es oft so, dass es eher die emotionale Dimension, die atmosphärische Tönung des Berichts ist, die weitergegeben wird und die Vorstellung und Deutung der Vergangenheit bestimmt, während die inhaltlichen Zusammenhänge – situative Umstände, Kausalitäten, Abläufe etc. – frei verändert werden, so, wie es für die Zuhörer und Weitererzähler am meisten »Sinn macht«.

All dies erinnert nicht zufällig an die fotografischen Medien, die ihre Wirkungskraft nicht nur daraus beziehen, dass sie etwas projizieren, sondern auch daraus, dass im selben Maß auf sie projiziert werden kann: »Der Reichtum der Photographie«, hat Edgar Morin geschrieben, »ist tatsächlich alles das, was nicht in ihr enthalten ist, was wir vielmehr

in sie hineinprojizieren oder mit ihr verbinden.«[73] Analog entsteht im Film erst in den Schnitten die Geschichte, d. h. in der aktiven Hinzufügung und Ergänzung durch den Betrachter, genauso wie in der erzählten und gehörten Geschichte.

Überhaupt nimmt das Gehirn pausenlos Ergänzungen vor, die Welten konstruieren, die in der »Wirklichkeit« gar nicht existieren. Die Schnitttechnik des Films nimmt lediglich Verfahrensweisen der Wahrnehmung und des konstruktiven Vermögens des Gehirns in Anspruch, die menschliches Weltverständnis ganz grundsätzlich ausmachen. Aus neurowissenschaftlicher Perspektive würde hier darüber hinaus argumentiert werden, dass die menschlichen Sinnessysteme überhaupt nur einen schmalen Ausschnitt von Signalen aus der Umwelt aufnehmen und daraus dann ein kohärentes Bild einer Wirklichkeit konstruieren, »und unsere Primärwahrnehmung läßt uns glauben, das sei alles, was da ist. Wir nehmen nicht wahr, wofür wir keine Sensoren haben, und ergänzen die Lücken durch Konstruktionen.«[74] Und Singer fügt hinzu, dass es erst die Verwendung »künstlicher Sensoren« sei, die darauf hinweist, »daß es da viel mehr wahrzunehmen gibt«.

Die Montagetechnik des Gehirns hat ein Korrelat in den kommunikativen Prozessen der Vergangenheitsbildung. Das Gedächtnis sowohl von Erinnerungsgemeinschaften als auch von Einzelpersonen baut nicht auf ein begrenztes und fixiertes Inventar von Erinnerungsstücken, sondern dieses Inventar unterliegt einer permanenten Ergänzung und Überschreibung, die eben in seiner Aktualisierung im Prozess sozialer Kommunikation geschieht.

Das Gedächtnis ist an die Akte des Sich-Erinnerns gebunden, und die fiktive Einheit dieses Gedächtnisses besteht in der Kontinuität der Aktualisierung von Geschichten aus der Vergangenheit, in der kommunikativen Praxis gemeinsamen Sich-Erinnerns. Was Paul Ricœur für die individuelle Erinnerung festgehalten hat, gilt auch für die soziale Praxis der Vergegenwärtigung des Vergangenen: dass diese Praxis völlig unzureichend beschrieben wäre, wenn man darin eine Aneinanderreihung von Episoden sehen würde. Jede Erinnerungssituation hat nämlich eine »konfigurative Dimension«, in der die kommunikativen Akte – Erzählungen, Ergänzungen, Kommentare, Fragen – nach Maßgabe von

---

72 Freeman (2001, S. 40).
73 Morin (1958, S. 28).
74 Singer (2000, S. 10).

Erzählkonventionen, Plausibilitäts- und Kausalitätserwartungen etc. so geordnet werden, dass eine für alle Beteiligte sinnhafte Geschichte entsteht (die bei genauerer Betrachtung in ebenso viele Versionen zerfällt, wie Sprecher und Zuhörer beteiligt sind).

Der kommunikative Verfertigungsprozess von Vergangenheit bewegt sich in drei Zeitgestalten – in der Vergangenheit, über die erzählt wird, in der Gegenwart, in der die Wir-Gruppe ihre Vergangenheit begeht, und in der Zukunft, auf die die Kohärenz der Gruppe gerichtet ist: So wird sie auch über diese und weitere Situationen hinweg bestehen, oder andersherum, sie wird in Zukunft so sein, weil sie jetzt so ist und immer schon so war. Keine Vergegenwärtigungssituation ist wie eine vorangegangene: Inzwischen ist Zeit vergangen, vielleicht ist jemand in der Zwischenzeit verstorben, vielleicht jemand dazugekommen, vielleicht sind aus gesellschaftlich dominanten Vergangenheitsdiskursen neue Aspekte in die Vergegenwärtigungssituation eingewandert – in jedem Fall gehen alle Beteiligten von einer anderen Stelle aus in das gemeinsame Gespräch.

Damit verändert sich notwendig auch die Vergangenheit, wie sie verfertigt wird, denn sie erscheint nunmehr im Rahmen einer neuen Figuration. Dabei gilt für eine Erinnerungsgemeinschaft Analoges wie für das sich erinnernde Individuum: Erinnern geht immer einher mit Neu-Einschreiben (Wolf Singer). Was in der Erinnerung bleiben soll, bedarf der Konsolidierung durch wiederholtes Durchdenken und Durchfühlen desselben Ereignisses. Wenn diese Konsolidierung ausfällt, abgebrochen oder modifiziert wird, verändert sich das Engramm, die neuronale Gedächtnisspur. Das bedeutet, »daß Engramme nach wiederholtem Erinnern gar nicht mehr identisch sind mit jenen, die vom ersten Lernprozeß hinterlassen wurden. Es sind die neuen Spuren, die […] beim Erinnern neu geschrieben werden.«[75]

Das aber hat, wie Singer ausführt, weitreichende Konsequenzen für die Beurteilung der Authentizität von Erinnerungen. Denn bei einem erneuten Konsolidierungsprozess wird auch der Kontext, in dem das Erinnern stattfindet, »mitgeschrieben und der neuen Erinnerung beigefügt. Es ist dann nicht auszuschließen, daß die alte Erinnerung dabei in neue

Zusammenhänge eingebettet und damit aktiv verändert wird.«[76] Und damit erklärt sich die permanente Veränderung nicht nur der individuellen, sondern auch der kollektiven Erinnerung ebenso wie die kontinuierliche Feinabstimmung des gemeinsamen Gedächtnisses, die notwendig auch die Erinnerung der einzelnen Mitglieder nuanciert verändert. Niemand geht in diesem Sinne mit der gleichen Fiktion vom gemeinsamen Gedächtnis aus der Situation heraus, mit der hineingegangen ist – aber gerade das stellt die Funktion sicher, dass das Gedächtnis der Gruppe kohärent und damit die Gruppe als Gruppe bestehen bleibt.

Das nun unterscheidet das kommunikative vom kulturellen Gedächtnis, das sich dann zu etablieren beginnt, wenn kein Erzähler mehr existiert, der das in Rede stehende historische Geschehen noch miterlebt hat. An diesem Punkt wird die Vergangenheit in kommemorative Formen gegossen, die deutlich mehr mit Geschichts-, Vergangenheits- und Erinnerungspolitik zu tun haben, mit politisch und moralisch definierten Formen der Angemessenheit, als das kommunikative Gedächtnis. Mit anderen Worten: Das kulturelle Gedächtnis ist in gewisser Weise ein geronnener Aggregatzustand des kommunikativen Gedächtnisses, dessen zentrale Eigenschaft in seiner Flüssigkeit besteht. Diese Formulierung sollte nicht zu wörtlich genommen werden, denn wie unser Bewusstsein und unser Handeln positiv oder negativ auch an das kulturelle Gedächtnis gebunden ist, so wird dieses durch kommunikatives Handeln an Stellen selbst wieder verflüssigt und verändert – was man sich am besten an den Gestaltwandlungen klarmachen kann, die der Holocaust in den letzten Jahrzehnten im kulturellen Gedächtnis erfahren hat.[77]

Das kommunikative Gedächtnis beinhaltet als lebendiges Gedächtnis eine Dialektik von Individualität und Sozialität, von Geschichte und Privatisierung von Geschichte, die zugleich die Suggestion von Ich- und Wir-Identität wie ihre permanente Veränderung erzeugt. Das Medium für die Erzeugung des Gefühls von Kontinuität und Stabilität,

---

75 Singer (2000, S. 10).
76 Singer (2000, S. 10).
77 Novick (2003); Knigge/Frei (2002).

die wir unserem Selbst zuschreiben, ist gerade die lebenslange nuancierte Veränderung ebendieses Selbst in der kommunikativen Feinabstimmung in jeder neuen Situation, in der wir uns befinden. Dem autobiographischen Gedächtnis kommt dabei die Aufgabe zu, all unsere Vergangenheiten so umzuschreiben und anzuordnen, dass sie dem Aktualzustand des sich erinnernden Ich passgenau entsprechen. Diese Passgenauigkeit wird durch alle jene sozialen Kommunikationen beglaubigt, die uns ganz praktisch versichern, dass wir uns selbst gleichgeblieben sind. Auf diese Weise gelingt es uns, zugleich ein individuelles Selbst zu haben und Teil einer historischen Figuration und sozialen Praxis zu sein, die weit über unsere eigene Existenz – über unsere Handlungsräume und unsere eigene Lebenszeit – hinausreicht.

6. Ausblick

Es gibt nicht wenige Anzeichen dafür, dass Erinnerungs- und Gedächtnisforschung und die entsprechende Theoriebildung ihren gegenwärtig prominenten Stellenwert in den Kulturwissenschaften noch einige Zeit halten werden – unter anderem deswegen, weil sie einen Forschungsgegenstand bilden, in dem sich individuelle und soziale Prozesse prägnant in ihrer wechselseitigen Vermittlung zeigen. Zugleich hat es Erinnerungs- und Gedächtnisforschung mit einem abgrenzbaren und definierten Gegenstandsbereich zu tun, der überdies, und darin scheint eine besondere Attraktivität und Herausforderung zu liegen, geeignet ist, den in den vergangenen zwei Jahrzehnten so eklatant gewordenen Bedeutungsverlust der Kulturwissenschaften ein wenig zu kompensieren.

In der Konvergenzzone, die sich im Bereich der Erinnerungs- und Gedächtnisforschung zwischen den Disziplinen abzeichnet, und die durch die erfahrungsabhängige Gehirnentwicklung auf der einen und die biokulturelle Genese menschlichen Denkens auf der anderen Seite umrissen ist, hat die Kulturwissenschaft mittelfristig mehr zu sagen als die Naturwissenschaft. Sie kann die soziokulturelle Genese des epistemischen Objekts ihrer Bemühungen rekonstruieren – und zwar gerade mit Hilfe neurowissenschaftlicher Befunde. Zugleich kann sie die reduktiven Begriffe, auf deren Grundlage die Neurowissenschaften ihre Forschungszugänge operationalisieren, kritisieren und zugunsten wirklichkeitsangemessenerer Begriffe und Konzepte suspendieren. Und schließlich kann sie die Befunde der Neurowissenschaften aus dem Bezugsfeld des Individuums in das Beziehungsfeld des Sozialen bewegen.

Literatur

ANDERS, GÜNTHER (1985), *Besuch im Hades*, München: C. H.Beck. ▪ ASSMANN, ALEIDA (1992), *Erinnerungsräume. Formen und Wandlungen des kulturellen Gedächtnisses*, München: C. H.Beck. ▪ ASSMANN, JAN (1988), »Kollektives Gedächtnis und kulturelle Identität«, in: Assmann, Jan / Hölscher, Tonio (Hg.), *Kultur und Gedächtnis*, Frankfurt/M.: Fischer, S. 9–19. ▪ ASSMANN, JAN (1992), *Das kulturelle Gedächtnis. Schrift, Erinnerung und politische Identität in frühen Hochkulturen*, München: C. H.Beck. ▪ BLOCH, ERNST (1962), *Erbschaft dieser Zeit*, Frankfurt/M.: Suhrkamp. ▪ BOURKE, JOANNA (1999), *An intimate history of killing: face to face killing in the 20th century*, New York: Basic Books. ▪ BRATEN, STEIN (1998), »Introduction«, in: Braten, Stein (Hg.), *Intersubjective communication and emotion in early ontogeny*, Cambridge: University Press, S. 1–12. ▪ CHRISTIANSON, SVEN-AKE (1989), »Flashbulb memories: Special, but not so special«, in: *Memory and Cognition*, 17, S. 435–443. ▪ CONNERTON, PAUL (1989), *How societies remember*, Cambridge: University Press. ▪ CONWAY, MICHAEL A. / RUBIN, DAVID C. (1993), »The structure of autobiographical memory« in: Collins, Alan F. u. a. (Hg.), *Theories of Memory*, Hillsdale: Erlbaum, S. 103–137. ▪ DAMASIO, ANTONIO R. (1997), *Descartes' Irrtum. Fühlen, Denken und das menschliche Gehirn*, München: dtv. ▪ DAMASIO, ANTONIO R. (1999), *The feeling of what happens. Body and emotion in the making of consciousness*, New York u. a.: Harcourt Brace. ▪ ECCHEBARRIA, A. / CASTRO, J. (1995), »Soziales Gedächtnis – makropsychologische Aspekte«, in: Flick, Uwe (Hg.), *Psychologie des Sozialen. Repräsentationen in Wissen und Sprache*, Reinbek: Rowohlt, S. 119–139. ▪ FENTRESS, JAMES / WICKHAM, CHRIS (1992), *Social memory*, Oxford: Blackwell. ▪ FIVUSH, ROBYN / NELSON, KATHERINE (2000), »Socialization of memory«, in: Bower, Gordon H. / Tulving, Endel (Hg.), *The Oxford Handbook of Memory*, Oxford: University Press, S. 283–296. ▪ FRANKEL, F. H. (1994), »The concept of flashbacks in historical perspective«, in: *The International Journal of Clinical and Experimental Hypnosis*, 42, S. 321–336. ▪ FREEMAN, MARK (2001), »Tradition und Erinnerung des Selbst und der Kultur«, in: Welzer, Harald (Hg.), *Das soziale Gedächtnis. Geschichte, Erinnerung, Tradierung*, Hamburg: Hamburger Edition, S. 25–40. ▪ FREI, NORBERT (1996), *Vergangenheitspolitik. Die Anfänge der Bundesrepublik und die NS-Vergangenheit*, München: dva. ▪ FRIEDLÄNDER, SAUL (1998), *Das Dritte Reich und die Juden*, München: C. H.Beck. ▪ GADAMER, HANS-GEORG (1986), *Wahrheit und Methode*, Tübingen: Mohr. ▪ GOFFMAN, ER-

VING (1979), *Rahmenanalyse*, Frankfurt/M.: Suhrkamp. ■ HALBWACHS, MAURICE (1985), *Das kollektive Gedächtnis*, Frankfurt/M.: Fischer. ■ HELL, WOLFGANG (1998), »Gedächtnistäuschungen. Fehlleistungen des Erinnerns im Experiment und im Alltag«, in: Fischer, Ernst Peter (Hg.), *Gedächtnis und Erinnerung*, München: Piper, S. 233–277. ■ HOBSBAWM, ERIC / RANGER, TERENCE (1983), *The invention of tradition*, Cambridge: University Press. ■ HYMAN, I. E. / HUSBAND, T. H. / BILLIGS, F. J. (1995), »False memories of childhood experiences«, in: *Applied Cognitive Psychology*, 9, S. 181–197. ■ IRWIN-ZARECKA, IWONA (1994), *Frames of remembrance: The dynamics of collective memory*, New York: Routledge. ■ KEPPLER, ANGELA (1994), *Tischgespräche. Über Formen kommunikativer Vergemeinschaftung am Beispiel der Konversation in Familien*, Frankfurt/M.: Suhrkamp. ■ KNIGGE, VOLKHARD / FREI, NORBERT (Hg.) (2002), *Verbrechen erinnern*, München: C. H. Beck. ■ KNOCH, HABBO (2001), *Die Tat als Bild. Fotografien des Holocaust in der deutschen Erinnerungskultur*, Hamburg: Hamburger Edition. ■ KOCH, GERTRUD (1997), »Nachstellungen – Film und historischer Moment«, in: Müller, Klaus E. / Rüsen, Jörn (Hg.), *Historische Sinnbildung. Problemstellungen, Zeitkonzepte, Wahrnehmungshorizonte, Darstellungsstrategien*, Reinbek: Rowohlt, S. 536–551. ■ KOSELLECK, REINHART (1979), *Vergangene Zukunft. Zur Semantik geschichtlicher Zeiten*, Frankfurt/M.: Suhrkamp. ■ KOSSLYN, STEPHEN MICHAEL U. A. (1995), »Topographical representation of mental images in primary visual cortex«, in: *Nature*, 378, S. 496–498. ■ KOSSLYN, S. M. U. A. (2001), »Neural foundations of imagery«, in: *Nature Review Neuroscience*, 2, S. 635–642. ■ LAUB, DORI (1992), »Testimony and historical truth«, in: Felman, Shoshana / Laub, Doris, *Testimony: crises of witnessing in literature, psychoanalysis, and history*, New York/London: Routledge. ■ LEDOUX, JOSEPH E. (1998), *Das Netz der Gefühle. Wie Emotionen entstehen*, München: Hanser. ■ LEVI, DANIEL / SZNAIDER, NÂTÂN (2001), *Erinnerung im globalen Zeitalter: Der Holocaust*, Frankfurt/M.: Suhrkamp. ■ LEWIN, KURT (1982), »Kriegslandschaft«, in: Graumann, Carl Friedrich (Hg.), *Werkausgabe, Feldtheorie*, Band IV, Stuttgart: Klett-Cotta. ■ LOFTUS, ELISABETH F. / PICKRELL, J. E. (1995), »The formation of false memories«, in: *Psychiatric Annals*, 25, S. 720–725. ■ LOFTUS, ELISABETH F. U. A. (1995), »The reality of illusory memories«, in: Schacter, Daniel L. (Hg.), *Memory Distortion: How Minds, Brains and Societies Reconstruct the Past*, Cambridge: University Press, S. 47–68. ■ MARKOWITSCH, HANS-JOACHIM (1996), »Neuropsychologie des menschlichen Gedächtnisses«, in: *Spektrum der Wissenschaft*, Sept., S. 52–61. ■ MARKOWITSCH, HANS-JOACHIM (2002 a), *Dem Gedächtnis auf der Spur*, Darmstadt: Wissenschaftliche Buchgesellschaft. ■ MARKOWITSCH, HANS-JOACHIM (2002 b), »Autobiographisches Gedächtnis aus neurowissenschaftlicher Sicht«, in: *BIOS*, 15, 2, S. 187–201. ■ MESULAM, MAREK MARSEL (1995), »Notes on the cerebral topography of memory and memory distortion. A neurologist's perspective«, in: Schacter, Daniel L. (Hg.), *Memory Distortion*, Cambridge: University Press, S. 379–385. ■ MIDDLETON, DAVID / EDWARDS, DEREK (1990), »Conversational remembering: a social psychological approach«, in: Middleton, David / Edwards, Derek (Hg.), *Collective Re-*

membering, London u. a.: Sage, S. 23–45. ■ MORIN, EDGAR (1958), *Der Mensch und das Kino. Eine anthropologische Untersuchung*, Stuttgart: Klett. ■ NEISSER, ULRIC (1981), »John Dean's memory: a case study«, in: *Cognition*, 9, S. 1–22. ■ NEISSER, ULRIC / HARSCH, N. (1992), »Phantom flashbulbs: False recollections of hearing the news about Challenger«, in: Winograd, Eugene / Neisser, Ulric (Hg.), *Affect and accuracy in recall: Studies of »flashbulb memories«*, Cambridge: Cambridge University Press, S. 9–31. ■ NELSON, KATHERINE (1993), »The psychological and social origins of autobiographical memory«, in: *Psychological Science*, 4, S. 1–8. ■ NELSON, KATHERINE (1998), *Language in Cognitive Development. The Emergence of the Mediated Mind*, Cambridge: University Press. ■ NELSON, KATHERINE (2002), »Erzählung und Selbst, Mythos und Erinnerung: Die Entwicklung des autobiographischen Gedächtnisses und des kulturellen Selbst«, in: *BIOS*, 15, 2, S. 241–263. ■ NORA, PIERRE (1989), *Zwischen Geschichte und Gedächtnis*, Berlin: Wagenbach. ■ NOVICK, PETER (2003), *Nach dem Holocaust. Der Umgang mit dem Massenmord*, München: dtv. ■ PAUEN, MICHAEL (2002), *Grundprobleme der Philosophie des Geistes. Eine Einführung*, Frankfurt/M.: Fischer. ■ PIEFKE, MARTINA (1999), *Autobiographisches Gedächtnis und interdisziplinäre Gedächtnisforschung*, Hannover: unv. Diplomarbeit. ■ PYNOOS, ROBERT S. / NADER, K. (1989), »Children's memory and proximity to violence«, in: *Journal of the American Academy of Child and Adolescent Psychiatry*, 28, S. 236–241. ■ REDDY, V. U. A. (1997), »Communication in infancy: Mental regulation of affect and attention«, in: Bremner, Gavin / Slater, Alan / Butterworth, George (Hg.), *Infant development: Recent advances*, Sussex: Psychology Press, S. 247–273. ■ REICHEL, PETER (2001), *Vergangenheitsbewältigung in Deutschland*, München: C. H. Beck. ■ ROTH, GERHARD (1994), *Das Gehirn und seine Wirklichkeit. Kognitive Neurobiologie und ihre philosophischen Konsequenzen*, Frankfurt/M.: Suhrkamp. ■ RÜSEN, JÖRN (1990), *Zeit und Sinn. Strategien historischen Denkens*, Frankfurt/M.: Fischer. ■ RÜSEN, JÖRN (2001), *Zerbrechende Zeit. Über den Sinn der Geschichte*, Köln: Böhlau. ■ SCHACTER, DANIEL L. (1996), *Searching for Memory. The Brain, the Mind, and the Past*, New York: Basic Books. ■ SIEGEL, DANIEL J. (1999), *The developing mind. Toward a neurobiology of interpersonal experience*, New York/London: Guilford. ■ SINGER, WOLF (1998), »Bewußtsein aus neurobiologischer Sicht«, in: Rose, Steven (Hg.), *Gehirn, Gedächtnis und Bewußtsein. Eine Reise zum Mittelpunkt des Menschen*, Bergisch-Gladbach: Lübbe, S. 309–334. ■ SINGER, WOLF (2000), »Wahrnehmen, Erinnern, Vergessen. Über Nutzen und Vorteil der Hirnforschung für die Geschichtswissenschaft. Eröffnungsvortrag des 43. Deutschen Historikertages«, in: *Frankfurter Allgemeine Zeitung*, 28. 9. 2000, S. 10. ■ STERN, DANIEL N. (1998), *Die Mutterschaftskonstellation. Eine vergleichende Darstellung verschiedener Formen der Mutter-Kind-Psychotherapie*, Stuttgart: Klett-Cotta. ■ TESSLER, M. / NELSON, KATHERINE (1994), »Making memories: The influence of joint encoding on later recall«, in: *Consciousness and Cognition*, 3, S. 307–326. ■ TOMASELLO, MICHAEL (2002), *Die kulturelle Entwicklung des menschlichen Denkens*, Frankfurt/M.: Suhrkamp. ■ TREVARTHEN, COLWYN (1998), in: Braten, Stein

(Hg.), *Intersubjective communication and emotion in early ontogeny*, Cambridge: University Press. ▪ TULVING, ENDEL / MARKOWITSCH, HANS-JOACHIM (1998), »Episodic and declarative memory. Role of the hippocampus«, in: *Hippocampus*, 8, S. 198–204. ▪ TULVING, ENDEL / MARKOWITSCH, HANS-JOACHIM (2003), *Where is the uniqueness of human memory in the brain?*, (in subm.) ▪ TERR, LENORE (1994), *Unchained memories*, New York: Basic Books. ▪ VAN DER KOLK, BESSEL A. / VAN DER HART, ONNO (1991), »The intrusive past. The flexibility of memory and the engraving of trauma«, in: *American Imago*, 48, S. 425–454. ▪ VAN DER KOLK, BESSEL A. (1994), »The body keeps the score. Memory and the evolving psychobiology of posttraumatic stress«, in: *Harvard Review of Psychiatry*, 5, S. 253–265. ▪ WELZER, HARALD (1993), *Transitionen. Zur Sozialpsychologie biographischer Wandlungsprozesse*, Tübingen: edition diskord. ▪ WELZER, HARALD (Hg.) (2001), *Das soziale Gedächtnis. Geschichte, Erinnerung, Tradierung*, Hamburg: Hamburger Edition. ▪ WELZER, HARALD (2002), *Das kommunative Gedächtnis. Eine Theorie der Erinnerung*, München: Beck. ▪

WELZER, HARALD / MONTAU, ROBERT / PLASS, CHRISTINE (1997), »*Was wir für böse Menschen sind!« Der Nationalsozialismus im Gespräch zwischen den Generationen*, Tübingen: edition diskord. ▪ WELZER, HARALD / MOLLER, SABINE / TSCHUGGNALL, KAROLINE (2002), »*Opa war kein Nazi!« Nationalsozialismus und Holocaust im Familiengedächtnis*, Frankfurt/M.: Fischer. ▪ WELZER, HARALD / MARKOWITSCH, HANS-JOACHIM (2001), »Umrisse einer interdisziplinären Gedächtnisforschung«, in: *Psychologische Rundschau*, 52, S. 205–214. ▪ WHITE, HAYDEN V. (1991), *Metahistory. Die historische Einbildungskraft im 19. Jahrhundert in Europa*, Frankfurt/M.: Suhrkamp. ▪ WOLFRUM, EDGAR (1999), *Gedächtnispolitik in der Bundesrepublik. Der Weg zur bundesrepublikanischen Erinnerung 1948–1990*, Darmstadt: Wiss. Buchgesellschaft. ▪ YOUNG, JAMES E. (1992), *Beschreiben des Holocaust*, Frankfurt/M.: Jüdischer Verlag. ▪ YOUNG, JAMES E. (2002), *Nachbilder des Holocaust in zeitgenössischer Kunst und Architektur*, Hamburg: Hamburger Edition. ▪ ZELIZER, BARBIE (1998), *Remembering to forget*, Chicago/ London: University of Chicago Press.

12.11 Naturwissenschaft als Kulturleistung

Peter Janich

1. Einleitung: Worin besteht das Problem?

Man wird schwerlich jemanden finden, der die These bestreitet, Naturwissenschaften seien eine Kulturleistung. Zwar ist mit dieser These schon eine einfache Einsicht verbunden, die Einsicht nämlich, dass die Naturwissenschaften kein Naturgegenstand sind – und bekanntlich findet jede Einsicht jemanden, dem sie fehlt –, aber niemand wird bestreiten, dass Naturwissenschaften von Menschen gemacht werden, eine Geschichte haben, sich im Medium der Sprache ereignen, folgenreich für unsere Zivilisation sind und unsere Welt- und Menschenbilder wesentlich mitbestimmen. Kurz, diese Einsicht richtet sich auf derart unbestrittene Aspekte der Naturwissenschaften, dass ich die These »Naturwissenschaften sind eine Kulturleistung« im soeben beschriebenen Verständnis die *triviale These* nenne.

Nicht trivial ist, wie verschieden man aus den Blickwinkeln verschiedener Wissenschaften die triviale These interpretieren kann. Als meine aus der Chemie kommenden Mitarbeiter und ich begannen, eine eigene Philosophie der Chemie[1] zu entwickeln, habe ich in einigen Aufsätzen und in zahlreichen Vorträgen (vor allem in den GdCh-Kolloquien, den Kolloquien der Gesellschaft deutscher Chemiker) die These von der Chemie als Kulturleistung vorgetragen. Bei einer solchen Gelegenheit bemerkte ein freundlicher Kollege aus der Chemie, ich würde wohl leicht und überall Zustimmung finden, dass Chemie eine Kulturleistung sei – die Chemiker würden dies nämlich äußerst gerne hören. Daran wird klar, dass das Wort »Kulturleistung« hier als Wertschätzungsprädikat verstanden wird. Endlich kommt ein veritabler Philosoph und legt der Öffentlichkeit dar, dass die Chemie nicht weniger theoretisch als die Physik, nicht weniger wichtig als die Technik, nicht weniger wissenschaftlich als andere Naturwissenschaften sind. Nicht nur die schlechten Gerüche in den Labors und das geringe Ansehen der Bunsenbrennerartisten, auch die Unglücksfälle der chemischen Industrie und die

ökologische Zweischneidigkeit chemischer Großproduktion sollen mit dem Etikett »Kulturleistung« konterkariert werden. Endlich schlägt sich ein Nichtchemiker aus einer »geisteswissenschaftlichen« Perspektive auf die Seite der eigenen, geliebten Wissenschaft. Ich fürchte, dass sogar die Wertschätzung einer Philosophie der Chemie durch die chemische Industrie, wie sie im Programm »Chemie und Geisteswissenschaften«[2] des Stifterverbandes und des Fonds der chemischen Industrie zum Ausdruck kam, der trivialen These von der Naturwissenschaft als Kulturleistung geschuldet wird. Der Image-Schaden der chemischen und pharmazeutischen Industrie etwa aufgrund unzureichender Kenntnisse der Öffentlichkeit kann nicht nur durch die teuren Werbekampagnen der Industrie kompensiert werden; ein Philosoph, der auf die zivilisatorischen und die weltbildstiftenden Beiträge der Chemie verweist und ihr zudem wissenschaftstheoretisch einen Status zuschreibt, der Eigenständigkeit gegenüber Physik und Biologie historisch und systematisch belegen kann, ist da als Hilfe hoch willkommen.

Gegenstand dieses Textes ist jedoch nicht die triviale These. Sie ist es auch nicht in der Form, dass nun mit den subtileren Unterscheidungen und Begrifflichkeiten der Kulturwissenschaften und der Philosophie ausbuchstabiert wird, wie die These von den Naturwissenschaften als Kulturleistung allgemein abhängt vom zugrunde gelegten Kulturbegriff und vom Verständnis der Kulturgeschichte. Denn es wäre auch trivial, aus der für jeden Kulturwissenschaftler selbstverständlichen Einbettung der Geschichte der Naturwissenschaften in die Geschichte der Kultur gleichsam allgemein abzuleiten, was im Detail die kultürlichen Aspekte der Naturwissenschaften sind.

---

1 Vgl. Janich (1996); Hanekamp (1997); Psarros (1999).
2 Mittelstraß/Stock (1992); Janich/Rüchardt (1996); Janich/Thieme/Psarros (1999).

Im Folgenden geht es vielmehr um eine *erkennt-nistheoretische These*. In erster Näherung ist ihr Ziel, ein naturalistisches Verständnis der Naturwissenschaften abzuwehren.[3] In zweiter Näherung geht es positiv darum, unabhängig auch von den impliziten Einflüssen einer Naturalismuskritik Naturwissenschaften als Kulturleistung so zu bestimmen, dass damit ein ihnen angemessener Zugang zu ihren Gegenständen, ihren Methoden und ihren Geltungsansprüchen eröffnet wird.

Leider ist damit nur scheinbar eine genaue Aufgabe formuliert. Denn das Prädikat »naturalistisch« ist selbst schon für eine kaum mehr überschaubare Vielzahl verschiedener Auffassungen gebräuchlich, die sich auf verschiedene Gegenstandsbereiche und dies in höchst verschiedener Reflektiertheit und Klarheit beziehen. Deshalb sollen Beispiele weiterhelfen:

Zunächst sei auf Beispiele aus der Physik verwiesen, die aus der zweiten Hälfte des vorigen Jahrhunderts stammen und, historisch gesehen, nicht unbedingt in einer »zweckfreien« Reflexion der Physik durch einige ihrer Fachvertreter bestehen, sondern Antworten waren auf gesellschaftliche Herausforderungen der Leitwissenschaft Physik durch politische Thesen von der gesellschaftlichen Bedingtheit und Relevanz der Physik. Das erste Beispiel, noch aus meiner eigenen Studienzeit, stammt von Carl Friedrich v. Weizsäcker. Ich kann es nur als persönlich gehörte, mündliche Äußerung berichten und keine Belegstelle angeben. Der Entdeckungsgeschichte der Physik liege nach v. Weizsäcker eine Zwangsläufigkeit zugrunde, die sich mit der Entdeckungsgeschichte der Erde vergleichen lässt: Wer von Europa aus auf dem Westweg nach Indien reisen möchte wie Kolumbus, *muss* Amerika entdecken.

Dieser schöne Vergleich soll deutlich machen, wie sich Kulturgeschichte und Naturgesetz in den Ergebnissen der Physik niederschlagen. Ob eine Person den Einfall hat und durchführt, auf dem Westweg nach Indien zu reisen, ob die historischen technischen Möglichkeiten und die Finanzierung einer Flotte die Durchführung erlauben, ob all die kontingenten Umstände der Entdeckung Amerikas,

einer erfolgreichen Rückreise, attraktiver politischer und wirtschaftlicher Ziele der zu Hause Gebliebenen usw. erfüllt sind, das zählt selbstverständlich zur Kulturgeschichte. Aber dass die Westroute (ungefähr in unseren Breiten) nach Indien zwangsläufig auf eine amerikanische Küste trifft, ist keine Frage menschlichen Handelns, sondern beruht auf der natürlichen (und naturgesetzlich entstandenen) Verteilung der Landmassen auf der Erdkugel. Wichtig daran sind vor allem die Implikationen, welche Grenzen oder Schranken der Naturwissenschaft als Kulturgeschichte auferlegt sein sollen: Wie kühn oder abwegig, wohlwollend oder niederträchtig, kompetent oder inkompetent die menschlichen Pläne und Unternehmungen auch sein mögen, eine davon unabhängige, natürliche Wirklichkeit bestimme in letzter Instanz das Ergebnis.

Das zweite Beispiel stammt ebenfalls aus der Physik. Es ergänzt das erste vor allem dadurch, dass es die Grenzen der Kultürlichkeit von Physik genauer benennt. P. Mittelstaedt, ein theoretischer Physiker, der einige philosophische Bücher verfasst hat, vergleicht in einem Aufsatz mit dem Titel »Gibt es eine Geschichte der Physik?« deren Gang ebenfalls mit der Entdeckungsgeschichte der Erde. Ziel des Ansatzes ist es, eine »wissenschaftliche Geschichtsschreibung« zur Physik zu bestimmen, »die eine Ordnung des historischen Geschehens im Sinne eines kausalen Zusammenhanges ermöglicht«. Dieses Ziel des Autors verdankt sich einer Vorentscheidung: »Dass ein gewisser Sachzwang (›für die einzelnen physikalischen Entdeckungen und theoretischen Konzeptionen‹) auch bei anderen Ereignissen existiert, ist unbestritten, wie etwa die Geschichte der geographischen Entdeckungen zeigt. Wir werden jedoch sehen, dass im Falle der Physik der sachliche Zusammenhang der einzelnen Ereignisse besonders intensiv ist. Geht man aber zunächst einmal nur davon aus, dass die einzelnen Fakten, die entdeckt werden können, ebenso wie in der Entdeckungsgeschichte der Erde, feststehen, schon ehe sie entdeckt worden sind, so bleibt immerhin ein gewisser Spielraum in der Wahl der Begriffe, mit denen die angeblichen Fakten der Physik überhaupt erst formuliert werden können, und ebenso in der Wahl der Gegenstände, die man überhaupt einer wissenschaftlichen Untersuchung unterzieht.«[4]

---

3 In einem Durchgang durch verschiedene Wissenschaften ausgeführt in: Janich (1992).
4 Mittelstaedt (1972, S. 76).

Anschließend zeigt der Autor, dass der Vergleich mit der geographischen Entdeckungsgeschichte zurecht bestehe, wonach »Geschichte der Physik nicht viel mehr als die Berichterstattung über mehr oder weniger aufregende Abenteuer (ist), die man jedoch, in Anbetracht des ohnehin feststehenden Endergebnisses, ebenso gut der Vergessenheit anheim fallen lassen könnte, ohne dass dadurch der sachliche Gehalt des jeweiligen Erkannten in irgendeiner Hinsicht geschmälert werden würde.«[5] Sein Fazit: »Von der Gesamtentwicklung der Physik als Wissenschaft her gesehen, gibt es jedoch eine eigentliche Geschichte insofern nicht, als das schließlich erreichbare Endergebnis feststeht, und nur die einzelnen Schritte, durch die dieses große Puzzle zusammengesetzt wird, gewissen Variationen unterliegen können.«[6]

Bei manchem Leser mögen diese Passagen den Gedanken auslösen, dass sich in den dreißig Jahren seit ihrer Veröffentlichung enorm viel verändert hat. Ob es innerhalb der Wissenschaftstheorie die Einflüsse von Popper und Kuhn sind, ob eine allmählich in Gang gekommene Interdisziplinarität oder ein Diskurs zwischen den Fächern, ob eine gesellschaftliche Herausforderung der Naturwissenschaften durch die Politik und die öffentliche Meinung diese zu mehr philosophischer und historischer Reflexion gezwungen haben, all das mag dahingestellt sein; aber, so wird mancher Leser spontan einwenden, eine derart naive Form von Realismus oder Naturalismus (physikalische Fakten stehen vor ihrer Entdeckung fest) würde heute kaum jemand mehr vertreten.

In Wahrheit haben sich aber nur die Schauplätze verändert. Heute interessieren sich weder die Erkenntnis- und Wissenschaftstheoretiker noch die Feuilletons für den erkenntnistheoretischen Realismus oder Naturalismus der Physik, sondern für den der Molekularbiologen.

So finden sich in den defensiven Stellungnahmen exponierter Vertreter der Genomforschung z. B. immer wieder Hinweise, dass die molekularbiologischen Genforscher nichts *erfinden* würden, sondern nur *entdecken* könnten, was es da eben von Natur aus zu entdecken gäbe – so etwa die Nobelpreisträgerin Ch. Nüßlein-Vollhard oder der DFG-Präsident E. L. Winnacker. Und der Präsident der Max-Planck-Gesellschaft, H. Markl, hat schon 1986 engagiert geschrieben: »Es sind also nicht die wildgewordenen Geningenieure, die durch Gentransfer erstmals eine geheiligte Speziesschranke durchbrechen: Die lebendige Natur tut dies seit langem, und wie es scheint, in nicht geringem Maße. […] Dass wir heute mit Restriktionsenzymen Nukleinsäuregene fast beliebig zerschneiden können und dass wir mit Hilfe anderer Enzyme fast beliebige Bruchstücke wieder in Nukleinsäureketten einbauen können, verdanken wir natürlich einerseits durchaus dem Ingenium mehrerer Dutzend Nobelpreisträger der Medizin und Chemie. Aber die haben ja diese phantastischen biochemischen Operationsbestecke nicht *erfunden*, sie haben sie nur in der Natur *gefunden*. *Erfinden* mussten sie armselige Mikroben schon vor Milliarden Jahren, um herausschneiden zu können, was sich an fremden Erbanlagen eingeschlichen hatte, und um zu flicken, was an eigenen Genen beschädigt worden war.«[7]

Diese Gegenüberstellung von Entdecken versus Erfinden ist keineswegs eine randständige erkenntnistheoretische Arabeske von Naturwissenschaftlern (deren Fachkompetenz im Feld der Molekularbiologie über jeden Zweifel erhaben ist). Vielmehr spielt die These von der Entdeckung genetischer Mechanismen eine ganz entscheidende Rolle für die Frage der Patentierbarkeit gentechnischer Resultate. Auch das deutsche Patentrecht und seine praktische Umsetzung folgt hier, auf einem erkenntnistheoretisch sehr schlichten Niveau, dem in die Alltagssprache eingeflossenen Naturalismus, wonach der Naturforscher nur entdecken könne, was es zu entdecken gibt, ungeachtet aller kultürlichen Spielräume der erkenntnisleitenden Interessen, der technisch vorangetriebenen Methoden, der gesellschaftlichen Honorierung und Finanzierung usw.

Kurz, die triviale These »Naturwissenschaften sind Kulturleistungen« ist höchst aktuell, für rechtliche, moralische und politische Fragen einschlägig und immer noch die leitende Idee im Selbstverständnis der Naturwissenschaftler. Auf sie wird später noch einmal zurückzukommen sein.

---

5 Mittelstaedt (1972, S. 78).
6 Mittelstaedt (1972, S. 83).
7 Markl (1986, S. 25–26).

Die nicht-triviale Form der These »Naturwissenschaft ist Kulturleistung« verfolgt dagegen ein erkenntnistheoretisches Anliegen. Wie sind die Naturwissenschaften systematisch und historisch als menschliche Hervorbringung zu begreifen? Welche Zwecke wurden mit welchen Mitteln verfolgt, welche Erkenntnisinteressen stillschweigend oder ausdrücklich zugrunde gelegt, welche historischen Kontingenzen bewältigt, um die heute vorfindlichen technischen, prognostischen und explikativen Leistungen der Naturwissenschaften zu erreichen?

Die Titelfrage dieser Einleitung, worin das Problem der These von den Naturwissenschaften als Kulturleistung bestehe, ist damit durch Abgrenzung vom trivialen Verständnis dieser These auf ein erkenntnistheoretisches Problem in systematischer und historischer Hinsicht festgelegt.

2. Naturwissenschaften vom Menschen: Der aufschlussreiche Sonderfall

Die Naturwissenschaften, in ihrer Gesamtheit betrachtet, sind bestenfalls zu einem Teil Wissenschaften vom Menschen. Vor allem in der (früheren Leitdisziplin) Physik sowie in der Chemie stehen seit Beginn der neuzeitlichen Naturwissenschaft andere Themen im Vordergrund. In ihren antiken Vorläufern war Physik in erster Linie Kosmologie, die sich mit Hilfe der Geometrie auf eine Kinematik, neuzeitlich auf eine Mechanik der astronomischen Gegenstände konzentriert hat. Daneben haben auch eine geometrische Optik (bei Euklid) und eine geometrische Statik (bei Archimedes) im Sinne einer Technikwissenschaft bereits antike Anfänge. Die Chemie, da nicht im selben Sinne geometrisierbar wie die Bewegungen von Körpern unter dem Einfluss von Kräften, hat ihren Weg in eine neuzeitliche Wissenschaft viel später als die Physik gefunden und ist dabei von ihren ersten spekulativen Anfängen in der Antike bis in die Gegenwart moderner chemischer Forschung und Produktion in erster Linie eine Technikwissenschaft geblieben. Lediglich die Biologie und ihre spekulativen, anti-

ken Vorläufer haben immer schon den Menschen einbezogen. Unterstellt man (im Anschluss an den Biologen Ernst Mayr)[8] der Biologie vornehmlich die zwei Erkenntnisinteressen der Naturgeschichtsschreibung und der medizinisch orientierten Organismustheorie, so zeigt sich, dass von den ersten spekulativen Evolutionsvorstellungen eines Empedokles oder den epistemisch und ethisch orientierten anthropologischen Überlegungen eines Aristoteles an Biologie immer auch eine Naturwissenschaft vom Menschen war.

Erst mit der Blüte der mechanischen Wissenschaften und mit dem neuzeitlichen Erkenntnisprogramm von Descartes werden die Physik und später die Chemie, beginnend etwa mit La Mettries »l'homme machine«[9] (1748) auch zu Naturwissenschaften vom Menschen. Heute gehören Chemie und Physik – im Sinne eines Einsatzes ihrer Methoden – zu den unverzichtbaren Disziplinen nicht nur der Humanbiologie, der Humangenetik und der Medizin, sondern bestimmen zu wesentlichen Anteilen das naturwissenschaftliche Menschenbild, und zwar nicht nur in den im Vordergrund des öffentlichen Interesses stehenden Feldern der Hirn- und der Genomforschung.

Damit lässt sich also feststellen, dass die drei Hauptdisziplinen Physik, Chemie und Biologie zumindest heute immer auch Naturwissenschaften vom Menschen sind, dass aber ihr ursprüngliches Erkenntnisziel und ihre ursprünglichen Methoden entweder auf andere Gegenstände gerichtet (wie bei Physik und Chemie) oder wesentlich weiter waren (wie bei der Biologie). Dennoch soll hier der These von den Naturwissenschaften als Kulturleistung im ersten Schritt anhand der Naturwissenschaften vom Menschen nachgegangen werden. Der Grund hierfür ist, dass sich gerade dort das aktuelle wie die früheren Menschenbilder der Naturwissenschaften feststellen lassen. Diese Menschenbilder geben wertvolle Hinweise darauf, in welcher Perspektive sich der Naturwissenschaftler selbst sieht (oder glaubt, sehen zu müssen). Die philosophische Attraktivität der Naturwissenschaften vom Menschen liegt – unter der Themenstellung dieses Aufsatzes – in der reflexiven Struktur, dass sie als Naturwissenschaft von Naturwissenschaftlern ein Licht wirft auf den erkenntnistheoretischen Zugang zu den Naturwissenschaften durch ihre Fachvertreter selbst.

8 Mayr (1984).
9 De La Mettrie (1748/1909).

Trivialerweise ist das hervorstechende Charakteristikum der Naturwissenschaften vom Menschen, dass sie diesen mit ihren eigenen Methoden untersuchen und beschreiben. Der Mensch wird dadurch zum Naturgegenstand – im selben Sinne, wie man üblicherweise, wenn methodologisch auch oberflächlich, alle Gegenstände der Naturwissenschaften zu Naturgegenständen erklärt. (Auf diese Oberflächlichkeit, wonach die meisten Gegenstände der Naturwissenschaften in Wahrheit sich technischen, also künstlichen Produktionsverfahren verdanken, gehen wir später ein.) Demgegenüber scheinen philosophische Bestimmungen des Menschen in thematisch breit variierenden Zusammenhängen auf das spezifisch Menschliche abgestellt zu sein. Die bekannten plakativen Formeln wie zoon logon echon, zoon politikon, animal rationale, homo loquens, homo ridens, homo ludens, homo faber, aber auch homo homini lupus mögen einen groben Hinweis geben.

Allerdings sollte nicht übersehen werden, dass schon die Bestimmungen von Aristoteles (in der »Politik«) den Menschen in einer syllogistisch strukturierten Ontologie als ein Lebewesen mit zusätzlichen, spezifisch menschlichen Eigenschaften fassen. Auch wenn »zoon« bei Aristoteles nicht Tier, sondern Lebewesen im Sinne einer Bestimmung betrifft, die pflanzliche und tierliche Aspekte des Lebendigen (wie Stoffwechsel, Wachsen und Fortpflanzung) umfassen, ist für eine spätere, an der Naturphilosophie von Aristoteles orientierte Biologie schon der Weg vorgezeichnet, den Menschen im weitesten Sinne ins Tierreich einzugliedern. (Die mechanistische Theorie des schon zitierten La Mettrie versucht ja denn auch, das seit Descartes verbliebene christliche Residuum einer Seele auch noch der mechanischen Erklärung zu unterwerfen).[10]

Hier soll nicht der Eindruck entstehen, als würde bestritten oder kritisiert, dass überhaupt Naturwissenschaften vom Menschen getrieben werden. Sie sind möglich und sinnvoll. Selbst die elementarsten mechanischen Methoden der Vermessung wie das Wägen, das Messen von Volumen oder Temperatur der Menschen sind rationale Mittel für angebbare Zwecke, von der Gesundheitsvorsorge bis zur Konstruktion von Fahrzeugen. Auch die physikalischen Beiträge zur medizinischen Versorgung von Menschen, von der Brille und dem Hörgerät bis zur Prothetik ist ein Beispiel für mögliche, sinnvolle und gerechtfertigte Anwendung der Naturwissenschaften auf den Menschen.

Aufschlussreich ist jedoch, welche Aspekte einer Beschreibung des Menschen durch die Naturwissenschaften *verschlossen* bleiben. Der naturwissenschaftliche Ansatz ist – grosso modo – organismustheoretisch. Das heißt, der Mensch wird primär als Individuum (und nur sekundär, nämlich genetisch, ökologisch und evolutionsbiologisch als Gruppenmitglied) betrachtet. Als primäre Leitdisziplin gilt die Physiologie, mit ihren Hilfswissenschaften Anatomie, Zellbiologie, Neurologie usw. Struktur und Funktion des Gesamtorganismus aus Struktur und Funktion seiner Organe und in einer fortgesetzten Tieferlegung der Beschreibungsebenen auf Zellen, Zellkerne und Makromoleküle zurückzuführen, ist das auf experimentell gestützte Kausalerklärungen abzielende Programm. Diese naturwissenschaftlichen Beschreibungen und Erklärungen des individuellen Organismus sind, methodisch gesehen, der erste Schritt, dem sich als zweiter die evolutionsbiologische Frage nach seiner naturhistorischen Entwicklung oder Entstehung anschließt; da das evolutionsbiologische Programm aber das gegenwärtig Vorfindliche als Produkt seiner eigenen Entstehungsgeschichte betrifft, können Einflüsse der Naturgeschichtsschreibung (etwa in Form der Auswahl von Beschreibungskriterien) auch auf die aktuelle organismustheoretische Naturwissenschaft vom Menschen zurückwirken.[11]

Auch die Erweiterung der Perspektive vom individuellen Organismus zur Population, zum Genpool, zur Deszendenzlinie oder zum Teil eines ökologisch beschriebenen Systems macht den Menschen nur naturwissenschaftlich eingeschränkt zum Gemeinschaftswesen. Was dabei allenfalls randständig zur Sprache kommen kann, sind spezifische Kulturleistungen. Sprachliche Kommunikation, Ausbildung von Sitte, Sittlichkeit und Recht, alle Errungenschaften der technischen Zivilisation, die Künste in all ihren Formen und schließlich die Hervorbringung der Wissenschaften selbst bleiben ausgespart.

---

10 De La Mettrie (1745).

11 Zur Wissenschaftstheorie der Biologie, vgl. Janich/Weingarten (1999).

Diese These darf man auch dann vertreten, wenn das Vokabular zur Beschreibung von Kulturleistungen wie denen der sprachlichen Kommunikation von Naturalisten metaphorisch etwa auf das Verhalten von Tieren, Pflanzen oder gar Zellen oder Zellbestandteile übertragen wird. Eine gewisse Ausnahme bildet nur die These von Konrad Lorenz, dass die Gestaltwahrnehmung (z. B. an Lebewesen bei ihren paläontologisch untersuchten, versteinerten Resten) selbst eine evolutionär uns zugewachsene, unseren Überlebenskampf fördernde Leistung ist, dass also eine bestimmte wissenschaftliche Fähigkeit selbst mit den Mitteln dieser Wissenschaft erklärt werden könne.[12]

Symptomatisch und lehrreich für die Ausblendung kulturspezifischer Leistungen des Menschen aus der naturwissenschaftlichen Betrachtung ist der Umgang mit sprachlicher Kommunikation. Diese würde schon im Alltag nicht funktionieren, wenn nicht ein *semantisches* Verständnis der Kommunikationspartner gelänge. Den Naturwissenschaften stehen allerdings nur die Beschreibungsmittel einer syntaktischen Informationstheorie zur Verfügung, die sich im Kontext einer analytischen Sprachphilosophie zur Kunstsprache von Mathematik und Physik entwickelt hat.[13] Etwas grob pauschalisierend lässt sich sogar behaupten, dass selbst dort, wo etwa die modernen Kognitionswissenschaften von der Sprachpsychologie bis zur Hirnforschung die Fähigkeit der Produktion und Rezeption von Sprache untersuchen, ein defizitäres, ideologisch belastetes Konzept von Semantik zugrunde liegt. Allgemein sehen die Naturwissenschaften kein Problem darin, einen Kommunikationsbegriff zu verwenden, wonach auch Zellen oder Moleküle miteinander kommunizieren, die Funktion eines Neuronengeflechts mit sprachlichen Metaphern abgehandelt wird und der verständige Austausch von Informationen auf eine chemisch-physikalische Beschreibung reduziert wird. (An anderer Stelle habe ich gezeigt, dass noch nicht einmal bei elementaren Modellen für sehr spezielle Leistungen die physikalische Beschreibung eines Systems die Unterscheidung von wahr und

falsch seiner Leistungen ermöglicht – so wenig, wie die physikalische Beschreibung eines Taschenrechners die – für seine Konstruktion bereits in Anspruch genommene – Unterscheidung von wahren und falschen Rechenergebnissen zu treffen erlaubt. Auch eine falsche Ergebnisse produzierende Maschine widerspricht nicht physikalischen Gesetzen. Der Defekt einer Maschine ist allein an der kultürlichen Zwecksetzung des Menschen definiert, richtige Rechenresultate zu produzieren).[14]

An den naturwissenschaftlich ausgeblendeten Leistungen der menschlichen Sprache sind hier die semantischen und alethischen Fähigkeiten des Menschen von besonderem Interesse. Denn es darf ja wohl unterstellt werden, dass die Naturwissenschaftler selbst ihre Forschungsergebnisse (1) in Sprachform publizieren und kommunizieren, nicht aber verheimlichen wollen, (2) deren Verständlichkeit oder Nachvollziehbarkeit durch andere Menschen, zumindest durch Fachleute beanspruchen und (3) deren Geltung behaupten, deren Anerkennung erwarten oder fordern. Hier zeigt sich im günstigsten Fall eine erhebliche Lücke, im weniger günstigen Fall ein dramatischer Widerspruch. Der *Mensch als Gegenstand der Naturwissenschaften* hat *nicht* die sprachlichen Fähigkeiten einer verständlichen und gültigen Rede, die er braucht, um die Naturwissenschaft vom Menschen zu treiben.

Bevor daraus Folgerungen für das Selbstverständnis der Naturwissenschaftler und für die These »Naturwissenschaft als Kulturleistung« gezogen werden, ist zuerst zu prüfen, ob sich nicht eine wohlwollende Deutung finden lässt, die diese Lücke zwischen naturwissenschaftlich Beschriebenem und tatsächlich Beanspruchtem prinzipiell harmlos, etwa als Ausweis der gegenwärtigen Forschungssituation erscheinen lässt, an der sich gerade die neuen und attraktiven Aufgaben einer naturwissenschaftlichen Kognitionsforschung stellen.

Gut beraten wäre ein Defendent der Naturwissenschaften vom Menschen, wenn er die genannten Kulturleistungen als das Explanandum, das zu Erklärende betrachtete, dem ein naturwissenschaftliches Explanans beizusteuern sei. Denn damit würde der Naturwissenschaftler die Vorfindlichkeit und die Wichtigkeit dieser Kulturleistungen nicht in Abrede stellen. Er würde also zu seinem eigenen Treiben von Naturwissenschaft nicht in einen per-

---

12 Lorenz (1984).
13 Vgl. Janich (2000).
14 Janich (1998).

formativen Widerspruch geraten. Dies ist die günstigere Deutung, wonach hier lediglich noch eine Forschungslücke klafft, aber kein Widerspruch zwischen naturwissenschaftlichem Menschenbild und der Naturwissenschaft selbst aufbricht. Allerdings bleibt die Prämisse problematisch, dass das kultürliche Explanandum tatsächlich ein naturwissenschaftliches Explanans finden kann. Denn es könnte ja auch sein, dass das kultürliche Explanandum selbst ein reines Kulturprodukt ist und etwa nur aus einer kulturhistorischen Entwicklung von Handlungs- und Sprechgemeinschaften erklärbar wird. Kurz, was sich (aus Gründen einer möglichst wohlwollenden Interpretation) auf den ersten Blick als Forschungslücke relativ zum Programm der Naturwissenschaften ausnimmt, ist bei näherem Besehen ein Konflikt um die Zuständigkeiten von Natur- und Nichtnaturwissenschaften. Bezogen auf den Gegenstand Naturwissenschaft selbst steht infrage, ob die Naturwissenschaften mit ihren eigenen Mitteln zuständig, genauer allein und ohne die Nichtnaturwissenschaften zuständig sind, die Naturwissenschaften ihrerseits zu beschreiben, zu erklären und zu begreifen. Damit hat der Umweg über die Naturwissenschaften vom Menschen zu der Frage geführt, ob Naturwissenschaften *erschöpfend* mit naturwissenschaftlichen Mitteln erfasst werden können oder nicht. Diesem Problem ist der folgende Teil gewidmet.

3. Naturwissenschaft von den Naturwissenschaften

Da generell unbestritten ist, dass Naturwissenschaften von Menschen hervorgebracht werden, war im vorangehenden Teil das Menschenbild der Naturwissenschaften Anlass für den Hinweis, welche Aspekte der naturwissenschafttreibenden Menschen dabei unberücksichtigt bleiben. Im folgenden Teil soll unabhängig von diesen Vorgaben des naturwissenschaftlichen Selbstverständnisses die Frage beantwortet werden, wie die – ebenfalls unbestrittenen – Leistungen der Naturwissenschaften in technischer, prognostischer und explikativer Hinsicht zu begreifen seien. Wie kommt es in der Kulturgeschichte zur Ausbildung des Kulturphänomens Naturwissenschaft? Und wie verhält sich diese kultürliche Ent-

stehung zum Anspruch der Naturwissenschaften, ein universelles und transsubjektives Erfahrungswissen von der Natur zu erarbeiten, ja sogar kulturunabhängige Ergebnisse zu produzieren?

Diesen Fragen nachzugehen darf nicht stillschweigend unterstellen, die Naturwissenschaften hätten nicht selbst schon Reflexionen auf ihre historische und systematische Entstehung angestellt. (Das Physik-Beispiel der Einleitung mit einem Vergleich von Physikgeschichte und Entdeckungsgeschichte der Erde ist dafür nur ein, wenn auch besonders naives Beispiel.) Worin besteht der Kern des naturwissenschaftlichen Selbstverständnisses, wenn man nun nicht mehr an den Menschen als Urheber denkt, sondern Gegenstand, Methoden, Ziele und erkenntnistheoretische Grundorientierungen betrachtet? Für die Klärung dieser Fragen ist es vorteilhaft, dass es in den Naturwissenschaften (im Gegensatz zu den traditionellen Geistes- und Sozialwissenschaften sowie zur Philosophie) so etwas wie einen offiziellen Konsens gibt. Mag es auch intern gelegentlich Richtungs- und Schulstreitigkeiten geben, so betonen Naturwissenschaftler nach außen hin, d. h. gegenüber Kulturwissenschaften, Öffentlichkeit und Politik gern die Einheitlichkeit ihrer Grundüberzeugungen. Letztlich würde die Objektivität einer systematischen Erfahrungskontrolle sowie die Strenge einer (meist mathematischen) Theorieform Kontroversen in den Naturwissenschaften zur historischen Nebensächlichkeit marginalisieren. Am Ende setze sich immer die Erkenntnis des Naturgesetzlichen durch.

Diese Einheitlichkeit eines erkenntnistheoretischen Grundverständnisses äußert sich darin, dass der so zum Prototyp stilisierte Naturwissenschaftler sein Fach (und andere naturwissenschaftliche Disziplinen) mit denselben Mitteln zu beschreiben und begreifen sucht, mit denen er auch sein Fach betreibt. Das heißt z. B. für die Physik, dass der Umbruch von der antiken zur klassischen und von der klassischen zur modernen, relativistischen und Quantenphysik wiederum mit physikalischen Mitteln beschrieben wird. Obgleich z. B. kein Physiker bestreitet, dass es neuzeitliche oder gar moderne Physik ohne einen hohen technischen Laboraufwand für Experiment, Messung und Beobachtung nicht gäbe, werden diese Mittel selbst nur wieder physikalisch betrachtet. Was ein Gerät zum geeigneten Messgerät macht, seien die in ihm wirkenden Naturgesetze; und wie der Ablauf, so sei auch die Möglichkeit eines Experiments Ausdruck einer vom Menschen unabhängig vorhandenen Naturgesetzlichkeit. Selbst die Universalität physikalischer Aussagen, d. h. ihre Geltung für prinzipiell alle Gegenstände eines fraglichen Typs, sowie die Transsubjektivität der Physik, d. h. die Unabhängigkeit der Ergebnisse vom Subjekt des Beobachters, seien Ausdruck von Naturgesetzen. Noch immer wird deshalb gern das Wort von der Objektivität der Naturwissenschaft geführt, eine Eigenschaft, die sich nach dieser Auffassung von ihrem Objekt, einer von Gesetzen beherrschten Natur, herleite.

Man könnte diese in der Physik entstandene erkenntnistheoretische Grundstimmung, die sich in Chemie und Biologie hinein fortsetzt, als den innerster Kern naturwissenschaftlichen Selbstverständnisses bezeichnen, an den sich je nach Interesse und Belesenheit wissenschaftstheoretische Ränder, etwa Zuspruch zum Falsifikationismus von Popper, zur Historisierung der Naturwissenschaften als Praxis durch Kuhn, oder Fortsetzungen klassischer Auffassungen physikalischer Heroen wie A. Einstein, M. Planck, W. Heisenberg (und einige der Kosmologen) anschließen.

Die Pointe und Überzeugungskraft dieses Selbstverständnisses scheint auf der Feststellung einer bestimmten Kohärenz und Konsistenz zu beruhen: Wer etwa das Messen und Experimentieren der Physiker als Forschungspraxis mit genau den Ergebnissen dieser Forschung zu erklären versucht, bleibt nicht nur im selben Sprachspiel, sondern muss auch seine erkenntnistheoretischen Basisüberzeugungen nicht in Frage stellen.

Dem Nichtphysiker lässt sich diese Quelle des naturwissenschaftlichen Selbstverständnisses an einfachen Beispielen demonstrieren: Es gibt so gut wie keine physikalische Theorie, deren Aussagen nicht den Zeitparameter enthielten. Das heißt, irgendeine Form der Zeitmessung ist für die experimentelle Praxis der Physik unverzichtbar. Die dafür benötigten, in der technischen Ausführung vom Verwendungszweck her höchst verschiedenen Zeitmesser

sind Instrumente, deren Konstruktion und Funktion selbstverständlich naturwissenschaftliches Wissen heranziehen (wer nur elementare physikalische Kenntnisse hat, mag hier an eine Pendeluhr denken). Die Gesetze, die das schwingende, Zeit durch Zählung der Schwingungsvorgänge messende System beherrschen, »erklären« die Brauchbarkeit des Zeitmessers. Dass aber die dafür investierten Naturgesetze selbst schon auf empirische Kontrolle unter anderem mit Zeitmessern beruhen, dass also mit anderen Worten hier ein Begründungszirkel vorliegt, wird nicht als störend empfunden.[15] Man nimmt einen holistischen Standpunkt ein und behauptet, das Ganze der physikalischen Forschung und ihrer Resultate stütze sich gegenseitig. Historisch löse sich dieser Stützungsprozess in einen Prozess allmählichen Anwachsens von Umfang und Genauigkeit empirischen Wissens auf, so dass der logische Purist, der Begründungszirkel ablehnt, mit der Vorstellung einer Art naturhermeneutischer Spirale beruhigt werden kann (diese Beruhigung nimmt gelegentlich derart oberflächliche Formen an, dass schon die Ersetzung des Wortes »Zirkel« durch das griechische Synonym »Zyklus« als beruhigend empfunden wird).

Entlastend für die Vertreter dieser Auffassung ist zuzugeben, dass die Wissenschaftstheorie der Physik, die von der Mitte des 19. bis zur Mitte des 20. Jahrhunderts die weltweit dominante war, diese Auffassung mitgetragen und systematisch ausbuchstabiert hat, nämlich der Logische Empirismus des Wiener Kreises.

Diese Anwendung der Physik auf sich selbst birgt jedoch ein ungelöstes Problem. Die gesamte Labortechnik der Physik ist – unbestritten – von Menschen geplant, hergestellt und verwendet. Diese Planung, Herstellung und Verwendung ist weder ziellos noch irrational. Praktisch wird dies dadurch anerkannt, dass die Geräte der Labortechnik so funktionieren müssen, wie es den Bedürfnissen des Forschers entspricht. Es gehört geradezu zu den Mühen und Kompetenzen der Laborforschung, Störungen von Geräten zu erkennen und zu beseitigen oder zu vermeiden. Sind Geräte nämlich (relativ zu ihren Verwendungsabsichten) gestört, liefern sie unbrauchbare Daten (der physikalische Laie möge sich dies an einer wegen eines Defektes stehen gebliebenen Uhr veranschaulichen).

---

15 Eine von diesen methodischen Zirkeln nicht belastete Theorie der Zeitmessung findet sich in: Janich (1980).

Störungen und ihre Behebung entziehen die gestörten Apparate nicht dem Geltungsbereich der hypothetischen oder bewährten Naturgesetze. Vielmehr werden Störungen ja gerade naturgesetzlich kausal erklärt; und das Vertrauen in diese Erklärung speist sich aus der durch sie ermöglichten Störungsbeseitigung. Physiker haben daraus jedoch nicht die Konsequenz gezogen, dass die Unterscheidung von gestörten und ungestörten Laborgeräten kein Ergebnis der Anwendung von Naturgesetzen auf sie sind.

Dieses Problem ist nicht peripher. Es betrifft vielmehr direkt den Kern des Versuches, die Physik als Forschungspraxis mit den Mitteln der Physik allein zu begreifen. Diese Forschungspraxis nämlich, im Unterschied zu ihrem erkenntnistheoretischen Verständnis durch Physiker, ist de facto und durchgängig von den Zwecksetzungen der Forscher (hier: den Funktionskriterien ihrer Laborapparaturen) und vom Erreichen oder Verfehlen dieser Zwecke abhängig. Auch von seiner Reichweite her ist dieses Problem nicht nebensächlich. Wenn die Physik in ihrem Selbstverständnis nicht mehr davon ausgehen kann, dass die relativistische und die quantenphysikalische Revision der klassischen Vorstellungen von Raum, Zeit und Kausalität allein aufgrund physikalischer Erfahrung stattgefunden habe, bricht die empiristische Grundorientierung der Physik zusammen. Die These von der Nebensächlichkeit subjektiver Erkenntnisinteressen, historisch kontingenter Umstände, gesellschaftlicher Vorgaben und anderer nicht mit Naturgesetzen vollständig erklärbarer Aspekte der Physik in ihrer heutigen Form wird unhaltbar.

Mit Nachdruck ist darauf hinzuweisen, dass die damit vorgetragene Kritik nicht die Inhalte oder Formen physikalischer Theorien oder ihre empirische Absicherung betreffen. Sie sind vielmehr eine Kritik an der Selbstverständigungsphilosophie der Physiker. Pointiert gesagt: die Physik müsste keine ihrer Ergebnisse oder Lehrsätze revidieren, sondern lediglich auf deren physikalistische Überhöhung verzichten. Ein solcher Verzicht soll nicht bagatellisiert werden. Er bedeutet nämlich den Verlust einer erkenntnistheoretischen und weltbildstiftenden Meinungsführerschaft. (Dass diese Meinungsführerschaft kein nostalgischer Zug aus der Glanzzeit der Physik zu Beginn des 20. Jahrhunderts ist, zeigen aktuelle, wichtige Forschungsbereiche wie

die Klimaforschung oder die Kosmologie. Globale Modellierungen des Klimas oder universelle Kosmologien und Kosmogonien werden umstandslos im erkenntnistheoretischen Schema der »großen« Physik im Sinne der empiristisch verstandenen Revisionen der klassischen Physik betrieben.)

Als Resümee dieses physikalischen Beispiels lässt sich festhalten, dass sich das empiristische Selbstverständnis als Begreifen von Physik mit physikalischen Mitteln auch *gegen* etwas richtet, nämlich gegen die Rolle der Zweckrationalität des Handelns in der physikalischen Forschung. Naturwissenschaftliche Forschungspraxis ist zwar nachweislich zweckrational, aber dieser Aspekt solle keinerlei Auswirkung auf die Inhalte und die Geltung von Forschungsergebnissen haben. Hier liegt offenbar eine Verwechselung vor. Dass Naturwissenschaften *Erfahrungs*wissenschaften sind und dabei einen eigenen Typ von Erfahrung ausgeprägt haben, ist nicht zu bestreiten. Aber die Erfahrungsabhängigkeit naturwissenschaftlicher Forschungsergebnisse impliziert keine Zweckunabhängigkeit, entgegen dem naturwissenschaftlichen Selbstverständnis. Und a fortiori impliziert eine Erfahrungsabhängigkeit keinen erkenntnistheoretischen Realismus – in welcher Form auch immer. Die Unterstellung einer menschenunabhängigen Existenz von Naturgesetzen ist ebenso überflüssig für ein Begreifen der heute vorfindlichen Naturwissenschaften, wie es Thesen von der Zwangsläufigkeit der Naturwissenschaftsgeschichte sind. Das gesamte Reich der Metaphern, wonach die Naturwissenschaften mit ihren Methoden einer vorfindlichen Natur ein Netz von Beschreibungen überstülpten und dabei die Natur zum Prägestock für die Münze der Erkenntnis machten, ist keine zwangsläufige Folge aus dem empirischen Charakter der Naturwissenschaft. Die reflektierenden und philosophierenden Naturwissenschaftler einschließlich ihrer naturalistischen wissenschaftstheoretischen Kollegen haben es vielmehr versäumt, über die Natur, ihre Gesetze, ihre Erkennbarkeit und über das Mittel der Erfahrung ausreichend nachzudenken. Oder linguistisch gewendet, es fehlen geklärte Begriffe von Natur, Gesetz und Erfahrung, um die Leistungen der Naturwissenschaften zu begreifen.

(Hier kann nur darauf verwiesen, aber nicht darauf eingegangen werden, dass sich mit der allmählichen

Ablösung der Leitdisziplin Physik durch die Biologie auch neue und andere Formen der Erklärung von Naturwissenschaft durch Naturwissenschaft etablieren und durchsetzen. Oben wurde schon als Hinweis auf Konrad Lorenz angemerkt, dass auch Biologen ihr Fach biologisch erklären. Der ganze Bereich der evolutionären Erkenntnistheorie, aber auch wesentliche Bereich der Kognitionswissenschaften, der Hirnforschung sowie der Gentechnik gehören hierher: Die Versuchung, als Physiologe Physiologist, als Biologe Biologist und als Gentechniker Determinist zu sein, ist wohl erheblich.)

4. Naturwissenschaft als Handlung

Damit die nichttriviale These »Naturwissenschaften sind Kulturleistungen« auf dem Weg einer Naturalismuskritik ihrerseits nicht abhängig und damit belastet wird von den kritisierten naturalistischen Missverständnissen, soll nun ein Anfang bei weniger belasteten, bei voraussetzungsärmeren Prämissen gewählt werden. Als eine solche wurde bereits genannt, dass Naturwissenschaften von Menschen hervorgebracht werden. Trivialerweise hat jeder Naturwissenschaftler eine Lebensgeschichte vor und neben seiner Tätigkeit als Wissenschaftler. Dazu gehört einerseits eine Lerngeschichte für Handeln und Reden in einer kultürlich geprägten Gemeinschaft, andererseits eine lebenslange Einbindung in eine menschliche Gemeinschaft im Sinne wechselseitiger Verpflichtungen.

Auf die Unhintergehbarkeit der eigenen, individuellen Lerngeschichte wird später, genauer bei der Gegenstandskonstitution von Naturwissenschaften, zurückzukommen sein. Die Einbindung in gemeinschaftliche oder gesellschaftliche Verpflichtungsverhältnisse jedoch lässt sich an den Anfang der Überlegung stellen, wie Naturwissenschaften als Kulturleistung zu ihren Qualitäten von Universalität und Transsubjektivität und zu ihren technischen, prognostischen und explikativen Leistungen kommen.

Die Tätigkeit des Naturwissenschaftlers löst diesen nicht aus Verhältnissen heraus, in denen andere Menschen moralische, rechtliche und evtl. andere Ansprüche an ihn erheben. So könnte z. B. kein Anhänger eines naturalistischen Menschenbildes vor Gericht zu seiner Verteidigung anführen, er sei

nicht schuldig oder gar schuldfähig, weil die ihm vorgeworfenen Handlungen nur Produkte seiner organismischen Disposition oder aktueller Kausalketten seien. Nicht nur das Rechtssystem unterwirft mit der Bewehrung von Normen durch Sanktionen jedes zurechnungsfähige Subjekt in derselben Weise; auch eine heute schon mit umfangreicher biologistischer Literatur gestützte Auffassung vom menschlichen Verhalten (im Extremfall bis hin zur These der genetischen Disposition des Mannes zur Vergewaltigung) gibt einem Naturwissenschaftler – etwa gegenüber seiner Lebenspartnerin –keine Rechtfertigungen an die Hand. Wollte – nach dem Motto »nichts ist unmöglich« – ein Naturwissenschaftler (oder eine Naturwissenschaftlerin) tatsächlich mit Verweis auf die eigene Disziplin eine Sonderstellung oder Befreiung aus den genannten Verpflichtungsverhältnissen beanspruchen, würde diese nicht toleriert, sondern sanktioniert, im Extremfall bei Umsetzung in die Tat durch Einweisung in ein Gefängnis oder eine psychiatrische Anstalt. Kurz, auch Naturwissenschaftler bleiben Menschen im Sinne ihrer Pflichten gegenüber der Gemeinschaft.

Bereits daraus lässt sich ersehen (und stellt ja auch in der gesellschaftlichen Praxis keinerlei Problem dar), dass ein Unterschied zwischen naturwissenschaftlich *erklärbarem Verhalten* und *verantwortungspflichtigem Handeln* praktisch jederzeit gemacht wird. Handeln lässt sich vom bloßen Verhalten geradezu dadurch abgrenzen, dass es dem Handelnden von der Gemeinschaft als Schuld oder Verdienst zugeschrieben wird. Was rechtlich mit der Unterscheidung von vorsätzlich, fahrlässig und schuldlos bezeichnet wird, lernt das menschliche Individuum von frühester Kindheit an durch Einsozialisierung in die Familie und andere Gemeinschaften, sozusagen als soziale Minimalkompetenz.

Diese Zurechnung des Handelns zum Akteur bildet den Hintergrund, vor dem Akteure – wieder praktisch, d. h. nicht theoretisch – Gelingen und Misslingen von Handlungen sowie Erfolg und Misserfolg unterscheiden. Dabei soll das Begriffspaar »gelingen/misslingen« das Richtig- oder Falschmachen einer Handlung (richtiges oder falsches Aktualisieren eines Handlungsschemas) bedeuten, während das Begriffspaar »Erfolg/Misserfolg« den Unterschied zwischen Erreichen und Verfehlen eines Zwecks bezeichnet. Auf die Unterscheidung der beiden Wortpaare kann nicht verzichtet werden, weil schon die Alltagserfahrung lehrt, dass auch richtig ausgeführte Handlungen gelegentlich Misserfolge nach sich ziehen.

Zwecke, von denen für die Bestimmung von Erfolg und Misserfolg die Rede war, sind diejenigen Sachverhalte, die durch Handeln herbeigeführt, vermieden oder aufrecht erhalten werden sollen. Solche Sachverhalte, also Zwecke, sind sprachlich durch Aussagen darstellbar. Handlungen sind Mittel, Zwecke zu verfolgen und zu erreichen.

Reflexionen auf menschliches Handeln (und damit eine philosophische Handlungstheorie) sind selbst als Mittel intendiert, sich denkend mit dem Umstand auseinander zu setzen, dass das Handeln im menschlichen Leben nicht nur aus Gelingen und Erfolg besteht. Unterstellt, Misslingen und Misserfolg sollen vermieden werden, muss der Mensch immer wieder handeln lernen, und zwar (in der gröbsten Einteilung) einerseits im Erwerb von Können und Vermeidung von Falschmachen, andererseits im Erwerb eines Handlungsvermögens und Wissens, das nach Möglichkeit Erfolge erreichbar und Misserfolge vermeidbar macht. Zum ersteren zählen Erwerbe von Fähigkeiten wie Gehen, Sprechen, Schwimmen, Rad fahren, Lesen, Schreiben, Klavier spielen, Kochen usw., zu letzterem ein Erfahrungswissen über die Zweckmäßigkeit von Handlungen für verfolgte Zwecke. »Erfahrung« wird dabei als das Widerfahrnis verstanden, ob gelungene Handlungen zu Erfolg führen oder nicht. (Misserfolge gelungener Handlungen kommen durch äußere Geschehnisse zustande, z.B. Handlungen anderer Personen oder natürliche Geschehnisse.)

Handlungen haben selbst einen vielfältigen Widerfahrnischarakter. Der Mensch kann sich beim Handeln, etwa bei der Einübung eines bestimmten Handlungsschemas (z.B. Musizieren, handwerkliches oder künstlerisches Produzieren) gleichsam selbst beobachten und die Beherrschung eines Handlungsschemas verbessern. Auffällige Beispiele, in denen es dem Akteur widerfährt, ob ihm seine Handlung gelingt oder misslingt, sind etwa die von Punktrichtern beobachteten Sportwettkämpfe der Eiskunstläufer oder Turmspringer. Von ganz anderer Art sind die Widerfahrnisse am eigenen Handeln, die Erfolg und Misserfolg betreffen. Beispiele

hierfür sind etwa Bogenschießen oder Segelfliegen, oder die häuslichen Tätigkeiten des Kochs oder Gärtners, bei denen zwischen Handlung und sich einstellendem Sachverhalt intervenierende äußere Geschehnisse treten, wie der plötzliche Seitenwind beim Bogenschützen, die fehlende Thermik beim Segelfliegen, der defekte Herd beim Koch, die Schädlinge beim Gärtner.

Auch die oben genannten Tätigkeiten des Naturwissenschaftlers, im Experiment oder in der freien Natur Beobachtungen anzustellen und Messungen auszuführen, lassen sich mit diesen rudimentären handlungstheoretischen Unterscheidungen einfangen.[16] Den Rahmen dieser Betrachtung bilden die Poiesis (handwerkliches Herstellen) und die Technik, wie sie sozusagen von einem einsamen Robinson auf seiner Insel praktiziert werden könnten.

Selbstverständlich ist aber Naturwissenschaft in irgendeinem realitätsbezogenen Sinne kein Unternehmen eines isolierten Robinson, sondern eine Gemeinschaftsleistung, zu der einerseits Kooperation und andererseits Sprache zählen. Robinson muss über seine handwerklichen und technischen Erfolge nicht sprechen (obwohl es schwer vorstellbar ist, wie Planung und Herstellung einer zuträglichen Behausung, eine Versorgung mit Lebensmitteln und Wasser usw. anders als in einer Art Selbstgespräch stattfinden sollte. Robinson hatte ja eine Kultur vom Gewehr bis zur Bibel im Gepäck, ist also nicht der Moglie aus dem Dschungelbuch).

Auch Sprechen erfüllt alle bisher genannten Kriterien des Handelns. Und auch jeder Naturwissenschaftler wird zugeben müssen, in wechselseitigen Verhältnissen zu leben, in denen ein Mensch den anderen für das verantwortlich macht, was er sagt. In diesem Sinne ist Sprechen ein gemeinschaftliches Handeln, das sich nicht am degenerierten Modell einer monologisierenden Naturbeschreibung oder einer monologisch verstandenen mathematischen Selbstbeschäftigung orientiert, sondern am Modell des kommunikativen Sprechens zur Organisation

---

16 Eine detaillierte Diskussion der genannten naturwissenschaftlichen Verfahren findet sich in: Janich (1997). Eine detaillierte Darstellung der handlungstheoretischen Unterscheidungen sowie deren Übertragung auf die Sprachphilosophie einschließlich verschiedener Definitionsverfahren für die Fachwissenschaften ist zu finden in: Janich (2001).

gemeinschaftlicher Praxis, wie es dem Alltagsleben in allen Kulturen (abgesehen von mönchischem Aussteigertum) entspricht.

Es ist kein Programm, sondern ein Verweis auf ausgeführte Handlungstheorie und Sprachphilosophie, hier die Unterscheidungen von Gelingen/Misslingen und Erfolg/Misserfolg sowie verschiedene Typen der Erfahrung auch speziell auf die sprachlichen Handlungen anzuwenden und damit klassische Fragen nach Semantik und Geltung, nach Verstehen und Anerkennen sprachlicher Handlungen zu erfassen.[17] Allerdings ist dieser Ansatz nicht orientiert an mathematisch-naturwissenschaftlichen Theorieformen in dem Verständnis, auf das behauptende oder beschreibende Sprechen begrenzt zu sein. Auch Aufforderungen, Fragen und performative Sprechhandlungen sind einzuholen, und sogar ein Zugang zu expressiven Sprechhandlungen (Bekundungen eigener Befindlichkeiten) ist zu finden.

Hier dürfen weder die Verdienste der sprachlichen Wende (linguistic turn) der Philosophie noch die Bevorzugung der Theorie und die Vernachlässigung der Poiesis durch die philosophische Tradition zu falschen Perspektiven führen. Der Mensch ist zwangsläufig in der Bewältigung seines Lebens, und zwar in allen bekannten oder auch nur denkbaren Kulturen, nicht nur ein Mundwerker, sondern immer auch ein Handwerker.[18] Nichtsprachliche (poietische) Handlungen haben dabei ihre eigene Logik: Nicht wenige (aber auch nicht alle) nichtsprachliche Handlungen sind von der Art, dass Gelingen und Misslingen sowie Erfolg und Misserfolg von der Reihenfolge von Teilhandlungen abhängen. Wer wollte darüber diskutieren, dass es ungezählte Trivialbeispiele von der Art gibt, wonach wir jeden Morgen sehr wohl die Strümpfe vor den Schuhen anziehen (und abends umgekehrt ausziehen), dass aber die Reihenfolge von linkem und rechtem Fuß keine Rolle spielt. Wer eine Speise zubereitet, ein Glas Wein trinkt, mit dem Schlüssel eine Tür öffnet, ein Auto startet, einen Brief schreibt usw. wird immer auf die Reihenfolge bestimmter Teilhandlungen angewiesen sein (und bei diesen

Tätigkeiten auch Handlungsketten finden, bei denen es auf die Reihenfolge nicht ankommt).

Wo nicht länger das Vorurteil gilt, naturwissenschaftliches Wissen bestehe ausnahmslos in einer distanzierten Beschreibung einer menschenunabhängigen Natur, sondern wo die tatsächlich praktizierten Naturwissenschaften in den Blick kommen, die in ihren Ergebnissen Erfolge und Misserfolge technischer Maßnahmen, also eines Laborhandelns sprachlich erfassen, verschiebt sich die Nahtstelle zwischen Wirklichkeit und Erkenntnis von »Sprechen versus Natur« auf »Sprechen versus Handeln«. Auch handelt es sich nur um eine spezialisierte Form bewährter alltäglicher Praxis, dass wir im Auffordern, Fragen und Behaupten sowie in den performativen Sprechhandlungen des Lobens und Tadelns, des Versprechens, Beglückwünschens, Kondolierens usw. tatsächlich sehr genau auf diesen Aspekt der Reihenfolge achten: Wer würde schon Gebrauchsanweisungen oder Kochrezepte schätzen, die wegen Vertauschung der Teilhandlungen regelmäßig zu Misserfolg führen? Wer würde schon Erzählungen, Schilderungen, Berichte, Zeugenaussagen usw. schätzen, die wegen Vertauschung der Reihenfolge der beschriebenen Handlungen unglaubwürdig, ja teilweise schon syntaktisch falsch werden? Das heißt, faktisch (und ausweisbar vernünftig) beachten wir im Reden über unsere Handlungen Unterschiede in den Reihenfolgen von Teilhandlungen und berücksichtigen, ob sie zu Gelingen oder Misslingen, zu Erfolg oder Misserfolg führen.

Damit ist eine Spezialität der »methodischen Philosophie« genannt, im Sprechen die wichtigen Reihenfolgen von Handlungen zu berücksichtigen. Sie formuliert ein »Prinzip der methodischen Ordnung«, wonach Sprechen in der Reihenfolge der Einzelschritte nicht von den zielführenden Reihenfolgen des Handelns abweichen darf, und zwar in allen Formen des Sprechens, dem Behaupten, Auffordern, Fragen, performativen Sprechhandlungen u.s.w. Sprachphilosophisch und wissenschaftstheoretisch brisant wird dieses Prinzip in Anwendung auf Sprechen über Sprechen, also bei Reihenfolgen z. B. von Definitions- und Begründungsschritten.

Was im Alltagsleben eine Trivialität ist und faktisch von jedem anerkannt wird, jedenfalls dort, wo es um Gelingen und Erfolg sowohl des Handelns als

---

17 Vgl. Janich (2001).
18 Was dies im Einzelnen für die Begründung der exakten Wissenschaften bedeutet, ist diskutiert in: Janich (1999).

auch des Redens geht (im Unterschied z. B. zu künstlerischen Experimenten), hat dagegen in den Wissenschaften zur Ablösung des Theoretisierens vom nichtsprachlichen Handeln (seit der frühen Antike mit großer Beliebigkeit der Reihenfolgen von Sätzen in Theorien) geführt. Ob es die Definitionsketten der voreuklidischen und euklidischen Geometrie sind, die platonische Diskussion um Ideen oder die aristotelische Abstraktionstheorie, die Geschichte der theorienbildenden Wissenschaften mündet in ein wildes Durcheinander der Definitions-, Behauptungs- und Begründungsschritte in theoretischen Zusammenhängen. Ein historisch wirksames Beispiel ist, in der Nachfolge Euklids, die Mechanik Newtons. Theorien verlieren dadurch ihre Verbindung zu der sie tragenden Praxis und Poiesis. Erst dadurch entsteht das Problem, eine Theorie (sozusagen freischwebend ohne Gegenstandsbezug) zuerst aufstellen (formulieren) zu können und dann erst nach dem Status ihrer Gegenstände (bzw. der Bedeutung ihrer Grundbegriffe) und nach der Geltung ihrer (ersten) Sätze zu fragen. Selbst der hypothetische Charakter probeweise geäußerter Beschreibungen, wie sie auch in alltäglichen Planungen (z. B. einer Bahnreise) vorkommen, wird dabei verkürzt auf den Aspekt, nur die (Natur-)Erfahrung könne über ihre Geltung entscheiden – statt sich am lebenspraktischen Vorbild zu orientieren, dass wir über die Ergebnisse und Folgen unserer Handlungen fiktiv und hypothetisch sprechen, um antizipierend ihre Erfolgsaussichten zu beurteilen, statt sich in jedem Falle von der (oft unangenehmen) Erfahrung belehren zu lassen.

Damit ist nun das handlungstheoretische und sprachphilosophische Minimalinventar zusammengetragen, um den Naturwissenschaften als Kulturleistung in einem nicht trivialen Sinne eine Bestimmung zu geben.

5. Naturwissenschaft als Verwissenschaftlichung von Praxis

Der Mensch fristet zwangsläufig sein Leben dadurch, dass er durch zweckrationales, poietisches Handeln einer vorgefundenen Natur seine Lebensmittel abtrotzt. Nahrung, Kleidung und Behausung,

Werkzeuge und alle Formen von Technik entstehen durch Eingriff in die vorgefundene Umwelt, die in archaischen Zeiten (im aristotelischen Sinne zurecht) als Natur gelten darf; heutzutage findet sich nur eine durch menschlichen Eingriff bereits weitgehend veränderte Umwelt vor. Dennoch darf man für heutige wie für archaische Verhältnisse behaupten, der Mensch kultiviere Natur – im ursprünglichen Wortsinne des lateinischen »cultivare«. Die Kultur der archaischen Sammler, Jäger, Bauern, Pflanzen- und Tierzüchter besteht genauso in zweckrational und erfahrungsgestützt durchgeführter Veränderung des Vorgefundenen wie eine moderne Agrarindustrie.

Von prähistorischen Zeiten bis heute hat sich dabei ein Arbeitsteilungsprozess etabliert, der sich in verschiedene Praxen im Sinne bestimmter Handwerke oder Künste einteilen lässt. Eine solche Einteilung lässt sich an der Frage orientieren, welche Tätigkeitsbereiche Gegenstände oder Leistungen betreffen, die den Gegenständen oder Tätigkeitsbereichen aktueller Naturwissenschaften entsprechen. Am klarsten liegen wohl die Verhältnisse im Blick auf die Leitwissenschaften Biologie, Chemie und Physik. Die Züchtung und Haltung von Tieren, ihre Domestikation zu menschlichen Zwecken, ihre »Funktionen« von der Lieferung von Nahrung, Kleidung und Werkstoffen bis zur Verwendung als Zug- und Reittiere, als Wach- und Schutzgenossen, sowie die gezielte Domestikation und Züchtung von Pflanzen sind eine Praxis, für die heute die Biologie zuständig ist. Tätigkeiten wie das Gerben und Färben, die Metallscheidekunst, Herstellung und Konservierung von Lebens-, Heil- und Genussmitteln, die Produktion und Verwendung von Werk-, Wirk- und Brennstoffen begleitet in entscheidender Weise die menschliche Zivilisation und stellt die vorwissenschaftliche Praxis zur heutigen Chemie dar. Die Produktion von Geräten, Waffen, Werkzeugen, Behausungen, Fahrzeugen, Brücken usw., dazu die technische Praxis des Heizens, Beleuchtens, sowie die Herstellung und Verwendung von Musikinstrumenten bilden die vorwissenschaftliche Praxis, für die heute die Physik zuständig ist.

All diese Fachwissenschaften sind nicht durch einsame Entschlüsse von Genies in die Welt gekommen, sondern durch allmähliche Spezialisierung und

Verwissenschaftlichung lebensweltlicher Praxis. Im historisch und methodisch rekonstruierenden Rückblick bilden sich so Gegenstände bzw. Gegenstandsbereiche aus, die zusammenhängende und tradierte Praxen mit allmählich einsetzender Professionalisierung und Institutionalisierung werden. Das heißt, wo nicht das naturalistische Missverständnis leitend ist, die Gegenstände der Naturwissenschaften seien natürlich, sondern wo der entstehungsgeschichtliche Praxisbezug der Naturwissenschaften in den Blick kommt, darf man von einer vor- und außerwissenschaftlichen Gegenstandskonstitution sprechen. Da diese Gegenstandsbereiche für die Naturwissenschaften im beschriebenen Sinne durch menschliche, zweckrationale Poiesis zustande kommen, sind die Gegenstände der Naturwissenschaften primär technisch. Erst mit der angeblichen »Überwindung« des Aristotelismus durch die mechanische Physik des 17. Jahrhunderts entsteht die Meinung, die Physik (und allgemein die Naturwissenschaft) habe es auch bei den technisch zugerichteten mit natürlichen Gegenständen zu tun. Dieser vor allem Galilei zuzuschreibende Irrtum setzt sich durch bis zu den Formen, wie sie am Beispiel der Physik in der Einleitung beschrieben wurden. In Wahrheit jedoch sind die Gegenstände der Naturwissenschaften in entscheidenden Eigenschaften vom Menschen erzeugt, also künstlich (griechisch: technisch).

Für manche Fragen empfiehlt es sich, methodische und historische Rekonstruktion auseinander zu halten. Trivialerweise können zwar historisch keine methodischen Zirkel vorkommen, und ebenso trivialerweise muss sich eine methodische Rekonstruktion auf eine historisch gewachsene Praxis beziehen. Dennoch werden verschiedene Geltungsansprüche und damit verschiedene Begründungsinstanzen einschlägig, je nachdem, ob man von vor- oder von *außer*wissenschaftlichen Praxen spricht. Historisch vorwissenschaftliche Praxen sind definitiv unbeeinflusst von wissenschaftlichen Ergebnissen, während außerwissenschaftliche Praxen (wie die von einer heutigen Handwerkskammer vertretenen und vielfältig organisierten und institutionalisierten Handwerke) vielfältig von naturwissenschaftlichen Ergebnissen abhängen.

An den vorwissenschaftlichen Praxen lässt sich studieren, wie sich, primär orientiert an den Bedürfnissen der Lebensbewältigung, allmählich über

Spezialisierung und Tradition lehr- und lernbare Methoden und Fachsprachen ausbilden. Was der Lehrling vom Meister zu lernen hat, sind spezielle Fertigkeiten und Techniken, die sich nicht im Poietischen erschöpfen, sondern zu Praxen einschließlich zünftiger Spezialsprachen werden. Es kann hier nicht weiter diskutiert werden, dass auf diesem Weg eine erhebliche Höhe der Kunstfertigkeit und Effizienz erreicht wird – man denke an Beispiele wie die Urmachertechnik, die Produktion von Gläsern aller Art, den Werkzeug- und Werkzeugmaschinenbau, den Schiffbau usw.

Erkenntnis- und wissenschaftstheoretisch gilt für die vor- und außerwissenschaftlichen Praxen, dass eine Bewährung im jeweiligen Anwendungsbereich als Qualitätskriterium für Poiesis, Praxis und Fachsprache genügen. In ihr wird es, noch abgelöst von allen theoriegeleiteten Bemühungen, schon zu einer graduellen Universalisierung und Generalisierung kommen. Mit *Universalisierung* ist gemeint, dass nicht immerfort nur für singuläre Probleme singuläre technische Lösungen gesucht werden (wie das nach natürlichen und kultürlichen Umständen maßgeschneiderte Haus), sondern dass sich für möglichst viele Anwendungsbereiche brauchbare Verfahren und Lösungen etablieren – bis hin zur Entwicklung industrieller Serienfertigung von Komponenten, die im Baukastenprinzip verwendet werden. Aktuelle Beispiele sind etwa die vorgefertigten Produkte für den Installateur. *Generalisierung* meint, dass nicht der individuelle Künstler, der ein Zunftmeister noch war, sondern eine zunehmende Zahl gleich ausgebildeter Facharbeiter entsteht, deren Produkte im günstigen Normalfall unabhängig von ihrem individuellen Hersteller sind. Mit anderen Worten, mit der Höherentwicklung einzelner Handwerke und Künste etablieren sich bereits Vorformen dessen, was unter den Bezeichnungen Universalität und Transsubjektivität später zu den Kennzeichen von Wissenschaftlichkeit wird.

Historisch bedurfte es gewisser zusätzlicher, von außen kommender Einflüsse, um den Prozess der Höherentwicklung der vorwissenschaftlichen Praxen in einer Hochstilisierung zu verwissenschaftlichen. Grob gesprochen ist dieser Einfluss ein philosophischer, freilich noch in einem Sinne, in dem Philosophie die Sammelbezeichnung für alle Erkenntnisbemühungen war und die Fachwissenschaften sich noch nicht aus ihr abgelöst hatten. Hier ist es vor allem die Geometrie Euklids und ihre Anwendung in der Astronomie, der Mechanik und der Musik, die eine Verbindung mit den Handwerkskünsten einging. (In Wahrheit ist dies ein Umweg über die platonische Philosophie, weil die Geometrie als Prototyp antiker Wissenschaft selbst ein lebensweltlich-handwerkliches Fundament im poietischen Handeln hat).[19] Diese Hochstilisierung ist (wegen ihrer Komplexität) kaum mehr als historische Rekonstruktion von einer vorwissenschaftlichen zu einer wissenschaftlichen Praxis nachzuvollziehen, sondern nur noch als methodische Rekonstruktion zu leisten. Sie lässt sich als Übergang von der praktischen Bewährtheit zur Theoriefähigkeit charakterisieren, wo der Theorie die Aufgabe zufällt, Leistungen sprachlich explizit ausweisbar zu machen. Dazu ein Beispiel: Handwerkliche Messkünste für räumliche, zeitliche und stoffliche Größen (Länge, Fläche, Volumen, Dauer, Gewicht, Kraft usw.) werden je nach Anwendungsgebiet entwickelt und verfeinert. Es kommt nicht darauf an, dass der Feinmechaniker, der Schneider, der Schiffsbauer oder der Forstwirt dieselben Messtechniken oder dieselben sprachlichen Mittel anwendet. Erst im Übergang zur Theorie wird eine alle Größenbereiche und alle Messtechniken umfassende Begrifflichkeit etabliert, die sich dann in einer theoretischen Geometrie und Mechanik als methodisch und logisch organisiertes Satzsystem beschreiben lässt.

Der Sprung von der handwerklichen zur wissenschaftlichen Messkunst besteht dann darin, unabhängig von den konkreten Anwendungsbereichen eine *universelle Sprache* zu etablieren, die sich normativ an Prinzipien orientiert. Obwohl etwa Messresultate, die ein Verhältnis zweier Längen angeben, prinzipiell rationalzahlig sind, wird in einer wissenschaftlichen Theorie wegen der erwünschten Anwendung von Mathematik auf Messergebnisse eine reellzahlige Definition von Streckenverhältnissen oder, allgemeiner, von Maßgrößen zugrunde gelegt. Damit gewinnen die theoretischen Begriffe zu einer Messpraxis den Status von Normen für eine anzustrebende Qualität der verwendeten Messgeräte. Für eine praktische handwerkliche Messkunst ist z.B. nicht beliebig zu fordern, dass die Gewichtsgleichheit auf einer Waage auch für lange Messreihen transitiv bleibt. Kleine Genauigkeitsschwankungen könnten dazu führen, dass bei einer hinreichenden Anzahl n von Objekten, die paarweise auf der Waage als gleichschwer identifiziert werden, ein Vergleich des ersten und des n-ten Objekts keine Gewichtsgleichheit mehr ergibt. In der wissenschaftlichen Messkunst wird dagegen als Standard zugrundegelegt, dass die Transitivität der Maßgleichheit für alle je in Betracht kommenden Objekte gesichert sein muss; wo faktisch Abweichungen auftreten, sind diese als Störungen (etwa der Waage) zu interpretieren und durch Verbesserung der Messgeräte zu beseitigen.

Ersichtlich wird mit der Verwissenschaftlichung vor- und außerwissenschaftlicher Praxen etwas gewonnen: Das sprachliche Unterscheidungssystem, das ja auf einer technischen Operationalisierung aufruht, wird in jeder erdenklichen Hinsicht *universalisiert*. Wo die einzelnen Handwerke ihre speziellen Größenbereiche abdecken, der Uhrmacher und Feinmechaniker andere als der Zimmermann, gelten in der Physik bzw. in den Naturwissenschaften Größenbegriffe ihrerseits größeninvariant (und zwar trotz der weiter bestehenden technischen Praxis, dass auch der moderne Naturwissenschaftler in verschiedenen Größenbereichen verschiedene Messverfahren anwendet).

Zugleich wird aber auch mit der *Theoriefähigkeit* die Qualität der *Transsubjektivität* erreicht. Wenn es nicht nur auf den einzelnen Akteur, sondern auch auf das einzelne, von ihm verwendete Messgerät nicht mehr ankommen soll, weil die theoriegeleitete Normierung der Messgerätefunktionen ihre beliebige Substituierbarkeit normativ setzt und technisch realisiert, dann ist der qualitative Sprung von der außerwissenschaftlichen zur wissenschaftlichen Praxis geleistet. Universalität und Transsubjektivität als normative Orientierungen definieren eine Form von Wissenschaftlichkeit für die Naturwissenschaften, die sich als qualitativer Sprung von Geltungsansprüchen gegenüber der bloß praktischen Bewährtheit der Handwerke und Künste charakterisieren lässt. Die Fassung von technischem Know-how in Theorien erlaubt, die Leistungen von Naturwissenschaften explizit zu diskutieren,

---

19 Vgl. hierzu Janich (2001).

Geltungskriterien anzugeben, sowie die technischen, prognostischen und explikativen Leistungen der Theorien als einlösbar auszuweisen.

Betrachtet man die vorliegenden Naturwissenschaften in ihren technischen und theoretischen Ergebnissen genauer, reicht der bisher skizzierte erste Sprung der Verwissenschaftlichung nicht aus, um dem gegenwärtigen Stand der Naturwissenschaften gerecht zu werden. Zur Theoriefähigkeit muss die *Philosophiefähigkeit* hinzukommen, und zwar in folgendem Sinne:

Es findet sich kein Lehrbuch, in dem nur Objektsprache einer Fachwissenschaft gesprochen wird, in denen also z.B. der Vertreter einer theoretischen Mechanik nur von Körpern, Bahnen, Geschwindigkeiten, Bewegungen und Kräften spricht. Vielmehr kann eine naturwissenschaftliche Theorie nur verständlich gemacht werden, wenn auch metasprachliche Anteile der Vermittlung hinzutreten. Da werden z.B. bestimmte Sätze als Definitionen, andere als Prinzipien, wieder andere als empirische Ergebnisse bezeichnet. Und vor allem werden Wörter verwendet, die ihrerseits keinen direkten, objektsprachlichen Bezug haben, sondern sich nur metasprachlich auf die Objektsprache beziehen. So sind etwa die geläufigen Redeweisen von Raum, Zeit, Stoff, Leben und anderen nur als Reflexionsbegriffe[20] zugänglich. Das heißt, zwangsläufig spricht der Naturwissenschaftler sowohl in Kommunikation, die Forschung begleitet, als auch in Lehr- und Lernzusammenhängen zwangsläufig Meta- und Metametasprache. Er reflektiert zwangsläufig auf seine poietischen, mathematischen und sprachlichen Verfahren, so dass zur Kulturleistung der Naturwissenschaften hinzuzurechnen ist, einen *reflektierenden Standpunkt außerhalb der objektsprachlichen Theorie* (und ihrer zugehörigen Praxis) einzunehmen.

(De facto werden die Fertigkeiten für diese Sprachebene nicht explizit gelehrt, im Unterschied zur labortechnischen und zur mathematisch-theoretischen Ausbildung einschließlich des Erwerbs der Fachterminologie. Naturwissenschaftler sind de facto wissenschafts- und erkenntnistheoretische Dilettanten – mit der Folge, dass jeder sich seine eigene Hausmacherphilosophie zulegt. Selbstverständlich

führt dies zu einem weiten Spektrum von Positionen zwischen ungebildeter Naivität und hochentwickelter Expertise. Die Zugehörigkeit zu einem Berufsstand wie dem der Physiker, Chemiker oder Biologen sagt selbstverständlich nichts aus über die Kompetenz in erkenntnistheoretischen Fragen. Allerdings kommen hier die obigen Überlegungen zum Tragen: Wenn die Reflexionsebene nur wieder mit den begrifflichen Mitteln und Perspektiven der Naturwissenschaften selbst erklommen wird, resultiert ein mehr oder weniger naturalistisch verzeichnetes Selbstverständnis. Dies hat u. a. den Nachteil, dass ein Rückbezug der Naturwissenschaften und ihrer Leistungen auf ihre philosophischen Herkünfte und Auswirkungen leidet. Die Frage z. B., ob Naturwissenschaften Probleme gelöst hätten, die in der abendländischen Kulturtradition durch Philosophien aufgeworfen wurden, lässt sich dann nicht mehr beantworten. Hier hilft nur eine reflektierte, professionell ausgearbeitete Philosophie der Naturwissenschaften, die sich vor Einbeziehung des kulturellen Charakters der Naturwissenschaften und ihrer Geschichte nicht fürchtet.)

6. Schluss

Nicht nur Physik hat eine Geschichte, sondern auch die philosophische Reflexion der Physik und der anderen Naturwissenschaften. Diese Reflexion muss, soll sie den Gefahren der Einseitigkeit und des Dogmatismus entgehen, von beiden Seiten bedient werden: Die Artikulation von Selbstverständnissen, die aus den Naturwissenschaften zu vernehmen ist, ist ebenso zu berücksichtigen wie der Beitrag von philosophischer Seite, der ein Problembewusstsein aus der Philosophiegeschichte sowie ein systematisches Problemlösungswissen für erkenntnis- und wissenschaftstheoretische Fragen einbringt. Im Versuch, Naturwissenschaften in einem nichttrivialen Sinne als Kulturleistungen zu begreifen, ist beides berücksichtigt. Aber es gibt weder einen Königsweg, noch stützt die Geschichte der Reflexion der Naturwissenschaften einen übertriebenen Optimismus. Denn die Philosophie selbst hat weitgehend versagt.

Als die Naturwissenschaften, voran die Physik, im 19. Jahrhundert in eine Reihe von Grundlagenkrisen gerieten, aus denen sich Zweifel an den still-

---

20 Vgl. Gabriel (1995) und Janich (1995).

schweigenden Grundannahmen bezüglich Raum, Zeit und Kausalität ergaben, begann ein Philosophieren von Naturwissenschaftlern und Mathematikern. Herausragende Köpfe dieser Entwicklung sind z. B. Ernst Mach, Hermann von Helmholz, Emile Du Bois-Reymond, Henri Poincaré und andere. Zusammen mit einem enormen Einfluss des Mathematikers David Hilbert und seinen Reaktionen auf die Entdeckung mengentheoretischer Antinomien hin bildet sich eine formalistisch-empiristische Wissenschaftstheorie aus, die sich in der Tradition des Wiener Kreises einflussreich durchsetzt (und nach dem Krieg aus den englischsprachigen Ländern nach Deutschland reimportiert wird). Dieses Unternehmen ist im Effekt unbeschränkt affirmativ geblieben. Die seit Sokrates und Platon definierte philosophische Aufgabe der Erkenntniskritik und ihre neuzeitliche Verschärfung durch Kant sind nicht wahrgenommen worden. Die genannte wissenschaftstheoretische Tradition und ihre Ableger (wie der kritische Rationalismus von Karl Popper) waren immer von der Unterstellung ausgegangen, die Naturwissenschaften hätten im Prinzip und im Detail recht. Der Philosoph habe nur zu analysieren, zu rekonstruieren und daraus die Kriterien einer Wissenschaftlichkeit zu gewinnen, um sie auf andere Felder der Forschung (wie z. B. die Sozialwissenschaften) zu übertragen.

Dieser wissenschaftstheoretischen Grundentscheidung blieb verborgen, wie unvollständig und voreingenommen die sogenannte Revolution der klassischen Physik durch die relativistische und die Quantenphysik geblieben ist. Zwar haben die Entdeckungen Einsteins zu den stillschweigenden Prämissen der klassischen Physik hinsichtlich räumlicher, zeitlicher und dynamischer Größen die Einführung eines Beobachters gebracht. Aber dieser wurde nicht als zweckrationales, normensetzendes menschliches Individuum gefasst, sondern durch Beschränkung auf eine physikalische Beschreibung wieder nur als naturgesetzlich funktionierendes System konzipiert. Die hochgelobte relativistische Revision der klassischen Physik durch Einstein ist, erkenntnistheoretisch betrachtet, nicht gelungen. Auch die Entdeckung, welche Rolle der quantenmechanische Messprozess spielt, und die Formulierung und Interpretation der Heisenbergschen Unschärferelation, ja die ganze »Ontologie«

der Physiker haben nicht berücksichtigt, dass es immer noch handelnde Menschen in Labors mit ingenieurmäßig geplanten und produzierten Geräten sind, die den mikrophysikalischen Theorien ihren Realitäts- und Erfahrungsbezug geben.

Man hat, unter dem Einfluss Hilberts auf Mathematik und theoretische Physik, alle aufgeworfenen erkenntnistheoretischen Fragen immer aus den Theorien heraus zu beantworten versucht, statt auf die tatsächliche Praxis der spezifischen Erfahrungsgewinnung und ihrer de facto angewandten Kriterien zu achten. Diese Tendenz ist nicht auf die frühen Anfänge der relativistischen und der Quantenphysik beschränkt, sondern lässt sich auch heute noch ungebrochen wahrnehmen, etwa in Diskussionen um das Einstein-Podolsky-Rosen-Paradoxon. Ja es scheint, als würde die Physik in ihren Grundlagentheorien, von philosophischen Fragen herausgefordert, im günstigsten Falle opportunistisch zu historisch-relativistischen Konzepten wie dem von Th. S. Kuhn oder gar zu anarchistischen Empfehlungen wie denjenigen von Paul Feyerabend greifen. Wo nicht der naive Realismus vorherrscht, zeigt sich eine Art von Faktizismus historischer Prägung. Man hat sich aus der von Philosophen betriebenen Wissenschaftstheorie herausgesucht, dass der Konsens der Experten bestimmt, was physikalisch anerkannt ist. Und in einem naturalistischen Fehlschluss wurde das faktisch Anerkannte zum Anerkennungswürdigen, ja Anerkennungspflichtigen. Wer diesem Konsens nicht beipflichtet, zählt dann per definitionem nicht zum Kreis der Fachleute.

Die Naturwissenschaften selbst leugnen, wie am Beispiel der Physik erläutert, eine Kulturrelativität nicht prinzipiell und generell. Dennoch würde wohl kein Naturwissenschaftler die Ergebnisse naturwissenschaftlicher Forschung, also den inhaltlichen Aspekt von Theorien und Aussagen, historisch-kulturlich relativieren. Die Naturwissenschaftler eint ein Glaubensresiduum, wonach sie doch der Natur auf der Spur seien, so, wie sie in Wahrheit ist.

Hier fehlt ersichtlich die Unterscheidung von kulturrelativ und kulturrelativistisch. Naturwissenschaften sind kulturrelativ in dem Sinne, als ohne Frage die Kulturgeschichte nicht nur der Sprache, der Mathematik und der (in den Labors eingesetzten) Technik, sondern auch die Geschichte des

Aufwerfens und Lösens von Problemen, der Orientierung von Erkenntnisinteressen, sowie einer Dialektik von Zweck und Mittel wirksam werden. Naturwissenschaftlich bereitgestellte technische Mittel für bestimmte Zweck erlauben, neue, vorher unvorhergesehene Zwecke zu setzen und zu verfolgen, und damit neue, unvorhersagbare Resultate zu gewinnen.

Auch in einer kulturalistischen Sicht sind die Naturwissenschaften und ihre Ergebnisse nicht beliebig. Es genügt ja nicht, irgendwelche technischen Zwecke zu formulieren, um sie auch zu erreichen. Exemplarisch sei das Perpetuum mobile erwähnt, das selbstverständlich wünschbar wäre, aber technisch nicht realisierbar ist. Dies weiß man aus systematisch organisierter Erfahrung. Das heißt, die gelegentlich so sehr befürchtete Beliebigkeit einer kulturabhängigen Wissenschaft findet immer ihre Grenzen in der technischen Machbarkeit. Allerdings käme es darauf an, dass die Naturwissenschaften bezüglich ihrer eigenen Forschungen und Theorien schärfer erkenntnistheoretisch unterscheiden zwischen den investierten Normen und Kriterien einerseits und den damit erarbeiteten empirischen Resultaten andererseits. Die Unterstellung einer weitgehenden Voraussetzungslosigkeit ist unhaltbar. Die Natur zeigt sich nicht dem passiven Beobachter, sondern taucht allenfalls als Metapher für die Grenzen technischer Machbarkeit auf. Damit wäre es auch für die Naturwissenschaften hilfreich, über ihr erkenntnistheoretisches Begriffsinventar kritisch nachzudenken und sich an einem Diskurs der Philosophie zu beteiligen.

Die Kulturrelativität der Naturwissenschaften ist der Aspekt, aus dem heraus sich die historische und systematische Entwicklung ihrer spezifischen Wissenschaftlichkeit als Kulturleistung begreifen lässt. Wie weit eine Kulturinvarianz von Naturwissenschaften und Technik geht, ist eine weiterführende erkenntnistheoretische Frage, die man durchaus mit dem Hinweis auf kulturinvariante Reproduzierbarkeit technischer Effekte beantworten kann. Naturwissenschaften als Kulturleistung zu begreifen ist

deshalb das primäre Anliegen eines methodischen Kulturalismus.[21]

Literatur

De La Mettrie, Julien Offray (1745), Histoire naturelle de l'âme, Den Haag: Néaulme. ∎ De La Mettrie, Julien Offray (1748/1909), L'homme machine, Leiden: d'Elie Luzac, dt. Der Mensch eine Maschine, Leipzig: Verlag der Dürr'schen Buchhandlung. ∎ Gabriel, G. (1995), Artikel »Reflexionsbegriffe«, in: Mittelstraß, Jürgen (Hg.), Enzyklopädie Philosophie und Wissenschaftstheorie, Bd. 3, Stuttgart/Weimar: Metzler, S. 527–528. ∎ Hanekamp, Gerd (1997), Protochemie. Vom Stoff zur Valenz, Würzburg: Königshausen & Neumann. ∎ Hartmann, Dirk / Janich, Peter (Hg.) (1996), Methodischer Kulturalismus. Zwischen Naturalismus und Postmoderne, Frankfurt/M.: Suhrkamp. ∎ Hartmann, Dirk / Janich, Peter (Hg.) (1998), Die kulturalistische Wende. Zur Orientierung des philosophischen Selbstverständnisses, Frankfurt/M.: Suhrkamp. ∎ Janich, Peter (1980), Protophysik der Zeit. Konstruktive Begründung und Geschichte der Zeitmessung, Frankfurt/M.: Suhrkamp. ∎ Janich, Peter (1992), Grenzen der Naturwissenschaft. Erkennen als Handeln, München: C. H. Beck. ∎ Janich, Peter (1995), Artikel »Reflexionsterminus«, in: Mittelstraß, Jürgen (Hg.), Enzyklopädie Philosophie und Wissenschaftstheorie, Bd. 3, Stuttgart/Weimar: Metzler, S. 527–528. ∎ Janich, Peter (1996), »Protochemie. Programm einer konstruktiven Chemiebegründung«, in: Janich, Peter, Konstruktivismus und Naturerkenntnis. Auf dem Weg zum Kulturalismus, Frankfurt/M.: Suhrkamp, S. 237–258. ∎ Janich, Peter (1997), Kleine Philosophie der Naturwissenschaften, München: C. H. Beck. ∎ Janich, Peter (1998), »Informationsbegriff und methodisch-kulturalistische Philosophie«, in: Ethik und Sozialwissenschaften. Streitforum für Erwägungskultur, 9, Heft 2, S. 169–182. ∎ Janich, Peter (1999), »Handwerker und Mundwerker«, in: Wehr, Marco / Weimann, Martin (Hg.), Die Hand, Werkzeug des Geistes, Heidelberg/Berlin: Spektrum, Akademie, S. 271–292. ∎ Janich, Peter (2000), »Information und Sprachphilosophie«, in: Mittelstraß, Jürgen (Hg.), Die Zukunft des Wissens. XVIII Deutscher Kongress für Philosophie, Vorträge und Kolloquien, Berlin: Akademie, S. 78–91. ∎ Janich, Peter (2001), »Die Begründung der Geometrie aus der Poiesis«, in: Sitzungsberichte der Wissenschaftlichen Gesellschaft an der Johann Wolfgang-Goethe-Universität Frankfurt/M., Band XXXIX, Nr. 2, Stuttgart 2001. Janich, Peter (2001), Logisch-pragmatische Propädeutik. Ein Grundkurs im philosophischen Reflektieren, Weilerswist: Velbrück Wissenschaft. ∎ Janich, Peter / Rüchardt, Christoph (Hg.) (1996), Natürlich, technisch, chemisch. Verhältnisse zur Natur am Beispiel der Chemie, Berlin/New York: de Gruyter ∎ Janich, Peter / Thieme, Peter C. / Psarros, Nikos (Hg.) (1999), Chemische Grenzwerte. Eine Standortbestimmung von Chemikern, Juristen, Soziologen und Philosophen, Weinheim/New York/Chichester/Brisbane/Singapur/Toronto: Wiley-VCH. ∎ Janich, Peter / Weingarten, Michael (1999), Wissenschaftstheorie

---

21 Das Programm und eine partielle Durchführung des methodischen Kulturalismus ist entwickelt in: Hartmann/Janich (1996) sowie in Hartmann/Janich (1998).

der Biologie, München: Fink. ■ LORENZ, KONRAD (1984[13]), »Gestaltwahrnehmung als Quelle wissenschaftlicher Erkenntnis«, in: Lorenz, Konrad, *Vom Weltbild des Verhaltensforschers*, München: Dt. Taschenbuch-Verlag, S. 97–147. ■ MARKL, HUBERT (1986), *Evolution, Genetik und menschliches Verhalten. Zur Frage wissenschaftlicher Verantwortung*, München/Zürich: Piper, S. 25–26. ■ MAYR, ERNST (1984), *Die Entwicklung der biologischen Gedankenwelt*, Berlin/New York/Heidelberg: Springer. ■ MITTELSTAEDT, PETER (1972), *Die Sprache der Physik. Aufsätze und Vorträge*, Mannheim/Wien/Zürich: Bibliogr. Inst., S. 75–83. ■ MITTELSTRASS, JÜRGEN / STOCK, GUNTER (Hg.) (1992), *Chemie und Geisteswissenschaften. Versuch einer Annäherung*, Berlin: Akademie. ■ PSARROS, NIKOS (1999), *Die Chemie und ihre Methoden. Eine philosophische Betrachtung*, Weinheim/New York/Chichester/Brisbane/Singapore/Toronto: Wiley-VCH.

13 Wirtschaft und Kapitalismus

13.1 »Kultur« in den Wirtschaftswissenschaften und kulturwissenschaftliche Interpretationen ökonomischen Handelns

Jakob Tanner

Seitdem die modernen Gesellschaften im Zuge der Aufklärung ihre wissenschaftliche Selbstbeobachtung »erfunden« hatten, wurde die Reflexion über Voraussetzungen, Formen, Wirkungen und Folgen menschlichen Handelns vertieft. Menschen lernten sich in ihrer Doppelperspektive als Subjekte und Objekte der Erkenntnis neu zu begreifen und auf dieser Grundlage wurden Einsichten über die Gesellschaft gewonnen und anthropologische Forschungsbereiche erschlossen.[1] Das wissenschaftliche Nachdenken über Natur- und Gesellschaftsphänomene gestaltete sich spezialisierter, segmentierter, fragmentierter und – im Endeffekt – disziplinierter. Es entstanden neue Denkstile, die durch fachwissenschaftliche Denkkollektive stabilisiert wurden. In diesen Disziplinen setzten sich spezifische Denkzwänge und Geltungskriterien für wissenschaftliche Aussagen durch.[2] So bildete sich die disziplinäre Matrix der Universität des 19. und 20. Jahrhunderts und die Kluft zwischen den »zwei Kulturen«, zwischen den *sciences* und den *humanities* heraus.

Die eingerastete Disziplinenkonstellation akademischer Wissenschaftsorganisation befindet sich heute in einer Krise und wird in Frage gestellt. Daraus ergeben sich unterschiedliche Problemstellungen, die innerwissenschaftlich unter den Stichworten Inter- und Transdisziplinarität diskutiert werden. Darüber hinaus ist die Stellung der Wissenschaft in der Gesellschaft einem tief greifenden Wandel ausgesetzt; insbesondere im Verhältnis zwischen Hochschulforschung, Wirtschaft, Politik und Öffentlichkeit, aber auch in den Beziehungen zwischen Kunst, Medien, Wissenschaft und Technik bahnen sich grundlegende Veränderungen an. Es ist eine neue Unübersichtlichkeit entstanden, die auch die beiden Disziplinen bzw. disziplinären Komplexe betrifft, die im Zentrum dieses Beitrages stehen: die Kulturwissenschaften und die Ökonomie.

Während langer Zeit konnten Ökonomen – unter ihnen die Anhänger der *New Economic History* (auch Cliometriker genannt) – mit Vertretern kulturwissenschaftlicher Richtungen kaum etwas anfangen. In umgekehrter Richtung galt dies ebenso. Diese Barriere schien beide Seiten nicht zu stören und die Scharmützel, die von Zeit zu Zeit stattfanden, gehörten zum wissenschaftlichen Normalbetrieb. Seit den 1970er Jahren zeichneten sich jedoch – zunächst noch wenig wahrnehmbar und inzwischen akzentuierter – paradoxe Konvergenzen ab. In einem 1999 publizierten Aufsatz über »Geschichte und Ökonomie nach der kulturalistischen Wende« bemerkte Hansjörg Siegenthaler dazu: »Die mikro- oder handlungstheoretische Wende, die sich in den Geschichtswissenschaften im Übergang von den 70er zu den 80er Jahren anbahnte, vollzog sich fast gleichzeitig auch in den Wirtschaftswissenschaften. Nur zeitigte diese Wende sehr unterschiedliche Ergebnisse.«[3] Mit dieser doppelten Wende könnte sich das einstellen, was Hansjörg Siegenthaler als »Abbau massiver Sprachbarrieren« und Freisetzung von »Synergiepotentialen« bezeichnete. Damit entstände die Aussicht auf eine interessante Debatte und es würden sich Forschungs- und Kooperationsperspektiven öffnen, in denen neue Handlungsmodelle in der Ökonomie und eine Wiederentdeckung der praxeologischen Dimension in der Geschichte näher zusammenrücken würden

Der vorliegende Beitrag versucht, diese Möglichkeiten auszuloten. Er verfolgt zwei Ziele: *Zum einen* wird versucht, einen Überblick über eine weit verzweigte, von vielen Kontroversen durchsetzte Dis-

---

1 Foucault (1996); Moravia (1989).
2 Fleck (1994).
3 Siegenthaler (1999, S. 279).

kussion zu geben. *Zum andern* wird die These vertreten, dass innerhalb des *rational choice*-Ansatzes theoretische Innovationen festzustellen sind, die einen interdisziplinären Dialog anregen könnten, auch wenn die Distanz zwischen Ökonomie und Geschichte bzw. den Kulturwissenschaften dadurch nicht einfach verschwindet.[4] Sie könnte aber – anders als bisher – produktiv gemacht werden. Die folgenden Ausführungen gliedern sich in fünf Kapitel. Das erste entwickelt eine Problemstellung und klärt Argumentationsvoraussetzungen. Kapitel 2 stellt anschließend das Standardmodell der *Substantive Economic Rationality* und des darauf beruhenden *homo oeconomicus* vor. Davon ausgehend versucht Kapitel 3, das wechselvolle Spannungs- und Ergänzungsverhältnis von Geschichte und Ökonomie bis in die 1960er Jahre hinein nachzuzeichnen. Kapitel 4 zeigt die Innovationen auf, die in den Wirtschaftswissenschaften seit den 1970er im Zuge einer mikroökonomisch-handlungstheoretischen Wende festzustellen sind und die den Stellenwert kultureller Faktoren für die Ökonomie erhöht haben. Abschließend behandelt Kapitel 5 die Rückkehr des Handlungsbegriffs in die Geschichtswissenschaft und analysiert die Rolle des Handelns in den Kulturwissenschaften.

1. Handlung und Struktur: Problemstellungen

Im letzten Viertel des 18. Jahrhunderts wurde »die Wirtschaft« erstmals als ein gegenüber der Gesellschaft abgrenzbarer Bereich begriffen, was es möglich machte, sie als selbständige Wissenschaftsdisziplin zu etablieren. 1776 publizierte Adam Smith seine epochemachende *Inquiry into the Causes of the Wealth of Nations*, in der er die Selbstorganisation der Marktwirtschaft mit einer »unsichtbaren Hand« verglich.[5] Damit prägte er eine nachhaltig wirkende Metapher.

---

4 Die Ökonomie ist allerdings kein homogenes Feld. Es gibt zwar Paradigmen und Theorien, die diese Disziplin verbinden, doch zwischen Mikro- und Makroökonomie, zwischen Nutzentheorie und Spieltheorie, zwischen Neuer Institutionenökonomie und *experimental economics*, zwischen traditioneller Finanzmarkttheorie und *behavioral finance* existieren – gerade im Hinblick auf den uns hier interessierenden Aspekt der Sensibilisierung für kulturelle Kontexte – beträchtliche Divergenzen.

5 Smith (1920, S. 421).

Smith entkoppelte die Motive des ökonomischen Handelns von deren Wirkung. Das System der Wirtschaft lässt sich – dies die revolutionäre Einsicht – nicht von den guten oder bösen Absichten der Akteure her verstehen und der geballte gute menschliche Wille reicht nicht aus, um ein gesamtwirtschaftlich optimales Ergebnis zu erzielen und den materiellen Lebensstandard für alle zu heben. Um dieses Ziel zu gewährleisten, ist vielmehr ein Koordinationsmechanismus nötig, der die egoistischen Selbstinteressen Einzelner in ein optimales Kollektivresultat transformiert. Diesen Mechanismus, der Eigennutz und Gesamtwohl vermittelt, erkannte Smith im Markt. In einer arbeitsteilig organisierten Wirtschaft, in der die speziellen Fähigkeiten und Interessen der Einzelnen auseinanderdriften, fungiert dieser als leistungsfähiger, gleichsam unbestechlicher Integrationsmechanismus und fördert wiederum die Spezialisierung. Diese Einsicht regte zu einer Neudefinition des Begriffs »Ökonomie« an, der ehedem auf ein oikos (die Hauswirtschaft) beschränkt war. Nun wurde er aus diesen übersichtlichen Bezügen herausgelöst und auf das, was sich zwischen einzelnen spezialisierten Produktionseinheiten abspielte, d. h. auf den anonymen Markt, bezogen.

Mit dieser Theorie machte der schottische Aufklärer das, was Niccolò Machiavelli mehr als 250 Jahre früher für die Politik vorschlug, indem er diese als einen einer eigenen »a-moralischen« Logik folgenden Handlungsbereich konzipierte und damit aus der Tradition der christlich-metaphysischen Staatstheorie herauslöste. Das war eine argumentative Differenzierungsleistung, die mitnichten auf die Ablehnung der tradierten Werte abzielte, sondern »bloß« zeigen wollte, dass sich die Bedingungen für erfolgreiches Handeln in der Politik nicht mit einer moralischen Haltung zusammenfallen. Analog dazu hatte es Smith keineswegs darauf angelegt, moralische Motive abzuwerten und einem egozentrischen Wertekodex zum Durchbruch zu verhelfen. Kritiker des Eigennutztheorems – und solche gab es, seitdem die Wirtschaftswissenschaft existiert – konnten sich paradoxerweise auf die von Adam Smith bereits 1759 veröffentlichte *Theory of moral sentiments* stützen, die sich – so der Untertitel – als »Versuch« verstand, die »Grundveranlagungen« zu analysieren, »mit deren Hilfe die Menschen natürlicherweise das Verhalten und den Charakter zunächst ihrer Mitmenschen und sodann ihrer selbst beurteilen«.[6] In diesem Werk betont der Autor die Wichtigkeit des Mitgefühls und zwischenmenschlicher Sympathien für soziale Handlungen und die allgemeine Sittlichkeit. Diese für die ganze Gesellschaft relevanten emotionalen und ethischen Aspekte wurden durch den »Reichtum der Nationen« keineswegs negiert; dem Schöpfer der klassischen Politischen Ökonomie ging es vielmehr darum zu zeigen, dass eine komplex strukturierte moderne Wirtschaft auf die Ausdifferenzierung einer spezifischen Funktionslogik und einen nicht mit Moral in eins fallenden Koordinationsmechanismus angewiesen ist. Sowenig eine Marktökonomie ohne moralische Normen zu funktionieren vermag, so wenig genügen letztere, um erstere zu organisieren.

Für das wissenschaftliche Erklärungsmodell hieß das, dass das, was an den Handlungen Einzelner verstanden und damit nachvollzogen werden kann, zu unterscheiden ist von dem, was diese funktional bewirken. Die Gesamtdynamik des Marktes entzieht sich damit dem traditionellen Verfahren hermeneutischen Sinnverstehens. Der Wirtschaft einer Nation geht es dann am besten, wenn die Einzelnen einfach das tun, was sie für sich das Beste halten und auf der Grundlage dieses Eigeninteresses mit den anderen in Tauschtransaktion treten. Um zu erklären, was heraus kommt, bedarf man des Rekurses auf das, was der Einzelne gemeint oder sich vorgestellt hat, nicht mehr. Mit diesem auf die Analyse arbeitsteiligen Wirtschaftens gerichteten Zugang eröffnete Adam Smith ein neues Reflexions- und Forschungsfeld, welches zunächst Politische Ökonomie, später, im Zeitalter des aufstrebenden Nationalismus Nationalökonomie und heute schlicht Ökonomie oder Wirtschaftswissenschaft genannt wird.

Etwas früher als die politische Ökonomie entstand im 18. Jahrhundert die Anthropologie, die ein gegen den cartesianischen *homo duplex* gerichtetes Interesse an der Erkenntnis des »ganzen Menschen« pflegte.[7] Die Kritik am Leib-Seele-Dualismus ging einher mit dem Wille zur wissenschaftlichen Erforschung des Menschen als eines ebenso der Naturordnung wie der Kulturwelt angehörenden Lebewesens. Die Erkenntnismaxime der »beobachtenden Vernunft« versetzte dabei viele der Aufklärer in Staunen, wenn sie einen vom metaphysischen Zauber der Theologie befreiten Menschen zu betrachten begannen. Es

ging – mit den Worten von Julien Offray de La Mettrie – darum, den Menschen über seine »Organisation« und seine »Veranlagung« zu verstehen: »Wenn die Organisation des Menschen ein Vorzug ist, und zwar als grundsätzlichster Vorzug Ursprung aller andern, so ist die Unterweisung die zweite. Ohne sie wäre auch das bestgebaute Gehirn nichts wert. [...] Was aber wäre das Ergebnis der allerbesten Ausbildung ohne eine Matrix, die für den Eintritt bzw. Empfang der Ideen vollkommen offen ist?«[8] So umreißt dieser radikale materialistische Aufklärer seinen neuen Blick auf den Menschen: »Die Natur hat uns also unter den Tieren stehend geschaffen, und gerade deshalb können wir die Wunderwerke der Erziehung so gut demonstrieren, denn sie allein hebt uns von dieser Stufe empor bis über die Tiere hinaus.«[9] Diese und weitere Aussagen einer ganzen Reihe aufgeklärter Forscher, die sich für eine »Wissenschaft vom Menschen« interessierten, zielten auf den *homo sapiens* in seiner konkreten Leiblichkeit ab, in der auch die geistigen Fähigkeiten verkörpert sind. Der Mensch erscheint als fragiles Mängelwesen, das sich nur mit Hilfe seiner kulturellen Innovationen, d.h. mittels technischer Artefakte, sozialer Organisation und Institutionenbildung in seiner Umwelt zu behaupten vermag.[10]

Was das Interesse am Menschen betraf, so kam es ein Jahrhundert später, in der zweiten Hälfte des 19. Jahrhunderts, zu einer Verkehrung der Konstellation zwischen den beiden Wissenschaftsfeldern. Die klassische Politische Ökonomie Smith'scher Prägung war nicht an Individuen und ihrem Verhalten interessiert, sondern analysierte makroökonomische Zusammenhänge durch die Beobachtung wirtschaftlicher Aggregate und – später – konjunktureller Trends. Von Smith über David Ricardo bis zu Karl Marx herrschten arbeitswerttheoretische Überlegungen vor, für welche die Frage, wie der im ökonomischen Verwertungsprozess erzielte Surplus verteilt wurde, zentral war; für Ricardo bestand die Aufgabe der Ökonomie überhaupt darin, die Gesetze herauszufinden, »die die Verteilung der

---

6 Smith (1949).
7 Schings (1994).
8 La Mettrie (1985, S. 45 f.).
9 La Mettrie (1985, S. 51).
10 Moravia (1989).

Produktion unter den Klassen bestimmen, die an der Erzeugung beteiligt sind«.[11] In den 1870er Jahren ersetzten Ökonomen wie Marie E. L. Walras, William St. Jevons und Carl Menger die objektive Wertlehre durch eine subjektive Nutzentheorie und lösten damit die sogenannte »marginale Revolution« aus. Für die nun aufstrebende neoklassische Richtung war die Frage nach der Verteilung des Mehrwerts nicht mehr relevant. Nun trat das Problem des ökonomischen Gleichgewichts in den

Vordergrund, das mit mathematischen Methoden modelliert wurde. Die Theoriebildung wurde dabei von gesellschaftlichen Makrokategorien umgestellt auf das Paradigma des »methodologischen Individualismus«, wie es vom Ökonomen, Finanzsoziologen und Konjunkturtheoretiker Joseph Schumpeter zu Beginn des 20. Jahrhunderts bezeichnet wurde.[12] Schumpeter ging – soweit er die empirisch beobachtbare Gesellschaft vor Augen hatte, von einem Primat der Interdependenz aus, d.h. er betrachtete es als eine »Tatsache, dass der Mensch allein nicht leben könne und nur aus seinem sozialen Milieu heraus zu verstehen, ferner tausenderlei sozialen Einflüssen unterworfen sei, welche an dem Einzelnen schlechterdings nicht studiert werden können«.[13] Für die ökonomische Theorie sei dies allerdings »gleichgültig«, weil es nicht darauf ankomme, »wie sich diese Dinge wirklich verhalten, sondern wie wir sie schematisieren und stylisieren müssen, um unsere Zwecke möglichst zu fördern«.[14] Methodologischer Individualismus ist somit eine analytische Einstellung, die impliziert, »dass man bei der Beschreibung gewisser wirtschaftlicher Vorgänge von dem Handeln der Individuen ausgehe«, was »lediglich eine methodologische Frage ohne jede prinzipielle Bedeutung« sei.[15]

Dieses Postulat des »methodologischen Individualismus« wurde im Verlaufe des 20. Jahrhunderts häufig missverstanden, wobei es meistens zu einer Verwechslung zwischen ontologischem und methodologischem Individualismus kam, auf die – wie gezeigt – schon Schumpeter hingewiesen hatte.[16] Die Argumente, die er dabei ins Feld führte, machen ihn zu einem Wegbereiter der »stylized facts«.[17] Seine Formulierungen zeigen zudem, wieso gerade auf der Grundlage des »methodologischen Individualismus« wiederum »subjektlose« Erklärungsansätze im Zeichen mathematischer Gleichgewichtsmodelle entstehen konnten.[18] Vorherrschend aber blieb in der Neoklassik das individualistische und nutzentheoretische Forschungsparadigma. Mit diesem trat nun auch der *homo oeconomicus* als Wahl- und Entscheidungsinstanz auf den Plan.[19] An dieser Figur, an diesem theoretischen Konstrukt machte sich die Theorie des rationalen Wahlhandelns von Individuen, auch *rational choice*-Ansatz genannt, fest.

Gegenläufig zur Kristallisation des ökonomischen Forschungsinteresses an der Rationalität des

---

11   Ricardo (1889, S. 175).
12   Der Begriff »methodologischer Individualismus« wurde von Schumpeter in seiner Habilitationsschrift über »Wesen und Hauptinhalt der theoretischen Nationalökonomie« von 1908 geprägt und begründet. Der *rational choice*-Ansatz basiert auf diesem methodologischen Individualismus.
13   Schumpeter (1908, S. 92).
14   Schumpeter (1908, S. 93 f.).
15   Schumpeter (1908, S. 90 f.).
16   Der methodologische Individualismus hat mit einem ontologischen Konzept des Individuums nichts zu tun, wie es etwa in einem bekannten Statement der britischen Premierministerin Margaret Thatcher formuliert wurde: »There is no such thing like society, there are only individuals.« Zitiert nach: Sturn (1997, S. 353). Das Problem lässt sich wissenschaftstheoretisch mit der Unterscheidung zwischen *Explanans* (dem Ausgangspunkt einer Erklärung) und *Explanandum* (dem zu Erklärenden) aufzeigen. Ein ontologischer Individualismus beschränkt sich nicht auf das *Explanans*, sondern verengt auch das *Explanandum* auf einzelne Subjekte, womit gesellschaftliche Phänomene unkenntlich werden, was zu absurden Ergebnissen führt. Denn solche Erklärungen beginnen mit dem Individuum und enden auch wieder damit; auf diese Weise werden soziale Ungleichheit und Machtbeziehungen ebenso eskamotiert wie unbewusste Handlungsvoraussetzungen und nicht intendierte, kollektive Folgen des Handelns. Ein methodologischer Individualismus unterscheidet sich von einer solchen Engführung. Das Primat des Individuums beschränkt sich hier auf das *Explanans* und fasst beim *Explanandum* durchaus kollektive Problemlagen und soziale Tatsachen ins Auge.
17   Die Wichtigkeit dieser Einsicht wird erneut betont in: Lakoff/ Johnson (1999, S. 529).
18   Auf den Sachverhalt, dass mit dem »Wechsel zum funktionalistischen Erklärungsmodus in der Gleichgewichtsökonomie« die Konstitutionstheorie der Gesellschaft aufgegeben und zu einer Systemtheorie gewechselt wurde, die »dem Erzeugungsvorgang von sozialen Ereignissen und Prozessen – sofern er überhaupt bedacht wird – ›subjektlose‹ Strukturen zugrundelegt«, wurde verschiedentlich hingewiesen. Vgl. etwa Heiner Ganssmann, Über den Individualismus in Ökonomie und Soziologie. http://www.rote-ruhr-uni.org/texte/ganssmann_individualismus.shtml
19   Dopfer (2002, S. 101).

homo sapiens verschob sich der sozial- und kulturwissenschaftliche Fokus in umgekehrter Richtung vom Einzelmenschen weg hin zu sozialen Tatsachen. Die Anthropologie hatte sich im 19. Jahrhundert vollends dem Projekt einer »Vermessung des Menschen« zugewandt und war eine Allianz mit der Eugenik bzw. der Rassenhygiene eingegangen. Dadurch beeinflusst, aber auch in deutlicher Absetzung dazu begann die Soziologie, die Gesellschaft neu zu denken und zu erforschen, wobei sozialstatistische Methoden und kulturtheoretische Überlegungen – bei aller Verschiedenheit – in ihrer Abkehr vom Individuum konvergierten. Die Hinwendung zur »Massenstatistik« setzte voraus, dass Tatsachen aus ihren konkreten sozialen Entstehungskontexten herausgelöst werden, um auf diese Weise als subjekt- und situationsunabhängige Datenmasse einer empirischen Analyse zugänglich gemacht zu werden. Mittels quantitativer Verfahren gelang es, aus komplexen, scheinbar chaotischen sozialen Interaktionen regelmäßige und über die Zeit hinweg erstaunlich dauerhafte Muster herauszufiltern.[20] Damit entstand ein Forschungsprogramm, das darauf angelegt war, das regelgebundene Handeln oder Verhalten von Individuen auf aggregiertem Analyseniveau als Emergenz von Regelmäßigkeiten zu erklären und damit die Faktoren zu identifizieren, welche die Dynamik des sozialen Wandels steuerten.[21] Autoren wie Georg Simmel und Émile Durkheim teilten dieses Interesse an kollektiven Phänomenen. Simmel befasst sich ausführlich mit dem Problem der Freiheit und der gesellschaftlichen Bedingtheit des Individuums; er betrachtet allerdings die »Vertiefung der Individualität« und die »Idee der [...] schlechthin einzigartigen Persönlichkeit« als Manifestationen der »großen Kräfte der modernen Kultur«, die damit zu einer kollektiven, unbewussten (Differenzierungs-)Triebkraft wird, welche die Gesellschaft in immer neue Komplexitäten hineinsteigert.[22] Durkheim polemisierte gegen eine »atomistische Psychologie«, die in den Menschen isolierte Monaden sah: »Wir finden also besondere Arten des Handelns, Denkens, Fühlens, deren wesentliche Eigentümlichkeit darin besteht, daß sie außerhalb des individuellen Bewußtseins existieren. [...] Diese Typen des Verhaltens und des Denkens stehen nicht nur außerhalb des Individuums, sie sind auch mit einer

gebieterischen Macht ausgestattet, kraft derer sie sich einem jeden aufdrängen, er mag wollen oder nicht.«[23] Von dieser Position her erklärte er: »Jedesmal, wenn ein soziologischer Tatbestand unmittelbar durch einen psychologischen erklärt wird, kann man daher dessen gewiß sein, daß die Erklärung falsch ist.«[24] Dass das Bild nicht einheitlich war, zeigt sich allerdings gerade am Handlungsbegriff. Max Weber – hierin der prononciertteste Gegenspieler Durkheims – definierte die Soziologie als eine Sozialwissenschaft, »welche soziales Handeln deutend verstehen und dadurch in seinem Ablauf und seinen Wirkungen ursächlich erklären will«.[25] Max Weber kann daher – was von der sozialgeschichtlichen Weber-Rezeption meist übersehen wurde – zu Recht für einen weiter gefassten *rational choice*-Ansatz reklamiert werden.[26] Der zentrale Unterschied zwischen ihm und Durkheim liegt darin, dass für letzteren das Substrat kollektiver Phänomene in der Gesellschaft selbst liegt, die genuin »soziale Tatsachen« produziert, die dann wiederum den einzelnen Menschen als Zwänge entgegentreten. Diese Verhaltensdeterminanten sind vom Einzelnen nicht einholbar und bleiben aus individueller Perspektive unbegriffen.

Diese Entgegensetzung von Gesellschaft und Individuum lässt sich durch das ganze 20. Jahrhundert hindurch feststellen. Die Anhänger eines »methodologischen Individualismus« und die Vertreter eines holistischen Gesellschafts- oder Kulturbegriffs bzw. eines diskursanalytischen oder semiotischen Ansatzes können in einer Problemellipse verortet werden, in deren einem Brennpunkt sich Vorstellungen des Handelns bzw. der Handlungsbefähigung und der Wahlmöglichkeiten von Menschen (*agency*) verdichten, während im andern Fokus die

---

20 Bonss (1982).

21 Reckwitz (2000).

22 Simmel (1984, S. 218 f.).

23 Durkheim (1976, S. 107).

24 Zit. aus: Kirchgässner (1991, S. 239); in dieser Tradition argumentiert auch: Dahrendorf (1958).

25 Weber (1988, S. 542). Weber definiert Handeln als »menschliches Verhalten (...) wenn und insofern als der oder die Handelnden mit ihm einen subjektiven Sinn verbinden«. Sozial ist dieses Handeln, weil es auf »andere bezogen wird und daran in seinem Ablauf orientiert ist« (ebd.).

26 Norkus (2001).

Struktur, die sozialen Zwänge, die Zeichensysteme, die überindividuellen, dem Handeln von Einzelnen vorausgesetzten Wirkungen, Determinanten und Mechanismen lokalisiert sind. Die beiden Brennpunkte konstituieren einen exzentrischen Diskussionsraum, in dem zwei entgegengesetzte Positionen eingenommen werden konnten: Von der »strukturellen« Warte aus erscheint das Subjekt als Struktureffekt, als Produkt gesellschaftlicher Zwänge, sozialer Determinanten, technischer Logiken, oder – kulturwissenschaftlich formuliert – als Knotenpunkt in einem diskursiven Gewebe bzw. als Spielball von Sprachzeichen oder als Gefangener von Signifikantenketten. Von der andern Position aus sind es die handelnden Individuen, die den Ausgangspunkt für die Analyse des Zustandekommens sozialer Normen, gesellschaftlicher Strukturen, technisch-materieller Artefakte und kultureller Texturen bilden müssen.

In dieser Problemellipse steht also immer das antagonistische Verhältnis zwischen individueller Erfahrung und Gesellschaftsstruktur, zwischen autonomer Subjektkonstutition und *social fabric* des Individuums. Inzwischen haben die Versuche, nicht in einen dieser beiden Brennpunkte abzustürzen, sondern die beiden Attraktoren für dynamischere Erklärungsmodelle zu nutzen, zugenommen. Dabei geht es nicht darum, eine analytische Äquidistanz zwischen den beiden Gravitationsfeldern einer Erklärung einzuhalten. Zwar ist es nach wie vor nötig, vom einen oder vom andern Punkt her zu argumentieren – doch diese Ausgangspositionen werden nicht mehr als »archimedische Punkte« begriffen werden, von denen aus die jeweils andere Seite aus den Angeln gehoben werden kann. Die Alternative besteht darin, die Fragestellung als einen *double bind* zu erkennen und die Ambivalenz theoretisch produktiv zu machen. Dieses Problem hat Karl Marx 1852 im »18ten Brumaire des Louis Bonaparte« so formuliert: »Die Menschen machen ihre eigene Geschichte, aber sie machen sie nicht aus freien Stücken, nicht unter selbstgewählten, sondern unter unmittelbar vorgefundenen, gegebe-

nen und überlieferten Umständen. Die Tradition aller toten Geschlechter lastet wie ein Alp auf dem Gehirne der Lebenden.«[27] Hier wird die Verschränkung zwischen »Geschichte machen« und »Durch-Geschichte-gemacht-Werden« als Wechselwirkung zwischen strukturierenden Mächten und mächtigen Strukturen, als Zusammenspiel von Gestaltungswillen und gestaltender Tradition gefasst; wie groß allerdings diese Freiheitsgrade und Handlungsspielräume sind und wie es dementsprechend um die Verantwortung der Menschen für ihre Geschichte aussieht, darüber gibt auch diese Formulierung keine Auskunft.

2. Der *Homo oeconomicus*: zur Kritik des ökonomischen Handlungsmodells

Für das schwierige Verhältnis zwischen Geschichte und Ökonomie entscheidend war, dass sich die Neoklassik mit der Umstellung auf die subjektive Nutzentheorie gleichzeitig einem *Furor mathematicus* verschrieb. Angestrebt wurden einfachstmögliche Erklärungen für komplexe Sachverhalte im Sinne der oben skizzierten Reduktion des Menschen auf den *homo oeconomicus*. Im Folgenden soll dieses ökonomische Standardmodell dargestellt werden. Die traditionellen Konzepte einer *Substantive Economic Rationality* (SER) gingen vom Menschenbild eines eigennützigen und nutzenmaximierenden *homo oeconomicus* aus. Man hat auch schon von »Gottvater-Rationalität« gesprochen: Die Akteure müssten gottähnlich sein, d. h. ubiquitär, allwissend und vollständig transparent. Über alle Informationen verfügend wäre es ihnen möglich, alle Handlungsalternativen zu überblicken, sie im Hinblick auf Kosten und Konsequenzen gegeneinander abzuwägen und so zu einer Entscheidung zu gelangen, die den Kriterien einer allgemeinen, einheitlichen Rationalität genügt. Eine Auseinandersetzung mit diesem SER-Konzept hat sich vor allem auf drei Aspekte zu konzentrieren:[28]

– *Erstens* handelt die neoklassische Ökonomie von zweckrationaler Wahl in Hinsicht auf knappe Mittel. Diese Definition wurde 1932 von Lionel Robbins vorgeschlagen und sie hat sich inzwischen weitgehend durchgesetzt. Knapp sind die vorhandenen Mittel allerdings meist nur des-

---

27 Marx (1973, S. 115).

28 Vgl. dazu auch die substanziellen Erörterungen von Biervert/ Wieland (1990).

halb, weil es eine große Zahl konkurrierender Zwecke gibt. Das menschliche Begehren ist aus der Sicht der Ökonomie unersättlich; es gibt, gemessen an beschränkten zeitlichen und materiellen Ressourcen, immer zu viele Möglichkeiten.[29] Kosten sind deshalb immer Opportunitätskosten, d. h. »die Verwendung verfügbarer Ressourcen in dieser oder jener Weise ist kostspielig deshalb, weil und insofern die beanspruchten Ressourcen auch in anderer Verwendung Nutzen stiften könnten, jetzt und – vor allem – in der Zukunft«.[30] Handeln im Sinne des ökonomischen Ansatzes bringt ganz systematisch Knappheit (an Zeit, an Ressourcen) ins Spiel. Menschen müssen sich entscheiden. Wahlhandeln findet im Horizont alternativer Möglichkeiten statt und ist somit optionales Handeln. Das Räsonieren in *opportunity costs* stellt vor diesem Hintergrund eine »ganz spezifische Form von Rationalität«[31] dar, hält sie doch permanent das Wissen um den Sachverhalt präsent, dass jede Wahl andere Gelegenheiten ausschließt, die auch etwas gebracht hätten und für die, wenn sie voraussehbar mehr bringen würden, sich der Akteur wohl entschlossen hätte.[32] Um den Menschen als rationalen *decision-maker* modellieren zu können, splittet nun die Mikroökonomie das komplexe Verhalten von Menschen in einen Wunschgenerator und einen Budgetadministrator, was ein einfaches Modell ergibt.[33] »Wunsch« bezieht sich auf Wahlkriterien, »Budget« auf Knappheitsbedingungen. Die Wünsche werden nicht erforscht – Ökonomen sind hier für alle möglichen Interpretationen offen und haben auch kaum ein Problem mit psychoanalytischen Ansätzen.[34] Für ihre eigene Analyse halten sie sich aber einfach an die offenbarten Präferenzen (*revealed preferences*), die beobachtbar sind, weil sie »sich äußern« und die in einer Nutzenfunktion als ein System von ordinal geordneten Indifferenzkurven dargestellt werden können. Die Restriktionen lassen sich als »Bilanzgerade« operationalisieren; die Wahlentscheidungen bzw. Kaufhandlung sind dann ablesbar am Tangentialpunkt, in dem die beiden Kurven (eine Indifferenzkurve und die Linie, in der sich die Budgetrestriktion ausdrückt) sich berühren. Ökonomen setzten nun in ihren Analysemodellen die Präferenzen als konstant und konzentrierten ihre Erklärung auf die Veränderung der relativen Preise, welche sich auf die konkreten Kaufentscheide auswirken. In einer gemäßigteren Variante wird gesagt, dass sich die Präferenzen zumindest deutlich langsamer ändern würden als die Struktur der relativen Preise; weil die Ökonomie über keine Instrumente verfüge, um verhaltensrelevanten ästhetischen Wandel und Geschmackveränderungen zu analysieren, wurden diese – im Sinne einer *ceteris paribus*-Klausel – konstant gesetzt.

– *Zweitens* basiert das ökonomische Modell – im Unterschied zu philosophischen Handlungstheorien – im Wesentlichen auf einer Entscheidungstheorie.[35] In der Philosophie gibt es ebenfalls eine Standardtheorie des Handelns, die zu Beginn der 1960er Jahre von Donald Davidson formuliert wurde und die davon ausgeht, dass Handlungen Ereignisse sind, die aus Gründen geschehen, »was erstens bedeutend soll, dass der Handelnde einen Wunsch und eine Meinung hat, in deren Licht diese Handlung vernünftig ist [...] und zweitens, dass der Primärgrund das Stattfinden der Handlung kausal erklärt«.[36] Diese

29 Bievert/Wieland (1990, S. 18).
30 Siegenthaler (1999, S. 283).
31 Siegenthaler (1999, S. 283).
32 Dieser Denkstil half auch der kontrafaktischen Geschichtsschreibung, die zuerst von »harten« Wirtschaftshistorikern praktiziert wurde, auf die Sprünge. Sobald ein Vertreter dieser Disziplin z. B. den Eisenbahnbau in den USA untersuchte, begann er zu überlegen, was passiert wäre, wenn man statt dessen ein Kanalsystem für die Binnenschifffahrt angelegt hätte. Die Konfrontation von Forschungsergebnissen mit alternativen Hypothesen, die mittels irrealer Konditionalsätze formuliert werden, ist das theoretische Komplementärstück zum Opportunitätskostentheorem. Vgl. dazu die Arbeiten von Elster (1979 bis 1989).
33 Nach einer Formulierung von Reinhard Selten, »What Is Bounded Rationality«, in: Gigerenzer/Selten (2001, S. 29).
34 So z. B. Becker (1983).
35 Auch in der Philosophie werden Theorien rationalen Handelns analysiert; sie werden hier allerdings abgegrenzt durch andere Handlungstypen, die Attribute wie »normativ« oder »kreativ« haben. Joas (1992) leitet seine in kritischer Distanz zum *Rational choice*-Ansatz verbleibende Studie über die »Kreativität des Handelns« mit folgendem Satz ein: »›Handlung‹ ist heute ein Schlüsselbegriff der Philosophie und fast aller Sozial- und Kulturwissenschaften.« Vgl. auch: Gosepath (1992); Scholz (1999).
36 Stoecker (2001, S. 119).

Theorie baut auf einem kausalistischen Handlungsverständnis auf; für Davidson fungiert Kausalität als »der Mörtel des Universums« und »es ist der Kausalitätsbegriff, der unser Weltbild zusammenhält«.[37] Handlungsgründe sind damit als Ursachen der Handlungen anzusehen. Wie an der SER hat sich auch an diesem »Standardkausalismus« inzwischen eine differenzierte Kritik entzündet; an dieser Stelle soll nur festgehalten werden, dass eine solche Handlungstheorie von einer Entscheidungstheorie unterschieden werden muss und dass die Ökonomie in ihrer traditionellen Ausprägung vor allem letzteres sein will.

– *Drittens* (und direkt mit dem zweiten Punkt zusammenhängend) basiert die SER auf einer »Absage […] an die Geschichtlichkeit des Handelns« und auf einer »Axiomatisierung ahistorischer Prämissen«.[38] Dies hängt nicht mit einer grundsätzlichen Aversion gegen die Vergangenheit zusammen, sondern ist darauf zurückzuführen, dass Märkte – als Koordinationsmechanismen – kein Gedächtnis haben und brauchen. Menschen, die in Märkten operieren, haben selbstverständlich Erinnerung an das was war, das Gedächtnis lässt sich von wirtschaftlichen Sachverhalten nicht trennen. Genau deswegen treten Spannungen und Anomien zwischen menschlichem Handeln, das in Traditionen und Loyalitäten eingebettet ist und dem Preisbildungsmechanismus, der sich an nichts »erinnert«, auf. Die auf dem Markt ablaufenden Regulierungen von Angebot und Nachfrage neutralisieren nämlich die Kraft des Gedächtnisses fortlaufend. Das Argument, eine Investition habe mich in der Vergangenheit viel gekostet, ist – aus ökonomischer Sicht – belanglos; wenn die Marktbewertung dieses Kapitalbestandes heute nach unten tendiert, dann nützt es eben gerade nichts, daran zu erinnern und darauf zu insistieren, dass dafür früher womöglich unter großem Verzicht viel aufgewendet wurde. Auch die Tatsache, dass die Herstellung

von Produkten substanzielle Mittel absorbiert hat, wird in dem Moment annulliert, in dem die Märkte nicht mehr geräumt werden und die Anbieter auf ihren Lagern sitzen bleiben. Dann gehen die Preise in den Keller, und zwar unabhängig von den Produktionskosten.

Als Hans-Ulrich Wehler 1972 gegen die angelsächsische *New Economic History* und die französische *Histoire quantitative* kritisch einwendete, sie setze »ein quasi geschichtsloses System von Marktwirtschaft als verselbständigte sekundäre Natur voraus«, so traf er genau diesen Punkt.[39] Es kann tatsächlich keine funktionierende Marktwirtschaft geben, wenn der Bezug zur Vergangenheit nicht permanent gekappt wird – es ist allenfalls möglich, sich gegen das Risiko, dass Erwartungen der Vergangenheit heute nicht mehr zählen, zu versichern, doch auch ein Versicherungsunternehmen muss sich wiederum aus der Verstrickung mit der Vergangenheit lösen, denn die Schadenfälle, für die sie zu zahlen hat, ereignen sich in der Gegenwart, in der sich Akteure auch ihre Vorstellungen über die Zukunft bilden. Kosten sind überhaupt, wie Hansjörg Siegenthaler bemerkt, »Sache ›vergegenwärtigter Zukunft‹, keineswegs und niemals Sache ›gegenwärtiger Vergangenheit‹, auch wenn diese Vergangenheit in der Hardware der Kostenbestände noch so gegenwärtig bleibt«. Wenn die Ökonomie »Knappheit« sagt, meint sie damit aufgrund des Opportunitätskostentheorems »letztlich Entscheidungszwang zugunsten dieser oder jener Zukunft«.[40] Der Markt ist damit einem Spiel vergleichbar, in dem es auch keine Rolle spielt, wie man in die Situation geraten ist, in der man sich befindet, sondern in dem es allein darum geht, unabhängig vom guten oder schlechten Spielverlauf in der Vergangenheit, unabhängig von den bereits getätigten Energie- oder Geldinvestitionen, jeden weiteren Zug so zu gestalten, als ob es der erste wäre und dabei die Zukunft aller möglichen Spielverläufe im Auge zu behalten. Dass die Spieltheorie damit eine hohe Affinität zur SER aufweist, wird sich in Kapitel 3 zeigen, das die Konvergenz der beiden Ansätze in der Nachkriegszeit behandelt.

Als Kategorie einer Realabstraktion ist der gottgleiche *homo oeconomicus* trotz dieser differenzieren-

---

37 Davidson (1990, S. 7).
38 Siegenthaler (1999).
39 Wehler (1973 b).
40 Siegenthaler (1999).

den Bemerkungen eine absurde Figur. Dass der Einwand, auch raffinierte Modelle müssten doch vielleicht ein Minimum an realistischen Vorannahmen treffen, bei den Ökonomen über Jahrzehnte hinweg schlecht ankam, entsprang jedoch nicht, wie vermutet, wissenschaftlicher Betriebsblindheit. Das nominalistische Theorieverständnis, das in den Wirtschaftswissenschaften vorherrscht, legt einen anderen Umgang mit abstrakten Modellen und der Kritik daran nahe, als dies in sozial- und geisteswissenschaftlichen Fächern üblich ist. Zwei Voraussetzungen sind hier mitzubedenken:

Zum einen geht es in der Ökonomie um die Konstruktion sparsamer Modelle, in denen alle Erklärungsfaktoren, auf die man glaubte verzichten zu können, weil sie von zufälligen Umständen und Konstellationen abhängig sind, eliminiert sind. *Ockham's razor* nennt man – in Anlehnung an den spätmittelalterlichen Franziskanermönch – dieses Sparsamkeitsprinzip. Ockams Motto »pluralitas non est ponenda sine necessitate« (»eine Vielheit ist ohne Notwendigkeit nicht zu setzen«) fordert, nicht mehr Elemente als unbedingt nötig in ein Erklärungsmodell einzuführen, bzw. alle zur Erklärung eines Sachverhalts nicht notwendigen Universalien mit dem »Rasiermesser« wegzuschneiden. Die beste Theorie ist dann jene, die am sparsamsten und am einfachsten ist. *Ockham's razor* – angewendet auf sich selbst – wird dann häufig mit »keep it simple« übersetzt.[41] Theoriebildung soll also selber einem »Ökonomieprinzip« unterliegen. So bleiben wenige Determinanten übrig, deren Zusammenspiel sich in eine mathematische Sprache übersetzen lässt. Der Vorwurf, der *homo oeconomicus* sei Konstrukt einer »platonischen Modellschreinerei« muss deswegen bei den Ökonomien nicht zwingend als Kritik ankommen, denn aus dieser Sicht besteht Wissenschaft in der Konstruktion von Hypothesen und im Entwickeln kognitiver Rüstzeuge, die es ermöglichen, plausible, d. h. intersubjektiv Sinn machende und bewusstes Handeln anleitende Aussagen bzw. Prognosen zu machen.

Zum anderen wird – als direkte Schlussfolgerung aus diesen Überlegungen – die Frage, ob Menschen wirklich so rational handeln würden, wie das die Theorie unterstellt, mit einer »as-if«-Prämisse entschärft: Der ökonomische Ansatz modelliert Akteure so, »als ob« sie vollkommen rational handeln

würden, d. h. er arbeitet mit einer Rationalitätsunterstellung und prüft die Resultate, die auf dieser Basis erzielt werden. Die Gegenthese würde darin bestehen, Menschen grundsätzlich ein irrationales Verhalten zu unterstellen. Das ist wenig befriedigend. Die Annahme, Menschen hätten Meinungen und Wünsche, die als Ursache für Handlungen interpretiert werden können und in deren Licht sie vernünftig erscheinen, führt demgegenüber weiter. Theorien bilden also nicht Wirklichkeit ab, sondern helfen Menschen beim Denken. Sie können aus dieser Sicht nur nach den Kriterien ›nützlich‹ oder ›unbrauchbar‹ beurteilt werden. Solange man mit der Annahme eines idealen *homo oeconomicus* im Vergleich zu dem, was andere Fachdisziplinen zu bieten hatten, brauchbare und weiterführende Resultate erzielen konnte, sah man in der Ökonomie keinen Grund, vom bewährten Prinzip abzurücken. Zugespitzt heißt das, dass man auch mit einer – aus philosophischer oder historischer Sicht leicht kritisierbaren – eleganten Theorie brauchbare Resultate produzieren kann. Hypothesen sind Erwartungen des Forschers – Ökonomen handeln auch in dieser Beziehung nach dem Opportunitätskostenprinzip. Offenbar war es bisher nicht so, dass komplexere Theorien eine ertragreichere Alternative angeboten hätten – und evidentermaßen hat sich das inzwischen geändert, wie ein Blick auf die Diskussionen innerhalb der Ökonomie zeigen wird.

3. Die Kluft zwischen Ökonomie und Geschichte

Die klassische Politische Ökonomie und mehr noch der Aufstieg der Neoklassik mit ihrer mikroökonomischen Modellierung der Marktmechanik riefen im ausgehenden 19. Jahrhundert eine disparate Gegnerschaft auf den Plan. Für Deutschland sind vor allem die Protagonisten des Historischen Materialismus (Marx und Engels), die Vertreter der Älteren Historischen Schule (Roscher, Knies, Hildebrand u. a.) und der Jüngeren Historischen Schule der

---

41 Dies animierte Albert Einstein zur ironischen Feststellung: »Alles soll so einfach wie möglich gemacht werden, aber nicht einfacher!«

Nationalökonomie (Schmoller, Bücher, Sombart) zu erwähnen. Wirtschaftsgeschichte wurde – wie Hans-Ulrich Wehler zu Beginn der 1970er Jahre schrieb – »als Geschichte der Institutionen – sozialer, rechtlicher, politischer Natur – verstanden, in denen sich die wirtschaftlichen Prozesse abspielten«.[42] Siegfried Landshut hielt zur gleichen Zeit zu den Auseinandersetzungen in den Jahrzehnten um 1900 fest: »Der Gegensatz zwischen der historischen Schule und der klassischen Theorie stellt sich so dar als ein grundsätzlicher Zwiespalt in der Bestimmung des Ökonomischen selbst.« Gegen die »das Ökonomische als einen Bereich eigener naturhafter Gesetzlichkeit von allen anderen Lebensäußerungen isolierende Methode der Klassik« gehe es ersterer darum, den »Gesamtzusammenhang des Ganzen des menschlichen Daseins und seiner Geschichte unter dem Aspekt der sittlichen Bestimmung des Menschen zu begreifen«.[43] Die moderne Sozialgeschichte der 1960er und 70er Jahre, die sich als »Historische Sozialwissenschaft« verstand, knüpfte in verschiedener Hinsicht an das Grundanliegen dieser »Historischen Schule« an und postulierte, dass »ohne Beschäftigung mit der Sozialstruktur und ihren Wandlungen allenfalls triviale ökonomische Entwicklungsmodelle entstünden«.[44]

Auf der Seite der Wirtschaftswissenschaften hatte die auf der subjektiven Nutzentheorie und Gleichgewichtsmodellen aufbauende Mathematisierung, die sich seit dem letzten Viertel des 19. Jahrhunderts abzeichnete, eine subversive Langzeitwirkung. Ein Blick auf die Entwicklung der Disziplin zeigt aber unschwer, dass die professionellen Mathematiker innerhalb der Wirtschaftswissenschaften noch für lange Zeit eine Randgruppe blieben und dass die Transformation einer an Makrovariablen orientierten, auch historische Rahmenbedingungen mitbedenkenden Disziplin in ein mikroökonomisch

fundiertes mathematisches Unternehmen erst seit den 1940er Jahren beschleunigt wurde.[45] Und noch weit über 1945 hinaus blieben die Konjunktur- und Wachstumstheorien makroökonomisch fundiert und wussten mit dem formalen Perfektionismus der Neoklassik wenig anzufangen.

Seit den 1940er Jahren zeichnete sich eine neue Divergenz zwischen Ökonomie und Geschichte ab. Dies lässt sich anhand des Vergleichs von zwei nachhaltig wirkenden Untersuchungen zeigen, die beide 1944 erschienen. Das eine Buch wurde von John von Neumann und Oskar Morgenstern verfasst; es erschien in Princeton unter dem Titel »Theory of Games and Economic Behavior« und schuf die Grundlagen der Spieltheorie als einer distinkten Disziplin.[46] Das andere stammt aus der Feder von Karl Polanyi. Es trägt die Überschrift »The Great Transformation« und entwickelt eine historische Theorie des Übergangs von einer traditionalen »eingebetteten« zu einer modernen Marktgesellschaft.[47] Die beiden Bücher haben eine Gemeinsamkeit: Sie halten sich nicht an einen spezifischen Bereich bzw. an ein soziales Subsystem namens »Wirtschaft«, sondern sie wollen zum Verständnis der ganzen Gesellschaft beitragen. Dieser gemeinsame Nenner trägt allerdings nicht weit; die Differenzen zwischen den beiden Zugangsweisen sind weit wichtiger. An ihnen kann die angesprochene Kluft zwischen historischen und ökonomischen Ansätzen aufgezeigt werden.

Die Zielsetzung von Neumanns und Morgensterns war es, die gesellschaftliche Wirklichkeit, insbesondere die Wirtschaft, mittels mathematischer Formeln und Gleichungen zu modellieren. Die beiden Autoren trieben bereits in der Zwischenkriegszeit die Schwerpunktverlagerung von Glücksspielen (deren formale Analyse bis ins 17. Jahrhundert zurückreicht) hin zu den »Gesellschaftsspielen« voran.[48] Heute spricht man von »strategischen Spielen« und stellt damit die Tatsache in den Vordergrund, dass es um Interaktion geht. Die Spieltheorie verabschiedete sich also von der Vorstellung des Individuums als einer nutzenmaximierenden Monade, die in der Ökonomie vorherrschte (und die die spieltheoretische Innovation noch um Jahrzehnte überdauern sollte). In den Interaktionsbeziehungen und Entscheidungssituationen, die von Neumann/Morgenstern untersuchten, stellt sich immerzu das Problem der Unsicherheit bzw. der Ungewissheit, denn wenn

---

42 Wehler (1973 b, S. 16).
43 Landshut (1973, S. 40).
44 Wehler (1973 b, S. 11).
45 Weintraub (1992, S. 3). Erst in den 1950er Jahren gelang schließlich »der mathematische (nicht empirische) Beweis der Existenz und Stabilität eines ökonomischen Gleichgewichts«. Vgl. dazu Dopfer (2002, S. 102).
46 von Neumann/Morgenstern (1953).
47 Polanyi (1978).
48 Dimand (1996, S. 143).

mehrere Akteure im Spiel sind, fehlt es an sicherem Wissen über das, was die anderen zu tun beabsichtigen. Das Wissen, dass mein Handeln davon abhängt, was anderen über mich annehmen, führt in komplexe Erwartenskaskaden hinein, die nach dem Schema aufgebaut sind: »Ich weiß, dass Du weißt, dass ich weiß, dass Du weißt …«. Es ist diese »Angst des Tormanns vor dem Elfmeter«, welche die strategische Interaktion prägt und die Menschen mit dem Risiko einer Fehleinschätzung konfrontiert.[49] In solchen spieltheoretischen Konstellationen gibt es keine eindimensionale optimale Strategie mehr, sondern es können sich mehrere Gleichgewichte einstellen, je nach dem Grad der Kooperation, zu dem die Spieler befähigt – oder eben unfähig – sind. Wenn man sagt, der *homo oeconomicus* sei in der Spieltheorie durch einen *homo reciprocans* substituiert worden, so stimmt dies im Hinblick auf die Abkehr vom Einzelnen und die Hinwendung zu Interaktionen zwischen mehr als einem Akteur.

Von Neumann/Morgenstern und andere Spieltheoretiker legten ihrer Modellierung von Spielen noch immer eine Nutzenmaximierungshypothese zugrunde. Sie interessieren sich nicht für andere Motive wie Fairness, bedingten und reinen Altruismus, etc., sondern gehen von eigennützigen Akteuren aus; ihr Ziel ist es »to find an exact description of the endeavour of the individual to obtain a maximum of utility«.[50] Die am Spiel partizipierenden Individuen sehen sich allerdings mit dem Paradox konfrontiert, dass sie ihren eigenen Nutzen steigern könnten, wenn sie anderen vertrauen würden. Die Frage lautet dann: Wie können in einer Welt, in der jeder sich selbst der Nächste ist, Kooperationsformen realisiert werden, die den Nachteil haben, dass sie in entscheidenden Phasen den Verzicht auf eigennütziges Verhalten bedingen, was aber mit dem großen Vorteil verbunden ist, dass am Schluss des Spiels alle weit besser dastehen, als wenn sie nicht kooperiert hätten? In der Sprache der Spieltheorie: Die Auszahlungen auf der *payoff*-Matrix sind für alle Beteiligten höher, wenn sie sich in bestimmten Spielphasen gegenseitig so vertrauen, dass sie das Risiko vergleichsweise großer Nutzeneinbußen in Kauf nehmen, um so zu einem für alle vorteilhaften Gleichgewicht zu gelangen. Das »Gefangenendilemma«, der »»Beißknochen« der Spieltheorie«[51] (auf dem man endlos herumkauen kann), besteht genau

darin, dass eine rein iterative Nutzenmaximierung durch jeden einzelnen Akteur schlussendlich für alle ein schlechteres Resultat ergibt als es durch die befristete, in Vertrauen gegründete, jedoch im Endeffekt durchaus wieder eigennützige Kooperation der Spieler zustande kommen könnte.[52]

Die paradoxe Handlungslogik, die hier beschrieben wird, war seit langem bekannt, wurde jedoch durch von Neumann/Morgenstern erstmals in einem formalen Modell ausgedrückt. Obwohl die Spieltheorie überhaupt keine Spezialität der Wirtschaftswissenschaften war (und ist), brachten die beiden Autoren diese beiden Bereiche doch in eine enge Verbindung: »We wish to find the mathematically complete principles which define rational behavior for the participants in a social economy«;[53] auf diese Weise sollten »the foundations of economics and of the main mechanism of social organization« zum Vorschein gebracht werden.[54] Die Option für eine forcierte Mathematisierung aller Probleme wurzelt also in der Annahme, dass es unter der Vielfalt kultureller und sozialer Epiphänomene einige Grundmuster und Basismechanismen gibt, die gleichsam die »Natur« des Menschen offenbaren und deswegen transhistorisch und kulturindifferent funktionieren. Damit sind die Autoren einem naturwissenschaftlichen Verständnis verpflichtet und nehmen die Mathematisierung der Physik zum Vorbild. In der radikalen Vereinfachung der Probleme

---

49 Vgl. Rosenmüller (1977); Mag (1981).

50 von Neumann/Morgenstern (1953, S. 1); für Unternehmer sprechen die Autoren vom »maximum of profit«; an anderer Stelle sprechen sie vom »desire to obtain a maximum of utility or satisfaction« (8) und nehmen damit eine wichtige Unterscheidung der 1970er Jahre vorweg.

51 Mérö (1998, S. 47).

52 Das Gefangenendilemma wurde 1950 durch Merrill Flood und Melvin Drescher vorgestellt; 1951 erhielt es von Albert W. Tucker seinen Namen. Seine Anwendung war keineswegs auf die Ökonomie beschränkt, sondern das Spiel absolvierte in Mathematik, Psychologie, Politologie, Philosophie, Anthropologie und – weniger ausgeprägt – in der Geschichtswissenschaft eine beeindruckende Karriere. 1979 veranstaltete der amerikanische Politikwissenschaftler Robert Axelrod einen Wettbewerb zur Formulierung der besten Strategie, aus dem der Sozialpsychologe Anatol Rapoport mit dem Programm »Tit for Tat« als Sieger hervorging. Vgl. z. B. Mérö (1998, S. 47 ff.; S. 61 f.).

53 von Neumann/Morgenstern (1953, S. 31).

54 von Neumann/Morgenstern (1953, S. 46).

wurde die Grundbedingung ihrer Lösung gesehen. Nur über die formale Bearbeitung von »manageable problems« konnte einst, im 17. Jahrhundert, die Physik als wahrhaft wissenschaftliches Unternehmen gestartet werden. Denselben »standard of modesty« fordern die beiden Autoren nun auch von den Ökonomen. Sie denunzieren dabei jene Protagonisten der Disziplin, die sich dauernd zwar »brennenden«, aber eben überkomplexen Problemen zuwenden und damit nichts als Konfusion verbreiten, angefangen bei falschen Fragestellungen bis hin zu gut gemeinten Empfehlungen, die aber einer wissenschaftlichen Fundierung entbehren. Das rationale Gegenprogramm besteht darin, so von Neumann/Morgenstern, »to know as much as possible about the behavior of the individual and of the simplest forms of exchange«.[55] Wenn nun, weiterhin auf der Basis des methodologischen Individualismus – von einer *Robinson-Crusoe-economy*, wie sie in der traditionellen Nutzenökonomie vorherrschte, abgerückt und zu einer Analyse übergegangen wird, die schon bei der Konzipierung der Problemstellung mehr als einen nutzenmaximierenden Akteur in Betracht zieht und damit eine soziale Welt strategischer Interaktion untersucht, dann ergeben sich qualitativ neue Phänomene: zunächst – bei zwei Akteuren – jenes der Unsicherheit und der Nicht-Kongruenz zwischen individuellen und kollektiven Variablen. Wird das

Analysesetting auf drei oder mehr Akteure ausgeweitet, so stellt sich nochmals ein völlig anderes Problem, nämlich jenes der Allianzbildung. In dieser kooperativen Theorie tritt der Begriff der Strategie zurück hinter jenen der Koalition;[56] mathematisch geht es nun darum, das »free play of coalitions« zu modellieren.[57] Mit den beiden Schritte von einem zu zwei und zu drei Akteuren kompliziert sich die mathematische Analyse nicht nur quantitativ, sondern qualitativ-konzeptionell; so werden insbesondere idealtypische Situationen formal durchdekliniert. Solche spieltheoretischen Überlegungen vermitteln zentrale Einsichten in die Paradoxa menschlicher Handlungslogik.

Wenn im Vergleich dazu das Grundlagenwerk von Karl Polanyi aus dem Jahre 1944 ins Blickfeld genommen wird, so erweisen sich vor allem zwei Punkte als interessant, die zugleich die beiden Hauptunterschiede zu von Neumann/Morgenstern darstellen. Der *erste* Punkt ist die historische Kontextualisierung und die kulturgeschichtliche Argumentation. Wenn Polanyi betont, dass seine Untersuchung »kein Geschichtswerk« sei, geht er von einer sehr eingeschränkten und ereignisgeschichtlichen Definition der Geschichtsschreibung aus. Wir haben heute keine Probleme, seine Absicht, die Zielrichtung gesellschaftlichen Wandels »auf der Grundlage der von Menschen geschaffenen Formen« zu klären, als genuin historisches Anliegen zu begreifen.[58] Gerade seit den ausgehenden 1960er Jahren wurde Polanyis Untersuchung durch die Sozialgeschichte stark rezipiert. Seine Darstellung der »Großen Transformation«, d. h. des Übergangs von einer Gesellschaft, in der »die wirtschaftliche Tätigkeit des Menschen in der Regel in seine Sozialbeziehungen eingebettet ist«,[59] zu einer modernen Marktwirtschaft, arbeitet jedoch auch mit Interpretamenten, die kulturgeschichtlich fundiert sind. Die »Idee eines selbstregulierten Marktes« stellt für Polanyi eine »krasse Utopie« dar, welche grundlegend ambivalent ist: Zum einen enthält sie das Versprechen auf Wirtschaftswachstum und materiellen Reichtum, zum anderen stellt sie einen Angriff auf »die menschliche und natürliche Substanz der Gesellschaft« dar.[60] Der Autor beschreibt, wie die westeuropäischen Gesellschaften im 18. Jahrhundert in die »Teufelsmühle« einer wirtschaftsliberalistischen Umwandlung gerieten, in der die »Behausung« der »Verbesserung«

---

55 von Neumann/Morgenstern (1953, S. 7). In einer Anmerkung fügen die Autoren an, diese einfache Versuchsanlage sei möglicherweise gar nicht so irrelevant, wie es scheinen möge, seien doch viele Märkte durch den Austausch weniger Akteure geprägt. Entgegen der Neoklassik, welche komplette Gleichungssysteme von der Physik in die Ökonomie zu importieren versuchte, gehen von Neumann/Morgenstern allerdings davon aus, »that the emphasis on mathematical methods seems to be shifted more towards combinatorics and set theory – and away from the algorithm of differential equations« which dominate mathematical physics. (45)

56 Rosenmüller (1977, S. 186).

57 Rosenmüller (1977, S. 12 ff.). Die Spieltheorie vermeidet das Aggregationsproblem; während Ansätze, die auf dem traditionellen *homo oeconomicus* aufbauen, vor der Frage stehen, wie die individuellen Präferenzen zu einer Nutzenfunktion aufaddiert werden können, stellt sich diese in der Spieltheorie gar nicht.

58 Polanyi (1978, S. 21). Vgl. zu diesem Ansatz auch Marx (1953/1955).

59 Polanyi (1978, S. 75).

60 Polanyi (1978, S. 19).

geopfert und das soziale Netzwerk traditionaler Gemeinschaften zerstört wurde.[61] Dies war allerdings kein gleichsam »automatischer« Vorgang; Polanyi zeigt vielmehr, dass der Markt »das Resultat einer bewussten und oft gewaltsamen Intervention von seiten der Regierung« war, »die der Gesellschaft die Marktorganisation aus nichtökonomischen Gründen aufzwang«.[62] Aus dem »Zusammenbruch der traditionellen Ordnung« resultierte eine Gesellschaft, die sich auf neue und radikale Weise mit der Wertfrage konfrontiert sieht. Für Polanyi war es klar, dass nach Faschismus und nationalsozialistischer Katastrophe wiederum um die Werte des Friedens und der Freiheit gekämpft werden musste, die in der Vergangenheit den Zielen »Gewinn und Wohlstand« untergeordnet wurden.[63]

Dieses Plädoyer für die Freiheit darf allerdings – und dies ist der *zweite* Punkt, den es festzuhalten gilt – nicht darüber hinwegtäuschen, dass Polanyi von einem methodologischen Individualismus nichts hielt und gegen die »radikale Illusion« anschrieb, »dass es in der menschlichen Gesellschaft nichts gebe, das nicht vom Willen des Einzelnen abzuleiten wäre, und daher nicht wieder durch ihren Willen abgeschafft werden könnte«. Dass »die Gesellschaft als Ganzes [...] unsichtbar« blieb, ist aus dieser Sicht ein ideologischer Reflex einer freien Marktwirtschaft, die das Individuum absolut setzt und die sozialen Zwänge, die zwischen Menschen herrschen, zum Verschwinden bringt und damit folgerichtig die theoretische Argumentationsfigur des *homo oeconomicus* hervortreibt, für die sich Polanyi selbstverständlich nicht zu begeistern vermochte.[64]

Zusammenfassend zeigt sich: Von Neumann/-Morgenstern zielen darauf ab, auf der Grundlage eines spieltheoretisch reflektierten methodologischen Individualismus das Erkenntnispotential sparsamer Theorien auszuschöpfen und mittels des »mathematical way of reasoning« unter der bunten Gemengelage historisch konkreter Gesellschaftsformationen die elementaren Muster ökonomischen Handelns sowie die basalen Mechanismen sozialer Interaktion zu identifizieren. Demgegenüber geht es Polanyi darum, eine historisch gehaltvolle Theorie gesellschaftlicher Transformationsprozesse zu entwickeln, die zunächst eine Beschreibung und Erklärung des marktwirtschaftlichen Industrialisierungsprozesses in westlichen Gesellschaften ermöglichen, darüber

hinaus jedoch generalisierende Einsichten in die Dynamik soziokulturellen und sozioökonomischen Wandels freilegen soll. Der Vergleich macht deutlich, wie tief der Hiatus war, in dem die interdisziplinären Verständigungsansätze zwischen mathematisch fundierter Ökonomie und historisch kontextualisierender Wirtschaftsgeschichte immer wieder abstürzten.[65]

Miteinander ins Gehege kamen ökonomische und sozial- bzw. kulturwissenschaftliche Ansätze, als der *homo oeconomicus* aus seinem angestammten Feld ausbrach und sich in Form des *Rational choice*-Ansatzes in verschiedenen sozialwissenschaftlichen Disziplinen auszubreiten begann.[66] Anhänger dieses Ansatzes konnten sich – wie gezeigt – durchaus auf Max Weber berufen und es gab auch Versuche, etwa Alfred Schütz für *rational choice* zu reklamieren.[67] Indem die Ökonomie schon seit John Stuart Mills Essay »Über die Definition der politischen Ökonomie und über die ihr angemessene Forschungsmethode« aus dem Jahre 1832 mit dem Selbstverständnis auftrat, ihre wissenschaftliche Spezifik lasse sich nur von ihrer Methode her bestimmen und diese sei keineswegs auf einen bestimmten Gegenstandsbereich beschränkt, hatte sie die Diffusion ihres Rationalitätsparadigmas in andere Forschungsfelder und Disziplinen hinein befördert.[68] Dieser Anspruch wurde vor allem seit den 1960er Jahren immer selbstbewusster formuliert; seit damals findet sich die Definition der Ökonomie als der »Wissenschaft vom Verhalten des Menschen« oder der »Wissenschaft von den menschlichen Entscheidungen«.[69] Gary S. Becker stellt in einer wegleitenden, 1982 veröffentlichten Studie

---

61 Polanyi (1978, S. 59 ff.).
62 Polanyi (1978, S. 330 f.).
63 Polanyi (1978, S. 337).
64 Polanyi (1978, S. 341 und 71 ff.).
65 Einen Vermittlungsvorschlag macht: Aymard (2001).
66 Zenonas Norkus versteht unter rational choice eine »transdisziplinäre Bewegung«, die »das zur Zeit beste disziplinenübergreifende theoretische Angebot« bereithält (Norkus 2001, S. 18). Dieses Angebot versammelt eine Vielzahl von Ansätzen, die »zueinander im Verhältnis der Familienähnlichkeit stehen« und deren »nomologischer Kern« in einer Theorie des rationalen Wahlhandelns besteht (Norkus 2001, S. 25).
67 Esser (1991).
68 Der Essay ist abgedruckt in: Mill (1976).
69 Vgl. dazu einen frühen Artikel von Bruno S. Frey, NZZ 7.–8. 4. 1979.

fest, eine Definition, die Ökonomie »durch den Bezug auf knappe Mittel und konkurrierende Ziele« bestimmt, sei »von allen die allgemeinste« und reiche weit über den »Marktbereich« hinaus. Die »ökonomische Erklärung menschlichen Verhaltens« – so der Titel der Studie – könne überall da in Anschlag gebracht werden, wo Knappheit sowie Wahlzwang herrschen und sich Opportunitätskosten einstellen – und diese Elemente finden sich selbstverständlich auch in der Politik, auf dem Heiratsmarkt, in der Stadtentwicklung, im Familienkontext, in der Medizin, im Gesundheitswesen ganz allgemein, im Bildungssystem und auch in der wissenschaftlichen Forschung.[70] Weil diese Bereiche nicht über monetäre Preise gesteuert wurden, unterstellte er die Existenz von »Schattenpreisen«, mit denen er »die gleichen Voraussagen wie für die Reaktion auf Marktpreise« anstrebte.[71]

Diese Herauslösung des ökonomischen Ansatzes aus einem spezifischen Gegenstandsbereich, nämlich jenem der Marktsphäre und der Tauschprozesse, wurde verschiedentlich als »ökonomischer Imperialismus« apostrophiert (so wurde der Sachverhalt bereits in den 1960er Jahren durch Kenneth E. Boulding bezeichnet).[72] Nun gibt es tatsächlich viele Ökonomen, die ihren Erklärungsanspruch ziemlich aggressiv vertreten, so dass man sich gerade als Historiker an ein »imperialistisches« Gebaren erinnert fühlen könnte. Aber aus einem solchen Habitus ein Argument gegen einen disziplinär entgrenzten ökonomischen Ansatz ableiten zu wollen, ist deshalb unüberlegt, weil die Vorstellung, dass in einer Gesellschaft klar getrennte Bereiche, etwa Kultur, Wirtschaft, Politik, Medien und Psyche existieren, für die dann die Disziplinen Kulturwissenschaft, Wirtschaftswissenschaft, Politikwissenschaft, Medienwissenschaft und Psychologie zuständig wären, untauglich ist. Gerade der *cultural turn* hat dazu geführt, dass die Kulturwissenschaften ihren Kompetenzradius und ihren Zuständigkeitsbereich ausgeweitet haben – mit guten Gründen. Auch hier nehmen einige Beobachter, denen an geordneten Verhältnissen liegt, eine »imperia-

listische« Dynamik wahr. Wenn wir uns von der Vorstellung einer prästabilierten Harmonie zwischen Theorieansatz und Gegenstandsbereich trennen – und das ist nötig – so lösen sich diese Probleme rasch auf. Wir sollten uns überhaupt in einer sich rasch verändernden Wissenschaftslandschaft weniger denn je auf das disziplinäre *mapping* des 19. Jahrhunderts verlassen, sondern es gilt, transdisziplinäre Problemstellungen zu entwickeln. Die Feststellung, dass Knappheit und Zwang zur Wahl in den unterschiedlichsten Bereichen sozialer Interaktion und Kommunikation eine wichtige Rolle spielen bzw. spielen könnten, wird dann durchaus interessant.

4. Eine »kulturelle Wende« in den Wirtschaftswissenschaften?

Die expansive Dynamik des *rational choice*-Theorems blieb nicht ohne Auswirkungen auf den ökonomischen Ansatz. Die einheitliche Rationalitätstheorie wurde zwar nicht – wie dies von sozialwissenschaftlicher Seite häufig angeregt wurde – durch eine Auffächerung in verschiedene Rationalitätstypen[73] ersetzt, jedoch weitreichend modifiziert. Es stellt sich die Frage, welche Gründe Ökonomen dazu bewegen könnten, Kultur als Erklärungsvariable erst zu nehmen. Dabei kann es nicht darum gehen, nach dem Auftauchen eines bestimmten Begriffs – eben jenes der Kultur – im ökonomischen Diskurs zu fragen. Zwar gibt es durchaus Vertreter der Wirtschaftswissenschaft und -geschichte, die explizit von »Kultur« sprechen. So erklärte David Landes in seiner Überblicksdarstellung »The Wealth and Poverty of Nations«: »If we learn anything from the history of economic development, it is that culture makes all the difference.«[74] Doch kann es nicht darum gehen, solche Statements zu sammeln als vielmehr zu fragen, welche – disziplinär durchaus eigensinnigen – Begriffe, Argumentationsmuster und diskursiven Regelmäßigkeiten innerhalb der Wirtschaftswissenschaften als semantische Äquivalente fungieren zu dem, was wir aus historischer oder kulturwissenschaftlicher Sicht als »Kultur« bezeichnen.

Diese Dimension wurde in der Ökonomie zu einem Zeitpunkt wichtiger, als die etablierten SER-basierten Erklärungssätze in eine Krise gerieten. Unter dem Druck konkurrierender Erklärungsansätze, die

70 Becker (1983).
71 Becker (1983, S. 5).
72 Boulding (1973, S. 118).
73 Vgl. dazu z. B. Bierver u. a. (1990) und Joas (1992).
74 Landes (1998, S. 516). Siehe auch Temin (1997).

vor allem in der Psychologie entwickelt wurden, setzten sich Ökonomen seit den 1990er Jahren – durchaus voraussehbar – daran, das Modell des *homo oeconomicus* neu zu durchdenken bzw. experimentell auszutesten und auf ein gehaltvolleres Menschenbild hin zu konkretisieren. Dabei konnte auf einem neuen Verständnis der Maximierungs- oder Optimierungshypothese aufgebaut werden, das die Anhänger der Nutzentheorie bereits Jahrzehnte zuvor vorgeschlagen hatten. Angeregt durch Herbert Simon wurden die Verben *maximizing* oder *optimizing* durch *satisfiying* ersetzt. Die Aufmerksamkeit verlagerte sich von der Maximierung materieller Güter auf die optimale Befriedigung von Bedürfnissen. Gary S. Becker z. B. hält zwar grundsätzlich an der These eines »nutzenmaximierenden Verhaltens« fest, führt jedoch die Unterscheidung von *goods* und *commodities* ein: Menschen kaufen *goods*, was die Ökonomie mit ihren bisherigen Modellen untersuchen kann. Sie befriedigen ihre Bedürfnisse jedoch mit *commodities*, für deren Herstellung die auf Märkten erstandenen *goods* weiterverarbeitet und »valorisiert« werden müssen, damit sie schließlich der Bedürfnisbefriedigung dienen können.[75] Ein Beispiel dafür: Für die Ernährung benötigt man Lebensmittel und eine Kücheninfrastruktur – das sind *goods*. Eine Mahlzeit – eine *commodity* – kommt nur zustande, wenn diese »Inputs« für das Kochen benutzt werden. Die Zubereitungsarbeit in der Küche stellt einen Wertschöpfungsprozess dar, der andern Regeln folgt als ein marktvermittelter. Mit einer Theorie, die den Haushalt als »kleine Fabrik« interpretiert und für diese eine Haushaltsproduktionsfunktion berechnet, haben Ökonomen Vorstellungen zu entwickeln versucht, wie die Transformation von *goods* in *commodities* theoretisch gefasst werden könnte.[76]

Eine weitergehende und theoretisch folgenschwerere Entwicklung zeichnet sich allerdings da ab, wo die Optimierungsthese in Frage gestellt und das Phänomen der Entscheidungsanomalien ernst genommen wird. Dass diese Bestrebungen inzwischen von einer randständigen Beschäftigung ins Zentrum der ökonomischen Theoriebildung eingerückt sind, zeigte sich etwa anhand der Tatsache, dass der wirtschaftswissenschaftliche Nobelpreis im Jahre 2002 an Vernon L. Smith und Daniel Kahneman[77] ging. Im Folgenden wird dargestellt, worin die theoretische Innovation dieser Ansätze besteht, die es

nicht bei einer Generalrevision des *homo oeconomicus* bewenden lassen wollten, sondern die auf eine weit grundlegendere Neufundierung der Wirtschaftswissenschaften abzielten. Ausgangspunkt sind Überlegungen, die schon in den 1950er Jahren formuliert wurden. Dabei ist weniger an Autoren zu denken, die – wie P. L. Reynoud, Günther Schmölders oder Walter Adolph Jöhr – schon damals auf eine Symbiose zwischen »Nationalökonomie und Psychologie« hinarbeiteten oder ein »anthropologisches Menschenbild« forderten.[78] Einflussreicher waren die Arbeiten von Herbert A. Simon, der 1956 in der *Psychological Review* einen Aufsatz mit dem Titel »Rational Choice and the Structure of the Environment« publizierte,[79] in dem er ein Konzept der *bounded rationality* (der begrenzten oder beschränkten Rationalität) vorstellte, das ein Jahr später, in der Studie »Models of Man«, theoretisch ausgefeilt wurde. In den darauf folgenden Jahrzehnten analysierte Simon »die Bedeutung der begrenzten Rationalität für das Funktionieren sozialer und politischer Institutionen«[80] und warf damit einige Fragen auf, die in der Folge nicht mehr aus der Diskussion verschwanden. Das Problem bei diesen Ansätzen war allerdings, dass (wie eine neuere Studie festhält) »der Begriff der Rationalität häufig unklar, zweischneidig und konfus ist«.[81] Es ist deshalb nötig, zwischen zwei Konzepten von *bounded rationality* zu unterscheiden. Das *erste* identifiziert Kostenfaktoren, die auf unvollkommenen Märkten unvermeidlich auftreten. Aufgrund dieses erweiterten Kostenkonzepts, das auch Informationsbeschaffungs- und Transaktionskosten einbezieht und diese mit den menschlichen Kognitionsleistungen zusammenbringt, kann trotz entscheidender Innovationen an einer traditionellen kostenbasierten Optimierungshypothese festgehalten werden. Man spricht deshalb von *costly bounded rationality*. Das zweite Konzept fokussiert auf die motivationale Ebene, verzichtet auf

---

75 Becker (1983, S. 97 ff., Teil 4: Zeit und Haushaltsproduktion).
76 Becker (1983, S. 101).
77 Der »Dritte im Bunde«, Amos Tversky, ist inzwischen verstorben, sonst wäre der Preis wohl an drei Wissenschaftler gegangen.
78 Vgl. dazu Dopfer (2002).
79 Simon (1956).
80 Simon (1983, S. 9).
81 Lupia/Mccubbins/Popkin (2000 b, S. 3).

den Begriff der »Optimierung« und rückt von einer Fixierung auf Entscheidungen ab. Wenn nämlich unterschiedlichste Motivationen, habitualisierte Reaktionsmuster und Alltagsheuristiken beachtet werden, dann kommt der gemeinsame Kosten-Nenner für kalkulierte Optimierungsprozesse abhanden. Es gibt hier keine einheitliche »Rechnungsgröße« mehr und das Konstrukt des über Kostentransparenz verfügenden, nutzenoptimierenden, rational entscheidenden Individuums verflüchtigt sich. Damit stellt sich das Problem einer *truely bounded rationality*. Eine solche Version schließt sich – wie zu zeigen sein wird – weit enger an historisch-anthropologische und kulturwissenschaftliche Fragestellungen an als die erste Variante.

Zunächst zum *costly bounded rationality*-Modell: Simon rückte von der für das ökonomische Handlungsmodell grundlegenden Optimierungsprämisse nicht ab. Er versucht vielmehr, die Kosten der Informationsbeschaffung und die Transaktionskosten systematisch zu berücksichtigen, wobei er zwischen externen und internen Faktoren unterscheidet. Generell haben Akteure nur sehr beschränkte Informationen zur Verfügung; im alltäglichen Handeln entwickeln sie deshalb sog. »Stoppregeln« (*stopping rules*), die dazu führen, dass die Suche nach preiswerteren bzw. günstigeren Alternativen nach einigen Versuchen, eingestellt und auf der Basis des vorhandenen Wissens entschieden wird.[82] Soziale Normen und politische Institutionen erscheinen aus dieser Perspektive als gesellschaftlich generierte Artefakte praktischer Vernunft, die sich außerhalb des Menschen befinden und auf seine Informationsbeschaffungsstrategien einwirken. Als wichtigsten internen (d. h. im Körper/Geist-Wesen Mensch wirkenden) Faktor identifizierte Simon den engen Zusammenhang zwischen Kognition und Emotion.

Aufmerksamkeit und Fähigkeit zur Informationsaufnahme hängen offenbar von Gefühlsbewegungen ab; Emotionen steuern die Übergänge zwischen »kühlem« oder »heißem« Erkennen und haben Intensivierungen, Beschränkungen oder Blockierungen der Informationsbeschaffung zur Folge.[83] Autoren, die diese Überlegungen weiterentwickelten, sprechen heute von einer »affektiven Ladung« (*affective charge*) von (erinnertem) Wissen. »Heiße Kognition« ist dadurch charakterisiert, dass nicht nur Tatsachen, sondern mit ihnen auch Gefühle »gespeichert« wurden; die Interpretation aktueller Ereignisse erfolgt dann in einer Art von *online-processing* mit Informations-Emotions-Komplexen aus der Vergangenheit, die mit dem aktuellen Gefühlszustand interagieren und den Erwerb neuer Information steuern.

Andere Autoren und Autorinnen betonen den zentralen Impact der öffentlichen Stimmung auf Form und Effizienz der Informationsbearbeitung; die medienvermittelte *public mood* wirkt gleichsam als »Filter«, durch den die verfügbaren Informationen aufgenommen und interpretiert werden. Grundsätzlich ist diese Analyse, die sich auf die Faktoren konzentriert, die Information bzw. Wissen beschränken und mit einer bestimmten emotionalen Wertladung versehen, integrierbar in ein Modell, in dem Menschen nach der *subjective expected utility* handeln, wodurch ihr Handeln nach wie vor einer – wenn auch eingeschränkten – Optimierungslogik zu unterliegen scheint.[84]

Eine Abkehr von einem solchen Optimierungsmodell bereitete sich in der Wirtschaftsgeschichte seit längerem vor. Autoren wie – um nur einen der bekannteren zu nennen – Douglass C. North (der für seine Arbeiten ebenfalls mit dem Nobelpreis geehrt wurde) beginnen ihre Bücher mit Klagen darüber, wie sehr die Forschungsrichtung, die sie vertreten, durch die klassische Fassung des Modells des rationalen, eigennützig handelnden, auf sein Selbstinteresse bedachten Aktors »in die Irre geführt« wurde, wie sehr dieses Modell für zentrale Fragen »blind gemacht« hätte, d. h. wie »fundamental hinderlich« die Verhaltensannahmen der Ökonomen für die Lösung vieler Probleme sei, mit denen sich Sozialwissenschaftler konfrontiert sahen.[85] North, der maßgeblich zur Neubegründung der Institutionenökonomie beigetragen hat, untersuchte auch die

---

82 Hier müsste nun weiter nach Information und Wissen differenziert werden. Vgl. dazu z. B. Stehr (1994, S. 201 ff.).

83 Simon (1983, S. 39).

84 Vgl. dazu Lupia/Mccubbins/Popkin (2000 a).

85 North (1992, S. 9, 130 und 30). Derartige Feststellungen finden sich in der ökonomischen Literatur immer häufiger. In einem neueren Aufsatz »›Economic Man‹ in Cross-cultural Perspective«, für den 17 Ökonomen und Anthropologinnen zeichnen, wird festgestellt, »that the canonical selfishness-based model fails in all of the societies studied«. Henrich/Boyd (2002, S. 1 und 30)

Rolle von geteilten mentalen Modellen (*shared mental models*) für die institutionell regulierte soziale Interaktion zwischen Menschen.[86] In einem gemeinsam mit Arthur C. Denzau verfassten Aufsatz[87] geht North realistischerweise davon aus, dass sich Menschen auf der Grundlage von Mythen, Dogmen, Ideologien und ›halbbackenen‹ Theorien entscheiden. Damit stellt sich die Frage nach den Interpretationsregeln, nach denen Menschen die Umwelt, in der sie leben, klassifizieren, sortieren und sich somit ihre »soziale Wirklichkeit« zurechtlegen. Denn nur Individuen mit einem gemeinsamen Kulturverständnis und Erfahrungshintergrund verfügen – obwohl ihre geistige und emotionale Welt nie zur Deckung kommen kann und auch bei hochgradig vergesellschafteten Menschen gleichsam eine »Resteinsamkeit« verbleibt – über ausreichend konvergente mentale Modelle, Ideologien und Institutionen, um Unsicherheit abzubauen und um kollektive *agency* zu entfalten. Diese Feststellung, dass ein gemeinsames Sozialleben an intersubjektiv gültige Interpretationsregeln gebunden ist, erhält dann eine theoretische Brisanz, wenn davon ausgegangen wird, dass gesellschaftliche Kommunikation unwahrscheinlich ist, d. h. dass viele Voraussetzungen erfüllt sein müssen, damit sie überhaupt zustande kommen kann. Menschen leben zwar – worauf etwa der Symbolische Interaktionismus hingewiesen hat – »schon immer« in einer gemeinsam geteilten Kultur, in der permanent neue Versionen dessen, was der Fall ist, ausgehandelt werden. Die Institutionenökonomik, wie sie Denzau/North vertreten, versucht, diese gemeinsamen Situationsdefinitionen nicht einfach vorauszusetzen, sondern als Resultat komplexer Abstimmungsprozesse und der Diffusion mentaler Modelle zu erklären.[88]

Mentale Modelle (Konstruktionen, mittels derer die Menschen der Welt Sinn abgewinnen), Ideologien (die aus solchen Konstruktionen resultieren) und Institutionen (die in einer Gesellschaft überpersönliche Austauschbeziehungen strukturieren) entwickeln sich aus der Sicht von Denzau und North ko-evolutiv. Eine so angelegte Analyse ist nun in der Lage, die *black box* der Rationalitäts-Annahme, die den *rational choice*-Ansätzen zugrunde liegt, aufzubrechen. Der Wandel von Präferenzen kann nun als zentrales Moment kommunikativer Lernprozesse analysiert werden. North und Denzau

geben ihrer Untersuchung eine spieltheoretische Öffnung, indem sie die Veränderung mentaler Modelle als eine Abfolge und Koexistenz von punktuellen Gleichgewichten (*punctuated equilibria*) beschreiben wollen (was einer chaostheoretischen Konzeptualisierung entspricht). Die Tradierung der *shared mental models* macht den Kern des gemeinsamen kulturellen Erbes bzw. Gedächtnisses aus, das intergenerationell weitergegeben wird. Entscheidungen sind unter diesen Bedingungen eine Funktion von mentalen Modellen, Ideologien und Institutionen, und diese erweisen sich wiederum als pfadabhängig, wobei der Pfad »historisch bestimmt und suboptimal« ist.[89] Die Invarianzhypothese der neoklassischen Ökonomie, wonach alle Leute alle Informationen gleich interpretieren, wird damit aufgegeben. Die Frage, inwieweit die interpretationsleitenden mentalen Modelle zwischen Menschen geteilt werden, so dass Kommunikation erleichtert und Lernprozesse unterstützt werden, muss nun in konkreten Kontexten untersucht werden. Dass eine solche Theorie genuin empirisch und historisch konzipiert werden muss, versteht sich.

Kompatibel mit einem solchermaßen kulturalistisch aufgeweichten institutionenökonomischen Ansatz ist ein neuer Theorietyp, der sich mit Entscheidungsanomalien befasst und den Leibnizschen Traum eines universellen Allzweckproblemlösungsalgorithmus – der im Optimierungspostulat der *cost-*

---

86 Der Transaktionskostenansatz ist grundsätzlich in ein Optimierungsmodell ökonomischen Handelns integrierbar, während dies für neuere Arbeiten nicht mehr gilt. Interessant wäre auch ein Vergleich zwischen Norths Argumentation und dem *Economic Culture*-Ansatz, wie er von Berger (1986) vorgeschlagen wird.

87 Denzau/North (2000, S. 23–46).

88 Zur Auseinandersetzung zwischen Rational choice und Symbolischem Interaktionismus siehe: Hill (2002, S. 32 ff.).

89 Daraus folgt auch, dass die Effizienz von Marktmechanismen häufig überschätzt wird. Neue, durch Resultate der experimentellen Ökonomie abgestützte Untersuchungen zeigen denn auch, dass die Annahme der neoklassischen ökonomischen Theorie, wonach Konsument/innen ihre Präferenzen kennen und die Marktpreise die ›wahre‹ Zahlungsbereitschaft sowie die relativen Knappheiten reflektieren, nicht gut begründet ist. Märkte sollten also – dies die Schlussfolgerung – nicht so sehr mit ihrer Effizienz als mit der Wahlfreiheit der Konsument/innen legitimiert werden. Vgl. Loewenstein (2002, S. 27–31).

ly bounded rationality noch weiterwirkte – fallen lässt. Gerd Gigerenzer und Reinhard Selten plädieren in einem Reader, in dem *bounded rationality* als »The Adaptive Toolbox« vorgestellt wird, für einen solchen Ansatz, der auch als *truely bounded rationality* bezeichnet wird.[90] Die Autoren betonen, dieses Modell limitierter Rationalität sei weder mit Irrationalität noch mit Optimierung gleichzusetzen.[91] Es wird davon ausgegangen, dass Menschen auch auf der Grundlage sehr beschränkten Wissens zu soliden, robusten und angemessenen Verhaltensweisen gelangen können, indem sie Faustregeln, Heuristiken, *short cuts* und »Handgelenk-mal-pi«-Verfahren benutzen. Einfache Such-, Stop- und Entscheidungsregeln, die in ihrem Funktionieren stark von emotionalen Zuständen abhängig sind, ermöglichen es Handelnden, die Informationsstruktur der Umgebung zu nutzen und so rasch zu funktionierenden Lösungen auch für hyperkomplexe Probleme zu gelangen.[92] Die Rationalität dieser Faustregeln entfaltet sich in einem informationsdichten Umfeld, in dem ein komplexes »Hintergrundrauschen« von Informationen vorhanden ist, das für das Handeln unverzichtbar ist. Reinhard Selten erklärt genau diesen irritierenden Sachverhalt zur *conditio sine qua non* einer nicht mehr an Kostenkategorien orientierten beschränkten Rationalität: »True Rationality needs a ›noisy‹, irrational environment; it cannot grow in ›sterile soil‹, cannot feed on itself only.«[93] In einem solchen Umfeld, das von seiner Informationsstruktur her unterdeterminiert ist, wird ein Großteil

menschlichen Verhaltens routinisiert und »automatisiert«. Solche Handlungsroutinen lassen sich nicht als Resultat bewusster Vorsätzlichkeit und reflektierter Wahl analysieren; sie können zwar durch Wahlhandeln modifiziert und unterbrochen werden; während ihrer Ausführung sind sie allerdings überhaupt nicht auf bewusste Entscheidungen angewiesen. Eine klare Unterscheidung zwischen Entscheidungsverhalten im Rahmen begrenzter Rationalität und »automatischer« Routine ist damit nicht mehr zu leisten. Auch menschliches Denken basiert – so stellt Reinhard Selten fest – auf Routinen. Wir können zwar entscheiden, woran wir denken, aber nicht, wie es mit uns denkt. Während die Resultate unseres Denkens bewusst werden, sind die Prozeduren des Denkens weithin unbewusst und einer Introspektion nicht zugänglich.[94] Dieser Befund deckt sich nicht nur mit psychoanalytischen Einsichten, sondern auch mit neurobiologischen Forschungen Antonio R. Damasios (und anderer), die mit der »Vorstellung einer Kognition, die ohne Selbst auskommt«, arbeiten.[95] Aus dieser Richtung wird auch versucht, die ganze philosophische Problematik des »freien Willens« und der »moralischen Entscheidung« auf der Grundlage neurophysiologischer und neurologischer Experimente auszuhebeln. Der viel beschworene menschliche Wille sei bloß ein Gefühl, das Wahlentscheidungen begleite; noch bevor wir wissen, was wir wollen, hat das Gehirn bzw. der Körper die Entscheidung längst getroffen: so lautet das Argument.[96] Auch wenn wir diese These – mit guten Gründen – zurückweisen, so zeigt sich, dass in diesem Modell beschränkter Rationalität das früher noch maßgebliche Prinzip der Kostenminimierung bzw. Nutzenmaximierung nun einem Handlungsmodus gewichen ist, der als ökologisch bezeichnet werden kann, weil er die heuristisch regulierten Interaktionen von Individuum und Umgebung ins Zentrum stellt und die Welt, in der Menschen leben, als eine komplexe Gemengelage von sinnlich wahrnehmbarer Informationen deutet, in der sich Handelnde aufgrund ihrer Erfahrungen intuitiv, ja geradezu »traumwandlerisch« verhalten können. Die Orientierung in der Lebenswelt wird so mit einer »Phänomenologie der Wahrnehmung« in Verbindung gebracht; Menschen sind in diesem Modell immer situierte, d. h. strukturell begrenzte, standortabhängige und endliche Wesen, die ein im-

---

90 Gigerenzer/Selten (2001).
91 Letzteres in Absetzung zu Autoren wie Lupia/Mccubbins/ Popkin, die betonen, die anschwellende Literatur zum Thema weise u. a. deshalb Mängel auf, weil hier häufig davon ausgegangen werde, es liege hier ein »nicht-maximierendes« Verhalten vor. Lupia u. a. (2000 b, S. 10).
92 Gigerenzer/Selten (2001, S. 7 ff.). Vgl. dazu auch aus entwicklungspsychologischer Sicht: Aebli (1981).
93 Zitiert nach: Aumann (1989, S. 38).
94 Selten (2001, S. 14 ff.).
95 Damasio (1997, S. 144).
96 Benjamin Libet wies 1985 nach, dass sich »Entscheidungen« als Hirnaktivität (bioelektrische Zeichen) Zehntelsekunden bevor sie bewusst werden, nachweisen lassen. Vgl. Libet (1999). Vor kurzem gelang es experimentell zu zeigen, dass sich auch motorische Dispositionen, d. h. Planungen von Körperbewegungen aufbauen, bevor eine Handlungsabsicht ins Bewusstsein tritt. Libet/Haggard (S. 47).

plizites Wissen ihrer (physischen und psychischen) Fähigkeiten haben, die *tacit skills* beherrschen und die mit Hilfe dieses Repertoires an Möglichkeiten ganz einfache Lösungen für komplexe Probleme entwickeln und auch unvorhergesehene schwierige Situationen meistern (oder zu meistern versuchen).[97]

Wenn wir von dieser Fassung einer *truely bounded rationality* ausgehen, dann entfallen zwei Kritikpunkte, die von kulturwissenschaftlicher Seite gegen diesen Ansatz vorgebracht wurden: *Erstens* ist hier nicht mehr der unreflektierte Utilitarismus am Werk, der Resultat einer eindimensionalen Nutzenkonzeption ist. Auch wenn Menschen routinierte Akteure sind und auch wenn ihnen sehr wenig klar ist, wie ihr Handeln und Denken funktionieren, können sie sich selbstverständlich Ziele vorstellen, auf die sie ihre physischen Potentiale und ihre kognitiven Fähigkeiten ausrichten. Und diese Orientierungen, diese Erwartungshaltungen und Zukunftsprojektionen entziehen sich in der Regel einer utilitaristischen Interpretation. *Zweitens* werden hier Akteure nicht mehr als eine Art digitaler Entscheidungsmaschinen konzipiert, die ihr Wahlverhalten über Kostenkalkulationsalgorithmen steuern, sondern es werden weit komplexere, auf Analogien und Intuition basierende Verhaltensweisen in Betracht gezogen. Wenn es nicht mehr um ein analytisches Entscheidungsverhalten geht, das auf *reasoning* basiert, kommen mimetische Verfahren ins Spiel. Intuitives Verhalten ist in vielem Mimesis; im Kern geht es um das Feststellen von Ähnlichkeiten, um *pattern recognition* und *template matching*. In diesem Analysekonzept erhalten visuelle Wahrnehmungsweisen und Kommunikationsformen einen wichtigen Stellenwert. Es werden gleichsam kulturell erlernte und erinnerte Bilder mit Mustern in der Umwelt verglichen und diese mittels Äquivalenten operierenden Abstimmungsprozesse ermöglichen die rasche, gleichsam unwillkürliche Orientierung. Dies mag – im Vergleich zum Ergründen – oberflächlich sein, nichtsdestotrotz sind solche außerhalb der bewussten Reflexion ablaufenden Vorgänge grundlegend und vor allem effizient.[98]

Innerhalb der Wirtschaftswissenschaften ist eine ganze Reihe weiterer Autoren einem solchen Ansatz verpflichtet – wenn auch mit unterschiedlichen Akzentsetzungen und Forschungsinteressen. So wies Amartya Sen schon in den frühen 1980er Jahren

darauf hin, dass Menschen häufig *rational fools* in dem Sinne sind, als sie sich auf ihre Gefühle und ihre Gewohnheiten verlassen, für die sie keine rationalen Gründe vorbringen können, mit denen sie jedoch im Alltag auf die Länge ganz gut fahren.[99] Robert H. Franks einflussreiche, spieltheoretisch fundierte Studie *Passions within Reason* aus dem Jahre 1988 betont die strategische Rolle von Emotionen im Entscheidungsverhalten und entwickelt eine *theory of unopportunistic behavior*, die zu einem *commitment-model* formalisiert wird.[100] Robert J. Shiller wiederum hat Verhaltensmodelle, die kulturabhängig sind, auf Finanzmärkte zu adaptieren versucht. Angeregt durch den Präsidenten der US-Federal Reserve Bank, Alan Greenspan, der Ende 1996 die Finanzmärkte mit der Bezeichnung »Irrational Exuberance« charakterisierte, verfasste er ein Buch mit dem gleichlautenden Titel und identifizierte hier eine spezifische »investment culture«, in der es zu kumulativen Kommunikationsereignissen kommen kann, die sich als phasenweises Überdrehen der Börsenkurse äußern.[101] Rationales Handeln aufgrund eines beschränkten Wissens über die Welt im Mikrokontext führt – dies die Schlussfolgerung Shillers – unter bestimmten Bedingungen zu Makroergebnissen, die den meisten Menschen als irrational erscheinen müssen, weil sie mit ihren Erwartungen kollidieren, ihre Zielsetzungen durchkreuzen und ihre Vermögenspositionen annullieren. Die beiden bereits erwähnten Theoretiker Vernon L. Smith und Daniel Kahneman steuerten ebenfalls grundlegende Einsichten zu einer Handlungstheorie jenseits der Optimierungsprämisse bei. Kahneman entwickelte zusammen mit Amos Tversky den *heuristic & biases*-Ansatz sowie die sog. Prospekt-Theorie. Abkürzungen und Vereinfachungen werden hier nicht mehr als Verzerrungen rationalen Entscheidungshandelns und damit als Mangel an Rationalität interpretiert, sondern es wird davon ausgegangen, dass auf diese Weise überhaupt erst

---

98 Selten (2001, S. 29).
99 Sen (1982).
100 Frank (1988, S. 258, Appendix S. 261–269).
101 Shiller (2000). Dieses Argument ist nicht gleichbedeutend mit der Diagnose, »that the price level is more than merely the sum of the available economic information« (S. XIIIf.).

angemessene Entscheidungen innerhalb nützlicher Frist zustande kommen können.[102] Konstatiert wird in diesem »Handeln nach Faustregeln« eine Risikoaversion und ein ausgeprägtes Sensorium für relative Veränderungen. Experimentelle Ökonomen und spieltheoretisch arbeitende Anthropologen haben auf der Grundlage solcher Theorien die neuen Verhaltensannahmen empirisch zu fundieren versucht. Dabei wird auch die Frage nach den Präferenzen, die rationalem Wahlhandeln zugrunde liegen, neu aufgerollt. Die beiden experimentellen Ökonomen Ernst Fehr und Urs Fischbacher konstatieren in einem Aufsatz »Why Social Preferences Matter«, »that fundamental issues in economics cannot be understood on the basis of the self-interest model«. Die beiden Autoren geben dafür einen Grund an, der nicht bei den Kulturwissenschaften Zuflucht sucht, sondern Ökonomie auf sich selbst anwendet: »People differ not only in their tastes for chocolate and bananas but also along a more fundamental dimension. They differ with regard to their inclination to behave in a selfish or reciprocal manner, and this does have important economic consequences.«[103] Diese Feststellung macht das Zustandekommen von Präferenzen zum Thema, womit sich das Problem des »kulturellen Wandels« stellen müsste.

5. Handlungstheorien in der Geschichte und in den Kulturwissenschaften

Auch in der Geschichtswissenschaft zeichnete sich in den ausgehenden 1970er Jahren eine kulturalistische Wende ab. Kaum hatte sich die Sozialgeschichte (als »Historische Sozialwissenschaft« oder als »Gesellschaftsgeschichte«) an den Universitäten etabliert, sah sie sich schon mit starken Anfechtungen konfrontiert. Die Kritik bezog sich vor allem auf die Ausblendung handelnder Menschen und des Ereignisses aus dem Geschichtsbild. Es meldete sich eine an der subjektiven Binnensicht und an der Erfahrungsdimension von Handelnden

interessierte Alltags-, Frauen- und Geschlechtergeschichte zu Wort. Etwa gleichzeitig setzte eine theoretisch elaborierte Debatte um den »Struktur-Ereignis«-Antagonismus ein, die im Wesentlichen auf die Kritik an einem statischen Strukturbegriff hinauslief. In den 1980er Jahren konvergierten die verschiedenen Infragestellungen eines strukturgeschichtlichen Reduktionismus in einem kulturwissenschaftlich sensibilisierten Ansatz, der sich stark am Erfahrungsbegriff der angelsächsisch orientierten Sozialgeschichte orientierte und insbesondere die Werke Edward P. Thompsons rezipierte. Diese *Thompsonian view* einer akteurzentrierten Sozialgeschichte war dem Konzept der *agency* verpflichtet; die Handlungsbefähigung von Menschen in unterschiedlichen sozialen Situationen und politischen Konstellationen rückte ins Zentrum des historischen Forschungsinteresses. »Klassen« waren aus dieser Perspektive keine Struktureffekte mehr, sondern formten sich in Kommunikation und kultureller Interaktion. »Klasse an sich« und »Klasse für sich« ließen sich nicht mehr unterscheiden. Thompsons Formulierung »The Making of the English Working Class« brachte die Wechselwirkung von kommunikativem Handeln und sozialen Bedingungsfaktoren, von *agency* und sozialen Zwängen, von Machen und Gemachtwerden auf den Begriff. Das Erkenntnisinteresse richtete sich weiter auf die Konstitution sozialer Bewegungen, auf die »kleinen Leute«, auf die »Verlierer/innen« der Geschichte, auf den »Eigensinn« jener, die in der Geschichtsschreibung bisher nie zur Sprache kamen. Damit verschwanden strukturelle Faktoren nicht aus dem Blickfeld, sie wurden nun allerdings durch das Medium der Sprache hindurch analysiert und als Resultat von Kommunikationsprozessen begriffen. Diese Einsicht stellte die Quintessenz des *cultural turn* in der Geschichtswissenschaft dar.

Solche Ansätze, die sich nun verstärkt der Sinnhaftigkeit historischer Vorgänge und den handelnden Menschen zuwandten und sich für deren Situationsdeutungen interessierten, gingen jedoch in vielen Fällen von einem theoretisch schlichten Subjektbegriff aus. Sie neigten insbesondere zu einer Mystifizierung des Erfahrungsbegriffs, der gleichsam zum Rettungsanker für die Rekonstruktion der Identitäten und des authentischen Leidens diskriminierter und dominierter Sozialgruppen im Meer hegemonialer Rechtfer-

---

102 Kahneman/Slovic/Tversky (1991), (erstmals wurden diese Überlegungen 1982 veröffentlicht). Vgl. auch: Klein (2001).
103 Fehr/Fischbacher (2002).

tigungsideologien gemacht wurde. Dagegen hat vor allem Joan Scott argumentiert. In ihrem Aufsatz »The Evidence of Experience«[104] holt sie zu einer Kritik an all jenen »fundalistischen« Konzepten aus, die auf der Nichthintergehbarkeit von körperlichen und lebensweltlichen Erfahrungen beharren: »Experience is [...] not the origin of our explanation, but that which we want to explain.«[105] Damit werden erfahrungsfundierte Subjektivität und Identität von Argumentationsvoraussetzungen zu Untersuchungsgegenständen, gilt es doch zu zeigen, unter welchen Bedingungen sie zustande kamen, d.h. wie sie konstruiert wurden. Dieser Ansatz richtet sich damit explizit gegen alle Versuche, »gemeinsame Erfahrung« voraussetzungslos zur Grundlage für Gruppenbildungsprozesse zu machen und kritisiert die nur allzu häufig sozialromantisch eingefärbte Optik, die im Wurzelgrund unbeschädigter Erfahrungsräume nach kollektiven Identitäten oppositioneller Kräfte sucht.

Das Problem dieser Kritik ist, dass sie dazu neigt, Erfahrung in Diskursen aufzulösen. Ein alternativer Ansatz, der weder in die Falle eines nostalgischen Erfahrungsbegriffs geht noch sich in eine eindimensionale, kein Außerhalb kennende Diskursanalyse verirrt, ist die Mikrogeschichte, die *microstoria*. Giovanni Levis Darstellung einer »bäuerlichen Welt an der Schwelle zur Moderne« etwa basiert auf dem Konzept einer »selektiven Rationalität«[106] und greift erneut Einsichten auf, die vom russischen Agrartheoretiker Alexander Tschajanow bereits in den 1920er Jahren in seiner »Lehre von der bäuerlichen Wirtschaft«[107] formuliert wurden. In Deutschland entwickelten vor allem Historiker, die am Max Planck-Institut für Geschichte in Göttingen tätig waren, entsprechende Perspektiven; zu erwähnen ist der von Hans Medick und Alf Lüdtke herausgegebene Sammelband »Emotionen und materielle Interessen: sozialanthropologische und historische Beiträge zur Familienforschung«. Mit seiner Studie »Weben und Überleben in Laichingen 1650–1900« hat Medick 1997 anhand der differenzierten Analyse des Zusammenspiels von Praxisformen und Deutungsmustern paradigmatisch gezeigt, wie »Lokalgeschichte als Allgemeine Geschichte« geschrieben werden kann.

Ein weiterer Zugang, der die sozialen Bedingungen menschlicher Erfahrung einsichtig machen kann, wurde von Pierre Bourdieu entwickelt.[108] Dieser Soziologe löste ebenfalls ein wesentliches Drehmoment für den *cultural turn* in der Geschichtswissenschaft aus. Sein Konzept des Habitus bietet eine theoretisch produktive Vermittlung von Praxis und Struktur an. Der Habitus drückt das simultan Strukturierende und das Strukturierte, das Prägende und das Geprägte aus. Im »kulturellen Spiel« werden laufend ökonomische und soziale Bedingungen symbolisch übersetzt, d.h. naturalisiert oder mystifiziert. Ebenso wichtig wie das Habituskonzept sind der Kapital- und der Ökonomiebegriff. Bourdieu spricht hier – in Abgrenzung von einer »Ökonomie der Berechnung« – von einer »nichtökonomischen Ökonomie« und einer »symbolischen Ökonomie von Gütern« und reichert dieses Konzept mit einem kulturtheoretisch gewendeten Kapitalbegriff an.[109] Er spricht – zusammen mit anderen Autoren – von einer familialen Ökonomie, einer Ökonomie der Gabe, einer Ökonomie der kulturellen Güter. Es geht hier um eine Ökonomie der Dinge, die keinen Preis haben und in einer Gesellschaft als unbezahlbar gelten. Die Transaktionen, die diese Ökonomien in Gang halten, verändern die Ressourcenausstattung von Menschen, die in einer Gesellschaft zusammenleben. Weit wichtiger aber ist der Sachverhalt, dass ein symbolisches Tauschsystem unterschiedlichste, auch widersprüchliche Bedeutungseffekte und soziale Evidenzen produziert. Ein Geschenk z.B. ist aufgrund der Logik dieser Praxis ambivalent, es ist Anerkennung und

---

104 Scott (1994). Vgl. auch die Replik von Holt (ebd., S. 388 ff.) und die Duplik von Scott (ebd., S. 397 ff.).
105 Scott (1994, S. 387).
106 Levi (1986).
107 Tschajanow (1923).
108 Siehe hierzu den Beitrag von Raphael in Bd. 2 dieses Handbuchs (9.4).
109 Bourdieu (1998). So produktiv diese, eine ökonomistische Logik und reduktionistische Konzeption zurückweisende Kapitalsortentheorie ist, so wenig stellt sie allerdings in diesem Punkt eine Kritik an *rational choice* und Spieltheorie dar, zielen diese doch – wie gezeigt – ebenfalls weit über den Analysehorizont des traditionellen *homo oeconomicus* hinaus. Wenn Bourdieu sein Konzept von »Ökonomie« aus seiner Bindung an monetär vermittelte Tauschvorgänge ablöst, so tut er exakt das, was Gary S. Becker auch vorschlägt. Und wenn er die eine Engführung auf materiellen Profit ablehnt, befindet er sich in bester Gesellschaft mit jenen Spieltheoretikern, die seit längerem daran arbeiten, Ökonomie und Psychologie zu verbinden.

Verpflichtung zugleich, unabhängig vom gemeinten Sinn, der mit ihm verbunden wird. Daher treten in solchen materiellen *do ut des*-Transaktionsbeziehungen nichtintendierte Wirkungen und Tabus auf, die über eine Aggregation der Wirkungen des Einzelhandelns nicht erkennbar sind. Das Entstehen subtiler Abhängigkeitsverhältnisse durch Unterstützung und der enge Zusammenhang von Großzügigkeit und Druckausübung sind Beispiele dafür. Die symbolische Ökonomie von Gütern ermöglicht somit gesellschaftliche Inszenierung, impliziert aber auch Selbsttäuschung, und »kollektive Verkennung«. Sie kann in ihrer gesellschaftlichen Wirkungsweise gerade nicht innerhalb des Horizonts eines intentionalen Bewusstseins erschlossen werden. Sie schreibt vielmehr ihre eigene, genuine Logik in das Verhalten der Menschen ein, die als kulturelle Wesen schon immer vergesellschaftet sind und die sich angesichts der systematischen Begrenzung ihrer Handlungsfelder auf eine spezifische Weise aufeinander einlassen müssen. Damit formuliert Bourdieu eine fundamentale Kritik am methodologischen Individualismus. Diese konkretisiert er z. B. anhand der Praxis des Budgetierens. So lassen sich in den verschiedensten gesellschaftlichen Bereichen Formen des Gegenüberstellens sowie Abwägens von Soll und Haben bzw. von Kosten und Nutzen, von Ausgaben und Einnahmen, von Verlusten und Gewinnen, von Schadensbegrenzung und Akkumulationschancen erkennen. Bourdieu zeigt, dass die soziale Bedeutung dieses kalkulierenden Handelns nicht in den Resultaten der Kalkulationen aufgeht, sondern die Beziehungen zwischen Menschen auf einen spezifischen Modus umstellt und somit verändert.

In diesem Bestreben, das Gesellschaftliche zu beschreiben und zu erklären, lässt sich Bourdieu mit einer ganzen Reihe ansonsten sehr unterschiedlich argumentierender Autoren vergleichen, etwa mit Norbert Elias, Victor Turner[110] und Anthony Giddens. Diese und viele weitere Namen spielten in der in den 1990er Jahren erneut einsetzenden intensiven Diskussion um die Konzeption des Handelns und der Erfahrung in der Geschichtswissenschaft eine Rolle. Ein nachhaltiger Impuls kam vom Sammelband »Les formes de l'expérience«, der 1995 von Bernard Lepetit herausgegeben wurde und mit dem Anspruch auftrat, eine »andere Sozialgeschichte« zu begründen. Auf dieses Buch, das – in der Tradition der französischen Annales sich verortend – den sozialen Determinismus der traditionellen Sozialgeschichte zurückweist und die Wahlmöglichkeiten von Akteuren ins Zentrum stellte, hat Garreth Stedman Jones mit der Warnung reagiert, mit der neuen Betonung der Handlungsfreiheit würden Begriffe wie Herrschaft, Domination und Sozialkontrolle abgewertet und es gehe die Einsicht in jene gesellschaftlichen Zwänge verloren, die Fernand Braudel als »des prisons de longue durée« bezeichnet habe. »Une focalisation trop grande sur les ressources et compétences des acteurs par rapport aux structures et une insistance trop marquée sur la liberté offerte par leurs localisations limitrophes entre systèmes de croyances contradictoires peuvent conduire à l'occultation d'un vaste ensemble de phénomènes historiques pour lequel cette approche volontariste n'offre guère de moyens d'analyse.«[111] Gegen diese Kritik argumentiert wiederum ein anderer britischer Autor, John J. Breuilly, der die Frage »Wo bleibt die Handlung?« stellt und dann die Anregung macht, Strukturen »als kontingent« zu behandeln. 2001 befasste sich die Zeitschrift »History and Theory« mit einem von David Gary Shaw herausgegebenen Heft zum Thema »Agency after Postmodernism« mit ebendiesen Fragen. Einleitend wird dazu bemerkt: »Regardless of its relative eclipse, the agent remains common and prominent in much historical work.« In diesem Band plädiert vor allem William Reddy für eine »logic of action« und verbindet diese mit einer Geschichte der Aufmerksamkeit, der Emotionen und der Sprache.[112] Dies ist kompatibel mit Gadi Algazis Definition von Kultur als »how to do what«, d. h. als »Repertoires für das Handeln«.[113] In einem solchen praxeologischen Geschichtsverständnis, das etwa an Michel de Certeaus »Kunst des Handelns« anschließen kann[114], wird deutlich, dass Bedeutungen in strategischen Interaktionen heterogen sein können; es braucht keinen »gemeinsamen Sinnhorizont«, um Menschen in Handlungszusammenhänge zu verstricken oder mit-

---

110 Turner (1995) entwickelt eine »vergleichende Symbologie«, die rituelle Symbole als Faktoren sozialen Handelns, als positive Kraft in einem Handlungsfeld interpretiert.
111 Jones (1998, S. 386 und 390 f.).
112 Shaw (2001, S. 3).
113 Algazi (2000).
114 de Certeau (1988).

einander »ins Geschäft« zu bringen. Es gilt daher, das Ensemble der Praktiken auf neue Weise mit dem Feld von kulturellen Differenzen zu vermitteln und zu zeigen, dass die Vorstellung, Kommunikation sei zwingend von *shared mental models* abhängig, zu kurz greift. Vielmehr ermöglicht eine nachsichtig-rezeptive Einstellung, sich auch ohne gemeinsame Sprache, allein nach dem *principle of charity* (Donald Davidson) zu verstehen oder sich über den Gebrauch von Dingen zu verständigen. Andererseits können Bedeutungen auch innerhalb fest gefügter Verständigungsregeln nicht verlässlich festgeschrieben werden; sie entziehen sich vielmehr immer wieder ihrer Beherrschung, was mit der Präsenz des Unbewussten im Sprechen zusammenhängt.[115].

Gemeinsam ist diesen in der Geschichtswissenschaft diskutierten Ansätzen, dass das Wiederauftauchen handelnder Menschen und das Plädoyer für die Einbeziehung von Kategorien wie Handlung, *agency* (Handlungsbefähigung), Praxis und Performanz keinen Rückfall in die naive Vorstellung eines autonomen, mit sich selbst identischen Subjekts bedeutet. Bei aller Unterschiedlichkeit der Zugänge geht es um die Dekonstruktion eines emphatisch gedachten Handlungssubjekts und seiner autonomen Entscheidungskompetenz. Verbindend und verbindlich ist die Einsicht, dass soziale Welten durch symbolische Ordnungen, durch Zeichensysteme konstruiert sind, die sich durch ihren Gebrauch reproduzieren und dadurch verändern, die jedoch den »handelnden Menschen« nicht mehr umstandslos oder überhaupt nicht mehr zum Ausgangspunkt der Analyse nehmen können.

Die »kulturtheoretische Neufundierung der Sozialwissenschaften«,[116] die damit angesagt ist, wird teilweise von Positionen aus versucht, die von der Kritischen Theorie bereits Jahrzehnte zuvor eingenommen wurde. Theodor W. Adorno weist in »Minima Moralia«[117] den »individuellen Absolutismus« und den »mythischen Trug des reinen Selbst« zurück und plädiert für eine Analyse soziokultureller Zusammenhänge, die sich analytisch nicht auf das Verhalten von Individuen oder das Handeln von Menschen herunterbrechen lassen. In diesem Punkt deckt sich seine These ausnahmsweise mit jener Niklas Luhmanns, der fast ein halbes Jahrhundert später bemerkte, es gehe um »die Reproduktion von Kommunikationen aus Kommunikationen« und »die These einer genuin

sozialen Natur ›des Menschen‹« würde diese Problemstellung mehr verdecken als lösen.[118] Dieses nimmt jedoch dem Individuum seine apriorische Einheit, seine existenzielle Geschlossenheit, seine in sich ruhende Identität und begreift es als etwas Fragmentiertes, das den Verwerfungen der Sprache unterworfen und vom kollektiven Unbewussten heimgesucht wird. Jacques Lacan hat mit seiner Trennung von Bewusstsein und Sprachlichkeit und der These, dass gerade das Unbewusste wie eine Sprache strukturiert ist, einen nachhaltigen Einfluss auf diese Diskussion um das Verhältnis von Sprechen, Diskurs und Begehren ausgeübt, wobei er – worauf etwa Sybille Krämer hingewiesen hat – mit seiner Zuwendung zur nicht-diskursiv-dialogischen Dimension der Sprache, d. h. mit seiner Analyse des »vollen« Sprechens, in dem sich das Begehren artikuliert, das sprechende Subjekt wiederum rehabilitiert hat.[119]

Aus dieser Sicht wird nun allerdings die Frage interessant, wieso Menschen es überhaupt schaffen, sich als mehr oder minder profilierte Personen zu begreifen, die dem Dezentrierungsdruck der Signifikantenketten, den Verführungsenergien der Wunschmaschine, die sie selber sind, standhalten und ein mehr oder minder geordnetes, übersichtliches, vielleicht sogar selbstzufriedenes Leben führen. Es ist evident, dass dies ohne »biographische Illusion« nicht ginge. Der Anthropologe Allan Young hat von einer »harmony of illusions« gesprochen.[120] Diese im Be-

---

115 Einen gerafften Überblick über sprachtheoretische Positionen gibt Krämer (2001); vgl. zu obigen Ausführungen v.a. Davidson (1990, S. 173 ff.) und Jacques Lacan (1978, S. 196 ff.).
116 Reckwitz (2000).
117 Adorno (2001, S. 290 f.).
118 Luhmann (1997, S. 13).
119 Krämer (2001, S. 196–202); Lacan 1978.
120 Young (1995). In diesem Zusammenhang ist es interessant, dass Thomas Schwinn versucht, die Luhmannsche Theorie der Differenzierung ohne Rekurs auf einen holistischen Gesellschaftsbegriff auf das Individuum zu beziehen. Der Autor argumentiert, es sei nicht »die Gesellschaft«, die sich differenziere, sondern es seien Individuen, welche es nun zunehmend fertig brächten, spezialisierte Handlungsbeiträge bzw. Leistungen zu generieren, ohne dabei ihre personale Identität einzubüßen. Das Vermögen von Menschen, diese Binnenfragmentierung und Dezentrierung auszuhalten, sei die Ermöglichungsbedingung für komplexere soziale Interaktion, die dann als Ausdifferenzierung von Subsystemen und gesellschaftliche Komplexitätssteigerung (miss-)verstanden werden könne. Vgl. Schwinn (2001).

wusstsein imaginierte Einheit hat allerdings ihren Preis. Subjektstabilität, homogenes Selbstbewusstsein und personale Identität liefen in der historischen Entwicklung immer wieder mit Verdrängung und Ausgrenzung einher. Das kohärente, mit sich selbst ins Reine gekommene Subjekt neigt dazu, das Sich-Selber-Fremd-Sein abzuspalten und den möglichen Kontrollverlust zu exorzieren. Das Andere im Menschen selbst kann so zum Gespenst werden, das ihn von Außen als ein phantasmagorisches Fremdes bedroht und das nur über radikale Ausgrenzung in Schach gehalten werden kann. Die Selbstversicherung des Ichs wird somit überschattet durch die Figuren des feindlichen Anderen. Diese Einsicht lässt sich zur These zuspitzen, dass die bürgerliche Subjektkonstitution und die Ausgrenzungsgewalt der nationalen Kollektive, unter deren Fittichen das Individuum mit sich identisch werden kann, direkt zusammenhängen.[121]

Diese Überlegungen können hier nicht weitergeführt werden. Es zeigt sich nochmals, dass eine Handlungstheorie, welche ein Subjekt unterstellt, das sich über seine Intentionen im Klaren ist und das seine Motive vollumfänglich beherrscht und sie in kohärentes Verhalten umsetzt, theoretisch eine Schimäre darstellt. Nichtsdestotrotz gibt es Individuen, die mit diesem Anspruch auftreten. Darüber hinaus muss die Geschichtsschreibung versuchen, die Wirkung von Identitätsobsessionen auf politische und soziale Ordnungsmuster zu analysieren. Von verschiedener Seite wurde allerdings bestritten, dass dafür Handlungstheorien etwas bringen könnten. Weil diese nicht ohne die Kategorien der Intention und der Kausalität auskommen, neigen sie zu einer bewusstseinsphilosophischen Verklärung des Menschen und zu einem instrumentellen Verständnis der Sprache. Demgegenüber wird betont, dass Institutionen, kommunikative Praxen und materielle Artefakte den einzelnen Menschen als Objektivationen, als äußere Mächte mit eigener Wirkungskraft entgegentreten und dass es soziale Muster und Effekte gibt, die sich gerade nicht auf eine Aufsummierung individueller Intentionen oder Kausaleffekte des Einzelhandelns zurückführen lassen. Medien-

bzw. Techniktheorien gehen etwa davon aus, dass Medien bzw. Technik nicht an Menschen, sondern in einem zukunftsoffenen, selbstreferentiellen Prozess an andere mediale Systeme bzw. technische Artefakte anschließen. Dabei wird auch der Begriff der »Ökonomie« strapaziert zur Bezeichnung sich innerhalb spezifischer Restriktionen nach einer Logik des geringsten Widerstandes oder des kürzesten Weges selbst organisierender und entfaltender Prozesses; es gibt nicht nur eine – noch mit Handlungskategorien vermittelbare – Arbeits- und Zeitökonomie, sondern es gibt auch die Rede von einer Triebökonomie, einer Ökonomie des Unbewussten, der Moral und der Natur, einer Ökonomie des Diskurses, der Zeichen, der epistemischen Dinge, und schließlich einer religiösen Ökonomie und einer Ökonomie der Aufmerksamkeit. Solche autopoietischen und »ökonomischen« Prozesse sind – auch dieser Punkt wird betont – nicht überraschungsresistent, sondern im Gegenteil offen für das Neue, das in der Geschichte auftaucht. In strukturellen Konstellationen und in Wiederholungsstrukturen ist ein »Überschuss« an (Un-)möglichkeiten angelegt, der Unvorhergesehenes produziert. Die Kluft zwischen dem, was im Vorstellungshorizont und im Wollen von Individuen liegt und dem, was passiert: diese Widerfahrnis ist eine Einbruchstelle für das Kontingente und Inkommensurable. Wenn sich nun solche Vorgänge handlungstheoretisch und hermeneutisch nicht einholen lassen: Erweist sich dann die Rückkehr »des Menschen« in die Geschichte und die Kulturtheorie als Holzweg?[122]

Dies ist nicht der Fall. Bei aller Kritik an den einheits- und identitätsstiftenden Bewusstseins- und Sprachtheorien hat sich in kulturwissenschaftlichen Ansätzen die Einsicht durchgesetzt, dass auf die Kategorie des Subjekts nicht verzichtet werden kann. Autoren wie Michel Foucault und Pierre Bourdieu haben längst die »verstehenden Leistungen« von Akteuren rehabilitiert. So sieht sich Bourdieu einer ›Praxeologie‹« verpflichtet, die sich auf das Konzept des Habitus gründet, während der »späte« Foucault auf subjektästhetisierende »Techniken des Selbst« setzte. Hier wird Kultur immer auch als praktisches Handlungswissen begriffen und die Wissensbestände, aus denen die Weltbilder geformt sind, werden zum integralen Bestandteil dieser Praktiken. Grundsätzlich lässt sich feststellen,

---

121 Vgl. dazu Sarasin (2003).
122 In diese Richtung argumentiert: Kittler (2001).

dass eine Kulturtheorie, die auf eine handlungstheoretische Fundierung und einen Begriff von *agency* verzichten wollte, ein fundamentales Defizit aufweisen würde.

Mit dem Denken, Fühlen und Handeln des Menschen befasst sich heute eine große Zahl von Wissenschaftsdisziplinen bzw. Forschungsansätzen. Kognitionswissenschaft, Neuropsychologie und Künstliche Intelligenz sind in einen transdiszplinären Dialog miteinander getreten, in dem es zentral um den Körper und die Leiblichkeit des Menschen geht. »Embodiment« ist nach dem Scheitern herkömmlicher, symbolverarbeitungszentrierter Ansätze bei der Erforschung von KI zum Schlüsselwort der *Cognitive Science* geworden. Dieser Paradigmawechsel wird etwa in einer neueren Studie von George Lakoff und Mark Johnson dargestellt: In »Philosophy in the Flesh « (so der Titel des Buches) wird die These entwickelt, dass »Geist [...] seinem Wesen nach körperlich« ist . Die neue KI bezieht dabei *embodiment* auf *emergence*, wobei sich das Attribut *emergent* auf autonome, selbstreferentielle Lernprozesse von Techno-Körpern bezieht. Es geht also um den Gebrauch verkörperter Fähigkeiten in konkreten Situationen und um das Neue, was in der Variation von Wiederholungsstrukturen angelegt ist. Damit sind zwei Fragen von großer Tragweite verbunden.

Zum einen könnten wir fragen, was es heißt und wohin es führt, wenn Technokörper Routinen erlernen und ein Kalkül entwickeln, das in immer neuen Situationen erprobt wird. Wenn nämlich – in Bezug auf den Menschen – das Auftauchen neuer Eigenschaften, die nicht biologisch, d.h. gewissermassen von der *hardware* her determiniert bzw. genetisch fixiert sind, integral zur Definition von Kultur gehören, so stellt sich die Frage, ob technisches Gerät *in spe* durch das fortgesetzte »Spiel der Maschine« nicht auch kulturfähig werden könnte. Jacques Derrida verwendet diesen Begriff »le jeu dans la machine« doppeldeutig; durch spielerische Nutzung der Maschine ergibt sich »Spiel« im Sinne von Spielraum, was wiederum ein Überschreiten bisheriger Wiederholungsschemata, d.h. einen »excès« ermöglicht. »Il y a de la machine partout, et notamment dans le langage. [...] Je définirais la machine comme un dispositif de calcul et de répétition. Dès qu'il y a du calcul, de la calculabilité et de la répétion, il y a de la machine.«

Für Derrida bietet es keine Probleme, die Maschinenhaftigkeit menschlicher Kommunikationsleistungen, Gewohnheiten und Fertigkeiten anzuerkennen. Damit steht er im Einklang mit jenen Thesen über das Handeln, Denken und Emotionen, die in Kapitel 4 im Zusammenhang mit der *truely bounded rationality* entwickelt wurden. Doch das, was über dieses Maschinelle hinausweist, das Unvorhersehbare, das Ereignishafte, das Unberechenbare, das dem Menschen als »das Andere« entgegentritt, führt Derrida über diesen beschränkten Problemhorizont hinaus: »Aucun cerveau, aucune analyse neurologique supposée exhaustive ne peut livrer la rencontre de l'autre.«[123] Mit dieser Argumentation, die das, was den Menschen zu einem überraschenden Wesen macht, an die Figur des Andern bindet, lässt Derrida das Problem von Maschinen, die lernen sollen, sich in ihrer Umgebung intelligent zu verhalten, hinter sich zurück.

Zum anderen geht es – mit Blick auf handelnde Menschen – um die Frage, wie der Körper als Gedächtnis fungiert, d.h. wie Individuen das Wissen, die Routinen und Fertigkeiten, über die sie verfügen, »verkörpern«. Weiterführend ist hier der Bezug, den Marx im oben (in Kapitel 1) zitierten Passus über Menschen, die »ihre Geschichte« machen – wenn auch metaphorisch – zwischen Tradition und der Materialität des menschlichen Körpers herstellt: Die Vergangenheit »lastet« auf dem »Gehirn der Lebenden«. Neurobiologen würden das durchaus wörtlich nehmen, gehen sie doch davon aus, dass die Erfahrungen und die performativen Fähigkeiten des Menschen in einem neuronalen Korrelat materialisiert sind. Die spezifische Lebensgeschichte von Menschen, die im Erlernen von Kulturtechniken besteht und die immer ein Zusammenleben mit andern Menschen ist, hinterlässt – dies die These – Spuren in der Synapsenstruktur des Hirns und kalibriert gleichzeitig die Rezeptoren/Transmitter-Passungen, welche wiederum die singuläre hormonale Dynamik des Organismus steuern. So können Erinnerung und Wahrnehmung als körpergebundene Vorgänge mit naturwissenschaftlichen Methoden analysiert werden. Als solche hängen sie eng mit affektiven Regungen, mit Emotionen zusammen, die wiederum

---

123 Derrida/Roudinesco (2001, S. 86 ff.).

den ganzen Menschen betreffen und die cartesia-
nische Trennung von *res cogitans* und *res extensa*
unterlaufen. Diese These, dass die persönlichen Erfahrungen, Fertigkeiten und emotionalen Reaktionsmuster von Menschen im Körper materialisiert sind,
dass sie sich gleichsam in Gehirn und Nervensystem
»einschreiben«, ist – wie etwa Anne Fausto Sterling
für die kulturelle Fixierung von Geschlechterrollen
gezeigt hat[124] – durchaus kompatibel mit einem
kulturwissenschaftlichen Ansatz.[125] Im Übrigen
kann gerade letzterer klar machen, dass die Vorstellung, mit der experimentellen Erforschung der Hirn-
aktivitäten bewege sich die Wissenschaft »näher« an
der »Wirklichkeit« oder enger am »eigentlichen«
Problem und produziere deshalb »wahreres Wissen«
als die *humanities*, Ausdruck einer materialistischen
Metaphysik (bzw. eines metaphysischen Materialismus) ist. Zum Verständnis der wichtigen For-
schungsresultate, die in diesen Bereichen erzielt werden, kann dieser neurobiologische Fehlschluss jedenfalls nichts beitragen.[126]

Zusammenfassend lässt sich feststellen, dass sich
inzwischen um das Paradigma von *rational choice*
und *bounded rationality* herum eine interdisziplinäre Kooperation aufgebaut hat, die Natur- und Kulturwissenschaften in einen neuen, intensiven Austausch bringt und die zur Vorstellung beigetragen
hat, es könnte möglich werden, zu einer handlungstheoretisch fundierten Einheitswissenschaft zu gelangen.[127] Dieses Projekt stellt sich kritisch gegen
Kulturwissenschaft und die Geschichtsschreibung,
die der »Übersozialisierung« des Menschen bezich-
tigt werden. Im Gegenzug wird dafür plädiert, der

»schal gewordene Gesellschaftsbegriff« sei durch einen neuen, theoretisch noch unverbrauchten »Le-
bensbegriff« zu ersetzten, der nun endlich die ab-
nutzungsresistenten Grundlagen des Menschseins
unter dem komplex gewobenen Schleier der Kultur
zu Tage befördern könne.[128] Der entscheidende
Punkt ist der, dass hier unterschiedliche Vorstellungen darüber, was das Ziel einer wissenschaftlichen Erklärung sein soll, zur Diskussion stehen.
Viele Verhaltens- und Kognitionswissenschaftler,
Psychologen, Neurologen, Ökonomen und Vertreter weiterer Disziplinen gehen davon aus, dass der
Nachweis der unendlichen Vielfalt menschlicher
Kultur zwar interessant sein mag, aber nicht in ein
wissenschaftliches Forschungsprogramm umgesetzt
werden kann, da auf diese Weise letztlich nur Sin-
gularitäten festgehalten werden können, was Wissenschaft tendenziell in ein Sammelsurium von Geschichten auflöst, die eher ein dokumentarisch-en-
zyklopädisches Bedürfnis befriedigen als dass sie
etwas zur forschenden Durchdringung der Materie
beitragen könnten. Das kulturwissenschaftliche Insistieren auf der Nichthintergehbarkeit kultureller
Unterschiede und auf der Vielfalt der Phänomene
wird somit als problematisch und nicht weiterführend erachtet. Statt auf die Differenzen und die
Vielgestaltigkeit spezifischer historischer Kontexte
richtet sich hier die Aufmerksamkeit auf anthropologische Grundkonstanten, auf transkulturelle
soziale Normen und Gesetzmäßigkeiten.[129] Aus
den hyperkomplexen Strukturen gesellschaftlicher
Kooperations-, Koordinations- und Konfliktfor-
men sollen Invarianten menschlichen Daseins he-
rausgefiltert werden, nach dem Motto: *The world is
simpler than we think.*[130] Ein soziokulturelles Phänomen gilt als erklärt, wenn es auf einfachere Sachverhalte zurückgeführt ist. In diesem Bestreben kon-
vergieren heute die genannten Wissenschaftsdisziplinen. Angesichts eines solchen Einheitsgebots tun
die Kulturwissenschaften gut daran, auch weiterhin
darauf zu insistieren, dass produktive Trans- und
Interdiszplinarität von Differenzen und Spannungs-
potentialen zwischen unterschiedlichen Zugängen
und Forschungsverfahren abhängig ist. Es gibt
auch bei der Erforschung menschlichen Handelns
gute Gründe dafür, einen »gelassenen Pluralismus«[131] zu praktizieren und von kulturwissenschaftlicher Seite hellwache Aufmerksamkeit gegen-

---

124 Fausto-Sterling (2001).
125 Dieses Argument ist klar zu unterscheiden von soziobiolo-
gischen Ansätzen, die sich nicht primär für die angesichts
unterschiedlicher kultureller Erfahrung sich zeigende Plastizität des Körpers interessieren, sondern umgekehrt
menschliches Verhalten als Ausdruck eines genetischen Dis-
positivs interpretieren.
126 Vgl. Bennett/Hacker (2003) und Polanyi (1985).
127 Dies in einer körperzentrierten Version eines natur- und
geisteswissenschaftlichen Einheitsprojekts, wie es im Zeichen der Kybernetik seit den 1950er Jahren entwickelt
wurde. Vgl. dazu Rieger (2003).
128 So etwa Bude (2001, S. 51).
129 Vgl. z. B. Fehr/Fischbacher (2003).
130 So der Untertitel des Buches von Buchanan (2001).
131 Hagner (2001).

über Forschungsergebnissen aus allen möglichen Diszplinen mit dem Insistieren auf der *disunitiy of science* zu verbinden.

Literatur

ADORNO, THEODOR W. (2001 [1951]), *Minima Moralia. Reflexionen aus dem beschädigten Leben*, Frankfurt/M.: Suhrkamp. ■ AEBLI, HANS (1981), *Denken: das Ordnen des Tuns*, Bd I: *Kognitive Aspekte der Handlungstheorie; Bd. II: Denkprozesse*, Stuttgart: Klett-Cotta. ■ AKERLOF, GEORGE A. (1970), »The Market for ›Lemons‹: Qualitative Uncertainty and the Market Mechanism«, in: *Quarterly Journal of Economics*, 84, S. 488–500. ■ ALCHIAN, ARMEN A. (1950), »Uncertainty, Evolution and Economic Theory«, in: *Journal of Political Economy*, 58, S. 211–221. ■ ALGAZI, GADI (2000), »Kulturkult und die Rekonstruktion von Handlungsrepertoires«, in: *L'homme. Zeitschrift für feministische Wissenschaft*, 11, S. 105–119. ■ AUMANN, ROBERT (1989), »Cooperation and Bounded Recall«, in: *Games & Economic Behaviour*, 1, S. 5–39. ■ AYMARD, MAURICE (2001), »La formalisation à l'éqreuve de l'anachronisme: les historiens et le marché«, in: Grenier, Jean-Yves / Grignon, Claude / Menger, Pierre Michel (Hg.), *Le Modèle et le Récit*, Paris: Editions de la Maison des sciences de l'homme, S. 179–195. ■ BECKER, GARY S. (1983), *Der ökonomische Ansatz zur Erklärung menschlichen Verhaltens*, Tübingen: Mohr. ■ BENNETT, MAX R. / HACKER P. M. S. (2003), *The Philosophical Foundation of Neuroscience*, Oxford: Blackwell. ■ BERGER, PETER L. (1986), *The Capitalist Revolution. Fifty Propositions about Prosperity, Equality, and Liberty*, New York: Basic Books. ■ BIERVERT, BERND / HELD, KLAUS / WIELAND, JOSEF (Hg.) (1990), *Sozialphilosophische Grundlagen ökonomischen Handelns*, Frankfurt/M.: Suhrkamp. ■ BIERVERT, BERND / WIELAND, JOSEF (1990), Gegenstandsbereich und Rationalitätsformen der Ökonomie und der Ökonomik, in: Biervert, Bernd / Held, Klaus / Wieland, Josef (Hg.), *Sozialphilosophische Grundlagen ökonomischen Handelns*, Frankfurt/M.: Suhrkamp, S. 7–32). ■ BÖHME, HARTMUT U. A. (Hg.) (2000), *Orientierung Kulturwissenschaft. Was sie kann, was sie will*, Reinbek: Rowohlt. ■ BONSS, WOLFGANG (1982), *Die Einübung des Tatsachenblicks. Zur Struktur und Veränderung empirischer Sozialforschung*, Frankfurt/M.: Suhrkamp. ■ BOULDING, KENNETH E. (1973 [1969]), »Ökonomie als Moralwissenschaft«, in: Vogt, Winfried (Hg.), *Seminar: Politische Ökonomie. Zur Kritik der herrschenden Nationalökonomie*, Frankfurt/M.: Suhrkamp, S. 103–125. ■ BOURDIEU, PIERRE (1974), *Zur Soziologie der symbolischen Formen*, Frankfurt/M.: Suhrkamp. ■ BOURDIEU, PIERRE (1998), *Praktische Vernunft. Zur Theorie des Handelns*, Frankfurt/M.: Suhrkamp. ■ BREUILLY, JOHN J. (2000), »Wo bleibt die Handlung?« Die Rolle von Ereignissen in der Gesellschaftsgeschichte«, in: Nolte, Paul u. a. (Hg.), *Perspektiven der Gesellschaftsgeschichte*, München: C. H. Beck, S. 36–42. ■ BUCHANAN, ALLEN / BROCK, DANIEL W. / DANIELS, NORMAN / WIKLER, DANIEL (2000), *From Chance to Choice*, Cambridge/Mass.: Cambridge University Press. ■ BUCHANAN, MARK (2001), *Ubiquity: the science of history... or why the world is simpler than we think*, New York: Weidenfeld & Nicolson. ■ BUDE, HEINZ (2001), »Das Ende der Gesellschaft. Intellektuelle in der Ära des Lebens«, in: *Neue Zürcher Zeitung*, S. 51. ■ BÜRGIN, ALFRED (1996), *Zur Soziogenese der politischen Ökonomie: wirtschaftsgeschichtliche und dogmenhistorische Betrachtungen*, Marburg: Metropolis. ■ CERTEAU, MICHEL DE (1988), *Kunst des Handelns*, Berlin: Merve. ■ CHANDLER, JAMES U. A. (Hg.) (1994), *Questions of Evidence. Proof, Practice, and Persuasion across the Disciplines*, Chicago/London: University of Chicago Press. ■ COASE, RONALD H. (1937), »The Nature of the Firm«, in: *Economica*, 4, S. 386–405. ■ COLEMAN, JAMES S. (1994), »A Rational Choice Perspective on Economic Sociology«, in : Smelser, Neil J. / Swedberg, Richard (Hg.), *The Handbook of Economic Sociology*, Princeton/N. J./New York: Princeton University Press, S. 166–180. ■ DAHRENDORF, RALPH (1958), »Homo Sociologicus: Versuch zur Geschichte, Bedeutung und Kritik der Kategorie der sozialen Rolle«, in: *Kölner Zeitschrift für Soziologie und Sozialpsychologie*, 10, S. 178–208. ■ DAMASIO, ANTONIO R. (1997), *Descartes' Irrtum. Fühlen, Denken und das menschliche Gehirn*, München: Deutscher Taschenbuchverlag. ■ DANIEL, UTE (2001), *Kompendium Kulturgeschichte: Theorien, Praxis, Schlüsselwörter*, Frankfurt/M.: Suhrkamp. ■ DAVIDSON, DONALD (1990), *Handlung und Ereignis*, Frankfurt/M.: Suhrkamp. ■ DENZAU, ARTHUR T. / NORTH, DOUGLASS (2000), »Shared Mental Models: Ideologies and Institutions«, in: Lupia, Arthur / Mccubbins, Mathew D. / Popkin, Samuel L. (Hg.), *Elements of Reason. Cognition, Choice, and the Bounds of Rationality*, Cambridge/New York: Cambridge University Press, S. 23–46. ■ DERRIDA, JACQUES / ROUDINESCO, ELISABETH (2001), *De quoi demain... Dialogue*, Paris: Fayard. ■ DIMAND, MARY ANN / DIMAND, ROBERT W. (1996), *A History of Game Theory. Vol I: From the Beginnings to 1945*, London/New York: Routledge. ■ DOPFER, KURT (2002), »Die Rückkehr des verlorenen Menschen«, in: Fehr, Ernst / Schwarz, Gerhard (Hg.), *Psychologische Grundlagen der Ökonomie*, Zürich: Verlag Neue Zürcher Zeitung, S. 99–106. ■ DURKHEIM, ÉMILE (1976 [1895]), *Die Regeln der soziologischen Methode*, Neuwied/Darmstadt: Luchterhand. ■ ELIAS, NORBERT (1987), *Über den Prozess der Zivilisation: soziogenetische und psychogenetische Untersuchungen*, Frankfurt/M.: Suhrkamp. ■ ELSTER, JON (1979), *Ulysses and the Sirens: Studies in Rationality and Irrationality*, Cambridge: Cambridge University Press. ■ ELSTER, JON (1983), *Sour Grapes. Studies in the Subversion of Rationality*, Cambridge: Cambridge University Press. ■ ELSTER, JON (1985 a), *Making Sense of Marx*, Cambridge: Cambridge University Press. ■ ELSTER, JON (Hg.) (1985 b), *Rational Choice*, Oxford: Blackwell. ■ ELSTER, JON (1989), *Nuts and Bolts for the Social Sciences*, Cambridge: Cambridge University Press. ■ ESSER, HARTMUT (1991), *Alltagshandeln und Verstehen: zum Verhältnis von erklärender und verstehender Soziologie am Beispiel von Alfred Schütz und ›rational choice‹*, Tübingen: Mohr. ■ ESSER, HARTMUT (2000), *Soziologie. Spezielle Grundlagen, Bd. 3: Soziales Handeln*, Frankfurt/M./New York: Campus. ■ FAUSTO-STERLING, ANNE (2000), *Sexing the body: gender politics and the construction of sexuality*, New York: Basic Books. ■ FEHR, ERNST / FISCHBACHER, URS (2002), »Why Social Preferences Matter – The Impact of Non-Selfish Motives on Competition,

Cooperation and Incentives«, in: *The Economic Journal*, 112, S. C1–C33. ■ FEHR, ERNST / FISCHBACHER, URS (2003), The nature of human altruism, in: *Nature*, 425, S. 785–791. ■ FEHR, ERNST / SCHWARZ, GERHARD (Hg.) (2002), *Psychologische Grundlagen der Ökonomie*, Zürich: Verlag Neue Zürcher Zeitung. ■ FLECK, LUDWIK (1994 [1935]), *Entstehung und Entwicklung einer wissenschaftlichen Tatsache: Einführung in die Lehre vom Denkstil und Denkkollektiv*, Frankfurt/M.: Suhrkamp. ■ FOUCAULT, MICHEL (1996), *Der Mensch ist ein Erfahrungstier. Gespräch mit Ducio Trombadori*, Frankfurt/M.: Suhrkamp. ■ FRANK, ROBERT H. (1988), *Passions within reason: the strategic role of emotions*, New York: Norton. ■ FRANK, ROBERT H. (2003⁵), *Microeconomics and behavior*, Boston: McGraw Hill. ■ FREY, BRUNO S. / OSTERLOH, MARGIT (Hg.) (2002), *Managing Motivation. Wie Sie die neue Motivationsforschung für Ihr Unternehmen nutzen können*, Wiesbaden: Gabler. ■ FREY, BRUNO S. / STUTZER, ALOIS (2002), *Happiness and economics. How the economy and institutions affect human well-being*, Princeton: Princeton University Press. ■ GAY, PAUL DU (Hg.) (2002), *Cultural economy: cultural analysis and commercial life*, London: Sage. ■ GIDDENS, ANTHONY (1997), *Die Konstitution der Gesellschaft: Grundzüge einer Theorie der Strukturierung*, Frankfurt/M.: Campus. ■ GIGERENZER, GERD / SELTEN, REINHARD (Hg.) (2001), *Bounded Rationality. The Adaptive Toolbox*, Cambridge/Mass./London: MIT-Press. ■ GOSEPATH, STEFAN (1992), *Aufgeklärtes Eigeninteresse. Eine Theorie theoretischer und praktischer Rationalität*, Frankfurt/M.: Suhrkamp. ■ GREEN, DONALD P. / SHAPIRO, IAN (1994), *Pathologies of the Rational Choice Theory. A Critique of Applications in Political Science*, New Haven/London: Yale University Press. ■ HAGNER, MICHAEL (2001), »Wissenschaftskulturen. Plädoyer für einen gelassenen Pluralismus«, in: *Neue Zürcher Zeitung*, Nr. 109, S. 79 f. ■ JOAS, HANS (1996), *Die Kreativität des Handelns*, Frankfurt/M.: Suhrkamp. ■ JOAS, HANS (1997), *Die Entstehung der Werte*, Frankfurt/M.: Suhrkamp. ■ HENRICH, JOSEPH / BOYD, ROBERT U.A. (2002), ›*Economic Man*‹ *in Cross-cultural Perspective: Behavioral Experiments in 15 Small-scale Societies*, (Manuscript 58 S.), i.E. ■ HILL, PAUL BERNHARD (2002), *Rational-Choice-Theorie*, Bielefeld: Transcript-Verlag. ■ HOFSTEDE, GEERT (1980), *Culture's consequence: international differences in work-related values*, Beverly Hills/London: Sage. ■ HOFSTEDE, GEERT (2001), *Culture's consequence: comparing values, behaviours, institutions and organizations across nations*, Thousand Oaks/Ca/London: Sage. ■ HOFSTEDE, GEERT (2001), *Lokales Denken, globales Handeln: interkulturelle Zusammenarbeit und globales Management*, München: C. H. Beck. ■ HRADIL, STEFAN (Hg.) (1996), *Differenz und Integration. Die Zukunft moderner Gesellschaften*, Frankfurt/M./New York: Campus. ■ JOAS, HANS (1992), *Die Kreativität des Handelns*, Frankfurt/M.: Suhrkamp. ■ JOAS, HANS (1997), *Die Entstehung der Werte*, Frankfurt/M.: Suhrkamp. ■ JONES, GARRETH STEDMAN (1998), »Une autre histoire sociale? (note critique)«, in: *Annales HHS*, Nr. 2, S. 383–394. ■ KAHNEMAN, DANIEL / SLOVIC, PAUL / TVERSKY, AMOS (Hg.) (1991), *Judgment under uncertainty: heuristics and biases*, Cambridge: Cambridge University Press. ■ KIRCHGÄSSNER, GEBHARD (1991), *Homo oeconomicus. Das ökonomische Modell individuellen Verhaltens und seine Anwendung in den Wirtschafts-*

und Sozialwissenschaften, Tübingen: Mohr. ■ KITTLER, FRIEDRICH (2001), *Eine Kulturgeschichte der Kulturwissenschaft*, München: Wilhelm Fink. ■ KLEIN, GARY (2001), »The Fiction of Optimization«, in: Gigerenzer, Gerd / Selten, Reinhard (Hg.) (2001), *Bounded Rationality. The Adaptive Toolbox*, Cambridge/Mass./London: MIT-Press, S. 103–121. ■ KLOSE, WOLFGANG (1994), *Ökonomische Analyse von Entscheidungsanomalien*, Frankfurt/M.: Lang. ■ KNIGHTS, FRANK H. (1921), *Risk, Uncertainty and Profit*, Boston: Houghton Mifflin. ■ KRÄMER, SYBILLE (2001), *Sprache, Sprechakt, Kommunikation. Sprachtheoretische Positionen des 20. Jahrhunderts*, Frankfurt/M.: Suhrkamp. ■ LACAN JACQUES (1978 [1964]), *Das Seminar von Jacques Lacan*, hg. von Hass, Norbert, Buch XI: *Die vier Grundbegriffe der Psychoanalyse*, Olten/Freiburg. ■ LA METTRIE, JULIEN OFFRAY (1985 [1748]), *Der Mensch als Maschine*, Nürnberg: LSR-Verlag. ■ LAKOFF, GEORGE / JOHNSON, MARK (1999), *Philosophy in the Flesh. The Embodied Mind and Its Challenge to Western Thought*, New York: Basic Books. ■ LANDES, DAVID (1998), *The Wealth and Poverty of Nations. Why some are so rich and some are so poor*, London: Brown and Company. ■ LANDSHUT, SIEGFRIED (1973), »Historische Analyse des Begriffs des ›Ökonomischen‹«, in: Wehler, Hans-Ulrich (Hg.), *Geschichte und Ökonomie*, Köln: Kiepenheuer und Witsch, S. 40–53. ■ LENK, HANS (1977), »Der methodologische Individualismus ist (nur?) ein heuristisches Postulat«, in: Eichner, Klaus / Habermehl, Werner (Hg.), *Probleme der Erklärung sozialen Verhaltens*, Meisenheim: Hain, S. 34–45. ■ LEPETIT, BERNARD (Hg.) (1995), *Les formes de l'expérience. Une autre histoire sociale*, Paris: Albin Michel. ■ LEVI, GIOVANNI (1986), *Das immaterielle Erbe. Eine bäuerliche Welt an der Schwelle zur Moderne*, Berlin: Wagenbach. ■ LIBET, BENJAMIN (1999), *The volitional brain: towards a neuroscience of free will*, Thorverton: Imprint Academic. ■ LIBET, BENJAMIN / HAGGARD, PATRICK (2001), »Conscious Intention and Brain Activity«, in: *Journal of Consciousness Studies*, 8, S. 47–63. ■ LODEWIJKS, JOHN (2000), »Rational economic man and the ignoble savage«, in: *History of political economy*, Durham/NC, 32, 4, S. 1027–1032. ■ LOEWENSTEIN, GEORGE (2002), »Reflektieren Marktpreise ›wahre‹ Werte?«, in: Fehr, Ernst / Schwarz, Gerhard (Hg.), *Psychologische Grundlagen der Ökonomie*, Zürich: Verlag Neue Zürcher Zeitung, S. 27–31. ■ LUHMANN, NIKLAS (1989), *Vertrauen. Ein Mechanismus der Reduktion sozialer Komplexität*, Enke. ■ LUHMANN, NIKLAS (1997), *Die Gesellschaft der Gesellschaft*. 2 Bde. Frankfurt/M.: Suhrkamp. ■ LUKES, STEVEN (1973), »Methodological Individualism Reconsidered«, in: Ryan, Alan (Hg.), *The Philosophy Of Social Explanation*, Oxford: Oxford University Press, S. 119–129. ■ LUPIA, ARTHUR / MCCUBBINS, MATHEW D. / POPKIN, SAMUEL L. (Hg.) (2000 a), *Elements of Reason. Cognition, Choice, and the Bounds of Rationality*, Cambridge/New York: Cambridge University Press. ■ LUPIA, ARTHUR / MCCUBBINS, MATHEW D. / POPKIN, SAMUEL L. (2000 b), »Beyond Rationality: Reason and the Study of Politics«, in: Lupia, Arthur / Mccubbins, Mathew D. / Popkin, Samuel L. (Hg.), *Elements of Reason. Cognition, Choice, and the Bounds of Rationality*, Cambridge/New York: Cambridge University Press, S. 1–20. ■ MAG, WOLFGANG (1981), »Risiko und Ungewissheit«, in: *Handwörterbuch der Wirtschaftswissenschaften*, Bd. 6, S. 478–495.

■ Margolis, Joseph u. a. (Hg.) (1986), *Rationality, relativism and the human sciences*, Dordrecht: Kluwer. ■ Marx, Karl (1953 [1857/58]), *Grundrisse zur Kritik der Politischen Ökonomie*, Berlin: Dietz. ■ Marx, Karl (1955 [1867]), *Das Kapital: Kritik der Politischen Ökonomie, Bd. 1: Der Produktionsprozeß des Kapitals*, Berlin: Dietz. ■ Marx, Karl (1973), *Der 18te Brumaire des Louis Bonaparte* [1852], in: MEW, Bd. 8, Dietz Verlag: Berlin, S. 111–207. ■ McCloskey, Deirdre N. (1994), *Knowledge and persuasion in economics*, Cambridge: Cambridge University Press. ■ Medick, Hans (1997), *Weben und Überleben in Laichingen 1650–1900: Lokalgeschichte als Allgemeine Geschichte*, Göttingen: Vandenhoeck & Ruprecht. ■ Medick, Hans u. a. (Hg.) (1984), *Emotionen und materielle Interessen: sozialanthropologische und historische Beiträge zur Familienforschung*, Göttingen: Vandenhoeck & Ruprecht. ■ Mergel Thomas / Welskopp, Thomas (Hg.) (1997), *Geschichte zwischen Kultur und Gesellschaft: Beiträge zur Theoriedebatte*, München: C. H. Beck. ■ Merleau-Ponty, Maurice (1966 [1945]), *Phänomenologie der Wahrnehmung*, Berlin: Walter de Gruyter. ■ Mérö, László (1998), *Optimal entschieden? Spieltheorie und die Logik unseres Handelns*, Basel: Birkhäuser. ■ Mill, John Stuart (1976), *Einige ungelöste Probleme der politischen Ökonomie*, Frankfurt/M.: Campus. ■ Moravia, Sergio (1989), *Beobachtende Vernunft. Philosophie und Anthropologie in der Aufklärung*, Frankfurt/M.: Fischer Taschenbuchverlag. ■ Napoleoni, Claudio (1971), *Grundzüge der modernen ökonomischen Theorien*, Frankfurt/M.: Suhrkamp, S. 141 (erstmals: Giulio Einaudi 1963). ■ Norkus, Zenonas (2001), *Max Weber und Rational Choice*, Marburg: Metropolis. ■ North, Douglass C. (1992 [1990]), *Institutionen, institutioneller Wandel und Wirtschaftsleistung*, Tübingen: Mohr. ■ Ökonomie und Gesellschaft, Jahrbuch Nr. 11 (1995), *Markt, Norm und Moral*, Frankfurt/M.: Campus. ■ Olson, Mancur (1985), *Die Logik des kollektiven Handelns*, Tübingen: Mohr. ■ Polanyi, Karl (1978 [1944]), *The Great Transformation. Politische und ökonomische Ursprünge von Gesellschaft und Wirtschaftssystemen*, Frankfurt/M.: Suhrkamp. ■ Polanyi, Michael (1985), *Implizites Wissen*, Frankfurt/M.: Suhrkamp. ■ Reckwitz, Andreas (2000), *Die Transformation der Kulturtheorien. Zur Entwicklung eines Theorieprogramms*, Weilerswist: Velbrück. ■ Reese, Laura Ann (2002), *The civic culture of local economic development*, Thousand Oaks/Ca.: Sage. ■ Ricardo, David (1889), *Letters*, hg. von Bonar, James, London: Clarendon Press. ■ Rieger, Stefan (2003), *Kybernetische Anthropologie. Eine Geschichte der Virtualität*, Frankfurt/M.: Suhrkamp. ■ Ripperger, Tanja (1998), *Ökonomik des Vertrauens. Analyse eines Organisationsprinzips*, Tübingen: Mohr Siebeck. ■ Rosenmüller, Joachim (1977), »Spieltheorie«, in: *Handwörterbuch der Wirtschaftswissenschaften*, Bd. 7, S. 177–196. ■ Sahlins, Marshall (1972), *Stone Age Economics*, Chicago: Aldine-Atherton. ■ Sarasin, Philipp (2003), *Geschichtswissenschaft und Diskursanalyse*, Frankfurt/M.: Suhrkamp. ■ Schings, Hans-Jürgen (Hg.) (1994), *Der ganze Mensch. Anthropologie und Literatur im 18. Jahrhundert*, Stuttgart/Weimar: J. B. Metzler. ■ Schmidt, Jürgen (2000), *Die Grenzen der Rational Choice Theorie. Eine kritische theoretische und empirische Studie*, Opladen: Leske und Budrich. ■ Scholz, Robert Oliver (1999), *Verstehen und Rationalität. Untersuchungen zu den Grundlagen von Hermeneutik und Sprachphilosophie*, Frankfurt/M.: Klostermann. ■ Schulz, Peter (2001), »Rationality as a Condition for Intercultural Understanding«, in: *Studies in Communication Sciences*, 1, 1, S. 81–100. ■ Schumpeter, Joseph A. (1908), *Wesen und Hauptinhalt der theoretischen Nationalökonomie*, Leipzig: Duncker & Humblot. ■ Schwinn, Thomas (2001), *Differenzierung ohne Gesellschaft: Umstellung eines soziologischen Konzepts*, Weilerswist. ■ Scott, Joan W. (1994), »The Evidence of Experience«, in: Chandler, James u. a. (Hg.), *Questions of Evidence. Proof, Practice, and Persuasion across the Disciplines*, Chicago/London: University of Chicago Press, S. 363–387. ■ Selten, Reinhard (2001), »What Is Bounded Rationality«, in: Gigerenzer, Gerd / Selten, Reinhard (Hg.), *Bounded Rationality. The Adaptive Toolbox*, Cambridge/Mass./London: MIT-Press, S. 13–36. ■ Sen, Amartya (1970), *Collective Choice and Social Welfare*, San Francisco: Holden-Day. ■ Sen, Amartya (1982), »Rational Fools: A Critique of the Behavioral Foundations of Economic Theory«, in: Sen, Amartya, *Choice, Welfare and Measurement*, Oxford: Blackwell, S. 84–106. ■ Sen, Amartya (1993), »Internal Consistency of Choice«, in: *Econometrica*, 61/3, S. 495–521. ■ Sen, Amartya (1995), »Rationality and Social Choice«, in: *The American Economic Review*, 85/1, S. 1–24. ■ Shaw, David Gary (2001), Introduction in: *History and Theory; Special Issue: Agency After Postmodernism*. ■ Shearmur, Jeremy (1993), »Schütz, Machlup and rational economic man: some problems for economic imperialism?«, in: *Review of political economy*, 5, 4, S. 491–507. ■ Shiller, Robert (2000), *Irrational exuberance*, Princeton: Princeton University Press. ■ Siegenthaler, Hansjörg (1993), *Regelvertrauen, Prosperität und Krisen. Die Ungleichmäßigkeit wirtschaftlicher und sozialer Entwicklung als Ergebnis individuellen Handelns und sozialen Lernens*, Tübingen: Mohr. ■ Siegenthaler, Hansjörg (1997), »Learning and its Rationality in a Context of Fundamental Uncertainty«, in: *Journal of Institutional and Theoretical Economics*, 153, 4, S. 748–761. ■ Siegenthaler, Hansjörg (1999), »Geschichte und Ökonomie nach der kulturalistischen Wende«, in: *Geschichte und Gesellschaft*, 25, S. 276–301. ■ Simmel, Georg (1984), *Das Individuum und die Freiheit. Essais*, Berlin: Wagenbach. ■ Simon, Herbert A. (1956), »Rational Choice and the Structure of the Environment«, in: *Psychological Review*, 63, S. 129–138. ■ Simon, Herbert A. (1957), *Models of Man*, New York: Wiley. ■ Simon, Herbert A. (1982), *Models of Bounded Rationality*, 2 Bde., Cambridge/MA.: MIT-Press. ■ Simon, Herbert A. (1983), *Homo rationalis. Die Vernunft im menschlichen Leben*, Frankfurt/M.: Campus. ■ Smith, Adam (1920 [1776]), *Wealth of Nations*, Bd. 1, London: Dent. ■ Smith, Adam (1949 [1759]), *Theorie der ethischen Gefühle*, Frankfurt/M.: Schauer. ■ Smith, Vernon Lomax (2000), *Bargaining and market behavior essays in experimental economics*, Cambridge: Cambridge University Press. ■ Sombart, Werner (1992), *Liebe, Luxus und Kapitalismus: über die Entstehung der modernen Welt aus dem Geist der Verschwendung*, Berlin: Wagenbach. ■ Stehr, Nico (1994), *Arbeit, Eigentum und Wissen. Zur Theorie von Wissensgesellschaften*, Frankfurt/M.: Suhrkamp. ■ Stoecker, Ralf (2001), »Neuere Bücher zur Handlungstheorie«, in: *Zeitschrift für Philosophische Forschung*, 55, S. 118–139. ■

STURN, RICHARD (1997), *Individualismus und Ökonomik, Modelle, Grenzen, ideengeschichtliche Rückblenden*, Marburg: Metropolis. ▪ TEMIN, PETER (1997), »Is it Kosher to talk about Culture?«, in: *The Journal of Economic History*, 57, 2, S. 267–287. ▪ TSCHAJANOW, ALEXANDER (1923), *Die Lehre von der bäuerlichen Wirtschaft. Versuch einer Theorie der Familienwirtschaft im Landbau*, Berlin: Parey. ▪ TURNER, VICTOR (1995), »Das Liminale und das Liminoide in Spiel, »Fluss« und Ritual«, in: Turner, Victor, *Vom Ritual zum Theater. Der Ernst des menschlichen Spiels*, Frankfurt/M.: Fischer, S. 28–94. ▪ VEBLEN, THORSTEIN (1993), *Theorie der feinen Leute. Eine ökonomische Untersuchung der Institutionen*, Frankfurt/M.: Fischer. ▪ VON NEUMANN, JOHN / MORGENSTERN, OSKAR (1953), *Theory of Games and Economic Behavior*, Princeton: Princeton University Press, (erste Ausgabe 1944). ▪ WATKINS, JOHN W. N. (1958), »The Alleged Inadequacy of Methodological Individualism«, in: *Journal of Philosophy*, 55, S. 331–356. ▪ WEBER, MAX (1988), *Gesammelte Aufsätze zur Wissenschaftslehre,* hg. von Winckelmann, Johannes, Tübingen: Mohr. ▪ WEHLER, HANS-ULRICH (1973 a), »Geschichte und Ökonomie«, in: *Geschichte als Historische Sozialwiss*enschaft, Frankfurt/M.: Suhrkamp, S. 45–84. ▪ WEHLER, HANS-ULRICH (Hg.) (1973 b), *Geschichte und Ökonomie*, Köln: Kiepenheuer und Witsch. ▪ WEINTRAUB, ROY E. (1992), *Toward a History of Game Theory*, Durham/London: Duke University Press. ▪ WILLIAMSON, OLIVER E. (1990), *Die ökonomischen Institutionen des Kapitalismus. Unternehmen, Märkte, Kooperationen*, Tübingen: Mohr. ▪ YOUNG, ALAN (1995), *The harmony of illusions. Inventing post-traumatic stress disorder*, Princeton/N. J.: Princeton University Press.

13.2 Der Wandel der Arbeitsgesellschaft als Thema der Kulturwissenschaften – Klassen, Professionen und Eliten

Thomas Welskopp

1. Der Wandel der »Arbeitsgesellschaft« in den Kategorien des Arbeitsdiskurses

Seit dem Ausgang des 18. Jahrhunderts steht Arbeit im Zentrum der modernen Gesellschaft. Erst in der Neuzeit bildet sie ihr konstituierendes und integrierendes Prinzip. Erst seit dieser Zeit ist Arbeit für die Legitimation aller sozialen Gruppen im Gemeinwesen verbindlich geworden. In früheren Gesellschaften war gerade das Privileg der Nicht-Arbeit gegenüber der Arbeit ein wesentliches Strukturierungsmerkmal gewesen, das z. B. den griechischen Stadtbürger der Antike vom Bauern und Sklaven oder den Adel des Mittelalters von den abhängigen Landbewohnern und von den Städtern abhob.[1] In der Moderne dagegen breitete sich die Verpflichtung zur und die Identitätsbildung durch Arbeit in allen Klassen der Bevölkerung aus, wie es in der Formel: »Wir alle sind Arbeiter« in der Sprache der deutschen Liberalen im 19. Jahrhundert programmatisch zum Ausdruck kam. Die Nicht-Arbeit: das unmoralische Verprassen gesellschaftlicher Güter durch die Unterdrücker und Ausbeuter der eigentlichen Produzenten, geriet ins Kreuzfeuer revolutionärer Gesellschaftskritiker wie z. B. der frühen deutschen Sozialdemokraten.[2] Das ganze, arbeitende Volk gegen die kleine Zahl der gesellschaftlichen Parasiten – das war die Losung, mit der man eine revolutionäre Umwälzung der Gesellschaft rechtfertigen konnte.

Erst in der Gesellschaft der Neuzeit scheint sich der Begriff der Arbeit zudem auf die Summe aller »nützlichen« gesellschaftlichen Tätigkeiten ausgedehnt zu haben, zu einem abstrakten Metakonzept, das eine Vielzahl höchst unterschiedlicher Formen und Kulturen der Verausgabung und Wertschöpfung umschloss. Auch das war – jedenfalls im deutschen Sprachgebrauch – bis Mitte des 19. Jahrhunderts anders gewesen, galt Arbeit dort bis dato doch eher als eine Residualkategorie, die unspezifische, unqualifizierte, vor allem aber *ständisch nicht eingebundene* Tätigkeiten als Arbeit – und die sie verrichteten als Arbeiter – bezeichnete. Tra-

ditionell hatte man zudem das kreative »Werk« von der »Mühe« alltäglicher Schufterei unterschieden.[3] In der modernen Gesellschaft schrumpfte diese prinzipielle Abgrenzung voneinander zu einer im Arbeitsbegriff selber implizierten Differenz. Diese Differenz erhielt sich als Spannung zwischen Arbeit und Beruf, obwohl mit guten Gründen zu sagen ist, dass es eine weitgehende *Konvergenz* von Arbeit und Beruf von der zweiten Hälfte des 19. bis zum Ende des 20. Jahrhunderts war, welche die moderne Gesellschaft als »Arbeitsgesellschaft« qualifizierte.[4]

Die Formel von der »Arbeitsgesellschaft« ist jedoch jüngeren Datums. Sie entstand, als sich die ersten Anzeichen nicht mehr wegdiskutieren ließen, dass sich diese Gesellschaft in einem strukturellen Wandlungsprozess befand, der ihre Identität als »Arbeitsgesellschaft« auf Dauer nachhaltig zu erodieren drohte.[5] Dass die moderne Gesellschaft eine »Arbeitsgesellschaft« war, weil sie auf der Summe der gesellschaftlichen Tätigkeiten zur Beschaffung und Verwertung von Ressourcen aller Art beruhte, war zuvor nicht in der grenzenlosen Inklusivität dieses Begriffs ausgedrückt worden. Die Inklusivität des Begriffs rückte in den Mittelpunkt der öffentlichen Aufmerksamkeit, weil sie längst nicht mehr selbstverständlich war. Sie schrieb eine alte Norm neu fest, gerade weil ihr keine bruchlose Realität mehr gegenüberstand. Von der »Arbeitsgesellschaft« war erst die Rede, als die Arbeit selber (im Sinne von Arbeitsvolumen und Arbeitsplätzen) Gegenstand des gesellschaftlichen Verteilungskonflikts wurde. Die »Arbeitsgesellschaft« ist eigentlich eine harmonisierende, das ganze Gemeinwesen integrierende Kategorie. Das macht sie zur Norm im Diskurs. Aber sie wird zum Konfliktbegriff, wenn sie

---

1 Kocka/Offe (2000 a).
2 Welskopp (2000, S. 60 ff., 622 ff.); Jones (1988); Sewell (1980); Hunt (1984).
3 Offe (2000, S. 492 ff.).
4 Kocka u. Offe (2000 a).
5 Offe (1984).

diese sie legitimierende Identität nicht mehr ausfüllen kann, weil ihr, wie es heißt, »die Arbeit ausgeht«.[6]

Historisch gesehen hat die Debatte um den Charakter und den Wandel der »Arbeitsgesellschaft«
wenige Anknüpfungspunkte. Sicher hat es immer
schon schwerwiegende Beschäftigungskrisen mit
grundlegenden Folgen für die Wirtschaft und die
Politik gegeben. Aber als eine Krise, die die »Arbeitsgesellschaft« in ihrer Identität bedroht, hat sie
im Grunde nur den »Pauperismus« des frühen
19. Jahrhunderts zur Parallele, eine jahrzehntelange,
durch den demographischen Wandel hervorgerufene Beschäftigungskrise einer *vorindustriellen Subsis-
tenzwirtschaft*, die durch die industrialisierende
»Arbeitsgesellschaft« gerade *überwunden* wurde. Es
ließe sich vermutlich leicht zeigen, dass die Diskussion um die »Arbeitsgesellschaft« heute dort stattfindet, wo im 19. Jahrhundert die Debatte über ein
»Recht auf Arbeit« angesiedelt war.[7]

Ansonsten hoben zeitgenössische intellektuelle
Theorien über die Arbeit in der modernen Gesellschaft eher auf Aspekte und Komponenten ab, die
sie systemspezifisch an den Kapitalismus und den
»Industrialismus« koppelten. Das galt in einem harmonisierenden wie in einem konflikthaften Sinne.
Man meinte, wie es heute im Begriff der »Arbeitsgesellschaft« nach wie vor selbstverständlich mitschwingt, zunehmend die »Erwerbsarbeit«, wenn
man von Arbeit sprach. »Erwerbsarbeit« als Tätig-

keit, die man verrichtet, um ein Einkommen zu
erzielen, das die Lebenshaltung ermöglicht, wurde
zur Grundlage eines abstrakten, von konkreten Formen und Verrichtungen absehenden Arbeitsver-
ständnisses. Auf eine solche Realität zielten auch
die Forderungen nach einem »Menschenrecht auf
Arbeit«. Aber diese Universalisierung des Arbeits-
begriffes basierte in erster Linie auf der Thematisierung der gesellschaftlichen Arbeitsteilung – in po-
sitivem, harmonisierenden Sinne bei Adam Smith,
in kritischem, konflikthaften Sinne bei Karl Marx
(»Entfremdung«) – und auf der Beobachtung, dass
sich die »Lohnarbeit«, die abhängige und »reinste«,
auf das Geldverhältnis reduzierte Form der »Erwerbsarbeit«, seit Mitte des 19. Jahrhunderts unwiderstehlich ausdehnte. Der Begriff der »Erwerbsarbeit« bindet Arbeit an die Existenz von Güter-
und vor allem Arbeitsmärkten. Der Begriff der
»Lohnarbeit« betont ihren Klassen- und Warencha-
rakter. In beiden Kategorien steckt ein starker
Trend zur Entindividualisierung der Arbeit und
zu ihrer Verallgemeinerung als gesellschaftlichem
Abstraktum. Man könnte auch sagen, dass diese
Vorstellungen – als Begleiterscheinungen des he-
raufziehenden Kapitalismus und der Industrialisierung – zu einer Entbettung der Arbeitsdiskussion
aus ihren kulturellen Kontexten beigetragen haben.[8]

Das wurde als Chance und als Gefahr betrachtet.
Berühmt sind die Formulierungen des *Kommunistischen Manifests*, nach denen die »Ausdehnung der
Maschinerie und die Teilung der Arbeit« die »Lohnarbeit« aller kulturellen Bezüge entkleide und die
Unterschiede zwischen allen Elementen der Arbeiterklasse abschleife, sogar die Geschlechter- und
Altersdifferenzen. Der Kapitalismus habe alle Berufskulturen vernichtet und auch »den Arzt, den
Juristen, den Pfaffen, den Poeten, den Mann der
Wissenschaft in [seine] bezahlten Lohnarbeiter verwandelt«. Die kulturelle Verödung trage auch zu
einer polaren Vereinheitlichung und Vereinfachung
der gesellschaftlichen Klassenverhältnisse bei: »Die
Gesellschaft spaltet sich mehr und mehr in zwei
große feindliche Lager, in zwei große einander direkt gegenüberstehende Klassen – Bourgeoisie und
Proletariat.« Und das wiederum sei eine entscheidende Voraussetzung für die Emanzipation der Arbeiterklasse aus dieser auf die Spitze getriebenen
»Entfremdungssituation«: »Alles Ständische und

---

6 Offe (1999).

7 Sewell (1980); Hunt (1984); Jones (1988).

8 Dabei sind die hier gemeinten intellektuellen »Metadiskurse«
vom ideologischen Deutungshaushalt der verschiedenen Arbeiterbewegungen deutlich zu unterscheiden. Es kommt an
dieser Stelle darauf an, Arbeitsdiskurse nachzuzeichnen, die
für die Bildung dominierender Kategorien sozialer Ungleichheit (vor allem des »Klassenbegriffs«) zentral waren. Der
Arbeitsdiskurs in der frühen deutschen Sozialdemokratie
z. B. nahm Marx kaum auf. Es war dies immer ein hoch-
moralischer und kulturell aufgeladener Diskurs, der nicht
auf eine reale Vereinheitlichung von Arbeit gerichtet war,
sondern vielmehr die kulturell reiche Berufsarbeit aus den
Klauen eines »Kapitalismus« zu befreien trachtete, der ihn
auf eine Ware zu reduzieren *drohte*. Dieser Begriff war kompatibel mit der universell argumentierenden Vorstellung von
der Arbeit als »Schafferin aller Werte«, als Kern einer »ganzheitlichen Persönlichkeit« und als menschliche Eigenschaft
schlechthin. Vgl. ausführlich: Welskopp (2000), S. 60 ff.

Stehende verdampft, alles Heilige wird entweiht, und die Menschen sind endlich gezwungen, ihre Lebensstellung, ihre gegenseitigen Beziehungen mit nüchternen Augen anzusehen.«[9]

Gegen die »Entfremdung« durch Reduktion auf die ökonomischen Grundverhältnisse trat schon früh ein anderer Strang des Arbeitsdiskurses an. Unter dem Banner der »nationalen Arbeit« wollte man der – wie man meinte – drohenden Demotivation und konflikthaften Aufladung der Arbeit dadurch entgegenwirken, dass man eine »nationale Pflicht« zur Arbeit beschwor und Arbeit zu einem »nationalen Projekt« machte. Man versuchte, der angenommenen realen Sinnentleerung einer abstrakt gewordenen Arbeit (mehrheitlich als »Lohnarbeit«) entgegenzusteuern, indem man für die Arbeit Sinnbezüge von außen stiftete, die aus den routinisierten und monotonen Tätigkeiten selbst nicht abzuleiten waren. Das sollte auch die Konflikte harmonisieren, die aus der gesellschaftlichen Arbeitsteilung und der Klassengliederung der Gesellschaft resultierten. Genau genommen handelte es sich um Bemühungen einer Kulturzufuhr für eine als entkulturalisiert wahrgenommene Arbeitswelt. Das setzte sich in den harmonisierenden »Werksgemeinschafts-« und »Betriebsgemeinschaftsideologien« des frühen 20. Jahrhunderts fort, die ältere Elemente von Berufskulturen (Arbeit als qualifizierte Facharbeit) mit der Ideologie des »renommierten Hauses«, repräsentiert durch die traditionsbewusste und vorausschauende Unternehmerpersönlichkeit, miteinander zu verschmelzen trachteten.[10] Ihre Ausweitung zur »Volksgemeinschaft« im *Nationalsozialismus* stärkte wiederum nicht nur die nationale Komponente, sondern gab mit ihrer rassenideologischen Aufladung und ihrer Gleichsetzung von »nationaler Arbeit« und »Volkstumskampf« der älteren Formel »wer nicht arbeitet, soll auch nicht essen« ihre neue, völkervernichtende Bedeutung.[11]

Die Rhetorik der »Sozialpartnerschaft« nach dem Zweiten Weltkrieg drängte diesen Strang des Diskurses ein gutes Stück weit zurück. Sie war aber selbst nicht frei von externen Sinnstiftungsversuchen in harmonisierender Absicht für eine immer noch als in ihrer Fremdbestimmung kulturell verödete Sphäre verstandene Arbeitswelt. Die »Arbeitnehmergesellschaft« nahm von der sozialistischen Systemfeindschaft Abstand, betrachtete die Arbeit

aber immer noch nur als »nacktes« Instrument, sich weiter gezogene Rechte zu sichern, einer noch weiter zunehmenden »Entfremdung« zu trotzen (»Rationalisierung«), die materiellen Grundlagen für die Stiftung von »Sinn« *außerhalb* der Arbeit zu schaffen (»Arbeitszeitverkürzung«, »Lebensqualität«) und die »Entfremdung« der Arbeit durch externe Kulturzufuhr wenigstens abzumildern (»Humanisierung der Arbeitswelt«, »Bildungsurlaub«). Erst wenn man sich diese zählebige Rhetorik von Arbeit als einer prinzipiell sinnentlehrten Tätigkeit vor Augen hält, deren Bedeutung für den Lebenszuschnitt des einzelnen möglichst zu reduzieren war – ob durch Arbeitszeitverkürzung oder Aufwertung des außerbetrieblichen Bereichs –, wird die defensive Wende deutlich, die dann im neuen Begriff der »Arbeitsgesellschaft« zum Ausdruck kam. Aber es werden auch die Anknüpfungspunkte deutlich, die seit den 1980er Jahren seitens der Unternehmen mit ihrer Neu- oder Wiederentdeckung der »corporate culture« gesucht wurden. Es handelte sich dabei um eine harmonisierende Umdeutung der »Humanisierung der Arbeitswelt« durch die Revitalisierung von Berufs- und Betriebskulturen, die zumindest in der Tradition der »Werksgemeinschaftsideologie« und des Projekts der »nationalen Arbeit« stand.

Beide Arbeitsdiskurse: die Debatte über die Verallgemeinerung von Arbeit als einem gesellschaftlichen Abstraktum und die Diskussion über ihre Aufwertung durch Sinnbezüge, die von außen an die Arbeitswelt herangetragen wurden, verdeckten die seit Mitte des 19. Jahrhunderts bis zu den 1980er Jahren stetig gestiegene Bedeutung der Arbeit als »Erwerbsarbeit« für die individuelle und kollektive Statuszuweisung in der Gesellschaft. Das zeigt sich daran, dass die staatliche Ressourcenabschöpfung, bis das Wachstum der indirekten Steuern einsetzte, stark an das Einkommen aus »Erwerbsarbeit« gekoppelt war. Vor allem in Deutschland basieren die sozialstaatlichen Sicherungssysteme auf den Erwerbseinkommen, einschließlich der Renten und ausschließlich nur der Sozialhilfe. Aber darüber hinaus hat erst

---

9 Marx/Engels (1848, S. 67, 62, 61, 63).
10 Vgl. Welskopp (1994 a).
11 Campbell (1989).

die »Verberuflichung« der Arbeiterexistenz die möglichst lebenslange Berufskarriere im »Normalarbeits-
verhältnis« geschaffen.[12] Ein solcher Prozess war ein
kulturell weit komplexerer und widersprüchlicherer
Vorgang als es die These von der Reduktion der
»Lohnarbeit« auf die »gefühllose bare Zahlung« (Karl
Marx) vorgesehen hatte. Die Bedeutungssteigerung
der »Erwerbsarbeit« beruhte weitgehend auf kulturellen Grundlagen, auf der kulturellen Einbettung der
Arbeit innerhalb und außerhalb der Betriebe, die
eben nicht verschwand, sondern sich in veränderter
Form tradierte, in vielen Bereichen neu entstand und
sich in anderen schlicht erhielt. Die zweifache Einseitigkeit der »allgemeinen« Arbeitsdiskussion führte
freilich dazu, dass viele der arbeitsbezogenen kulturellen Diskurse nicht in ihrem Rahmen, sondern
außerhalb und z. T. in geradezu demonstrativer Absetzung von ihr geführt wurden. Das »Berufsethos«
des Bürgertums, das die Selbstverpflichtung zur Arbeit an die Idee der »Berufung« und des »Werks«
knüpfte, auf der Basis der Selbständigkeit und selbstverständlichen »Auskömmlichkeit« beruhte und sich
von Arbeit als bloßem Mittel zum Broterwerb herab-
lassend absetzte, ging in die »Kulturen der Professionen« federführend ein. Der Angestelltendiskurs ist
nur vor dem Hintergrund der Distanzierung von
einem »allgemeinen«, sinnentlehrten Arbeitsbegriff
verständlich. Heute nehmen viele Expertendiskurse
eine solche Stelle ein, worauf noch zurückzukommen
bleibt.

Auch in diesem Zusammenhang wird der zutiefst
defensive Charakter deutlich, den der Begriff der
»Arbeitsgesellschaft« angenommen hat. Die »Arbeitsgesellschaft« steht ganz und gar nicht vor ihrem
Ende. Ihre Entwicklung hat nur eine neue gesellschaftliche Differenzierungslinie geschaffen, die
zwischen der Gesamtheit der »Arbeitsplatzbesitzer«
und der strukturell ausgegrenzten Gesamtheit der
»Arbeitsplatznichtbesitzer« verläuft. Der Begriff
steht nicht für eine Verminderung der Bedeutung
von Arbeit, sondern für deren ungebremste Fort-
geltung in einer Zeit, in der das gesellschaftlich
vorhandene »Arbeitsvolumen« vermeintlich dauerhaft in Abnahme begriffen ist. Es ist dieser Rand der

Gesellschaft, wo der Arbeitsbegriff weiterhin den
jeder Spezifik entkleideten Bedeutungsgehalt trägt.

Alle anderen arbeitsbezogenen Diskurse im Kreis
der »Arbeitsplatzbesitzer« bedienen sich sehr viel
ausdifferenzierterer berufskultureller Sprachen.
Man muss es sich leisten können, in anderen Kategorien als der des »Arbeitsplatzes« über Arbeit zu
sprechen, in Begriffen des Berufs anstatt in denen des
»Jobs« oder der »Beschäftigung«. Einzig in den Bereichen, in denen prekäre Beschäftigungsverhältnisse
den vielfachen Übergang zwischen beiden Gruppen
erzwingen, oder in solchen, in denen berufskulturell
profilierte Gruppen davon bedroht sind, in ihrer
Gesamtheit dauerhaft in den Ausgrenzungsbereich
zu rutschen, oszilliert die Sprache zwischen einer
berufskulturellen und einer abstrakt arbeitsbezogenen Rhetorik.[13] Der Rekurs auf letztere signalisiert
immer Schwäche und Defensive. Der Verweis auf die
Normen der »Arbeitsgesellschaft« ist längst nicht
mehr Munition für einen revolutionären Kampf.
Er steht vielmehr für einen ängstlichen und fatalis-
tischen Appell an die Gesellschaft, der den Begriff zu
einer primär sozialpolitischen Kategorie macht, die
das einseitige Gefälle zwischen der Nachfrage nach
und dem Angebot an Arbeit thematisiert und in eine
vornehmlich politische Größe verwandelt.

Es mag also an der Tradition dieser Diskurse über
die Arbeit liegen, wenn heute Statements weithin
kursieren, dass die Bedeutung von Arbeit für die
individuelle und kollektive Statuszuweisung abge-
nommen hat; an Diskursen, die Arbeit vereinheit-
licht, auf ihre sozioökonomische Grunddisposition
vereinseitigt und kulturell blutleer gemacht haben.
Der Wandel der »Arbeitsgesellschaft«, den es unstreitig gibt, mag in andere Richtungen gehen, als es die
sozialpolitische Marginalisierung des Arbeitsbegriffs
andeutet. Die Sphäre der Produktion und Distribution, d. h. der Betriebe in ihren Marktumwelten, ist
weiterhin der Ort, an dem über Statuszuweisungen
primär entschieden wird. Festzustellen ist freilich ein
schleichender Trend zur »Entberuflichung« vieler
Tätigkeitsbereiche vor allem im Sinne einer lebens-
langen »Normalkarriere«. Auch sind seit den 1990er
Jahren Segmente in der Fertigung und in den Dienstleistungen entstanden, die völlig marktkonform aber
»betriebslos« sind. Darüber hinaus hat sich zwar die
Verbindung zwischen »Erwerbsarbeit« und »Lebensstil« gelockert, ebenso wie die Verbindung zwischen

---

12 Offe (2000, S. 495 f.).
13 Vgl. Hindrichs u. a. (2000).

der Stellung im Produktionsprozess und der politischen Affiliation. Aber letztlich kann man zu Recht fragen, ob diese Entwicklungen wirklich etwas Neues sind oder eher eine gewisse Rückkehr zu sozialen Mustern signalisieren, die man schon im 19. Jahrhundert kannte, aus einer Phase, in der der Kapitalismus in die noch traditionell arbeitende kleine Warenproduktion eindrang, *bevor* die Fabrikindustrialisierung nennenswert an Tempo zulegte. Auch ist noch lange nicht selbstverständlich gesichert, dass die Koppelung von Arbeit und »Lebensstil« oder erst recht von sozialer Lage und politischem Verhalten jemals so eng war, wie es eine Theorie sozialer Ungleichheit für das 19. Jahrhundert behauptet (für das 20. Jahrhundert aber immer deutlicher negiert) hat, die auf der Grundlage des Marxschen Konzepts von Arbeit als abstrakter »Lohnarbeit« beruht.

In diese vermeintlich direkten Verbindungen hat die neuere Sozialforschung Konzepte des »Milieus« oder der politischen »Lager« zwischengeschaltet, die neben der Einbindung in die Sphäre der Arbeit vielfältige andere soziale und kulturelle Bindungen als Grundlage von »Lebensstil« und politischer Affiliation berücksichtigen.[14] Dadurch lässt sich das Sozialgefüge z. B. der Bundesrepublik Deutschland (oder auch Frankreichs im Gefolge von Pierre Bourdieu) sehr viel genauer und differenzierter beschreiben, als es mit Rekurs auf das abstrakte »Erwerbs«- oder »Lohnarbeits«-Konzept möglich wäre; ein *systemischer Zusammenhang* und damit ein wirkliches *Erklärungspotential* wird damit aber noch nicht greifbar.[15] Auch diese »Milieu«- und »Lager«-Konzepte lassen sich äußerst aussichtsreich auf das 19. Jahrhundert zurückprojizieren. Sie bringen im Grunde die kulturellen Bezüge in die Analyse zurück, von denen der spezifische Arbeitsdiskurs abstrahiert hatte. Aber das geschieht häufig in der Form, dass soziokulturelle Phänomene *zusätzlich* zur Sphäre der Arbeit in die Untersuchung einbezogen werden, bis hin zu Konsum und Freizeitverhalten, dass aber nicht *die Arbeitswelt selber* als kulturell geprägtes Handlungsfeld sozialer Beziehungen erscheint.[16]

2. Arbeitsdiskurs und soziale Ungleichheit

Von Beginn an, das haben die Zitate aus dem *Kommunistischen Manifest* demonstriert, waren die Diskurse über die Arbeit unmittelbar an Konzepte sozialer Ungleichheit gebunden, »klassisch« vor allem in Form der »Klassentheorie«. Die Theorie der »Klassengesellschaft« bezeichnet einen Typus der gesellschaftlichen Differenzierung, der an die Vorherrschaft des »Kapitalismus« (und der Industrie) gekoppelt ist, in der Sphäre der Produktion entsteht und sich reproduziert sowie einen polaren Aufbau des gesellschaftlichen Gefüges voraussetzt, der durch die antagonistischen »Klassen« der Produktionsmitteleigentümer und der »eigentumslosen« »Lohnarbeiter« bestimmt wird. Bei Marx ist diese Verbindung zwischen Produktionsprozess, Arbeit und »Klassenbildung« zentral; aber auch bei Max Weber finden wir den wichtigen Hinweis, dass sich die vorherrschende moderne »Klassengesellschaft« nicht primär über Besitzunterschiede, sondern strukturell unterschiedliche »Erwerbsbeziehungen« konstituiert. Die gesellschaftliche Organisation von Arbeit über ein Gliederungsprinzip, das die Faktoren »Arbeit« und »Kapital« trennt und doch spannungsreich miteinander verknüpft – das sind die *Essentials* sowohl der Marxschen als auch der Weberschen »Klassentheorie«.

Marx und Weber unterscheiden sich freilich gravierend in der Bestimmung der gesellschaftlichen Wirkungsmächtigkeit, die sie den »Klassenbeziehungen« als der die moderne Gesellschaft prägenden sozialen Ungleichheitsdimension zuschreiben. Die Marxsche Dialektik schreitet von der inhaltlichen Verarmung und sozioökonomischen Reduktion des Arbeitsprozesses zur Konzentration aller sozialen Bindungen innerhalb der »Klassen« auf diese ihre strukturelle Grundlage fort. Das ist, anders als später im sehr viel differenzierteren *Kapital*, eine utopische Zukunftsprognose mit einer eindeutigen propagandistischen Zielsetzung. Es ist wichtig, dieses Element der Marxschen Theorie nicht als analytisches Werkzeug zu begreifen, denn nur in der teleologischen Fernperspektive lässt sich auf diese Weise die »Entkulturalisierung« der Arbeit in einen ebenfalls aller »störenden« Kultur baren

---

14 Siehe auch den Beitrag 14.4 in diesem Band.
15 Hradil (1987), (1999); Müller (1992); Vester u. a. (2001); Rohe (1992) zur Unterscheidung von »Milieu« und »Lager«.
16 Vgl. aber z. B. Welskopp (1994 a).

»nackten Klassenkampf« übersetzen. An dieser Stelle distanziert sich Weber scharf von einer »Klassentheorie«, die das gesamte Sozialleben der modernen Gesellschaft aus ihrer ökonomischen Grundstruktur abzuleiten trachtet. Für ihn bleiben »ständische« Elemente auch in der kapitalistischen »Klassengesellschaft« präsent; Berufspositionen – auch innerhalb der einzelnen »Klassen« – können sich in ihren »Erwerbschancen« gravierend voneinander abheben, und die politische Machtverteilung hängt laut Weber nur äußerst indirekt und durch intermediäre Institutionen (»Parteien«) gebrochen von der »Klassenstruktur« der Gesellschaft ab.[17]

Der Marx des *Kommunistischen Manifests* stand Pate bei der Formulierung von »Klassentheorien« in der eher linken Sozialgeschichte (dort vor allem in der Arbeitergeschichte) und den eher linken Strömungen in den Sozialwissenschaften. Die abstrakte Fassung des Arbeitsdiskurses ging in diese Ansätze ein. Aber nun wurde aus der Marxschen Prognose von der Vereinfachung und Vereinheitlichung der gesellschaftlichen »Klassenverhältnisse« eine *Definition* mit realhistorischem Anspruch. Danach sollte die gesellschaftsweite Durchsetzung der »Lohnarbeit« derart nivellierende Folgen für die Lage der Arbeiter und ihre Erfahrungen haben, dass sich aus einer solchen säkularen Homogenisierung die Bildung von Arbeiterbewegungen erklärte.

Vor allem die Stufentheorien des »Klassenbildungsparadigmas« skizzierten einen Zusammenhang zwischen »Lage«, »Bewusstsein« und »Verhalten« der Arbeiterschaft, der einen ausgesprochen strukturalistisch verstandenen Bereich der Arbeit in kapitalistischen Betrieben und eine dort in bloßer Reaktion gewonnene Erfahrung der abhängigen »Lohnarbeit« mit einem fast voluntaristischen Verständnis von »Arbeiterhandeln«, verengt auf »klassenkämpferischen« Protest und die Organisation von Gewerkschaften und Arbeiterparteien, auf der Ebene der Definition von »Klasse« miteinander verknüpfte. Beide Sphären wurden in diesem sozialgeschichtlichen Ansatz »kulturfrei« konzipiert: die abhängige Arbeit als Ausdruck einer Überdetermi-

nation durch die gesellschaftlichen Strukturen, die Organisation als Indiz für die tatsächliche Vereinheitlichungs- und Solidarisierungsleistung einer Ideologie, die eben auf eine solche mobilisierende Homogenisierung setzte.[18]

Uneinheitlich war das Vorgehen auf den konzeptionellen Stufen zwischen diesen Anfangs- und Endpunkten der »Klassenbildung«. In manchen sozialgeschichtlichen Ansätzen war auch der Bereich der außerbetrieblichen Lebenswelt stark auf sozialstatistische Indikatoren verkürzt, so dass kulturell ungemein tiefschichtige soziale Zusammenhänge wie Familie und Patenwahl, nachbarschaftliches Zusammenwohnen und das Zusammenleben der Generationen auf ihre Funktionen als Lieferanten quantifizierbarer Daten zusammenschnurrten.[19] Der sozialstatistisch interessierte Blick suchte nach eindeutigen Klassifikationen und nicht nach kulturellen Schattierungen. Aber auch diejenigen Ansätze, die durchaus auf die kulturellen Dimensionen dieser Zwischensphären der »Klassenbildung« *als solche* eingingen und sie parallel etwa zu Studien über die soziale Mobilität der Arbeiterschaft untersuchten, taten dies mit dem Ziel, soziale Homogenisierung als Folge der Durchsetzung von »Lohnarbeit« *sans phrase* nachzuweisen. Als die sozialhistorische Arbeiterforschung in den 1980er Jahren die »Arbeiterkultur« und den Begriff des »Milieus« entdeckte, ging es ihr weiterhin um lebensweltliche Entsprechungen zur Lohnarbeitererfahrung im Betrieb, die deren homogenisierende Wirkung verstärken, zu einem klareren Bewusstsein der sozioökonomischen Bedingtheit der Arbeiterexistenz führen und letztlich die Motivation zur Organisation auf Klassenbasis erklären sollten.

»Kultur« und »Milieu« bildeten so konzentrische Kreise um die »Lohnarbeit« und den möglichst »hart« und rational zu dokumentierenden Übergang zum äußeren Kreis der Ideologie und Organisation. Das Verhältnis zwischen der manifesten »Kultur« der Arbeiterbewegung und der wenig griffigen »Kultur« der Arbeiter blieb unklar, was häufig beklagt wurde. Aber die Vorannahme ihrer breiten Übereinstimmung behielt Bestand, so dass man z. B. eigentlich nie die Frage nach den Wurzeln, Formen und der Spezifik auch der *Arbeiterbewegungskultur* stellte. Was das alle Arbeiter verbindende »Milieu« letztlich ausmachte, waren die Elemente ihrer »Pro-

---

17 Weber (1980, S. 179, 531–534).
18 Zwahr (1978); Kocka (1983); Katznelson (1986).
19 Hier besonders: Zwahr (1978).

letariät«. So gingen die Einkünfte auf dem Niveau des Existenzminimums, unsichere Beschäftigungsverhältnisse, schlechte Wohnbedingungen in sozial segregierten Arbeitervierteln und die Ungleichheit vor Krankheit und Tod in die Definition der »Klasse« ein und weiteten die »Klassenverhältnisse« damit zu einem die ganze Existenz einer historisch sehr konkreten Sozialgruppe umklammernden Merkmalszusammenhang aus, der trotzdem auf die Eindeutigkeit ihres sozioökonomischen Kerns setzte. Fanden sich »Arbeitermilieus«, die der Konformität des umfassenden »proletarischen Milieus« nicht entsprachen, verbuchte man sie als hemmende Faktoren und exotische Ausnahmen im weiterhin dominierenden Prozess der »Klassenbildung«.[20]

Man kann leicht sehen, dass diese sozialhistorischen »Klassentheorien« in ihrer Geltungskraft auf die Arbeiterschaft beschränkt blieben, so als ob diese sich im 19. Jahrhundert tatsächlich als »einzige Klasse der deutschen Gesellschaft« konstituiert hätte.[21] Auch ihr historischer Gegenstandsbereich schrumpfte damit auf das 19. und Teile des 20. Jahrhunderts zusammen. Innerhalb dieser Ansätze ließ sich nicht klären, ob die Arbeiterschaft des späteren 20. Jahrhunderts mit ihrem »Abschied von der Proletarität« auch ihre Qualität als »Klasse« eingebüßt hatte.[22] Das gleiche galt für die Arbeitergeschichte in der Tradition Edward P. Thompsons mit ihren alltagsgeschichtlichen und weiter in das 18. Jahrhundert zurückgreifenden Ausläufern.[23] Thompson befasste sich zwar explizit und in seiner thematischen Ausrichtung ausschließlich mit der »agency« von Arbeitern in ihren kulturellen Äußerungen. Aber seine vielbewunderte Erzählung funktionierte nur vor dem Hintergrund eines besonders rigiden und teleologischen strukturellen Marxismus. Seine Geschichte der »kulturellen Selbstschöpfung« der englischen »Arbeiterklasse« passte in keinen kategorialen Rahmen. Sie blieb ein narrativer Solitär und damit wiederum auf ihren engen zeitgenössischen Kontext verwiesen.

Die neomarxistisch inspirierte Arbeitergeschichte in den USA schließlich geriet von anderer Richtung aus in das Prokrustesbett eines entkulturalisierten »Lohnarbeits«-Begriffs. Während die deutsche Arbeitergeschichte immer schon fast ausschließlich »betriebsfern« operiert hatte, so als sei an den historischen Arbeitsplätzen nichts vorgegangen, was

über die »nackte« Herrschaft des Kapitals über die Arbeit hinausging, konzentrierte sich diese Strömung in der amerikanischen Arbeitergeschichte auf eine Analyse des Betriebs. Dabei entwickelte sie eine hohe Sensibilität für die branchen- und berufsspezifischen kulturellen Ausprägungen der Arbeitsbeziehungen »vor Ort«. Aber diese Darstellungen einer kulturell reichen Arbeitswelt wiesen für sie in eine verlorene »Vorgeschichte« der kapitalistischen Herrschaft zurück. Mit deren vollständiger Durchsetzung und mit dem Aufstieg der Ingenieure und ihrer »wissenschaftlichen Betriebsführung« – personifiziert im »Taylorismus« und »Fordismus« – hätten sich die Arbeitsverhältnisse in den Betrieben in der Tat dem Marxschen Konzept der »Lohnarbeit« *sans phrase* angeglichen – als Konsequenz einer vom Management bewusst zur Disziplinierung der Arbeiter eingesetzten Machtpolitik.[24] Diese Form der Arbeiterforschung schrieb also die Geschichte einer realhistorischen strukturalistischen Zuspitzung der »Klassenverhältnisse« auf ihren Kern der kapitalistischen Herrschaft im Betrieb und damit ihrer fortschreitenden kulturellen Auszehrung. Auch dieser »kulturelle Blick« auf kapitalistische Arbeitskontexte blieb somit in einem extrem kurzen historischen Zeitausschnitt befangen.[25]

Alle hier diskutierten sozialgeschichtlichen »Klassentheorien« teilen spezifische Defizite: Sie trennen »Struktur« und »Handeln« voneinander, weisen sie verschiedenen Wirklichkeitsbereichen zu und zeigen sich nicht in der Lage, diese Bereiche schlüssig und theoriefähig miteinander zu verknüpfen. Sie widmen sich den Vergesellschaftungsprozessen *innerhalb der* »Klasse«, nicht aber den »Klassenverhältnissen« selber. Sie sind nicht relational konzipiert, sondern beschreiben nur eine einzige »Klasse« – die der Arbeiterschaft. Sie reduzieren die Arbeits- und Lebens-

---

20 Vgl. z. B. Ritter/Tenfelde (1992).
21 Winkler (2000, Bd. 1, S. 295).
22 Mooser (1983, 1984).
23 Thompson (1983); Spohn (1985).
24 Das entsprach einer zeitlichen Vorverlegung des Übergangs von der »formellen« zur »reellen Subsumtion« der Arbeit unter das Kapital von der ersten in die zweite Hälfte des 19. Jahrhunderts und einer Verlagerung seines Schauplatzes in die Fabrik, die laut der Marxschen Terminologie *per definitionem* die »reelle Subsumtion« verkörperte.
25 Braverman (1980); Edwards (1981); Montgomery (1987).

welt auf ein strukturalistisches Indikatorenbündel. Vor allem scheinen sie historisch auf einen sehr spezifischen Gegenstand: die industrielle Lohnarbeiterschaft, und einen sehr spezifischen Geltungszeitraum: das Zeitalter der »Proletarität« von der Mitte des 19. bis zur Mitte des 20. Jahrhunderts, zugeschnitten zu sein.

Es ist prinzipiell nach dem Wert von theoretischen Modellen zu fragen, die nur für eine bestimmte Ausprägung ihres Gegenstandes geeignet sind.[26] Vor dem Hintergrund der kulturwissenschaftlichen Debatte gravierender ist freilich, dass diese sozialgeschichtlichen Ansätze zur Erfassung sozialer Ungleichheit in der »Arbeitsgesellschaft« für unsere Gegenwart keine Erklärungskraft besitzen. Selbst wenn man, wie dies bei ihren Vertretern der Fall ist, ausdrücklich eingesteht und für historisch sinnvoll hält, ihren zeitlichen Geltungsanspruch zu begrenzen, bleibt die Frage bestehen, welche Gegenwartsrelevanz ihre Aussagen dann noch haben. Auf ihrer Basis sind die heutigen Wandlungsprozesse der »Arbeitsgesellschaft« nicht zu erfassen, auch nicht in ihrer Distanz zu den historischen Verhältnissen, die sich nicht im Anschluss an den eingeengten und zugleich zu konkreten Kategorienrahmen bestimmen lässt. Mehr noch: Angesichts der oben aufgelisteten strukturellen Defizite einer Modellbildung, die »Kultur« aus ihrer Konstruktion buchstäblich hinausdefiniert hat, drängt sich der Schluss auf, dass sie auch die Verhältnisse des 19. Jahrhunderts, für deren Analyse sie speziell konstruiert wurde, nicht angemessen beschreibt. Das bedeutet, dass der Erklärungswert sozialgeschichtlicher Theorien sozialer Ungleichheit in der »Arbeitsgesellschaft« sowohl für die Gegenwart als auch für die Vergangenheit prinzipiell eng begrenzt ist.

Der Strukturalismus und die kulturelle Blutleere der sozialgeschichtlichen »Klassentheorie« erklären sehr weitgehend die Kritik, die kulturhistorische Ansätze an ihr geübt haben. Ihre Defizite erhellen auch die weitgehende Umorientierung nicht nur der neueren Arbeiterforschung, sondern der Bürgertumsgeschichte in der sozialhistorischen Tradition selber,

auf »weichere« und kulturell »reichere« Modelle wie das des »Milieus«. Das setzt sich in den neueren sozialwissenschaftlichen Gesellschaftsbeschreibungen bruchlos fort.[27] Aber mit solchen Absetzbewegungen ist in der Regel verbunden, dass sie die Arbeit an der klassentheoretischen Begriffsbildung sich selbst überlassen. Damit droht der einzige Kategorienrahmen verloren zu gehen, der in der Tat soziale Ungleichheit und Kapitalismus systematisch miteinander in Beziehung setzt und »Arbeitsgesellschaft«, Eigentumsordnung und Herrschaftsgefüge aufeinander bezieht. Die älteren Schichten- und neueren »Milieu«-Theorien bleiben hier unspezifisch, wenn sie die klassenanalytische Begrifflichkeit nicht mehr zu erweitern oder auszufüllen, sondern ganz zu verdrängen suchen. Das ist auch politisch bedenklich. Denn das methodische Unbehagen an der »Klassentheorie« stößt in der breiteren Öffentlichkeit auf eine grundsätzliche Bereitschaft, soziale Ungleichheit aus politischen Opportunitätsgründen diskursiv zu umschiffen, paradoxerweise in einer Zeit, in der soziale Unterschiede an Schärfe eher zunehmen.[28]

Die kulturwissenschaftliche Wende in den Sozialwissenschaften und der Geschichte hat mit der Absetzbewegung von den älteren Strukturalismen und dem sozioökonomischen Determinismus in den Disziplinen darüber hinaus die Tendenz erzeugt, von ganzen Themenbereichen abzurücken, die zuvor im Zentrum einer »klassentheoretischen« Betrachtung standen. Die Institutionen der Wirtschaft, der Arbeit und der sozialen Ungleichheit sind aus dem Blickfeld geraten.[29] Ungleichheit kann sich legitimerweise aber nicht auf die diskursiven Felder der Geschlechter- und Ethniendiskussion beschränken. Anstatt diese Gegenstandsbereiche aus einem kulturwissenschaftlichen Blickwinkel neu anzugehen, hat man sich ganz von ihnen ab- und den attraktiveren »semantischen Knotenpunkten« in der Gesellschaft zugewandt, den Kulturphänomenen, die eigens geschaffen worden sind, um »Bedeutungsüberschüsse« zu erzeugen.[30] Damit drohen die Gesellschaft und ihre Wissenschaft aber, die Fähigkeit zu einer Kapitalismuskritik und zu einer Gesellschaftskritik strukturell zu verlieren. Kann man sich eine solche reflexive Sprachlosigkeit angesichts der »Globalisierung« und angesichts der Verschärfung sozialer Ungleichheit bei ihrer zunehmenden »Unübersichtlichkeit« leisten?

26 Mergel/Welskopp (1997, S. 17–34).
27 Pongs (1999, 2000); Vester u. a. (2001); Hradil (1987).
28 Nolte (2001, 2000).
29 Das heben hervor: Kocka (2000 b); Wehler (1998, 2000).
30 Vgl. zur Kritik: Welskopp (1998).

Die Frage stellen heißt, sie verneinen. Die Kulturwissenschaften müssen ihren Beitrag dazu leisten, die Struktur der eigenen Gesellschaft in ihren historischen und gegenwärtigen Formen angemessen zu thematisieren. Dazu ist, so lautet mein Vorschlag, die oben vorgestellte Tradition eines spezifischen Arbeitsdiskurses kritisch zu »historisieren«. Das war das Thema des ersten Teils dieses Essays. Es ist ferner nicht damit Genüge getan, die »kulturarmen« Kategorien der älteren »Klassentheorie« um kulturell angereicherte Konzepte in weiteren lebensweltlichen Bereichen zu ergänzen. Vielmehr müssen, so ist mein Vorschlag, die »klassentheoretischen« Kategorien selber kulturwissenschaftlich reformuliert werden. Es geht um den doppelten Vorstoß zu einer Kulturgeschichte des Sozioökonomischen und zu einer Sozialgeschichte des Kulturellen. Die dabei ins Auge zu nehmenden Begriffe müssen von ihrer belastenden Tradition befreit werden. Sie müssen einen schärferen Blick auf die gegenwärtigen Verhältnisse werfen helfen, aber auch einen veränderten Blick auf die Vergangenheit ermöglichen. Dann wird sich herausstellen, dass unsere Gegenwart in manchen Aspekten so grundstürzend präzedenzlos nicht ist, dass aber auch die Vergangenheit anders war, als die gut memorierten historischen »Großerzählungen« nahe legen.

3. Grundzüge einer kulturhistorischen »Praxistheorie« der »Klassengesellschaft«

Eine Revitalisierung der »Klassentheorie« sollte nicht damit verbunden sein, sämtliche Erscheinungsformen sozialer Ungleichheit in der modernen Gesellschaft in den Geltungsraum ihrer Definitionen einzubeziehen. Ungleichheit in den Wohnbedingungen, in der Versorgung mit öffentlichen Leistungen oder im Konsum sind ebenso wie ethnische, religiöse oder geschlechtsbedingte Differenzen *nicht* das direkte Produkt von »Klassenbeziehungen«. Sie mögen mit der »Klassenstruktur« in historisch gebundenen und variierenden Formen in einem Zusammenhang stehen, der auch thematisiert werden muss. Aber eine solche genauere Betrachtung könnte auch eine mehr oder minder große Distanz zum Produktionsort von »Klassengliederungen«, den Betrieben, Waren-, Finanz- und

Arbeitsmärkten, aufdecken. Wir sollten die »Klassenstrukturierung« als eine Achse sozialer Ungleichheit in der modernen Gesellschaft betrachten, die sich mit anderen Formen auf wechselhafte Weise verbinden kann, ohne dass diese Formen aus dem Begriff der »Klasse« abzuleiten sind.[31]

Wenn sich damit auch die Erklärungskraft des »Klassenkonzepts« reduziert, so bietet sich damit doch der Vorteil, dass die institutionelle Komplexität der modernen Gesellschaft nicht aus dem Blick gerät. Darüber hinaus ergibt sich der Vorzug, dass »Klasse« in ihrer »klassischen« Verortung in der gesellschaftlichen Produktionssphäre konkreter und greifbarer identifiziert werden und in ihrem begrenzten definitorischen Geltungsraum umso größere Erklärungskraft entfalten kann.

Mit Anthony Giddens lässt sich die moderne Gesellschaft als von mehreren *Strukturprinzipien* geprägt und gegliedert beschreiben. *Strukturprinzipien* bezeichnen Achsen in der Gesellschaft, entlang derer sich Institutionen ausprägen und einander systemisch zuordnen. So bilden sich zusammenhängende Institutionengefüge, die Handlungsfelder und Handlungsbezüge zugleich demarkieren und ineinander transformierbar machen. *Strukturprinzipien sind keine Institutionen.* Sie sorgen für die charakteristischen Ausprägungen und Verknüpfungen von Institutionen. Sie wirken z.T. komplementär, z.T. können sie aber auch Zonen »gesellschaftlicher Widersprüche« bilden, die der modernen Gesellschaft Dynamik verleihen und sie zu Wandel zwingen. *Strukturprinzipien* lassen sich mithin konkret nur auf der intermediären Ebene von Institutionenarrangements beobachten.[32]

In der modernen Gesellschaft wirken die sie definierenden *Strukturprinzipien* des *Kapitalismus/Industrialismus*, der *Zivilgesellschaft* und des modernen *Machtstaates*. Das *Strukturprinzip Kapitalismus/Industrialismus* kann man, wie die anderen Prinzipien auch, nicht auf der abstrakten Ebene erfassen, da es keine Institution gibt, die es in Reinform verkörpert. Wohl aber entsprechen ihm institutionelle Gefüge, die in ihrer Gesamtheit und ihrem Zusammenspiel so etwas wie den *Kapitalismus/In-*

---

31 Dies gegen Nolte (2000, 2001).
32 Giddens (1981, 1988, 1995); Welskopp (1997, 2001).

dustrialismus ausmachen: Privateigentum – Kapital – Betriebe – Waren – Geld – Märkte – Konsum – Arbeit – Technologie – Organisation etwa. Man kann dabei auch sehen, wie diese Institutionen aneinander anschlussfähig bzw. ineinander transformierbar sind. Die »Klassenstruktur« der modernen Gesellschaft ist in diesem institutionellen Gefüge angesiedelt.[33] Sie präsentiert sich den Institutionen, die sich um die übrigen gesellschaftlichen *Strukturprinzipien* gebildet haben, nicht als Element, sondern als Voraussetzung und Folge.

Mit diesem Neben- und Gegeneinander spezifischer *Strukturprinzipien* differenziert die moderne Gesellschaft bestimmte gesellschaftliche Handlungsfelder aus, in denen einschlägige Institutionen existieren und sich charakteristische Handlungstypen herausbilden. Aus dem Arrangement von Handlungsfeldern in älteren Gesellschaftsformen formt sich mit dem Heraufziehen des Kapitalismus und der Industrialisierung das eigenständige Handlungsfeld der *Unternehmen/Betriebe* in ihren Marktumwelten aus. Dieses Handlungsfeld ist ein zentrales Element nur der *modernen* Gesellschaft. Es entstand im Spannungsfeld zur *Zivilgesellschaft*, da es auf Selbstorganisation beruht aber keine Gleichheit schafft, und zum *Machtstaat*, weil es auf Marktautonomie basiert, aber nicht ohne politische bzw. staatliche Rahmensetzungen und Gewährleistungen auskommt (z. B. im kulturell höchst bedeutsamen Bereich des Rechts). Aus der Spannung zwischen *Zivilgesellschaft* und *Machtstaat* wiederum entstand das zweite zentrale Handlungsfeld, das ebenso typisch nur für die *moderne* Gesellschaft ist: die *organisatorisch-politische Sphäre* und mit ihr die (politische) Öffentlichkeit. Und erst die Ausdifferenzierung dieser beiden Handlungsfelder schließlich hat ein drittes Handlungsfeld: die *außerbetriebliche Lebenswelt*, quasi als großes und komplexes Residuum Konturen annehmen lassen. Darin ist die Sphäre der »Privatheit« und des Haushalts eingelassen; die Lebenswelt geht aber nicht in ihr auf. Max Weber hat idealtypisch bestimmte Institutionen diesen drei Handlungsfeldern, die zusammen die moderne Gesellschaft ausmachen, zugeordnet: Er unterschied den Betrieb, den Haushalt, den Zweckverein und die Anstalt als die Typen von In-

stitutionen, die jeweils im entsprechenden Handlungsfeld vorherrschen. Der Zweckverein ist dabei sowohl in der außerbetrieblichen Lebenswelt als auch in der organisatorisch-politischen Sphäre angesiedelt. Aber auch sonst lassen sich in den verschiedenen Feldern vielfältige hybride Kombinationen finden, die gleichwohl jeweils von der »Leitinstitution« geprägt sind.

Es ist unmittelbar einsichtig, dass alle sozialen Phänomene in diesen Handlungsfeldern kulturell konstituiert sind. Wenn man z. B. Religion in der modernen Gesellschaft thematisieren will, ergeben sich aus diesem Gesellschaftsmodell interessante Perspektiven. Im Bereich *Betriebe/Märkte* kann uns Religion z. B. als Wirtschaftsethik entgegentreten, in der *außerbetrieblichen Lebenswelt* als »Privatsache«, Form der Vergemeinschaftung oder als zivilgesellschaftlich inspirierter Zweckverein, im Bereich der *organisatorisch-politischen Sphäre* als religiös gefärbte soziale Bewegung oder Partei, als Amtskirche oder Staatsreligion. Alle diese Aspekte können in der modernen Gesellschaft zugleich anzutreffen sein, nicht ohne miteinander in Spannung zu stehen. Es deutet sich aber auch an, welche detaillierten Beobachtungen man machen könnte, wollte man einen Prozess wie »Säkularisierung« untersuchen.

Die »Klassenstruktur« moderner Gesellschaften entsteht und reproduziert sich im Handlungsfeld der *Betriebe/Unternehmen in ihrer Marktumwelt*, in den Waren-, Finanz-, vor allem aber Arbeitsmärkten. Die »Klassenbeziehung« bezieht ihre gesellschaftsgliedernde und -charakterisierende Kraft aus systemspezifischen Mechanismen, die Privateigentum und Kapital in Produktion und Waren, Arbeit einerseits in eine Macht- und Herrschaftsbeziehung, andererseits in einen organisierten Kooperationsprozess und technischen Ablauf, schließlich in ein marktgängiges Gut verwandeln und die Subsistenz zu einer Sache der Tauschwerte und Marktchancen machen. Die »Klassenbeziehung« ist das Strukturprinzip sozialer Produktionsbeziehungen in industriekapitalistischen Gesellschaften, das Produktionsmitteleigentümer und -kontrolleure von tendenziell eigentumslosen Anbietern von Arbeitskraft und Qualifikation in antagonistischer Spannung trennt und gleichzeitig in der wechselseitigen produktiven Abhängigkeit und Aufeinander-

---

33 Giddens (1984); Welskopp (1994 b, 1999).

bezogenheit des Kapitalverwertungsprozesses aneinander bindet. Sie transformiert direkt Marktmacht in (betriebliche) Herrschaft und Arbeit – und umgekehrt. Das macht sie zu einem systemspezifischen Generator sozialer Ungleichheit.[34]

Eine solche Definition fasst den Begriff der »Klassenbeziehung« ebenso *relational* wie Marx' Kategorie des »Kapitalverhältnisses«. Auch Weber hatte betont, dass *Gemeinschaftsbeziehungen* vor allem *zwischen* den Angehörigen der beiden polaren »Klassen« in ihrer Beziehung zueinander bestehen. Ansonsten seien »Klassen« *keine Gemeinschaften*.[35] Daraus folgt *zum einen*, dass »Klassenbeziehungen« trotz ihrer stets gleichen Struktur als asymmetrische Abhängigkeitsverhältnisse auf Gegenseitigkeit recht verschiedene Formen und Inhalte annehmen können. Solche Formvariationen sind vielfältig kulturell unterlegt. Sie haben exakt mit der *Kontexteingebundenheit* von »Klassenbeziehungen« zu tun, welche Marx, indem er auf die zukünftige Vereinheitlichung der Verhältnisse setzte, aus seiner Definition ausschloss, was die ihm folgenden sozialhistorischen »Klassentheorien« zugleich deterministisch verengte und phänomenologisch schwammig machte. Will man aber anhand der oben vorgeschlagenen Definition »Klassenbeziehungen« im ganzen Spektrum ihrer Ausprägungen erfassen, so drängt sich ein typisierender Ansatz auf, der die Akteursqualitäten der Subjekte (und damit ihre kulturellen Sinndeutungen) betont und die milieuhaften Verdichtungen sozialer Beziehungen um die »Klassenverhältnisse« konsequent historisiert.

Zum anderen, und auch das fordert einen typisierenden und historisierenden Blick, können die Folgen, die die jeweiligen Ausprägungen von »Klassenbeziehungen« für das betriebliche Handlungsfeld, aber auch für die Lebenswelt außerhalb der Fabrikmauern und die Sphäre der Organisationen und der Politik haben, weit variieren. Für die Frage nach den Entstehungsbedingungen von Arbeiterbewegungen etwa ist entscheidend, ob und wo »Klassenbeziehungen« zu Kristallisationskernen oder fördernden Faktoren von autonomen *Gemeinschaftsbildungen* werden, die wiederum in die Lebenswelt und vor allem die Organisationssphäre ausstrahlen. Dabei kann der Weg von den »Klassenbeziehungen« vor Ort bis zu Gewerkschafts- und Parteigründungen sehr präzise nachvollzogen werden,[36] er ergibt sich aber nicht aus der *Tatsache* der »Klassenverhältnisse« an

sich; er kann nicht Bestandteil der *Definition* von »Klasse« sein (weil es »Klassenbeziehungen« auch dort gibt, wo keine Arbeiterbewegung existiert); und er kann in dem Kurs, den er einschlägt, recht weit variieren. Deshalb gibt es immer nur zeitgebundene und milieuhaft verdichtete Typen, niemals aber den reinen Typ von Arbeiterbewegung.[37]

Schließlich deutet die *Kontexteinbindung* von »Klassenbeziehungen« nicht nur auf ihre kulturelle »Erdung« hin, sondern auch auf ihre konkret benennbaren Wirkungen auf den verschiedenen Ebenen institutioneller Umsetzungen bis hinunter auf die Ebene primärer sozialer Beziehungen und einzelner Handlungsvollzüge. Die »Klassenbeziehung« verbindet als »Achse der Strukturierung« von Beziehungs- und Handlungsmustern die Makro- und die Mikro-Ebene der Betrachtung. Dabei fächert sie sich, wenn man von der gesellschaftlichen Ebene auf die Stufen konkreter institutioneller Arrangements und Handlungsvollzüge herabsteigt, in spezifische Kombinationen aus Arbeits-, Macht- und Herrschaftsbeziehungen aus.

Für Karl Marx bildete der kapitalistische *Betrieb* den eigentlichen *Locus classicus* des »Kapitalverhältnisses«, als Ort, an dem aus einem scheinbaren Äquivalententausch am Arbeitsmarkt ein herrschaftsgesteuertes Ausbeutungsverhältnis wird. Erst mit dieser »reellen Subsumtion« der Arbeit unter das Kapital sei dieses Verhältnis voll installiert. Auch für Max Weber war eines der kennzeichnenden Merkmale des modernen Kapitalismus, dass er »Betriebskapitalismus« war: »*Strenge* Kapitalrechnung ist ferner sozial an ›Betriebsdisziplin‹ *und* Appropriation der sachlichen Beschaffungsmittel, also: an den Bestand eines *Herrschafts*verhältnisses, gebunden.«[38] So ist der Betrieb (in seiner Marktumwelt) ohne Zweifel als ein Hauptort zu betrachten, an dem sich »Klassenbeziehungen« manifestieren. Die Frage bleibt freilich, ob die Betriebe die einzigen Orte in der modernen Gesellschaft sind, an denen sie sich formieren. Darauf bleibt zurückzukommen.

---

34 Welskopp (1994 b, S. 74; 1999).
35 Weber (1980, S. 532 f.).
36 Vgl. für die deutsche und amerikanische Eisen- und Stahlindustrie: Welskopp (1994 a).
37 Welskopp (1994 b, S. 70 ff.).
38 Weber (1980, S. 534).

Auf der betrieblichen Ebene lassen sich »Klassenbeziehungen« recht konkret beschreiben: Die »sozialen Systeme der Produktion« oder *Produktionsregimes* in industriekapitalistischen Gesellschaften bestehen aus dem Zusammenspiel von *Arbeitsbeziehungen, hierarchischen Produktionsbeziehungen* und *innerbetrieblichen Kommunikationsbeziehungen*. Arbeitsbeziehungen sind die unmittelbaren Austauschprozesse zwischen Arbeitnehmern und technischen Anlagen bzw. ihre Kooperationsbeziehungen untereinander. Diese Arbeitsbeziehungen – ganz gleich ob in der Werkshalle, im Büro oder im Labor – schließen Vorgesetzte mit ein, soweit diese in die kooperativen Arbeitsprozesse *als Mitarbeitende* einbezogen sind. Die *hierarchischen Produktionsbeziehungen* bilden die gesamte *vertikale* Sozialstruktur der Betriebe ab und bezeichnen die Elemente der Arbeitsanleitung, Arbeitsanreize, Kontrolle, Überwachung und Disziplinierung. Hier ist nach Bereichen der Autonomie zu fragen, nach Knotenpunkten der Informations- und Entscheidungsmonopolisierung, nach dem »Principal-Agent«-Problem der Motivierung von Mitarbeitern, auf deren optimaler Mobilisierung ihrer Kenntnisse und Fähigkeiten ein Management angewiesen ist, und nach den jeweiligen »Kulturen« der innerbetrieblichen Beziehungen, etwa ob sie auf »Vertrauen« oder auf »Misstrauen« aufbauen. Aus diesem Grunde bilden die betrieblichen Kommunikationsbeziehungen einen dritten Handlungsmodus: Arbeitsplätze können kooperationsarm aber kommunikativ sein; Kontrollformen hart und effizient, aber ohne jeden Austausch; und die realen Kommunikationskanäle in vielen Betrieben sehen häufig völlig anders aus als die formelle Kommunikationsstruktur, die das Management geschaffen hat.[39]

Der »Klassenzusammenhang« dieser Beziehungsgeflechte entsteht und reproduziert sich über systemspezifische Machtressourcen und ihre asymmetrische Verteilung. Die *Entscheidungs- und Definitionsmacht über Kapitaleinsatz und Produktionsziele* ist, und das macht das Charakteristische des kapitalistischen Produktionssystems aus, auf der Ebene des Top-Managements und der Kapitaleigner monopolistisch gebündelt. In dieser Machtbeziehung existiert das

größte Gefälle an Ressourcen, was jede Drohung mit der Abwanderung an andere Standorte, die heute durch die Medien geht, mit größtem Nachdruck unterstreicht. Aber ganz so frei, wie es das Bild der mit höchster Geschwindigkeit über den Globus flottierenden Kapitalströme zeichnet, ist diese Machtressource nicht: Zwischen Eignern und Management können Interessenunterschiede bestehen, Konkurrenten und Übernahmefirmen bedrohen das investierte Kapital, und die getroffene Investitionsentscheidung sorgt je nach Branche, Entwicklungsstufe, Firmengröße und Einbettung in den gesellschaftlichen Kontext für eine mehr oder minder starke Bindung des eingesetzten Kapitals an die damit betriebenen Unternehmen. Das Investitionsmonopol ist nicht frei von Pfadabhängigkeiten und Rücksichtnahmen auf lokale Kontexte. Trotzdem wird hier ungeachtet aller konkreten Produktionsbedingungen häufig über das »Heuern und Feuern« von Tausenden von Arbeitnehmern unilateral entschieden.

Die *Entscheidungs- und Definitionsmacht über die technische und soziale Organisation der Arbeitsprozesse und des Betriebs* ist über die Sozialgruppen im Unternehmen wesentlich breiter verteilt. Die Investitionsentscheidung schreibt die technische und soziale Organisation der Fertigungsprozesse nicht bereits im Detail vor. Sie ist an die Spielregeln der Branche, die Eigenschaften der zur Verfügung stehenden Technik, das Expertenwissen von Technikern und Ingenieuren und die Qualifikations- und Kooperationsanforderungen an die Belegschaften außerordentlich stark gebunden. Diese Machtressource kann in unterschiedlichem Maße auf alle beteiligten Gruppen und im Zeitverlauf alternierend verteilt sein. Nicht zuletzt die individuelle und kollektive Ersetzbarkeit der Arbeitnehmer entscheidet über solche Verteilungen mit, die gänzlich anders aussehen können als die vom Management vorgegebene Norm. Häufig gibt es innerbetriebliche Autonomiebereiche, die Belegschaftshandeln ermöglichen und zur Basis für eine effektive Vetomacht der Belegschaften werden. Kommunikation spielt hier natürlich eine zentrale Rolle; jedoch lassen sich Fälle leicht nachweisen, in denen ein Betriebsablauf auf der Basis einer hohen Autonomie der Belegschaft gut funktionierte, welche das Management weder mit ihr ausgehandelt noch ihr zugestanden hatte. Gerade fehlende Kommunikati-

---

39 Siehe ausführlich: Welskopp (1994 b; 1999).

on ermöglichte dann autonomes Handeln, weil wegen des nichtintendierten Informations- und Kontrolldefizits der formelle Autoritätsanspruch des Managements äußerlich unangetastet blieb und keiner Prüfung unterworfen wurde.[40]

Die Ressource der *betrieblichen Herrschaft als Befehls- und Gehorsamsverhältnis* ist ein ebenso umkämpftes Gut. Sie bildet einen weiteren Bereich intensiver »Mikropolitik« in den Betrieben, mit wechselnden Koalitionen und Kräfteverhältnissen. Innerhalb der Gesamtbelegschaften bestimmt der jeweilige betriebliche Kontext (also gemeinsam mit den anderen Machtverteilungen), wie stark der Anspruch auf formelle Herrschaft formuliert und aufrechterhalten werden kann oder wie stark er durch Autonomiespielräume, Strategien des Unterlaufens und ihr entgegenstehende Anforderungen des Betriebsablaufs gebrochen wird. Auf dieser Ebene der Interaktion sind intermediäre Instanzen als *Träger delegierter Herrschaftskompetenzen* zentrale Handlungsträger, insoweit sie das Recht des »Heuerns und Feuerns« besitzen oder aufgrund technischer oder sonstiger Expertise auf Investitionsentscheidungen Einfluss nehmen können. Dass sich auf dieser Basis autonome Machtzentren bilden können, die Entscheidungs- und Sanktionsmonopole anstreben, ist eine der wichtigsten Triebkräfte für die »Mikropolitik« auf der betrieblichen Ebene. Ihre ebenfalls tiefe Kontextverwobenheit und kulturelle Überformung (in »Produktionsmilieus« oder »Unternehmenskulturen«) liegt auf der Hand.

Die *Entscheidungs- und Definitionsmacht über Arbeitsbedingungen und Entlohnung* ist stark von der Marktsituation der betreffenden Unternehmen abhängig und kann je nach Konjunkturlage sehr ungleiche Verteilungen annehmen. Aber diese Autorität ist von allen Machtressourcen diejenige, die am stärksten in Kontextfaktoren eingebettet ist, die *außerhalb des Betriebs* bzw. im *überbetrieblichen Bereich* liegen. Organisierte industrielle Beziehungen z.B. sorgen für eine »Institutionalisierung des Klassenkonflikts« (Ralf Dahrendorf), die der Gesellschaft in Wachstumszeiten und bei steigender Produktivität die Koexistenz mit ihren »Klassenverhältnissen« ohne weiteres und sogar legitimationswirksam erlaubt. Auch der Staat als *Sozialstaat* webt entscheidend an diesen »Arbeitskulturen« auf der

Basis von Produktivitätspakten mit. Es ist an dieser Stelle, dass die Frage nach dem Wandel der »Arbeitsgesellschaft« in die Frage umformuliert werden muss, ob an ihren Rändern nicht neue »Klassengrenzen« entstanden sind, die es einem bedeutenden Segment der Bevölkerung nicht mehr erlauben, diesem Arbeitssystem überhaupt noch anzugehören. In der Gegenwart ist man in einer abhängigen »Klassenposition« allemal besser aufgehoben als diejenigen, die gar nicht in »Klassenbeziehungen« eingebunden sind. Das politische Problem besteht dann im Widerspruch zwischen dem wirtschaftlichen Sektor als Erzeuger dieses Problems (durch Investitionsentscheidungen) und dem Staat als Alimentierer dieser »Versorgungsklasse«, der mit dem Aufbringen der dafür nötigen Ressourcen wiederum die »Verteilungskulturen« belastet, die schließlich als Maßgröße erneut in die Kalkulation von Investitionsentscheidungen eingehen.[41] Die »Globalisierung« lässt sich dabei als Hinauswachsen großer Unternehmen aus nationalstaatlichen Regelungen und Orientierungsrahmen interpretieren, was ihnen ermöglicht, weltweit verschiedene »Verteilungskulturen« gegeneinander auszuspielen.

Auf der Basis dieses betrieblichen Modells von »Klassenbeziehungen« lassen sich die meisten betroffenen Sozialgruppen in den Unternehmen der modernen Gesellschaften gut und detailliert untersuchen. Es hilft, die Brücke zwischen der Arbeitergeschichte des 19. und frühen 20. Jahrhunderts und der heutigen Arbeitnehmergesellschaft zu schlagen. Allerdings fällt bei näherem Hinsehen auf, dass die »abhängigen« »Klassenpositionen« der Arbeiter- und Angestelltenschaft weit besser erforscht sind als die Vertreter der »Oberklasse«. Es ist lange noch nicht schlüssig entschieden, was einen Unternehmer und einen *Top*-Manager eigentlich ausmacht, was ihre betriebliche Funktion und ihre gesellschaftliche Rolle genau definiert. Das gilt für die Unternehmer und Manager der Vergangenheit ebenso wie für die »gesichtslose Klasse« der gegenwärtigen Wirtschaftselite. Der wichtigste Handlungsträger der »Klassenbeziehungen« bleibt im Dunkel. Gerade hier könnte sich der Nutzwert einer

---

40 Vgl. Welskopp (1994a).
41 Vgl. Offe (1999, 1984).

kulturell erweiterten Analyse von »Klassenstrukturen« erweisen, legt doch die überwältigende Selbst-
rekrutierungsquote von großen Unternehmern und
Managern auch nach 1945 nahe, dass abseits jeder
formalen Ausbildung und Qualifikation die ein-
sozialisierte kulturelle Kompetenz und der Ruf eines »guten Hauses« für Rekrutierungen auf Vor-
standsposten unter Bedingungen der Unsicherheit
weiterhin den entscheidenden Ausschlag gibt. Dabei werden die Träger äquivalenter formaler Qualifikationen immer zahlreicher, und die renommierten *Business Schools* boomen.[42]

4. Notwendige Erweiterungen: Marktbedingte »Klassenbeziehungen«

Die Angemessenheit der »Klassentheorie« für die
Beschreibung der gegenwärtigen Gesellschaft wird
häufig mit dem Argument bestritten, dass die industriellen Verhältnisse, für die sie formuliert worden sei, an gesellschaftlicher Bedeutung unwiederbringlich verlören zugunsten flexibler Produktions-
arrangements, vielfältiger Marktbeziehungen, über
die auch produktionsrelevante Zulieferungen und
Dienstleistungen abgewickelt werden, und eines zunehmend »betriebslosen« Kapitalismus. Die Fixierung sowohl von Marx als auch von Weber auf die
betriebliche Herrschaft ist in der Tat evident. Aber
es stellt sich die Frage, ob nicht *als Ergänzung* zu
dem Konzept der betrieblichen »Klassenbeziehung«
ein Modell nahe liegen könnte, das das »Kapital-
verhältnis« in manchen wirtschaftlichen Bereichen
nicht im Betrieb, sondern rein am Markt ansiedelt.

Auch die betriebliche »Klassenbeziehung« basiert
auf einem Marktmachtgefälle, einem asymmetrischen Arbeitsmarktverhältnis, das die betrieblichen
Machtpositionen quasi geldwert spiegelt und taxiert. Die Asymmetrie liegt in der Angewiesenheit
des Arbeitskraftanbieters auf »Erwerbsarbeit« zur
Subsistenzsicherung begründet. Er ist in der Regel
strukturell weit stärker als jeder Arbeitgeber auf die
Verwertung seiner individuellen Arbeitskraft und

Qualifikation angewiesen. Selbst bei Arbeitskräfte-
mangel und hoher Fluktuation ist die Abhängigkeit
des Arbeitskräftenachfragers von *individuellen* Anbietern so begrenzt, dass sich die betriebliche »Klassenbeziehung«, wenn auch vielleicht unter veränderten Konditionen, stetig reproduziert. Der
»formell freie« – eigentums- und bindungslose –
Arbeitnehmer ist tatsächlich an sein berufliches Profil und an sein individuelles »Erwerbseinkommen«
gebunden, weil er, wenn er nicht durch Dritte ver-
sorgt wird, für seine Subsistenz über Marktgeschäfte
selbst aufkommen muss. Die »reelle Subsumtion«
der Arbeit unter das Kapital weist dem Arbeitgeber
die Organisation des Produktionsprozesses und die
Verwertung der Arbeitskraft zu. Er schöpft seine
Rendite aus Kostensenkungsvorteilen (gegenüber
Käufen auf dem Markt) und Produktivitätszuwäch-
sen, die das Ergebnis dieser Organisationsleistung
sind. Dafür zahlt er dem Arbeitnehmer ein »Erwerbseinkommen«, das gewöhnlich mindestens
zur Subsistenzsicherung ausreicht, als Geldeinkom-
men diese Sicherung aber nicht garantiert.

Marx hatte mit der Kategorie der »formellen Subsumtion« der Arbeit unter das Kapital rein markt-
vermittelte »Klassenbeziehungen« durchaus im
Blick, hielt ihre Bedeutung in der Phase des herauf-
ziehenden Kapitalismus *vor* der Industrialisierung
aber für ein vorübergehendes, mit dessen vollständiger Durchsetzung unwiederbringlich absterbendes
Phänomen. Dabei kursierte in der deutschen Sozialdemokratie lange Zeit ein »Klassenbegriff«, der ganz
klar ein über den Markt vermitteltes, indirektes Ab-
hängigkeitsverhältnis vom »großen Kapital« meinte,
dem sowohl Gesellen als auch kleine Handwerks-
meister unterworfen waren.[43] Es hat schon immer
die Schwäche des Marxschen »Klassenkonzeptes«
ausgemacht, die »alten« und »neuen« »Mittelklassen« in der Gesellschaft, zunächst die kleineren und
mittleren Selbständigen in Handwerk und Dienstleistungen, die im Zuge der Hochindustrialisierung
durchaus nicht verschwanden, sondern anwuchsen,
und dann die immer zahlreicheren Angehörigen der
»Professionen« und der höheren Angestelltenschaft
nicht systematisch und schlüssig verorten zu können. Das wirkt sich erst recht in einer Gegenwart aus,
in der die zumindest formale Selbständigkeit und
betriebliche Ungebundenheit zum Merkmal immer
zahlreicherer Arbeitsbeziehungen geworden ist. Der

---

42 Vgl. vor allem: Ziegler (Hg.) (2000), und die Beiträge in
   Geschichte und Gesellschaft (Heft 4/2001).
43 Vgl. Welskopp (2000).

Trend zum »Outsourcing« von Produktionsfunktionen und Dienstleistungen hat ebenfalls zur Vervielfachung rein marktgesteuerter Beschäftigungsverhältnisse geführt.

Auch der kleine oder nur formal Selbständige ist analog zum betrieblichen »Klassenverhältnis« darauf angewiesen, seine Subsistenz von einem »Erwerbseinkommen« zu bestreiten, das in diesem Falle kein Lohn oder Gehalt, sondern ein Marktpreis für Waren und Dienstleistungen oder ein Honorar ist. Er verfügt über die eigenen sachlichen und ideellen Produktionsmittel, muss aber auch den Produktionsprozess mit allen Risiken selber organisieren. Ihm obliegen darüber hinaus die Organisation und Verwertung von Arbeitsprozessen mit abhängig Beschäftigten im eigenen Betrieb, sofern ein solcher besteht. Er zahlt also selber Lohn und Gehalt. Die strukturelle Asymmetrie eines marktvermittelten »Klassenverhältnisses« besteht nun darin, dass der Selbständige darauf angewiesen ist, für seine Produkte, in denen Sach- und Arbeitskosten unwiederbringlich stecken, am Markt Preise zu realisieren, die sämtliche Kosten einschließlich seiner eigenen Subsistenz decken. Er ist – in gewissen Grenzen – dazu gezwungen, Preisdiktate hinzunehmen, um überhaupt an der Kostendeckung arbeiten zu können, denn nichtverkaufte Ware verliert jeden Wert. Seine Preisanpassungstoleranz reicht weit, von dem Bemühen, die eigenen Kosten zu senken bis zur extensiven Steigerung des Arbeitsvolumens. Das 19. Jahrhundert zeigt, wie weit solche Prozesse der Selbstausbeutung getrieben werden können.

Anders als der Produzent kann sich der Abnehmer der Ware oder Dienstleistung an gängigen Marktpreisen orientieren, ohne die Kosten oder die Subsistenzzwänge des Produzenten zu berücksichtigen. Das muss bei ausreichender Nachfrage und hinreichender Kundenzahl kein Nachteil sein, wenn die Produktpreise die Kosten regelmäßig übertreffen. Wenn sich nun aber zwischen einen solchen Selbständigen und einen anonymen Warenmarkt Zwischenhändler oder »broker« schieben, die den Marktzugang monopolisieren und Preisabschläge diktieren oder für exklusive Distributionsleistungen Extraprämien verlangen, kommt eine einseitige Abhängigkeitsbeziehung zustande, die durchaus als »Klassenverhältnis« anzusprechen ist. Sie mag flüchtiger und weit weniger greifbar sein als

eine betriebliche »Klassenbeziehung«; sie kann aber auch große Stabilität annehmen und einen stärker ausbeuterischen Charakter annehmen als ihr betriebliches Pendant. Ein solches Verhältnis ist nicht auf die Konstellation Kaufmann/Verleger – Produzent beschränkt; große industrielle Unternehmen kommandieren über solche Auftragsvolumen für Zulieferer, dass sogar mittelständische Produktionsbetriebe, deren Kapazität damit völlig ausgelastet wird, in starke und dauernde Abhängigkeiten geraten können. Für die Beschäftigten in solchen abhängigen Betrieben schiebt sich über das betriebliche »Klassenverhältnis«, dem sie unterworfen sind, eine indirekte zweite »Klassenbeziehung«, was sowohl spannungsverschärfende als auch solidarisierende Wirkungen für die Arbeitsbeziehungen haben kann. In der Rhetorik der frühen deutschen Sozialdemokratie identifizierte man die zweite, indirekte Abhängigkeitsform mit dem Kapitalismus, den man bekämpfte, während man werkstattinterne Spannungen zwischen Meister und Gesellen häufig noch als Relikte aus Zunftzeiten beurteilte.[44]

Die Asymmetrie in der Marktbeziehung und damit die Grundlage ihrer Klassenförmigkeit liegt darin begründet, dass der selbständige Produzent, ob er nun einen Betrieb mit eigenen abhängig Beschäftigten führt oder nicht, sowohl in seiner eigenen Arbeit und seiner eigenen Qualifikation als auch in der Verwertung seines Kapitals strukturell wesentlich stärker gebunden ist als das Kapital auf der Abnehmerseite. Das in die Produktionsprozesse des selbständigen Anbieters von Waren und Dienstleistungen investierte Kapital unterliegt einer ungleich stärkeren Bindung als das für den Kauf und die Weiterdistribution seitens des Abnehmers aufgebrachte Kapital. Das »große Kapital«, um den Begriff des 19. Jahrhunderts noch einmal aufzugreifen, nutzt den Vorteil eines Kommerzialisierungsvorsprungs, der durch opportunistische Marktanpassung entstanden und nun ausgebeutet oder auch durch zielgerichtete Unternehmensleistungen seitens des Abnehmers aktiv neu geschaffen sein mag. In einer Gesellschaft, die durch das Hervorbringen immer neuer Kommerzialisierungsstufen, von Kapitalismen der »zweiten, dritten oder vierten Ordnung«

---

44 Vgl. Welskopp (2000).

gekennzeichnet ist, muss auch dieser Bereich der indirekten Abhängigkeitsbeziehungen in beständiger Expansion begriffen sein. Und das Spektrum solcher marktvermittelten »Klassenbeziehungen« reicht vom »Scheinselbständigen« bis zu Abhängigkeiten zwischen autonomen Unternehmenseinheiten in asymmetrischer Marktmachtposition.

5. »Mittelklassen«, »Professionen« und der Vormarsch der »Expertensysteme«

Der polare Charakter der »Klassenbeziehung«, das hatte Weber schon deutlich erkannt, hat nicht zur Folge, dass es in der modernen Gesellschaft nur zwei Klassen gibt. Marx entzog sich mit der Prognose des zukünftigen Absinkens aller intermediären Gesellschaftsbestandteile ins Proletariat einer solchen Einsicht. Gleichwohl hat die Einbettung »intermediärer Klassen« – bzw. Gruppen, die sich in »widersprüchlicher Klassenposition« (Erik O. Wright) befinden – in eine eigentlich polar gedachte »Klassenarchitektur« der Theorie immer große Probleme bereitet.[45] Die neuere »Milieutheorie« geht einer diesbezüglichen Stellungnahme aus dem Weg und bleibt der Deskription verhaftet.[46] Dabei lassen sich aus dem oben skizzierten betrieblichen »Klassenmodell« »intermediäre Klassenpositionen« durchaus schlüssig ableiten: Es handelt sich dabei um *Träger delegierter unternehmerischer Herrschaftsmacht* und um *Träger strategischer (technischer oder anderer) Qualifikationen*, deren Positionen (nicht zwingend die einzelnen Träger) für den Betriebsablauf unentbehrlich sind, die in gewissen Grenzen die Autorität des »Heuerns und Feuerns« besitzen und/oder auf Investitionsentscheidungen des Top-Managements faktisch Einfluss ausüben. Beschrieben sind damit am deutlichsten die Betriebsleiter, Ingenieure und Techniker in der *Linien*organisation industrieller Unternehmen. Im Angestelltensektor ist die Identifizierung weniger einheitlich, doch dürften »leiten-

de Angestellte« bis zum Betriebsführer einer solchen Charakterisierung entsprechen, zumal es eine ausgeprägte »Kultur« der »Leitenden« mit Attributen wie der vielzitierten »Hydrokultur« oder der »Sitzecke« im Büro durchaus gibt.[47]

Damit rücken einige Besonderheiten solcher betrieblichen »Mittelklassen« in den Blick: *Erstens* ist ihre Position nicht fixiert, sondern dynamisch. Ganze Funktionsträgergruppen können in diesem Sinne zu »intermediären Positionen« aufsteigen, von dort durch andere Gruppen aber auch wieder verdrängt werden. Das Paradebeispiel ist der Aufstieg der Ingenieure in der Industrie des späten 19. und frühen 20. Jahrhunderts, mit dem sie die Meister von ihrer angestammten Machtposition in den Betrieben verdrängten.[48] *Zweitens* bezieht sich die charakteristische Unentbehrlichkeit der intermediären Funktionsträger auf ihre Position und nicht die Person. In Geschäftskrisen können selbst erfolgreiche Abteilungsleiter und Ingenieure von Entlassungen bedroht sein wie alle anderen Arbeitnehmer auch. Das ist, *drittens*, dadurch bedingt, dass die intermediären Funktionsträger im Betrieb nicht als Gruppe handeln, sondern *als individuelle Funktionsträger*. Eine Übertragung ihrer innerbetrieblichen Macht auf ein Kollektiv von Statusgleichen ist innerhalb der Werksmauern nicht möglich, da diese Macht an die Position gebunden ist, die sie bekleiden. Dies ist aber stets eine Einzelposition. Auch kann ihre Machtausstattung je nach Position sehr weit variieren. Die mangelnde Übertragbarkeit auf Kontexte jenseits des Betriebs wiederum schließt, *viertens*, aus, dass diese tendenziell temporären Inhaber von »mittleren Klassenpositionen« ihre Machtressourcen »auf Dauer stellen« oder »kapitalisieren«, d. h. »objektivieren« können.

Genau das letztere unterscheidet die »intermediären Klassenpositionen« im industriellen Betrieb von solchen, die sich in einer Marktumgebung formieren. Gerade diese scheinen aber für die moderne Gesellschaft in den letzten Jahrzehnten immer wichtiger geworden zu sein und zum Gestaltwandel der »Arbeitsgesellschaft« beträchtlich beigetragen zu haben. Gemeint sind zunächst die Angehörigen der »freien Berufe«, der »Professionen«, die an dieser Stelle als Repräsentanten von »Expertensystemen« eingeführt werden sollen, die sich, das ist ihre Besonderheit, *nichtbetrieblich* organisieren *können*.[49]

---

45 Vgl. Giddens (1984, S. 222 f.).
46 Vester u. a. (2001).
47 Vgl. Welskopp (1994 b, S. 92 f.).
48 Wieder am Beispiel der Eisen- und Stahlindustrie: Welskopp (1994 a).
49 Sullivan (1995); Barrage/Torstendahl (1990 a, 1990 b).

Experten in der »klassischen« Definition sind Träger spezialisierten Wissens, das sie tendenziell dem Rest der Gesellschaft gegenüber monopolisieren, und auf das die moderne Gesellschaft quasi mit einem Vertrauensvorschuss in solche »wissensbasierten« Qualifikationen und Fähigkeiten zurückzugreifen gezwungen ist.[50]

Die »klassischen« Professionen wie die Ärzte oder Rechtsanwälte bedienen ihre Patienten bzw. Klienten gegen Honorar in einer Eins-zu-eins-Beziehung. Ein Teil ihrer Dienstleistung besteht – vor allem bei Rechtsanwälten – in der Aufnahme fallbezogener professioneller Konkurrenzen, die aber unter formal Gleichen ablaufen, streng ritualisiert sind und keine betrieblichen Beziehungen darstellen. Die veräußerte Dienstleistung ist an das jeweilige Fach unmittelbar gebunden, aber man kann für unsere Zwecke verallgemeinernd sagen, dass ihre typische Form die des *Gutachtens* ist. Das *Gutachten* über den Patienten oder Klienten ist zunächst die Autoritäts- und Einkommensquelle solcher »Professionen« im Kontakt mit Personen außerhalb des »Expertensystems«. Es spielt aber darüber hinaus eine wesentliche interne Rolle in der wechselseitigen Beurteilung der Experten untereinander. Mittels *Gutachten* wacht die autonome »Profession« über die Einhaltung von Qualifikationsstandards.[51] Gutachterverfahren und Gutachtergremien sind dafür zuständig, »entry« und »access« zum »Expertensystem« zu regulieren. Bei den »Professionen« liegt die Schwelle des »entry«, des *Eintritts* ins »Expertensystem«, hoch und liegen »entry« und »access«, der *Zugang* zur »Kernprofession«, relativ nahe beieinander. Der Eintrittsprozess verläuft über Studium und Prüfungen; der Zugang zur »Kernprofession« beruht dagegen auf der Kooptation durch das Expertenkollektiv und seine Gremien auf der Basis von *Gutachten*, die den »Ruf« bzw. das »Renommee« des einzelnen Experten taxieren und »objektivieren«.

An dieser Stelle wird deutlich, dass wir uns immer noch im Kapitalismus bewegen und von der »Klassenstruktur« der modernen Gesellschaft reden. »Ruf« und »Renommee« sind nämlich analog zum »Kapital« akkumulierbar. Die moderne Gesellschaft ist nur bedingt »Wissensgesellschaft«; sie ist es in dem Maße, in dem dieses Wissen »kapitalisierbar« und damit spezifisch marktfähig ist. »Ruf« und »Renommee« sind die Äquivalente zu einem rein in seinem Geldwert ausgedrückten »Kapital«. »Ruf« und »Renommee« hängen nicht nur von der fachlichen Qualifikation ab; die Sicherheit im Umgang mit der jeweiligen »Kultur der Profession«, der spezifische Habitus und die Eingebundenheit in kollegiale Netzwerke gehören ganz wesentlich zu ihren Grundlagen dazu.[52] Auf diese Weise wird auch Macht akkumuliert, zum einen als »renommeeabhängige« Ressource, die den Zugang zu Gutachter- und Gremienpositionen öffnet und damit zu strategischen Knotenpunkten im sozialen Netzwerk der »Profession«; zum anderen als Marktposition gegenüber Klienten, die sich, ganz wie das »Kapital«, geldwert taxieren lässt. Die »Profession« als ganze wiederum sichert ihre Angehörigen »nach unten und oben« ab und sorgt dafür, dass der »kapitalwerte« Charakter von »Ruf« und »Renommee« gewahrt bleibt. Wenn man in der Geschichte der »Professionen« seit dem 19. Jahrhundert eine historische Entwicklung erkennen will, so liegt diese zweifellos in der immer stärkeren Marktorientierung und Marktanpassung ihrer Angehörigen. Da ihr Expertstatus *als solcher* in einem gesellschaftlichen System, das sich immer mehr in »Expertensysteme« ausdifferenziert, nicht mehr bedroht ist, können – und müssen – sich die individuellen Experten auf ihre Marktpositionierung, die wiederum Einfluss auf »Ruf« und »Renommee« hat, konzentrieren.

Die »Kapitalisierbarkeit« von Expertenqualifikationen hat dazu geführt, dass manche Experten *betrieblich* organisierte »Expertensysteme« aufgebaut haben. Die Privatklinik und die Anwaltsfirma sind hierfür naheliegende Beispiele. Der interessante Aspekt an diesem Phänomen ist, dass solche sozialen Zusammenhänge bewusst zwischen »Betrieb« und »Expertensystem« changieren. Der demonstrativ beschworene Expertencharakter – mit dem mitarbeitenden Chef, den flachen Hierarchien, dem kollegialen Habitus, der eigenen »Startup«-Option (durch Aussicht auf Vizepräsidentschaften oder Aktienoptionen) – dient in erster Linie dazu, das in solchen wissensbasierten Zusammenhängen besonders drängende »Principal-Agent«-Problem zu lösen. Aber bei

---

50 Giddens (1995, S. 39 ff.).
51 Vgl. Savage/Robertson (1999).
52 Sullivan (1995).

Konflikten und in Krisenzeiten tritt die ganze Härte betrieblicher Autoritätsbeziehungen zu Tage, wie sie das oben skizzierte Modell beschreibt. Einen gewissen, selten voll garantierten Schutz gegen die Verdrängung solcher betrieblich eingebundenen Experten von ihrer »intermediären Position« in der Gesellschaft bietet dagegen die Möglichkeit des Wechsels in die »freie«, nicht betrieblich organisierte »Profession«, in der der individuelle Marktwert fortlaufend weiter taxiert wird.

Eine neuere Wendung in dieser Entwicklung stellt das Auftauchen und die rasche Proliferation von besonders stromlinienförmig marktgängigen, aber betont »betriebslos« organisierten »Expertensystemen« dar. Das führt weit über die »klassischen« Professionen hinaus und in die Bereiche der Medien, des Kunst- und (professionellen) Sportbetriebs, des Marketings und des Consultings hinein. »Expertenwissen« heißt dabei nicht mehr unbedingt »wissenschaftliche« oder verfahrensbezogene Qualifikation, die formell nachgewiesen werden muss. Es besteht häufig vielmehr aus informellem »local knowledge«, aus Talent und »Szenekenntnis«. Z. T. konstituiert die Sachkundigkeit als Konsument, Fan, Amateur oder Hobby-Spezialist »Expertenwissen« in diesem Sinne und vermittelt auf diese Weise, dass »Expertensysteme« – per definitionem Institutionen der Produktionssphäre in der Gesellschaft – in den Konsum einsickern und die Grenzen zwischen Produktion, Distribution und Konsum verschwimmen lassen.[53]

In solchen Zusammenhängen gilt das Gesetz des »Rufs« – in der Form des »Marktwertes« – als »Kapital« noch einmal wesentlich verstärkt. Nur ist die Relation zwischen »Ruf« und »Marktwert« hier nicht mehr nachvollziehbar zu bestimmen. Entscheidend ist vielmehr, ob und inwieweit ein Medieninteresse organisiert werden kann, das bereit ist, gezielt in »Marktwerte« zu investieren, um dann daraus über Öffentlichkeitswirksamkeit bzw. Werbeeinnahmen ihre returns on investment zu beziehen. Hier hat die Explosion der Transfersummen und Einkommen von Sportstars ihren Platz, die im Grunde auf einer völlig unsicheren Spekulationshausse auf Seiten der Vereine und der TV-Vermarkter beruht.

»Expertensysteme« dieser Art meiden demonstrativ jede betriebliche Organisation und richten ihre Rhetorik klar auf eine solche Vermeidungsstrategie aus. Da ist von »Teams« die Rede, man setzt sich nur für die Dauer von »Projekten« zusammen, die marktgängige Flexibilität wird maximiert und zur Tugend ausgerufen. Das soll die mitarbeitenden Beteiligten einerseits in ihrem Expertenstatus bestätigen und zu besonderem Leistungswillen anspornen, und die besonders krassen Gefälle zwischen den »Marktwerten« der »Stars« und denen des »Fußvolks« motivieren stets zu weiter gesteigerter Leistungsbereitschaft, um womöglich selber einmal zum »Star« aufzusteigen. Andererseits entfällt in solchen Arrangements für die eintretenden Beteiligten jeder institutionelle Schutz, der mit der beiderseitigen Bindung in betrieblichen Zusammenhängen verbunden ist. Der demonstrative Verzicht auf solchen Schutz und damit auch auf Ansatzpunkte für Solidarität, Belegschaftshandeln und korporative Absicherungen (Betriebsrat, Gewerkschaft) gehört praktisch zum Bekenntnis zur völligen Marktkonformität dazu, das als Selbstverständnis von jedem Eintretenden ins »Expertensystem« gefordert wird.

Der Mechanismus, der solchen institutionellen Arrangements zugrunde liegt, ist wie bei den »Professionen« ein spezifischer Zusammenhang zwischen »entry« und »access«, nur dass hier »entry« andere Leistungen abverlangt und seine Distanz zum »access« besonders groß und vor allem völlig ungeregelt ist. In vielen Zusammenhängen heißt »entry« hier neben Talent und Qualifikation die bedingungslose Hingabe an das »Expertensystem«, nur um ihm überhaupt angehören zu dürfen. Das steckt hinter dem sprichwörtlich gewordenen New Yorker Dialog: »Was machen Sie beruflich?« – »Ich bin Schauspieler.« – »Ach, und in welchem Restaurant arbeiten Sie?« – Die Opferbereitschaft – im Sinne von materiellem Verzicht, Zeitinvestition, opportunistischer Persönlichkeitsanpassung und Vorgriff auf einen noch nicht abgestützten Habitus – ist das Billett zum »entry« in ein solches »Expertensystem«, aber lange noch keine Gewähr für eine Chance zum »access« in den inneren Zirkel. Dessen Glanz und Anziehungskraft verdeckt freilich Abhängigkeitsverhältnisse, die vielfach krasser und drückender sind als in jedem betrieblichen Arbeitszusammenhang.

---

53 Vgl. Lash (1996, S. 360 ff. u. ö.).

6. Die Ausbreitung der »Expertensysteme« und ihre Wirkung auf den »Wandel der Arbeitsgesellschaft

Was hat die Beschreibung »intermediärer Gruppen« und ihrer Institutionalisierungsformen in der modernen Gesellschaft mit der Geschichte und dem Wandel der »Arbeitsgesellschaft« zu tun? Zunächst muss man wohl konstatieren, dass die Organisation der heutigen Gesellschaft in »Expertensystemen« in stetiger Ausdehnung begriffen ist.[54] Umgekehrt aber kommt es zu betriebsbezogenen Handlungsformen bei Expertengruppen, die als Angehörige eines »Expertensystems« zugleich Mitglieder einer Betriebsorganisation sind. Hierunter könnte man die *Stabs*organisationen in industriellen Unternehmen fassen; die Definition bezieht sich aber gerade auch auf die betriebsförmig organisierten, in ihrer Routinearbeit jedoch autonome Expertenteams bildenden Spezialisten. Ein Paradebeispiel haben die *Lufthansa*-Piloten mit ihrem äußerst effektiven Streik im Sommer 2001 geboten: Hier entdeckte eine ansonsten als Experten hofierte Spezialistengruppe die kollektiven Handlungsmöglichkeiten, die machtvolles Belegschaftshandeln hervorbringen kann. Sie mobilisierten ihre Solidarisierungspotentiale auf der Basis eines sehr exklusiven Expertenselbstverständnisses, um auf ein betriebliches Kalkül des Managements (Renditesteigerung durch Kostensenkung) zu antworten, betriebsbezogene Handlungsmuster abzurufen (Streik) und ihre Forderungen mit der Position des eigenen Unternehmens in der Marktkonkurrenz zu begründen (höhere Einkommen der Piloten anderer Fluglinien). Sie reagierten damit auf eine Politik des Managements, die darin bestanden hatte, in der Krise den Piloten mit dem Appell an ihre Experteneinsicht materielle Zugeständnisse abzufordern, im Aufschwung aber Rationalisierungsgewinne nicht anteilig als Prämie für solche Vorleistungen zurückzugeben. Man könnte aus Sicht der Habitustheorie folgern, dass sich in der Hinwendung zu betriebsbezogenen Arbeitskampfformen verletzter Expertenstolz gespiegelt hat.

In einem allgemeineren Zusammenhang bedeuten solche Vorgänge, dass die »Expertensysteme« unter dem Strich auf dem Vormarsch sind, umgekehrt aber auch betriebliche Elemente in immer mehr »Expertensysteme« einziehen, was zu Span-

nungen und Konflikten führt. Diese strukturelle Spannung zwischen »Expertensystem« und Betriebsorganisation beruht darauf, dass die Arbeitsweise, die Arbeitsautonomie, die Spezialistenqualifikation und das exklusive, stark auf die »Kultur« und die »Ethik« ihrer Berufe abhebende Selbstverständnis der Experten mit den Herrschafts- und Machtaspekten betrieblicher industrieller Beziehungen und mit dem im Zweifel immer obsiegenden nüchternen betriebswirtschaftlichen Kalkül der Unternehmen spätestens mittelfristig – und vor allem in Krisenzeiten – kollidieren.

Das ist im Grunde keine grundstürzend neue Entwicklung. Eine solche Konstellation entstand nämlich in einer Reihe von neuen Industrien seit Mitte der 1850er Jahre und über ein überraschend breites Spektrum von Ländern hinweg. Es spricht viel dafür, dass die elitären, schroff exklusiv nach unten abgeschotteten, eng definierten Berufsgewerkschaften etwa der Puddler und Walzer in der Eisen- und Stahlindustrie, der Kohlebergleute (vor allem in England) oder der Buchdrucker (vor allem in Deutschland) Phänomene eines solchen Zusammenhangs waren, in dem Experten ihren Status und ihre Ehre in einem betrieblichen Kontext gegen die Zumutungen unternehmerischer Herrschaftsansprüche und betriebswirtschaftlichen Kalküls militant, egoistisch und über gewisse Zeiträume erstaunlich erfolgreich verteidigten.[55] Es bleibt abzuwarten, ob sich nicht in manch anderen betrieblich verfassten »Expertensystemen« – wie z. B. bei Ärzten in Kliniken – eine solche Berufsgewerkschaftsbewegung – an den Industriegewerkschaften vorbei – neu bildet. Als eine solche Berufsgewerkschaft, die in der Tat Wurzeln bis ins 19. Jahrhundert hinein zurückverfolgen könnte, wenn sie sich in die Tradition der Gewerkschaftsbewegung stellte, kann die *Pilotenvereinigung Cockpit* jedenfalls angesprochen werden.

Wenn man solche Erscheinungen als Kampf »intermediärer Gruppen« gegen drohenden Statusverlust interpretiert, bedeutet das gleichzeitig, dass diese zwar betriebliche Zumutungen und Marktrisiken bekämpfen, sich aber nicht grundsätzlich

---

54 Beck/Giddens/Lash (1996); Giddens (1995).
55 Für die Eisen- und Stahlindustrie: Welskopp (1994a).

gegen eine betriebliche Organisation und gegen den Markt stellen. Die frühen Berufsgewerkschaften waren militant, aber nicht radikal. Es gibt keinerlei Anzeichen dafür, dass sich dies bei ihren heutigen Pendants anders verhielte. Wenn man dagegen, wie dies hier durchgängig geschieht, Expertenwissen nicht auf wissenschaftliche oder technologieintensive Kenntnisbestände reduziert, sondern damit alle marktgängigen monopolisierbaren Wissensformen meint, kann man die historische Parallele noch weiter treiben: In einer solchen Logik könnte man die Handwerkszünfte des 19. Jahrhunderts als »Expertensysteme« bezeichnen, die *noch nicht* betriebsförmig organisiert waren, aber zunehmend unter den marktvermittelten Druck der kapitalistischen Kommerzialisierung gerieten. Das könnte erklären, warum die Handwerksgesellen, die den Weg zur frühen deutschen Arbeiterbewegung fanden, die »Klassenlinie« (Jürgen Kocka) weniger zwischen sich und den Meistern verorteten als vielmehr zwischen den Arbeitszusammenhängen in den Werkstätten insgesamt und der indirekt wirkenden Macht des »großen Kapitals«. In seinen Überlegungen zur »formellen Subsumtion« der Arbeit unter das Kapital, die freilich nicht in die drei Bände seines Hauptwerks eingingen, finden wir bei Karl Marx Formulierungen, die exakt in diese Richtung deuten:

»Der Meister befindet sich hier zwar im Besitz der Productionsbedingungen, Handwerkszeugs, Arbeitsmaterials (obgleich das Handwerkszeug auch dem Gesellen gehören kann), ihm gehört das Product. Insofern ist er *Capitalist*. Aber als Capitalist ist er nicht *Meister*. Er ist erstens zunächst selbst *Handwerker* und is supposed Meister zu sein in seinem Handwerk. Innerhalb des Productionsprocesses selbst figurirt er ebenso wohl als Handwerker wie seine Gesellen und er weiht erst seine Lehrlinge in das Geheimniß des Handwerks ein. Er hat zu seinen Lehrlingen ganz dasselbe Verhältniß wie ein Professor zu seinen Schülern. Sein Verhältniß zu Lehrlingen und Gesellen ist daher nicht das des Capitalisten als solchen, sondern des *Meisters* im Handwerk, der als solcher in der Corporation und daher ihnen gegenüber eine hierarchische Stellung einnimmt, die is supposed auf seiner eigenen *Meisterschaft* im Handwerk zu beruhn. Sein Capital ist daher auch sowohl seiner *stofflichen* Gestalt nach als seinem *Werthumfang* nach gebundenes Capital, das keineswegs noch die freie Gestalt des Capitals erhalten hat.«[56]

Der Sozialismus der frühen deutschen Sozialdemokratie reflektierte in einer solchen Lesart nicht nur die weiter vorherrschende kleine Warenproduktion in handwerklichen Werkstätten, die unter den Einfluss des Kapitals geraten war,[57] man könnte ihn, pointiert gesprochen, als Kampf von »Expertensystemen« gegen ihre »Verbetrieblichung« und Kommerzialisierung unter der Herrschaft des Kapitalismus interpretieren. Zwischen den nichtbetrieblich verfassten Handwerken des 19. Jahrhunderts und den »betriebslosen« »Expertensystemen« heutiger Prägung bestünde dann vor allem der gravierende Unterschied, dass sich das nachzünftige Handwerk radikal gegen die Einbettung in kapitalistische Markt- und Betriebsformen stemmte, während die »Expertensysteme« heutzutage miteinander wetteifern, wenn es gilt, Marktkonformität zu beweisen. Bestand das Gesellschaftsideal eines deutschen Sozialisten um 1870 in einem hierarchiefreien Nebeneinander genossenschaftlich betriebener »Expertensysteme«, so scheint das heutige Ideal der uneingeschränkt marktflexible Experte zu sein, der quasi der Manager seiner eigenen Arbeitskraft ist. Die Einbettung in nicht »verbetrieblichte« Arbeitszusammenhänge ist in beiden Phasen freilich gleich, und es drängt sich der Eindruck auf, als stünden sich das 19. und das 21. Jahrhundert in diesem Bereich näher als jedem von ihnen das 20. Jahrhundert.

Die Ausbreitung der »Expertensysteme« in der modernen Gesellschaft ist in vielen Bereichen eine Tatsache. Sie ist aber auch ein Eindruck, der entsteht, weil sich Habitusformen und Rhetorik, die für »Expertensysteme« typisch sind, immer aber in jeweils eigenen Ausprägungen auftreten, in Segmente der »Arbeitsgesellschaft« ausbreiten, in denen vom Status einer »intermediären Gruppe« keinesfalls noch gesprochen werden kann. Bei zunehmender Spezialisierung des Wissens und zunehmender Kommerzialisierung der Lebenswelt ist man in immer zahlreicheren Gebieten auf Anbieter auf dem

---

56 Marx (1988, S. 100).
57 Welskopp (2000).

Markt angewiesen, deren Expertenwissen nicht ehrfurchtgebietend aber hinreichend genug monopolisiert ist, um auf seine Dienstleistungen angewiesen zu sein. Auch dafür ist das – nunmehr moderne – Handwerk ein gutes Beispiel, wie jede Autoreparatur aufs neue schmerzlich beweist.

Das bedeutet nun aber, dass die Ausbreitung von kapillar ausdifferenzierten Expertendiskursen die »Arbeitnehmerrhetorik« früherer Zeiten, die heute vor allem noch von den Verbänden und Gewerkschaften gepflegt wird, an den Rand gedrängt hat. Zuweilen werden beide Sprechweisen regelrecht gegeneinander ausgespielt. Dabei hat sich die »Arbeitsgesellschaft« nicht so stark und nicht unbedingt in die Richtungen gewandelt, wie es an der Oberfläche des gesellschaftlichen Diskurses erscheint. Die betrieblichen Konflikte haben sich in der Spannung zwischen »Expertensystem« und Betrieb ebenso erhalten wie die betrieblichen und marktvermittelten »Klassenbeziehungen«. Die »Arbeitsgesellschaft« umfasst weiterhin sehr viel mehr als ihren sozialpolitisch problematisierten Rand. Ihre Institutionen, darunter an prominenter Stelle auch die Gewerkschaften, sind nicht obsolet geworden, sondern benötigen nur neue Orientierung und Mut zum Wandel. Die »kulturwissenschaftliche« Analyse sozialer Ungleichheit kann hierzu beitragen, gerade weil sie hinter die plakative Rhetorik und hinter die schematischen Vorstellungen des älteren Arbeitsdiskurses und der sozialgeschichtlichen »Klassentheorie« schaut. Nicht zuletzt der Brückenschlag zwischen den Verhältnissen des 19. und des 21. Jahrhunderts, zwischen Geschichte und Gegenwart, hat dabei angedeutet, welches Potenzial in einer »kulturwissenschaftlich« erweiterten und modifizierten »Klassentheorie« auch heute noch – oder gerade heute – stecken kann.

Literatur

BECK, ULRICH / GIDDENS, ANTHONY / LASH, SCOTT (1996) (Hg.), *Reflexive Modernisierung. Eine Kontroverse*, Frankfurt/M.: Suhrkamp. ■ BRAVERMAN, HARRY (1980), *Die Arbeit im modernen Produktionsprozess*, Frankfurt/M./New York: Campus. ■ BURRAGE, MICHAEL / TORSTENDAHL, ROLF (1990a) (Hg.), *The Formation of Professions*, London: Sage. ■ BURRAGE, MICHAEL / TORSTENDAHL, ROLF (1990b) (Hg.), *Professions in Theory and History*, London: Sage. ■ CAMPBELL, JOAN (1989), *Joy in Work, German Work. The National De-bate, 1800 – 1945*, Princeton: Princeton University Press. ■ DANIEL, UTE (2001), *Kompendium Kulturgeschichte*, Frankfurt/M.: Suhrkamp. ■ EDWARDS, RICHARD (1981), *Herrschaft im modernen Produktionsprozess*, Frankfurt/M./New York: Campus. ■ GIDDENS, ANTHONY (1995), *Konsequenzen der Moderne*, Frankfurt/M.: Suhrkamp. ■ GIDDENS, ANTHONY (1988), *Die Konstitution der Gesellschaft. Grundzüge einer Theorie der Strukturierung*, Frankfurt/M./New York: Campus. ■ GIDDENS, ANTHONY (1984), *Die Klassenstruktur fortgeschrittener Gesellschaften*, Frankfurt/M.: Suhrkamp. ■ GIDDENS, ANTHONY (1981), *A Contemporary Critique of Historical Materialism, Bd. 1: Power, Property, and the State*, London: Macmillan. ■ HINDRICHS, WOLFGANG u. a. (2000), *Der lange Abschied vom Malocher. Sozialer Umbruch in der Stahlindustrie und die Rolle der Betriebsräte von 1960 bis in die neunziger Jahre*, Essen: Klartext. ■ HRADIL, STEFAN (1987), *Sozialstrukturanalyse in einer fortgeschrittenen Gesellschaft. Von Klassen und Schichten zu Lagern und Milieus*, Opladen: Westdeutscher Verlag. ■ HRADIL, STEFAN (1999[7]), *Soziale Ungleichheit in Deutschland*, Opladen: Westdeutscher Verlag. ■ HUNT, LYNN (1984), *Politics, Culture, and Class in the French Revolution*, Berkeley: University of California Press. ■ JONES, GARETH STEDMAN (1988), »Sprache und Politik des Chartismus«, in: Jones, Gareth Stedman, *Klassen, Politik und Sprache. Für eine theorieorientierte Sozialgeschichte*, hg. u. eingel. von Schöttler, Peter, Münster: Westfälisches Dampfboot, S. 133–229. ■ KATZNELSON, IRA (1986), »Working-Class Formation: Constructing Cases and Comparisons«, in: Katznelson, Ira / Zolberg, Aristide R. (Hg), *Working-Class Formation: Nineteenth Century Patterns in Western Europe and the United States*, Princeton: Princeton University Press. ■ KOCKA, JÜRGEN (1983), *Lohnarbeit und Klassenbildung. Arbeiter und Arbeiterbewegung in Deutschland 1800 – 1875*, Berlin/Bonn: Dietz. ■ KOCKA, JÜRGEN / OFFE, CLAUS (2000a) (Hg.), *Geschichte und Zukunft der Arbeit*, Frankfurt/M.: Campus. ■ KOCKA, JÜRGEN (2000b), »Historische Sozialwissenschaft heute«, in: Nolte, Paul u.a. (Hg.), *Perspektiven der Gesellschaftsgeschichte*, München: C.H.Beck, S. 5–24. ■ LASH, SCOTT (1996), »Expertenwissen oder Situationsdeutung? Kultur und Institutionen im desorganisierten Kapitalismus«, in: Beck, Ulrich / Giddens, Anthony / Lash, Scott (Hg.), *Reflexive Modernisierung. Eine Kontroverse*, Frankfurt/M.: Suhrkamp, S. 338–364. ■ MARX, KARL (1988), »Ökonomische Manuskripte 1863 – 1867«, in: *Karl Marx Friedrich Engels Gesamtausgabe (MEGA)[2] II/4.1*, Berlin (DDR): Dietz. ■ MARX, KARL / ENGELS, FRIEDRICH (1848), »Manifest der Kommunistischen Partei«, in: *Programmatische Dokumente der deutschen Sozialdemokratie*, hg. u. eingel. von Dowe, Dieter / Klotzbach, Kurt, Berlin/Bonn: Dietz, 1990[3], S. 59–90. ■ MERGEL, THOMAS / WELSKOPP, THOMAS (1997) (Hg.), *Geschichte zwischen Kultur und Gesellschaft. Beiträge zur Theoriedebatte*, München: C.H.Beck. ■ MONTGOMERY, DAVID (1987), *The Fall of the House of Labor. The Workplace, the State, and American Labor Activism, 1865 – 1925*, Cambridge/MA u.a.: Cambridge University Press. ■ MOOSER, JOSEF (1983), »Abschied von der ›Proletarität‹. Sozialstruktur und Lage der Arbeiterschaft in der Bundesrepublik in historischer Perspektive«, in: Conze, Werner / Lepsius, M. Rainer (Hg.), *Sozialgeschichte der Bundesrepublik Deutschland*, Stuttgart: Klett-Cotta, S. 143–186. ■

MOOSER, JOSEF (1984), *Arbeiterleben in Deutschland 1900 – 1970. Klassenlagen, Kultur und Politik*, Frankfurt/M.: Suhrkamp. ■ MÜLLER, HANS-PETER (1992), *Sozialstruktur und Lebensstile. Der neuere Diskurs über soziale Ungleichheit*, Frankfurt/M.: Suhrkamp. ■ NOLTE, PAUL (2000), *Die Ordnung der deutschen Gesellschaft. Selbstentwurf und Selbstbeschreibung im 20. Jahrhundert*, München: C. H.Beck. ■ NOLTE, PAUL (2001), »Unsere Klassengesellschaft. Wie könnten die Deutschen angemessen über ihr Gemeinwesen sprechen? Ein unzeitgemäßer Vorschlag«, in: *Die Zeit*, 2, 04. 01. 2001, S. 7. ■ OFFE, CLAUS (2000), »Anmerkungen zur Gegenwart der Arbeit«, in: Kocka, Jürgen / Offe, Claus (Hg.), *Geschichte und Zukunft der Arbeit*, Frankfurt/M.: Campus, S. 493–501. ■ OFFE, CLAUS (1999), »Die Arbeitsgesellschaft. ›Die Zukunft der Arbeit‹«, in: Pongs, Armin, *In welcher Gesellschaft leben wir eigentlich? Gesellschaftskonzepte im Vergleich*, Bd. 1, München, Dilemma, S. 197–218. ■ OFFE, CLAUS (1984), »*Arbeitsgesellschaft*« – *Strukturprobleme und Zukunftsperspektiven*, Frankfurt/M./New York: Campus. ■ PONGS, ARMIN (1999/2000), *In welcher Gesellschaft leben wir eigentlich? Gesellschaftskonzepte im Vergleich*, 2 Bde., München: Dilemma. ■ RITTER, GERHARD A. / TENFELDE, KLAUS (1992), *Arbeiter im deutschen Kaiserreich 1871 bis 1914*, Bonn: Dietz. ■ ROHE, KARL (1992), *Wahlen und Wählertraditionen in Deutschland*, Frankfurt/M.: Suhrkamp. ■ SAVAGE, DEBORAH A. / ROBERTSON, PAUL L. (1999), »The Maintenance of Professional Authority: The Case of Physicians and Hospitals in the United States«, in: Robertson, Paul L. (Hg.), *Authority and Control in Modern Industry. Theoretical and Empirical Perspectives*, London/New York, S. 155–172. ■ SEWELL, WILLIAM H., JR. (1980), *Work and Revolution in France. The Language of Labor from the Old Regime to 1848*, Cambridge/MA: Cambridge University Press. ■ SPOHN, WILLFRIED (1985), »Klassentheorie und Sozialgeschichte. Ein kritischer Vergleich der klassengeschichtlichen Interpretationen der Arbeiterbewegung durch Edward P. Thompson und Jürgen Kocka«, in: *PROKLA*, 61, S. 126–138. ■ SULLIVAN WILLIAM (1995), *Work and Integrity: The Crisis and Promise of Professionalism in America*, New York: Vintage Books. ■ THOMPSON, EDWARD P. (1984³), *The Making of the English Working Class*, Harmondsworth: Penguin Books. ■ VESTER, MICHAEL U.A. (2001), *Soziale Milieus im gesellschaftlichen Strukturwandel. Zwischen Integration und Ausgrenzung*, Frankfurt/M.: Suhrkamp. ■ WEBER, MAX (1980⁷), *Wirtschaft und Gesellschaft*, hg. von Winckelmann, Johannes, Tübingen: Mohr. ■ WEHLER, HANS-ULRICH (2001), *Historisches Denken am Ende des 20. Jahrhunderts 1945 – 2000*, Göttingen: Wallstein. ■ WEHLER, HANS-ULRICH (1998), *Die Herausforderung der Kulturgeschichte*, München: C. H.Beck. ■ WELSKOPP, THOMAS (1994 a), *Arbeit und Macht im Hüttenwerk. Arbeits- und industrielle Beziehungen in der deutschen und amerikanischen Eisen- und Stahlindustrie von den 1860er bis zu den 1930er Jahren*, Bonn: Dietz. ■ WELSKOPP, THOMAS (1994 b), »Ein modernes Klassenkonzept für die vergleichende Geschichte industrialisierender und industrieller Gesellschaften«, in: Lauschke, Karl / Welskopp, Thomas (Hg.), *Mikropolitik im Unternehmen. Arbeitsbeziehungen und Machtstrukturen in industriellen Großbetrieben des 20. Jahrhunderts*, Essen: Klartext, S. 48–106. ■ WELSKOPP, THOMAS (1997), »Der Mensch und die Verhältnisse. ›Handeln‹ und ›Struktur‹ bei Max Weber und Anthony Giddens«, in: Mergel, Thomas / Welskopp, Thomas (Hg), *Geschichte zwischen Kultur und Gesellschaft. Beiträge zur Theoriedebatte*, München: C. H.Beck, S. 39–70. ■ WELSKOPP, THOMAS (1998), »Klasse als Befindlichkeit? Vergleichende Arbeitergeschichte vor der kulturhistorischen Herausforderung«, in: *Archiv für Sozialgeschichte*, 38, S. 301 – 336. ■ WELSKOPP, THOMAS (1999), »Class Structures and the Firm: The Interplay of Workplace and Industrial Relations in Large Capitalist Enterprises«, in: Robertson, Paul L. (Hg.), *Authority and Control in Modern Industry. Theoretical and Empirical Perspectives*, London/New York, S. 73–119. ■ WELSKOPP, THOMAS (2000), *Das Banner der Brüderlichkeit. Die deutsche Sozialdemokratie vom Vormärz bis zum Sozialistengesetz*, Bonn: Dietz. ■ WELSKOPP, THOMAS (2001), »Die Dualität von Struktur und Handeln. Anthony Giddens’ Strukturierungstheorie als ›praxeologischer‹ Ansatz in der Geschichtswissenschaft«, in: Suter, Andreas / Hettling, Manfred (Hg.), *Struktur und Ereignis*, Göttingen: Vandenhoeck & Ruprecht, S. 99–119. ■ WINKLER, HEINRICH AUGUST (2000), *Der lange Weg nach Westen, Bd. 1: Deutsche Geschichte vom Ende des Alten Reichs bis zum Untergang der Weimarer Republik*, München: C. H.Beck. ■ WOOD, ELLEN MEIKSINS (1995), *Democracy against Capitalism. Renewing Historical Materialism*, Cambridge: Cambridge University Press. ■ ZIEGLER, DIETER (Hg.) (2000), *Großbürger und Unternehmer. Die deutsche Wirtschaftselite im 20. Jahrhundert*, Göttingen: Vandenhoeck & Ruprecht. ■ ZWAHR, HARTMUT (1978), *Zur Konstituierung des Proletariats als Klasse. Strukturuntersuchung über das Leipziger Proletariat während der industriellen Revolution*, Berlin (DDR): Akademieverlag.

13.3 Macht es die Masse? – eine Problemskizze zur Massenkultur

Gertrud Koch

Unschwer lässt sich der Begriff der Masse, wie er seit dem Ende des 19. Jahrhunderts und vor allem in der Kulturkritik gebräuchlich geworden ist, auf seine Vorgeschichte zurückführen, in der Materie und Geist, Ungeformtes und Schöpfung sich erst mythologisch, dann szientifisch aufeinander bezogen. »Masse« bezeichnet möglicherweise bereits vom hebräischen »mazza« her, dem Wort für ungesäuertes Brot, sowohl im Griechischen wie im Lateinischen einen Brotteig oder -klumpen. Eine Herkunft, die noch in der theologischen Debatte um die materiale Beschaffenheit jenes Brotes sich niedergeschlagen hat, an dem die rituelle Transsubstantiation vollzogen wird. Damit erfolgt der Eintritt der Massa in die christlich geprägte Kulturgeschichte bereits in jener Doppelstellung, die zwischen dem Ungeformten und dem Form- und damit Rettbaren sich ausspannt. Seitdem wurde der göttliche Funke, der die träge Masse entflammt oder zumindest bewegt hatte, sukzessive säkularisiert und allenfalls noch als Dämon oder Antichrist in einem verführten oder besessenen Volkskörper ausgemacht. Oder es werden in negativen, als Hybris gebrandmarkten Schöpfungen, wie sie beispielsweise in die Golem-Legenden oder Frankensteinschen Experimente der Verlebendigung der toten Materie oder der Materie Toter Einzug gehalten haben, die Spannungen zwischen scientifischen und mythischen Weltbildern ausagiert.

Dem Begriff der ›Massenkultur‹ hängt eine implizite Debatte an, die zutiefst geprägt ist von den widerstreitenden Einschätzungen und Definitionen des Massenbegriffs selbst. Während er sich im angloamerikanischen Raum als fester Begriff der Kommunikationssoziologie etabliert hat, haftet ihm im europäischen und speziell deutschen Sprachgebrauch immer noch etwas Verächtliches an. Die großen Kulturkritiken umkreisen das ambivalent verstandene Konzept ebenso vorsichtig wie die politischen Theorien, die zu Recht die binäre Konstruktion von Masse versus Individuum einer Revision unterziehen. Die Rede von der ›Masse‹ weist zurück auf die Erscheinungsbilder des 19. Jahrhunderts, aus dem der Begriff in die Ereignisse des 20. Jahrhunderts übergesprungen ist. Jürgen Habermas hat ein plastisches Bild dieses Zusammenhangs entworfen, wenn er schreibt: »Zu Beginn unseres Jahrhunderts ist die Bevölkerungsexplosion von den Zeitgenossen zunächst in der sozialen Gestalt der ›Masse‹ wahrgenommen worden. Auch damals war dieses Phänomen nicht ganz neu. Bevor sich LeBon für die *Psychologie der Massen* interessiert, kennt der Roman des 19. Jahrhunderts schon die massenhafte Konzentration von Menschen in Städten und Wohnquartieren, in Fabrikhallen, Büros und Kasernen, auch die massenhafte Mobilisierung von Arbeitern und Auswanderern, von Demonstranten, Streikenden und Revolutionären. Aber erst zu Beginn des 20. Jahrhunderts verdichten sich Massenströme, Massenorganisationen und Massenaktionen zu aufdringlichen Erscheinungen, die die Vision vom *Aufstand der Massen* (Ortega y Gasset) auslösen.«[1]

Die Verbindung der physikalischen Bestimmung von einer inerten Masse, die später dann von einer *invisible hand* gesteuert wird, mit den kulturkritischen Affekten gegen den Pöbel, jenem gärenden und unförmigen Teig, der nur mühsam von den Mächten verknetet und in die institutionellen Formen der öffentlichen Ordnung auszustechen ist, wurde hinreichend benannt. Ihr entstammen schließlich diejenigen Ansätze der Massenpsychologie, die bei Freud zu einer Inversion führen, in der Massenpsychologie und Ich-Analyse zusammengedacht werden. Obwohl Freud Le Bon vor allem darin zustimmen kann, dass er bereits mit Konzepten des Unbewussten arbeitet, die denen der Psychoanalyse nahe kommen, schreibt er in kritischer Abgrenzung: »Alles, was er Abträgliches und Herabsetzendes über die Äußerungen der Massenseele sagt, ist schon vor ihm ebenso bestimmt und ebenso feindselig von

---

1 Habermas (1998, S. 66).

anderen gesagt worden, wird seit den ältesten Zeiten der Literatur von Denkern, Staatsmännern und Dichtern gleichlautend so wiederholt.«[2]

Im Weiteren macht Freud dann eine wichtige Unterscheidung auf: »Man hat wahrscheinlich als ›Massen‹ sehr verschiedene Bildungen zusammengefaßt, die einer Sonderung bedürfen. [...] Es ist unverkennbar, daß die Charaktere der revolutionären Massen, besonders der großen französischen Revolution, ihre Schilderungen beeinflußt haben. Die gegensätzlichen Behauptungen stammen aus der Würdigung jener stabilen Massen oder Vergesellschaftungen, in denen die Menschen ihr Leben zubringen, die sich in den Institutionen der Gesellschaft verkörpern.«[3]

Freuds Essay wird in der üblichen Lesart direkter an Le Bon angeschlossen, als sein Autor dies tut. Dabei stellt Freud an die Stelle der kulturkritischen Subsumtion unter den Affekt gegen die Masse ans Ende offene Fragen, wie die nach der Masse ohne Führer, der Integration durch Identifizierung und der »Sonderung von Ich und Ichideal«. In Freuds Essay, einige Jahre vor Kracauers *Ornament der Masse* geschrieben, wird die Masse bereits zu einer Art Komplex libidinös über Identifizierungen aneinander gebundener einzelner Mitglieder. Die Masse kann sich Freud ansatzweise bereits als eine führerlos gewordene Urhorde vorstellen, die ihre feindseligen und ihre narzisstischen Strebungen in mehreren Phasen von Identifizierungen zivilisiert hat. Freud, selbst beileibe kein hemmungsloser Utopist, sieht doch auch in der modernen Masse einen Fortschritt im Sinne der lernfähigen »Stachelschweine« Schopenhauers: »Eine Gesellschaft Stachelschweine drängte sich an einem kalten Wintertage recht nahe zusammen, um durch die gegenseitige Wärme sich vor dem Erfrieren zu schützen. Jedoch bald empfanden sie die gegenseitigen Stacheln, welches sie dann wieder voneinander entfernte. Wenn nun das Bedürfnis der Erwärmung sie wieder näher zusammenbrachte, wiederholte sich jenes zweite Übel, so daß sie zwischen beiden Leiden hin- und hergewor-

fen wurden, bis sie eine mäßige Entfernung herausgefunden hatten, in der sie es am besten aushalten konnten.«[4]

Die Ambivalenz als unausweichliche Begleiterscheinung des Gefühlslebens bestimmt in diesem von Freud bei Schopenhauer ausgeliehenen Gleichnis die Erfordernis einer Art Selbstregulierung der Masse. Die Vergesellschaftung des Stachelschweins ist die Voraussetzung seines Überwinterns. Die Masse wird hier bereits nicht mehr antagonistisch sondern ontologisch gesetzt: Mit und in ihr müssen wir Stachelschweine uns formen. Die Masse ist nicht mehr Inhalt sondern Form.

Was mich im Folgenden interessiert, ist, wie sich eine eher phänomenologisch und epistemologisch orientierte Konzeption einer regulativ gesteuerten Masse ausnimmt, die sich an den Stätten der Massenkultur selbst beschaut. Dazu möchte ich einige der Begriffe und Konzepte untersuchen, die Kracauer in seinem berühmten Essay *Das Ornament der Masse* aus dem Jahre 1927 verwendet hat.

Das erste der sechs Kapitel des *Ornaments der Masse* lässt sich als ein epistemologisches Programm verstehen: »Der Ort, den eine Epoche im Geschichtsprozeß einnimmt, ist aus der Analyse ihrer unscheinbaren Oberflächenäußerungen schlagender zu bestimmen als aus den Urteilen der Epoche über sich selbst. Diese sind als der Ausdruck von Zeittendenzen kein bündiges Zeugnis für die Gesamtverfassung der Zeit. Jene gewähren ihrer Unbewußtheit wegen einen unmittelbaren Zugang zu dem Grundgehalt des Bestehenden. An seine Erkenntnis ist umgekehrt ihre Deutung geknüpft. Der Grundgehalt einer Epoche und ihre unbeachteten Regungen erhellen sich wechselseitig.«[5]

Es hat sich eingebürgert, Kracauers Begriff der *Oberfläche* als zentralen Topos seines Denkens zu kennzeichnen. Verfolgt man diese Spur durch seine Schriften, dann kann man rasch feststellen, dass dieses *Denkbild* keineswegs eindeutig ist. Im einleitenden Kontext des *Ornaments der Masse* wird die Oberfläche zum Denkbild, unter dem die Masse erfahrbar gemacht wird. »Grundgehalt« und »Oberflächenäußerungen« erhellen sich wechselseitig. Dabei haben die »Oberflächenäußerungen« einen »unmittelbaren« Zugang zum Gehalt. Der »unmittelbare« Zugang liegt in der Unbewusstheit. Das Unbewusste enthält den Schlüssel zum Bewusstsein, das eine his-

---

2 Freud (1967, S. 88).
3 Freud (1967. S. 90).
4 Zit. nach Freud (1967, S. 110).
5 Kracauer (1990, S. 57).

torische Zeit über sich selber erlangen kann. Das Unbewusste ist der Königsweg zur Selbsterkenntnis einer Gesellschaft, die Oberfläche ist der Traum, den sie von sich selber träumt und der sie deutbar macht. Der Traum erhellt den Träumer. In ihren Ornamenten träumt sich die Masse. Der Gehalt des Traumes ist ihr gesellschaftlicher Grund. Das wäre die oft vollzogene psychoanalytische Deutung der Textstelle, die als Dechiffrierung von Hieroglyphen gedacht wird.[6]

Eine andere Lesart der Textstelle lässt sich aus der Raumkonstruktion erschließen, die sich aus dem architektonischen Denken Kracauers plausibilisieren ließe. Die Oberflächenäußerungen wären dann selbst als Ornament zu denken, die an einem Ort zu suchen sind, zu dessen Fundament sie den Zugang weisen. Liest man den Text vom »Ort« her und nicht von der Sprachähnlichkeit der »Äußerungen«, dann erscheint die Oberfläche als ein *Denkbild* oder eine Art Rebus.

Als Begriff wird die Masse von Kracauer nicht mehr losgelöst von den Ornamenten, die sie bildet. Die Masse schaut sich im Ornament der Masse zu, ohne sich selbst darin ganz durchschauen zu können. Die Menge auf den Tribünen kann perspektivisch das Ornament der Masse im Stadion erblicken, aber sie hat keine Perspektive auf sich selbst. Der Punkt, von dem aus die Masse entfaltet wird, der einer demiurgischen, aber anonym bleibenden Regie, entfällt. Die führerlose Masse jubelt sich selber zu.

Zurecht hat Miriam Hansen darauf hingewiesen, dass:»Kracauers distress seems to be far less over the parallel between chorus line and assembly-line, as is often claimed, than over the ›muteness‹ of the mass ornament, its lack of (self-)consciousness, as it were, its inability to read itself.«[7] »Der Regelmäßigkeit ihrer Muster«, schreibt Kracauer, »jubelt die durch die Tribünen gegliederte Menge zu.« Und, so fährt er fort: »Das Ornament wird von den Massen, die es zustandebringen, nicht mitgedacht. So linienhaft es ist: keine Linie dringt aus den Massenteilchen auf die ganze Figur. Es gleicht darin den *Flugbildern* der Landschaften und Städte, daß es nicht dem Innern der Gegebenheiten erwächst, sondern über ihnen erscheint.[...] Je mehr ihr Zusammenhang zu einem bloß linearen sich entäußert, um so mehr entzieht sie sich der Bewußtseinsimmanenz ihrer Bildner.«[8]

Was Kracauer damit ausschließt, ist jener Überhang an Handlungsfähigkeit, die für Freud die Masse vor dem Einzelnen auszeichnet. Aus diesem Grunde attestiert Freud der Masse die Fähigkeit, moralischer zu handeln, als es der Einzelne vermöchte. In diesem Gedanken unterhält Freud einen eigenen Rationalitätsanspruch auf die Massenbildung, die, wie wir schon gesehen haben, den Stachelschweinen das Leben erst erträglich macht, weil sie den narzisstischen Egozentrismus des Einzelnen binden kann, sozusagen die ›Ellenbogenmentalität‹ des Stachelschweins eindämmen kann. *Diesen* Rationalitätsgewinn, den moralischen Fortschritt in der politischen Bindung in der Masse, den später Marcuse noch einmal im Anschluss an Freuds Theorie von der libidinösen Anbindung der Subjekte an den Prozess der Zivilisation versucht stark zu machen als Gedanken der politischen Philosophie, sieht Kracauer in seinem Konzept der Masse nicht. Darin bleibt er dem Massen-Begriff der Kulturkritik noch verhaftet, unter die Freuds Schrift zur *Massenpsychologie und Ich-Analyse* ja meistens auch abgelegt wird.

Interessant ist die Frage, warum Kracauer das Problem der Selbstrepräsentanz nicht einführt, bzw. warum er es nur negativ in der Rede von der »Unlesbarkeit« und »Stummheit« thematisiert. Das Scheitern des zivilisatorischen Prozesses, in dem die archaische Urhorde zur zivilen Masse werden könnte, ist darin vorgezeichnet. Kracauers Zivilisationskritik ist die an der halbierten Rationalität des Kapitalismus und trifft sich darin mit den späteren Ansätzen der Kritischen Theorie, vor allem in Adorno/Horkheimers *Dialektik der Aufklärung*, in der sich Aufklärung und Mythos auf ähnliche Weise ineinander verhaken.

Insofern kann man sagen, dass Kracauer sich von der traditionellen Kulturkritik darin unterscheidet, dass er nicht den gordischen Knoten der Moderne nach seinem Zerschlagen in zwei Hälften zerfallen lässt, sondern der Ratio einen höheren Begriff der Vernunft anstelle der Regression in die Irrationalität

---

6 Vgl. hierzu die Arbeiten von Inka Mülder-Bach, Miriam Hansen u.a.

7 Hansen (1992, S. 65).

8 Kracauer (1990, S. 59).

entgegensetzt. Damit hält er auch an einem komplexeren Begriff der Masse fest. Und mit ihm auch an einem der Massenkultur: »Das Massenornament ist der ästhetische Reflex der vom herrschenden Wirtschaftssystem erstrebten Rationalität. […] Wie gering immer der Wert des Massenornaments angesetzt werde, es steht seinem Realitätsgrad nach über den künstlerischen Produktionen, die abgelegte höhere Gefühle in vergangenen Formen nachzüchten; mag es auch nichts weiter bedeuten.«[9]

Kracauer setzt also wie Benjamin und im Gegensatz zu Adorno und Horkheimer auf einen Typus rettender Kritik an der Massenkultur, die Adorno und Horkheimer als ›Betrug‹ auffassen, in dem sich die »Dialektik der Aufklärung« ein weiteres Mal vollzieht, – zusammen mit der von Freud und Max Weber eindringlich beschworenen Entzauberung von Welt und Subjekt. Während die konservative Kulturkritik den Aufstieg der Massen mit dem Untergang des Abendlandes synchronisiert, vollzieht sich freilich auch das politische Potential der Masse als neuer Souverän. Die ambivalente Illustration auf dem Einband von Hobbes's *Leviathan* sah das klar: Der Souverän wird ebenso von der Masse überschrieben, wie die Masse selbst zum Staatskörper wird. Die Masse wurde ein zwiespältiges Phänomen, zum einen fungierte sie als »bad object«, als Mob oder Lumpenproletariat, wie es seit der Französischen Revolution die Strassen unsicher machte, für andere wurde sie zum unterdrückten Alter Ego republikanischer Eliten, der Geist in der Flasche demokratischer Souveränität, von dem unklar war, wie er repräsentiert werden sollte. Mit dem politischen Repräsentationsproblem geht das kulturelle Hand in Hand: Wie soll aus der Masse heraus ein öffentlicher Wille entstehen? Kann die Masse, wenn sie sich einmal lesen gelernt hat, auch sprechen, entwickelt sie ›Kultur,‹ in der sie sich repräsentierte, wie man es der bürgerlichen Kunst einmal nachsagte? Die Frage der Repräsentation wird zur gleichen Zeit ins Zentrum der demokratietheoretischen Bemühungen gerückt, denn die Frage, wie der politische Wille und der sie beglei-

tende Meinungsbildungsprozess sich herausbildet, setzt die Transformation der Masse in eine diskutierende Öffentlichkeit voraus. Aus der blinden Masse soll nun ein partizipierendes Publikum werden, das an den öffentlichen Anglegenheiten, der res publica, aktiv Anteil nimmt und Entscheidungen trifft.

Die von Kracauer beschworene Organisationsschwäche der Masse in Bezug auf sich selbst hat ins Institutionengefüge eingegriffen; die großen politischen Öffentlichkeitstheorien, Deweys Theorie der ›Great Society‹ zumal, haben eine andere Richtung eingeschlagen. Deweys Vorstellung von der immer weiter inkludierenden Transformation der ›großen Gesellschaft‹ in die ›große Gemeinschaft‹ als Voraussetzung einer wirklichen ›Öffentlichkeit‹ hatte sich ebenfalls in den zwanziger Jahren geformt. 1925 entzündet sie sich an der Kritik Walter Lippmanns am utopischen Charakter des »Phantoms Öffentlichkeit«,[10] das eine Handlungsfähigkeit der Bürgermassen im politischen Raum der Demokratie voraussetzte, die er für die idealistische Beschwörung eines ›Phantoms‹ hielt. Dagegen beharrte Dewey auf der politischen und sozialen Realisierungschance und -notwendigkeit des Modells einer politischen Öffentlichkeit, zu der sich die Bürger zusammenfinden mussten, um ihre politischen Meinungsbildungsprozesse über die formale Wahlbeteiligung hinaus leisten zu können. Es ist interessant zu sehen, wie Dewey die konservative Kritik am erstarrten Demokratieprinzip der Volkssouveränität von Lippmann beantwortete: Er gibt Lippmanns Kritik zwar teilweise recht, schlägt dagegen aber ein Modell der sukzessiven Integration vor, das er erstaunlicherweise unter Rückgriff auf ein anderes Modell für lösbar hält: die Kunst und ihre kommunikativen Fähigkeiten. Einer Kunst freilich, die sich auf der Höhe der technischen Verbreitungsmedien zu deren Zivilisierung bereit finden muss: So schreibt Dewey im Kapitel über »Kommunikation als Kunst«: »Der Menschen bewußtes Leben von Meinung und Urteil verläuft oft auf einer oberflächlichen und trivialen Ebene. Ihre Leben erreichen aber eine tiefere Stufe. Es war immer die Funktion der Kunst, die Kruste des konventionalisierten und routinierten Bewußtseins zu durchbrechen.«[11] Und er fährt später fort: »Die Künstler waren immer die wirklichen Boten von Neuigkeiten, denn nicht die äußere Begebenheit an sich ist

---

9 Kracauer (1990, S. 60).
10 Lippmann (1925).
11 Dewey (1996, S. 155).

das Neue, sondern die Gefühle, die Wahrnehmungen und die Erkenntnisse, durch die sie entfacht werden. [...] eine subtile, empfindsame, lebendige und empfängliche Kunst der Kommunikation [muss] von der physischen Apparatur der Übertragung und Verbreitung Besitz ergreifen und ihr Leben einhauchen.«[12] Natürlich wäre Dewey nicht Dewey und der Pragmatismus nicht der Pragmatismus, wenn es nicht auch in der Kunst ums Lernen ginge. Freilich lernen wir von der Kunst etwas anderes als von der Wissenschaft: das Neue zu kommunizieren. Und Kommunizieren heißt zuallererst, Erfahrungen zu machen im Sinne einer reflexiven Verarbeitung des Erlebens, der Wahrnehmungen und Gewissheiten, deren Konsequenzen und Erkenntnisfunktionen sonst durchs Gitter der Vorurteile und blinden Traditionen fallen. Die Kunst formuliert die neuen Erfahrungen und genau darin liegt ihre praktische, kommunikative Fähigkeit.

Die Diskrepanz zwischen neuem, technischem Verbreitungsapparat, der die Masse zu einem Publikum zusammenschließen könnte und der Vorstellung, dass er dies gerade verhindert und die Masse als solche festschreibt, wird zum Kernkonflikt der politischen Theorie der Massenkultur. Quer zu den politischen Lagern und Optionen gruppieren sich die Theoreme um den einen oder den anderen Pol.

In der Regel wird die Massenkultur und -kunst von der bürgerlichen, ›hohen‹ autonomen Kunst unterschieden. Wo dies nicht aus elitärem oder kulturkonservativem Affekt heraus geschieht, gibt es auch gute Gründe, Unterscheidungen zu treffen. Dazu stellt sich als erstes die Frage, was Massenkultur ist. Sie ist vorab zu unterscheiden von der Populärkultur im ethnologischen Sinne, zu der man ethnisch-kulturelle Mythen und Erzählungen, Musik und Tänze zählen würde, die als anonyme, autorlose Traditionen wie Ornamente und Baustile regional bzw. von ethnischen Gruppen weitergegeben wurden und die in der Regel mit der Moderne ins Volkskundemuseum verschwunden sind. Massenkultur und -kunst ist ein Phänomen der industrialisierten Moderne und globalisierter Märkte. Sie wird für einen internationalen Markt produziert und weltweit konsumiert. Konsumiert wird sie im Übrigen nicht nur horizontal/global, sondern auch vertikal/inkludierend durch alle sozialen Schichten hindurch.

Massenkultur ist also durch und durch exoterisch, während die autonome Kunst horizontal/global und vertikal/esoterisch auf gebildete Experten hin angewiesen ist, und die Populärkultur (Volkskunst) horizontal/regional und vertikal/exoterisch ist.

In seiner Studie zur ›Mass Art‹ gibt Noel Carroll folgende Definition der Massenkunst:«What is called ›mass art‹ has not existed everywhere throughout human history. The kind of art – of which movies, photography, and rock-and-roll recording provide ready examples – that surfeits contemporary culture has a certain historical specificity. Its the art of a particular type of culture. It has arisen in the context of modern industrial mass society and it is expressly designed for use by that society, amploying, as it does, the characteristic productive forces of that society – namely mass technologies of production and distribution – in order to deliver art to enormous consuming populations – populations that are ›mass‹ in the sense that they cross national, class, religious, political, ethnic, racial, and gender boundaries.«[13]

Mit dieser Definition tritt der Begriff der Masse erneut auf den Plan – und zwar mit einer Beschreibung, die genau das an der Masse erfasst, was sie den Philosophen des 19. und 20. Jahrhunderts so suspekt gemacht hatte. Dass die Masse sich nicht mehr auf Gruppen hin abbilden lässt, rührt an den panischen Gedanken, der ihre ersten Auftritte begleitet hatte, und in ihr vor allem das Amorphe, Ungeformte und Formbare sah. Die ›Masse‹ vertritt keine partikularen Interessen mehr, sondern ist eine Masse von Konsumenten geworden. Ihre interne Kohärenz ist eine kulturelle, insofern sie ihren losen Zusammenhalt in der Rezeption kultureller Güter findet. Einerseits fungiert die Masse damit als erste globale Entität, gleichzeitig aber widerspricht ihre Form den traditionellen Anforderungen an einen politischen ›Körper‹ – ist also der Aufstieg der Masse eine Reise ins Nichts? Dafür scheinen die Daten zu sprechen, die von einem erheblichen Schwund in der Anteilnahme der ›Massen‹ an den klassischen Institutionen politischer Partizipation ausgehen (Parteimitgliedschaft; Wahlverhalten; Gewerkschaften etc.)

---

12 Dewey (1996, S. 155).
13 Carroll (1998, S. 185).

Zwar ist sie horizontal bestens vernetzt, aber die Dauer der jeweiligen Zugehörigkeit zu einer Öffentlichkeit wird immer geringer. Die politischen Strategien der NGO's und der neuen sozialen Bewegungen lassen sich auch in diesem Kontext verstehen: Es bilden sich kurzfristige, an bestimmten Ereignissen oder Konflikten orientierte Öffentlichkeiten, die ihre Auftritte nicht nur auf der Straße haben, sondern vor allem auch kalkuliert in den Massenmedien planen. Sie orientieren sich an den kulturellen Mustern der Rezeption von Massenkultur.

Von dieser Diagnose gehen auch die Analysen aus, die sich mit den impliziten Organisationsformen befassen, die Massenmedien ihren Rezipienten nahe legen. In der Massenkommunikationsforschung ist ob dieser Frage eine Debatte entstanden, ob man in Bezug auf das globalisierte TV-Publikum von »audience« im Sinne einer lose um Programme sich scharenden Zuhörerschaft, oder aber von »public« im Sinne einer starken, homogen organisierten Öffentlichkeit eines festen Publikums sprechen soll. Insbesondere Teile der *Cultural Studies* plädieren hier für eine Neubewertung des Status' von ›audiences‹. Denn diese bildeten sich als lokale Kulturen um bestimmte Programme herum, die sich zwar additiv als ›Masse‹ bestimmen lassen, aber in der Rezeption Gruppen bilden, die in lokalen Kulturen münden. Deren Politik ist die eines Multikulturalismus, in dem es um die diskursive Behauptung eigener Interessen geht. Differenz und Macht sind die Parameter dieses auf Foucaults Machttheorie aufbauenden Modells. Öffentlichkeit und ein allgemeines Publikum, das in ihr agiert, wird agonistisch gefasst und nicht mehr als Fortsetzung des Modells der Französischen Revolution einer volonté générale aufgefasst.

Wie sehr bereits in der Entscheidung für einen der beiden Begriffe ›Publikum‹/›Audience‹ theoretische Einschätzungen in Bezug auf die politische Dimension der Massenkultur vorgenommen werden, hat Daniel Dayan in einem aufschlussreichen Aufsatz untersucht. Dabei kommt er zum Schluss, dass das Publikum des TV »rapidly mobilized and rapidly dissolved«, das Leben eines Meteoriten

führt, das Leben einer »fugitive community.«[14] »The commitment of the television public turns out to be weakend either by the marginality of its fictional objects or by its fugitive, short-lived timespan. In other words, if a public exists in relation to television, its existence must be qualified. It is an almost public.«[15]

Das ›Beinahe-Publikum‹ des TV und das lose Netz der digitalen Kulturen der Computer User der Chat Rooms und Websites stellen die Frage wieder neu, ohne Antworten zu bilden: Wo verläuft die Grenze zwischen einer technisch vernetzten Masse und ihrer kulturellen und politischen Repräsentation?

Literatur

Für weitergehende Literaturnachweise siehe v.a. Krenzlin, Norbert (Hg.) (1992), *Zwischen Angstmetapher und Terminus. Theorien der Massenkultur seit Nietzsche*, Berlin: Akademie Verlag.
ADELMANN, RALF U.A. (Hg.) (2003), *Grundlagentexte zur Fernsehwissenschaft*, Konstanz: UVK Verlagsgesellschaft. ■ ADORNO, THEODOR W. (1938), »Über den Fetischcharakter in der Musik und die Regression des Hörens«, in: *Zeitschrift für Sozialforschung*, VII, Heft 3, München: Deutscher Taschenbuch Verlag. ■ ADORNO, THEODOR W. (1981), »Kulturindustrie als Massenbetrug«, in: Adorno, Theodor W., *Dialektik der Aufklärung. Gesammelte Schriften Band 3*, Frankfurt/M.: Suhrkamp. ■ CANETTI, ELIAS (2000), *Masse und Macht*, Frankfurt/M.: Fischer Taschenbuchverlag. ■ CARROLL, NOEL (1998), *A Philosophy of Mass Art*, Oxford: Clarendon Press. ■ DAYAN, DANIEL (2001), »The peculiar public of television«, in: *Media, Culture & Society*, 23, S. 743–765. ■ DEWEY, JOHN (1996), *Die Öffentlichkeit und ihre Probleme*, Bodenheim: Philo. ■ FREUD, SIGMUND (1967), *Massenpsychologie und Ich-Analyse, Ges. Werke XIII*, Frankfurt/M.: Fischer. ■ GRACZYK, ANNETTE (Hg.) (1996), *Das Volk: Abbild, Konstruktion, Phantasma*, Berlin: Akademie Verlag. ■ HABERMAS, JÜRGEN (1990), *Strukturwandel der Öffentlichkeit*, mit einem Vorwort zur Neuauflage, Frankfurt/M.: Suhrkamp. ■ HABERMAS, JÜRGEN (1998), »Aus Katastrophen lernen.? Ein zeitdiagnostischer Rückblick auf das kurze 20. Jahrhundert«, in: Habermas, Jürgen, *Die postnationale Konstellation. Politische Essays*, Frankfurt/M.: Suhrkamp, S. 65–90. ■ HANSEN, MIRIAM (1992), »Mass Culture as Hieroglyphic Writing: Adorno, Derrida, Kracauer«, in: *New German Critique*, 56, S. 52–75. ■ KOCH, GERTRUD (1998), »Unterhaltung und Autorität. Konstellationen der Massenmedien«, in: Brunkhorst, Hauke (Hg.), *Demokratischer Experimentalismus. Politik in der komplexen Gesellschaft*, Frankfurt/M.: Suhrkamp, S. 92–105. ■ KRACAUER, SIEGFRIED (1990), *Das Ornament der Masse*, in: *Schriften 5.2*, Frankfurt/M.: Suhrkamp. ■ KRACAUER, SIEGFRIED

---

14 Dayan (2001, S. 761).
15 Dayan (2001, S. 762).

(1979), *Von Caligari zu Hitler. Eine psychologische Geschichte des deutschen Films, Gesammelte Schriften Band 2*, Frankfurt/M.: Suhrkamp. ▪ KRENZLIN, NORBERT (Hg.) (1992), *Zwischen Angstmetapher und Terminus. Theorien der Massenkultur seit Nietzsche*, Berlin: Akademie Verlag. ▪ LEBON, GUSTAVE (1964), *Psychologie der Massen*, Stuttgart: Körner.

▪ LIPPMANN, WALTER (1925), *The Phantom Public*, New York: Harcourt, Brace and Co. ▪ MOSCOVICI, SERGE (1984), *Das Zeitalter der Massen. Eine historische Abhandlung über die Massenpsychologie*, München: Hanser. ▪ RIESMAN, DAVID (1962), *Die einsame Masse. Eine Untersuchung der Wandlungen des amerikanischen Charakters*, Hamburg: Rowohlt.

13.4 Soziale Gerechtigkeit und Sozialstaat

Wolfgang Kersting

1. Normative Ratlosigkeit in Verteilungsfragen

Moderne Gesellschaften sind komplizierte Verteilungsapparate, die ihren Mitgliedern vielerlei Güter auf unterschiedliche Weise zuteilen: Rechte und Pflichten, Ansehen, Macht und Sicherheit, Freiheit, Bildung und Berufschancen, Einkommen, Unterstützung und Selbstachtung. Auch die Natur ist eine Verteilungsagentur, aber sie ist unverantwortlich und nicht belangbar. Die gesellschaftliche Verteilungsagentur hingegen ist menschlichen Ursprungs; die Normen und Verteilungsmuster fallen nicht vom Himmel; sie sind gesellschaftliche Erfindungen, unterliegen der politischen Gestaltungsverantwortung und sind daher begründungsbedürftig. Jede Gesellschaft verfügt auch über geschichtlich entwickelte, zwischen Effizienzperspektiven und Wertungshorizonten sich aufspannende Rechtfertigungsstandards, an denen sich die Verteilungseigenschaften der einzelnen gesellschaftlichen Funktionsbereiche orientieren müssen, wenn sie von den Bürgern akzeptiert werden wollen. Es ist uns nicht gleichgültig, wie die Gesellschaft institutionell verfasst ist. Gerade weil die gesellschaftlichen Institutionen, Regeln und Teilsysteme unser Leben einschneidend prägen, mit der Zuteilung von Chancen und Entwicklungsmöglichkeiten unsere Glücksaussichten mitbestimmen und unnachgiebig unsere Freiheit eingrenzen, stellen wir Legitimationsforderungen an die gesellschaftlichen Rahmenbedingungen unseres Lebens, wollen wir allgemein zustimmungsfähige, eben gerechte Institutionen und Verteilungsstrukturen.

Was gerecht ist, versteht sich jedoch nicht immer von selbst. Zumindest dann, wenn der rechtsstaatliche Koordinationsbereich verlassen und der sozialstaatliche Distributionsbereich betreten wird, zerbricht das Einverständnis. Die Frage gerechter Verteilungskriterien für materiale Güter gehört zu den dunkelsten Zonen des moralischen Bewusstseins; keinerlei geteilte Überzeugungen bieten hier eine gesicherte Wissensgrundlage. Bis heute ermangelt der Sozialstaat einer verbindlichen normativen Hintergrundtheorie, daher vermag die Sozialpolitik über das Niveau kurzatmiger okkasionalistischer Reaktion kaum hinauszugelangen. Im Stimmengewirr unterschiedlichster Staatsziele und Sozialstaatsinterpretationen lässt sich bislang kein Leitmotiv ausmachen, das der Politik einen zuverlässigen Weg weisen könnte und der Sozialstaatsgestaltung eine langfristige, konzeptuell aufgeklärte und normativ abgesicherte Perspektive eröffnen würde.[1] Die einen sehen im Sozialstaat ein Instrument der Chancengerechtigkeit, die anderen eine gesellschaftliche Solidaritätsveranstaltung; dritte erblicken in ihm die politische Institutionalisierung gesamtgesellschaftlicher Verantwortung für den Einzelnen; andere betrachten ihn als Ensemble sozialer Sicherungs- und Ausgleichssysteme; wieder andere schätzen ihn als Klugheitsarrangement, durch das sich eine Marktgesellschaft vor ihren autodestruktiven Auswüchsen schützt; und andere wieder sehen in ihm ein sowohl moralisch als auch politisch notwendiges Mittel, die sozio-ökonomische Ungleichheit zu mildern; manche auch verlangen von ihm gar Verteilungsgerechtigkeit und die Durchsetzung materialer Ressourcengleichheit, können sich dabei aber kaum untereinander einigen, was denn unter einer gerechten Verteilung näherhin zu verstehen ist und in welcher Hinsicht von materialer Gleichheit gesprochen werden muss; wieder andere betrachten den Sozialstaat als Subsidiaritätsveranstaltung; ihnen widersprechen diejenigen, die ihn als selbständige politisch-kulturelle Organisationsform betrachten, die aus sich selbst begriffen werden müsse und nicht, zumindest nicht mehr, im Hinblick auf andere liberale Ordnungsmuster, als Marktkomplement und Rechtsstaatsderivat, gesehen werden dürfe.[2]

Diese normative Ratlosigkeit ist dem Rhetoriker der Solidarität und sozialen Gerechtigkeit, dem Par-

---

1 Vgl. Pioch (2000).
2 Vgl. Nullmeier (2000).

teipolitiker und Verbandsfunktionär natürlich willkommen. Gerade weil der Begriff der distributiven Gerechtigkeit keine kriterielle Schärfe besitzt, vermag er sich dem politischen Opportunismus und den Begehrlichkeiten der Verteilungslobby zu empfehlen. Er ist moralisch geschmeidig, kann jedem Maximierungsinteresse den Anschein moralischer Berechtigung geben. Die Rhetorik der sozialen Gerechtigkeit beutet undeutliche moralische Intuitionen aus und bietet die jeweils angestrebte sozio-ökonomische Besserstellung als inhaltliche Klarstellung an. Das alles ist sicherlich dann nicht sonderlich besorgniserregend, wenn wirtschaftliches Wachstum die Verteilungsraten steigen lässt. Solange die Finanzierbarkeit des Sozialstaats gesichert ist, kann die Gesellschaft gut mit der semantischen Undeutlichkeit des gerechtigkeits- und solidaritätsethischen Vokabulars leben, besteht nicht der geringste theoretische Klärungsbedarf. Wenn jedoch der Sozialstaat an seine Grenzen gelangt ist und seine ökonomischen und moralischen Kosten unerträglich werden, wenn darum die sozialstaatlichen Leistungskataloge neu gesichtet, gelichtet und umgeschichtet werden müssen, ist ein genaueres moralisches Orientierungswissen wünschenswert, ja notwendig. Andernfalls würde die fällige Umstrukturierung des Sozialstaats ausschließlich dem ökonomischen Opportunismus und den flüchtigen Machtkonstellationen der Tagespolitik ausgeliefert sein.

Moderne Gesellschaften sind zugleich Kooperationsgemeinschaften und Solidaritätsgemeinschaften. Sie bilden daher einen spannungsvollen Verbund zweier divergierender, gleichwohl aufeinander verwiesener Verteilungssysteme. Wird einmal die Verteilung der materialen Güter den Tauschmechanismen des dezentralen Marktsystems überlassen, so wird die Verteilung im anderen Fall der markt-externen Instanz einer zentralistischen Bürokratie übertragen. Damit aber diese zweite Verteilungsquelle überhaupt sprudeln kann, müssen Umverteilungen vorgenommen werden, müssen kooperativ erwirtschaftete Ressourcen der Verteilungshoheit des Marktes entzogen werden und in die Verteilungszuständigkeit des Staates übergehen; dem Verteilen geht das Nehmen voran. Jede Umverteilung aber, auch die maßvollste, bedeutet eine zwangsbewehrte Einschränkung der bürgerrechtlichen Verfügungsfreiheit über den eigenen Besitz und den

Ertrag der eigenen Leistung. Der Sozialstaat ist keine moralisch neutrale Form der Zentralisierung und Koordination konkreter und spontaner Solidarität. Er ist ein Herrschaftsverband, der die Unterstützungsleistungen abgaben- und steuerpolitisch erzwingt, die löchrig gewordenen sozialen Netze der freiwilligen privaten Hilfe und lebensweltlichen Solidarität durch ein bürokratisches System umfassender Zwangsmitgliedschaft und gesetzlicher umverteilungsfinanzierter Versorgung ersetzt. Er entfaltet darum eine Wirksamkeit, die weit über die Grenzen hinausreicht, die die kontraktualistische Legitimationstheorie der Neuzeit dem staatlichen Handeln gezogen hat. Daher sind die Rechtfertigungsbürden für den Sozialstaat besonders drückend. Um so besorgniserregender ist der Umstand, dass der Sozialstaat sich auf keine allgemein anerkannte Theorie stützen kann, sich gleichsam auf einem theoretischen und moralischen Niemandsland angesiedelt hat.

Von Anfang an hat die moderne Rechts- und Staatsphilosophie Herrschaftslegitimation und Herrschaftslimitation als ihre zentralen Aufgaben angesehen. Gleichzeitig musste der Anarchist und Naturzustandsillusionist widerlegt und der Etatist gemäßigt, institutionell gebunden und normativ gezähmt werden. Und die neuzeitliche politische Philosophie hat großartige Konzeptionen entwickelt, um dieser sich verschränkenden Doppelaufgabe gerecht zu werden; sie hat in ihren Theoriegebäuden die Geleise gelegt, denen dann die politische Wirklichkeit in ihrer zivilisatorischen Fortentwicklung vom rationalen Staat über Rechtsstaat, Verfassungsstaat und Demokratie gefolgt ist.[3] Der letzte große Entwicklungsschritt zur Sozialstaatlichkeit ist jedoch weder durch die Theorie vorbereitet noch beobachtet worden. Während leidenschaftlich für die Optimierung der Demokratie und den Ausbau der Bürgerrechte gestritten wurde, stieß der mit der sozialstaatlichen Ausweitung des staatlichen Aufgabenkatalogs verbundene und durch die interne sozialstaatliche Verteilungsdynamik und die zunehmenden Regulationserfordernisse zudem unaufhörlich ansteigende Machtzuwachs des Staates auf keine philosophische Aufmerksamkeit. Weder sah sich die Rechts- und Staatsphilosophie durch den expandierenden Sozial-

---

3 Vgl. Kersting (1994).

staat zu einer Neuauflage ihres legitimationstheoretischen Diskurses veranlasst, der das spannungsvolle Verhältnis von Freiheit, Zwang und Recht unter den gegebenen Bedingungen neu vermisst; noch erachtete sie es für notwendig, die Gewichtungsveränderungen zur Kenntnis zu nehmen, die die wuchernde Sozialstaatlichkeit innerhalb der normativen Konstellation der fundamentalen Wertperspektiven unserer moralisch-kulturellen Selbstverständigungsgrammatik hervorgerufen hat.

Eine Sozialstaatsphilosophie muss sich damit begnügen, unser Verständnis des Sozialstaats und seiner legitimatorischen Leitbegriffe zu verdeutlichen. Wenn es ihr gelingt, uns zu zeigen, welche Bedeutung der Sozialstaat, welche Bedeutung die Institutionalisierung sozialer kollektiver Verantwortung vor dem Hintergrund der maßgeblichen normativen Orientierungen unserer politisch-kulturellen Selbstverständigung besitzt, und welche Bedeutung wir den sozialstaatlichen Leistungssystemen, dem Sozialversicherungsstaat mit seinen Versorgungs- und Fürsorgeeinrichtungen daher als konsistente Bürger, Demokraten und Freunde von Freiheit und Gleichheit geben müssen, dann sollten wir zufrieden sein. Die Ökonomie kann uns zeigen, wie viel uns der Sozialstaat kostet; um jedoch herauszufinden, was uns der Sozialstaat wert ist, benötigen wir die Hilfe der Philosophie. Nur normative Reflexion kann uns das logische Gewebe unserer normativen Leit- und Orientierungsbegriffe verdeutlichen, in das wir unsere Gerechtigkeitskonzepte, Sozialstaatsbegründungen und politischen Handlungsrechtfertigungen einfügen müssen, wenn sie rationaler Anerkennung fähig sein wollen.

2. Sozialstaatsprinzip und Verfassungsrecht

Das Grundgesetz bezeichnet in Art. 20 Abs. 1 die Bundesrepublik Deutschland als einen »demokratischen und sozialen Bundesstaat«. Und im ersten Absatz des Art. 28 bindet es die Länderverfassungen an die in ihm statuierten »Grundsätze des republikanischen, demokratischen und sozialen Rechtsstaates«. Im Gegensatz zu einigen Länderverfassungen, etwa der Bayerischen oder der Hessischen Verfassung, hat das Grundgesetz aber keine sozialen Grundrechte in den Katalog grundrechtlicher Ge-

währleistungen aufgenommen. Es beschränkt sich auf die klassischen Menschen- und Bürgerrechte, die teils als individuelle Abwehrrechte gegen den Staat, teils als objektive Prinzipien der Gesamtrechtsordnung, teils als politische Teilhaberechte wirksam werden.

Diese Beschränkung reflektiert zweifellos den sowohl epistemologischen als auch praktischen Unterschied zwischen diesen beiden Grundrechtssorten. *Freiheitsrechte sind epistemologisch transparent*, denn sie begründen einen Anspruch auf Nicht-Handeln und Verschonung; und wir wissen in der Regel sehr genau, was wir zu tun haben, wenn wir etwas zu unterlassen haben. Ganz anders verhält es sich im Fall sozialer Grundrechte. *Soziale Grundrechte sind epistemologisch opak.* Sie verpflichten zu Versorgungsleistungen, ohne jedoch genau angeben zu können, worin denn nun diese Versorgungsleistungen bestehen. Denn die Verwirklichung von Leistungsrechten verlangt Begehungshandlungen, die grundrechtliche Normierungstiefe von Begehungshandlungen reicht aber über die Zwecksetzung nicht hinaus. Alle weitere, die Verwirklichungsrichtung und das Verwirklichungsausmaß festlegende Handlungsbestimmung ist von den Umständen abhängig. Und diese können günstig, können aber auch ungünstig sein. Der Bemittelte hat ganz andere Möglichkeiten als der Habenichts. Es ist Ausdruck dieser situativen Geltungsabhängigkeit, dass eine sozialstaatliche Verwirklichung sozialer Grundrechte grundsätzlich unter einem Finanzierungsvorbehalt stehen muss. Aus diesem Grunde müssen soziale Grundrechte auch notwendig des gerichtlichen Schutzes entbehren; sie können nicht einklagbar sein.

Diese Geltungseinschränkung macht soziale Grundrechte *zu hypothetischen, doppelt-konditionalen Grundrechten.* Nicht nur steht ihre Verwirklichung unter dem Vorbehalt einer hinreichenden Bemitteltheit der Verpflichteten, sie sind auch im Gegensatz zu den freiheitlichen Abwehrrechten von vornherein keine absoluten Jedermannrechte. Sie verpflichten zur subsidiären Versorgung in Situationen, in die zwar jedermann kommen kann, in denen er aber in der Regel nicht immer ist. Im Fall von Abwehrrechten ist diese Differenzierung kein Bedeutungsbestandteil des Begriffes. Denn es ist in der Tat keine Situation denkbar, in der irgendjemand seiner freiheitlichen Grundrechte nicht bedürftig wäre. Hingegen sind Leistungsrechte solche Rechte, bei denen durchaus denkbar ist, dass jemand ihrer nicht bedürftig ist, mehr noch: Um ihrer Verwirklichung willen muss geradezu vorausgesetzt werden, dass nicht alle ihrer bedürftig sind. *Freiheitliche Grundrechte sind daher kategorische Grundrechte.* Jedermann hat zu jeder Zeit und in jeder nur denkbaren Situation gegen jedermann das Recht auf körperliche Unversehrtheit und eine allgemeinverträgliche Freiheitsausübung.

Dass das Grundgesetz dem Sozialstaatsprinzip keinerlei grundrechtliche Verankerung gegeben hat, sollte jedoch keinen Inferioritätsverdacht aufkommen lassen. Denn in dem absonderlichen Art. 79 Abs. 3, in dem das Grundgesetz sich selbst vernaturrechtlicht, wird das Sozialstaatsprinzip mit Ewigkeitsgültigkeit ausgestattet und damit der Disposition des Verfassungsgebers entzogen. Anfänglich stieß das Sozialstaatsprinzip bei den Verfassungsrechtlern auf Ratlosigkeit. Man konnte auf keine Tradition zurückgreifen, um dem Begriff des Sozialen rechtssemantische Kontur zu geben. Die einen taten es folglich als Leerformel, als »substanzlosen Blankettbegriff« ab,[4] die anderen sahen in ihm einen manifesten Widerspruch zur freiheitsrechtlichen Verfassung, wenn nicht gar eine Gefahr für den Rechtsstaat. Ernst Rudolf Huber erblickte im Sozialstaat einen fatalen Wendepunkt in der bislang siegreichen Geschichte des Rechtsstaats: »Die heroische Zeit des Kampfs um den Rechtsstaat ist zu Ende. Seitdem ist der Rechtsstaat zunehmend gefährdet, von Rückwärtsentwicklungen in den obrigkeitlichen Polizeistaat, aber auch von Vorstößen kollektivistischer oder totalitärer Systeme. Eine verborgene, aber nicht weniger dringende Gefahr erwächst dem Rechtsstaat von den Entwicklungstendenzen des sozialen Wohlfahrts- und Versorgungsstaats, der, indem er die gleiche Lebenssicherheit für alle zu schaffen versucht, die Freiheit und damit die Möglichkeit des Lebens auf eigenes Wagnis auszulöschen droht. Angesichts solcher Wirklichkeiten ist der Begriff Rechtsstaat aus einem Kampfbegriff fast ein *Verteidigungsbegriff* geworden, mit dessen Hilfe die im Rückzug begriffene bürgerliche Gesellschaft des 19. Jahrhunderts ihre letzten Positionen verfassungsrechtlich abzuschirmen sucht.«[5]

Und Ernst Forsthoff warnte vor der »adjectivischen Verkleinerung« des Rechtsstaats durch das Epitheton des Sozialen und sprach dem Sozialstaat jeden rechts-

begrifflichen Charakter ab.[6] Eine Verschmelzung von Rechtsstaatlichkeit und Sozialstaatlichkeit auf verfassungsrechtlicher Ebene schien ihm unmöglich. Als politische Organisation sei der Sozialstaat hinzunehmen, dabei sei aber immer daran zu denken, dass »kein Staat mehr in Gefahr ist, im Dienste der jeweils Mächtigen instrumentalisiert zu werden wie der Sozialstaat«, und dass jede sozialstaatliche Aktivität zum Überflüssigwerden des Sozialstaats beitragen und sich bemühen muss, »den Menschen wieder einen beherrschten Lebensraum zu geben und damit ihr Dasein staatsunabhängiger zu machen«.[7]

Wie die einschlägigen Handbücher zum Staatsrecht und Verfassungsrecht zeigen,[8] werden gegenwärtig die Vorbehalte Forsthoffs und Hubers gegen das Sozialstaatsprinzip nicht mehr geteilt. Verfassungsrechtler halten heute Rechtsstaatlichkeit und Sozialstaatlichkeit für versöhnbar und die Einheit beider für verfassungsrechtlich vollziehbar. Sie fordern zugleich, »den Begriff der sozialen Grundrechte zu entdämonisieren, zu entideologisieren und zu entemotionalisieren«.[9] Das Sozialstaatsprinzip erfährt in der herrschenden Lehre eine teleokratische Auslegung; man liest es als Ermächtigung und allgemeine Verpflichtung zur gerechtigkeitsethischen Verbesserung der Gesellschaft, die freilich aller genaueren normativen Bestimmtheit entraten muss und keine eigenständige praktische Orientierungskompetenz besitzt. Seine Ausgestaltung wird ohne alle Einschränkung und ohne alle normative Vorgabe dem demokratischen, den Zeitbedürfnissen aufmerksam folgenden und sich mit den gesellschaftlichen Selbstverständigungsdiskursen kurzschließenden Gesetzgeber überantwortet. Man hat daher auf die bekannte Formel vom Naturrecht mit wechselndem Inhalt zurückgegriffen und von einer Offenheit des Sozialstaatsprinzips gegenüber sich wandelnden Gerechtigkeitsauffassungen gesprochen.[10] Dass diese se-

---

4 Vgl. Benda (1983, S. 510).
5 Huber (1968, S. 592).
6 Vgl. Forsthoff (1976, S. 65–89).
7 Forsthoff (1976, S. 63 f.).
8 Vgl. Benda u. a. (1983); Isensee/Kirchhof (1992).
9 Wildhaber (1972, S. 390).
10 »Bewirkt werden soll ein möglichst hohes Maß an sozialer Gerechtigkeit. Was aber sozial ist, kann im Wandel der Zeit unterschiedlich beurteilt werden, lässt sich also nicht ein für allemal inhaltlich festlegen.« (Benda, 1983, S. 522).

mantische Offenheit freilich auch einem unseligen Hang zur moralischen Vollmundigkeit entgegenkommt, beweist in demselben Handbuch Maihofer. Er legt dort Sozialstaatlichkeit nach dem Maximax-Prinzip aus, nach einem Prinzip also, dass im Gegensatz zum risikoaversiven Maximin-Prinzip nicht die Minima, sondern die Maxima maximiert: Sozialstaatlichkeit verlange, so seine euphorische Interpretation, eine »Ordnung größtmöglicher und gleichberechtigter Wohlfahrt des Einzelnen, bei notwendiger Gerechtigkeit für alle«.[11] Hier ist wirklich alles Wünschenswerte versammelt, nur die Klarheit fehlt.

3. Vier kohärenztheoretische Begründungsmodelle

Diese Situation verlangt offensichtlich nach gerechtigkeitsphilosophischer Reflexion, nach einer kohärenztheoretischen Begründung und Ausdeutung des Sozialstaatsprinzips. Kohärenztheoretische Argumente sind nicht metaphysischer Natur und erheben keinen Letztbegründungsanspruch. Kohärenztheoretische Argumente sind explikatorischer Natur. Wenn wir dem normativen Profil des Sozialstaats rechtsphilosophisch Kontur verleihen wollen, wenn wir also einen Begriff der sozialen Gerechtigkeit oder Verteilungsgerechtigkeit entwickeln und aus diesem dann ein Konzept grundrechtlicher Leistungsansprüche destillieren wollen, schauen wir vergebens nach einer originären, für die Normierung materialer Verteilungs- und Besitzverhältnisse zuständigen moralischen Quelle. Wir können nur auf Vertrautes zurückgreifen. Man muss das normative Profil des Sozialstaats aus den normativen Grundlagen gewinnen, die für die Rechtfertigung von Rechtsstaat und Demokratie bereits bereitstehen. Wir haben in unserer moralisch-kulturellen Grammatik die für Sozialstaatlichkeit zuständigen Paragraphen bislang nicht übersehen; es gibt sie nicht; sie können nur exegetisch ermittelt werden, nur durch Interpretation und Argumentation aus den unbestrittenen Grundorientierungen der Freiheit, Gleichheit und Selbstbestimmung gewonnen werden. Wir können den Sozialstaat nur kohärenztheoretisch rechtfertigen. Eine kohä-

renztheoretische Rechtfertigung gelingt dann, wenn sie das Sozialstaatsprinzip in das Netz unserer Menschenrechts-, Rechtsstaatlichkeits- und Demokratieüberzeugungen hängen kann, so dass die Maschen nicht reißen und das Sozialstaatsprinzip genauso Halt empfängt, wie es umgekehrt den Elementen des Menschenrechts, des Rechtsstaats und der Demokratie selbst auch neuen und stärkeren Halt gibt.

Ich werde im Folgenden vier kohärenztheoretische Begründungsmodelle diskutieren. In ihnen wird soziale Gerechtigkeit und das ihr zuarbeitende Sozialstaatsprinzip zuerst als Daseinsfürsorge, dann als Freiheitsfürsorge, als Gleichheitsfürsorge und schließlich als Demokratiefürsorge ausgelegt. Daseinsfürsorge, das meint: basale Versorgung für Selbsterhaltungsunfähige. Den als Selbsterhaltungssurrogat in die Bresche springenden Sozialstaat nenne ich aus einsichtigen Gründen den Hobbesschen Sozialstaat. Freiheitsfürsorge, das meint: inklusionshinreichende Versorgung mit autonomieermöglichenden materialen Gütern im Falle auftretender Selbstversorgungsunfähigkeit. Den derart freiheitsermöglichenden Sozialstaat nenne ich einen liberalen Sozialstaat. Gleichheitsfürsorge, das meint eine kompensatorische Verteilungspolitik, um moralisch willkürliche, illegitime Ungleichheiten auszugleichen. Den sich derart gleichheitspolitisch engagierenden Sozialstaat nenne ich egalitären Sozialstaat. Demokratiefürsorge, das meint: Versorgung Selbstversorgungsunfähiger auf der Grundlage zivilgesellschaftlicher Solidarität, zur Sicherstellung gleicher politischer Autonomie und gleichberechtigter Selbstbehauptung aller im öffentlichen Raum. Die sich solcherart der Demokratiefürsorge verschreibende solidarische Versorgungsformation kann freilich nicht mehr als Sozial*staats*modell bezeichnet werden, weil diese Konzeption dezidiert antistatistisch und antibürokratisch ist und das duale Schema von Markt und Staat, das den anderen drei Sozialstaatsvarianten gleichermaßen zugrunde liegt, durch das Dazwischentreten einer selbstmächtigen, sich selbst organisierenden Zivilgesellschaft aufbrechen möchte.

Es ist ersichtlich, dass diese Konzeptionen ihr Sozialstaatsbild um vier unterschiedliche normative Gravitationszentren legen, die alle gleichermaßen in unserem moralischen Überzeugungssystem eine signifikante Rolle spielen. Diese Kurzbeschreibun-

---

11 Maihofer (1983, S. 216).

gen machen aber auch deutlich, dass mit der Überprüfung der einzelnen kohärenztheoretischen Begründungsskizzen beträchtliche Reflexionsarbeit verbunden ist, denn in jeder dieser Skizzen wird der normative Überzeugungshintergrund auf unterschiedliche Weise eingefärbt, jede dieser Skizzen macht von unterschiedlichen Rechtskonzeptionen, Menschenbildern, Sozialmodellen und handlungs- und motivationstheoretischen Voraussetzungen Gebrauch. Jede dieser Skizzen hat daher auch höchst unterschiedliche Konsequenzen für unser anthropologisches Selbstverständnis und unsere politische Auffassung. Es versteht sich daher, dass bei einer Würdigung der vier Modelle diese Kosten ihrer Voraussetzungen und Konsequenzen mit in die Rechnung gestellt werden müssen.

3.1. Daseinsfürsorge

Eine rechtsphilosophische Begründung sozialstaatlicher Daseinsfürsorge verlangt den argumentativen Nachweis, dass unsere Menschenrechtskonzeption eine basale subsistenzrechtliche Bedeutungsschicht besitzt, deren Respektierung den Rahmen wechselseitiger Nichtschädigung sprengt. Ihre grundrechtliche Fassung würde nach einem politischen Handeln verlangen, das die Grenzen rechtsstaatlich orientierter Friedens-, Koexistenz- und Kooperationssicherung überschreitet. Einwendungen gegen diese subsistenzrechtliche Erweiterung des freiheitsrechtlichen Menschenrechtsfundaments stützen sich allesamt auf Kants formales Verständnis von Freiheit und Gleichheit und die damit verbundene geltungslogische Argumentation, dass allgemeingültige Normierungen universalisierbare Normierungen sind, Bedürfnisse und empirische Interessenlagen aber keine solide Grundlage für eine allgemeine Gesetzgebung bieten. Jedoch zeigt Kants Ein-Menschenrechts-These keinesfalls den Königsweg zu einem angemessenen Menschenrechtsverständnis. Es gibt auch andere, weit weniger voraussetzungsbeladene Wege, ein Menschenrechtskonzept zu entwickeln. Freilich ist dazu nötig, eben den Begriff zu rehabilitieren, den Kant aus dem verbindlichkeitstheoretischen Diskurs verbannt hat: den Begriff der menschlichen Natur. Wird der Begriff der menschlichen Natur in das menschenrechtstheo-

retische Begründungsargument eingeführt, dann erhalten die Rechte eine Bodenhaftung, die sie bei Kant nicht besitzen. Hinter den Rechten tauchen dann die fundamentalen Interessen auf, die den Rechten Grund und Inhalt geben, die wir für so wichtig erachten, dass wir zu ihrem Schutz eben Rechte zuschreiben. Der Kantianer wendet hier nun ein, dass mit der Bindung des Rechtsbegriffs an Interessenlagen das Unternehmen einer Begründung universeller Rechte gescheitert sei, da es keine allgemeinen Interessen gäbe, die als unbezweifelte Grundlagen menschenrechtlicher Verpflichtungen in Anspruch genommen werden könnten. Aber dieser Einwand verfängt nicht. Dass sich keine allgemein geltenden Interessenlagen ermitteln lassen und daher das universalistische Programm scheitern müsse, wenn es die Grenzen des Kantischen Formalismus und Apriorismus überschreitet, ist eine begründungstheoretische Legende.

Das Begründungsargument von der sozialstaatlichen Verpflichtung zur Daseinsfürsorge liegt in der Schnittmenge von Menschenrecht und Mensheninteresse. Menscheninteressen sind die menschlichen Interessen, von denen vernünftigerweise zu erwarten ist, dass sie allen Menschen grundsätzlich eigen sind, dass sie zur menschlichen Natur gehören und anthropologischen Status besitzen. Es sind dies das Interesse am Leben, an körperlicher Unversehrtheit und an selbstbestimmter Lebensführung. Die Eigentümlichkeit dieser Interessen liegt in ihrem Voraussetzungscharakter. Sie sind unüberbietbar fundamental. Sie müssen befriedigt werden, damit Menschen überhaupt unterschiedliche Interessen ausbilden und verfolgen können.

Das Interesse am Leben, an körperlicher Unversehrtheit und an selbstbestimmter Lebensführung ist vordringlich ein Interesse an den Bedingungen, die erfüllt sein müssen, damit Menschen individuelle Lebensprojekte entwerfen und verwirklichen können. Es sind also glückstranszendentale Interessen. Sie verdienen daher vorzüglichen rechtlichen Schutz, eben menschenrechtlichen Schutz. Freilich ist das Interesse an den Bedingungen, die erfüllt sein müssen, damit Menschen ein selbstbestimmtes Leben führen können, nicht immer schon dann hinreichend erfüllt, wenn durch effektive Rechtsstaatlichkeit jeder Übergriff der Menschen wie auch des Staates auf Leib, Leben und Freiheit anderer unterbunden wird. Da die Voraussetzungen menschlicher Lebensführung nicht nur durch Tod, Gewalt, Verletzung und Versklavung zerstört werden können, sondern auch durch materielle Not und einschneidende Versorgungsmängel gefährdet sein können, muss der sich der fundamentalen Bedingungen selbstbestimmter menschlicher Lebensführung überhaupt annehmende Menschenrechtsschutz auf das Versorgungsinteresse ausgedehnt werden. Denn diesseits aller lebensbestimmenden ethisch-kulturellen, robust-ökonomischen und filigran verästelten psychologischen Abhängigkeiten stehen Menschen als Menschen von Beginn ihres Lebens an in zweifacher Dependenz: Zum einen sind sie von der negativen Kooperationsbereitschaft ihrer Mitmenschen abhängig, zum anderen sind sie von einer hinreichenden Versorgung mit Gütern abhängig. Daher muss konsequenterweise auch der menschenrechtliche Schutzanspruch über negative, schädigungsfreie, den Anderen einfach lassende Mitmenschlichkeit hinausgehen und auf eine hinreichende, subsistenzermöglichende Güterausstattung ausgedehnt werden.

3.2. Freiheitsfürsorge

Wird der Sozialstaat aus der Perspektive der Freiheitsfürsorge begriffen, dann wird der in reiner Eingriffs- und Übergriffsabwehr begründete Absolutismus des negativen Freiheitsbegriffs durchbrochen und der materialen Ermöglichung des Gebrauchs des Freiheitsrechts, der materialen Ermöglichung selbstbestimmter Lebensführung, ebenfalls fundamentalrechtliche Relevanz eingeräumt. Daher muss über die rechtsstaatliche Hegung der kapitalistischen Marktwirtschaft hinausgegangen und um der Freiheit willen ein sozialstaatliches System etabliert werden.

Jeder Mensch hat das Recht, über seine Kräfte und Fähigkeiten selbstbestimmt verfügen zu können, ein Leben nach seinen Vorstellungen führen zu können und von der Gesellschaft und seinen Mitmenschen als selbstverantwortliches Wesen, als Zweck an sich selbst respektiert zu werden. Diese autonomieethische Ausweitung verwandelt das Freiheitsrecht in ein unverkürztes Selbstverfügungsrecht, das eine bürgerrechtliche Anspruchsgrund

lage begründet, die ihrerseits zur Bereitstellung von Sozialleistungen, zur Bereitstellung eines interimistischen Ersatzeinkommens bei Erwerbslosigkeit verpflichtet. Hier geht es nicht um Subsistenzsicherung, hier ist ein anspruchsvolleres sozialstaatliches Leistungsniveau verlangt, geht es doch um eine Versorgung, die die Aufrechterhaltung der bürgerlichen Lebensform gestattet. Biologisch lebt der Mensch wirklich nur von Brot allein. Daher muss ein sich der Subsistenzsicherung verpflichtender Sozialstaat über die Bereitstellung von Suppenküchen, Wolldecken und Massenunterkünften nicht sonderlich hinausgehen.

Der Sozialstaat der Daseinsfürsorge ist ein Hobbesscher Sozialstaat, wie der Leviathan auf den Sicherheitsbedarf der Menschen, ihr Selbsterhaltungsinteresse ausgerichtet. Da im ungeregelt-naturwüchsigen Miteinander nicht nur direkte Gewalthandlungen lebensbedrohlich sind, sondern auch eine drastisch asymmetrische Mittelverteilung Existenzrisiken birgt, muss ein sich der Erhaltung der Menschen widmender Staat auch zur Daseinsfürsorge bereit sein und die Fortexistenz mittelloser und selbstversorgungsunfähiger Bürger sichern. Wenn es aber nicht mehr nur um Existenzsicherung geht, sondern um die freiheitsrechtliche Voraussetzung der Selbständigkeit, dann ist seitens der Allgemeinheit ein größeres Engagement erforderlich, dann müssen wir den minimalistischen Hobbesschen Sozialstaat durch einen liberalen Sozialstaat ersetzen. Selbstverfügung, Selbstbestimmung, ein Leben nach eigenen Vorstellungen zu führen verlangt mehr als Existenzgarantie, als die Sicherung der Möglichkeit, am Leben zu bleiben. Selbstbestimmung verlangt den Besitz materieller Ressourcen, verlangt Optionen und Alternativen. Ein Leben, das nur den Geleisen der Not und Mittellosigkeit folgt, findet ohne Eigenbeteiligung statt. Wenn wir das Kantische Rechtsverständnis von seiner koordinationspolitischen Restriktivität befreien und etwa die sozialen und ökonomischen Bedingungen des Rechts auf selbstbestimmte Lebensführung mit in den begrifflichen Kranz des Freiheitsrechts hineinnehmen, dann kann seine sowohl rechtlich als auch rational gebotene Institutionalisierung nicht bei der Etablierung rechtsstaatlicher Verhältnisse Halt machen, da Markt und Eigentumsordnung immer nur eine selektive Garantie für eine Wahrnehmung die ses Selbstbestimmungsrechts bieten, dann muss sie als notwendige strukturelle Ergänzung sozialstaatliche Einrichtungen verlangen.

Wenn der Wert des Freiheitsrechts im Zustand der Mittellosigkeit verschwindet, wird aus der Grammatik unserer ethisch-politischen Selbstverständigung das menschenrechtliche Herzstück herausgebrochen. Wenn die Menschen über keine materiellen Ressourcen verfügen können, dann rückt hinreichender Ressourcenbesitz in den Rang einer freiheitsermöglichenden Bedingung. Angesichts dieser operationalen Abhängigkeit des Freiheitsrechts von hinreichendem materiellen Güterbesitz muss eine freiheitsverpflichtete Gesellschaft ihre Bürger im Falle einer wie auch immer verursachten Erwerbsunfähigkeit auch mit einem entsprechenden Ersatzeinkommen ausstatten. *Die menschenrechtlich-freiheitsrechtliche Verpflichtung zur Rechtsstaatlichkeit treibt aus sich selbst die Verpflichtung zur Sozialstaatlichkeit hervor.*

Die freiheitsrechtliche Verankerung sozialstaatlicher Leistung hat jedoch nicht nur Auswirkungen auf das Niveau der Transferzahlungen. Ist es eine legitimationsentscheidende Aufgabe des Staates, für die Voraussetzungen einer selbstbestimmten Lebensführung seiner Bürger zu sorgen, dann darf er sich nicht mit Umverteilung begnügen. Sozialstaatliches Engagement darf nicht monetaristisch verkürzt werden, es muss zumindest auf zwei Feldern politische Initiative und institutionelle Phantasie entwickeln: auf dem Gebiet der Beschäftigungspolitik und auf dem Gebiet der Ausbildung. Denn zum einen ist der selbsterhaltermöglichende Arbeitsplatz autonomieethisch dem Bezug von sozialstaatlichen Transfereinkommen grundsätzlich vorzuziehen. Zum anderen ist die Entwicklung der Fähigkeiten und Fertigkeiten die Voraussetzung für selbstbestimmte Lebensführung; nur aus der Anspannung der eigenen Kräfte, aus der selbstbeanspruchenden Leistung lässt sich Selbstgenuss und Selbstwert gewinnen. Daher verlangt ein freiheitsrechtlicher Sozialstaat sowohl eine offensive Arbeitsmarktpolitik als auch die Etablierung und Pflege eines horizontal wie vertikal hinreichend ausdifferenzierten Ausbildungssystems. Der freiheitsrechtliche Sozialstaat ist um die Ermöglichung der Wahrnehmung des Freiheitsrechts, ist um die Ermöglichung selbstbestimmter Lebensführung bemüht. Sein Hauptziel ist die Minimierung von Au-

tonomierisiken, nicht die Erträglichmachung der Folgen manifesten Autonomieverlustes. Daher ist der freiheitsrechtliche Sozialstaat nicht auf das Versicherungsprinzip zu reduzieren, das ihn in komfortabler Nachträglichkeit verharren und auf den Versicherungsfall warten lässt. Daher zeigt sich seine Leistungsstärke auch nicht an dem Niveau der Versorgung, mit der die Ertragseinbußen eingetretener Unselbständigkeit kompensiert werden, sondern an dem Ausmaß seiner autonomiepolitischen Kreativität, seiner institutionellen Phantasie. Aus freiheitsrechtlicher Perspektive ist der Sozialstaat vordringlich ein Ermöglicher, der Vorsorge für die Freiheit trifft, kein Reparaturunternehmen, das Autonomieschäden flickt.

Die Leistungsdifferenz zwischen sozialstaatlicher Daseinsfürsorge und sozialstaatlicher Freiheitsfürsorge ist materialer Ausdruck eines wichtigen begründungstheoretischen Unterschiedes, der seinerseits die Konsequenz zweier divergierender Menschenbilder ist. Die anthropologische Basis der subsistenzrechtlichen Argumentation ist der *homo sapiens*, das biologische Gattungswesen Mensch. Hier geht es um den rechtlichen Schutz der fundamentalen biologischen Kontinuität, um das Weiterleben, das einerseits durch Folter und Tod, andererseits aber auch durch Lebensmittellosigkeit gefährdet werden kann. In dem Argument wird nur der Kreis der biologisch relevanten Dependenzen kausal abgeschritten. Das autonomieethische Argument, das ein freiheitsfürsorgerisches Sozialstaatsengagement begründet, geht hingegen von dem Begriff der Personalität aus. Während der *homo sapiens* erst durch menschenrechtliche Zuschreibungen normative Signifikanz erhält, ist der Begriff der Persönlichkeit ein Grundbegriff der moralisch-kulturellen Grammatik unserer Selbstverständigung und von Haus aus mit normativer Signifikanz ausgestattet. Die ihm durch menschenrechtliche Zuschreibungen zugewiesenen normativen Bestimmungen differenzieren diese originäre normative Signifikanz nur aus. Daher besteht nicht nur der Quantität nach, sondern auch der Qualität nach ein erheblicher Unterschied zwischen einer biologischen Kontinuitätssicherung und Existenzsicherung zum einen und einer materialen Ermöglichung personaler und freiheitlicher Lebensführung zum anderen. Erstere steht dafür ein, dass Menschen am Leben bleiben und weiter existieren; letztere verlangt die Gewährleistung des Maßes an faktischer Freiheit, das Menschen brauchen, um handeln und das Leben einer Person führen zu können.

3.3. Gleichheitsfürsorge

Freiheit aber assoziieren wohl die wenigsten mit der Sozialstaatlichkeit und der von ihr ins Werk gesetzten Verteilungsgerechtigkeit. Die meisten verknüpfen Sozialstaatlichkeit mit dem Gleichheitsrecht und legen die sozialstaatliche Gerechtigkeit intuitiv eher egalitär aus. Nicht die freiheitsriskanten Auswirkungen der Mittellosigkeit, sondern die sozioökonomische Ungleichheit ist in ihren Augen das moralische Hauptübel einer Gesellschaft. Damit befinden sie sich in Übereinstimmung mit einer philosophischen Sozialstaatskonzeption, die im Kielwasser der Rawls'schen Gerechtigkeitstheorie entwickelt worden ist und die Diskussion der politischen Philosophie der Gegenwart dominiert.[12]

In den Augen der Egalitaristen legitimiert sich der Sozialstaat als Instrument einer umfassenden egalitären Verteilungsgerechtigkeit, kommen Bürgern leistungsrechtliche Ansprüche auf eine gleiche Ausstattung mit lebenskarriererelevanten Ressourcen zu. Die sozialstaatliche Hauptaufgabe ist es, alle illegitimen Ungleichheitsursachen, mögen sie in der Natur, in der sozialen Herkunft oder den Verteilungsergebnissen des Marktes wirksam werden, durch kompensatorische Transferzahlungen zu neutralisieren. Das in den unterschiedlichen Konzeptionen der Egalitaristen immer wieder variierte Hauptargument sieht folgendermaßen aus: Würden wir allein Markt und Privatrechtsordnung als Verteilungsregel materieller Güter akzeptieren, dann würden wir uns dem Diktat der moralisch unverantwortlichen Natur und der kontingenten sozialen Herkunft unterwerfen. Ein gesellschaftliches Verteilungssystem darf sich jedoch nicht einer naturwüchsigen Entwicklung überlassen, die die Willkür der natürlichen Begabungsausstattungen und die Zufälligkeit der Herkunft in den gesellschaftlichen Bereich hinein verlängert und sozio-ökonomisch

potenziert, darf sich daher auch nicht auf die Etablierung formaler Koordinationsregeln beschränken. Aufgabe eines gesellschaftlichen Verteilungssystems muss es vielmehr sein, die Verteilungswillkür hinsichtlich der natürlichen Fähigkeiten wie auch die Zufälligkeit der sozialen Startpositionen auf der Grundlage von Gerechtigkeitsregeln zu korrigieren.

Die Konzeption der egalitären Verteilungsgerechtigkeit beruht auf einer übertriebenen Interpretation der vertrauten moralischen Intuition, dass Gerechtigkeit etwas mit Verdienst zu haben muss. Eine gerechte Verteilung ist eine Verteilung nach Verdienst. Das Verdienstlichkeitskriterium der Egalitaristen ist die eigene Leistung. Das, was man sich durch eigene Leistung erarbeitet hat, gehört einem, und niemand darf es einem nehmen, auch der Sozialstaat nicht. Das jedoch, was einem zufällt, muss umverteilt werden. Und zu dem, was einem zufällt und nicht selbst erarbeitet worden ist, gehören alle natürlichen und herkunftsbedingten Eigenschaften und Fähigkeiten, Dispositionen und Einstellungen, die wesentlich für Erfolg und Misslingen der Lebenskarriere verantwortlich sind. Der Egalitarismus der Verteilungsgerechtigkeit duldet keinen genetischen und sozialen *windfall profit*. Er verlangt daher wohlfahrtsstaatliches Einschreiten, eine kompensatorische Umverteilungspolitik, die die nicht-vorhandene natürliche und soziale Ausgangsgleichheit der individuellen Lebensprojekte nachträglich fingiert und die moralische Verteilungswillkür von Natur und Geschichte bricht.

Es ist evident, dass der egalitaristisch begründete Sozialstaat aus dem gewohnten Koordinatensystem gerückt wird. Die gleichheitsorientierte Verteilungsgerechtigkeit ist nicht subsidiär, sondern ein perennes Unternehmen. Da sie nicht an hinreichender Versorgung interessiert ist, kommt sie mit der Etablierung versorgungssichernder Strukturen nicht zur Ruhe. Da es ihr Ziel ist, den normativen Egalitarismus material abzubilden und die auf den ressourcistischen und welfaristischen Verteilungsfeldern herrschenden ungleichheitsproduktiven Faktoren durch die Kompensation bevorzugungs- und benachteiligungsrelevanter Bestimmungen zu neutralisieren, muss sie sich zu einem ewigen Umverteilungsengagement bereitfinden. Damit begegnet uns mit dem Egalitarismus ein Sozialstaatsverständnis, das selbst dann, wenn Vollbeschäftigung herrscht

---

12 Vgl. Rawls (1971); Dworkin (1981); Cohen (1989); Arneson (1989); Nagel (1991); Rakowski (1991); van Parijs (1995).

und auch die Mitglieder der unteren Lohngruppen selbsttätig ein anständiges Auskommen finden, das sozialstaatliche Verteilungswerk fortsetzen muss.

Wie aber sollen die verdienten und unverdienten Anteile am Lebenserfolg ermittelt werden? Wie das durch Eigenleistung Erworbene von dem, was sich vorgefundenen günstigen natürlichen und sozialen Anfangsbedingungen verdankt, getrennt werden? In der Theorie, sei es der des Cartesius, sei es der Kantischen, lässt sich der energetisch-produktive Kern der Subjektivität mühelos von den Einflüssen der natürlichen Umstände trennen, in der Wirklichkeit jedoch kommt man mit diesem simplen subjektivitätsmetaphysischen Dualismus nicht weit. Kein individuelles Entscheidungsprogramm, keine subjektive Präferenzordnung, keine persönliche Ethik des guten Lebens, die nicht auch Spiegel des Sozialisationsmilieus ist, die nicht auch in den vorgegebenen Mustern der natürlichen Umstände wurzelt, die jeder Mensch in Gestalt seiner genetischen und körperlichen Verfassung an und in sich vorfindet. Selbst Stimmungsprofile, optimistische Einstellungen, Durchsetzungsvermögen und das Ausmaß an Risikobereitschaft, alles Leistungsfermente, sind auf natürliche Verteilungen zurückzuführen: Die Auswirkungen der Lotterie der Natur bestimmen das gesamte Entscheidungsarsenal und Verhaltensrepertoire der Individuen. Eine trennscharfe Sortierung der illegitimen und legitimen Ungleichheitsursachen ist damit ebenso unmöglich wie eine genaue Bestimmung des Redistributionsausmaßes.

Der folgende Einwand wiegt aber noch viel schwerer. Die Egalitaristen wollen, dass die Leistung ihren Lohn empfängt – darin zeigt sich ihr liberales Erbe. Sie wollen aber auch die gerechtigkeitstheoretische Neutralisierung aller vorgegebenen Ungleichheiten, die die Subjekte in ihrer unterschiedlichen Natur, in ihren unterschiedlichen sozialen Startpositionen und auch noch während des Verlaufs der Lebenskarrieren vorfinden. *Daher müssen sie auf die illusionäre Idee verfallen, einen selbstverantwortlichen abstrakten Persönlichkeitskern aus der Hülle seiner natürlichen und sozialen Vorgegebenheiten herauszuschälen.* Alles das, was in dem starken Sinne kontingent ist, dass es auch in anderer Form um uns und in uns vorgefunden werden könnte, wird damit der politisch-egalitären Bewirtschaftung unterstellt, wird zum Gegenstand steuerpolitischer Abschöpfung oder kompensatori-

scher Zuwendung. *Aber wir sperren uns dagegen, dass unsere Begabungen und Fertigkeiten uns nicht zugesprochen werden, und betrachten es als eine Form von Enteignung, wenn sie lediglich als von uns nur treuhänderisch verwaltete Gemeinschaftsressourcen angesehen werden, deren Ertrag gänzlich zur gerechtigkeitsstaatlichen Verteilungsdisposition steht. All das, was die Theorie der Verteilungsgerechtigkeit als natürlich und sozial Zufälliges, Willkürliches und Kontingentes der gerechtigkeitspolitischen Egalisierung überantwortet, das macht uns aus, das prägt unseren Charakter, unsere Persönlichkeit, unsere Identität, all das sind wir.* Ich kann doch nicht darum einen Anspruch auf staatliche Transferleistungen erheben, weil ich ich bin und kein Anderer, Erfolgreicherer, mit besseren natürlichen und sozialen Startvoraussetzungen Ausgestatteter.

Aber genau das meinen die Egalitaristen; genau darin sehen sie die Aufgabe der Gerechtigkeit: die Verteilungsentscheidungen des Zufalls, des Glücks zu korrigieren, die Verteilungsergebnisse der genetischen Lotterie zu rektifizieren, die Natur zu berichtigen: »The concern of distributive justice is to compensate individuals for misfortune. Some people are blessed with good luck, some are cursed with bad luck, and it is the responsibility of society – all of us regarded collectively – to alter the distribution of goods and evils that arises from the jumble of lotteries that constitutes human life as we know it [...] Distributive justice stipulates that the lucky should transfer some or all of their gains due to luck to the unlucky.«[13] Diese Aufgabenbeschreibung hat wenig mit der zivilisatorischen Errungenschaft der sozialen Marktwirtschaft zu tun. Dieser Egalisierungsetatismus hat sich einer moralischen Ideologie verschrieben, die Politik und Recht verwüstet. Aufgabe staatlichen Handelns ist die Verwirklichung des Rechts und die Bereitstellung von entgegenkommenden, jeden in gleicher Weise berücksichtigenden Rahmenbedingungen für eine selbstbestimmte Lebensführung. Es ist das verbindliche Ziel aller Politik, Menschenrechte zu institutionalisieren, Rechtsstaatlichkeit zu gewährleisten, alle Formen der Unterdrückung und Diskriminierung zu beseitigen und allgemein zugängliche

---

13 Arneson (2002), zit. n. Anderson (1999, S. 289 f.).

Bildungs- und Ausbildungsstätten zu schaffen, die allen den Erwerb der grundlegenden zivilisatorischen Techniken und einer soliden Allgemeinbildung und eine Entwicklung ihrer Talente und Begabungen gestatten. In genau diesem Sinne ist der Staat gleichheitsverpflichtet: Er hat Rechtsgleichheit durchzusetzen, er hat institutionelle Lebenschancengleichheit zu garantieren und darum Diskriminierung, Unterdrückung und Ausbeutung zu bekämpfen, er hat durch ein öffentliches Schulwesen Ausbildungschancengleichheit zu ermöglichen. Der Egalisierungsetatismus hingegen verlangt nichts weniger als eine individuenadressierte Kompensation eines missgünstigen Natur- und Sozialschicksals. Diese so vage wie hypertrophe Zielbestimmung ist mit Rechtsstaatlichkeit und Rechtssicherheit nicht mehr vereinbar. Sie muss notwendigerweise die individuellen Rechtsansprüche relativieren, deren Gültigkeit von dem Verwirklichungsgrad der alle normativen Betrachtungsdimensionen kategorial dominierenden Verteilungsgerechtigkeit abhängig machen. Jeder Unglücksfall, jede Benachteiligung, jedes Pech ruft nach staatlicher Rektifikation, die ohne Eingriff in die Besitzstände der Schicksalsbegünstigten nicht durchführbar ist. Der Egalisierungsetatismus wird zu einem Maßnahmestaat, in dem alle Rechtsstaatlichkeit verdampft.

Wenn sich staatliches Handeln als individuensensibler Schicksalsausgleich versteht, wird die Dimension des Politischen zerstört. Politik ist nicht mehr Sorge um den Bürger, nicht mehr Diskriminierungsbekämpfung und Sorge um Bürgerlichkeit ermöglichende Umstände. Der Bürger ist in diesem egalitären Gerechtigkeitsstaat längst ausgestorben. Die traditionelle politische Anthropologie erfährt im Egalitarismus eine erstaunliche Neufassung. Der Egalitarismus ist die politische Theologie der Benachteiligung. In seiner Welt gibt es nur Bevorzugte und Benachteiligte, Schicksalsbegünstigte und Schicksalsbeladene, sozial Privilegierte und sozial Deprivilegierte. Und jeder Benachteiligte hat die Definitionshoheit über seine Benachteiligung und das kompensationspflichtige Ausgleichsausmaß, ist zur eigenständigen Handhabung des Lebenskarriereabstandsmessers, des Invidiameters, befugt. Damit ruft diese egalisierungsverpflichtete Gesellschaft zur Selbstorganisation des Neides auf. Eine paradox-perverse Tiefenstruktur des Egalisierungsetatis-

mus wird sichtbar: Der Egalitarismus produziert nicht nur Gleichheit, sondern notwendig immer auch ihr Gegenteil; als Inegalitätskompensation schüttet er fortwährend Prämien für Inegalität aus und erklärt damit die Autoviktimisierung zur Erfolgsstrategie.

Das hat politisch und moralisch verhängnisvolle Konsequenzen. Die Autoviktimisierung verlangt nach einer Dramatisierung der Ungleichheit. Ungleichheitsdramatisierung verträgt sich aber nicht mit einer differenzierten Ungleichheitswahrnehmung. Die Ungleichheit der Ungleichheiten gerät aus dem Blick, differenzierungsunfähig ebnet der Egalitarist alle Ungleichheitsunterschiede ein. Daher ist der Dramatisierung von Ungleichheit immer die Gefahr der Verharmlosung von Armut, Not und Elend, von Unterdrückung, Ausbeutung und Erniedrigung eingeschrieben. Denn entweder wird der Egalitarist den moralpolitischen Gewinn realisieren wollen, der mit der Verschleifung der internen Ungleichheitsstufen verbunden ist, und jede Gleichheitsabweichung, jede vergleichsweise geringere Ressourcenausstattung, jede Benachteiligung mit den moralischen Schreckensfarben der Not und des Elends anmalen, oder er wird Armut, Not und Elend, Unterdrückung, Ausbeutung und Erniedrigung als Fall von Gleichheitsabweichung und als Folge geringerer Ressourcenausstattung verharmlosen und damit politische Ursächlichkeit und Verantwortlichkeit verwischen. In beiden Fällen riskiert das egalitaristische Programm moralische Glaubwürdigkeit und politische Ernsthaftigkeit.

Eine weitere paradox-perverse Dimension des Egalitarismus wird deutlich, wenn man das ihn charakterisierende Verhältnis zwischen Diagnose und Theorie betrachtet. Auf der einen Seite eine überaus benachteiligungssensible Einstellung, die in einem fortwährenden interindividuellen Positionsvergleich illegitimen Bevorzugungen und illegitimen Benachteiligungen auf der Spur ist, auf der anderen Seite ein kruder Kompensationismus, der alles und jedes, von der Minderbegabung bis zur körperlichen und mentalen Behinderung, von der Schüchternheit bis zur Arbeitslosigkeit über den einen monetaristischen Leisten schlägt. Die Ideologie des Kapitalismus, dass alles seinen Preis hat, dass alles ökonomischen Kriterien unterworfen werden kann und einer Nutzen-Kosten-Analyse zugänglich ist, dass alle zwischenmenschlichen Beziehungen marktförmig sind und jedes Leben auf Nutzenmaximierung zielt und es nichts gibt, das nicht in Geld aufgewogen werden könnte, wird von dem Egalitarismus spiegelbildlich wiederholt.[14]

Der ökonomische Inegalitätsproduzent und der moralische Egalitätsproduzent entstammen derselben reduktionistischen Theoriefamilie wirklichkeitsverstellender Vereinheitlicher. Daher trifft Hobbes' berühmte Metapher vom Wettrennen auch auf die Gesellschaftsauffassung des Egalitarismus zu.[15] Da aber hier die naturwüchsige Ungleichheitsproduktion des Marktes durch moralische Planung, durch die kontrollierte Gleichheitsproduktion des Gerechtigkeitsstaates ersetzt wird, nimmt die alle Lebensregungen, alles Selbstverständnis bestimmende Machtkomparatistik die Gestalt einer nicht minder umfassenden Benachteiligungskomparatistik an. Beide Gesellschaften sind Gesellschaften des Vergleichs, der Kultivierung des Abstands; zielt alles in der Marktgesellschaft aber auf Machtvorsprung, so zielt alles in dem Gleichheitsstaat auf Benachteiligungsvorsprung.

Im Zentrum des *egalitaristischen Kompensationismus* steht immer ein Zustandsvergleich: Aus den normativen Voraussetzungen der Theorie wird ein egalitärer Ausgangszustand konstruiert. Dann wird diese imaginierte, authentisch gerechte Ausgangssituation mit der Wirklichkeit verglichen. Und schließlich wird ein Redistributionsarrangement vorgeschlagen, das durch geeignete kompensatorische Ausgleichszahlungen eine surrogativ gerechte Endsituation in approximativer Annäherung verwirklichen soll. Das Grundproblem ist dabei, dass Gleichheitsorientierung und normativer Individualismus zum einen, die materiale Ungleichheit der von der Theorie je für verteilungsgerechtigkeitsrelevant erklärten Güter, seien es Land, Talente, Charakter, Herkunftsschicksal, körperliche, geistige und psychische Funktionsfähigkeit, zum anderen nach einem verteilungsbeweglichen, kompensatorisch handhabbaren Metagut, nach einem universalen Äquivalent verlangen, das sich über alle Unterschiede der miteinander zu verrechnenden Güter hinwegsetzt. Damit münden alle diese Theorien in einen kruden Monetarismus.

Beredt werden in der Ungerechtigkeitsdiagnose die illegitimen Benachteiligungswirkungen interner wie externer Gegebenheiten und Schicksalsumstände aufgelistet, wird eine Ätiologie der lebenskarrierepolitischen Erfolgs- und Misserfolgsursachen und eine Metrik ihres Deprivilegierungsausschlags entwickelt, um dann doch nur in eine phantasielose monetaristische Ungerechtigkeitstherapie einzumünden, die sich in der Regel in der Forderung erschöpft, die Rotationsgeschwindigkeit und das Redistributionsvolumen der Umverteilungsmaschinerie zu erhöhen. Mit einem Wort: Der egalitäre Kompensationismus muss sich aufgrund seines unvermeidlichen Monetarismus in die Sackgasse einer monetaristischen Allokationsmathematik begeben, durch die die abschöpfungspflichtigen Bevorzugungslagen und ausschüttungsbegünstigten Benachteiligungslagen vermessen und redistributiv ausgeglichen werden.

Der Egalitarismus unterschätzt die systematische Reichweite seiner einschlägigen Argumente. Die Rede von der moralischen Willkür natürlicher und sozialer Ausgangsverteilungen, von der Ausgleichsbedürftigkeit ungleicher Begabungsausstattungen, von der Rektifikation unverdienter Benachteiligungen und Bevorzugungen ist alles andere als harmlos. In unmäßigem Moralismus verlässt sie den Binnenraum individuellen und gesellschaftlichen Handelns und dehnt moralische Beurteilungs- und Behandlungsweisen auf die Natur aus. Letztlich rückt der Egalitarismus damit den Sozialstaat in religiöse Dimensionen. Der Sozialstaat wird mit einem Defatalisierungsauftrag ausgestattet; er stellt sich gegen das Schicksal, den Zufall, die Kontingenz. Er wird zur Schöpfungskorrektur, zu einer Art Zweitschöpfung, in der die moralischen Versäumnisse der Begabungsverteilung der Erstschöpfung dadurch korrigiert werden, dass die Begünstigten von den Benachteiligten in Kompensationshaft genommen werden.

Wie weit mag wohl dieser metaphysisch-hybride Defatalisierungsauftrag der egalitären Gerechtigkeit reichen? Zuständig für Defatalisierung ist die Technik. Technik ist autonomiekompetent, erhöht die Spielräume der Freiheit und der Selbstbestimmung. Wo gestern noch das Fatum herrschte, haben wir

---

14 Ausführlicher kritisiere ich den Egalitarismus in: Kersting (2000 a); Kersting (2000 b).
15 Vgl. Kersting (2000 a, S. 371 ff.).

heute bereits Optionen. Wenn der Freund der Gleichheit ein hinreichend tiefes Verständnis seiner eigenen Überzeugungen besitzt, dann muss er zu einem leidenschaftlicher Befürworter der Technik werden. *Denn erst die Technik eröffnet wirkliche Egalisierungschancen, ersetzt die Ungleichheitskosme-tik der Transferzahlungen durch eine Behandlung der Ungleichheitswurzeln selbst.* In dem Maße, in dem die Kapazitätslandkarte unserer Gene unter die Kontrolle einer manipulativen Technik gerät, in dem Maße mindert sich die Herrschaft des geneti-schen Zufalls. Dem Egalitaristen muss jedes tech-nische Mittel recht sein, um die *Zivilisation der Gleichheit* voranzutreiben. Überdies ist es ein weit-aus verlässlicheres Mittel als die Kompensations-maschinerie des Systems der progressiven Einkom-mensteuer, kommt zudem nicht zu spät, sondern verrichtet ihr Distributionswerk gleichsam im bio-logischen Urzustand eines jeden.

Es ist also nicht verwunderlich, dass im Kielwas-ser des Human Genome Project zunehmend mehr gerechtigkeitsethische Untersuchungen sich mit dem Verhältnis von Genetik und Gerechtigkeit be-schäftigen und nach Ausgleichsprogrammen fragen, um den Unterschied zwischen den genetisch Ver-mögenden und den genetischen Habenichtsen aus-zugleichen. Die genwissenschaftliche und gentech-nologische Entwicklung arbeitet offenkundig der egalitaristischen Sozialstaatsphilosophie in die Hän-de. Wenn man ein solch ausschweifendes Verständ-nis von Benachteiligung hat, dass jede Differenz in der natürlichen Ausstattung mit erfolgspragmati-schen Fähigkeiten und Eigenschaften einen kom-pensationswürdigen Benachteiligungsfall darstellt, dann sind egalisierungstechnologische Initiativen unausweichlich und fester Bestandteil des politi-schen Programms des Egalitarismus. Der Egalitarist ist ein ernstzunehmender Anwärter auf den Posten eines Gärtners im Menschenpark.

3.4. Soziale Demokratie

Für Diskursethiker, Anhänger des Konzepts der Zivilgesellschaft und der sozialen Demokratie ist

liberale Privatheit ein existentieller *status negativus*. Daher können in ihren Augen leistungsrechtlich verfasste Grundrechtsansprüche der Bürger auch nicht als Ermöglichungsbedingungen von liberaler Privatheit und selbstverantwortlicher Lebensgestal-tung gerechtfertigt werden. Gerechtfertigt sind so-ziale Grundrechte nur, insofern sie, »allen ermögli-chen, für die gemeinsame Verfassung einzustehen. Folglich schließt es die Verpflichtung ein, allen die Bedingungen für die Teilnahme an den gemein-samen öffentlichen Angelegenheiten auch tatsäch-lich zu garantieren«. »Öffentliche Fürsorge oder Sozialhilfe ist [...] Ausdruck ziviler Solidarität, die darauf abzielt, alle Bürger politisch zu ermächtigen, ihre Meinungen und Interessen selbständig zu ar-tikulieren und für diese tatkräftig in der Öffentlich-keit einzutreten«, die darauf abzielt, die Bürger »assoziations- und konfliktfähig« zu halten. »Indem solche Hilfe als Element der Verfassungsgebung begriffen wird, verändert sich die Stellung der Hilfs-bedürftigen. Sie müssen sich nicht länger als weit-gehend ohnmächtige Klienten begreifen, sondern können sich als Mitglieder der Zivilgesellschaft auf die wechselseitige Verpflichtung zur Grundsiche-rung der materiellen Existenz als Bedingung der Möglichkeit öffentlicher Freiheit berufen.«[16]

Sicherlich ist es ein Vorzug, wenn der Klienteli-sierung der Empfänger von Sozialleistungen begeg-net wird, wenn der Klient des Sozialstaats wieder in den Bürger zurückverwandelt wird. Nur ist diese Wiedergewinnung der Autonomie nicht notwendig an den Status kämpferischer Deliberativität gebun-den. Die für die Rousseauisten selbstverständliche Vorrangigkeit öffentlicher Autonomie ist ein illibe-rales demokratieethisches Dogma. Die normativ-individualistische Grammatik unseres Menschen-rechtsverständnisses erhebt gegen die darin impli-zierte Sekundarität privater Autonomie Einspruch. Menschen erhalten nicht erst als Deliberationsfunk-tionäre und allgemeinheitsdienliche Argumentati-onsarbeiter Sinn, Wert und Würde.

Diese diskursethisch-demokratieemphatische Be-gründung der Leistungsrechte führt zu ihrer völligen Denaturierung. Sowohl das subsistenzbezogene wie das freiheitsermöglichende Leistungsrecht ist eine Reaktion auf gegebene Unselbständigkeit, konstitu-iert ein Transfereinkommen, das an die Stelle des ausbleibenden Arbeitseinkommens tritt. Und es soll

---

16 Rödel u. a. (1989, S. 187 ff.).

in verminderter Weise den Zwecken dienen, die auch der Selbständige verfolgt. Der Selbständige will aber primär ein selbstverantwortliches Leben führen; keinesfalls arbeitet er, um sich Ressourcen für die Ausbildung und Aufrechterhaltung demokratischer Partizipationsmächtigkeit und Deliberationskompetenz zu verschaffen. Unter diskursethischer Perspektive geht diese lebensethische Gravitation verloren, da sie die Komplexität gesellschaftlicher Anerkennung auf die rousseauistische Dimension demokratisch-diskursiver Souveränitätsausübung einengt. Jetzt geht es nicht mehr um die Sicherung eines Ersatzeinkommens, um die Fremdermöglichung von etwas, das normalerweise durch ein Arbeitseinkommen oder durch eigenes Vermögen ermöglicht wird. Jetzt geht es um eine Zielsetzung, die in keiner natürlichen Verbindung zur ökonomischen Selbständigkeit steht, die somit auch nicht unmittelbar durch den Wegfall eines Arbeitseinkommens bedroht wird. Die leistungsrechtliche Versorgung wird durch diese sozialstaatliche Begründung in einen teleologischen Zusammenhang gestellt, der der Erwerbsarbeit völlig äußerlich ist. Aus den möglichen Zwecken, die jemand auf der Grundlage ökonomisch gesicherter Selbständigkeit anstreben kann, wird ein einziger ausgezeichnet und als ethisch höchstrangig und darum allein sozialstaatlich begründungsrelevant ausgegeben.

In der sozialen Demokratie geht es nicht mehr um die Abfederung der arbeitsmarktpolitischen Risiken einer kapitalistischen Wirtschaft, sondern um ein garantiertes Mindesteinkommen, ein Bürgergeld, dessen Zahlung an keinerlei rechtlich definierte und bürokratisch zu überprüfende Voraussetzungen gebunden wird und von den Gezeiten der Konjunktur völlig unabhängig ist. Es versteht sich, dass der Sozialstaat mit dem Übergang zur sozialen Demokratie auch sein Finanzierungskonzept ändern muss. Da der Protagonist des industriegesellschaftlichen Sozialstaats, der Dauerarbeitsplatzbesitzer und lebenslange Beitragszahler auszusterben droht, muss die Beitragsfinanzierung durch steuerliche Finanzierung abgelöst werden. Mit der Entkoppelung von der Konjunktur und der Arbeitsmarktverfassung der kapitalistischen Wirtschaft verliert die zivilgesellschaftliche Versorgung auch jede Bindung an die leistungsethische Balance von Leistung und Gegenleistung. Das Bürgergeld ist ein

Bürgerrecht. Sein Zweck dient der Ermöglichung und Kontinuierung der bürgerlichen Existenzform. Und seine Höhe muss diesem Bürgerermächtigungsziel angepasst sein. Die für das liberale Denken überaus wichtige Verbindung zwischen ökonomischer Selbständigkeit und selbstverantwortlicher Lebensführung, zwischen Selbsterhaltung und Selbstbestimmung, ist für die Theoretiker der Zivilgesellschaft ohne Bedeutung.

Ich fasse zusammen. – Ich hatte die Frage nach einer normativen, kohärenztheoretisch überzeugenden Sozialstaatsbegründung gestellt. Ich wollte wissen, welche leistungsrechtliche Grundrechtsinterpretation dem Sozialstaatsprinzip grundrechtliche Unterstützung verschaffen kann. Um diese Frage zu beantworten, hatte ich vier sozialstaatliche Begründungsmodelle Revue passieren lassen. Das erste, daseinsfürsorgliche Modell, legte eine subsistenzrechtliche Bedeutungsschicht des Menschenrechts frei, verlängerte diese in den Grundrechtsbereich hinein und belegte den Sozialstaat mit der Verpflichtung, das Existenzminimum selbstversorgungsunfähiger Bürger bereitzustellen. Das zweite, freiheitsfürsorgliche Begründungsmodell kontextualisierte den Freiheitsbegriff der rechtstheoretischen Tradition und erweiterte darum den negativen Freiheitsbegriff um die Elemente der Selbstbestimmung und Selbständigkeit. Das diesen Elementen innewohnende normative Profil erwies sich als rechtsinterner, weil um der Wirksamkeit und Wirklichkeit des Freiheitsrechts selbst willen notwendiger Rechtsanspruch auf einen für Selbstbestimmung hinreichenden Anteil an den kollektiv erwirtschafteten Gütern für den Fall wie immer verursachter Selbstversorgungsunfähigkeit. Der sich zur Sicherung dieses Rechtsanspruchs organisierende Sozialstaat ist ein freiheitsfunktionaler Sozialstaat, ist eine neben den Rechtsstaat tretende, gleich notwendige Verwirklichungsbedingung des Freiheitsrechts, die die Garantie subsidiärer materialer Versorgung mit der Verpflichtung zur Bereitstellung autonomieförderlicher öffentlicher Güter, mit der Verpflichtung freiheitsfunktionaler Sozialinvestitionen verbindet. Das egalitäre Begründungsmodell hat diese Verbindung zu der Frage der Versorgung im Falle der Selbstversorgungsunfähigkeit gelockert bzw. gekappt. Damit kommt der Sozialstaat nicht mehr als Selbstversorgungssurrogat, als Marktersatz in den

Blick. Damit fällt auch die normative Orientierung am Ideal der autonomen Lebensführung selbstverantwortlicher Individuen weg. Für die Anhänger egalitärer Verteilungsgerechtigkeit wird der Sozialstaat zu einem Egalisierungsinstrument, das durch einen redistributiven Kompensationismus die ungleichen natürlichen und sozialen Startbedingungen der individuellen Lebenskarrieren unermüdlich ausgleicht und die bevorzugungsbedingten Vorsprünge und das benachteiligungsbedingte Nachhinken durch geeignete Umverteilungen neutralisiert. Im Vergleich dieser Modelle habe ich deutlich zu machen versucht, dass gute Gründe dafür sprechen, dass ausschließlich das zweite, freiheitsfürsorgliche Sozialstaatsmodell eine kohärenztheoretisch zufriedenstellende Rechtfertigung des Sozialstaats liefert.

Literatur

ANDERSON, ELIZABETH S. (1999), »What is the Point of Equality?«, in: *Ethics*, 109, S. 287–337. ■ ARNESON, RICHARD J. (1989), »Equality and Equality of Opportunity of Welfare«, in: *Philosophical Studies*, 56, S. 77–93. ■ ARNESON, RICHARD (2002): »Rawls, Responsibility, and Distributive Justice«, in: Salles, Maurice / Weymark, John A. (Hg.), *Justice, Political Liberalism, and Utilitarianism*, Cambridge: Cambridge University Press (im Druck). ■ BENDA, ERNST (1983), »Der soziale Rechtsstaat«, in: Benda, Ernst / Maihofer, Werner / Vogel, Hans-Jochen (Hg.), *Handbuch des Verfassungsrechts der Bundesrepublik Deutschland*, Berlin: de Gruyter. ■ COHEN, GERALD A. (1989), »On the Currency of Egalitarian Justice«, in: *Ethics*, 99, S. 906–944. ■ DWORKIN, RONALD (1981), »What is Equality? Part II: Equality of Resources«, in: *Philosophy and Public Affairs*, 10, S. 283–435. ■ FORSTHOFF, ERNST (1976), *Rechtsstaat im Wandel. Verfassungsrechtliche Abhandlungen 1954–1973*, München: C. H. Beck. ■ HUBER, ERNST RUDOLF (1968), »Rechtsstaat und Sozialstaat in der modernen Industriegesellschaft« (1965), in: Forsthoff, Ernst (Hg.), *Rechtsstaatlichkeit und Sozialstaatlichkeit*, Darmstadt: Wissenschaftliche Buchgesellschaft, S. 589–618. ■ ISENSEE, JOSEF / KIRCHHOF, PAUL (1992) (Hg.), *Handbuch des Staatsrechts der Bundesrepublik Deutschland*, Heidelberg: C. F. Müller. ■ KERSTING, WOLFGANG (1994), *Politische Philosophie des Gesellschaftsvertrags*, Darmstadt: Wissenschaftliche Buchgesellschaft ■ KERSTING, WOLFGANG (2000 b) (Hg.), *Politische Philosophie des Sozialstaats*, Weilerswist: Velbrück. ■ KERSTING, WOLFGANG (2000 a), *Theorien der sozialen Gerechtigkeit*, Stuttgart: Metzler. ■ MAIHOFER, WERNER (1983), »Prinzipien freiheitlicher Demokratie«, in: Benda, Ernst / Maihofer, Werner / Vogel, Hans-Jochen (Hg.), *Handbuch des Verfassungsrechts*, Berlin: de Gruyter, S. 173–239. ■ NAGEL, THOMAS (1991), *Equality and Impartiality*, New York: Oxford University Press. ■ NULLMEIER, FRANK (2000), *Politische Theorie des Sozialstaats*, Frankfurt/M.: Campus. ■ PIOCH, ROSWITHA (2000), *Soziale Gerechtigkeit in der Politik. Orientierungen von Politikern in Deutschland und den Niederlanden*, Frankfurt/M.: Campus. ■ RAKOWSKI, ERIC (1991), *Equal Justice*, Oxford: Oxford University Press. ■ RAWLS, JOHN (1971), *A Theory of Justice*, Cambridge/Mass.: Harvard University Press. ■ RÖDEL, ULRICH / FRANKENBERG, GÜNTER / DUBIEL, HELMUT (1989), Die demokratische Frage, Frankfurt/M.: Suhrkamp. ■ VAN PARIJS, PHILIPPE (1995), *Real Freedom for All. What (if anything) can justify capitalism?*, Oxford: Oxford University Press. ■ WILDHABER, LUDWIG (1972), »Soziale Grundrechte«, in: Saladin, Peter / Wildhaber, Ludwig (Hg.), *Gedenkschrift für M. Imboden*, Basel-Stuttgart: Haupt, S. 371–391.

13.5 Kapitalismus und globale Gerechtigkeit im *cross culture*-Diskurs

Olaf Karitzki / Birger P. Priddat

Etwa 815 Millionen Menschen weltweit leiden Hunger,[1] die Kluft zwischen armen und reichen Ländern wird immer größer. Nun war aber der Kapitalismus mit dem Versprechen angetreten, alle profitierten von der unsichtbaren Hand des Marktes, ließe man sie nur möglichst freizügig walten. Kapitalismus – vom Westen der ganzen Welt durch einseitige Handelsverträge oktroyiert und durch die Dominanz global agierender Konsumartikelkonzerne autochtone Güter und Gebräuche zerstörend[2] – sei Ursache weltweiter Armut und kultureller Verödung, Wurzel einer ungerechten Weltordnung!

Dieses Statement gibt, kurz gefasst und zugespitzt, das *mental model* wieder, das sich – mit der Prädikation »Globalisierungskritik« – in weiten Teilen der (Kultur)Wissenschaft und der Öffentlichkeit zu Beginn des neuen Jahrhunderts findet.[3] Dass es vielen Menschen weltweit schlecht geht, ist unbestritten, auch wenn in einzelnen Bereichen in den letzten Jahrzehnten Fortschritte zu verzeichnen waren.

Die Arbeit an einer gerechten Welt im Ganzen ist nicht überholt – sie ist um so dringender, je mehr die Welt im Bewusstsein der Menschen zusammenwächst. Anachronistisch könnte die Vorstellung vom Gegner in diesem Kampf um Gerechtigkeit sein: ein entfesselter Kapitalismus, der alle Kultur-Differenzen einebnet und dabei alles nicht Marktgängige verschwinden lässt. Der Gegensatz von Markt und Kultur, von Effizienz und Gerechtigkeit vereinfacht die Realität aber und leitet das Denken in Sackgassen, wo *dilemmatisch* Werte nur auf Kosten anderer Werte gewählt werden können. Dabei ist beides ständig im Fluss: Kapitalismus *und* der Diskurs über Gerechtigkeit.

Wir wollen im Folgenden einige dieser Bewegungen nachzeichnen, vor allem aber die Wechselwirkung zwischen ihnen. Die Essenz aus jenem realen und gedanklichen Changieren ist kein neues Manifest, keine vollentwickelte Utopie, sondern ein Versuch, eingefahrene Debatten zu stimulieren, eine Lanze fürs Ausprobieren, für Diversität möglicher Lösungen globaler Probleme zu brechen, Lust zu machen aufs Neu-Denken vermeintlich offensichtlicher Zusammenhänge. Vor allem soll die in den Kulturwissenschaften häufig anzutreffende Sichtweise eines unüberbrückbaren Gegensatzes zwischen Kapitalismus und Gerechtigkeit in Frage gestellt werden: weg von einer Grundsatzdebatte hin zu einer Fokussierung vieler Einzelprobleme.

1. Kapitalismus als ›civilizing agency‹

In der Form der ›reinen Marktwirtschaft‹ hat sich der Kapitalismus nirgendwo realisiert; er bleibt eine neoliberale Fiktion, die Asymmetrien ideologisch überhöht. Die Kritik am expandierten Wohlfahrtsstaat ist, außer in einigen ›neoliberalen‹ radikalen Phantasien, keine Kritik am Wohlfahrtsstaat, sondern an seinen unzweckmäßigen institutionellen Formen. Die Effizienz, die man im Markt historisch als wohlfahrtssteigernd erfahren hat, legt man jetzt als Kriterium an die institutionellen Arrangements (›institutional choice‹): Was leisten die Sozialsysteme? Brauchen wir nicht andere Anreizstrukturen? Wie stellen wir die Balance zwischen privaten und öffentlichen Gütern neu ein?

Als *mixtum compositum* von Markt und Institutionen ist der ›Kapitalismus‹ die Ausbildung eines ›cultural capital‹ eigener Dignität: eine *civilizing agency*, die durch positive Wohlfahrtseffekte und eine institutionelle Struktur wirkt. Dessen Stabilität ist aber nicht inhärent gesichert, sondern muss

---

1 FAO (2001, S. 2). Darüber hinaus: »Of the 4.6 billion people in developing countries, more than 850 million are illiterate, nearly a billion lack access to improved water sources, and 2.4 billion lack access to basic sanitation.« (UNDP, 2001, S. 9).

2 Vgl. Klein (2001). Für eine Ausdehnung über das Thema »multinationale Konzerne« hinaus vgl. Beck (1999); Hardt/Negri (2000); Brühl u. a. (2001) und Altvater/Mahnkopf (2002).

3 In seiner avanciertesten Form vgl. Hardt/Negri (2000). Vgl. auch Barber (2002).

politisch immer wieder neu generiert werden. Die Institutionen des ›Kapitalismus‹ sind nicht, wie in den vormodernen Epochen, durch hyperstabilisierte Sets von ethischen Habitus und reziproken moralischen Obligationen normativ gesichert, sondern unterliegen einem ›institutional change‹, der zwar in einer sehr viel langsameren Geschwindigkeit verläuft als die parallele Marktdynamik, aber modern an Beschleunigung zunimmt, vor allem deshalb, weil er selbst Entscheidbarkeiten offen legt.

Die moderne Ökonomie ist eine *political economy*, die *governances* bedarf, um die Balance zwischen *wealth* und *welfare* aufrecht zu erhalten. Das System der Wirtschaft ist kein reines Marktphänomen, sondern ein Politik/Markt-Nexus, der immer wieder Regelungen, *governance*, sogar Interventionen erfordert, zumindest aber politisch installierte *institutional frames of market dynamics*. Der Purismus der Adam Smithschen Alleinstellung des Marktes, damit er seine Effizienz voll entfalte, wird im Politik/Markt-Nexus durch politische Entscheidungen unterbrochen, die nach anderen Effizienzen als den rein ökonomischen gefällt werden.

Wohlfahrt wird immer über eine Matrix diverser Interessen bestimmt, deren Verteilung Legitimation braucht, gegebenenfalls durch Verfahren. Wirtschaft wäre eine metaphysische Konstruktion, würde sie allein durch den Markt determiniert: Sie ist immer eine politische Ökonomie, deren *governance*-Struktur entscheidend ist für die Balance von Volkseinkommen und Wohlfahrt. Auch ist der Begriff ›Markt‹ nur eine Abkürzung für marktliche, also weisungsungebundene Handlungen vieler Einzelner – ›der‹ Markt handelt nicht, entscheidet nicht, bietet nichts an und fragt nichts nach, hat keine Vorlieben. Die Präferenzen von Konsumenten und Unternehmen und die Institutionen, in deren Rahmen Entscheidungen getroffen werden, beeinflussen sich gegenseitig.

Das ›Faktum der Pluralität‹ in der modernen Moderne gibt uns mehr Optionen, als es das Abendland kannte. Institutionen, als ›cultural capital‹ interpretiert, stehen selbst in einem Evolutionsprozess. Wenn Adam Smith noch die Illusion hegen konnte, dass der Markt sein eigenes Gleichgewicht

fände und zugleich auch ein, wenn auch asymmetrisches, Wohlfahrtsgleichgewicht erreiche; wenn im 19. und 20. Jahrhundert eine neue Illusion entstand, dass Steuerung und Ordnung der Marktprozesse in Hinblick auf eine gezielte Wohlfahrtspolitik möglich sei, stehen wir heute vor einem komplexeren Phänomen, das es nicht ohne weiteres erlaubt, einer der beiden ›governance-structures‹ zu vertrauen: Weder der Selbststeuerung noch der politischen Steuerung der Märkte. Das Wechselwirkungsgleichgewicht zwischen Markt und Staat aber hat keine eigene institutionelle Arena. Wir stehen vor einem neuen Phänomen, das neue Formen der Steuerung entwickelt: neue Formen der *privat/public-partnership*, neue Kooperationsformen.

2. Neue Sozialkontrakte im Zwischenraum von Markt und Staat

In der Zivilgesellschaftsdebatte, die die Frage der ›new governance‹ stellt, wird die Formel vom ›aktivierenden Staat‹ eingeführt; die Bürger sollen für Teile ihrer sozialen Sicherung selbständig und eigenverantwortlich sorgen. Neue *policy-mixes*, insbesondere in der Sozialpolitik, werden formuliert, die eine neue Kooperation der Bürger mit dem Staat anbahnen. Ohne die Programme *en detail* anzusprechen, wird deutlich, dass weder der neoliberalen Illusion gefolgt wird, die Wohlfahrt der Bürger dem Markt zu überlassen, noch aber der alten Sozialstaatsillusion angehangen wird, der Staat sei umfassend für die Sicherung des Lebens zuständig. Wenn wir das so interpretieren, dass die Bürger für ihre Lebensprogramme selber verantwortlicher werden, können wir die Wohlfahrtssysteme als Hybriden kennzeichnen, die neue ›social commitments‹ mit neuen institutionellen hybriden Designs entwerfen. Die neuen Wohlfahrtshybriden sind Readjustierungen des Verhältnisses von Staats- und von Bürgerverpflichtungen, neue ›social contracts‹.[4]

Wenn wir Wohlfahrtsprogramme als moralische Institutionen interpretieren, erleben wir den Anfang einer Reformulierung des ›moral commitment‹, das die Bürger mit sich selbst und ihrem Staat einzugehen aufgefordert werden. In diesem ›moral commitment‹ wird die Frage zu klären versucht, welche gerechtfertigten Anforderungen an

---

4 Vgl. auch Priddat (2000 a und 2001).

die Allgemeinheit zu stellen berechtigt sind, welche aber nicht. Diese Fragen werden als Gerechtigkeitsfragen thematisiert, als ›new fairness‹. Der entscheidende Punkt ist

(1) der, dass Gerechtigkeitsfragen als politische Fragen eingeführt werden,

(2) dass es dabei um eine neue Bestimmung des Verhältnisses von Moral und Wirtschaft geht.

In den alten Wohlfahrtssystemen war die Frage der Moral in sozialen Angelegenheiten vollständig an den Staat delegiert (oder reprivatisiert, an die auf Benevolenz trainierten *non-markets*). In den neuen ›commitments‹, die gefordert werden, wird die Moral der Solidarität neu definiert. Der soziale Anspruch, im Falle der eigenen Einkommenslosigkeit von der Gesellschaft gestützt zu werden, bleibt aufrecht erhalten, aber unter der Nebenbedingung, dafür zu sorgen, dass die eigene Einkommensfähigkeit erhalten bleibt, oder, im Falle ihres Verlustes, neu und selbständig aktiv gesucht wird. Der bisher gepflegten Erwartung, in jedem Fall unterstützt zu werden, wird ein neuer Vorschlag gemacht, nur dann unterstützt zu werden, wenn man willig ist, in die eigene Zukunft zu investieren. Das Sozialsystem soll auf Ko-Investition umgestellt werden: Der Staat bietet eine ›equality of opportunity‹/ Chancengleichheit an, aber keine ›equality in outcomes‹ / Gleichheit im Ergebnis. Jeder Bürger nutzt seine Chancen verschieden; es kommt darauf an, dass er die Nutzung von Chancen aktiv angeht und mit dem Staat kooperiert.

Zwischen Markt und Staat, zwischen privaten Gütern und öffentlichen Gütern entsteht eine Arena von Hybriden, die als spezifische Kombinationen von öffentlichen/privaten Gütern eigene Formen neuer Kooperationen bilden. Im Bildungswesen werden Hochschulen z. B. teils öffentlich, teil privat finanziert werden; die Rentenversicherung wird dual kombiniert, mit öffentlichen Zwangsrententeilen und privaten Zusatzanteilen; im kommunalen Bereich werden viele kulturelle, aber auch jegliche anderen Projekte mischfinanziert werden; im Arbeitslosenversicherungsbereich haben wir bereits angeführt, dass Ansprüche auf Auszahlungen nur dann aktiviert werden, wenn die Betroffenen selber aktiv an ihre Qualifikationen oder Arbeitsbeschaffungen gehen etc. Aber auch neue Formen der Kooperation der Bürger mit sich selbst werden ent-

stehen, die Aufgaben übernehmen, die jetzt noch dem Staat allein als Versorgungsleistung zugeschrieben werden; Betriebsrenten der Unternehmen können Leistungen des Staates übernehmen; Bürger gründen ihre eigenen Kindergärten und Schulen, warum nicht auch Hochschulen? So wie Konsumenten heute bereits über das Internet Konsumeinkaufsgemeinschaften bilden, die über eine ›economy of scale‹ die Preise senken, so können Bürger auch Anspruchsgemeinschaften bilden, die über Angebote von Eigenleistungen den Staat zur Produktion von (hybriden) öffentlichen Gütern anreizen können. Dabei ersetzen die Bürger den Staat partiell (der Souverän organisiert eine Rückholung nur verliehener Kompetenz), oder bürgerliches Engagement dient als Ferment für Veränderungen bestehender Strukturen. *Make or buy*, oder kooperiere – alles aus Sicht des Bürgers, nicht des Staates.

Das Verhältnis von ›equality of opportunities‹ und ›responsibility‹ wird neu definiert, und zwar als neue Form einer Kooperationsökonomie, die sich nicht mehr der alten Semantik der ›Solidarität‹ bedient, sondern neue Semantiken der ›new governance‹ und ›fairness‹ entwirft, deren Basis neue institutionelle Designs mit neuen Anreizstrukturen sind. Der Unterschied zu bekannten institutionellen Formen liegt vor allem darin, dass sie stärker als bisher Momente der Eigeninitiative und unternehmerischen Aktivität der Bürger anreizen (›enabling‹; ›empowerment‹). Das ›moral commitment‹, das in diesen institutionellen Redesigns entworfen wird, dient nicht mehr nur dazu, moralische Ansprüche nach Regeln zu justieren, sondern moralische Ansprüche an Verantwortlichkeiten zu binden, um individuelle Investitionen anzureizen. Die institutionellen Muster ändern sich. Über das Regelbefolgen hinaus wird eine ›institutional entrepreneurship‹ angereizt. Es geht nicht mehr darum, institutionelle Regeln einzuhalten, sondern sie durch individuelle Investitionen in das ›social capital‹ zu überschreiten.

Das ›moral commitment‹ der Gesellschaft ändert sich, indem mehr oder minder nur diejenige Moral zugelassen wird, die am ehesten dafür sorgt, dass sie nicht in Anspruch genommen zu werden braucht. Wir können es auch so formulieren: Die Moral ist am effektivsten, die ihre Nachfrager anreizt, dafür zu sorgen, dass sie nicht in die Lage kommen, auf sie angewiesen zu sein. Das sind nicht nur interne Regeln, sondern Kriterien für Entwicklung, ohne dass unterschlagen werden kann, welche Investitionen erforderlich sind, um diese Selbständigkeit zu erreichen.

3. Globalisierung erzwingt co-opetition

Wenn diese Re-Adjustierungen der Wohlfahrtsprogrammtik vorgenommen werden, ändert sich auch der Blick für das, was interkulturelle Gerechtigkeit heißt. Auch wird die Legitimität von Verteilung überprüft,[5] und zwar nach ähnlichen Mustern wie im Binnenverhältnis: Welche *co-operation* haben die Länder anzubieten, denen – traditionell in Form von Entwicklungshilfe – Kapital angeboten wird, in welcher Form auch immer? Und wie gelingt die Verschränkung mit *competition*, ohne spätmerkantile Handelskriege auszulösen, bei denen heimische Probleme in Form subventionierter Lebensmittel exportiert werden, geistiges Eigentum gestohlen, fremde Umwelt verschmutzt wird?

Die Fragen, die im ›Antiglobalisierungsdiskurs‹ aufgeworfen werden, lassen sich reformulieren, sobald wir die Matrix der Bewegungen, die zusammen die Globalisierung formen, entfaltet haben. Globalisierung der Wirtschaft umfasst vier Entwicklungen:
– »die Herausbildung weltweit standardisierter Konsumpräferenzen für immer mehr Güterarten (etwa Autos, Informations- und Kommunikationstechnologien – IuK –, Bekleidung), deren Produktion und Distribution sich damit von vornherein auf nicht weniger als die Welt als Markt bezieht;
– die Bereitschaft und die Fähigkeit von Unternehmen, die eigenen Ressourcen mit dem weltweit jeweils fortschrittlichsten F&E-, Produktions- und Distributionswissen anderer Wirtschaftsakteure zu kombinieren, da I) Wissen,

vor allem nicht imitierbares Wissen, zur wettbewerbsentscheidenden Ressource geworden ist, II) in immer mehr Sektoren der Wirtschaft die Amortisationszeit für Produkt- und Verfahrensinnovationen schrumpft und III) zunehmend ›Systemleistungen‹, also die Integration verschiedener Produkte und Dienstleistungen zu einem Produkt, vom Markt erwartet werden;
– die Entwicklung und Nutzung neuer IuK-Technologien, die sowohl Produkt als auch infrastrukturelle Voraussetzung der soeben skizzierten globalen Transaktionen sind, so wie es der Kanal-, Eisenbahn- und Straßenausbau sowie die Luftfahrt für die Nationalökonomie und deren Internationalisierung waren;
– die Herausbildung eines globalen Kapitalmarktes, der nicht nur die Mittel für die enormen Investitionen der soeben skizzierten Transaktionen bereitstellt, sondern auch deren Erfolgsmaßstab ist.«[6]

Diese vier Entwicklungen bilden den Prozess der (ökonomischen) ›Globalisierung‹; sie hängen zusammen, haben aber jeweils eigenständige Konsequenzen. Die Ausbildung eines einheitlichen Weltmarktes für Konsumgüter lässt weltweit verteilte Produktion über eine weltweit laufende Logistik zu. Die Weltfirma NIKE z. B. besteht nur noch aus einer kleinen Konzernzentrale und lässt weltweit, jedes Jahr z. T. woanders, produzieren. Sie mietet sich ihre Produktionen dort, wo am kostengünstigsten hergestellt wird. Das wird nicht nur durch Lohnkosten gesteuert, sondern z. B. auch durch Wechselkursdifferenzen. Durch solche Strategien werden lokale Beschäftigungslosigkeiten erzeugt, mit Folgen für die nationale Sozialpolitik. Die Globalisierung der Produktion entwickelt auch neue Organisationsformen wie Fusionen, strategische Allianzen, Joint Ventures, Netzwerke, Franchisingverträge etc. Die Wertschöpfungskette wird international neu geknüpft, nicht nur marktgesteuert-kompetitiv (wie auch Willke unterstellt),[7] sondern parallel wird ein kooperatives Muster eingewoben.[8]

Kapital wird international; keine dieser global agierenden Firmen kann eindeutig noch einem ›Mutterland‹ zugeordnet werden.[9] Die Mitglieder dieser Organisationen sind weltweit verteilt. Die alte Nationalökonomie oder Volkswirtschaft hat ausgedient. Wir sind gewohnt, noch in folgendem Schema zu denken:

---

5 Vgl. Schefczyk (2003).
6 Wieland (1999 a, S. 11 f.). Zu alternativen Listen vgl. z. B. die Aufsätze in Beck (1999) – Wielands Liste ist aber die genaueste. Vgl. auch Hirst/Thompson (1999); Perraton/Goldblatt/Held/McGrew (1999); Archibugi/Howells/Michie (1999); aber auch de Soto (2002); Dollar/Kray (2002); Priddat (2000 b).
7 Willke (1997, S. 235 f.).
8 Jansen/Schleissing (2000).
9 Vgl. Hirst/Thompson (1999, 91 f.).

national produzieren, international verkaufen. Unsere bisherigen Formen der Internationalisierung waren Export und Import (und entsprechende Handelsbilanzen). Als ›Exportweltmeister‹, wie wir uns titulierten, waren wir Deutschen in der Vorstellung groß geworden, dass damit der Reichtum unserer Nation gestärkt wurde. Der indirekte Nutzen der Exportstrategie war die Stärkung unserer kulturellen Identität, die wir über unsere ›Wirtschaftsmacht‹ definierten. Das hatte Folgen für die Definition der ›Wirtschaftsmacht‹, wie aber auch für die kulturelle Identität, die nicht als eigenständiger Begriff, sondern als Schattenprodukt der ›Exportmacht‹ entstand.

Doch hat sich innerhalb dieses Diffusionsprozesses ein neues Muster herausgebildet:

– Die Wirtschaft muss ihre internationale, globale *Wettbewerbs*fähigkeit auf Waren- und Kapitalmärkten beweisen, *und*

– sie muss ihre *Kooperations*fähigkeit zwischen den Organisationen der Wertschöpfungskette entwickeln.

»Nur wer im globalen Markt bestehen kann, ist auch ein gesuchter Kooperationspartner für globale Wertschöpfungsketten. Nur wer kooperationsbereit und -fähig ist, kann jenen Zugriff auf innovatives Wissen, weltweite Vertriebskanäle und Kapitalmärkte organisieren, der notwendig ist, um in globalen Märkten Konkurrenzfähigkeit zu erreichen.«[10] Hier entsteht ein neues Ordnungsmuster, das nicht mehr mit den nationalstaatlichen Konzeptionen vergleichbar ist, aber auch nicht mit reiner marktwirtschaftlicher Konkurrenz. Innerhalb der Globalisierung, die von vielen als der ›große Ausbruch des Kapitalismus‹ aufgefasst wird, d.h. als der Exzess der Märkte und ihrer Konkurrenz, entsteht eine Anforderung an Kooperation, die ein mitlaufendes Gegenprogramm zu wettbewerblichen Strukturen darstellt.

Die Kooperation der vielen internationalen und differenten Organisationen entlang der Wertschöpfungskette: innerhalb von Fusionen, von Netzwerken, Allianzen etc., ist eine neue Anforderung, jedenfalls in der neuen Dimension, die die Globalisierung einführt. Märkte koordinieren Handlungen im Wettbewerbszusammenhang; weltweite Organisationen kooperieren intern wie extern, um im globalen Wettbewerbszusammenhang erfolgreich zu bleiben.

Es reicht nicht mehr aus, die weltweite Wirtschaft als globale Markt- und Wettbewerbsdiffusion zu beschreiben, weil man dann das zunehmend wichtigere Moment der Kooperationsanforderungen außer Acht ließe, das eine Nicht-Wettbewerbsdimension entfaltet, die nicht mehr als Markt-, sondern als inter- und intraorganisationale Dynamik notiert werden muss. *Die neue Dynamik ist ein Parallelprozess von Wettbewerb und Kooperation: co-opetition.*[11] In diesen Kontext gehören die Netzwerkorganisationen[12] und, weiter gefasst, die Zusammenarbeit mit Akteuren wie NGOs.[13]

Statt einer Aufteilung der Welt in privat versus öffentlich herrscht in der neueren Politphilosophie-Debatte eine Dreiteilung vor in Staat, Wirtschaft und Zivilgesellschaft. Doch dabei handelt es sich nicht, wie Michael Walzers Werk *Spheres of Justice* suggerierte, um disjunkte Mengen, in denen jeweils eigene Gerechtigkeitslogiken walten und miteinander inkommensurable Kommunikationsstile herrschen. Die drei Begriffe und die dazugehörenden Logiken markieren vielmehr Ideale, die spezielle Interaktionsmuster beschreiben. In der Realität mischen diese sich, in Bezug auf Handlungen und auf moralische Ansprüche: Auch Wirtschaft braucht Vertrauen, in der Zivilgesellschaft muss auch Wettbewerb herrschen, an den Staat werden Effizienzkriterien angelegt etc. Zwar macht es Sinn, das jeweilige Ideal als *vorherrschendes* Profil beizubehalten – aus einem börsennotierten Unternehmen soll keine Wohltätigkeitsorganisation entstehen, aus einer Kirche kein schlichter Sinnvermittlungsbetrieb […].[14] Ihre *spezielle* Kontur gewinnen die Akteure aber durch die Beimischung anderer Medien zu ihrem Basal-Steuerungsinstrument (z.B. Geld plus reichlich Vertrauen plus etwas bürokratische Regelgebundenheit plus eine Prise Identitätsstiftung).

Globalisierung heißt hier dann auch Reformulierung der Konkurrenz/Kooperationsmatrix. Das ist eine andere Bewegung als die der bisherigen 1./3.Welt-Beziehungen, die entweder als Geber-Empfänger- oder als Täter-Kolonialopfer-Relation eingeführt ist. Dennoch sind beides *cross-culture*-Relationen; beide haben Gerechtigkeitsthemen.

---

10 Wieland (1999 b, S. 19); vgl. auch Dosi (1999).
11 Vgl. Jansen/Schleissing (2000).
12 Vgl. Castells (2001a/b); Lovink (2002).
13 Vgl. Klein (2001).
14 Vgl. Karitzki (2000).

Bei der normativen Bewertung der aktuellen globalen Ungleichheit stehen sich mehrere Lager mit unterschiedlicher Sicht der Realität reichlich sprachlos gegenüber: Geht es »nicht um einen fairen Anteil am gemeinsam Erwirtschafteten [...], auch nicht um eine faire Verteilung der Kooperationsgewinne und Kooperationslasten, sondern um menschenrechtliche Solidarität und allgemeine Subsistenzsicherung«?[15] Oder geht es um Ebnung des »very uneven playing field«?[16] Oder ist jeder Versuch, die Welt als Ganze gerechter zu gestalten, vergebene Liebesmüh, die dialektisch das Gegenteil des Intendierten bewirkt, die Behübschung eines untergangswürdigen globalen Empire?[17]

Schauen wir uns drei Vorschläge an, die soziale Institutionen als gestaltungsfähig und -notwendig ansehen, die sich somit gegen *laissez-faire* ebenso verwahren wie gegen jede Verschwörungstheorie. Alle drei sind keine vollständigen Theorien globaler Gerechtigkeit, beleuchten vielmehr unterschiedliche Aspekte des Themas von unterschiedlichen Warten aus. Es gibt hier aber keine gravierenden Gegensätze, die nicht jeweils theorieimmanent geheilt werden könnten. Alle drei Konzeptionen verstehen sich selbst als liberal, interpretieren Freiheit aber je anders und weisen ihr einen unterschiedlichen Platz zu. Der ›Feind‹ ist mehr in der Realpolitik, im Geiz der Besitzenden und in der Lethargie der Abhängigen zu suchen als im Felde akademischer Gelehrsamkeit.

4. Gerechtigkeit I: John Rawls – moralische und ökonomische Austerität

Nachdem der Sozialismus als reale politische und wirtschaftliche Alternative zur Marktwirtschaft – vorerst – verschwunden ist, findet in der akademischen westlichen Welt das Ringen um die philosophische Begründung für eine gerechte Zuteilung von Lebenschancen und Einkommen vornehmlich unter der generellen Akzeptanz von Marktwirtschaft und Demokratie statt. In den letzten Jahren wurde dieser Diskurs hauptsächlich vom Liberalismus und vom Kommunitarismus beherrscht. Die letztgenannte Strömung ist von einem der Protagonisten, Amitai Etzioni, charakterisiert worden als »Bewegung für eine bessere moralische, soziale, politische Umwelt. Kommunitarier wollen Einstellungen verändern und *soziale Bande erneuern*, wollen das öffentliche Leben reformieren.«[18] Der normative Rückgriff des Kommunitarismus auf gewachsene Sozialstrukturen erschwert es allerdings, ein kohärentes Modell zu finden, mit dem etablierte Institutionen kritisiert werden können. Insbesondere Experten aus Entwicklungsländern und nahestehenden Nichtregierungs-Organisationen, die oft eine sehr fundamentale Kritik am derzeitigen System der Weltwirtschaft in die öffentliche Debatte einbringen und mehr als nur graduelle Veränderungen fordern, wird man mit Rückgriff auf kommunitaristische Positionen nur schwer gerecht (auch wenn inhaltlich durchaus ähnliche, an das Subsidiaritätsprinzip angelehnte Sichtweisen vertreten werden können).

Ein Denkmodell, mit dem gerade das erreicht werden soll, ist vor über dreißig Jahren von John Rawls mit dem Konstrukt des Urzustandes entwickelt worden: Risikoaverse Repräsentanten einer Gesellschaft beschließen Prinzipien der Gerechtigkeit ohne Kenntnis der Position, die sie selber, nach Lüften des Schleiers des Nichtwissens, einnehmen werden. In den 1990er Jahren hat Rawls dieses Modell auf die Welt als Ganze ausgedehnt und ist dabei in der Fachwelt auf nahezu geschlossene Ablehnung gestoßen.[19] Der Urzustand, der Unparteilichkeit ga-

---

15 Kersting (2002, S. 110).

16 Soros (2002, S. 5). Ähnlich Stiglitz (2002), der aufzeigt, wie Sonderinteressen einiger Branchen in den OECD-Ländern weltweit über Organisationen wie den Internationalen Währungsfonds, die Weltbank oder die Welthandelsorganisation durchgesetzt werden.

17 Vgl. Hardt/Negri (2000, S. 36). So schwebend die Begründungszusammenhänge in diesem Werk auch sind (was genau ist dieses Empire – eine *virtual entity*?), so konsequent sind doch die Forderungen nach einem Weltbürgerrecht und einem garantierten Einkommen für alle (S. 396–403), die Anhänger kosmopolitischer Positionen gerne vermeiden, ohne überzeugend zu begründen, warum.

18 Etzioni (1995, S. 277, Hervorhebung durch die Autoren). Es gibt ein vierstufiges Schema der Verantwortlichkeit hin zu einer neuen öffentlichen Moral: Familie, Schulen, soziale Netzwerke (Nachbarschaften etc.), Gesellschaft (ebenda, S. 278).

19 Der »justice industry« (Brown 2000, S. 131) war das ursprünglich 1993 verfasste, 1999 in wesentlichen Punkten überarbeitete, 2002 auf deutsch erschienene *Recht der Völker* nicht rawlsianisch genug, weil es das Differenzprinzip mit der Forderung nach Maximierung der Aussichten der *worst-off* nicht auf die ganze Welt ausgedehnt hat; Vertretern eines

rantieren soll, ist aber nach wie vor sinnvoll, weil er Normenfindung anschaulich, damit nachvollziehbar, damit überzeugend macht: Grundlagen für Verbindlichkeit. Was würden Menschen als gerecht empfinden, wenn sie bei der Formulierung ethischer Prinzipien, die sie für und gegen sich gelten lassen wollen, nicht heimlich auf ihre eigene – aktuelle und antizipierte – Situation schielen könnten?

Wie die entsprechende *Frage* für den Fall globaler (Verteilungs)Gerechtigkeit aussehen muss, ist nicht selbstverständlich, sondern transportiert eine Auffassung über bestehende Kausalzusammenhänge in der Welt. Wie würden Menschen Gerechtigkeit formulieren, wenn sie nicht wüssten, ob sie als Sohn wohlhabender US-Ostküsten-Akademiker, weiß, mainstream-christlich, wohlerzogen, PISA-plus gebildet, zur Welt kämen, oder als Tochter einer ethnischen Minderheit in einem armen afrikanischen Land, in dem die finanzielle Trennlinie zwischen Mittel- und Unterschicht durch die Differenz arm versus elendig markiert wird und Hoffnung auf Besserung nicht besteht?

Oder: Welche Prinzipien würden Vertreter von Nationen in einem Urzustand wählen, wenn sie wüssten, dass alle wesentlichen Fragen der Gerechtigkeit bereits in ihren Heimatländern zufriedenstellend abgehandelt wurden und es nur noch darum geht, wenige Aspekte der Zwischenstaatlichkeit unparteilich zu beschließen?

Für die erste Variante hat sich der Begriff »kosmopolitischer Urzustand«, für die andere Sicht »Urzustand zweiter Ordnung« eingebürgert.

John Rawls vertritt die letztgenannte Version. Die Grundidee ist dabei, dass die großen Übel der Menschheit wie Kriege, Hungersnöte, Unterdrückungen aller Art verschwinden werden, wenn gerechte, zumindest aber »achtbare« Basisinstitutionen etabliert sind. Der Begriff der Achtbarkeit verweist auf ein Hauptanliegen im *Law of Peoples* und zugleich auf einen Punkt wesentlicher Kritik: Die acht Prinzipien internationaler Gemeinschaftlichkeit[20] werden zwar zunächst vom Standpunkt liberaler konstitutioneller Demokratien als Leitidee für *deren* Außenpolitik entwickelt, doch sollen sie auch für achtbare Gesellschaften akzeptabel und damit verbindlich sein. Diese sind nicht liberal, achten aber gewisse basale Menschenrechte,[21] behandeln ihre Bürger als verantwortliche und kooperierende

Mitglieder von repräsentativen *Gruppen*, ihr Rechtssystem wird von einer gemeinsamen Idee der Gerechtigkeit geleitet, und sie sind nicht aggressiv gegen andere Staaten, weshalb sie in die Kategorie der »wohlgeordneten Gesellschaften« fallen.

Letzteres impliziert, dass liberale Gesellschaften nicht versuchen dürfen, jene *decent societies* zu liberalisieren, beispielsweise über Organisationen wie dem Internationalen Währungsfonds wirtschaftlichen Druck ausüben.[22] Zwar widersprechen die Ba-

___

machtorientierten Realismus wird immer noch zuviel Ethik enthalten gewesen sein. Vgl. zu der ursprünglichen Gerechtigkeitstheorie Rawls (1999 – überarbeitete Version der Originalfassung von 1971, allerdings keine Änderung im Vergleich zur deutschen Übersetzung von 1975), für Weiterentwicklungen und Klarstellungen Rawls (1998 und 2003), für die Übertragung auf das Völkerrecht Rawls (1996 und 2002). Für eine Darstellung und Kritik der Politikrichtung des Realismus vgl. Laubach-Hintermeier (1998).

20 Vgl. Rawls (2002, S. 41). Die Prinzipien eins bis fünf und sieben, bei denen um die Gleichheit und Souveränität von Völkern, ihre Pflicht zur Vertragserfüllung sowie Rechte und Pflichten bei Kriegen geht, lehnen sich an Ausführungen in der Theorie der Gerechtigkeit an (Rawls 1999, S. 332). In dieser Deutlichkeit neu und daher besonders zu beachten sind die Prinzipien sechs (Völker müssen die Menschenrechte achten) und acht (Völker sind verpflichtet, anderen Völkern zu helfen, wenn diese unter ungünstigen Bedingungen leben, welche verhindern, dass sie eine gerechte oder achtbare politische und soziale Ordnung haben).

21 Es sind dies die Rechte (1) auf Leben (im Sinne von Existenz und Sicherheit), (2) auf Freiheit von Sklaverei, Leibeigenschaft und gewaltsamer Unterdrückung sowie ein hinreichendes Maß an Gewissensfreiheit, um Religions- und Gedankenfreiheit sicherzustellen, (3) auf persönliches Eigentum, (4) auf formale Gleichheit in dem Sinne, dass Gleiches gleich behandelt wird (Rawls 2002, S. 80). Rawls betont, dass diese Rechte universal sind und nicht auf westlichen Traditionen beruhen, und tatsächlich fehlen Rechte wie Presse-, Versammlungs- oder Gewerbefreiheit; allerdings wirkt die Aufnahme des Rechts auf persönliches Eigentum in diese Liste basaler Menschenrechte deplaziert: Dessen Negierung macht eine Gesellschaft weder nach außen hin aggressiv, noch verletzt dies Bedingungen, die einen Menschen zu einem moralischen Wesen machen.

22 Bei der Anerkennung achtbarer Gesellschaften bleibt Rawls merkwürdig unentschlossen: Einerseits akzeptiert er diese als gleichwertige Partner im Völkerrecht, obwohl er in der *Theorie der Gerechtigkeit* (die ja nach wie vor Gültigkeit im Rahmen seines Gesamtwerkes besitzt) derartige Gesellschaftsordnungen ablehnt. Andererseits finden sich Belege im *Recht der Völker*, dass er das liberale Modell für vorziehenswürdig hält und hofft, die achtbaren Völker wechselten (von selbst) darauf; vgl. Rawls (2002, S. 58 und 231).

sisinstitutionen achtbarer Staaten vielen liberalen Prinzipien, zum Beispiel nur eingeschränktes statt gleiches aktives und passives Wahlrecht, informelle Debattenkultur statt transparente Gesetzgebungsverfahren unter einer abstrakten *rule of law* und dergleichen. Dennoch sind aus Rawls' Sicht diese Institutionen nicht so schlecht, dass jene Nationen wie aggressive »outlaw«-Staaten aus Gründen des Selbstschutzes bekämpft werden dürfen oder ebenso wie die »belasteten Gesellschaften« Hilfe brauchen. Diese *duty to assistance*, die zu leisten die wohlgeordneten Völker verpflichtet sind, ist aber nur eine Hilfe zur Selbsthilfe: Sobald ein Land liberale oder achtbare Institutionen hat, versiegt der Zahlungsstrom aus anderen Staaten. Wir haben es mit einem *empowerment*-Konzept zu tun. Ein Ausgleich zwischen armen und reichen Ländern ist nicht beabsichtigt. Ob er erwünscht ist, bleibt unklar.

Die Kritik an diesem Denken, Gerechtigkeit global zu formulieren, ist umfangreich – die wesentlichen Punkte führen über den Zwischenschritt eines verbesserten Nationen-Urzustandes zum kosmopolitischen Gegenmodell. Warum sitzen beispielsweise nicht Vertreter aller Nationen am Tisch, wenn doch ein für alle Nationen verbindliches Völkerrecht entworfen werden soll? Man mag den Ausschluss aggressiver Staaten noch rechtfertigen können, aber was ist mit belasteten Völkern, die materiell oder kulturell zu arm sind, sich funktionierende Institutionen leisten zu können: Warum nehmen diese nicht, gemeinsam mit den achtbaren und liberalen, von Beginn an an den Verhandlungen im Urzustand zweiter Ordnung teil?

Der Nachweis, dass die von liberalen Nationen entwickelten Prinzipien von den achtbaren akzeptiert werden können (die anderen werden gar nicht gefragt), ist nicht ausreichend; berücksichtigte man die Wünsche und Vorstellungen aller wohlgeordneten Staaten von vornherein, so hätten ebenfalls akzepta-

ble, gleichwohl aber andere Prinzipien entwickelt werden können. Der Urzustand ist zwar keine reale Zusammenkunft wie etwa die UNO-Vollversammlung, sondern lediglich ein Gedankenexperiment, um eigensüchtige Hintergedanken bei der Formulierung einer politischen Ethik durch den Schleier des Nichtwissens auszuschließen. Doch dieses Gedankenexperiment soll Menschen – im Sinne einer von Rawls angestrebten »realistischen Utopie«[23] – zu gemeinsam getragenen Prinzipien führen, die aufgrund der von allen empfundenen Verpflichtung[24] diesen Prinzipien gegenüber zu einer sich selbst verstärkenden Stabilität führen. Wie soll aber bei den von Rawls als achtbar charakterisierten Nationen in der realen Welt jenes Verpflichtungsgefühl aufkommen, wenn man ihnen lediglich erklärt, dass ein von anderen beschlossenes System für sie akzeptabel ist, ihre möglichen Einwände aber nicht einmal bedacht worden sind? Das Gefühl der Ohnmacht, Unterdrückung und Exklusion, das viele Menschen aus wirtschaftlich unterentwickelten Ländern in der realen Welt haben, findet seine Entsprechung in Rawls' Theorie globaler Gerechtigkeit. Sinnvoller (und nach wie vor mit einer kollektivistischen Denkweise kompatibel) wäre es, die Vertreter wüssten zwar, dass sie Nationen vertreten, aber nicht, ob diese wohlhabend oder bedürftig sind, groß oder klein, eine lange Geschichte besitzen, sich gerade erst konstituiert haben oder als *potentielle Nation*[25] noch in der Warteschleife sind und das Gut ›Souveränität‹ durch Anerkennung der anderen Nationen erst noch erlangen wollen. Der methodologische Kollektivismus, mit dem Rawls sein *Law of Peoples* konzipiert hat, erzwingt nicht das von ihm gewählte Vorgehen: Eine konsistentere Begründung wäre auch methodenimmanent möglich.

5. Gerechtigkeit II: Thomas Pogge – Verantwortung globalisieren

Konsistenter – aber nicht angemessen angesichts der bestehenden Weltordnung, bei der globale Strukturen das Leben von Menschen weltweit *direkt* beeinflussen, – würden Anhänger eines kosmopolitischen Urzustandes einwenden. So sieht zum Beispiel Thomas Pogge die Ursache weltweiter Armut vor allem darin, dass den Menschen aus wirtschaftlich unterentwickelten Ländern ein zu geringes fi-

---

23 Rawls (2002, S. 13–25).
24 Vgl. Rawls' Ausführungen für den Fall heimischer Gerechtigkeit (2003, S. 163 f.): Es sei »nicht einfach so, daß sich jede Partei unabhängig von den anderen fürs gleiche entscheidet wie die übrigen, sondern die Parteien treffen eine Vereinbarung. Eine Vereinbarung muß in gutem Glauben getroffen werden [...]. Doch wenn wir eine Vereinbarung treffen, müssen wir das Ergebnis akzeptieren und uns im Leben an die Abmachung halten.«
25 Vgl. Gellner (1991, S. 69–75).

nanzielles Ergebnis aus dem internationalen Handel mit Rohstoffen verbleibt – bedingt

(1) direkt durch einseitig durchgesetzte, dennoch gemeinsame globale Institutionen, die die armen Länder gegenüber den reichen benachteiligen, beispielsweise den entschädigungslosen Ausschluss von der Nutzung wichtiger Rohstoffe;

(2) indirekt durch das Erbe einer ungünstigen Geschichte, bei der die heute armen Länder durch Kolonialisierung und Versklavung in eine schlechte Ausgangslage manövriert worden sind. Ebenfalls indirekt, wenngleich mit verheerenden Effekten, ist das internationale Ressourcen- und Darlehensprivileg, das es einer herrschenden Elite in wirtschaftlich unterentwickelten Ländern erlaubt, die Rohstoffe eines Landes auf den Weltmärkten zu verkaufen beziehungsweise dort Kredite aufzunehmen, ohne dass die Einnahmen daraus notwendigerweise bei den leidenden Menschen ankommen.[26]

Die faktische (und oftmals rechtliche) Anerkennung dieses Privilegs durch die reichen Länder als Handelspartner – zum Tango gehören immer zwei – verhindert einen Demokratisierungsprozess in den unterentwickelten Ländern, erlaubt es Despoten doch, mit den Erlösen aus dem Rohstoffhandel die Macht zu behaupten beziehungsweise gibt überhaupt erst den Anreiz, diese anzustreben. Und Demokratie bedeutet zwar nicht automatisch Wohlstand, erhöht aber die Wahrscheinlichkeit einer guten wirtschaftlichen Entwicklung und einer fairen Verteilung.

Normative Grundlage dieser Argumentation ist die »negative Verantwortung«: Nicht weil es den Menschen in den Industrieländern so gut geht und es für sie ein leichtes wäre, den Armen zu helfen, sind die Wohlhabenden zu einem Nettovermögenstransfer verpflichtet, sondern weil sie – als Konsument, als Wähler – eine Weltordnung mit aufrecht erhalten, die eine radikale Ungleichheit in der Welt erzwingt.[27] Wie können die Bessergestellten dieser Erde ihrer Verantwortung gerecht werden?

Die Geschichte lässt sich nicht zurückdrehen, aber die schlechte Ausgangslage ließe sich beheben – Pogge schlägt die Einführung einer globalen Ressourcendividende (GRD)[28] vor. Konkret sollen drei Ziele erreicht werden:

(1) die Bekämpfung absoluter Armut, die eine Versorgung der betroffenen Menschen mit den für ein Überleben notwendigen Gütern verhindert;

(2) die Reduzierung der relativen Armut, die bewirkt, dass sich die Bewohner von Ländern mit geringem Bruttosozialprodukt pro Kopf als Bürger zweiter Klasse in der Welt fühlen, selbst wenn eine Basisversorgung mit lebenswichtigen Gütern sichergestellt ist;

(3) eine Verbesserung des Umweltschutzes, von dem alle Menschen weltweit, vor allem aber die Bewohner ohnehin unterprivilegierter Länder profitieren, die Bodenerosion, Versteppung, vermehrte Sturmfluten und dergleichen mangels Finanzkraft nicht adäquat kompensieren können.

Die Funktionsweise der GRD: Jedem Land verbleibt die Verfügungsgewalt über die Rohstoffe, die auf seinem Territorium lagern.[29] Werden diese allerdings gefördert – für den eigenen Verbrauch oder zum Export – und in den Wirtschaftskreislauf eingeführt, so ist darauf eine Abgabe abzuführen: für jeden Barrel Rohöl beispielsweise 2 USD. Besteuert werden sollen alle natürlichen Rohstoffe, also Erze, Edelmetalle, Edelsteine, Erdöl und Gas, aber auch die Verschmutzung von Luft und Wasser oder Landverbrauch für Agrarwirtschaft und Hausbau. Die Höhe der Abgabe muss nicht konstant sein: Zum einen hält es Pogge für sinnvoll, zu Beginn einen höheren Betrag zu verlangen, als wenn das System schon einige Zeit etabliert ist,[30] zum ande-

---

26　Vgl. Pogge (1998, 2001 a).

27　Vgl. Pogge (1998, S. 325–330).

28　Vgl. zur Beschreibung Pogge (1998, 2001 b), für eine philosophische Kritik und einen Verweis auf verschiedene Zielkonflikte und Umsetzungsschwierigkeiten siehe Karitzki (2002).

29　In neueren Arbeiten schränkt Pogge (2001 a) dies aber insofern ein, als dass er fordert, nur demokratisch legitimierte Regierungen dürften über die jeweiligen Ressourcen verfügen, um die negativen Folgen für den Demokratisierungs- und damit wirtschaftlichen Gesundungsprozess armer Länder, die das internationale Ressourcen- und Darlehensprivileg verursacht, zu vermeiden.

30　Vgl. Pogge (1998, S. 341). – Motiviert ist diese Forderung durch die Notwendigkeit, die elendige Situation armer Menschen möglichst schnell zu ändern: Dafür sind zu Beginn große Geldmengen erforderlich. Allerdings erhöht diese Vorgehensweise die Gefahr einer Schockreaktion der Weltwirtschaft – vergleichbare Varianten nationaler Ökosteuern werden aus gutem Grund Schritt für Schritt eingeführt, damit die Wirtschaftsakteure sich auf die veränderten Knappheitssignale einstellen können. Das Nebenziel solcher nationaler Steuerpolitik, das allgemeine Vertrauen in die Wirtschaftspolitik durch deren Berechenbarkeit zu erhalten, ist im inren variiert die GRD zwischen verschiedenen Rohstoffarten: Unwiederbringlich zerstörte Ressourcen wie Erdöl werden höher besteuert, für nachwachsende Rohstoffe wie Holz ist weniger zu zahlen. Die Einnahmen der GRD sollen für eine Verbesserung der Situation jener Menschen verwendet werden, derentwegen diverse UN-Organisationen regelmäßig Armutskonferenzen abhalten – über die Art der zu fördernden Projekte und die Kanäle, über die das Geld fließen soll, wird fallweise von einer zentralen GRD-Agentur (in der Art der Weltbank) entschieden mit dem Ziel, den unterprivilegierten Menschen und nicht korrupten Eliten zu helfen.

Pogge will eine Umverteilung zwischen reichen Konsumenten und den Mittellosen in armen Ländern erreichen. In die gleiche Richtung, aber radikaler zielt Andrew Kuper mit seiner Forderung nach Schaffung eines »Cosmopolitan Law of Persons«, denn »the interests of all human individuals and those of the same persons assumed to be grouped as members of states do not necessarily coincide and that we may come to have good reason to jettison thin statism in favour of a global original position that represents all the persons of the world«.[31] Er illustriert dies mit einem Beispiel zur Migration, die von Vertretern reicher wie unterentwickelter Staaten aus Staatsinteresse begrenzt werden müsste (um eine Senkung des vorhandenen Wohlstandes bzw. um einen ›brain drain‹ zu verhindern), wohingegen Vertreter von Individuen sich für ein relativ umfassendes Migrationsrecht einsetzen würden, wüss-

ten sie bei Entscheidungsfindung nicht, ob sie später einmal selbst in die Lage geraten könnten, ihr Heimatland verlassen zu müssen.[32]

Die Reichweite dieser Kritik ist aber unklar: Sollen Grenzen gar nicht mehr beachtet werden? Darf sich ein jeder Mensch auf der Erde niederlassen, wo er will, auch in Gemeinwesen, an deren mühevollem Aufbau er nicht beteiligt war und die er aufgrund fehlender spezifischer kultureller Kompetenz nicht mit erhalten kann? Menschen wandern – außer in *akuten* Notsituationen – ja nicht nur aus, um von einem Ort *weg*zukommen, sondern auch, weil sie zu einem Ort *hin*wollen, der ihnen lebenswerter erscheint: und das nicht wegen der reinen Naturschönheit, sondern wegen eines besseren Institutionensystems, das Schutz und Entfaltungsmöglichkeiten bietet. Wenn aber solche Institutionensysteme einen Wert haben und nicht ein freies Gut sind, muss die Partizipation daran gerechtfertigt werden – ein Verweis auf ein Bedürfnis reicht dann nicht aus.

Die Vertreter beider Lager haben jeweils mit Problemen zu kämpfen, die aus der Wahl ihrer Methode herrühren. Rawls diskutiert die Rechte und Pflichten von Völkern und grenzt sich damit von der Theorierichtung des Realismus ab, die (aktuelle) Staaten als Basis ihrer Argumentation nehmen. Doch die gleiche Kritik, die er selbst gegen den Realismus vorbringt, lässt sich auch gegen ihn wenden: wieso Völker, nicht Schichten, Klassen, Lebensstilgruppen – oder eben Einzelpersonen?[33]

Rawls' Position ist nicht per se unvernünftig, doch sie ist nicht hinreichend begründet – vor allem fehlen jegliche Hinweise darauf, welche Gruppe von Menschen sich als Volk deklarieren und damit bestimmte Rechte für sich in Anspruch nehmen darf, und welche Gruppe von Menschen sich mit dem Status einer ›nationalen Minderheit‹ begnügen muss.[34] Aber selbst wenn man diese Erklärungen nachreicht, bleibt unklar, wie er die ungleichen Startchancen egalisieren will, mit denen verschiedene Nationen offensichtlich in den internationalen Handel eintreten. Die Beispiele, mit denen er arbeitet, suggerieren, es gäbe nicht nur einen hypothetischen Urzustand als Gedankenexperiment, sondern es existiere ein realer Nullpunkt in der Geschichte, der als gerecht anzunehmen ist, und von dem ausgehend man im Sinne einer Verfahrensgerechtigkeit Umverteilungen ablehnt. Diese an

---

ternationalen Fall allerdings zumindest diskussionswürdig: Gibt es schutzwürdige Interessen in einem System, wenn dieses als insgesamt ungerecht eingestuft wird?

31 Kuper (2000, S. 647). Grundlegend für diese Position: Beitz (1979, insb. S. 143–153).

32 Vgl. grundlegend hierzu O'Neill (2000).

33 Vgl. für Positionen, die die politische/philosophische Irrelevanz von Nationen behaupten, van Creveld (1999, S. 371–463); Buchanan (2000); Beck (2002, S. 50–54, 70–94).

34 Rawls nennt zwar drei Eigenschaften, die ein liberales Volk üblicherweise hat: eine einigermaßen gerechte demokratische Regierung; Bürger, die durch gemeinsame Sympathien verbunden sind; eine moralische Natur (Rawls 2002, S. 26), doch beschreibt er damit mehr Staaten als Völker – staatenlose Völker mindestens haben keine Regierung, und vielen Völkern wird man die Existenz als Volk nicht absprechen können, auch wenn ihre Führung beileibe nicht auf demokratischem Wege installiert worden ist.

John Locke und Robert Nozick angelehnte Auffassung verträgt sich aber nicht mit der Grundströmung seiner sämtlichen Werke: Unverdiente Vorteile sind auszugleichen, und unverdient ist jede Startposition, die jemanden ohne *eigenes* Zutun in eine bessere Lage versetzt als Vergleichspersonen, unabhängig vom Zustandekommen dieser Lage in der Vergangenheit.

Die Ansätze von Pogge und Kuper scheinen von solchen Problemen befreit zu sein. Während man begründen muss, warum man aus der Vielzahl der Unterteilungsmöglichkeiten der Menschheit gerade jene in Völker wählt, ist der Rückgriff auf Individuen offensichtlich: Gruppenzugehörigkeiten sind konstruiert, Individuen aber ›real‹. Doch diese Sichtweise birgt andere Schwierigkeiten: Wieso sollen nur Arme in Entwicklungsländern, nicht aber beispielsweise Obdachlose in Europa oder ›working poor‹ in den USA Zahlungen aus der GRD erhalten, am besten direkte Zuwendungen statt der Förderung von Institutionen, die (auch) öffentliche Güter produzieren, von denen die Wohlhabenden nicht ausgeschlossen werden können? Mit der möglichen Begründung für den Ausschluss von armen Menschen in reichen Staaten, die Industrieländer seien reich genug, diese Probleme ohne Griff in eine Solidaritätskasse zu lösen, näherte sich Pogge Rawls' Sicht, dass »der entscheidende Faktor für die Geschicke eines Landes seine politische Kultur ist – die politischen und bürgerlichen Tugenden seiner Mitglieder – und nicht der Umfang seiner Ressourcenausstattung«.[35] Auch verkennt ein strikter methodologischer Individualismus, so er auf die Begründungsleistung von Rawls' *Theorie der Gerechtigkeit* rekurriert, dass dort im Idealteil des Urzustandes Familienlinien, bei der Ausformulierung des Differenzprinzips Schichten vertreten sind, nicht Einzelpersonen. Begreift man hingegen die GRD als eine Art Gebühr für die Nutzung des nur durch gemeinsame Anstrengung aller Länder errichteten Weltwirtschaftssystems, so muss man zudem fragen, wieso gerade die Länder, die durch Leistungen im ressourcensparenden Tertiärbereich (also Tourismus, Bankwesen, Beratung etc.) besonders wohlhabend sind wie beispielsweise die Schweiz, relativ wenig zur Finanzierung der Armutsbekämpfung beitragen sollen, obwohl gerade diese für ihre Geschäfte auf Frieden und Stabilität in der Welt angewiesen sind.

6. Gerechtigkeit III:
Amartya Sen – Freiheit als Mittel und Ziel

Sens Generalthema: Freiheitsentwicklung als Basis für wirtschaftliche und Wohlfahrtsentwicklung. Länder, denen die Freiheit fehlt, sind entwicklungsdefekt. Interkulturell sind ihre Bewohner von Gerechtigkeit ausgeschlossen.

Die *UNO* (unter Kofi Annan) wie die *Weltbank* (unter James Wolfensohn) sind durch Amartya Sens Konzeption beeinflusst: nicht vollständig, aber angeregt. Im Zentrum seiner Theorien steht das Freiheitsproblem, das zu lösen er als *conditio* der Lösung von Entwicklungsproblemen ansieht. Hier bietet er eine Inversion bekannter Vorstellungen an: Die Beseitigung gewichtiger Unfreiheiten ist die Voraussetzung für das Gelingen von Entwicklung.

Sens Konzeption lässt die schlichteren Wachstums-Entwicklungstheorien hinter sich. Er ist, ohne expliziten Bezug, ein *institutional economist*. Freiheit beruht auf individuellem freien Handeln, ist aber beschränkt durch die sozialen, wirtschaftlichen und politischen Möglichkeiten. Individuelles Handeln und soziale Einrichtungen: Institutionen sind komplementär angelegt. Freiheit und Restriktion (die Macht der Einflüsse) bilden die Basisrelation: Ökonomische wie politische Freiheiten verstärken sich wechselseitig, ebenso soziale Bildungschancen und Gesundheitsfürsorge etc. Sen konzentriert sich auf die Analyse der Verflechtung und Entwicklung von fünf Grundrechten, die er als Freiheitsrechte darlegt:

– ökonomische Chancen,
– politische Freiheit,
– Existenz,
– Zugang zu sozialen Einrichtungen,
– Gewährleistung von Transparenz und soziale Sicherheit.[36]

Development as Freedom ist eine andere Entwicklungstheorie, die Sen als Prozess der Erweiterung realer Freiheiten versteht, die den Menschen, als Menschen, zukommen. Das hebt sich ab von Entwicklungstheorien, die auf das Wachstum des Sozialprodukts abstellen oder auf den Anstieg des

---

35 Rawls (2002, S. 145); ebenso: Landes (1999, S. 494).
36 Sen (1999, S. 10 f.).

persönlichen pro Kopf-Einkommens.[37] Wachstum dieser Art ermöglicht Freiheit, aber nur der Akteure, die im Wirtschafts-Wachstumsprozess aktiv sind, an ihm überhaupt teilnehmen können. Sens Ansatz fordert hingegen, Entwicklung als Analyse von Unfreiheiten zu beginnen, um die Entwicklung zu realen Freiheiten einleiten zu können. Unfreiheiten umfassen alle Ungerechtigkeiten. Empirisch sind diese Zustände höchst different; es bedarf genauer Analyse, um Freiheitsstrategien zu entwerfen, die historisch und kulturell geeignet sind.

Sen wechselt die Leistungsziele der Wirtschaften aus: Nicht ausschließlich Sozialproduktszuwächse, sondern Lebensqualitätssteigerungen. Seine Konzeption rückt die substantiellen Freiheiten ins Zentrum der Analyse und unterbreitet einen Ansatz, der sich auf die *Verwirklichungschancen* der Menschen konzentriert, bestimmte Dinge zu tun und über die Freiheit zu verfügen, ein von ihnen mit Gründen für erstrebenswert gehaltenes Leben zu führen. Sen sieht seinen Ansatz als Integrator. Er beruht, methodisch ausdrücklich, auf einem pragmatischen Eklektizismus.

Sen verwandelt auch den Effizienzbegriff – als Zentralbegriff der Ökonomie – vom Nutzen- in einen Freiheitsterm. Die »Bedeutung substantieller Freiheit [besteht] nicht allein bezüglich der Zahl der verfügbaren Wahlmöglichkeiten [...], vielmehr ist auch deren Attraktivität in Anschlag zu bringen. [...] [Es] lässt sich bei der Erklärung des freiheitsbezogenen Effizienzergebnisses zeigen, dass bei kluger Wahl der Individuen die Effizienz bezüglich des individuellen Nutzens weitgehend davon abhängig ist, ob ihnen angemessene Chancen geboten werden, unter denen sie wählen können. Diese Chancen sind nicht allein dafür ausschlaggebend, was die Individuen wählen, sowie für den von ihnen erlangten Nutzen, sondern auch dafür, welche nützlichen

Wahlmöglichkeiten ihnen offen stehen und welche wesentlichen Freiheiten sie genießen.«[38]

Das ist der Kern des Sen'schen Konzeptes, in dem nicht die individuellen Nutzen den Leistungszusammenhang der Wirtschaft definieren, sondern die Nutzen in Kombination mit Freiheiten, die Sen als Angebote von Chancen beschreibt. So sinnvoll Sens Ausweitung des ökonomischen Konzeptes gerade für die Entfaltung von Entwicklungspolitiken ist, so ist es zugleich nicht vollständig ausgereift. Die Chancen sind nicht gleich-gültig, sondern bedürfen der Entwicklung von Vermögen der Menschen, sie tatsächlich nutzen zu lernen. Demnach sind die Bildungsangebote nicht chancentheoretisch einzuführen, sondern wahrscheinlich als ein meritorisch-öffentliches Gut, dem sich keine Familie, kein Kind entziehen darf, um die Fähigkeit, zu lernen (vor allem Lesen, Schreiben und Rechnen als minimale Kulturtechniken), Chancen überhaupt wahrzunehmen und effektiv umzusetzen.

Sens Konzept müsste um eine Theorie der basalen Investition in *human capital* ergänzt werden. Denn die Freiheit, wählen zu können, setzt die Fähigkeit voraus, erkennen zu können, was relevant ist und welches weitere *investment in human capital* zu tätigen wäre. Ohne dieses Können wird jegliches Sollen obsolet.

Armut ist für Sen explizit ein Mangel an Verwirklichungschancen (*capabilities*), d.h. eher ein (Un)Freiheits- als ein Mangelthema.[39] Hierzu hatte Sen, zusammen mit Dreze, bereits früher seine berühmte Hungerstudie veröffentlicht.[40] Ökonomen haben ein positives Verständnis von Einkommensungleichheit, aber das ist nur ein Aspekt möglicher Ungleichheiten und Ungerechtigkeiten. Sen besteht auf einer Unterscheidung zwischen einkommens- und ökonomischen Ungleichheiten.

Es wäre müßig, Sens ausführliche Erörterungen komplexer Beziehungen, die bei der Entwicklungsproblematik eine Rolle spielen, auch nur anzureißen. Doch sind seine Resultate klar: z.B. die Erörterung der Ubiquität der Freiheitsthematik, die es z.B. nicht erlaube, asiatischen Werten eine Sonderrolle zuzugestehen.[41] Der ›zu große Respekt‹ westlicher Welten vor nicht-westlichen wird ebenso angeprangert wie die Demokratisierung von Gesellschaften als *conditio sine qua non* der Freiheitsentwicklung eingefordert.[42] Das sind alles keine neuen Themen, aber komplex

---

37 Vgl. Kap. 2 von Sen (1999).
38 Sen (1999, S. 146f.).
39 Vgl. hierzu auch Nussbaum (2001).
40 Vgl. Dreze/Sen (1989).
41 Sen (1999, S. 294).
42 De Soto hingegen betont nur die Bedeutung des Rechtssystems (de Soto, 2000). Demokratisierung samt ›rule of law‹ ermutigt aber Unternehmungen aller Art durch die Herstellung von Öffentlichkeit, Transparenz und Information – sie produziert Kreativität.

zusammengestellt von einem Ökonomen, der der Ökonomie rät, die Komplexität anzuerkennen und neu strukturierte Ansätze zu fahren. Explizit spricht Sen von der »Notwendigkeit eines vielseitigen Ansatzes«,[43] dass bei der Liberalisierung Indiens seit 1991 nicht nur die Rückdrängung von Staatsinterventionen eine Rolle spielen darf, sondern auch die sozialen Chancen (z. B. auf Grundschulbildung) hätten berücksichtigt werden sollen. Was in Indien versäumt wurde, muss für China wiederum nicht stimmen; dort bedarf es eines anderen Komplexitätsdesigns.[44]

Sen hat eine große Matrix neu aufgespannt: diverse Institutionen, die gebildet und verwoben werden müssen, um den Menschen die Chance der Entwicklung ihrer Chancen zu geben. »Entwicklung heißt dann: sich auf die Möglichkeiten der Freiheit ernsthaft einzulassen.«[45]

Das sind scharfe Aussagen, die eine Oszillation zwischen *homo rationalis* und *homo potenialis* einleiten, die in der Ökonomie nicht bekannt ist, eher zwischen Ökonomie und Soziologie, falls es dort Diskurse gäbe. Man möchte meinen, Sen schriebe das nächste Stadium der Zivilisationsentwicklungstheorie, die Adam Smith (auf den Sen ausführlich und immer wieder rekurriert) bei der *commercial society* enden ließ. In der *global society* entdeckt Sen, dass die *commercial society* auf der Erde ausgebreiteter ist als die *civil society*. Was für Smith noch synonym lief, wird von Sen als zum Teil erhebliche Diskrepanz ausgebreitet, mit der Konklusion, die *civil society* stärker zu entwickeln als die *commercial society*, um die Lebensstandards zu heben.

Sen erweitert den Begriff des einfachen Lebensstandards um den der Fähigkeit. Bernard Williams, ein Philosoph, der Sen kommentiert, fasst hier nach: welche komplexere Struktur Sen mit diesem Konzept einführe. Williams weist darauf hin, dass verschiedene Bewertungen vorgenommen werden müssen, wenn der Fähigkeiten-Ansatz im Zusammenhang mit dem Lebensstandard in angemessenerer Weise zur Anwendung kommen soll.[46] Sen stimmt dem, in einem Kommentar des Kommentars, zu. Allerdings geht Sen nicht mit Williams überein, wenn er die Konzeption des Lebensstandards auf die wirtschaftlichen Interessen von Menschen reduziert. Wenn jemand schwer krank sei, verringert sich sein Lebensstandard, ohne dass dies ausschließlich von ökonomischen Interessen

abhänge. Es geht schließlich darum, dass es nicht einfach ist, eine Klassifikation zu entwerfen, in der zwischen Lebensstandard als wirtschaftlichem Interesse und Wohlergehen sinnvoll unterschieden werden kann. Sen plädiert dafür, muss man resümieren, Lebensstandards nicht nur an wirtschaftliche Interessen zu binden.

Er konnotiert Entscheidung, Freiheit und Fähigkeit. Die Fähigkeit ist eine Kompetenz, die mit der Extension der Freiheit zunimmt, d. h. in einem erweiterten Optionenraum wählen zu können. Das ist die Quintessenz der Zivilisationstheorie Sens, die er für neue Entwicklungsszenarien ausfaltet: Nicht die Menge der Güterzuwächse, sondern die Zunahme von Fähigkeiten charakterisiert zivilisierte Gesellschaften. Denn jede Fähigkeit ist potentiell eine Problemlösung in einer komplexen Welt.

Ohne es so zu thematisieren, leitet Sen ein in eine Theorie der modernen Wissensgesellschaften, wenn wir Fähigkeit als Wissen, Möglichkeiten zu realisieren, übersetzen. Wenn wir Sens Konzept in den laufenden Globalisierungsdiskurs eintragen, verschiebt sich die Betonung von den politischen Freiheiten und Grundrechten der Menschen auf diejenigen Fähigkeiten, die Entwicklungsländer in der *global knowledge society* in unmittelbare Konkurrenz zu den klassischen Wohlfahrtsstaaten bringen.

Sen faltet die Konflikte, die eine Wissensgesellschaftsentwicklung bringt, nicht aus, weil es nicht seine Dimension ist. In China wird die IT-Branche genauso gefördert wie die Ausbreitung des Internets, zugleich restringiert durch Verbote von Demokratiediskussionen in den *chats*. Hier zeigt sich die Brisanz: dass spezifische Fähigkeiten – Bildung, Wissen zu entwickeln – bedeuteten, die Demokratisierung von Ländern anderer Herrschaftskonventionen voranzubringen. Wissen kann nicht reglementiert werden, wenn es seine Qualität nicht verlieren soll. Um Anschluss an Globalisierungsszenarien zu bekommen, muss Wissen frei nutzbar bleiben, weil sonst die Ressourcenpotentiale unausgeschöpft bleiben. Moderne Wissensgesellschaften werden politische Kul-

---

43 Sen (1999, S. 156).
44 Vgl. Sen (1999, S. 156 ff.).
45 Sen (1999, S. 353).
46 Vgl. Williams (2000).

turgeneratoren: *civilizing agencies*. Doch geht das bereits über Sens Konzeption hinaus.[47]

7. Freiheit durch Bindung

Lord Dahrendorf bestätigt Sens Konzeption zur Hälfte. Das Ziel einer »Politik der Freiheit« sind die »Lebenschancen der größten Zahl [...]. Lebenschancen sind zunächst Wahlchancen, Optionen. Sie verlangen zweierlei: Anrechte auf Teilnahme und ein Angebot von Tätigkeiten und Gütern zur Auswahl. Menschen müssen wählen dürfen und wählen können. [...] Dennoch sind Optionen allein nicht genug. Wahlchancen müssen einen Sinn haben. Das ist aber nur der Fall, wenn sii eingebettet sind in gewisse Wertvorstellungen, die Maßstäbe liefern. [...] Auf Lebenschancen bezogen, heißt dies, dass Optionen allein nicht ausreichen; sie müssen begleitet werden von Ligaturen [...]. Ligaturen sind tiefe Bindungen, deren Vorhandensein den Wahlchancen Sinn gibt.«[48] Welche Form der Selbstbindung Dahrendorf meint, folgt stante pede: »Die tiefen Bindungen, denen hier das Wort geredet wird, lassen breiten Raum für die Anrechte der Bürger und das Angebot an Wahlmöglichkeiten, zu denen diese Zugang verschaffen. Sie geben Menschen zugleich ein Rüstzeug, um diesem Angebot nicht hilflos gegenüberzustehen. Sie beenden die Beliebigkeit, ohne dabei in neue Unmündigkeit zu führen. Nur wer aus der Festigkeit tiefer, also mehr als modischer Bindungen seine Entscheidungen trifft, kann im vollen Sinn des Begriffs von seinen Optionen Gebrauch machen.«[49]

Dahrendorfs Vision geht in Richtung der Entwicklung und Forcierung von Institutionen, die Ligaturen bilden. »Politik heißt dabei Politik der Freiheit, also die Schaffung von Ligaturen, die Optionen nicht zerstören, sondern kräftigen.«[50] Doch bleiben auch die Institutionen fragil, wenn sie nicht durch Werte gestützt werden, »von denen wir uns leiten lassen«.[51] Dahrendorf betrachtet vor allem die

Innenseite der Globalisierung: den politischen und sozialen Innenraum der nordatlantischen Staaten. Seine Sorge geht eher auf Haltlosigkeit durch Postmodernismus als auf die Fragen der interkulturellen Gerechtigkeit.

Dennoch macht er dazu Aussagen, wenn auch implizite. Die Wahl der Optionen auf der Basis eines festen Wertekanons ist ein klassisches Muster. Variiere die Mittel, wenn die Zwecke fixiert sind. Jede Ligatur, die ja als Wertebindung verstanden werden muss, ist natürlich im internationalen oder *cross-culture*-Geschäft einerseits ausgangspositionenklärend, zum anderen aber differenzierend. Lediglich kann Dahrendorf, wie Sen, empfehlen, die Freiheit einzuführen, um die Bedingungen selber festlegen zu können, die auch dann gelten müssen. Freiheit ist die Wahl der eigenen Bindung.

Der Zustand der Debatte ist unbefriedigend, aber so ist das bei komplexen Themen eben. Daraus ist zumindest ein Hinweis zu gewinnen für den ubiquitären Einsatz der Menschenrechte: nicht für jeden Preis. Die Diskussion darüber, dass dieses bereits eine Form der mentalen Globalisierung darstelle, ist hilflos gegen die Nach-Frage: wer es finanziere. Hier ändert sich bereits etwas im nordatlantischen Interieur: Neue Formen des Sozialdesigns werden erörtert, neue Grenzziehungen, neue Gerechtigkeiten: *social fairness*. Wir hatten das für die internen Gerechtigkeitsdiskurse angedeutet: Transformation in die *social investment*-Debatte, die bei allen sozialen Verträgen nach dem *return on investment* zu fragen lernt. Die Veränderung geht vom Transfers zur Kooperation.

8. Diversität von Lösungsansätzen

Die normativen Ideen globaler Gerechtigkeitslösungen, vor allem die menschenrechtsbasierten, sind längst Gemeingut oder *social capital* der Welt geworden – aber nicht, weil sich die Menschenrechte durchsetzen, sondern weil sie eine hervorragende Folie bieten für die Forderung nach globaler Umverteilung. Das geschieht nach folgendem Muster:

– Das Land A behandelt seine Bürger nach Maßstäben, die in Europa als menschenrechtsinkonform eingestuft werden. Es erfolgt internationale Kritik.

---

47 Vgl. dazu Stiglitz (1999).
48 Dahrendorf (2003, S. 44 f.).
49 Dahrendorf (2003, S. 46).
50 Dahrendorf (2003, S. 49).
51 Dahrendorf (2003, S. 55).

– Die Führung des Landes A fordert dann Geld, weil die Kosten der Durchführung der Aufhebung von Menschenrechtsverletzungen vom Land A nicht aufzubringen seien.

– Wenn B nun auf diese Gerechtigkeitsherstellungsforderung eingeht und zahlt, ist unklar, ob das Geld zum Zweck der Aufhebung der Menschenrechtsverletzung verwendet wird oder in die üblichen Konten läuft. Weil das unklar bleibt, ist es – und hier beginnt der neue Diskurs über globale Gerechtigkeit – zulässig, neue Verträge einzuführen. Wir können bei dieser Argumentation den Ländern A nicht verwehren, die Kosten der Änderung der Rechtssysteme finanziert bekommen zu wollen, aber wir können – anstelle von unspezifischen Finanzierungen – auf Vertragserfüllung bestehen und damit auf Zweckerfüllung. Das hätte zur Folge, Zahlungsabbruch (und Rückzahlungsforderungen) bei Nichteinhaltung der *global contracts* einzuführen. Wir reden nicht mehr von Ausgleichszahlungen,[52] sondern von Verträgen, die von Fall zu Fall zu schließen und von beiden Seiten zu erfüllen sind.

Nun ist es schwierig, die Leistung zu kontrollieren, aber schwieriger noch wird es, den Bevölkerungen der zahlenden Demokratien B eine *global justice* anzuempfehlen, die die Budgets benötigt, die intern gerade durch *social reform* eingespart werden. Es geht hier um neuartige *sustainability*-Phänomene: Wie kommt ein Land A in die Lage, institutionelle Gewährleistungen zu bieten, die den Aufbau von Institutionen oder/und ihre Stabilität garantieren, damit B legitim (vor allem wegen seiner Reformlage innenpolitisch legitimierbar) investieren kann? Wir haben es mit mehreren Problemdimensionen zu tun:

– *Unvollständige Verträge*. Zahlungen, aber kein *monitoring*, keine *supervision* – es herrscht eine *systematische* Unklarheit. Man weiß inzwischen, dass globale Beziehungen mehrfach auf *rentseeking* ausgelegt sind: innerhalb der Länder A, deren Eliten sich direkt oder indirekt aus dem Staatshaushalt bedienen, und in den Geberländern B, in denen Interessengruppen darauf achten, dass nur solche *global contracts* geschlossen werden, die ihre Renten ermöglichen bzw. erhöhen.

– *Asymmetrische Marktlösungen*. Was der ›Globalisierung‹ negativ vorgehalten wird, dass sie alle

Kulturen und Gesellschaften nach dem Marktmodell konfirmiere, ist insofern unvollständig, als sich die nordatlantischen Märkte gegen die kostengünstigeren Agrarprodukte der Dritten Welt abschotten. Die Marktöffnung, die wir im Globalisierungstrend den Ländern A empfehlen, gewähren wir ihnen nicht an uns. Wir hintertreiben ihren Marktzutritt (wieder wegen *rentseeking* z. B. europäischer Bauern).

Das wirkt doppelt: Mangelnde Reziprozität macht eine Ethik unglaubwürdig, und dieser Zweifel an dem Sinn eines freien Marktzutritts ist Wasser auf die Mühlen aller Besitzstandswahrungs-Bewahrer zuhause. Die Empfehlungen liberaler Wirtschafts- und Wachstumspolitik[53] wirken dann lediglich wie ein Verkaufsförder-Programm, das sich *parasitär* der Sprache der Moral bedient und Ökonomik nur *halb* verstehen *will*.

Die harmlos klingende Formel der unvollständigen Verträge bezeichnet ein weitaus größeres Problem: die Heterogenität der Politikformen und ihrer Rechtszustände. Hier laufen Gerechtigkeitsdiskurse schwer und gehemmt, weil die Unterstellung, es gäbe weltweite Normen, fehlt. Wir haben es nicht mit einer Zunahme von Menschenrechtskonventionalität zu tun, sondern mit der Zunahme der Auszahlungen in deren Namen. Das *global justice*-Thema ist *rentseeking*-sensibel, d. h. ausbeutbar. Da wir die Verträge nicht auf Erfüllung prüfen, wissen wir nicht, wofür tatsächlich gezahlt wird: für den Gerechtigkeitsausgleich oder an die in A herrschenden Eliten, die dem Zahler B nichts anderes verkaufen als eine formelle Ausgleichslegitimation, ohne tatsächlichen Ausgleichseffekt. Vielfältig erweisen sich die politischen Zahlungen, die als Gerechtigkeitskompensationen gelten, als Transaktionskosten der Monopolisierung von Marktbeziehungen zwischen spezifischen Handelsgruppen.

Doch ist das *monitoring* oder gar die *supervision* ein Eingriff in die Staatssouveränität. Wenn man ausschließen will, dass die Gelder, die als *social*

---

52 Kontrakttheoretisch basieren diese auf einem imaginären Vertrag, den der Westen nicht erfüllt hat, so dass er jetzt nachzahlen muss, mit Zins und Zinseszins. Vgl. für einen kurzen, aber eindrucksvollen Text, der diese Position vertritt, Cuautémoc (1997).

53 Vgl. z. B. Altenburg (2001); Dollar/Kraay (2002).

investment gezahlt werden, für die Rentenauszahlungen an die herrschenden Clans dienen, dann ist die Direktauszahlung das Beste, was aber souveränitätstaktisch nicht erlaubt wird wegen der minderen Zugriffschancen der Eliten auf ihre politisch-globalen Zusatzrenten. Auch ist eine damit verbundene *vollständige* Übernahme der Verantwortung für andere Länder weder effizient gestaltbar (die Ausbeutungs-Spielräume vergrößern sich), noch ist dies als Dauerlösung sinnvoll. Es ist zu teuer, und ein entmündigtes Volk wandelt sich leicht zum entfesselten Mob.

Deshalb sind andere Ideen zu eruieren, wie sie in Konfliktbereichen bereits Anwendung finden: Sicherheitszonen. Solche Zonen schränken die Staatssouveränität ein. Wenn man die Gründe verschiebt: statt militärischer zivile nimmt, z. B. effektive Hungerhilfe, effektive Agrarreform etc., könnte es sinnvoll sein, quasi autonome Zonen einzurichten, zeitlich beschränkt auf das *social investment*-Projekt, in denen die Zahler B direkt an die Bevölkerung auszahlen, ohne Zwischenschaltung von lokalen Clans und Herrschaften.

Das wäre ein Eingriff höherer Ordnung (aber in Krisenfällen längst durch die UNO praktiziert), weil er neue Sozialität ausbilden würde, neben den Investitionseffekten. Solche korruptionsfreien Zonen freier Hilfe sind temporäre Souveränitätsaufhebungen durch legitimierte Dritte, auf der Basis von *global contracts*, deren Nichteinhaltung aber nicht nachträglich sanktioniert, sondern effektiv umgesetzt wird. Wenn die Vertragshalter in A nicht fähig sind, die *global justice contracts* zu erfüllen, übernehmen Stellvertreter diese Aufgabe, bis sie erledigt ist. Die Drohung – statt Sanktion Supererfüllung – macht nicht aus einer Vertragsverletzung eine weitere, sondern ist umgekehrt ein Fall von Erfüllungserzwingung: *Supererfüllung*. Das wird manchesmal nicht ohne militärischen Schutz gehen.

Damit soll nicht ein moralisches Mäntelchen genäht werden für eine als Hilfsmaßnahme verbrämte Hegemonialpolitik (Quasi-Machtübernahmen durch CIA und KGB sind jahrzehntelang als ›politische und militärische Beratung‹ bezeichnet worden). Auch das Zustandekommen und die Art der Durchführung der Supervision unterliegen einer Supervision – das Modell des UNO-Mandats ist *eine* brauchbare Möglichkeit, besser als nichts, wenn auch nicht gut. Um Legitimation durch Verfahren herstellen zu können, dürfen diese nicht bloß ein Widerschein der politischen Situation Mitte des letzten Jahrhunderts sein. Die Hebammen der UNO-Geburt sind nicht deren Vormund.

Wir werden solche Modelle der Supererfüllung vielfältig durchspielen müssen, wie z. B. auch die Frage nach einem freiwilligen Anschluss von Ländern des Typus A an *leading partners*. Wieso sollen sich afrikanische Staaten nicht ihren ehemaligen Kolonialherren anschließen, wenn sie sich Ordnungs-, Politik- und Entwicklungsvorteile versprechen? Unter Aussetzung gewisser Selbständigkeiten? Oder neuen Staaten: indem z. B. die BRD das Patronat für Gambia übernimmt, oder Namibia, Kasachstan, oder Palästina?

Die politische Ordnung, die man in Ländern A von selber nicht stabilisiert bekommt, jedenfalls nicht so, dass die Weltbank zustimmt oder andere Länder B Zahlungen für sinnvoll halten, leiht man sich von Patronatsländern. Sie übernimmt Ordnungs- und Politikfunktion für eine Epoche: *policy-leasing* bzw. *institution-leasing*. Damit werden andere Investitionsgewährleistungen geboten: Mehr Investoren als je zuvor aus den Ländern B investieren in A etc. Solche temporären Politik- und Ordnungsleasings hätten den Vorteil, eine kurzfristig nicht reduzierbare kulturelle Komplexität und eth(n)ische Diversität im Fluss halten zu können: solange, bis diese Pluralität in geeigneten Institutionen sozial *und* wirtschaftlich produktiv wirken kann, statt als Auslöser für Bürgerkriege zu dienen.

Weitaus brisanter sind andere Fragen: Warum gehen wir, globalisierungspositivistisch, davon aus, dass die vorhandenen Länder die angemessenen Akteure und Vertragspartner sind? Warum beginnen wir bzw. die UNO nicht, *political designs* neu auszuschreiben, für Länder-Reformen im strengeren Sinne. Muss Belgien *ein* Land sein? Besteht Afrika nicht aus Hunderten von Ethnien, die alle ihre – dann zu dezentralisierenden – Gebiete bekommen sollten, um eigene Länder zu werden, um auf dieser Basis dann neue Allianzen einzugehen? Sind Argentinien, Brasilien, Uruguay, Kolumbien, Venezuela etc. stabile Länder? Sind ihre Grenzen sinnvoll? Wir Deutschen dürfen das thematisieren, da wir zwei staatliche Gebilde zu einem neuen neu agglomeriert haben, ohne an die Vergangenheit falsch anzuschließen. Wir sind *political-merger*-erfahren, wenn auch nicht glücklich über den Lösungsverlauf. Auch andere können Kompetenzen einbringen: Tschechen und Slowaken zeigen, wie man sich ohne Blutvergießen trennt (wenn auch nicht ganz ohne Bitterkeit), um später vielleicht in einer größeren Einheit aufzugehen; Großbritannien hat, zunächst getrieben, dann mehr und mehr freiwillig, seine Kolonien entlassen etc.[54]

Hier stellt sich die Frage der globalen Gerechtigkeit schärfer: Es geht nicht um Bestreitung von eventuellen Ansprüchen, sondern um die Bestreitung von Selbständigkeitskompetenz. Viele der ethnisch hoch diversifizierten Länder sind Agglomerate von Spannungen, deren Politik wesentlich darin besteht, hohe Transaktionskosten der Reibungsminderung zu haben. Diesen Ländern fehlen natürlich Energien für ihre Entwicklung. Sie starren auf ihren ethnischen Binnenzirkus und versuchen, Balancen zu halten, die entfielen, wenn die Ethnien eigene Länder wären.

Natürlich ist es überzogen, daraus zu schließen, ein *space&state-design* zu entwerfen für ›optimale Länder‹, aber die *political mergers*, die wir allenthalben erleben, laufen ja bereits: die EU voran, aber auch russische, asiatische und pazifische wie inneramerikanische Pakte und Koalitionen bzw. strategische Allianzen. Warum sollte es nicht möglich sein, über die laufenden Koalitionierungen hinaus konkrete *state-mergers* zu planen, die die Frage nach der *global justice* zu einer inner-nationalen machen, insbesondere dann, wenn reiche und arme Teile zusammengeführt werden, in einem demokratischen *political-institutional setting*. Wenn Staaten ihre Geldpolitik durch Kopplung an den Dollar oder an den Euro delegieren, warum nicht auch andere Staatsfunktionen? Wenn sie im Gegenzug Souveränität *anders gelagert* zurückerhalten: nun als Teil ernstzunehmender Einheiten gleiche Augenhöhe erfolgversprechend einklagen können? Das alte Leviathan-Spiel von *Macht*hergabe, um legitime *Herrschaft* zu gewinnen. Aber vielfältiger, temporärer, freier.

Die Ethnien sind dabei nicht ausschlaggebend. Es geht nicht um ›Rassenpolitik‹, sondern um *optimal states*. Was optimal ist, ist nur historisch-situativ zu entscheiden, nicht abstrakt. Welche Ethnien kooperieren können, ist nicht vorgegeben. Sprache, Eth-

nien, Ressourcen, Geographie, Kultur- und Wirtschaftsinteressen, Religionen, *shared mental models* sind alles Komponenten eines je speziellen Mixes.

9. Globale und heimische Gerechtigkeit

Wieso – und damit kommen wir wieder zurück auf die Frage im engeren Sinne, (um zu sehen, dass wir sie die ganze Zeit erörtert hatten) – erörtern wir die Frage einer *global justice* als Verteilungsfrage? Und wenn: warum in spezifischer Sortierung? Arme arabische oder muslimische Länder z.B. wenden sich an den Westen, um ausgleichende Gerechtigkeit zu suchen; warum geben wir die arm/reich-Verteilungsfrage nicht an einen arabisch-muslimischen Kontext ab? Warum sollen nicht reiche arabische Staaten die vornehmlichen Ansprechpartner ein?

Umgekehrt gibt es Gründe, Zahlungen an Staaten, die keine Trennung von Religion und Politik kennen, nur dann zu finanzieren, wenn sie diese Trennung einführen. Wir dürfen eigene Standards anlegen, weil wir sonst interne Legitimationsprobleme bekämen. Natürlich wäre das ein Eingriff in deren Kultur; aber es geht nicht um positivistische Heiligung jeder institutionell-kulturellen Form, die es auf der Welt gibt, sondern um deren *adaptiveness*: Welche Formen fördern wir, welche nicht? Welche Varianz/Invarianz bietet die andere Kultur an? Kriterium sind auch die eigenen Steuerbürger, denen eine solche Finanzierung erklärt werden muss, mit Gründen, die verstehbar sind. Eine Hilfe für Kinder, Frauen etc. muss nach unseren Standards vertretbar sein. Ein Krankenhausprojekt zu finanzieren, in dem Männer vor Frauen behandelt werden, ist nicht legitimierbar.

Zumindest nicht für abendländisch-aufgeklärte Demokratien. Eine solche Lösung ist moralisch aber vertretbar, wenn es um S2S-Beziehungen (state-to-state) geht. Als Entwurf einer *umfassenden* globalen Utopie wäre sie ethisch unterbestimmt, müsste weitreichende Annahmen über die Natur des Menschen verallgemeinern, die im euroamerikanischen bzw. nordatlantischen Kontext gewachsen sind. Wo aber eine Pluralität von Alternativen existiert, da

---

54 Vgl. auch Pogge (1992), und Kuper (2000).

dürfen die einzelnen Länder fundamentalistisch sein, also auf *ihren* Fundamenten Brückenpfeiler bauen und andere Akteure zu reziprokem Verhalten anregen. Sie müssen sogar fundamentalistisch sein, wollen sie nicht unglaubwürdig werden und langfristig damit Legitimität – *at home and abroad* – verspielen. Kann ein armes Land unter mehreren Sozialkontrakt-Angeboten auswählen, entfallen viele Begründungsleistungen.

Verträge sind *freiwillig* erzielte Übereinkünfte. Schaffen wir es, unter den Bedingungen realer Zwänge und Unfreiheiten die notwendigen Freiheiten zu verankern? *Das* ist eine eminente Gerechtigkeitsfrage, in der viele aktuell diskutierten Umverteilungsforderungen – im Hegel'schen Sinne – aufgehoben werden.

Gerechtigkeit herzustellen ist, um es noch einmal für den globalen Kontext aufzuspannen, möglich im Rahmen einer gemeinsamen Verfassung, die *de facto* als Menschenrechtskonvention existiert, als UNO-Satzung etc., aber letztlich nicht außerhalb der tatsächlichen Machtgefüge, Politiken und institutionellen Funktionen realisierbar ist. *Global constitutions*, welcher Dimension auch immer, sind formelle Voraussetzungen für Interventionen, die allerdings genügend Droh- und Sanktionspotentiale haben müssen, um Wirkung zu erzeugen. Deshalb ist es wahrscheinlich zweckmäßiger, die Fragen der *global justice* als Fragen einer *evolutionary world politics* anzugehen,[55] denn in einer evolutorischen Betrachtung haben wir es mit *economic and social dynamics* zu tun, die die Kompensationsgrundlagen mit evolvieren lassen, damit die ehemaligen Gerechtigkeitsanforderungen. Wenn zudem eigene Bewältigungskompetenzen ausgefaltet werden, entfallen Ansprüche etc. So lohnte es sich, evolutive Pfade herauszufinden, die Gerechtigkeitskompensationsminderungen aufweisen: wegen des Gelingens eigenständiger Entwicklungen.

Unter diesem Blickwinkel sind *global justice*-Maßnahmen als evolutive dann zu vertreten, wenn sie den Gesellschaften, die die Maßnahmen fordern und Zahlungen erhalten, Lernpfade angeben, deren Fortgang beobachtbar ist und deren Resultate als positiver *return* auf die damalige Investition betrachtet werden kann. Nicht die Zahlung und das Versprechen der Leistung, sondern die Leistung selbst in sichtbarer Entwicklung ist das Ziel einer modernen *global justice*, die deshalb notorisch auf *social and societal change* zielt.

Dieser Wandel betrifft aber *alle* Parteien. Der Diskurs über globale Gerechtigkeit hat bereits dazu geführt, die *Fragen* grenzüberschreitender Verantwortung und Solidarität als Teil westlicher *shared mental models* zu verankern. Die Antworten bewegen sich aber nicht entlang der entsprechenden philosophischen Debatte – der Diskurs trifft auf bereits entwickelte, aber dynamische Gerechtigkeits-Vorstellungen.

Die kulturelle Unberührtheit, gleichsam die Jungfräulichkeit des *cross-culture*-Aktes, ist die große Illusion des *global justice*-Diskurses: Die Wiederherstellung von Gerechtigkeit ist immer ein Hybrid: Gerechtigkeit A wird mit Gerechtigkeit B entgolten. Das, was die Gerechtigkeit wiederherstellen wollte, erweist sich als Differenz von Gerechtigkeit A und B. Die Verträge, die man einführt, sind hypothetische Gerechtigkeitsgemeinsamkeiten. Gerechtigkeitsausgleiche sind nicht transaktionskostenfrei für die Empfänger: Sie müssen sich modulieren und anpassen.

Deshalb ist der Hintergrunddiskurs der *global justice*-Diskussionen ein anderer: Welche Pfade der Zivilisationsentwicklung gibt es, welche tolerieren wir? Und auf welche Zivilisation bewegen wir uns zu – wir, die schon und doch nicht ›zivilisierten‹ Länder?

---

55 Modelski (2001).

Literatur

ALTENBURG, TILMAN (2001), »Armut, Beschäftigung und ökonomisches Wachstum«, in: *Entwicklung und Zusammenarbeit*, 42, Heft 11, S. 324–327. ▪ ALTVATER, ELMAR / MAHNKOPF, BIRGIT (2002), *Globalisierung der Unsicherheit. Arbeit im Schatten, Schmutziges Geld und informelle Politik*, Münster: Westfälisches Dampfboot. ▪ ARCHIBUGI, DANIELE / HOWELLS, JEREMY / MICHI, JONATHAN (Hg.) (1999), *Innovation Policy in a Global Economy*, Cambridge: Cambridge University Press. ▪ BARBER, BENJAMIN (2002), »Als Produktionssystem ist der Kapitalismus im Niedergang begriffen«, in: *Frankfurter Rundschau Online* (25. 1. 2002) (http:// www.fr-aktuell.de/fr/spezial/terror/2042/t2042004.htm). ▪ BECK, ULRICH (Hg.) (1999), *Politik der Globalisierung*, Frankfurt/M.: Suhrkamp. ▪ BECK, ULRICH (2002), *Macht und Gegenmacht im globalen Zeitalter: Neue weltpolitische Ökonomie*, Frankfurt/M.: Suhrkamp. ■ BEITZ, CHARLES R. (1979), *Political Theory and International Relations*, Princeton: Princeton University Press. ■ BOLZ, NORBERT / KITTLER, FRIEDRICH / ZONS, RAINER (Hg.) (2000), *Weltbürgertum und Globalisierung*, München: Fink. ■ BROWN, CHRIS (2000), »John Rawls, ›The Law of Peoples‹, and International Political Theory«, in: *Ethics & International Affairs*, 14, S. 125–132. ■ BRÜHL, TANJA / DEBIEL, TOBIAS / HAMM, BRIGITTE / HUMMEL, HARTWIG / MARTENS, JENS (Hg.) (2001), *Die Privatisierung der Weltpolitik: Entstaatlichung und Kommerzialisierung im Globalisierungsprozess*, Bonn: Dietz. ■ BUCHANAN, ALLEN (2000), »Rawls's Law of People: Ruler for a Vanished Westphalian World«, in: *Ethics*, 110, Nr. 4, S. 697–721. ■ CASTELLS, MANUEL (2001 a), *Das Informationszeitalter*, Opladen: Leske + Budrich. ■ CASTELLS, MANUEL (2001 b), *The Internet-Galaxie*, Oxford: Oxford University Press. ■ CUAUTÉMOC, GUAI-CAIPURO (1997), »The Real Foreign Debt«, in: *Magazine Surgence*, September, S. 5. ■ DAHRENDORF, RALF (2003), *Auf der Suche nach einer neuen Ordnung: Vorlesungen zur Politik der Freiheit im 21. Jahrhundert*, München: C. H.Beck. ■ DE SOTO, HERNANDO (2000), *The Mystery of Capital*, New York: Basic Book. ■ DOLLAR, DAVID / KRAAY, AART (2002), Spreading the Wealth, in: *Foreign Affairs*, January/February (http://www.foreignaffairs.com/articles/Dollar0102.html). ■ DOSI, GIOVANNI (1999), »Some notes on national systems of innovation and production, and their implications for economic analysis«, in: Archibugi, Daniele / Howells, Jeremy / Michi, Jonathan (Hg.) (1999), *Innovation Policy in a Global Economy*, Cambridge: Cambridge University Press, S. 35–48. ■ DREZE, JEAN / SEN, AMARTYA (1989), *Hunger and Public Action*, Oxford: Clarendon. ■ ETZIONI, AMITAI (1995), *Die Entdeckung des Gemeinwesens: Ansprüche, Verantwortlichkeiten und das Programm des Kommunitarismus*, Stuttgart: Schäffer-Poeschel. ■ FOOD AND AGRICULTURE ORGANIZATION OF THE UNITED NATIONS (FAO) (2001), *The State of Food Insecurity in the World*, Rome. ■ GELLNER, ERNEST (1991), *Nationalismus und Moderne*, Berlin: Rotbuch. ■ HARDT, MICHAEL / NEGRI, ANTONIO (2000), *Empire*, Cambridge/London: Harvard University Press. ■ HIRST, PAUL / THOMPSON, GRAHAME (1999), »Globalisierung? Internationale Wirtschaftsbeziehungen, Nationalökonomien und die Formierung von Handelsblöcken«, in: Beck, Ulrich (Hg.), *Politik der Globalisierung*, Frankfurt/M.: Suhrkamp, S. 85–133. ■ JANSEN, STEPHAN A. / SCHLEISSING, STEPHAN (Hg.) (2000), *Konkurrenz und Kooperation. Interdisziplinäre Zugänge zur Theorie der Co-opetition*, Marburg: Metropolis. ■ KARITZKI, OLAF (2000), »Transparenz als Basis für Effizienz und Legitimität von Nichtregierungs-Organisationen«, in: Zöller, Michael (Hg.), *Vom Betreuungsstaat zur Bürgergesellschaft – Kann die Gesellschaft sich selbst regeln und erneuern?*, Köln: Bachem-Verlag, S. 110–115. ■ KARITZKI, OLAF (2002), »Mind the Gap! - Can a Global Resources Dividend Improve the Situation of the World's Poorest? «, in: Bonhet-Joschko, Sabine / Schiereck, Dirk (Hg.), *Wittener Jahrbuch für ökonomische Literatur*, Marburg: Metropolis, S. 191–215. ■ KERSTING, WOLFGANG (2002), *Kritik der Gleichheit*, Weilerswist: Velbrück. ■ KLEIN, NAOMI (2001), *No Logo*, London: Flamingo. ■ KUPER, ANDREW (2000), »Rawlsian Global Justice: Beyond The Law of Peoples to a Cosmopolitan Law of

Persons«, in: *Political Theory*, 5, S. 640–674. ■ LANDES, DAVID (1999), *Wohlstand und Armut der Nationen: Warum die einen reich und die anderen arm sind*, Berlin: Siedler. ■ LAUBACH-HINTERMEIER, SONJA (1998), »Kritik des Realismus«, in: Chwaszcza, Christine / Kersting, Wolfgang (Hg.), *Politische Philosophie der internationalen Beziehungen*, Frankfurt/M.: Suhrkamp, S. 73–95. ■ LEADBEATER, CHARLES (2002), *Up the Down Escalator: Why the Global Pessimists Are Wrong*, London: Viking. ■ LOVINK, GEERT (2002), »Nach dem Dotcom-Crash«, in: *Lettre international*, Sommer, Heft 57, S. 46–53. ■ MODELSKI, GEORGE (2001), »Evolutionary World Politics«, in: Thompson, William R. (Hg.), *Evolutionary interpretations of world politics*, New York/London: Routledge, S. 16–29. ■ NUSSBAUM, MARTHA C. (2001), »Capabilities and Human Rights«, in: Hayden, Patrick (Hg.), *The Philosophy of Human Rights*, St. Paul (MN): Paragon House, S. 212–240. ■ O'NEILL, ONORA (2000), *Bounds of Justice*, Cambridge: Cambridge University Press. ■ PERRATON, JONATHAN / GOLD-BLATT, DAVID / GELD, DAVID / McGREW, ANTHONY (1999), Die Globalisierung der Wirtschaft, in: Beck, Ulrich (Hg.), *Politik der Globalisierung*, Frankfurt/M.: Suhrkamp, S. 134–168. ■ POGGE, THOMAS W. (1992), »Cosmopolitanism and Sovereignty«, in: *Ethics*, 103, October, S. 48–75. ■ POGGE, THOMAS W. (1998), »Eine globale Rohstoffdividende«, in: Chwaszcza, Christine / Kersting, Wolfgang (Hg.), *Politische Philosophie der internationalen Beziehungen*, Frankfurt/M.: Suhrkamp, S. 325–362. ■ POGGE, THOMAS W. (2001 a), »The Influence of the Global Order on the Prospects for Genuine Democracy in the Developing Countries«, in: *Ratio Juris*, 14, September, S. 326–343. ■ POGGE, THOMAS W. (2001 b), »Eradicating Systemic Poverty: brief for a global resources dividend«, in: *Journal of Human Development*, 2, 1, S. 59–77. ■ PRIDDAT, BIRGER P. (2000 a), *Arbeit an der Arbeit: verschiedene Zükünfte der Arbeit*, Marburg: Metropolis. ■ PRIDDAT, BIRGER P. (2000 b), »Globalisierung und Politikkoordination«, in: Bolz, Norbert / Kittler, Friedrich / Zons, Rainer (Hg.), *Weltbürgertum und Globalisierung*, München: Fink, S. 161–180. ■ PRIDDAT, BIRGER P. (Hg.) (2001), *Der bewegte Staat*, Marburg: Metropolis. ■ RAWLS, JOHN (1996), »Das Völkerrecht«, in: Shute, Stephen / Lukes, Steven (Hg.), *Die Idee der Menschenrechte*, Frankfurt/M.: Fischer, S. 53–103. ■ RAWLS, JOHN (1998), *Politischer Liberalismus*, Frankfurt/M.: Suhrkamp. ■ RAWLS, JOHN (1999), *A Theory of Justice*, Revised Edition, Oxford u. a.: Oxford University Press. ■ RAWLS, JOHN (2002), *Das Recht der Völker*, enthält »Nochmals: Die Idee der öffentlichen Vernunft«, Berlin/New York: Walter de Gruyter. ■ RAWLS, JOHN (2003), *Gerechtigkeit als Fairneß: ein Neuentwurf*, Frankfurt/M.: Suhrkamp. ■ SCHEFCZYK, MICHAEL (2003), *Umverteilung als Legitimationsproblem*, Freiburg: Alber. ■ SEN, AMARTYA (1999), *Ökonomie für den Menschen. Wege zu Gerechtigkeit und Solidarität in der Marktwirtschaft*, München: Hanser. ■ SEN, AMARTYA (2000), *Der Lebensstandard*, Berlin: Rotbuch. ■ SOROS, GEORGE (2002), *On Globalization*, New York: Public Affairs. ■ STIGLITZ, JOSEPH E. (1999), »Knowledge As a Global Public Good«, in: Kaul, Inge / Grunberg, Isabelle / Stern, Marc A. (Hg.), *Global Public Goods*, New York/Oxford: Oxford University Press, S. 308–325. ■ STIGLITZ, JOSEPH (2002), *Die Schatten der Globalisierung*, Berlin: Siedler. ■ TETZLAFF, RAI-

NER (2002), »Gerechtigkeit weltweit«, in: *Universitas*, Nr. 667, Januar, S. 45–54. ▪ THOMPSON, WILLIAM R. (Hg.) (2001), *Evolutionary interpretations of world politics*, New York/London: Routledge. ▪ UNITED NATIONS DEVELOPMENT PROGRAMME (UNDP) (2001), *Human Development Report 2001: Making new technologies work for human development*, Oxford u. a.: Oxford University Press. ▪ VAN CREVELD, MARTIN (1999), *Aufstieg und Untergang des Staates*, München: Ger-

ling-Akademie. ▪ WIELAND, JOSEF (1999a), *Die Ethik der Governance*, Marburg: Metropolis. ▪ WIELAND, JOSEF (1999b), »Ethik im Unternehmen – Ein Widerspruch in sich Selbst? « in: *Personalführung*, Nr. 8, S. 18–23. ▪ WILLIAMS, BERNARD (2000), »Der Lebensstandard: Interessen und Fähigkeiten«, in: Sen, Amartya, *Der Lebensstandard*, Berlin: Rotbuch, S. 98–110. ▪ WILLKE, HELMUT (1997), *Supervision des Staates*, Frankfurt/M.: Suhrkamp.

14 Gesellschaft und kulturelle Vergesellschaftung

14.1 Grundzüge einer kulturwissenschaftlichen Theorie der Gesellschaft

Manfred Hettling

1. Gesellschaft als neuer Leitbegriff seit 1945

Der Begriff »Gesellschaft« hat sich seit den 1960er Jahren unstrittig als zentraler Leitbegriff etabliert, um komplexe politisch-soziale Handlungseinheiten zu bezeichnen und ihre historische wie zeitgenössische Analyse anzuleiten. Die vor allem von Historikern seit dem 19. Jahrhundert privilegierten Begriffe wie »Staat« oder »Nation« und – seit der Jahrhundertwende – auch »Volk« sind demgegenüber eindeutig in den Hintergrund getreten. »Staat« als Leitbegriff der Historiographie des 19. Jahrhunderts ist zwar zu Recht nie aus dem Begriffsarsenal der historischen Forschung verschwunden. Er hat jedoch seine regulative Funktion als Leitfaden durch die Vielfalt menschlicher Handlungsbedingungen verloren und wird seit langem in einem engeren Sinne verstanden als Sphäre der Herrschaftskonstituierung und der Institutionalisierung von Machtverhältnissen.[1] »Nation« als Leitbegriff erfuhr seit dem 19. Jahrhundert eine Aufwertung, indem hierin vorstaatliche Bedingungen kultureller und sozialer Provenienz eingeschlossen wurden. Stand im Begriff der Nation immer noch eine aktive und bewusste und letztlich politische Konnotation im Vordergrund (indem ›Nationen‹ als Akteure gedacht wurden, die zur Bildung von Nationalstaaten führten),[2] wurde der Begriff des »Volkes« insbesondere in der ersten Hälfte des 20. Jahrhunderts zu einer metaphysischen Größe, indem unterstellte Gemeinsamkeiten und Zusammenhänge sukzessive in vorbewusste Bereiche verlagert wurden. Die Betonung von gemeinsamer Abstammung und biologischer Gemeinsamkeit (Rasse) ermöglichte es dann, potentiell alle Bereiche des Lebens und alle Dimensionen menschlicher Aktionen auf einen derart konzipierten Gemeinschaftsbegriff »Volk« zu beziehen.[3] Von Ausnahmen abgesehen wurde der Begriff des Volkes deshalb nach

1945 kaum noch verwendet, um kollektive Identitäten und Kollektiverfahrungen bedingende Strukturgemeinsamkeiten zu bezeichnen.[4]

Vor diesem Hintergrund hat der Begriff »Gesellschaft« in den Sozialwissenschaften seit 1945 sehr schnell eine Verbreitung erfahren und ist zur zentralen Analysekategorie geworden. Durch die theoretischen Debatten um Sozialgeschichte und Geschichte als ›Historischer Sozialwissenschaft‹ wurde der Begriff »Gesellschaft« dann auch innerhalb der Geschichtswissenschaft schnell zu einer Selbstverständlichkeit. Der Anspruch »geschichtliche Wirklichkeit ›von der Gesellschaft her‹ zu strukturieren und zu synthetisieren«[5] wurde durch die Sozialgeschichte explizit erhoben – und wurde implizit auch von vielen Kritikern der Sozialgeschichte aufgenommen. Die Verwendung des Begriffes »Gesellschaft« ging bei vielen lange einher mit einer Privilegierung einer besonderen Zugriffsweise. Sich auf Analysen ›von der Gesellschaft her‹ zu konzentrieren hieß sehr oft auch, sich auf die Vorrangigkeit von sozialen Prozessen und Strukturen bei der Erklärung von Wirklichkeit zu konzentrieren. Inspiriert von einem manchmal dogmatischen, manchmal undogmatischen historischen Materialismus erkannte man in der sozialen Strukturiertheit und in sozialen Interessen im weitesten Sinne eine Prä-

---

1 Breuer (1998); als historischer Abriss: Reinhard (1999).

2 Koselleck (1992); Wehler (2001).

3 Oberkrome (1993); zur aktuellen Diskussion über »Volksgeschichte«: Schulze/Oexle (1999).

4 Eine dieser Ausnahmen ist Lutz Niethammer, der mehrmals »Volk« als Begriff vorgeschlagen hat und bewusst versucht, an eine durch den Nationalsozialismus verdrängte ›linke‹ Tradition des Begriffes anzuknüpfen. Inwiefern sich der Begriff theoretisch operationalisieren lassen kann, sei hier dahingestellt; Niethammer (2000).

5 Kocka (1977, S. 98).

valenz der Erklärungsfaktoren. Verdeutlichen lässt sich das am herausragendsten Werk einer sich als »Gesellschaftsgeschichte« verstehenden Geschichtswissenschaft, an Hans-Ulrich Wehlers Gesamtdarstellung der deutschen Geschichte seit dem 18. Jahrhundert. Auch wenn sich Wehler explizit von einem früher verfochtenen historischen Materialismus distanziert und sich explizit auf die webersche Tradition einer Gleichrangigkeit der Dimensionen von Herrschaft, Wirtschaft und Kultur beruft, bleibt bei ihm ein besonderer ›Bias‹ bestehen. Dieser findet sich jedoch nicht nur bei ihm, sondern ist geradezu typisch für die durch die Sozialgeschichte seit den 1960er Jahren sich innovativ öffnende Geschichtswissenschaft: »Gesellschaftsgeschichte hat es wesentlich mit der Verfassung des Binnenbereichs einer Gesamtgesellschaft zu tun, ihn kann man auch ihre ›Sozialstruktur‹ nennen. Mit dieser Kategorie gewinnt man einen allgemeinen Sammelbegriff für das ganze innergesellschaftliche Gefüge, das bestimmt wird durch die wirtschaftlichen Verhältnisse, die Lage der sozialen Schichten, die politischen Einrichtungen, auch durch gesellschaftliche Organisationen wie Parteien und Interessenverbände, durch Familie, Bildungssystem und Kirche – mit anderen Worten: durch eine Vielzahl von Institutionen und vorstrukturierten Handlungsfeldern, nicht zuletzt auch durch kulturelle Normen, religiöse Wertvorstellungen und die wechselnde Deutung der sozialen Lebenswelt. So gesehen ist Gesellschaftsgeschichte über weite Strecken Sozialstrukturgeschichte.«[6]

Was hier Sozialstrukturgeschichte genannt wird und geradezu als Gleichsetzung mit Gesellschaftsgeschichte beschrieben wird, akzentuiert ganz eindeutig die soziale Strukturiertheit von Welt. Die vom Historiker zu untersuchende Wirklichkeit erscheint in dieser Perspektive nur noch als die Wirklichkeit der Handlungslogiken, wie sie dem Einzelnen als immer schon gegebene Bedingungen, als äußerliche und unabhängig von seinen subjektiven Sinnmustern und seinen Handlungsmöglichkeiten bestehende Wirklichkeit gegenübertritt. Was bei Wehler Sozialstrukturgeschichte genannt wird, entspricht dem, was in früheren Zusammenhängen in einer anderen Begrifflichkeit formuliert wurde. Bei Georg Simmel etwa in der Theoriediskussion der Jahrhundertwende um 1900 spiegelt sich diese Differenzierung in der berühmten Unterscheidung von »objektiver Kultur« versus »subjektiver Kultur« wider. Und bei einzelnen Vertretern der Volksgeschichte – vor allem denjenigen, die sich eine mehr oder weniger große Distanz zu rassistischen Setzungen bewahrten – wird die soziale Strukturiertheit etwa im Begriff des sich ›in Verfassung befindens‹ zum Ausdruck gebracht und in seiner sozialen Ausprägung untersucht.[7] Drei Punkte sind jedoch zu beachten, wenn man die Kontinuität strukturgeschichtlicher Fragen betont.

Erstens: Der Blick auf soziale Verschiedenheiten der Wirklichkeit und die soziale Geprägtheit politischer und kultureller Erscheinungen ist bereits im 19. Jahrhundert ins Zentrum historischer Forschungen gerückt. Lorenz von Stein und Karl Marx seit der Jahrhundertmitte, die Nationalökonomie im Kaiserreich, die vielen sozialpolitisch motivierten, aber sozialgeschichtlich arbeitenden Studien des ›Vereins für Sozialpolitik‹ – sie alle haben Phänomene untersucht, die wir heute als »gesellschaftlich« bezeichnen.

Zweitens: Der analytische Blick und das forschungsmethodische Instrumentarium auf die gesellschaftliche Strukturiertheit hat sich dabei immer weiter differenziert. Klassenbildung, Urbanisierung, Professionalisierung, innere Staatsbildung, sozialer Protest, Nationalismus, Demographie – das sind nur wenige Stichworte einer sich inzwischen immens erweiterten und differenzierten Forschung.[8]

Drittens: Der Gesellschaftsbegriff hat über die lange zurückreichende Tradition der Erforschung von sozialen Strukturelementen im 20. Jahrhundert eine theoretische Füllung erfahren, die älteren Entitätsbegriffen wie etwa »Volk« abgeht. Der sozialwissenschaftliche Blick auf ›Gesellschaft‹ zielt seither *immer* auf die Zusammenhänge und das System der strukturellen Differenzierungen. Und je mehr sich der

---

6 Wehler (1987, Bd. 1, S 9 f.).

7 So Werner Conze in der Zeit nach 1945: »Die Sozialgeschichte hat es mit der sozialen Struktur zu tun. Diese aber ist stets politisch bestimmt und wandelbar, da es keine Gesellschaft gibt, die sich nicht in Verfassung befindet«, in: Conze (1957, S. 18). Analoge Formulierungen finden sich auch in seinen früheren Artikeln – der Verfassungsbegriff stellt eine Kontinuität dar in der Wandlung von der Volksgeschichte zur Strukturgeschichte.

8 Vgl. etwa als Überblick über die Inhalte der Arbeit und als Leitfaden durch die zahlreichen Arbeiten Wehler (1993).

Gesellschaftsbegriff von einfachen Dichotomien im Sinne einer Basis-Überbau-Unterscheidung entfernt hat, desto anspruchsvoller und komplexer wurde er.

Die vorwiegende Ausrichtung auf den Begriff »Gesellschaft« hat bis vor kurzem das in den Hintergrund treten lassen, was Simmel »subjektive Kultur« genannt hat, was sich mit Max Weber als sinnhafte Dimension des Handelns fassen lässt – und was seit rund 15 Jahren die neue Popularität der Kulturwissenschaften stimuliert hat. Man hat deshalb auch argumentiert, dass »Kultur« der vergessene, vernachlässigte und verdrängte Gegenbegriff zu »Gesellschaft« sei.[9] Zu Recht ist dabei wiederholt darauf hingewiesen worden, dass in der Theoriedebatte der Weber, Simmel, Freud, Troeltsch, James und anderer um 1900 eine einseitige Reduzierung auf Kultur oder Gesellschaft nicht stattfand. Unstrittig ist denn auch inzwischen, dass die symbolische, sinnhafte Konstitution der sozialen Welt und des menschlichen Handelns unabdingbar für eine die Komplexität der Wirklichkeit adäquat erfassende Diskussion ist. In der amerikanischen Theoriedebatte hat sich deshalb die Bezeichnung des *cultural turn* eingebürgert, um die Erweiterung der theoretischen Diskussionen über Gesellschaft zu beschreiben.[10] Konsens besteht gegenwärtig sicherlich darin, dass keine empirische Wirklichkeitswissenschaft auf die symbolische und sinnhafte Dimension menschlichen Handelns verzichten kann, wenn ein Anspruch auf die Erfassung komplexer Handlungszusammenhänge erhoben wird.

Rückblickend auf die Entwicklung der konzeptionellen Leitbegriffe kann man sicherlich konstatieren, dass der Begriff der »Gesellschaft« förderlich darin war, Entitätsbegriffe wie Staat, Nation oder Volk zurückzudrängen. Im Begriff »Gesellschaft« schwang und schwingt immer der Aspekt der Konstruiertheit, der theoretischen Begründung mit. Indem der Begriff vermeintliche Wesensmerkmale in Strukturen auflösbar machte, beförderte er einen Erkenntnisfortschritt, hinter den es kein zurück gibt. Als Nachteil hingegen ist gerade in der jüngsten Zeit die Konzentration auf sozio-ökonomische Bedingtheiten in den Mittelpunkt der Diskussion gerückt. Inwiefern diese Verengung Ausfluss einer einseitigen Theoriebildung ist oder untrennbar mit dem Begriff selber verbunden ist – diese Diskussion steht noch aus. Ob der Begriff der »Gesellschaft« auch weiterhin im Mittelpunkt theoretischer Debatten stehen wird und vor allem: wie er dann analytisch gefasst und operationalisiert werden kann – das erscheint gegenwärtig noch offen.[11]

2. Sozial- und kulturwissenschaftliche Theorietraditionen von »Gesellschaft«

Welche Traditionen haben die explizit kulturwissenschaftliche Theoriebildung von »Gesellschaft« angeregt und beflügelt? Aus heuristischen Gründen bietet es sich an, definitorisch zwischen sozial- und kulturwissenschaftlichen Ansätzen zu unterscheiden – ohne beide in eine übertriebene Polarität oder gar Gegensätzlichkeit bringen zu wollen. Der sozialwissenschaftliche Aufbruch seit den 1960er Jahren lebte vor allem von Rückbezügen auf die materialistische Theorietradition des Marxismus einerseits und den Anspruch der Soziologie und anderer Wissenschaften, Strukturen und Prozesse gesellschaftlichen Wandels analytisch fassen und erklären zu können – und dadurch auch politische Veränderungen erklären zu können. Die Sozialwissenschaften schienen zu versprechen, die ›gesellschaftliche‹ Basis menschlicher Wirklichkeit hinreichend zu durchdringen. Auch wenn damals in dieser politischen und sozialtheoretischen Aufbruchsstimmung proklamiert worden ist, dass das Ziel darin bestehe, »historisch-hermeneutische und sozialwissenschaftlich-analytische Verfahrensweisen produktiv miteinander zu verbinden«,[12] beruhte die Stringenz und der wissenschaftliche wie wissenschaftspolitische Erfolg der sozialwissenschaftlichen Gesellschaftstheorien nicht zuletzt darauf, dass man sich weitgehend auf die Analyse sozialer Strukturen beschränkte und nur hermeneutisch zu erschließende Sinnkonstruktionen vernachlässigte. Propagiert wurde das als Wissenschaft »jenseits des Historismus«.[13] In Wider-

---

9 Daniel (1993).

10 Reckwitz (2000, S. 15–63); Reckwitz' Studie ist die luzideste Arbeit über die Perspektivenverschiebung der Sozialwissenschaften in der jüngeren Zeit.

11 Wobei manchmal die Fragen fruchtbarer zu sein scheinen als die Antworten.

12 Vorwort der Herausgeber zu Geschichte und Gesellschaft (1975, S. 5–7).

13 Mommsen (1971).

spruch hierzu beruhte die Attraktivität unterschiedlicher Ansätze, die sich seit den 1980er Jahren allmählich unter dem Begriff »Kulturwissenschaft« zu artikulieren begannen, genau darauf, dass das Augenmerk immer mehr auf die Frage nach der Konstruktion von menschlichem Sinn gerichtet wurde. Bedeutung konnte deshalb zu einem Schlüsselbegriff der sich formierenden Kulturwissenschaft werden.[14] Oft wird dieser Unterschied deshalb in einen vermeintlichen Gegensatz von ›Struktur‹ und ›Bedeutung‹ als unterschiedlichen Leitbegriffen gebracht.

Die Verfechter einer modernen Kulturwissenschaft haben sich auf unterschiedliche Theorieangebote bezogen, um gegen die etablierten Sozialwissenschaften zu bestehen. Unterlegt man als übergreifende Gemeinsamkeit der neueren Kulturwissenschaft die Grundidee, dass die soziale Welt menschlicher Wirklichkeit auf sinnhaften und symbolischen Strukturen beruht, kann man vier Richtungen destillieren, die in besonderer Weise als Anreger gewirkt haben.[15] Erstens die Phänomenologie und Hermeneutik – wobei insbesondere letztere in Deutschland bei vielen erst durch einen Umweg über die westliche Welt wieder zu ihrem Recht gekommen ist. Wenn Clifford Geertz u. a. zu Leitfiguren der kulturalistischen Wende werden konnten, indem ihre Polemik gegen die positivistische Kulturanthropologie in den USA begierig aufgegriffen wurde, so wurde dabei leicht übersehen, dass sich Geertz auf Max Weber oder etwa Victor Turner auf Wilhelm Dilthey beriefen. Erst über diesen Umweg und die Übersetzung ›ins Englische‹ fanden damit hermeneutische Traditionen wieder Verbreitung, deren genuine Wurzeln in der deutschen Kulturdebatte um 1900 lagen. Zweitens wurden Strukturalismus und Semiotik in unterschiedlichen Spielarten zu Gründungspotenzen der kulturwissenschaftlichen Erneuerung. Das musste nicht immer, konnte aber oft mit einer Privilegierung des Mediums der Sprache einhergehen. Drittens ist

die analytische Sprach- und Handlungsphilosophie Wittgensteins zu nennen; viertens schließlich der amerikanische Pragmatismus.

Die Privilegierung von »Sinn«, von durch Menschen immer erst zu schaffender »Bedeutung« ihrer Wirklichkeit ist jedoch als Unterscheidungskriterium zu sozialwissenschaftlichen Theorien nicht hinreichend. Der vermeintliche Gegensatz von Struktur versus Bedeutung, wie er heutzutage in den polemisch aufgeladenen Theoriedebatten oft implizit dargestellt wird, bietet letztlich wenig an Trennschärfe. Denn – sinnhaftes Handeln von Menschen kann ebenfalls im Zentrum sozialwissenschaftlicher Gesellschaftstheorien stehen. Es bietet sich an, hierfür eine Unterscheidung vorzunehmen in einerseits eine – mit Max Weber zu verbindende – verstehende Sozialwissenschaft, die den »subjektiv gemeinten Sinn« menschlichen Handelns in den Mittelpunkt stellt,[16] oder andrerseits in normativistische Handlungstheorien.[17] Überzeugend erscheint demgegenüber, das Spezifikum der Kulturtheorien in einem anderen Punkt zu suchen: Sinn wird gewissermaßen von der Ebene des Subjekts verlagert auf jene von symbolischen Ordnungen, in die Menschen immer schon eingebunden sind, die ihnen als Bedingungen für mögliche Sinnbildungen gegenübertreten.[18] Wirklichkeit kann – in diesem Verständnis – nur sinnhaft produziert werden, kann nur in und durch symbolische Ordnungen und Systeme erfahrbar werden. Insofern existiert die Welt nur als symbolische, »vor dem Hintergrund jener konstitutiven Regeln, die es ermöglichen, sie mit Bedeutungen zu versehen«.[19] In diesem Verständnis wird die menschliche Wirklichkeit weder durch Interessen bestimmt (und schon gar nicht durch materielle, d. h. ökonomische Interessen allein), noch durch Werte, Normen, Zwecke, Ideen (die jeweils im einzelnen Subjekt selber sich konkretisierten und in individuelle Handlungen umsetzten), sondern über intersubjektiv gegebene Symbolsysteme, Ordnungen und Regelmechanismen.[20]

Man kann das zugespitzt in einem Bild ausdrücken, indem man diese unterschiedlichen Theoriemodelle mit der Erklärung des Schachspiels vergleicht. *Sozialwissenschaftliche* Theorien ›interpretieren‹ das Schachspiel, indem sie den einzelnen Figuren unterschiedliche Wertigkeiten (Schichtpositionen, Klassenlagen, Machtpotentiale etc.) zuschreiben, woraus sich potentielle Handlungsverknüpfungen, stra-

14 Daniel (1997).
15 Das Folgende im wesentlichen nach Reckwitz (2000, S. 21 ff.).
16 Weber (1980, S. 1 und passim).
17 Vgl. dazu Reckwitz (1997).
18 Reckwitz (2000, S. 33).
19 Reckwitz (2000, S. 33).
20 Foucaults Ordnung der Dinge und Ordnung der Diskurse sind deshalb Schlüsseltexte eines derartigen Verständnisses.

tegische Optionen und Vorgehensweisen der Figuren erklären lassen. *Kulturwissenschaftliche* Theorien ›interpretieren‹ das Schachspiel, indem sie die Regeln des Spiels als ein Ordnungsgefüge beschreiben, das alle möglichen Spielzüge und denkbaren Handlungsoptionen von Königen, Bauern und anderen Rängen und ihr potentielles Zusammenwirken sowie die möglichen Konfliktkonstellationen erklärt und bedingt. Am schwierigsten wird der Vergleich mit jenen Theorieansätzen, die sich auf *sinnhaft handelnde Akteure* beziehen. Auch hier werden Interessen (die Stärken der einzelnen Figuren) wie auch symbolische Ordnungen (das Regelwerk) zur Erklärung des Geschehens berücksichtigt, im Zentrum stünden jedoch dann die durch Werte, Zwecke und Normen mitbedingten Handlungsentscheidungen der einzelnen Figuren (bzw. des Schachspielers). Der Vergleich mit dem Schachspiel liefert zugleich einen potentiellen Vermittlungsvorschlag zwischen den unterschiedlichen Theoriemodellen. Die Vielzahl an Eröffnungsvarianten, bei denen es darauf ankommt, primär die eigenen Figuren in eine möglichst wirksame Position zu bringen, in der ihre spezifischen Stärken am besten – und die des Gegners am schwächsten – zur Geltung kommen, ließe sich wohl am besten mit »interesseorientierten« Ansätzen vergleichen. Umgekehrt ähneln Modelle und Erklärungen von Endspielvariationen, bei denen eine deutlich reduzierte Anzahl von Figuren auf dem Brett zu finden ist, und bei denen es meist darauf ankommt, die durch die Figuren und die Regeln vorgegebene Konstellation exakt – ›regelgerecht‹ – umzusetzen und das in einer Position enthaltene Potential ohne Fehler umzusetzen, den kulturwissenschaftlichen Ansätzen, die Wirklichkeit primär auf symbolische Ordnungen beziehen. Die Unübersichtlichkeit des Mittelspiels ähnelte dann am meisten jener komplexen Unendlichkeit menschlicher Wirklichkeit, in der immer mehr an Möglichkeit enthalten ist, als in Interessen und Ordnungen aufgeht. Verstehende Handlungstheorien können hier vermutlich am besten erklären, in welchen Konstellationen wert- und zweckorientierte Entscheidungen welche Folgen und möglicherweise auch strukturelle Änderungen zur Folge hatten. Zumal soziale Wirklichkeit nicht mit Matt oder Patt endet, ist das Schachspiel in diesem Beispiel allemal ein Vergleichsobjekt, das unendlich einfacher angelegt ist als die menschliche Welt.

Kulturwissenschaftliche Theorie hat in Deutschland in den letzten Jahrzehnten mehr von einem Abwehreffekt gegen den Begriff »Gesellschaft« gezehrt, als dass sie sich um eine Reformulierung des Begriffes bemüht hätte. An drei Beispielen[21] lässt sich das verdeutlichen. Das erste wäre die seit den 70er Jahren sich rasch Verbreitung verschaffende *Alltagsgeschichte*. Diese legitimierte sich selber durch einen Zugriff auf vergangene Wirklichkeit, in welchem nicht mehr die gesellschaftlichen Strukturen im Vordergrund stehen sollten, sondern die ›Erfahrungen‹ der Menschen, und insbesondere auch die Erfahrungen der einfachen, gewissermaßen stummen Menschen. In der Alltagsgeschichte verbanden sich mehrere Interessen miteinander. Es ging zum einen – so der selbsterhobene Anspruch – darum, nicht nur die Mächtigen, sondern auch die vermeintlich »kleinen Leute« Gehör finden zu lassen, nicht nur vermeintlich objektive Gegebenheiten, sondern subjektive Wahrnehmungen aufzuspüren; und es ging darum, nicht nur gesellschaftliche Regelmäßigkeiten zu untersuchen, sondern auch individuelle Besonderheiten und Einzelfälle. Dass Carlo Ginzburgs Studie über einen Müller und dessen religiös-philosophische Vorstellungen von der Welt, die so anders erschienen im Vergleich zu den kanonisierten Deutungsmustern der offiziellen Amtskirche, zu einem der populärsten und meistgelesenen Bücher seit den 70er Jahren werden konnte, findet hierin eine Erklärung. Denn Ginzburg bot kein ausgefeiltes theoretisches Konzept, sondern ein luzide interpretiertes und in seiner Sperrigkeit anschauliches Beispiel. Die Frage nach der Verallgemeinerbarkeit, nach der gesellschaftlichen ›Relevanz‹, wie man kurz zuvor noch gefragt hätte, wurde hier stillschweigend ad acta gelegt.[22] Sein Buch lebte in der Rezeption von dem Anspruch, dass auch bisher weniger erforschte Teile der Gesellschaft eine »Kultur« besäßen, die zwar anders sei, die es aber zuerst einmal zu entdecken gelte. Es beginnt denn auch mit dem programmatischen Hinweis, die Historiker wenden sich »immer stärker [...] dem zu, was ihre Vorgänger verschwiegen, beiseite geschoben oder einfach ignoriert hatten«.[23] Unter Bezug auf

---

21 Alltagsgeschichte, Mikrogeschichte, Kulturanthropologie.
22 Ginzburg (1979).
23 Ginzburg (1979, S. 7).

diese ausländischen Mustererzählungen (Ginzburg, Davis, Le Roy Ladurie) propagierte die Alltagsgeschichte subjektive Erfahrungen als Untersuchungsfeld, die an die Stelle gesellschaftlicher Strukturen zu setzen seien.[24]

Komplexer war dann der Anspruch der *Mikrogeschichte*. Hier wurde die Ablehnung des bisher üblichen Gesellschaftsbegriffes verbunden mit der Favorisierung kleiner Untersuchungseinheiten. Dem Anspruch nach ging es hier darum, sowohl gesellschaftliche Interdependenzen als auch ihre jeweilige individuelle Konkretisierung in kleinen Sozialeinheiten, in den nur dort zu analysierenden *face-to-face*-Beziehungen zu analysieren. Giovanni Levi lieferte das paradigmatische Vorbild, mit seinem Programm, ein »System aus Zusammenhängen, die Verflechtung von Regeln und Verhaltensweisen, von sozialer Struktur und dem in den schriftlichen Quellen erhaltenen Bild, von wortwörtlichem Sinn des Einzeldokuments« miteinander zu verbinden.[25] Dem Anspruch der Mikrogeschichte nach ging es hier immer darum, die Systeme gesellschaftlicher Zusammenhänge in ihrer konkreten Manifestation in abgegrenzten, überschaubaren Lebensräumen zu zeigen. Nur dadurch, so die Mikrogeschichte, gelinge es, die subjektive Sichtweise von individuellen Akteuren zu erfassen und sie in ihrer gesellschaftlichen Bedingtheit transparent zu machen – ohne sie nur als Illustration des schon in den gesellschaftlichen Zusammenhängen enthaltenen zu verstehen. Mikrogeschichte verstand sich nicht als Veranschaulichung von gesellschaftlichen Prozessen, sondern als Möglichkeit, die Komplexität gesellschaftlicher Zusammenhänge überhaupt erst erkennbar zu machen. Inwiefern dieser Anspruch in den einzelnen empiri-

schen Studien eingelöst wurde, darüber kann man unterschiedlicher Auffassung sein. Generell kann man sagen, dass ein in aller Regel nicht aufhebbares Spannungsverhältnis zwischen konkreter Anschaulichkeit und Einzelfallbeschreibung einerseits – und Offenlegung gesellschaftlicher Zusammenhänge und Bedingtheiten andrerseits bestand.[26]

Als drittes Beispiel ist die *Kulturanthropologie* zu nennen. Durch die Rezeption vor allem angelsächsischer Autoren ist sie in den letzten Jahren insbesondere bei Historikern zu großem Ansehen gelangt. Für die einen wurde der oft zum Schlagwort reduzierte Appell der »dichten Beschreibung« zum Programm,[27] für andere wurde hier die Analyse von Symbolsystemen exemplarisch betrieben,[28] für andere wiederum konnten durch den Bezug auf die Kulturanthropologie etwa Rituale von einem vernachlässigten Terrain auf einmal ins Zentrum der Forschungspraxis rücken.[29] So innovativ und anregend die Beschäftigung mit Ritualen und Symbolsystemen für die Geschichtswissenschaft wurde; so unnötig war und ist die Diskussion über »dichte Beschreibung«. Denn Geertz' Programm ist zwar »eine der theoretisch instruktivsten und literarisch brillantesten Skizzen des alten Problems hermeneutischer Erkenntnis« – aber es bietet genau deshalb für Historiker, die insbesondere mit der deutschen Theorietradition vertraut sind, nichts prinzipiell Neues.[30] Vor allem, und hierin dürfte ein meist übersehener Grund für die Popularität der Kulturanthropologie unter Historiker liegen, beförderte die in der historischen Anthropologie vorherrschende Tendenz, sich mit menschlichen Lebensformen und Gemeinschaften zu beschäftigen, die von der Moderne relativ wenig geprägt worden sind, den Hang, sich vom Begriff der »Gesellschaft« und auch von sozialwissenschaftlichen Theoriemodellen zu entfernen.[31] Das hat einerseits sicherlich innovativ gewirkt, es hat jedoch oft auch Kosten mit sich gebracht. Die Tendenz zur Kleinteiligkeit von Untersuchungsobjekten und die Scheu, Phänomene auf den Begriff zu bringen, sind dadurch gefördert worden.

Aus Frankreich haben vor allem zwei Richtungen anregend auf die Kulturwissenschaften gewirkt, die sich mit den Namen Foucault und Bourdieu verbinden. Im Unterschied zum Reimport hermeneutischer Traditionen nach Deutschland, der über

---

24 Für eine wohlwollende Interpretation des theoretischen Anspruchs der Alltagsgeschichte vgl. Lipp (2000).

25 Levi (1986, S. 11).

26 Medick (1996); Beck (1993).

27 Geertz (1987 b).

28 Douglas (1988).

29 Geertz (1987 b); Turner (1989); Turner (1995).

30 Sokoll (1997, S. 265).

31 Ein Beleg dafür ist auch, dass Arbeiten wie die von Mary Douglas (etwa Douglas 1991), die theoriehaltiger sind und nicht die Illusion der kleinen vormodernen, überschaubaren Gemeinschaften bieten können, weit weniger rezipiert worden sind.

Geertz, Turner und andere erfolgte, ist diese verstehende Theorietradition, von Ricœur einmal abgesehen, durch die Theorieangebote aus Frankreich nicht gestützt worden. Denn beide kommen aus der französischen Tradition des Strukturalismus und spiegeln unterschiedliche Variationen des klassischen Strukturalismus wider. Bezogen auf das durch sie ausgelöste Innovationspotential verkörpern sie das Gewicht, das der Beschäftigung mit symbolischen Ordnungen beigemessen wurde. Von Bourdieu ist in den letzten Jahren insbesondere das Konzept des Habitus diskutiert worden.[32] Diskurs und Habitus als Leitbegriffe haben die Analyse von Sprache, von Praktiken, von disziplinären Mechanismen unstreitig angeregt und sie haben unser Verständnis von der Komplexität menschlicher Wirklichkeit erhöht. Sie haben aber auch dazu beigetragen, den Begriff »Gesellschaft« in den Hintergrund treten zu lassen. Nur leicht übertrieben könnte man behaupten, dass die kulturwissenschaftlichen Innovationen der letzten Jahrzehnte unser Verständnis von der Komplexität menschlicher Wirklichkeit und menschlichen Handelns extrem erweitert haben – dass dieser Gewinn an Komplexität aber auch dazu geführt hat, dass ein kulturwissenschaftlicher Blick auf »Gesellschaft« gar nicht mehr stattfindet. Statt dessen werden soziale Praktiken, werden soziale Beziehungen, werden sprachliche Muster und sprachliche Handlungen untersucht, werden Habitusformen und Lebensstillagen analysiert, werden aufwendige Interviews geführt, um subjektive Wahrnehmungen und Erinnerungen zu rekonstruieren, werden Identitätsschattierungen und -changierungen mit großem Aufwand erforscht. Doch wie diese Einzelphänome zu erklären und wie sie in Beziehung zueinander zu setzen sind – das ist oft in den Hintergrund getreten. Das nur als Defizit beschreiben und beklagen zu wollen, wäre zu einfach und wäre verkürzt. Doch werden hier auch intellektuelle Kosten deutlich, die für den Verzicht auf den Begriff »Gesellschaft« in Kauf zu nehmen sind. Ein Beispiel für die ambivalenten Folgen der aktuellen Wiederentdeckung kulturwissenschaftlicher Theoriepositionen stellt Ute Daniels ›Kompendium Kulturgeschichte‹ dar:[33] Einerseits bietet ihre Darstellung einen konzisen, informativen und in den meisten Fällen überzeugenden Überblick über Begriffe und Theoretiker. And-

rerseits schießt der in der neuen Kulturgeschichte weit verbreitete Affekt gegen wissenschaftliche ›Objektivität‹ oft übers Ziel hinaus. Der Tendenz nach erliegt sie einem Relativismus im Geiste Feyerabends, wodurch die Bezüge zwischen Wirklichkeit und gedanklicher Konstruktion verschwimmen, anstatt eine – etwa auch von Max Weber unstrittig verfochtene – Relationalität von wissenschaftlichen Begriffen und auf Begriffe gebrachten Vorstellungen von Wirklichkeit zur Grundlage zu nehmen. Indiz für diese Tendenz zur Subjektivität ist es, dass der Begriff ›Gesellschaft‹ gar nicht mehr als diskussionswürdig erscheint. Um es mit dem von Ute Daniel zu unrecht aus dem kulturwissenschaftlichen Theoriepantheon verbannten Kant zu sagen: Auch eine noch so große »Freiheit im Denken«, eine noch so gelungene »Auffindung von Analogien«, eine noch so »kühne Einbildungskraft, verbunden mit der Geschicklichkeit, für seinen immer in dunkeler Ferne gehaltenen Gegenstand durch Gefühle und Empfindungen einzunehmen« kann keine »logische Pünktlichkeit in Bestimmung der Begriffe« ersetzen.[34] Der Begriff ›Gesellschaft‹ fungiert in der neueren Theoriediskussion deshalb fast als eine Art Lackmustest. Wer ohne den Begriff arbeitet und empirisch arbeitet, kann durchaus anregend und neue Perspektiven skizzierend Geschichte schreiben. Doch ohne den Begriff Gesellschaft ermangelt einem bald eine nach wie vor erstrebenswerte ›Pünktlichkeit‹ in der Beschreibung und Analyse sozialer Phänomene. Und umgekehrt kann man formulieren, dass die Verwendung des Begriffes ›Gesellschaft‹ im Sinne einer quasi naturhaft gegebenen Entität zu Recht allen kulturwissenschaftlichen Spott auf sich zieht.

---

32 Vgl. Dosse (1997). Auch hier kann man von einem Reimport sprechen, wobei das Produkt durch den Umweg jedoch deutlich veredelt worden ist. Denn im Lamprechtstreit um die Jahrhundertwende hat die deutsche Geschichtswissenschaft den Begriff der Struktur – der »Zustände« – vehement abgelehnt und an einem vereinfachten historistischen Verstehensbegriff festgehalten. Lamprechts Favorisierung von Strukturen ist damals in Frankreich weit positiver aufgenommen worden und spielte eine nicht zu vernachlässigende Rolle in der positiven Wertung von Strukturkategorien in Frankreich; vgl. dazu ausführlicher Hettling/Suter (2001).

33 Daniel (2001).

34 Kant (1923, S. 45).

3. Möglichkeiten einer neuen kulturwissenschaftlichen Erweiterung des Begriffes »Gesellschaft«

Zu einfach wäre es, nun einfach eine simple ›Addition‹ eines wie auch immer konstruierten Begriffes von Gesellschaft zu kulturwissenschaftlichen Konzepten zu fordern. Denn das stillschweigende Verschwinden des Begriffes »Gesellschaft« spiegelt eine Unsicherheit wider, in der sich inzwischen Sozial- und Kulturwissenschaften zu berühren scheinen. Als ungenügend wird inzwischen eine reifizierende Verwendung des Begriffes »Gesellschaft« wahrgenommen, die Gesellschaft eine gleichsam ontologische Qualität zuschreibt. Ein Beispiel soll das verdeutlichen: Wenn in historischen Arbeiten zur Geschichte des Dritten Reiches undifferenziert von einer Beteiligung ›der Gesellschaft‹ am Nationalsozialismus gesprochen wird, ist das mehr als unpräzise und transferiert die alte Kollektivzuschreibung nur in eine neue Begrifflichkeit. Umgekehrt hat die historische Forschung über Täterschaften in den letzten Jahren gerade die Differenziertheit von Konstellationen und von Handlungen ermöglichenden Wertmustern herausgearbeitet.[35] Kulturwissenschaftliche Anregungen und theoretische Innovationen haben unstrittig eine Erweiterung der klassischen sozialgeschichtlichstrukturalistischen Forschungsansätze ermöglicht; durch sie auch ist es erst möglich geworden, unser Bild von den Opfern und Tätern zu differenzieren, anschaulicher zu machen und Handlungen als durch subjektive Entscheidungen mit bedingte Ereignisabfolgen verstehbar und erklärbar zu machen. Doch ob und wie diese einzelnen Analysen über »normale Männer« zu verallgemeinern sind, ohne pauschal alle Mitglieder der nationalsozialistischen Gesellschaft auf eine unzulässige Weise zu »willigen Vollstreckern« Hitlers zu machen, darauf dürfte ohne einen reflektierten Begriff von Gesellschaft kaum eine Antwort zu finden sein.[36]

Welche Anforderungen müsste eine kulturwissenschaftliche Theorie von Gesellschaft erfüllen, um alte Defizite zu schließen und neue Fragen beantworten zu können? Erinnert sei zuerst einmal daran, dass die prägenden Köpfe der sozial- und kulturwissenschaftlichen Diskussion um 1900 den Begriff ›Gesellschaft‹ keineswegs privilegierten und nicht ins Zentrum ihrer Theoriediskussion stellten. Bei Weber etwa wird der Begriff in den ersten Jahren zwar – eher beiläufig – verwendet, später verzichtet er konsequent auf ihn, *ohne* diese Veränderung explizit zu begründen.[37] Er löste sich vom ›holistischen‹ Gesellschaftsdiskurs der frühen Soziologie; statt dessen gingen seine theoretischen Überlegungen in Richtung einer »verstehenden Soziologie *ohne* ›Gesellschaft‹« (Tyrell). Weber favorisierte daher eine am Subjektbegriff festhaltende Handlungstheorie und löste Bedingungen für Handeln auf in konkurrierende Ordnungen. Auch Simmel lässt sich keineswegs ein naiver Begriff von Gesellschaft unterstellen, viel mehr stehen bei ihm die Begriffe der Vergesellschaftung und der Wechselwirkung im Mittelpunkt. Doch an einem anderen Punkt kann eine kulturwissenschaftliche Gesellschaftstheorie noch mehr von der ersten Theoriedebatte um 1900 lernen. Weber wie Simmel halten am klassischen Subjektbegriff fest, ohne jedoch blind zu sein für die Grenzen dieser Subjektvorstellung. Wenn es bei Simmel heißt, dass in der »Ganzheit der Gesellschaft [...] ein unentwirrbares Durcheinanderspielen von Funktionen« bestehe und »die Stellungen in ihr [...] nicht durch einen konstruktiven Willen gegeben« sind, »sondern erst durch das reale Schaffen und Erleben der Individuen erfassbar« werden, basiert bei ihm die begriffliche Analyse von Gesellschaft auf einer subjektivistischen Wendung, *ohne* das Subjekt autonom denken zu wollen.[38] Deshalb stand bei Simmel der Begriff des Erlebens im Zentrum. Und Weber wiederum löst Gesellschaft auf in konkurrierende Ordnungen, die dem Individuum gegenübertreten. Der Referenzpunkt zu diesen heterogenen Sphären ist bei Weber *kein* Begriff von Gesellschaft, der eine nicht herstellbare Einheit suggerierte, sondern das Subjekt. Das Subjekt erscheint dabei nicht als autonom handelndes Wesen, sondern gewissermaßen als Ort, in dem die unterschiedlichen Ordnungen und damit auch die konkurrierenden Werte aufeinanderprallen und ihren antagonistischen Kampf austragen. Die Ordnungen werden bei Weber subjektbezogen eingeführt, »Per-

---

35 Vgl. als Überblick nur Herbert (1998).
36 Browning (1993).
37 Francis (1966); Tyrell (1994).
38 Simmel (1992, S. 58).

sönlichkeitsbildung und Wertsphären sind die zwei Seiten einer Medaille, die sich wechselseitig bedingen«. Denn in der modernen Welt partizipieren die Individuen – in durchaus unterschiedlicher Weise – an den differenzierten Ordnungen mit ihren eigenen Handlungslogiken und Werten, d. h. an Politik, Kunst, Wirtschaft, Religion, Erotik etc. Es gibt jedoch keine Instanz außerhalb dieser Teilbereiche, die als gleichsam archimedischer Punkt die Konkurrenzen vermittelbar machte. Deshalb muss jeder Gesellschaftsbegriff, der derartiges anstrebte, unbefriedigend bleiben. Im Weberschen Sinne jedoch ist der ›Kampf der Götter‹ ein »Kampf *um* das Individuum und *im* Individuum«.[39] Was bei Simmel im Erlebnisbegriff mitschwingt, ist bei Weber die in das Subjekt hinein verlagerte Ordnungskonkurrenz.

Genau an dieser Stelle könnte eine kulturwissenschaftliche Theorie von Gesellschaft ansetzen und einen neuen und fruchtbaren Dialog mit den Sozialwissenschaften beginnen. Vermeiden ließen sich dadurch auch die schematischen und polarisierenden Gegenüberstellungen, wie sie in der Theoriedebatte der letzten gut zehn Jahre so verbreitet waren. Subjekte und ihre Erfahrungen sind kein Gegensatz und keine Alternative zu einem Begriff von ›Gesellschaft‹, wie umgekehrt jeder theoretisch reflektierte Begriff von Gesellschaft sich der Konstruiertheit und der Nichtwesenhaftigkeit seines Sujets bewusst sein muss. Wie bei kaum einem anderen Phänomen muss man sich hier einer Warnung Webers bewusst sein, der auf die trügerische Sicherheit hingewiesen hat, die von Kollektivbegriffen suggeriert werde.[40] Wie aber kann die Entwicklung einer adäquaten kulturgeschichtlichen Problemstellung von Gesellschaft in Zukunft aussehen?

Zu berücksichtigen wäre dabei: Die *berechtigte* Kritik an einem holistischen Gesellschaftsbegriff landete nur allzu schnell in einer Sackgasse, wenn an die Stelle eines vereinfachenden Begriffes von Gesellschaft ein naiver Begriff des Subjektes gesetzt würde. Nicht wenige Beiträge der jüngeren Diskussion im Umfeld der ›Kulturgeschichte‹ sind nicht frei davon, wenn dem Subjekt die Qualität des vermeintlich Authentischen zugeschrieben wird und Erfahrung oft zu einem neuen Zauberwort wird, das den Charme des ersehnten Ursprünglichen vermittelt. Wenn als Ziel geschichtswissenschaftlicher Arbeit gefordert wird, historische Ak-

teure zu »rekonstruieren«, geht die erforderliche analytische Distanz verloren.[41] Akteure – lebende wie vergangene – lassen sich nicht rekonstruieren wie schadhafte Bauwerke oder verfallene Häuser. Die Aufwertung des Subjektbegriffes hat vielfach eine Identifikation mit den zu untersuchenden Individuen befördert, welche in Prinzipien des Historismus zurückfällt.

So wichtig die Untersuchung von Subjekten ist und so wenig Gesellschaft ohne Individuen denkbar ist – so sehr ist umgekehrt ›Subjekt‹ ein ähnlich analytischer Begriff wie ›Gesellschaft‹. Zu erinnern ist in diesem Kontext daran, dass ›Subjekt‹ eine Konstruktion ist, die als Antwort auf die Erosion der herkömmlichen religiösen Weltdeutung entstand. In dem Maße, wie der Mensch in den europäischen Gesellschaften seine Fundierung in einer göttlichen Schöpfungsordnung verlor, entstand die Voraussetzung, das individuelle Ich – modern gesprochen: das Subjekt – zum Dreh- und Angelpunkt der Selbstdeutung zu machen. Der einzelne Mensch wurde nicht mehr durch die göttliche Ordnung bestimmt, sondern *musste* sein Fundament nun zwangsläufig in sich selber finden. Das war die Bedingung, um eine radikal neue Frage zu ermöglichen: »Wer ist das Ich?« (Pascal). So konnte kein Mitglied einer ständischen, vormodernen Ordnung fragen, in der die Antwort auf diese Frage schon durch den göttlichen Heilsplan vorgegeben war.

Anstatt Subjekte rekonstruieren zu wollen und diese derart absolut gesetzten Subjekte zum vermeintlich unhintergehbaren Ausgangspunkt historischer Studien zu machen, bietet es sich an, mit dem Begriff des Subjekts ähnlich kritisch und distanzierend-reflektiert zu verfahren wie es in Bezug auf den Begriff ›Gesellschaft‹ zu Recht gefordert wird. Wenn sowohl Gesellschaft wie Subjekt analytisch aufgelöst und in Bedingungskonstellationen für menschliches

---

39 Schwinn (2001, S. 445 f.).

40 Weber (1985, S. 210): »Und zwar sind es hier vornehmlich die der Sprache des Lebens entnommenen Kollektivbegriffe, welche Unsegen stiften. [...] Der Gebrauch der undifferenzierten Kollektivbegriffe, mit denen die Sprache des Alltags arbeitet, ist stets Deckmantel von Unklarheiten des Denkens oder Wollens, oft genug das Werkzeug bedenklicher Erschleichungen, immer aber ein Mittel, die Entwicklung der richtigen Problemstellung zu hemmen.«

41 Habermas (1999, S. 493).

Handeln übersetzt werden – dann könnten sich Sozial- und Kulturwissenschaft verbinden in dem Ziel, »soziales Handeln deutend verstehen und dadurch in seinem Ablauf und in seinen Wirkungen ursächlich erklären« zu können.[42]

Das heißt nichts anderes, als sich von der Gegenüberstellung in Gesellschaft und Subjekt zu lösen. Beide Begriffe können – und müssen – transferiert werden in begriffliche Konstrukte, welche offener sind und sich einer vereinfachenden Reduktion entziehen. Das theoretische Angebot, das hierzu zur Verfügung steht, ist folgendes:

a) *Von ›Gesellschaft‹ zur Pluralität von Ordnungen.* Gesellschaft war immer ein schwer zu definierender und zu operationalisierender Begriff. Auch die theoretisch engagierten Vertreter einer Historischen Sozialwissenschaft haben sich schwer getan, den Begriff klar zu definieren. In der Moderne hat er Verbreitung gefunden als Bedingung für den Begriff des modernen Staates;[43] in der Sozialgeschichte hat er inzwischen die Bedeutung erlangt, eine Totalität menschlicher Beziehungen zu bezeichnen, die nicht weiter aufgelöst werden muss. Gerade aus diesem Grund erscheinen reflektierte Versuche, den Begriff Gesellschaft zu definieren und auf klar abgrenzbare Bedingungen zu reduzieren,[44] heute als begrenzt in ihrem Vermögen, die Komplexität menschlicher Interaktionen hinreichend zu erfassen.

Der Begriff der Ordnung bietet darüber hinaus den Vorteil, die Unterscheidung in Regeln und Regelmäßigkeiten,[45] mit denen sich gesellschaftliches Handeln strukturieren lässt, in Beziehung zueinander zu setzen. Auch das sei wieder mit Max Weber verdeutlicht. Wenn man unter Ordnung »alle tatsächlich feststellbaren Regelmäßigkeiten des Sichverhaltens versteht«, dann ergebe sich, so Weber, die Ordnung nur zu einem verschwinden-

den Teil aus der Orientierung an Rechtsregeln. Vielmehr gelte es, das gesamte Spektrum von dumpfer Gewöhnung, Sitte, Konvention, Recht bis hin zu »Maximen subjektiv zweckrationalen Handelns« in ihrer Bedingung für das Zustandekommen von ›Ordnung‹ zu berücksichtigen.[46] Verbunden werden diese beiden Perspektiven – Maximen individuellen Handelns und die sich daraus ergebenden sozialen Regelmäßigkeiten – dann durch Webers Begriff des sozialen Handelns, das seinem gemeinten Sinn nach stets auf das Verhalten anderer bezogen ist. Der Vorteil eines derartigen Ordnungsbegriffes liegt m. E. erstens darin, Strukturen der sozialen Gegebenheiten und solche der symbolischen Wirklichkeit hier ineinander greifen und sich deshalb nicht gegeneinander ausspielen zu lassen. Jede Vereinfachung und irreführende Frage etwa nach dem Bestimmenden, nach Basis und Überbau, erübrigt sich dadurch von selbst. Zweitens ist dieser Begriff der Ordnung offen. In dem Maße, wie neue Fragen formuliert werden und sich daraus neue Gesichtspunkte ergeben, können neue Ordnungen konstruiert werden und kann menschliches Handeln in neuer und komplexerer Weise erforscht werden. Drittens schließlich ist dieser Begriff der Ordnung immer nur idealtypisch verwendbar und sperrt sich deshalb gegen eine Reifizierung; es erscheint schwer vorstellbar, dass einzelne Ordnungen in dem Maße zu Kollektivbegriffen stilisiert werden, wie es beim Gesellschaftsbegriff – oft – selbstverständlich geworden ist.

b) *Vom Subjekt zu Typen von psychischen Mustern.* Es entbehrt nicht einer gewissen Ironie, dass gerade die neue Kulturgeschichte den Subjektbegriff emphatisiert hat – und zugleich in radikaler Weise die Möglichkeit für selbstbestimmtes, mündiges Handeln negiert hat, indem Symbolsystemen eine nahezu allmächtige Steuerungskraft zugebilligt wurde. Nur selten ist der Widerspruch zwischen der Allmächtigkeit des ›Diskurses‹ und der Dignität, die ›subjektiven Erfahrungen‹ zugeschrieben wurde, diskutiert worden. Der »*linguistic turn*« und die »*evidence of experience*« haben sich meist vereint in der Kritik an der herkömmlichen, an den Sozialwissenschaften orientierten Geschichtsschreibung.[47] Auch hier lohnt es sich, daran zu erinnern, dass der Begriff Erfahrung keineswegs neu ist und seit dem 18. Jahrhundert eine lange und äußerst theo-

---

42 Weber (1980, S. 1).
43 Jellinek (1929, S. 84–99); Riedel (1975).
44 Wehler (1987 ff.).
45 Vgl. Reckwitz (1997).
46 Weber (1980, S. 190).
47 Im Anschluss an die Kritik von Toews (1987) ist eine Debatte über den Begriff »Erfahrung« geführt worden, der die Verwendung des Begriffes nicht unbedingt bewusster hat werden lassen; vgl. als Beispiel nur Scott (1991).

riebewusste Vorgeschichte hat, die in den gegenwärtigen Diskussionen selten aufgegriffen wird.[48]

Wenn man nicht in einer an Ranke erinnernden Bescheidenheit konstatieren will, dass jedes Individuum ›Subjekt‹ sei und seine eigenen – oder, wie es manchmal heißt: eigensinnigen – Wahrnehmungen und Erfahrungen mache und dadurch handle, was bleibt dann als Alternative? Kleinteilige Studien und eine zwangsläufig deskriptiv angelegte Rekonstruktion von individuellen Sinndeutungen haben früher durchaus eine innovative und erhellende Wirkung gehabt. Erinnert sei nochmals an Carlo Ginzburg und seine Studie über den frühneuzeitlichen Müller und dessen Räsonieren über den Käse und die Würmer. Der theoretische Ertrag derartiger Studien ist jedoch begrenzt – wobei jedoch zugestanden ist, dass die Interpretation und Analyse von individuellen Sinnkonstruktionen in den letzten Jahren in vielen Beispielen ein beeindruckendes Reflexionsniveau erreicht hat. Dennoch: Ginzburgs Pionierstudie hat mehr auf Defizite gängiger Theoriemodelle hingewiesen als neue eigene Angebote präsentiert. Vor allem aber dürfte der Erkenntnisgewinn derartiger Studien um so mehr abnehmen, je zahlreicher sie erscheinen. Ginzburgs Wirkung beruhte auf der Ausnahme, würde sein Vorgehen zur Regel, verlöre es sehr schnell an Reiz. Das ist gegenwärtig zu beobachten. Darin liegt auch die Sackgasse, in welche die heute so populäre Forderung nach der Zuwendung zu vergangenen Subjekten und ihren Erfahrungen mündet. Die Alternative, die jedoch kaum erstrebenswert sein dürfte, läge vermutlich darin, sich über kurz oder lang wieder den historisch bedeutsamen Subjekten, den ›großen Figuren‹ zuzuwenden. Denn allein auf dieser Grundlage könnte man der dann schnell um sich greifenden Beliebigkeit entgehen.

Die Beschäftigung mit Subjekten und ihren individuellen Sinnkonstruktionen kann jedoch dann äußerst fruchtbar und theoretisch herausfordernd werden, wenn das untersuchte ›Subjektive‹ auf seine typischen Strukturen hin untersucht und daraufhin auf den Begriff gebracht wird. Veranschaulichen lässt sich das theoretische Potential eines derartigen Zugriffes an einem Fall, den Clifford Geertz eindringlich interpretiert hat. Am Beispiel eines Begräbnisses auf Java schildert er, wie Kultur einerseits und soziale Struktur andrerseits nicht ausreichen,

um die Spannungen und Bedingungen zu analysieren, unter denen Menschen handeln. Im Geertzschen Sinne bedeutet Kultur das »Geflecht von Bedeutungen, in denen Menschen ihre Erfahrung interpretieren und nach denen sie ihr Handeln ausrichten«, während er unter sozialer Struktur »die Form, in der sich das Handeln manifestiert, das tatsächlich existierende Netz der sozialen Beziehungen« versteht. Diese Unterscheidung an sich ist nicht ungewöhnlich, sie beschreibt mit anderen Worten die Differenzierung in Regeln und Regelmäßigkeiten, die sich in verschiedenen begrifflichen Prägungen in vielen Theorieansätzen findet (Reckwitz). Beide lassen sich auch, so mein Argument, im Begriff der Ordnung zueinander in Beziehung setzen. Geertz greift jedoch darüber hinaus, indem er eine *zusätzliche* Dimension beschreibt, die er als »System der motivationalen Integration im Individuum, das wir gewöhnlich Persönlichkeitsstruktur nennen« beschreibt.[49] Geertz beschreibt zur Illustration detailliert ein Begräbnis, bei dem es – vereinfacht gesagt – zu Spannungen zwischen religiösen und politischen Deutungen und Positionskämpfen der Begrabenden kommt. Auf den ersten Blick lässt sich der an diesem Beispiel manifest werdende Konflikt beschreiben als Unstimmigkeit, die sich ergab, wenn ein religiöses Symbolsystem, das einer bäuerlichen Sozialstruktur entsprach, in einer urbanen Umgebung fortbestand. M.a.W., als »Inkongruenz zwischen dem kulturellen Bedeutungsrahmen und den Formen der gesellschaftlichen Interaktion«.[50] Geertz betont sodann, dass kulturelle und soziale Struktur nicht nur Reflexe der jeweils anderen Seite seien, sondern jeweils als unabhängige Variablen betrachtet werden müssen. Indem er das Augenmerk dahin lenkt, »dass das Bedürfnis des Menschen, in einer Welt zu leben, der er Bedeutung zumessen kann und deren Wesen er zu begreifen glaubt«, oft nicht mit dem ebenso starken Bedürfnis in Übereinstimmung zu bringen sei, einem funktionierenden sozialen Organismus anzugehören, wird die psychische Struktur des

---

48 Erinnert sei einerseits an Kant (Holzhey, 1970), verwiesen andrerseits nur auf Gadamer (1960), um die hermeneutische Tradition des Erfahrungsbegriffs bewusst zu machen.

49 Geertz (1987 a, S. 99 f.).

50 Geertz (1987 a, S. 131).

Menschen zu einem Faktor, der menschliches Handeln gleichermaßen bedingt wie die Ordnungen der sozialen und symbolischen Welt.

Auf diese Art und Weise kann man auch Strukturbedingungen benennen, welche einen Rahmen konstituieren, innerhalb dessen Subjektbildung sich vollzieht. Analysiert man diesen Bedingungsrahmen, werden Subjektivität, individuelle Entscheidungen, persönliche Autonomie weder absolut gesetzt noch werden sie völlig gefangen und eingezwängt in die Bedingungen, die Diskurse ihnen setzen.[51] Das Subjekt erscheint dann nicht als unhintergehbare Größe, als Entität, als metaphysische Größe. Ebenso aber wird es nicht aufgelöst in Symbolsysteme, in sprachliche Bedingungen, in diskursive Vorgaben. Das Augenmerk historischer Forschung wird damit einerseits auf die Untersuchung und Interpretation von Einzelbeispielen gelenkt, andrerseits sind in dieser Perspektive auch Möglichkeiten enthalten, verallgemeinerbare und damit typische Strukturkonstellationen zu benennen. Ob man die Strukturierungen des Subjektes mit oder ohne Begriffsinstrumentarium beschreiben kann, das sich auf die durch die Psychoanalyse oder modernere soziobiologische und psychologische Positionen entwickelte Theorien stützt, ist m. E. zu bezweifeln. Lässt man sich nicht auf Theorien *inner*subjektiver Prozesse ein, sind zwei Gefahren unübersehbar. *Einerseits* ist dann der Hang groß, dass das Subjekt zu einer emphatischen Größe wird, dass etwa auch subjektiver Sinn die Qualität des Authentischen zugesprochen bekommt. Der von Alf Lüdtke etwa favorisierte Begriff des »Eigen-Sinns« hat eine derartige Überhöhung des Subjekts befördert. Demgegenüber muss nach wie vor betont werden, »dass es im Bereich des Symbolischen, im Feld der Sprache und der Bedeutungen Strukturen gibt, denen die Subjekte unterworfen sind«.[52] Doch ist *andrerseits* dieser berechtigten Kritik entgegenzuhalten, dass das Subjekt nicht in seinen strukturellen Bedingungen aufgeht. Um es zugespitzt zu formulieren: Reduzierte man Subjektivität auf ihre strukturellen Voraussetzungen, so würde das Subjekt

zur bloßen Funktion der Symbolsysteme – oder der sozialen Strukturen.

Stattdessen scheint es fruchtbarer, Subjektivität als *Möglichkeit* zu verstehen, welche unter jeweils gegebenen Voraussetzungen stattfinden kann. Um noch einmal das Beispiel des Schachspiels zum Vergleich heranzuziehen. Die Regeln des Spiels sind relativ einfach; sie sind klar begrenzt und sie ermöglichen eine relativ begrenzte Zahl an Figurenbewegungen. In der Kombination dieser endlichen Einzelelemente und strukturellen Bedingungen entsteht jedoch sehr schnell eine Vielfalt potentiell unendlicher Kombinationsmöglichkeiten. Jede im Einzelfall zu beobachtende Kombination – jede einzelne Spielsituation – kann auf ihre ›strukturellen‹ Komponenten analysiert werden. Sodann gibt es Spielsituationen, in denen der Verlauf sicherlich sehr eindeutig prognostizierbar ist, in welchen er eindeutig aus den strukturellen Gegebenheiten ableitbar ist. In anderen Fällen kann jedoch der weitere Spielverlauf keineswegs aus den Strukturbedingungen prognostiziert werden. Der Spielausgang ist hier offen. Übertragen heißt das hier: Subjektivität ist – als menschliche Möglichkeit – nie zu verstehen als Agieren, Handeln *ohne* strukturelle Bedingungen dieses Handelns. Und ebenso gibt es viele Leben, in denen zwar der eigene Blick auf das eigene Leben immer etwas Singuläres sieht und vor allem wahrnimmt und empfindet, in denen jedoch der Blick des Historikers durchaus typische Muster und Regelmäßigkeiten entdecken wird. Doch kann keine noch so ausführliche und weitreichende Analyse der Strukturen des Subjektes hinreichend erklären, welche Möglichkeiten in menschlichen Lebenssituationen enthalten sind.

›Subjektivität‹ sollte deshalb in einer doppelten Weise verstanden werden. Einerseits ist damit der Blick auf sich selbst, die – kognitive und emotionale – Wahrnehmung seiner selbst gemeint. Darin liegt immer eine innere Einzigartigkeit, hier ist jeder unmittelbar zu sich selber. Andrerseits kann Subjektivität verstanden werden als äußere Einzigartigkeit, als Singularität im Vergleich von außen. Ein Beispiel hierfür etwa wäre die Frage nach ästhetischer oder wissenschaftlicher Kreativität und Originalität. Auch hier kann das jeweils Neue nicht hinreichend erklärt werden durch jede noch so intensive Beschreibung und Analyse der strukturellen Voraussetzungen. Das Produkt von Subjektivi-

---

51 Ersteres ist die klassische Position des 19. Jahrhunderts, letzteres ist vor allem von einer an Foucault orientierten Geschichtsschreibung betont worden.

52 Sarasin (1996, S. 76).

tät ist jeweils mehr, als in seinen strukturellen Bedingungen enthalten ist.[53]

4. Ausblick

›Gesellschaft‹ ist durch die Sozialwissenschaften zu einem zentralen Begriff für die Geschichte geworden. Der Gewinn des Begriffs lag nicht zuletzt darin, Bedingungsgefüge für menschliches Handeln erkennbar und analysierbar zu machen. Durch die kulturwissenschaftliche Herausforderung der letzten zwei Jahrzehnte ist der Begriff der Gesellschaft und seine Verwendung unter Legitimationsdruck geraten. Insbesondere der Begriff der Struktur wurde von vielen in Frage gestellt. Statt dessen, so ist oft argumentiert worden, sollten Subjekte in den Mittelpunkt des Untersuchungsinteresses rücken. Dem ist entgegenzuhalten, dass auch die Kulturwissenschaft keineswegs auf den Begriff der ›Gesellschaft‹ verzichten kann, wollte man nicht auf grundlegende Erkenntnismöglichkeiten verzichten. Die Alternative zu einem subjektive Sinndimensionen vernachlässigenden Verständnis von Gesellschaft kann nicht in einem Verzicht auf den Begriff und auf das darin enthaltene Wirklichkeitsverständnis liegen.

Vielmehr könnte eine moderne Kulturwissenschaft den Begriff der ›Gesellschaft‹ erweitern, ihn theoretisch modifizieren und zu einer größeren Komplexität und damit zu einem umfassenderen Wirklichkeitsverständnis führen. Hierzu dürfte es lohnend sein, an Perspektiven der kulturwissenschaftlichen Debatte der Zeit um 1900 anzuschließen.[54] In zwei Richtungen erscheint gegenwärtig eine Erweiterung der Diskussion über den Begriff ›Gesellschaft‹ lohnend. Wird der Begriff selber differenziert und gewissermaßen übersetzt in eine Pluralität von ›Ordnungen‹, dann kann das Bedingungsgefüge an strukturellen Gegebenheiten, welches das soziale Umfeld und soziale Material jeder menschlichen Handlung darstellt, präziser beschrieben, differenzierter analysiert und komplexer interpretiert werden. Wird außerdem der Begriff des Subjektes in die theoretische Diskussion über Gesellschaft mit einbezogen und zugleich in seinen psychischen Strukturen analysiert, können auch Subjekte als Akteure von gesellschaftlichem Handeln theoriebewusster interpretiert werden.

Das heißt, dass auch eine kulturwissenschaftliche Theorie von Gesellschaft nicht hinter die Analyse von strukturellen Bedingungen zurück kann. Versuchte sie das, landete sie schnell in der Sackgasse. Der Gewinn einer kulturwissenschaftlichen Theorie von Gesellschaft kann jedoch eindeutig in einer größeren Komplexität und in einer umfassenderen Erklärungskraft liegen.

Literatur

BECK, RAINER (1993), *Unterfinning. Ländliche Welt vor Anbruch der Moderne*, München: C. H.Beck. ■ BREUER, STEFAN (1998), *Der Staat. Entstehung, Typen, Organisationsstadien*, Reinbek: Rowohlt. ■ BROWNING, CHRISTOPHER (1993), *Ganz normale Männer. Das Reserve-Bataillon 101 und die »Endlösung« in Polen*, Reinbek: Rowohlt. ■ CONZE, WERNER, (1957), *Die Strukturgeschichte des technisch-industriellen Zeitalters als Aufgabe für Forschung und Lehre*, Köln: Westdeutscher Verlag. ■ DANIEL, UTE (1993), »‹Kultur’ und ›Gesellschaft‹. Überlegungen zum Gegenstandsbereich der Sozialgeschichte«, in: *Geschichte und Gesellschaft*, 19, S. 69–99. ■ DANIEL, UTE (1997), »Clio unter Kulturschock. Zu den aktuellen Debatten der Geschichtswissenschaft«, in: *Geschichte in Wissenschaft und Unterricht*, 46, S. 195–221, 259–278. ■ DANIEL, UTE (2001), *Kompendium Kulturgeschichte: Theorien, Praxis, Schlüsselwörter*, Frankfurt/M.: Suhrkamp. ■ DOSSE, FRANCOIS (1997), *Geschichte des Strukturalismus*, 2 Bde., Hamburg: Junius. ■ DOUGLAS, MARY (1988), *Reinheit und Gefährdung. Eine Studie zu Vorstellungen von Verunreinigung und Tabu*, Frankfurt/M.: Suhrkamp. ■ DOUGLAS, MARY (1991), *Wie Institutionen denken*, Frankfurt/M.: Suhrkamp. ■ FRANCIS, EMERICH (1966), »Kultur und Gesellschaft in der Soziologie Max Webers«, in: Engisch, Karl u.a. (Hg.), *Max Weber. Gedächtnisschrift der Ludwig-Maximilians-Universität München*, Berlin: Duncker & Humblot, S. 89–114. ■ GADAMER HANS-GEORG (1960), *Wahrheit und Methode*, Tübingen: Mohr Siebeck. ■ GEERTZ CLIFFORD (1987a), »Ritual und sozialer Wandel: ein javanisches Beispiel«, in: Geertz, Clifford, *Dichte Beschreibung*, Frankfurt/M.: Suhrkamp, S. 96–132. ■ GEERTZ, CLIFFORD (1987b), *Dichte Beschreibung*, Frankfurt/M.: Suhrkamp. ■ GINZBURG, CARLO (1979), *Der Käse und die Würmer. Die Welt eines Müllers um 1600*, Frankfurt/M.: Syndikat. ■ GOLDHAGEN, DANIEL J. (1996), *Hitlers willige Vollstrecker*, Berlin: Siedler. ■ HABERMAS, REBEKKA (1999), »Gebremste Herausforderungen«, in: *Rechtshistorisches Journal*, 18, S. 485–95. ■ HERBERT, ULRICH (1998), »Vernichtungspolitik. Neue Antworten und Fragen zur Geschichte des ›Holocaust‹«, in: Herbert, Ulrich (Hg.), *Nationalsozialistische Vernichtungspolitik 1939–1945*, Frankfurt/M.: S.

---

53 An dieser Schwelle bleibt etwa bisher auch jede sozialgeschichtliche Interpretation von Literatur stehen.

54 Vgl. etwa Oexle (1984); Oexle (1996).

Fischer, S. 9–66. ■ HETTLING, MANFRED / SUTER, ANDREAS (2001), »Struktur und Ereignis – Wege zu einer Sozialgeschichte des Ereignisses«, in: Suter, Andreas / Hettling, Manfred (Hg.), *Struktur und Ereignis*, Göttingen: Vandenhoeck & Ruprecht, S. 7–32. ■ HOLZHEY, HELMUT (1970), *Kants Erfahrungsbegriff. Quellengeschichtliche und bedeutungsanalytische Untersuchungen*, Basel: Schwabe. ■ JELLINEK, GEORG (1929³), *Allgemeine Staatslehre*, Berlin: Springer. ■ KANT, IMMANUEL (1923), »Rezensionen von J. G. Herders Ideen zur Philosophie der Geschichte der Menschheit« [1781], in: Kant, Immanuel, *Abhandlungen nach 1781*, Akademie-Ausgabe, Berlin: Reimer (u. a.), Bd. 8, S. 45–66. ■ KOCKA, JÜRGEN (1977), *Sozialgeschichte*, Göttingen: Vandenhoeck & Ruprecht. ■ KOSELLECK, REINHART (1992), »Volk, Nation, Nationalismus, Masse«, in: Koselleck, Reinhart u. a. (Hg.), *Geschichtliche Grundbegriffe*, Bd. 7, Stuttgart: Klett-Cotta, S. 141–431. ■ LEVI, GIOVANNI (1986), *Das immaterielle Erbe. Eine bäuerliche Welt an der Schwelle zur Moderne*, Berlin: Wagenbach. ■ LIPP, CAROLA (2000), »Kulturgeschichte und Gesellschaftsgeschichte – Missverhältnis oder glückliche Verbindung?«, in: Nolte, Paul u. a. (Hg.), *Perspektiven der Gesellschaftsgeschichte*, München: C. H.Beck. ■ MEDICK, HANS (1996), *Weben und Überleben in Laichingen, 1650–1900. Lokalgeschichte als allgemeine Geschichte*, Göttingen: Vandenhoeck & Ruprecht. ■ MOMMSEN, WOLFGANG J. (1971), *Geschichtswissenschaft jenseits des Historismus*, Düsseldorf: Droste. ■ NIETHAMMER, LUTZ (2000), *Kollektive Identität. Heimliche Quellen einer unheimlichen Konjunktur*, Reinbek: Rowohlt. ■ OBERKROME, WILLI (1993), *Volksgeschichte*, Göttingen: Vandenhoeck & Ruprecht. ■ OEXLE, OTTO G. (1984), »Die Geschichtswissenschaft im Zeitalter des Historismus. Bemerkungen zum Standort der Geschichtsforschung«, in: *Historische Zeitschrift*, 238, S. 17–55. ■ OEXLE, OTTO G. (1996), »Geschichte als Historische Kulturwissenschaft«, in: Wehler, Hans-Ulrich / Hardtwig, Wolfgang (Hg.), *Kulturgeschichte heute*, Göttingen: Vandenhoeck & Ruprecht, S. 14–40. ■ RECKWITZ, ANDREAS (1997), *Struktur*, Opladen: Westdeutscher Verlag. ■ RECKWITZ, ANDREAS (2000), *Die Transformation der Kulturwissenschaften. Zur Entwicklung eines Theorieprogramms*, Weilerswist: Velbrück. ■ REINHARD, WOLFGANG (1999), *Geschichte*

der Staatsgewalt. Eine vergleichende Verfassungsgeschichte Europas von den Anfängen bis zur Gegenwart, München: C. H.Beck. ■ RIEDEL, MANFRED (1975), »Gesellschaft, bürgerliche«, in: Koselleck, Reinhart u. a. (Hg.), *Geschichtliche Grundbegriffe*, Bd. 2., Stuttgart: Klett-Cotta, S. 719–800. ■ SARASIN, PHILIPP (1996), »Arbeit, Sprache – Alltag. Wozu noch ›Alltagsgeschichte‹?«, in: *Werkstatt Geschichte*, 15, S. 72–85. ■ SCHULZE, WINFRIED / OEXLE, OTTO G. (1999), *Deutsche Historiker im Nationalsozialismus*, Franfurt/M.: S. Fischer. ■ SCHWINN, THOMAS (2001), *Differenzierung ohne Gesellschaft. Umstellung eines soziologischen Konzepts*, Weilerswist: Velbrück. ■ SCOTT, JOAN (1991), »Evidence of Experience«, in: *Critical Inquiry*, 17, S. 773–797. ■ SIMMEL, GEORG (1992), »Exkurs über das Problem: wie ist Gesellschaft möglich?«, in: Simmel, Georg (Hg.), *Soziologie*, Frankfurt/M.: Suhrkamp. ■ SOKOLL, THOMAS (1997), »Kulturanthropologie und Historische Sozialwissenschaft«, in: Mergel, Thomas / Welskopp, Thomas (Hg.), *Geschichte zwischen Kultur und Gesellschaft*, München: C. H.Beck, S. 233–272. ■ TOEWS, JOHN E. (1987), »Intellectual History after the linguistic turn: the Autonomy of Meaning and the Irreducibility of Experience«, in: *The American Historical Review*, 92, S. 879–907. ■ TURNER, VICTOR (1989), *Das Ritual. Struktur und Anti-Struktur*, Frankfurt/M.: Campus. ■ TURNER, VICTOR (1995), *Vom Ritual zum Theater. Der Ernst des menschlichen Spiels*, Frankfurt/M.: Campus. ■ TYRELL, HARTMANN (1994), »Max Webers Soziologie – eine Soziologie ohne ›Gesellschaft‹«, in: Wagner, Gerhard / Zipprian, Heinz (Hg.), *Max Webers Wissenschaftslehre*, Frankfurt/M.: Suhrkamp, S. 367–414. ■ Vorwort der Herausgeber, in: *Geschichte und Gesellschaft*, 1, 1975, S. 5–7. ■ WEBER, MAX (1980⁵), *Wirtschaft und Gesellschaft*, Tübingen: Mohr Siebeck. ■ WEBER, MAX (1985), »Die ›Objektivität‹ sozialwissenschaftlicher und sozialpolitischer Erkenntnis«, in: Weber, Max, *Gesammelte Aufsätze zur Wissenschaftslehre*, hg. von Winckelmann, Johannes, Tübingen: Mohr Siebeck, S. 146–214. ■ WEHLER, HANS-ULRICH (1987 ff.), *Deutsche Gesellschaftsgeschichte*, 4 Bde., München: C. H.Beck. ■ WEHLER, HANS-ULRICH (1993), *Bibliographie zur neueren deutschen Sozialgeschichte*, München: C. H.Beck. ■ WEHLER, HANS-ULRICH (2001), *Nationalismus*, München: C. H.Beck.

14.2 Kulturelle Faktoren sozialen Wandels

Georg W. Oesterdiekhoff

1. Zur Theorie und Methodologie einer kultursoziologischen Theorie sozialen Wandels

Mit »Kultur« ist gemeint die Praxis der Lebensführung, die Gestaltung des Lebens, die Art und Weise der Organisation und Produktion des ökonomischen, sozialen und künstlerischen Lebens. Der kulturelle Raum ist der »Raum«, der zwischen dem Organismus, der biologischen Organisation des Menschen und der physischen Umwelt gelagert ist. Die Art des Austauschs, der Gestaltung und der Vermittlung zwischen Organismus und Umwelt ist der vorherrschende Ort der »Kultur«. Die Art und Weise der Verarbeitung der physischen Umwelt ist im Wesentlichen das, was man als »Kultur« bezeichnet. Kultur bezieht sich aber nicht allein auf den Modus der Gestaltung der materiellen Umwelt, sondern auch auf die Produktion und Gestaltung der unmittelbaren Lebensäußerungen selbst. Kultur bezieht sich demnach sowohl auf die Gestaltung der Umwelt als auch auf die Gestaltung des eigenen psychologischen und geistigen Lebens. Kulturelle Leistungen und Betätigungen finden sich sowohl in der Landwirtschaft und Industrie, Familie und sozialen Beziehungen als auch in der Nahrungszubereitung und Architektur, Kunst und Religion, Hygiene und Selbstverständnis, Sinngebung und Philosophie. In diesem Sinne könnte man prima facie sagen, dass Kultur alle Phänomene ausmacht und beinhaltet, die nicht *unmittelbar* durch den Organismus und durch die physische Umwelt diktiert sind. Das Problem dieses Urteils liegt nun darin, dass nicht leicht auszumachen ist, welche »unmittelbare« Reichweite Organismus und Umwelt bei der Konstitution der sozialen Realität haben. Organismus und Umwelt bilden gewissermaßen den einen Pol der sozialen Realität und der materiellen Wirklichkeit, die kulturelle Gestaltung von Organismus und Umwelt bilden den anderen Pol. Kulturelle Gestaltung befindet sich demnach in dem Mittelfeld von Organismus und Umwelt einerseits und sozialer Realität und materieller Wirklichkeit andererseits. Welche Ausdehnung dieses Mittelfeld in beide Richtungen hat, dies ist die spannende und weitgehend unbeantwortete Frage. Ist dieses Mittelfeld der Kultur eher klein, da Organismus und Umwelt den Raum der sozialen und materiellen Wirklichkeit eher allein beherrschen? Oder ist dieses Mittelfeld eher groß, da erst die kulturelle Gestaltung Organismus und Umwelt konstituieren und entscheidend prägen?

»Kulturalisten« würden dafür plädieren, dass rein naturale Gegebenheiten wie »Organismus« und »Umwelt« entweder reine Fiktionen sind oder eine nur geringe Bedeutung haben, da sie entweder immer oder zumindest weitgehend nur in kultureller Einkleidung oder Transformation existieren können. Verhalten und Handeln ist dieser Sicht zufolge im Wesentlichen nicht durch den Organismus bestimmt, sondern durch geistige Sinngebung und kulturelle Prägung. Die Bedeutung der naturalen Umwelt für die Konstitution der Gesellschaft ist gleichfalls niedrig zu veranschlagen, da die Umwelt fast oder ganz in kultivierter Form vorkommt. Die Unterschiede zwischen geographischer Lage, Klima, Böden und anderen physischen Phänomenen wären in dieser Sicht keine ausschlaggebenden Faktoren, da sie durch kulturelle Leistungen beliebig kompensierbar oder transformierbar sind.

Organismus und Umwelt sind in der Sicht von Kulturalisten daher in erster Linie Artefakte, Produkte menschlicher Sinngebung und kultureller Bearbeitung und Bewältigung.[1] In der Sicht der Kulturalisten ist »Kultur« der Schlüssel- und Grundbegriff der Sozialwissenschaften und damit des Verständnisses kultureller, sozialer und ökonomischer Entwicklung. Demzufolge unterscheiden sich Gesellschaften in erster Linie nicht infolge physischer (geographischer und rassischer) Ursachen, sondern infolge kultureller Ursachen. Ökonomische, politische und soziale Unterschiede zwischen Gesellschaften haben dann in

---

1 Berger/Luckmann (1969); Mead (1973).

erster Linie kulturelle Ursachen. Die Unterschiede zwischen Wildbeuter-, Agrar- und Industriegesellschaften sind in erster Linie kulturell bedingt. Die ökonomischen, politischen und sozialen Unterschiede zwischen China, Indien, Japan, England, Imperium Romanum, Aztekenreich usw. sind in erster Linie durch kulturelle Faktoren bestimmt. Diese kulturellen Faktoren bilden dann eine letzte Ebene der Erklärung von Gesellschaften, die auch institutionellen, ökonomischen und politischen Faktoren letztlich zugrunde liegen. Institutionelle, ökonomische und technologische Differenzen zwischen dem Aztekenreich und dem industriellen Europa bildeten dann dieser maximalen kulturalistischen Sicht zufolge keine letzte Erklärungsebene, sondern hätten den Status von intermediären Faktoren zwischen materiellem und sozialem Entwicklungsstand einerseits und kulturellen Letztursachen andererseits. Die kulturellen Phänomene wären die Basis, auf der sich institutionelle, ökonomische und technologische Phänomene entwickelten. Diese zweite Ebene bildete wiederum die Ursachenfaktoren der Unterschiede zwischen den historisch vorfindlichen Gesellschaften.

Selbstverständlich ist eine kulturalistische Position nicht auf eine Maximalfassung angewiesen und a priori ausgelegt. Im Gegenteil sind kulturalistische Positionen theoretisch meistens gar nicht so weit entwickelt und ausgebaut, dass sie Grundlagen und Grenzen ihrer Geltung deutlichst markierten. Kulturalistische Positionen betonen die Rolle der Kultur und kultureller Phänomene für die Konstitution von Gesellschaft meistens ganz allgemein ohne diese Rolle entweder an konkreten Beispielen zu erläutern oder sie mit der Rolle physischer Faktoren abzugleichen. Die Betonung der Rolle kultureller Phänomene bleibt dann meistens ganz unbestimmt und unpräzise. Es bleibt der Eindruck bestehen, dass kulturelle Phänomene eine wichtige Rolle spielen, aber es wird nicht plausibel, wie kulturelle Phänomene mit physischen und institutionellen Faktoren interagieren oder ihnen sogar zugrunde liegen. Noch nie hat ein Autor in hinreichend systematischer Form nachgewiesen, dass die weltgeschichtliche Entwicklung, die Entwicklung der Gesellschaften durch

kulturelle Faktoren im Wesentlichen bedingt ist. Der kulturelle Faktor ist noch nie so systematisch untersucht worden, dass klar geworden wäre, Variationen kultureller Formen und Sinngebungen seien die Letztursache weltgesellschaftlicher Entwicklung und der Ausdifferenzierung von Hochkulturen. Zwar gibt es Versuche in diese Richtung,[2] aber sie sind doch nicht so systematisch entwickelt, dass die Rolle kultureller Faktoren bei der Auslösung gesellschaftlicher Prozesse auch nur annähernd geklärt wäre.

Den Gegensatz zu (maximalistischen oder gemäßigten) kulturalistischen Positionen kann man sowohl in umweltdeterministischen Konzeptionen als auch in institutionalistischen und ökonomistischen Ansätzen erkennen. Umweltdeterministische Konzeptionen sehen Bedingungen und Chancen sozialer Entwicklung in geographischen und klimatischen Faktoren gegeben. Die Entwicklung von Wildbeuter-, Agrar- und Industriegesellschaften hängt an dem regionalen Vorhandensein und Zustand von Flüssen, Meeren, Böden, Klimaten und anderen Faktoren dieser Art ab. Wüsten, schlechte Böden und unvorteilhafte Klimate beeinträchtigen oder verunmöglichen die Entwicklung von Hochkulturen. Flüsse, Meere und gute Böden begünstigen die Entstehung von Hochkulturen. Man wird an der großen Rolle geographischer Faktoren bei der Entwicklung von Hochkulturen bei näherer Betrachtung kaum zweifeln können, und anhand konkreter Fallstudien ist diese Rolle geographischer Faktoren deutlich herausgearbeitet worden. Es liegen auch eine Fülle von Ansätzen vor, die die Rolle physischer Umweltbedingungen für die weltgesellschaftliche Entwicklung, die Probleme der Entwicklungsländer, für die Industrialisierung Europas usw. aufgezeigt haben.[3] Es gibt jedoch keine Theorie, die nachgewiesen hätte, der Entwicklungsstand und die Struktur einer jeden Gesellschaft sei letztlich allein auf die physischen Umweltbedingungen zurückzuführen. Es bleibt also genügend Raum, abgleichend und kontrastierend die Rolle kultureller Faktoren aufzuzeigen.

Auch institutionalistische und ökonomistische Ansätze stehen in Opposition zu kulturalistischen Positionen. Theorien marktwirtschaftlicher Entwicklung, Theorien der Eigentumsrechte und Theorien, die die Entwicklung von Staaten, Monopolen

---

2 Weber (1988); Elias (1976); McClelland (1966).
3 Boserup (1965); Oesterdiekhoff (1993); Sieferle (1997).

und Institutionen thematisieren, verorten die Ursachen sozialökonomischer Entwicklung in ökonomischen Institutionen. Unterschiede zwischen
ökonomischen, politischen und sozialen Institutionen sind die Letztursachen der Unterschiede zwischen Kulturen und kultureller Entwicklung. Verfügen Gesellschaften über private Eigentumsrechte,
offene Märkte und einen beschützenden, aber nicht
einschränkenden Staat, werden sie sich stark entwickeln.[4] Die Institutionentheoretiker behaupten
durchaus, dass ihre theoretischen Annahmen die
wahren Grundlagen weltgesellschaftlicher Entwicklung greifen. Sie behaupten damit, dass die letzte
Basis der weltgesellschaftlichen Entwicklung in der
von ihnen beschriebenen Struktur ökonomischer
Institutionen liegt. Bei kritischer Betrachtung zeigt
sich jedoch, dass auch ökonomische Institutionen
keine Letztursachen sind, sondern auf andere Faktoren, zum Beispiel demographische und physische,
theoretisch reduzierbar sind.[5]

So ist letztlich offen, welche Rolle kulturelle Faktoren im Geflecht von physischen, institutionellen
und ökonomischen Faktoren im Prozess der Weltgeschichte spielen. Diese Offenheit der Stellung
kultureller Faktoren zeigt sich nicht nur hinsichtlich
der Objektseite, der gesellschaftlichen Prozesse und
der materiellen Wirklichkeit, sondern auch hinsichtlich der Subjektseite, der anthropologischen
Strukturen. Die kulturelle Konstitution von Subjekt
und Objekt, Mensch und Gesellschaft bedingen
einander. Je starrer die anthropologischen Strukturen sind, je weniger der Mensch seine subjektiven
Strukturen im Wechsel der Geschichte ändert, desto
geringer ist die Rolle kultureller Faktoren bei der
Konstitution der gesellschaftlichen Wirklichkeit zu
veranschlagen. Je flexibler psychische Strukturen
auf soziale Prozesse reagieren, je wandlungsfähiger
die Psyche des Menschen ist, desto größer ist die
Rolle kultureller Phänomene bei der Konstitution
sozialer Prozesse. Der Grad der Flexibilität der
menschlichen Psyche ist unmittelbar mit dem
Grad der Bedeutung kultureller Phänomene verbunden. Kulturelle Unterschiede formen die Psyche
in unterschiedlicher Weise und unterschiedliche
Psychen und subjektive Strukturen sind die Basis
für die Proliferation kultureller Phänomene. Die
Variabilität der menschlichen Psyche ist die Voraussetzung für die Variabilität von Kulturen.

Denn Kultur als intermediäres Phänomen zwischen
Umwelt und Organismus ist im Wesentlichen in
subjektiven Strukturen verankert.

Die Nutzentheorie (Rational Choice, Wert-Er-
wartungstheorie usw.), wenn sie ehrlich und nicht
verwässert auftritt, behauptet die Ungeschichtlich-
keit und die starre Struktur der menschlichen Psyche, derzufolge sich nur die Umstände, nicht die
Bedürfnisse und psychischen Strukturen verändern.
Demzufolge resultiert sozialer Wandel nie aus psychischen Motiven und subjektiven Phänomenen,
sondern aus der Veränderung der gesellschaftlichen
Umstände. Demzufolge können kulturelle Phänomene, sofern sie in subjektiven Prozessen verwurzelt
sind, keine oder kaum eine Rolle bei der Auslösung
sozialer Prozesse und sozialen Wandels spielen. Genauer formuliert: Kulturelle Phänomene emergieren unmittelbar aus organismischen *und* sozialökonomischen Bedingungen, nie jedoch aus varianten
subjektiven Strukturen.[6] Dies bedeutet dann aber
auch, dass in der Sicht der Nutzentheorie letztlich
weder variante subjektive noch variante kulturelle
Phänomene eine Rolle bei der Konstitution sozialen
Wandels und sozialer Prozesse spielen können.

Demgegenüber veranschlagen Theorien, die die
historische Variabilität der menschlichen Psyche
behaupten, die Rolle kultureller Faktoren deutlich
höher. Nahezu alle klassischen Theorien sozialen
Wandels gingen von einer historischen Veränderung der menschlichen Psyche aus, daher waren
klassische soziologische Theorien sozialen Wandels
und sozialer Modernisierung immer »kultursoziologisch« geprägt. Die Theorien von Norbert Elias,
Max Weber und Talcott Parsons sind »kultursoziologische« Ansätze sozialen Wandels, da sie den historischen Wandel von subjektiven Strukturen thematisieren.

Insofern kann man sagen, dass die Untersuchung
sozialen Wandels zwischen zwei Polen schwankt.
Die »kulturalistische« Position geht von der historischen Variabilität subjektiver Strukturen aus, die
mit einer Variabilität kultureller Formen einhergeht. Dann spielt der kulturelle Faktor eine große

---

4 North (1988); Olson (1985).
5 Oesterdiekhoff (1993); Oesterdiekhoff (2001 b, S. 508 f., 517 f.).
6 Vgl. Esser (2001).

Rolle bei der Auslösung sozialen Wandels, welt-geschichtlicher Entwicklung und bei der Ausprä-gung des Unterschieds zwischen Gesellschaften. Demgegenüber steht eine nutzentheoretische, ob-jektivistische, umweltdeterministische oder institu-tionalistische Theoriengruppe, derzufolge sich nicht die Menschen, sondern nur die Umstände ändern, seien diese physischer, ökonomischer oder institu-tioneller Natur. Demzufolge sind kulturelle Fak-toren sozialen Wandels inexistent oder zu vernach-lässigen. Es ist bis heute letztlich nicht geklärt, wie der Streit zwischen der objektivistischen und der subjektivistischen Theoriegruppe aufzulösen ist.

Das Problem verschärft sich sogar noch, wenn man auf methodologische Probleme kausaler Ana-lysen reflektiert. Sozialer Wandel ist durch mehrere Ebenen kausaler Faktoren verursacht. Auch in den kultursoziologischen Theorien sozialen Wandels von Elias und Durkheim[7] ist es letztlich das Bevöl-kerungswachstum, das dem sozialen Wandel zu-grunde liegt. Bevölkerungswachstum ist nicht als kultureller, sondern eher materialistisch als demo-graphischer und ökologischer Faktor konzeptuali-siert. In den Ansätzen von Elias und Durkheim sind kulturelle Phänomene, die dem neuzeitlichen sozia-len Wandel und Modernisierungsprozess zugrunde liegen, demzufolge abgeleitete, nachrangige Fak-toren, die von nichtkulturellen Phänomenen ange-regt und ausgelöst werden. Sie thematisieren aber den »prioritären« Faktor nicht weiter, sondern wid-men ihm wenige Sätze in ihren Werken. Vielmehr behandeln sie die zweite Ebene der kausalen Fak-toren, die institutionellen und auch die subjektiv-psychologischen Faktoren. Sie beschreiben, wie subjektive Prozesse, die der sozialen Modernisie-rung zugrunde liegen, von institutionellen Faktoren ausgelöst werden. Bei Elias ist dies das »zivilisierte« Verhalten, bei Durkheim ist es die »organische So-lidarität«.

Anhand dieser Exempel, die sich vermehren lie-ßen, ist zu schließen, dass eine Mehrebenenanalyse sozialen Wandels eine weitere Trennlinie theoreti-scher Differenzierungen einführt. Der Prozessaus-löser mag materialistischer Natur sein, die dann in

Gang gesetzten Prozesse können überwiegend sub-jektiver Natur sein und auch hinsichtlich der weiter wirkenden kausalen Prozesse die prioritäre Funk-tion wie im Staffellauf übernehmen. Es ist demnach methodologisch keineswegs auszuschließen, dass die ultimaten Faktoren sozialen Wandels materia-listischer Natur sind, die dann folgenden Faktoren aber in erster Linie subjektiver und kultureller Na-tur sein können. Die Theorien von Elias, Durkheim und anderen folgen in diesem Sinne dieser metho-dologischen Rezeptur, ohne dies zu reflektieren.

Dass Elias und Durkheim in diesem Sinne deutbar sind, schließt keineswegs aus, dass das Verhältnis der verschiedenen Ebenen von kausalen Faktoren ganz anders beschaffen sein kann bzw. weltgeschichtlich anders strukturiert gewesen ist. Möglicherweise ent-hält schon das Bevölkerungswachstum eine subjek-tive und kulturelle Komponente, so dass man von Anbeginn von einer Dialektik von Subjekt und Ob-jekt auszugehen hätte. Oder: Möglicherweise spielen subjektiv-psychologische und kulturelle Faktoren überhaupt keine oder fast keine kausale Rolle, weil ihre Entwicklung in allen Teilen von materialisti-schen, ökonomischen und institutionellen Faktoren abhängt. Mit anderen Worten: Die möglicherweise große Rolle von kulturellen und subjektiven Phäno-menen bei der Entwicklung der Unterschiede von Gesellschaften ist zu unterscheiden von der kausalen Frage nach den ultimaten Faktoren sozialer Entwick-lung.[8] Niemand weiß bei dem derzeitigen Stand des Wissens genau, welcher kausale Status ökologischen, sozialen, kulturellen und psychologischen Faktoren in der weltgesellschaftlichen Entwicklung, in der Entwicklung von Hochkulturen zukommt. Diese Aussage ist auch dann gültig, wenn man konzediert, dass inzwischen präzise Theorien der psychologi-schen Entwicklung der Menschheit oder der öko-logischen Entwicklung von einzelnen Kulturen vor-liegen. Denn einer kausalen Mehrebenenanalyse, die die einzelnen Faktoren gewichtet, werden auch diese genannten Theorien nicht gerecht.

Es ist demnach bei dem derzeitigen Stand des Wissens offen, ob der Aufstieg Roms (bzw. Chinas, Europas usw.) in erster Linie die Folge spezifischer kultureller Phänomene oder die Folge spezifischer physischer oder institutioneller Faktoren ist. Es ist offen, ob die Ursachen von Industrialisierung und Modernisierung eher subjektiv und kulturell oder

---

7 Elias (1976); Durkheim (1977).
8 Oesterdiekhoff (1993, S. 45 ff.).

institutionell oder umweltbedingt sind. Es ist offen, ob die anhaltenden Probleme der Entwicklungsländer eher kulturell oder institutionell oder umweltbedingt sind. Es ist offen, ob die Entwicklung Chinas und Indiens, Europas und des Mittelmeerraums in den letzten 2000 Jahren eher subjektiv-kulturell oder materialistisch (ökonomisch, institutionell oder umweltbedingt) zu erklären ist.

Sind die unbestreitbaren Eigentümlichkeiten (Schrift, Kunst, soziale Institutionen) Chinas (bzw. Japans, Indiens) ein Ausdruck der Unverwechselbarkeit der chinesischen Kultur, derzufolge sich die wesentlichen Grundlagen der chinesischen Gesellschaft und ihrer Entwicklung nicht oder wenig aus allgemeinen Bedingungen, sondern aus spezifischen kulturellen Eigentümlichkeiten herleiten lassen, die nur in China vorfindlich sind? Wie stark ist China (bzw. Japan oder Indien) durch chinesischen Geist und chinesische Kultur geprägt? Diese Frage ist keineswegs sinnlos, sondern sie ist fundamental. Denn es stellt sich die Frage nach der Rolle *allgemeiner* subjektiver, sozialer und physischer Bedingungen, die man in den meisten Kulturen einer spezifischen Entwicklungsstufe vorfindet, die auch der chinesischen Entwicklung zugrunde liegen (könnten) – und die von chinesischen Eigentümlichkeiten zu unterscheiden wären. Wie sehr sind demzufolge sowohl der Charakter der chinesischen Gesellschaft als auch die Bedingungen seiner Entwicklung von allgemeinen Bedingungen abhängig – im Unterschied zur Abhängigkeit von Eigentümlichkeiten, die ausschließlich aus der chinesischen Kultur hervorgehen?

Die Schwierigkeit, diese Frage auch nur ansatzweise zu beantworten, zeigt schon, dass die Rolle der »Kultur« bei der Untersuchung der Problematik der Entwicklung von Kulturen schwer zu bestimmen ist. Neben der Schwierigkeit, die *kausalen Effekte* von kulturellen Phänomenen zu bestimmen, besteht zusätzlich noch die Schwierigkeit der Bestimmung des *Wesens* kultureller Phänomene. Es ist weiter oben schon angeführt worden, dass kulturelle Phänomene letztlich subjektive Phänomene sind. Ideen, Ideologien, Werte, Geist, Bewusstsein, Psyche, Habitus – diese Phänomene sind die Grundlagen kultureller Phänomene. Ideen und Wissen, Motive und Psyche sind die (Grundlagen der) kulturellen Phänomene, die zwischen Umwelt und

Organismus vermitteln. Dieser Zusammenhang wird in der kultursoziologischen Diskussion selten mit der nötigen Klarheit erörtert, oft oder zumeist nicht einmal erwähnt. Die kultursoziologische Diskussion über »Kultur« vergisst oft, expressis verbis den Ort der »Kultur« in Geist und Ideen präzise anzugeben. Man philosophiert oft so abstrakt über »Kultur«, dass nicht einmal dieser so offensichtliche Zusammenhang benannt wird.

Sollten kulturelle Phänomene bei der Entwicklung von Gesellschaften, bei der Ausdifferenzierung von Hochkulturen und bei unterschiedlichen Entwicklungsniveaus von Gesellschaften eine kausale Rolle spielen, so hieße dies, dass ideelle oder psychische Phänomene einen kausalen Einfluss auf Struktur und Entwicklung von Gesellschaften hätten. Demzufolge ist rein methodologisch mit der Möglichkeit zu rechnen, dass subjektiv-psychische Phänomene eine kausale Rolle bei der Entstehung von Hochkulturen, bei der Entwicklung von modernen Industriegesellschaften und bei den anhaltenden Problemen der Entwicklungsländer spielen. Es könnten spezifische subjektiv-psychische Phänomene gewesen sein, die die Industrialisierung Europas (mit-)verursacht haben, andere spezifische subjektiv-psychischen Phänomene könnten die Stagnation Asiens und Altamerikas (mit-)bedingt haben. Wer von kulturellen Ursachen sozialen Wandels und gesellschaftlicher Entwicklung spricht, meint, sofern er nicht diffus argumentieren möchte, subjektive, ideelle und psychische Faktoren, die der weltgesellschaftlichen Entwicklung und der Auffächerung der Gesellschaften in unterschiedliche Entwicklungsgrade zugrunde liegen.

Welche subjektiven Phänomene wurden denn in der Kultursoziologie sozialen Wandels thematisiert? Eine große Rolle in der kultursoziologischen Theorie spielen Werte, Religion, Ideen, Leistungsmotivation, die Entwicklung von Rationalität und von zivilisiertem Verhalten. Fast alle kultursoziologischen Theorien sozialen Wandels und wohl alle Klassiker der Soziologie, die sich mit langfristigem sozialem Wandel und sozialer Entwicklung beschäftigt haben, haben subjektiv-psychischen Phänomenen wie Religion, Ideen, Werten, Motivation, Rationalität und Zivilisierung des Verhaltens die Rolle von prioritären und ausschlaggebenden Faktoren sozialen Wandels zugemutet und überantwortet. Diese subjektiv-psychischen Phänomene sind demnach der eigentliche Ort von »Kultur«. In ihnen werden die kulturellen Motoren und Bremsen gesellschaftlicher Entwicklung vermutet. Religion, Ideen, Werte, Motivation, Rationalität und Zivilisierung des Verhaltens sind unterschiedliche subjektive Konzepte, Basiskonzepte von Kultur. Kulturen bzw. Gesellschaften unterscheiden sich nach dieser Auffassung darin, dass sie ein subjektives Basisphänomen wie z. B. Religion unterschiedlich und eigentümlich entwickelt haben. Das spezifisch konturierte subjektiv-kulturelle Phänomen wäre dann die Basis der spezifischen Entwicklung von sozialen, politischen und ökonomischen Institutionen – mithin der Charakteristika einer besonderen Kultur.

In den letzten 25 Jahren habe ich die meisten oder alle relevanten Theorien in diesem Bereich studiert und auf ihre Erklärungsstärke, theoretische Kohärenz und empirische Abstützung geprüft. Die Theorien unterscheiden sich erheblich in ihrer theoretischen Kohärenz, in ihrer Präzision und ihrer empirischen Validierung. Meines Erachtens ist es bisher nicht ausreichend gelungen, Motivation, Werte, Religion und Ideen als *basale Faktoren* langfristiger kultureller und gesellschaftlicher Entwicklung auszumachen und nachzuweisen. Auf diesem Gebiet findet man nur Behauptungen und mehr oder weniger plausible Vermutungen, keine tragfähigen Nachweise. Etwas stärker sehe ich die von Norbert Elias vorgelegten Nachweise von einer Zivilisierung des Verhaltens in der Kulturgeschichte. Jedoch leidet auch diese Theorie an erheblichen Mängeln hinsichtlich ihrer empirischen Validierung.[9] Die stärkste theoretische Kohärenz und empirische Abstützung eignet der Erforschung des kognitiven Faktors, der Entwicklung kognitiver Strukturen im Kulturvergleich.[10] Die kulturvergleichende Piaget-Forschung hat empirisch und theoretisch überzeugend nachgewiesen, dass formal-logisches Denken eine Errungenschaft der neuzeitlichen und modernen Kulturentwicklung ist, während präoperationales Denken in vormodernen Kulturen dominiert. Die historische Entwicklung

subjektiver und psychisch-kognitiver Strukturen kann unter Bezug auf die genetische Epistemologie somit präzise nachgezeichnet werden. Es ist auch evident, inwiefern die neuzeitliche Entwicklung formal-logischen Denkens mit der Entstehung der Aufklärung und der neuzeitlichen Naturwissenschaften in Verbindung steht.[11] Industrialisierung und Modernisierung einerseits und formal-logisches Denken andererseits stehen daher in einer systematischen Verbindung. Andererseits können die Phänomene vorindustrieller Gesellschaften in einen systematischen Zusammenhang mit den Strukturen präoperationalen Denkens gebracht werden.[12] Meines Erachtens kann keine andere Theorie einen derart stringenten Zusammenhang von subjektiv-psychischen Phänomenen einerseits und weltgesellschaftlicher und kultureller Entwicklung andererseits nachweisen. Insofern ist der Schluss zu ziehen, dass die kulturvergleichende genetische Epistemologie die stärkste kultursoziologische Theorie langfristigen sozialen Wandels darstellt. Sie vermag es in bislang nicht erreichter Weise, die Rolle von subjektiv-psychischen Phänomenen und damit von »Kultur« in der weltgesellschaftlichen Entwicklung aufzuzeigen. Die historische Entwicklung von Denken und Logik, Geist und Ideen, von Institutionen und kulturellen Praktiken sind somit einer erfahrungswissenschaftlichen Überprüfung zugänglich und können auf eine systematische Theorie bezogen werden. Zuvor konnte die Bedeutung von »Kultur« und von kulturellen Faktoren in der historisch-gesellschaftlichen Entwicklung nicht annähernd so solide und grundlegend dargestellt werden. Unter Bezug auf die kulturvergleichende Piaget-Psychologie kann die Rolle von »Geist« und »Kultur« in der Universal-, Kultur- und Gesellschaftsgeschichte auf eine revolutionäre Art erforscht werden. Das Phänomen von »Kultur« und »kulturellen Faktoren« ist auf subjektiv-psychische Phänomene »theoretisch zu reduzieren«. Diese subjektiv-psychischen Phänomene lassen sich am besten unter Bezug auf die Theorie von Jean Piaget erforschen. Ergo ist die Theorie Jean Piagets eine Grundlagenwissenschaft in der Erforschung von »kulturellen Faktoren sozialen Wandels«, eine Grundlagenwissenschaft der Kulturwissenschaften, die langfristigen sozialen Wandel erforschen wollen. Der kulturelle Zwischenraum zwischen Organismus und Umwelt, Mensch und Wirklichkeit im sozialen

---

9 Oesterdiekhoff (2000).
10 Oesterdiekhoff (1992, 1997); Hallpike (1994).
11 Oesterdiekhoff (2002).
12 Oesterdiekhoff (1992, 1997); Hallpike (1994).

Entwicklungsprozess kann piagetianisch erforscht werden. Kulturentwicklung ist primär ein geistiges Phänomen und daher hinsichtlich seiner Grundlagen vor allem ein entwicklungspsychologisches Phänomen. In diesem Sinne lässt sich Kultursoziologie und Kulturgeschichte piagetianisch-entwicklungspsychologisch fundieren.

Diese Vorrangstellung schließt nun keineswegs das Existenzrecht anderer kultursoziologischer Theorien aus. Im Folgenden sollen daher die wichtigsten kultursoziologischen Theorien langfristigen sozialen Wandels vorgestellt werden. In Kenntnis dieser Theorien hat man dann einen weitgehenden Überblick über die prominentesten Theorien über kulturelle Faktoren langfristigen sozialen Wandels gewonnen.

2. Werte und Wertänderungen als kulturelle Motoren sozialen Wandels

Die Begriffe »Werte« und »Kultur« verweisen in der geisteswissenschaftlich orientierten Soziologie aufeinander. In einer Vielzahl von sozialwissenschaftlichen Kulturtheorien herrscht die Auffassung vor, Theorie und Begriff von Kultur sei auf Wertkonzepte reduzierbar oder aus ihnen ableitbar. Man verwendet Wertkonzepte ähnlich wie Kulturkonzepte, nämlich »als sich selbst erklärende Phänomene«.

In großen Teilen der älteren Soziologie glaubte man, in Werten und im Wertwandel einen Schlüssel zum Verständnis sozialen Wandels gefunden zu haben. In der älteren Soziologie hatte die Rolle von Werten, Normen und Sinnkonzepten eine starke und zentrale Bedeutung. In der Religionssoziologie Max Webers waren religiöse Werte und Ideen entscheidende Weichensteller weltgesellschaftlicher Entwicklung.[13] Die Unterschiede der gesellschaftlichen und sozialökonomischen Entwicklung von Europa, Indien und China waren seines Erachtens im Wesentlichen die Folge unterschiedlicher religiöser Werte und Ideen.

Auch andere Vertreter der Soziologie wie Talcott Parsons sahen Werte als Grundlage von Sozialstruktur, von sozialökonomischer Entwicklung und von weltgesellschaftlicher Entwicklung.[14] Auch Parsons sah in Anlehnung an Weber den Unterschied von traditionellen und modernen Gesellschaften im We-

sentlichen in unterschiedlichen Wertsystemen verankert. Dies ist in der Gegenwart auch die Position des heute bekanntesten Wertwandelforschers Ronald Inglehart.[15] Diesen engen Zusammenhang von Kulturgeschichte und Werten behaupten auch Autoren wie D. McClelland, E. E. Hagen, D. Lerner und A. Inkeles. Entstehung und Entwicklung von Industriegesellschaften wird von dieser am Wertkonzept orientierten Wissenschaftlergruppe als Folge der Etablierung von Werten wie Individualismus, Freiheit, Leistung, Rationalität, Flexibilität, Materialismus und Diesseitsbezug gesehen. Umgekehrt werden traditionelle Gesellschaften als Verkörperung von Werten wie Gemeinschaft, Unveränderbarkeit des sozialen Status und der Gebräuche sowie Jenseitsbezug konzipiert.

In der neueren Zeit stellt Inglehart noch einmal diese Position dar und vertritt sie vehement. Er versteht die Heraufkunft des Industriekapitalismus als Resultat der protestantischen Revolution, die er etwas anders als Weber als einen Versuch der Überwindung des Armutsproblems dekretiert, als einen Versuch, materiellen Wohlstand herbeizuführen. Die Entstehung der Postmoderne, der Kulturrevolution in den westlichen Ländern in den sechziger Jahren, beurteilt er als Folge eines Wertwandels in Konsequenz des Wirtschaftswachstums und der Entstehung der Konsumgesellschaft. Da die ökonomischen Probleme weitgehend gelöst sind, widmen sich die Menschen der individuellen Selbstverwirklichung. Sie wollen ihren Freiraum sichern, ihre kulturellen Bedürfnisse befriedigen, da die Befriedigung der ökonomischen Bedürfnisse garantiert ist. Das Problem der Theorie des postmodernen Wertwandels ist jedoch, dass ihre Argumentation in einer entscheidenden Hinsicht nicht präzise genug ist. Kaum bezweifelbar dürfte sein, dass der Wertwandel, mithin vor allem auch die Änderung des Verhaltens, eine Folge des Wohlstands ist. Handelt es sich jedoch bei dieser Änderung des Verhaltens um einen wirklichen Wertwandel oder nur um eine Neuorientierung des Handelns aufgrund neuer Handlungsbedingungen, der Verfügung über

---

13 Weber (1988).
14 Parsons (1975).
15 Inglehart (1997).

mehr Ressourcen? Ist der Wertwandel tatsächlich eine Änderung subjektiver Strukturen – eine Änderung von Werten – oder nur eine Änderung objektiver Bedingungen, die neue Handlungsspielräume eröffnen? »Dementsprechend ist es in realen Situationen schwierig, Handlungsorientierungen durch Bedürfnisse, Interessen und Werte strikt voneinander zu trennen. Sie stellen einen komplexen Zusammenhang dar, der je nach der Dringlichkeit der Anforderungen, nach dem Grad des Entscheidungsdrucks und dem Ausmaß konfliktträchtiger Überschneidungen von Handlungsperspektiven bewusst wird.«[16]

Die Wertwandeltheorie ist nur bedingt eine kausale Theorie des Wertwandels. Das ökonomische Wachstum ist nämlich die Ursache des Wertwandels. Erst auf einer zweiten Ebene erklärt dann der Wertwandel eine (weitere) Gruppe von sozialen Phänomenen (Wirtschaftswachstum > Wertwandel > soziales Handeln > soziale Phänomene). Auf dieser zweiten Ebene ist die Wertwandeltheorie jedoch erklärungsstark. Meines Erachtens ist die moderne Wertwandelforschung empirisch und theoretisch nur auf diesem Gebiet der Untersuchung des Wertwandels in der Postmoderne stark. Nahezu die gesamte Forschungsarbeit der modernen Wertwandelforschung[17] konzentriert sich auf diesen Forschungsbereich. Wertwandelforschung als allgemeine Theorie der Gesellschafts- und Kulturgeschichte im Stile der älteren Soziologie ist nicht mehr überzeugend, da die vorgelegten Analysen gehobenen Ansprüchen auf Nachweisen und Belegen nicht wirklich genügen.[18] Die moderne Wertwandelforschung ist nur in der Gegenwartsdiagnose ein ernst zu nehmender Gesprächspartner, in der Untersuchung langfristigen kulturgeschichtlichen Wandels spielt sie kaum noch eine Rolle.

David McClelland versuchte die weltgesellschaftliche Entwicklung aus Niveaudifferenzen von Leistungsmotivation abzuleiten.[19] Starke Länder und Imperien waren seines Erachtens – letztlich monokausal – das Resultat hoher Leistungsmotivation,

wirtschaftlich schwache Länder, Regionen und Kulturen waren Folge niedriger Leistungsmotivation. Die Differenzen von Leistungsmotivation entstammten ihm zufolge einer erziehungsbedingten Orientierung an Gütemaßstäben, der Neigung, eine Sache perfekt zu bearbeiten. In einer gewissen Hinsicht ist der Ansatz von McClelland der radikalste Versuch, Wirtschaftswachstum und Kulturentwicklung aus einer Ausprägung und Entwicklung von Werten abzuleiten und damit kultursoziologisch zu erklären. An der Tragfähigkeit des Ansatzes von McClelland kann man jedoch zweifeln. Leistungsmotivation dürfte eher ein Rückkoppelungseffekt denn ein »erster Beweger« von Wirtschaftswachstum und imperialer Größe sein.

Meines Erachtens ist es fraglich und offen, ob Werte eine steuernde, fundierende und prozessauslösende Rolle in der weltgesellschaftlichen Entwicklung spielen oder gespielt haben. Bis heute sind Wertwandeltheorien als makrosoziologische Entwicklungstheorien nicht hinreichend systematisch und grundlagenwissenschaftlich formuliert und ausgebaut worden. Möglicherweise wird man in einer zukünftigen Soziologie jedoch empirisch besser nachweisen können, dass Werte eine entscheidende Rolle in der Konstitution von Gesellschaften spielen oder gespielt haben.

3. Die Religionssoziologie Max Webers

Neben der Zivilisationstheorie von Norbert Elias ist die Religionssoziologie Max Webers der prominenteste und bedeutendste kultursoziologische Ansatz, der weltgesellschaftliche Entwicklung zu erklären beabsichtigt.[20] Diese beiden Ansätze stehen daher in ganz besonderer Weise für den Versuch, langfristigen sozialen Wandel und die Heraufkunft des modernen Europa vorrangig aus kulturellen Faktoren erklären zu wollen. In diesem Sinne ist Webers Religionssoziologie nicht einfach eine Soziologie der Religion im engeren Sinne, sondern ein umfassender Versuch, die Entstehung der modernen Welt und die divergierende Entwicklung der Hochkulturen zu erklären. Es ist dieser Anspruch, dieser Versuch, weltgeschichtliche und industriekapitalistische Entwicklung aus vor allem kulturell-religiösen Faktoren zu erklären, der sowohl den

16 Fürstenberg (1995, S. 137).
17 Inglehart (1997); Hillmann (1989).
18 Oesterdiekhoff (2001 a).
19 McClelland (1966).
20 Weber (1988).

Ruhm dieses Werkes begründet hat als auch es in den Kontext der Klassiker der Soziologie stellt, die sich gleichfalls bemüht haben, Modernisierung, Entwicklung und Industrialisierung unter Bezug auf zumeist kulturell-mentale Faktoren zu erklären.

Webers Religionssoziologie wendet sich gegen den Monopolanspruch der materialistischen Geschichtsauffassung, der zufolge sozialer Wandel vorrangig ökonomisch erklärbar sei. Der zivilisatorische Entwicklungsstand einer Gesellschaft ist demnach auch kulturell-ideell und nicht nur ökonomisch bedingt. Weber geht davon aus, dass die Religion insbesondere in früheren Zeiten ein mächtiger kultureller Einflussfaktor gewesen ist, der Gesellschaft und Wirtschaft enorm prägte. Im Vordergrund steht die kulturvergleichende Fragestellung, inwiefern die Entwicklung religiöser Ideen weltgeschichtliche, kulturelle und ökonomische Transformationen beeinflusst, obstruiert bzw. ausgelöst hat. Religion wird als Weichensteller, Motor oder Bremse sozialen Wandels verstanden. Webers Untersuchung der Wirtschaftsethik der Weltreligionen stellt die religiösen Antriebe und Hemmnisse wirtschaftlicher Entwicklung dar.

Die *Religionssoziologie* untersucht im Einzelnen die Wirtschaftsethik von Konfuzianismus, Taoismus, Hinduismus, Buddhismus, Judentum und Christentum. Weber geht davon aus, dass vor dem Auftauchen der Weltreligionen magisch-animistische Religionen global geherrscht haben. In ihnen sind Gott und Welt, Jenseits und Diesseits noch nicht getrennt. Die Dinge werden als beseelt wahrgenommen, daher neigen Menschen dieser Kulturstufen dazu, sie sich magisch gefügig zu machen. Die magisch-animistische Religion ist daher eine Religion der Weltanpassung und der Weltbejahung; die Welt ist die beste aller möglichen. Es gibt daher keine *ethische Spannung zur Welt*, keinen Gott, der ethische Forderungen stellt, keine Motive, um eine *methodisch-rationale Lebensführung* und eine *ethisch geschlossene Persönlichkeit* auszubilden.[21]

Von den Religionen, die Weber untersucht hat, haben sich seines Erachtens *Taoismus* und *Konfuzianismus* am wenigsten von der magisch-animistischen Religion fortbewegt. Der Konfuzianismus ist eine Religion der Weltanpassung und -bejahung. Die ethische Spannung gegen Welt und Gott ist auf ein Minimum reduziert. Erlösung, Prophetie und

Sündenbegriff fehlen. Gott stellt keine ethischen Forderungen, daher gibt es keine Entwicklung zu einer ethisch geschlossenen Persönlichkeit, zu einer methodisch rationalen Lebensführung und zu einem modernen Rationalismus. In dem chinesischen Zaubergarten der Magie war »eine rationale Wirtschaft und Technik moderner okzidentaler Art einfach *ausgeschlossen*«.[22] Das Vorherrschen der Magie und das Fehlen einer methodisch rationalen Lebensführung verhinderten in China die Entstehung des Rationalismus und Kapitalismus, obwohl die objektiven ökonomischen Bedingungen günstiger als im Abendland waren.[23] Weber erklärt die Nichtentwicklung der industriellen Moderne in China ersichtlich aus dem Beharrungsvermögen kulturell-religiöser Traditionen.

Im *Buddhismus* und *Hinduismus* ist die genannte Spannung zur Welt etwas stärker ausgeprägt, Indiens Religionen neigen zur Weltablehnung und -flucht. Statt Magier treten nun vor allem Propheten auf, die eine Erlösung von den Übeln versprechen. Nichthandeln und Weltindifferenz sind die Maximen des Frommen. Von hier aus führt gleichfalls kein Weg zu einer methodisch rationalen Lebensführung und zur aktiven Weltbeherrschung qua innerweltlichem Rationalismus und Industriekapitalismus.[24]

Die vorderasiatischen Religionen, insbesondere das *Judentum*, kennen den persönlichen Schöpfergott, der an die Gläubigen ethische Forderungen stellt. Diese verstehen sich als Werkzeuge Gottes, die ihre Erlösung suchen, indem sie gottgewollt handeln. Nur die sendungsprophetische Soteriologie des Judentums konnte die Massen aus dem Zaubergarten der Magie in Richtung einer rationalen Lebensführung bewegen.[25] Während im Okzident die Weltablehnung somit zur Weltzuwendung und zur Weltbeherrschung führt, motiviert sie in Indien zur Weltflucht. Die Grundrichtung der vorderasiatischen Religiosität kommt jedoch erst im Protestantismus zur vollen Geltung, das *mittelalter-*

---

21 Weber (1988, Bd. 1: S. 258 ff., S. 512 ff.).
22 Weber (1988, Bd. 1: S. 513; Hervorhebung nicht im Original).
23 Weber (1988, Bd. 1: S. 535 f., 524, 529 f.).
24 Weber (1988, Bd. 2: S. 367, 373).
25 Weber (1988, Bd. 1: S. 261; Bd. 2: S. 371).

liche Christentum ist nämlich noch ganz traditionell strukturiert. Weber versteht den mittelalterlichen Katholizismus als eine magische Religion, gekennzeichnet durch eine niedrige ethische Spannung zur Welt und das Fehlen einer methodischen Lebensführung. Stefan Breuer weist in diesem Zusammenhang richtig darauf hin, dass das pure Faktum der Magiefeindlichkeit der jüdischen und christlichen Lehre kein Beweis für die tatsächliche Verdrängung der Magie ist: »Nicht nur blieb die Christianisierung bis weit in die Neuzeit hinein unvollständig, vielmehr nahm das Christentum selbst zahlreiche magische Elemente in sich auf.«[26]

Erst dem Protestantismus gelingt ein radikaler Wandel religiöser Anschauungen, die Ausrottung der Magie und der Durchbruch zur rationalen Lebensführung, zum modernen Rationalismus und Kapitalismus. Der Kern der Weber'schen Typologie der Weltreligionen ist der Entwicklungsgedanke. Von der magisch-animistischen bis zur protestantischen Religion gehen alle Religionen von dem gleichen Problem aus und sie entwickeln sich alle in die gleiche Richtung eines ethisierten, entzauberten Weltverständnisses. Weber versteht die religiöse Entwicklung als einen gleichgerichteten Rationalisierungsprozess, der jedoch nur auf der okzidental-protestantischen Traditionslinie zu Ende geführt wird.[27] Tenbruck hat völlig zurecht festgestellt, dass Weber trotz seiner methodologischen Skepsis gegen Fortschrittsgesetze »plötzlich in Sachen Religion im Lager des zeitgenössischen Evolutionismus« steht.[28] Mehr noch: Die religiöse Entwicklung hat unterhalb der protestantischen Revolution keinen gravierenden Einfluss auf die in der Magie und der traditionellen Ethik und Psychologie steckende Massenreligiosität gehabt. Weber fasst die außerprotestantischen Religionen unter dem Sammelbegriff »Traditionalität« zusammen: Die Gemeinsamkeiten der

außerprotestantischen Religionen dominieren die Unterschiede. Alle Religionen außer Judentum und Protestantismus sind s.E. magisch. Nichtprotestantische Religionen sind ausnahmslos gekennzeichnet durch eine niedrige Spannung zur Welt, durch das Fehlen einer ethisch geschlossenen Persönlichkeit, methodischer Lebensführung und des modernen Rationalismus. Ihre Wirtschaftsethik im engeren Sinne kennzeichnet Weber als »traditionell«: Orientierung am Bedarf, ungezügelte Erwerbsgier, fehlende Berufsverpflichtung, fehlende Methodik und fehlender kapitalistischer Geist ist ihnen mehr oder minder gemeinsam.[29] Das »natürliche Weltkind« der Weltreligionen lebt ein unbefangenes Dasein, ein Leben nach »Trieb und Gefühl«.[30]

Erst der asketische Protestantismus in Form der calvinistischen Kirche und der pietistischen, methodistischen und der aus der täuferischen Bewegung hervorgegangenen Sekten, nicht in Form des Luthertums, überwindet die traditionelle Ethik.[31] Der moderne Rationalismus ist eine Folge der protestantischen Revolution. Der Prädestinationsgedanke teilte die Menschheit in Erlöste und Verdammte. Die Protestanten glaubten an einen Zusammenhang von Erlösung und Lebensführung, dem zufolge dessen ethische Qualität Indiz des Gnadenstatus sei. Die Gnadenlehre hat die Gläubigen zu einer unerbittlichen methodischen Lebensführung erzogen. Aus dieser Lebensführung erwächst der moderne Rationalismus, der Drang zu Ordnung, Rationalität und Perfektion in Ethik, Beruf, Ökonomie, Kultur und Wissenschaft. Die moderne Industriegesellschaft und der moderne Rationalismus sind vor allem ein Resultat der innerweltlichen Askese, der protestantischen Kultivierung des Erwerbsstrebens, der Sparsamkeit und der Berufsverpflichtung. An einigen Stellen des Textes vertritt Weber sogar die Auffassung – die er an anderen Stellen wieder einschränkt –, dass der protestantische Geist eine notwendige Vorbedingung des Kapitalismus sei,[32] ja sogar, dass der moderne Kapitalismus nur auf christlicher Grundlage habe entstehen können: »Dieser Typus war christlich und nur auf christlichem Boden denkbar.«[33]

Von vielen Kritikern ist festgestellt worden, dass Webers Erklärungsmodell, seine methodologische Behandlung der kausalen Faktoren und Relationen, zu schwach und mehrdeutig ausgearbeitet ist. Denn

---

26 Breuer (1989, S. 237).
27 Weber (1988, Bd. 1: S. 512 f.); Tenbruck (1975, S. 663 ff.); Habermas (1981, Bd. 1: S. 276 f.); Breuer (1989, S. 215 ff.).
28 Tenbruck (1975, S. 682).
29 Weber (1981, Bd. 1, S. 360, 340).
30 Weber (1981, Bd. 1, S. 351).
31 Weber (1981, Bd. 1, S. 115).
32 Weber (1988, Bd. 1: S. 535).
33 Weber (1981, Bd. 1, S. 365).

die protestantische Wirtschaftsethik kann möglicherweise eher als Manifestation denn als Ursache oder Bedingung des Kapitalismus und Rationalismus gedeutet werden. Wenn auch die Kausalzusammenhänge bis heute im Einzelnen ungeklärt sind, so sind die empirischen Korrelationen von Protestantismus und Kapitalismus in mehrfacher Hinsicht zweifelsfrei gegeben.[34]

Meines Erachtens ist es notwendig, die Rationalisierungs- und Entzauberungsthese Max Webers in eine auf der genetischen Epistemologie begründete Kulturtheorie zu transformieren.[35]

4. Die Zivilisationstheorie von Norbert Elias

Norbert Elias versteht seine Zivilisationstheorie, in einer Fußnote klar formuliert, als Weiterentwicklung der Rationalisierungstheorie Max Webers. In seiner Zivilisationstheorie, formuliert in *Über den Prozess der Zivilisation*, versucht Elias sowohl die Entstehung und Entwicklung von Gesellschaftsformen als auch die Genese von psychischen Strukturen und Verhaltensweisen der Menschen vom Frühmittelalter bis zur neuzeitlichen und modernen Welt zu erklären. Elias behauptet einen innigen Formzusammenhang von Sozio- und Psychogenese und das Vorliegen gemeinsamer Strukturen, die sich sowohl in institutionellen als auch in psychischen Formen gleichermaßen ausprägen. Es handelt sich um einen Prozess zunehmender Differenzierung und Integration, der das Grundgesetz der sozialen Evolution von Institutionen und von Mentalitäten gleichermaßen definiert. Die von Elias so genannte Figurationssoziologie versteht Interdependenzen von Menschen als Sozialisationszusammenhänge, die psychische Strukturen und Verhaltensweisen modellieren. Unterschiedlich aufgebauten Figurationen (Interdependenzgeflechte, Institutionen) entsprechen unterschiedlich strukturierte Psychen, Persönlichkeitsstrukturen und Verhaltensmodi.

Die *Soziogenese* Europas beschreibt Elias wie folgt: Die Evolution von dem einfachen sozialen Milieu des Frühmittelalters über die sozialen Gebilde des hohen Mittelalters und der frühen Neuzeit bis zu den Strukturen des modernen Industriezeitalters wird in *Über den Prozess der Zivilisation* als ein Prozess zunehmender Differenzierung von sozialen Funktionen und Abhängigkeiten und zugleich als ein Prozess der Integration von zuvor isolierten und unabhängigen sozialen Einheiten dargestellt. Im frühen Mittelalter sind Herrschaftsgebilde zumeist lokal begrenzt, die Menschen sind überwiegend nur in familiären und dörflichen Kontexten vergesellschaftet. Im Verdrängungswettbewerb der politisch-militärischen Einheiten verschwinden im Laufe der Jahrhunderte die kleineren und schwächeren Herrschaften, Königshäuser setzen sich gegen den zunächst ähnlich starken Adel allmählich durch, während am Ende die absolute Monarchie und der befriedete Nationalstaat stehen. Der Nationalstaat mit seinem Gewalt- und Steuermonopol ist einerseits das Produkt der Differenzierung von Funktionen und andererseits integriert er in zuvor unerreichter Weise die Menschen in sein System, indem er sie entwaffnet, besteuert, gesetzlich und polizeilich reguliert.

In der Ökonomie ist konkordant die Selbstversorgung durch die national vernetzte Markt-, Tausch- und Industriegesellschaft ersetzt worden, die somit dem gleichen Grundgesetz unterliegt.

Elias ist nicht wegen dieser Beschreibung der Soziogenese berühmt geworden, sondern wegen seiner Darstellung der *Psychogenese*, der sozialen Evolution von Psyche, Persönlichkeit und Verhalten. Da die Menschen einfacher Gesellschaften, wie beschrieben, nicht in komplexe und verdichtete Institutionen und Interdependenzen eingefasst sind, kann sich ihre menschliche Natur und Psyche zwangfreier und triebhafter äußern und entwickeln – so lautet die sozialisationstheoretische Annahme von Elias. Ihre anthropologische Struktur wird nicht so stark durch Institutionen differenziert und integriert, sondern bleibt naturnah, kindlich, triebhaft und undifferenziert. Ihre Selbstkontrolle ist niedriger, Triebe und Emotionen können ungehinderter ausgelebt werden. Diese größere Triebhaftigkeit, Spontaneität und Emotionalität des Handelns betrifft nahezu alle Bereiche des Lebens.[36] In der einfachen Gesellschaft ist zivilisiertes Verhalten weder nötig und möglich noch nützlich. Die

---

34 Oesterdiekhoff (1993, S. 267 ff.).
35 Oesterdiekhoff (1997, 2002).
36 Elias (1976, Bd. 2: S. 263 ff., 322).

schwächere Selbstkontrolle bewirkt ein Defizit kritischen und rationalen Denkens, erzeugt eine »Enge des Gedankenraumes« und einen »Mangel an Langsicht«. Es fällt den Menschen schwer, Belohnungen aufzuschieben, Gefühle und Wünsche nicht sofort in Handlungen umzusetzen und sich selbst zurückzunehmen. Männer neigen zur Gewalttat und zur schlechten Behandlung von Frauen. Lebensäußerungen sind unbefangen und egozentrisch. Körperliche Verrichtungen beim Essen, im Bereich der Hygiene, der Notdurft und in anderen Verrichtungen sind im konkreten Wortsinne unzivilisiert.[37]

Das Psychogenesekonzept von Elias fundiert auf einer Synthese von Tiefenpsychologie, Entwicklungspsychologie und Behaviorismus. Menschen einfacher Gesellschaften haben ein schwächer ausgeprägtes Über-Ich und sind stärker Es-dominiert (Tiefenpsychologie). Daher stehen sie der kindlichen Natur näher (Entwicklungspsychologie). Erst die sozialen Institutionen der Neuzeit konditionieren die Menschen zu einer Triebreduktion und Selbstkontrolle, die rational-logisches Handeln intensiviert (Verbindung von Behaviorismus und den zuvor genannten Paradigmata der Psychologie). Es ist dieser Zusammenhang von Onto- und Phylogenese, dieser Grundgedanke der Entwicklungspsychologie von dem ontogenetischen Prozess zunehmender Differenzierung und Integration, welcher Elias als Stütze dient, um im Bereich auch der menschlichen Psyche von einer historischen Evolution im Sinne einer bestimmten Richtung des Zivilisationsprozesses sprechen zu können. Elias bemüht sich jedoch weniger um ein stringentes theoretisches Fundament dieses Psychogenesekonzepts[38] und mehr um eine konkrete Beschreibung mittelalterlicher Verhaltensweisen und ihrer Veränderung im Verlaufe der höfischen Gesellschaft und der entwickelten Neuzeit im Sinne der Civilité und der Civilisation. Es sind diese Beschreibungen von Hygienepraktiken, Geschlechterbeziehungen, Sprechweisen, Gewalttaten und Abläufen der Nahrungsaufnahme, die das Werk von Elias berühmt gemacht haben.

Man muss schlussfolgern, dass die Zivilisationstheorie von Norbert Elias in ganz besonderer Weise »kulturellen Faktoren sozialen Wandels« auf die Spur gekommen ist. Er liefert einen konkreten Einblick in Alltag, Lebensführung und Kulturmilieu und stellt die kulturellen Grundlagen langfristigen sozialen Wandels in einzigartiger Weise heraus.

Es zeigt sich jedoch, dass das Dreiebenenmodell von Elias (Institutionen, Psyche und Verhalten) empirisch unzureichend gestützt ist und sich in gefährlicher Nähe von Zirkelschlüssen befindet. Elias kann Institutionen und Verhalten im Zusammenhang darstellen. Sein Psychogenesekonzept stellt jedoch eine Interpolation in diesen Zusammenhang dar und ist eher eine reine Vermutung, eine mehr oder minder plausible Deutung. Ich habe gezeigt, dass die an Piaget orientierte Kulturvergleichsforschung der empirische Erbe und Entwickler des zivilisationstheoretischen Psychogenesekonzepts ist.[39]

5. Der kulturvergleichende kognitionszentrierte-entwicklungspsychologische Ansatz als Kulturtheorie sozialen Wandels

Die an Jean Piaget angelehnte Kulturvergleichsforschung stellt meines Erachtens sowohl den wissenschaftlichen Erben der Rationalisierungs- und Entzauberungsthese Max Webers als auch den wissenschaftlichen Erben der Zivilisationstheorie von Norbert Elias dar. Diese Kulturvergleichsforschung kann nicht die Ansätze von Weber und Elias in jeder Hinsicht ersetzen, aber in den entscheidenden Hinsichten, in der Frage der Grundlegung und wissenschaftlichen Darstellung von Prozessen der Rationalisierung, Entzauberung und Zivilisierung, ist sie den Ansätzen von Weber und Elias theoretisch und empirisch überlegen.

Ich möchte im Folgenden darlegen, dass die entwicklungspsychologische Kulturvergleichsforschung, meiner Interpretation zufolge, die grundlegendste Möglichkeit darstellt, kulturelle Faktoren langfristigen sozialen Wandels darzustellen. Insofern ist die Kulturvergleichsforschung nach meiner Auffassung die grundlegendste Kultursoziologie sozialen Wandels, die grundlegendste Kulturtheorie überhaupt. Keine andere Theorie hat meines Erachtens derart stringent den Einfluss des Faktors »Kultur« in der

---

37 Elias (1976, Bd. 2: S. 94, 105).
38 Elias (1976, Bd. 2: S. 312 ff.).
39 Oesterdiekhoff (2000).

Welt-, Gesellschafts- und Kulturgeschichte nachgewiesen. Natürlich gibt es viele andere interessante
und keineswegs zu vernachlässigende Ansätze, die an
der Psychoanalyse, Religionssoziologie, Wertesozio-
logie oder anderen Konzepten orientiert waren und
sich bemüht haben, den Einfluss kultureller Faktoren
auf sozialen Wandel nachzuweisen. Diese Ansätze
können sich aber mit der Kulturvergleichsforschung,
meiner Interpretation zufolge, hinsichtlich ihrer
theoretischen Stringenz und empirischen Stützung
in keiner Weise messen.

Der Ort kultureller Faktoren liegt zwischen den
Polen Organismus und Umwelt einerseits und gesellschaftlicher Wirklichkeit andererseits. Das Wesen kultureller Faktoren ist im Wesentlichen subjektiver, psychisch-kognitiver und idealer Natur.
Ideen, Religionen und Weltbilder sind in erster
Linie Vorstellungen, die Individuen und Populationen annehmen, entwickeln und verwerfen. Vorstellungen und Vorstellungssysteme sind von allgemeiner, verästelter, idiosynkratischer und »beliebiger«
Natur. Sie bilden gewissermaßen eine Oberflächenschicht subjektiver Phänomene. Je tiefere Fun-
damente man bei der Suche nach dem historischen
Wandel subjektiver Phänomene graben und auffinden kann, desto stärker ist die Kulturtheorie abgesichert und desto höher ist ihr wissenschaftlicher
Wert. Kulturtheorien sozialen Wandels, die auf
Ideen, Religionen und Weltbilder abstellen, können
daher nicht die Tiefe und die Präzision erreichen,
die Kulturtheorien für sich beanspruchen können,
die subjektive Phänomene auf der Ebene basaler
kognitiver Prozesse erfassen können. Eine Kulturtheorie sozialen Wandels, die die Erkenntnisse der
Entwicklungspsychologie in Anschlag bringen kann
und nachweisen kann, dass sozialer Wandel sich bis
auf die basale Ebene kognitiver und psychischer
Entwicklung zurückverfolgen lässt, ist ersichtlich
zumindest in diesem entscheidenden Punkt jeder
anderen Kulturtheorie sozialen Wandels meilenweit
voraus. Denn eine tiefere Ebene als die, die in der
ontogenetischen psychisch-kognitiven Entwicklung
repräsentiert ist, lässt sich schwer denken (dies wäre
dann das Nervensystem). Ideen sind Oberflä-
chenphänomene, kognitive Strukturen sind die Bedingungen überhaupt, unter denen Ideen und Vorstellungen in Erscheinung treten können. Mehr
noch: Unter Bezug auf die Kulturvergleichsfor-

schung kann man Ideen, Weltbilder und Religionen
auf kognitive Strukturen »theoretisch reduzieren«,
mithin erklären, zeigt sich doch, dass jene aus diesen großteils emergieren.[40] Insofern dürfte deutlich
sein, dass der Nachweis des Zusammenhangs von
langfristigem sozialem Wandel und psychisch-kognitiver Entwicklung eine Kulturtheorie auf entwicklungspsychologischer Basis begründet, die tiefer greift als andere kultursoziologische Theorien
sozialen Wandels greifen können. Die Entwicklungstheorie kognitiver Strukturen ist theoretisch
konsistenter und empirisch gestützter als jede andere (soziologische, psychologische und philosophische) Theorie des sozialen Wandels subjektiver
Phänomene. Es ist ein Einwand von gestern, demzufolge eine Kultursoziologie sozialen Wandels sich
nicht auf eine psychologische Theorie stützen sollte
und im Bereich der Soziologie im engeren Sinne
bleiben sollte. Dieser Einwand ist letztlich scholas-
tischer Natur und widerspricht seriösen Grundsätzen wissenschaftlichen Arbeitens. Eine Kulturtheorie sozialen Wandels fokussiert ganz notwendig
subjektive Phänomene, da Kultur primär ein subjektives Phänomen ist. Psychisch-kognitive Phänomene sind eine Tiefenschicht subjektiver Phänomene, Ideen, Religionen und Vorstellungen sind eine
Oberflächenschicht. Sollen erstens subjektive Phänomene wissenschaftlich erfasst werden und gibt es
zweitens einen Zusammenhang von Kulturwandel
und ontogenetischer Entwicklung, dann ist es ein
zwingendes Erfordernis für eine seriöse Kultursoziologie sozialen Wandels, die Kulturtheorie ent-
wicklungspsychologisch zu fundieren.

Die Theorie Jean Piagets beschreibt die ontogene-
tische Entwicklung in vier Stadien: sensomotorisches,
präoperationales, konkret-operationales und formal-
operationales Stadium. Das konkret-operationale
Denken beinhaltet eine logische Koordination von
sinnlich gegebenen Objekten, das formal-operationale Denken ist eine logische Koordination abstrakter
Sachverhalte. Das formal-operationale Denken setzt
in der Adoleszenz ein und ist durch Widerspruchs-
vermeidung, Abstraktion, Formalisierung und Erkennen von Naturgesetzlichkeiten definiert. Man
kann sein Vorliegen nachweisen, indem Probanden

---

40 Oesterdiekhoff (1992, 2002).

syllogistische oder hypothetisch-deduktive Schlüsse mit Erfolg durchführen können.[41] Das kindliche Denken unterhalb der Ebene des formal-logischen Denkens ist hingegen »erkenntnisrealistisch«, zwischen Begriff und Sache, Idee und Sachverhalt wird noch nicht getrennt. Daher ist das kindliche, präoperationale Denken magisch, animistisch und finalistisch. Der präoperationale Denker glaubt, er könne mit Symbolen Realitäten herbeizaubern. Er unterscheidet nicht hinreichend zwischen lebendigen Wesen und leblosen Sachverhalten, sondern nimmt an, dass eine jede Bewegung im Universum letztlich die Manifestation eines Willens ist. Naturregelmäßigkeiten werden als das Zusammenwirken intentionaler Wesen verstanden, die höheren Gesetzen freiwillig gehorchen.[42]

In einer aufwendig angelegten empirischen Untersuchung in Usbekistan hatte A. Lurija systematisch nachgewiesen, dass Analphabeten aus vorindustriellen Gesellschaften weder syllogistische noch hypothetisch-deduktive Schlüsse ziehen können.[43] Ihre Denkprozesse bleiben konkret, erkenntnisrealistisch und präoperational. Diese Untersuchungsergebnisse sind seitdem immer wieder repliziert worden. In den letzten 50 Jahren hat sich sehr deutlich gezeigt, dass die Theorie kognitiver Entwicklung in diesem Sinne einen Schlüssel zum Verständnis der Denkweisen vorindustrieller Populationen liefert. Die Theorie kognitiver Entwicklung, die Theorie präoperationalen Denkens liefert den Zugang zu den Eigentümlichkeiten der Denkweisen vorindustrieller Populationen. Eine Fülle von empirischen Untersuchungen hat gezeigt, dass die ganze Bandbreite des Denkens vorindustrieller Populationen in physischen, sozialen und moralischen Inhaltsbereichen im erkenntnisrealistischen Bereich bleibt und nicht das Stadium der formalen Operationen erreicht.[44] Diese Forschungsergebnisse blieben aber jahrzehntelang voneinander isoliert, man wusste sie nicht so recht im Zusammenhang zu interpretieren und ihre Bedeutung zu erschließen. Eine erste durchdringende und gelungene Gesamtinterpretation der Forschungsergebnisse legte Hallpike vor, aber nur für den physikalischen und logischen Bereich und mit der Einschränkung auf Naturvölker.[45] Mit seiner Arbeit wurde erstmalig die theoretische Leistung von Lurija überboten. Inzwischen konnte aufgewiesen werden, dass die Theorie der kognitiven Entwicklung nicht nur auf das Denken von Naturvölkern applizierbar ist, sondern generell auf das Denken vorindustrieller, analphabetischer Populationen.[46] Das Denken von Naturvölkern, von Völkern der Antike und des Mittelalters und von agrarischen Gebieten aus heutigen Entwicklungsländern ist dominant erkenntnisrealistisch-präoperational – nicht nur im physischen, sondern auch im sozialen und moralisch-rechtlichen Bereich.[47]

Mit diesem Untersuchungsergebnis betritt die kognitionszentrierte-entwicklungspsychologische Kulturvergleichstheorie intellektuelles Neuland. Denn es wird mit einem Schlag evident, dass sie zu einer Grundlagentheorie kultureller Formen und sozialen Wandels avanciert. Das Beharrungsvermögen und die kulturellen Eigenheiten vorindustrieller Populationen können nun unter Bezug auf die Charakteristika präoperationalen Denkens erklärt werden. Modernisierung und Industrialisierung von Gesellschaften hingegen können in einen systematischen Zusammenhang mit der Evolution des formal-logischen Denkens gesetzt werden.

Das archaische Weltbild, die Kosmologien und Religionen vorindustrieller Völker können unter Bezug auf das erkenntnisrealistische Denken erklärt werden, weiter die Magie, das animistische Denken, der Finalismus und Artifizialismus. Komplementär kann die historische Evolution der neuzeitlichen Naturwissenschaften aus der Durchsetzung des formal-logischen Denkens erklärt werden.[48]

Das vorindustrielle Rechtsverständnis, das Strafrecht, der Ordalprozess und das materielle Recht vorindustrieller Populationen sind durch Eigentümlichkeiten gekennzeichnet, die mit präoperationalen Phänomenen deckungsgleich sind. Die Merkmale des »guten, alten« Rechts können mit dem von Piaget beschriebenen präoperationalen Regelverständnis erklärt werden. Die Charakteristika des Ordalprozesses sind mit den Phänomenen der von Piaget beschrie-

---

41 Piaget (1984).
42 Piaget (1981).
43 Lurija (1986).
44 Dasen/Berry (1974).
45 Hallpike (1994).
46 Oesterdiekhoff (1992).
47 Oesterdiekhoff (1992, 1997, 2000, 2002).
48 Oesterdiekhoff (1992, 2002).

benen »immanenten Gerechtigkeit« identisch. Die »Erfolgshaftung« des primitiven Rechts ist konkordant mit der von Piaget beschriebenen »objektiven Verantwortlichkeit«. In diesem Sinne kann man insbesondere die Moralstudie von Piaget als einen Meilenstein in der wissenschaftlichen Grundlegung der Kulturtheorie, in der Theorie der kulturellen Faktoren sozialen Wandels sehen.[49] Trotz seiner ständigen Verweise auf die »Parallelen« von Ontogenese und Kulturgeschichte auch in diesem Buch war dem großen Schweizer das ganze Ausmaß seiner Entdeckungen nicht bewusst: weder im Hinblick auf die Rechtsgeschichte noch im Hinblick auf die Kultur-, Gesellschafts- und Weltgeschichte.

Literatur

BERGER, PETER L. / LUCKMANN, THOMAS (1969), *Die gesellschaftliche Konstruktion der Wirklichkeit*, Frankfurt/M.: Fischer. ■ BOSERUP, ESTER (1965), *The Conditions of Agricultural Change. The Economics of Agrarian Change under Population Pressure*, London: Allen & Unwin. ■ BREUER, STEFAN (1989), »Magisches und religiöses Charisma: Entwicklungsgeschichtliche Perspektiven«, in: *Kölner Zeitschrift für Soziologie und Sozialpsychologie*, 41, H. 2, S. 215–240. ■ DASEN, PIERRE / BERRY, JOHN W. (1974) (Hg.), *Culture and Cognition. Readings in Cross-Cultural Psychology*, London: Methuen. ■ DURKHEIM, ÉMILE (1977), *Über die Arbeitsteilung*, Frankfurt/M.: Suhrkamp. ■ ELIAS, NORBERT (1976), *Über den Prozess der Zivilisation*, 2 Bde., Frankfurt/M.: Suhrkamp. ■ ESSER, HARTMUT (2001), *Soziologie*. Bd. 6: Sinn und Kultur, Frankfurt/M.: Campus. ■ FÜRSTENBERG, FRIEDRICH (1995), *Soziale Handlungsfelder. Strukturen und Orientierungen*, Opladen: Leske + Budrich. ■ HABERMAS, JÜRGEN (1981), Theorie des kommunikativen Handelns, 2 Bde., Frankfurt/M.: Suhrkamp. ■ HALLPIKE, CHRISTOPHER ROBERT (1994), *Die Grundlagen primitiven Denkens*, München: Klett-Cotta. ■ HILLMANN, KARL-HEINZ (1989), *Wertwandel*, Darmstadt: Wiss. Buchgesellschaft. ■ INGLEHART, RONALD (1997), *Modernisierung und Postmodernisierung*, Frankfurt/M./New York: Campus. ■ LURIJA,

ALEKSANDR R. (1986), *Die historische Bedingtheit individueller Erkenntnisprozesse*, Weinheim: VCH. ■ MCCLELLAND, DAVID (1966), *Die Leistungsgesellschaft. Psychologische Analyse der Voraussetzungen wirtschaftlicher Entwicklung*, Stuttgart: Kohlhammer. ■ MEAD, GEORGE H. (1973), *Geist, Identität und Gesellschaft*, Frankfurt/M.: Suhrkamp. ■ NORTH, DOUGLASS C. (1988), *Theorie des institutionellen Wandels. Eine neue Sicht der Wirtschaftsgeschichte*, Tübingen: Mohr. ■ OESTERDIEKHOFF, GEORG W. (1992), *Traditionales Denken und Modernisierung. Jean Piaget und die Theorie der sozialen Evolution*, Opladen: Westdeutscher Verlag. ■ OESTERDIEKHOFF, GEORG W. (1993), *Unternehmerisches Handeln und gesellschaftliche Entwicklung*, Opladen: Westdeutscher Verlag. ■ OESTERDIEKHOFF, GEORG W. (1997), *Kulturelle Bedingungen kognitiver Entwicklung. Der strukturgenetische Ansatz in der Soziologie*, Frankfurt/M.: Suhrkamp. ■ OESTERDIEKHOFF, GEORG W. (2000), *Zivilisation und Strukturgenese. Norbert Elias und Jean Piaget im Vergleich*, Frankfurt/M.: Suhrkamp. ■ OESTERDIEKHOFF, GEORG W. (2001 a), »Epilog: Theorie des Wertwandels als Theorie der Kulturgeschichte?«, in: Oesterdiekhoff, Georg W. / Jegelka, Norbert (Hg.), *Werte und Wertewandel in westlichen Gesellschaften. Resultate und Perspektiven der Sozialwissenschaften*, Opladen: Leske + Budrich. ■ OESTERDIEKHOFF, GEORG W. (2001 b), Rezension von Douglass C. North, »Theorie des institutionellen Wandels« und von Mancur Olson, »Aufstieg und Niedergang von Nationen«, in: Oesterdiekhoff, Georg. W. (Hg.), *Lexikon der soziologischen Werke*, Opladen: Westdeutscher Verlag, S. 508 f. und 517 f. ■ OESTERDIEKHOFF, GEORG W. (2002), *Der europäische Rationalismus und die Entstehung der Moderne*, Stuttgart: Breuninger. ■ OLSON, MANCUR (1985), *Aufstieg und Niedergang von Nationen*, Tübingen: Mohr. ■ PARSONS, TALCOTT (1975), *Gesellschaften*, Frankfurt/M.: Suhrkamp. ■ PIAGET, JEAN (1973), *Das moralische Urteil beim Kinde*, Frankfurt/M.: Suhrkamp. ■ PIAGET, JEAN (1981), *Das Weltbild des Kindes*, Frankfurt/M.: Fischer. ■ PIAGET, JEAN (1984), *Psychologie der Intelligenz*, Stuttgart: Olten. ■ SIEFERLE, ROLF PETER (1997), *Rückblick auf die Natur*, München: Luchterhand. ■ TENBRUCK, FRIEDRICH H. (1975), »Das Werk Max Webers«, in: *Kölner Zeitschrift für Soziologie und Sozialpsychologie*, 27, S. 663–702. ■ WEBER, MAX (1978, 1981), *Die protestantische Ethik*, 2 Bde., Winckelmann, Johannes (Hg.), Gütersloh: Mohn. ■ WEBER, MAX (1988), *Gesammelte Aufsätze zur Religionssoziologie*, 3 Bde., Paderborn: UTB.

---

49 Piaget (1973).

14.3 Soziale Ungleichheit, Klassen und Kultur

Michael Vester

Klassen und Kultur erscheinen oft als gegensätzliche Konzepte. In der idealistischen deutschen Tradition werden die sozialen Klassen dem Reich der Notwendigkeit zugerechnet, während Kultur dem Reich der Freiheit angehört. Die soziale Klasse erscheint als Ausdruck der »harten Tatsachen« ökonomischer Ungleichheit, Kultur als Ausdruck des freien Willens der Einzelnen bzw. des freien Umlaufs der Gedanken.

Auch in den neueren Diskussionen über soziale Ungleichheit wirkt dieses Gegensatzpaar nach. An die Stelle der Ungleichheit der industriellen Klassengesellschaft sei, so heißt es, die Vielfalt der post-industriellen Ungleichheiten nach Geschlecht, Altersgruppe, ethnischer Herkunft, Religion, Lebensstil usw. getreten. Die alten Großgruppen der Klassengesellschaft hätten sich aufgrund des Wohlstands, der Fragmentierung sozialer Zusammenhänge und der Differenzierung frei gewählter post-materieller Lebensstile und Überzeugungen weitgehend aufgelöst. Auch wenn nun soziale Schieflagen und Ausschließungen zurückkehrten, komme es aufgrund von Fragmentierung, Differenzierungen und Individualisierung nicht mehr zu Verhaltensweisen und kulturellen Identitäten, die sich sozialen Klassen zuordnen ließen.

Das Schema des unvermittelten Gegensatzes zwischen der materiellen und der ideellen Welt hat sich in suggestiven Denkmustern verfestigt. Es scheint ganz selbstverständlich, dass für die Zugehörigkeit zu einer sozialen Klasse die Zugehörigkeit zu bestimmten Kategorien des Berufs, des Einkommens oder der materiellen Lage maßgeblich ist. Werden diese »objektiven« sozialstatistischen Gruppen durch den sozialen Wandel »heterogen«, dann kann sich, so scheint es, auch kein »homogenes« Klassenbewusstsein mehr entwickeln. Fallen gar die Zwänge ökonomischer Unterdrückung fort, so besteht eine Art von kulturellem Vakuum. Vertreter der Individualisierungsthese meinen, dass dann die Menschen aufgrund freier Reflexion ihre Denkweisen und Lebensstile selber entwickeln können. Kulturpessimistische Kritiker betonen, dass nun die Menschen erst recht den Einflüssen der neuen kulturellen und medialen Eliten ausgeliefert seien. Andere wiederum bestreiten die Auflösungsthese. Schichtsoziologen belegen empirisch die Kontinuität vertikaler Status- und Einkommensscheren und Interessenlagen. Orthodoxe Marxisten verweisen mit ökonomischen Daten auf eine zunehmende »objektive« Ausbeutung, die ihres Erachtens Voraussetzung eines wiedererstehenden Klassenbewusstseins ist.

Trotz ihrer verschiedenen Bewertungen ist allen diesen Szenarien gemeinsam, dass sie die Menschen als eigenschaftslose Subjekte verstehen, die im Grunde nur aufgrund äußerer Zwänge oder Suggestionen handeln können. Demgegenüber soll in diesem Aufsatz versucht werden, die Menschen als aktive soziale Akteure zu verstehen, die auf ihrem Lebensweg bestimmten Strategien folgen. Diese Strategien sind empirisch vielfältig, aber doch an der Zugehörigkeit zu »sozialen Milieus« oder »Klassenmilieus« orientiert, die einen bestimmten Ort im sozialen Raum und im Gefüge der gesellschaftlichen Beziehungen einnehmen. Das Konzept des Milieus liegt quer zu dem mechanischen Dualismus von objektiven und subjektiven Bestimmungen. Es geht von einer Dialektik zwischen beiden aus, d. h. davon, dass die Menschen ihre kulturellen Handlungsmuster in ihren Herkunftsmilieus erwerben, aber auch durch neue Erfahrungen abwandeln und differenzieren. Die Kultur eines Milieus ist nichts rein Ideelles. In ihr geht es immer auch darum, eine bestimmte Lebensweise zu verwirklichen, bestimmte Berufsfelder zu erreichen und bestimmte Beziehungen zur übrigen Gesellschaft herzustellen.

Die Typologie der Klassenkulturen oder sozialen Milieus, die in diesem Aufsatz entwickelt wird, gründet sich auf empirische Forschungen, die einer neuen, dynamischen Interpretation der von Pierre Bourdieu entwickelten Konzepte des Klassenhabitus und des sozialen Raumes folgen. Diese neue Interpretation ist vor allem durch den Rückgriff auf die Klassen- und Kulturkonzepte der frühen Cultural Studies von Raymond Williams, Edward Thompson und anderen möglich geworden.

Methodologisch gehen die Forschungen von dem Milieukonzept Émile Durkheims aus, das ökonomische und kulturelle Dimensionen miteinander verbindet. Soziale Klassen werden demnach nicht primär als Aggregate der amtlichen Berufsstatistik, sondern als Aggregate sozialen Handelns verstanden, d. h. als Gruppen, die sich durch einen gemeinsamen Habitus und entsprechende Muster des Geschmacks und der Praxis von anderen Milieus unterscheiden. Je nach Habitustyp folgen die Milieus bestimmten biographischen Strategien, denen spezifische Bildungs- und Berufsziele und im Falle sozialen Wandels auch Ersatzziele entsprechen.

Ökonomische Verortungen werden somit nicht überflüssig – wie es bei einigen Theoretikern des Postmaterialismus, des Überflusses und der Klassenlosigkeit der Fall ist. Sie werden in einer dialektischen Beziehung zu den praktischen Selbstdefinitionen der sozialen Gruppen gesehen. Entsprechend wird Kultur nicht als völlig autonomes, sondern als *relativ* autonomes Feld der symbolischen Praxis verstanden, in dem es um die Deutung der Praxis und der Kämpfe der sozialen Gruppen geht. Empirisch entsprechen heute, im Sinne Durkheims, die Vorstellungen (visions) der Menschen immer noch den Teilungen (divisions) der Gesellschaft.

1. Fortbestand oder Ende der Klassengesellschaft?

Seit den 1970er Jahren hat die Vorstellung einer Auflösung sozialer Klassen in der öffentlichen Meinung wieder die Vorherrschaft erlangt, diesmal in der Formulierung von Ulrich Beck[1] und später auch Anthony Giddens.[2] Becks These der Individualisierung beruht auf einer eher synkretistischen Kombination neuer Trenddiagnosen. Sein Corpus von Argumenten geht vor allem von der Hypothese Daniel Bells aus, dass die Klassenteilungen der industriellen Gesellschaft durch eine *postindustrielle Gesellschaft*, in der die Dienstleistungen dominieren, überwunden würden. Bells Hypothese war mit der Annahme verbunden, dass die auf kapitalistisches Privateigentum gegründete Klassenherrschaft

ersetzt werden würde durch die ›legitime Autorität‹ der intellektuellen Elite einer *Wissensgesellschaft*,[3] die sich kulturell auf die »stille Revolution« der *postmateriellen Werte* gründete.[4]

Die Dominanz dieser Ideen eines neuen historischen Bruchs wurde vor allem möglich vor dem Hintergrund des Zusammenbruchs der orthodox marxistischen wie auch der neomarxistischen Ideen. Diese hatten mit der Studentenbewegung von 1968 eine kurzzeitige Hegemonie gewonnen, wurden aber zunehmend mit der Schwierigkeit konfrontiert, ihr »historisches Subjekt« weder in einer revolutionären Arbeiterklasse noch in den marginalisierten Gruppen der Welt finden zu können. So wandten sich die Intellektuellen seit dem Ende der 1970er Jahre zunehmend den Akteuren der *neuen sozialen Bewegungen* zu, die nicht durch ökonomische Ausbeutung oder soziale Ausschließung, sondern in kulturellen Begriffen definiert wurden: als Avantgarde einer alternativen Kultur.

In der Tradition Sartres verstanden sie sich als klassenlos. In noch unbestimmter Weise fühlten sie sich den nicht der Arbeiterschaft zugehörigen diskriminierten Gruppen verbunden, insbesondere den Frauen, den Alten und Benachteiligten sowie den ethnischen und anderen Minderheiten. Ihre Ansprüche waren ›universalistisch‹. Nicht materielle Klasseninteressen, sondern die Interessen der ganzen Menschheit schienen sich in ihren Zielen auszudrücken. Es waren die Interessen der Ökologie und der Gesundheit, des Friedens und der multiethnischen Solidarität, der persönlichen und der weiblichen Emanzipation und nicht zuletzt einer partizipativen Zivilgesellschaft.[5]

Auch frühere marxistische Theoretiker des »falschen Bewusstseins« schlossen sich diesem ›cultural turn‹ an. Sie sahen die Arbeitsklasse nicht mehr durch eine »Verbürgerlichung«, sondern durch die Differenzierungen der Berufsstatistik verschwinden. André Gorz[6] formulierte seinen »Abschied vom Proletariat« und setzte seine Hoffnungen in die »Nicht-

---

1 Beck (1983, 1986).
2 Giddens (1999).
3 Bell (1983).
4 Inglehart (1977).
5 Brand u. a. (1983); Raschke (1985).
6 Gorz (1980).

Klasse der Nicht-Arbeiter«. Auch diese postindustriellen Visionen wurden weithin gegen den Hintergrund der düsteren orthodoxen Mythologie einer homogenen ökonomischen Klassenunterdrückung und Ausschließung von der Macht formuliert.

Insgesamt gingen die neuen Szenarien entweder, wie im Falle Daniel Bells, von einer Transformation der Klassen oder, wie im Falle Ulrich Becks, von der Erosion der Klassen aus. Der Übergang von der physischen Arbeit und Repression der Industriegesellschaft zur kultivierten Welt des Dienstleistungssektors schien begleitet von dem Übergang zu »postmateriellen Werten«. Begründet wurde dieser Wertewandel nach dem einfachen mechanischen (d. h. keine Aktivität der Subjekte einschließenden) Gesetz der Bedürfnishierarchie von Abraham Maslow:[7] Nach der *Sättigung der materiellen Bedürfnisse* durch steigenden Wohlstand seien nun die höheren Bedürfnisse an der Reihe.

Ulrich Beck[8] führte die Argumentation weiter. Für ihn wird die neue allgemeine Tendenz der Individualisierung nicht allein durch die Sättigung der materiellen Bedürfnisse verursacht, sondern auch durch eine zweite Folge des Übergangs zum Postindustrialismus: die *soziale Fragmentierung durch Mobilität*. Die sozialen Bindungen an die enggeknüpften Herkunftsmilieus werden, so Beck, fragmentiert durch die Wanderung in andere örtliche, berufliche und ausbildungsbezogene Kontexte, wo die Kohäsion locker ist und freier gewählt werden kann. Mit der Theorie der Fragmentierung (von der die Intellektuellen, mit ihrer individualisierten Lebensweise, immer fasziniert waren) sieht sich Beck explizit – und zutreffend – in der Tradition von Marx.[9] Nur seien zu Zeiten von Marx die fragmentierten Individuen unter dem Druck homogener Lagen und äußerer Not wieder zur Solidarität zurückgekehrt. Dieser äußere Druck aber fehle heute. An dessen Stelle seien heute wachsende Lebens-, Bildungs- und Wohlfahrtsstandards sowie neue Differenzierungen nach Lebensstilen, Geschlecht, Alter, Ethnie usw. getreten. Durch die Freiheit von Not

seien die Individuen befähigt, aufgrund reflexiver Erwägung und Entscheidung *Lebensstil und Milieu frei zu wählen*.

Auf diese Annahmen einer Gesellschaft »jenseits von Klasse und Stand« gründen Beck und Giddens ihr *neues Politikmodell* »jenseits von links und rechts«, d. h. die Erwartung, die neuen Milieus und Bewegungen würden mit ihren universalistischen Werten unaufhaltsam das Modell der ›materialistischen‹ Klasseninteressen ersetzen.

Nach den äußeren empirischen Merkmalen erscheint Becks Vision zunächst plausibel. Die Daten der amtlichen Erwerbsstatistik bestätigen, dass seit 1950 die traditionellen gesellschaftlichen und politischen Strukturierungen zunehmend unter Druck geraten sind. Die alten ständischen Gruppen der Kleinbauern und Kleinbürger sind weitgehend verschwunden. Bis zum Ende des Jahrhunderts verminderten sich die Selbständigen von 16 % auf 11 %, die Mitarbeit von Familienangehörigen von 16 % auf 1 % der Erwerbstätigen. Wer freigesetzt wurde, konnte, jedenfalls bis in die 1970er Jahre, überwechseln in die Gruppe der Arbeitnehmer, die von 68 % auf 89 % wuchs. Neue Technologien trugen dazu bei, dass gleichzeitig die Erwerbstätigkeit im Agrarsektor von 25 % auf unter 3 %, in der Industrie von 43 % auf unter 35 % schrumpfte. Durch die Ausweitung des Sozialstaats und der privaten (allerdings oft industrienahen) Dienstleistungen wuchs der tertiäre Sektor auf etwa 60 %. Zugleich verminderten sich auch die hierarchischen Unterschiede zwischen Angestellten und Arbeitern durch die Verbesserung der materiellen, gesundheitlichen, rechtlichen, ausbildungsmäßigen und partizipatorischen Standards.

Aber welches sind die sozialen Beziehungen, für die diese äußeren Merkmale stehen? Die Interpretation Becks greift vor allem die naive Alltagsvorstellung von der Klassengesellschaft auf (der seine Thesen auch ihre Breitenwirksamkeit verdanken), das Bild einer krassen sozialen Unsicherheit und Ausschließung. Diese Merkmale der »Proletarität« sind tatsächlich, wie es der Historiker Josef Mooser[10] etwa zeitgleich mit Beck[11] analysierte, weitgehend geschwunden. Jedoch gelangt Mooser zu einer anderen, differenzierteren Gesamtdiagnose. Danach sind zwar die ungelernte und schwere körperliche Arbeit, die materielle Not und soziale Un-

---

7 Maslow (1954).
8 Beck (1983, 1986).
9 Beck (1983, S. 47); vgl. Marx/Engels (1959).
10 Mooser (1983, 1984).
11 Beck (1983).

sicherheit, die Rechtlosigkeit gegenüber Autoritäten in Betrieb und Gesellschaft und die formellen Klassenteilungen im Bildungs- und Sozialsystem weitgehend geschwunden. Auch die Tendenzen zu einer vermeintlich vereinheitlichenden ›proletarischen‹ Lebens- und Arbeitsweise haben seit dem Ende der Industrialisierung in den 1920er Jahren nicht zugenommen. Beispielsweise lebten und arbeiteten nach wie vor die Arbeiter zu etwa zwei Dritteln in kleinen und mittleren Orten und Betrieben, inzwischen auch mit immer mehr Wohneigentum. Damit war jedoch, so Mooser, keineswegs eine Verbürgerlichung oder ein Verschwinden der Klassenunterschiede eingetreten. Für die Arbeitnehmer waren nach wie vor die Leistungsanforderungen und Arbeitsbedingungen belastender, die Lebenslagen knapper und die sozialen Chancen geringer, und es bestand auch ein entsprechendes Bewusstsein der Teilung in ein gesellschaftliches Oben und Unten.

Auch andere Autoren verweisen nicht auf eine *Auflösung*, sondern auf eine *Modernisierung* und weitere Differenzierung der Klassengesellschaft. Viele Soziologen haben darauf hingewiesen, dass trotz Differenzierung die vertikalen Herrschaftsstrukturen weiterbestanden, allerdings in neuen Formen, die Theodor Geiger[12] und Ralf Dahrendorf[13] als »*institutionalisierten Klassenkonflikt*« bezeichnet hatten. Internationale Vergleichsuntersuchungen wiesen darauf hin, dass auch der wachsende Dienstleistungssektor durch Klassenungleichheit vertikal geteilt blieb.[14] Arbeitssoziologen stellten fest, dass durch die Verminderung der Unterschiede zwischen Arbeitern und Angestellten eine Art gemeinsames »Arbeitnehmerbewusstsein«, als Bewusstsein der eigenen Rechte gegenüber Unternehmen und Staat, entstanden war.[15] Andere verwiesen auf die Tendenzen zunehmenden Bürgersinns und einer »partizipatorischen Revolution«, ganz im Gegensatz zu der vermeintlichen individualistischen Privatisierung.[16]

2. Eine relationale Klassentheorie

Alle diese Untersuchungen liegen jenseits der statischen und unhistorischen Alternative »Gibt es noch vertikale Klassenunterschiede *oder* lösen sie sich auf?«. Weder das Modell von Beck noch die immer erneut wiederbelebten Modelle einer Tendenz zur krassen Klassenpolarisierung scheinen analysieren zu können, welches die Spannungen in der Sozialstruktur sind, die die verschiedenartigen neuen sozialen Bewegungen entstehen ließen, und mit welchem Konzept der Sozialstruktur diese Spannungen erklärt werden können. Beide Modelle beruhen auf der stillschweigenden Annahme, dass der Zusammenhalt und die Abgrenzung von sozialen Klassen allein durch äußere Zwänge und die äußere Stellung in der Sozialstruktur erklärt werden könne. Selbst Becks Idee der Individualisierung beruht – negativ – auf dieser Annahme, wenn er argumentiert, dass die freie Wahl des Milieus nur durch die Abwesenheit äußeren Zwangs möglich sei.

Beiden Richtungen fehlt ein Konzept des handelnden Subjekts und der sozialen wie kulturellen Voraussetzungen seines Verhaltens. Solche Konzepte, die den Dualismus von Objektivismus und Subjektivismus überwinden könnten, waren von unorthodoxen Marxisten, von Rosa Luxemburg bis Karl Korsch, immer wieder gefordert worden. Ihre konsequente Entwicklung finden wir erst in den frühen Cultural Studies der englischen New Left, insbesondere bei Raymond Williams, Edward Palmer Thompson und der Birminghamer Gruppe um Stuart Hall und John Clarke, und etwa gleichzeitig auch bei Pierre Bourdieu und den von ihm angeregten neuen Forschungen.

In beiden Strömungen wurde, verbunden mit historisch-empirischen Untersuchungen, eine Reihe von einzelnen Konzepten entwickelt, die »Kultur« als Moment einer historischen Gesamtentwicklung zu verstehen erlaubten. Diese Theoreme, die nachfolgend etwas näher erläutert werden sollen, lassen sich in etwa sechs Konzepten zusammenfassen:

(1) An die Stelle des idealistischen Kulturbegriffs setzte Williams einen *materialistischen Kulturbegriff*, der gleichbedeutend mit dem ethnologischen und dem soziologischen Kulturbegriff ist und der sowohl die äußere (praktische) Lebensweise wie die innere (symbolische) Vorstellungswelt umfasst. Parallel

---

12 Geiger (1949).
13 Dahrendorf (1957).
14 Esping-Andersen (1993); vgl. Müller (1997).
15 Kern/Schumann (1982); vgl. Mooser (1984).
16 Kaase (1984).

dazu entwickelte Bourdieu das Konzept des *Habitus*, der die Gesamthaltung und die Handlungsstrategien eines Akteurs oder einer Akteursgruppe bezeichnet.

(2) Entsprechend erklärte Thompson Klassengegensätze nicht einfach aus dem Verfall quantitativer materieller Standards, sondern aus *Gerechtigkeitskonflikten*, bei denen es um die Qualität der ganzen Lebensweise, also gleichzeitig um ökonomische und kulturelle ›Standards‹ geht.

(3) Um diese Konflikte zu verstehen, entwickelten Thompson und Bourdieu ihre Konzepte des *Feldes*. Ob Individuen eine soziale Klasse bilden, hängt danach nicht allein von Einzelmerkmalen, sondern von der Konstellation ihrer Beziehungen in gesamtgesellschaftlichen Kräftefeldern ab, die den Einzelmerkmalen erst ihre Bedeutung (als »gerecht«, »ungerecht« usw.) gibt.

(4) Mit den Widerspiegelungs- und Manipulationstheorien musste auch die Vorstellung aufgegeben werden, dass Habitus oder Mentalitäten durch ideelle oder materielle Einflüsse relativ rasch verändert werden können. Statt dessen entstand das Konzept einer historischen Genealogie. Danach entwickeln sich die Milieus wie *Familienstammbäume*. Sie gestalten ihren Habitus relativ autonom und verändern ihn auch nur relativ langsam – vor allem vermittelt durch neue praktische Erfahrungen und durch Generationenkonflikte.

(5) Zusätzlich wurde die Annahme aufgegeben, dass eine soziale Klasse aufgrund ihrer objektiven Lage mit Notwendigkeit ein bestimmtes (z. B. revolutionäres) politisches Kampfbewusstsein erwerben müsse (wenn sie nicht durch kulturelle Erkenntnisschranken, Manipulationen oder Hegemonien daran gehindert würde). Stattdessen wurde die Erkenntnis aufgenommen, dass die *politisch-ideologischen Lager* in der Regel aus den großen historischen Kämpfen im politischen Feld entstehen und ein gewisses Eigenleben als sozialer Zusammenhang entwickeln.

(6) Deutlich wurde schließlich auch, dass die komplexen Veränderungen der Gesamtstruktur sozialer Klassen nicht mit den eindimensionalen Modellen vertikaler Klassen- und Schichtgliederung und oder des individuellen Wollens erklärt werden können. An deren Stelle setzte Bourdieu das Konzept des *mehrdimensionalen sozialen Raums*, das Veränderungen aus dem Zusammenspiel verschiedener relativ autonomer Kräftefelder erklären kann.

Die Tragweite dieser Konzepte, die einen Bruch mit den herkömmlichen Klassentheorien erfordern, lässt sich nicht hinreichend erfassen, wenn sie im Rahmen der herkömmlichen »aristotelischen«, also von *Substanzmerkmalen* ausgehenden, Paradigmen verstanden werden. Die Konzepte gehen aus vom logischen und realen Primat der Relationen,[17] d. h. der *sozialen Beziehungen* (Herrschaft, Arbeitsteilung usw.). Damit gehen sie über ihr zeitbedingtes Ziel, sich von den Orthodoxien der 1950er Jahre abzugrenzen, hinaus. Sie begnügen sich nicht damit, die alten Schemata einfach umzudrehen und etwa einen »Postmaterialismus« an die Stelle eines »Materialismus« zu setzen. Sie versuchten vielmehr, solche Denkweisen zu durchkreuzen.

3. Klassen als sozio-kultureller Zusammenhang

Dies erweist sich insbesondere am »materialistischen Kulturbegriff«. Vordergründig entstand er aus der Kritik an dem idealistischen Konzept des Klassenbewusstseins, das nach 1945 viele orthodoxe Marxisten zu dem Schluss geführt hatte, dass es zwar »objektiv« noch Klassen gebe, dass aber das »richtige«, d. h. revolutionäre Bewusstsein der Arbeiterklasse verschwunden sei. Erklärt wurde dieses »falsche Bewusstsein« mit den Einflüssen der »Fragmentierung« der Arbeitermilieus, der »kulturellen Hegemonie« der Bourgeoisie bzw. ihres Staatsapparates und mit den Illusionen der Konsumgesellschaft und des Wohlfahrtsstaates.

Hinter diesen Vermutungen stand die Annahme, dass eine ›objektive‹ soziale Lage (etwa Klassenunterdrückung) ›eigentlich‹ ein antagonistisches Klasseninteresse (Opposition gegen die unterdrückende Klasse) und Klassenhandeln (Kampf um die politische Macht) nach sich ziehen müsse. In diesen Annahmen kehrten nicht zuletzt die Vorstellungen des jungen Engels und des jungen Marx wieder, die erwartet hatten, dass Verelendung und Wirtschaftskrisen eine Empörung der Volksklassen auslösen würde, die (von den kritischen Philosophen geführt) nach dem *jakobinischen Modell der Französischen Revolution* zur Eroberung der *Staatsmacht* führen

---

17 Bourdieu (2000).

werde. Diesem Revolutionsmodell der Intellektuellen wurde seit der Entstehung der Arbeiterbewegung ein alternatives *Modell sozialer Bewegungen* entgegengesetzt, nach dem (ohne Geringschätzung der politischen Demokratie) die Erringung *sozialer Macht* in den Betrieben und in der Alltagswelt im Zentrum stehen sollte. Vom jakobinischen Revolutionsmodell aus wurde dieses Modell als theoriewidrige »reformistische« Illusion bewertet.

Den Bruch mit dem Schema eines Dualismus zwischen objektiver Klassenlage und subjektivem Klassenbewusstsein vollzog Raymond Williams 1958 in seiner kulturhistorischen Untersuchung *Culture and Society*. Er verstand Klasse als realen sozialen und kulturellen Beziehungszusammenhang. Wie Bourdieu[18] definierte Williams[19] Kultur ethnologisch. Danach ist »die Kultur nicht nur ein System intellektueller und imaginativer Arbeit, sie besteht hauptsächlich auch aus der *gesamten Lebensweise*. Die Grundlage für eine Unterscheidung zwischen bürgerlicher und Kultur der Arbeiterklasse liegt nur in zweiter Linie auf dem Gebiet der intellektuellen und imaginativen Arbeit. [...] Der entscheidende Unterschied liegt in den alternativen Ideen über die Natur der gesellschaftlichen Beziehungen. [...] Wir können nun verstehen, was ›Kultur der Arbeiterklasse‹ wirklich heißt. Keine proletarische Kunst [...] oder ein Sprachgebrauch, sie ist vielmehr die fundamentale, kollektive Idee zusammen mit den von ihr ausgehenden Einrichtungen, Gewohnheiten der Gedanken und Intentionen.«

Aus dieser Sicht konnten die Verbesserungen des Lebensstandards in den 1950er Jahren für sich genommen noch nicht als Beweis für eine »Verbürgerlichung« der Arbeiterklasse gelten. Vielmehr hing die Eigenart der Arbeiterkultur davon ab, welche soziokulturelle *Bedeutung* sie den äußeren Attributen des Lebensstils und des Konsums gab. Die Bedeutung der Arbeiterkultur sah Williams in zwei Prinzipien: in den praktischen Erfahrungen der »Gemeinschaft« und der »Solidarität« und im Bild einer zwischen oben und unten geteilten Gesellschaft. Dem stellte er die Kultur der Mittelklasse entgegen, mit den Prinzipien der »Individualität« und des »Dienstes« und dem Bild der Gesellschaft als einer »Hierarchie« oder »Leiter«.

Trotz gewisser idealisierender Züge der Typologie erlangte Williams' Entwurf einer Theorie großen Einfluss nicht nur im angelsächsischen Bereich, sondern auch im Westdeutschland[20] und in der DDR der 1970er Jahre.[21] Bourdieu, der Williams sehr schätzte, bekannte, dass er statt des Begriffes »Kultur« den Begriff des »Habitus« gewählt habe, um die herkömmliche Verwechslung von Kultur und höherer Kultur zu vermeiden.[22]

4. Das reale und das mythische Proletariat

Das zweite neue Theorem betrifft die historische Entstehung der Klassengegensätze. Bereits 1963 legte Thompson seine monumentale Untersuchung des historischen Übergangs von der anscheinenden Klassenharmonie des 18. Jahrhunderts zu den Klassenantagonismen der industriellen Revolution in England vor, »The Making of the English Working Class«.[23] Mit überreichem neuen Material und einem neuen klassentheoretischen Ansatz setzte er den Mythos des homogenen, verelendenden Proletariats außer Kraft.

Dieser Mythos geht auf die von dem jungen Friedrich Engels[24] entwickelte Auffassung zurück, dass die militante industrielle Arbeiterklasse mit Naturnotwendigkeit durch die vereinheitlichenden und entmenschlichenden Einflüsse der industriellen Arbeits- und Lebensbedingungen erzeugt werde. Engels, selbst kein Zeitzeuge der Entstehungsjahre der Arbeiterbewegung, kam erst nach 1840 nach Manchester und war wesentlich auf die Berichte und Sichtweisen jakobinischer Freunde wie Henry Vincent (1813–1878) angewiesen.

Demgegenüber konnte Thompson den Bewegungen von den 1790er Jahren bis zu ihrem Höhepunkt 1832 in ihrer ganzen Breite nachgehen. Gestützt auf

---

18 Bourdieu (1982, S. 17).

19 Williams (1972, S. 389, 392, Hervorhebung hinzugefügt).

20 Vgl. Vester (1976).

21 Mühlberg (1978/1978/1985). – Auch unsere neue Typologie trägt noch Spuren dieses frühen Einflusses. Denn sie stellt, wie Williams, die Habitustypen in den Begriffen der alltagskulturellen Beziehungs- und Wahrnehmungsmuster und der Handlungsprinzipien dar (Vester u. a. 2001, S. 503–541).

22 Bourdieu (1974, S. 41).

23 Thompson (1987); vgl. Thompson (1980 a, 1980 b); Vester (1970).

24 Engels (1970).

empirische Nachforschungen ungeheuren Umfangs konnte er belegen, dass der große Protest nicht von den Fabrikarbeitern allein und auch nicht von denen gekommen war, die am meisten unter materiellem und moralischem Elend litten. Entstanden war er gerade in den ›respektablen‹ arbeitenden Volksklassen, deren soziale Stellung und politische Rechte durch die liberalistische Wende in Wirtschaft und Politik gefährdet wurden. Die genaue statistische Analyse ergab, dass in der industriellen Revolution kein allgemeines Absinken materieller Lebensstandards nachzuweisen war. Entscheidend waren nicht die Daten des Lebensstandards, sondern die Erfahrungen des Verlustes früherer Freiheiten und Qualitäten der Lebensweise und die daraus folgenden sozialen Spannungen.

Von dieser zentralen Korrektur des Mythos der Verelendung aus gelangte Thompson zu einem relationalen, von Beziehungen statt Merkmalen ausgehenden Klassenkonzept. In Formulierungen, die denen Bourdieus[25] sehr ähnlich sind, geht Thompson[26] davon aus, Klassen aus den an die Zeitdimension gebundenen Dynamiken des Beziehungshandelns zu definieren: »Soziologen, die die Zeitmaschine gestoppt haben und nach allerhand theoretischem Keuchen und Schnaufen in den Maschinenraum hinabgestiegen sind, um mal nachzusehen, sagen, dass sie dort nirgends eine Klasse auffinden und klassifizieren konnten. Sie können nur eine Vielzahl von Leuten mit verschiedenen Berufen, Einkommen, Statushierarchien usw. finden. Natürlich haben sie recht, insofern Klasse nicht dieses oder jenes Teil der Maschine ist, sondern *die Weise, in der die Maschine arbeitet*, sobald sie in Bewegung gesetzt ist, nicht dieses oder jenes Interesse, sondern das *Spannungsverhältnis* (friction) der Interessen – die Bewegung selbst, die Hitze und der donnernde Lärm. Klasse ist eine soziale und kulturelle Formation (die oft institutionellen Ausdruck findet), die nicht abstrakt oder isoliert definiert werden kann, sondern nur im Verhältnis zu anderen Klassen; und schließlich kann die De-finition nur in der Dimension der *Zeit* (medium of time) gemacht werden, d. h. von Aktion und Reaktion, Wandel und Konflikt.«

Erst in der Zeitdimension des Beziehungshandelns ergibt sich die *Möglichkeit* (und nicht die zwangsläufige Notwendigkeit), dass Klassenverhältnisse entstehen: »Wenn wir von einer Klasse sprechen, denken wir an einen sehr locker abgegrenzten Zusammenhang (a very loosely defined body) von Leuten, die dieselbe Mischung von Interessen, sozialen Erfahrungen, Traditionen und Wertsystemen teilen, die eine *Disposition* haben, sich als eine Klasse zu verhalten, sich in ihren Handlungen und in ihrem Bewusstsein im Verhältnis zu anderen Gruppen von Leuten klassenmäßig (in class ways) zu definieren. Aber Klasse selbst ist nicht ein Ding, sondern ein Geschehen. (But class itself is not a thing, it is a happening.).«[27]

Dies führt zum Konzept des »Feldes«. Von seinen Dynamiken hängt ab, wie die im Habitus angelegten Möglichkeiten sich verwirklichen. Der mit Bedacht gewählte Begriff der »Disposition« (den auch Bourdieu benutzt) berücksichtigt, dass es um die Anlage oder Geneigtheit, um die Möglichkeiten des Habitus geht, denen die Akteure praktisch auf verschiedene Weisen nachgeben können, je nach den Kräfteverhältnissen im Feld. Um dies zu exemplifizieren, beginnt Thompson mit den Klassenbeziehungen des 18. Jahrhunderts und verknüpft jetzt auch, ähnlich wie Bourdieu in seiner Diskussion des Gabentauschs,[28] das Konzept des *Kräftefeldes* mit der Kategorie der *historischen Möglichkeit*: »Bei der Analyse der Beziehungen von Gentry und Plebs trifft man weniger auf einen kompromisslosen Schlagabtausch von unversöhnlichen Antagonisten als vielmehr auf ein gesellschaftliches ›Kräftefeld‹. Ich denke an ein Experiment in der Schule [...], wo elektrischer Strom eine mit Eisenspänen bedeckte Platte magnetisierte. Die gleichmäßig verteilten Eisenspäne ordneten sich um den einen oder anderen Pol, während die Späne dazwischen, die an ihrem Platz blieben, sich in etwa so anordneten, als ob sie auf gegenüberliegende Pole ausgerichtet seien. So etwa sehe ich die Gesellschaft des 18. Jahrhunderts: In vieler Hinsicht befinden sich die Volksmenge an dem einen und die Aristokratie und die Gentry an dem anderen Pol; dazwischen bis tief in das Jahrhundert die Gruppen der akademischen Berufe und der Kaufleute, die durch Magnetlinien der Abhän-

---

25 Bourdieu z. B. (1982, S. 182–185).
26 Thompson (1978, S. 85; Übersetz. M. V.).
27 Thompson (1978, S. 85; Übersetz. M. V.).
28 Bourdieu (1987, S. 180–194).

gigkeit von den Herrschenden gebunden sind und gelegentlich ihre Gesichter hinter gemeinsamen Aktionen mit der Menge verstecken. Diese Metapher […] sagt uns auch viel über […] die Grenzen des Möglichen, die die Mächtigen nicht zu überschreiten wagten. Es heißt, Königin Caroline habe einmal solchen Gefallen am St. James Park gefunden, daß sie Walpole fragte, wieviel es wohl kosten würde, ihn als Privateigentum einzuhegen. ›Nur eine Krone, Madam‹, war Walpoles Antwort.«[29]

In seinen theoretischen Essays entwickelte Thompson das Konzept des »field of force« am historischen Material weiter. Aus der Kritik der statischen Klassenbegriffe des orthodoxen Marxismus und des soziologischen Positivismus, die er als epistemologisches Zwillingspaar versteht, entwickelt er Klasse als »*historische* Kategorie«, die nicht darauf verzichten darf, »den realen erfahrungsbestimmten historischen Prozeß der Klassenbildung« einzubeziehen: »Meiner Ansicht nach hat man dem Begriff ›Klasse‹ viel zuviel (meist offensichtlich a-historische) theoretische Beachtung geschenkt, dem Begriff Klassenkampf dagegen zuwenig. In der Tat ist Klassenkampf sowohl der vorgängige als auch der universellere Begriff. Im Klartext: Klassen existieren nicht als gesonderte Wesenheiten, die sich umblicken, eine Feindklasse finden und dann zu kämpfen beginnen. Im Gegenteil: Die Menschen finden sich in einer Gesellschaft, die in bestimmter Weise (wesentlich, aber nicht ausschließlich nach Produktionsverhältnissen) strukturiert ist, machen die Erfahrung, daß sie ausgebeutet werden […], erkennen antagonistische Interessen, beginnen um diese Streitpunkte zu kämpfen, entdecken sich im Verlauf des Kampfes als Klassen und lernen diese Entdeckung allmählich als Klassenbewußtsein kennen. Klasse und Klassenbewußtsein sind immer die letzte, nicht die erste Stufe im realen historischen Prozeß.«[30] In paradoxer Formulierung: »Der Klassenkampf geht der Klasse voraus.«[31]

Thompson spitzt schließlich zu: »Klasse als ein Produkt der kapitalistischen Industriegesellschaft des 19. Jahrhunderts, das dann das heuristische Verständnis von Klasse geprägt hat, hat in der Tat keinen Anspruch auf Universalität, sondern ist in diesem Sinne nicht mehr als ein Unterfall der historischen Formationen, die aus Klassenkämpfen entstehen.«[32] – Allerdings befindet sich Thompson

mit dieser Definition in guter Gesellschaft. Schon Émile Durkheim[33] definierte »Klasse« als einen Sonderfall von »Milieu«: Aus bestimmten Berufsmilieus entstehen dann Klassen, wenn ein Milieu über das andere Herrschaft ausübt und damit »Klassenkampf« hervorruft. Sehr ähnlich versteht der Soziologe Theodor Geiger[34] »Klasse« als Sonderfall von »Schicht«, der bei zugespitzten Gegensätzen eintritt.

Zugleich enthüllt Thompson die Vorstellung von der *Homogenität* der Arbeiterklasse als realitätsferne Mythologie. Er weist nach, dass die arbeitenden Klassen durch die ganze industrielle Revolution hindurch in sich äußerst heterogen nach Fachkönnen, Arbeitsverhältnissen, Regionen, Geschlecht, Alter, Konfession usw. geblieben sind. Was sie dazu motivierte, sich in politischen Koalitionen und Gewerkschaftsbewegungen zusammenzuschließen, erklärt Thompson aus sehr spezifischen Kampfkonstellationen, in denen kulturelle, wirtschaftliche, politische und nicht zuletzt internationale Konflikte sich gegenseitig verstärkten. Das Motiv der Bewegungen war nicht das Elend als solches. Das Motiv war der Zusammenstoß einer starken soziokulturellen Tradition persönlicher Autonomie, gemeindlicher Solidarität und öffentlicher Verantwortung mit einer rigorosen liberalistischen Deregulierung der Gesamtheit der Arbeits- und Lebensverhältnisse, des »whole way of life«. Die Bewegungen wurden nicht durch eine vermeintliche Homogenität zusammengebracht, sondern durch ihre *Erfahrung*, trotz ihrer Verschiedenheiten gemeinsam von einer Regierung unterdrückt zu werden, die nichts sosehr fürchtete wie eine Ausweitung der Französischen Revolution auf Großbritannien. Sobald aber, in der von Massenprotesten herbeigeführten Wahlreform von 1832, die regierenden Parteien wieder kompromissfähiger wurden und Teilen der Bewegung mehr soziale und politische Rechte zugestanden, fielen die Koalitionen der sozialen Bewegungen auch wieder auseinander.

Indem Thompson Klasse, wenn sie politisch wird, durch die gemeinsame Erfahrung und durch die

---

29 Thompson (1980 a, S. 270 f.).
30 Thompson (1980 a, S. 264–268).
31 Interview, Worcester, 9. Juli 1977.
32 Thompson (1980 a, S. 268).
33 Durkheim (1988).
34 Geiger (1949).

aktive Praxis der Bildung und Auflösung von Koalitionen definierte, brach er mit der Konvention, die Arbeiterklasse durch gleichsam natürliche Substanzeigenschaften wie die Identität körperlicher Arbeit, ökonomische Deklassierung, solidarischer Kollektivismus und Militanz zu definieren – wie dies heute wieder die Theorien der Verbürgerlichung, des Postmaterialismus und der Individualisierung tun.

5. Kontinuität und Wandelbarkeit der Klassenkulturen

Zwei der von Thompson bereits forschungspraktisch verwendeten neuen Konzepte erfuhren weitere, systematische Klärungen: das Konzept des *politischen Klassenbewusstseins* und das Konzept der *historischen Veränderung der Klassenkultur bzw. des Klassenhabitus.* Diesen Fragen widmete sich hauptsächlich das Centre for Contemporary Cultural Studies (CSSS) in Birmingham, das in den 1960er und 1970er Jahren von Richard Hoggart und dann von Stuart Hall geleitet wurde.

Bei der ersten Frage ging es um das bekannte Problem, warum der Umstand, Arbeiter zu sein, so häufig nicht mit einem radikalen Klassenbewusstsein verbunden war. Anstatt dies als ein »falsches Bewusstsein« zu verstehen, das auf Entfremdung, bürgerliche kulturelle Hegemonie oder ideologische Manipulation zurückging, erinnerte das CCCS daran, dass die Arbeitermilieus schon lange durch die Wirksamkeit langlebiger älterer Traditionen in verschiedene ideologische Lager geteilt sind, die vom militanten Kommunismus bis zum ›tory labourism‹ reichen.[35]

Diese empirische Beobachtung kann theoretisch näher geklärt werden, wenn wir Bourdieu und die politische Soziologie heranziehen. Bourdieu[36] geht aus von einem *epistemologischen Bruch* zwischen den Alltagsmilieus der Volksklassen und den ideologischen Fraktionierungen und intellektuellen Diskursen im politischen Feld, das von den Eliten der

höheren Kultur beherrscht wird: Während die *Milieus* durch die Haltungen definiert sind, die die Praxis des alltäglichen Lebens regulieren, folgen die politischen und ideologischen *Lager* einer anderen Logik. Die Forschung zu den politisch-ideologischen ›cleavages‹[37] weist auf, dass diese Trennlinien aus den großen historischen Kämpfen zwischen städtischen und feudalen, protestantischen und katholischen, arbeiterischen und bürgerlichen Parteiungen hervorgegangen sind. In diesen haben sich meist Fraktionen höherer Milieus mit Fraktionen der Volksmilieus verbunden. So erklärt sich, dass, während Klassen herkömmlicherweise als Formationen auf der *gleichen vertikalen Stufe* verstanden werden, ideologische Lager und damit auch die politischen Klassenfronten die *vertikalen Klassenstufen durchschneiden.*

Die Untersuchung der zweiten Frage entstand aus der Auseinandersetzung mit der Illusion der Klassenlosigkeit, am Beispiel der Behauptung der Jugendsoziologie, dass in der *Jugendkultur* nach dem Zweiten Weltkrieg die *Klassenunterschiede verschwunden* seien. Dabei wurde schon damals auf die Eigenart der Jugendkulturen hingewiesen, ihre Identität durch die Kombination verschiedener Attribute und Praktiken des Lebensstils verschiedener Herkunft zu entwickeln. Die Birminghamer Forschungsgruppe bezeichnete diese Praktiken, einen Terminus von Lévi-Strauss aufgreifend, als ›bricolage‹ oder ›Basteln‹. Durch hermeneutische Interpretation gelangte sie allerdings nicht zur These der Individualisierungstheorie, dass die Klassenkulturen durch autonom erzeugte »Bastel-Identitäten« abgelöst würden. Vielmehr fanden sie hinter der anscheinenden Heterogenität der Elemente jeweils einen gemeinsamen klassenkulturellen Nenner.[38]

Wenn die Kultur oder der Habitus einer sozialen Gruppe nicht eine bloße Widerspiegelung der ökonomischen Stellung ist, sondern überliefert und verstärkt wird durch die sozialisierende Erfahrung in Familie, peer group und späteren Milieuzusammenhängen, dann muss es eine sozio-kulturelle Erklärung für den Wandel der Kultur in den jugendlichen peer groups geben. Wenn Sozialisation als aktive Praxis verstanden wird, dann kann eine Gruppenidentität nicht einfach durch passives Geprägtwerden, sondern nur durch aktive, auch konfliktreiche Interaktion erworben werden. In ihren empirischen Projekten

---

35 Clarke/Hall u. a. (1979, S. 91–93).
36 Bourdieu (1982, S. 620–726).
37 Rokkan (1965); Lepsius (1973 [1966]).
38 Clarke/Hall u. a. (1979, S. 102–139).

entwickelte die Birminghamer Jugendforschung das Konzept einer Dialektik von Kontinuität und Wandel: Einerseits perpetuieren die jüngeren Generationen der Milieus im Allgemeinen die *Grundmuster* der Herkunftskultur (parent culture), andererseits geben sie diesen ihre *eigene* Interpretation und Modifikation, ihren Erfahrungen in einer sich wandelnden sozialen Welt entsprechend.

Diese Untersuchungen bestätigen die für Bourdieu zentrale These der »relativen Autonomie« auch für die Alltagskultur. Sie entwickelt sich in der Lebenswelt, parallel zu den in der Arbeitswelt auch direkter erfahrbaren Klassenherrschaftsverhältnissen, teils von dieser herausgefordert, teils eigengesetzlich. So bliebe von dem absoluten Bruch mit der Herkunftskultur, wie ihn die Thesen der Individualisierung und des Wertewandels unterstellen, hauptsächlich ein Formenwandel oder eine *Habitus-Metamorphose*, die beides miteinander verbindet: Elemente des Bruchs mit der Herkunftskultur und gleichzeitig Elemente der Kontinuität.

6. Der soziale Raum als Kräftefeld

Erst die theoretisch stringente Formulierung der neuen Ansätze, wie sie Pierre Bourdieu[39] vorlegte, hat es ermöglicht, die – auch noch bei Bourdieu – eher implizite Methodologie empirischer Habitus- und Feldanalyse zu explizieren und weiterzuentwickeln.[40] So wie Bourdieu an Thompson das relationale Feldkonzept hervorhob – »Thompson had a concept of field«[41] – so hat Thompson selbst – »Bourdieu does what I should have done«[42] – die Arbeit mit dem Konzept des Habitus empfohlen. Wenn Bourdieu durch die Augen Thompsons gesehen wird, ist eine dynamische Interpretation des Bourdieuschen Ansatzes möglich, die sich deutlich von den herkömmlichen Interpretationen[43] unterscheidet.

Dies ist vor allem dadurch möglich, dass das Konzept des sozialen Raums[44] mit den herkömmlichen Klassen- und Schichtkonzepten bricht, die nur vertikale Stufungen sozialer Gruppen abbilden können. Bourdieu führt zusätzlich die horizontale Achse ein. Damit können die sozialen Gruppen auf jeder vertikalen Stufe noch einmal differenziert unterteilt werden. Die horizontale Dimension bildet insbesondere die Prozesse der sozialen Differenzie-

rung ab, die vom rechten zum linken Pol des sozialen Raums immer mehr zunehmen. Der soziale Raum ist damit ein (zunächst) zweidimensionales Feld, in dem die Beziehungen und Bewegungen einer Vielzahl von sozialen Akteuren wie auf einer Landkarte sichtbar gemacht werden können.

Darüber hinaus können diese Veränderungen auf den verschiedenen *Ebenen sozialer Praxis* getrennt untersucht werden (vgl. unten Abb. 1). Auf der ersten Raumebene zeigt sich die Entwicklung der Berufspositionen als eine Bewegung nach links; die Berufsgruppen mit wenig kulturellem Kapital (rechts) nehmen ab, die Gruppen mit wachsendem kulturellen Kapital (links) nehmen zu. Darin bildet sich, in den Begriffen von Marx und Durkheim, nichts anderes ab als der Prozess zunehmender Arbeitsteilung, Spezialisierung und Zusammenarbeit, d. h. die Entwicklung der »Produktivkräfte«. Wenn der »Gesamtarbeiter« (Marx) immer kompetenter wird, kann er mehr Mitentscheidung im Arbeitsprozess beanspruchen – ein seit langem empirisch beobachteter und von Gewerkschaften vorangetriebener Kampf um soziale Macht.

Vergleichbare Dynamiken lassen sich auf einer zweiten Handlungsebene beobachten: In den (in die Abbildung eingetragenen) Lebensstilen des Alltagslebens zeigt sich eine parallele Entwicklung zu weniger konventionellen und mehr selbstbestimmten Praktiken. Dem entsprechen bestimmte Veränderungen des Klassenhabitus. Die Differenzierungen dieser und anderer Handlungsebenen oder Felder können auf jeweils eigenen »Landkarten« abgebildet werden. Im Feld der Berufsqualifikationen werden die Muster der ›Wissensgesellschaft‹ und der ›Kompetenzrevo-

---

39 Bourdieu (1982, 1987).

40 S. Vester u. a. (2001, S. 211–250); Bremer (2001).

41 Gespräch mit P. Bourdieu am 15. 6. 1997 in Paris.

42 Interview, Worcester, 9. Juli 1977.

43 Selbst differenzierende Autoren vermuten bei Bourdieu, »ein ›overstructuralized concept of man‹: der Habitus scheint nichts weiter als ein Ausdruck für die Übersetzung ökonomischer Zwänge in die vermeintliche Freiheit eines Lebensstils zu sein« (Müller 1992, S. 347; ähnlich Honneth 1984 und ebenso Hradil, Giegel und andere in: Eder 1989). – Gegen die reduktionistische Sicht auf Bourdieu haben insbesondere argumentiert Höher (1989); Gebauer/Wulf (1993); Schwingel (1993, 1995); Hepp (1995, 1996); Jurt (1995) und nicht zuletzt Wehler (1998).

44 Bourdieu (1982, insbes. S. 212 f.).

lution‹ sichtbar, im Feld der sozialen Lagen die Spannungen zwischen Privileg und Prekarität, im Feld der Mentalitäten das Ausmaß des ›Wertewandels‹ und der ›Individualisierung‹, im Feld der ideologischen Lager die Kräfteverhältnisse zwischen partizipatorischen, konservativen und rechtspopulistischen Einstellungen.

Wenn man diese Landkarten gleichsam wie Bögen aus Pergamentpapier übereinander legt, lässt sich untersuchen, wie weit die verschiedenen Entwicklungen und Felddynamiken durcheinander bedingt sind oder Eigengesetzlichkeiten folgen. Nach Bourdieu sind sie meist beides, d. h. sie sind »relativ autonom«. – Diese Differenzierung der Handlungsfelder (und Institutionen) bildet gleichsam die dritte Dimension, in der sich der soziale Raum auffaltet.

Wie der physische Raum schließt auch der soziale Raum als vierte Dimension die historische Zeit ein. In Anlehnung an die Entdeckungen der Relativitätstheorie begreift Bourdieu[45] die Zeit als das entscheidende Medium, ohne welches die Dialektik zwischen Bewegung und Beharrung im sozialen Kräftefeld nicht verstanden werden kann. Bewegung und Beharrung schließen sich nicht gegenseitig aus, sondern sind durcheinander bedingt. So sind alle sozialen Machtpositionen (seien sie im ökonomischen, im kulturellen oder im sozialen ›Kapital‹ eines Akteurs verfestigt) aus lebendiger Arbeit oder »sozialer Energie« entstanden und »akkumuliert« worden und sie setzen sich auch wieder in sie um.

---

45 Bourdieu (1983).
46 Die andernorts ausführlich dargestellten Verfahren und Ergebnisse der Untersuchung (Vester u. a. 2001; Bremer 2001; Vögele u. a. 2002) sind hier nur kurz zusammengefasst und auf die Makrostrukturen des sozialen Raums begrenzt.
47 Vester u. a. (2001, S. 215–218, 311–369).
48 SPD (1984); Becker u. a. (1992); Flaig u. a. (1993).
49 Zur Ermittlung der Raumdynamiken wurde 1991 in Westdeutschland eine repräsentative standardisierte Befragung nach dem erweiterten Ansatz Bourdieus durchgeführt (Vester u. a. 2001, S. 222–244). (Die bleibende Aktualität der Ergebnisse wurde durch eine teilweise ähnliche Befragung im Jahre 2000 (s. Vester 2001) bestätigt.) Für jede befragte Person wurden alle Feldebenen, einschließlich der Habitustypen und der Strukturverschiebungen über drei Generationen, erfragt. In einem langen statistischen und hermeneutischen Auswertungsprozess konnten die typologischen Strukturen, die Beziehungen zwischen den Feldern und die Dynamiken im sozialen Raum näher bestimmt werden.

7. Die Wandlungen des Sozialraums der Bundesrepublik

Diesen Ansatz des sozialen Raums und der Klassenkultur auf die deutsche Gesellschaftsstruktur und ihre Wandlungen anzuwenden, war das Ziel einer Reihe von Forschungsvorhaben an der Universität Hannover.[46] Sie sollten insbesondere ermitteln, ob die These der Auflösung der Klassenstrukturen sich empirisch begründen ließe und wie die Veränderungen des Habitus mit den Veränderungen des ökonomischen und des politischen Feldes zusammenhingen. Hierzu wurden einerseits mit qualitativen Befragungsmethoden nach und nach immer mehr verschiedene Typen des Habitus ermittelt und nach Milieus und Generationen verglichen. Daraus entstand eine neue und relativ vollständige Typologie der – nach Habitustypen zu unterscheidenden – Milieus der Bundesrepublik. Dabei bestätigte ein Vergleich der Eltern- und Kindergeneration auch die These, dass die jüngeren Milieus die Habitusmuster der Herkunftsmilieus *nicht aufgeben*, sondern für neue Umstände *abwandeln*,[47] nach der Regel »Der Apfel fällt nicht weit vom Stamm«.

Standardisierte Repräsentativbefragungen ermöglichten es dann, die Größe der Milieus, ihre Verteilung über die Gesamtbevölkerung und ihre beruflichen, sozialen und ideologischen Muster zu ermitteln. Befragungsinstrumente waren der Milieu-Indikator, eine spezielle Statement-Batterie des Sinus-Instituts, an dessen erste Milieu-Typologie[48] wir anknüpfen, und von uns selbst entwickelte Indikatoren der Dimensionen des Sozialraums nach Bourdieu.[49] Über komplexe statistische und hermeneutische Auswertungen wurde eine umfassende und repräsentative Typologie der Habitusformen erarbeitet und schließlich das Muster der fünf »Familienstammbäume« der sozialen Milieus entwickelt.

Dadurch, dass die Dynamiken der verschiedenen Feldebenen (Habitus, Erwerbsstruktur, soziale Bewegungen) getrennt untersucht wurden, konnte auch näher ermittelt werden, welche Ursachen der Habitus- und Milieuwandel hatte. Waren sie durch den ökonomischen Wandel oder durch den Wertewandel verursacht?

Der ökonomische Wandel wurde anhand der *Erwerbsstruktur* und vor allem der 163 wichtigsten

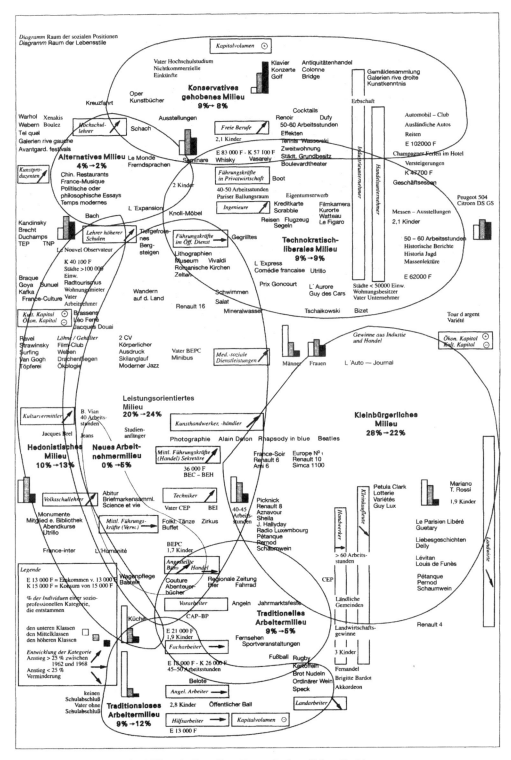

Abbildung 1: Verortung der Milieus in Bourdieus Raum der beruflichen Positionen

Berufsgruppen untersucht. Die Daten bestätigten eine Drift nach links im sozialen Raum, d. h. die Zunahme der ›neuen Berufe‹ mit höherem kulturellen Kapital und größeren Entscheidungs- und Verantwortungskompetenzen. Bestätigt wurde zudem ein von Jahrzehnt zu Jahrzehnt sich beschleunigendes *Kompetenzwachstum*, und zwar nicht nur auf den oberen Stufen der Berufshierarchien, sondern auch auf den mittleren und unteren Stufen der Volks- und Arbeitnehmermilieus.[50] Aber die Modernisierung der Berufsqualifikationen erwies sich nicht als hinreichende direkte Ursache des Habituswandels. Nur etwa die Hälfte der Befragten mit ›neuen Berufen‹ gehörten auch den ›neuen Habitustypen‹ an, für die die Werte der Selbstverwirklichung und universalistische politische Einstellungen zentral geworden waren.

Der Habituswandel konnte nur hinreichend erklärt werden, wenn auch die relativ autonomen Entwicklungen und Veränderungen der *Jugendkultur* herangezogen wurden. Hierzu wurde besonders die Rolle der neuen sozialen Bewegungen erforscht. Durch Längsschnittuntersuchungen in drei verschiedenen Regionen wurde belegt, wie durch Abgrenzungen und Koalitionsbildungen neue Varianten der Weltdeutungen, d. h. der gesellschaftspolitischen *Lager*, entstanden. Diese zeigten zunächst Züge eines ›fundamentalistischen‹, absoluten Bruchs, aber seit den 1980er Jahren einen zunehmenden Realismus im Sinne einer *Variante der Herkunftskulturen*.[51] In der repräsentativen Befragung wurden schließlich die Größe der Lager und ihre Verteilung über die Milieus ermittelt.[52] Dabei zeigte sich, dass sie weder mit bestimmten Berufsgruppen noch mit bestimmten Milieus direkt deckungsgleich waren, obwohl es gewisse Affinitäten gab.

Die differenzierenden Untersuchungen bestätigten also zwar eine parallele Linksdrift auf mehreren Feldebenen, insbesondere in Erwerbsstruktur, Habitus und politischem Verhalten. Aber diese Entwicklungen waren auseinander *nicht direkt ableitbar*. Jedes Feld hatte sich vielmehr »*relativ autonom*«

(Bourdieu), d. h. durch eine innere Dynamik und zugleich das Wechselspiel mit den anderen Feldern, entwickelt.[53]

Diese differenzierten Ergebnisse werden hier an vier räumlichen bzw. zeitlichen Gesamtbildern dargestellt, die aus jeweils anderer Perspektive die gefundenen Strukturen des sozialen Raums veranschaulichen. Um verständlich zu bleiben, stellen die Raumbilder die in Wirklichkeit fein differenzierten Felder didaktisch stark vereinfacht dar.

Die erste, in Abb. 1 gezeigte, Perspektive besteht darin, die Milieus nach den *Berufszugehörigkeiten* ihrer Mitglieder in den sozialen Raum Bourdieus einzuordnen. Die elliptischen Linien umrunden jeweils die Feldzonen, in denen die Mehrheit des Milieus ihre Berufspositionen hat. Für jedes Milieu zeigt sich eine gewisse Streuung, aber auch ein Schwerpunkt.

Damit deutet sich eine räumliche Struktur an. Drei Milieus teilen sich den oberen sozialen Raum. Ein Milieu ist auf den untersten Teil des sozialen Raums beschränkt. Zwischen dem Oben und Unten bilden fünf Milieus ein horizontal stark differenziertes Feld. Dieses reicht von dem schrumpfenden kleinbürgerlichen Arbeitnehmermilieu in der rechten Hälfte bis zu den wachsenden moderneren Arbeitnehmermilieus links von der Mitte.

Die Abbildung bestätigt eine relative Entsprechung oder »Homologie« (Bourdieu) zwischen Berufspositionen und Milieuhabitus. Die einzelnen Milieutypen beschränken sich zwar nicht im Verhältnis 1:1 auf ganz bestimmte Berufe, aber sie konzentrieren sich doch auf ganz bestimmte Nachbarschaften der Berufsfelder. Diese räumliche Aufteilung weist darauf hin, dass die Milieus ein Gefüge aufeinander angewiesener Spezialisierungen bilden, das nicht allein auf der ökonomischen Arbeitsteilung beruht. Der Raum ist parallel nach Habitustypen geteilt. Offensichtlich ist die Gesellschaft in Gruppen gegliedert, die sich nach ihrer »*ganzen* Lebensweise« und nicht nur beruflich unterscheiden. Lebensstil und Habitus sind dabei nicht nur distinktive Zeichen von Identität und Abgrenzung, sondern auch Ausdruck eines Feldes komplementärer und spannungsreicher praktischer Beziehungen.

In der zweiten Abbildung haben wir die Milieus, die an anderer Stelle ausführlich porträtiert sind,[54] nach *historischen Traditionslinien* gruppiert. Dies

---

50 Vester u. a. (2001, S. 373–426).
51 Vester u. a. (2001, S. 253–310).
52 Vester u. a. (2001, S. 444–472).
53 Vester u. a. (2001, S. 23–118).
54 Vester u. a. (2001, S. 503–525).

Die vertikalen Milieustufen und ihre horizontale Differenzierung nach Traditionslinien	Differenzierung der Traditionslinien nach Untergruppen (-) bzw. Generationen (a,b,c) in Westdeutschland (1982 bis 2000)
1. Obere Milieus (um 25%) 1.1. Traditionslinie von **Macht und Besitz**: Milieus der wirtschaftlichen und hoheitlichen Funktionseliten (um 10%)	Konservativ-technokratisches Milieu (ca. 9% – ca. 10%) – Großbürgerliches Konservatives Milieu (ca. 5%) – Kleinbürgerliches Konservatives Milieu (ca. 4%)
1.2. Traditionslinie der **Akademischen Intelligenz**: Milieus der humanistischen u. dienstleistenden Funktionseliten (um 10%) 1.3. Kulturelle **Avantgarde** einschließlich **Neues Kleinbürgertum** (um 5%)	Liberal-intellektuelles Milieu (ca. 9% – ca. 10%), mit zwei Teilgruppen: – Progressive Bildungshumanisten (ca. 5%) – Moderne Dienstleistungselite (ca. 4%) – Alternatives Milieu (ca. 5% – 0%) – Postmodernes Milieu (0% – ca. 6%)
2. »Respektable« Volks- und Arbeitnehmermilieus (um 66%) 2.1. Traditionslinie der **Facharbeit und der praktischen Intelligenz** (um 30%)	(a) Traditionelles Arbeitermilieu (ca. 10% – ca. 4%) (b) Leistungsorientiertes Arbeitnehmermilieu (ca. 20% – ca. 18%) (c) Modernes Arbeitnehmermilieu (0% – ca. 8%)
2.2. **Ständisch-kleinbürgerliche** Traditionslinie (zwischen 28% und 22%)	(a) Kleinbürgerliches Arbeitnehmermilieu (ca. 28% – ca. 14%) (b) Modernes (klein)bürgerliches Milieu (0% – ca. 8%)
2.3. Avantgarde der **Jugendkultur** (um 12%)	– Hedonistisches Milieu (ca. 10% – ca. 12%)
3. Traditionslinie(n) der **unterprivilegierten Volks- und Arbeitnehmermilieus** (um 12%)	Traditionsloses Arbeitnehmermilieu, mit drei Teilgruppen: – Statusorientierte (ca. 3%) – Resignierte (ca. 6%) – Unangepasste (ca. 2%)

Zur Beachtung: Die Prozentzahlen in der linken Spalte geben die *Bandbreite* der Milieugrößen an. Die Prozentzahlen in der rechten Spalte geben an, wie sich die Milieugrößen von 1982 bis 2000 *verändert* haben.
Abbildung 2: Traditionslinien sozialer Milieus in Westdeutschland 1982–2000[55]

zeigt ihre räumlich-zeitliche Gliederung in etwa fünf große Traditionslinien, zwei obere, zwei mittlere und eine untere. Die Milieus sind damit immer noch als *Nachfahren der früheren Stände, Klassen und Schichten* (und ihrer Untergruppen) erkennbar. Ihre Größenordnungen haben eine erstaunliche Stabilität bewiesen. Die großen Traditionslinien bleiben per Saldo seit 1982 annähernd gleich groß.

Die modernisierenden Bewegungen der »Individualisierung« spielen sich hauptsächlich als Generatio-

---

55 Die Zuordnung der westdeutschen Milieus ist, auch mittels der repräsentativen Befragung von 1991, näher untersucht (Vester u.a. 2001). Die Prozentsätze stützen sich auf Daten des ›Sinus‹-Instituts (SPD 1984; Becker u.a. 1992; Flaig u.a. 1993; ›Spiegel‹ 1996; ›Stern‹ 2000).

nenverschiebung *innerhalb* der jeweiligen Traditionslinie ab. Von 1982 bis 2000 haben die Milieus sich nur in geringem Maße durch vertikale Wanderungen (in die linken oberen Milieus) verändert.[56] Die Milieus sind für vertikale Grenzüberschreitungen äußerst sensibel. Die lebhaftesten sozialstrukturellen Bewegungen haben sich nicht vertikal, sondern als horizontale Wanderungen zum linken Pol des Raums, d. h. zu vermehrtem intellektuellem Kapital, abgespielt.

Allerdings haben, quer zu diesen Traditionslinien, die Milieus der gleichen ›Generation‹ auch gemeinsame Erfahrungen und Mentalitätszüge. In der heutigen jüngeren Generation sind dies vor allem die Werte der Selbstbestimmung, der Selbstverwirklichung und auch der sozialen Mitverantwortung. Infolge des Generationenwandels ist jede Traditionslinie nach Art von Familienstammbäumen weiter in sich differenziert, wobei die jüngeren Zweige jeweils modernisierte Abwandlungen der älteren Zweige sind. (Dies wird unten besonders am Beispiel der ›respektablen Volks- und Arbeitnehmermilieus‹ verdeutlicht.)

Das gleiche Gesamtmuster wie auch die Modernisierung nach Generationen lässt sich auch an den Daten und Landkarten anderer Gesellschaften, beispielsweise Großbritanniens, Frankreichs und Italiens, zeigen.[57]

Die dritte Abbildung ist ein stilisiertes Raumbild, das nicht nach Berufspositionen, sondern nach *Habitustypen* gegliedert ist. Die Verortung erfolgte nach den impliziten Distinktionsprinzipien, nach denen die Milieus sich voneinander abgrenzen. Die drei oberen Milieus, zusammen gut 20 %, unterscheiden sich von den gewöhnlichen Volksmilieus durch den besonderen Wert, den sie auf höhere Bildung, Kultur und geschmackliche Kennerschaft legen. Unter dieser ›Trennlinie der Distinktion‹ finden wir die ›respektablen‹ Volksmilieus, mit fast 70 %. Für sie sind gute Facharbeit oder ein sicherer sozialer Status die Grundlage der Selbstachtung. Unterhalb von ihnen sehen wir die unterprivilegierten Milieus mit geringer Ausbildungs- und Berufsqualifikation. Ihr Habitus ist auf eine Lage der Unsicherheit und Ohnmacht abgestimmt, weniger auf stetiges Streben als auf spontane Nutzung von Gelegenheiten und auf die Anlehnung an Mächtigere. Daher werden sie von den anderen Milieus nicht sehr geachtet. Sie liegen unterhalb der unsichtbaren ›Trennlinie des Respektabilität‹.

Auf derselben Landkarte können wir auch eine dreifache Unterteilung in der horizontalen Dimension erkennen. Die Unterschiede liegen in der Einstellung zur Autorität und zur sozialen Hierarchie. Rechts grenzen sich die kleinbürgerlichen und die konservativsten Gruppen ab. Sie unterscheiden sich durch eine autoritäre Statusorientierung. Links von ihnen finden wir die Milieus, für die gute fachliche Arbeit die Grundlage des Selbstvertrauens und des Selbstbewusstseins ist. Am linken Rand sehen wir eine hedonische Avantgarde der Jugendkultur. Sie grenzt sich mit idealistischen Ansprüchen vom abwägenden Realismus der übrigen horizontalen Mitte ab.

8. Die Typologie der Milieus und Klassenkulturen

Die in den Abbildungen gezeigten Milieus sind in ihren Habituszügen und ihren sozialstatistischen Merkmalen umfassend untersucht worden. Diese Ergebnisse sollen hier überblicksmäßig knapp zusammengefasst werden.

Die *oberen Milieus* in Westdeutschland teilen sich nach dem klassischen Gegensatz von Bildung und Besitz bzw. Geist und Macht in zwei Traditionslinien. In beiden haben sich nach 1945 die Gewichte zu jüngeren und moderneren Milieufraktionen verschoben. Die alten Eliten des Obrigkeitsstaats, des Militärs und des autoritären Unternehmertums wurden nach und nach durch technokratische Elitemilieus und schließlich neue Bildungsmilieus zurückgedrängt.

---

56 Unsere Untersuchungen haben nutzen können, dass das Heidelberger Marktforschungsinstitut ›Sinus‹ seine repräsentativen Erhebungen der Rahmengrößen der Milieus auch über einen längeren Zeitraum, von 1982 bis zum Jahre 2000, durchgeführt hat. Dadurch, und auch durch eine andere Befragung im Jahre 2000 (Korte/Weidenfeld 2001; Vester 2001), konnten wir unsere Daten mit denen aus den Jahren 1982 und 2000 in Beziehung setzen. Dabei wird deutlich, dass die Größenverschiebungen über fast zwei Jahrzehnte relativ bescheiden ausfallen – ein weiterer Beleg dafür, dass Habituswandel kein kurzfristiger Wandel, sondern ein langfristiger, an den Generationenwechsel gebundener Wandel ist.

57 Vester u. a. (2001, S. 34–36, 50–54).

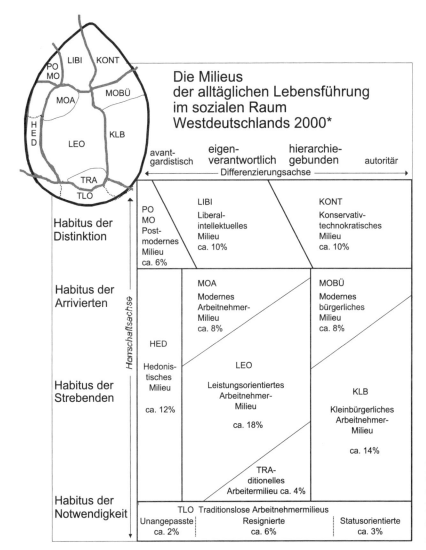

Abbildung 3:
Die Milieus
der alltäglichen
Lebensführung im
sozialen Raum West-
deutschland 2000

Oben rechts findet sich die Traditionslinie von *Besitz und hoheitlicher Macht*. Sie kultiviert einen exklusiven Stil, ein klares Elite-, Erfolgs- und Machtbewusstsein, aber auch patriarchalische Verantwortung und verbindliche Formen gegenüber den anderen Milieus. Das Milieu enthält kaum Aufsteiger von unten, hat sich aber durch die flexibleren technokratischen Stile der jüngeren Führungseliten modernisiert. Es wird daher jetzt nicht mehr als »Konservativ-gehobenes«, sondern als »Konservativ-technokratisches« Milieu bezeichnet.

Das Milieu zerfällt in zwei Untergruppen. Die dominante Herkunftslinie, die einem *gebildeten Konservatismus* folgt, ist eher *großbürgerlich*. Sie besteht schon in mindestens der dritten Generation aus hohen Managern und leitenden Angestellten der privatwirtschaftlichen und öffentlichen Verwaltung, gehobenen selbständigen Unternehmern und Freiberuflern (vor allem Ärzten und Juristen).

Die dominierte Herkunftslinie, die einem *strengen Konservatismus* folgt, ist eher *kleinbürgerlich*. Ihr Bildungskapital liegt eher im Durchschnitt. Die meisten haben direkt nach Abitur oder mittlerer Reife ihren beruflichen Aufstieg in gehobene wirtschaftliche und staatliche Verwaltungsfunktionen begonnen. Dies entspricht der familialen Mitgift. Schon die Eltern hatten eher nur durchschnittliche Bildungsabschlüsse und waren, wie die Großeltern, mittlere Beamte und Selbständige bzw. Landwirte. Die meisten Angehörigen des Milieus sind älter als 55 Jahre. Dies weist darauf hin, dass es sich um eine Milieufraktion handelt, die sozialhistorisch verschwindet, vor allem weil sie die Umstellung der anderen oberen Milieus auf hohes Bildungskapital nicht mitgemacht hat.

Nach links grenzt sich davon die Traditionslinie der *Akademischen Intelligenz* ab, die ihre Schwerpunkte in den humanistischen und dienstleistenden Funktionseliten hat. Erstere, die »progressive Bildungselite«, pflegt alte humanistische Familientraditionen der hochkulturellen Bildung, ein karitatives Ethos und die Überzeugung, eine idealistische Aufklärungsmission gegenüber den anderen Milieus erfüllen zu müssen. Die Angehörigen der zweiten Teilgruppe, der »modernen Dienstleistungselite«, sind im Zuge des Ausbaus des Wohlfahrtsstaates meist aus den Milieus der Fachintelligenz aufgestiegen. Dem entspricht ein technokratisch-rationales Leistungsethos und die Ablehnung übertriebener Selbstdarstellung. Gemeinsam ist beiden Teilgruppen das Prinzip, dass sozialer Aufstieg durch Leistung (statt durch ererbte Positionen) möglich sein soll.

Die *kulturellen Avantgarden* außen links bilden keine eigene Traditionslinie, sondern entstehen als Ableger ihrer Nachbarmilieus immer wieder neu. Sie artikulieren sich entweder moralisch, in idealistischen Lebens- und Politikentwürfen (wie im ab 1968 entstandenen und heute geschwundenen »Alternativen Milieu«), oder ästhetisch, in den schönen Künsten und Lebensstilen (wie im heutigen »Postmodernen Milieu«, dessen Blütenträume seit der Krise der »new economy« auch wieder welk geworden sind).

Die »*respektablen« Volksmilieus der Mitte* teilen sich ebenfalls in zwei historische Traditionslinien und einen avantgardistischen Ableger.[58] Sie haben sich durch die horizontale Milieu-Drift zum linken, kulturellen Pol erheblich modernisiert. Der ständische Autoritätsglaube ist durch ein arbeitnehmerisches Interessenbewusstsein und später durch Einstellungen der Selbst- und Mitbestimmung ein Stück weit zurückgedrängt worden.

Die erste dieser Traditionslinien umfasst die Milieus der *Facharbeit* und der *praktischen Intelligenz*. Diese sind skeptisch gegenüber allen Autoritäten und großen Ideologien und betonen Eigenverantwortung und Gleichberechtigung. Ihr zentraler Wert ist die *Autonomie*, die sie sich gegenüber den oberen Milieus sichern wollen. Erreicht werden soll dies durch gute Facharbeit, Ausbildung und Leistung wie auch durch gegenseitige Hilfe. Solidarität folgt dem Grundsatz der Gegenseitigkeit. Es gilt »Leistung gegen Leistung«, außer wenn jemand unverschuldet in Not gerät. Das Arbeitsethos schließt ein, dass jeder Mensch nach seiner Arbeit oder seinen Werken beurteilt werden soll. Ungleichheit soll nicht durch Geschlecht, Ethnie oder andere Zugehörigkeiten, sondern nur durch Leistungsunterschiede begründet werden. Leistungsunterschiede sollen durch Differenzen des Lebensstandards belohnt werden, aber nicht die Herrschaft über andere begründen. Das besondere Arbeits- und Verantwortungsethos erlaubte den Milieus, sich erfolgreich auf moderne Technologien, Arbeitsweisen und Lebensstile umzustellen.

Die Traditionslinie besteht aus drei Generationsgruppen. Von diesen ist das »Traditionelle Arbeitermilieu« der Großeltern, das noch an körperliche Arbeit, materiellen Mangel und Bescheidenheit gewöhnt war, fast ganz verschwunden. Die mittlere Generation, das große »Leistungsorientierte Arbeitnehmermilieu«, bestehend aus den modernen Facharbeitern (meist Männern) und Fachangestellten (meist Frauen), sieht sich als Leistungsträger der Volkswirtschaft und verlangt dafür auch mehr Teilhabe an Wohlstand und Bildung und mehr Mitsprache in der Politik. Die jüngste Generation, das rasch wachsende »Moderne Arbeitnehmermilieu«, repräsentiert die neue, hochqualifizierte Arbeitnehmerintelligenz in modernen technischen, sozialen und administrativen Berufen, die sich an der Basis vor

---

58 Die Methode, direkt von den Habitustypen auszugehen, hat es uns ermöglicht, die Differenzierung der Volksmilieus in drei Traditionslinien, gegliedert in mindestens neun Teilmilieus, herauszuarbeiten (Vester u.a. 2001, S. 510–525, 532–541; Vögele u.a. 2002, S. 311–409), während Bourdieu (1982, S. 585–619), die Volksklassen eher kurz und zusammenfassend charakterisierte und sich auf die feineren Unterteilungen der oberen und der kleinbürgerlichen Milieus konzentrierte.

Ort solidarisch engagiert und für unkonventionelle Formen offen ist. – Durch die Erfahrungen der Wirtschaftskrise ist allerdings bei allen drei Milieus der Traditionslinie das Vertrauen in das Sozialmodell der Bundesrepublik, nach dem Leistung auch gerecht belohnt wird, nachhaltig erschüttert worden.

In der rechten Mitte finden sich die Milieus der *kleinbürgerlich-ständischen Traditionslinie*. Ihr zentraler Wert ist die *Statussicherheit* innerhalb einer Hierarchie. Väter, Chefs, Honoratioren und Politiker gelten noch als Vorbilder, aber sie haben auch eindeutige Fürsorgepflichten gegenüber ihren Untergebenen. In diesem Patron-Klient-Verhältnis gilt der Grundsatz »Treue gegen Treue«. Die Sorge um Statusverluste aufgrund der wirtschaftlichen Modernisierung hat daher zu großer Enttäuschung über die Politik geführt. Vor allem das ältere »Kleinbürgerliche Arbeitnehmermilieu« gehört aufgrund veralteter Fähigkeiten und bescheidener Einkommen zu den Verlierern des Strukturwandels. Die mittlere Generation im »Modernen Bürgerlichen Milieu« ist zwar durch mittlere Qualifikationen und Einkommen besser gesichert und durch modernere Lebensstile etwas toleranter. Aber auch sie sieht ihre Standards von ausländischen Zuwanderern und der modernen Jugend bedroht und sympathisiert mit einer autoritären oder populistischen Politik.

Die *Milieus der »hedonistischen« Jugendkultur* am linken Rand der Mitte bilden keine eigenständige Traditionslinie, sondern sind die Kinder der beiden vorgenannten Traditionslinien der Volksmilieus, gegen deren Leistungs- bzw. Pflichtethik sie jugendtypisch rebellieren. Ihre Orientierung an Konsum und Spontaneität entspricht auf den ersten Blick dem Bild der »Erlebnisgesellschaft«[59] und dem »Zuerst komme ich«. Jedoch besteht die Mehrheit aus »Freizeithedonisten«, die sich am Abend und am Wochenende mehr Freiräume wünschen. Zudem befinden sie sich meist in der Übergangsphase zwischen 20 und 30 Jahren, mit zunehmend ungesicherten Berufs- und Zukunftsperspektiven. Aufgrund dieser Lage sind viele von der Politik enttäuscht und fordern, wie alle Milieus der Mitte, zu mehr als 80 Prozent die Erhaltung der Sicherungen der Arbeitnehmerrechte und des Sozialstaats.

Die *»unterprivilegierte« Volksmilieus* erfahren die soziale Welt über den Gegensatz von Macht und Ohnmacht. In unberechenbaren Lebensverhältnissen nutzt das Ethos planmäßiger Lebensführung wenig. Wichtiger sind die Fähigkeiten der flexiblen Nutzung gebotener Gelegenheiten, des raschen Dazulernens und der Anlehnung an Stärkere. Diese Milieus, für die immer ungelernte und unstetige Beschäftigungen typisch waren, hatten in der alten Bundesrepublik wie auch in der DDR erstmals dauerhafte, wenn auch körperlich belastende, Beschäftigungen als Arbeiter am Fließband und im Bergbau und als Angestellte in bestimmten Dienstleistungen finden können. Dies ermöglichte eine Anlehnung an die Lebensstrategien der ›respektablen‹ Arbeitnehmermilieus über ihnen. Heute aber werden viele dieser Arbeitsplätze in andere Länder verlagert. Als gering Qualifizierte, die auch an den Bildungsöffnungen kaum teilhatten,[60] finden die Angehörigen des Milieus schwer neue Jobs. Viele sind dauerarbeitslos bzw. stärker in prekären Wirtschaftszweigen aktiv.

9. Die Typologie der gesellschafts-politischen Lager

Die vierte Landkarte führt uns zu der Frage zurück, wie sich die Konflikte der Ökonomie und des Alltagslebens im politischen Feld umsetzen. Der ungefähre Umfang der vorpolitischen Probleme sozialer Gerechtigkeit, nach deren politischer Umsetzung gefragt werden soll, ist seit der Caritas-Studie über den »prekären Wohlstand«[61] bekannt. Danach befinden sich zwar »nur« etwa 10 % in der Not- und Ausgrenzungssituation von dauerhafter Arbeitslosigkeit und Armut. Aber für weitere 25–30 % ist der Wohlstand so prekär geworden, dass sie periodisch unter die Sozialhilfegrenze sinken können. Abermals weitere 20–25 % leben in Situationen der Knappheit.

Aus diesen Zahlen wird erklärlich, warum seit 1990 der Anteil derer, die über die Politiker »verdrossen« sind, weil diese für die kleinen Leute zu wenig tun, unveränderlich um 60 % gelegen hat,[62] um nach der

---

59 Schulze (1990).
60 Geißler (1994).
61 Hübinger (1996).
62 Vester (2001).

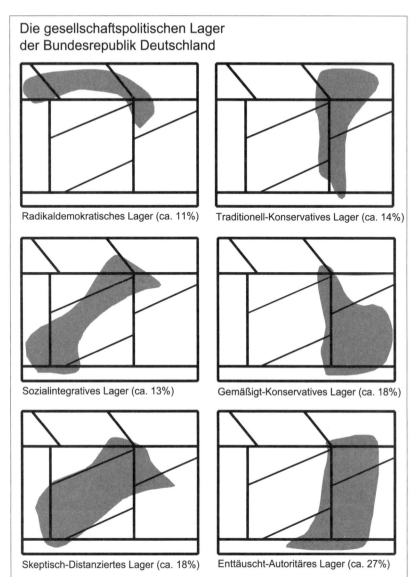

Die gesellschaftspolitischen Lager der Bundesrepublik Deutschland

Radikaldemokratisches Lager (ca. 11%)   Traditionell-Konservatives Lager (ca. 14%)

Sozialintegratives Lager (ca. 13%)   Gemäßigt-Konservatives Lager (ca. 18%)

Skeptisch-Distanziertes Lager (ca. 18%)   Enttäuscht-Autoritäres Lager (ca. 27%)

Abbildung 4:
Die gesellschafts-
politischen Lager im
Raum der Milieus

Bundestagswahl von 2002 noch höher zu steigen. Der »Verdrossenheit« liegen verschiedene (wissenschaftlich gut untersuchte) Schieflagen sozialer Gerechtigkeit zugrunde. Zur Exklusion der Armen und Dauerarbeitslosen und zur Prekarität der Ungesicherten kommen noch zwei andere Problemlagen hinzu. Zum einen musste durch die Strukturkrise mehr als die Hälfte der Arbeitnehmer den Wechsel in weniger gesicherte Arbeitsverhältnisse bzw. eine Stagnation ihrer Einkommen hinnehmen. Zum anderen werden immer noch Frauen und Ausländer sowie viele Jüngere und Ältere durch vergleichsweise schlechtere Einkommen diskriminiert.

Viele suchen die Ursachen dieser Schieflagen sozialer Gerechtigkeit bei den Politikern, die ihrer Ansicht nach verpflichtet sind, die Folgen der jahrzehntelangen ökonomischen Struktur- und Nachfragekrise durch eine geeignete Wirtschafts- und Sozialpolitik abzufedern. Es geht um die verschiedenen Modelle der politischen Regulierung des Kapitalismus.

Eines dieser Modelle ist durchaus das von Beck und Giddens gemeinte »neue Politikmodell«, das ausgeht von der Erosion der Modelle materieller Verteilungsrechtigkeit und vom Trend zu einem zivilgesellschaftlichen Modell mit universalistischen Zielen. Die These einer solchen Auflösung der sozialen Klassenlager haben wir in unserer repräsentativen Befragung über besondere Cluster- und Faktorenanalysen überprüft. Wir fanden insgesamt sechs gesellschaftspolitische *Lager*, die jeweils verschiedenen Vorstellungen der sozialen Gerechtigkeit und der gesellschaftspolitischen Ordnung anhingen.[63]

Diese Lager waren, wie erwartet, nicht deckungsgleich mit der Teilung der Gesellschaft in Milieus. Vielmehr verteilten sie sich jeweils vertikal bzw. diagonal über verschiedene Milieus. Es handelte sich also, wie erwähnt, tatsächlich um Koalitionen verschiedener Milieufraktionen über die Milieugrenzen hinweg.[64]

Unter diesen Lagern befand sich auch das Lager des »neuen Politikmodells«, das wir als *Radikaldemokraten* bezeichneten und für das tatsächlich die Ziele der Bürgergesellschaft und Ökologie, der Emanzipation nach Geschlecht und Ethnie usw. im Vordergrund standen. Entgegen den Erwartungen war das Lager jedoch nicht auf dem Weg zur Mehrheit, son-

dern auf 11 % beschränkt, das einzige Milieu mit geringer Anhängerschaft unterhalb der oberen und aufsteigenden Milieus. Der Grund liegt offensichtlich in einer elitistischen Ideologie, die die eigene höhere Position mit einer puritanischen Arbeitsethik rechtfertigt, die den Volksmilieus abgesprochen wird. Kein anderes Lager zeigte solche Nähe zu der unpopulären neoliberalen Politik.

Interessanterweise gibt es ein anderes Lager, das diese radikaldemokratischen Werte ebenfalls vertritt, aber zugleich mit einer anderen, sozialen Komponente verbindet, nämlich der Integration nicht nur der Frauen, Ausländer usw., sondern auch der Arbeitnehmermilieus und der sozial Benachteiligten. Dieses Lager der *Sozialintegrativen* (um 13 %) stützt sich weitgehend auf die moderne Reformintelligenz, die nicht nur oben, sondern auch auf den anderen Rängen der Gesellschaft Zulauf hat. Damit ist es einem anderen Lager sehr nahe, den *Skeptisch Distanzierten* (um 18 %), die vor allem aus den Volksmilieus der Facharbeit kommen und ein Modell der Solidarität auf Gegenseitigkeit vertreten. Wer zu Produktivität und Sozialstaat beiträgt (und wer unverschuldet in Not ist), soll auch daran teilhaben. – Beide Lager sind in ihren Vorstellungen von Solidarität von der Politik stark enttäuscht.

Elitemodelle (ca. 25 %)
(1)	Radikaldemokratisches Lager (RAD): *progressiv-liberales Elitemodell*	ca. 11 %
(2)	Traditionell-konservatives Lager (TKO): *konservatives Fürsorgemodell*	ca. 14 %

Solidaritätsmodelle (ca. 49 %)
(3)	Gemäßigt-konservatives Lager (GKO): *konservatives Solidaritätsmodell*	ca. 18 %
(4)	Sozialintegratives Lager (SOZ): *progressiv-solidarisches Modell*	ca. 13 %
(5)	Skeptisch-Distanziertes Lager (SKED): *Modell der Gegenseitigkeit*	ca. 18 %

Protektionistische Modelle (ca. 27 %)
(6)	Enttäuscht-Autoritäres Lager (EA): *populistisches Anspruchsmodell*	ca. 27 %

Repräsentativbefragung »Gesellschaftlich-politische Milieus in Westdeutschland« 1991: n = 2.684; deutschsprachige Wohnbevölkerung ab 14 Jahren in Privathaushalten; Cluster- und Faktorenanalyse (M. Vester u. a., Soziale Milieus im gesellschaftlichen Strukturwandel, Frankfurt/M.: 2001, Kap. 12)

Abbildung 5: Gesellschaftspolitische Lager und soziale Ordnungsmodelle in der Bundesrepublik

---

63 Vester u. a. (2001, S. 58–64, 100–112, 444–472).
64 Lepsius (1973); vgl. Clarke/Hall (1979).

Ein weiteres, aber mehr hierarchisches, Solidaritätsmodell wird bevorzugt vom Lager der *Gemäßigt Konservativen*, mit Schwerpunkt in den kleinbürgerlichen Arbeitnehmermilieus. Das Modell folgt dem Patron-Klient-Muster, in dem Loyalität durch paternalistische Fürsorge vergolten wird. Allerdings hat sich ein Drittel der 18 % dieses Lagers moderneren und toleranteren Lebensstilen zugewandt. Dies übt Druck aus auf das Lager der *Traditionell-Konservativen* (um 14 %), das in der Rolle des ›Patrons‹ ist. Das Lager verlangt zwar besonderen Respekt vor höherem Status, aber es will auch dafür sorgen, dass keine soziale Gruppe aus ihrem System gestufter Rechte herausfällt.

Dies ist allerdings bereits geschehen, und zwar am rechten und unteren Rand des sozialen Raums. Hier bilden ältere und teilweise jüngere Milieus mit wenig Bildungskapital und unsicheren Zukunftsperspektiven das Lager der *Enttäuscht Autoritären*, mit beklemmenden 27 %. Es vereint diejenigen Verlierer der ökonomischen Modernisierung, die – anders als die demokratisch orientierten Lager der Solidarität – ihre Enttäuschung nach autoritärem Muster verarbeiten. Sie sehen sich von der übrigen Gesellschaft ausgegrenzt und kompensieren dies mit Ressentiments gegen Ausländer, alles Moderne und die Politiker, die ihre Fürsorgepflichten vernachlässigen. Sie wollen gegen die Risiken des Strukturwandels durch eine protektionistische Wirtschaftspolitik und eine restriktive Zuwanderungspolitik geschützt werden. Aus Realismus wählen sie traditionell meist CDU/CSU und SPD. Regionalwahlen zeigen aber, dass – wie in anderen Ländern Europas – rechtspopulistische Parteien hier ihre fast 20 % Proteststimmen gewinnen können.

Bedeutet dieses Panorama ideologischer Lager, dass die auseinanderstrebenden Interessen nur noch durch eine autoritäre Politik zusammengehalten werden können, so wie dies Ralf Dahrendorf für das 21. Jahrhundert befürchtet? Oder kann eine neue Integrationsformel gefunden werden, die das Modell des demokratischen Wohlfahrtsstaats erneuert?

Diese zweite Möglichkeit ist nicht ohne Chancen. Denn zum einen bestätigen repräsentative Umfragen, dass immer noch mehr als 80 % das Modell des Wohlfahrtsstaates wollen, auch wenn sie seine Erneuerung durch mehr Mitbestimmung von unten wünschen. Zum anderen zeigt ein Vergleich der sozialpolitischen Ordnungsmodelle der sechs Lager, dass es durchaus einen gemeinsamen Nenner gibt.

Wie Abb. 5 zeigt, überwiegen die Modelle der Solidarität mit 49 %. Für sie gehören Solidarität und individuelle Verantwortung zusammen und dürfen nicht gegeneinander ausgespielt werden, wie es die extremen Modelle des Protektionismus und des Neoliberalismus verlangen. Zusätzlich könnten die 27 % des protektionistischen Lagers durch eine Politik sozialer Mindestgarantien ins Boot geholt und den Rechtspopulisten abspenstig gemacht werden. Ein solcher historischer Kompromiss wäre sowohl unter sozialdemokratischem wie unter konservativem Vorzeichen möglich und mehrheitsfähig. Er würde aber auch noch erhebliche Konflikte zu regeln haben, die das Gesundheits- und Sozialsystem, den prekären Sektor des Arbeitsmarkts und die immer noch ungleichen Bildungschancen betreffen.

10. Schluss: Erkenntnisbarrieren der Theorie

Die Ergebnisse der Untersuchungen zeigen den sozialen Raum als einen komplexen Raum der Möglichkeiten, in dem horizontale Dynamiken (die funktionalen Differenzierungen) und vertikale Kräfte (die Spannungen zwischen Herrschafts- und Gegenmächten) miteinander im Widerstreit liegen. Horizontale Differenzierung und vertikale Herrschaftskonflikte sind zwei Dimensionen des gleichen sozialen Raums und nicht einander ausschließende Gegensätze, wie sie sich dann noch einmal als »Differenzierungstheorien« und als »Konflikttheorien« in der akademischen Welt gegenüberstehen.

Dabei hängen die geschichtlichen Entwicklungsmöglichkeiten nicht nur von dem klassischen, vor allem von Marx untersuchten, Widerspruch im ökonomischen Feld ab – von dem Widerspruch zwischen der in den ökonomischen Produktivkräften angelegten Kompetenzrevolution und den in den Produktionsverhältnissen angelegten Enteignung und Hemmung dieser Kompetenzen. Ein Entwicklungshemmnis liegt auch bei den Intellektuellen selber, wenn sie sich, als Angehörige der herrschenden Milieus, zu einer Perspektive auf die Gesellschaft verführen lassen, aus der heraus sie sich selbst als berufene soziale Akteurselite idealisieren und die Volksmilieus als eine passive, fragmentierte und inkompetente Masse abwerten. Eine Emanzipation von dieser ideologischen Sichtverzerrung setzt voraus, dass auch die eigene privilegierte Position und deren symbolische Vercodung ideologiekritisch reflektiert werden.

Literatur

BECK, ULRICH (1983), »Jenseits von Klasse und Stand? Soziale Ungleichheit, gesellschaftliche Individualisierungsprozesse und die Entstehung neuer sozialer Formationen und Identitäten«, in: Kreckel, Reinhard (Hg.), *Soziale Ungleichheiten*, (Soziale Welt, Sonderband 2), Göttingen: Schwartz. ▪ BECK, ULRICH (1986), *Risikogesellschaft. Auf dem Weg in eine andere Moderne*, Frankfurt/M.: Suhrkamp. ▪ BECKER, ULRICH / BECKER, HORST / RUHLAND, WALTER (1992), *Zwischen Angst und Aufbruch. Das Lebensgefühl der Deutschen in Ost und West nach der Wiedervereinigung*, Düsseldorf: ECON. ▪ BELL, DANIEL (1983 [1973]), *Die nachindustrielle Gesellschaft*, Frankfurt/M.: Campus. ▪ BLASIUS, JÖRG / WINKLER, JOACHIM (1998 a), »Gibt es die ›feinen Unterschiede‹? Eine empirische Überprüfung der bourdieuschen Theorie«, in: *Kölner Zeitschrift für Soziologie und Sozialpsychologie*, 41, S. 72–94. ▪ BLASIUS, JÖRG / WINKLER, JOACHIM (1998 b), »Feine Unterschiede. Antwort auf Armin Höher«, in: *Kölner Zeitschrift für Soziologie und Sozialpsychologie*, 41, S. 736–740. ▪ BOURDIEU, PIERRE (1974 [1970]), *Zur Soziologie der symbolischen Formen*, Frankfurt/M.: Suhrkamp. ▪ BOURDIEU, PIERRE (1982 [1979]), *Die feinen Unterschiede. Kritik der gesellschaftlichen Urteilskraft*, Frankfurt/M.: Suhrkamp. ▪ BOURDIEU, PIERRE (1987 [1980]), *Sozialer Sinn. Kritik der theoretischen Vernunft*, Frankfurt/M.: Suhrkamp. ▪ BOURDIEU, PIERRE (1992), »Ökonomisches Kapital – Kulturelles Kapital – Soziales Kapital« [1983], in: Bourdieu, Pierre, *Die verborgenen Mechanismen der Macht*, Hamburg: VSA-Verlag. ▪ BOURDIEU, PIERRE (2000 [1971]), *Das religiöse Feld*, Konstanz: UVK (Universitätsverlag Konstanz). ▪ BRAND, KARL-WERNER / BÜSSER, DETLEF / RUCHT, DIETER (1983), *Aufbruch in eine andere Gesellschaft. Neue soziale Bewegungen in der Bundesrepublik*, Frankfurt/M.: Campus. ▪ BREMER, HELMUT (2001), *Zur Theorie und Methodologie der typenbildenden Mentalitätsanalyse*, Dissertation, Hannover: Universität Hannover. ▪ CLARKE, JOHN / HALL, STUART U. A. (1979), *Jugendkultur als Widerstand. Milieus, Rituale, Provokationen*, Frankfurt/M.: Syndikat. ▪ DAHRENDORF, RALF (1957), *Soziale Klassen und Klassenkonflikt in der industriellen Gesellschaft*, Stuttgart: Enke. ▪ DURKHEIM, ÉMILE (1961 [1894]), *Die Regeln der soziologischen Methode*, Neuwied: Luchterhand. ▪ DURKHEIM, ÉMILE (1988 [1893/1902]), *Über soziale Arbeitsteilung*, Frankfurt/M.: Suhrkamp. ▪ EDER, KLAUS (Hg.) (1989), *Klassenlage, Lebensstil und kulturelle Praxis*, Frankfurt/M.: Suhrkamp. ▪ ENGELS, FRIEDRICH (1970), »Die Lage der arbeitenden Klasse in England« [1845], in: Marx, Karl / Engels, Friedrich, *Werke*, Berlin: Dietz, Bd. 2, S. 225–506. ▪ ESPING-ANDERSEN, GÖSTA (1990), *The Three Worlds of Welfare Capitalism*, Cambridge: Polity Press. ▪ ESPING-ANDERSEN, GÖSTA (1993), *Changing Classes.*

Stratification and Mobility in Post-Industrial Societies, London: Sage. ▪ FLAIG, BERTHOLD BODO / MEYER, THOMAS / UELTZHÖFFER, JÖRG (1993), *Alltagsästhetik und politische Kultur*, Bonn: Dietz. ▪ GEBAUER, GUNTER / WULF, CHRISTOPH (1993), *Praxis und Ästhetik*, Frankfurt/M.: Suhrkamp. ▪ GEIGER, THEODOR (1932), *Die soziale Schichtung des deutschen Volkes*, Stuttgart: Enke. ▪ GEIGER, THEODOR (1949), *Die Klassengesellschaft im Schmelztiegel*, Köln/Hagen: Kiepenheuer. ▪ GEISSLER, RAINER (Hg.) (1994), *Soziale Schichtung und Lebenschancen in Deutschland*, Stuttgart: Enke. ▪ GIDDENS, ANTHONY (1997), *Jenseits von Links und Rechts. Die Zukunft radikaler Demokratie*, Frankfurt/M.: Suhrkamp. ▪ GIDDENS, ANTHONY (1999), *Der dritte Weg. Die Erneuerung der sozialen Demokratie*, Frankfurt/M.: Suhrkamp. ▪ GORZ, ANDRÉ (1980), *Abschied vom Proletariat. Jenseits des Sozialismus*, Frankfurt/M.: Europäische Verlagsanstalt. ▪ HABERMAS, JÜRGEN (1962), *Strukturwandel der Öffentlichkeit. Untersuchungen zu einer Kategorie der bürgerlichen Gesellschaft*, Neuwied/Berlin: Luchterhand. ▪ HEPP, ROLF-DIETER (1995), »Epistemologische Subjektivität. Zur Lévi-Strauss-rezeption von Bourdieu«, in: S – *European Journal for Semiotic Studies*, Vol. 7, S. 3, 4. ▪ HEPP, ROLF-DIETER (1996), »Elemente einer semiotisch orientierten Bourdieu-Rezeption«, in: S – *European Journal for Semiotic Studies*, 8, S. 2 f. ▪ HÖHER, ARMIN (1989), »Auf dem Wege zu einer Rezeption der Soziologie Pierre Bourdieus«, in: *Kölner Zeitschrift für Soziologie und Sozialpsychologie*, 41, S. 729–736. ▪ HONNETH, AXEL (1984), »Die zerrissene Welt der symbolischen Formen. Zum kultursoziologischen Werk Pierre Bourdieus«, in: *Kölner Zeitschrift für Soziologie und Sozialpsychologie*, 36, S. 147–164. ▪ HRADIL, STEFAN (1987), *Sozialstrukturanalyse in einer fortgeschrittenen Gesellschaft. Von Klassen und Schichten zu Lagen und Mileus*, Opladen: Leske + Budrich. ▪ HRADIL, STEFAN (Hg.) (1992), *Zwischen Bewußtsein und Sein. Die Vermittlung »objektiver« und »subjektiver« Lebensweisen*, Opladen: Leske + Budrich. ▪ HÜBINGER, WERNER (1996), *Prekärer Wohlstand. Neue Befunde zu Armut und sozialer Ungleichheit*, Freiburg i.Br.: Lambertus-Verlag. ▪ INGLEHART, RONALD (1977), *The Silent Revolution. Changing Values and Political Styles among Western Publics*, Princeton: Princeton University Press. ▪ JURT, JOSEPH (1995), *Das literarische Feld. Das Konzept Pierre Bourdieus in Theorie und Praxis*, Darmstadt: Wissenschaftliche Buchgesellschaft. ▪ KAASE, MAX (1984), »The Challenge of the ›Participation Revolution‹«, in: *International Political Science Review*, 5, 3, S. 299–318. ▪ KERN, HORST / SCHUMANN, MICHAEL (1982), »Arbeit und Sozialcharakter: Alte und neue Konturen«, Vortrag auf dem 21. Deutschen Soziologentag, in: *SOFI-Mitteilungen*, Nr. 7. ▪ KORTE, KARL-RUDOLF / WERNER WEIDENFELD (Hg.) (2001), *Deutschland-TrendBuch*, Opladen: Leske + Budrich. ▪ LANGE-VESTER, ANDREA (2000), *Kontinuität und Wandel des Habitus. Handlungsspielräume und Handlungsstrategien in der Geschichte einer Familie*, Dissertation, Hannover: Universität Hannover. ▪ LEPSIUS, M. RAINER (1973), »Parteiensystem und Sozialstruktur: Zum Problem der Demokratisierung der deutschen Gesellschaft« [1966], in: Ritter, Gerhard A. (Hg.), *Deutsche Parteien vor 1918*, Köln: Kiepenheuer & Witsch. ▪ LEWIN, KURT, (1982), »Formalisierung und Fortschritt in der Psychologie« [1940], in: Lewin, Kurt, *Werkausgabe*, Bd. 4, Stuttgart: Huber,

S. 41–72. ■ Lockwood, David (1979), »Soziale Integration und Systemintegration« [1964], in: Zapf, Wolfgang (Hg.), *Theorien des sozialen Wandels*, Königstein: Athenäum, S. 124–137. ■ Marcuse, Herbert (1967 [1964]), *Der eindimensionale Mensch. Studien zur Ideologie der fortgeschrittenen Industriegesellschaft*, Darmstadt/Neuwied: Luchterhand. ■ Marx, Karl (1970), »Das Kapital«, Bd. 1 [1867], in: Marx, Karl / Engels, Friedrich, *Werke*, Bd. 23, Berlin: Dietz. ■ Marx, Karl / Engels, Friedrich (1959), »Manifest der kommunistischen Partei« [1848], in: Marx, Karl / Engels, Friedrich, *Werke*, Bd. 4, Berlin: Dietz, S. 459–493. ■ Maslow, Abraham H. (1954), *Motivation and Personality*, New York: Harper & Row. ■ Merleau-Ponty, Maurice (1965 [1945]), *Phänomenologie der Wahrnehmung*, Berlin: Duncker & Humblot. ■ Mooser, Josef (1983), »Abschied von der ›Proletarität‹. Sozialstruktur und Lage der Arbeiterschaft in der Bundesrepublik in historischer Perspektive«, in: Conze, Werner / Lepsius, M. Rainer (Hg.), *Sozialgeschichte der Bundesrepublik*, Stuttgart: Klett-Cotta, S. 143–186. ■ Mooser, Josef (1984), *Arbeiterleben in Deutschland 1900–1970*, Frankfurt/M.: Suhrkamp. ■ Mühlberg, Dietrich (1978/1978/1985), Textsammlung zu Problemen der marxistisch-leninistischen Kulturgeschichtsschreibung, 3 Bde., Berlin: Akademie für Weiterbildung beim Ministerium für Kultur. ■ Müller, Hans-Peter (1992), *Sozialstruktur und Lebensstile. Der neuere theoretische Diskurs über soziale Ungleichheit*, Frankfurt/M.: Suhrkamp. ■ Müller, Walter (Hg.) (1997), *Soziale Ungleichheit. Neue Befunde zu Strukturen, Bewußtsein und Politik*, Opladen: Leske + Budrich. ■ Raschke, Joachim (1985), *Soziale Bewegungen. Ein historisch-systematischer Grundriß*, Frankfurt/M./New York: Campus. ■ Rokkan, Stein (1965), »Zur entwicklungssoziologischen Analyse von Parteisystemen«, in: *Kölner Zeitschrift für Soziologie und Sozialpsychologie*, 17, S. 675–702. ■ Schwingel, Markus (1993), *Analytik der Kämpfe. Macht und Herrschaft in der Soziologie Bourdieus*, Hamburg: Argument. ■ Schwingel, Markus (1995), *Bourdieu zur Einführung*, Hamburg: Junius. ■ Schulze, Gerhard (1990), *Die Erlebnisgesellschaft. Kultursoziologie der Gegenwart*, Frankfurt/M./New York: Campus. ■ SPD (1984), *Planungsdaten für die Mehrheitsfähigkeit der SPD. Ein Forschungsprojekt des Vorstandes der SPD*, Bonn: Parteivorstand der SPD. ■ ›Spiegel‹ Verlag/manager magazin (Hg.) (1996), *SPIEGEL-Dokumentation Soll und Haben*, 4, Hamburg. ■ Der Stern (2000), *MarktProfile*, Hamburg. ■ Thompson, Edward Palmer (1978), »The Peculiarities of the English« [1965], in: Thompson, Edward Palmer, *The Poverty of Theory & other Essays*, London: Merlin Press, S. 35–91. ■ Thompson, Edward Palmer (1980 a), »Die englische Gesellschaft im 18. Jahrhundert: Klassenkampf ohne Klasse?« [1978], in: Thompson, Edward Palmer, *Plebejische Kultur und moralische Ökonomie*, hg. von Groh, Dieter, Frankfurt/M./Berlin: Ullstein, S. 247–289. ■ Thompson, Edward Palmer (1980 b), *Das Elend der Theorie*, hg. von Vester, Michael, Frankfurt/M./New York: Campus. ■ Thompson, Edward Palmer (1987 [1963]), *Die Entstehung der englischen Arbeiterklasse*, 2 Bde., Frankfurt/M.: Suhrkamp. ■ Vester, Michael (1970), *Die Entstehung des Proletariats als Lernprozeß*, Frankfurt/M.: Europäische Verlagsanstalt. ■ Vester, Michael (1976), »Was dem Bürger sein Goethe, ist dem Arbeiter seine Solidarität«, in: *Ästhetik und Kommunikation*, 7, 24, S. 62–73. ■ Vester, Michael (2001), »Milieus und soziale Gerechtigkeit«, in: Korte, Karl-Rudolf / Weidenfeld, Werner (Hg.), *Deutschland-TrendBuch*, Opladen: Leske + Budrich, S. 136–183. ■ Vester, Michael / von Oertzen, Peter / Geiling, Heiko / Hermann, Thomas / Müller, Dagmar (2001² [1993]), *Soziale Milieus im gesellschaftlichen Strukturwandel. Zwischen Integration und Ausgrenzung*, , Frankfurt/M.: Suhrkamp. ■ Vögele, Wolfgang / Bremer, Helmut / Vester, Michael (Hg.) (2002), *Soziale Milieus und Kirche*, Würzburg: Ergon. ■ Weber, Max (1964 [1921]), *Wirtschaft und Gesellschaft. Grundriß der verstehenden Soziologie*, Köln/Berlin: Kiepenheuer & Witsch. ■ Weber, Max (1991 [1923]), *Wirtschaftsgeschichte: Abriß der universalen Sozial- und Wirtschaftsgeschichte*, Berlin: Duncker & Humblot. ■ Wehler, Hans-Ulrich (1998), »Pierre Bourdieu. Das Zentrum seines Werks«, in: Wehler, Hans-Ulrich, Die Herausforderung der Kulturgeschichte, München: C. H. Beck, S. 15–44. ■ Williams, Raymond (1972), *Gesellschaftstheorie als Begriffsgeschichte. Studien zur historischen Semantik von »Kultur«*, München: Rogner & Bernhard [engl. Orig. 1958].

14.4 Lebensführung und Lebensstile – Individualisierung, Vergemeinschaftung und Vergesellschaftung im Prozess der Modernisierung

Jürgen Raab / Hans-Georg Soeffner

>»*Der Mensch lebt nur, indem er ein Leben führt*«
>Helmuth Plessner

1. Das unruhige Bild der Gesellschaft und die Versuche seiner soziologischen Fixierung

Zeit- und Gesellschaftsdiagnosen gehören zu den notwendigen, zugleich aber schwierigsten und undankbarsten Aufgaben der Soziologie. Gilt es doch, in einem anhaltend unübersichtlichen und damit ungesicherten gesellschaftlichen Gelände einerseits einige hinlänglich verlässliche und weithin sichtbare Markierungen zu setzen, die eine Beschreibung der gegenwärtigen sozialen Topographie und ihrer Bedingungen erlauben, und andererseits, über derartige Momentaufnahmen hinaus, die blassen und dünnen Fäden einzelner ›Entwicklungstrends‹ mit nicht allzu heißer Nadel zu bunten Zukunftsszenarien zu verstricken. Weniger aber ist es die gelegentliche Kurzsichtigkeit der professionellen Betreiber oder die Unangemessenheit und Antiquiertheit ihrer theoretischen und empirischen Instrumentarien, als vielmehr die Komplexität des soziologischen ›Gegenstandes‹ selbst, aus der heraus sich die Vagheit der Befunde und Prognosen sowie die nach wie vor geringen Halbwertszeiten von Terminologien und Typisierungen begründen: Das unter den Bedingungen der Moderne zunehmend komplizierte, beschleunigt und dauerhaft sich wandelnde, deshalb analytisch schwer zu durchdringende Verhältnis von Individuum und Gruppe (Gemeinschaft/Gesellschaft).

Wenn Georg Simmel bereits Ende des 19. Jahrhunderts feststellte, dass »die individualistische Gesellschaft [...] dem Geiste ein unruhiges, sozusagen unebenes Bild« bietet, weshalb »ihre Wahrnehmung [...] fortwährend neue Innervationen, ihr Verständnis neue Anstrengung«[1] erfordert, so überrascht es wenig, dass auch die aktuellen Ansätze zur historischen Rekonstruktion und empirischen Erfassung der sich verändernden Bedingungen von

Selbst- und Fremdwahrnehmung sowie der konkreten Ausgestaltungen und Artikulationen des sozialen Zusammenlebens keine einheitliche begrifflich-typologische Ordnung erkennen lassen.

In den Gesellschafts- und Sozialstrukturanalysen finden sich zwischen Vokabeln, die die wechselseitige Abhängigkeit und Dynamik in den Beziehungen von Einzelnem und Kollektiv illustrieren sollen,[2] und Labels, die versuchen, jene durch den jeweils ›diagnostizierten‹ Paradigmen-, Epochen- oder Wertewandel bewirkten und die aktuelle Situation prägenden Charakterzüge der Gesellschaft in imposant klingende Formeln zu kleiden,[3] eine enorme Bandbreite miteinander verschwisterter, häufig synonym verwendeter Begriffskonstruktionen, denen nichts Geringeres als das ›Leben‹ vorangestellt ist.[4] Letztere Begriffsbildungen beinhalten zwei für die folgende Argumentation zentrale Aspekte.

In der Regel stillschweigend indiziert dieses in seinem Totalitätsanspruch nicht mehr zu überbietende Präfix zunächst, dass – jenseits allem Episodischen – mit Hilfe dieser Termini das Eigentliche und Grundsätzliche der menschlichen Existenz empirisch-sozialwissenschaftlich zu verhandeln ist: Das Dasein, die sozialen Bedingungen seines ›Ortes‹, seines Verlaufs und die Notwendigkeit seiner Gestaltung. Mehr oder minder implizit wird hierbei eine reflexive und selbstreferentielle Haltung des Individuums vorausgesetzt, das die Umstände seines individuellen und sozialen Daseins als unaufhebbares Spannungsfeld, entlang der Achsen Unterordnung und Anpassung einerseits sowie Selbstbestimmung

---

1 Simmel (1993a, S. 170f.).
2 Autonomisierung, Atomisierung, Entstrukturierung, Globalisierung, Individualisierung, Pluralisierung, Polarisierung, Virtualisierung usw.
3 Fortgeschrittene Industriegesellschaft, Medien-, Informations-, Kommunikations- und Wissensgesellschaft, Multioptions-, Inszenierungs- und Risikogesellschaft, Überfluss-, Dienstleistungs-, Freizeit- und Erlebnisgesellschaft usw.
4 Lebenspraxis, Lebensweise, Lebenshaltung, Lebenslagen, Lebensformen, Lebenschancen, Lebensläufe, Lebensvollzüge usw.

und Kreativität andererseits, erfährt. Diese vorpsy-
chologische und vorsoziologische, in der *conditio
humana* angelegte, widersprüchliche Grundstruktur,
die Helmuth Plessner als »exzentrische Positionali-
tät«[5] beschrieb, bedingt die natürliche Künstlichkeit
des Menschen: den Zwang zur Ausbildung von Kultur als jener zweiten, von ihm selbst zu schaffenden
Natur. Dieser Prozess ist aufgrund der Instinktreduk-
tion und Weltoffenheit des Menschen strukturell auf
Veränderungen in seinen Resultaten hin angelegt; er
ist unhintergehbar verbunden mit dem Entwurf und
der Verteidigung, letztlich aber der Zerstörung und
der Ersetzung gesellschaftlicher Ordnungskonstruktionen, damit mit einer – in der Regel für die Handelnden beschwerlich zu manipulierenden und für
Außenstehende in ihrer sozialen Logik nur unter
Mühen zu deutenden und mit Verlusten zu erklärenden – Richtungsgebung, Führung und Gestaltung.
Ihre übergreifende ›Intention‹ ist es, dem Leben selbst
eine Form und einen Stil, damit ein Gewicht, eine
Ruhe und Balance zu geben, die jene unerträgliche
Hälftenhaftigkeit, Heimatlosigkeit, Bedürftigkeit und
Nacktheit der menschlichen Existenz kompensiert.[6]
Diesseits aller Diskussionen um anthropologische
Universalien ist der Zwang zur Ausbildung von Kultur soziologisch gewendet nur als Disposition zu
begreifen. Aus ihr heraus entwickeln sich unter den
veränderten und sich permanent verändernden Bedingungen der Sozialität – zumal nach dem Brüchig-
werden, dem Verlust und den strukturell zum Scheitern verurteilten Versuchen der (Re-)Implementie-
rung raumübergreifender, zeitüberdauernder, das
Denken und Handeln verpflichtender Kosmologien[7]
– stets neue Qualitäten von Ordnungsentwürfen und
neue Erscheinungsformen sozialen Zusammenlebens. Deren Analyse und Deskription stellt die
ebenso umfassende wie letztlich nur in Bruchstücken
zu erfüllende Aufgabe soziologischer Forschung und
Theoriebildung dar, die, sofern sie sich als ›Men-
schenwissenschaft‹ (Elias) begreift, immer kultursoziologisch ausgerichtet ist.[8]

Ihren ersten, bis heute nachhallenden Niederschlag – und dies ist der zweite oben angezeigte
Aspekt – erfuhren solcherart Überlegungen, allerdings mit anderen Herleitungen und verschiedenen
Gewichtungen, bei den Klassikern der Soziologie.
Namentlich bei Georg Simmel und Max Weber
finden denn auch zwei Begriffe ihre erste Erwäh-
nung, die das eine Mal mehr (Simmel), das andere
Mal weniger (Weber) grundlegend für die Theoriebildung waren: der Lebensstil und die Lebensführung. Keineswegs aber handelt es sich lediglich um
zwei weitere Exponenten, die sich nahtlos in die
oben nur angedeutete Begriffsvielfalt einfügen ließen, denn beide Termini wurden trotz ihrer nach
wie vor uneinheitlichen, inkonsistenten und oft
wenig präzisen Verwendung zu zentralen Begriffen
in der Erforschung und Beschreibung des Verhältnisses von Individuum und Gesellschaft im Prozess
der Modernisierung.

Unsere Ausführungen nehmen ihren Ausgang
deshalb mit Reflexionen über die klassischen Konzeptionen von Lebensstil bei Georg Simmel (2.) und
Lebensführung bei Max Weber (3.). Hieran schließt
sich ein Überblick über die Entwicklung und den
aktuellen Stand der theoretischen und empirischen
Lebensstilforschung an, in dessen Verlauf rich-
tungsweisende Konzeptionen jener äußerst kontrovers geführten Debatte grob skizziert werden (4.).
Beide Betrachtungen bereiten die Grundlage für
eine weitergreifende Diskussion, innerhalb derer
die analytische Differenzierung von Lebensführung
und Lebensstil veranschaulichen soll, auf welches
›soziale Problem‹ diese Konstruktionen eine ›Antwort‹ darstellen (5.). Argumentiert wird, dass die
von verschiedener Seite konstatierte oder prognos-
tizierte ›kulturalistische Wende‹ der Gesellschafts-
und insbesondere der Sozialstrukturanalyse weder
einen ›trendig‹-(›post‹)modernistischen Kurzzeit-
effekt darstellt, noch eine Einschränkung der Blick-
weite und damit auch kein Aus-den-Augen-Verlie-
ren struktureller Bedingungen sozialer Ungleichheit
mit sich führt. Vielmehr gilt es, die oft als ›weich‹,
weil gesellschaftlich nicht wirklich einflussreich, ge-
werteten ästhetisch-stilistischen ›Schöpfungen‹ und
Orientierungen in ihrer sozialen Relevanz zu erkennen und zu beschreiben. Dies verlangt einerseits, die
soziologische Perspektive für anthropologische und
historische ›Determinanten‹ sozialen Handelns of-

---

5 Plessner (1975).
6 Plessner (1975, S. 309 ff.).
7 Soeffner (2000).
8 Vgl. hierzu die Ausführungen in unserem Artikel »Kultursoziologie und sozialwissenschaftliche Hermeneutik« in Band II
   dieser Edition.

fen zu halten, sowie andererseits – und zugleich – den Blick für die scheinbar nebensächlichen Details des Alltagshandelns einzurichten und zu schärfen: für die Feinheiten des *Stils* und der *Führung* des Lebens, mithin für jene ›kreativen‹, ästhetisch-expressiven Realisierungen und Reproduktionen von Verhaltens- und Darstellungsformen, die als räumlich und zeitlich begrenzte, gesellschaftliche Ordnungskonstruktionen die Voraussetzungen für die Ausbildung und Sicherung individueller und kollektiver Identitäten in der Moderne sind.

2. Der Stil des Lebens – oder: Die Paradoxa von Kultur und Individualisierung

Gerade weil es sich bei Georg Simmel um den wohl bedeutendsten Klassiker der Lebensstilforschung handelt, verwundert es, dass er als solcher erst spät für die Diskussion entdeckt und zur theoretischen Untermauerung empirischer Analysen herangezogen wurde.[9]

Simmels Generalthema ist die zunehmende gesellschaftliche Differenzierung am Übergang von der Neuzeit zur Moderne. Gleich Durkheim sah er in der Arbeitsteilung das Hauptentwicklungsmoment der Gesellschaft, mit für die Akteure weitreichenden Folgen. Zunächst bewirkt die Teilung der Arbeit die Herausbildung immer spezialisierterer Berufe, wodurch es zu einer voranschreitenden Differenzierung in den Handlungsanforderungen kommt, weil sich eine Vielzahl verschiedener sozialer Rollen mit unterschiedlichen und bislang ungekannten Erwartungen und Verpflichtungen zu einer für den Handelnden einzigartigen Konfiguration zusammenzufügen beginnen. Aufgrund dieser Entwicklung gerät der einzelne dann auch in neue, sich zudem überkreuzende soziale Kreise: Ihre Schnittflächen bedingen eine Vervielfachung von sozialen Kontakten und Handlungsoptionen, damit insgesamt eine zunehmende Vergesellschaftung des Individuums.

Verstärkt werden diese Effekte durch den sich ausweitenden Geldverkehr. Für Simmel avanciert das Geld zum wichtigsten Medium der Moderne, denn wie kein zweites greift es wirkungsmächtig in alle Modalitäten und bis in die Nuancen sozialer Beziehungen ein, darin »dem Blute zu vergleichen,

dessen kontinuierliche Strömung alle Verästelungen der Glieder durchdringt«.[10] Selbst eine neutrale Größe, die feinste und ›sicherste‹ Einteilungen erlaubt, stellt es sich zudem neutralisierend zwischen die Handelnden: Es versachlicht und anonymisiert die ökonomischen Transaktionen ebenso wie alle anderen sozialen Wechselwirkungen und wird zum Erkennungsmerkmal der rationalisierten Gesellschaft schlechthin.[11]

Leitete Simmel schon aus der mit der Arbeitsteilung einhergehenden Aufweichung und Auflösung traditionaler Bindungen und tradierter Vergemeinschaftungsformen sozial bedrohliche Folgen für das Subjekt ab (Entfremdung, Orientierungslosigkeit, Verlust des Lebenssinns), steigert die Ausdehnung des Geldwesens, welche in die zunehmend komplexe und unüberschaubare Sozialwelt noch zusätzlich Berechnung, Konkurrenz und Unpersönlichkeit trägt, die Gefahr der Isolation, der Anomie und der Entwicklung unsicherer Persönlichkeiten. Zugleich hat der Modernisierungsprozess aber auch positive Effekte, denn für den Einzelnen ergeben sich größere Handlungsfreiräume und die Entwicklungen selbst bieten ihm geradezu erst die Voraussetzung, neue Formen der Individualität und Identität auszubilden: »So ermöglicht das Geld, indem es zwischen den Menschen und die Dinge tritt, jedem eine sozusagen abstrakte Existenz, ein Freisein von unmittelbaren Rücksichten auf die Dinge und von unmittelbarer Beziehung zu ihnen, ohne das es zu gewissen Entwicklungchancen unserer Innerlichkeit nicht käme.«[12]

Simmel betont, dass in durch das moderne, kapitalistische Marktverfahren ausdifferenzierten Gesellschaften die Generierung und Aufdauerstellung persönlicher und sozialer Identität für das Individuum einzig durch eine Neuanbindung an das Soziale gelingen kann, und zwar durch die Übernahme und Aneignung symbolischer Konstruktionen, die von der Kultur der Gesellschaft ›bereitgestellt‹ werden. So wird die Suche, die Entwicklung und die Zurschaustellung eines »Stils« nicht nur möglich, son-

---

9 Georg (1998).
10 Simmel (1989, S. 652).
11 Simmel (1989, S. 614 f.).
12 Simmel (1989, S. 652).

dern zwingend notwendig. Der »Stil« oder – von Simmel synonym verwendet – der »Stil des Lebens« bzw. der »Lebensstil« sind kulturelle Formungen, wobei zwischen einem subjektiven und einem objektiven Aspekt zu unterscheiden ist, denn »der ganze Stil des Lebens einer Gemeinschaft hängt von dem Verhältnis ab, in dem die objektiv gewordene Kultur zu der Kultur der Subjekte steht«.[13] So sind die Schaffung von Kulturgütern bzw. die gesamte Entwicklung der Kultur einerseits und die ästhetische Kultivierung des Menschen andererseits eng miteinander verbunden, denn »wenn alle Kultur der Dinge nur eine Kultur der Menschen ist, so bilden wir nur uns selbst aus, indem wir die Dinge ausbilden«.[14] Und zugleich gehört es zur Kultivierung des Menschen, dass dieser in seine persönliche Entwicklung diese ›Dinge‹, die ihm äußerlich sind, mit einbezieht: »Gewiss ist Kultur ein Zustand der Seele, allein ein solcher, der auf dem Wege über die Aneignung zweckmäßig geformter Objekte erreicht wird.« Zu diesen ›Objekten‹ gehören »die Formen des Benehmens etwa, die Feinheit des Geschmacks, die sich in Urteilen offenbart, die Bildung des sittlichen Taktes […] – dies alles sind Kulturformationen, die die Vollendung des einzelnen über reale und ideale Gebiete jenseits seiner selbst führen« und zwar »in einer einzigartigen Ausgleichung und teleologischen Verwebung zwischen Subjekt und Objekt«.[15]

Anders jedoch als noch im 19. Jahrhundert bedingt die »moderne Stilisierung des Lebens« eine rasche Abfolge und »verwirrende Mannigfaltigkeit der Stile«; deshalb ist in der Moderne kein allgemein verbindlicher und orientierungsfähiger Stil mehr existent.[16] Diese Entwicklung macht es für das Individuum nicht nur neuerlich schwer, sich zu ori-

entieren und einen ›angemessenen‹ Stil zu finden, es wird ihm auch unmöglich, über eine vollständige Aneignung der objektiven Kultur seine subjektive auszubilden und zu formen, weshalb letztere gegenüber der ersteren immer defizitär bleibt. Auf diese Paradoxa von Kultur und Individualisierung reagiert der moderne Lebensstil mit Ästhetisierung: Die Geschmacksurteile ermöglichen selektive Bezugnahmen, die sich allein schon im subjektiven Genuss der bloßen Formen befriedigen können. Doch die Selbst- oder Fremdverortung zu dem einen Stil, zu einem Benehmen und einem Geschmack, der den einzelnen mit – oft anonym bleibenden – sozialen anderen verbindet, bedeutete immer auch Distanznahme zu einem anderen Stil und damit die in Interaktionen deutlich markierte Differenz zu bestimmten sozialen Kreisen. Mit dem Eintritt in den Prozess der Stilisierung als Ästhetisierung leisten die Individuen also stets zweierlei: Erstens verweisen sie in Kleidung, Konsumgewohnheiten, erkennbaren Handlungen usw. auf Angleichung, identifikatorische Einbindung, soziale Zuordnung und damit auf Differenzierung und Distinktion zu anderen Stilen. Zweitens zeigen sie auf diese Weise ihre Stellung innerhalb bzw. ihre Haltung gegenüber ihrer eigenen ›Gruppe‹ an. In nochmaliger Bezugnahme auf die den Stil generierende kulturelle Formung bringt Simmel diese beiden ›Effekte‹ auf den Punkt: »Ja, die bloße Tatsache des Stils ist an sich schon einer der bedeutsamsten Fälle von Distanzierung. Der Stil in der Äußerung unserer inneren Vorgänge besagt, dass diese nicht mehr unmittelbar hervorsprudeln, sondern in dem Augenblick ihres Offenbarwerdens ein Gewand umtun. Der Stil als generelle Formung des Individuellen, ist für dieses eine Hülle, die eine Schranke und Distanzierung gegen den anderen, der die Äußerung aufnimmt, errichtet.«[17]

Die Bedingungen für die Ausbildung von Individualität und Identität sind also sozio-historisch spezifisch. Doch parallel zu den soziologischen Erklärungen findet sich bei Simmel eine anthropologische Argumentation. In seiner Abhandlung über »Die Mode« exemplifiziert er nicht nur die rasche Abfolge von Stilen und die immer weitergehende Stilisierung der modernen Akteure, auch erkennt er im menschlichen Verhalten einen grundsätzlichen Dualismus, eine »Grundform der Zweiheit«, in deren Zusammenhang er immer wieder von »Bedürf-

---

13 Simmel (1989, S. 628).

14 Simmel (1989, S. 622).

15 Simmel (1993 b, S. 87).

16 Simmel (1989, S. 614). Aus einer eher kulturpessimistischen Perspektive konstatierte Hans Sedlmayr für die Architektur und die Malerei des 19. Jahrhunderts eine ebensolche »verlorene Stileinheit« und eine daraus resultierende »Vermengung von Stilen« bzw. ein »Stilchaos«: »In fieberhaftem Tempo, nicht wie früher im Abstand von Jahrhunderten, sondern von wenigen Jahrzehnten, lösen sie einander ab. Unstetig ist ihre Folge. Und bevor die eine Welle abebbt, setzt die nächste schon ein« (Sedlmeyer, 1965, S. 60 f.).

17 Simmel (1989, S. 659).

nissen« und »Trieben« spricht. Diese Dualität zeigt sich einerseits im »sozialen Trieb«, in der Tendenz zur Anlehnung an die soziale Gruppe: Es ist das Bedürfnis der Nachahmung vorgegebener Muster, ein Hang zum Sich-Gleichmachen, zur sicherheits-stiftenden, weil Kontinuität sichernden »Ein-schmelzung des einzelnen in ein Allgemeines«, das das Individuum zu »einem Gefäß sozialer Inhalte« werden lässt.[18] Demgegenüber steht der »individua-lisierende Trieb« als zweites anthropologisches Fak-tum: Ihn beschreibt Simmel als eine Art innerer Energie, die auf Ablösung und individuelle Heraus-hebung aus der sozialen Gruppe drängt. Nur über ein ›Auspendeln‹ dieser Disparität qua Stilisierung kann es dem Einzelnen gelingen, ein eigenes Selbst zu gewinnen und zu bewahren, denn grundsätzlich gilt: »das Individuum begehrt ein geschlossenes Ganzes zu sein, eine Gestaltung mit eigenem Zen-trum, von dem aus alle Elemente seines Seins und Tuns einen einheitlichen, aufeinander bezüglichen Sinn erhalten«.[19]

Somit erweist sich das »Problem des Stiles«[20] als soziologisches, historisches *und* anthropologisches Problem: Arbeitsteilung, Rollendifferenzierung und expandierender Geldverkehr, die Herauslösung aus traditionellen Bindungen und die Rationalisierung der sozialen Beziehungen als Kennzeichen und Fol-gen des Modernisierungsprozesses verhelfen den das Soziale bestimmenden und formenden – nach Simmel anthropologischen – Dualismen zu einer gänzlich neuen Qualität und bewirken letztlich die Herausbildung des neuen Gesellschaftstypus. Die Konstellation von individueller Andersartigkeit und sozialer Zugehörigkeit, von Originalität und Imitation, Individualisierung und Vergemeinschaf-tung – damit generell das Verhältnis zwischen In-dividuum und Gesellschaft – wird in der Moderne neu konfiguriert. Hieraus resultiert das Phänomen der Stilisierung des Lebens mit seinen immer wieder anders gelagerten Antwortversuchen auf das exis-tentielle Problem der Identitätsgenerierung und -stabilisierung, denn »durch die ganze Neuzeit geht das Suchen des Individuums nach sich selbst, nach einem Punkte der Festigkeit und Unzweideu-tigkeit, dessen es bei der unerhörten Erweiterung des theoretischen und praktischen Gesichtskreises und der Komplizierung des Lebens immer dringen-der bedarf«.[21]

3. Die Stilisierung des Lebens als Konsequenz einer rational-methodischen Lebensführung

Sehr viel häufiger als auf Georg Simmel wird der Ursprung des Lebensstil-Begriffs auf Max Weber zurückgeführt. Obgleich dieser der Thematik selbst nur wenig Aufmerksamkeit schenkte, Begriffe diffus verwendete und die ihm heute vielfach zugemessene Bedeutung als Lebensstiltheoretiker auf einer Über-setzungsauslegung von ›Lebensführung‹ ins Eng-lische mitberuht,[22] finden sich bei Weber Über-legungen, die für die Entwicklung der theoretischen Diskussion und empirischen Forschung bis heute richtungsweisend sind.[23] Der zentrale Stellenwert des Begriffs der Lebensführung begründet sich aus seiner doppelten Perspektivierung: Weber verwen-det ihn in seinen religionssoziologischen Arbeiten für eine *historische* (1.) und nutzt ihn in seiner Grundlegung der verstehenden Soziologie für eine *sozialstrukturelle* Argumentation (2.).

1. Webers grundsätzliches Interesse kreist um die Frage, weshalb zunächst nur in Westeuropa und später in Nordamerika jene Art moderne, markt-wirtschaftlich-kapitalistische Gesellschaft entstehen konnte, innerhalb derer sich ganz spezifische Ge-staltungsprinzipien für das alltags-praktische Ver-halten der Menschen herausbildeten. Er findet die Antwort in einer konkreten *historischen* Konstella-tion aus religiösen, ökonomischen und kulturellen Faktoren, die seit dem 16. Jahrhundert an Kontur und Einfluss gewann. Den »Geist des Kapitalismus« als Ethos der kapitalistischen Kultur sieht Weber wesentlich durch den Calvinismus und die protes-

---

18 Simmel (1996, S. 187 f. und 210).
19 Simmel (1989, S. 690).
20 Simmel (1993 c, S. 374–384).
21 Simmel (1993 d, S. 216).
22 Gerth/Mills (1946) übersetzten ›Lebensführung‹ nicht mit ›life-conduct‹, sondern mit ›life-style‹, was zu einer gewissen Popularität Webers in der amerikanischen Lebensstilfor-schung führte, aber auch begriffliche Verwirrungen durch die Rückübersetzung von ›life-style‹ ins Deutsche bedingte (vgl. Abel/Cockerham, 1993).
23 Vgl. exemplarisch das Konzept der »alltäglichen praktischen Lebensführung« bei Voß (1991) sowie Kudera/Voß (2000), deren subjektzentrierte Perspektivierung dem Begriff der Lebensführung allerdings eine stark psychologische Wen-dung gibt; hierzu: Holzkamp (1995).

tantische Ethik geprägt, und damit als Ausdruck einer besonderen »Beziehung zwischen religiösem Leben und irdischem Handeln«, die letztlich »zu einer konsequenten *Methode* der ganzen Lebensführung« als »einer systematischen rationalen Gestaltung des Gesamtlebens« führt.[24]

Gehörten in der Vergangenheit »zu den wichtigsten formenden Elementen der Lebensführung [...] überall die magischen und religiösen Mächte und die am Glauben an sie verankerten ethischen Pflichtvorstellungen«,[25] so ist der Übergang zur Moderne durch die Herauslösung des Handelns aus solchen religiösen, aber auch emotionalen und traditionellen Einbindungen und Zwängen markiert. Im Modernisierungsprozess tritt an die Stelle der »normgebundenen« traditionalen die rational-methodische Lebensführung. Als Antwort auf die neuzeitlichen Bedingungen des Kapitalismus ist sie auf der Ebene des Individuums durch eine größere Verantwortlichkeit für eine bewusste Organisation des alltäglichen Lebens gekennzeichnet, also mit erhöhten Anforderungen an Methodik und Kontrolle, an Reglementierung und Disziplinierung sowie an Schematisierung und Systematisierung verbunden. Entsprechend sind auch die Beziehungen zwischen den Individuen, sind die Prozesse der Vergemeinschaftung und Vergesellschaftung durch jenen eigentümlichen Rationalismus des Denkens und Handelns bestimmt: In Wirtschaft, Wissenschaft und Kunst, insbesondere aber in Politik (Legitimation von Herrschaft) und Verwaltung (Rechtsstaatlichkeit, Bürokratisierung) geben die fortan stets neu auszuhandelnden Normen formale Handlungssicherheit, schaffen einen Ausgleich zwischen konfligierenden ›Wertsphären‹ und helfen der Gesellschaft, die in der Moderne ohne ein sie überwölbendes, sinnhaftes ›Dach‹ auskommen muss, die nun dauerhaft anstehenden Integrationsprobleme zu lösen.

2. Aus *sozialstruktureller* Perspektive verdeutlicht Weber mit dem Begriff der Lebensführung, dass sich soziale Ungleichheiten in modernen Gesellschaften nicht allein auf ökonomische Marktungleichgewichte

zurückführen lassen, wozu er in Abgrenzung zum rein materiellen Klassen-Begriff bei Marx den der Stände definiert: »›Klassen‹ gliedern sich nach den Beziehungen zur Produktion und zum Erwerb der Güter, ›Stände‹ nach den Prinzipien ihres Güterkonsums in Gestalt spezifischer Arten von ›Lebensführung‹.«[26] Obschon die »Lebensführung [...] naturgemäß ökonomisch mitbedingt« ist und »allerhand materielle Monopole« sichern kann, wird durch die ständische Differenzierung die »Macht des nackten Besitzes [...], welche der ›Klassenbildung‹ den Stempel aufdrückt, zurückgedrängt«. Angehörige eines Standes können nämlich durchaus verschiedenen Klassenlagen entstammen (Arbeiter, Kleinbürgertum, Privilegierte, Besitzlose); was allein sie vereint, ist erstens ein »einverständliches Gemeinschaftshandeln«, das sich insbesondere im Konsumverhalten äußert, aber auch subtil bis in andere Konventionen und Ausdrucksformen hinein reicht (Kommunikation, Partnerwahl, Mode, Erziehungsweisen usw.), und zweitens eine hieraus sich ableitende gemeinsame Einschätzung durch die sozialen Anderen. Durch diese »Zumutung einer spezifisch gearteten Lebensführung an jeden, der dem Kreise angehören will«, der aktiven »Stilisierung des Lebens« und den damit verbundenen Außendarstellungen sowie ihrer sozialen Wahrnehmung und Anerkennung, erhalten die Stände das, was Weber als die sie im Wesentlichen charakterisierende »Ehre« bezeichnet: eine expressiv zur sozialen Grenzziehung genutzte und deshalb ›gepflegte‹ Distanznahme und Exklusivität. Weber weist explizit darauf hin, dass die soziale Gliederung der Gesellschaft entlang unterschiedlicher Stilisierungen, mit entsprechenden Handlungsanforderungen an die Individuen, erst auf der Basis eines ›entschärften‹ Kapitalismus und damit einer ›verfeinerten‹, methodisch-rationalen Lebensführung Fuß fassen kann: Sie wird begünstigt durch »eine gewisse (relative) Stabilität der Grundlagen von Gütererwerb und Güterverteilung [...], während jede technisch-ökonomische Erschütterung und Umwälzung sie bedroht« und wieder die gröberen Differenzierungen der »›Klassenlage‹ in den Vordergrund schiebt«.

Aus der Weberschen Konzeption lässt sich somit eine Differenzierung der Bedeutungsgehalte von Lebensführung und Lebensstil ableiten.[27] So erscheint Lebensführung als der allgemeinere Begriff, der für das Insgesamt des praktischen Verhaltens im alltäg-

---

24 Weber (1978, S. 80, 115 und 125; Hervorhebung im Original).
25 Weber (1978, S. 12).
26 Dieses und die nachfolgenden Zitate: Weber (1985, S. 534–539).
27 Vgl. Matthiesen (1991); Voß (1991, S. 154 f.).

lichen Leben und für die Methode, mit der dieses Verhalten organisiert wird, steht. Gemeint sind jene sozialen, politischen, ökonomischen und – umfassender – religiösen Sinnsysteme und konkreten Bedingungen mit ihren Rationalitäten und Reglementierungen, die für das Leben einer Mehrzahl der Menschen einer bestimmten Kultur, Epoche und Region, für die Optionen und Chancen ihres Denkens und Handelns im Alltag, bestimmend sind. Demgegenüber betont der Lebensstil die aktive und situative, expressive und distinguierende Seite der Lebensführung; womit – wie nachfolgend gezeigt werden wird – jene sozialstrukturellen Aspekte in den Blick kommen, die von der soziologischen Lebensstilforschung thematisiert und untersucht werden. Individuen und soziale Gruppen machen mit der Stilisierung ihres Lebens ihren Anspruch auf soziale Anerkennung nach außen hin deutlich, was im Alltag symbolisch über bestimmte Verhaltensweisen, über den Umgang mit kulturellen Gütern und Formen des Konsums geschieht. Damit markiert die spezifische Art und Weise der Stilisierung distinktiv eine klare Abgrenzung zu anderen ästhetischen Entwürfen. Schließlich signalisieren die Stilisierungen die Zugehörigkeit eines Individuums zu einer bestimmten Gruppe von Personen mit ähnlichen Haltungen und Praktiken und haben damit eine identitätsstiftende und -sichernde Funktion für das Subjekt und die Kollektive.

4. Die Debatte um den Lebensstil: Zwischen Sozialstrukturforschung und Kulturanalyse

Fast zeitgleich mit Simmel und Weber gab es in den Vereinigten Staaten und in Frankreich Überlegungen zur Lebensführung, insbesondere aber zum Lebensstil im zuletzt angesprochenen Sinne, die in eine ähnliche Richtung zielten und für die Entwicklung der Lebensstilsoziologie als eigenständigem Forschungsfeld von entscheidender Bedeutung waren. Doch während die Klassiker der Soziologie diese Phänomene noch im umfassenden Rahmen ihrer Gesellschaftstheorien und damit auf mehreren Ebenen – entlang der oben aufgezeigten anthropologischen, historischen oder sozialstrukturellen Dimensionen – diskutierten, widmeten sich Thorstein Veblen und Edmond Goblot, unter Verzicht

auf weitgreifende theoretische Fundierungen, der singulären empirischen Beobachtung und einer mitunter ironischen bis zynischen Beschreibung des Lebensstils gesellschaftlicher Oberschichten.

In enger Anlehnung an das Zwei-Klassen-Modell von Marx geht Veblen in seiner »Theorie der feinen Leute« davon aus, dass sich in Amerika an der Wende zum 19. Jahrhundert infolge der Arbeitsteilung eine »Klasse der produktiven Arbeit« und eine »müßige Klasse« (*leisure class*) herausgebildet haben. Letzterer ist es daran gelegen, als Oberklasse die »herrschenden geistigen Einstellungen« zu bestimmen, wobei ihr die Sicherung der gesellschaftlichen Machtstellung durch ein offen zur Schau getragenes Distinktionsgebaren gelingt. Dabei ist es weniger der Besitz von Geld oder die Akkumulation von Gütern, sondern ein distinguiertes, »ehrenvolles« Konsum- und Freizeitverhalten, das die Klassenunterschiede offenbart und festschreibt. Für eine »angesehene Lebensführung« gilt es deshalb, »die richtige Art und die richtige Menge von Gütern zu konsumieren wie auch Zeit und Energie in angemessener Weise zu vertun«, was Veblen nach den »Gesetzen des demonstrativen Konsums« bzw. den »Normen des Geschmacks und des Prestiges« suchen lässt.[28]

Auch Goblot beschränkt sich in seiner Studie über Frankreich auf die Beschreibung der »herrschenden Klasse«, welcher »auf der anderen Seite das einfache Volk« gegenüber steht.[29] Wie für Veblen gilt auch für Goblot bezüglich der Durchsetzung und Sicherung des Herrschaftsanspruchs: »Was zur Grenzziehung beiträgt, ist weniger der Reichtum als solcher, denn der Gebrauch, den man von ihm macht«, obschon »um einen bourgeoisen Lebensstil führen zu können [...] ein Mindestmaß an Ressourcen« vorausgesetzt ist.[30] Neben einer vermögenden ökonomischen Grundausstattung, einer gehobenen Arbeitstätigkeit bei dennoch genügend Raum für Freizeit, kennzeichnet die moderne französische Bourgeoisie deshalb eine bestimmte moralische, intellektuelle und vor allem ästhetische Erziehung. Ihr Nachweis im sozialen Austausch ist entscheidend für »Schließung und

---

28 Veblen (1986, S. 119 ff.).
29 Goblot (1994, S. 41).
30 Goblot (1994, S. 61).

Abschließung, Klasse und Differenz«, zielt weniger auf Bewunderung und Lob als auf Achtung, und geschieht über den Einsatz von symbolischen Mitteln wie Güterausstattung, modischem Verhalten, Benimmregeln, Essgewohnheiten, Gestik, Sprache usw.[31]

Der erste bedeutende Versuch, die Sozialstruktur und damit die Ungleichheit einer Gesellschaft systematisch darzustellen, ist Theodor Geigers Studie über »Die soziale Schichtung des deutschen Volkes«. Gleich Weber kritisiert er am Marxschen Klassenbegriff den ökonomischen Determinismus sowie die Auffassung einer statisch bipolaren Gesellschaft und gelangt für die Weimarer Republik zu einem statistisch untermauerten Fünf-Schichten-Modell. Diese »sozialen Schichten«, die er auch als »typische Lebenshaltungsstile« oder »Typen der Lebenshaltung« bezeichnet, sind – zusätzlich zu dem jeweiligen Verhältnis zu den Produktionsmitteln, der Stellung im Produktionsprozess und der wirtschaftliche Lage – durch die »Verbindung von Mentalitätszügen zu komplexen Typen des sozialen Habitus« gekennzeichnet, denn grundsätzlich besteht für Geiger ein »allgemein soziologische[s] Korrelat« der Begriffe von Schicht und Klasse zum »kultursoziologischen Begriff der Stilverwandtschaft.«[32]

Die im Nachkriegs-Deutschland entstandenen Modelle sozialer Differenzierung lehnten sich noch stark an Webers und Geigers Konzeptionen an.[33] Doch ihre nicht-ökonomische Ausrichtung und ihr damit verbundenes Bemühen, die sozialkulturellen Formen der Ungleichheit zu erfassen, gerieten im Zuge des in den 1960er Jahren wachsenden Wohlstandes zunehmend in Kritik. Die »Ökonomisierung des Schichtkonzepts«[34] erleichterte nicht nur die empirische Vorgehensweise, sie erlaubte auch eine kausal-deterministische Verbindung zwischen Schichtzugehörigkeit und schichttypischen Merkmalen der Alltagspraxis (Sozialisationsformen, Sprachcodes, politische Einstellung und Partizipation, Mobilität,

abweichendes Verhalten usw.), woraus solche bekannten Schichtungsmodelle wie das »Haus-« und das »Zwiebel-Modell« resultierten.[35] Zur gleichen Zeit griff die Wahl-, Konsum- und Werbeforschung in den USA den Lebensstil-Begriff auf und machte ihn populär. Mit »style of life« oder »life style« kamen – in Anlehnung an die Übersetzung von Max Webers »Lebensstil« (siehe Kapitel 3) und Louis Wirth' »way of life«[36] – beschreibende Ausdrücke zur Charakterisierung unterschiedlicher Arten der Lebensführung in Gebrauch. Es galt, durch die Erfassung von soziodemographischen Merkmalen sowie von aus einer Vielzahl unterschiedlicher Indikatoren gebildeten Lebensstilmustern (Verhalten beim Güterkonsum, Freizeit- und Urlaubsgewohnheiten, Einstellungen zu Familie, Arbeit und Religion, Umgang mit Finanzen, politische Einstellungen und Wahlverhalten usw.) die Zielgruppen von Produkten und Marken möglichst genau zu bestimmen und »Lebensstil-Typen« oder »soziale Milieus« zu bilden.

Einen wirkungsmächtigen Beitrag zur theoretischen Fundierung der modernen Lebensstilsoziologie leistete Pierre Bourdieu mit seiner Untersuchung über »Die feinen Unterschiede« in der französischen Gesellschaft der 1970er Jahre, für die er Anleihen bei den Theorien von Marx, Simmel, Weber, Veblen und Geiger nahm, um sie zu einer neuen kultursoziologischen Konzeption zu verbinden. Über die Kritik an Marx' eindimensional-ökonomischer Argumentation vollzieht Bourdieu zunächst eine Vierteilung und damit eine Erweiterung von dessen Kapitalbegriff, indem er neben dem »ökonomischen Kapital« (Geld, Eigentum usw.) mit dem »kulturellen« (z. B. schulische Bildung), dem »sozialen« (soziale Beziehungen) und dem »symbolischen« (Prestige) drei weitere Kapitalformen definiert.[37] Da Bourdieu die Soziologie auf einer ersten Stufe als eine Art Sozialtopologie begreift, geht er davon aus, dass sich die soziale Welt in Form eines mehrdimensionalen Raumes abbilden lassen muss, in dem die Verteilung der Kapitalsorten mit ihren unterschiedlichen Kapitalkonfigurationen Auskunft über die soziale Struktur der Gesellschaft und über die Position von Akteuren oder Gruppen innerhalb dieser geben.

Da für die Klassendifferenzierung nicht mehr allein die ›verborgene‹ ökonomische Lage, sondern vor allem die im normalen Alltag erlebbaren kulturellen Unterschiede zwischen den sozialen Gruppen ent-

---

31 Goblot (1994, S. 41 und 156).
32 Geiger (1987, S. 7, 13 und 130).
33 Exemplarisch: Janowitz (1958); Scheuch (1965).
34 Hradil (1987).
35 Dahrendorf (1965); Bolte (1967).
36 Wirth (1938).
37 Bourdieu (1985, S. 10 f.).

scheidend sind, führt Bourdieu zur Bestimmung dieses Verhältnisses den Schlüsselbegriff des »sozialen Habitus« ein. Mit seinen klassenspezifisch ausgeformten Denk-, Wahrnehmungs- und Handlungsschemata ist dieser definiert als »ein System von dauerhaften Dispositionen«,[38] die die Individuen bereits seit der frühen Sozialisation vermittelt bekommen und die sich in der sozialen Praxis des Alltagshandelns immer wieder manifestieren und letztlich klassenspezifisch reproduzieren. In sehr umfassender Weise zielt der Begriff damit auf die gesamte Lebensführung von Menschen: das Aussehen, die Körperhaltung, ihr Auftreten, ihren Gestus, ihren Sprachduktus und ihre Mentalität, aber auch ihre Eßgewohnheiten, die Wahl der Kleidung und insbesondere die ästhetischen Geschmackspräferenzen – sie sind die entscheidenden Gradmesser und Indikatoren, die die sozialen Differenzierungen, die sublimen Unterschiede in der Gesamtheit des sozialen Raumes ausmachen: »Der Geschmack, die Neigung und Fähigkeit zur (materiellen und/oder symbolischen) Aneignung einer bestimmten Klasse klassifizierter und klassifizierender Gegenstände und Praktiken, ist die Erzeugungsformel, die dem Lebensstil zugrunde liegt.«[39] In Auseinandersetzung mit Kant verweist Bourdieu allerdings darauf, dass Geschmack immer eine erworbene gesellschaftliche Kategorie darstellt. Die ästhetischen Geschmacksvarianten sind die Folge unterschiedlicher Sozialisation, differierenden Bildungskapitals; sie sind abhängig von der Stellung im Produktionsprozess und damit letztlich das Resultat unterschiedlicher Positionen im Sozialraum. Die Funktion des Habitus liegt schließlich darin, dass er einen gesellschaftlichen Orientierungssinn darstellt, d. h. zur Erfahrung und Strukturierung einer homogenen Lebenswelt und damit zur Generierung und Demonstration der sozialen Identität von Individuen beiträgt. Der Habitus erzeugt Vorstellungen und Handlungsweisen, er zeigt auf, was die Grenzen des Geschmacks und die Möglichkeiten des Verhaltens sind und signalisiert damit Nähe zu einem bestimmten, ›passenden‹ Lebensstil und immer zugleich Distanz zu anderen, ›unpassenden‹ Lebensstilen.

Somit präsentieren sich die über ein Psychogramm und Soziogramm identifizierten Lebensstile – die Bourgeoisie, das Kleinbürgertum und das Arbeitermilieu – in erster Linie als ein Panorama von Geschmacksmilieus mit charakteristischen Wertesyste-

men und habitusabhängigen Praxisformen. Diese Lebensstilfraktionen existieren aber nicht unabhängig oder friedlich nebeneinander, sondern stehen in einem spezifischen Verhältnis zueinander, das sich in einer relativ stabilen Ordnung äußert, deren Bedingungen weitestgehend von ›oben‹ nach ›unten‹ durchgesetzt werden. Hierbei handelt es sich um »eine vergessene Dimension der Klassenkämpfe«,[40] die sich jenseits der alten, materiellen Auseinandersetzungen um die Verteilung von Gütern und Dienstleistungen fortsetzt. An der Spitze der Gesellschaft wird in der Bourgeoisie der Definitionskampf um die Normen des legitimen Geschmacks geführt, während im Arbeitermilieu und Kleinbürgertum die bürgerlichen Kulturmaßstäbe nur auf unterschiedliche Weise akzeptiert und adaptiert werden. Absicht und Wille zur Distinktion tauchen somit erst in der kleinbürgerlichen Ästhetik auf und richten sich gegen die kitschige und imitierende Ästhetik der unteren Klassen, wobei sich die Unterschiede setzenden Verhaltensweisen – und hier bezieht sich Bourdieu explizit auf Veblen –, gleich ob intendiert oder nicht, in der gesamten sozialen Praxis, d. h. in auch noch so unbedeutend erscheinenden Alltagshandlungen der Individuen zeigen. Auf diese Weise – durch die klare und fortdauernde Unterscheidung zwischen dem gesellschaftlichen ›Oben‹ und ›Unten‹ sowie den eindeutig zu lokalisierenden kulturellen Grenzen zwischen dem ›guten‹ und dem ›schlechten‹ Geschmack – wird die Aufrechterhaltung der gesellschaftlichen Ordnung gewährleistet, »d. h. die Wahrung aller Abstände, Differenzen, Ränge, Prioritäten, Exklusivitäten, Distinktionen, ordinalen Merkmale und dadurch der Ordnungsrelationen, die einer gesellschaftlichen Formation ihre jeweilige Struktur verleihen«.[41]

Ein unseren notgedrungen unvollständigen, weil exemplarischen Abriss[42] beschließender, innerhalb

---

38 Bourdieu (1987, S. 85).
39 Bourdieu (1987, S. 17).
40 Bourdieu (1987, S. 755).
41 Bourdieu (1987, S. 270).
42 Ausgeblendet bleiben z. B. die im Anschluss an Becker/Nowak (1985) sowie Gluchowski (1987) vom Heidelberger Sinus-Institut durchgeführten Wahl-, Konsum- und Marketingforschungen mit ihren theoretisch allerdings schwach fundierten Versuchen der Abbildung sozialer Milieus, ebenso wie die von Vester (exemplarisch: 2001) angestrebte Verbindung dieses Ansatzes mit dem Habitus-Konzept von Bourdieu.

der Lebensstilsoziologie äußerst kontrovers diskutierter, allerdings bis in jüngste Studien hinein große Wirkung zeitigender und deshalb etwas ausführlicher dargestellter Ansatz ist die Theorie sozialer Milieus von Gerhard Schulze. Der Autor erhebt einen umfassenden Anspruch innerhalb der Lebensstildiskussion und betont den innovativen Charakter seines theoretischen und empirischen Modells, mit dem er nicht nur die Herausarbeitung einer neuen Kultursoziologie, sondern eines gänzlich neuen Gesellschaftstypus verfolgt. Den Hintergrund und Ausgangspunkt der Überlegungen bilden die Thesen zur soziologischen Zeitdiagnose, wie sie in den 1980er Jahren vor allem von Ulrich Beck unter den Stichworten Individualisierung, Pluralisierung und Enttraditionalisierung formuliert wurden. Im Zuge des rechtlichen, politischen, wirtschaftlichen, kulturellen und sozialen Modernisierungsprozesses (Erhöhung des materiellen Lebensstandards, Bildungsexpansion, Ausbau des Wohlfahrtsstaates usw.) glauben die Autoren das »Ende der traditionellen Großgruppengesellschaft« erkennen zu können: »Jenseits von Klasse und Schicht« bilden sich »individualisierte Existenzformen und Existenzlagen, die die Menschen dazu zwingen, sich selbst – um des eigenen Überlebens willen – zum Zentrum ihrer eigenen Lebensplanung und Lebensführung zu machen«.[43] Die mit der Auffächerung von Lebensbedingungen einhergehende Herauslösung der Subjekte aus traditionellen Gemeinschaftsbezügen und ihre Vereinzelung zu individuellen Entscheidungsträgern geht jedoch mit einer neuen Unmittelbarkeit von Individuum und Gesellschaft als einer neuen Standardisierung der Lebensstile einher: charakterisiert z. B. durch »ungleiche Konsumstile (in Einrichtung, Kleidung, Massenmedien, persönliche Inszenierung usw.), die aber – bei aller demonstrativer Unterschiedlichkeit – die klassenkulturellen Attribute abgelegt haben«.[44]

Von diesen Positionen auf die vergangenen vierzig Jahre rückblickend, konstatiert Schulze einen fundamentalen »semantischen Paradigmenwechsel«,[45]

der nach einer völlig neuen soziologisch-analytischen Perspektive verlangt. Unter den Bedingungen eines kollektiven Mehr an Wohlstand, Bildung, Freizeit und Optionen haben sich nicht nur die sozioökonomisch strukturierten Klassenmilieus aufgelöst, auch die allgemeine Lebensorientierung und die Handlungsrationalität der Menschen haben sich grundlegend verändert. »Jenseits der Überlebensfrage« liegt das primäre Handlungsziel und die rationale Handlungsplanung der Akteure nicht mehr im Streben nach Rang, Prestige oder Geld, sondern »Erlebe dein Leben!« ist das existentielle Grundproblem und der kategorische Imperativ dieser Gesellschaft.[46] Mit der Aufmerksamkeitsverlagerung auf das eigene Selbst der Individuen wird deren relative Stellung in der Ungleichheitsstruktur ebenso nebensächlich wie überhaupt die Außenwelt und die sozialen Anderen für die Handlungsorientierung an Relevanz verlieren – dies ist für Schulze der fundamentale qualitative Unterschied zwischen der »Erlebnisgesellschaft« und der von Veblen und noch von Bourdieu beschriebenen »kompetitiven Gesellschaft«.

Das Handlungsmodell der Erlebnisorientierung, d. h. das Produzieren und Provozieren innerer Erlebnisse und die Hingabe an »das Projekt des schönen Lebens« zielt unmittelbar auf eine Ästhetisierung des Alltagslebens. Dabei wird der Geschmack, der in den vielen, oft beiläufigen ästhetischen Wahlen des Alltags – etwa bei der Entscheidung für Güter und Dienstleistungen – wiederholt zum Ausdruck kommt, zur zentralen Kategorie und zur Ausgangsbasis des »persönlichen Stils« eines Individuums. Der Geschmack respektive der Stil ist durch ein charakteristisches »Erlebnismuster« gekennzeichnet, das sich aus der Kombination spezifischer persönlicher Vorlieben (»Genus«), Abneigungen (»Distinktion«) und Werthaltungen (»Lebensphilosophie«) ergibt.[47] Entscheidend für die soziologische Analyse ist nun, dass das Individuum bei der Ausbildung derartiger Erlebnismuster nicht auf sich allein gestellt bleiben kann. Zwar bedeutet schon die Entwicklung eines persönlichen Stils eine Entlastung, eine Ordnungsleistung im potentiellen Zeichenchaos, doch die umfassenden Wahl- und Handlungsfreiheiten überfordern den Einzelnen weiterhin und produzieren systematisch Unsicherheiten und Enttäuschungen. Dies führt zum Ansteigen des Bedürfnisses nach Orientierung und lässt die Individuen an

---

43 Beck (1986, S. 116 ff.).
44 Beck (1986, S. 125).
45 Schulze (1992, S. 249 f.).
46 Schulze (1992, S. 58 f.).
47 Schulze (1992, S. 105–114).

kollektive Erlebnismuster anlehnen. So werden aus individuellen »alltagsästhetischen Episoden« und persönlichen Stilen auf kollektiver Ebene »alltagsästhetische Schemata« und Stiltypen – d. h. Zeichenmengen mit standardisierten, intersubjektiv bekannten und zitierfähigen Schematisierungen erlebnisorientierten Handelns –, die sich in letzter Instanz zu Merkmalen neuer Vergesellschaftungsformen, den »sozialen Milieus«, verdichten.

Da die Stellung im Produktionsprozess und die Höhe des individuellen Einkommens ihre prädiktive Kraft eingebüßt haben und weder soziale Herkunft noch lokale Gegebenheiten darüber entscheiden, welcher sozialen Gruppe bzw. welchem manifesten Stiltypus sich ein Individuum zugehörig fühlt, können diese Variablen auch nicht mehr für die soziologische Bestimmung bzw. die Analyse von sozialen Milieus oder Lebensstilen herangezogen werden. Sie weichen bei Schulze den Indikatoren Lebensalter und Bildungshöhe, die den erlebnisorientierten Bedingungen angemessenen sind und die – neben dem Kriterium geschmacklicher Ähnlichkeit – die Grundlage der empirischen Gruppenbildung bzw. den definitorischen Kern der Erlebnismilieus darstellen. Stiltypus, Alter und Bildung sind in sozialen Interaktionen wahrnehmbare Zeichen, an denen sich Ähnlichkeit und Unähnlichkeit ablesen lassen; sie fungieren als Indikatoren für das Interesse am Anderen, definieren die Milieuzugehörigkeit und sind die relevanten Dimensionen zur Milieusegmentierung: des Unterhaltungs- und des Selbstverwirklichungsmilieus als den Vergesellschaftungsformen der Jüngeren, des Harmonie-, Integrations- und Niveaumilieus als jenen der Älteren.

Eine Besonderheit der Erlebnisgesellschaft ist schließlich das Verhältnis, in dem die sozialen Milieus zueinander stehen. War Distinktion bei Bourdieu noch die zentrale Kategorie, die der gesellschaftlichen Formation ihre hierarchisch-festgefügte Struktur verlieh, hat sie bei Schulze ihre kompetitive, statusindizierende und damit strukturgenerierende Ernsthaftigkeit verloren. Aus Distinktion als verdecktem Klassenkampf um den legitimen Geschmack wird Distinktion als reine ästhetische Andersartigkeit, als bloße Differenz oder Distanz, allenfalls als kulturelle Entfremdung. Die Geschmacksgruppen als soziale Milieus nehmen sich gegenseitig nicht mehr wahr, was ihnen nicht nur ein friedliches Beisammensein ermöglicht, sondern auch alle sozial-strukturellen Hierarchien in einen Auflösungsprozess versetzt. An dessen Ende schweben die sozialen Großgruppen zwar in kontakt- und beziehungsloser Singularität, jedoch auf gleichem Niveau im sozialen Raum: »Zwischen den Milieus herrscht ein Klima von Indifferenz oder achselzuckender Verächtlichkeit, nicht geregelt und hierarchisiert durch eine umfassende Semantik des Oben und Unten.« Daraus folgt: »Statt auf einer gemeinsamen Leiter stehen die sozialen Gruppen auf einem Podest, jede für sich, und jede stellt sich auf die Zehenspitzen, um auf die anderen herabschauen zu können.«[48]

Bereits unsere grobe und verkürzende Darstellung ließ deutlich werden, dass die Lebensstilforschung in vielen Teilen selbst zu einer weitgreifenden Unübersichtlichkeit und Verwirrung beitrug, was den Lebensstil in der aktuellen soziologischen Diskussion nach wie vor als vielfach schillernde Vokabel in Erscheinung treten lässt. Diesen Eindruck unterstützt die Vielzahl der inzwischen gehandelten Kategorienschemata mit ihrer unterschiedlichen Anzahl sozialer Milieus oder Lebensstiltypen. Allerdings lässt sich – wiederum grob resümierend – festhalten, dass jenseits aller Differenzen eine grundsätzliche Orientierung entweder am Modell Bourdieus[49] oder Schulzes[50] auszumachen ist, die sich aber eher auf politische oder ›ideologische‹ Haltungen der Forscher zurückführen lässt denn auf unterschiedliche konzeptionelle Erwägungen oder methodische Vorgehensweisen, woraus sich auch der Hang zur Parallelisierung empirischer Typologien erklärt.[51] Demgegenüber zeigt sich hinsichtlich der theoretischen Debatte um die Lebensstile als Vergemeinschaftungsformen und Distinktionsmuster, dass, während die mit der Zielsetzung eine ›allgemeine Formel‹ des Lebensstils zu definieren vereinzelt angetretenen Synthetisierungs- und Systematisierungsversuche fast ohne Nachhall verklingen,[52]

---

48 Schulze (1992, S. 405 und 167).
49 Exemplarisch: Spellerberg (1996).
50 Exemplarisch: Otte (1997).
51 Vgl. Schulze (1992); Hölscher (1998); Hartmann (1999).
52 Nur zwei der prominentesten seien hier benannt: Lüdtke (1989, S. 40) umschreibt den Lebensstil als »unverwechselbare Struktur und Form eines subjektiv sinnvollen, erprobten (d. h. zwangsläufig angeeigneten, habitualisierten oder bewährten) Kontexts der Lebensorganisation (mit den Komponenten: Ziele bzw. Motivationen, Symbole, Partner, Verhaltensmuster)

sich die aktuelle Diskussion in Fragen um das Fort-
bestehen oder die Auf- bzw. Ablösung von Klassen
und Schichten zu verlieren und zu erschöpfen droht.[53]

5. Der Zwang zur individualisierten Lebensführung und die Prozesse der Vergemeinschaftung und Vergesellschaftung in Lebensstilen

Diesseits solcher gegenwärtiger Auseinandersetzungen wollen wir im Folgenden die zentralen Dimensionen und den generellen Zusammenhang von
Lebensführung und Lebensstil für die Darstellung
und Deutung von Individualisierungs- und Ver-
gemeinschaftungsprozessen in der Moderne zusammenführen und pointiert umreißen. Hierbei schließen wir, unter Berücksichtigung anthropologischer
und historischer Implementierungen, in weiten Teilen an die Versuche Max Webers und insbesondere
Georg Simmels an, das sich den Individuen moderner Gesellschaften stellende Phänomen und Problem der ›Stilisierung des Lebens‹ zu diskutieren.

Zwei eng nebeneinander verlaufende Argumenta-
tionslinien konturieren die anthropologische Dimension von Lebensführung und Lebensstil. Erstens, jene
aus heutiger Perspektive den Überlegungen Simmels
›vorgelagerte‹, von Max Scheler, Helmuth Plessner
und später Arnold Gehlen vertretene Auffassung vom
Menschen als eines Wesen, dem sich naturgegeben
die zentrale und unhintergehbare Aufgabe stellt »sich
zu dem erst machen zu müssen, was er schon ist, das
Leben zu führen, welches er lebt«; also über die

Ausbildung von Kultur, »mithilfe der außernatürli-
chen Dinge, die aus seinem Schaffen entspringen«,
erst jene ihm von der Natur ›verwehrte‹, für sein
Dasein jedoch unabdingbare Entwicklung einer intersubjektiv geteilten Ordnung zu bewirken: eines
sinnstiftenden und handlungsleitenden Ursprungs
und Zieles im Mythos sowie einer konkreten Formung und damit Führung des Lebens durch die
Setzung letztlich »irrealer Normen«.[54] Zweitens, die
für die menschliche Existenz ebenso grundlegende
und unauflösliche, von Simmel hervorgehobene,
strukturelle Differenz von Individuum und Kollektiv,
die jeglichen sozialen Klassifikationen vorausliegt:
der Antagonismus zwischen dem »sozialen Trieb«
zur Anbindung, Anpassung und Verteidigung vor-
gefundener, von den sozialen Anderen vorstruktu-
rierter Inhalte und Formen, und dem »individualistischen Trieb« zur Selbstbestimmung und Selbstbehauptung, zur Abhebung von der Gruppe sowie
zur Veränderung und Ablösung ihrer Ordnungskonstruktionen. Beide Tendenzen streben ins Unendliche: Wo erstere Gefühle der Unterordnung
und der Unfreiheit wecken kann, weil sich das Denken und Handeln des Individuums auf ein bloßes
Beispiel für das Kollektiv reduziert, empfindet der
Einzelne in Momenten, in denen er – wie vor allem in
psychischem Leid, physischem Schmerz, Kontemplation oder Ekstase – auf sich selbst zurückgeworfen
eine letztlich nur temporär zu überbrückende Differenz zu den sozialen Anderen erfährt, die schwer zu
ertragende Last des Solitärseins. Beide Tendenzen
drängen deshalb auf Ausgleich und Befriedigung,
was bereits auf einer allerersten Stufe die Ausprägung
unterschiedlicher Lebensstile bewirkt: Jenseits aller
sprachgebundenen Praktiken markieren in sozialen
Situationen auf Wahrnehmung angelegte Ritualisie-
rungen, Symbolisierungen und Emblematisierungen
Zugehörigkeiten zu bestehenden Stilentwürfen und
geben in den individuellen Details ihrer Aktualisie-
rungen zugleich Auskunft über die Selbstverortung
von Individuen *innerhalb* sowie über ihre spezifische
Haltung *gegenüber* dem Stil einer Gemeinschaft.[55]

Diese anthropologischen Dispositionen erfahren
unter den historisch sich wandelnden kulturellen,
sozialen, politischen und ökonomischen Bedingungen ihre je eigentümlichen Ausprägungen. Der Modernisierungsprozess als Übergang von traditionalen
zu modernen Gesellschaftsformen ist für die Sozio-

---

eines privaten Haushalts (Alleinstehende/r, Wohngruppe, Familie), den dieser mit einem Kollektiv teilt, dessen Mitglieder
deswegen einander als sozial ähnlich wahrnehmen und bewerten«. Demgegenüber definiert Müller (1992, S. 376 ff.) Lebensstile über vier zentrale Dimensionen: expressives Verhalten
(Konsum, Freizeit etc.), interaktives (Formen der Geselligkeit,
Muster der Mediennutzung etc.), evaluatives (Vereinsmit-
gliedschaften, Kirchenbindung, Wahlverhalten) und kognitives Verhalten (Wahrnehmungs- und Verarbeitungsweisen der
Sozialwelt); diese Aspekte seien immer in Abhängigkeit zu den
jeweiligen ökonomischen Ressourcen, den Werthaltungen und
der Familien- bzw. Haushaltsstruktur zu sehen.
53 Vgl. Geißler (1996); Otte (1997).
54 Plessner (1975, S. 310 ff.).
55 Soeffner (1989).

logie seit Auguste Comte deshalb ein Generalthema, weil sie jene Entwicklung begleitend untersuchte, in der das Verhältnis von Individuum und Gesellschaft, damit die individuelle und kollektive Lebensführung, in ihren wesentlichen Aspekten unter völlig neue Vorzeichen gerät. Versuchten vormoderne Sozialformen durch übergeordnete religiöse Kosmologien als gesellschaftlich festgelegten Sinnzusammenhängen, die in allgemeinen Sozialisationsvorgängen jedermann vermittelt werden, eine stabile Verbindung zwischen den sozialen Strukturen und den Einzelexistenzen herzustellen, bewirkt die von Weber als Ausfluss der protestantischen Ethik beschriebene Rationalisierung eine Herauslösung aus solch traditionalen Formungen und letztlich die Ablösung der einheitlich verbindlichen Weltsicht durch eine wachsende Vielfalt, ja Widersprüchlichkeit und Konkurrenz von Weltauffassungen. Diese »neue Unübersichtlichkeit« (Habermas) der »objektiven Kultur« (Simmel) bedeutet für die Individuen, die in der Entwicklung ihrer »subjektiven Kultur« – wie von Thomas Luckmann stets betont – unabdingbar an ein »sozio-historisches Apriori« gebunden sind, dass die Herausbildung und Stabilisierung persönlicher Identität »zu einer in gewissem Sinn privaten Angelegenheit wird«, was letztlich zu neuen individuellen und sozialen Ungleichheiten der Orientierung in der Sozialwelt führt.[56] Weder resultieren aus Enttraditionalisierung und Individualisierung also jene bei Beck implizierte Vorstellung einer von sozio-historischen Voraussetzungen entbundenen Gestaltung des »eigenen Lebens« oder gar die konstatierte »Verflüssigung der Sozialstruktur moderner Gesellschaften«,[57] noch wird in ihnen die ›historische Macht‹ sozialer Prägungen ungebrochen fortgetragen, wie sie Bourdieu im Habitus als sozial implementierte, generative Logik, die die Orientierungen und Handlungen der Akteure automatisch hervorbringt, formuliert. Vielmehr bewirkt die Proliferation und Heterogenität von Sinnangeboten eine Verkomplizierung in der Ausformung und Aufdauerstellung von persönlicher und sozialer Identität; wird das Selbst- und Fremdbild von Personen, ihr Image, zu einer vagen, stets bedrohten, deshalb zu sichernden, zu inszenierenden und zu präsentierenden Größe, mithin die Lebensführung der Individuen moderner, pluralistischer, kapitalistisch-marktwirtschaftlich organisierter Gesellschaften zu jener von Erving Goff-

man in all seinen Studien thematisierten, dauerhaft sie beschäftigenden Identitätsarbeit.

Eine ›Antwort‹ auf diese allgemeine Handlungsanforderung ist das von Simmel und Weber erkannte, von Veblens, Goblots und Bourdieus »Klassen« über Geigers, Janowitz' und Scheuchs »Schichten« bis zu den »sozialen Milieus« von Sinus, Schulze und Vester sich durchziehende, zentrale Moment der Vergemeinschaftung und Vergesellschaftung durch Ästhetisierung: die Ausbildung bzw. Übernahme unterschiedlicher Lebensstile. Die Stilisierung des Lebens bedeutet für den Einzelnen ein Heraustreten aus seiner Einmaligkeit und eine (Neu)Anbindung an das Soziale. Der Stil ist Instrument und Ergebnis von Beobachtung und Interpretation, von sozialer Wahrnehmung und Orientierung: Er ermöglicht dem Einzelnen zielsichere Selektionen und entlastet ihn von der Verantwortung für seine ästhetischen Wahlen. In diesem Sinne stillen Lebensstile »Bedürfnisse, dem gesellschaftlichen Selbstdarstellungsideal eines autonomen Individuums und einer souveränen Persönlichkeit gerecht zu werden. Sie stellen die Rahmung, Bühne, Kulisse, Publikum und Szenen der Selbstdarstellung bereit und geben dem einzelnen ein Skript und eine Projektionsfläche für Ziele und den Einsatz entsprechender Mittel an die Hand.«[58] Hierbei richtet sich jede Einzelhandlung und jedes sinnlich wahrnehmbare Detail der ästhetischen Ausgestaltung auf die Erreichung einer komplexen aber homogenen und scharf konturierten Figuration; auf die Schaffung einer in face-to-face-Situationen – zunehmend aber auch in den ›Settings‹ der Kommunikationsmedien – darstellbaren und erkennbaren, wechselseitig die Wahrnehmung strukturierenden, interpretationsanleitenden und orientierungsgebenden Sinnfigur: auf die stilgestützte Inszenierung und Präsentation eines sozialen Typus.[59]

Die soziale Relevanz der Stilisierung als ästhetischem Handeln beschränkt sich aber nicht auf Prozesse der bloßen Anbindung und Angleichung, in denen die Individuen durch ›Adaptionen‹ ihre Subjektivität überbrücken und ihre Zugehörigkeit zu

---

56 Vgl. Luckmann (1980).
57 Beck (2001).
58 Michailow (1996, S. 83).
59 Soeffner (1992).

Gruppen oder Gemeinschaften sowie zu den sie verbindenden Haltungen und Handlungen signalisieren und manifestieren. Vielmehr eröffnet sich ihr voller Gehalt erst unter zwei weiteren Gesichtspunkten.

So beinhaltet jede Stilisierung im Gegensatz zur alltäglichen Typenbildung eine ästhetische Überlagerung und Überhöhung der Alltagswirklichkeit. Die ›Zwänge‹ der puren Alltagspragmatik mit ihren Relevanzsystemen des Praktischen und Funktionalen sowie ihrer Handlungsorientierungen am Rationalen und Normativen ausblendend oder gar negierend, bieten die Inszenierungshandlungen und Präsentationstechniken einen kognitiv und körperlich erfahrbaren (Selbst)Genuss im spielerischen und variantenreichen Umgang mit Objekten, Emblemen und Symbolen sowie deren gelegentlich ›provokativen‹ Zusammenstellungen, wie sie z. B. ›charismatische‹ Popikonen à la Madonna idealtypisch personifizieren und – zumindest in Teilen – reproduktionsfähig vorführen. Sie zielen aber nicht ›politisch‹ auf ein Aufbrechen oder gar eine revolutionäre Aufhebung von gesellschaftlichen Strukturen, sondern auf eine ästhetisch motivierte, episodische Abkehr und Enthebung von diesen: auf eine innerweltliche Transzendenzerfahrung, die in aktuellen Massenereignissen wie den ›Events‹ ihren kollektiven und ritualisierten Ausdruck finden. In der Einmaligkeit suggerierenden, doch strukturell auf Wiederholung angelegten Raves, Love Parades und ähnlichen ›tribal gatherings‹ bei denen die individuell arrangierten und zur Schau getragen Stilcollagen unter dem standardisierten Ablauf der Veranstaltung, dem monotonen Rhythmus der Musik sowie den kanonisierten Bewegungen und Gesten im Tanz zusammengeführt werden, offenbart sich prononciert das Paradox moderner Lebensführung und -stilisierung: kollektive Individualisierung als Modus der Vergemeinschaftung.[60]

Doch ebenso wenig wie sich die Stilisierungen in ihrem ästhetischen Überschuss zur Alltagspragmatik erschöpfen, sind sie weit davon entfernt, nur l'art pour l'art zu sein: beiläufige Wahlen und willkürliche Zusammenstellungen von Zeichen als Ausdruck der bunten Vielfalt einer Spaß-, Freizeit- und Konsum-

gesellschaft. Vielmehr sind sie zugleich Ausdrucksmittel und Darstellungsformen sozialer Abgrenzung. Auf einer ersten Ebene setzt sich eine Person, die Stil produziert, in Distanz zu sich selbst und zeigt damit an, dass sie sich selbst beobachtend, interpretierend und typisierend gegenübertritt. Auf einer zweiten Ebene kommt in dieser Perspektivierung die ›politische‹ Dimension der Lebensstile – die Bourdieusche Distinktionslogik (»le goût c'est le dégoût«) – zum Tragen, wenngleich wohl kaum in jener begrenzten Denkart, die lediglich den sozialen Oberschichten eine ästhetische Kompetenz zubilligt, während sie alle anderen gesellschaftlichen Gruppen zu bloßen Epigonen dieser degradiert. Die Stilisierung des Lebens geschieht nicht ›jenseits von‹, sondern in, für und zwischen allen Klassen, Schichten, Milieus oder Gruppen. In den Lebensstilen finden die Akteure Normalitäts- und Sinnentwürfe genauso vor wie Handlungs- und Deutungsmuster, die dann wiederum als soziale Erkennungszeichen und zeichenhaft durchgearbeitete Arrangements zur »Leitwährung im sozialen Verkehr«[61] werden; damit zu einem System von Andeutungen und Hinweisen für die kategoriale und individuelle Selbst- und Fremdtypisierung und zum Mittel der Grenzziehung zwischen den kulturellen Territorien einer Gesellschaft. Die den jenseits der jeweiligen Lebensstilgrenzen liegenden Ästhetiken entgegengebrachten Einschätzungen reichen dann vom bloßen Unverständnis über ironische Distanzierungen bis hin zu offen zum Ausdruck gebrachten Idiosynkrasien, oder können Missgunst, Neid und den Wunsch zur Nachahmung auslösen. Im Ringen der sozialen Akteure um den ›legitimen Geschmack‹, um die sinnhafte Ordnung und Ausgestaltung der sozialen Welt und um ihre eigene Stellung in der Gesellschaft gilt es deshalb, den eigenen Lebensstil exklusiv zu halten und diesem in Abgrenzung zu anderen ›Entwürfen‹ einen eigenen Wert, wiederholte soziale Anerkennung und damit eine gewisse Dauerhaftigkeit zu verleihen. Dergestalt wird durch die über den Lebensstil nach außen projizierten ästhetischen Präferenzen und Antipathien soziale Nähe und Differenz signalisiert, werden persönliche und soziale Identitäten hergestellt und aufrechterhalten und die ästhetischen, stilistischen und soziokulturellen Unterschiede in signifikante, strukturbildende und strukturerhaltende gesellschaftliche Unterscheidungen (rück)überführt.

---

60 Soeffner (2001).
61 Neckel (1993, S. 29).

Literatur

ABEL, THOMAS / COCKERHAM, WILLIAM C. (1993), »Lifestyle or Lebensführung? Critical Remarks on the Mistranslation of Weber's ›Class, Status, Party‹«, in: *The Sociological Quarterly*, 34, S. 551–556. ■ BECK, ULRICH (1986), *Risikogesellschaft. Auf dem Weg in eine andere Moderne*, Frankfurt/M.: Suhrkamp. ■ BECK, ULRICH (2001), »Das Zeitalter des ›eigenen Lebens‹. Individualisierung als ›paradoxe Sozialstruktur‹ und andere offene Fragen«, in: *Aus Politik und Zeitgeschichte*, 29, S. 3–6. ■ BECKER, ULRICH / NOWAK, HORST (1985), »Es kommt der neue Konsument«, in: *Form. Zeitschrift für Gestaltung*, 111, S. 13–17. ■ BOLTE, KARL MARTIN (Hg.) (1967), *Deutsche Gesellschaft im Wandel*, Opladen: Leske und Budrich. ■ BOURDIEU, PIERRE (1985), *Sozialer Raum und ›Klassen‹. Leçon sur la leçon*, Frankfurt/M.: Suhrkamp. ■ BOURDIEU, PIERRE (1987), *Die feinen Unterschiede. Kritik der gesellschaftlichen Urteilskraft*, Frankfurt/M.: Suhrkamp. ■ DAHRENDORF, RALF (1965), *Gesellschaft und Demokratie in Deutschland*, München: Piper. ■ GEORG, WERNER (1998), *Soziale Lage und Lebensstil. Eine Typologie*, Opladen: Leske und Budrich. ■ GERTH, HANS H. / MILLS, C. WRIGHT (1946) (Hg.), *From Max Weber: Essays in Sociology*, New York: Oxford University Press. ■ GEIGER, THEODOR (1987), *Die soziale Schichtung des deutschen Volkes. Soziographischer Versuch auf statistischer Grundlage* [1932], Stuttgart: Enke. ■ GEISSLER, RAINER (1996), »Kein Abschied von Klasse und Schicht. Ideologische Gefahren der deutschen Sozialstrukturanalyse«, in: *Kölner Zeitschrift für Soziologie und Sozialpsychologie*, 48,2, S. 319–338. ■ GLUCHOWSKI, PETER (1987), »Lebensstile und Wandel der Wählerschaft in der Bundesrepublik Deutschland«, in: *Aus Politik und Zeitgeschichte*, 12, S. 18–32. ■ GOBLOT, EDMOND (1994), *Klasse und Differenz. Soziologische Studie zur modernen Bourgeoisie* [1925], Konstanz: Universitäts-Verlag Konstanz. ■ HARTMANN, PETER H. (1999), *Lebensstilforschung. Darstellung, Kritik und Weiterentwicklung*, Opladen: Leske und Budrich. ■ HÖLSCHER, BARBARA (1998), *Lebensstile durch Werbung? Zur Soziologie der Life-Style-Werbung*, Opladen: Westdeutscher Verlag. ■ HOLZKAMP, KLAUS (1995), »Alltägliche Lebensführung als subjektwissenschaftliches Grundkonzept«, in: *Das Argument*, 212, S. 817–846. ■ JANOWITZ, MORRIS (1958), »Soziale Schichtung und Mobilität in Westdeutschland«, in: *Kölner Zeitschrift für Soziologie und Sozialpsychologie*, 10,1, S. 1–37. ■ KUDERA, WERNER / VOSS, GÜNTER G. (Hg.) (2000), *Lebensführung und Gesellschaft. Beiträge zu Konzept und Empirie alltäglicher Lebensführung*, Opladen: Leske und Budrich. ■ LUCKMANN, THOMAS (1980), »Persönliche Identität als evolutionäres und historisches Problem«, in: ders., *Lebenswelt und Gesellschaft. Grundstrukturen und geschichtliche Wandlungen*, Paderborn: Schöningh, S. 123–141. ■ LÜDTKE, HARTMUT (1989), *Expressive Ungleichheit. Zur Soziologie der Lebensstile*, Opladen: Leske und Budrich. ■ MATTHIESEN, ULF (1991), »Lebenswelt / Lebensstil«, in: *Sociologica Internationalis*, 1, S. 31–56. ■ MICHAILOW, MATTHIAS (1996), »Individualisierung und Lebensstilbildung«, in: Schwenk, Otto G. (Hg.), *Lebensstil zwischen Sozialstrukturanalyse und Kulturwissenschaft*, Opladen: Leske und Budrich, S. 71–98. ■ MÜLLER, HANS-PETER (1992), *Sozialstruktur und Lebensstile. Der neue theoretische Diskurs über soziale Ungleichheit*, Frankfurt/M.:

Suhrkamp. ■ NECKEL, SIGHARD (1993), *Die Macht der Unterscheidung. Beutezüge durch den modernen Alltag*, Frankfurt/M.: Fischer. ■ OTTE, GUNNAR (1997), »Lebensstile versus Klassen – Welche Sozialstrukturkonzeption kann die individuelle Parteipräferenz besser erklären?«, in: Müller, Walter (Hg.), *Soziale Ungleichheit. Neue Befunde zu Strukturen, Bewusstsein und Politik*, Opladen: Leske und Budrich, S. 303–346. ■ PLESSNER, HELMUTH (1975), *Die Stufen des Organischen und der Mensch* [1928], Berlin/New York: De Gruyter. ■ SCHEUCH, ERWIN K. (1965), »Sozialprestige und soziale Schichtung«, in: Glass, David V. / König, René (Hg.), *Soziale Schichtung und Mobilität*, Opladen: Westdeutscher Verlag, S. 65–103. ■ SCHULZE, GERHARD (1992), *Die Erlebnisgesellschaft. Kultursoziologie der Gegenwart*, Frankfurt/M.: Campus. ■ SIMMEL, GEORG (1989), *Philosophie des Geldes* [1907], Frankfurt/M.: Suhrkamp. ■ SIMMEL, GEORG (1993 a), »Soziologische Ästhetik« [1896], in: ders., *Das Individuum und die Freiheit*, Frankfurt/M.: Fischer, S. 167–176. ■ SIMMEL, GEORG (1993 b), »Das Wesen der Kultur« [1908], in: ders., *Das Individuum und die Freiheit*, Frankfurt/M.: Fischer, S. 84–91. ■ SIMMEL, GEORG (1993 c), »Das Problem des Stiles« [1908], in: ders., *Aufsätze und Abhandlungen 1901–1908, Bd. II*, Frankfurt/M.: Suhrkamp, S. 374–384. ■ SIMMEL, GEORG (1993 d), »Das Individuum und die Freiheit« [1913], in: ders., *Das Individuum und die Freiheit*, Frankfurt/M.: Fischer, S. 212–219. ■ SIMMEL, GEORG (1996), »Die Mode« [1911], in: ders., *Hauptprobleme der Philosophie / Philosophische Kultur*, Frankfurt/M.: Suhrkamp, S. 186–218. ■ SEDLMAYR, HANS (1965), *Verlust der Mitte. Die bildende Kunst des 19. und 20. Jahrhunderts als Symptom und Symbol der Zeit* [1948], Salzburg: Müller. ■ SOEFFNER, HANS-GEORG (1989), »Emblematische und symbolische Formen der Orientierung«, in: ders., *Auslegung des Alltags – Der Alltag der Auslegung. Zur wissenssoziologischen Konzeption einer sozialwissenschaftlichen Hermeneutik*, Frankfurt/M.: Suhrkamp, S. 158–184. ■ SOEFFNER, HANS-GEORG (1992), »Stil und Stilisierung. Punk oder die Überhöhung des Alltags«, in: ders., *Die Ordnung der Rituale. Die Auslegung des Alltags 2*, Frankfurt/M.: Suhrkamp, S. 76–101. ■ SOEFFNER, HANS-GEORG (2000), *Gesellschaft ohne Baldachin. Über die Labilität von Ordnungskonstruktionen*, Weilerswist: Velbrück. ■ SOEFFNER, HANS-GEORG (2001), »Stile des Lebens. Ästhetische Gegenentwürfe zur Alltagspragmatik«, in: Huber, Jörg (Hg.), *Kultur – Analysen, Interventionen 10*, Zürich: Voldemeer, S. 79–113. ■ SPELLERBERG, ANNETTE (1996), *Soziale Differenzierung durch Lebensstile. Eine empirische Untersuchung zur Lebensqualität in West- und Ostdeutschland*, Berlin: Edition Sigma. ■ VEBLEN, THORSTEIN (1986), *Theorie der feinen Leute. Eine ökonomische Untersuchung der Institutionen* [1899], Frankfurt/M.: Fischer. ■ VESTER, MICHAEL / VON OERTZEN, PETER / GEILING, HEIKO U. A. (2001), *Soziale Milieus im gesellschaftlichen Strukturwandel. Zwischen Integration und Ausgrenzung*, Frankfurt/M.: Suhrkamp. ■ VOSS, GÜNTER G. (1991), *Lebensführung als Arbeit. Über die Autonomie der Person im Alltag der Gesellschaft*, Stuttgart: Enke. ■ WEBER, MAX (1978), *Gesammelte Aufsätze zur Religionssoziologie, Bd. I.* [1920], Tübingen: Mohr. ■ WEBER, MAX (1985), *Wirtschaft und Gesellschaft. Grundriss der verstehenden Soziologie* [1922], Tübingen: Mohr. ■ WIRTH, LOUIS (1938), »Urbanism as a Way of Life«, in: *American Journal of Sociology*, 44, S. 1–24.

14.5 Habitus, Mentalitäten und die Frage des Subjekts: Kulturelle Orientierungen sozialen Handelns

Egon Flaig

In Trauer um Pierre Bourdieu, Januar 2002

1. Die Aporien der Mentalität und die Logik der Praxis

Die Mentalitätsgeschichte ist aus der Mode gekommen. Ihr Gegenstand war zu ungenau bestimmt; allzu vieles wurde in der Schublade ›Mentalität‹ verstaut. Nicht zuletzt die vielzitierte Definition von Jacques Le Goff verdeutlicht das: »Die Ebene der Mentalitätsgeschichte ist die des Alltäglichen und des Automatischen, dessen, was den individuellen Subjekten der Geschichte entgeht, weil es den unpersönlichen Inhalt ihres Denkens ausmacht, dessen, was Cäsar mit dem letzten Soldaten seiner Legionen, Ludwig der Heilige mit dem Bauern seiner Ländereien, Christoph Columbus mit den Matrosen seiner Caravellen gemein hat.«[1] Eine so verstandene Mentalitätsgeschichte hat zwar den Vorteil, das Gegenteil jener klassischen Geistesgeschichte zu sein, in der individuelle Geister eine Epoche ›prägten‹; denn sie bringt die präreflexive und kollektive Dimension einer Kultur geschichtstheoretisch und forschungsaxiomatisch zur Geltung. Doch sie muss sich zwei Fragen gefallen lassen: Was heißt ›kollektiv‹ konkret? Und was bedeutet jeweils das Präreflexive, also das »was den individuellen Subjekten der Geschichte entgeht, weil es den unpersönlichen Inhalt ihres Denkens ausmacht«?

Die erste Frage wird akut, sobald man konkretes soziales Handeln erklären will, indem man dazu auf ›kollektive‹ Vorstellungen und Einstellungen zurückgreift. Im konkreten sozialen Handeln entdecken wir immer wieder die Wirksamkeit von Ein-

stellungen und Haltungen, die zwar ›kollektiv‹ sind, aber keineswegs von allen agierenden sozialen Gruppen geteilt werden. Anders gesagt: Gerade das, was Cäsar mit dem letzten seiner Legionäre gemein hatte, erklärt kaum oder gar nicht, vor welchen Dilemmata römische Senatoren sich zwischen 59 und 49 v. Chr. sahen. Innerhalb ein und desselben sozialen Systems und politischen Verbandes müsste man demnach so viele Mentalitäten annehmen, wie sozial relevante Klassen und Gruppen vorhanden sind.[2] Nicht umsonst wendet sich Michel Vovelle gegen den »Mythos einer klassenübergreifenden kollektiven Mentalität«.[3] Eine Pluralität von Mentalitäten anzunehmen bewahrt auch – auf der Ebene der Problemstellungen – vor der geschichtsphilosophischen Unterstellung, Kulturen seien holistische Systeme. Wir vermeiden Simplifizierungen, wenn wir vorsichtig davon ausgehen, dass Kulturen eher Aggregate darstellen.[4]

Die zweite Frage, was genau mit der präreflexiven Dimension gemeint ist, führt zu unterschiedlichsten Antworten, welche untereinander theoretisch meist nicht kompatibel sind. Falls man das Präreflexive schlicht mit dem Unbewussten gleichsetzt, bietet man jener Scharlatanerie Anschlussmöglichkeiten, die unter dem Namen ›Massenpsychologie‹ zeitweilig nicht ohne Anklang blieb. Aber ebenso hat sich jene Forschungsrichtung angeschlossen, die zum einen als Psychohistorie, zum anderen als historische Psychologie sich in zwei parallelen epistemischen Sackgassen wiederfand. Hingegen hat die Neigung, Präreflexives und Kollektives überhaupt kongruent zu setzen, mehr oder weniger eingestanden zu Evolutionsmodellen des Levy-Bruhlschen Typs geführt.[5] Hält man sich an R. Mandrous Bestimmung, wonach der Begriff Mentalität alles umfasse, »was gedacht und gefühlt wird, das Feld der Intelligenz und des Affektiven«,[6] dann werden der Zusammenhang von Präreflexivität und Kollektivität noch drängender. Denn diese Bestimmung umspannt nicht allein Einstellungen und Vorstellungen, sondern auch Meinungen und Diskurse. Diskurse sind freilich Meinungs-Systeme, die explizit nicht präreflexiv sind, die aber dennoch kol-

---

1 Le Goff (1989, S. 21).
2 Veyne (1978, S. 212–217); ebenso: Raphael (1996).
3 Vovelle (1989, S. 125).
4 So Veyne (1986, S. 145 ff.).
5 So Gernet (1968).
6 Zitiert bei: Chartier (1989, S. 77).

lektiv geteilt werden können. Und schließlich ist daran zu erinnern, dass alles Präreflexive – wenn es durch Routinisierung erworben wird – nur individuell angeeignet werden kann, Individuum für Individuum, auch wenn die sozialen Bedingungen dieses Erwerbs gewisslich kollektive sind.

Die Folgeprobleme lassen auf der Ebene der theoretischen Kritik nicht sofort ihre Brisanz erkennen, sie drängen aber in der Forschungspraxis schnell zu scharfen Unterscheidungen und zur Veränderung des Instrumentariums: Wenn wir es innerhalb von sozial differenzierten Gesellschaften mit einer Pluralität von Mentalitäten zu tun haben, dann sind die Zwänge, welche eine spezifische Mentalität auf die ihr zugehörigen sozialen Akteure ausübt, geringer als es auf den ersten Blick aussieht; denn die Akteure kommen mit anderen Mentalitäten in Berührung. Bereits ein solcher kommunikativer Kontakt eröffnet die Chancen für kulturelle Übernahmen, also auch für Veränderungen der bisherigen Einstellungen. Im Konfliktfalle ist diese Berührung intensiv und oft dazu angetan, Selbstverständliches in Frage zu stellen und damit Implizites explizit zu machen. Das tangiert unmittelbar unsere Erklärungen, d. h. unsere Art und Weise, Bedingungen zu konstruieren, die auf optimale Weise spezifische Abläufe als Zusammenwirken von bestimmbaren Komponenten erkennbar machen. Denn es ist ein erheblicher Unterschied, ob in bestimmten sozialen Konflikten unterschiedliche Haltungen und Einstellungen kollidieren, ob Vorstellungen sich als unvereinbar erweisen oder ob Meinungen aufeinander prallen.

Meinungen sind sprachlich verfasst und daher leicht kommunizierbar. Soziale Akteure in differenzierten Gesellschaften sind daher unvermeidlich den Widersprüchen unterschiedlicher Meinungs-Systeme ausgesetzt, auch wenn das Ausmaß dieser Ausgesetztheit beträchtlich schwankt, je nach der sozialen Positionierung der Gruppen. In jedem Falle verfügen sie über – wie auch immer begrenzte – Spielräume, sich andere Meinungen anzueignen. Je tiefer und dauerhafter ein Konflikt ist, und je stärker die Rolle, die ›intellektuelle Wortführer‹ in ihm spielen, desto schärfer konturiert sich die politische Reichweite der Meinungsdivergenz, und desto expliziter wird die Signifikanz des Unterschiedes. Es liegt auf der Hand, dass Vorstellungen, die oft nicht sprachlich gefasst, sondern symbolisch ausgedrückt werden, sich nicht

in derselben Weise explizit und bewusst machen lassen wie Meinungen. Aus demselbem Grund sind sie auch weniger leicht von einer ›Mentalität‹ an eine andere weiterzureichen. Und sie sind – einmal angeeignet – mittels Symbolen und Riten leichter auf Dauer zu stellen als Meinungen und schwerer zu verändern. Das heißt aber, dass die sozialen Akteure über ihre Vorstellungen in beträchtlich geringerem Ausmaß verfügen als über ihre Meinungen.

Noch offenkundiger ist das, wenn es um Haltungen und Einstellungen geht, um das, was sich im Verhalten unvermittelt äußert. Haltungen sind signifikant stärker präreflexiv als Vorstellungen oder gar Meinungen. Sie kommen weder sprachlich noch sonst wie symbolisch zum Ausdruck, sie äußern sich im Handeln selber, im Verhalten. Der Spielraum der sozialen Akteure, ihre Haltungen zu verändern, ist dramatisch gering. Die Differenzen zwischen Meinungen, Vorstellungen und Haltungen sind einigen Mentalitätshistorikern nicht entgangen, trotzdem ist keine ausreichende Konzeptualisierung erfolgt. Der Grund ist einfach: Eine theoretische Reflexion dieses Sachverhalts hätte es unmöglich gemacht, den homogenen Begriff der Mentalität noch weiter zu verwenden. Der Habitusbegriff der Bourdieuschen Soziologie hat den Ausweg aus dieser theoretischen Sackgasse gewiesen.

Ganz unglücklich endete der Versuch, die ›Mentalität‹ mit den Werkzeugen des Strukturalismus einzufangen. In den 60er und 70er Jahren ließen vor allem französische Kulturwissenschaftler sich dazu verleiten, Mentalität und ›Struktur des Denkens‹ eins zu setzen und die postulierte mentale ›Struktur‹ in jenen geistigen Ordnungen aufzufinden, die von spezialisierten Gruppen elaboriert wurden. M. Detienne, J.-P. Vernant versuchten, aus den ausgefeiltesten Texten der griechischen Poesie eine stabile ›mentale Ordnung‹ abzuleiten.[7] Nun sind ›Vorstellungswelten‹ in diesen Texten hochinteressant für Historiker, die sich mit den atheoretischen Formen politischer Reflexion für eine breite versammelte Bürgerschaft befassen; und zweifelsohne ist es der strukturalistischen Interpretation gelungen, kulturelle Oppositionen herauszuarbeiten, die mit anderen kategorialen Mitteln schwerlich zu ent-

---

7 Z.B. Vernant (1965) und Vidal-Naquet (1973).

decken waren. Aber aus den Vorstellungswelten dieser komplexen, literarisch perfekt durchgearbeiteten Tragödien eines Aischylos oder Sophokles auf ›Mentalität‹ schließen zu wollen, ist so, als wolle man von ›Sein und Zeit‹ auf ›deutsche Mentalität‹ schließen.[8] N. Loraux hat es gar unternommen, für das klassische Athen ein ›kollektives Unbewusstes‹ – eine ›Seele der Polis‹ zu konstruieren, und dies aus elaborierten poetischen und philosophischen Texten.[9] In solchen Versuchen meldet sich ein Versäumnis; denn die Beziehung zwischen – ausgefeilten – Diskursen und den Mentalitäten ist kaum je ausreichend diskutiert worden. Es reicht nicht, der jeweiligen Kreativität des Denkens die kollektiven Grenzen des Denkbaren entgegenzusetzen. Und die Lösung des frühen Foucault, das Denkbare in den Diskursformationen aufgehen zu lassen,[10] verlagert bloß das Problem, denn sie lässt die Beziehung zwischen den synchronen Diskursformationen ungeklärt; überdies drohen in ihr die Differenzen unter dem allzu runden Deckel einer epochenbestimmenden Episteme zu verschwinden.

Roger Chartier hat dieses Manko mit theoretischer Schärfe benannt. Sein Ausgangspunkt ist ein ähnlicher wie derjenige, den P. Veyne formulierte, als er überlegte, warum die Reliefs der Trajansäule für imperiale Propaganda ungeeignet waren und welche sonstigen Funktionen ihnen zuzurechnen sind: Da das Feld der Kunstproduktion relativ autonomisiert war, folgten die Bildprogramme und die Bildgestaltung einer kohärenten eigenen Logik des Feldes; sie sagen uns viel über die Prinzipien ihrer Erzeugung, aber nichts über die Denkgewohnheiten oder die ›Mentalität‹ der kaiserzeitlichen Bürgerschaft Roms. Das ist der Preis der Autonomisierung sozialer Felder; ihre oft hochdifferenzierten internen Regeln besagen nichts über die anderen sozialen Felder und deren Logiken. Kohärente Diskurse oder kohärente

Bildprogramme wie jene an der Trajanssäule können darum niemals ›Ausdruck‹ von Mentalität sein. Und ob sie wirken, also auf die Denkgewohnheiten einwirken, ist eher zweifelhaft.[11] Dennoch, darauf besteht Chartier, können einzelne Diskurselemente und Denkkategorien zu Denkmustern werden, zu verinnerlichten Schemata, die dann quasi-automatisch die Wahrnehmung strukturieren. Diese Verinnerlichung geschieht durch Routinisierung, wie er an Beispielen der frühneuzeitlichen Lesekultur und ihren Lektürepraktiken aufweist. Chartier stellt fest, dass die Väter der Annales-Schule solche Routinisierungs-Vorgänge nie ins Auge fassten. Und die spätere Entwicklung der Mentalitätsgeschichte, die Hinwendung zu quantitativen Fragestellungen und Methoden, habe diese Frage gar nicht mehr aufkommen lassen. Hingegen habe Panofsky mit erstaunlich präziser Begrifflichkeit genau die Routinisierung von Denkstilen, ihre Habitualisierung zum Thema gemacht.[12] Nun hat Pierre Bourdieu genau diese Aufsätze Panofskys ins Französische übersetzt; und das mag kein Zufall sein. Denn jene Routinisierung ist einer der Ausgangspunkte für seine Habitus-Theorie.

Der Versuch, das ›Mentale‹ dadurch schärfer zu fassen, dass man auf quantifizierende Weise über die Erstellung von Serien auf kollektive Haltungen schloss, hat sich in dem Augenblick als unwiderruflicher Irrtum erwiesen, als es der italienischen Microstoria gelang, aufzuzeigen, dass konkrete Individuen von kollektiven Vorstellungen und Meinungen einen ganz eigenen, teilweise geradezu unerwartbaren Gebrauch machten.[13] Die Vorstellungen und Denkmuster, durch Sozialisation erworben oder durch Lektüre angeeignet, hatten also keinen ihnen objektiv innewohnenden Sinn, welchen die Individuen nur nachvollzogen. Das hatten Mentalitätshistoriker schlankweg vorausgesetzt, die glaubten, es reiche die statistische Verbreitung von fixierten geistigen Gehalten zu untersuchen: »Diese radikale Trennung zwischen Produktion und Konsumtion führt also zum Postulat, dass Ideen oder Formen einen innewohnenden Sinn haben, der völlig unabhängig ist von ihrer Aneignung durch ein Subjekt oder eine Gruppe von Subjekten.«[14] Die entscheidende Frage ist nach Chartier nicht: Wie sahen die Vorstellungen und Denkgewohnheiten aus, die im sozialen Handeln relevant wurden? Denn diese Vorstellungen und Meinungen waren keineswegs semantisch dermaßen be-

---

8 So z.B.: Zeitlin (1988). Durchschlagend ist die Kritik von Christine Rohweder an dieser kurzschlüssigen Verfahrensweise. Siehe: Rohweder (1998, S. 19 ff.).

9 Loraux (1987).

10 Foucault (1974, S. 5 ff.). Kritik äußern z.B. Wimmer (1996) und Windschuttle (1997, S. 121–157).

11 Veyne (1990).

12 Chartier (1989, S. 77).

13 Ginzburg (1976).

14 Chartier (1989, S. 89).

stimmt, dass sie dem jeweiligen Handeln die Richtung wiesen. Die maßgebliche Frage ist – nach der Trendwende, welche die Microstoria eingeleitet hat – vielmehr diese: Was taten konkrete Akteure mit jenen Vorstellungen und Kategorien, die sie aus ihrer Kultur bezogen? Denn sie gaben – in der Art und Weise, wie sie ihre Situation definierten und wie sie ihr Handeln ausrichteten – jenen Denkmustern allererst ihren spezifischen, handlungsrelevanten Sinn. Neu zu bewerten war sowohl das Gewicht der kulturellen Semantik, als auch die Logik der spezifischen Praktiken, die Praxeologie.[15]

Bourdieus großes, sofort weltweit durchschlagendes Buch »Esquisse d'une théorie de la pratique« erschien 1972, vier Jahre vor Ginzburgs Studie »Der Käse und die Würmer« und ein Jahr vor »Thick Description. Toward an Interpretive Theory of Culture« von Clifford Geertz.[16] Es ist symptomatisch für die Trendwende, dass Geertz soziale Vorgänge mit einem ›Spiel‹ vergleicht und von ›Einsatz‹ spricht, genau wie vor ihm Bourdieu, wenn er auch nirgends dessen theoretische und methodische Strenge erreicht. In seinem vielzitierten Kulturbegriff – wonach Kultur ein selbstgesponnenes Gewebe von Bedeutungen sei – ist überhaupt nicht mitgedacht, welchen Gebrauch die sozialen Agenten von den Zeichensystemen machen, obwohl Geertz keinen Zweifel daran lässt, dass es ihm just um diese Gebrauchsweisen geht. Geertz beteuert an einer prominenten Stelle: »Mit der Umformung der sozialen Beziehungsmuster verschieben sich auch die Koordinaten der erfahrenen Welt. Die Formen der Gesellschaft sind das Wesen der Kultur.«[17] Eine entscheidende Aussage, die freilich so gut wie nirgendwo als Zitat auftaucht, während jenes selbstgesponnene Gewebe von Bedeutungen standardmäßig beschworen wird. Nicht ohne Grund: Beide Aussagen sind nur dann vereinbar, wenn man das selbstgesponnene Gewebe von Bedeutungen den Formen der Gesellschaft systematisch und logisch unterordnet; doch dann ist das berühmte Zitat für die ›Kultur-ist-ein-Text‹-Mode ohne Verweiswert. Die Unterordnung ist aber eindeutig: Da die Kultur die semiotische Dimension des Sozialen ist – denn deren Formen sind »das Wesen der Kultur« –, ist sie systematisch dem Sozialen eingeschrieben, daher seinen Funktionen und Dynamiken untergeordnet. Anders gesagt, die vom Sozialen strukturell vorgegebenen Optionen erlauben allererst den Akteuren,

Strategien einzuschlagen und Finten anzuwenden, welche ihre Partner im Spiel dazu nötigen, die Handlungen der Akteure zu ›entziffern‹. Gerade die gesteigerte Aufmerksamkeit für die semiotische Dimension des Sozialen – für das Kulturelle – lässt auch dessen Begrenzungen entdecken.[18]

2. Strukturierende Struktur: Habitus, Feld, Kapital

Pierre Bourdieu hat die Logik der Praxis zwar nicht entdeckt, aber er hat sie ins Zentrum seiner Soziologie gestellt.[19] Praktiken haben eine eigene Logik; und die ist nicht identisch mit den unterschiedlichen Diskursen, welche die Akteure über ihr Handeln führen. Bittet man soziale Akteure, eine bestimmte soziale Handlung zu begründen«, dann behelfen sie sich gerne mit dem Hinweis auf eine Regel; sie weichen gerne auf die Sprache der Grammatik, der Moral und des Rechts aus, um eine gesellschaftliche Praxis zu erklären. Doch diese Praxis richtet sich nach ganz anderen Grundsätzen; und die befragten Akteure verschließen die Augen davor, dass sie *in praxi* diese Grundsätze ganz exzellent beherrschen, weil man sie von Kindesbeinen an gelernt hat und sie für fraglos gegeben hält.[20] Deshalb verstehen wir die Logik der Praktiken nicht, so lange wir den Begründungen glauben und aus ihnen Regeln erschließen wollen. Folglich rückt

---

15 Dazu: Schlumbohm (1998) und Gribaudi (1998).

16 Fünf Jahre vor Geertzens maßgeblicher Studie zur ethnologischen Hermeneutik (Geertz 1977).

17 Geertz (1983, S. 41).

18 Dazu: Flaig (1999 a).

19 Zu Bourdieu: Schwingel (1993, 1995); Flaig (2000 b). Als der späte Foucault den ›Diskurs‹ entschieden den ›Praktiken‹ unterordnete, tat er das erst, nachdem Bourdieus Theorie der Praxis sich Bahn gebrochen hatte. Sechs Jahre nach dem Erscheinen von Bourdieus »Esquisse d' une théorie de la pratique« erklärte Paul Veyne seinen Freund Foucault zum Revolutionierer der Geschichtswissenschaft, indem er diesem die Entdeckung der ›praxeologischen‹ Methode zurechnete (Veyne 1978). Aber nicht zuletzt dieser Aufsatz dürfte bewirkt haben, daß Foucault die Annahme fallen ließ, Diskursformationen seien Dispositive, welche die Handlungen der Akteure präformierten und steuerten. Foucault begann sich selber und sein gesamtes Werk ›praxeologisch‹ umzudeuten (1994, S. 447 ff., 706 ff., 727 ff.). Dazu: Chartier (1998, S. 191–208).

20 Bourdieu (1987, S. 188).

all das, was die Akteure nicht aussprechen, aber bei ihren Handlungen als gültig voraussetzen, zu einem zentralen Forschungsthema auf, d. h. die Bourdieusche Soziologie fokussiert das Implizite.

Dieser Sachverhalt ist eine bittere Angelegenheit für die Kulturwissenschaften. Wenn die Praxis einer Logik folgt, die mit dem, was die Akteure sagen, wenig zu tun hat, dann rutscht jenem Teil der Mentalitätsgeschichte der Boden unter den Füßen weg, der aus Meinungen und Diskursen stabile Mentalitäten abzuleiten bemüht war. Jegliche hermeneutisch verfahrende kulturwissenschaftliche Arbeit stößt hier an ihre Grenzen; denn sie hat für das Implizite keinen Platz, sofern es sich nicht in symbolisierten Vorstellungen ausdrückt. Daher kann sie nicht umhin, das Unausgesprochene mit dem Ungedachten gleichzusetzen und dem stillen und praktischen Denken, das zu jeder vernünftigen Praxis gehört, den Status echten Denkens abzusprechen.

Hier geht die Schere unversöhnlich auseinander: Wer den Sachverhalt übergeht, dass die Praxis eine eigene Logik befolgt, wird der Bourdieuschen Soziologie wenig abgewinnen. Wer hingegen ›Mentalitäten‹ aus dem Verhalten selber herleitet, dem wird diese Soziologie – als Theorie der Praxis – ein Instrumentarium zur Verfügung stellen, das an Vielfalt und operationalem Wert jener Max Webers gleichkommt. Freilich ist dann der Begriff der Mentalität zu opfern, weil er zu ungenau ist und zuviel von dem zudeckt, was eigentlich aufzudecken wäre.

Wenn man darauf verzichtet, den Begriff der Regel für konkrete Erklärungen heranzuziehen,

dann folgt daraus keinesfalls, dass auf den sozialen Handlungsfeldern alles ungeregelt abliefe. Bourdieu wehrt sich lediglich dagegen, den Regelbegriff so zu verwenden, als sei die Regel deckungsgleich mit einer die Praktiken effektiv steuernden ›Norm‹: All die Handlungen, welche auf den diversen sozialen Feldern so wichtig sind, dass von ihnen sozialer Erfolg oder sozialer Tod abhängen, seien sehr wohl ›geregelt‹; doch was als Norm gilt, steuere das Handeln der Akteure nicht. Entscheidend sei diejenige Regel, gemäß welcher man die ›Regeln‹ manipulieren darf oder nicht darf. Anders gesagt, die ›Normen‹ selber werden ständig neu interpretiert, die Interpretationen sind stets umstritten und widersprechen einander; dennoch sind jene ›Normen‹ als gemeinsame, umkämpfte Bezugspunkte nicht unwichtig: Die Akteure berufen sich auf sie, wenn sie strategisch handeln.

Ich möchte nicht die Soziologie Bourdieus skizzieren, sondern lediglich aufzeigen, wie einige Grundbegriffe seiner Theorie der Praxis sich forschungspraktisch operationalisieren lassen – an Hand zweier Themen der römischen Geschichte. Zu diesem Behufe sind einige Kategorien knapp zu umreißen. Zunächst zum Habitus: Bestimmte kulturelle Existenzbedingungen (die meist eine Klasse von Bedingungen darstellen) bringen für die Individuen bestimmte Konditionierungen mit sich. Diese Konditionierungen erzeugen Habitusformen. Der Habitus ist ein ›inneres Gesetz‹, welches großenteils die Antwort ist auf die früh geübte Anpassung an äußere Zwänge:

Struktur: Klasse von Existenz-Bedingungen	Individuum: → Habitus (= System von Dispositionen)	→ Reaktionsmöglich- keiten auf Situationen	→ objektive Anpassung ans Feld

Habitusformen sind Systeme von dauerhaften Dispositionen, welche übertragbar sind; das bedeutet, dass eine Disposition, welche z. B. in der Schule erworben wurde, sich im Straßenverkehr zu aktualisieren vermag. Als erworbene sind diese Dispositionen strukturierte Strukturen. Insofern sie jedoch die entscheidende Voraussetzung für unser Handeln sind, sind sie strukturierende Strukturen; unsere erworbenen Dispositionen strukturieren nämlich unsere Praktiken und unsere Wahrnehmungen. Sie sind Schemata für unsere Reaktionen auf soziale Situatio-

nen. Ähnlichkeiten mit den Forschungen Foucaults aus den 60er Jahren drängen sich auf: Jene ›Dispositive der Macht‹, mit denen Foucault zu tun hat, lassen sich als eine sehr spezielle Form von Bourdieuschen ›Klassen von Existenzbedingungen‹ auffassen; desgleichen ist Foucaults ›Disziplinierung‹ ein Sonderfall auf jener Skala der Formen ›Einverleibung‹ und ›Habitualisierung‹, die Bourdieus Soziologie vorsieht. Die Kategorien, mit denen Bourdieus Soziologie die Routinisierung von Einstellungen erfasst, sind auf viel größere Mannigfaltigkeit von Varianten ausgerichtet, demgemäß auch weitaus präziser als Foucaults Begrifflichkeit zulässt.

Da der Habitus angepasst ist an das soziale Feld, auf welchem er zum Einsatz kommt, sind die Dispositionen an die vorgegebenen sozialen Ziele angepasst, ohne dass die Individuen sich dieser Anpassung bewusst sein müssten; denn der oft bittere biographische Prozess dieser Anpassung wird in der Regel vergessen. Reaktionsweisen und Wahrnehmungen können objektiv an ihr soziales Ziel angepasst sein, ohne dass die Akteure – subjektiv – sich um diese Anpassung bemühten, d. h. ohne dass sie Zwecke bewusst anstrebten.[21] Aus diesem Grunde ersetzt in der Bourdieuschen Soziologie der Begriff der ›Strategie‹ weitgehend jenen der ›Intention‹.

Die im Habitus enthaltenen Dispositionen sind als Schemata von kreativer Qualität, generative Wahrnehmungs- und Reaktionsschemata; denn sie erlauben, in konkreten Situationen wahrzunehmen und zu reagieren: »Da er ein erworbenes System von Erzeugungsschemata ist, können mit dem Habitus alle Gedanken, Wahrnehmungen und Handlungen, und nur diese frei hervorgebracht werden, die innerhalb der Grenzen der besonderen Bedingungen seiner eigenen Hervorbringung liegen.«[22] Bourdieu nimmt keinen Determinismus an, sondern er geht davon aus, dass die Dispositionen auf der einen Seite als Erzeugungsschemata von Praktiken situativ überraschende Erfindungen zulassen, dass sie auf der anderen Seite allerdings habituelle Einschränkungen und Grenzen für spontane Kreationen mit sich bringen. Entscheidend sind nicht die erworbenen Dispositionen an sich, sondern die Disposition zum Erwerb von Dispositionen; und genau die kann schon sehr früh massiv eingeschränkt sein. Der Habitus überdauert in der Gegenwart und perpetuiert sich, wenn nicht schwere biographische Umorientierungen erfolgen. Er ist veränderbar; aber Ausmaß und Leichtigkeit der Veränderbarkeit hängt in hohem Maße von seiner Eigenart und dem Modus seines Erwerbs ab.

Dieses System von Dispositionen ist die Basis für jene Kontinuität und Regelmäßigkeit, die wir im sozialen Leben beobachten. Insofern ist der Habitus dem Weberschen Begriff der »Lebensführung« sehr verwandt, doch er ist präziser und im Detail operationabler.

Die zweite zentrale Kategorie ist der Begriff des Feldes. Ein Feld ist ein soziales Handlungsgebiet mit einer spezifischen Struktur: Das akademische Feld ist anders aufgebaut als das ökonomische, das religiöse Feld grundsätzlich verschieden vom künstlerisch-literarischen Feld. Will man sich auf einem Feld erfolgreich bewegen, dann braucht man die entsprechende Kapitalsorte: Körperkapital nützt nichts auf dem akademischen Feld – wenn man von den Basketball-Mannschaften amerikanischer Colleges absieht. Kulturelles Kapital wie z. B. das Abitur oder der Doktortitel nützen nichts auf dem Fußballplatz.

Kapital, Feld und Habitus hängen zusammen über Strategie und Investition. Deutlicher: Ohne Investition – sei es das enorm umfangreiche Training eines Tennisspielers oder Musikers, sei es das aufwendige Erlernen alter Sprachen in den Classics – ohne Investition welcher Art auch immer kann kein Kapital gesammelt werden, welches man auf dem Feld einsetzen muss, auf dem man mitspielt.[23]

An zwei Beispielen möchte ich nun vorführen, welchen konzeptionellen Gewinn die Verwendung

---

21 Bourdieu (1987, S. 98 f.).
22 Bourdieu (1987, S. 102).
23 Um zu investieren, muss man an den Sinn des Spiels glauben, an den Sinn des Erfolgs auf einem bestimmten Feld. Das Feld bevorteiligt Spieler, die unreflektiert die Grundvoraussetzungen des Feldes anerkennen: »Mit den unzähligen Akten des Anerkennens, diesem Eintrittsgeld, ohne das man nicht dazu gehört, die ständig kollektive falsche Erkenntnis erzeugen, ohne die das Feld nicht funktioniert und die zugleich Ergebnis dieses Funktionierens sind, investiert man gleichzeitig in das kollektive Unternehmen der Bildung symbolischen Kapitals, das nur gelingen kann, wenn unerkannt bleibt, wie die Logik des Feldes überhaupt funktioniert« (Bourdieu, 1987, S. 125). Wer sich selber über die Schulter schaut, wer also reflektiert, der kann die angemessenen Verhaltensweisen nicht im erwarteten Tempo erzeugen und begeht zwangsläufig Kommunikationsfehler, habituelle Fehler. Der praktische Sinn, von dem Bourdieu oft spricht, ist nichts anderes, als der Umstand, dass dieser Glaube das Individuum total gefangen nimmt. Nur total gefangen, spielt man das Spiel wirklich gut (ebd., S. 221). Daher auch die außerordentliche Aufmerksamkeit für den Leib. Kein anderer Soziologe vor Bourdieu hatte ein solch präzises Instrumentarium und ein solches Sensorium, um die sublimen Markierungen zu bemerken, die das soziale Leben in der Hexis, in der Körperhaltung hinterlässt. Der Glaube selber ist bei Bourdieu teilweise ein leiblicher Vorgang: »Der praktische Glaube ist kein »Gemütszustand« und noch weniger eine willentliche Anerkennung eines Korpus von Dogmen und gestifteten Lehren [...], sondern, [...] ein Zustand des Leibes« (ebd., S. 126).

der Bourdieuschen Kategorien erbringt. Zunächst ein Fall familialer Strategie, dann ein Fall von habitueller Angepasstheit an das spezifische Feld.

3. Strategie, symbolisches Kapital, Investition

Aemilius Paullus, jener römische Konsul, der 168 v. Chr. den makedonischen König Perseus bei Pydna vernichtend schlug und das makedonische Reich auflöste, liefert einen Paradefall für die Untersuchung römischer familialer Strategien.

Seine politische Karriere verlief zunächst nicht sehr erfolgreich. Er konnte sich im Jahre 188 v. Chr. zum erstenmal um das Konsulamt bewerben. Doch erst sechs Jahre später wurde er in dieses Amt gewählt; dazu hatte er drei Anläufe gebraucht. Die politischen Umstände, die ihn behinderten, seien hier ausgespart.[24] Es herrschte also eine harte Konkurrenz; die Chancen, zum Consulat zu gelangen, lagen für Patrizier bei höchstens fünfundzwanzig Prozent. Eine solche Karriere erforderte große finanzielle Ressourcen. Die hohen Kosten für die öffentlichen Spiele während seiner Aedilität konnte Aemilius Paullus gewiss noch aus eigenem Vermögen bezahlen. Die Ausgaben für die Konsulwahlen waren durch die scharfe Konkurrenz seit den 90er Jahren rasch angewachsen. Im Laufe von sechs Jahren sich dreimal um das Consulat zu bewerben, war nur möglich, wenn ein großes Vermögen vorhanden war. Doch eben in diesen sechs erfolglosen Jahren ließ er sich von seiner Frau scheiden. Da die Scheidung von ihm ausging, hatte er seiner Frau die volle Mitgift zu erstatten, obwohl er zwei Söhne von ihr hatte.[25] Diese Summe zurückzuzahlen kostete ihn sicherlich mehr als drei Wahlkämpfe um den Consulat; die Scheidung schränkte seine Ressourcen also

drastisch ein; und ohne Ressourcen waren die Wahlen nicht zu bestehen. Wie schaffte er es trotzdem?

Die verwandtschaftliche Solidarität verlangte, dass nicht wenige wichtige Personen ihn unterstützten, so vor allem sein eigener Schwager, der berühmte Scipio Africanus. Falls einige seiner Unterstützer trotz seiner Wahlniederlagen an ihm festhielten, so geriet Paullus, als er 183 endlich zum Consul gewählt wurde, in die Situation, seinen Gönnern über das unter Senatoren Übliche hinaus verpflichtet zu sein. Es ist sehr wahrscheinlich, dass seine riskanten familialen Entscheidungen dazu dienten, Dank abzustatten. Etwa im Jahr seines Consulats verheiratete er sich zum zweiten Mal; aus dieser Ehe stammten zwei Söhne. Die Söhne aus erster Ehe gab er zwei anderen vornehmen Familien zur Adoption. Was bezweckte Aemilius Paullus damit? Adoptionen waren in der römischen Kultur ebenso wie Heiraten und Scheidungen wichtige Elemente familialer Strategien. Die französische Althistorikerin Mireille Corbier hat aufgezeigt, wie römische Familien mit Adoptionen ebenso feste Allianzen schlossen wie mit Heiraten.[26] Doch was sind familiale Strategien?

Die strukturale Anthropologie hat die diversen Formen des Austauschs von weiblichen oder männlichen Personen zwischen familialen Gruppierungen betrachtet als Varianten in der Struktur der Verwandtschaft. Dagegen hat Bourdieu unterstrichen, dass die soziale Funktion der Heirat beträchtlich variiert. Nun steht außer Frage, dass die adligen Familien Roms – und nicht allein sie – mit der Art und Weise, eigene Töchter wegzugeben und fremde Söhne zu adoptieren, ihren Einfluss, ihre weitgespannten Beziehungen – also ihr soziales Kapital – zu erhöhen suchten. Sie waren gleichzeitig darauf bedacht, dass alle diesen Machtzuwachs wahrnahmen: So erhöhte sich das Prestige der Familie, damit stieg der Heiratswert ihrer Töchter und verbesserte sich der Beziehungswert ihrer Söhne – in Bourdieuscher Sprache: Das symbolische Kapital der Familie wuchs. Die Entscheidung, die beiden älteren Söhne zur Adoption wegzugeben, war keine Variante, sondern ein Schachzug in einer Strategie.[27] Strategien gewinnen ihren Sinn daraus, dass ihre Einsätze, ihre Gewinn-Erwartungen und ihre Risiken sich unterscheiden von anderen, ebenfalls möglichen Strategien. Aemilius Paullus spielte mit sehr hohem Einsatz; er konnte dabei viel verlieren.

---

24 Siehe: Flaig (2000 a).
25 Gardner (1995, S. 114 ff.).
26 Corbier (1992).
27 Eine Ritualform ist »nicht eine aus einer Art semiologischem Spiel hervorgegangene simple Variante [...], sondern eine Dimension einer Strategie«. Diese definiert Bourdieu generell so: "Die Strategie ist nicht etwa das Produkt der Einhaltung einer explizit gesetzten und eingehaltenen Norm, und auch nicht der durch ein unbewußtes 'Modell' bewirkten Regulierung, sondern das Produkt einer Bewertung der Stellung der jeweiligen Gruppen zueinander." (Bourdieu, 1987, S. 34).

Er gab seine Söhne denjenigen beiden *gentes* (Geschlechtern) zur Adoption, die noch 20 Jahre zuvor eine sehr starke politische Position eingenommen hatten. Dabei schien er jeweils unterschiedliche Ziele verfolgt zu haben: Den jüngeren Sohn ließ er von dem Sohn des Scipio Africanus adoptieren, dieser war sein Neffe schwesterlicherseits; Paullus war sein *avunculus* (Oheim) und hatte als solcher eine besonders enge Bindung zum Schwestersohn. Falls dieser Schwestersohn kinderlos war, verhalf ihm Paullus als Mutterbruder zu legitimer Nachkommenschaft. Diese Adoption verstärkte das Band zwischen den verwandten Häusern der Paulli und der Scipionen noch weiter. Die Scipionen waren in dieser Allianz die Nehmer, sie nahmen in der Generation des Paullus eine Frau und in der darauf folgenden einen jungen Mann. Zwischen den beiden Linien perpetuierten sich auf diese Weise die verwandtschaftlichen Bande.

Anders verhielt es sich mit der Platzierung des ältesten Sohnes. Ihn gab der Vater einem Nachkommen des mehrfachen Consuls und Diktators Fabius Maximus, des berühmten Cunctators, des erfolgreichen Gegenspielers Hannibals. Fabius Maximus (Praetor 181) adoptierte nicht allein den Sohn des Paullus, der so zu dem Namen Quintus Fabius Maximus Aemilianus kam, sondern noch einen Servilius Caepio (Quintus Fabius Maximus Servilianus). Eine solche Adoption verstärkte bereits bestehende freundschaftliche Bande. Vermutlich war die Weggabe der Söhne eine Geste der Dankbarkeit an Freunde, die den Paullus in schwierigen Zeiten nicht im Stich gelassen hatten.

Die beiden Söhne übergab Paullus alten patrizischen Familien, welche zu den ganz großen *gentes* gehörten. Andere Zwecke verfolgte er mit der Verheiratung seiner Töchter; beide stellten Ehebündnisse mit Vertretern neuer, aufsteigender *gentes* her; sozial gesehen mutete er seinen Töchtern eine Heirat ›nach unten‹ zu (Hypogamie). Warum?

Eine adlige Römerin brachte, wenn sie heiratete, die Ahnenbildnisse ihrer agnatischen Verwandtschaft in die neue Ehe. Diese Ahnenbildnisse wurden bei den Leichenbegängnissen der senatorischen Familien mitgeführt und stellten das geronnene symbolische Kapital der Familie dar. Die aufsteigenden Familien rissen sich um die Töchter der alten *gentes*, denn ein Aufsteiger, also ein Senator ohne senatorische Vor-

fahren, besaß überhaupt keine *imagines* (Ahnenbilder), da nur wer das Ädilenamt erreichte, ein Anrecht auf eine *imago* hatte. Wenn in der Familie eines Aufsteigers ein Leichenbegängnis stattfand, dann konnte der Leichenzug nicht den Weg über das Forum nehmen, weil keine Ahnenbildnisse in langer Parade die Bahre des Verstorbenen geleiteten; und daher entbehrte eine solche Leichenfeier auch der öffentlichen Leichenreden auf dem Forum.[28] Wenn aber ein *homo novus* eine Frau aus einer großen *gens* heiratete, welche ihm Ahnenbilder ins Haus brachte, veränderten sich die Chancen seiner Söhne erheblich. Seine Kinder waren künftig imstande, offizielle Leichenbegängnisse zu veranstalten, bei denen die einsame Maske des väterlichen Aufsteigers im stattlichen Geleit der mütterlichen Ahnen erschien.[29] Aufsteiger bemühten sich in der Regel, eine Frau zu heiraten, die *imagines* ins Haus brachte.

Die adlige Tochter diente als Vektor, um eine präzise umrissene Quantität von symbolischem Kapital – in Form von Ahnenbildern – einem ausgesuchten Ehegatten zuzuführen, wobei sich das eigene symbolische Kapital nicht verminderte. Es war eine Mitgift ganz besonderer Art, die nichts kostete, aber beiden Seiten Gewinne brachte. Da die Heiratschancen der adligen Töchter nicht zuletzt an den Ahnenbildnissen hingen, an ihrer Menge und ihrer sozialen Qualität,[30] richteten die alten, ruhmreichen *gentes* ihre familialen Strategien entsprechend ein. Aber warum lohnten Hypogamien, warum lohnte es, eine Tochter mit ruhmvollen Namen nach ›unten‹ abzugeben?

Dafür gab es zwei Gründe. Einerseits erwarteten die Frauengeber einen garantiert sicheren Gewinn aus einer solchen Hypogamie, insofern als die Propagierung des eigenen familialen Ruhms sich verstärkte. Andererseits spekulierte man auf einen sozialen Gewinn, der sich einstellte, falls der Schwiegersohn eine erfolgreiche politische Karriere machte.

---

28 Zur Bedeutung des Leichenbegängnisses für die adlige Konkurrenz siehe Flaig (1995b).

29 Dupont (1987, S. 168) kommentiert: »C'est pourquoi les hommes nouveaux essayent de se retrouver des ancêtres ›honorables‹«.

30 So Dondin-Payre (1990, S. 60): »ce sont les dépositaires des imagines, y compris les femmes dont elles accroissent la valeur dans le cadre de la stratégie matrimoniale, qui en profitent«.

Wie konnte man jenen sicheren Gewinn erwarten? Die Antwort ergibt sich aus der Ahnenparade und aus der Leichenrede auf dem Forum vor tausenden römischer Bürger, die zuhörten. Der Redner hatte an den wenigen Ahnenbildnissen der neuen Familien nicht viel zu rühmen. Sie lobten daher die kognatisch erworbenen Ahnen viel ausführlicher als ihre eigenen agnatischen Ahnen. Zwischen den ruhmreichen Geschlechtern und den prestigeärmeren bestand somit ein asymmetrisches Verhältnis, das sich immer mehr verstärkte: Aus dem Munde eines Redners aus einfacher senatorischer Familie erschallte daher stets das Lob für die Ahnen großer *gentes*; aber nie oder kaum jemals umgekehrt. Berühmte cornelische, claudische oder fabische Ahnen wurden daher weit öfter auf dem Forum gepriesen als die betreffende *gens* Trauerfälle hatte. Und diese Lobpreisung hielt das Prestige der alten Familie wach, so dass deren Kandidaten bei den Wahlen einen ständigen Vorsprung besaßen.

Und die Spekulation auf sozialen Gewinn? Wenn eine altadlige Familie eine Tochter an einen Aufsteiger verheiratete, erwartete sie, dass der Schwiegersohn eine erfolgreiche Karriere machte und sie an den sozialen Vorteilen seines Erfolges beteiligte. Berühmte, aber aktuell erfolglose Familien konnten damit ihre Positionen in der scharfen Konkurrenz um Ämter und Einfluss verbessern. Ein Beispiel dafür ist C. Marius, der eine Iulierin heiratete;[31] er wurde siebenmal Konsul und triumphierte zweimal. Im Windschatten seiner spektakulären Erfolge kamen die Iulier endlich wieder nach oben. Der deutlichste Gewinner dieses matrimonialen Bündnisses war der Dictator Gaius Iulius Cäsar, sein Neffe weiblicherseits.

Einem Aufsteiger seine Tochter zu geben, war freilich riskant, so lange dessen Erfolg nicht abzusehen war. Eine Tochter war eine hohe Investition; und diese war verloren, wenn der Schwiegersohn nicht die erwartete Karriere machte. Aemilius Paullus spielte mit sehr hohem Risiko, als er gleich beide Töchter an Senatoren aus noch ›neuen‹ Familien verheiratete.

Die eine Tochter gab er einem Sohne des älteren Cato zur Frau; er besiegelte damit die Position, die sich die Familie der Porcier durch den *homo novus*, den Aufsteiger Porcius Cato erworben hatte. Bei dem enormen Prestige des alten Cato, seiner erfolgreichen Karriere und seiner Langlebigkeit, konnte Aemilius Paullus damit rechnen, dass er diese Tochter optimal platziert hatte.

Die andere Tochter verheiratete er mit einem Aelius Tubero; dieser stammte aus einer relativ erfolglosen Seitenlinie einer erfolgreichen plebeischen *gens*. Paullus ›investierte‹ seine Tochter nicht ohne hohe Erwartung. Er erhoffte sich, dass es seinem Schwiegersohn gelang, in die Nobilität aufzusteigen. Und er tat das Seinige dazu: Als Imperator ehrte er den Schwiegersohn nach der Schlacht von Pydna (168) für seine Tapferkeit und übertrug ihm auszeichnende Sonderaufgaben. An weiterer Protektion kann es Aelius Tubero nicht gemangelt haben; denn nachdem Aemilius Paullus aus Makedonien zurückgekehrt und einen dreitägigen Triumph gefeiert hatte, war er der prestigereichste Consular im Senat und konnte seinen Schwiegersohn nach Belieben fördern. Dennoch endete die Karriere dieses Aelius Tubero; – wir wissen nicht, aus welchen Gründen. Als er starb, musste seine Familie den wichtigsten landwirtschaftlichen Betrieb verkaufen, um die Mitgift an die Tochter des Aemilius Paullus zurückzuzahlen. Was war passiert? Auch diese Familie hatte mit hohem Einsatz auf dem politischen Feld gespielt und dabei verloren. Der Clan der Aelii Tuberones musste mit sehr begrenzten Mitteln auskommen: Die Tochter des Aemilius lebte im Hause ihres Gatten zusammen mit 16 Aeliern samt ihren Frauen und Kindern. Eine solche häusliche Gemeinschaft gehörte zu deren familialer Strategie. Hätte die Familie ihr schmales Vermögen durch Erbteilung aufgesplittert, dann hätte keiner der Brüder genug besessen, um bei einer Vermögensschätzung den Ritterzensus zu erreichen; doch die Einstufung in diese Vermögensklasse war Voraussetzung, um eine senatorische Laufbahn einzuschlagen. Der Clan entging dem, indem er das Vermögen zusammenhielt und auf einen der Brüder konzentrierte, von dem man erwartete, dass er eine senatorische Karriere einschlug. Das war nur zu machen, wenn die benachteiligten Brüder eisern zusammenhielten und den

---

31 Auch Cato der Ältere heiratete – als homo novus – lieber eine Tochter aus einem – offenbar abgestiegenen – vornehmen Hause als eine Reiche (Plutarch, Cato 20). War er politisch erfolgreich, kam er ohnehin zu Reichtum; zu Ahnenbildern kam er nur mit einer genau überlegten Heirat.

Hoffnungsträger unterstützten – selbstverständlich in der Erwartung, dass sein Aufstieg die ganze Familie nach oben zog. Diese Strategie barg jedoch Risiken: Scheiterte der Hoffnungsträger, dann fielen die hohen Kosten, welche er in seine Karriere hatte investieren müssen, als Verluste für das gesamte Familienvermögen an, während die erhofften Gewinne ausblieben. Der familiale ›Konsumverzicht‹, welchen die Beteiligten auf der einkalkulierten ›Durststrecke‹ auf sich genommen hatten, wurde dann fatalerweise zum dauerhaften Vermögens- und vielleicht auch Statusverlust für alle. Dies passierte, als Q. Aelius Tubero, dem Aemilius Paullus seine Tochter zur Frau gegeben hatte, starb. Beiden verschwägerten Familien brachte diese Heiratsallianz somit Verluste, auch wenn diese von je anderer Art waren.

Aber schon Jahre vorher hatte Aemilius Paullus erfahren müssen, dass seine familiale Strategie gescheitert war: Fünf Tage vor seinem Triumph verstarb ihm der jüngere Sohn aus zweiter Ehe im Alter von zwölf Jahren; sein noch verbliebener vierzehnjähriger Sohn starb drei Tage nach dem Triumph. Auf einer Volksversammlung führte Paullus den ergriffenen Römern vor Augen, wie dunkel sich sein familiales Unglück vom Gedeihen der Res publica abhob: Seine Familie werde mit ihm selber erlöschen.

Aemilus Paullus hatte sich für eine sehr riskante familiale Strategie entschieden und dabei verloren. Der unwahrscheinliche Fall, dass Söhne jenseits des Kindesalters starben, traf ihn zweimal und gleichzeitig. Zwar gediehen die beiden Söhne aus erster Ehe, und der jüngere wurde – als Scipio Aemilianus – der berühmteste Römer seiner Zeit; doch sie gehörten nicht mehr seiner Familie an. Nur diejenige Tochter, die er an Catos Sohn verheiratet hatte, war ›gut platziert‹. Gewiss, er hätte die Linie der Aemilii Paulli mit Hilfe einer Adoption fortsetzen können. Aber er scheint resigniert zu haben.

4. Habitus und Feld

Im Jahre 133 v. Chr. wollte der Volkstribun Tiberius Gracchus dem römischen Volk einen Antrag zur Abstimmung vorlegen, der vorsah, okkupiertes Staatsland an ärmere Bürger zu verteilen. Eine stattliche Quote der römischen Oberschicht hätte danach okkupiertes Land an den Staat zurückgeben müssen und stemmte sich dagegen. Ein Amtskollege des Gracchus, Octavius, kündigte an, er werde – kraft seiner tribunizischen Interzessionsbefugnis – ›interzedieren‹ und damit die Abstimmung verhindern. Diese Drohung parierte Tiberius Gracchus, indem er – mit derselben Amtsgewalt – fast sämtliche Staatsgeschäfte blockierte. So wollte er den Widerstand gegen die Gesetzesvorlage brechen. Darauf passierte etwas Merkwürdiges: »Da zogen die Besitzenden Trauerkleider an und gingen klagend und niedergedrückt auf dem Forum herum.«[32]

Ein seltsamer Vorgang. Der überwiegende Teil der althistorischen Forschung, ausgerichtet auf Institutionen und ›verfassungsmäßige Kompetenzen‹, hat mit dieser Information nichts anfangen können. Doch dieses ritualisierte Verhalten der römischen Oberschicht war nicht unsinnig; es sollte Wirkung auf dem politischen Feld erzielen. Aber wie? In welches Repertoire von Verhaltensformen gehörte es? Und mit welchen Erwartungen korrespondierte es? Wie war das spezifische Feld strukturiert, auf dem es Effekt haben konnte?

Die römischen Ritter und Senatoren in Trauerkleidern praktizierten einen *squalor* – ein Trauerritual, mit dem man gegen das Handeln eines Mächtigen protestierte, den Leidverursacher anprangerte, seinen Leumund und somit auch sein Prestige schädigte. Diese Gebärden gehörten ins Repertoire einer politischen Semiotik, die genau auf das politische Feld abgestimmt war, auf welchem sowohl der Volkstribun Tiberius Gracchus als auch seine Widersacher agierten.[33] Indes, Tiberius Gracchus trotzte diesem *squalor*. Das konnte er, weil er wusste, dass dieser *squalor* dem unmittelbaren Interesse des Volkes zuwiderlief und gegen ein unzweifelhaft gerechtes Anliegen Front machte. Dieses Ritual hatte zwar eine klare Semantik; doch deren politische Wirkung war völlig abhängig vom Kontext: nämlich davon, wie die Bürgerschaft sich zur Sache, um die es ging, verhielt. Wenn es nicht von der Sympathie der stadtrömischen Bürgerschaft getragen wurde, verpuffte es wirkungslos. Der *squalor* der

---

32 Plutarch, Tiberius Gracchus 10.
33 Siehe: Flaig (1997).

römischen Oberschicht von 133 v. Chr. war zwar abgestimmt auf das politische Feld und insofern für alle Akteure ein sinnhaftes und verstehbares Handeln. Aber er war nicht abgestimmt auf die konkrete politische Situation. Der Hauptadressat, das römische Volk selber, negierte seine Berechtigung.

Was folgte weiter? Tiberius Gracchus schickte sich an, auch gegen die drohende Interzession eines Amtskollegen dem Volk den Antrag vorzulegen. Er hielt soeben eine Informationsversammlung – eine *contio* – ab, als zwei ranghohe Senatoren ankamen, um ihn zu einer Senatssitzung zu bitten, »da stürzten zwei ehemalige Konsuln, Manlius und Fulvius, auf Tiberius zu, fassten seine Hände und beschworen ihn unter Tränen« – und das vor vielen tausend versammelten Bürgern.[34] Tiberius gab nach und begleitete die beiden Konsulare zur Senatssitzung. Doch die Verhandlungen im Senat führten zu nichts. Tiberius entschloss sich, die drohende Interzession abzuwehren, indem er jenen Volkstribun, der zu interzedieren gewillt war, abwählen ließ. Er kündigte den Bürgern an, er werde sie am folgenden Tag darüber abstimmen lassen, ob sie den Octavius noch als Tribunen haben wollten oder nicht. Noch nie war ein römischer Amtsträger abgewählt worden. Zuvor versuchte Tiberius den Octavius – auf der Rednertribüne – noch umzustimmen: »Zunächst jedoch ergriff er vor aller Augen seine Hände und bat ihn mit herzlichen Worten, er möge doch nachgeben und dem Volke diesen Liebesdienst erweisen; gerecht sei, was es fordere.«[35] Doch Octavius reagierte nicht. Am folgenden Tag traten die Bürger nach ihren 35 Tribus geordnet zur Abstimmung. Wieder bat Tiberius seinen Widersacher. Doch der blieb hartnäckig. Tiberius ließ nun seinen Antrag auf Abwahl des Octavius verlesen und rief zur Abstimmung auf. Als die Stimmabgabe der siebzehnten Tribus gegen Octavius verkündet worden war und nur noch eine zur Amtsentziehung fehlte, unterbrach Tiberius das Procedere: »Er

umarmte und küsste Octavius vor allem Volk und flehte ihn an, eine derartige Schande doch nicht gleichgültig hinzunehmen und ihm nicht die Verantwortung für eine so schwere und harte Maßnahme aufzubürden. Octavius war nun doch bewegt, er vermochte nicht, mit starrer Miene diese Bitten anzuhören. Seine Augen, so wird erzählt, füllten sich mit Tränen, und lange Zeit stand er schweigend da. Wie aber sein Blick auf die geschlossene Schar der reichen Grundbesitzer fiel, überkam ihn Scham und Furcht, er werde ihre Achtung verlieren.«[36]

Wie passen diese Szenen zu römischen Politikern? Wer nur das Instrumentarium der Quellenkritik oder die Fragestellungen einer verengten Sozialgeschichte handhabt, kommt damit nicht zurecht. Es hat dafür eines neuen Ansatzes bedurft, welcher zuvorderst von französischen Historikern entwickelt wurde.[37]

Ebenso wie der *squalor* gehörten diese Gesten unbezweifelbar ins Register erwartbaren Verhaltens. Weder sind die direkten Adressaten der Gesten darüber erstaunt noch die zusehende Öffentlichkeit als indirekter Adressat. Aber sowohl die Erwartung als auch die Wirkung setzen habituelle Dispositionen voraus. Und die werden erst deutlich, sobald man die rituellen Gesten genauer besieht. Tiberius setzte sich über den *squalor* der gesamten Oberschicht hinweg, doch er schlug den beiden Konsularen, die ihn baten zum Senat zu kommen, ihre Bitte nicht ab. Warum nicht? Zum einen waren Senatoren daran gewöhnt, dass man gemeinsam aus einer verfahrenen Situation herausfand, indem man nochmals miteinander redete – der übliche Ort dafür war der Senat. Ein junger Senator wie Tiberius hatte zu beweisen, dass er willens war, sich mit seinen Standesgenossen zu verständigen. Zum anderen gehörte Tiberius als Tribun noch zu der untersten Rangklasse. Wenn zwei Senatoren der höchsten Rangklasse – gewesene Konsuln – ihn inständig baten, so hatte er ihnen eine gewisse Ehrerbietung zu erweisen. Zwar hatte Tiberius gegenüber dem Volk beteuert, er werde unnachgiebig bleiben, und bei der sich anbahnenden Polarisierung gewann er damit an Popularität. Doch die beiden Konsulare veränderten mit ihren Gesten die Sachlage: Sie brachten ihn vor dem versammelten Volk in eine Situation, in der er sich als einsichtsvoller Senator zu erweisen hatte.[38] Es ging

---

34 Plutarch, Tiberius Gracchus 11.
35 Plutarch, Tiberius Gracchus 11.
36 Plutarch, Tiberius Gracchus 11.
37 Veyne (1976); Nicolet (1976); David (1980, 1992); David/Dondin (1980).
38 Zu den Erwartungen gegenüber Rednern: David (1980, 1992 passim); David/Dondin (1980); Hölkeskamp (1995).

nicht mehr nur allein um die Sache, es ging auch um das Bild, das man sich von ihm machte.[39]

Wir können demnach die strukturellen Aspekte nicht von den habituellen trennen. Ihre Verzahnung kommt zum Vorschein, sobald man das Verhältnis von kollektivem Konsens und kompetenzmäßigen Blockadehandlungen betrachtet. Das politische System Roms räumte legitimen obstruktiven Akten einen enormen Umfang ein. Dies jedoch nur deswegen, weil die Ausübung der Obstruktion bedingt war: Die Obstruktionsmittel wurden nicht als unbedingt geltendes Recht verstanden, wie das in modernen Verfassungen der Fall ist. Ob die Interzession eines Volkstribuns akzeptiert wurde, war meist eine Frage des Kräfteverhältnisses. Der moderne Kompetenzbegriff ist demnach unangemessen.[40] Wenn die Obstruktion ein Mittel war, das zum Konsens innerhalb der herrschenden Klasse nötigte, dann war die Konsensherstellung ein Gebot, das auf senatorischen Politikern desto mehr lastete, je mehr sie sich in Hader verstrickten. Anders gesagt, mit ihren Gesten öffneten die beiden Konsulare dem Tribun den Weg, einzulenken und Verhandlungen zu akzeptieren, gleichgültig was er zuvor gesagt hatte. Aber der strukturelle Zwang, der vom politischen Feld ausging, bestimmte nur deswegen umstandslos das Handeln des jungen Tribunen, weil habituelle Dispositionen diesem Zwang genau korrelierten.

Diese Korrelation von Zwängen des Feldes und habituellen Dispositionen ist abzulesen an jenen Szenen, in denen Tiberius versuchte, seinen Gegner Octavius zum Nachgeben zu bewegen. Am Tag vor der verhängnisvollen Abstimmung fasste er ihn bei den Händen und bat ihn, was er unmittelbar vor der Abstimmung sicherlich wiederholte. Nachdem er die Verkündigung der Stimmabgabe unterbrochen hatte, griff er zu stärkeren Gesten: Es folgte Umarmung und Kuss.

Sowohl in familialen als auch in öffentlichen Situationen unterlagen Römer einer starken Nötigung, zum Konsens zu gelangen oder zumindest dafür offen zu bleiben, dass er erreicht wurde; und auf römische Senatoren wirkte diese Nötigung noch stärker. Die Obstruktion – also vor allem die Interzession eines Volkstribuns – war gewiss ein institutionalisiertes Instrument, um Konsensherstellung in Gang zu bringen. Doch Konsensherstellung konnte nur dann ein wirksames Gebot sein, wenn die römischen Senatoren so sozialisiert waren, dass sie habituelle Dispositionen mitbrachten, die es ihnen gestatteten, Einvernehmen untereinander herzustellen. Habituelle Konsensorientiertheit erschien als wesentliches Merkmal des aristokratischen Klassenethos, obwohl man die Kämpfe keineswegs immer mit konsensualistischen Praktiken austrug. Nun wird sichtbar, wieso jene Gesten zur römischen Politik gehörten. Sie bezogen sich direkt auf die habituelle Konsensorientiertheit. Sie indizierten, mit welcher Intensität man sein Anliegen vertrat, ob sie geringer war oder stärker. So konnten die Adressaten der Geste überlegen, ob es nicht zweckmäßiger war, nachzugeben.[41] Doch das setzte voraus, dass beim Adressaten eine Disposition des Nachgebens vorhanden war. Das Nachgeben durfte keinesfalls als Niederlage ausgelegt werden. Im Gegenteil: Wenn ein Senator einem anderen nachgab, dann musste sein Nachgeben ihm – vor einer spezifischen Öffentlichkeit – Ansehen und Achtung einbringen. Da das Nachgeben eine unabdingbare Verhaltensweise war, damit dieses politische System überhaupt funktionierte, mussten Gesten bereitstehen, die dem Nachgeben jeglichen Anschein einer Niederlage nahmen, die es in eine bedeutungsträchtige Choreographie einbetteten und aus ihm eine ›Tugend‹ machten. Solange keine Rachepflicht und keine familiäre Feindschaft das Nachgeben erschwerte, war das Nachgeben sogar eine politische Tugend, eine ethische Vorzüglichkeit, die im politischen Raum eine besondere Funktion erfüllte.

In dieser politischen Szenographie bot Octavius einen kläglichen Anblick. Falls seine Reaktion auf literarischer Ausschmückung beruht, dann ist die Ausschmückung nicht zufällig, denn sie richtete sich nach konkreten Erwartbarkeiten. Man erwartete, dass Octavius in dieser schweren Stunde sich auf seine Loyalitäten und Orientierungen besann: ob er eher politischen Selbstmord begehen oder die Sympathie eines Großteils der Aristokratie aufs Spiel setzen wollte. Der Sympathieverlust war nur

---

39 Die Spielräume für das Verhalten gegenüber dem Volk hat kürzlich Jehne (2000) einleuchtend umrissen.
40 Meier (1984, S. 78).
41 Flaig (1997).

vorübergehend, denn Volkstribunen zogen selbstverständlich ihre Interzession zurück, wenn sie aussichtslos war und an stärkeren Machtmitteln abprallte. Der politische Tod war endgültig, denn als halsstarriger und unbelehrbarer Feind der gerechten Interessen des Volkes verlor Octavius jede Aussicht, jemals wieder in ein Amt gewählt zu werden. Wir haben hier den seltenen Fall, dass ein römischer Senator sich auf eine völlig unerwartete, ja unerwartbare Weise entschied.

5. Habitus, Feldstruktur und Reproduktion des Kräfteverhältnisses

Warum versuchte das Volk, den Octavius zu lynchen? Es war nicht deswegen empört, weil der Tribun dem Ackergesetz Widerstand geleistet hatte, sondern weil er diesen Widerstand aufrechterhielt, obwohl er die überwältigende Mehrheit der Bürgerschaft gegen sich hatte. Die Gesten des Tiberius sind somit doppelt kodiert: Einerseits bieten sie dem Widersacher einen ehrenvollen Rückzug an; anderseits signalisieren sie dem Volk, dass Octavius unerweichbar war, dass er einen moralischen Defekt hatte, weil er, wissend wie wenig gerecht sein Anliegen war, halsstarrig blieb. Er wurde erkenntlich als einer, der Grundregeln des römischen Benehmens nicht befolgte und Grundnormen des einträchtigen Zusammenlebens verletzte.

Octavius kam mit dem Leben davon, weil Tiberius mit seinem Ansehen und mit der handfesten Mithilfe enger Freunde den entehrten Gegner schützte. Es konnte auch anders ausgehen. Im Jahre 99 v. Chr. interzedierte ein Volkstribun, Publius Furius, gegen jeden Versuch, einen Antrag zur Rückrufung des verbannten Metellus Numidicus vor das Volk zu bringen, obwohl die Stimmung inzwischen zugunsten des Verbannten sprach: »Nicht einmal Metellus, der Sohn des (verbannten) Metellus, der ihn vor dem Volk anflehte, dabei weinte und sich ihm zu Füßen warf, konnte ihn erweichen. Wegen dieses Benehmens erhielt der junge Metellus den Beinamen Pius.

Im folgenden Jahr verlangte der neue Volkstribun Gaius Canuleius deswegen Rechenschaft von Furius. Das Volk hörte aber seinen Entschuldigungen nicht zu, sondern zerriss ihn.«[42]

Die stadtrömische Bürgerschaft tötete oder verbannte niemals Adlige aus dem bloßen Grund, weil diese eine andere politische Meinung vertraten. Das Volk drohte mit Tötung eines Adligen oder war bereit, dessen Existenz zu vernichten, wenn der Aristokrat eine soziale Grundnorm verletzte, sich beleidigend verhalten, das Volk ›unehrenhaft‹ behandelt hatte. Das hatte der Verbannte jedoch nicht getan; er hatte sich lediglich geweigert, den Eid auf ein vom Volk beschlossenes Gesetz abzulegen. Indem man ihn verbannte, hatte man der gesamten senatorischen Aristokratie die Volksmacht demonstriert; und das genügte der Plebs. Die Rückrufung des an sich nicht unbeliebten Metellus aus dem Exil war demnach nicht nur erwartbar, sondern für das Volk wünschenswert.

Publius Furius hingegen verlängerte eine politische Feindschaft über ihren Zweck und über jenes moralische Maß hinaus, welches die auf Konsens und Eintracht bedachte Bürgerschaft von ihrer Führungsschicht erwartete. Obschon an harte adlige Konkurrenzkämpfe gewöhnt und darin eine Normalität sehend, trachtete die Plebs danach, Gegensätze zu überbrücken, sobald deutlich wurde, dass die verfeindeten Senatoren die Grundnormen respektierten. Indem gerade das Volk die Gesten des Nachgebens honorierte, verpflichtete es seine Politiker dazu, den Konsens zu suchen, die Konflikte nicht in Feindschaften ausarten zu lassen. Was der Tribun machte, konnte dem Volk nur als Missbrauch der Amtsbefugnis erscheinen.[43] Einen inständigen und von breiter Unterstützung getragenen *squalor* übergehend, ohne dafür einen moralisch akzeptablen Grund zu haben, stellte sich der Tribun außerhalb der sozialen Grundnormen der römischen Gesellschaft.[44] Daher auch die Todesart: Das Zerreißen hingegen war mühsam, dauerte lange und war auf noch höhere Weise eine kollektive Tötung wie die Steinigung; kein Einzelner konnte die Tat für sich beanspruchen.

Diese lynchartige Hinrichtung markiert eine Schnittstelle. Dort, wo der Adressat einer Geste daran zu erinnern war, dass er nachzugeben hatte, damit der Konsens und die Eintracht sich wieder herstellte,

---

42 Appian, Bürgerkriege 1, 33.
43 Meier (1984); Nippel (1988, S. 54–59).
44 Cicero, für C. Rabirius 24.

genau dort hatte die plebeische Intervention in die inneradligen Konfrontationen ihren systematischen Ort. Auf eine Bittgeste oder deren Missachtung reagierend, veränderten die einfachen römischen Bürger deren Qualität; denn sie bezogen das betreffende Verhalten auf den sozialen Grundkonsens, und damit politisierten sie es. Das politische System sah – unabhängig vom Beifall oder vom Unbehagen der betroffenen aristokratischen Gruppierungen – kollektive Aktionen, ja Übergriffe der Plebs vor.[45] Es fällt bei diesen gewaltsamen Aktionen auf, dass das Volk sofort, geschlossen und massiv reagierte. Diese Automatik und Entschlossenheit indiziert, dass die Plebs einen Angriff auf die Grundlagen der Res publica abwehrte. Ein solcher Übergriff war für die Plebs ein politisches Ereignis obersten Grades. Die Unerbittlichkeit der Reaktion manifestierte eine gleichbleibende und auch künftig erwartbare Entschlossenheit, bestimmte Handlungsweisen zu verfemen. Und weil das Volk aus dem Vorfall ein einschneidendes Ereignis machte und sich vehement engagierte, gingen die Vorfälle in sein kollektives Gedächtnis ein; nicht zuletzt deswegen konnten Historiographen darüber berichten.

Der senatorische Habitus, das System der Wahrnehmungs- und Reaktionsschemata, die einen Senatoren quasi automatisch befähigten, sich auf dem politischen Feld zu orientieren, ist also nicht nur ein Produkt der inneradligen Sozialisation. Sondern die Zwänge des politischen Feldes helfen mit, diesen Habitus zu stabilisieren. Doch die Zwänge auf diesem Feld ergaben sich nicht von alleine. Dazu mussten maßgebliche Gruppierungen immer wieder handeln: murren, drohen, handgreiflich eingreifen. Die römischen Bürger bekamen die Perpetuierung der politischen Ordnung nicht geschenkt. Sie mussten dafür etwas tun, sie mussten sich bemühen, kollektiv agieren, und gegebenenfalls zu blutigen Akten schreiten, um buchstäbliche Exempel zu statuieren. So handelnd, stellte die Plebs die ›verletzte Ordnung‹ wieder her; sie reproduzierte damit auch das Kräfteverhältnis zwischen ihr und der Aristokratie und half mit, die Struktur jenes politischen Feldes annähernd identisch zu reproduzieren, auf dem die Mitglieder der Führungsschicht sich profilierten und handelten.

Jene Beispiele zeigen, welche historische ›Arbeit‹ die römische Plebs leistete, um die Herrschenden daran zu erinnern, was man von ihnen erwartete. Damit die Aristokratie sich an die ›Regeln‹ hielt, d. h. so handelte, wie die Erwartungen, die sich aus der Struktur des politischen Feldes ergaben, es vorsahen, musste die Plebs mit hoher politischer Aufmerksamkeit das Benehmen der Senatoren verfolgen und rasch handeln, sobald sie Übergriffe vermutete. Bedingung dafür war ein relativ deutliches Bewusstsein davon, dass ihr als Großgruppe eine wichtige Rolle bei der Aufrechterhaltung des ›Mos maiorum‹, des Brauchs und der Sitte, zukam. Die Senatoren wussten, dass die römische Bürgerschaft bei bestimmten Anlässen heftig reagiert hatte; und sie antizipierten solche Reaktionen bei analogen Situationen. Dieses Wissen strukturierte das politische Feld maßgeblich mit. Nur so wurden die ›objektiven‹ Zwänge des konkreten Handlungsfeldes überhaupt als wirksame Zwänge verspürt.

Die Theorie der Praxis bietet also methodische Instrumentarien, um das Verhältnis zwischen Struktur und sozialer Dynamik genauer als alle bisher praktizierten Methoden zu erfassen, – jenes Verhältnis, welches automatisch aus dem Blickfeld gerät, sobald man Kultur als einen Text begreift.[46] Nicht mehr zu umgehen ist eine geschichtstheoretische Konsequenz: Veränderung als solche ist keinesfalls erklärungsbedürftig, sondern weit eher wird Stabilität zum konzeptionellen Problem. Veränderungen kommen von allein, und sei es durch den bloßen Wechsel der Generationen. Sie sind überhaupt nicht zu verhindern. Stabilität hingegen erfordert, dass bestimmte Gruppen sich anstrengen, die Verhältnisse ›identisch‹ zu reproduzieren. Folglich ist der Begriff der ›Kontinuität‹ radikal zu entsubstantialisieren. Denn er spricht den geronnenen Verhältnissen die Macht zu, sich aus sich selber heraus zu perpetuieren; und das heißt im buchstäblichen Sinne sie zu verdinglichen. Zwar ist eine solche verdinglichende Sicht für die historischen Akteure selbstverständlich und handlungsnotwendig; andernfalls könnten sie – wie Bourdieu darlegt – nicht adäquat auf einem vertrauten Feld

---

45 So urteilt Chr. Meier: »Und gerade indem die Plebs sich kräftig zur Wehr setzte, trug sie viel mehr zur Erhaltung des Überkommenen bei, als sie es durch Gehorsam hätte tun können.« (Meier, 1988, S. 29). Hierzu auch Flaig (2003).
46 Dazu: Flaig (1998 u. 1999 b).

agieren. Der Forscher freilich hat die verdinglichten Verhältnisse wiederum in Prozessualität und in Relationen aufzulösen.[47] An dieser Stelle bricht die Theorie der Praxis mit kardinalen Prämissen der Mentalitätsgeschichte auf fundamentale und irreparable Weise. J. Le Goff beschwor die ›longue durée‹, um der ›Mentalität‹ ihr Gewicht zu geben: »Die Trägheit, eine gewaltige Geschichtsmacht ist eher eine Sache des Geistes als der Materie, denn diese reagiert häufig rascher als jener [...] Die Mentalität ist das, was sich am langsamsten ändert. Die Mentalitätengeschichte ist die Geschichte der Langsamkeit in der Geschichte.«[48] Keine dieser verdinglichten Kategorien hält einer theoretischen Kritik stand, die sich an die Maxime hält, dass alles Substanzhafte in Relationales aufzulösen ist.

Das politische Feld – als eine geronnene Struktur sozialer Verhältnisse – perpetuiert sich nicht. Es waren die historischen Akteure, die agierenden Gruppen, die ihre Beziehungen zueinander reproduzierten. Was als Kontinuität erscheint, ist das Resultat einer annähernd ›identischen‹ Reproduktion der betreffenden sozialen Verhältnisse, bzw. einer solchen Reproduktion derselben, die von den Akteuren als ›identische‹ wahrgenommen wird.[49] Damit geht auch der Begriff der ›longue durée‹ seines Erklärungswertes verlustig. Er macht innerhalb der Theorie der Praxis ebenso wenig Sinn wie die ›Kontinuität‹. Scheinbare kulturelle Entitäten finden sich zurückverwiesen auf die Praxeologie.

Literatur

Bourdieu, Pierre (1972), *Esquisse d' une théorie de la pratique, précédé de trois études d' ethnologie kabyle*, Genf/Paris: Droz. ▪ Bourdieu, Pierre (1987), *Sozialer Sinn. Kritik der theoretischen Vernunft*, Frankfurt/M.: Suhrkamp. ▪ Bourdieu, Pierre (1992), *Réponses. Pour une anthropologie réflexive*, Paris: Seuil. ▪ Bourdieu, Pierre (1994), *Raisons pratiques. Sur la théorie de l'action*, Paris: Seuil. ▪ Chartier, Roger (1989), »Intellektuelle Geschichte und Geschichte der Mentalitäten«, in: Raulff, Ulrich (Hg.) (1989), *Mentalitäten – Geschichte. Zur historischen Rekonstruktion geistiger Prozesse*, Berlin: Wagenbach, S. 69–96 (engl. 1982). ▪ Chartier, Roger (1998), »Le pouvoir, le sujet, la vérité. Foucault lecteur de Foucault«, in: Chartier, Roger, *Au bord de la falaise. L' histoire entre certitudes et inquiétude*, Paris: Michel. ▪ Corbier, Mireille (1992), »Divorce and Adoption as Roman Familial Strategies (Le divorce et l' adoption ›en plus‹)«, in: Rawson, Beryl (Hg.) (1992), *Marriage, Divorce and Children in Ancient Rome*, Oxford: Clarendon Press, S. 47–78. ▪ David, Jean-Michel (1980), »Eloquentia popularis et conduites symboliques des orateurs à la fin de la République, problèmes d'efficacité«, in: *Quaderni di Storia*, XII, S. 171–211. ▪ David, Jean-Michel / Dondin, Monique (Hg.) (1980), »Dion Cassius XXXVI 41, 1–2. Conduites symboliques et comportements exemplaires de Lucullus, Acilius Glabrio et Papirius Carbo (78 et 67 a.C.)«, in: *Mélanges de l' Ecole Française de Rome (Antiquité)*, 92, S. 199–213. ▪ David, Jean-Michel (1992), *Le patronat judiciaire au dernier siècle de la république romaine*, Rom/Paris: Boccard. ▪ Dondin-Payre, Monique (1990), »La stratégie symbolique de la parenté sous la République et l' Empire romains«, in: Andreau, Jean / Bruhns, Hinnerk (Hg.), *Parenté et stratégies familiales dans l' antiquité romaine*, Rom: Ecole Française de Rome, S. 52–76. ▪ Dupont, Florence (1987), »Les morts et la mémoire: le masque funèbre«, in: Hinard, François (Hg.), *La mort, les morts et l'au-delà dans le monde romain. Actes du colloque de Caen, 20–22 novembre 1985*, Caen: Centre de Publ. de l'Univ. de Caen, S. 167–172. ▪ Flaig, Egon (1995 a), »Entscheidung und Konsens. Zu den Feldern der politischen Kommunikation zwischen Aristokratie und Plebs«, in: Jehne, Martin (Hg.), *Demokratie in Rom? Die Rolle des Volkes in der Politik der Römischen Republik*, Stuttgart: Steiner, S. 77–127. ▪ Flaig, Egon (1995 b), »Die pompa funebris. Adlige Konkurrenz und annalistische Erinnerung in der Römischen Republik«, in: Oexle, Otto Gerhard (Hg.), *Memoria als Kultur*, Göttingen: Vandenhoeck & Ruprecht, S. 115–148. ▪ Flaig, Egon (1997), »Zwingende Gesten in der römischen Politik«, in: Chvojka, Erhard / van Dülmen, Richard / Jung, Vera (Hg.), *Neue Blicke. Historische Anthropologie in der Praxis*, Wien/Köln/Weimar: Böhlau, S. 33–50. ▪ Flaig, Egon (1998), »Geschichte ist kein Text. ›Reflexive Anthropologie‹ am Beispiel der symbolischen Gaben im Römischen Reich«, in: Blanke, Horst Walter / Jaeger, Friedrich / Sandkühler, Thomas (Hg.), *Dimensionen der Historik: Geschichtstheorie, Wissenschaftsgeschichte und Geschichtskultur heute. Jörn Rüsen zum 60. Geburtstag*, Köln u.a.: Böhlau, S. 351–366. ▪ Flaig, Egon (1999 a), »Spuren des Ungeschehenen. Warum die bildende Kunst der Geschichtswissenschaft nicht helfen kann«, in: Jussen, Bernhard (Hg.), *Archäologie zwischen Imagination und Wissenschaft: Anne und Patrick Poirier*, Göttingen: Wallstein, S. 16–50. ▪ Flaig, Egon (1999 b), »Die Grenzen der römischen Akkulturation. Wider einen verdinglichten Kulturbegriff«, in: Vogt-Spira, Gregor / Rommel, Bettina (Hg.), *Rezeption und Identität. Die kulturelle Auseinandersetzung Roms mit Griechenland als europäisches Paradigma*,

---

47 «Nous oublions la pratique pour ne plus voir que les objets» (Veyne, 1978, S. 207). Zum Primat der Relation: ebd. 212 ff.; ebenso: Bourdieu (1992, S. 196–206 sowie 1994, S. 17–24).

48 Le Goff (1989, S. 23).

49 Dazu: Bourdieu (1987, S. 97–121 u. 222–258). »Loin d'être le produit automatique d'un processus mécanique, la réproduction de l'ordre social s'accomplit seulement à travers les stratégies et les pratiques par lesquelles les agents se temporalisent et contribuent à faire le temps du monde [...]« (Bourdieu, 1992, S. 114).

Stuttgart: Steiner, S. 81–112. ▪ FLAIG, EGON (2000 a), »Aemilius Paullus«, in: Hölkeskamp, Karl-Joachim / Stein-Hölkeskamp, Elke (Hg.), *Von Romulus zu Augustus. Große Gestalten der Römischen Republik*, München: C. H.Beck, S. 131–146. ▪ FLAIG, EGON (2000 b), »Pierre Bourdieu ›Entwurf einer Theorie der Praxis‹ (1972)«, in: Erhart, Walter / Jaumann, Herbert (Hg.) (2000), *Jahrhundertbücher. Große Theorien von Freud bis Luhmann*, München: C. H.Beck, S. 358–382. ▪ FLAIG, EGON (2003), *Ritualisierte Politik. Zeichen, Gesten und Herrschaft im Alten Rom*, Göttingen: Vandenhoeck & Ruprecht. ▪ FOUCAULT, MICHEL (1974), *Die Ordnung des Diskurses. Inauguralvorlesung am Collège de France*, München: Hanser. ▪ FOUCAULT, MICHEL (1994), *Dits et Ecrits*, Bd. IV (1980–1988), Paris: Gallimard. ▪ GARDNER, JANE F. (1995), *Frauen im antiken Rom*, München: C. H.Beck. ▪ GEERTZ, CLIFFORD (1977), »From the Native's point of view: On the Nature of Anthropological Understanding«, in: Dolgin, Janet L. u. a. (Hg.), *Symbolic Anthropology. A Reader in the Study of Symbols and Meanings*, New York: Columbia University Press. ▪ GEERTZ, CLIFFORD (1983) *Dichte Beschreibung. Beiträge zum Verstehen kultureller Systeme*, Frankfurt/M.: Suhrkamp. ▪ GERNET, LOUIS (1968), *Anthropologie de la Grèce antique*, Paris: Maspero. ▪ GINZBURG, CARLO (1976), *Il formaggio e i vermi. Il cosmo di un mugnaio del ›500*, Torino: Einaudi. ▪ LE GOFF, JACQUES (1989), »Eine mehrdeutige Geschichte«, in: Raulff, Ulrich (Hg.) (1989), *Mentalitäten – Geschichte. Zur historischen Rekonstruktion geistiger Prozesse*, Berlin: Wagenbach, S. 18–32 (frz. 1974). ▪ GRIBAUDI, MAURIZIO (Hg.) (1998), *Espaces, temporalités, stratifications: exercices sur les réseaux sociaux*, Paris: Éd. de l'École des Hautes Études en Sciences Sociales. ▪ HÖLKESKAMP, KARL-JOACHIM (1995), »Oratoris maxima scaena. Reden vor dem Volk in der politischen Kultur der Republik«, in: Jehne, Martin (Hg.), *Demokratie in Rom? Die Rolle des Volkes in der Politik der Römischen Republik*, Stuttgart: Steiner, S. 11–49. ▪ JEHNE, MARTIN (2000), »Jovialität und Freiheit. Zur Institutionalität der Beziehungen zwischen Ober- und Unterschichten in der römischen Republik«, in: Linke, Bernhard / Stemmler, Michael (Hg), *Mos maiorum. Untersuchungen zu den Formen der Identitätsstiftung und Stabilisierung in der römischen Republik*, Stuttgart: Steiner, S. 207–235. ▪ LORAUX, NICOLE (1987), »L'âme de la cité. Reflexions sur une yuch politique«, in: *L'Esprit du temps*, S. 14f. u. 35–54. ▪ MEIER, CHRISTIAN (1984), »La spécificité de l'ordre politique et social romain«, in: Meier, Christian / Veyne, Paul, *Introduction à l'anthropologie politique de l'antiquité classique*, Paris: Presses Univ. de

France, S. 63–81. ▪ MEIER, CHRISTIAN (1988), *Res publica amissa. Eine Studie zur Verfassung und Geschichte der späten römischen Republik*, Frankfurt/M.: Suhrkamp. ▪ NICOLET, CLAUDE (1976), *Le métier de citoyen dans la Rome républicaine*, Paris: Gallimard. ▪ NIPPEL, WILFRIED (1988), *Aufruhr und »Polizei« in der Römischen Republik*, Stuttgart: Klett-Cotta. ▪ RAPHAEL, LUTZ (1996), »Diskurse, Lebenswelten und Felder. Implizite Vorannahmen über das soziale Handeln von Kulturproduzenten im 19. u. 20. Jahrhundert«, in: Hardtwig, Wolfgang / Wehler, Hans-Ulrich (Hg.), *Kulturgeschichte heute*, Göttingen: Vandenhoeck & Ruprecht, S. 165–181. ▪ RAULFF, ULRICH (Hg.) (1989), *Mentalitäten – Geschichte. Zur historischen Rekonstruktion geistiger Prozesse*, Berlin: Wagenbach. ▪ ROHWEDER, CHRISTINE (1998), *Macht und Gedeihen. Eine politische Interpretation der ›Hiketiden‹ des Aischylos*, Frankfurt/M.: Lang. ▪ SCHLUMBOHM, JÜRGEN (Hg.) (1998), *Mikrogeschichte – Makrogeschichte: komplementär oder inkommensurabel?*, Göttingen: Wallstein. ▪ SCHWINGEL, MARKUS (1993), *Analytik der Kämpfe. Macht und Herrschaft in der Soziologie Bourdieus*, Hamburg: Argument-Verlag. ▪ SCHWINGEL, MARKUS (1995), *Bourdieu zur Einführung*, Hamburg: Junius. ▪ VERNANT, JEAN-PIERRE (1965), *Mythe et pensée chez les Grecs*, Paris: Maspero. ▪ VEYNE, PAUL (1976), *Le pain et le Cirque. Sociologie historique d' un pluralisme politique*, Paris: Seuil. ▪ VEYNE, PAUL (1978), »Foucault révolutionne l'histoire«, in: Veyne, Paul, *Comment on écrit l'histoire*, Paris: Seuil, S. 201–242. ▪ VEYNE, PAUL (1986), »Das Wörterbuch der Unterschiede«, in: Ulrich Raulff (Hg.) (1986), *Vom Umschreiben der Geschichte*, Berlin: Wagenbach. ▪ VEYNE, PAUL (1990), »Propagande expression roi, image idole oracle«, in: *L' Homme*, 30 (No 114), S. 7–26. ▪ VIDAL-NAQUET, PIERRE (1973), »Chasse et Sacrifice dans l' Orestie d' Eschyle«, in: Vernant, Jean-Pierre / Vidal-Naquet, Pierre, *Mythe et tragédie en grèce ancienne*, Paris: Maspero. ▪ VOVELLE, MICHEL (1989), »Serielle Geschichte oder ›case studies‹: ein wirkliches oder nur ein Scheinproblem«, in: Raulff, Ulrich (Hg.) (1989), *Mentalitäten – Geschichte. Zur historischen Rekonstruktion geistiger Prozesse*, Berlin: Wagenbach, S. 114–126. ▪ WIMMER, ANDREAS (1996), »Kultur. Zur Reformulierung eines sozialanthropologischen Grundbegriffs«, in: *Kölner Zeitschrift für Soziologie und Sozialpsychologie*, 48, S. 401–425. ▪ WINDSCHUTTLE, KEITH (1997), *The Killing of History. How Literary Critics and Social Theorists are murdering our past*, New York u. a.: Free Press. ▪ ZEITLIN, FORMA (1988), »La politique d'Eros. Féminin et masculin dans les ›Suppliants‹ d'Eschyle«, in: *Métis*, 3, S. 231–259.

14.6 Heterogene Männlichkeit. Skizzen zur gegenwärtigen Geschlechterforschung

Martina Kessel

Stillstand ist Rückschritt, das war das Motto des 1895 geadelten Arztes Ernst von Leyden (1832–1910), Professor in Königsberg, Straßburg und ab 1876 an der Charité in Berlin. Entsprechend schwer fiel ihm 1907, die Klinik im Alter von 75 Jahren zu verlassen, denn der Rückzug aus dem Beruf bedeutete für ihn genau den Stillstand, den er selber als Rückschritt interpretiert hatte. Der Gymnasiallehrer Johann David Wildermuth, Ehemann der schwäbischen Schriftstellerin Ottilie Wildermuth, empfand seine Pensionierung 1876 im Alter von 69 Jahren seiner Frau zufolge wie ein Todesurteil. Der hohe Verwaltungsbeamte Joachim von Winterfeldt-Menkin, u. a. Landrat, Landesdirektor der Provinz Brandenburg von 1911 bis 1930 und nach dem Krieg zusätzlich Reichstagsabgeordneter, fand den Zustand der »Arbeitslosigkeit« ebenso ungewohnt wie schwer erträglich, in dem er sich wiederfand, als er 1930 mit 65 Jahren aus dem Amt schied. Der Vater der Schriftstellerin Gabriele Reuter, Kaufmann u. a. in Kairo, hatte in den sechziger Jahren dagegen noch gerne mit seiner Frau und seiner Tochter darüber geplaudert, wie sie sich das Landhaus einrichten würden, in dem das Ehepaar geruhsam den Lebensabend verbringen wollte, nachdem er sich aus dem Beruf hätte zurückziehen können – Pläne, die sein früher Tod allerdings zerstörte.[1]

Was sagen diese Beispiele aus über Geschlechterverhältnisse und die Bedeutung der Kategorie Geschlecht, also einer der Kategorien, mit denen Menschen soziale Ordnung entwerfen und gestalten? Allgemein formuliert, wird mit der Kategorie Geschlecht auf unterschiedliche Weise Differenz hergestellt oder abgebildet,[2] wobei es Aufgabe der jeweiligen Analyse ist, herauszufinden, ob und, wenn ja, in welcher Weise mit dieser Differenz Hierarchien organisiert und so unterschiedliche Phänomene wie Handlungsräume, sozialer Status, Denkhorizonte und Gefühle zugewiesen werden. Die Art und Weise, wie Menschen zu Männern und Frauen werden bzw. sich und andere dazu machen, vermittelt auf eine oft schwer feststellbare Weise diese sozialen Ebenen und Strukturelemente mit individueller Selbstwahrnehmung und Selbstverortung.[3] Die zitierten Beispiele verweisen zunächst darauf, dass sich im Laufe des 19. Jahrhunderts offensichtlich die Einstellung dieser bürgerlichen Männer zum Berufsende veränderte. Die Angst, durch die Pensionierung ›arbeitslos‹ zu werden, oder sogar die Vision, das Leben zu verlieren (eine Empfindung, die etliche adlige und bürgerliche Männer dazu brachte, das Leben zurückzuholen, indem sie ihre Lebenserinnerungen schrieben), kann jedoch auch als Schlüsselelement für das Verständnis von Männlichkeit um 1900 verstanden werden, während umgekehrt Entwürfe von Männlichkeit zentrale Bedeutung bei der Entzifferung von Lebensläufen und sozialen Strukturen gewinnen.

In einem ersten Schritt soll daher die Pensionsangst beispielhaft als Schnittstelle reflektiert werden, an der soziale Strukturen, gesellschaftliche Statushierarchien und Wertmaßstäbe, kollektive Vorstellungen von Männlichkeit und die Selbstwahrnehmung von Männern der Oberschichten ineinander greifen und sich gegenseitig bedingen. Dieser Abschnitt zielt vor allem auf das Wirken der Kategorie Geschlecht als Differenzkategorie. Im zweiten Teil geht es anhand einiger Überlegungen zur Männlichkeitsforschung um die Frage, ob das polarisierte Geschlechtermodell, mit dem in den Kulturwissenschaften mehrheitlich gearbeitet wird, möglicherweise zu erweitern ist. Abschließend sollen noch

---

1 Kessel (2001, S. 221–238, Zitat S. 237).

2 Dazu Scott (1986).

3 Zur Entwicklung der Frauen- und Geschlechtergeschichte (die hier nicht noch einmal nacherzählt werden soll) von der sog. additiven Phase, in der einzelnen großen Frauengestalten nachgespürt wurde, zur Suche nach Frauen als historischen Akteuren in allen Bereichen der Geschichte bis hin zum integrativen Ansatz der Geschlechtergeschichte, Männlichkeit und Weiblichkeit gleichermaßen in den Blick zu nehmen, vgl. z. B. Bock (1988); Lundt (1998); Nagl-Docekal (1993); sowie die Beiträge von Hausen, Hunt und Pomata in Medick / Trepp (1998). Wichtige neuere Überblicksdarstellungen zur Frauengeschichte stammen von Bock (2000) und Offen (2000).

einmal die Erträge, aber auch offene Fragen und möglicherweise weiterführende Überlegungen dieses stichprobenartig benannten Brennpunktes der gegenwärtigen kulturwissenschaftlichen Forschung zusammengefasst werden, wobei bereits die beiden ersten Passagen zeigen sollen, dass die Kategorie Geschlecht ein zentrales Element in der Aufschlüsselung des Verständnisses von Identität, Geschichte und Erfahrung sein kann.

1. Das Pathos des Vorwärts: Erwerbsarbeit und männliche Identität

Wie eng die Definition und Zuweisung von Arbeit und vor allem deren Veränderung mit Geschlechterkonstruktionen in verschiedenen Epochen und historischen Räumen zusammenhängen, ist schon lange ein zentrales Thema der Geschlechterforschung. So verschob sich im Laufe der Neuzeit mit entscheidenden Wandlungen im Arbeitsbereich, z. B. in Mechanisierungs- bzw. Industrialisierungsprozessen, auch die gesellschaftliche Definition dessen, was als ›weibliche‹ oder als ›männliche‹ Arbeit galt.[4] Mit der Ausdifferenzierung von Haus und Markt im 18. und 19. Jahrhundert und der gleichzeitigen bewusstseinsgeschichtlichen Krönung des autonomen männlichen Subjekts avancierte die Geschlechts- anstelle der sozialen Zugehörigkeit zum primären Maßstab der Verortung.[5] Karin Hausen hat in ihrem klassischen Aufsatz über die Polarisierung der ›Geschlechtscharaktere‹ herausgearbeitet, wie bürgerlich-adlige Eliten im späten 18. und frühen 19. Jahrhundert die Geschlechteridentitäten als naturhaft entwarfen und psychische Eigenschaften und Handlungsräume entlang der Geschlechterlinie zuwiesen und hierarchisierten.[6] Nicht die Dichotomie als solche war neu, sondern die Erklärung in einem bewusstseinsgeschichtlich entscheidend veränderten Kontext, d. h. der anthropozentrischen Wende in Naturrecht und Aufklärung: die Ableitung der Polarisierung aus der Natur und nicht aus sozialer Zugehörigkeit. Dazu gehörte, Männer zum alleinigen ›Familienernährer‹ zu erklären, ungeachtet der tatsächlichen Beiträge von Frauen zum Familieneinkommen, während mit der zunehmenden Monetarisierung der Wirtschaft und der Trennung von Haus- und Erwerbsarbeit die Haus- und Familien-

arbeit unbezahlt blieb. Sie verlor damit zum einen, ungeachtet individueller Anerkennung im Einzelfall, gesellschaftlich an Status. Zum anderen hatte diese Unentgeltlichkeit massive Auswirkungen auf die Einstufung derer, die diese Arbeit leisteten – mehrheitlich Frauen –, im modernen System der Sozialversicherung, das in Deutschland um Erwerbstätigkeit zentriert ist. Diese Achse sozialer Ungleichheit ist erst in jüngster Zeit zu einem wissenschaftlichen und politischen Thema geworden.

Für das Verständnis des Pensionsschocks um 1900 ist es entscheidend, dass mit der Auflösung der ständischen Gesellschaft geschlechterspezifisch definierte Arbeit zu einem bestimmenden Faktor von individueller Identität und sozialer Verortung wurde. Außerdem erhöhte sich im Laufe der Industrialisierung die Bedeutung von Arbeit für den Entwurf von Männlichkeit noch zunehmend.[7] Beruf und Erfolg wurden entsprechend für das Selbstverständnis und Selbstbewusstsein von Männern der Oberschichten immer wichtiger, und dieser Anspruch erstreckte sich zunehmend über das ganze Leben. Entscheidend für das Wirken der Kategorie Geschlecht als *Differenz* ist darüber hinaus, dass diese Erwerbsarbeit zugleich als implizit statusüberlegen gegenüber der mit Weiblichkeit identifizierten Haus- und Familienarbeit galt. Hohen Beamten, Professoren oder Industriekapitänen, die einen anstrengenden Beruf haben mochten, jedoch weder mit der physischen Härte noch den Abhängigkeitsstrukturen von Industriearbeit konfrontiert waren, fiel es nicht nur schwer, die soziale Vernetzung und alltägliche Eingebundenheit und Anerkennung aufzugeben. Sie mussten auch auf die Überlegenheit verzichten, die in den unterschiedlichen Arbeitsbewertungen und meist auch in verschiedenen Aufenthaltsräumen selbstverständlich demonstriert wurde, und sich in den privaten Bereich zurückziehen.

Dass diese Veränderung als Rückzug und Problem (und selten primär als Entlastung) präsentiert wurde, hing auch damit zusammen, dass die Hierarchisierung von Arbeit mit der geläufig werden-

---

4 Vgl. z. B. Hausen (2000) u. die Beiträge in Hausen (1993).
5 Gray (2000).
6 Hausen (1976).
7 U. a. Corbin (1993); s. a. Tosh (1998).

den Trennung zwischen Privatem (zugeschrieben auf Haus, Familie, Weiblichkeit) und Öffentlichem (zugeschrieben auf Politik, Wirtschaft, Erwerbsarbeit, Gesellschaft, Männlichkeit) verbunden war, die die Polarisierung mitstrukturierte. Die Geschlechterforschung hat mittlerweile gezeigt, wie wenig diese diskursive Setzung die Handlungsräume und das Verhalten der Geschlechter tatsächlich erfasste. So lässt sich die halböffentliche Geselligkeit im 18. Jahrhundert, an der Frauen in vielfacher Weise beteiligt waren, mit dieser Kategorisierung letztlich ebenso wenig erschöpfend fassen wie das karitativ-religiöse Engagement von Frauen im 19. Jahrhundert.[8] Dabei geht es nicht nur darum, dass Frauen die Grenzen des Privaten überschritten, sondern dass der Gegensatz als solcher eine moderne Denkfigur ist, die den Grenzziehungen und Wahrnehmungen zumindest des 18. und frühen 19. Jahrhunderts nicht entsprochen haben mag.

Dennoch hatte die Konstruktion von Öffentlichkeit versus Privatheit enorme Bedeutung für die Selbstwahrnehmung der Zeitgenossen. Implizit rekurrierte das Selbstverständnis der hier angesprochenen Männer sowohl darauf, ›öffentlich‹ agieren zu können, als auch auf die meist unausgesprochene Differenz zu einem immer als nicht-öffentlich definierten Bereich. Wie wichtig diese Differenz war, wurde oft erst dann deutlich, wenn sich die Nahtstelle privat-öffentlich aufzulösen drohte. Eduard Devrient (1801–1877), Schauspieler, dann Intendant am Karlsruher Theater, war in jüngeren Jahren krankheitsbedingt einmal damit konfrontiert, seinen Beruf möglicherweise aufgeben zu müssen. Der extrem ehrgeizige Devrient zelebrierte sein Mann-Sein als ein in der Öffentlichkeit Unterwegs-sein, und gerade indem er in dieser Situation betonte, dass er selbstverständlich ein wunderschönes Heim mit einer liebevollen Frau habe, in das er sich zurückziehen könne, empörte er sich dagegen, auf äußeren Ruhm und öffentliche Ehre verzichten zu müssen, er, der auf öffentliche Wirksamkeit und

Anerkennung angewiesen sei. Sein emotionales Gleichgewicht war abhängig davon, sich im Gegensatz zu seiner Frau öffentlich präsent, sichtbar und erfolgreich zu fühlen. Die Wut und Sorge ob des drohenden Verlustes verriet, dass seine subjektive Sinngebung sich nicht nur am klassischen Bildungsroman im Sinne einer aufsteigenden Entwicklungs- und Karrierelinie orientierte, sondern auch an dessen geschlechterspezifischen Differenzcharakter.[9] Auch für die eingangs zitierten Männer bedeutete der Beginn der modernen Altersversorgung, den Schritt ›hinaus‹ aus ihrem strikt als öffentlich definierten Leben ›zurück‹ in die Privatheit zu machen, was dann wiederum dazu beigetragen haben mochte, in ihren Lebenserinnerungen die Familie stärker auszublenden und das Bild des ›öffentlichen‹ Mannes erst recht zu zementieren.

Ein weiteres, für das Verständnis von Identität und Geschichte im 19. Jahrhundert zentrales Moment verschärfte die Panik angesichts des Berufsendes und unterfütterte auf subtile Weise die geschlechterspezifische Differenzierung über ›öffentlich‹ versus ›privat‹: ein Zeit- und Entwicklungsverständnis, das Zukunft, Entwicklung und Erkenntniszuwachs als männlich entwarf und Männlichkeit umgekehrt über stete Vorwärtsdynamik interpretierte,[10] ähnlich wie auf philosophisch-bewusstseinsgeschichtlicher Ebene die Vorstellung der Vervollkommnung (und damit der unendlichen Fortdauer von Entwicklung) die Zukunftsperspektive der Vollkommenheit seit dem 18. Jahrhundert ablöste. Der Fortschrittsgedanke im 19. Jahrhundert übersetzte sich auf privater Ebene in Ehrgeiz, der immer ausschließlicher über Erfolg im Beruf demonstriert und befriedigt werden sollte. D. h. der Entwicklungsbegriff, der um 1800 noch die Ausprägung der Persönlichkeit in Bereichen neben dem Beruf betraf, in Bildung, Geselligkeit etc., verschob sich auf den sich zunehmend über das ganze Leben erstreckenden Beruf, dessen ›Ende‹ somit auch als Ende von Entwicklung verstanden werden konnte. Die Betitelung von Autobiographien und Memoiren kann in diesem Sinne als kulturelle Praktik des *doing gender*, also der alltäglichen Erneuerung und Vergewisserung von Geschlechterverhältnissen gelesen werden, denn zahlreiche Titel reproduzierten den Dreiklang von Leidenschaft, Entwicklung und Handlungsfähigkeit, der das ganzheitliche Bild von Männlichkeit strukturierte. Der Arzt Karl Metten-

---

8 Zur Auseinandersetzung mit der unzureichenden Begrifflichkeit u. a. Goodman (1992); zur Geselligkeit im 18. Jahrhundert vgl. die Beiträge in Weckel u. a. (1998); zum karitativen Engagement zuletzt Schröder (2001).

9 Vgl. Kessel (2001, S. 182 f.).

10 Für das Folgende Kessel (2001, Kap. 3 u. 4).

heimer nannte seine 1940 veröffentlichte Lebens-
rückschau *Werden und Wollen und Wirken eines alten
Arztes*, Erich Hoffmann überschrieb sie 1918 mit
*Wollen und Schaffen. Lebenserinnerungen aus der
Wendezeit der Heilkunde*, der Musikgelehrte Guido
Adler 1935 mit *Wollen und Wirken*. Weiblichkeit
dagegen wurde nicht mit emphatischem, zielbewusst
auf die Zukunft orientierten Handeln, sondern mit
Gegenwart identifiziert und zugleich auf traditionelle
Religion und das Jenseits als Kompensation und
(immobile) Zukunft verwiesen (das mag für die
Moderne nicht neu sein, mögen Frühneuzeitler einwenden, aber das ist nicht der Punkt; entscheidend
ist, dass solche Zuschreibungen in der Moderne wei-
terwirkten). Auch an diesem Punkt sei allerdings
gleich hinzugefügt, dass derartige Geschlechternor-
men die Lebenspraktiken keineswegs determinierten.
Louise Otto, die bereits in der Revolution von
1848/49 für die Rechte von Frauen eintrat und 1865
die Frauenbewegung mitgründete, gab ihrer 1876
veröffentlichten Autobiographie den Titel *Frauenleben im Deutschen Reich. Erinnerungen der Vergangenheit mit Hinweis auf Gegenwart und Zukunft*. Sie
integrierte sich damit in genau die lineare Zeitper-
spektive, die männlichen Lebensläufen vorbehalten
sein und Frauen höchstens über ihre Kinder zur
Verfügung stehen sollte.

Wie elementar viele Männer sich über den für die
Mentalitätsgeschichte des 19. Jahrhunderts so zentralen Fortschrittsgedanken definierten und wie ir-
ritierend es für sie vor dieser Folie werden konnte,
wenn der Fortschritt aufzuhören schien, verriet in
der zweiten Jahrhunderthälfte nicht nur die Einstellung zum Berufsende, sondern auch zum Jenseits.
So empörte sich der Populärpessimist Eduard von
Hartmann (1842–1906) im Kaiserreich über die
Perspektive, nach einem unaufhörlich tätigen Leben
das »transcendente Aufhören aller Zeit und Veränderung, die Erstarrung und Versteinerung der
absoluten Ruhe« erleben zu müssen.[11] Auch der
Blick auf das Berufsende konnte ein solches Pathos
des Vorwärts bereits ernüchtern. Die Repräsentation von Männlichkeit bedeutete nicht, dass gebildete
und erfolgreiche Männer tatsächlich so ununterbro-
chen tätig waren, wie es der Topos der unentwegten
Tätigkeit, der stets in die Unendlichkeit vorwärts-
strebenden Persönlichkeit wollte. Im Gegenteil: eine
demonstrative Muße gehörte ebenso zum Entwurf

erfolgreicher Männlichkeit im späten 19. Jahrhundert wie z. B. auch bei Adligen der Wunsch, einen
angesehenen Beruf zu haben, in entsprechenden
Kreisen zu verkehren und nicht auf dem Landgut
zu stark am Rande zu stehen. Doch das Ende der
Berufstätigkeit zerbrach den Rahmen, in dem dieser
Topos selbstverständlich seinen Ort hatte und ebenso ›natürlich‹ einen Sinnhorizont herstellte, der von
denen, die nicht in ihn hineindefiniert waren,
schwer aufzubrechen war.

Es seien hier aber auch noch einige Beispiele
angefügt, wie ambivalent das Arbeitsethos für Männer sein und wie unterschiedlich das Berufsende
auch im späten 19. Jahrhundert ins Auge gefasst
werden konnte. Wilhelm von Kügelgen, Hofmaler
in Anhalt-Bernburg und bekannt geworden durch
seine *Erinnerungen aus dem Leben des alten Mannes*,
litt in den Jahren vor seinem Tod 1867 an schmerz-
hafter Wassersucht und war z. T. arbeitsunfähig.
Sein tiefverwurzelter Glaube ließ ihn bereits in seinen energischen Schaffensphasen seinen Ehrgeiz
immer wieder gebrochen reflektieren. Als er das
Ideal des Familienernährers nur mehr bedingt erfüllen konnte, beschrieb er seinem Bruder Gerhard
1864 seine widerstreitenden Gefühle, das Schwan-
ken zwischen dem Kummer, dem Leistungsethos
nicht mehr zu entsprechen, und der Erleichterung,
diesem Zwang nicht mehr zu unterliegen: »Zuvör-
derst also beklage ich Dich, mein armer Dicker,
wegen aller Sorgen, Kümmerniße, Aerger und Arbeit, die Dir Dein Amt bringt, und doch beneide ich
Dich auch darum. Du kannst es doch noch leisten,
und das ist Gnade von Gott; ich aber kann nichts
mehr leisten. Ich habe freilich wieder dafür zu
danken, dass ich nichts mehr zu leisten *brauche*
und darum kannst wieder Du mich beneiden.«[12]
Der eingangs beschriebene Wunsch aus den 1860er
Jahren wiederum, das Arbeitsleben aus freien Stücken zu beenden und vom Ertrag des Geschaffenen
zu leben, fand sich mitunter auch noch 50 Jahre
später und scheiterte dann oft weniger an pekuniä-
ren Problemen als an den Erwartungen der Umwelt
und der Dynamik der Arbeitswelt. So hätte sich der
Vater der Ärztin und Psychologin Charlotte Wolff

---

11 Kessel (2001, S. 224).
12 Kügelgen (1994, S. 908, kursiv im Original).

kurz vor dem Ersten Weltkrieg mit Anfang vierzig gerne zur Ruhe gesetzt, um als selbständiger Bürger vom erworbenen Kapital zu leben, provozierte damit jedoch den energischen Widerspruch seiner Frau. Auch der 1861 geborene Robert Bosch hing vergeblich seinem Traum nach, sich mit 55 Jahren aus der Wirtschaft zurückzuziehen, um seinen eigentlichen wissenschaftlichen Interessen nachgehen zu können.[13]

2. Der ›ganze Mann‹: Zum Verhältnis von ›ganzheitlichen‹ und ›polaren‹ Männlichkeitskonstruktionen

Männlichkeit ist zur Zeit ein gefragtes Thema in der geschlechtergeschichtlichen Forschung, nachdem zunächst stärker die normative Konstruktion von Weiblichkeit und die Lebenswelten von Frauen im Mittelpunkt standen. Das ›überall und nirgends‹, also die selbstverständliche Präsenz von Männern in vielen Bereichen macht es allerdings oft genauso schwer, die Entstehung und das Wirken von Männlichkeitskonstruktionen sowie das Ausleben verschiedener Formen von Männlichkeit sichtbar zu machen, wie das Verschweigen oder Ausblenden von Frauen aus manchen Zusammenhängen lange den historiographischen Blick gelenkt hat. Die angeführten Beispiele sollten entsprechend verdeutlichen, dass nicht nur zentrale Funktionsbereiche wie Arbeit, sondern auch so grundlegende mentale Strukturen der modernen Gesellschaft wie die Temporalisierung mit der Konstruktion von Männlich-

keit verknüpft sein können, wobei die gewählten Beispiele überwiegend protestantische Männer der Mittelschicht betrafen, die Existenz und Reichweite konkurrierender Männlichkeitsvorstellungen also noch nicht ausgelotet ist.

Zwar häufen sich zur Zeit noch die Forschungsüberblicke, die Desiderate ausrufen statt Ergebnisse bündeln zu können, dennoch liegen bereits nicht nur etliche Aufsatzsammlungen und Zeitschriftenthemenhefte vor, sondern auch Monographien, wenn auch eher noch für den englisch- als für den deutschsprachigen Raum.[14] Wichtig ist das Konzept der ›dominanten Männlichkeit‹, das zu erfassen sucht, wie sich bestimmte Vorstellungen gegenüber konkurrierenden Modellen durchsetzen oder diese ausgrenzen möchten.[15] Homosoziale Zusammenschlüsse wie Vereine oder Militär boten ein entscheidendes Forum für das Reproduzieren männlicher Zugehörigkeit (und Exklusion). In der Moderne allerdings, in der sich ein Konzept von (tabuisierter) Homosexualität verfestigte, durften sie keinesfalls den Eindruck von homoerotischen Tendenzen erwecken; zumindest setzten sich die Männer, die sich als männlich präsentieren wollten, fast obsessiv davon ab.[16] John Tosh beleuchtet, dass nicht allein die Position als Familienernährer oder als Berufstätiger das Selbstverständnis und die Position eines Mannes prägten, sondern dass es eher der Zusammenhang zwischen einer spezifischen Stellung im familiären Umfeld, in der Berufswelt und in den homosozialen Zusammenschlüssen, in denen Männer sich bewegten, war, der Selbst- und Fremdwahrnehmung entscheidend beeinflusste.[17] Die Bedeutung von geschlechterspezifischen Konzeptionen des ›weißen Mannes‹ im Imperialismus des späten 19. und frühen 20. Jahrhunderts ist ebenso Thema wie die historische Veränderbarkeit von Vaterschaft oder die nahe liegende Frage von Militär und Männlichkeit.[18] Auch mit Mode konstruiert man Männlichkeit. Bis in das 18. Jahrhundert mit leuchtenden Farben und extravaganten Formen ausgestattet, ergraute der bürgerliche Pfau im 19. Jahrhundert. Zum einen, so zeigt Sabina Brändli, setzten sich bürgerliche Männer mit ihrem grauen Anzug zunächst von Adligen, dann von anderen als nicht-bürgerlich und weiblich charakterisierten Männergruppen ab. Zum anderen verschwand der männliche Körper vom Hals bis zu den Füßen im röhrenförmigen, körperfernen Anzug,

13 Wolff (1986, S. 32 f.); Augustine (1994, S. 142); vgl. Kessel (2001, S. 237 f.).

14 Z. B. die Beiträge in Erhart/Herrmann (1997 a); Roper/Tosh (1991); Kühne (1996); s. a. Kimmel (1996); als anregenden Einstieg für die deutsche Geschichte die Überblicksdarstellung von Mosse (1997) sowie neuere Themenhefte in *Österreichische Zeitschrift für Geschichtswissenschaft* (2000), *Die Philosophin* (2000) oder *transversal* (2001).

15 Für das Konzept der ›dominant masculinity‹ Connell (1987 und 1999), für die ›competing masculinities‹ Hall (1992).

16 Kimmel (1994); zur Homosexualitätsforschung Hergemöller (1999); zu homosozialen Zusammenschlüssen Meuser (1998).

17 Tosh (1998).

18 Für Imperialismus u. a. Stoler (1991) u. Bederman (1995); zu Vaterschaft Kolbe (2000 u. 2002); eine Literaturübersicht bei van Rahden (2000).

der ihn somit den Blicken entzog, während Männerkleidung vorher den Blick auf den Körper gelenkt hatte. Diese Anzüge dagegen, die bis in die jüngste Zeit die Männermode stark dominierten, entwirklichten gleichsam den Körper,[19] während Frauenmode den Körper betonte und damit der Gleichsetzung von Weiblichkeit und Körperlichkeit sichtbar und doch subtil Vorschub leistete. Im weiteren Kontext der Debatte um die diskursive Konstruktion auch des sexuellen Körpers, also der körperlichen Basis für Geschlechterkonstruktionen, versuchen Autorinnen wie Judith Butler wiederum, die binäre Codierung von ›männlich‹ versus ›weiblich‹ aufzulösen, indem sie deutlich machen, dass ein Körper keine stabile sexuelle Basis für eine geschlechterspezifische Identität abgibt. Hier erscheint vielmehr das Performative als entscheidende Ebene, auf der Geschlecht in seiner vielfachen Bedeutung hergestellt wird, die Geschlechteridentität ebenso wie Körperlichkeit oder eine geschlechtlich codierte Erscheinung.[20]

Trotz immer wiederkehrender Stereotype wie Willenskraft, Ehre und Mut, die, wie George Mosse gezeigt hat, zum Kanon der männlichkeitsbildenden Tugenden zumindest in der Moderne stets dazugehören, betonen die meisten Ansätze die Pluralität von Männlichkeitsvorstellungen (so Philip Carter und Catherine Hall für England im 17. wie im 19. Jahrhundert).[21] In einer Gesellschaft können zeitgleich kulturell, sozial, religiös oder ethnisch unterschiedlich geprägte Männlichkeitsvorstellungen existieren, ebenso wie in der historischen Perspektive vielfältige Männlichkeitskonzepte erkennbar werden.[22] Dass diese Pluralität in der historischen Forschung betont wird,[23] verdankt sich zum einen den Ergebnissen und dem Entwicklungsprozess der Frauenforschung, für die es anfangs schwieriger war, angesichts der überwältigenden Präsenz einer oft monotonen historisch-normativen Konstruktion ›der Weiblichkeit‹, die für alle Frauen zu gelten habe, unterschiedliche Lebensweisen und Aneignungsprozesse herauszuarbeiten. Zum anderen aber entdeckt man auch in den Quellen die Heterogenität von Männlichkeitskonzepten, oder besser: die Quellen lenken mitunter den Blick vor allem auf die Männer, die nicht automatisch, qua Mannsein, zum Herrschen bestimmt sein sollten. In dem Moment, in dem Mannsein und nicht mehr primär Stand und Herkunft als Voraussetzung galt, um Politik und

Gesellschaft zu gestalten, erweiterte sich der Kreis der potentiellen männlichen Anwärter auf die Macht enorm. Entsprechend könnte man argumentieren, dass die Volksaufklärung im späten 18. Jahrhundert auch die Grenzen zwischen verschiedenen Gruppen von Männern festschrieb, als sie die ländliche und unterbürgerliche Bevölkerung als Gruppen definierte, die noch der Erziehung durch die Eliten bedürften. Grenzziehungen verlaufen dementsprechend nicht nur zwischen den Geschlechtergruppen, sondern gerade auch zwischen Frauen und zwischen Männern.

Hier geht es jedoch weniger um konkurrierende Männlichkeitsmodelle für unterschiedliche soziale, ethnische oder religiöse Gruppen als um die Überlegung, dass ein im deutschsprachigen Raum zentrales Männlichkeitsmodell für Gebildete seit dem späten 18. Jahrhundert in sich paradox und widersprüchlich wirkende Persönlichkeitsanforderungen verband. An diesem Punkt kann man die Lesart von der polarisierten Geschlechterordnung der Moderne erweitern, die bisher primär in Arbeiten über die Positionierung von Frauen herausgearbeitet worden ist. Denn der oben beschriebene, diskursiv hergestellte Gegensatz von öffentlich versus privat wurde nicht einfach nur auf den Gegensatz von Männlichkeit versus Weiblichkeit abgebildet, sondern ›öffentlich‹ und ›privat‹ konnten zumindest in Bezug auf Männlichkeit in sich ganz unterschiedlich definiert werden. Diese Überlegungen knüpfen an die Debatte über den diskursiven Entwurf der *civil society* an. Carol Pateman hat darauf hingewiesen, dass das Reden über die moderne Gesellschaft immer auf zwei verschiedenen Ebenen stattfand.[24] Auf der einen Seite basierte der Entwurf der Moderne auf der Opposition zwischen öffentlicher Sphäre und privater Familie, mit den klassisch-dichotomischen Vorstellungen von Männlichkeit als öffentlich, politisch und zweckrational und Weiblichkeit als privat, nicht-po-

---

19 Brändli (1998).
20 Butler (1991 u. 1995).
21 Carter (2001); Hall (1992).
22 Erhart/Herrmann (1997 b, S. 9 f.).
23 Doch bleiben z. B. die Ergebnisse von Theweleit (1989) trotz seines Bezugs auf immer identische Männerphantasien anregend.
24 Pateman (1988); Landes (1988).

litisch und emotional. Auf der anderen Seite verschob sich jedoch in dem Moment, in dem dieser ›sexuelle Vertrag‹ (Carol Pateman) in den Gesellschaftsvertrag eingelassen war, die Art der Argumentation. Die männlichen Eliten sprachen dann nur noch über die ausschließlich männliche Sphäre und versuchten vergessen zu machen, dass es ein exkludiertes Anderes gab, das durch genau diese Exklusion das Politische als politisch und die bürgerliche Gesellschaft als öffentlich-männliche Sphäre definierte. In diesem Kontext nun meinte ›öffentlich‹ die ›hohe‹ Politik, während ›privat‹ nicht länger die Familie oder die sogenannte weibliche Sphäre meinte, sondern Männer im (privaten) Geschäft oder die männlichen Privatmenschen, die Gesellschaften oder Vereine gründeten oder ihnen beitraten.

Diese doppelte Argumentationsweise, so kann man im Anschluss formulieren, bedeutet für die Konstruktion von Männlichkeit, dass sie gleichzeitig relational und universal angelegt war, während Weiblichkeit nur relational, also nur im Verhältnis zu Männlichkeit, gefasst wurde. Für die Dichotomie öffentlich-privat ergibt sich daraus wiederum, dass nicht einfach weiblich-privat und öffentlich-männlich einander entgegengesetzt wurden, sondern dass Männer die öffentliche Sphäre für sich reklamieren, aber auch im privaten Bereich zu Hause sein konnten.[25] ›Privatheit‹ stand zumindest männlichen Angehörigen der Oberschichten gleichsam in unterschiedlicher Form zur Verfügung: als ›privaten‹ Berufsmännern oder Vereinsangehörigen in der Öffentlichkeit und als Ehemann, Vater oder Geliebter in dem Privatraum, der als Gegensatz zur ›öffentlichen‹ Welt konstruiert war. Männer konnten zwischen den Welten wechseln, während die Grenzüberschreitung für Frauen als Verstoß wider die Natur galt. Diese doppelte Verfügbarkeit bzw. auch der Anspruch, in der ›öffentlichen‹ Welt privat und öffentlich in verschobener Definition miteinander verbinden zu können, beruhte aber in jedem Fall auf der vorhandenen, nur meist nicht thematisierten Differenz zu dem als privat Definier-

ten, das nicht im öffentlichen Raum vorhanden sein sollte. So resultierte der eingangs beschriebene Pensionsschock z. B. auch aus der Empfindung, außerhalb des familiären Privatraums keine andere (Re)Präsentationsebene mehr zur Verfügung zu haben. Der Anspruch, all diese Ebenen kombinieren zu können, war allerdings immer gefährdet, nicht zuletzt weil Frauen im 19. und 20. Jahrhundert mit Verweis auf sogenannte weibliche Aufgaben und mitunter geradezu durch die Inszenierung ›privater‹ Eigenschaften die als öffentlich charakterisierten Räume mitprägten, nicht nur in Geselligkeit und Religion, sondern auch in Vereinen[26] und in der Mädchenbildung.[27]

Einerseits schrieb das Modell der polarisierten Geschlechtscharaktere die Konstruktion von Weiblichkeit als emotional und passiv und Männlichkeit als zweckrational und aktiv fest und entsprach damit der Projektion und der Wirklichkeit der Ausdifferenzierung der Lebenssphären (wobei es die Aufgabe von Weiblichkeit war, Männlichkeit zur Ganzheit zu ergänzen). Andererseits aber bedeutete die zugleich relationale und universale Bestimmung von Männlichkeit, dass der Anspruch, dem polaren ›Geschlechtscharakter‹ zu entsprechen, sich mit der ganzheitlichen Vorstellung verknüpfte, dass Männer in der Lage sein sollten, Herz, Kopf und Körper harmonisch miteinander zu verbinden. Diese Konstruktion von Männlichkeit, oder besser: der schwierige Anspruch an Männer, diesem Verständnis zu entsprechen, ist bisher vornehmlich für die Zeit um 1800 herausgearbeitet worden,[28] dürfte aber auch für viele Vereine im 19. und erst recht für männerbündische Zusammenschlüsse im frühen 20. Jahrhundert wichtig gewesen sein. Man könnte zugespitzt formulieren, dass diese anvisierte Ganzheitlichkeit die Möglichkeit begründete, die Moderne als männliche Welt zu denken, ohne die Notwendigkeit einer Ergänzung durch Weiblichkeit, die das Komplementärmodell immer auch barg. So lässt sich möglicherweise auch die Diskrepanz zwischen den Selbstbeschreibungen der modernen Gesellschaft, die die Ausdifferenzierung der Lebenswelten betonen, und der gleichzeitigen Obsession mit der Einheit des männlichen Subjekts erklären. Die ersehnte Einheit des männlichen Subjekts, die dessen Herrschaftsanspruch untermauerte, war allerdings ein hoher Anspruch; die konfligierenden Anforde-

---

25 Beispiele bei Trepp (1996).
26 Dazu z. B. Heinsohn (1997).
27 Dazu die Beiträge in Kleinau/Opitz (1996).
28 Vgl. Herrmann (1997); für das Empfindsamkeitsmodell Trepp (1996); zur ambivalenten Koexistenz s. a. Epple (2001).

rungen konnten verunsichern und belasten, die Nichteinlösung des Modells Kritik provozieren und den Herrschaftsanspruch weniger überzeugend aussehen lassen.

Der Topos des ›ganzen Mannes‹ geistert durch das ganze 19. Jahrhundert,[29] es ist jedoch noch längst nicht geklärt, was im Einzelfall damit gemeint war. Im späten 18. Jahrhundert verlangte das Sensibilitätsparadigma auch von Männern Sanftheit, Passivität und Empathie (bzw. ermöglichte es ihnen, diese Charakterzüge zu zeigen). Vor und in der Revolution von 1848 schien es eher um die Fähigkeit zu leidenschaftlichem Handeln zu gehen, wobei sich dieser Anspruch mitunter eher im Umkehrschluss der Kritik entnehmen lässt, dass Männer ihm nicht gerecht würden. So entwarf der Literaturhistoriker und liberale Vormärzpolitiker Johannes Scherr, der nach der Revolution wegen seiner großdeutschen Ansichten in die Schweiz fliehen musste und dort 1860 Professor wurde, elegant und polemisch aus dem Dreiklang von intellektueller Ausstrahlung, sexuell-erotischer Potenz und politischem Handeln ein Heldenbild, dem die meisten allerdings nicht entsprächen. Den Zeitgenossen, die seiner Meinung nach im Vormärz nicht entschieden genug handelten, stellte er 1844 Heinrich Heine als den Helden der Liebe und der Politik entgegen, als den »Messias«, der »schon so viele Weiber geküsst und in parlamentarischen Kämpfen so spöttisch, so sicher, so schneidend und siegreich das Nichts eurer Halbmänner, eurer politischen Schilfrohre an den Pranger zu stellen gewohnt war«.[30] In dem verbotenen Dichter beschrieb er einen Mann, der Lebenswelten in seiner eigenen Person integrierte, einen säkularen Erlöser, der mit Kunst Politik machte, die Gesellschaft beflügelte und Frauen für sich gewann. Henriette Feuerbach, die Schwiegertochter des Juristen Anselm Feuerbach, vermisste bei ihrem Mann 1842 den entschiedenen Zugriff auf die Welt. Er sei ein »unvollständiger Organismus«, so dass sie auch nicht zu ihm aufschauen könne, zwar gelehrt, aber in sich zerrissen und ohne Gleichgewicht: »Er ist der Rest von einem Menschen, und ich brauch was Ganzes.«[31] Im frühen 20. Jahrhundert formulierte Rosa Mayreder, die zum radikalen Flügel der österreichischen Frauenbewegung gehörte, wieder die Kritik an einem ausschließlich zweckrational orientierten Mann bzw. an einem polaren Geschlechter-

modell, das ihm diese Identitätsentwicklung zuweise. Sie spitzte ihre Analyse in der These zu, dass, wenn die auf Komplementarität ausgerichteten Geschlechterdiskurse wirklich zuträfen, die Hoffnung auf eine ganzheitliche Männlichkeit utopisch sei. Denn wenn ein Mann tatsächlich von Natur aus zweckrational veranlagt sei, würde er ein einseitiges Wesen bleiben, wenn er nicht ausdrücklich seine emotionale und sinnliche Seite ausbilde.[32]

Demgegenüber projizierten literarische Modelle die Erfüllung der Ganzheitsvision. 1897 zeichnete Wilhelm Heinrich Riehl in seinem Roman *Ein ganzer Mann* sehnsuchtsvoll einen wissenschaftlich und künstlerisch interessierten Gebildeten in der Jahrhundertmitte, ein perfektes Mitglied der kleinstädtischen Gesellschaft, nur leider zunächst ohne Beruf und Familie.[33] Als er von seinem plötzlich verstorbenen Bruder ein Geschäft und zwei Neffen erbt, wandelt er sich zum intensiv arbeitenden Berufsmenschen, bleibt aber doch Gefühlsmensch mit genügend Phantasie, um den nüchternen Alltag überhöhen zu können. Als er schließlich heiratet, wird ihm zwar eine ›ganze Frau‹ an die Seite gegeben, deren bisheriges Leben durch Mobilität geprägt ist (allerdings bringt er die Kinder auch schon mit), doch preist das Schlusswort wieder das Werk des Mannes, durch dessen Vollendung er sich als ›ganzer Mann‹ erwiesen habe. Dieser literarische Rettungsversuch ordnete nicht nur die Verhältnisse durch die klassische Kombination von Beruf und Familie (ergo: Verbindung von Zweckrationalität und Emotionalität), sondern fügte ausdrücklich ein männliches Persönlichkeitsideal hinzu, das sich durch die Verbindung von Verstand, Herzenswärme und Phantasie auszeichnete, nicht wie im männerbündischen Denken als Ersatz der ›normalen‹ Geschlechterkonstellation in der Familie, sondern in Ergänzung dazu.

Diese Kritik und solche Wunschbilder sensibilisieren für die Passagen in den Selbstzeugnissen von gebildeten adligen und bürgerlichen Männern im 19. und frühen 20. Jahrhundert, in denen diese ihre

---

29 Für England vgl. Broughton (1999).
30 Scherr (1844, S. 102).
31 Böttger (1977, S. 185 f.).
32 Mayreder (1910, S. 82); vgl. dies. (1907, S. 102–138).
33 Riehl (1897).

leidenschaftliche Begeisterungsfähigkeit, ihre Bereitschaft, nicht nur für die Zukunft, sondern auch in der
Gegenwart zu leben, sowie ihr Interesse an Dingen
außerhalb ihrer Arbeit, vor allem an Kunst, betonen.
Wohl stand erfolgreiche Arbeit immer im Mittelpunkt ihres Selbstverständnisses, erst recht in dem
Zeitraum, in dem Männlichkeit entschiedener über
Arbeit und Leistung definiert und damit auch die
polare Konstruktion von Männlichkeit aufgewertet
wurde, aber sie wiesen entschieden die Deutung zurück, nur durch Arbeit geprägt zu sein. In diesen
Distinktionsversuchen setzten sie sich nicht nur von
Frauen generell oder Männern anderer sozialer Herkunft, sondern auch von Männern ihrer eigenen
Gruppe ab. Der Jurist Rudolf von Jhering entwarf
sich gegenüber weiblichen Briefpartnern durch den
typischen Gegensatz eines »gelehrten Herrn« gegenüber einer plaudernden Dame. Gegenüber Männern
seiner eigenen sozialen Gruppe dagegen markierte er
seine Persönlichkeit, indem er sich als Künstler in
seiner Arbeit bezeichnete, den die Form seiner Arbeit
genauso bewege wie der Inhalt, im Gegensatz zu
seinen Kollegen, die er als »Stockjuristen« und an
Kunst völlig uninteressierte »Eisberge« kritisierte.
Der Landrat Felix Busch beschrieb einen Hamburger
Kaufmann als »einseitig«, da er sich für nichts außerhalb seines eigenen Berufes interessiert und vor allem
alle ästhetischen Genüsse für überflüssig gehalten
habe. Rudolf Delbrück monierte, dass der Fleiß und
die Gründlichkeit seines Onkels, des Professors für
Zivilrecht Johann Friedrich Ludwig Goeschen, dessen »Frische« getrübt habe, während er selbst immer
Zeit gefunden habe, die neueste Literatur zu lesen,
um in Gesellschaft mitreden zu können.[34] Hier wurde
mehr verhandelt als der Unterschied zwischen Bil-
dungs- und Wirtschaftsbürgern. Gerade wenn man
die Problematik von Selbstzeugnissen einrechnet,
dass sie nicht nur Leben beschreiben, sondern auch
Leben schreiben (Christa Bürger), also auch als
Selbstentwurf und Konstruktion des eigenen Lebens
gelesen werden müssen, dann präsentierten sich diese
Männer als über den Vorwurf der Einseitigkeit erhaben; sie bewegten sich gekonnt in allen Lebenswelten
und verkamen nicht zum Berufsmann.

Nicht nur in Praktiken der Beschreibung, sondern auch in der Organisation ihres Berufsalltags
konnten Männer eine ideale Persönlichkeit inszenieren, die verschiedene Lebenswelten integrierte
(was nicht ausschloss, oft sogar stillschweigend voraussetzte, dass der häusliche Bereich bereits zur
Zufriedenheit organisiert wurde). Auch hier ging
es um Grenzziehungen in verschiedene Richtungen.
Wenn Johann-Heinrich Graf Bernstorff, im Ersten
Weltkrieg Botschafter in London, während seiner
vorherigen Gesandtentätigkeit in München von seinem Vorgesetzten gegen Mittag mit den Worten
aus dem Zimmer geholt wurde, er habe doch nichts
zu tun, und sie beim zweistündigen Bummel durch
München dann nicht nur die gesamte Politik, sondern auch die Kunst der Zeit diskutierten, dann
demonstrierten sie vielerlei gleichzeitig. Bereits gut
in eine aussichtsreiche Karriere gestartet, zeigten sie
zunächst, wie porös der Tagesablauf in höheren
Beamtenpositionen sein konnte (eingerechnet,
dass die Arbeitsstunden in diesem Beruf selten
ganz fixiert waren und bei diplomatischen Anlässen
Geselligkeit und Arbeit ineinander verflochten waren). Beide erwiesen sich des weiteren als Kunst-
kenner, die nicht von ihrer Arbeit aufgesogen wurden. Schließlich zeigten sie sich im öffentlichen
Raum von Straße und Museum, wodurch zum
einen klar wurde, dass nicht die Arbeit ihnen die
Struktur aufdrückte, sondern sie über Zeit und
Raum verfügen konnten. Zum anderen demonstrierten sie damit ihr Wissen, dass sie nicht wie
Mitglieder der Unterschichten Gefahr liefen, dass
ihre Präsenz in der Straße als bedrohliche Aneignung dieses öffentlichen Raumes und als verpöntes
Bummeln gewertet werden würde, oder gar wie
Frauen, deren ›öffentliche‹ Präsenz auf der Straße
sie schnell zur Prostituierten abstempelte. Diese
Männer konnten im Gegenteil auf das selbstgewähl-
te Flanieren derer verweisen, die dem Männlichkeitsideal des leistungsbewussten, erfolgreichen
Mannes bereits entsprochen hatten.[35]

3. Desiderate

Welchen Erkenntnismehrwert liefern diese Überlegungen? Zum einen sollten diese kurzen Einblicke
in Konstruktionsprozesse von Männlichkeit und

---

34 Kessel (2001, S. 173 f., Zitat S. 175, 201, 310).
35 Vgl. Kessel (2001, S. 211 f.).

deren Wirkung deutlich machen, wie elementar das Verständnis von Identitäten, ebenso aber die Begriffe von Geschichte, Entwicklung und Fortschritt im 19. Jahrhundert mit bestimmten Vorstellungen von Männlichkeit (und Weiblichkeit) verknüpft waren. Zugleich sind Geschlechteridentitäten nicht nur in diachroner, sondern auch in synchroner Perspektive nicht statisch, sondern in sich gebrochen und spannungsreich. Identitäten können als ein veränderliches ›Netz‹ von Elementen gesehen werden, in dem Aspekte dazukommen oder verschwinden, die einzelnen Elemente verändert und / oder ihre Beziehungen zueinander verschoben werden können. In diesem Sinne kann man das Konzept der ›polarisierten Geschlechtscharaktere‹ möglicherweise dahingehend erweitern, dass zumindest das Männlichkeitsverständnis der protestantischen Eliten nicht im polarisierten Modell aufging, sondern auch auf die Präsentation eines ›ganzen Mannes‹ abzielte, der in seiner Person verschiedene Lebenswelten integrierte und darüber die grundlegende Strukturierung der ›öffentlichen‹ Welt durch den Gegensatz zur ›privaten‹, feminisierten Sphäre ausblendete. Dabei zeigt sich auch, wie variabel die Definition der Begriffe ›privat‹ und ›öffentlich‹ sein konnte, je nachdem, ob diese die polarisierte Geschlechterordnung begründen sollten oder mit der Präsentation der bürgerlichen Gesellschaft als männlich organisierter Welt verknüpft waren.

Die ambivalente Männlichkeitskonstruktion erlaubte es einerseits, die Geschlechtergrenzen zu verteidigen und männliche Räume als solche zu erhalten. Andererseits war das Männlichkeitsverständnis auch abhängig davon, die implizite Differenz zwischen geschlechterspezifischen Zeitwahrnehmungen und die Grenze zwischen einem angeblich unpolitisch-privaten und einem politisch-öffentlichen Raum zu bewahren. War diese Grundstruktur gesichert, dann konnten Präsentationen des Selbst in schriftlicher Form oder in Praktiken der Alltagsgestaltung nicht nur dazu dienen, die Differenz zu Frauen immer wieder als selbstverständlich zu entwerfen. Vielmehr konnten sie in einem Zeitraum, in dem Männlichkeiten generell immer entschiedener über Arbeit definiert wurden, individuelle Herrschaft über Arbeit, Zeit und Raum als Kernelemente einer Oberschichtenmännlichkeit und damit als so-

ziale Distinktion symbolisieren und zugleich, in der lebensweltlichen Hierarchie der Attraktivität der eigenen sozialen Gruppe, die feine Differenz zwischen dem einseitigen Berufsmann und dem vielseitigen Lebenskünstler etablieren.

Noch bleibt genauer zu untersuchen, wann genau das polare und wann das ganzheitliche Modell zum Tragen kam, was sie jeweils bedeuteten und in welcher dynamischen Beziehung sie zueinander standen. Man müsste die Frage einbeziehen, wann von Frauen die komplementäre Ergänzungsarbeit gefordert wurde und wann eine gelungene Präsentation von ganzheitlicher Männlichkeit diese Grundstruktur ausblenden half. Wann bauten ganzheitliche Vorstellungen auf der Grundstruktur des polarisierten Modells auf, und wann wurden sie in ihrer männerbündischen Form als eine Alternative zur Familie als Kernelement von Gesellschaft dargestellt?[36] Trotz bzw. gerade wegen der Verschiebung in einzelnen Funktionsbereichen seit dem späten 19. Jahrhundert, die auch einen Abbau von soziopolitischer Ungleichheit zwischen den Geschlechtern bedeutete, wäre entsprechend zu fragen, ob und wie Geschlecht als Organisationsprinzip weiterfunktionierte, in Deutungsmustern, Sprachstilen, Rhetoriken und symbolischen Mustern, und ob und inwieweit die 1960er und 1970er Jahre in dieser Hinsicht als Einschnitt und damit auch als Periodisierungsgrenze zu sehen sind. Dazu gehört auch, die einzelnen Elemente in einem ganzheitlichen Modell von Männlichkeit auf ihre sich möglicherweise verschiebenden Bedeutungen abzufragen, d. h. zu fragen, ob unterschiedliche Versionen des ›ganzen Mannes‹ zu entdecken sind. Im Pluralisierungsschub des Kaiserreichs fielen das polarisierte und das ganzheitliche Modell mitunter zusammen: Als ›ganzer Mann‹ galt gerade derjenige, der als Familienernährer das klassische Familienmodell aufrechterhielt und seine Frau von Erwerbsarbeit fernhalten konnte.[37] Gleichzeitig aber wäre zu überlegen, ob nicht Arbeit im Zuge ihrer Aufwertung die anderen Elemente männlicher Ganzheitlichkeit gleichsam auf sich zog. D. h. es wäre zu fragen, ob es neben der ›Nationalisierung der Arbeit‹ im späten 19. Jahrhundert (Frank Tromm-

---

36 Zu männerbündischen Strukturen s. a. Blattmann (1996).
37 Vgl. Kulawik (1999, S. 83).

ler) auch dazu kam, dass der Arbeitsbereich stärker emotionalisiert (und ästhetisiert) wurde, so dass in diesem einen Bereich ganz verschiedene Facetten männlicher Identität bewiesen werden konnten, das Berufs- und Leistungsethos, aber auch der Empathieanspruch.

Die Möglichkeit einer ganzheitlichen Repräsentation von Männlichkeit bedeutete nicht, das sei ausdrücklich noch einmal gesagt, dass die grundsätzliche Relationalität zu Weiblichkeit keine Rolle mehr spielte. Diese konnte nur erfolgreicher ausgeblendet und die Fiktion der ›Unabhängigkeit‹ von Männlichkeit, die zentral war für die sozio-politische Verortung der Geschlechter, besser aufrechterhalten werden. Deshalb sollen solche Überlegungen ausdrücklich nicht zu einer Reifizierung der Autarkie von Männlichkeitskonstruktionen führen oder den Eindruck erwecken, dass Weiblichkeit immer nur als das ›Andere‹ oder als das immer nur Reagierend-Relationale zu verstehen ist. Frauen trugen nicht nur dazu bei, Weiblichkeit und Männlichkeit mit zu konstruieren, indem sie spezifische Formen von Männlichkeit, wie oben beschrieben, einforderten oder kritisierten, sondern auch, indem sie völlig unterschiedliche und zum Teil vom klassisch-polaren Modell abweichende Lebensentwürfe lebten.[38]

Hier braucht es weitere Studien, die die dynamischen Zusammenhänge zwischen Männlichkeits- und Weiblichkeitskonstruktionen und dem Verständnis von sozialer und politischer Ordnung generell aufschlüsseln. Denn zu erklären, wie Geschlechtermodelle mit grundlegenden anderen Deutungsmustern der modernen Gesellschaft verschmolzen waren, ist entscheidend, um die Bedeutung und Wirkungsweise der Kategorie Geschlecht für das Funktionieren sozialer Ordnung zu verstehen. Geschlecht hat deshalb solch eine Kraft als Metapher und symbolische Absicherung von sozialen Beziehungen, weil die schlichte körperliche Differenz wegen ihrer ›Natürlichkeit‹ auch als ›natürliches‹ soziales, politisches und kulturelles Organisationsprinzip präsentiert werden kann. Genau diese Verbindung soll andere Interpretationsmuster und gesellschaftliche Ordnungsmodelle selbstverständlich erscheinen lassen und sie so dem Zwang zur Begründung entziehen. Im Umkehrschluss bedeutet dieser Zusammenhang, dass dann, wenn das Geschlechterverhältnis sich zu verschieben schien und Frauen ihre gesellschaftliche Positionierung veränderten, die gesamtgesellschaftliche Ordnung als gefährdet präsentiert werden konnte.[39] Im raschen sozialen Wandel um 1900 zumindest häuften sich die Krisenwahrnehmungen, die die allgemeine Unordnung und die Zerrissenheit der modernen Welt beklagten, weil die ›natürliche‹ Geschlechterordnung aus den Fugen gerate.[40] Auf der Ebene von Funktionsbereichen gerieten selbstverständliche geschlechterspezifische Zuweisungen in Arbeit, Bildung und Politik ins Wanken, und Frauen, so schien es, leisteten nicht mehr unhinterfragt die Ergänzung im komplementären Modell. Entsprechend dramatisch klangen Appelle an Frauen, ihre traditionelle Aufgabe der emotionalen Entlastung doch weiterhin einzulösen.[41] Bereits die wachsende Sichtbarkeit von Frauen im raschen sozialen Wandel, ihre zunehmende Präsenz in Publizistik, Bildung und Erwerbsarbeit und die entschiedenere Artikulation von Partizipationsforderungen durch die Frauenbewegung seit den 1860er Jahren sind daher wichtige Faktoren, um zu verstehen, warum Männerbünde in Deutschland im frühen 20. Jahrhundert Hochkonjunktur hatten,[42] in polemischer Absetzung zur weiblich konnotierten Masse, eine Querintegration (Niklas Luhmann), bei der die Beteiligten ihre Ganzheitlichkeit, das Zusammenspielen ihrer intellektuellen, emotionalen und körperlichen Fähigkeiten betonten und so eine Welt ohne weiblichen Anteil imaginierten. Aber diese Verschiebungen tangierten auch die grundlegende Definition von Fortschritt und Entwicklung als männlich. Denn in dem Moment, in dem Frauen sich diese Begriffe aneigneten, sie von einer rein männlichen Konnotation zu befreien oder mit einer geschlechterübergreifenden Bedeutung zu versehen suchten, verwandelte sich die dynamische Vision von linearem Fortschritt in ebenso lineare Visionen von Untergang und Verfall.[43]

---

38 Beispiele bei Kuhn (2000, S. 101–165, bes. S. 161 zur Beschreibung von Marie von Bunsen als »Lebenskünstlerin«).
39 Beispiele bei Planert (1998); Kent (1993).
40 U. a. LeRider (1990); Planert (1998); Maugue (1987); Showalter (1990).
41 Vgl. Kessel (2001, S. 306 f.).
42 Völger/Welck (1990); Widdig (1997); Reulecke (2001).
43 Kessel (2001, S. 303 ff.).

Literatur

AUGUSTINE, DOLORES L. (1994), *Patricians & Parvenus. Wealth and Society in Wilhelmine Germany*, Oxford, Providence: Berg. ■ BEDERMAN, GAIL (1995), *Manliness & Civilization. A Cultural History of Gender and Race in the United States, 1880–1917*, Chicago: University of Chicago Press. ■ BENHABIB, SEYLA U. A. (1995*)*, *Der Streit um Differenz. Feminismus und Postmoderne in der Gegenwart*, Frankfurt: Fischer. ■ BLATTMANN, LYNN (1996), »‹Lasst uns den Eid des neuen Bundes schwören...›' Schweizerische Studentenverbindungen als Männerbünde 1870–1914«, in: Kühne, Thomas, *Männergeschichte – Geschlechtergeschichte. Männlichkeit im Wandel der Moderne*, Frankfurt/M./New York: Campus, S. 119–135. ■ BOCK, GISELA (1988), »Frauengeschichte, Geschlechtergeschichte«, in: *Geschichte und Gesellschaft*, 14, S. 364–391. ■ BOCK, GISELA (2000), *Frauen in der europäischen Geschichte: vom Mittelalter bis zur Gegenwart*, München: C. H. Beck. ■ BÖTTGER, FRITZ (1977), *Frauen im Aufbruch. Frauenbriefe aus dem Vormärz und der Revolution von 1848*, Berlin: Verlag der Nation. ■ BRÄNDLI, SABINA (1998), »*Der herrlich biedere Mann*«. *Vom Siegeszug des bürgerlichen Herrenanzuges im 19. Jahrhundert*, Zürich: Chronos. ■ BRAUN, LILY (1922), *Memoiren einer Sozialistin: Lehrjahre*, Berlin: Verlagsanstalt Klemm. ■ BROUGHTON, TREV LYNN (1999), *Men of Letters, Writing Lives. Masculinity and Literary Auto/Biography in the Late Victorian Period*, London/New York: Routledge. ■ BUSSMANN, HADUMOD / HOF, RENATE (Hg.) (1995), *Genus. Zur Geschlechterdifferenz in den Kulturwissenschaften*, Stuttgart: Kröner. ■ BUTLER, JUDITH (1991), *Das Unbehagen der Geschlechter*, Frankfurt/M.: Fischer. ■ BUTLER, JUDITH (1995), *Körper von Gewicht. Die diskursiven Grenzen des Geschlechts*, Berlin: Berlin Verlag. ■ CANNING, KATHLEEN (1994), »Feminist History after the Linguistic Turn: Historicizing Discourse and Experience«, in: *Signs*, 19, S. 368–404. ■ CARTER, PHILIP (2001), *Men and the Emergence of Polite Society, Britain 1660–1800*, Harlow: Longman. ■ CONNELL, ROBERT (1987), *Gender and Power. Society, the Person and Sexual Politics*, Cambridge: Polity Press. ■ CONNELL, ROBERT (1999), *Der gemachte Mann. Konstruktion und Krise von Männlichkeiten*, Opladen: Leske und Budrich. ■ CONRAD, CHRISTOPH / KESSEL, MARTINA (Hg.) (1994), *Geschichte schreiben in der Postmoderne. Beiträge zur aktuellen Diskussion*, Stuttgart: Reclam. ■ CORBIN, ALAIN (1993), »Ein ›Geschlecht in Trauer‹ und die Geschichte der Gefühle«, in: Ders., *Wunde Sinne. Über die Begierde, den Schrecken und die Ordnung der Zeit im 19. Jahrhundert*, Stuttgart: Klett-Cotta, S. 83–96. ■ DUBY, GEORGES / PERROT, MICHELLE (1993–1995), *Geschichte der Frauen*, 5 Bde., Frankfurt/M./New York: Campus. ■ EPPLE, ANGELIKA (2001), *Empfindsame Geschichtsschreibung. Eine geschlechtergeschichtliche Studie zur Deutung der Zeit zwischen 1750 und 1815*, Diss. Bielefeld. ■ ERHART, WALTER / HERRMANN, BRITTA (Hg.) (1997 a), *Wann ist der Mann ein Mann? Zur Geschichte der Männlichkeit*, Stuttgart/Weimar: Metzler. ■ ERHART, WALTER / HERRMANN, BRITTA (1997 b), »Der erforschte Mann?«, in: Erhart, Walter / Herrmann, Britta (Hg.), *Wann ist der Mann ein Mann? Zur Geschichte der Männlichkeit*, Stuttgart/Weimar: Metzler, S. 3–31. ■ GOODMAN, DENA (1992), »Public Sphere and Private Life: Toward A Synthesis of Current Historiographical Approaches to the Old Regime«, in: *History and Theory. Studies in the Philosophy of History*, 31, S. 1–20. ■ GRAY, MARION (2000), *Productive Men, Reproductive Women. The Agrarian Household and the Emergence of Separate Spheres during the German Enlightenment*, New York/Oxford: Berghahn Books. ■ HAGEMANN, KAREN / BLOM, IDA / HALL, CATHERINE (2000), *Gendered Nations: nationalisms and gender order in the long nineteenth century*, Oxford: Berg. ■ HALL, CATHERINE (1992), *White, Male, and Middle-Class*, Cambridge: Polity Press. ■ HAUSEN, KARIN (1976), »Die Polarisierung der ›Geschlechtscharaktere‹ – Eine Spiegelung der Dissoziation von Erwerbs- und Familienleben«, in: Conze, Werner (Hg.), *Sozialgeschichte der Familie in der Neuzeit Europas*, Stuttgart: Klett, S. 363–393. ■ HAUSEN, KARIN (Hg.) (1993), *Geschlechterhierarchie und Arbeitsteilung: zur Geschichte ungleicher Erwerbschancen von Männern und Frauen*, Göttingen: Vandenhoeck & Ruprecht. ■ HAUSEN, KARIN (2000), »Arbeit und Geschlecht«, in: Kocka, Jürgen / Offe, Claus (Hg.), *Geschichte und Zukunft der Arbeit*, Frankfurt/M./New York: Campus, S. 343–361. ■ HEINSOHN, KIRSTEN (1997), *Politik und Geschlecht. Zur politischen Kultur bürgerlicher Frauenvereine in Hamburg*, Hamburg: Verein für Hamburgische Geschichte. ■ HERGEMÖLLER, BERND-ULRICH (1999), *Einführung in die Historiographie der Homosexualitäten*, Tübingen: edition discord. ■ HERRMANN, BRITTA (1997), »Auf der Suche nach dem sicheren Geschlecht: die Briefe Heinrich von Kleists und Männlichkeit um 1800«, in: Erhart, Walter / Herrmann, Britta (Hg.) (1997 a), *Wann ist der Mann ein Mann? Zur Geschichte der Männlichkeit*, Stuttgart/Weimar: Metzler, S. 212–234. ■ HONEGGER, CLAUDIA / ARNI, CAROLINE (Hg.) (2001), *Gender. Die Tücken einer Kategorie*, Zürich: Chronos. ■ KENT, SUSAN (1993), *Making Peace. The Reconstruction of Gender in Interwar Britain*, Princeton: Princeton University Press. ■ KESSEL, MARTINA (2001), *Langeweile. Zum Umgang mit Zeit und Gefühlen in Deutschland vom späten 18. bis zum frühen 20. Jahrhundert*, Göttingen: Wallstein. ■ KIMMEL, MICHAEL (1994), »Masculinity as Homophobia: Fear, Shame, and Silence in the Construction of Gender Identity«, in: Brod, Harry / Kaufmann, Michael (Hg.), *Theorizing Masculinities*, Thousand Oaks u. a.: Sage, S. 119–141. ■ KIMMEL, MICHAEL (1996), *Manhood in America. A Cultural History*, New York: Free Press. ■ KLEINAU, ELKE / OPITZ, CLAUDIA (1996), *Geschichte der Mädchen- und Frauenbildung*, 2 Bde., Frankfurt: Campus. ■ KOLBE, WIEBKE (2000), »Vernachlässigte Väter? Vaterschaft in der Sozial- und Familienpolitik Schwedens und der Bundesrepublik Deutschland seit der Nachkriegszeit«, in: *Feministische Studien*, 18, S. 49–63. ■ KOLBE, WIEBKE (2002), *Elternschaft im Wohlfahrtsstaat. Schweden und die Bundesrepublik im Vergleich 1945–2000*, Frankfurt/M./New York: Campus. ■ KÜGELGEN, WILHELM VON (1994), *Erinnerungen aus dem Leben des Alten Mannes. Tagebücher und Reiseberichte*, hg. v. Schöner, Hans und Knittel, Anton, München/Berlin: Koehler & Amelang. ■ KÜHNE, THOMAS (1996), *Männergeschichte – Geschlechtergeschichte. Männlichkeit im Wandel der Moderne*, Frankfurt/M./New York: Campus. ■ KUHN, BÄRBEL (2000*)*, *Familienstand ledig. Ehelose Frauen und Männer im Bürgertum (1850–1914)*, Köln u. a.: Böhlau. ■ KULAWIK, TERESA (1999), *Wohlfahrtsstaat und Mutterschaft. Schweden und Deutschland 1870–1912*, Frankfurt/M./New York: Campus. ■ LERIDER,

JACQUES (1990), *Das Ende der Illusion. Die Wiener Moderne und die Krisen der Identität*, Wien: Österreichischer Bundesverlag. ■ LANDES, JOAN B. (1988), *Women and the Public Sphere in the Age of the French Revolution*, Ithaca: Cornell University Press. ■ LUNDT, BEA (1998), »Frauen- und Geschlechtergeschichte«, in: Goertz, Hans-Jürgen (Hg.), *Geschichte. Ein Grundkurs*, Reinbek: Rowohlt, S. 579–597. ■ MAUGUE, ANNELIESE (1987), *L'identité masculine en crise. Au tournant du siècle, 1871–1914*, Paris, Marseille: Rivages. ■ MAYREDER, ROSA (1910), Zur Kultur der Geschlechter, in: *Frauenzukunft*, 1, S. 77–83. ■ MAYREDER, ROSA (1907²), Von der Männlichkeit, in: Dies., *Zur Kritik von Weiblichkeit. Essays*, Jena: Diederichs, S. 102–138. ■ MEDICK, HANS / TREPP, ANN-CHARLOTT (Hg.) (1998), *Geschlechtergeschichte und Allgemeine Geschichte. Herausforderungen und Perspektiven*, Göttingen: Wallstein. ■ MEUSER, MICHAEL (1998), *Geschlecht und Männlichkeit. Soziologische Theorie und kulturelle Deutungsmuster*, Opladen: Leske und Budrich. ■ MOSSE, GEORGE L. (1997), *Das Bild des Mannes. Zur Konstruktion der modernen Männlichkeit*, Frankfurt/M.: Fischer. ■ NAGL-DOCEKAL, HERTA (1993), »Für eine geschlechtergeschichtliche Perspektivierung der Historiographiegeschichte«, in: Küttler, Wolfgang u. a. (Hg.), *Geschichtsdiskurs, Bd. 1: Grundlagen und Methoden der Historiographiegeschichte*, Frankfurt/M.: Fischer, S. 233–256. ■ *Österreichische Zeitschrift für Geschichtswissenschaft* (2001), 11, H. 3. ■ OFFEN, KAREN (2000), *European Feminisms, 1700–1950: A Political History*, Stanford: Stanford University Press. ■ PATEMAN, CAROL (1988), *The Sexual Contract*, Stanford: Stanford University Press. ■ *Die Philosophin* (2000), 11, H. 22. ■ PLANERT, UTE (1998), *Antifeminismus im Kaiserreich. Diskurs, soziale Formation und politische Mentalität*, Göttingen: Vandenhoeck & Ruprecht. ■ PLANERT, UTE (Hg.) (2000), *Nation, Politik und Geschlecht: Frauenbewegungen und Nationalismus in der Moderne*, Frankfurt/M.: Campus. ■ VAN RAHDEN, TILL (2000), »Vaterschaft, Männlichkeit und private Räume. Neue Perspektiven zur Geschlechtergeschichte des 19. Jahrhunderts«, in: *Österreichische Zeitschrift für Geschichtswissenschaft* 11, S. 147–156. ■ REULECKE, JÜRGEN (2001), »*Ich möchte einer werden so wie die…*« Männerbünde im 20. Jahrhundert, Frankfurt/M.,/New York: Campus. ■ RIEHL, WILHELM HEINRICH (1897), *Ein ganzer Mann*, Stuttgart: Cotta. ■ ROPER, MICHAEL / TOSH, JOHN (Hg.) (1991), *Manful Assertions. Masculinities in Britain since 1800*, London/New York: Routledge. ■ SCHASER, ANGELIKA (2000), *Helene Lange und Gertrud Bäumer. Eine politische Lebensgemeinschaft*, Köln: Böhlau. ■ SCHERR, JOHANNES (1844), *Poeten der Jetztzeit in Briefen an eine Frau*, Stuttgart: Franckh. ■ SCHRÖDER, IRIS (2001), *Arbeiten für eine bessere Welt. Frauenbewegung und Sozialreform 1890–1914*, Frankfurt/M.,/New York: Campus. ■ SCOTT, JOAN W. (1986), »Gender: A Useful Category of Analysis«, in: *American Historical Review*, 91, S. 1053–1075. ■ SHOWALTER, ELAINE (1990), *Sexual Anarchy. Gender and Culture at the Fin de Siècle*, New York: Viking. ■ STOLER, ANN LAURA (1991), »Carnal Knowledge and Imperial Power: Gender, Race, and Morality in Colonial Asia«, in: di Leonardo, Micaela (Hg.), *Gender at the Crossroads of Knowledge: Feminist Anthropology in the Postmodern Era*, Berkeley/Los Angeles: University of California Press. ■ THEWELEIT, KLAUS (1989), *Männerphantasien*, 2 Bde., Reinbek: Rowohlt. ■ TOSH, JOHN (1998), »Was soll die Geschichtswissenschaft mit Männlichkeit anfangen?«, in: Conrad, Christoph / Kessel, Martina (Hg.), *Kultur & Geschichte. Neue Einblicke in eine alte Beziehung*, Stuttgart: Reclam, S. 160–206. ■ *Transversal. Zeitschrift des David-Herzog-Zentrums für Jüdische Studien* (2001), 2, Nr. 1. ■ TREPP, ANNE-CHARLOTT (1996), *Sanfte Männlichkeit und selbständige Weiblichkeit: Frauen und Männer im Hamburger Bürgertum zwischen 1770 und 1840*. Göttingen: Vandenhoeck & Ruprecht. ■ VÖLGER, GISELA / VON WELCK, KARIN (Hg.) (1990), *Männerbande, Männerbünde. Zur Rolle des Mannes im Kulturvergleich*, 2 Bde., Köln: Rautenstrauch-Joest-Museum. ■ WECKEL, ULRIKE u. a. (Hg.) (1998), *Ordnung, Politik und Geselligkeit der Geschlechter im 18. Jahrhundert*, Göttingen: Wallstein. ■ WIDDIG, BERND, »Ein herber Kultus des Männlichen«. Männerbünde um 1900, in: Erhart, Walter / Herrmann, Britta (Hg.) (1997 a), *Wann ist der Mann ein Mann? Zur Geschichte der Männlichkeit*, Stuttgart/Weimar: Metzler, S. 235–248. ■ WOLFF, CHARLOTTE (1986), *Augenblicke verändern uns mehr als die Zeit. Eine Autobiographie*, Frankfurt/M.: Fischer.

14.7 Offenheit – Vielfalt – Gestalt. Die Stadt als kultureller Raum

Rolf Lindner

Das Konzept der Stadtkultur gehört mittlerweile zu jenen semantischen Münzen, bei denen man sich fragt, ob man sie noch weiter in Umlauf bringen sollte. Wie bei vielen anderen Begriffen, die in den Sog des Zirkulationstaumels geraten sind, hat der inflationäre Gebrauch einen nicht zu übersehenden Abnutzungseffekt mit sich gebracht. Der USP-Effekt, die werbekommunikative Strategie, einen bislang nicht hervorgehobenen Aspekt einer Ware in den Mittelpunkt der Werbeargumentation zu stellen, hat unzweifelhaft darunter gelitten: Wenn alle mit »Stadtkultur« hausieren gehen, ist es mit der Uniqueness dieser Unique Selling Proposition (und nichts anderes meint USP) nicht mehr weit her. Deutlich wird durch diese Analogie zur Warenwelt, welchen Umständen, welchen Überlegungen der Begriff der Stadtkultur seine Konjunktur verdankt: Im interkommunalen Wettbewerb um Investoren und Touristen ist Stadtkultur für die Ware »Stadt« zu einem bedeutenden Standortfaktor geworden.

Faktoren haben für Investoren den Vorteil, dass sie berechenbar sind oder besser berechenbar erscheinen oder noch besser, als semantische Hülse, etwas berechenbar erscheinen lassen: So wird die glückliche Vorstellung vermittelt, Stadtkultur sei machbar und das zu überschaubaren Kosten. Das erleichtert die Jagd nach Aufträgen erheblich. Das merkwürdig Kurzatmige der meisten Veranstaltungen, die unter dem Rubrum »Stadtkultur« geführt werden, korrespondiert aufs trefflichste mit dem semantischen Taumel, der keine Zeit mehr lässt für Überlegungen, sondern nur noch für »Visionen«. Die von Sehern bevölkerte postmoderne Landschaft ist durch eine Monotonie gekennzeichnet, die sich der eigentümlichen Verschränkung von Autoreferentialität der Diskurse mit der taktischen Abwägung aktueller Marktchancen auf Seiten ihrer Denker verdankt. Aber gerade darin liegt ihre Crux, ist doch auf taktische Einschätzungen, wie der Berliner Stadtplaner und Stadtplanungskritiker Dieter Hoffmann-Axthelm betont, »wesentlich weniger Verlass als auf die historisch erworbenen Fähigkei-

ten großer Städte, blindlings ihren Weg zu gehen und inmitten einer auf Weltzeit und Ortslosigkeit der Kapitalströme eingestellten Welt ihren angestammten Fehlern, Lastern und Überheblichkeiten treu zu bleiben«.[1] Vielleicht wäre dies – die Treue zu den angestammten Fehlern, Lastern und Überheblichkeiten – eine erste, ex negativo getroffene Definition von Stadtkultur, die, bei aller Gefahr, in der »Mir san mir«-Mentalität steckenzubleiben, jeder dünnen Beschreibung von Stadtkultur haushoch überlegen ist, die in ihr nichts anderes zu sehen vermag als ein Faktorenbündel auf der Allokationsebene, d. h. die »Summe der öffentlich und kommerziell organisierten Aspekte kultureller Güter und Dienstleistungen für eine vornehmlich in der Freizeit verortete Nachfrage«.[2] Die ex negativo getroffene Definition erinnert daran, dass Städte Eigenschaften besitzen, die nicht so ohne weiteres durch urbanistisches Produkt-Placement zu ersetzen sind und die sich auch nicht beliebig mit jenen events vertragen, die den Stadtvätern von reisenden Impresarios angetragen werden. Eine solche Erinnerung ist auch deshalb unerlässlich, weil sie uns zu der Einsicht nötigt, dass jedes Faktorendenken notwendigerweise an den Charakteristika vorbeigeht, die mit dem Kulturbegriff verbunden werden: Kultur war und ist gerade ein Begriff, der seine argumentative Kraft aus der Opposition gegenüber jeder Form instrumentellen Denkens gewinnt.[3]

Hartmut Häußermann und Walter Siebel haben versucht, diesem substanzlosen, das Verfallsdatum bereits auf der Präsentationsmappe tragenden Verständnis von Stadtkultur etwas Gehaltvolles entgegenzusetzen und an Urbanität als Lebensform erinnert, in der bestimmte emanzipatorische Gehalte der städtischen Lebensweise wie das Ideal des politischen Stadtbürgers, die Selbstbestimmung als

---

1 Hoffmann-Axthelm (1993, S. 217).
2 Siebel (1989, S. 134).
3 Lindner (2002).

Mitglied der Polis und das Verständnis von Stadt als Forum demokratischer Meinungsbildung zum Ausdruck kommen.[4] Dieser normative Begriff von Urbanität, der in der Konzeption von Häußermann und Siebel zugleich ein historischer *und* utopischer ist, reibt sich zusehends an einer stadtpolitischen Praxis, für die Urbanität zu einer Art Leitmotiv der Stadtplanung aufgestiegen ist, die sich vermittels urbanen Designs in zahlreichen Piazze und Plazas materialisiert, die die Agora der politischen Kultur der Stadt simuliert. Hier wiederholt sich, freilich auf entschieden höherer, weil ganzheitlicher Ebene, jener Irrweg der Stadtplanung, der in den 1960er und 1970er Jahren in die Sackgasse der Fußgängerzonen mit Blumenkübeldekoration als höchste Form des urbanen Ambiente geführt hat. Neu ist die diskursive Grundierung oder Rahmung solcher Praktiken, die Walter Prigge als »Semiokratie des Urbanen« bezeichnet hat. In dieser Grund/codifiz/ ierung wird gewissermaßen der *cultural turn* der Kommunalpolitik – Kulturpolitik als entscheidendes Ferment der Kommunalpolitik – evident. Als »regulative Idee« erweist sich hier Urbanität, die die fordistischen Modelle der modernen Großstadt ablöst, die noch durch Abhängigkeit von der Güterproduktion, durch soziale Gegensätze im Inneren und durch einen begleitenden Diskurs der Integration gekennzeichnet war: »›Urbanität‹ dagegen diskursiviert das Städtische nicht als Organisation von Lebens-Funktionen, sondern als Lebens-Form: Die Stadt soll nicht nur funktionieren, sondern als kulturelle Form ge- und vor allem erlebt werden.«[5] Der ganzheitliche Anspruch des neuen urbanen Design verweist darauf, dass selbst die Rede von »Kultur als Standortfaktor« (unter anderen) weitgehend obsolet geworden ist, weil sie, mit dem Denken in Kategorien des Standorts, letztlich noch dem fordisti-

schen Modell folgt. Jetzt aber geht es um Stadtkultur im quasi-anthropologischen, holistischen Sinne. Wenn daher im Folgenden versucht wird, »Stadtkultur« auf drei Ebenen, nämlich als Kultur *der* Stadt, Kultur *in* der Stadt und Kultur *einer* Stadt empirisch gehaltvoll zu thematisieren, um auf diese Weise die Stadt als kulturellen Raum sichtbar zu machen, dann müssen wir uns vergegenwärtigen, dass wir uns damit in dem oben genannten Diskursfeld bewegen, Teil desselben sind.[6]

1. Offenheit

»Was ist denn das, was euch in Berlin so anzieht? Wohnung, Behandlung, alles ist kaum so gut wie zuhause. Schließlich habe ich ausfindig gemacht: das einzige, was mir die Leute mit einem gewissen Erröten als durchschlagenden Grund sagten: Ja, so einen Ort, wo im Freien Musik ist und man im Freien sitzen und Bier trinken kann, den hat man in Varzin nicht« (Bismarck 18. Mai 1889).

Wenn es etwas gibt, was die Metropole ausmacht, dann ist es der freiwillige Zustrom aus allen Himmelsrichtungen, schreibt Hoffmann-Axthelm[7] in seinen Überlegungen zur Kultur der Großstadt. Die Attraktion der großen Stadt ist von Anfang an ein zentrales Motiv der Großstadtliteratur und ein weichenstellendes Thema autobiographischer Schilderungen von Land- und Kleinstadtflüchtigen gewesen, die ihre Ankunft in der großen Stadt wie eine Befreiung von Bevormundung erfahren haben, wie etwa bei den Vielen, die sich aus den bedrückenden Verhältnissen Ostelbiens auf den Weg nach Berlin gemacht haben. Der »Zug in die Stadt«, der oft und einseitig als ökonomisch bestimmt dargestellt wird, ist auch und vor allem ein Zug in die persönliche Unabhängigkeit, in eine gewissermaßen alltagsweltliche Emanzipation von den Abhängigkeitsverhältnissen, die auf den Gutsbetrieben der östlichen Provinzen herrschten. Dabei kann es sich durchaus auch um »kleine Fluchten« handeln, wie bei den obigen *Leuten*[8] von Bismarck, bei denen auffallend oft vom »Freien« die Rede ist. Trotz eingeschränkter Lebensbedingungen, trotz möglicherweise schlechterer Wohnung und Behandlung im Sinne von Bismarck, gilt diesen Zuwanderern die Großstadt als der Ort eines vergrößerten Möglichkeitshorizon-

---

4 Häußermann (1994); Siebel (1999).

5 Prigge (1988, S. 36).

6 Die folgenden Überlegungen basieren auf einem Vortrag, den ich am 26. November 1998 als erster Urban Fellow der Stadt Wien im Rahmen der Wiener Vorlesungen gehalten habe.

7 Hoffmann-Axthelm (1993, S. 219).

8 Die leutselige Rede erinnert daran, dass Bismarck mit »Leuten« allererst das Gesinde meint, das noch »errötet«, wenn der Gutsherr nach dem »was« und »wohin« fragt. Damit gibt er aber selber, ohne dass ihm das bewusst zu sein scheint, einen guten Grund für den Zug in die Stadt an.

tes.[9] Das Moment der alltagsweltlichen Befreiung galt auch, auf dem ersten Blick paradox, für die vielen jungen Frauen, die als Dienstmädchen, heutzutage Symbol für traditionelle und unemanzipierte Weiblichkeit, in der großen Stadt arbeiteten. »In der Stadt ›in Stellung‹ zu sein bedeutete vielmehr, aus den Schatten gewohnter Bindungen herauszutreten, eigene Ziele zu verfolgen und sich als einzelne behaupten zu müssen.«[10] Dabei bot die Position als Dienstmädchen die attraktive Möglichkeit, Tradition und Moderne miteinander zu verbinden, »an der Modernisierung teilzuhaben und gleichzeitig die Akkulturationsleistungen in Grenzen zu halten«.[11] Dass hier von Akkulturation die Rede ist, verweist darauf, dass die Großstadt tatsächlich eine eigene Kulturform bildet, die an die Neuankömmlinge große Anforderungen hinsichtlich ihrer Flexibilität und Plastizität stellt. Für den Volkskundler Gottfried Korff, dem wir das Konzept der inneren Urbanisierung verdanken, erscheint der Großstädter im Denken und Fühlen, im Handeln und Planen als ein ganz eigener Mensch: »So wie die Stadtgestalt bildet sich auch der Mensch in der Stadt aus; so wie es die äußere Urbanisierung gibt, die sich im Wachsen und im technischen Ausbau der Stadt darstellt, so lässt sich auch eine innere Urbanisierung nachweisen, deren Produkt der Städter, genauer der Großstädter mit einer neuen mentalen Ausstattung, mit einem neuen psychischen Sensorium ist«.[12] Wir sind gewohnt, diesen Prozess der inneren Urbanisierung vor allem als einen zivilisatorischen Prozess zu verstehen, der zur Verinnerlichung der formellen und informellen Regeln des Verkehrs miteinander drängt und Fremdzwänge in Selbstzwänge verwandelt; der Elias-Schüler Peter R. Gleichmann sprach in diesem Kontext z. B. von »seelischer Mieterpanzerung«. Dass in der Großstadt darüber hinaus eine ganz neue *outillage mental* ausgebildet wird, das hat kein Geringerer als Georg Simmel festgehalten, für den die »Verstandesmäßigkeit« »ein Präservativ des subjektiven Lebens gegen die Vergewaltigung der Großstadt« und die »Anpassungserscheinung der Blasiertheit« jene unbedingt der Großstadt vorbehaltene »seelische Erscheinung« war, »in der die Nerven ihre letzte Möglichkeit, sich mit den Inhalten und der Form des Großstadtlebens abzufinden, darin entdecken, dass sie sich der Reaktion auf sie versagen […]«.[13] Als Grundbefindlichkeit des

Großstädters, dem Prototyp des modernen Menschen, sieht Simmel jene »Steigerung des Nervenlebens«, die im medizinisch-psychologischen Diskurs der Zeit zur Erfindung der Neurasthenie, der Nervosität führt. Diese aber erweist sich insofern als Teil der inneren Urbanisierung – also der Herausbildung eines genuin »großstädtischen Seelenlebens« (Simmel) – als sie der Anpassungsvorgang par excellence an eine zu schnelle kulturelle Entwicklung ist.[14] Ist erst die seelische Anpassung gelungen, ist die innere Urbanisierung abgeschlossen, dann wird, so die Annahme, auch die Nervosität als Zeitkrankheit verschwinden.

Dieses Beispiel zeigt, dass es nicht nur oder besser: nur im ersten Schritt um die Anpassung von Psyche und Physis an die Anforderungen und Anmutungen der Großstadt geht. Als Laboratorium moderner Lebensformen eröffnet die große Stadt zugleich Chancen zur Herausbildung neuer Formen der Subjektivität, die auf dem Lande oder in der Kleinstadt im wahrsten Sinne des Wortes nicht denkbar gewesen wären. Verbindet das großstädtische Dienstmädchen in der skizzierten Weise noch Tradition und Moderne (wobei der Haushalt so etwas wie einen Kokon bildet), so bereitet die Großstadt zugleich den Boden, aus dem heraus sich ganz neue Lebensentwürfe bilden konnten, die mit neuen Formen der Subjektivität, neuen Lebensstilen und neuen Geschlechterbildern einhergehen. »New York and perhaps city women in general, when they are suddenly called upon to earn their livings, are much more independent about it, and more original in their methods than women in smaller places, where womanly pursuits, as they are called, follow more closely prescribed lines.«[15] Der Typus der »Neuen Frau«, berufstätig, alleinstehend, selbstständig, ist dafür ein beredtes und viel beschworenes Beispiel, war es doch überhaupt erst in den großen Städten mit ihren urbanen Milieus möglich, dass er sich entfalten konnte. Daher kommen die jungen Frau-

---

9 Vgl. Korff (1985).
10 Walser (1987, S. 76 f.).
11 Walser (1987, S. 77).
12 Korff (1986, S. 144).
13 Simmel (1957 [1903], S. 229/233).
14 Müller (1987, S. 90).
15 Humphreys (1896, S. 630).

en, wie Mary Gay Humphreys in Scribner's Magazine schreibt, in den 1890er Jahren in »Regimentern« aus dem Westen, und in »Brigaden« aus dem Süden nach New York, wo sie auf eigenen Beinen stehen können. Mit diesem Typus stellt sich die Notwendigkeit neuer großstädtischer Wohnformen ein, das Boardinghaus, das sich schon früh auf alleinstehende Frauen spezialisiert, und das Wohnapartmenthaus, dessen erstes 1881 in London errichtet wurde. Mit der »Neuen Frau« geht also das »Neue Bauen« einher: abgeschlossene Kleinwohnungen, gemeinschaftliche Serviceeinrichtungen, rationalisierte Haushaltsführung. Nicht von ungefähr wurde die »Neue Frau« für die Vertreter des »Neuen Bauens« zu einem Topos für die Moderne.[16]

»The city may be harsh, but it is exciting. It may be cruel, but it is tolerant. It may be indifferent, but it is a blessed indifference« schreibt die amerikanische Soziologin Lyn Lofland in ihrem Buch über die Großstadt, »A World of Strangers«.[17] Loflands Feststellungen klingen verführerisch. Vielleicht lassen sich ja, auch wenn dies auf dem ersten Blick als widersinnig erscheint, die Charakteristika von Urbanität nicht besser nachzeichnen als anhand der Stichworte der Großstadtkritik, die ja durchaus auch bei Simmel zu finden sind. Diese Stichworte bleiben über lange Zeit erstaunlich konstant und verweisen damit gewissermaßen seitenverkehrt auf die Kultur der Großstadt. Immer wieder wird mit der Großstadt Hektik, Flüchtigkeit, Unverbindlichkeit, Gleichgültigkeit, Anonymität, Entfremdung und Entwurzelung assoziiert. Es ist das Pathos des Zerfalls, der Verflüssigung ehemals fester Formen, des Verlustes überlieferter Ordnung, das den Ton der Großstadtkritik bestimmt. Aber die Argumentationskette, die soziologisch gesprochen auf den Verlust der face-to-face-Beziehungen als lebensorientierendem Rahmen verweist, lässt sich auch leicht so lesen, dass die im wahrsten Sinne des Wortes attraktiven Züge der städtischen Lebensform zum Vorschein kommen, geht es doch, positiv gewendet, um Veränderung, Vergänglichkeit, Ungebunden-

heit, Toleranz, Vorurteilslosigkeit, Beweglichkeit und bewusster Verfremdung des Herkömmlichen. Ungebunden zu sein heißt auch, dem Gutsherrn nicht »errötend« Rede und Antwort stehen zu müssen. Anonym zu sein heißt auch, ohne Ruf zu sein. Sich selber fremd werden heißt auch, ein neuer Mensch werden zu können. Die Stadt lässt ihren Bewohnern eine Option; darin vor allem besteht ihre Attraktion.

Die Kultur der städtischen Lebensform ist folglich gleichbedeutend mit Offenheit, Offenheit sowohl im Sinne des Unvoreingenommenen wie des Zugänglichen, im Sinne des Unentschiedenen wie des noch nicht Abgeschlossenen, des Experimentellen wie des nicht Planbaren. Man könnte geradezu sagen, dass das Städtische an der Stadt nicht zuletzt darin besteht, dass es die Grenzen der Planbarkeit aufzeigt. Last not least ist Offenheit zu verstehen im Sinne der Möglichkeiten, die das Stadtleben bietet, sowohl als Chance wie als Zufall. Die große Stadt ist ein Möglichkeitsraum, der Gelegenheiten zur Verwirklichung von Ideen, Plänen, Wünschen bietet, ein individuelles, kulturelles und soziales Labor.

Ein solches Verständnis von Urbanität schließt von vornherein die Idee der Machbarkeit von Urbanität aus, oder, vorsichtiger formuliert, schränkt sie erheblich ein. »Urbanität ist«, wie Edgar Salin 1960 formuliert hat, »nicht von Gesetzes wegen zu schaffen«, und auch nicht von »Stadtintendanten«, wie von Sieverts neuerdings vorgeschlagen,[18] obwohl dieser Begriff sehr schön das neue Verständnis von Stadt als einem inszenierbaren kulturellem Raum zum Ausdruck bringt. Viel eher ließen sich die Bedingungen benennen, die Urbanität als städtische Lebensform be- und verhindern. Zu diesen Bedingungen gehört vor allem, dass eine Stadt offen bleiben oder als Stadt im kulturellen Sinne scheitern muss. Das heißt aber auch, dass in totalitären Staaten von Stadt im kulturellen Sinne nur bedingt die Rede sein kann.

Für Lyn Lofland ist die Großstadt eine »Welt aus Fremden«: »To live in a city is, among many other things, to live surrounded by large numbers of persons whom one does not know. To experience the city is, among many other things, to experience anonymity. To cope with the city is, among many other things, to cope with strangers.«[19] Vor diesem Hintergrund erweist sich Fremdenfeindlichkeit letzten Endes als Stadtfeindschaft, denn »(e)ine Stadt,

---

16 Terlinden (1999).
17 Lofland (1973, S. IX).
18 Sieverts (2000).
19 Lofland (1973, S. IX).

die sich gegen Fremde wehrt und abschottet, sperrt sich gegen Entwicklung und erstarrt«.[20] Um die Entfaltung von Urbanität im genannten Sinne zu befördern, gilt es also vor allem günstige Rahmenbedingungen zu schaffen, d. h. das Klima zu schützen, das zum Gedeihen von Urbanität vonnöten ist. Das bedeutet nicht nur am Prinzip der »offenen Stadt« festzuhalten, es schließt auch die Tolerierung »störender« Elemente, seien diese nun soziale Außenseiter oder kulturell Fremde, ein. Es ist ein Irrtum anzunehmen, dass man sich von diesen Elementen ›freimachen‹ und gleichzeitig die erneuernden Impulse der städtischen Lebensform erhalten kann. Die Freiheitsräume, die die große Stadt gewährt, sind unteilbar.

2. Vielfalt

Vor einiger Zeit erschien die Berliner Boulevard-Zeitung BZ mit der Titelzeile »Die 25 besten Wunderheiler von Berlin«. Mit dieser Schlagzeile, die den Leser zunächst einmal darüber in Kenntnis setzte, dass es in Berlin weitaus mehr als 25 Wunderheiler geben muss, wurde eine Serie über Geistheiler und Seherinnen, Pendler und Magier, arkanische Berater, schamanische Kartenleger und brasilianische Muscheldeuter angekündigt, die die Leser über Leistung, Preis und Methoden der Heiler zu informieren versprach. Geisterseher und Wunderwirker sind ebenso wie spiritistische und okkultistische Zirkel in erster Linie urbane Phänomene.[21] Man kann in dieser Nachfrage nach Deutung und Heilung ein Symptom der Krise sehen, eine Anpassung des Individuums an sich zu schnell wandelnde Verhältnisse. Aber das ist nicht die Perspektive, unter der wir uns dem Phänomen hier nähern wollen. Vielmehr verstehen wir unser Phänomen als ein Paradebeispiel dafür, dass in der Großstadt noch die »tendenziösesten Wunderlichkeiten« (Simmel) ihren Platz finden: »Because of the opportunity it offers, particularly to the exceptional and abnormal type of man, a great city tends to spread out and lay bare to the public view in a massive manner all the human characters and traits which are ordinarily obscured and suppressed in smaller communities.«[22] Zu den Merkwürdigkeiten der Großstadt gehört, dass dort noch die seltsamsten Eigenarten, Fähigkeiten und Kenntnisse professio-

nalisiert werden können. Daher eignet sich unser Beispiel in besonderer Weise, um zwei grundlegende Prozesse zu verdeutlichen, die die Kultur der Stadt definieren: der *Prozess der inneren Ausdifferenzierung*, der sich hier in der Professionalisierung des Deutens und Heilens artikuliert und der *Prozess der Netzwerkbildung*, der hier die Form der Bildung von »Kreisen« und »Zirkeln« annimmt.

Die Großstadt ist eine »Menschenwerkstatt«, um den schönen Begriff von Heinrich Mann zu übernehmen. Damit ist nicht nur die Modellierung des Zugezogenen zum Städter, die »innere Urbanisierung« im Sinne von Gottfried Korff, sondern auch die innere Differenzierung gemeint, die Herausbildung einer »Artenvielfalt«, wenn ich diese Metapher einmal verwenden darf. Diese ist von den frühen Stadtforschern mit großem Interesse und unverhohlenem Staunen zur Kenntnis genommen worden. So ist z. B. der »Hotelmensch« in seinen Varietäten (Hotelgast, Pensionist, möblierter Herr) von den Chicagoer Soziologen botanisiert worden. Es ist daher kein Zufall, dass der Nestor der soziologischen Stadtforschung, Robert Ezra Park, in seinen berühmten »Vorschlägen zur Untersuchung des menschlichen Verhaltens im großstädtischen Milieu« an prominenter Stelle eine Liste von Berufsarten (*vocational types*) unterbreitet, die ihm untersuchenswert erscheinen: »In the city, every vocation, even that of a beggar, tends to assume the character of a profession, and the discipline which success in any vocation imposes, together with the associations that it enforces, emphasizes this tendency [...]. The effects of the division of labor as a discipline may be therefore be best studied in the vocational types it has produced. Among the types which would be interesting to study are: the shop-girl, the policeman, the cabman, the nightwatchman, the clairvoyant, the vaudeville performer, the quack doctor, the bartender, the ward boss, the strike breaker, the labor agitator, the school teacher, the reporter, the stockbroker, the pawn-broker; all of these are characteristic products of city life [...]«.[23] Für Park stellte die

20 Hoffmann-Axthelm (1993, S. 36).
21 Linse (1983).
22 Park (1915, S. 612).
23 Park (1915, S. 586).

Großstadt einen kulturellen Raum dar, in dem sich der Prozess der Arbeitsteilung bis in die feinsten, zuweilen grotesken Verästelungen vollzieht. Daher waren die genannten sowie weitere Berufsarten (wie z. B. das *chorus girl* oder der *mission worker*) Gegenstand studentischer *term papers*, die nicht nur der methodischen Übung dienten, sondern auch so etwas wie eine praktische Einführung in die Kultur der Großstadt bildeten.

Auch heute lässt sich dieser Prozess der Ausdifferenzierung verfolgen, etwa an der Herausbildung von Berufen, die, wie die verschiedenen Arten von Stadtkurieren und Stadtscouts, selber Ausdruck der quasi autopoietischen Kultur der Großstadt sind. Diese kommt nirgendwo besser zur Geltung als in ihrer Kraft Trends zu gebären, eine Kraft, die zwar die allgemeinen städtischen Merkmale: Größe, Dichte, Heterogenität (Wirth) zur Voraussetzung hat, sich aber letztlich den städtischen Synergieeffekten verdankt, die aus dem Wettstreit, Widerstreit und Zusammenspiel spezialisierter Akteure resultieren. Als informelles Zukunftslabor bildet die große Stadt einen »boiler shop of ideas«, einen Dampfkessel der Ideen, der durch mediale *links* nicht zu ersetzen ist. Die Notwendigkeit der Metropole als ein durch nichts zu ersetzendes Austausch-, Kommunikations- und Verkehrszentrum zeigt sich gerade in der Verlängerung der realen Stadt in die virtuelle. Selbst diejenigen, die über virtuelle Städte nachdenken, tun dies *in* der Stadt, am *Beispiel* der Stadt und in der *Metaphorik* der Stadt, wie die »Digitale Stadt Amsterdam« zeigt. »Ein Teil des Erfolgs der Digitalen Stadt ist sicher ihrem Namen zu verdanken«, schreibt Geert Lovink, einer der Gründer der Digitalen Stadt, die für das reale Amsterdam wie ein Magnet gewirkt hat: »Die Stadtmetapher fördert nicht nur die Wiedererkennbarkeit, es ist vor allem eine produktive Formel, welche sowohl die Phantasie der Macher, als auch der Benutzer reizt. Die ›Stadt‹ zieht Ideen und provoziert dazu, wilde Pläne zu schmieden« (*www.thing.desk.nl*). Um wilde Pläne schmieden zu können, bedarf es »seinesgleichen«, Gleichgesinnte und Gleichgestimmte, kurz: Milieus und Szenen. Auch die Digitale Stadt ist ein Produkt der metropolitanen Szene.

Hier tritt der zweite grundlegende kulturelle Prozess in der Großstadt in den Vordergrund: die *Netzwerkbildung*, die auf den unterschiedlichsten Ebenen stattfindet. Nur in der Großstadt, schreibt der schwedische Sozialanthropologe Ulf Hannerz, »findet man nicht nur den einzelnen Pianisten, sondern die Berufskultur der Musiker, nicht nur einen stillen politischen Dissidenten, sondern eine Bewegung oder eine Sekte, nicht nur den einsamen Homosexuellen, sondern eine Schwulenkultur«.[24] Die Stadt wirkt hier als kultureller Katalysator: Erst durch diese Vernetzung wird es möglich, den privaten Status als Pianist, als Dissident, als Homosexueller, in ein kulturelles Statement zu übersetzen. So trägt die Stadt zur Hervorbringung kollektiver Bedeutungen bei. Last not least ist die große Stadt auch immer ein Zufluchtsort gewesen. »The Port of Last Resort«, der Titel einer Filmdokumentation über »Little Vienna«, dem Zufluchtsort jüdischer Flüchtlinge in Shanghai, könnte als Leitspruch für die große Stadt stehen.

Als dritter grundlegender Prozess neben Differenzierung und Vernetzung tritt der *Prozess der räumlichen Konzentration* homogener Einheiten. Stadtkultur ist in dieser Perspektive gleichbedeutend mit der ganzen Vielfalt räumlich segregierter und kulturell differenzierter Arbeits-, Lebens- und Erlebniswelten. Die Chicagoer Soziologen haben dafür die Begriffe der *natural areas, social worlds* und *moral regions* geprägt. Sozial homogene Wohnviertel, ethnische Enklaven, monostrukturelle Dienstleistungs- und Gewerbegebiete, Museumsquartier und Entertainment Center, randständige Milieus und subkulturelle Nischen – die Großstadt präsentiert sich in dieser Sicht als ein Mosaik kleiner Welten. Diese Diversität der Räume und Lebensstile zog die *aficionados* schon sehr früh an und bildete ein Gründungsmotiv der ethnographischen Stadtforschung. Einer der eindrucksvollsten Schilderungen dieser Diversität (am Beispiel New York) verdanken wir John Reed:

»New York erschien mir als eine zauberhafte Stadt. Es war um so vieles großartiger als Harvard. Alles war dort zu finden, ich war überglücklich. Ich durchwanderte die Stadt von den emporstrebenden, riesenhaften Türmen der City, an den nach Gewürzen riechenden Werften am East River [...] entlang, durch die übervölkerte East Side – fremdartige Städte innerhalb der Städte –, wo die rau-

---

24 Hannerz (1980, S. 115).

chenden Lichter lärmender Karren meilenweit schäbigen Straßenzügen Glanz verliehen. Ich lernte die Chinesenstadt kennen und Klein-Italien sowie das Syrische Viertel, das Puppentheater, Sharkeys und McSorleys Kneipen, die Mietskasernen der Bowery und die Plätze, wo sich die Landstreicher im Winter trafen; den Haymarket, das Deutsche Dorf und all die Kaschemmen des Tenderloin [...]. Ich entdeckte wundervolle obskure Restaurants, wo man Speisen aus der ganzen Welt finden konnte. Ich erfuhr, wie man sich Drogen beschaffen konnte oder wohin man sich wenden musste, um einen Mann zu finden, der einen Widersacher umlegte; wie man es anstellte, sich Zutritt zu Spielhöllen und geheimen Nachtklubs zu verschaffen. Ich war wohlvertraut mit den Parkanlagen, den noblen Vierteln, den Theatern und Hotels; mit dem hässlichen Wachstum der Stadt, die sich wie eine Seuche ausbreitete, den Elendsvierteln, in denen das Leben verebbte, und den Plätzen und Straßen, wo eine alte herrlich gemütliche Lebensweise im ewig ansteigenden Gebrüll der Slums ertränkt wurde. Ich war zu Hause am Washington Square bei den Künstlern und Schriftstellern, den Bohemiens und den Radikalen [...]. Ein paar Schritte von meiner Wohnung gab es jedes Abenteuer der Welt, und eine Meile weiter dünkte ich mich in jedem fremden Land.«[25]

Gerade in dieser Welten-Vielfalt sieht Karl Schwarz die differentia specifica der Metropolen als Orte, an denen ein Fremder »seine eigene Welt wiederfinden könnte, weil sie alle denkbaren Welten als Möglichkeit enthielten«.[26] In seinem appellativen Aufsatz, der als einer der ersten die Notwendigkeit der Metropolen aus ihrer kulturellen Funktion heraus bestimmt, benennt Schwarz die spezifischen kulturellen Qualitäten der Metropole, aus denen heraus sich ihre Nicht-Ersetzbarkeit ergibt: *Vielfalt und Widerspruch*, d.h. das widerspruchsvolle Nebeneinander der sozialen Situationen, der Menschen unterschiedlicher sozialer und nationaler Herkunft, verbunden mit erlebbarer zeitlicher Tiefe, der Gleichzeitigkeit des Ungleichzeitigen; *Weiße Flecke*, d.h. das sich stets erneuernde Phänomen der Preisgabe von Stadträumen auf Zeit als »Geheime Plätze« sozialen Experiments, als Lebens- und Entfaltungsraum für Unterprivilegierte und Nonkonformisten, »Nischen« in der durchfunktionalisierten und ökonomisierten Welt; *Bühne*, d.h. der öffentliche Raum als Raum der

Erprobung und Darstellung individueller Lebensentwürfe wie kollektiver Projektionen und schließlich *Raffinement*, d.h. die bewusst gesteigerte Künstlichkeit der Lebenswelt der Metropole, ihre Akkumulation an Reizen, ihre Animation von Illusionen, die das Gefühl vermitteln sollen, in einer Welt der unbegrenzten Möglichkeiten der Phantasie sich bewegen zu können.[27] Zwei Aspekte der Darstellung von Karl Schwarz möchte ich noch einmal hervorheben, weil sie mir konstitutiv für die Stadt als kulturellem Raum erscheinen und weil sie zugleich von Ordnungspolizisten unterschiedlicher Couleur bedroht sind: Die Notwendigkeit von weißen Flecken, also von nicht verplanten, ›geheimen‹ Plätzen sozialen Experiments einerseits und die künstlichen Welten als selbstverständlicher Teil einer urbanen Kultur andererseits. Angesichts der Aufgeregtheiten über urbane Themenparks sei daran erinnert, dass künstliche Welten schon immer zu den Attraktionen einer spezifisch metropolitanen Illusionskultur gehörten. »Haus Vaterland«, von Kracauer als »Pläsierkaserne Berlins« bezeichnet, nahm in den 20er Jahren mit Palmensaal, orientalischem Raum, japanischer Teestube und vor allem mit den Rheinterrassen, ein technisches Spektakel mit Blitz, Donner, Regen und einem »richtigen« Wasserfall, die Erlebnisarchitektur vorweg, von der heute sowohl affirmativ wie kulturkritisch so viel die Rede ist.

Jede Metropole, will sie denn eine solche sein, muss durch eine Vielfalt an Kulturen, Lebensstilen und Milieus gekennzeichnet sein. Diese Vielfalt ist aber nicht beliebig, sie ist historisch fundiert und grundiert, sie ist Abdruck von Geschichte und aus Geschichte gewonnener Gegenwart. In ihr zeigt sich die Singularität einer jeden Stadt.

3. Gestalt

In einem Vortrag zum Thema »Die Stadt und ihr Gedächtnis« legte der niederländische Historiker Willem Frijhoff dar, dass sich die Identität einer Stadt, selbst wenn die Gebäude und die gesamte

25 Reed (1977 [1910], S. 130 f.).
26 Schwarz (1987, S. 21).
27 Schwarz (1987, S. 25).

Infrastruktur nicht mehr existieren, im Lebensstil, in den Gewohnheiten und – in Form nostalgischer Rückwendung – im Gedächtnis ihrer Bewohner erhält. Das Gedächtnis der Stadt, verstanden als die unbewusste Organisation aller vergangenen und gegenwärtigen sozialen Praktiken und der mit ihnen verknüpften geistigen oder symbolischen Bedeutungen, verleiht dem sozialen Leben in der Stadt Dynamik und bewahrt die Stadt zugleich davor, ihre Identität zu verlieren. In dieser zugespitzten Formulierung, der zufolge eine Stadt von ihren Bewohnern noch gelebt wird, obwohl sie, als materielle, schon der Vergangenheit angehört, kommt eine Vorstellung von Stadt zum Ausdruck, die sich eben nicht im Tatbestand der Agglomeration und Infrastruktur erschöpft, sondern in ihr vielmehr »eine spezifische Sinnesart, ein Ensemble von Gewohnheiten und Traditionen sowie von verfestigten Einstellungen (sieht)«, wie es Robert Ezra Park bereits 1925 formuliert hat. Wir können in dieser quasi anthropomorphen Vorstellung den Kern einer Anthropologie der Stadt sehen, der es um den Versuch geht, die singuläre Beschaffenheit einer Stadt – die Kultur einer bestimmten Stadt – zu erfassen. In dieser Perspektive erweist sich die Stadt, in den Worten von Fernand Braudel formuliert, als ein »être compliqué«, als ein kompliziertes, schwieriges Wesen, mit einer Biographie, mit distinkten Eigenschaften und mit einem guten oder schlechten Ruf. Einer solchen Vorstellung steht die von Frijhoffs Landsmann Rem Koolhaas vertretene diametral gegenüber, der für eine »Generic City«, für eine »Stadt ohne Eigenschaften« plädiert, die der »Zwangsjacke der Identität« entkommen ist. Die Stadt ohne Eigenschaften und ohne Geschichte ist eine Stadt, die uns keine Sichtweisen aufnötigt, weil ihre Originalität darin besteht, »dass sie einfach auf alles Funktionslose verzichtet«. »Während charakteristische Städte noch immer allen Ernstes über die Fehler von Architekten debattieren«, und darin scheint für Koolhaas das eigentliche Skandalon der Stadt als Gestalt zu bestehen, »gibt sich die eigenschaftslose Stadt einfach dem Genus solcher archi-

tektonischer Neuerungen hin […]«.[28] Das ist, mit Karin Wilhelm gesprochen, nichts anderes als die »Propaganda einer globalen Amnesie als Planungsstrategie«.[29] In dieser Architektenwelt, die nur durch das Vergessen und Verkennen der praktischen Vorgänge zustande kommt, existiert die Kategorie des »anthropologischen Raumes« nicht. Die beiden polaren Perspektiven, die Stadt als gedächtnisloser Ort und die Stadt als mentale Struktur, die die bauliche überdauert, ein Ort voller Erinnerungen und angefüllt mit der Präsenz derer, die nicht anwesend sind, spiegeln in paradigmatischer Weise jene von Michel de Certeau getroffene Unterscheidung von Konzept Stadt (die charakteristisch für den utopischen und urbanistischen Diskurs ist) und der tatsächlichen Stadt, die die Menschen erfahren und durchleben. Es ist daher kein Zufall, dass die Gedächtnismetapher, im Unterschied zu den organischen Metaphern der Arterien, Nervenbahnen und Venen, des Herzens und der Lunge, erst dann mit der Stadt verbunden wurde, als die Erfahrung der Städter in die Analyse der Stadt mit einbezogen, mithin eine kulturanalytische Perspektive eingenommen wurde.[30] Für die Bewohner bildet die Stadt einen Vorstellungsraum, der den physikalischen Raum insofern überlagert, als er der durch die begleitenden Bilder und Symbole hindurch erlebte und erfahrene Raum ist. Diese tatsächliche, weil gelebte Stadt bildet eine labyrinthische Wirklichkeit, eine totale soziale Erfahrung, die sich allen Sinnen einprägt.[31]

In Robert Musils »Mann ohne Eigenschaften«, der Pate für den Titel »Stadt ohne Eigenschaften« gestanden hat, heißt es in der Eingangspassage, konträr zur Vorstellung einer eigenschaftslosen Stadt: »Hunderte Töne waren zu einem drahtigen Geräusch ineinander verwunden, aus dem einzelne Spitzen vorstanden, längs dessen schneidige Kanten liefen und sich wieder einebneten, von dem klare Töne absplitterten und verflogen. An diesem Geräusch, ohne dass sich seine Besonderheit beschreiben ließe, würde ein Mensch nach jahrelanger Abwesenheit mit geschlossenen Augen erkannt haben, dass er sich in der Reichshaupt- und Residenzstadt Wien befinde.«[32]

Mit diesem Musilschen Hörexperiment ist ein Thema angedeutet, das bei der Betrachtung der Stadt als kulturellem Raum in den letzten Jahren auf wachsendes Interesse gestoßen ist: die sinnliche Geo-

---

28 Koolhaas (1997, S. 34).
29 Wilhelm (1998, S. 215).
30 Van der Ree (2000).
31 Hannerz (1996).
32 Musil (1978, S. 9).

graphie der Stadt. In diesem Kontext wird u. a. danach gefragt, ob es einen »sound of the city« oder, wie es Wolfgang Maderthaner und Lutz Musner so schön formuliert haben, ob es eine »Grundmelodie der Stadt« gibt. In der Klangforschung ist die Untersuchung von soundscapes, verstanden als die Summe der Schallereignisse, aus der sich eine Landschaft (Ort, Raum) akustisch zusammensetzt, zu einem expandierenden Arbeitsfeld geworden. Angeregt durch den Musiker und Komponisten Murray Schafer (von dem auch der Begriff soundscape stammt) setzen die Erforscher des urban soundscape nicht nur voraus, dass sich urbane Geräuschkulissen in vielerlei Hinsicht von ländlichen Klanglandschaften unterscheiden, sondern gehen darüber hinaus von der Hypothese aus, dass Städte spezifische Klanglandschaften mit hohem Wiedererkennungswert bilden. Zu diesem Zweck sind aus Schafers *World Soundscape Project* Sound-Dokumentationen hervorgegangen, die die Klanglandschaften einzelner Städte (Naturgeräusche, Verkehrsgeräusche, Umgebungsgeräusche, akustische Effekte der Architektur), festhalten und als Material für kompositorische Aufbereitungen verwenden. Gleichsam ethnographischer vorgehend hat Pascal Amphoux am Beispiel von Fußgängerzonen (also jenen öffentlichen Räumen, die noch am ehesten unter dem Verdacht der Nivellierung von Unterschieden stehen) die Klanglandschaften von Lausanne, Locarno und Zürich vergleichend untersucht und als Ausdruck der französischen, der italienischen und der deutschen Schweiz interpretiert.[33]

Im Rahmen der Stadtforschung bieten sich vor allem drei Untersuchungsperspektiven in Bezug auf das Verhältnis von Stadt und Klang an: der »sound of the city«, also die Grundmelodie einer Stadt oder seiner Teile; die Untersuchung von »soundmarks« analog zu den landmarks (manchmal sind landmarks zugleich soundmarks wie der Big Ben) und die Untersuchung von Städten als Resonanzboden für einen bestimmten sound bzw. als Träger von musikalischen Stilen und Lebenswelten. Fraglos sind viele Stilfacetten ohne urbane Milieus überhaupt nicht denkbar; das lässt sich an der Geschichte des Jazz ebenso zeigen wie an der Geschichte der Rockmusik.[34] Nicht von ungefähr hat Charlie Gillett seine Geschichte des Rhythm ›n‹ Blues »The Sound of the City« genannt. Historisch-politisch

(Migration der Afro-Amerikaner in die großen Städte des Nordens), thematisch (Leben in den großen Städten) und instrumental (Elektrogitarre, Hammondorgel etc.) repräsentiert diese Musik die Städte.[35] Aber dieser Sound ist wiederum in Richtungen gegliedert, die nicht zufällig nach einzelnen Städten (»Motown«, »Philli-Sound«, »Memphis-Sound«) benannt sind. Die einfache, aber nicht einfach zu beantwortende Frage, die sich hier stellt, lautet: »How does a city become associated with a particular sound?«[36] Zurecht hat der Musikwissenschaftler Helmut Roesing betont, dass minutiöse Szeneanalysen erforderlich sind, um zu differenzierteren Aussagen über das Ineinandergreifen von Urbanität, Klang und Musik zu gelangen, »und zwar nach sozialdemographischen, soziokulturellen, politisch-ökonomischen Aspekten als die für musikalisches Handeln konstitutiven Lebensräumen«.[37] Erste Ansätze in dieser Richtung liegen vor. Die Ethnomusikologin und Anthropologin Sara Cohen hat z.B. in ihrem Essay »Identity, Place and the Liverpool Sound« dahingehend argumentiert, dass das Etikett ›Liverpool Sound‹, obwohl es erfunden wurde, um eine spezifische popmusikalische Richtung international zu vermarkten, von vielen in Liverpool genutzt wurde, »to construct a sense of difference and distinctiveness, a sense of Liverpoolness«.[38] Das gelang aber nur, so Cohen, weil die Popmusik von Liverpool ein Bündel an sozialen, ökonomischen und politischen Faktoren reflektierte, die spezifisch für diese Stadt waren. Es existiert also eine komplexe Beziehung zwischen einem bestimmten Musikstil, einem darauf bezogenen Image und dem lokalen sozioökonomischen und kulturellen Kontext.

In eine ähnliche Richtung gehen Untersuchungen zu olfaktorischen Erfahrungen in der Stadt. In seiner Monographie über den Gestank von Wien zeigt Peter Payer anhand von historischen Reiseberichten, dass die Wahrnehmung von Gerüchen »zu jenen Eindrücken gehört, die auf das unmittelbarste

---

33 Amphoux (1995).
34 Roesing (2000).
35 Diederichsen (1999).
36 Cohen (1994, S. 122).
37 Roesing (2000, S. 79).
38 Cohen (1994, S. 133).

mit dem erstmaligen Erleben einer Stadt verbunden sind. Manche Reisende konnten die von ihnen besuchten Städte sofort an ihrem spezifischen Duft erkennen. So meinte man, Athen sei staubig, Jerusalem rieche innerhalb der Festungsmauern nach Hammel und Öl, Palermo nach Zitrusfrüchten, Kairo nach billigem, gegerbtem Leder, Sanaa nach Gewürzen, Delhi nach feuchter Erde, Bangkok nach Baumharzen und Weihrauch, Djakarta nach Blumen«.[39] Noch heute gelten arabische Städte, insbesondere die Souks, im Vergleich zu westlichen Städten, in deren Innenstadtbereich olfaktorisch die Abgase dominieren, als außerordentlich geruchsintensiv im positiven Sinne. In Europa ist, wie ja auch die Studie von Payer zeigt, die Beschäftigung mit dem Geruch seit dem 19. Jahrhundert vor allem über die Belästigung verlaufen, die mit als unangenehm empfundenen Gerüchen verbunden war. Das zeigt sich noch an der Tatsache, dass es der Umweltreferent der Stadt München war, der vor einigen Jahren den ersten olfaktorischen Stadtplan im deutschsprachigen Raum erstellen ließ. Die Karte gibt Auskunft darüber, wie es (z. B. nach Würze) wo (an Brauereistandorten) in München riecht, aber dass nach Bierwürze gefragt wird, verweist natürlich wieder auf einen spezifischen lokalen Kontext.[40] Sicherlich sind die eigenständigen Geruchslandschaften, die über Jahrhunderte hinweg durch geographische Gegebenheiten und wirtschaftliche Aktivitäten der Bewohner geprägt waren, inzwischen nivelliert worden. Aber wichtiger als eine präzise olfaktorische Unterscheidung räumlicher Strukturen erscheinen J. D. Porteous, der in Analogie zu *landscape* und *soundscape* von *smellscape*, von Geruchslandschaften spricht, sowieso die evokativen Qualitäten, die mit dem Olfaktorischen verbunden sind. Diese sind sicherlich auch bei unserer Wahrnehmung des Orients im Spiel – das Olfaktorische bildet hier gewissermaßen ein Element des Orientalismus. Wir verfügen über ein kollektives olfaktorisches Gedächtnis, das uns Gerüche riechen lässt, die stofflich nicht mehr gegeben sind. So wird z. B. von

Chicago erzählt, dass man dort immer noch die Schlachthöfe riecht, obwohl diese bereits vor fast dreißig Jahren abgerissen wurden. Die Stadt scheint durchtränkt von den Gerüchen der Schlachthöfe, sie sind in den kollektiven Sinnesapparat unauslöschlich eingegangen. Eine solche Vorstellung ist aber nur deshalb möglich, weil die Schlachthöfe ein Kernstück der Mythologie der Stadt bilden.

»Eine Stadt ohne Geruch ist eine Stadt ohne Charakter« schreibt der Philosoph Gernot Böhme[41] apodiktisch. Damit erinnert er daran, dass Untersuchungen zur Stadt als Klang- und Geruchslandschaft, also zu den sinnlichen Qualitäten einer Stadt als Beispiele für eine Forschungsrichtung betrachtet werden können, der es um die Erfassung, Beschreibung und Analyse der Atmosphäre einer bestimmten Stadt geht: »Das primäre Thema von Sinnlichkeit sind nicht die Dinge, die man wahrnimmt, sondern das, was man empfindet: die Atmosphäre.«[42] Eine solche Perspektive ist sicherlich nicht unproblematisch, wenn man bedenkt, dass »Atmosphäre« ein zentrales Stichwort des Städtemarketing und der Städtewerbung bildet. Auf der anderen Seite wird jeder Leser auf Anhieb Städte nennen können, in denen er sich von Anfang an ›wohl‹ oder ›unwohl‹ gefühlt hat. Atmosphäre ist also durchaus eine handlungsrelevante Erfahrungskategorie. Nirgends drängt sich das Anthropomorphe als Metapher stärker auf als in der Rede von der Atmosphäre einer Stadt: Wir alle haben Städte, die wir ›mögen‹, in denen wir uns auf Anhieb ›zuhause‹ fühlen oder die wir ›auf den Tod‹ nicht ausstehen können. Atmosphären sind, einer Definition von Gernot Böhme folgend, räumliche Träger von Stimmungen. Aus diesem Blickwinkel wird die Stadt als ein von Stimmungen erfüllter, von einer bestimmten Atmosphäre getönter Raum wahrgenommen. Eine Stadt kann also als heiter oder melancholisch, bedrückend oder entspannt, mürrisch oder freundlich, aufgeschlossen oder verschlossen empfunden werden.

»Atmosphäre« steht für den Totaleindruck, der als typisch für eine bestimmte Stadt empfunden wird. Sie wird, folgen wir Gernot Böhme, durch bestimmte Lebensformen erzeugt, die als charakteristisch für eine bestimmte Stadt angesehen werden. So gesehen könnte man auch sagen, dass die Atmosphäre einer Stadt Ausdruck der »Art und Weise ist, wie sich das Leben in ihr vollzieht«.[43]

39 Payer (1997, S. 20).
40 Reisch (1983).
41 Böhme (1998, S. 151).
42 Böhme (1995, S. 15).
43 Böhme (1998, S. 154).

Vor diesem Hintergrund ist es verwunderlich, wie wenig ethnologische Arbeiten, denen es ja um die Untersuchung von Lebensformen geht, es gibt, die versucht haben, dem Leser die Atmosphäre einer Stadt zu vermitteln. In einem stadtethnologischen Abriss hat der Sozialanthropologe Anthony Leeds versucht, die Differenzen zwischen Rio de Janeiro und Sao Paulo herauszuarbeiten, wobei er, für Stadtforscher eher ungewöhnlich, die sexuelle Atmosphäre beider Städte zum Ausgangspunkt seiner Überlegungen gemacht hat.[44] Warum, so fragt er sich, finden wir in Rio, im Unterschied zu Sao Paulo, eine so ausgeprägte, öffentlich spürbare, geradezu zur Schau gestellte Sinnlichkeit vor? Die Antwort findet er knapp zusammengefasst in der besonderen Rolle, die Rio in Brasilien spielt. Rio de Janeiro bildet den institutionellen Zusammenhang für eine patrimoniale Verwaltungselite, die öffentliche Positionen einnimmt, die der kontinuierlichen symbolischen Bekräftigung bedürfen, um Macht, Einfluss und Prestige zu erhalten. Im Vergleich dazu ist Sao Paulo eine »nüchterne« Stadt mit einer gleichsam protestantischen Ethik. Als führende Industrie- und Handelsstadt Brasiliens ist Sao Paulo durch private Eliten geprägt, die führende Positionen im Wirtschaftsleben einnehmen. Deren Aktivitäten und Interessen sind, im Unterschied zur Zurschaustellungspraxis einer quasi-feudalen Repräsentationskultur, durch Zurückhaltung, Diskretion und private Kontakte geprägt. Gewiss bedarf die Überlegung von Leeds der analytischen Präzisierung und der historischen Vertiefung – zu fragen wäre etwa nach der Bedeutung der Stadtgeschichte (Sao Paulo als Gründung der Jesuiten, Rio als portugiesische Residenzstadt) und dem Stellenwert der unterschiedlichen Bevölkerungszusammensetzung – beeindruckend bleibt, wie das jeweilige Ethos alle Sektoren und Aktivitäten zu durchtränken scheint und auf alle Schichten übergreift. Im Stellenwert und in der Praxis des Karnevals, der als eine kulturelle Verdichtung, und damit als eine Art Schlüssel zur Kultur, anzusehen ist, zeigt sich dies auf besonders eindrucksvolle Weise. In den prunkvollen Aufzügen der (vor allem von Angehörigen der unteren und unteren Mittelschichten getragenen) Sambaschulen, in der barocken Prachtentfaltung, in der Imitation von Reichtum, Glanz und höfischem Auftreten, alles Aspekte, die charakteristisch für den Karneval in Rio (im Vergleich zur

gleichsam plebischen kermesse in Sao Paulo) sind, tritt die Bedeutung von Privileg und Prestige als symbolische Statuskomponenten (selbst noch in ihrer proletarisierten Version) zutage. Das jeweilige Ethos einer Stadt ist nicht ohne Subjekt; vielmehr hat es, ganz im Sinne von Max Webers Untersuchungen zur Wirtschaftsethik, soziale Gruppen als Träger, Angehörige der Schicht(en), »deren Lebensführung wenigstens vornehmlich bestimmend geworden ist«.[45] Auch wenn uns Leeds Beispiele, bei denen einmal die Verwaltungselite, das andere Mal die Wirtschaftselite tonangebend war, einen entsprechenden Schluss nahe legen, gehören die Träger des Ethos nicht notwendig der jeweiligen Führungsschicht an. Es ist vielmehr die Lebensführung der gesellschaftlichen Gruppe, die aus historischen, mit den prägenden Wirtschaftssektoren verbundenen Gründen für eine Stadt maßgebend geworden sind, die zum kulturellen Leitbild und damit zum Produzenten der Atmosphäre der Stadt wird.

Verstehen wir den bewohnten Raum in Anlehnung an Bourdieu als sozial konstruiert und markiert, d.h. mit ›Eigenschaften‹ versehen,[46] dann stellt er sich als Objektivierung und Naturalisierung vergangener wie gegenwärtiger sozialer, ökonomischer und kultureller Verhältnisse dar. Auf der Basis des jeweils stadtprägenden Sektors der Ökonomie kommt es durch kulturelle Codierungen über die Zeit zur Herausbildung dessen, was man den ›Charakter‹ oder den ›Stil‹ einer Stadt nennen könnte. Eine Forschung, die sich der Stadt in ihrer Singularität zuwendet, der es um das ›Ambiente‹, den ›Stil‹, das charakteristische Gepräge einer Stadt geht, muss sich der Historischen Anthropologie annähern, denn die Vorstellungsbilder müssen in der Dauer verwurzelt sein, um wirksam zu sein. Städte »verkörpern« aufgrund historischer Sedimentbildungen bestimmte Ideen, bestimmte Anschauungen und Haltungen, bestimmte Normen und Werte, das macht sie für den einen attraktiv, für den anderen abstoßend. Städte sind keine unbeschriebenen Blätter, sondern »narrative Räume« (Sennett), in die bestimmte Geschichten (von bedeutenden Personen

---

44 Leeds (1968).
45 Weber (1988, S. 239).
46 Bourdieu (1991).

und wichtigen Ereignissen), Mythen (von Helden und Dämonen), Märchen (vom Schlaraffenland und vom guten Leben) und Parabeln (von Tugenden und Lastern) eingeschrieben sind. Dass sich auf diese Weise mit der Zeit Texte anhäufen, dass diese Texte mit der Zeit eine Textur, ein Gewebe bilden, in dem die Stadt im wahrsten Sinne des Wortes »verstrickt« ist, das zeigt sich nirgendwo deutlicher als an den Schwierigkeiten, ein neues Skript zu verfassen. Ob in Anekdoten oder Redensarten, in Liedern, Erzählungen, Romanen oder Filmen: Es gibt Charaktere, die ›gehören‹ nicht an einen bestimmten Ort, sie sind nicht glaubhaft, weil nicht vorstellbar, sie sind, im wahrsten Sinne des Wortes, deplaziert: »Boston may have its Sister Carries and Chicago its George Apleys, but they are implausible literary characters.«[47] Noch in Filmen wie »Megacities« (1998), einer vergleichenden Dokumentation vom Überleben in den großen Städten, tritt diese Einheit von Ort und Person zutage: Es ›passt‹ zum Bild von Bombay, dass dort der Müllsortierer, von Moskau, dass dort die Straßenkinder und von New York, dass dort der Hustler als Beispiel für den Überlebenskampf in den Megacities gezeigt wurden. Diese Bilder – Moskau und die Straßenkinder, New York und der Hustler – sind Topoi einer Diskursgeschichte, die scheinbar immer wieder durch Erfahrung bestätigt werden.

Der Soziologe Gerald Suttles hat von der kumulativen Textur der städtischen Kultur gesprochen und damit das Gesamt der Images, Sinnbilder und Repräsentationen materieller wie immaterieller Art gemeint.[48] Zum Bestand der Bilder und Repräsentationen zählen das sogenannte offizielle Erbe, wie es in Straßennamen, Gedenktafeln und Denkmälern, in Gedenkfeiern, Zeremonien und Feierlichkeiten aller Art zum Ausdruck kommt; Lehrtexte wie Schulfibeln, Festschriften und Chroniken; Gebrauchstexte wie Lokalzeitungen, Stadtmagazine, Stadtführer, Stadtwerbung; fiktionale Werke wie Erzählungen, Romane, Filme und TV-Serien; urbane Legenden und Mythen; charakteristische Figuren als Verkörperung sozialer Klassen; Anekdoten, Redensarten und, last not least, Witze. Zentral ist bei Suttles der

Gedanke der charakterologischen Einheit kultureller Repräsentationen, die sich aus der vielstimmigen Variation eines letztlich aus der materiellen Sphäre stammenden Grundthemas ergibt und zu einem stereotypen, in der Dauer verwurzelten Bild führt. Los Angeles, die Welthauptstadt der Kulturindustrie, kann uns hier als ein Beispiel dienen. Mike Davis hat in seiner großen Studie über Los Angeles, »City of Quartz« aus dem Jahr 1992, unter anderem die Rolle untersucht, die nachfolgende Generationen von Intellektuellen bei der Konstruktion und Dekonstruktion der Mythographie der »Welthauptstadt der Kulturindustrie« gespielt haben. Eckpfeiler der zur materiellen Kraft gewordenen Kulturprodukte bildeten einerseits die literarische Erfindung Südkaliforniens als mediterranes Idyll durch den sogenannten »Arroyo-Kreis« – eine literarische Erfindung, die zum Skript der riesigen Immobilienspekulationen der Jahrhundertwende wurde – , und der Antimythos des Noir andererseits, der von Raymond Chandler bis James Ellroy reicht. Roman Polanski verflechtet in seinem Film »Chinatown«, indem er die Geschichte von LA als eine Geschichte von Spekulation, Korruption und Verbrechen erzählt (die auf dem Immobilienkapital als stadtprägenden ökonomischen Sektor beruht), Mythos und Antimythos auf eine komplexe Art und Weise miteinander. Neuestes Beispiel für eine solche Verflechtung, die zugleich eine Fortschreibung der Mythologie bedeutet, ist T. Coraghessan Boyles grotesker Roman »The Tortilla Curtain« (deutsch: »América«), dessen Hauptschauplatz die luxuriöse Wohnanlage »Arroyo Blanco Estates« bildet. Als Leser gewinnt man den Eindruck, dass Boyle sich an Davis' LA-Studie orientiert hat, was bedeuten würde, dass auch Davis mit seiner Kritik zur kumulativen Textur der lokalen Kultur beigetragen hat.

In Los Angeles verschränken sich die lokale Kulturindustrie und die Kulturindustrie des Lokalen auf eine sich gegenseitig hervortreibende, bestätigende und verstärkende Weise. So ist es denn letzten Endes kein Zufall, dass Los Angeles in den letzten Jahren zum Schauplatz filmischer Endzeitvisionen (Blade Runner), zum postmodernen Global City-Szenario und zum Einfallsort französischer Poststrukturalisten geworden ist, denen es vor allem um die Welt der Simulakra, der Trugbilder geht. Aber gerade der Ruf, Ort der Simulakra – ein immenses Scenario (Bau-

---

47 Suttles (1984, S. 292).
48 Suttles (1984).

drillard) – zu sein, bildet das geographische Kapital der Stadt und macht, im Unterschied zu anderen US-amerikanischen Metropolen, ihre Realität aus. Daher ist es auch verständlich, dass sich an diesem Ort alle Formen von Kreativität überlagern – »die schönen Künste und Volkstümliches, Kitsch und Extravaganz, Graffiti auf Straßenschildern und Haute Cuisine«,[49] ein Lehrbuch-Beispiel für Suttles' Überlegung von der charakterologischen Einheit kultureller Repräsentationen. Ausgehend von LA als Zentrum der Unterhaltungsindustrie hat Molotch die Diversifikation entsprechender Techniken in andere Branchen verfolgt: »Bühnenbildner arbeiten im Industriedesign, Kostümbildner entwerfen Bekleidung oder stellen diese sogar her, Graphiker und Autoren arbeiten in der Werbe-, Verpackungs- und Druckindustrie.«[50] Aufgrund der Diversifikation von Techniken und Produkten – offenkundiges historisches Beispiel ist Max Factor, der als Perückenmacher für Filmstars begann, bevor er sein Kosmetik-Imperium aufbaute – ist LA nicht nur die Welthauptstadt der Unterhaltungsindustrie, sondern die des »schönen Scheins«, eine Stadt, deren Herzstück die »Design-Ökonomie« bildet, »mit synergetischen Wechselwirkungen zwischen verschiedensten Firmen, Bevölkerungsgruppen und symbolischen Systemen«.[51] Dazu gehören, last not least, die zahlreichen Arts Schools im Großraum LA, wie z. B. die Art Center School of Design, Pasadena oder das California Institute of the Arts (CalArts), Valencia, die Programme in allen Design-Branchen anbieten, vom Modedesign über das Media Design bis zum Engineering/Industrial Design, theoretisch fundiert und grundiert durch Kurse in Poststrukturalismus und Cultural Studies.

Die Kultur der städtischen Lebensform ist gleichbedeutend mit Offenheit sowohl im Sinne des Zugänglichen wie des Unvoreingenommenen, des Experimentellen wie des Prozesshaften. Es ist diese Offenheit, die den Humus für das Aufblühen der distinkten Kulturen in der Stadt bildet, die Vielfalt an sozialen Welten, moralischen Milieus und kulturellen Szenen. Dies alles aber entfaltet sich in einem von Geschichte durchtränkten, kulturell kodierten Raum, der mit Bedeutungen und Vorstellungen angefüllt ist. Zukünftige »Stadtintendanten« (Sieverts) müssen diese Vorgaben in ihre Überlegungen einbeziehen, denn der kulturell kodierte Raum ist nicht nur ein definierter, sondern auch ein definierender Raum, der über Möglichkeiten und Grenzen dessen (mit)entscheidet, was in ihm stattfinden oder was in ihn projiziert werden kann.

Literatur

AMPHOUX, PASCAL (1995), *Aux Écoutes De La Ville. La Qualité Sonore des Espace Publics Européens*, Zürich: Nationales Forschungsprogramm Stadt und Verkehr. ■ BÖHME, GERNOT (1995), *Atmosphäre*, Frankfurt/M.: Suhrkamp. ■ BÖHME GERNOT (1998), »Die Atmosphäre einer Stadt«, in: Breuer, Gerda (Hg.), *Neue Stadträume*, Frankfurt/M./Basel: Stroemfeld, S. 149–162. ■ BOURDIEU, PIERRE (1991), »Physischer, sozialer und angeeigneter physischer Raum«, in: Wentz, Martin (Hg.), *Stadt-Räume*, Frankfurt/M./New York: Campus, S. 25–34. ■ DE CERTEAU, MICHEL (1988), *Kunst des Handelns*, Berlin: Merve. ■ COHEN, SARA (1994), »Identity, Place and the ›Liverpool Sound‹«, in: Stokes, Martin (Hg.), *Ethnicity, Identity and Music. The Musical Construction of Place*, Oxford/Providence: Berg, S. 117–134. ■ DAVIS, MIKE (1992), *City of Quartz*, London: Vintage. ■ DIEDERICHSEN, DIEDRICH (1999), *Der lange Weg nach Mitte. Der Sound und die Stadt*, Köln: Kiepenheuer & Witsch. ■ DONALD, JAMES (1999), *Imagining the Modern City*, Minneapolis: University of Minnesota Press. ■ FRIJHOFF, WILLEM (2. 11. 1988), »The City and Its Memory«, Universitätsvortrag auf der Tagung *Urban Identity and Collective Memory*, Rotterdam. ■ GÖSCHEL, ALBRECHT / KIRCHBERG, VOLKER (Hg.) (1998), *Kultur in der Stadt. Stadtsoziologische Analysen zur Kultur*, Opladen: Leske + Budrich. ■ HANNERZ, ULF (1980), *Exploring the City. Inquiries Toward an Urban Anthropology*, New York: Columbia University Press. ■ HANNERZ, ULF (1996), »›Kultur‹ in einer vernetzten Welt. Zur Revision eines ethnologischen Begriffs«, in: Kaschuba, Wolfgang (Hg.), *Kulturen – Identitäten – Diskurse*, Berlin: Akademie Verlag, S. 64–84. ■ HÄUSSERMANN, HARTMUT (1994), »Urbanität«, in: Brandner, Birgit / Luger, Kurt / Mörth, Ingo (Hg.), *Kulturerlebnis Stadt. Theoretische und praktische Aspekte des Stadtkultur*, Wien: Picus, S. 67–80. ■ HÄUSSERMANN, HARTMUT / SIEBEL, WALTER (1987), *Neue Urbanität*, Frankfurt/M.: Suhrkamp. ■ HEIDENREICH, ELISABETH (1998), »Urbane Kultur. Plädoyer für eine kulturwissenschaftliche Perspektive auf die Stadt«, in: Göschel, Albrecht / Kirchberg, Volker (Hg.), *Kultur in der Stadt. Stadtsoziologische Analysen zur Kultur*, Opladen: Leske + Budrich. ■ HOFFMANN-AXTHELM, DIETER (1993), *Die dritte Stadt*, Frankfurt/M.: Suhrkamp. ■ HUMPHREYS, MARY GAY (1896), »Women Bachelors in New York«, in: *Scribner's Magazine*, 20, S. 626–636. ■ KOKOT, WALTRAUD / HENGARTNER, THOMAS / WILDNER, KATHRIN (Hg.) (2000), *Kulturwissenschaftliche Stadtforschung*, Berlin: Reimer. ■ KOOLHAAS, REM

---

49 Molotch (1998, S. 121).
50 (Molotch (1998, S. 126).
51 (Molotch (1998, S. 140).

(1997), »Stadt ohne Eigenschaften«, in: *Lettre*, H. 36, S. 30–36. ■ Korff, Gottfried (1985), »Mentalität und Kommunikation in der Großstadt Berlin. Notizen zur ›inneren‹ Urbanisierung«, in: Kohlmann, Theodor / Bausinger, Hermann (Hg.), *Großstadt, Aspekte empirischer Kulturforschung*, Berlin: Staatliche Museen Preußischer Kulturbesitz, S. 343–361. ■ Korff, Gottfried (1986), »Berlin – Berlin. Menschenstadt und Stadtmenschen«, in: Eckhardt, Ulrich (Hg.), *750 Jahre Berlin – Stadt der Gegenwart*, Berlin: Ullstein, S. 144–155. ■ Leeds, Anthony (1968), »The Anthropology of the Cities: Some Methodological Issues«, in: Eddy, Elizabeth M. (Hg.), *Urban Anthropology: Research Perspectives and Strategies*, Athens: University of Georgia Press, S. 31–47. ■ Lindner, Rolf (2002), »Konjunktur und Krise des Kulturkonzepts«, in: Musner, Lutz / Wunberg, Gotthart (Hg.), *Kulturwissenschaften. Forschung – Praxis – Positionen*, Wien: WUV, S. 69–87. ■ Linse, Ulrich (1983), *Barfüßige Propheten. Erlöser der zwanziger Jahre*, Berlin: Siedler. ■ Lofland, Lyn H. (1973), *A World of Strangers*, New York: Basic Books. ■ Molotch, Harvey (1998), »Kunst als das Herzstück einer regionalen Ökonomie: Der Fall Los Angeles«, in: Göschel, Albrecht / Kirchberg, Volker (Hg.), *Kultur in der Stadt. Stadtsoziologische Analysen zur Kultur*, Opladen: Leske + Budrich, S. 121–143. ■ Müller, Lothar (1987), »Urbanität, Nervosität und Sachlichkeit«, in: *Mythos Berlin*, Katalog zur Ausstellung, Berlin: Ästhetik und Kommunikation, S. 79–92. ■ Musil, Robert (1978), *Mann ohne Eigenschaften*, Reinbek: Rowohlt. ■ Park, Robert E. (1915), »The City: Suggestions for the Investigation of Human Behaviour in the City Environment«, in: *American Journal of Sociology*, 20, S. 577–612. ■ Payer, Peter (1997), *Der Gestank von Wien*, Wien: Löcke. ■ Porteous, J. Douglas (1985), »Smellscape«, in: *Progress in Human Geography*, 9, No. 3, S. 356–378. ■ Prigge, Walter (1988), »Mythos Metropole«, in: Prigge, Walter / Schwarz, Hans-Peter (Hg.), *Das Neue Frankfurt. Städtebau und Architektur im Modernisierungsprozess, 1925 bis 1988*, Frankfurt/M.: Vervuert. ■ Reed, John (1977 [1910]), *Stationen eines Lebens. Eine Anthologie*, Berlin: Dietz. ■ Reisch, Daniela (1983), »Ein Stadtplan der Gerüche«, in: *Bauwelt*, A. 32, S. 1689–1690. ■ Rodaway, Paul (1994), *Sensuous Geographies. Body, Sense And Place*, London/New York: Routledge. ■ Roesing, Helmut (2000),

»Soundscape. Urbanität und Musik«, in: Kokot, Waltraud / Hengartner, Thomas / Wildner, Kathrin (Hg.), *Kulturwissenschaftliche Stadtforschung*, Berlin: Reimer, S. 69–83. ■ Salin, Edgar (1960), »Urbanität«, in: *Erneuerung unserer Städte, 11. Hauptversammlung des Deutschen Städtetages*, Stuttgart/Köln: Kohlhammer, S. 9–34. ■ Schafer, R. Murray (1977), *The Soundscape: Our Sonic Environment And The Tuning Of The World*, Rochester: Destiny Books. ■ Schwarz, Karl (1986), »Berlin: Kulturmetropole und Industriemetropole neuen Typs«, in: *Ästhetik und Kommunikation*, 16, H. 61/62, S. 85–100. ■ Schwarz, Karl (1987), »Die Metropolen wollen. Berlin als Metropole wollen«, in: Schwarz, Karl (Hg.), *Die Zukunft der Metropolen: Paris, London, New York, Berlin*, Bd. 1, Berlin: Reimer, S. 21–30. ■ Siebel, Walter (1989), »Stadtkultur«, in: *Ästhetik und Kommunikation*, H. 70/71, S. 132–139. ■ Siebel, Walter (1999), »Urbanität«, in: Häußermann, Hartmut (Hg.), *Großstadt. Soziologische Stichworte*, Opladen: Leske + Budrich, S. 264–272. ■ Sieverts, Thomas (2000), »Die ›Zwischenstadt‹ als Feld metropolitaner Kultur – eine neue Aufgabe«, in: Keller, Ursula (Hg.), *Perspektiven metropolitaner Kultur*, Frankfurt/M.: Suhrkamp. ■ Simmel, Georg (1957 [1903]), »Die Großstädte und das Geistesleben«, in: Simmel, Georg, *Brücke und Tür*, Stuttgart: Koehler, S. 227–242. ■ Suttles, Gerald D. (1984), »The Cumulative Texture of Local Urban Culture«, in: *American Journal of Sociology*, 90, S. 283–304. ■ Terlinden, Ulla (1999), »›Neue Frauen‹ und ›Neues Bauen‹«, in: *Feministische Studien*, 2, S. 6–14. ■ Van der Ree, Dieteke (2000), »Hat die Stadt ein Gedächtnis? Bemerkungen zu einer schwierigen Metapher«, in: Kokot, Waltraud / Hengartner, Thomas / Wildner, Kathrin (Hg.), *Kulturwissenschaftliche Stadtforschung*, Berlin: Reimer, S. 167–188. ■ Walser, Karin (1987), »Der Zug in die Stadt. Berliner Dienstmädchen um 1900«, in: Anselm, Sigrun / Beck, Barbara (Hg.), *Triumph und Scheitern in der Metropole*, Berlin: Reimer, S. 75–90. ■ Weber, Max (1988), »Die Wirtschaftsethik der Weltreligionen«, in: Weber, Max, *Gesammelte Aufsätze zur Religionssoziologie I*, Tübingen: Mohr, S. 237–573. ■ Wilhelm, Karin (1998), »Die Stadt ohne Eigenschaften – wider die Propaganda einer globalen Amnesie«, in: Breuer, Gerda (Hg.), *Neue Stadtträume*, Frankfurt/M./Basel: Stroemfeld, S. 209–223.

14.8 Die Kultur des Alltags und der Alltag der Kultur

Hans-Georg Soeffner

1. Ungewohntes und Vertrautes im Weltmarkt der Sinnentwürfe

Moderne Gesellschaften westlicher Prägung sind durch eine Schrumpfung einheitlicher und überschaubarer Sinn- und Legitimationssysteme, ihrer bis dahin bewährten Grundlagen geteilten Wissens und gemeinsamer Orientierung, gekennzeichnet.[1] Unter den Bedingungen durchlässigerer Grenzen, stärkerer wirtschaftlicher Verflechtungen und politischer Abhängigkeiten sowie eines – in Struktur und zunehmend auch Inhalt – internationalen Medien- und Informationssystems, tritt an die Stelle der alten, gefestigten Konkordanzen von Gesellschaft und Ideologie oder Religionen ein Kaleidoskop unterschiedlicher Weltbilder und Bilderwelten von Ethnien, Milieus und Lebensstilen. Zugleich rücken an die Seite der traditionellen Produzenten und territorialen Hüter ›heiliger Ordnungen‹ – der Völker, Nationen und regional verwurzelten Gemeinschaften – transnational geprägte gesellschaftliche Gruppen und soziale Strukturen, die nahezu allen westlichen Industriegesellschaften gemeinsam sind.

Diese unter den Vorzeichen vermuteter ›Globalisierung‹ sich ausbreitende, historische Großwetterlage bestimmt aber nicht nur die ›Systeme‹ von Politik und Wirtschaft. Auch das alltägliche Leben in der Gesellschaft steht unter dem Einfluss der Internationalisierung der Wirtschaft (Preise für Konsumgüter und Dienstleistungen, Gefährdung des Arbeitsplatzes etc.) sowie der Politik (nicht erst seit dem 11. September 2001) und ist durch ›Multireligiosität‹ und ›Multiethnizität‹, Milieuvielfalt und Lebensstilinflation eingefärbt.

Zur Auflösung traditioneller Grenzziehungen und zur Erweiterung der Sinnhorizonte tragen neben den weltweiten Prozessen der Arbeitsmigration und der mit hoher Regelmäßigkeit vollzogenen Praxis touristischer ›Teilzeitmigration‹ vor allem die Medien bei. Die zunehmende Durchsetzung unseres Alltags mit immer neuer Elektronik und die beinahe vollständige Medialisierung des öffentlichen Lebens, der Arbeit, der Unterhaltung und der Freizeit verändern unsere Lebensgewohnheiten stärker, als wir es uns bewusst machen (und wahrhaben wollen), und sie formen, indem sie uns unsere Kommunikationsweisen ebenso wie unsere ›Unterhaltungsstoffe‹ vorgeben, weitgehend auch unsere Wahrnehmungsgewohnheiten, unsere Weltbilder und unsere damit verbundenen Ängste und Illusionen. All diese Veränderungen und Eindrücke suggerieren einen ständigen und unstrukturierten Fluss von Ereignissen, dem wir oft hilflos gegenüberstehen: uns selbst ständig an Unvorhergesehenes anpassend und dennoch in unseren Anpassungsleitungen stets zu spät kommend.

Dennoch erleben wir, dass – diesem fortwährenden und schnellen Wandel sich entgegenlehnend – eine Welt von Selbstverständlichkeiten und Routinen existiert, deren Beharrungsvermögen uns Sicherheit zu versprechen scheint: Morgen werden wir – wie gestern und heute – in uns weitgehend vertrauten Regeln, Verhaltensmustern, Rollen und Aufgaben unseren Alltag ›leben‹. Es ist dieser schützende Schild des Alltags, die Tiefenschicht der »Strukturen der Lebenswelt«,[2] die uns gegenüber den auf uns einstürzenden konkreten Alltäglichkeiten die innerweltliche Gewissheit zu geben scheint, dass wir uns in unserer Welt schon zurechtfinden werden. Um diesen, die Aktualität der Einzelereignisse umgreifenden *Alltag* und um die sozialen Ordnungen, die ihn durchdringen, in die er ›eingebettet‹ ist und die aus ihm entspringen wird es im Folgenden gehen: um die *Kultur* als einerseits von uns nicht mehr beeinflussbare Faktizität des Vergangenen und von uns Vorgefundenen sowie als das andererseits immer wieder neu von uns zu Erzeugende und zu Verändernde.

---

1 Vgl. Soeffner (2000).
2 Schütz/Luckmann (1979).

2. Die Lebenswelt des Alltags: Sozialwissen-
schaftliche Befragung des fraglos Gegebenen

Es sind vor allem »protosoziologische«[3] Überlegungen, aus denen heraus sich der besondere Stellenwert
und die herausragende Bedeutung der Grundstrukturen des Alltags für die sozialwissenschaftliche Reflexion herleitet. Anschließend an Edmund Husserl
verstand Alfred Schütz die Lebenswelt des Alltags als
jenen Ort, an dem sich der ursprüngliche Zugang des
Menschen zur Welt und sein Wissen von ihr formen.
Hier konstituiert sich die Sinnstruktur der sozialen
Welt und mit ihr die Orientierungen sozialen Handelns, die vor jeder Wissenschaft da sind.

Die Lebenswelt des Alltags ragt aus den anderen
Lebenswelten, aus den Erfahrungs- und Sinnberei-
chen des Traums und des Phantasierens, des Theoretisierens und der Kontemplation heraus. Sie bildet eine eigene, zwar begrenzte, aber ausgezeichnete
Wirklichkeitsregion. Wirklich ist diese Region nicht
›an sich‹, sondern zum einen, weil sie durch eine
besondere Bewusstseinsspannung erzeugt wird, aus
der sich jene »relativ natürliche Weltanschauung«[4]
speist, die »alle Modifikationen der Einstellung und
der Wachheit bzw. der Bewusstseinsspannung des
normalen Erwachsenen einschließt«.[5] Zum anderen
wird diese Wirklichkeitsregion im praktischen Handeln konstituiert: Der Alltag ist das einzige Subuni-
versum der Lebenswelt, in das »wir uns mit unseren
Handlungen einschalten«[6] und das wir durch unsere Handlungen verändern können. In der natürlichen Einstellung bildet unser sinnhaftes Handeln,
unser Handlungsverstehen und wechselseitiges Ver-
ständigungshandeln das heraus, was wir subjektiv
als alltägliche Lebenswelt erfahren: eben jenen he-
rausgehobenen Wirklichkeitsbereich, in dem wir
die anderen in leiblicher Kopräsenz sinnlich wahrnehmen, mit ihnen handeln, interagieren und kommunizieren.[7] Die Aufgabe der verstehenden Soziologie – als Erfahrungs- und Wirklichkeitswissenschaft im Sinne Max Webers – sah Schütz deshalb

in der Befragung des fraglos Gegebenen: in der
wissenschaftlich-theoretischen Reflexion über die
von Menschen geschaffenen sinnhaften Strukturen
in ihrer alltäglichen Lebenswelt.

Der Lebenswelt des Alltags, dem primären Hand-
lungs- und Interaktionsraum also, gilt – gerade wegen unserer in ihm ausdrückbaren und unmittelbar
wirksamen Handlungskompetenz – unsere vorrangige Aufmerksamkeit: Wir widmen dem Kauf des
eigenen Autos mehr Interesse und Diskussionszeit
als einem neuen Gesetzeswerk, und bei einem Part-
nerwechsel wird ein Regierungswechsel nur noch am
Rande wahrgenommen. Mit unserem primären
Handlungs- und Interaktionsraum sind wir vertraut;
wir bewegen uns in ihm mit größerer Sicherheit als
in ferner liegenden Zonen der Alltagswelt. Die Gründe dafür liegen neben der Greifbarkeit und Wirksamkeit der eigenen Handlungen darin, dass die
Akteure des Alltags sich in ihrem Alltagshandeln
wechselseitig Kompetenz unterstellen. Das Grundgesetz alltäglichen Handelns im Interaktionsraum
Alltag ist, dass in der Selbsteinschätzung der Akteure
im Prinzip jeder Handelnde kompetent und damit
zugleich für seine Handlungen verantwortlich ist.
Hier kann er jederzeit mit einsichtigen Gründen
für seine Handlungen rechenschaftspflichtig gemacht werden und Rechenschaft ablegen. Das Vertrauen in die Bekanntheit der Handlungsregeln wird
durch die konkreten Handlungen verifiziert und
gleichzeitig aufrechterhalten.

›Alltagshandeln‹ und ›Alltagskommunikation‹
funktionieren also durch die Annahme und Unterstellung von ›Selbstverständlichkeiten‹, die als solche
nicht mehr artikuliert werden müssen und oft auch
gar nicht mehr oder noch nicht artikulierbar sind
oder sein dürfen – so zum Beispiel in primären
Lebensgemeinschaften und Beziehungen. Die Interaktionspartner setzen ein gemeinsames Wissen über
eine als gemeinsam unterstellte Realität beieinander
voraus, die sie durch ihre Handlungen als gemeinsame aufrechterhalten. Eine Überprüfung des geteilten Wissensbestandes wird in der Regel tunlichst
vermieden; sie findet – wenn überhaupt – nur oberflächlich statt, und auch nur dann, wenn Probleme
erkennbar werden. Nur über solche Vermeidungs-
strategien kann das Interpretations- und Handlungs-
gefüge etwa des Ehesystems als das einer informellen
Gruppe gesichert werden.[8]

---

3 Luckmann (1980).
4 Scheler (1983).
5 Schütz/Luckmann (1984, S. 47).
6 Schütz (1972, S. 119).
7 Vgl. Grathoff (1978); Srubar (1988, S. 239 f.).
8 Vgl. Eckert/Hahn/Wolf (1989).

Das Vertrauen auf eine gemeinsame Welt latenter Übereinstimmung, die durch eben dieses Vertrauen überhaupt erst konstituiert und in ihrem Bestand gesichert wird, dient der im Alltag geforderten Schnelligkeit und Sicherheit der Aktionen und Reaktionen. Schnelligkeit und Sicherheit wiederum setzen eine möglichst große Störungsfreiheit der Interaktionsabläufe voraus. Sets von eingeschliffenen, als erfolgreich erfahrenen und von den Partnern akzeptierten Handlungen sichern diese Störungsfreiheit ab: Alltägliche »Interaktionsrituale«[9] bestätigen die gegenseitige Erwartungskongruenz der Interaktionspartner, sie sind handlungs- und entscheidungsentlastend. Dabei sind sie ebenso wenig Gegenstand reflektierter Überprüfung wie die anderen Selbstverständlichkeiten des Alltags auch. Dieser Interaktionsraum des in der Regel unbefragt unterstellten Alltags bildet die Welt ab, in der man genau ›weiß‹, woran man ist, und in der man daher ebenso kompetent wie routiniert handelt.

3. Alltagswissen und Alltagshandeln: Typik, Normalität und Normativität

Mit ›Alltag‹ in dem hier gemeinten Sinn ist weder eine historisch vorfindliche, spezifische Wirklichkeit noch eine Welt alltäglicher Gebrauchsgegenstände und Verrichtungen gemeint. All dies gehört zwar zu dem, was wir gewöhnlich mit Alltag meinen. Es wird zwar in ihm erzeugt und wirkt auf ihn zurück, aber es ist nicht das, was – spezifische historische und kulturelle Erscheinungsweisen übergreifend – den ›Alltag als solchen‹ hervorbringt, erhält und reproduziert. Die generative Struktur dessen, was wir Alltag nennen, beruht vielmehr auf einem besonderen Typus der Erfahrung, des Wissens und des Handelns, der sich seinerseits einen eigenen Rahmen und eine spezifische Ausdrucksform schafft: den *kognitiven Stil der Praxis*.[10] Dessen besondere Leistungen werden erkennbar durch eines seiner Produkte, das für den Alltag konstitutiv ist: durch die Konstruktion von Normalität.

Denn der kognitive Stil der Praxis zielt ab auf die Beseitigung oder Minimierung des Ungewöhnlichen, des Bedrohlichen und des Zweifels, damit auf problemlose und ökonomische Koorientierung der Perspektiven und des Handelns. Dementsprechend

bestehen die besonderen Leistungen des kognitiven Stils der Praxis darin, fremdartige Situationen und neuartige Handlungsweisen so zu typisieren, als seien sie bekannt, genauer: als seien sie Bestandteil der Normalität eines allen bekannten, gemeinsamen Handlungs- und Erfahrungsraumes. Die Kennzeichnung ›allen gemeinsam‹ macht darüber hinaus deutlich, dass Normalitätskonstruktion verbunden ist mit der virtuellen, immer aktualisierbaren Fähigkeit aller Interaktionspartner, die jeweiligen Perspektiven und Haltungen der anderen Interaktionspartner einzunehmen.[11] Normalität ist – wie jede Form sozialer Sinnkonstitution und sozialen Handelns – ein intersubjektiv erzeugtes Konstrukt.

Sichtbarer Ausdruck der Normalitätskonstruktion im Alltag ist die Wiederholung erprobter und bekannter Handlungsmuster in der Interaktion. Sie demonstrieren das Vertrauen auf einen gesicherten gemeinsamen Wissensbestand sowie auf einen gemeinsamen Erfahrungs- und Handlungsraum, innerhalb dessen man ›nichts falsch machen‹ kann und in dem Problemsituationen im Rekurs auf bekannte Problemlösungen (wie wenig effektiv diese im Einzelnen auch sein mögen) bewältigt und damit in den Bereich funktionierender Normalität eingegliedert werden. Hier wird der Zusammenhang von Typik, Normalität und Normativität des Alltagswissens und -handelns besonders deutlich, gleichzeitig allerdings auch die Leistungsfähigkeit des kognitiven Stils der Praxis: Er sichert, wie erwähnt, Schnelligkeit und soziale Akzeptanz alltäglicher Reaktionen und stellt mit den Problemlösungsroutinen ein immerhin häufig funktionierendes Instrument zur Bewältigung neuer Gegebenheiten und Probleme zur Verfügung; allerdings auch eines, das Neues als solches nicht erkennt, sondern zum bereits Bekannten umformt. Da aber das Neue nicht als solches, das heißt als deutungsbedürftig gesehen wird, stellen die Alltagsroutinen nur ein äußerst begrenztes und unsicheres Potential zur Bewältigung von Überraschungen und ungewohnten Anpassungszwängen dar.

---

9 Goffman (1971).
10 Goffman (1977, S. 13).
11 Gemeint ist die von Mead (1973) beschriebene, auf den Austausch »signifikanter Symbole« beruhende Fähigkeit des »taking the role of the other«.

Handlungsmuster – im Prinzip gleich bleibende, zeichenhaft repräsentierte Reaktionen innerhalb von Interaktionsprozessen – bringen darüber hinaus einen als gleichbleibend imaginierten Wissensbestand zum Ausdruck, der in Handlung und Rede der jeweiligen Muster dokumentiert ist: Handlungsmuster repräsentieren Deutungsmuster, und Deutungsmuster generieren ihrerseits Handlungsmuster.[12] Deutungsmuster, die Weltsicht und ›Lebenstheorien‹ von Einzelnen, Gruppen, Gemeinschaften usw. bilden Organisationsformen des Alltagswissens ab. Sie ordnen die Details des alltäglichen Erfahrungsbestandes einem verbindenden Interpretationsnetz zu. In diesem Netz sind sowohl das allgemeine Konstruktions- und Organisationsprinzip alltäglicher Typisierung als auch die spezifische deutende Reaktion eines Einzelnen oder einer Gruppe auf den jeweiligen Interaktionskontext, innerhalb dessen sie sich befinden, repräsentiert: dies allerdings wiederum in Form der Normalisierung, das heißt vor dem Hintergrund einer intendierten Problemlosigkeit und Widerspruchsfreiheit. So erleben die Anhänger zweier verschiedener Mannschaften zwar nicht dasselbe Fußballspiel, dennoch verläuft die Konstruktion ihrer jeweiligen spezifischen Sichtweise formal mit Hilfe der gleichen Organisationsregeln. Vor allem aber erwachsen die jeweiligen Sichtweisen aus der Zugehörigkeit zu einem gemeinsamen Interaktionskontext. Deutungsmuster repräsentieren wechselseitige Einflussnahme und Reaktionen mehrerer Personen oder Gruppen aufeinander. Sie sind Produkte von Interaktionsprozessen und Interaktionssystemen, nicht also pure Widerspiegelungen der Perspektive eines Einzelnen.[13]

Die Routinisierung des Alltagswissens und des Alltagshandelns beruht auf Inexplizität; auf der Prämisse, dass nicht alles gesagt oder gefragt werden muss. Man setzt ein ›tacit knowledge‹ voraus, das heißt, dass man etwas weiß, ohne dass man sagen muss oder sagen könnte, was man weiß: Alltagswissen ist inexplizit, weil es in einer Welt der Selbstverständlichkeiten untergebracht ist. Diese Welt der

Selbstverständlichkeiten funktioniert jedoch paradoxerweise nur auf der Basis der Unterstellung, alles sei ausdrückbar, falls die Forderung danach gestellt werde. Dementsprechend können jedermann ›praktische Erklärungen‹ für seine Handlungsweisen abverlangt werden.[14] Inexplizität und das Prinzip der generellen Ausdrückbarkeit gehören notwendig zusammen: Man verzichtet also nicht deswegen darauf alles zu explizieren, weil nicht alles explizierbar ist, sondern gerade weil wir glauben, alles sei – prinzipiell – explizierbar, muss nicht alles immer wieder expliziert werden.

Aufgrund dieser Organisationsform des kognitiven Stils der Praxis und aufgrund der Fähigkeit, mit Problemlösungsroutinen auf neuartige Probleme zu antworten, zeigen alltägliche Deutungsmuster eine große Eigenständigkeit, ein enormes Beharrungsvermögen und eine ebensolche Resistenz gegenüber alternativen Deutungsangeboten. Sie sind demnach deutende Antworten auf ›objektiv‹ vorliegende Handlungszwänge. Zugleich sind sie aber auch ›eigensinnig‹, insofern nämlich, als sie abgehoben und illusionsgefährdet auf eine Situation reagieren, die ihnen in ihrer Komplexität und eventuellen Neuartigkeit – durch die Einseitigkeit der vorgeblich erfahrungsgesättigten Normalitätskonstruktion – verstellt sein kann. Dennoch sind alltägliche Deutungsmuster zum einen als inexplizite Hypothesen über die soziale ›Realität‹ zu verstehen, die als prinzipiell veränderbar angesehen werden müssen; zum anderen ist unübersehbar, dass die Bewältigung neuartiger Situationen durch bekannte Problemlösungsroutinen, wie sie in Deutungsmustern auftritt, dem Einsatz generativ wirksamer Regeln entspricht,[15] das heißt der Fähigkeit, bekannte Regeln auf neuartiges Material anzuwenden und dieses dadurch zu strukturieren.

Die Inexplizität des Alltagswissens, seine formale Organisation in der Typik der Normalität und seine davon abhängende inhaltliche Repräsentation in zwar generativ handlungswirksamen, aber von den Betroffenen nur latent gewussten sozialen Deutungsmustern weisen aus, dass es für dieses ›Wissen‹ keinen Zwang zum Einsatz von Überprüfungskriterien gibt. Es muss vielmehr als ein System von Selbstverständlichkeiten, unüberprüften Plausibilitäten, das heißt als ein System von Glaubenssätzen verstanden werden.

---

12 Vgl. Oevermann (1973).
13 Vgl. Mead (1973).
14 Vgl. Searle (1969); Scott/Lyman (1976).
15 Vgl. Chomsky (1969); Oevermann (1973).

Dieses normative System verdankt seine Leistung weniger seiner Form, als vielmehr seiner Funktion, jenen Anpassungszwängen gerecht zu werden, denen die alltäglichen Interaktionssysteme im Umgang der Individuen miteinander unterworfen sind. Genauer: Die Anpassungsprozesse vollziehen sich in einem Verfahren von Versuch und Irrtum, das bei neu auftretenden Problemen immer wieder einsetzt. Dabei wird die als erfolgreich erlebte Lösung beibehalten und solange tradiert, bis sie eines Tages versagt und andere Lösungsmöglichkeiten erzwungen werden. Alltagswissen und Alltagshandeln dokumentieren sowohl allgemeine, evolutionär begründete Formen der Anpassung einer Gattung an ihre vorgegebene und an die von ihr selbst geschaffene Umwelt als auch die so entwickelten routinisierten Verfahren des Umgangs innerhalb dieser Interaktionsgemeinschaft. Alltagswissen und Alltagshandeln zeigen somit im Allgemeinen das Beharrungsvermögen einer Gattung, und im Besonderen die spezifischen Formen des Wissens und der Anpassung, die von konkreten soziohistorischen Gemeinschaften dieser Gattung entwickelt wurden. Durchgehend erkennbar ist immer das ›alltägliche‹ Selektionsprinzip bei der Wahl alternativer Handlungsmöglichkeiten: das Prinzip der Konstruktion und Wirksamkeit inexplizierter Normalität.

Diese Struktur des Alltagswissens und des Alltagshandelns verweist zugleich darauf, dass in ihr auch die Möglichkeit zur ›Überwindung‹ des kognitiven Stils der Praxis möglich ist: Das Potential dieses kognitiven Stils bietet mehr, als ihm im Alltag abverlangt wird. Er hat die Tendenz zur Selbstüberschreitung. Denn jede Gesellschaft, so klar und fest sie auch strukturiert sein mag, lebt nicht nur in ihren Routinen, sondern auch in ihren Brüchen, Übergängen und Grenzüberschreitungen von einem Lebensalter zum anderen, von einer Gruppe zur anderen, von einem Geschlecht zum anderen usw. Wir benötigen die Routinen nicht nur – in einem anthropologischen Sinne – als Entlastung, um uns neuen Plänen, Problemen und Handlungen widmen zu können,[16] sondern gerade auch, um die unvermeidlichen Brüche einigermaßen gesichert und kollektiv zu kitten. Die Entwicklung jeder Gesellschaft konstituiert sich – von der Sozialisation ihrer Mitglieder über die Formierung von Gemeinschaften und ihren Weltanschauungen bis hin zur

Ausgestaltung eines konkret-historischen, gesellschaftlichen Kosmos – nicht zuletzt durch ein immerwährendes Spannungsverhältnis zwischen den unterschiedlichen, miteinander oft konkurrierenden gesellschaftlichen Konstellationen einerseits und der Starrheit der Hilfsmittel zur Überwindung dieser Unsicherheits- und Unbestimmtheitsstellen andererseits: der Routinen, der Zeichen und Symbole als jenen Brücken, in denen das Kollektiv seinen Zusammenhalt gerade vor dem Hintergrund der kollektiven Gefährdung darstellt.

4. Der Doppelcharakter von Kultur: Gesellschaftlich-geschichtlich Vorgefundenes und alltäglich zu Erarbeitendes

Mit Gehlen – aber unter Ausklammerung seiner metaphysischen Bestimmungen – lässt sich Kultur als selektiv organisierter Gestaltungsprozess begreifen, durch den im Gang durch die Jahrhunderte eine neue, von Menschen geschaffene, aber dennoch eigenständige Welt fester »symbolischer Formen«[17] und Inhalte entsteht. Kultur zeigt sich hier als symbolisch ausgedeuteter Zusammenhang, als historisch gewachsene, sich fortentwickelnde Welt, die wir nicht gemacht, sondern die wir von unseren Vorfahren und diese wiederum von ihren Vorgängern übernommen haben. Sie wird von uns erfahren als etwas, in das wir hineinwachsen müssen. Unsere Eltern beschreiben diese Welt als ›unsere‹ und dennoch kann sie uns jederzeit ›fremd‹ werden. Ihre prinzipielle Gegenständlichkeit und Objektivität verliert sie auch dann nicht ganz, wenn wir uns wohnlich in ihr einrichten, uns ihr und sie uns anpassen: So sehr wir uns auch in sie einarbeiten und sie mitgestalten, sie behält in dieser Hinsicht trotz aller Veränderbarkeit die Qualität versteinerter Sozialität, mag der Marmor noch so sorgsam behauen und seine Form noch so fein gestaltet sein.

Diese ständig spürbare Gegenständlichkeit und Objekthaftigkeit von Kultur muss unterschieden werden von Kultur als menschlicher Aktivität: das heißt Kultur als Resultat der inneren und äußeren

---

16 Vgl. Gehlen (1962).
17 Cassirer (1953).

Arbeit von Generationen am und im alltäglichen Leben, an dessen Verfeinerung und Überhöhung einerseits, von den Aktivitäten und der ihnen zugrunde liegenden Einstellung andererseits. Hinzu kommt: Zum Wert – und als Wert erkannt – wird Kultur nur, sofern wir den Dingen und uns selbst in nicht-pragmatischer, sondern ästhetischer, tendenziell zweckfreier Einstellung gegenüber treten, in einer Einstellung also, die auch jede Art von normativer Ethik übersteigt. Denn deren enge Verklammerung mit sozialer Funktionalität und praktischer Orientierungsleistung verweist in den Wirkungsbereich jener Bewusstseinsspannung der »hellen Wachheit«,[18] wie sie für das Handeln in praktisch-zweckgebundener, nicht aber in ästhetisch, tendenziell zweckfreier Einstellung typisch ist. Pointiert ausgedrückt: In kultureller Einstellung und Werthaltung erhält jede Art von gesellschaftlichem Wert eine ästhetische Beigabe, die ihn aus dem Relevanzsystem des Praktischen, Funktionalen und Normativen in den Wahrnehmungshorizont des tendenziell freien Spiels ästhetischer Reflexivität überführt.

So wichtig es ist, den Wahrnehmungs- und Handlungsstil in kultureller Einstellung von jenem in pragmatischer Einstellung zu unterscheiden, so unerlässlich ist es auch, auf die Verknüpfung beider in unserer Welt- und Selbstdeutung zu verweisen. Zwar handeln, deuten und unterscheiden wir in der ›natürlichen‹ Einstellung ›heller Wachheit‹ pragmatisch ad hoc unter dem Druck aktueller Ereignisse und partikulärer Zwecke und Zielstrebungen, wobei wir uns von bewährten Orientierungsmustern lenken lassen und auf bisher erfolgreiche Handlungsroutinen zurückgreifen. Aber der symbolisch ausgedeutete Sinnhorizont, in den alle unsere Wahrnehmungen, Deutungen und Handlungen eingebettet sind, wird durch Kultur (als das Ineinandergreifen von uns auferlegter, gegenständlicher Symbolwelt einerseits und Einstellung, Wahrnehmungs- und Handlungsstil andererseits) konstituiert. Kultur in diesem Sinne ist also weder bloße Instanz oder unveränderlich vorgegebene Symbolwelt noch frei schwebende, ästhetisch reflexive Einstellung, sondern jener Bedeutungsrahmen, in dem Ereignisse, Dinge, Handlungen, Motive, Institutionen und gesellschaftliche

Prozesse dem Verstehen zugänglich, verständlich beschreibbar und darstellbar werden: Ein Bedeutungsrahmen, der uns zur ›zweiten‹, von uns kultivierten ›Natur‹, zu einem ›zweiten Zuhause‹ werden kann.

Als konstitutive Elemente dieses Bedeutungsrahmens gelten gemeinhin kollektiv anerkannte Normen und deren Garanten, die Institutionen, aber auch die eher implizit ›gewussten‹, ebenso unauffällig wie selbstverständlich wirkenden sozialen Mächte von Brauchtum und Habitus – manifestiert in Ritualen, den Bausteinen symbolischen Handelns, die das soziale Gebäude vom alltäglichen Fundament bis zu den Türmen kultureller ›Hochleistungen‹ und gut ausgemalter Weltbilder stützen.

So ähnlich und gleichartig die Ordnungselemente unter formalem und funktionalem Aspekt erscheinen mögen, so unterschiedlich sind sie in ihrer konkreten, materialen Ausgestaltung. Sie sind allesamt historische Gewächse, die ihr Erscheinungsbild den kulturellen Landschaften und Regionen verdanken, in denen sie gewachsen sind. Die Ordnungselemente sind konkrete Antworten auf konkrete Problemlagen, in ihrer inhaltlichen und materialen Ausformung also an konkrete soziohistorische Umgebungen gebunden und unaustauschbar – es sei denn, sie würden mit politischer und/oder ideologischer Macht und anhaltender Überwachung von einer in eine andere Kultur übertragen, deren symbolische Ordnungsrepräsentanten überformend oder in den Untergrund verdrängend.

Erst Formung macht aus kollektiven Empfindungen und Ahnungen einen Glauben, der sich auf Dauer stellen lässt. Eine der Formen, auf die sich Glaube und gefestigte kollektive Überzeugungen stützen können, ist – wie gesagt – das Ritual. Es ist eine Aktionsform des Symbols, verlangt also Tätigkeit, wo andere Symbole ihre Kraft und Wirkung aus der fixierten Zeichengestalt ziehen. Rituale repräsentieren damit Ordnungen, die im Handeln immer erst und immer wieder hergestellt werden müssen. Sie formen und disziplinieren das Verhalten, machen es überschaubar und vorhersagbar und erlauben, dass wir uns nicht nur in Räumen, sondern auch im Handeln ›zuhause‹ fühlen.

Anders als Verhaltensgewohnheiten und Routinen, die uns ebenfalls entlasten und Orientierungssicherheit suggerieren, erzeugen Rituale, versteckt

---

18 Schütz/Luckmann (1979, S. 52).

oder deutlich sichtbar, die Aura des ›Heiligen‹. Sie sind aktive Grenzziehungen zwischen einzelnen Individuen, einem Individuum und anderen Menschen, zwischen unterschiedlichen Gruppen und Gemeinschaften, aber auch zwischen einem bewusst gestalteten Image und der ›puren‹ äußeren Erscheinung einer Person,[19] zwischen dem ›Privaten‹ und dem ›Öffentlichen‹, zwischen Meinung und Glauben, zwischen alltagspraktischem Handeln oder Routinen einerseits und andererseits einem Handeln, in dem sich die Achtung vor dem eigenen Selbst, vor Mitmenschen, Dingen, Überzeugungen oder ›der Welt‹ anzeigt. Sie sind also Repräsentanten überhöhter oder als heilig dargestellter sozialer Ordnungen.[20] Allgemein lässt sich das den Alltag zwar verdeckt, aber umso nachhaltiger strukturierende Ritual charakterisieren als eine spezifische Verknüpfung von symbolisierten Einzelhandlungen und Gesten in gleichbleibenden, vorstrukturierten, also intern geordneten Handlungsketten.[21]

Sich in rituellen Konventionen ›richtig‹ zu bewegen, verlangt daher von jedem Einzelnen die Beherrschung der jeweiligen »rituellen Idiome«[22]: die Kenntnis der Verknüpfung der unterschiedlichen Rituale nach gesellschaftlichen Spielregeln, nach den ›Sprachspielen‹, in denen Rituale einander zugeordnet sind. Damit wird erkennbar, woher die Sicherheit rührt, die Rituale zu vermitteln scheinen. Sie sind so etwas wie standardisierte, vorweg erlernte und vorweg reagierende, oft kollektiv formalisierte Bewältigungsmechanismen für Unbekanntes: Orientierungsvorgaben in unsicherem Gelände.[23]

Durch seinen Formalismus schafft das Ritual also einerseits Distanz zu ›spontanem‹ affektivem Verhalten. Andererseits wirkt es ebenso als Auslöser (symbolisch) vorgeformter Ausdruckshandlungen, die ihrerseits – gesteuert – Emotionen erzeugen. Versteht man – in Anlehnung an Verhaltensforschung und Humanethologie – unter einem ›Ritual‹ die Festlegung einer Aktions- bzw. Reaktionsabfolge mit Signalwirkung, rituelle Verhaltenselemente also als sequentiell festgelegte und durchstrukturierte ›Schlüsselreize‹ für Mitglieder der gleichen Art, so wird deutlich, dass rituelles Handeln denen, die sich ihm ausliefern, vorgeformte Ordnungen und Affekte aufzwingt. Diese Ordnungen des Handelns und der (konditionierten) Emotion können – je nachdem, wie sie konkret ausgestaltet sind und mit welchen

symbolischen Elementen sie ›arbeiten‹ – einerseits Verzweiflung bändigen und Trost erzeugen wie z.B. Beerdigungsrituale; sie können durch einen Ritus und die in ihm symbolisch vorgestellte heilige Welt führen, die Gläubigen im Ritus ›heiligen‹ und mit Ehrfurcht erfüllen; aber ebenso können sie Menschen in vorstrukturierte Aggressionsketten hinreißen, Hemmungen beiseite schaffen und den ›Kollektivkörper‹ zu vorgeformter Gewalt scheinbar ›legitimieren‹: Die Geschichte der Menschheit wird begleitet von Ritualen des Helfens, Aufopferns, Heiligens, Pflanzens, Bewahrens, Schützens und der Gastfreundschaft, aber ebenso von Ritualen des Kampfes, der Vernichtung, des Opferns, Mordens, Hinrichtens und Schlachtens – kurz: von rituell geordneter und ›geheiligter‹ Destruktion.

5. Moderne Alltagskultur: Interkulturalität, Individualisierungsdruck und Inselbildung

Die westlichen Industrienationen werden, was die Gestaltung und Gefährdung ihrer alltäglichen sozialen Ordnung betrifft, von der Trinität ›Interkulturalität – Individualisierung – Inselbildung‹ beherrscht. Diese drei ›I‹ bilden ein Reaktionsgefüge, eine zugleich bewegliche und poröse Einheit, die durch den wechselseitigen Widerspruch ihrer tragenden Elemente gegeneinander geprägt ist. Einander sowohl verstärkend als auch behindernd treiben diese drei Elemente jene komplexe, ›offene‹ und bewegliche Ordnung des menschlichen Zusammenlebens hervor, der moderne Industriegesellschaften unterworfen sind. In solchen Gesellschaften tritt zunehmend an die Stelle des Konsenses über gemeinsame Normen der Konsens, dass es solche gemeinsamen Normen kaum mehr gebe.[24] Im Hinblick auf die Bewahrung und Gültigkeit traditioneller Normen mag diese neue Einschätzung zutreffen. Es wird darin aber übersehen, dass an die Stelle

---

19 Vgl. Goffman (1974, S. 25).
20 Vgl. hierzu auch Turner (2000); Wiedenmann (1991).
21 Ausführlich hierzu Soeffner (1989).
22 Goffman (1994, S. 83).
23 Siehe hierzu auch den Beitrag 9.6 von Kolesch in Bd. 2 dieses Handbuchs.
24 Vgl. Soeffner (2000, S. 11–22).

verloren gegangener alter andere gemeinsame, normativ wirksame Überzeugungen getreten sind – so zum Beispiel auch die, dass die besten Verwalter öffentlicher Meinungen und die kompetentesten Schiedsrichter gegenüber der Beachtung oder Verletzung sozialer Regeln ›die Medien‹ seien: eine durchaus fragwürdige, aber für viele von uns alltäglich praktizierte Überzeugung.

5.1. Interkulturalität: Öffnungs- und Schließungsprozesse im multikulturellen Makrokosmos

Moderne Industriestaaten sind – ob sie es wissen oder nicht und ob sie wollen oder nicht – zwangsläufig ›offene‹, ›multikulturelle‹ und ›multiethnische‹ Gesellschaften.[25] Denen, die in ihnen ihr Zuhause haben, vermitteln sie fast immer ein Gefühl der Unübersichtlichkeit, der Unordnung und damit der Unsicherheit. Vor allem die offensichtliche Unvorhersehbarkeit der gesellschaftlichen Entwicklung lässt das, was als ›soziales Heim‹ oder Heimat gewünscht wird, unheimlich erscheinen: kein Wunder, dass einigen Beobachtern offene Gesellschaften als »Risikogesellschaften« erscheinen, denen mit »Gegengiften« zu begegnen sei.[26] In die Rezepturen für derartige Impfstoffe mischen Sozialphilosophen, Gesellschaftskritiker und -analytiker seit Jahrtausenden jene Substanzen, aus denen soziale Ordnung sich primär zu speisen scheint: Normen und Institutionen, Brauchtum, Habitus und Rituale. Man kann all diese Substanzen, solange man sie unter formalen und funktionalen Gesichtspunkten analysiert, als gut definierbare Faktoren sozialer Ordnung behandeln. Daher scheint sich der Gedanke aufzudrängen, man könne die Ingredienzien auch planerisch als berechenbare Größen einsetzen, beliebig kombinieren oder einfach neu

gestalten. Dieser Gedanke ist illusionär: So ähnlich und gleichartig die Ordnungselemente unter formalem und funktionalem Aspekt erscheinen mögen, so unterschiedlich sind sie in ihrer konkreten, materialen Ausgestaltung.

Insgesamt folgen Ausformung, Aufbau und innerer Zusammenhang rituell ausgestalteter Ordnungen der Struktur konkreter Gesellschaften. Je geschlossener und homogener diese sind, umso kohärenter ist das Zusammenspiel der Einzelrituale im Rahmen der sie stützenden und legitimierenden symbolischen ›Großform‹: des »Kosmions« als eines lebensweltlich verankerten Weltbildes und Weltentwurfes, dem sich Gesellschaften verpflichtet sehen.[27] Ebenso: Je heterogener, pluralistischer, ›multikultureller‹ und ›multiethnischer‹ Gesellschaften strukturiert sind, umso partialisierter und parzellierter treten symbolische Formen und ihre Einzelelemente nebeneinander auf. Die Konkurrenz unterschiedlicher Weltanschauungen auf den gegenwärtig beobachtbaren Märkten der Sinnentwürfe, die Zergliederung moderner Gesellschaften in Ghettos und Reservationen, die Formierung ›überregionaler‹, bildungs- und schichtorientierter Lebensstil- und Geschmacksgruppierungen, und nicht zuletzt eine übernationale ›Globalkultur‹ der Medien, Moden und Konsumgewohnheiten: Sie alle bringen Vielfalt, neue Bündnisse, überraschende Überschneidungen und Wahlverwandtschaften ebenso hervor wie Konkurrenz, Kampf und Antagonismen zwischen den symbolischen Formen, genauer: zwischen Gruppierungen, die sich über solche Formen interpretieren bzw. ein- und ausgrenzen.

Für solche Gesellschaften ist die klare Unterscheidung von »Binnen«- und »Außenlage«[28] nicht mehr möglich. Jede moderne Industriegesellschaft – so auch unsere – rekrutiert sich aus ›heimischen‹ und ›fremden‹ Kulturen, wird tendenziell – wie New York, Singapur oder London – in verkleinertem Maßstab zum Abbild des multikulturellen Makrokosmos. Der weltumspannende Zusammenschluss von Medien und Verkehrsmitteln, der internationale Umschlag von Massenwaren und Massentouristen durch übernationale Konzerne, die globale Arbeits- und Elendsmigration[29] und schließlich die weltweite Standardisierung der Fertigungs- und Verwaltungstechniken haben die universellen Kontaktmöglichkeiten – und das ist historisch neu

---

25 Siehe hierzu auch die Beiträge von Ackermann (12.9) und Shimada (15.5) in diesem Band.

26 Beck (1986; 1988).

27 Zur lebensweltlichen Fundierung dieses von Eric Voegelin eingeführten Begriffes durch Alfred Schütz vgl. Srubar (1988).

28 Tenbruck (1992).

29 Vgl. hierzu Hoffmann-Nowotny, der bereits 1974 – und später immer eindringlicher – auf diese Entwicklung hinwies.

– in einen universellen Kontaktzwang zwischen den Kulturen überführt.

Innerhalb dieses sich selbst tragenden Gefüges Völker und Kulturen übergreifender Netzwerke vollzieht sich – vorläufig erst in den modernen Industriegesellschaften – das, was Alois Hahn eine »Generalisierung der Fremdheit«[30] nennt. Die Globalisierung des ökonomischen und kulturellen Austausches bringt weltweit Menschen mit mehrfacher Staats-, Kultur- und selbst Religionszugehörigkeit hervor, verschränkt Fremdheit der Nähe mit Bekanntheit der Ferne und verweist damit unübersehbar darauf, dass der Versuch, an den ›Grenzen‹ offener Gesellschaften kulturelle Schlagbäume zu errichten, notwendig scheitern muss.

Andererseits weckt gerade die Internationalisierung von Teilen der Massenkultur bei vielen die Angst, ›alte kollektive Identitäten‹ zu verlieren. Eine der Folgen dieser Angst ist ein wiedererweckter Nationalismus, eine andere der religiöse Fundamentalismus. Beide verweisen auf das von der aufklärerischen Vernunft vernachlässigte und vom Projekt der Moderne ausgeklammerte Problem menschlicher Gemeinschaftsorientierung und Religiosität. Beide Radikalismen sind zugleich Produkte einer dreifachen Enttäuschung: (1) der Ernüchterung darüber, dass der Gewinn individueller Freiheit immer mit struktureller Einsamkeit des Einzelnen, der Last eigener Entscheidung und dem notwendigen Scheitern der Allmachtsphantasien vom ›autonomen‹ Individuum verbunden sind; (2) der Enttäuschung darüber, dass in den modernen, notwendig pluralistisch organisierten Staaten die Sicherheit dauerhafter, gewachsener Gemeinschaften und vorgegebener, allgemein anerkannter Glaubensinhalte nicht mehr gewährleistet werden kann; (3) der gescheiterten Hoffnung, dass die ideelle Unsicherheit oder Leere zumindest mit einem kalkulierbar weiter wachsenden Wohlstand abgegolten werde. – So entsteht die Versuchung, eine Entschädigung für nicht mehr erfüllbare ideelle oder materielle Wünsche und Hoffnungen entweder im »Glauben an Blutsgemeinschaft«[31] oder in absolutem Vertrauen auf die eine Glaubensgemeinschaft und den einen Gemeinschaftsglauben zu suchen. Der – ebenso alltäglich-normale wie illusionäre – Versuch, sich selbst über die Definition von Fremden/Feinden zu finden, die Sehnsucht im Kollektiv

geborgen zu sein und von keinerlei Zweifel angekränkelt in einem »blutsverwandtschaftsartig reagierenden Gemeingefühl[s]«[32] ohne Legitimationslast handeln zu können, macht Führerfiguren verzichtbar. Die Bewegungen charismatisieren sich heute selbst in der Gemeinschaftsaktion. Soviel immerhin hat das Zusammenspiel von Pluralismus und fortschreitender Individualisierung für die Gegenwart hervorgebracht: Der gegenwärtig beobachtbare, sogenannte ›Rückfall‹ in alte Muster trägt ausgesprochen moderne Züge. Denn die Suche der Individuen zielt heute nicht so sehr auf ein anderes großartiges Individuum, das man ja letztlich selbst sein könnte, sondern auf die Gruppe: auf die Aktion im Kollektivkörper und auf die ›Normalität‹, die aus der Gemeinsamkeit und dem Gleichsinn mit anderen erwächst.

Zwar gibt es keine Weltkultur im eigentlichen Sinne, aber es zeigen sich weltweit mehr als nur Tendenzen zu globalen Organisationsformen und Produktions- bzw. Konsumtionsweisen. Nicht nur die von dem – euphemistisch als ›weltweite Staaten-Gemeinschaft‹ betitelten – Sammelsurium großer und kleiner, armer und reicher, demokratisch, diktatorisch oder kaum regierter Staaten ›unterhaltenen‹ internationalen Organisationen wie Uno, Unesco, Internationaler Gerichtshof und Weltbank repräsentieren diese Tendenzen. Es ist insbesondere die weltumspannende Allgegenwart der Massenmedien, die es fertiggebracht hat, trotz der unübersehbaren Vielfalt und Verschiedenheit der Kulturen, eine weltweite, beinahe uniforme Akzeptanz bestimmter Produkte durchzusetzen: Film und Show; Popmusik und Videoclip; Automobil und Computerspiele; Jeans-, T-Shirt-, Turnschuh- und Sportmode, ›zeitgenössische‹ Architektur und Imbissketten. Ein übernationaler ›General Store‹ für Alltags- und Freizeitartikel scheint die Einzelkulturen beinahe zwang- oder kampflos und besser zu beherrschen, als dies alle bisher bekannten Kultur-, Missions- und Zwangsprogramme von Kolonisatoren und Eroberern vermochten. Der moderne Alltag ist beherrscht von der Akzeptanz serieller Pro-

---

30 Hahn (1994, S. 162).
31 Weber (1985, S. 240).
32 Weber (1985, S. 241).

duktion und Konsumtion, von der Sicherheit, die Serialität verspricht: Wiederholbarkeit – die Ordnung des Bekannten.

Ebenfalls ›Kultur‹-übergreifend ist die atemberaubende Geschwindigkeit, in der sich die Einübung in den Gebrauch moderner Waffen vollzieht. Keine Kriegs- und Bürgerkriegspartei oder Terrororganisation, in welcher Großstadt oder welchem Busch auch immer, hat bisher bei der Umsetzung dieses Curriculums versagt: Einen ›Analphabetismus‹ in der Beherrschung von Vernichtungswaffen oder dazu zweckentfremdetem Alltags-High-Tech gibt es nicht. All das bietet Stoff genug für zukünftige Analyse dessen, was alltäglich – offen oder heimlich und unheimlich – zwischen den Kulturen verglichen und angeglichen wird; für eine Analyse dessen, was tendenziell bereits akzeptierte Welt-›Kultur‹ ist und regionale Kulturformen, nationale ›Eigenarten‹ und eben auch regionale Riten und Deutungsmuster übergreift: Wir leben in einem spezifischen historischen ›Weltalltag‹ von Problemen, Themen und Deutungsfiguren, der dadurch – nationenübergreifend – existiert, dass wir über ihn medial umfassend kommunizieren.

5.2. Individualisierungsdruck – oder: Die kollektive Überproduktion des Einmaligen

Eine andere, zumindest die westlichen Industriegesellschaften prägende Entwicklung setzt – scheinbar – der Konformität von Massenproduktion und Konsumgewohnheiten eine schwer zu überwindende Hürde entgegen: die zunehmende Individualisierung der Mitglieder moderner Gesellschaften.[33] Die seit der Reformation unaufhaltsam fortschreitende Selbstreflexivität des Einzelnen, der in Selbstbeob-

achtung und Selbstthematisierung zunächst sein ›reformiertes‹, frisch erworbenes, durch keine Kirche mehr verwaltetes, sondern ›unmittelbares‹ Verhältnis zu Gott reflektierte, bevor er sich als so neuformiertes Individuum selbst zu seinem beliebtesten Gegenstand machte, erhielt in der Folge der letzten drei Jahrhunderte in den sich immer schneller entwickelnden Industriegesellschaften einen starken Schub.[34] Zunehmende funktionale Arbeitsteilung, soziale (›vertikale‹ und ›horizontale‹) Mobilität, das Zusammengehen von anwachsender Rollenkomplexität und Rollenspezialisierung sorgten dafür, dass die Individualisierung als sozialstruktureller Prozess nicht zur Ruhe kam.

In eins mit dieser Entwicklung vollzog sich die Ausformulierung einer heute ›alltäglichen‹ Selbstdeutungsfigur ›moderner westlicher‹ Gesellschaften: die Norm und Rede von der Emanzipation (Selbstfindung, Autonomie, Authentizität etc.) des Individuums. Damit zeigt sich an, was manche am liebsten gar nicht und andere nur ungern akzeptieren wollen: Das Ideal vom ›autonomen, selbstbestimmten Individuum‹ wurde nicht gegen die ›Zwänge‹ moderner Industrie- und Verwaltungsgesellschaften entwickelt, sondern wird als Verhaltenstyp von eben diesen Gesellschaften dem Einzelnen funktional – und das bedeutet: immer wieder und alltäglich – abverlangt. Wir haben zum Ideal erhoben, wozu wir gezwungen waren, und wir erlauben uns das – notwendige und unaufhebbare – Paradox, die Einzigartigkeit des Individuums zum kollektiven Glaubensartikel zu erheben: das Unikat dadurch aus ›den Massen‹ herauszuheben, indem wir Massen von Unikaten hervorzubringen suchen. Das Bildungsziel vom selbstbestimmten Subjekt, das heroische Bild von der Befreiung des Einzelnen aus der Unmündigkeit des Kollektivs – dem ›zweiten Schritt‹ einer aufgeklärten Menschheit – einerseits und die kollektive Überproduktion des Einmaligen, der Überschuss an Authentizitätsrequisiten und öffentlich darzustellender, subjektiver Emotionsdramaturgie andererseits nähren sich aus den gleichen Quellen: Ersteres liefert die weltanschauliche Rechtfertigung für das zweite. In beiden sind die gleichen historisch-gesellschaftlichen Strukturen repräsentiert, auf die sie antworten.

Neben den – unsere Gesellschaft übergreifenden, den medialen ›Weltalltag‹ konstituierenden – Glo-

33 Schon vor mehreren Jahrzehnten hat Thomas Luckmann diese Tendenz und ihre Konsequenzen analysiert. Ulrich Beck stieß vor einigen Jahren auf das gleiche Phänomen und verleiht ihm seitdem immer neue bunte Kleider und schillernde Etiketten. Vgl. die Sammlung älterer Aufsätze von Luckmann (1980); ebenso: Beck (1986). Spätere Publikationen Becks (exemplarisch 2001) bieten eine Fülle von Variationen zu dem in der »Risikogesellschaft« komponierten Leitthema. – Siehe zu diesem Punkt auch den Beitrag von Raab/Soeffner (14.4) in diesem Band.

34 Vgl. Hahn (1982); Soeffner (1992, S. 20–75).

balisierungstendenzen einerseits und dem in ›westlichen‹ Gesellschaften anhaltenden Individualisierungsdruck, lässt sich in den offenen, multikulturellen Gesellschaften eine dritte Tendenz erkennen. Sie antwortet auf die beiden anderen und zielt – in unterschiedlichen Ausformungen – auf strukturell Ähnliches ab: auf die Bildung übersichtlicher, geschlossener Einheiten. Regionalisierung und die Bildung kultureller, sozioökonomischer Inseln, radikaler Nationalismus und religiöser Fundamentalismus, aber auch Kommunitarismus – sie alle suchen ihr Heil gegenüber den unübersichtlichen ›offenen‹ Gesellschaften ebenso wie gegenüber dem ›atomisierten‹ Individuum im Rückweg zur Gemeinschaft, oder zu den geschlossenen Gesellschaften der Heimaten und Stämme, der Blutsgemeinschaften und Heilsbruderschaften.

5.3. Inselbildung: Lokale Alltagswelten im globalen ›Weltalltag‹

Auch wenn überdeutlich ist, dass neue kollektive, gruppen- und schichtenübergreifende Werthaltungen – wie das ›Umwelt-‹ oder auch das aufdringlich neue ›Körperbewusstsein‹ – unsere Gesellschaft mitformen, man kann sich heute noch weniger als in den 1930er Jahren der Erkenntnis Theodor Geigers verschließen, dass die Steuerung des alltäglichen Lebens immer stärker durch ›lokale‹, gruppen-, gemeinschafts- und/oder ›lebensstil‹-orientierte »Moralen« übernommen wird.[35] Die Bestände gemeinsamer Werthaltungen dagegen sind durch deren Distanz von der alltäglichen Praxis in abstrakte Fernen abgeschoben und strahlen von dort her nur noch eine geringe Wirkung auf das konkrete Verhalten aus.

Solange starke, übergreifende kollektive Werthaltungen den Alltag tendenziell aller Gesellschaftsmitglieder bestimmen und der Einzelne gewiss sein kann, dass er innerhalb dieser Gesellschaft im Hinblick auf tragende Grundüberzeugungen zugleich auch ein ›Jedermann‹ ist, müssen die einzelnen Gesellschaftsmitglieder in ihrem Verhalten nicht ständig wechselseitig ihre Mitgliedschaft überprüfen und damit rituell sichtbar machen. Bricht diese Sicherheit zusammen, löst sich das bisher geltende System von Normen auf. Es wird ersetzt durch miteinander konkurrierende lokale, kulturelle/religiöse/ethnische

oder sonst wie sozial limitierte Moralen. Dadurch entsteht für jeden Einzelnen ›automatisch‹ der Zwang, symbolisch zu veranschaulichen, wohin – zu wem – er innerhalb einer Gesellschaft gehören will: Embleme und Rituale werden zu Unterscheidungsmerkmalen.[36] Die einzelnen symbolischen Selbstdarstellungsformen werden nicht nur vielfältiger und bunter, sondern auch zwanghafter und aufdringlicher. So führt das Bemühen um Auffälligkeit sowohl bei ›Lebensstil‹-Gruppierungen oder Mormonenmissionaren, als auch bei Skins, Hooligans, Popgruppen, Designern, ›Alternativen‹ oder den von Martin Walser nicht zu Unrecht als »Kostümfaschisten« bezeichneten sogenannten jugendlichen Rechtsradikalen zu einer kaum mehr steigerungsfähigen Selbstemblematisierung. Ob übersteigert oder unauffällig, in jedem Fall wird den Mitgliedern komplexer, multikultureller Gesellschaften abverlangt, dass sie im alltäglichen Zusammenleben nicht nur ihre eigene Zugehörigkeit zu bestimmten Gruppierungen oder ›Stilen‹ signalisieren, sondern auch, dass sie imstande sind, die unterschiedlichen Mitgliedschaften anderer zu erkennen.

Weil aber immer mehr soziale Wirklichkeit medial vermittelt wird, schaffen insbesondere die audiovisuellen Kommunikationstechniken eine besondere Voraussetzung, aus der heraus Bedeutungen, Werte und Praktiken, die Symbole, Embleme und Rituale von gesellschaftlicher Gruppierungen und Stilen ihre aktuelle Verbreitung und Aufmerksamkeit finden. So bewirkt die Medialisierung der Alltagswelt die Herausbildung neuer Sozialitäten: Einige Interaktions- und Gesellungsformen gründen primär auf die Nutzung spezieller Informations- und Kommunikationstechniken, wie etwa die ›Cyberpunks‹ in ihrem Umgang mit Computernetzen.[37] Außerdem können die Inhalte bestimmter Sendeformen bis ins Detail hinein zur Ausbildung

---

35 Geiger (1987); vgl. dazu auch Schulze (1995) und außerdem Michael Walzers (1983) Versuch, ›Sphären eigenen Wertes‹ innerhalb moderner Gesellschaften zu identifizieren und zu nutzen. Gedacht ist dabei an ›Sphären‹, die lokale oder gemeinschaftsspezifische Werthaltungen im Hinblick auf allgemeine Anerkennung übersteigen.

36 Ausführlich hierzu Soeffner (1989, S. 158–184; 2000, S. 180–208).

37 Vgl. Vogelgesang (1997).

von Stilwelten übernommen werden, wie es etwa die ›Trekkies‹ in Bezug auf die Star-Trek-Serie praktizieren. Anderen erlaubt die Technik, ihren Stil nicht nur unmittelbar face-to-face oder in begrenzter Reichweite sichtbar zu machen und zu verbreiten, sondern z. B. über eigenproduzierte Musikvideos im audiovisuellen Medium (MTV, Viva etc.) ein komplettes, zudem klingendes und bewegtes Panorama der eigenen Ästhetik zu präsentieren: Musik, Kleidung, Frisuren, Accessoires, Gestik, Mimik, Körperbewegung, Prosodie, Interaktionsverhalten, Locations, visuelle Ästhetik der Kameraführung und des Schnitts etc. Die Medien wiederum decouvrieren und decodieren die eigenwilligen Stilentwürfe, wobei insbesondere die freakhaften Protagonisten unterhaltsame Anschauungsobjekte bilden: In den speziell für solche Absonderlichkeiten inszenierten Kuriositätenkabinetts werden sie der gesellschaftlichen Mehrheit von ›Normalen‹ als Exoten, Spinner und Narren vorgeführt. Hier gilt es, durch provozierte Selbstverlautbarungen und entlarvende ›Blicke hinter die Kulissen‹ ein den Voyeurismus befriedigendes, schockierendes, entrüstendes oder einfach nur belustigendes Spektakel von Sonderlingen und ihren absurden Wirklichkeitsentwürfen, Ästhetiken und Praktiken zu inszenieren, über die das rezipierende Publikum sich wiederum seiner eigenen ›Normalität‹ vergewissern kann.

Vorangetrieben durch die weltweit verfügbaren und permanent erweiterten Potentiale zur Produktion und Ausstrahlung elektronischer Bilder bilden sich schließlich neue, weltumfassende ›Räume‹ der Mediennutzung heraus: »global mediascapes«[38] versorgen lokale Lebensformen mit einem omnipräsenten und reichhaltigen, sich kaleidoskopartig verändernden Angebot an Stilisierungstechniken, Sinn- und Handlungsmustern – mit ›Vor-Bildern‹, die von den regionalen Bezügen räumlich und zeitlich vollkommen losgelöst sein können und neue Chancen zur Auswahl, Modulation und Rekombination unterschiedlichster ästhetischer Stilelemente bieten. So sind die Ausbildung und Aufrechterhaltung individueller und sozialer Identitäten nicht mehr territo-

rial fixiert. Sie gründen auf kein lokal homogenes kulturelles Bewusstsein, sondern werden mitgeprägt durch massenmedial vermittelte Zeichengefüge und Symbolformationen und entwickeln sich mehr und mehr zum globalen (Medien-)Programm.

Voraussetzung für das Signalisieren von Zugehörigkeit und für das Erkennen verschiedener Stilmitgliedschaften ist jedoch eine – zumindest grobe – Kenntnis der unterschiedlichen gesellschaftlichen Formierungen und der mit ihnen verknüpften verschiedenen Zeichen-, Ritual- und Emblemsysteme. Erst durch ein solches Wissen kann der Einzelne erfüllen, was sozial von ihm gefordert wird: (1) sich selbst und seine eigene Zugehörigkeit in Kleidung, sozialen Accessoires (Statussymbolen) und Verhalten symbolisch auszugestalten und »im öffentlichen Austausch«[39] zu inszenieren; (2) die Zugehörigkeit anderer zu erkennen und richtig zu interpretieren; (3) die in der Symbolisierung angezeigten Grenzen, festen und beweglichen Räume/Territorien (Stadtteile, Gemeinschaftszentren, Szenekneipen, Treffs etc.) zu identifizieren – zu nutzen, zu meiden, vor allem aber zu respektieren, solange man nicht bewusst die Konfrontation sucht und damit die Grenzen zu Fronten werden.

Der viel beschworene ›Erwerb von Handlungskompetenz‹ in komplexen, medialisierten und durch konkurrierende Symbolsysteme durchgliederten Gesellschaften verlangt also von jedem Einzelnen bereits im Alltag die Ausbildung einer gesteigerten Beobachtungs-, Interpretations- und Darstellungskompetenz.[40] Kurz: Der Föderalismus der Kulturen, Weltanschauungen, Ethnien und Stile innerhalb pluralistischer Gesellschaften ist ein – nicht zuletzt auch durch symbolische Formen, rituelle Ordnungen und Deutungsmuster – nur mühsam gezähmter Machtkampf unterschiedlicher Gruppierungen und ihrer Interessen. Im friedlichen Fall äußert sich dieser Kampf als Wettbewerb der jeweiligen Interessengruppen und ihrer entsprechenden emblematischen Ausflaggungen. Im ›Kriegsfall‹ signalisieren diese Flaggen Stärke. Sie werden zu Feldzeichen, deren Verletzung Vergeltung verlangt. Andererseits macht der Vergeltungszwang die Schwäche der Bindung an solche Flaggen sichtbar: die prinzipielle Verletzbarkeit des symbolischen Repräsentanten – und damit seines Trägers. Diese Schwäche macht Ausflaggungen zu beliebten Angriffspunkten und erklärt damit zum

---

38 Appadurai (1998).
39 Goffman (1974).
40 Vgl. Soeffner (1992, S. 8–13).

Teil (!) auch, warum symbolische Felder so gern und so erfolgreich in Schlachtfelder umgewandelt werden können. Zwar ist der Alltag moderner Industriegesellschaften durch bürokratisch weitgehend geordnete Arbeits- und Öffentlichkeitssphären einerseits und durch die daran anschließenden, von Freizeitindustrien gut organisierten Freizeitwelten andererseits einigermaßen befriedet. Dennoch zeigt sich – insbesondere an den Auseinandersetzungen zwischen konkurrierenden jugendlichen Subkulturen, an Übergriffen gegenüber bestimmten Ausländergruppen und am rituell durchgeformten, seit Jahren anhaltenden Hooliganismus –, dass der historisch konkrete Alltag moderner pluralistischer Gesellschaften auch durch einen neuen Typus von kulturellen Auseinandersetzungen geprägt ist, den es bestenfalls zu bewältigen und schlimmstenfalls auszuhalten gilt.

Literatur

APPADURAI, ARJUN (1998), »Globale ethnische Räume. Bemerkungen und Fragen zur Entwicklung einer transnationalen Anthropologie«, in: Beck, Ulrich (Hg.), *Perspektiven der Weltgesellschaft*, Frankfurt/M.: Suhrkamp, S. 11–40. ■ BECK, ULRICH (1986), *Risikogesellschaft. Auf dem Weg in eine andere Moderne*, Frankfurt/M.: Suhrkamp. ■ BECK, ULRICH (1988), *Gegengifte. Die organisierte Unverantwortlichkeit*, Frankfurt/M.: Suhrkamp. ■ BECK, ULRICH (2001), »Das Zeitalter des ›eigenen Lebens‹. Individualisierung als ›paradoxe Sozialstruktur‹ und andere offene Fragen«, in: *Aus Politik und Zeitgeschichte*, 29, S. 3–6. ■ CASSIRER, ERNST (1953), *Philosophie der symbolischen Formen*. 3 Bde., Darmstadt: Wissenschaftliche Buchgesellschaft. ■ CHOMSKY, NOAM (1969), *Aspekte der Syntaxtheorie*, Frankfurt/M.: Suhrkamp. ■ ECKERT, ROLAND / HAHN, ALOIS / WOLF, MARIANNE (1989), *Die ersten Jahre junger Ehen. Verständigung durch Illusionen?*, Frankfurt/M./New York: Campus. ■ GEHLEN, ARNOLD (1962), *Der Mensch. Seine Natur und seine Stellung in der Welt*, Frankfurt/M.: Athenäum. ■ GEIGER, THEODOR (1987 [1932]), *Die soziale Schichtung des deutschen Volkes. Soziographischer Versuch auf statistischer Grundlage*, Stuttgart: Enke. ■ GOFFMAN, ERVING (1971), *Interaktionsrituale. Über Verhalten in direkter Kommunikation*, Frankfurt/M.: Suhrkamp. ■ GOFFMAN, ERVING (1974), *Das Individuum im öffentlichen Austausch. Mikrostudien zur öffentlichen Ordnung*, Frankfurt/M.: Suhrkamp. ■ GOFFMAN, ERVING (1977), *Rahmen-Analyse. Ein Versuch über die Organisation von Alltagserfahrungen*, Frankfurt/M.: Suhrkamp. ■ GOFFMAN, ERVING (1994), »Die Interaktionsordnung«, in: Goffman, Erving, *Interaktion und Geschlecht*, Frankfurt/M./New York: Campus, S. 50–104. ■ GRATHOFF, RICHARD (1978), »Alltag und Lebenswelt als Gegenstand der phänomenologischen Sozialtheorie«, in: Hammerich, Kurt / Klein, Michael (Hg.), *Materialien zur Soziologie des Alltags, Kölner Zeitschrift für Soziologie und Sozialpsychologie*, Sonderheft 20, S. 67–85. ■ HAHN, ALOIS (1982), »Zur Soziologie der Beichte und anderer Formen institutionalisierter Bekenntnisse: Selbstthematisierung und Zivilisationsprozess«, in: *Kölner Zeitschrift für Soziologie und Sozialpsychologie*, 34, S. 408–434. ■ HAHN, ALOIS (1994), »Die soziale Konstruktion des Fremden«, in: Sprondel, Walter (Hg.), *Die Objektivität der Ordnungen und ihre kommunikative Konstruktion*, Frankfurt/M.: Suhrkamp, S. 140–163. ■ HOFFMANN-NOWOTNY, HANS-JOACHIM (1974), »Rassische, ethnische und soziale Minderheiten als Zukunftsproblem internationaler Integrationsbestrebungen«, in: Kurzrock, Ruprecht (Hg.), *Minderheiten*, Berlin: Colloquium, S. 175–189. ■ LUCKMANN, THOMAS (1980), *Lebenswelt und Gesellschaft. Grundstrukturen und geschichtliche Wandlung*, Paderborn: Schoeningh. ■ MEAD, GEORGE HERBERT (1973 [1934]), *Geist, Identität und Gesellschaft aus der Sicht des Sozialbehaviorismus*, Frankfurt/M.: Suhrkamp. ■ OEVERMANN, ULRICH (1973), *Zur Analyse der Struktur von sozialen Deutungsmustern*, www.rz.uni-frankfurt.de/~hermeneu/Struktur-von-Deutungsmuster-1973.rtf. ■ SCHELER, MAX (1983 [1928]), *Die Stellung des Menschen im Kosmos*, Bern/München: Bouvier. ■ SCHÜTZ, ALFRED (1972), »Don Quixote und das Problem der Realität«, in: Schütz, Alfred, *Gesammelte Aufsätze*, Bd. 2, Den Haag: Nijhoff, S. 102–128. ■ SCHÜTZ, ALFRED / LUCKMANN, THOMAS (1979), *Strukturen der Lebenswelt*, Bd. 1, Frankfurt/M.: Suhrkamp. ■ SCHÜTZ, ALFRED / LUCKMANN, THOMAS (1984), *Strukturen der Lebenswelt*, Bd. 2, Frankfurt/M.: Suhrkamp. ■ SCHULZE, GERHARD (1995), *Die Erlebnisgesellschaft. Kultursoziologie der Gegenwart*, Frankfurt/M./New York: Campus. ■ SCOTT, MARVIN B. / LYMAN, STANDFORD M. (1976), »Praktische Erklärungen«, in: Auwärter, Manfred / Kirsch, Edit / Schröter, Klaus (Hg.), *Seminar: Kommunikation, Interaktion, Identität*, Frankfurt/M.: Suhrkamp, S. 73–114. ■ SEARLE, JOHN R. (1969), *Speech Acts. An Essay in the Philosophy of Language*, Cambridge: University Press. ■ SOEFFNER, HANS-GEORG (1989), *Auslegung des Alltags – Der Alltag der Auslegung*, Frankfurt/M.: Suhrkamp. ■ SOEFFNER, HANS-GEORG (1992), *Die Ordnung der Rituale. Die Auslegung des Alltags 2*, Frankfurt/M.: Suhrkamp. ■ SOEFFNER, HANS-GEORG (2000), *Gesellschaft ohne Baldachin. Über die Labilität von Ordnungskonstruktionen*, Weilerswist: Velbrück. ■ SRUBAR, ILJA (1988), *Kosmion. Die Genese der pragmatischen Lebenswelttheorie von Alfred Schütz und ihr anthropologischer Hintergrund*, Frankfurt/M.: Suhrkamp. ■ TENBRUCK, FRIEDRICH H. (1992), »Was war der Kulturvergleich, ehe es den Kulturvergleich gab?«, in: Matthes, Joachim (Hg.), *Zwischen den Kulturen, Soziale Welt*, Sonderband 8, S. 13–35. ■ TURNER, VICTOR (2000 [1969]), *Das Ritual. Struktur und Anti-Struktur*, Frankfurt/M./New York: Campus. ■ VOGELGESANG, WALDEMAR (1997), »Jugendliches Medienhandeln: Szenen, Stile, Kompetenzen«, in: *Aus Politik und Zeitgeschichte*, B 19–20, S. 13–27. ■ WALZER, MICHAEL (1983), *Spheres of Justice. A Defense of Pluralism and Equality*, New York: Basic Books. ■ WEBER, MAX (1985 [1922]), *Wirtschaft und Gesellschaft. Grundriss der verstehenden Soziologie*, Tübingen: Mohr. ■ WIEDENMANN, RAINER E. (1991), *Ritual und Sinntransformation. Ein Beitrag zur Semiotik soziokultureller Interpenetrationsprozesse*, Berlin: Duncker & Humblot.

15 Politik und Recht

15.1 Kulturwissenschaft der Politik: Perspektiven und Trends

Thomas Mergel

Zwar ist der Kulturbegriff in der wissenschaftlichen Erforschung der Politik früh heimisch geworden, der *cultural turn* fand hier aber erst sehr spät Resonanz. Dieser zunächst paradoxe Befund erklärt sich daraus, dass die Semantik des Kulturbegriffs, wie er seit den frühen sechziger Jahren durch das wegweisende Konzept der Politischen Kultur eingeführt wurde, in eine ganz andere Richtung wies als die Ansätze, die man heute gemeinhin mit einem kulturalistischen Ansatz verbindet. *Political culture* fügte sich vielmehr fast bruchlos in die Forschungstradition der politischen Wissenschaften ein und war nicht geeignet, einen Paradigmenwechsel herbeizuführen. Symbol- und zeichentheoretische Ansätze, der *linguistic turn* oder interaktionistische Konzepte, kurz: was man heute mit dem Kulturbegriff verbindet, fanden in die Politikwissenschaft aus zwei Gründen schwer Aufnahme: Erstens erschwert es die unmittelbare Zeitbindung und auch die normative Funktion der Politikwissenschaft, die »unterirdischen«, weniger offensichtlichen, vielleicht unbewussten Dimensionen politischer Strukturen und politischen Handelns, welche in einem kulturwissenschaftlichen Zugang prominent sein müssten, zu thematisieren. Das Argument, dass es doch in der Politik um Macht und Gewalt, mithin um Existentielles gehe, diente zur Abwehr vermeintlich entpolitisierender Ansätze. Und zweitens hat es während der letzten fünfzig Jahre in der gesamten internationalen Politikwissenschaft und seit den sechziger Jahren auch in Deutschland einen methodischen Schub gegeben, der sich insbesondere als eine Wendung zur quantifizierenden, große Datenmengen und Makroperspektiven bevorzugenden Wissenschaft ausgewirkt hat. Diese Art von Verwissenschaftlichung der Politikforschung hat sich darin geäußert, dass diese zu einer empirischen Sozialwissenschaft mit positivistischem Grundton geworden ist. Das hat nicht nur älteren hermeneutischen Konzepten den Garaus gemacht. Es hat auch mit dem Argument der mangelnden konzeptuellen Härte lange Zeit verhindert, dass der *cultural turn* in der Politikwissenschaft wie auch der Politikgeschichte Fuß fassen konnte.[1]

Dabei ist die Politik ein Feld, das auch im Alltagsverständnis in hohem Maß von kulturellen Codes bestimmt ist. Von den Ritualen des Wahlkampfs, von symbolischer Politik, von der eigentümlich substanzlosen Politikersprache oder den Vergemeinschaftungsformen der »politischen Klasse« ist in Feuilletons wie in Stammtischgesprächen gleichermaßen die Rede. Sind solche Sprachregelungen auch meist abwertender Art, so verweisen sie doch darauf, dass die Politik ein Feld ist, das in hohem Maß durch symbolisches Handeln, durch ritualische Kommunikation, durch unausgesprochene Annahmen gekennzeichnet ist. Die Generierung von Sinn erfolgt im Feld der Politik häufig durch bewusste Akte der Traditionsschöpfung und Zitation, durch Stellvertretungshandeln und durch symbolische Repräsentationen. Insofern ist es nicht verwunderlich, dass, nach einer langen Periode der Abstinenz, auch in der Politikwissenschaft eine kulturwissenschaftliche Umorientierung eingesetzt hat, die ihre fachspezifischen Schwerpunkte aufweist und unverkennbar Probleme der Anschlussfähigkeit im eigenen Fach hat, die aber in den letzten Jahren offensichtlich einen Schub durchmacht, der nicht zuletzt durch die weltpolitischen Wenden seit den späten achtziger Jahren motiviert ist.

---

1 Zum letzteren vgl. Mergel (2002 a).

1. Traditionen des Kulturbegriffs
   in der Politikforschung

Die zurückhaltende Verarbeitung des *cultural turn* mag auch daran liegen, dass stärker als in anderen Wissenschaften der Kulturbegriff autochthon eingeführt wurde; er entstammt dem Zusammenhang der empirischen Sozialforschung in der Tradition von Talcott Parsons. Unter dem Titel »The Civic Culture« legten die amerikanischen Politikwissenschaftler Gabriel Almond und Sidney Verba 1963 eine international vergleichende Studie vor, die nach dem Muster des Ansatzes der »Comparative Politics« die Faktoren, die zum Zustandekommen von Politik beitragen, systematisch erfassen wollte.[1] Die Comparative Politics waren aus dem Dekolonisierungsprozess und der Staatenbildung in der Dritten Welt und der damit verbundenen Erkenntnis entstanden, dass institutionelle Muster, Handlungsorientierungen und Wertordnungen nicht ohne weiteres vergleichbar seien. »The Civic Culture« war eine Untersuchung von Einstellungen von Bürgern zur Politik: die Wahrnehmung von Regierungshandeln, politische Kenntnisse und Meinungen, Erwartungen an die Politik und Vorstellungen von der eigenen Rolle als Staatsbürger. Es handelte sich um eine Fragebogenstudie aus dem Bereich der empirischen Politikforschung, die mit Massendaten (etwa 1000 Interviews), strengen Kategorisierungen und systemorientierten Vergleichsperspektiven zunächst nicht aus dem Rahmen der »Normalwissenschaft« fiel, wenn man davon absieht, dass das Untersuchungsthema – als ein Set psychologischer Orientierungen auf politische Gegenstände – breiter war als das der herkömmlichen Politikwissenschaft. Nach der Untersuchung von industriellen und industrienahen Ländern in dieser Studie[2] legten Lucian Pye und Sydney Verba zwei Jahre später eine weitere Arbeit vor, die sich überwiegend mit Entwicklungsländern beschäftigte.[3]

Insbesondere wegen ihres Zentralbegriffs »Politische Kultur« stieß die Studie auf große Resonanz. In einer intensiven Methodendiskussion überwog zwar die Kritik;[4] der Begriff fand aber schnell Eingang in die Forschung, wenn auch häufig undifferenziert und eher im Sinne von »politisches Klima«. Das lag nicht zuletzt daran, dass »political culture« im Grunde ein normativer Zielbegriff war. Er meinte so etwas wie kultivierte Politik, eine demokratische Kultur. In diesem Sinne – als pädagogische Orientierungsvariable – wurde er auch in Deutschland lange Zeit benutzt.[5] Das Konzept Almonds und Verbas ließ sich ohne große Probleme in die deutsche Tradition der Politikwissenschaft als einer Demokratiedidaktik einführen.

Etwa zur gleichen Zeit wurden anthropologische und semiotische Ansätze in die Politikforschung eingeführt, ohne dass der Kulturbegriff explizit bemüht worden wäre. Der amerikanische Politikwissenschaftler Murray Edelman verstand in seinem 1964 erschienenen Buch »The Symbolic Uses of Politics« Symbolisierungen als ein Mittel der Manipulation. Symbole sind in Edelmans Diktion »Rationalitätsersatz« und führen zu politischem Quietismus.[6] Politik wird als »Spektakel« konstruiert, um die Massen von den eigentlichen Machtverhältnissen abzulenken.[7] Dieser Ansatz, der theoretisch einerseits hochgradig normativ, methodisch andererseits durchaus aktuell war – so untersuchte Edelman verschiedene politische »Sprachen« in ihrer kommunikativen Funktion –, hat die Politikforschung lange Zeit intensiv beeinflusst. In seinem Gefolge wurde »Symbolische Politik« zu einem Synonym für Manipulation, was nichts anderes bedeutete als eine implizite Verkündung der Norm der »Sachlichkeit«. Politische Analyse geriet hier zur Kulturkritik.[8]

Seit den späten achtziger Jahren hat allerdings eine Rezeption kulturwissenschaftlicher Ansätze Einzug gehalten, die sich solch normativer Einlassungen enthält. Namentlich der amerikanische Politologe David Kertzer hat mit seiner Analyse symbolischer

---

1 Almond/Verba (1963).
2 Es handelte sich um die USA, Großbritannien, die Bundesrepublik, Italien und Mexiko.
3 Pye/Verba (1965). Es waren dies Japan, England, die Bundesrepublik Deutschland, Türkei, Indien, Äthiopien, Italien, Mexiko, Ägypten und die Sowjetunion.
4 Die schärfste Kritik kam interessanterweise aus derjenigen Richtung der Politikwissenschaft, die sich ihrer Bemühungen um quantifizierende Exaktheit wegen als die wissenschaftlichere verstand: Kaase (1983); vgl. den umfassenden Überblick bei Iwand (1983); Berg-Schlosser/Schissler (1987).
5 Vgl. von Beyme (1980, S. 179–188).
6 Edelmann (1976).
7 Edelmann (1988).
8 Dieser Ansatz wird noch vertreten bei: Voigt (1989).

Politik vor allem der italienischen Linken Maßstäbe gesetzt.[9] Er ging davon aus, dass die Komplexität der Probleme, möglicher Lösungen sowie kollektiver Identitäten in der heutigen Gesellschaft so groß ist, dass es der Symbole bedarf, um diese Komplexität zu reduzieren. Symbolisch vermittelte Verdichtung politischer Botschaften dient mithin der Ermöglichung politischer Kommunikation, nicht ihrer Verhinderung im Zeichen der Manipulation. Symbole und Rituale haben in der Politik die Funktion, die sie auch in außerpolitischen Zusammenhängen haben: Sie machen komplexe Realitäten überschaubar, reduzieren vielschichtige Loyalitäten zu einfachen und ermöglichen die Verdichtung in Bildern, Schlagworten oder Personen, kurz: Sie machen die Organisierung politischer Gefolgschaft und politischer Programme überhaupt erst möglich.

Der Ansatz, mit ethnologischen Zugängen Politik zu betrachten, steht für eine kulturwissenschaftliche Orientierung in der politischen Forschung, die weniger der politischen Affirmation oder Kritik als vielmehr der Analyse einer Politik mit Instrumenten der Selbstdistanzierung verpflichtet ist. Im Unterschied zum Ansatz von Almond und Verba wie auch dem von Edelman wird damit eine Politikwissenschaft ermöglicht, die als »Beobachtung zweiter Ordnung« (Luhmann) nach Funktionen und Effekten von symbolischen Handlungen und diskursiven Praxen fragt. Insbesondere erweist sich die Stärke dieses Zugangs bei der Untersuchung der symbolischen Praxen in der Mediengesellschaft. Dennoch wird man nicht sagen können, dass damit die früheren Ansätze obsolet geworden sind. Im Gegenteil, sowohl die Normativität als auch die methodischen Zugänge von Almond/Verba wie von Edelman kommen immer wieder zum Tragen.

2. Aktuelle Trends einer Kulturwissenschaft der Politik

In der jüngeren Politikforschung, soweit sie sich überhaupt methoden- und theoriebewusst zeigt, dominiert ein Mix von Ansätzen, der, je nach Gegenstand und Material, unterschiedliche Anleihen nimmt und dabei die Kritik, die an den theoretischen Konzepten geäußert wurde, zu verarbeiten sucht. Das zeigt sich besonders bei den Versuchen, den breit akzeptierten

Begriff der Politischen Kultur zu operationalisieren. Sie versuchen durchweg, diesen Begriff »tieferzulegen« als dies Almond und Verba getan haben, sowie ihn von seinen normativen Schlacken zu befreien.[10] Als Gemeinsamkeit kann man in diesem Zusammenhang bei den meisten Studien feststellen, dass sie stärker nach Deutungen (als nach Meinungen und Einstellungen) fragen, dass sie stärker reflektieren, ob es sich um kollektiv geteilte Deutungen handelt (statt nur um eine Summierung individueller Daten) und dass sie sich intensiv um Historisierung bemühen. Einflussreich geworden sind die Überlegungen des Essener Politologen Karl Rohe, der sich in einer Reihe von Arbeiten seit den späten achtziger Jahren um eine theoretisch tragfähige Grundlegung des Begriffs der Politischen Kultur bemüht und diesen Überlegungen auch eine Reihe von empirischen Arbeiten an die Seite gestellt hat. Er fasst »Politische Kultur« als eine Art Rahmen, bei dem es sich um Weltbilder, politische Codes und Programmsprachen dreht und nicht um Einstellungen oder subjektive Orientierungen.[11] Sein Begriff von Politischer Kultur ist also wie der von Almond und Verba einer, der auf die Perzeption von Politik zielt, nicht auf die gemachte Politik selbst. Rohes Untersuchungen zur erstaunlichen Langlebigkeit des deutschen Parteiensystems seit dem 19. Jahrhundert heben auf diese langdauernden Wahrnehmungsmuster ab; die Perspektive besteht im Grunde in einer politischen Mentalitätsforschung.[12] Im Anschluss an Rohe ist das Konzept der Politischen Kultur in höherem Maß vorkognitiv aufgefasst worden als bei Almond und Verba. Sehr häufig handelt es sich um regionalhistorische Studien, und oft binden sie »Politische Kultur« an die Untersuchung von sozialmoralischen Milieus.[13] Die Ergebnisse sind teilweise eindrucksvoll und haben unser Bild von der politischen Landschaft dieser Epochen drastisch verändert, insbesondere dadurch, dass die Traditionalität selbst

---

9 Kertzer (1988).
10 Vgl. hierzu auch die Reflexionen in: Almond/Verba (1980).
11 Rohe (1990, S. 333–346).
12 Rohe (1992).
13 Nur einige neuere Beispiele: Linsmayer (1992); Riesener (1996); Weichlein (1996). In einem anderen Sinn und sehr produktiv verwendet Wolfgang Reinhard den Begriff für die Frühe Neuzeit und für Europa – zwei Differenzen zu den anderen Studien: Reinhard (2001).

»moderner« politischer Mentalitäten erwiesen wurde. So zeigt sich, dass die zögernde Demokratisierung der deutschen Gesellschaft nicht allein der Obstruktion der alten Eliten, sondern mindestens ebenso sehr einer traditionalen politischen Mentalität geschuldet war, die eine »gute Politik« mit einer »guten Gesellschaft« ineins setzte und z.B. auch unter der Herrschaft des Mehrheitsprinzips das Wählen nach der traditionalen Matrix des konsensuellen Handelns verstand, weswegen die politische Opposition den Ruch des Illegitimen trug.[14] Allerdings hat der Begriff der Politischen Kultur dabei selbst eine Trivialisierung erlebt, die ihn mitunter als Chiffre für eine Art Sittengeschichte der Politik erscheinen lässt.

Im Zuge der Untersuchung politischer Kulturen als Wert- und Deutungskulturen hat sich auch eine Tendenz ergeben, die nach den vorpolitischen und unpolitischen Bezügen der Politik fragen lässt. Sie kann, auch wenn sie sich selber nicht so bezeichnet, als kulturwissenschaftlich gelten, weil für sie die konstruktivistische Annahme leitend ist, dass das, was man unter »Politik« verstehen kann, selber Ergebnis eines Deutungsprozesses ist. Insbesondere Robert Putnams Untersuchungen zur Bedeutung kollektiv geteilter Werte als Voraussetzungen für ein funktionierendes politisches System haben hier Maßstäbe gesetzt; obwohl Putnam in seinem normativen Rahmen dem Ansatz Almonds und Verbas doch noch verpflichtet ist, ist er vor allem insofern darüber hinausgegangen, als er sich für Praxen interessiert.[15] Die Leistungsfähigkeit politischer – eigentlich: demokratischer – Institutionen hängt nach seinen Thesen entscheidend davon ab, ob die Bürger zum Engagement bereit sind, und zwar nicht nur in eigentlich politischer Hinsicht, sondern auch in vorgeblich unpolitischen, rein sozialen Zusammenhängen. Sein Buch »Bowling Alone«, das den empirisch beobachteten Rückgang der gemeinschaftlich betriebenen Freizeitkulturen (wie z.B. des Kegelns) mit dem Rückgang des bürgerschaftlichen Engagements verknüpft, hat maßgeblich dazu beigetragen, die Grenzen zwischen dem Politischen und dem Unpolitischen aufzuweichen. Diese Richtung, die ihr sozialphilosophisches Pendant im Kommunitarismus findet, ist in Deutschland intensiv rezipiert worden. Die Kommunitarismusrezeption fragt nun auch in Deutschland, ob Politik einer soziomoralischen Grundlegung bedürfe.[16] Historisch ist dies in der Forschung über bürgerliche Gemeinschaftskulturen geschehen, die im 19. Jahrhundert die Basis und oft auch der Geschehensraum für Politik waren.[17] Die Trennung zwischen Politik und Nichtpolitik erweist sich aus dieser Perspektive als künstlich, zumindest als historisch hergestellt.

Ein weiterer Bereich, in dem sich eine kulturwissenschaftliche Orientierung der Politikforschung zeigt, ohne dass der Begriff der Kultur allzu laut im Munde geführt würde, ist die Institutionentheorie. Empirisch ist sie in Deutschland noch nicht recht angekommen, aber theoretisch ist sie durchaus reflektiert worden. Unter dem sehr weiten, aus der Soziologie und der Ökonomie importierten Begriff der Institutionen versteht man zunächst dauerhafte, durch Internalisierung verfestigte Verhaltensmuster und Sinngebilde, die regulierende und orientierende Funktion haben. Politische Institutionen sind demgemäß Verhaltensmuster und Sinngebilde, die verbindliche Entscheidungen herstellen und die gesellschaftlichen Orientierungsleistungen darstellen sollen.[18] Dieser Begriff, der damit so unterschiedliche Phänomene wie das Finanzamt, die Militärdienstpflicht, den demokratischen Antifaschismus wie auch politische Gesinnungsgemeinschaften umfassen kann, rekurriert in hohem Maße auf einen symbolischen Begriff von Institutionen als objektivierten, sozusagen geronnenen kommunikativen Mustern, der der interaktionistischen Tradition im Gefolge von Alfred Schütz entliehen ist.[19] Explizite Normen sind die eine Sache; entscheidender aber sind die nicht thematisierten Selbstverständlichkeiten, die »taken for granted«-Annahmen, die das Handeln deshalb ermöglichen, weil eben nicht alle Voraussetzungen gleichzeitig reflektiert werden müssen.[20] Handlungen wie das Wählen dienen nicht vorrangig der individuellen Nutzenmaximierung, sondern dem Beitrag zur kollektiven

---

14   Vgl. Kühne (1994); Anderson (2000).
15   Putnam (1993); Putnam (2000).
16   Münkler (1992). Vgl. zum Denkzusammenhang insbesondere: Honneth (1993).
17   Vgl. etwa Hoffmann (2000).
18   Vgl. Göhler (1994). Der Klassiker in dieser Hinsicht ist March/Olsen (1989).
19   Berger/Luckmann (1980, bes. S. 49 ff.). Aus anthropologischer Sicht, mit ähnlichen Perspektiven: Douglas (1991).
20   Zucker (1977).

Sinnbildung. Blickt man Institutionen in dieser Weise an, stellen sie sich als notwendig symbolisch operierende kommunikative Cluster dar, die gewissermaßen verflüssigt werden und in ein System von Erwartungen und kommunikativen Leistungen eingebunden werden.[21] Auch hier ist ein Trend zur Historisierung zu beobachten, da Institutionen eine Geschichte haben und diese ständig mitkommunizieren. Politische Institutionen sind also nur zu verstehen, wenn ihre Geschichtlichkeit, die diese sich in Routinen und Traditionen ständig selbst vor Augen halten, mitbedacht wird.

Hier ergeben sich bereits Überschneidungen zu einer dritten Dimension, in der kulturwissenschaftliche Ansätze eine Rolle spielen: der Auffassung von Politik als einem Prozess und System der Kommunikation. Sie hat an Gewicht gewonnen durch die zunehmende Einsicht in den medienvermittelten Charakter der modernen Politik; allerdings kann von einem einvernehmlich definierten Gegenstand bislang keine Rede sein. Vielmehr handelt sich um einen Zielbegriff, unter dem die verschiedensten Strategien subsumiert werden. In einflussreichen Konzeptualisierungen wird – theoretisch unzulänglich und gerade für Kommunikationstheoretiker unverständlich – zwischen Politik- und Kommunikationssystem getrennt.[22] Dabei ist es gerade ein Kernelement moderner Kommunikationstheorien, dass Politik wie alle sozialen Systeme ein Kommunikationssystem ist, das sich dadurch auszeichnet, dass hier auf eine spezifische Weise kommuniziert wird. Meistens ist mit »Kommunikationssystem« der mediale Apparat von Kommunikation gemeint: Radio, Fernsehen, Zeitungen, also die öffentliche Kommunikation. Allerdings wird daneben ein umfassenderer Begriff benutzt, der nicht nur nach den Vermittlungswegen fragt, sondern auch nach der Eigenart der Kommunikation in politischen Institutionen, hierbei systemtheoretische wie interaktionistische Akzente aufnehmend. Politische Institutionen entfalten als soziale Räume spezifische Dynamiken der In- und Exklusion. Sie sind vor dem Hintergrund nationaler wie disziplinärer Traditionen zu sehen. Hier entfalten sich kommunikative Netzwerke, eigene Sprachregelungen und Hackordnungen. Erst vor diesem Hintergrund kann die Eigenart politischer Institutionen angemessen bestimmt werden. Dieser Ansatz ist besonders für die Parlamentsforschung erprobt worden.[23]

Will man die Trends kulturwissenschaftlicher Orientierungen in der Politikforschung über diese verschiedenen Zweige hinweg nach ihren Gemeinsamkeiten bestimmen, so kann man festhalten, dass die Kulturwissenschaft der Politik sich interessiert für das Vorpolitische, das Vorkognitive, die historische Prägung und die Medialität von Politik. Damit rücken Symbol- und Sprachanalyse, die Untersuchung von politischen Mentalitäten und Deutungspraxen in den Vordergrund. Dies bringt eine Abkehr von großen Datenpaketen und von einer objektivistischen »Operationalisierung« mit sich, ebenso aber auch offensichtlich eine Rücknahme des Aussagehorizonts. Der internationale Vergleich etwa ist mit den Instrumenten einer objektivistischen, quantifizierenden empirischen Sozialwissenschaft leichter, wenn auch oft von trügerischer Aussagekraft.[24] Politische Kulturwissenschaft fragt dagegen mehr nach der inneren Logik der beobachteten Kommunikation. Wenn auch manche Arbeiten aus diesem Spektrum einen Hang zum leichten Essayismus nicht verleugnen können und allzu oft dem Tagesgeschäft anhängen, so wird doch hier deutlich, dass auch in der Politik der Anschluss an den *cultural turn* anderer Disziplinen geschafft werden kann. Momentan sind aber hegemoniale Theoriestränge noch nicht sichtbar, und es ist auch noch kein theoretisches Systematisierungs- und Synthetisierungsinteresse erkennbar, wie das etwa in der Diskussion um die Kulturgeschichte seit einigen Jahren der Fall ist.[25] Das mag auch an der Defensive liegen, in der sich kulturwissenschaftliche Ansätze gegenüber einer »Normal«-Politikwissenschaft immer noch befinden. In theoretischer Hinsicht fällt auf, dass zwei der wichtigen Theorieentwürfe, die fast alle anderen kulturwissenschaftlichen Disziplinen tief greifend beeinflusst haben, in der Politikwissenschaft bisher wenig rezipiert worden sind: Michel Foucault und Niklas Luhmanns System-

---

21 Vgl. Tetzlaff (1997).

22 Vgl. – mit allerdings inkonsistenter Begriffsverwendung: Jarren (1998, bes. S. 16ff.).

23 Dörner/Vogt (1995); Mergel (2002b); Goldberg (1998).

24 Vgl. die Kritik von Dennis Kavanagh an der Methode Almonds und Verbas in Almond/Verba (1980, S. 132).

25 Vgl. Hardtwig/Wehler (1996); Mergel/Welskopp (1997); Daniel (2001).

theorie. Gerade Foucault, dessen Machtanalyse und Theorie der *gouvernementalité* gute Anknüpfungspunkte für eine Analyse politischer Beziehungen und Strukturen böte, wurde in Deutschland bisher wenig zur Kenntnis genommen. Seine Machtanalyse ist zwar von der Sozialphilosophie politiknah diskutiert worden, hat sich aber in der Untersuchung von Institutionen bisher kaum niedergeschlagen.[26] In ganz ähnlicher Weise ist die Systemtheorie bisher von der politischen Theorie zwar intensiv zur Kenntnis genommen worden, empirisch aber wenig umgesetzt worden,[27] und dies, obwohl die Systemtheorie mit einer Prognose glänzen konnte, die kaum eine andere Schule lieferte: Sie sagte Anfang der achtziger Jahre den Untergang des Sozialismus voraus.[28] Die Herausgabe von Luhmanns nachgelassenem Werk über Politik, das erkennbar unfertig war und deshalb weniger begriffsscharf war als die vorangegangenen Arbeiten, hat die Verarbeitung in der empirischen Forschung nicht befördert.[29] Ein Problem scheint darin zu liegen, dass die binären Codes des politischen Systems weit schwerer zu bestimmen sind als in anderen Systemen, weil sie fluider sind; was »Politik« sei, ist veränderlich und selber das Resultat politischer Konflikte. Dabei würde die Systemtheorie grundlegende kulturwissenschaftliche Parameter bedienen: Die kommunikationstheoretische Grundierung, die konstruktivistische Orientierung, die Ablehnung der Vorgängigkeit von hierarchischen Mustern sowie die Medialität der Politik würden sich mit systemtheoretischen Parametern – etwa der Beobachtung zweiter Ordnung – fruchtbringend untersuchen lassen.

---

26 Honneth (1985).
27 Vgl. vor allem die Arbeiten von Willke (1996).
28 Vgl. von Beyme (1991, S. 230).
29 Luhmann (2000).
30 Als Ausnahme mag man die Beschäftigung mit Carl Schmitt nehmen, die sich allerdings bei aller Faszination in der Themenwahl doch der Aufgabe der Vergangenheitsbewältigung nicht rundweg entschlagen mag. Vgl. Sombart (1997); Gross (2000); van Laak (1993).
31 Vgl. Münkler (1990); Münkler/Storch (1988); Münkler (1997); daneben: Dörner (1996).
32 Zimmerling (2000, S. 13).
33 Zimmerling (2000, S. 13).
34 Münkler (1997, S. 132 ff.).

3. Neue Themen

Durch diese Perspektiven sind aber neue Themen entdeckt worden, die das Spektrum der Politikwissenschaft bedeutend erweitert haben. Die Geschichte und Theorie politischer Ideen selber ist zwar bislang noch nicht wesentlich vorangetrieben worden.[30] Doch ist sie von ihrem Höhenflug der Großtheoretiker gewissermaßen auf die Erde zurückgeholt worden und hat sich geöffnet für die Analyse politischer Mentalitäten, Mythen und Versatzstücke von Ideen, die Teil eines Alltagsbewusstseins werden können, wie sie auch in eine elaborierte Geschichtspolitik eingehen können. Die Mythenpolitik ist insbesondere von Herfried Münkler und seinen MitarbeiterInnen verfolgt worden.[31] Als »Narrationen, die von den Ursprüngen, dem Sinn und der geschichtlichen Mission politischer Gemeinschaften handeln«, ermöglichen Mythen Orientierungen und Handlungsoptionen. Insofern handelt es sich um Medien politischer Legitimation und Integration wie auch um Prozessoren politischer und kollektiver Handlungsmacht.[32] Die Differenz zur Geschichtspolitik ist dabei nicht immer erkennbar. Wie sich am Beispiel der DDR, aber auch der bundesdeutschen Geschichtspolitik zeigt, besteht das zentrale Bestreben jeder Politik mit Mythen darin, die eigene politische Existenz gegen den Verdacht der Kontingenz abzusichern und eine historische Notwendigkeit und die begründete Aussicht auf eine bessere Zukunft zu begründen.[33] Die schließliche Erfolglosigkeit der DDR-Mythenpolitik verortet Münkler mit Ernest Gellner in einem Manko des marxistischen Selbstverständnisses: der Übersakralisierung des Immanenten. Wenn man auf Schritt und Tritt mit dem antifaschistischen Versprechen, den heiliggesprochenen – aber doch nur allzu menschlichen – Helden der kommunistischen Bewegung und zur kollektiven Erinnerung erstarrten Institutionen, sinnfällig in der Gerontokratie des Politbüros, konfrontiert wurde: Eine Welt von so viel Heiligkeit war nicht zu ertragen.[34] Das Problem der DDR – der rein negatorische Bezug zum Antifaschismus – wurde in der Bundesrepublik vermieden, in der die positive »Große Erzählung« vom endlichen Ankommen im Westen, versinnbildlicht durch den Wohlstand des Wirtschaftswunders, eine weit flexiblere Gründungserzählung und damit Sinnstiftung liefern konnte.[35]

Zum anderen ist, in der Tradition der Cambridge School und der deutschen Begriffsgeschichte, die Untersuchung der politischen Sprache vorangetrieben worden. Sie entwickelt sich offensichtlich zu einer Ideengeschichte der Politik unter kulturwissenschaftlichem Vorzeichen, indem sie zeigen kann, wie gewissermaßen »unterirdisch« Vorstellungen von Politik und deren gemeinschaftlicher Unterlage fortleben, auch in einem anderen semantischen Gewand.[36] Die Ideen der Volksgemeinschaft sind mit der Bundesrepublik nicht verschwunden, sie zeigen sich im Gewande des Sozialen und der Rhetorik der Sozialpartnerschaft bis weit in die sechziger Jahre.[37] Auch die Untersuchung der politischen Sprache ist »tiefergelegt« worden und wird nun als diskursive Matrix von spezifischen nationalen Kulturen untersucht.[38] In einem engeren kommunikativen Umfeld wird die Sprache von Politikern und Parlamentariern als Ausdruck des Bemühens um Anschlussfähigkeit oder um Durchsetzung untersucht.[39] Ein Hinweis auf die gewachsene Bedeutung dieses Feldes ist, dass es bei der Deutschen Vereinigung für Politische Wissenschaft auch einen Arbeitskreis »Politische Sprache« gibt.

Der damit gegebene Abstand von der Politik als einem Ereigniszusammenhang, hin zur Politik als Kommunikations- und Vergewisserungsdimension, zeigt sich auch in der Orientierung hin zur Ritual- und Symbolforschung. Es scheint dabei übertrieben, die Inszenierung als einen Bestandteil der Politik schwerpunktmäßig erst im 20. Jahrhundert anzusiedeln, aber in der Tat hat die Inszenierung dabei eine Sinnlichkeit angenommen, die man früher wohl nicht beobachten konnte.[40] Insbesondere der Wahlkampf ist in dieser Hinsicht in den Mittelpunkt gerückt. Der große Fortschritt gegenüber der älteren Wahlkampfforschung besteht darin, dass Wahlkämpfe nicht mehr nur als Vorlauf der Wahlen und ihrer Ergebnisse, sondern als eigenständige kommunikative Phänomene untersucht werden, in denen sich die Politik ihres Standorts in der Gesellschaft vergewissert. Auch hier zeigt sich die Tendenz, wegzukommen von der pejorativen Auffassung einer Degeneration von Politik, wenn von symbolischer Politik und Ritualen die Rede ist, und zu einem Ansatz zu gelangen, der die symbolische Verdichtung als notwendig für die Ver-

ständigung ansieht. Wegweisend war hierbei Ulrich Sarcinellis Untersuchung über die symbolische Dimension von Wahlkämpfen.[41] Als »Hochämter in der politischen Alltagsliturgie«[42] fungieren Wahlkämpfe als »rituelle Inszenierungen des demokratischen Mythos«[43] – mit dem Wähler als Hauptdarsteller. Der Wahlkampf wird also in dieser Auffassung nicht mehr als eine Auseinandersetzung zwischen zwei oder mehr Parteien um die Macht mit dem Ziel der Stimmenmaximierung verstanden, sondern als eine politische Verständigungsprozedur, die allein, indem sie nach gewissen Regeln stattfindet, einen stabilisierenden Effekt hat. Die Inszenierung, die damit einhergeht, wird nicht mehr wie bei Edelman als Manipulation gefasst, sondern als ein gemeinsames Feierspiel, in dem sich alle Beteiligten gegenseitig ihrer Wichtigkeit versichern. Die Politik als Theater – wird dieser Sachzusammenhang mitunter noch als Entfremdungszusammenhang verstanden,[44] so gilt doch insgesamt die Inszenierung der Politik als eine notwendige Begleiterscheinung, welche die Komplexität der politischen Strukturen kommunizierbar macht. Der politische Skandal wird mit pointiertem Bezug auf den *political culture*-Ansatz wie auch auf Edelman als »politisches Theater« verstanden, in dem beispielhaft die politischen Normen und ihre Einhaltung vergewissert werden.[45] Denn es ist ja charakteristisch, dass die skandalisierenden Phänomene sich international unterscheiden: In den USA mag eine Geliebte einen Politiker zum Rücktritt zwingen, in Frankreich erhöht sie vielleicht dessen Prestige. So kann die Skandalhäufigkeit eines politischen Systems ebenso ein Hinweis auf dessen inneres Ungleichgewicht sein wie auch auf eine spezifische Skandalempfindlichkeit, und damit ein hoch differenziertes Gefühl für politische Tugend anzeigen.

---

35 Wolfrum (1999); Sabrow (2000).
36 Vgl. z. B. Böke (1996).
37 Vgl. Schildt (1999, S. 166 ff.).
38 Dörner/Rohe (1991); Seck (1991).
39 Patzelt (1993); Steinmetz (1993).
40 Arnold (1998).
41 Sarcinelli (1987).
42 Geisler/Sarcinelli (2002, S. 43).
43 Dörner (2002, S. 29).
44 Meyer (1998).
45 Vgl. Käsler u. a. (1991); Schoeps/Schütze (1992); Ebbighausen/
   Neckel (1989).

Die Frage nach der Politik als Inszenierung hat das Interesse am politischen Marketing beflügelt. Auf die Analogien zwischen politischem und Warenmarketing und wechselseitige Diffusionsprozesse ist schon früh hingewiesen worden,[46] mitunter in einer Darstellungsform, die betriebswirtschaftlichen Spiegelstrichabhandlungen nacheiferte.[47] Jedoch deutet sich erst mit der Thematisierung der Politik als eines inszenatorischen Kommunikationsprozesses an, dass das Thema ernsthafter verfolgt wird.[48] Allerdings ist der Rückstand zur US-amerikanischen Diskussion allein schon daran erkennbar, dass es dort ein Handbuch des politischen Marketing gibt und in Deutschland nicht.[49] Die Selbstinszenierung von Politikern[50] oder die Inszenierung der Politik als Schein[51] wird hier meist noch im Plauderton des Feuilletons, mit politikkritisch-moralischem Unterton und nicht im analytisch strengen Sinne untersucht.

Der wichtigste Bereich kulturwissenschaftlich orientierter Politikforschung ist sicher das Verhältnis zwischen Politik und Medien. Die Medialisierung der Politik hat im 20. Jahrhundert ein Niveau erreicht, bei dem durch vielfältige Rückkoppelungen die Zurechnung auf einen Akteur immer schwieriger wird. Dadurch ändern politische Institutionen ihre Bedeutung fundamental. Spätestens 1968 wurde offenbar, dass nicht nur die mediale Präsenz einer Bewegung entscheidend ist für ihre öffentliche Wahrnehmung als »wichtig«, sondern dass die politischen Akteure auch zunehmend mit diesem Effekt kalkulierten und ihre Aktionen auf die öffentliche Wahrnehmung im Medium der Medien hin ausrichteten: lieber drei Kameras als zehntausend Teilnehmer.[52]

Die Erkenntnis, dass Politik sich heute nur mehr als medial vermittelte und dargestellte Politik denken lässt, hat demgemäß dazu geführt, die Politik selber neu zu bestimmen. Leitend ist dabei der Gedanke Niklas Luhmanns geworden, dass die Medien von einer Realität berichten, deren Wirklichkeit sich selber wieder nur anhand der Medien überprüfen lässt. Die Allgegenwart der Medien und damit die universale Öffentlichkeit der Politik hat so zwei gegenläufige Trends erzeugt: Einerseits wissen wir heute über Politik und Politiker mehr als jemals zuvor; andererseits wissen wir weniger als jemals zuvor, ob dieses Wissen auch »echt« ist, ob der Skandal, über den wir uns erregen, tatsächlich wahr oder nur erzeugt ist, ob der politische Konflikt, der soeben alle Parteien zu entzweien droht, echt oder künstlich ist.[53] Allerdings sind auch im wissenschaftlichen Diskurs bisher Klagen über die »Demontage« der Politik in der Informationsgesellschaft häufiger als die Untersuchung der Selbstbeobachtungs- und Antizipationsmechanismen der Politik, die sich dadurch ergeben.[54]

In jüngster Zeit wird diskutiert, ob nicht die Frage nach der »Echtheit« der Information in der Erlebnisgesellschaft auch schon obsolet geworden sei. Im Anschluss an die britischen Cultural Studies, die moderne kulturelle Identitäten als ein Vexierspiel von Mediennutzung und Medienprägung untersuchen, hat Andreas Dörner den Charakter der medial konstituierten Politik als »Politainment« zu bestimmen versucht.[55] Er spricht hier der medialen Vermittlung eine Funktion zu, die in anthropologischen Ansätzen den Symbolen und Ritualen zukommt: Die Visualisierung des Politischen reduziert Komplexität und leistet damit Verdichtung und Orientierung für den Zuschauer. Der zielgruppenoffene Charakter des medial produzierten politischen Diskurses bedingt Inklusionseffekte, die tendenziell dem Ausschlusscharakter der Kommunikation im politischen System entgegenwirken können. Entgegengesetzt zu den herrschenden Vorstellungen kann Politainment also – dies mit aller Vorsicht – den Effekt haben, nicht zu entpolitisieren, sondern im Gegenteil ein neues Interesse am Politischen zu erzeugen, eben weil dieses das Format der Lindenstraße angenommen hat. Es geht dabei mithin nicht mehr darum, ob der Zuschauer belogen wird oder ob ihm die Wahrheit erzählt wird, sondern ob die Politik, die sich ihm hier

---

46 Abromeit (1972).

47 Wangen (1983).

48 Vgl. Althaus (1998); Bösch (2003).

49 Newman (1999).

50 Hitzler (1992).

51 Meyer (1992).

52 Vgl. zu 1968: Gilcher-Holtey (2001). Generell zu diesem Argument: Luhmann (1996, S. 124 f.); Weisbrod (2001).

53 Luhmann (1996). Vgl. Calließ (1998); Grewenig (1993).

54 Kepplinger (1998). Für die zweite Sichtweise ist für demnächst auf die erste Arbeit zur Funktion der Meinungsforschung, die an den internationalen Standard anschließt, zu verweisen: Kruke (2003). Vgl. zu den USA und Kanada: Herbst (1993).

55 Dörner (2000); Dörner (2001).

präsentiert, eine gute »Geschichte« darstellt, welche mit der Erlebniswelt des Rezipienten kompatibel ist. Hier trifft sich die Untersuchung der Politik als medialer Kommunikation wieder mit den Perspektiven der Politischen Kultur, wie sie Karl Rohe bestimmt hat.

Mit der Medialisierung der Politik geht auch ein Wandel der kommunikativen Medien einher, der sich insgesamt als ein Prozess der Pluralisierung und spezifisch als ein Prozess der Verbildlichung fassen lässt.[56] Kulturwissenschaftliche Ansätze folgen dem: Die Untersuchung von Politik wendet sich immer mehr von der Untersuchung von politischen Programmen und Prozessen ab und der Analyse von visuellen Darstellungen, Bildern und Metaphern von Politik zu. Die historische Politikforschung hat die Bilder lange Zeit erst mit Hitler angesetzt.[57] Erst in jüngster Zeit beschäftigt sie sich intensiver mit der Geschichte der visuellen Repräsentationen von Politik und entdeckt eine teilweise erstaunliche Modernität der Repräsentation.[58] Theoretische Überlegungen zu diesem Thema stammen allerdings eher von Kunsthistorikern als von Politologen.[59] Häufig ist die Untersuchung der bildlichen Darstellung von Politik am quantifizierenden Paradigma der empirischen Sozialforschung orientiert und führt dann beispielsweise dazu, dass Wahlwerbespots nach Themen, Präsentationsform und Personenhäufigkeit ausgezählt werden anstatt sich ihnen bildhermeneutisch zu nähern.[60]

4. Perspektiven

Politik als Kommunikation, ihre Medialität, der fortschreitende Prozess der Virtualisierung der Politik: Dies sind Themen, die zweifellos auch in Zukunft einen großen Stellenwert einnehmen werden. Die wirklich große Herausforderung für eine neue Politikforschung besteht aber im weltgeschichtlichen Wandel, der sich seit den späten achtziger Jahren im Zusammenbruch des östlichen Kommunismus und den darauf – oder daraus? – folgenden Konvulsionen ereignet hat. Er wird auch die Parameter der Politik grundlegend ändern. Samuel Huntington hatte 1996 prognostiziert, dass ein Clash of Civilizations ins Haus stehen werde, der die kulturellen Systeme, insbesondere den Islam und den Westen, in Konflikt

miteinander bringen werde.[61] Diese Prognose wurde, wenn nicht ausgelacht, so doch als politisch und methodisch unkorrekt abgetan;[62] seit dem 11. September 2001 scheint es vielen, als ob die Prognosen doch auf einen richtigen Befund hinausliefen. Er besteht darin, dass in den kommenden Jahrzehnten die kulturellen Codes eine weit wichtigere Rolle spielen werden als bisher und dass sie im Zeichen einer partikularen Identitätspolitik eher trennenden als gemeinschaftsbildenden Charakter aufweisen werden. Insofern ist die kulturwissenschaftliche Orientierung der Politikforschung eine adäquate Zukunftsaufgabe. Die jeder Politik vorgängigen kulturellen Werte, die ihr unterliegenden Erwartungen an den Staat und politische Verbände, die symbolische und rituelle Kommunikation, die Grenzen zwischen Politik und Nichtpolitik, die Tabus, an denen nicht gerüttelt werden darf: Seit dem 11. September ist deutlich geworden, in welchem Ausmaß Politik ein kulturelles System ist und wie erfolglos auf lange Sicht technokratische Instrumente sind. Wenn Politik die Dimension ist, in der die fundamentale Ordnungsproblematik verhandelt wird, die allen sozialen Verbänden zu eigen ist,[63] dann muss mittlerweile akzentuiert werden, dass damit nicht immer eine identische Ordnung gemeint ist. Hierauf beruft sich eine Lehre von den internationalen Beziehungen, die sich pointiert als Kulturwissenschaft versteht und die nach den unbefragten Vorannahmen, nach den kulturellen Prägungen der Verhandlungspartner und nach den institutionellen Kommunikationsmustern fragt.[64]

Mit dieser Einsicht in die kulturelle Grundierung der Politik geht eine unübersehbare Orientierung insbesondere der Politischen Philosophie an der *Zukunft* einher. Die Historisierung scheint damit nur die andere Seite einer Selbstvergewisserung zu sein, die von der Annahme ausgeht, dass es mit der

---

56 Vgl. Münkler (1994).
57 Paul (1990).
58 Müller (1997); Biefang (2002).
59 Warnke (1994).
60 Holtz-Bacha (2000).
61 Huntington (1996).
62 Vgl. Müller (1999).
63 Dörner/Rohe (1995, S. 457).
64 Lehmkuhl (2001, bes. S. 404 ff.).

Politik nicht mehr lange so weitergehen werde und wir mitten in einem epochalen Gestaltwandel leben. Die Frage nach der Zukunft des (National-)Staates wird durch vielerlei Befunde angestoßen. Nur die aktuellste ist die Feststellung, dass die hochgerüsteten Militärapparate der Großstaaten nicht viel vermögen gegen Konflikte niederer Intensität, die durch Guerilla, Anschläge und individuelle Aktionen bestimmt sind. Das Versagen staatlicher Strukturen vor allem in Afrika, wo Clan- und Klientelherrschaft, Privatarmeen und soziale Anomie durchsetzungsfähiger scheinen, hat bisher noch keine schlüssigen Antworten gefunden.[65] In diesem Sinne ist der moderne Staat in Martin van Crevelds imposanter Studie generell als eine historische Erscheinung bestimmt worden, die sich seit dem späten 17. Jahrhundert über die Welt verbreitet habe und nun, genauer: seit 1945, an ihr Ende komme.[66] Wolfgang Reinhard hat ganz ähnlich die Staatsgewalt als eine historisch und regional spezifische Erscheinung gedeutet, wenn er sie im Europa der Neuzeit beheimatet sieht. Auch er sieht das Ende des modernen Staates heraufziehen.[67] Neben diesen mehr oder minder pessimistischen Perspektiven gibt es allerdings auch optimistische Stimmen, die in der Krise des Nationalstaats zwei Chancen sehen: einerseits die Stärkung übernationaler Institutionen – wobei übernationale Institutionen stets eine Metapher für größere Friedlichkeit sind –, und andererseits eine Stärkung der Zivilgesellschaft.[68]

Damit stimmt die Globalisierungsforschung ein in den Grundton der von Putnam u. a. gestellten Frage nach dem Zusammenhang von bürgerlicher Sphäre und Politik. Die Diskussion greift aristotelische Traditionen wieder auf, die in Deutschland lange verschüttet waren und eigentlich nur von dem Außenseiter Dolf Sternberger hochgehalten wurden.[69] Auf dem Umweg über die diskursiven Prägungen kommt die Frage nach der Spezifität der deutschen Politikauffassung wieder ins Spiel.[70] Die Frage nach Lebensstilen, die lange Zeit im Banne einer kultursoziologischen Befindlichkeitsforschung verblieb, scheint damit an politischer Virulenz zu gewinnen.[71] Insbesondere von Ulrich Beck ist vernehmlich die These geäußert worden, dass die Staatszentriertheit von Politik an ein Ende gerate und die Politik im Begriff sei, wieder vergesellschaftet zu werden.[72] Seine Vorschläge, die etwa auf die Honorierung von Bürgerarbeit hinauslaufen, lassen sich als blauäugig abtun, verweisen aber nichtsdestoweniger auf einen Paradigmenwechsel in der Politischen Philosophie: Das Hierarchieverhältnis von Politik und Gesellschaft wird umgedreht; im Mittelpunkt stehen zivilgesellschaftliche Aushandlungs- und Austauschprozesse, eine als unabdingbar proklamierte Selbstbeschränkung der Politik weist dieser eine instrumentelle Funktion zu. In einer Expertokratie wird der Beruf, in dem tendenziell jeder ein Experte ist, selber zu politischem Handeln.

Man hat dieser Theorie eine konzeptionelle Pazifizierung der Politik vorgeworfen, denn das Ende des Ost-West-Konflikts hat bisher beileibe zu keiner friedlicheren Weltordnung geführt, sondern im Gegenteil zu einem explosionsartigen Aufbrechen von kulturellen und ethnischen Konflikten, die mit der Brutalität von Missionskriegen geführt wurden. Diesen Einbruch der Gewalt in die Realität der Politik hat die Politische Theorie bislang nicht adäquat verarbeitet, obwohl ein illusionsloser Begriff der Gewalt in der Geschichte seit einiger Zeit durchaus wieder diskutiert wird.[73] Für die politische Gewalt in der Weimarer Republik hat Dirk Schumann herausgearbeitet, dass die Gewalt einem hochritualisierten Ablauf- und Verarbeitungsmuster folgte, die viel mit männlichem Gestus, Revierkämpfen, Ordnungsvorstellungen und Fragen von Gerechtigkeit zu tun hatte und keineswegs regellos war.[74] Sven Reichardt hat die gemeinschaftsbildende Kraft der Gewalt in der SA und den faschistischen squadre betont.[75] Das dürfte bei der innergesellschaftli-

---

65 Vgl. Thürer (1996).
66 Van Creveld (1999).
67 Reinhard (1999).
68 Zürn (1998); Hildermeier (2000).
69 Sternberger (1961).
70 Käsler (1998).
71 Ritter (1997).
72 Beck (1993).
73 So etwa bei Algazi (1996). Die Vernachlässigung der Gewalt in der Politikwissenschaft mag ihren Grund auch darin haben, dass diese Frage in der isolierten Friedensforschung als eine normative Frage eingehegt war, mit der verwunderten Frage, warum Demokratien auch nicht friedlich sind. Vgl. Czempiel (2002). Das mag sich mit der Herausbildung einer elaborierten Gewaltsoziologie ändern. Vgl. von Trotha (1997).
74 Schumann (2001).
75 Reichardt (2002).

chen Gewalt, etwa im Bereich des Rechtsextremismus, heute nicht viel anders sein. Anders mag es sich in internationalen Beziehungen verhalten, bei denen die Regellosigkeit in viel höherem Maß als der Normalzustand angesehen werden kann. Es ist die Frage, ob die Gewalt ein struktureller Bestandteil der internationalen Beziehungen ist, wie das Wolfgang Sofsky nahe legt,[76] oder ob es sich um ein Übergangsphänomen handelt. Denn schließlich wird sie von intensiven Bemühungen der Einhegung durch internationale Institutionen begleitet, und man kann mit Karl Deutsch durchaus argumentieren, dass Gewalt zwar ausreicht, jemandem das Klavierspielen zu verbieten, nicht aber, es ihm beizubringen.[77] Hier wäre man dann aber wieder bei der Frage nach den kulturellen Prägungen, denn auch in internationalen Beziehungen wird die Gewalt immer – und offenbar zusehends mehr – von der Frage nach der Legitimität begleitet. In dem Maß, in dem die Gewaltanwendung von einem entwickelten medialen, juristischen und politischen Rechtfertigungsapparat flankiert wird, in dem Maß auch, in dem die kulturell unterschiedlichen Umgangsformen mit Gewalt (man denke nur an das Beispiel der Selbstmordattentäter im Nahen Osten) thematisiert werden, wird deutlich, dass selbst gewalthafte politische Strukturen für einen kulturwissenschaftlichen Zugang offen sind.

Literatur

ABROMEIT, HEIDRUN (1972), *Das Politische in der Werbung. Wahlwerbung und Wirtschaftswerbung in der Bundesrepublik*, Opladen: Westdeutscher Verlag. ▪ ALGAZI, GADI (1996), *Herrengewalt und Gewalt der Herren im späten Mittelalter. Herrschaft, Gegenseitigkeit und Sprachgebrauch*, Frankfurt/M.: Campus. ▪ ALMOND, GABRIEL A. / VERBA, SIDNEY (1963), *The Civic Culture. Political Attitudes and Democracy in Five Nations*, Princeton: Princeton University Press. ▪ ALMOND, GABRIEL A. / VERBA, SIDNEY (1980), *The Civic Culture Revisited. An Analytic Study*, Boston: Little, Brown. ▪ ALTHAUS, MARCO (1998), *Wahlkampf als Beruf. Die Professionalisierung der Political Consultants in den USA*, Frankfurt/M.: Lang. ▪ ANDERSON, BENEDICT (1988), *Die Erfindung der Nation. Zur Karriere eines erfolgreichen Konzepts*, Frankfurt/M.: Campus. ▪ ANDERSON, MARGARET LAVINIA (2000), *Practicing Democracy. Elections and Political Culture in Imperial Germany*, Princeton: Princeton University Press. ▪ ARNOLD, SABINE U. A. (Hg.) (1998), *Politische Inszenierung im 20. Jahrhundert. Zur Sinnlichkeit der Macht*, Wien: Böhlau. ▪ BECK, ULRICH (1993), *Die Erfindung des Politischen. Zu einer Theorie reflexiver Modernisierung*, Frankfurt/M.: Suhrkamp. ▪ BERGER, PETER / LUCKMANN, THOMAS (1980 [am. 1969]), *Die gesellschaftliche Konstruktion der Wirklichkeit. Eine Theorie der Wissenssoziologie*, Frankfurt/M.: Fischer. ▪ BERG-SCHLOSSER, DIRK / SCHISSLER, JAKOB (Hg.) (1987), *Politische Kultur in Deutschland. Bilanz und Perspektiven der Forschung*, Opladen: Westdeutscher Verlag. ▪ BEYME, KLAUS VON (1980[4]), *Die politischen Theorien der Gegenwart*, München: Piper. ▪ BEYME, KLAUS VON (1991), *Theorie der Politik im 20. Jahrhundert. Von der Moderne zur Postmoderne*, Frankfurt/M.: Suhrkamp. ▪ BIEFANG, ANDREAS (2002), *Bismarcks Reichstag. Das Parlament in der Leipziger Straße. Fotografiert von Julius Braatz*, Düsseldorf: Droste. ▪ BÖKE, KARIN U. A. (1996), *Politische Leitvokabeln in der Adenauer-Ära*, Berlin: de Gruyter. ▪ BÖSCH, FRANK (2003), »Das Politische als Produkt. Selbstbeobachtungen und Modernisierungen in der politischen Kommunikation der frühen Bundesrepublik«, in: Knoch, Habbo / Morat, Daniel (Hg.), *Kommunikation als Beobachtung – Beobachtung von Kommunikation. Wechselwirkung von Medientheorien und kommunikativen Praktiken in der kommunikologischen Sattelzeit (1880–1960)*, Fink Verlag 2003. ▪ CALLIESS, JÖRG (Hg.) (1998), *Die Inszenierung von Politik in den Medien*, Rehberg: Evangelische Akademie Loccum. ▪ VAN CREVELD, MARTIN (1999), *Aufstieg und Untergang des Staates*, München: Gerling-Akademie-Verlag. ▪ CZEMPIEL, ERNST-OTTO (2002), »Der Friedensbegriff der Friedensforschung«, in: Ziemann, Benjamin (Hg.), *Perspektiven der Historischen Friedensforschung*, Essen: Klartext, S. 43–56. ▪ DANIEL, UTE (2001), *Kompendium Kulturgeschichte. Theorien, Praxis, Schlüsselwörter*, Frankfurt/M.: Suhrkamp. ▪ DEUTSCH, KARL W. (1968), *Die Analyse internationaler Beziehungen. Konzeption und Probleme der Friedensforschung*, Frankfurt/M.: Europäische Verlagsanstalt. ▪ DÖRNER, ANDREAS / ROHE, KARL (1991), »Politische Sprache und politische Kultur. Diachron-kulturvergleichende Sprachanalysen am Beispiel von Großbritannien und Deutschland«, in: Opp de Hipt, Manfred / Latniak, Erich (Hg.), *Sprache statt Politik. Politikwissenschaftliche Semantik- und Rhetorikforschung*, Opladen: Westdeutscher Verlag, S. 38–64. ▪ DÖRNER, ANDREAS / ROHE, KARL (1995), »Politikbegriffe«, in: *Lexikon der Politik*, hg. v. Nohlen, Dieter, Bd. 1, München: C. H. Beck, S. 453–458. ▪ DÖRNER, ANDREAS / VOGT, LUDGERA (Hg.) (1995), *Sprache des Parlaments und Semiotik der Demokratie. Studien zur politischen Kommunikation in der Moderne*, Berlin: de Gruyter. ▪ DÖRNER, ANDREAS (1996), *Politischer Mythos und symbolische Politik. Der Hermannmythos: Zur Entstehung des Nationalbewusstseins der Deutschen*, Reinbek: Rowohlt. ▪ DÖRNER, ANDREAS (2000), *Politische Kultur und Medienunterhaltung. Zur Inszenierung politischer Identitäten in der amerikanischen Film- und Fernsehwelt*, Konstanz: Universitätsverlag Konstanz. ▪ DÖRNER, ANDREAS (2001), *Politainment. Politik in der medialen Erlebnisgesellschaft*, Frankfurt/M.: Suhrkamp. ▪ DÖRNER, ANDREAS (2002), »Wahlkämpfe – eine rituelle Inszenierung des ›demokratischen Mythos‹«, in: Dörner, Andreas /

---

76 Sofsky (1996).
77 Deutsch (1968, S. 42).

Vogt, Ludgera (Hg.), *Wahl-Kämpfe. Betrachtungen über ein demokratisches Ritual*, Frankfurt/M.: Suhrkamp, S. 16–42. ■ Douglas, Mary (1991), *Wie Institutionen denken*, Frankfurt/M.: Suhrkamp. ■ Ebbighausen, Rolf / Neckel, Sighard (1989), *Anatomie des politischen Skandals*, Frankfurt/M.: Suhrkamp. ■ Edelman, Murray (1976), *Politik als Ritual. Die symbolische Funktion staatlicher Institutionen und politischen Handelns*, Frankfurt/M.: Campus. ■ Edelman, Murray (1988), *Constructing the Political Spectacle*, Chicago: University of Chicago Press. ■ Geisler, Alexander / Sarcinelli, Ulrich (2002), »Modernisierung von Wahlkämpfen und Modernisierung von Demokratie«, in: Dörner, Andreas / Vogt, Ludgera (Hg.), *Wahl-Kämpfe. Betrachtungen über ein demokratisches Ritual*, Frankfurt/M.: Suhrkamp, S. 43–68. ■ Gilcher-Holtey, Ingrid (2001²), *Die Phantasie an die Macht*, Frankfurt/M.: Suhrkamp. ■ Göhler, Gerhard (Hg.) (1994), *Die Eigenart der Institutionen. Zum Profil politischer Institutionentheorie*, Baden-Baden: Nomos. ■ Goldberg, Hans-Peter (1998), *Bismarck und seine Gegner. Die politische Rhetorik im kaiserlichen Reichstag*, Düsseldorf: Droste. ■ Grewenig, Adi (Hg.) (1993), *Inszenierte Information. Politik und strategische Kommunikation in den Medien*, Opladen: Westdeutscher Verlag. ■ Gross, Raphael (2000), *Carl Schmitt und die Juden. Eine deutsche Rechtslehre*, Frankfurt/M.: Suhrkamp. ■ Hardtwig, Wolfgang / Wehler, Hans-Ulrich (Hg.) (1996), *Kulturgeschichte heute*, Göttingen: Vandenhoeck & Ruprecht. ■ Herbst, Susan (1993), *Numbered Voices: How Opinion Polling Has Shaped American Politics*, Chicago: University of Chicago Press ■ Hildermeier, Manfred (Hg.) (2000), *Europäische Zivilgesellschaft in Ost und West. Begriff, Geschichte, Chancen*, Frankfurt/M.: Campus. ■ Hitzler, Ronald (1992), »Die mediale Selbstinszenierung von Politikern«, in: Gauger, Jörg-Dieter / Stagl, Justin (Hg.), *Staatsrepräsentation*, Berlin: Reimer, S. 205–222. ■ Hoffmann, Stefan (2000), *Die Politik der Geselligkeit. Freimaurerlogen in der deutschen Bürgergesellschaft 1840–1918*, Göttingen: Vandenhoeck & Ruprecht. ■ Holtz-Bacha, Christina (2000), *Wahlwerbung als politische Kultur. Parteienspots im Fernsehen 1957–1998*, Opladen: Westdeutscher Verlag. ■ Honneth, Axel (1985), *Kritik der Macht. Reflexionsstufen einer kritischen Gesellschaftstheorie*, Frankfurt/M.: Suhrkamp. ■ Honneth, Axel (Hg.) (1993), *Kommunitarismus. Eine Debatte über die moralischen Grundlagen moderner Gesellschaften*, Frankfurt/M.: Campus. ■ Huntington, Samuel (1996), *Kampf der Kulturen. Die Neugestaltung der Weltpolitik im 21. Jahrhundert*, München: Europa-Verlag. ■ Iwand, Wolf Michael (1983), *Paradigma Politische Kultur. Konzept, Methoden, Ergebnisse der Political Culture-Forschung in der Bundesrepublik. Ein Forschungsbericht*, Diss. Aachen. ■ Jarren, Otfried u. a. (Hg.) (1998), *Politische Kommunikation in der demokratischen Gesellschaft. Ein Handbuch mit Lexikonteil*, Opladen: Westdeutscher Verlag. ■ Kaase, Max (1983), »Sinn oder Unsinn des Konzepts Politische Kultur für die Vergleichende Politikforschung, oder auch: Der Versuch, einen Pudding an die Wand zu nageln«, in: Kaase, Max / Klingemann, Hans Dieter (Hg.), *Wahlen und politisches System*, Opladen: Westdeutscher Verlag, S. 144–172. ■ Käsler, Dirk u. a. (1991), *Der politische Skandal. Zur symbolischen und dramaturgischen Qualität von Politik*, Opladen: Westdeutscher Verlag. ■ Käsler, Dirk (1998), »Freund versus Feind, Oben versus Unten, Innen versus Außen. Antagonismus und Zweiwertigkeit bei der gegenwärtigen soziologischen Bestimmung des Politischen«, in: Berg-Schlosser, Dirk u. a. (Hg.), *Politikwissenschaftliche Spiegelungen. Ideendiskurs – institutionelle Fragen – Politische Kultur und Sprache (FS Stammen)*, Opladen: Westdeutscher Verlag, S. 174–189. ■ Kepplinger, Hans Matthias (1998), *Die Demontage der Politik in der Informationsgesellschaft*, Freiburg: Alber. ■ Kertzer, David I. (1988), *Ritual, Politics and Power*, New Haven: Yale University Press. ■ Kruke, Anja (2004), *Zwischen Wissenschaft und Politikberatung. Politische Meinungsforschung und die SPD 1945–1990*, Diss. Bochum. ■ Kühne, Thomas (1994), *Dreiklassenwahlrecht und Wahlkultur in Preußen 1867–1914. Landtagswahlen zwischen korporativer Tradition und politischem Massenmarkt*, Düsseldorf: Droste. ■ Laak, Dirk van (1993), *Gespräche in der Sicherheit des Schweigens. Carl Schmitt in der Geistesgeschichte der frühen Bundesrepublik*, Berlin: Akademie-Verlag. ■ Lehmkuhl, Ursula (2001), »Diplomatiegeschichte als internationale Kulturgeschichte: Theoretische Ansätze und empirische Forschung zwischen Historischer Kulturwissenschaft und Soziologischem Institutionalismus«, in: *Geschichte und Gesellschaft*, 27, S. 392–423. ■ Linsmayer, Ludwig (1992), *Politische Kultur im Saargebiet 1920–1932. Symbolische Politik, verhinderte Demokratisierung, nationalisiertes Kulturleben in einer abgetrennten Region*, St. Ingbert: Röhrig. ■ Luhmann, Niklas (1996²), *Die Realität der Massenmedien*, Opladen: Westdeutscher Verlag. ■ Luhmann, Niklas (2000), *Die Politik der Gesellschaft*, Frankfurt/M.: Suhrkamp. ■ March, James G. / Olsen, Johan P. (1989), *Rediscovering Institutions. The Organizational Basis of Politics*, New York: Free Press. ■ Mergel, Thomas / Welskopp, Thomas (Hg.) (1997), *Geschichte zwischen Kultur und Gesellschaft. Beiträge zur Theoriedebatte*, München: C. H. Beck. ■ Mergel, Thomas (2002 a), »Überlegungen zu einer Kulturgeschichte der Politik«, in: *Geschichte und Gesellschaft*, 28, S. 574–606. ■ Mergel, Thomas (2002 b), *Parlamentarische Kultur in der Weimarer Republik. Politische Kommunikation, symbolische Politik und Öffentlichkeit im Reichstag*, Düsseldorf: Droste. ■ Meyer, Thomas (1992), *Die Inszenierung des Scheins. Voraussetzungen und Folgen symbolischer Politik*, Frankfurt/M.: Suhrkamp. ■ Meyer, Thomas (1998), *Politik als Theater. Die neue Macht der Darstellungskunst*, Berlin: Aufbau-Verlag. ■ Müller, Harald (1999²), *Das Zusammenleben der Kulturen. Ein Gegenentwurf zu Huntington*, Frankfurt/M.: Fischer. ■ Müller, Marion (1997), *Politische Bildstrategien im amerikanischen Präsidentschaftswahlkampf 1828–1996*, Berlin: Akademie-Verlag. ■ Münkler, Herfried / Storch, Wolfgang (1988), *Siegfrieden. Politik mit einem deutschen Mythos*, Berlin: Rotbuch-Verlag. ■ Münkler, Herfried (1990), *Odysseus und Kassandra. Politik in Mythen*, Frankfurt/M.: Fischer. ■ Münkler, Herfried (1992), »Politische Tugend. Bedarf die Demokratie einer sozio-moralischen Grundlegung?«, in: Münkler, Herfried (Hg.), *Die Chancen der Freiheit. Grundprobleme der Demokratie*, München: Piper, S. 25–47. ■ Münkler, Herfried (1994), *Politische Bilder, Politik der Metaphern*, Frankfurt/M.: Fischer. ■ Münkler, Herfried (1997), »Politische Mythen und Institutionenwandel. Die Anstrengungen der DDR, sich ein eigenes kollektives Gedächtnis zu verschaffen«, in: Göhler, Gerhard (Hg.), *Institutionenwandel*, Opladen: Westdeutscher Verlag, S. 121–142. ■ NEDELMANN, BIRGITTA (Hg.) (1995), *Politische Institutionen im Wandel*, Opladen: Westdeutscher Verlag. ■ NEWMAN, BRUCE I. (Hg.) (1999), *Handbook of Political Marketing*, Thousand Oaks/CA: Sage Publ. ■ PALONEN, KARI (1985), *Politik als Handlungsbegriff. Horizontwandel des Politikbegriffs in Deutschland 1890–1933*, Helsinki: Societas scientiarum Fennica. ■ PATZELT, WERNER J. (1993), »Politiker und ihre Sprache«, in: Dörner, Andreas / Vogt, Ludgera (Hg.), *Sprache des Parlaments und Semiotik der Demokratie. Studien zur politischen Kommunikation in der Moderne*, Berlin: de Gruyter, S. 17–54. ■ PAUL, GERHARD (1990), *Aufstand der Bilder. Die NS-Propaganda vor 1933*, Bonn: Dietz. ■ PUTNAM, ROBERT D. (1993), *Making Democracy Work. Civic Traditions in Modern Italy*, Princeton: Princeton University Press. ■ PUTNAM, ROBERT D. (2000), *Bowling Alone. The Collapse and Revival of American Community*, New York: Simon & Schuster. ■ PYE, LUCIAN W. / VERBA, SIDNEY (Hg.) (1965), *Political Culture and Political Development*, Princeton: Princeton University Press. ■ REICHARDT, SVEN (2002), *Faschistische Kampfbünde. Gewalt und Gemeinschaft im italienischen Squadrismus und in der deutschen SA*, Köln: Böhlau. ■ REINHARD, WOLFGANG (1999), *Geschichte der Staatsgewalt. Eine vergleichende Verfassungsgeschichte Europas von den Anfängen bis zur Gegenwart*, München: C.H.Beck. ■ REINHARD, WOLFGANG (2001), »Was ist europäische politische Kultur? Versuch zur Begründung einer politischen Historischen Anthropologie«, in: *Geschichte und Gesellschaft*, 27, S. 593–616. ■ RIESENER, DIRK (1996), *Polizei und politische Kultur im 19. Jahrhundert. Die Polizeidirektion Hannover und die politische Öffentlichkeit im Königreich Hannover*, Hannover: Hahn. ■ RITTER, CLAUDIA (1997), *Lebensstile und Politik. Zivilisierung, Politisierung, Vergleichgültigung*, Opladen: Leske + Budrich. ■ ROBINSON, DANIEL J. (1999), *The Measure of Democracy: Polling, Market Research, and Public Life, 1930–1945*, Toronto: University of Toronto Press. ■ ROHE, KARL (1990), »Politische Kultur und ihre Analyse. Probleme und Perspektiven in der Politischen Kulturforschung«, in: *Historische Zeitschrift*, 250, S. 321–346. ■ ROHE, KARL (1992), *Wahlen und Wählertraditionen in Deutschland. Kulturelle Grundlagen deutscher Parteien und Parteisysteme im 19. und 20. Jahrhundert*, Frankfurt/M.: Suhrkamp. ■ SABROW, MARTIN (Hg.) (2000), *Geschichte als Herrschaftsdiskurs. Umgang mit der Vergangenheit in der DDR*, Köln: Böhlau. ■ SARCINELLI, ULRICH (1987), *Symbolische Politik. Zur Bedeutung symbolischen Handelns in der Wahlkampfkommunikation der Bundesrepublik*, Opladen: Westdeutscher Verlag. ■ SCHILDT, AXEL (1999), *Ankunft im Westen. Ein Essay zur Erfolgsgeschichte der Bundesrepublik*, Frankfurt/M.: Fischer. ■ SCHOEPS, JULIUS H. / SCHÜTZE, CHRISTIAN (Hg.) (1992), *Der politische Skandal*, Stuttgart: Burg-Verlag. ■ SCHUMANN, DIRK (2001), *Politische Gewalt in der Weimarer Republik 1918–1933. Kampf um die Straße und Furcht vor dem Bürgerkrieg*, Essen: Klartext. ■ SECK, WOLFGANG (1991), *Politische Kultur und politische Sprache. Empirische Analysen am Beispiel Deutschlands und Großbritanniens*, Frankfurt/M.: Lang. ■ SOFSKY, WOLFGANG (1996), *Traktat über die Gewalt*, Frankfurt/M.: Fischer. ■ SOMBART, NICOLAUS (1997), *Die deutschen Männer und ihre Feinde. Carl Schmitt – ein deutsches Schicksal zwischen Männerbund und Matriarchatsmythos*, Frankfurt/M.: Fischer. ■ STEINMETZ, WILLIBALD (1993), *Das Sagbare und das Machbare. Zum Wandel politischer Handlungsspielräume: England 1780–1867*, Stuttgart: Klett-Cotta. ■ STERNBERGER, DOLF (1961), *Begriff des Politischen. Der Friede als der Grund und das Merkmal und die Norm des Politischen*, Frankfurt/M.: Insel-Verlag. ■ TETZLAFF, RAINER (1997), »Der schleichende Institutionenwandel im Krisenmanagement für die Dritte Welt: Weltbank und Währungsfonds. Internationale Organisationen im Dienste der Globalisierung«, in: Göhler, Gerhard (Hg.), *Institutionenwandel*, Opladen: Westdeutscher Verlag, S. 204–223. ■ THÜRER, DANIEL U.A. (1996), *Der Wegfall effektiver Staatsgewalt: »The Failed State«*, Heidelberg: Müller. ■ TROTHA, TRUTZ VON (Hg.) (1997), *Soziologie der Gewalt*, Opladen: Westdeutscher Verlag. ■ VOIGT, RÜDIGER (Hg.) (1989), *Politik der Symbole, Symbole der Politik*, Opladen: Leske + Budrich. ■ WANGEN, EDGAR (1983), *Polit-Marketing. Das Marketing-Management der politischen Parteien*, Opladen: Westdeutscher Verlag. ■ WARNKE, MARTIN (1994), »Politische Ikonographie. Hinweise auf eine sichtbare Politik«, in: Leggewie, Claus (Hg.), *Wozu Politikwissenschaft? Über das Neue in der Politik*, Darmstadt: Wissenschaftliche Buchgesellschaft, S. 170–178. ■ WEICHLEIN, SIEGFRIED (1996), *Sozialmilieus und politische Kultur in der Weimarer Republik. Lebenswelt, Vereinskultur, Politik in Hessen*, Göttingen: Vandenhoeck & Ruprecht. ■ WEISBROD, BERND (2001), »Medien als symbolische Form der Massengesellschaft. Die medialen Bedingungen von Öffentlichkeit im 20. Jahrhundert«, in: *Historische Anthropologie*, 9, S. 270–283. ■ WILLKE, HELMUT (1996), *Ironie des Staates. Grundlinien einer Staatstheorie polyzentrischer Gesellschaft*, Frankfurt/M.: Suhrkamp. ■ WOLFRUM, EDGAR (1999), *Geschichtspolitik in der Bundesrepublik. Der Weg zur bundesrepublikanischen Erinnerung 1948–1990*, Darmstadt: Wissenschaftliche Buchgesellschaft. ■ ZIMMERLING, RAINA (2000), *Mythen in der Politik der DDR. Ein Beitrag zur Erforschung politischer Mythen*, Opladen: Leske + Budrich. ■ ZUCKER, LYNNE G. (1977), »The Role of Institutionalization in Cultural Persistence«, in: *American Sociological Review*, 42, S. 726–743. ■ ZÜRN, MICHAEL (1998), *Regieren jenseits des Nationalstaates. Globalisierung und Denationalisierung als Chance*, Frankfurt/M.: Suhrkamp.

15.2 Recht und Verrechtlichung im Blick der Kulturwissenschaften

Klaus Lüderssen

Zu beginnen ist mit einigen Bemerkungen über das allgemeine Verhältnis zwischen Recht und Kultur (1.). Es folgt ein größerer Abschnitt, der dieses Verhältnis am Beispiel des Straf- und Strafprozessrechts konkretisiert (2.). Daran schließen sich Erörterungen über die Dialektik von Verrechtlichung und Rechtsferne in der modernen Kultur (3.).

1. Recht und Kultur allgemein

Setzt man auf Kultur, so geht es nicht nur um wissenschaftliche Leistungen. Der Fortschritt *rechtlichen* Denkens ist wissenschaftlich insofern nicht messbar, als alles, was man auf diesem Gebiet an Erfahrungen sammelt und gedanklich verarbeitet, seinen Wert letztlich nur dadurch erhält, dass relevante Gruppen zustimmen. So lange das nicht weltumspannend geschieht, haben wir den Streit der Kulturen, und der wird nicht primär durch die Wissenschaft entschieden. Die Freiheits- und Gleichheitsverständnisse etwa, um die zentralen Wertgesichtspunkte der modernen Jurisprudenz hervorzuheben, setzen sich durch oder nicht. Freilich wird das befördert durch tiefgehende Analysen der Bedürfnisse und der Ideale der Menschen. Die gedankliche Arbeit, die dabei stattfindet, kann man Wissenschaft nennen; aber es bleibt dabei, dass die Bewertung ihrer Ergebnisse nichts mit Erkenntnissen von der Art zu tun hat, wie sie in den Naturwissenschaften etabliert sind. Stattdessen haben wir Verstehensprozesse und ihre Vermittlung an andere. Dabei ist vorausgesetzt, dass es etwas zu verstehen gibt, und nicht vielmehr nur die Willkür der Macht. Allerdings muss man zu ergründen versuchen, was etwas zur bloßen »Macht« macht. Es verhält sich dabei ähnlich wie mit der kritischen Funktion der Basissätze in der Popper'schen Logik der Forschung. Sie sollen falsifizieren, aber sie kön-

nen diese Funktion nur übernehmen, »when there is a whiff of verification«. Ebenso ist es mit der Valenz der dekonstruktivistischen Kriterien.

Die Kulturleistung der Rechtswissenschaft oder der Jurisprudenz oder überhaupt des Rechts kann also nur bestimmen, wer die sozialen und geistigen Prozesse, die zu dem führen, was wir dann Recht nennen, strukturell und in ihrer Breitenwirkung begreift. Am Ende aber entscheiden Konventionen. Das gilt auch dann, wenn die Überzeugungskraft jener sozialen und geistigen Prozesse zunächst davon abhängt, in welchem Maße sie sich von unbewiesenen und unbeweisbaren Autoritäten (Religion, aber auch metaphysische Weisheiten) befreien. Wenn wir uns gegen die selbstmörderischen Anschläge der Al Quaida wehren, so halten wir das für gerechtfertigt, weil wir nicht einsehen, weshalb wir das hinnehmen sollen. Das bedeutet wiederum nicht, dass es keine anderen achtenswerten Kulturen geben kann, die sich gegen uns stellen dürfen. Wir haben aber unter Umständen das Recht, sie nicht zu begreifen, ohne freilich das Recht zu beanspruchen, in ihnen das Böse zu sehen.

Das sind bereits einige nicht beweisbare materielle Ausgangspositionen des Rechts, auf die man sich in einem ersten groben Zugriff noch leicht verständigen kann. Dann aber werden in diesem Rahmen weitere Einigungsprozesse fällig, die subtiler und schwieriger sind. Sie verlaufen nicht einheitlich; jedes Rechtsgebiet hat insofern seine Eigendynamik.

2. Die politischen Landschaften des modernen Straf- und Strafprozessrechts[1] als ein Beispiel für das Verhältnis von Recht und Kultur

2.1. Man kann gegenwärtig wohl drei politische Typen des Straf- und Strafprozessrechts unterscheiden.

1) Strafrecht und Strafprozessrecht dienen der Machterhaltung und sind sogar identisch mit der

---

1 Die speziellen Arbeitsgebiete des Verfassers.

Struktur der Macht (genetisch und substantiell). Freilich wird das verschieden interpretiert:

a) Kritisch-denunziatorisch. Das ist die Spezialität einer politisch links orientierten Gruppierung der Kriminalsoziologie, in unheiliger Allianz mit einigen teils idealistisch, teils anarchisch operierenden, auf das Ganze gesehen politisch eher liberal-konservativen Vertretern der Strafrechtswissenschaft.

b) Positivistisch-achselzuckend oder indolent-akzeptierend. Das ist die akademische Richtung der positiven Generalprävention, die primär auf Befolgung der staatlich gesetzten Normen pocht und – im Namen einer ebenso umfassenden wie wertfreien – Systemerhaltung den Schutz von Rechtsgütern Einzelner als sekundär-relevanten Reflex einordnet.

c) Eindeutig legitimierend als Ausdruck eines entsprechenden Staatsverständnisses.

aa) Da ist – keineswegs nur noch historisch interessant – der machtbesessene oder auch geldgierige oder vielleicht auch nur religiös seinen Obsessionen folgende Herrscher.

bb) Dann gibt es den Herrscher mit insoweit gutem Gewissen.

(1) Entweder tut er traurig das Notwendige, gelegentlich zynisch-pessimistisch angeflogen. Das ist politisch eine Variante des sich realistisch gebenden, illusionslosen Konservatismus.

(2) Oder der Herrscher glaubt an sein Recht und seine Mission. Das ist politisch gleichsam der Konservatismus, der »die Flamme bewahrt«, nicht selten religiös motiviert agierend.

2) Straf- und Strafprozessrecht fühlen sich – aufgeklärt und zweckrational – dem Rechtsgüterschutz verpflichtet, setzen den Staat als Dienstleister ein. Hier gibt es wiederum mehrere Konzeptionen:

a) Es wird mehr oder weniger spekuliert, was zweckmäßig sein könnte, und dementsprechend gehandelt. Der Zweck wird an Funktionen gemessen. Um welche Funktionen es geht, bleibt im Dunkeln. Allenfalls stößt man auf eine diffuse Vorstellung von Überlebensnotwendigkeit, wobei wiederum offen ist, was eigentlich überleben soll und auf welchem Niveau. Zielkonflikte bleiben ausgeklammert. Dem-

entsprechend wird gehandelt, Strafrecht ist ein variabel einsetzbares Steuerungsinstrument wie viele andere.

b) Die Zweckrationalität herrscht vor, bewegt sich aber im Rahmen einer liberalen Grundauffassung, stellt den Einzelnen in den Mittelpunkt des am Schutz der Rechtsgüter orientierten strafrechtlichen Denkens.

aa) Dazu gehört rechtsstaatliche Sicherung des Verfahrens wegen der Schwere der sanktionierenden Eingriffe – auch dann, wenn diese sich auf die bloße *Feststellung* der Verantwortung beschränken, weil auch diese Bürde zu tragen für den Bürger eine schwere Last bedeutet und bedeuten soll.

bb) Ferner ist für diese Konzeption zentral der »Opferschutz«. Soweit diese neue Parole dazu angetan ist, die verselbständigte Funktion des Strafrechts zugunsten des strafenden Subjekts – des Staates, der es nicht dulden kann, dass man seinen Normen nicht folgt – zurückzunehmen oder ihm eine neue Richtung zu geben (in dem Sinne, dass der Sinn des staatlichen Strafens nur darin liegen kann, Rechtsgüter – und zwar im aufgeklärten und demokratischen liberalen Zeitalter vor allem die des Einzelnen – zu schützen), ist ihr uneingeschränkt zu folgen. Diese neue Orientierung könnte eine Grundlage dafür bieten, die alte, auf Herrschaft gestellte Legitimation des Strafrechts, wie sie sehr spät noch einmal in der Lehre vom Verbrechen als Pflichtverletzung – eine vor allem während der NS-Zeit favorisierte Richtung – Gestalt angenommen hat, zu überwinden. Das ist deshalb wichtig, weil unklare Vorstellungen vom Verbrechen als Normverstoß (gleichsam spiegelbildlich auch genährt von einer Theorie der Generalprävention als Normstabilisierung) sich in die Zeit nach dem Nationalsozialismus hinübergerettet haben, erst durch persönliche Traditionen in den fünfziger Jahren und später dann durch jene an der positiven Generalprävention orientierten Normlogiken.

Alle diese Lehren brauchen das Opfer nicht, weil sich das Verbrechen erschöpft in der Ungehorsamkeit gegen den Staat; das Opfer ist gewissermaßen nur ein Indikator.

Wer sich – bezogen auf Gegenstand der Strafrechtslegitimation – für eine stärkere Opferorientierung ausspricht, verdient also Beifall. Der Beifall muss münden in eine eindeutige Orientierung an der Rechtsgutsverletzung, und dann hängt alles davon ab, wie man in einer Gesellschaft dazu kommt, gewisse Rechtsgüter durch Strafe zu schützen und andere nicht.

(1) Wenn aber die Opferorientierung dazu führt, mit der Strafe nicht nur Rechtsgüter schützen zu wollen, sondern dem Opfer eine zusätzliche Genugtuung zu verschaffen – als Anspruch an den Staat, diese Genugtuung durch Bestrafung des Täters zu vollziehen – beginnen neue Probleme. Man könnte dieser Besorgnis mit der Erwägung entgegentreten, dass eine am Schutz der Rechtsgüter orientierte Lehre von Verbrechen und Strafen Auskunft darüber geben muss, wie sie denn repressiv (für die Prophylaxe kann allenfalls die Strafdrohung stehen) diesen Zweck erreichen kann und will. Die geläufigen Strafzwecke – Abschreckung, Resozialisierung, Sicherung – haben sich empirisch nicht als sonderlich ergiebig erwiesen. Deshalb könne es nahe liegen, nach einem weiteren Strafzweck zu suchen, der besser als die bisher anerkannten Strafzwecke die Funktion des Strafrechts als Rechtsgüterschutz plausibel machen kann. So gesehen ist der Gedanke, die Strafe müsse dem Opfer Genugtuung verschaffen, vielleicht ganz schlüssig.

An anderer Stelle ist allerdings dargetan,[2] dass diese Hoffnung trügt und dass das, was übrig bleibt – Wiedergutmachung und Resozialisierung – etwas ist, was in fortgeschrittenen Gesellschaften wohl eher jenseits des Strafrechts oder ohne Strafrecht stattfinden sollte.

Opferorientiertes Strafrecht als Novum kann also nur dazu führen, die bisherigen, jenseits der Vergeltung liegenden Strafzwecke ernster zu nehmen.

(2) Ebenso trügerisch wie die »Erfindung« des Genugtuungszwecks ist die Idee, man werde ein opfergerechteres Strafrecht schaffen, indem man die Täterorientierung aufgebe oder noch reduziere. Richtig daran ist wiederum, dass die Orientierung an einem Täter, den man verfolgt, weil er ungehorsam ist (so dass , um es noch einmal zu sagen, die durch den Ungehorsam entstandene Rechtsgutsverletzung eher als etwas Sekundäres, nicht primär Interessantes erscheint), nicht mehr als die zentrale oder überhaupt nicht mehr als eine direkt zu verfolgende

Aufgabe erscheint. Aber weiter kann die Verschiebung weg von der Täterorientierung hin zur Opferorientierung nicht gehen. Denn der Täter, der in erster Linie wegen der Rechtsgutsverletzung, die er begangen hat (sekundär mag es dann der Ungehorsam sein – also eine Umkehr des alten Verhältnisses) bestraft werden soll, bleibt natürlich auch unter dem Aspekt des Opferschutzes so lange im Mittelpunkt des Interesses, wie man gerade durch die Einwirkung auf den Täter für den Opferschutz etwas tun möchte (und das gilt selbst für die Generalprävention durch Androhung). Nur im Sinne des Opferschutzes ist effektive Einwirkung auf den Täter zweckmäßig. So gesehen sind Täterorientierung und Opferorientierung also alles andere als ein Gegensatz. Geht man noch weiter und sagt, nur der gerechte und faire Strafprozess kann den Effekt der Normstabilisierung bringen (hierin liegt in der Tat eine selbständige Funktion der sogenannten positiven Generalprävention), so ist auch das ganze Instrumentarium des Beschuldigtenschutzes im Strafprozess im Sinne des Opferschutzes zu mobilisieren.

Damit fällt der Gegensatz von Täter- und Opferorientierung in sich zusammen. Eine zugunsten des Opferschutzes zu vernachlässigende oder zurückzudrängende Täterorientierung kann es nur geben in Bezug auf den ausschließlich wegen seines Ungehorsams das Interesse der Strafverfolgung findenden Täter. In der modernen »Landschaft« der Straftheorien hat eine die Täterorientierung zugunsten der Opferorientierung ablehnende Konzeption also nur noch einen Gegner, nämlich jene aus der Funktion der positiven Generalprävention gleichsam induzierte Lehre vom Verbrechen als Norm- (d. h. Pflicht)verletzung.

Soweit die Pointierung der Opferorientierung dazu führt, obrigkeitliches Strafrecht abzubauen, muss man sie sorgfältig im Auge behalten. Alles, was als Ausbau der Elemente eines partizipatorischen Verfahrens apostrophiert wird, ist daher im Grundsatz zu begrüßen. Wenn also beispielsweise mehr Mitwirkung des Verteidigers im Ermittlungsverfahren gefordert wird (Anwesenheitsrechte etc.), so geht das in diese Richtung. Wird diese Errungenschaft allerdings damit erkauft, dass später in der Hauptverhandlung ohne weiteres Ermittlungsergebnisse aus dem Ermittlungsverfahren reproduziert werden dürfen, sieht es anders aus. Das

2 Lüderssen (2000).

wären dann aber selbständige Einwände aus der Perspektive, dass der – opferfreundliche – generalpräventive Effekt eines guten Strafprozesses leidet, wenn man den Beschuldigten zu wenig Chancen gibt, in der eigentlichen Hauptverhandlung noch etwas wirksam zur Geltung zu bringen. Überhaupt muss geprüft werden, ob die Partizipation nicht erst dann ihren Namen verdient, wenn sie verbunden ist mit einer Zurückdrängung der staatlichen Komponente zugunsten vergleichsähnlicher, letztlich den zivilrechtlichen Verfahren näherkommender Prozeduren. Überall, wo das stattfindet, sind Reformen zu begrüßen, und wenn ihr vordergründiger Impetus darin besteht, dass man eben mehr für das Opfer tun möchte, so ist dagegen nichts zu sagen.

Ambivalent bleiben die Abwägungen zwischen den dem Verletzten im Strafprozess zugestandenen Rechten und den die Beschuldigten schützenden Vorschriften. Hier kann man nicht mehr argumentieren, dass die Rechte des mutmaßlich Verletzten auch gleichzeitig einen fairen Prozess gegenüber dem Beschuldigten bedeuten. Wenn aber die Vermehrung der Rechte des Verletzten dazu führt, dass seine Wiedergutmachungsansprüche besser durchsetzbar werden und dadurch letztlich die Strafelemente im Verfahren zurückgehen, ist auch das am Ende gut für den Beschuldigten, so dass hier wiederum die Diskrepanz zwischen Beschuldigten und Opferinteressen eingeebnet werden kann.

(3) Das Strafrecht wird als Kulturleistung besonderer Art begriffen. Es soll sich nicht auf den notwendigen Rechtsgüterschutz beschränken. Die Auseinandersetzung mit dem Verbrechen erhält vielmehr eine besondere moralische Qualität durch die Vorstellung, dass die Menschheit ihre Missbilligung – als Ausdruck gereifter Einsicht in die Schwere der Sünde – *strafend* einen adäquaten Ausdruck gibt.

a) Alle absoluten Straftheorien müssen meines Erachtens dieses Bekenntnis ablegen, können sich nicht auf die Notwendigkeit der Strafe beschränken. Der große Aufwand, der betrieben wird, das Synallagma der Strafe logisch zu begründen, ist schlechterdings nicht zu verstehen.[3] Mittlerweile sind in diese Phänomenologie nutzloser Anstrengungen, die Strafe unter Absehung von erreichbaren Effekten zu rechtfertigen, auch alle Versuche der symbolischen Strafbegründung einzubeziehen.[4]

Historisch wäre jetzt wirklich endgültig zu klären, ob die ewig wiederkehrende Rede, es habe die Strafe immer gegeben, sich auch auf diese Kulturleistung bezieht, ob also auch frühere einfache Gesellschaften schon gesehen haben, dass das bloße Ausgleichen oder Reagieren im Sinne des Affektes spontaner Rachebedürfnisse nicht ausreicht.

Es ist leicht, die Kulturleistung der Strafe zu betonen, wenn sie als Antwort erscheint auf die entdeckte oder neu entdeckte Sündhaftigkeit des Menschen, so wie er im 12. Jahrhundert als modernes Individuum »entdeckt« wird. Man fasst das Verbrechen dann eben nicht mehr auf als etwas, wogegen man sich wehren muss, schlecht und recht, sondern als etwas, das man so ernst nehmen muss, wie es das verdient, nämlich als einen tiefen Fall des Menschen, nicht bloß als eine messbare Schädigung von Interessen. Hinter allen emphatischen Begründungen der Strafe steht dieses Gefühl. Deshalb ist es auch ganz folgerichtig, dass ernstzunehmende Vertreter diese Richtung gleichzeitig entschiedene Entkriminalisierer sind, nur das Allerschlimmste bestraft sehen wollen, das dann aber auch richtig und nicht nur bezogen auf das Problem des Interessenausgleichs. Dass das in modernen Gesellschaften nicht mehr durchzuhalten ist, muss vielleicht immer wieder gesagt werden. Auf der anderen Seite ist dann aber mit der Relativierung der Strafe ihre erhöhte Instrumentalisierbarkeit zu Steuerungszwecken unabweisbar. Weil es sich nicht jeweils um etwas Entsetzliches, archaisch Furchtbares handelt, sondern um mehr oder weniger normales Fehlverhalten, kann man darauf auch ganz nüchtern reagieren, braucht keine großen Rituale. In dem Zusammenhang ist es wichtig, die äußeren Formen der sich entwickelnden Prozesse des Strafens in den Gesellschaften zu betrachten. Je großartiger und anspruchsvoller sie auftreten, um so stärker ist das Indiz dafür, dass die Menschheit glaubt, hiermit eine besondere höhere Ebene der Kommunikation erreicht zu haben.

Für die Gegenwart wäre anthropologisch zu ermitteln, ob das Gefühl, das sich in dem: »Strafe muss sein« ausdrückt, nicht nach wie vor diesen Ursprüngen verhaftet ist, dass es sich auch angesichts

---

3 Vgl. Schünemann (2002).
4 Anders Günther (2002, S. 205) und Seibert (2002, S. 345).

schrecklicher Verbrechen immer wieder neu entfaltet unter dem Gesichtspunkt, dass das Unerhörte, Unbegreifliche kulturell nur bewältigt werden kann durch etwas, das mehr ist als nüchterne Abwehr und Verhinderung. Entweder sind in diesen modernen Vorstellungen theologisch-christliche Elemente nach wie vor enthalten, oder es entwickelt sich ab ovo eine Art moderner Zivilreligion, sozusagen im Sinne einer Rearchaisierung des modernen Lebens.

Ein wichtiger Indikator für diese Deutung ist die Wahrnehmung von subjektiven Strafbedürfnissen. Jenseits aller psychoanalytischer »Entlarvungen« gibt es sie, und die Theorie der Sühne als Strafzweck basiert darauf. Sieht man davon ab, dass der moderne Staat das Recht wohl nicht hat, jemanden durch die Bestrafung zur Sühne zu veranlassen, bleibt doch die Existenz des Vorgangs: Wenn man sich durch Sühne von der Tat reinigen darf, dann ist die Aktion, welche die Sühne auslöst, in der Tat etwas, das weit über die Notwendigkeit, das Zusammenleben der Menschen irgendwie notdürftig zu garantieren, hinausgeht. Einem Menschen die Möglichkeit zur Sühne zu geben, könnte die Konkretisierung des Hegel'schen Diktums sein: »Mit der Strafe wird das Vernünftige im Verbrecher geehrt.« An sich hat Hegel das wohl nicht so gemeint, sondern nur die Einsicht gefordert, dass der Täter frei war, das Verbrechen zu begehen oder es nicht zu begehen, und man diese Freiheit respektiert, indem man ihn bestraft und nicht einfach wie gegen einen Hund den Stock erhebt. Die Frage ist jedoch, ob in der Anerkennung der Freiheit des Täters nicht doch auch der Gedanke beschlossen liegt, dass die Reaktion auf den falschen Gebrauch der Freiheit mehr sein muss als nur Abwehr.

Wenn das richtig ist, dann hat es die staatliche Strafe gar nicht leicht, sich prosaisch abzuheben von dem ersten mythischen Begriff der Strafe. Dann kommt es darauf an nachzuweisen, dass der Staat kein Recht hat zu solchen grundsätzlichen Veränderungen im Leben eines Menschen, sondern nur auf äußere Friedenssicherung bedacht sein darf.

b) Gegenwärtig gibt es »Strafrecht als Kulturleistung« in drei Varianten.

aa) Zunächst ist die religiös-fanatische Variante (auch im säkularisierten Gewande noch erkennbar) zu registrieren.

bb) Daneben gibt es die tragisch-melancholische Variante, in der Regel düster-protestantischer Herkunft.

cc) Davon hebt sich ab die tapfer-mitleidige – das Gnadenmoment mitschleppende – Variante; hier gehört zur Adäquatheit der Reaktion in Gestalt der Strafe auch der Gedanke, dass die Strafe – als kostbares Gut – nur den Würdigen treffen kann. Damit wird auch dem *Vorgang* der Bestrafung eine gewisse Würde verliehen. Dazu gehört, dass Mindestbedingungen des Ernstes aufgestellt werden. Man sieht das Modell in amerikanischen Hinrichtungsfilmen. Hier wie auch anderwärts mischt das sich freilich mit dem Tragisch-Melancholischen, womöglich auch mit dem Triumphierend-Fanatischen, das in Reinkultur wohl nur in Zeiten erster Staatlichkeit auftritt, andererseits aber auch dort, wo sich trotz aller Modernität eine archaische Komponente gehalten hat. Wiederum ist das Beispiel Amerika. Theoretisch – quasi säkularisierend-verbürgerlicht – findet sich das Modell bei Hegel und seinen Anhängern und natürlich auch schon bei Kant, obwohl auch die tragisch-melancholische und sogar triumphierend-fanatische Komponente nicht unbeteiligt sind.

2.2. Unklare Zuordnungen

1) Schwer zu sagen ist, wo eine psychoanalytische Straftheorie unterzubringen ist. Sofern die Psychoanalyse sich zu den Wissenschaften zählt, die Strafe überhaupt ablehnen und nur eine Art anderen zweckmäßigen Umgangs mit abweichendem Verhalten empfehlen, scheidet sie aus diesem Schema ohnehin aus. Aber so einfach ist es mit der Psychoanalyse nicht, sie fordert ja auch die Konzession an die Tiefenstruktur des Straftriebes.

2) Schwierig ist ferner, die Frage zu beantworten, wie die moderne linke Kriminalsoziologie, die ein wenig erschreckt ist – immer wieder die Beschwörung des 11. September 2001 – über ihre kompromisslose, doktrinäre Ablehnung der Strafe, einzuordnen wäre für den Fall, dass sie sich zur Strafe in gewissen Fällen durchringt. Wahrscheinlich keineswegs bei den nüchtern-liberal-zweckrationalen Modellen, sondern als komplizierte Mischung der bestehenden alten und neuen Angebote.

2.3. Sichtbar im Vordringen ist jetzt eine Kontroverse über »Richtiges Strafrecht[5] oder: Kriegsrecht und Strafrecht?«

Die verschiedenen Entwicklungsstadien, welche die Dichotomie von Bürger- und Feindstrafrecht durchlaufen haben, induzieren – legt man den letzten Stand zugrunde[6] – eine Art Delta miteinander konkurrierender oder sich überkreuzender Richtungen des modernen strafrechtlichen und kriminalpolitischen Denkens, das (um im Bilde zu bleiben) in ein Meer von – als System kaum noch konzipierbarer, zugleich denkbarer und erstrebter wie realer Strömungen – mündet. Der Versuch einer bestandsaufnehmenden Analyse scheint daher angezeigt.

1) Zunächst ist die wiedergewonnene »Vielfalt« strafender oder strafähnlicher Reaktionen unter neuem Vorzeichen festzustellen. Was über Jahrhunderte hinweg als monolithischer Block eines im Namen der Staatsräson gehandhabten öffentlichen Strafanspruchs aufgetreten ist, verteilt sich jetzt mehr und mehr auf partikularisierte, ganz verschiedene Ziele anstrebende Reaktionen auf persönlich verschuldetes Unrecht. Dass wir vor der allmählichen Etablierung des öffentlichen Strafrechts etwas ähnliches hatten, darf nicht erschrecken – in dem Sinne: Sind wir nicht weiter? Das öffentliche Strafrecht war kein Fortschritt,[7] insofern macht man mit seiner allmählichen Abschaffung wieder etwas gut. Im Übrigen tritt ja an seine Stelle nicht etwa der frühere Zustand mit seinem heillosen Durcheinander von Rache, Vergeltung, Besserung, vielfältigen finanziellen Ablösungsmöglichkeiten, Vergleichen, Verträgen und ähnlichen – mit der heutigen Begriffswelt kaum noch zu erfassenden – Phänomenen, von denen man nur mit Bestimmtheit weiß, dass die Ungleichheit der Menschen einen festen Posten ausmachte.[8] Dieser Wahllosigkeit mit vielfältigen religiösen Beimischungen entsprach eine Masse diffuser Vorstellungen über die Gründe für das Vorkommen von schweren Interessenverletzungen, die man erst später Verbrechen nannte, als man lernte, aus der Summe des Geschehens begreifbare, einzelnen Menschen zurechenbare Handlungen herauszufiltern. Mit der Gewissheit, über diese Erkenntnismöglichkeiten zu verfügen, wuchs das Gefühl, auch ein Recht zu besonders scharfen, das heißt strafenden Reaktionen zu

haben. Die modernen Sozialwissenschaften haben diese Einsichten in die Isolierbarkeit der persönlichen Zurechnung wieder relativiert. Das gleiche gilt für die – ebenso isolierend – der Strafe zugeschriebenen Wirkungen. Wenn man von beidem jetzt wieder abkommt, so ist das nicht die Wiederkehr des Mythos, sondern die Präsenz der Komplexität von Ursachen und auf sie reagierender Handlungsfunktionen und -intentionen im wissenschaftlichen und demokratischen Zeitalter.

2) Hand in Hand mit diesen Wahrnehmungen treten die irrationalen Elemente des Strafens deutlicher denn je hervor: Fixpunkt dafür ist die Unberechenbarkeit der äußersten Individualisierung, die das fortgeschrittene strafrechtliche Schuldprinzip fordert. Gerade diese Perfektion paralysiert am Ende das Vernünftige. Das Vernünftige hat in den Ursprüngen der öffentlichen Strafe[9] allenthalben eine Rolle gespielt in Gestalt der Rationalisierung der Zurechnung. Sie bestand zunächst im Schritt von der magischen Vermutung der Urheberschaft zur Feststellung oder Konstruktion von Kausalität. Es folgte die subjektive Zurechnung. Aber sie bereits zehrte von einer nunmehr religiös inspirierten Kategorie: Sünde, säkularisiert zur schuldhaften Straftat. Der rationale Zurechnungsbetrieb der Kanonisten, die es vor allem waren, welche hier die ersten Strukturen schufen,[10] hatte also nur die Funktion einer Zurückdrängung eines möglicherweise ins Unendliche wuchernden Irrationalen. Sehr lange hat es gleichwohl gedauert, bis dieses System davor bewahrt blieb, immer wieder an den irrationalen Ausgangspunkt zurückgeführt zu werden.

Nicht genug damit, dass dieses Wechselspiel zwischen irrationaler Wurzel und rationaler Verarbeitung der Folgen immer wieder neue Erscheinungsformen annimmt; es treten von Zeit zu Zeit die alten Wechselspiele, wenn auch in veränderter Gestalt, erneut auf: Das Erlebnis des Nichtverstehbaren indu-

---

5 In Anlehnung an den gleichnamigen Artikel von Stratenwerth (2002).
6 Jakobs (2002).
7 Im Einzelnen Lüderssen (1995, S. 38 ff.).
8 Ein anschauliches Bild bei Weitzel (1994).
9 Lüderssen (1989, S. 25 ff.; 2002, S. 268 ff.).
10 Kuttner (1935).

ziert die Wahrnehmung des »Bösen«.[11] Insofern hat es die moderne Kriminologie noch relativ leicht mit der Analyse einer oberflächlichen Emotionalität. Anders sieht es aus bei den jüngsten Kriegs- und Terrorismusverbrechen. Hier ist auf der Sanktionsseite ein teils nur konzediertes, teils ausdrücklich legitimiertes Bedürfnis nach Symbolisch-Expressivem zu registrieren. So befinden wir uns gegenwärtig in der befremdlichen Situation, dass nicht nur dem verzweifelten Kampf zuzusehen ist, das hintergründig Irrationale rational zu machen, sondern dass der Kampf des Rationalen an dieser Stelle auch noch belastet wird durch die direkte Forderung des Irrationalen.

Es scheint so zu sein, dass es keine Gesellschaft gibt, in der es zwar nicht tolerable Abweichung durchaus gibt, die aber dennoch ohne weiteres das Recht für sich beanspruchen darf, sie strafend abzuweisen. Vielmehr haben wir entweder Gesellschaften, die in sich so wenig legitim sind, dass das Strafen keine ordnende und Gerechtigkeit herstellende, sondern nur eine Feinde bekämpfende Funktion hat; Feinde, die ihrerseits auch nicht verlegen sind um Legitimationsbeschaffungen. Oder die Gesellschaften sind durch eine in ihrer Vernünftigkeit begriffene Ordnung so vollständig von ihren Mitgliedern akzeptiert, dass Abweichung, wenn sie überhaupt vorkommt, primär auf nachsichtig-pathologisierendes, im schlimmeren Fall notwehrorientiert-sicherndes Reagieren stößt. Mit anderen Worten: Es will nicht gelingen, das Phänomen Strafe in eine Rechtsordnung wirklich einzubauen. Was eine Rechtsordnung allerdings sicher kann ist, das rechtlich zu begrenzen, was als Strafe auftritt, etwa Mindeststandards des Schutzes des Beschuldigten und unbeteiligter Dritter auszuarbeiten. Das heißt aber, dass in den Gesellschaften, die auf die Strafe angewiesen sind, sich das Recht nicht ganz durchgesetzt hat, sondern noch Kampfsituationen vorkommen, kriegerische Zustände existieren. Das wird ganz deutlich, wenn man die beiden Extreme ins Auge fasst:

Zunächst eine Gesellschaft, in der das Strafrecht ganz sichtbar und in – nach unseren inzwischen liberalen rechtsstaatlichen Traditionen – nur Entsetzen hervorrufender Weise instrumentalistisch gehandhabt wird. Also in totalitären Staaten. Jeder

sieht, dass dieses »Strafrecht« durch und durch politisiert ist und seinen Namen, soweit es sich dabei um Recht handelt, nicht verdient. Das ist communis opinio zwischen Konservativen und Linken.

Nun das andere Extrem: Die Gesellschaft, die keinen Kampf mehr kennt, in der ganz durchgehend anerkannt ist, was sein soll und was nicht sein soll, etwa vergleichbar einer harmonischen Familie. Der Strafgedanke ist in solchen Gesellschaften und Gruppierungen ein Ungedanke. Wenn es ihn doch noch gibt, dann nur als perverses Rückbleibsel vergangener Kampfeszustände und insofern auch noch als Indiz dafür, dass es mit dem Krieg immer noch nicht ganz vorbei ist.

Das Dilemma ist nun, dass die westliche Gesellschaft, in der wir leben, weder dem einen, noch dem anderen Extrem zuzuordnen ist, sondern genau jenen Mittelzustand repräsentiert, der auf Strafe nicht verzichtet und dafür auch eine Reihe rechtlicher Begründungen anführen kann, diese aber nicht konsequent durchzuhalten in der Lage ist. Für solche Gesellschaften gilt, dass sie den Abschied von der Dichotomie »Freund – Feind« noch nicht erreicht haben, der es ihnen erlauben würde, vom Strafen als Kampfmittel abzusehen; die Befriedung ist aber insgesamt doch so weit fortgeschritten, dass diese Kampfsituation weitgehend verschleiert bleibt und deshalb der Schein der Legitimation der Strafe entsteht. Wenn solche Gesellschaften durch ungewöhnliche Situationen an ihre Grenzen geführt werden, sieht man genau, was gemeint ist. Entweder: Das Strafen wird (wieder) oder bleibt (noch) Kampfinstrument. Doch der Alltag des Strafens liegt zwischen diesen beiden Extremen, und seine Diagnose wird bestimmt durch jenen Verschleierungseffekt. In dem Moment, in dem der Mangel an gemeinsamer Legitimationsüberzeugung so stark ist, dass sich die einzelnen Gruppen einfach nur mit der Strafe *bekämpfen*, hat man nicht mehr jenes unerklärliche Phänomen vor sich, sondern etwas sehr leicht zu Erklärendes; dort indessen, wo eben die vollständige kommunikative Ruhe eingekehrt ist, muss man sich mit der Existenz der Strafe gar nicht mehr arrangieren, weil sie – allenfalls – marginalen Charakter hat. Nur die modernen, aufgeklärten, rechtsstaatlichen, demokratischen Rechtsgesellschaften sind es also, in denen die Strafe jene so schwer erklärbare Funktion – noch – hat; wegen der Fülle rechtsstaatlicher Be-

---

11 Dazu Lüderssen (1998).

grenzungen bleibt dieser Tatbestand unentdeckt, und man denkt, man habe mit der Legitimation der Begrenzungen der Eingriffe eine Legitimation auch der Strafe. So lange die Gesellschaft das Recht noch braucht, ist das also ein Zeichen dafür, dass der Gegensatz von Macht und Partizipation nicht aufgehoben ist. Eine *Straf*rechtsgesellschaft ist mithin förmlich dadurch definiert, dass es auf der einen Seite überschießende, nicht kontrollierbare Machtanteile, und auf der anderen Seite das Recht gleichsam unterlaufende Partizipationsanteile gibt. Das Strafrecht ist demnach die Organisationsform der in dieser Weise unvollkommenen Gesellschaften, und seine Wirkung kann immer nur die sein, machtmäßige Auseinandersetzungen so gut wie möglich zu beschränken. Würde es mehr tun, also gerade diejenigen Bestandteile einer Gesellschaft beseitigen, die das Strafrecht erforderlich machen, dann wäre es zugleich überflüssig geworden. Es ist wichtig, sich an dieser Stelle klar zu machen, dass diese Paradoxie nicht für das Recht im Übrigen gilt. Jedenfalls wäre das gesondert zu prüfen. Freilich kann sich dabei ergeben, dass, um von einer modernen Gesellschaft, die demokratisch und frei ist, sprechen zu können, der Rechtsbegriff Wandlungen erfährt: vom traditionellen, an das Zwangsmoment gebundenen Rechtsbegriff zum modernen kommunikationsorientierten Rechtsbegriff. Der entscheidende Punkt bleibt, dass das Strafrecht an der Entwicklung dieses neueren Rechtsbegriffs keinen Anteil haben kann.

3) Das *normative* Gefälle (Grade der Legitimation bzw. Nichtlegitimation) der gesellschaftlich-staatlichen Reaktion auf abweichendes Verhalten bzw. Verbrechen findet seine Entsprechung in dem empirischen Gefälle der *Wahrnehmung* von Kriminalität. Es reicht von Eigentums- und Gewaltkriminalität in vollkommen desorganisierten bzw. tyrannisch beherrschten Gesellschaften, deren Machthaber aber den notgeborenen Charakter der »kriminellen« Vorgänge missachten, (allenfalls kann man hier im nichtkriminellen Verhalten der »Bürger« auf weite Strecken nichts anderes als eine Art von demütiger »Übermoral« sehen, auf die diese Staaten und Gesellschaften keinen Anspruch haben) – bis hin zu den eindeutig und klar verdammten Kriegsverbrechen und Verbrechen gegen die Menschlichkeit, gleichviel, von wem verübt.

Bei starker Legitimationskraft der Normen ist der Anteil der Kombination Fehlsozialisation und defizitäre Sozialstruktur eher größer als es der Fall ist, wenn die Legitimation der Norm sinkt. Bei ganz schwacher Legitimation der Norm braucht man nach besonderen Gründen für ihre Übertretung kaum noch zu suchen. Die bisher nicht geklärte Problematik der Kriminologie besteht darin, dass man das gleitende Mischverhältnis nicht ins Auge fasst, sondern nur mit absoluten Größen arbeitet. Und außerdem werden diese drei Faktoren selten zusammen gesehen. Der Legitimationsfaktor ist aber unumgänglich, damit man erklären kann, weshalb es Kriminalität auch dort gibt, wo defizitäre Sozialstruktur und Fehlsozialisation nicht oder nur in geringem Umfang zu registrieren sind.

Das größte Problem, das in diesem Zusammenhang zu lösen ist, liegt im Empirischen. Wann hat eine Rechtsordnung den Grad von Legitimität, dass man das Recht hat, die Abweichung davon – erreicht sie einen bestimmten Schweregrad – als Kriminalität zu bezeichnen? In den eindeutigen sogenannten »Unrechtsstaaten« kehrt sich die Logik ja um: Die Kriminalität liegt bei denjenigen, welche die »Gesetze« machen; die Legitimität liegt auf der Seite derer, die dagegen verstoßen. Dafür gibt es vergangene und gegenwärtige Beispiele. Auf der anderen Seite haben wir Kulturen, die, wenn man nicht ganz prinzipiell an eine »andere« Welt denkt, mit Recht bei ihren »Kriminalisierungen« ein gutes Gewissen haben (was noch nicht unbedingt bedeutet, dass damit alle Einzelfälle »gedeckt« sind). Auch hierfür gibt es vergangene und gegenwärtige Beispiele. Die Schwierigkeiten bereiten die Zwischenformen, die es – vielfach abgestuft – gab und gibt. Wie man sieht, fehlt eine Entscheidung darüber, ob die Annahme einer von vornherein vorgefundenen Kriminalität, auf die Staat und Gesellschaft nur reagieren oder der Gedanke, dass die Probleme erst mit der »Kriminalisierung« durch Staat und Gesellschaft beginnen, den Vorrang verdient. Die Wahrheit ist, dass keines der beiden Konzepte je für sich genommen verbindlich sein kann, sondern von – in den Ursprüngen unklaren – Wechselwirkungen ausgegangen werden muss. Wir folgen also weder der Idee vom »natürlichen« Verbrechen, noch einem totalen Zuschreibungsparadigma. Beides wäre Ideologie. Die Realität ist komplizierter.

4) Eine juristische Lösung dieses Dilemmas sehen einige immer noch im Grundsätzlichen.

a) Ein der Positivität enthobenes, »höheres« Recht trifft die notwendigen Unterscheidungen.

b) Wer sich dazu nicht verstehen kann (ohne einer blinden Positivität das Wort zu reden), muss sich jetzt wohl auf den gegenwärtig immer noch positivistisch fixierbaren Unterschied zwischen Kriegsrecht und Strafrecht konzentrieren. Das Kriegsrecht erlaubt eben mehr als das Strafrecht im Sinne des Bürgerstrafrechts.

Am Beispiel des militärischen Einsatzes in Afghanistan wird das deutlicher: Diese Aktion hat das Kategorien-System der Juristen ins Wanken gebracht und eröffnet beängstigende Perspektiven auf eine ebenso verlockende wie gefährliche Infragestellung bewährter Abgrenzungen traditioneller Rechtsgebiete. Während sich das Kriegsrecht von vornherein als Kriegsbegrenzungsrecht entwickelt hat, ist das Strafrecht immer mit einem positiven Legitimationsanspruch aufgetreten; nur besonders hellsichtige Diagnosen haben davon gesprochen, dass auch das Strafrecht – insofern dem Kriegführen ähnlich – lediglich begrenzt werden könne. Die kleiner werdende Welt – durch Kommunikation und überspannende, »globalisierende« Systeme – kann den naiven Standpunkt des Krieges kaum mehr einnehmen. Für die positive Begründung des Krieges wird jetzt also mehr aufgewendet. Anknüpfungspunkt sind vor allem die Menschenrechte, die auf der ganzen Welt geschützt werden sollen, und für deren Durchsetzung man möglicherweise militärische Gewalt anwenden möchte; das ist sehr viel konkreter als das alte »bellum justum«-Prinzip, das doch eher als eine Art moralischer Hintergrund denn als echte positive Begründung fungierte.

Wenn das richtig ist, liegt es nahe, aus dem Strafrecht, das ebenfalls Gewaltanwendung zu rechtfertigen eine lange Tradition hat, die Maßstäbe zu gewinnen für die Rechtfertigung des – modernen – Krieges. So lange die jeweilige das Strafrecht verwaltende Herrschaft sich auf bestimmte – ihrer Souveränität unterworfene – Räume beschränkt, sind ihr formale Grenzen gezogen. Das Prinzip der Strafrechtslegitimation – Auswahl eines schützenswerten Rechtsgutes, der für den Schutz geeigneten Mittel

und der Vermeidung von Zielkonflikten – bleibt also auf seine materielle Bedeutung beschränkt; insofern wirkt die strafrechtsorientierte Begründung des Krieges praeter legem, jenseits des Völkerrechts also.

Gäbe es eine weltumspannende Souveränität, so würde das, was in Afghanistan passiert ist, ohne weiteres als Aktion der Verbrechensverfolgung begriffen und wäre strafrechtlich subsumierbar, beziehungsweise polizeirechtlich, soweit es sich nicht nur um die Prävention durch Repression handelt. Damit kommen aber Konflikte von einer Größenordnung in das Blickfeld der strafrechtlichen Methodologie, die ihre im Ausgangspunkt auf innerstaatliche Verhältnisse bezogenen Möglichkeiten vielleicht überschreiten. So lange diese Großkonflikte ohne weiteres der kriegerischen Auseinandersetzung überlassen blieben, konnte sich das Strafrecht auf die kleineren Aufgaben beschränken, und für deren Bewältigung war es möglich, wiewohl es auch insofern langer geschichtlicher Entwicklungen bedurft hat, allmählich rechtsstaatliche Bestimmtheit, das ultima ratio-Prinzip, das Verbot quantifizierender Abwägung von Menschenleben etc. herauszubilden. Wenn jetzt Konflikte, die früher dem Krieg vorbehalten waren, in einer Art Vorwegnahme weltrechtlicher Regularien in das Systemdenken des Strafrechts überführt werden, könnte das so lange ein Problem sein, wie diese Großkonflikte ihre bisherige kriegsrechtliche Bewältigung nicht so ohne weiteres verleugnen können. Werden sie in das Prokrustesbett des Strafrechts gezwungen, so führt dies zu dessen Militarisierung, die man vielleicht auch eine Remilitarisierung nennen könnte; frühe Zeiten machen ja keineswegs einen scharfen Unterschied zwischen Strafen und Kriegführen, jedenfalls dann nicht, wenn noch gar keine räumlich umgrenzte Herrschaftsgewalt da ist, und in deren Anfängen bleiben die Konturen lange unklar.

Gegenwärtig eröffnen sich mehrere Wege.

Entweder man hält an dem inzwischen erreichten rechtsstaatlichen Status eines Strafrechts fest und verzichtet darauf, es auf Großkonflikte anzuwenden, denen es nicht gewachsen ist. Dann bleibt für die Bewältigung jener Großkonflikte nur der Krieg. Man würde dann aber eingestehen, dass nach wie vor die Rechtsordnung, jedenfalls so, wie sie innerstaatlich ausgebildet ist, noch nicht überall hinreicht und insoweit resignieren. Mit dieser Option würde sich wiederholen, was wir schon im nationalen Strafrecht unter dem Stichwort »Kernstrafrecht« beobachten. Man erhält sich diese »feine Ware« um den Preis einer Regellosigkeit im Übrigen.

Oder: Man begrüßt den Schritt des Krieges in die Verrechtlichung, die durch die Anlehnung an das System des Strafrechts vorgezeichnet ist, und nimmt dafür in Kauf, dass das Strafrecht den Preis einer – sich wahrscheinlich dann auch auf die kleineren Konflikte in einer Art Rückkoppelung ausdehnenden – rechtsstaatlichen Auflockerung zahlt. Dann braucht man in Bezug auf die Weltrechtsentwicklung vorerst nicht völlig zu resignieren, hat andererseits aber den Nachteil zu registrieren, dass die aus guten Gründen im nationalen Strafrecht vorangetriebene rechtsstaatliche Entwicklung wieder zurückgeschraubt wird.

Oder man etabliert nunmehr zwei Sorten Strafrecht. Das Bürgerstrafrecht der engen Verhältnisse und das Feindesstrafrecht der großen Verhältnisse. Vielleicht ist das gegenüber der ersten Version – Überlassung der Großkonflikte an den Krieg – die fortgeschrittenere Variante; sie ließe ja das kultivierte Bürgerstrafrecht unberührt. Auch hier gilt aber der Einwand gegen die zweite Variante insofern, als große Abgrenzungsschwierigkeiten bei den beiden Sorten Strafrecht entstehen werden, und die Gefahr besteht, dass Konflikte, die bei dem begrenzt bleibenden Strafrecht ohne weiteres nach diesem beurteilt werden, unter dem Zeichen der Trennung von Bürgerstrafrecht und Feindstrafrecht auf einmal in das Feindstrafrecht überwechseln. Man kann das vor allem daran erkennen, dass dieser Gedanke der Aufspaltung des Strafrechts ja schon mit Blick auf die organisierte Kriminalität entstanden ist. Dabei hat man – in der Strafrechtswissenschaft jedenfalls – den Ansturm auf das rechtsstaatlich-liberale Strafrecht noch abwehren können, unter Hinweis darauf, dass man die organisierte Kriminalität, wenn es sie denn überhaupt in dieser Form gibt, jedenfalls mit dem klassischen Strafrecht bewältigen kann. So lange es nur um organisierte Kriminalität oder vergleichbare neue Formen schweren Verbrechens ging, konnte man daher den Gedanken der Etablierung eines speziellen Feindstrafrechts mit guten Gründen abweisen.

Wenn das Feindstrafrecht aber die Alternative ist zum »noch schlimmeren« Kriegsrecht, könnte es

anders aussehen. Und wenn es so ist, dass die Großkonflikte, wie sie durch die Formen des irregulären Krieges, der nicht mehr an Staaten gebunden ist, jetzt entstehen, mit dem klassischen Strafrecht nicht mehr bewältigt werden können, Terroristen des Schlages, die für den Anschlag auf das World Trade Center verantwortlich sind, mit den internationalen Haftbefehlen, wie gelegentlich vorgeschlagen wird, nicht zu fassen sind – dann könne das Feindstrafrecht das geringere Übel sein gegenüber dem Kriegsrecht, weil es ein Instrumentarium bereitstellen würde, das an der dem Kriegsrecht überlegenen Primärlegitimation des Strafrechts noch einen gewissen Anteil hätte und außerdem – im Zusammenhang mit dieser Primärlegitimation freilich – Regeln verfügbar gemacht werden könnten, die doch dichter sind als die des Kriegsrechts, eben weil sie, wie gelockert auch immer, an die rechtsstaatliche Tradition des Strafrechts anknüpfen. Mit anderen Worten: Feindstrafrecht als Übergang zur Weltpolizei? Ist das vielleicht die »justice in transition«, die jetzt fällig ist, weil das nationale Strafrecht nicht effizient genug ist, das Bürgerstrafrecht aber noch keine Weltgeltung beanspruchen kann, andererseits wir das alte Kriegsrecht nicht mehr haben wollen?

Oder soll man lieber doch bei dem mühsam errungenen rechtsstaatlich-liberalen Status des Strafrechts bleiben, seiner Ausdehnung auf die Bewältigung von Großkonflikten widerstehen (unter dem Aspekt, dass es dafür eben doch allmählich bessere Grundlagen geben könnte als das Feindstrafrecht) und auf die Effizienz einer dem Gegner moralisch überlegen bleibenden, sich rechtlich selbst begrenzenden Staatsgewalt hoffen, auch soweit sie mit anderen Staaten zu tun hat? Diese Variante zieht natürlich sogleich den Vorwurf eines unreflektierten Optimismus auf sich, kann aber darauf pochen, dass es in der Geschichte viele Beispiele gibt für ihre allmähliche Durchsetzung.

Bei dieser Sachlage könnte man dahin gelangen, sich eingestehen zu müssen, dass die lange gehegte Vorstellung vom Rückgang der Verbrechen und die Überführung des Umgangs damit in Sozialarbeit am Ende ins Wanken kommt; die Moderne scheint ja von der Zunahme der Verbrechen und ihrer Verschlimmerung gekennzeichnet zu sein. Sieht man genauer hin, so ergeben sich aber wieder diese fatalen Unterscheidungen: Im Kleinen kann man bereits eine Regressivität der Straftaten beobachten. Für bestimmte Regionen und Perioden gilt, dass unter den Voraussetzungen einer gewissen sozialen Befriedung die Anlässe für das Strafen schwinden. Das ist für die Bundesrepublik auf weite Strecken zu beobachten. Hierher gehört die Entwicklung der Aussetzung der Strafe zur Bewährung, des Jugendstrafrechts, des therapeutischen Vollzuges, des offenen Vollzuges, der Säkularisierung gewisser Deliktsgruppen (Sexualdelikte, insbesondere Homosexualität), der Bagatellisierung von Vermögensdelikten in weiten Bereichen, der nüchternen Aufsuche versicherungsrechtlicher und anderer zivilrechtlicher Lösungen, der auf Gewissheitsverlusten des Strafens beruhenden Absprachen, der insoweit auch – fast muss man jetzt sagen subkutan – fortschreitenden Verbesserungen des Beschuldigtenschutzes.

Dies alles wäre wahrscheinlich bruchlos so weiter gegangen, wenn man die »heile Welt« Mitteleuropas hätte isolieren können. Aber die Integration in die Weltprobleme könnte zu einer Regression führen. Wir werden mehr und mehr verantwortlich für die »zurückgebliebeneren« Teile der Entwicklung des Rechts in fernen Regionen. Dies drückt sich nicht in der Bereitstellung von Ressourcen materieller und ideeller Art aus; vielmehr reagieren wir defensiv auf das Eindringen jener Strukturen in unsere fortgeschrittenen, und das mag wohl der Preis sein für die ideelle Konzeption großer Solidarität und die nüchterne Geduld, mit der eine Angleichung an unsere Verhältnisse dermaleinst doch erfolgen könnte. Sehr schwarz sieht das freilich aus, denn nach wie vor sind ja die wenigsten Länder Demokratien. Wie soll sich die Erwartung erfüllen, dass die vorhandenen Demokratien die nötige Überzeugungskraft und auch Macht entfalten, um den Rest der Welt zu sich hinüber zu ziehen? Gemessen an dieser Hoffnungslosigkeit erscheint die elitäre Absonderung des schlechten Gewissens der Nichteinmischung als verlorenes Paradies. Aber es gibt keinen Weg zurück in die Isolierung. Das kann man seit langem beobachten, wird aber jetzt erst jedermann offenbar. Wer den Selbstmord-Terrorismus nicht in direkter Verbindung sieht mit Protest der unterentwickelten Welt, wird gleichwohl nicht bestreiten, dass es ihn ohne sie nicht geben würde. Die einmütige Position der »westlichen Allianz«, dass die militärische Reaktion nicht genügt, son-

dern – weltweit – Einfluss auf die sozialen Verhältnisse genommen werden muss, ist die Konsequenz. Wirken die Kompromisse. die dabei gemacht werden müssen, auf unsere inneren Verhältnisse zurück? Das ist die bange Frage.

3. Das Nebeneinander von gleichzeitig wachsender Verrechtlichung *und* Rechtsferne in der modernen Rechtskultur

Die Gegenwart ist durch eine merkwürdige Paradoxie gekennzeichnet. Die Verrechtlichung nimmt zu. Im Kleinen ist das die sogenannte Gesetzes- und Verordnungsflut, vor allem im Sozialrecht (beispielsweise Rentenrecht), aber auch im Gesundheitsrecht usw. Im Großen beobachten wir den Verrechtlichungsprozess in erster Linie im Völkerstrafrecht, von bisherigem Völkerrecht unterschieden durch einen größeren Grad von – wenn auch immer noch nicht durch Souveränität verbürgte – Verbindlichkeit: der internationale Strafgerichtshof, mit beginnenden sichtbaren Folgen. Diese Verrechtlichung im Großen und Kleinen entspricht den wachsenden Bedürfnissen der Menschen nach rechtlichen Regelungen dort, wo früher soziale Moral oder Überlieferung oder auch familiär-private Regulierung ausreichend schienen. Dieses Bedürfnis nach Verrechtlichung wird vielfach gescholten als Ausdruck formalistischer, ja sogar unangenehm-rechthaberischer, immer nur fordernder Attitüde der Bürger, andererseits aber auch begrüßt mit Blick darauf, dass Regulierungen größere Sicherheit und auch mehr Gleichheit dort verbürgen, wo bisher private oder familiäre Willkür, Patriarchalismus und ähnliches regiert haben. Gescholten wird dieser Zug zur Verrechtlichung außerdem von allen denen, welche die Ware »Recht« für zu kostbar halten, als dass sie eine so vielfältige und vielgliedrige, sich über das ganze Leben ausbreitende Gestalt annehmen dürfe. Dieser Zurückhaltung in Bezug auf mögliche rechtliche Regelungen liegt auch der Gedanke zugrunde, dass das Recht vor allem eine Sache von Prinzipien sei, möglichst absoluter Prinzipien; die klassische Rede von der »Güterabwägung als Sache eines ›Hökerweibes‹« ist in diesen Konzeptionen präsent, die streckenweise sich sogar zu der Idee versteigen, das Recht dürfe eigentlich gar nicht mit sozialen Zwecken in Zusammenhang gebracht werden, sondern müsse gleichsam darüber schweben, der *Zweck* habe im Recht nichts zu suchen. Dem steht nun eine, aus der Rechtssoziologie, die sich mit dem »lebenden Recht« beschäftigt, hervorgehende Richtung gegenüber, die gerade die Abwägungsprozesse in der Jurisprudenz für das Entscheidende hält, darin den maßgebenden Garanten für individuelle *Gerechtigkeit* sieht, in Verbindung mit einem intensiven Studium der Bedürfnisse und Ziele der Menschen und damit auch des Rechts, wobei die dritte Komponente des Rechts, die *Rechts-Sicherheit*, vernachlässigt zu werden scheint, wenn man mit Sicherheit immer nur Beständigkeit und vollkommene Berechenbarkeit meint. Anders sieht das aus, wenn Sicherheit materieller, inhaltlicher verstanden wird, denn – auf die Spitze getrieben – kann Sicherheit natürlich immer das bezeichnen, was Schiller »die Ruhe des Kirchhofs« genannt hat.

Auf der anderen Seite steht nun der Eindruck wachsender Rechtlosigkeit. Selbst wenn man davon absieht, dass dieses Gefühl natürlich auch das Spiegelbild eines wachsenden Verrechtlichungsbedürfnisses ist: Rechtlosigkeit kann nur dort empfunden werden, wo die Idee, es könne überhaupt Recht herrschen, erst einmal aufgekommen ist. Da diese Idee, man könne mehr als bisher rechtlich regeln – wie gesagt – im Wachsen ist, steigt dementsprechend die Wahrnehmung des Defizits. Das, was man früher als Schicksal und Unglück hingenommen hat, erscheint jetzt als Rechtlosigkeit. Aber damit ist die Wahrnehmung der Rechtlosigkeit nicht erschöpft. Sie erstreckt sich auch darauf, dass man durch die weltumspannenden Medien mehr erfährt über die großen Differenzen in den Stufen der rechtlichen Durchdringung einer Gesellschaft, sich klarmachen muss, in welchem Luxus insofern die westlichen Gesellschaften leben. Das bedeutet freilich zunächst, dass die Welt nicht schlechter geworden ist, sondern nur, dass man sie bisher nicht so gut gekannt hat. Die dritte Komponente einer gleichzeitig mit der Verrechtlichung wachsenden Rechtlosigkeit auch in den westlichen Ländern ist in einer Art neuen Vitalität – wenn das nicht zu positiv klingt – und Gewaltanwendung bei der Bewältigung von Konflikten zu sehen. Das ist schwer zu beschreiben und auch in den Einzelheiten, je nachdem welche Erfahrungen gemacht werden, umstritten. Die Kontroversen beginnen schon dort,

wo Zunahme von Gewalt behauptet wird. Denn diese Beobachtung wiederum ist womöglich zu relativieren, weil die Sensibilität der Menschen ausgebreiteter und intensiver geworden ist, und deshalb vieles als Gewalt erscheint, was früher gleichmütiger hingenommen worden ist. Das mag vor allem für den Bereich des Sexuellen in allen Spielarten gelten. Das gilt aber auch für das, was man früher einmal »besondere Gewaltverhältnisse« nannte (ein durch moderne Gesetzgebung weitgehend überholter Begriff), also beim Militär, in den Schulen und vor allem im Gefängnis. Homosexuelle Vergewaltigung im Gefängnis hat es immer gegeben, ferner Einzelhaft unter erschwerten Bedingungen für diziplinarisch zu ahnende Vorgänge, Selbstmorde, schreckliche »Verschubungen«, Benutzung von Gefangenen als agents provocateurs – aber jetzt wird das alles kritischer wahrgenommen, und damit erscheint die Welt ungerechter als vorher. Von diesen Phänomenen abgesehen aber, glaube ich, dass es doch so etwas wie einen neuen Vitalismus gibt. Ob der hier interessierende, die Vision wachsender Rechtlosigkeit befördernde Vitalismus seine Entsprechung haben könnte in einem positiven, kreativen Vitalismus, möchte ich jetzt dahingestellt sein lassen. Nicht übersehen werden kann aber, dass eine – möglicherweise medial beförderte – Zunahme an Phantasie für Gewalt oder List, kurz schrankenlosem Egoismus sich in der Realität bemerkbar macht. Wer Dostojewskis *Raskolnikow* für eine typische in der Nähe des fin de siècle-Ästhetizismus zu rückende Erscheinung des Bösen gehalten hat, mit nachklappenden, gelegentlich nur gespenstischen, manchmal aber auch gefährlich wirksamen Ästhetisierungen von Gewalt bei Ernst Jünger, Jahrzehnte danach, in den Vietnam-Kriegsberichten von Adelbert Weinstein und schließlich Karl-Heinz Bohrers seltsame Apotheose des Sterbens in kriegerischen Auseinandersetzungen (gemeint war der Falkland-Krieg), täuscht sich. Diese Attitüde ist nach wie vor präsent. Für die Erforschung der Gründe ist die Soziologie aufgerufen, und sie tut ja auch das ihre; es gibt die neuen Forschungen etwa von Heitmeyer und seiner Schule und die Renaissance des Interesses am Bösen, als etwas doch Genuin-Wirklichem, nicht nur aus schlechten Verhältnissen und unglücklichen Dispositionen Ableitbares, nimmt am Ende sogar zu.

An dieser Stelle soll das nur registriert werden, als Gegenpol zu jener trotz alledem unbeirrbar zunehmenden Verrechtlichung, als etwas, was sich dieser Verrechtlichung aber nicht nur praktisch-politisch, sondern auch konzeptionell entzieht. Recht ist immer irgendwo langweilig, durchschnittlich – »das in der Mittelhöhe des Lebens wiederkehrend Schwebende« (Goethe). Eine Weile hat es so ausgesehen, als ob das aufklärerische, friedensstiftende, fortschrittliche, in alle Ecken der Vernachlässigung leuchtende Element des Rechts seiner Langeweile doch den Rang ablaufen könnte. Aber das Dämonische (wie Goethe – euphorisch freilich – sagen würde) ist offenbar eine die Menschen und der sie bildenden Gesellschaft so beherrschende Kraft, dass es als Gegenpol erhalten bleibt.

Literatur

GÜNTHER, KLAUS (2002), »Die symbolisch-expressive Bedeutung der Strafe – Eine neue Straftheorie jenseits von Vergeltung und Prävention?«, in: Prittwitz, Cornelius (Hg.), *Festschrift für Klaus Lüderssen*, Baden-Baden: Nomos, S. 205 ff. ▪ JAKOBS, GÜNTHER (2002), *Bürgerstrafrecht und Feindrecht*, Vortrag, gehalten am Tag der Rechtspolitik an der Universität Frankfurt/M.: 5. 11. 2002. ▪ KUTTNER, STEPHAN (1935), *Kanonistische Schuldlehre*, Citta del Vaticano: Bibl. Apostolica Vaticana, MCMXXXV. ▪ LÜDERSSEN, KLAUS (1989), *Die Krise des öffentlichen Strafanspruchs*, Frankfurt/M.: Metzner. ▪ LÜDERSSEN, KLAUS (1995), *Abschaffen des Strafens?*, Frankfurt/M.: Suhrkamp. ▪ LÜDERSSEN, KLAUS (Hg.) (1998), *Aufgeklärte Kriminalpolitik oder Kampf gegen das Böse?*, Band I–V, Baden-Baden: Nomos. ▪ LÜDERSSEN, KLAUS (2000), »Der öffentliche Strafanspruch im demokratischen Zeitalter – von der Staatsräson über das Gemeinwohl zum Opfer?«, in: Prittwitz, Cornelius / Manoledakis, Ioannis (Hg.), *Strafrechtsprobleme an der Jahrtausendwende*, Baden-Baden: Nomos, S. 63 ff. ▪ LÜDERSSEN, KLAUS (2002), »Zur Aspektabhängigkeit strafrechtshistorischer Forschung«, in: LÜDERSSEN, KLAUS / SCHREINER, KLAUS / SPRANDEL, ROLF / WILLOWEIT, DIETMAR, *Konflikt, Verbrechen und Sanktion in der Gesellschaft Alteuropas*, (Symposium und Synthesen Bd. 6), Köln/Weimar/Wien: Böhlau, S. 237 ff. ▪ PRITTWITZ, CORNELIUS (Hg.) (2002), *Festschrift für Klaus Lüderssen*, Baden-Baden: Nomos. ▪ SCHÜNEMANN, BERND (2002), »Aporien der Straftheorie in Philosophie und Literatur – Gedanken zu Immanuel Kant und Heinrich von Kleist«, in: Prittwitz, Cornelius (Hg.), *Festschrift für Klaus Lüderssen*, Baden-Baden: Nomos, S. 327 ff. ▪ SEIBERT, THOMAS-MICHAEL (2002), »Plädoyer für symbolisches Strafrecht«, in: Prittwitz, Cornelius (Hg.), *Festschrift für Klaus Lüderssen*, Baden-Baden: Nomos, S. 345 ff. ▪ STRATENWERTH, GÜNTER (2002), »Wahres Strafrecht?«, in: Prittwitz, Cornelius (Hg.) (2002), *Festschrift für Klaus Lüderssen*, Baden-Baden: Nomos, S. 373 ff. ▪ WEITZEL, JÜRGEN (1994), »Strafe und Strafverfahren in der Merowinger-Zeit«, in: *Zeitschrift der Savigny-Stiftung für Rechtsgeschichte*, Germanistische Abteilung, Bd. 111, S. 66–147.

15.3 Nationalismus als kulturwissenschaftliches Forschungsfeld

Christian Geulen

1. Einleitung

Versteht man unter Kulturwissenschaft ein genuin interdisziplinäres Forschungsparadigma, so sollte sich dieses vor allem an Problemen und Gegenständen bewähren, die von vornherein jenseits disziplinärer Grenzen und Zuordnungen angesiedelt sind und deshalb eine besondere Herausforderung an ihre wissenschaftliche Untersuchung darstellen. Zu diesen Gegenständen und Forschungsfeldern gehört ganz sicher der Nationalismus. So gängig und eingängig der Begriff, so vielschichtig und uneindeutig sind Bedeutung und Phänomenalität des Nationalismus.[1] Mit dem Nationalismus haben sich in der einen oder anderen Weise alle kultur-, sozial- und geisteswissenschaftlichen Disziplinen beschäftigt: Soziologie und Politikwissenschaft ebenso wie Wirtschafts- und Rechtswissenschaft, Literaturwissenschaft und Philosophie ebenso wie Anthropologie und Psychologie, in neuerer Zeit auch die Kunst- und Medienwissenschaften und schließlich, in besonderem Maße, die Geschichtswissenschaft. Ein Gesamtüberblick, womöglich nach Disziplinen geordnet, kann und soll hier nicht versucht werden.

Statt dessen wird von der Forschungsgeschichte ausgehend die Multidimensionalität des Nationalismus als eines genuin interdisziplinären Forschungsgegenstands entfaltet, um die grundlegenden Konturen eines transdisziplinären, kulturwissenschaftlichen Ansatzes seiner Untersuchung zu skizzieren. Dabei geht es weder darum, diesen Ansatz anderen, bisherigen Zugängen entgegenzustellen, noch darum, eine Synthese der bisherigen Forschung zu versuchen. Vielmehr werden sich die Ausführungen weniger auf die Resultate als auf die Berührungspunkte und Verschränkungen der bisherigen, sich in ihrem Selbstverständnis oft widersprechenden Forschungsparadigmen konzentrieren, um den Nationalismus aus der Geschichte seiner Erforschung heraus als ein noch lange nicht erschöpfend behandeltes Phänomen zu umreißen. Ziel der Darstellung und Argumentation ist ein abschließender möglicher Katalog von Forschungsfragen einer künftigen kulturwissenschaftlich-transdisziplinären Nationalismusforschung. Aus Gründen der eigenen Fachkenntnis, aber auch, um die Argumentation nicht mit zu viel Empirie und Diversität zu überlasten, liegt ein unverkennbares Schwergewicht der Darstellung auf der historischen Perspektive und beziehen sich nicht wenige der zitierten Beispiele und Verweise auf die Entwicklung vor allem des deutschen Nationalismus. Trotz dieser Schwerpunktsetzung aber wird das wesentliche Ziel im Auge behalten, den Nationalismus nicht nur als ein transdisziplinär zu untersuchendes, sondern auch als ein selber trans-nationales Phänomen zu skizzieren.

2. Nationalismus und Nationalismusforschung

2.1. Überblick und Grundprobleme

Reflexionen über das Phänomen wurden angestellt, lange bevor es den Begriff des Nationalismus gab. Dieser kam in signifikanter Form erst um 1900 auf, bündelte gewissermaßen den bisherigen Gebrauch von Nation, Nationalpolitik, nationaler Zugehörigkeit etc. und gehört seitdem zu den prominentesten politischen Begriffen überhaupt.[2] Versteht man ihn zunächst allgemein als Oberbegriff für Formen der politischen Gemeinschaftsbildung unter Rekurs auf die Kategorien Nation, Volk, Vaterland u. ä., lässt sich der Beginn einer intellektuell-akademischen Reflexion über diese Phänomene in der Aufklärung des 18. Jahrhunderts verorten. Begriffs- und ideengeschichtlich beruhte diese zwar durchaus auch noch auf älteren Verwendungen des Nationsbegriffs (vom mittelalterlichen Namen studentischer Uni-

---

1 Zur Einführung siehe Alter (1987), Brubaker (1996), Calhoun (1997), Dann (1993), Eley (1995), Hobsbawm (1992), Hutchinson (1994), Jeismann (1993), Langewiesche (2000), Lepsius (1993), Wehler (2001).
2 Zur Begriffsgeschichte vgl. Koselleck (1992), Kemiläinen (1964).

versitätsgemeinschaften bis zu jenem Zusatz ›deutscher Nation‹, den das ›Heilige Römische Reich‹ Ende des 15. Jahrhunderts erhielt), doch bildete sich erst im 18. Jahrhundert jene Grundbedeutung der Nation als politischer Gemeinschaft bzw. politischer Heimat heraus, wie sie seitdem zu jeder modernen Verwendungsweise des Begriffs gehört. Erst im 18. Jahrhundert also, dann aber in erstaunlich kurzer Zeit, entwickelte sich ein ausgeprägter und vielschichtiger National-Diskurs, der die allermeisten Elemente auch seiner späteren Ausprägungen bereits aufwies.[3] Dieser zugleich abrupte und umfassende historische Beginn des modernen Nationalismus wurde von drei entscheidenden Bedingungen ermöglicht und geprägt:

1. Zum einen zeugt der rasante Erfolg der nationalen Idee von ihrer historischen Notwendigkeit. Die zunehmende Delegitimierung überkommener, religiöskirchlicher und aristokratisch-ständischer Herrschaftsordnungen, die radikale Ausweitung des Weltbildes durch Entdeckung und Kolonisierung, der Aufstieg einer technisch-wissenschaftlichen Rationalität, die übergreifende und zugleich vielschichtige Ablösung bekannter Erfahrungsräume durch offene Erwartungshorizonte und schließlich die politisch mit all dem aufkommende Frage nach einem neuen, posttraditionalen Ort der Legitimität von Herrschaft machten die Bildung eines neuen politischen Körpers, eines neuen Kollektivsubjekts als Quelle politischer Legitimität erforderlich.[4] Spätestens als mit der amerikanischen und der französischen Revolution das Prinzip der Volks-Souveränität politisch realisierbar wurde, hatte man diesen neuen, vielköpfigen Souverän und Träger der Herrschaftslegitimität genauer zu bestimmen und anzugeben, wer dazu gehört und wer nicht. Eben hier liegt der Beginn des modernen Nationsbegriffs und zugleich der Ursprung

seiner strukturellen Ambivalenz. Er trat an, die traditionalen, überkommenen, ›organischen‹ Bindungen der Menschen an Herrschaftsgebilde aufzulösen, musste zugleich aber eine neue egalitär-horizontale Bindung mit bestimmten Außengrenzen schaffen, um ein definierbares Volk als Subjekt und Objekt eines bestimmten Herrschaftsgebildes zu identifizieren. Insofern fungierte die Nation von Beginn an als politischer Platzhalter der traditionalen Bindungen, die sie auflöste.[5] Zugleich wurde mit diesem historischen Beginn der Nation im Kontext der europäischen Aufklärung der moderne Universalismus zum entscheidenden Hintergrund, vor dem sich die Nationen als die partikularen Teil-Einheiten der einen Menschheit abhoben. Dadurch kam der Nationalismus nie ohne einen impliziten oder expliziten Bezug zu diesem modernen Universalismus aus, insofern er sich zu ihm als seinem eigenen historischen Ermöglichungshorizont in der einen oder anderen Weise verhalten musste.[6]

2. Diese Geburt der Nation in einer tiefgreifenden, politischen und bewusstseinsgeschichtlichen Revolutions- und Umbruchphase sowie ihr strukturell ambivalenter Anspruch, alte Gemeinschaftsbindungen durch neue zu ersetzen, führte zweitens dazu, dass die Nation von Anfang an den grundlegenden Status eines Projekts hatte, eines prinzipiell unabgeschlossenen Vorgangs der Nations*bildung* (nationbuilding). Auch dort, wo sie bereits früh als eine seit Jahrhunderten existente und ewig sich fortsetzende Einheit (etwa als ethnische Abstammungsgemeinschaft) gedacht wurde, war diese Kontinuitätsvorstellung politisch-praktisch nur ein Medium, die Nation zu bilden, zu legitimieren und zu begründen. In Phasen, in denen solche Kontinuitätsphantasmen besonders betont wurden, haben wir es also keineswegs mit Phasen eines sicheren, stabilen oder auch nur besonders ausgeprägten Nationalbewusstseins zu tun, als vielmehr mit Phasen eines besonders aktiven Nationalismus, eines aus welchen Quellen auch immer stammenden Bedürfnisses, sich der Nation zu versichern, sie weiter zu bilden, zu begründen, zu legitimieren oder zu konkretisieren. Es ist ein wesentliches – und vielleicht das entscheidende – Merkmal der Modernität der Nation, dass sie niemals ›fertig‹ ist. Denn als *politische* Gemeinschaft existiert sie nicht außerhalb der sie begründenden

---

3 Zur Frühgeschichte des deutschen Nationalismus vgl. Echternkamp (1998), Blitz (2000).

4 Vgl. Lepsius (1993). Zum damit fundamentalen Zusammenhang von Nationalismus und Staatsangehörigkeit vgl. vor allem Brubaker (1992) und Gosewinkel (2001).

5 Zu den Folgen dieser Ambivalenz aus psychoanalytischer Sicht vgl. Zizek (1994).

6 Vgl. hierzu Koselleck (1979), Rüsen (1994), Jeismann (1992), Hoffmann (2000), Shell (1993), Balibar (1990).

Vorstellungen. Diese Einsicht hat sich in dem, die Forschung der letzten zwei Jahrzehnte prägenden Satz manifestiert, dass nicht die Nation den Nationalismus, sondern der Nationalismus die Nationen hervorbringt und am Leben erhält.[7]

3. Schließlich ergibt sich aus der Notwendigkeit und Offenheit der Nation als Projekt ein hoher Reflexionsbedarf. Da es zur Grundstruktur der modernen Nation gehört, dass sie immer wieder neu entworfen werden muss und zugleich in ihrer Gemeinschafts- und Grenzenbildung vormals Fremdes zu vereinen und vormals Zusammengehöriges zu trennen hat, ist sie abhängig von einem beständig zu produzierenden und zu reproduzierenden Wissen. Das verleiht der modernen Nation, insbesondere in ihren Anfängen, die typische Form eines intellektuellen Konstrukts, die auch nie ganz verschwindet, sondern immer wieder dort in den Vordergrund rückt, wo Bestimmung und Begründung der Nation notwendig und relevant werden – etwa bei Staatsgründungen, territorialen Grenzverschiebungen, bei Veränderungen der Bevölkerungszusammensetzung (etwa durch Migration) oder in Kriegsphasen. Zu Beginn und immer wieder in Krisenzeiten sind es daher in der Regel Intellektuelle oder zumindest Teile der gebildeten Schichten, die sich des nationalen Projekts annehmen und es historisch, sprachgeschichtlich, kulturell, anthropologisch, ökonomisch, psychologisch, kurz: wissenschaftlich zu begründen und zu legitimieren suchen; wissenschaftlich nicht im unbedingt akademischen, sondern im allgemeineren Sinne eines Rekurses auf herzustellende oder zu (re)aktivierende Wissensbestände.[8]

Dieser letzte Aspekt wirft für die Nationalismusforschung jeder Disziplin und jeden Zugangs eine gewisse Schwierigkeit auf. Denn er macht deutlich, dass im Fall des Nationalismus die Grenzen zwischen dem Gegenstand und seiner wissenschaftlichen Untersuchung fließend sind. Die eingangs genannten Disziplinen, die sich heute mit dem Nationalismus als Gegenstand beschäftigen, waren im 19. Jahrhundert ein Teil von ihm, entstanden in manchen ihrer Formen überhaupt erst in seinem Kontext (so etwa die Germanistik oder die Nationalgeschichtsschreibung). Mit anderen Worten: Grundlegende Fragen der heutigen Nationalismusforschung wie ›Was ist überhaupt eine Nation?‹,

›Wie lässt sich nationale Zugehörigkeit bestimmen?‹, ›Was zeichnet die eine Nation vor der anderen aus?‹ oder ›Wann lässt sich legitimerweise vom Beginn einer Nationalgeschichte sprechen?‹, waren in früheren Zeiten ebenso grundlegende Fragen des ›nation-building‹, des Nationalismus selber als der politischen Praxis dieses ›nation-building‹.

Nicht zuletzt die Geschichtswissenschaft, die sich immer schon besonders intensiv mit Nationen und Nationalismus beschäftigte, tat dies lange in einem primär nationalgeschichtlichen Rahmen und bis heute wird nur selten die Frage gestellt, in welchem Sinne ihr Bemühen um die historische Aufklärung und Demythisierung der Nation etwa durch die Rekonstruktion ihrer »Erfindung« im 19. Jahrhundert nicht auch wieder eine eigene, wissenschaftlich-kritische Form des ›nation-building‹ darstellt. Zumindest lässt sich fragen, ob etwa eine ›Geschichte des deutschen Nationalismus‹ es überhaupt vermeiden kann, zugleich auch eine Form der Nationalgeschichte, des wissenschaftlichen ›nation-building‹ zu sein. Auf dieses Problem wird zurückzukommen sein.

2.2. Wege der Begriffs- und Forschungs- geschichte

Wie eng der Nationalismus und seine wissenschaftliche Reflexion immer schon miteinander verflochten waren, lässt sich schlaglichtartig beim Blick auf einen, noch von der heutigen Forschung vielzitierten Klassiker der kritischen Reflexion des Begriffs ›Nation‹ zeigen, an Ernest Renan. Seine 1882 gehaltene und in den letzten zwei Jahrzehnten mehrfach wiederabgedruckte Rede zur Frage ›Was ist eine Nation?‹ gilt als Beginn der modernen, kritischen, den künstlichen Charakter der Nation betonenden Sichtweise.[9] Renan nannte die Nation ein »alltägliches Plebiszit« und rückte damit ihren genuin politischen, historisch-wandelbaren und damit künstlichen oder zumindest nicht-substantiellen Charakter ins Zentrum. Explizit setzte er damit den Begriff der Nation in Opposition zu zeitgenössischen essentialistischen

---

7 Vgl. Gellner (1995).
8 Vgl. etwa Echternkamp (1998), Bielefeld (2003).
9 Vgl. Renan (1995), Euchner (1995), auch Thom (1990).

Konzepten kollektiver Zusammengehörigkeit, die auf
Natur, Abstammung und ethnisch-rassische Gemeinschaftlichkeit abzielten. Entsprechend erfuhr
Renan im Rahmen der kritischen Nationalismusforschung der letzten zwei Jahrzehnte eine breite Wiederbelebung und neuere prominente Konzepte wie
das der »imaginierten Gemeinschaft« (Benedict Anderson) oder der »erfundenen Tradition« (Eric
Hobsbawm) teilen mit ihm die Betonung des artifiziellen Wesens der Nation.[10]

In dieser Rezeption wird aber meist die eigenartige
Rolle jener anderen Seite der Opposition, die Renan
aufstellte, übersehen: die immerhin den größten Teil
seines Textes umfassende Entfaltung eines langen,
Jahrhunderte übergreifenden Panoramas europäischer Rassengeschichte, vor dessen Hintergrund er
die kurzfristige Künstlichkeit nationaler Einheiten
überhaupt erst plausibilisierte. Die politisch nicht
kontrollierbare, naturhaft determinierende Rassengeschichte mit ihren komplexen Prozessen der Völ-
kervermischung war für Renan die Folie, vor der sich
die Nation als ein nurmehr alltäglich neu sich zu-
sammensetzendes Kollektiv abhob. Rückblickend
leistete er damit als einer der ersten eine vehemente
Kritik an jenen biologistischen Formen des Nationalismus, welche die Nation selber als eine natürlich-
rassische Einheit zu begründen suchten. Insofern
unter diesen aber nur die allerwenigsten die Nation
mit einer bestimmten Rasse schlicht gleichsetzten, die
meisten vielmehr auf dem Wege einer rassisch orientierten Nationalpolitik eine solche ethnisch-politi-
sche Identität erst herzustellen beanspruchten, erfuhr
Renan zeitgenössisch keineswegs die gleiche Rezeption wie heute. Statt dessen bezogen sich viele natio-
nalistische Rassentheoretiker explizit auf Renans ras-
sen- und sprachhistorisches Panorama der europäischen Völkergeschichte – in dessen Rahmen er etwa
auch die typologische Unterscheidung zwischen Se-
miten und Ariern eingeführt hatte – und lehnten
allein jenen Teil seiner Argumentation ab, der die
Nationen zu kurzfristigen Gebilden erklärte, die sich
nicht an die Rassengeschichte zurückbinden ließen.[11]

Das Beispiel ist nicht nur forschungs-, sondern
auch begriffsgeschichtlich aufschlussreich. Denn Renans strikt politische Definition setzte im Grunde die
französische Tradition eines Begriffsverständnisses
fort, das die Nation ursprünglich mit dem Dritten
Stand und seinen politischen Partizipationsansprü-
chen identifiziert hatte, die selber wiederum schon
früh aus einer rassengeschichtlichen Deutung der
mittelalterlichen und frühneuzeitlichen Geschichte
Frankreichs (gallisches Volk vs. germanischer Adel)
abgeleitet worden war, während man unter Volk/
peuple entweder die nicht repräsentierten niederen
Schichten im Sinne des ›gemeinen Volks‹ oder aber
die allgemeine vorpolitische Einheit der Bevölkerung
verstand. Demgegenüber beruhte die deutsche Begriffsverwendung auf einer genau umgekehrten Semantik. Hier war die Bedeutung von ›Nation‹ bis
weit ins späte 19. Jahrhundert hinein viel enger an
die Ethymologie des Wortes angelehnt, mit dem man
die vorpolitische Einheit eines nach Abstammung,
Kultur und Sitte zusammengehörenden Teils der
Menschheit (Völker- oder Volkschaft) meinte, während unter ›Volk‹ primär das Staatsvolk, also eine
politisch zusammengehörige Einheit verstanden
wurde.[12] Erst die sogenannte ›völkische Bewegung‹
löste diese Unterscheidung auf, indem sie das ›Volk‹
zur Bevölkerung im biologisch-statistischen Sinne
umdeutete, es so mit dem Begriff der ›Rasse‹ koppelte
und zudem mit dem gesamten semantischen Arsenal
des Nationsbegriffs, mit Kultur, Geschichte, Abstammung, Sprache etc. auflud, die ältere Volks-Semantik
also gleichsam von zwei Seiten her entpolitisierte. In
eben diese Tendenz aber, die Entwicklung von Nationen im Sinne politischer Gemeinschaften in viel
umfassendere und grundlegendere Entwicklungspro-
zesse der Natur einzubetten, sie in deren Licht zu
betrachten und Nationalpolitik an ihnen auszurich-
ten, gehörte auch Renans heute kanonisierte Rede
von 1882. Mit seinen Gegnern teilte er die Auffassung, dass sich politische Gebilde vor dem Hintergrund natur- und rassengeschichtlicher Mechaniken
im Grunde klein und unbedeutend ausnehmen; Dis-
sens bestand allein in der Frage, ob die Nation ein
politisches Gebilde sei oder nicht.

Andere heute noch wichtige Theoretiker des ausgehenden 19. Jahrhunderts betonten ebenfalls die politische Dimension der Nation, stellten sie aber gerade
nicht in einen strikten Gegensatz zu vorpolitischen

---

10 Vgl. Anderson (1983), Hobsbawm (1983), Hobsbawm (1992).
    Zur jüngeren Diskussion Jureit (2001).
11 Vgl. hierzu vor allem Voegelin (1933).
12 Vgl. Koselleck (1992).

Zugehörigkeitsquellen der Abstammung, Kultur, Sprache oder Sitte. So bemühte sich etwa Max Weber um eine historisierende Typologie der Bildung und Umbildung politischer Gemeinschaften von ihren traditionellen Begründungsformen bis zur Prestige-Gemeinschaft der modernen Nation, in der machtpolitische Strukturen die überkommenen Elemente der Gemeinschaftsbindung zunehmend überformen.[13] Obgleich auch von Weber noch nicht gebraucht, tauchte zeitgleich, nämlich um 1900, schließlich der Begriff des ›Nationalismus‹ zur Bezeichnung einer Position auf, die Macht und Prestige der jeweils eigenen Nation als den höchsten politischen Wert überhaupt und jede andere Nation zugleich als minderwertig und bedrohlich ansieht. Während sich in den europäischen Großmächten zunächst je eigenständige Begriffe für diese Auffassung bildeten (wie etwa der ›Jingoism‹ in England), setzte sich der Begriff Nationalismus schnell übergreifend als eine allgemeine Bezeichnung durch, die bis zur Mitte des 20. Jahrhunderts, in manchen Kontexten noch heute, sowohl kritisch-deskriptiv als auch affirmativ-selbstbeschreibend verwendet werden konnte.[14]

In der Epoche des späten 19. und frühen 20. Jahrhunderts fallen also gleich drei entscheidende Entwicklungen zusammen: die zunehmende Entpolitisierung des Nationsbegriffs im ideologischen Diskurs, der Beginn seiner historisierenden Untersuchung als zentrale Zugehörigkeits-Kategorie der Moderne und die Entstehung des Terminus Nationalismus als Bezeichnung einer politischen Weltanschauung der Überhöhung und übersteigerten Wertschätzung der jeweils eigenen Nation. Im Verlauf des 20. Jahrhunderts führte das zu einem lange und bis heute vorherrschenden Bild vom Nationalismus als einem zutiefst und strukturell ambivalenten Phänomen. Zum einen war die Nation und war vor allem der Nationalstaat als global verbreitete politische Ordnungseinheit nicht mehr wegzudenken. Sowohl innerhalb als auch außerhalb Europas – nach dem Ersten Weltkrieg, im Zuge der Dekolonisation und nach dem Zweiten Weltkrieg – war die Wiedererrichtung möglichst stabiler Nationalstaaten der kleinste gemeinsame Nenner der politischen Ordnung von Nachkriegs-Gesellschaften. Zunächst mit dem ›Völkerbund‹ und dann mit den ›Vereinten Nationen‹ basierten auch alle Versuche globaler Koexistenz auf dem Nationalstaat als der entscheidenden politischen Handlungseinheit, über welche die Verteilung von Souveränität und Kooperation geregelt werden musste. Zum anderen aber war ebenso unübersehbar, dass nationale Selbstüberhöhung, Konkurrenz und Ausgrenzung, dass mithin Nationalismen im ideologischen Sinne keinen geringen Anteil an den politischen und militärischen Auseinandersetzungen und Katastrophen des 20. Jahrhunderts hatten und die Spannungen zwischen Nationalitäten auch weiterhin zu den häufigsten und gefährlichsten politischen Konfliktherden gehörten.[15]

Beides, die globale Durchsetzung nationalstaatlicher Ordnungen und die Kontinuität nationaler Konflikte wurden aber zunächst nicht als Widerspruch, sondern als ambivalenter Beleg für die Bedeutung und Unhintergehbarkeit des Nationalitätsprinzips in der Moderne gedeutet. Das hatte zur Folge, dass zumindest bis in die 1960er Jahre auch in der Forschung die Nationen als zwar historisch gewachsene, spätestens mit der jeweiligen Nationalstaatsgründung aber fest und auf Dauer im Weltgeschehen verankerte politische Einheiten galten. Insofern fast alle Diplomatie im 20. Jahrhundert eine Diplomatie der Nationalstaaten war, nahm auch die primär politik- und diplomatiegeschichtlich orientierte Historiographie die Nationen als im Grunde gegebene Entitäten hin, und auch die allgemeine Geschichtswissenschaft hielt an der Vorstellung fest, dass es zunächst Nationen gab und dann den Nationalismus als einer von diesen in jeweils unterschiedlicher Weise entwickelten Ideologie.[16]

Erst mit dem Aufkommen gesellschaftstheoretischer und sozialwissenschaftlicher Perspektiven in den 1960er und 1970er Jahren begann man (wieder) zu fragen, was diese Nationen unterhalb der staatspolitischen Ebene eigentlich zusammenhält. Und die Geschichtswissenschaft machte sich daran, jene komplexen Prozesse zu rekonstruieren, die zuvor ethnisch, regional und ständisch definierte Kollektive in ›Nationen‹ transformierten.[17] Angetrieben

---

13 Weber (1985, bes. das Kapitel über ›Politische Gemeinschaften‹, S. 613–30).
14 Vgl. Koselleck (1992).
15 Vgl. Jeismann (1993), Breuilly (1993), Berlin (1990).
16 Vgl. etwa Meinecke (1969), Kohn (1967), Schieder (1992), Conze (1963). Eine wichtige Ausnahme war Deutsch (1962).
17 Vgl. etwa Winkler (1978), Nairn (1977).

wurde aber auch diese Forschung primär von den Grunderfahrungen des 20. Jahrhunderts, d. h. vom globalen Erfolg des nationalen Prinzips als politischer Ordnungsstrategie einerseits und – besonders im weiteren Verlauf der Forschung während der 1970er und 1980er Jahre – von der Erfahrung eines sogenannten übersteigerten, zur machtpolitischen Ideologie mutierten Nationalismus andererseits, wie er jetzt rückblickend als ein dominierendes Phänomen des späten 19. und frühen 20. Jahrhunderts erkannt wurde. Besonders im Rahmen mehr oder weniger modernisierungstheoretisch orientierter Ansätze der Nationalismusforschung wurde diese Ambivalenz theoretisch systematisiert und empirisch wiederholt durchdekliniert.[18]

Die ›Janusköpfigkeit‹ der Nation, ihr Schillern zwischen politischer Emanzipation und ausgrenzender Gewalt, die entsprechende Ambivalenz ihrer Ordnungen, Zugehörigkeiten und Identitäten und die Frage, wann und wie, generell oder im Einzelfall, ihre Modernisierungsleistungen in antimodernistische (zumindest aber modernisierungs-dysfunktionale) Tendenzen und Effekte umschlugen, waren für eine Weile die wesentlichen Koordinaten der modernen Nationalismusforschung. Gestritten wurde über die Frage, ob diese Ambivalenz ein im Grunde generell und immer zu beobachtender Aspekt der Phänomenalität von Nationen und Nationalismen darstellt oder ob sich nicht doch räumlich verteilte Typen bzw. zeitlich verteilte Phasen erkennen ließen, in denen jeweils die eine Seite (die moderne, progressive, emanzipatorische, friedliche) oder die andere Seite (die antimoderne, reaktionäre, ausgrenzende, aggressive) dominiert. So galten das französische wie das angloamerikanische Selbstverständnis lange als Vertreter eines aufgeklärten, rationalen Typus der Nation als ›Staatsnation‹, während Deutschland oder Italien als Beispiele für ein anfänglich kulturell-nationales, später volks-nationales Selbstverständnis angeführt wurden. Besonders die Entwicklung des deutschen Nationalismus war in dieser Sichtweise geprägt durch eine Wende vom ›linken‹, emanzipa-

torischen und partizipatorischen Nationalismus ›von unten‹, wie er bis mindestens 1848 vorgeherrscht habe, zu einem ›rechten‹, machtstaatlich verordneten, ausgrenzenden und tendenziell essentialistischen Nationalismus wie er sich seit der Reichsgründung von 1871 durchgesetzt habe.[19]

Etwa in der Mitte der 1980er Jahre setzte eine umfassende Kritik an dieser bis dahin vorherrschenden Sichtweise ein, die in ihren urteilenden Perspektiven als zu stark von einer hintergründigen Modernisierungstheorie, von der Faschismuserfahrung und von einer bipolaren Logik des Ost-West-Gegensatzes geprägt erschien. Alternativ wandte man sich nun verstärkt von übergreifenden, primär sozialwissenschaftlich ausgerichteten Entwicklungsmodellen und Typologien ab und mit Hilfe eher kulturwissenschaftlicher, anfänglich besonders anthropologischer und ethnologischer Methoden jenem Prozess des ›nation-building‹, der Konstruktion und Herstellung nationaler Identitäten wieder zu, der jetzt nicht nur mit Blick auf den historischen Beginn, auf die Geburt von Nationen, sondern ebenso mit Blick auf spätere Phasen der Geschichte des Nationalismus untersucht wurde. In diesem Kontext sind bis heute eine ganze Reihe von grundlegenden Arbeiten, theoretischen Konzepten und neuen Forschungsperspektiven entstanden, die sich mit einigem Recht als ›kulturwissenschaftliche Nationalismusforschung‹ zusammenfassen und darstellen lassen.

3. Kulturwissenschaftliche Nationalismusforschung

3.1. Entwicklung, Paradigmen, Forschungsfelder

Die Entfaltung der modernen kulturwissenschaftlichen Nationalismusforschung seit der Mitte der 1980er Jahre wurde von mindestens drei übergreifenden Kontexten mitbestimmt. Zum einen war sie Teil einer allgemeineren, nicht nur sie oder die Geschichtswissenschaft allein betreffenden Wende in den Humanwissenschaften vom Paradigma der Gesellschaft zum Paradigma der Kultur, also Teil des sogenannten ›cultural turn‹.[20] Zum zweiten wurde sie stark geprägt von der relativen Delegitimierung einiger der älteren Forschungsansätze durch die his-

---

18 So etwa Greenfeld (1992).

19 Vgl. Winkler (1978), Alter (1987), Schieder (1992), Langewiesche (1995).

20 Vgl. die Sammelbände von Alexander (1990), Hardtwig (1996), Mergel (1997).

torische Wende von 1989/90, die globalpolitische Strukturveränderungen mit sich brachte, deren langfristige Effekte und Resultate sich erst abzuzeichnen beginnen. Zum dritten erfuhr die Nation, die im Kontext des Kalten Krieges politisch eine kaum umstrittene Ordnungs- und Handlungseinheit darstellte, seit dem Ende des Ost-West-Konflikts in gleich zweifacher Weise einen ungeahnten Zuwachs an Relevanz und Dynamik.

Auf der einen Seite hatte der Zusammenbruch des Ostblocks eine blitzartige Rückkehr des Nationalismus zunächst vor allem in einigen vormaligen Blockstaaten zur Folge. Nationale und ethnische Zugehörigkeitsvorstellungen radikalisierten sich, wie etwa im ehemaligen Jugoslawien, innerhalb kürzester Zeit zu nationalen Konflikten und ethnischen Kriegen. Auf der anderen Seite stand (und steht) die Nation auch globalpolitisch wieder in neuer Weise zur Disposition. In dem Maße, in dem der Bedeutungsverlust nationaler Grenzen durch multinationale Vereinigungen und durch den voranschreitenden Prozess der Globalisierung scheinbar zunimmt, wird ihre Regulierungsfunktion in Konfliktfällen und ihre Ordnungsfunktion mit Blick auf die Folgeerscheinungen der Globalisierung zugleich immer wichtiger.[21] Das an Dynamik und Brisanz zunehmende Spannungsfeld von einerseits politischen Problemfeldern, die nur transnational gelöst werden können (die globalisierte Wirtschaft und ihre sozialen Folgen, eine neue weltweite Migration, die Verteilung und Ordnung weltpolitischer Machtkonstellationen, der globale Export ethnisch-religiöser Konflikte etc.) und andererseits den Selbstlegitimierungs- und Selbstbehauptungsproblemen übernationaler politischer Institutionen wie der UNO, stellt die politische Ordnungseinheit der Nation so sehr in Frage, wie es sie gleichzeitig zur ideologischen Neubesetzung freigibt, mithin dem Nationalismus ein neues Wirkungsfeld bieten kann. Ein Ende der Nation und vor allem des Nationalstaats als primäres politisches Ordnungsprinzip mag oder mag sich auch nicht in den neuen Konstellationen des Globalisierungszeitalters ankündigen, ein Verschwinden von Nationalismus und nationaler Gemeinschaftsbildung hingegen als Identifikationsmöglichkeit in Krisenzeiten ist heute jedenfalls in weit größere Ferne gerückt als es noch zu Zeiten des Kalten Krieges der Fall schien.

Vor diesem Hintergrund ist es bezeichnend und vielleicht symptomatisch, dass eines der ersten Startsignale für eine neue, kulturwissenschaftlich orientierte Sicht auf den Nationalismus und seine Geschichte zwar noch inmitten des Kalten Krieges, aber dennoch aus einer global orientierten Disziplin und Forschungsrichtung kam, die von den klassischen Ansätzen bis dahin kaum wahrgenommen wurde. Es war der Sozialanthropologe Benedict Anderson, der aus seinen Erfahrungen mit den komplexen Prozessen der Herstellung politischer Zugehörigkeiten nicht etwa in Europa, sondern im süd-ost-asiatischen Raum einige generalisierende und am Ende hochgradig innovative Überlegungen zum Phänomen des Nationalismus anstellte und 1983 unter dem später kanonisch gewordenen Titel ›Imagined Communities‹ publizierte.[22] Anstatt Nationen als Resultate eines Prozesses anzunehmen, in dem bereits vorhandene ethnische oder sprachliche Einheiten politisch gleichsam erwachen, und anstatt den Nationalismus als die dazugehörige Integrationsideologie aufzufassen, drehte Anderson den Blickwinkel um und fragte nach den Medien und Formen, in denen durch Verweis auf Abstammung, Sprache und andere gegebene oder erfundene Gemeinsamkeiten Nationen als politische Gemeinschaften allererst imaginiert und als Imagination auf Dauer gestellt werden. So war etwa gemeinsame Sprache selbstverständlich immer schon ein kollektives Zugehörigkeitskriterium, doch bedurfte es eines immensen Aufwandes an Vereinheitlichungsbemühungen, etwa im Medium des Buchdrucks, um aus den gegebenen Sprachverteilungen politisch wirksame Unterscheidungen und Grenzen abzuleiten sowie schließlich sprachpolitische Einheiten zu machen, die in Konkurrenz zu den überkommenen, fast immer multilingualen Reichen treten konnten.

Anderson rückte damit eine ganz andere (einleitend bereits kurz erwähnte) Ambivalenz in den Mittelpunkt seiner Überlegungen als die von der Forschung bis dahin als zentral angesehene Spannung zwischen progressiven und reaktionären Elementen des Nationalismus. Als Anthropologe war er mit den

---

21 Vgl. Langewiesche (2000 a), Balibar (2003), Münkler (1996), Brubaker (1996), Böckenförde (1999).
22 Anderson (1983).

Jahrhunderte alten Formen der direkten Gemeinschaftsbildung durch gemeinsame Sprache, Abstammung, Kultur, Wirtschaftsweise etc. bestens vertraut.
Was ihn am Nationalismus faszinierte, war dessen
Fähigkeit, dieses gesamte überkommene Arsenal geschlossener identitärer Bindungen im Raum des Imaginären zu entfalten, also jenseits der zeitlichen und
räumlichen Grenzen, die traditionalen Gemeinschaften durch ihre primär orale Traditionsbildung und
face-to-face-Kommunikation konstitutiv gesetzt waren. Die entscheidende Leistung des Nationalismus
sah Anderson entsprechend darin, identitäre Bindungen zwischen zeitlich und räumlich getrennten
Individuen, mithin eine imaginierte Gemeinschaft
von Fremden herstellen und erhalten zu können.
Voraussetzung dafür aber waren Kommunikations-
mittel, wie sie erst die Neuzeit, beginnend mit dem
Buchdruck, hervorbrachte, und Formen ihrer Verbreitung und politischen Nutzung, wie sie erst die
Moderne entwickelte, beginnend mit der – Erfah-
rungshorizonte ganz bewusst sprengenden – Aufklärung des 18. Jahrhunderts. Dennoch aber blieb der
Rekurs auf die vormodernen Elemente und Kriterien
der Gemeinschaftsbildung – Sprache, Verwandtschaft, Kultur etc. – in diesem modernen, überregio-
nalen und kommunikationstechnologisch erschaffe-
nen Imaginationsraum erhalten.

Neben dieser Transplantation traditionaler Vergemeinschaftungsformen in den imaginierten Raum
moderner politischer Vergemeinschaftung rückte
Andersons Perspektive noch ein anderes Moment
des Phänomens Nationalismus in den Mittelpunkt,
dem man in der unmittelbar vorangegangenen Forschung wenig Aufmerksamkeit geschenkt hatte: die
Nation selbst und ihren eigenartigen Status als politische Form vorpolitischer Bindungen. In der bis
dahin vor allem ideologiekritisch und staatspolitisch
orientierten Forschung hatte man dem, was in unterschiedlichen Zeiten und Räumen unter ›Nation‹

verstanden wurde, primär den Status eines ideologischen Konstrukts – wenn auch mitgeprägt durch die
empirisch vorgegebenen ethnischen, sozialen oder
historischen Strukturen – zugeschrieben, das vom
Nationalismus und seinen verschiedenen Träger-
und Interessengruppen mehr als moralische Appellationsinstanz und politisch-symbolische Einheit beschworen denn als tatsächliche Vergemeinschaftungsform angesehen worden sei und erst mit der
Gründung eines Nationalstaats zu einem festen politischen Gebilde wurde. Beiden Annahmen gegenüber
verhält sich Andersons Ansatz grundlegend kritisch,
insofern er eine weit größere Distanz und strukturelle
Differenz zwischen der Nation und dem Nationalstaat konstatiert. Weder ist die Nation für ihn im
vorstaatlichen Status ein bloßes ideologisches Konstrukt, noch erhält sie mit der Nationalstaatsgründung
eine feste Form. Vielmehr bleibt sie vorher wie nach-
her eine imaginierte Gemeinschaft, eine ständig und
weiterhin zu produzierende imaginäre, doch deshalb
keineswegs irreale Zusammen- und Zugehörigkeit,
deren staatspolitischer Ausdruck weder theoretisch
noch empirisch mit den Formen und Inhalten ihrer
Imagination, ihrer Vorstellung und Begründung deckungsgleich sein muss.[23]

Es war nicht zuletzt dieser Blick auf die Nation
selber und zwar dort, wo sie weder in vorgängigen,
überkommenen Kollektivstrukturen, noch in einer
rein ideologischen Rolle, noch in der scheinbar festen
Form eines Nationalstaats aufgeht, der die allgemein
kulturwissenschaftliche und besonders die kulturgeschichtliche Nationalismusforschung entscheidend
vorantrieb. Im Gefolge der Andersonschen Grund-
lagenstudie entstand nun in der zweiten Hälfte der
1980er und in der ersten Hälfte der 1990er Jahre eine
Vielzahl unterschiedlichster Arbeiten, die sich den
konkreten Praktiken, Medien, Formen und Verläu-
fen der Imagination von Nationen widmeten.[24] Neben der auch weiterhin und mit Gewinn betriebenen
Forschung zu den Prozessen und Pathologien moderner Nationalstaatsbildung entwickelte sich so ein
neues paralleles Feld der Erforschung jener symbolischen, diskursiven, bildlichen, medialen, aber auch
alltagspraktischen oder wissenschaftlichen Arenen, in
denen über die eigentliche Bedeutung nationaler Zugehörigkeit, nationaler Geschichte, nationaler Größe,
nationaler Grenzen und nationaler Zukunft entschieden wurde.

---

23 Vgl. hierzu Bielefeld (2003), Hroch (1998), Richter (1996).
24 Vgl. u. a. Berding (1991–96), Bhabha (1990), Binder (2001),
   Calhoun (1997), Chickering (1984), Confino (1997), Dörner
   (1995), Echternkamp (1998), Eley (1996), Francois (1995),
   Frederickson (1996), Glaser (1993), Goltermann (1998),
   Haupt (1996), Hettling (1996), Hoffmann (2000), Hutchinson (1987), Link (1991), Jureit (2001), Sellin (1988), Smith
   (1991), Weichlein (1997).

Dabei kristallisierten sich relativ schnell zwei Schwerpunktthemen heraus, die von der kulturwissenschaftlichen Forschung bevorzugt in den Blick genommen wurden: zum einen der Zusammenhang zwischen nationaler Gemeinschafts- bzw. Identitätsbildung und kollektiven Erinnerungen und zum anderen das Verhältnis zwischen nationalen und anderen, konkurrierenden oder komplementären Formen kollektiver Zugehörigkeit. Anderson hatte die zeitliche Dimension des Nationalismus und die Frage der nationalen Erinnerung im Wesentlichen als die Projektion einer möglichst weit zurückreichenden nationalen Vergangenheit verstanden und dieses Bild einer langen Dauer und fernen Herkunft als ein Medium der jeweils gegenwärtigen, räumlichen National-Solidarisierung interpretiert. Eric Hobsbawm und Terence Ranger gingen hier einige Schritte weiter und sahen in der Erfindung einer politische Legitimität stiftenden Vergangenheit ein so vorherrschendes Moment nationaler Gemeinschaftsbildung, dass sie Nationen generell weniger als ›imaginierte Gemeinschaften‹ denn als ›erfundene Traditionen‹ aufgefasst wissen wollten.[25] In der Tat zeigt sich besonders beim Blick auf das 19. Jahrhundert und nicht zuletzt auf die ›verspäteten‹ oder nachziehenden Nationalbewegungen etwa in Deutschland und Italien die fundamentale Rolle und Bedeutung der Nation als einer Erinnerungsgemeinschaft, die von der Vereinnahmung weit zurückliegender Mythen ebenso zehrte wie von der nationalen Mythisierung zeithistorischer Ereignisse.[26] Die von Anderson diagnostizierte zeitlich-historische Dimension des ›nation-building‹ stellte sich auf diese Weise rasch als ein ungemein vielschichtiges und fruchtbares Untersuchungsgebiet heraus, das der Nationalismusforschung auch einen ganz neuen Quellen- und Materialbestand bescherte, zu dem jetzt Volkslieder, Denkmäler und nationale Fest- und Feiertage ebenso gehörten wie die frühe Geschichtswissenschaft, die Entstehung einer sogenannten Nationalliteratur oder die öffentlich-politische Gedenkkultur.[27]

Bis heute wird dieses Forschungsfeld bearbeitet, auch wenn es etwa in Frankreich und Deutschland mit zwei umfangreichen Großprojekten zu den ›lieux de memoirs‹ bzw. den deutschen Erinnerungsorten derzeit eine gewisse Erschöpfung erfahren hat.[28] An diesen Großprojekten wird aber zugleich auch die Problematik dieser Art von Analyse nationaler Erinnerungskulturen deutlich, die immer in der Gefahr steht, in der systematischen Rekonstruktion und Skizzierung der nationalen Erinnerungsorte diese zu reproduzieren und vielleicht sogar in ihrer politisch-ideologischen Funktion zu perpetuieren. Auch die Wandelbarkeit und Heterogenität nationaler Erinnerung, ihre zeitweilig sehr deutlichen inneren Widersprüche und Bedeutungsänderungen geraten in einer zu sehr die Kontinuität nationaler Erinnerungsorte und -symbole betonenden Sichtweise aus dem Blick.[29] Und schließlich tendiert diese Forschung dazu, in ihrer Konzentration auf die Traditionserfindungen des 19. Jahrhunderts dessen Nationalimagination zum Paradigma zu machen, während die Frage, ob und wie Ereignisse der jüngeren Geschichte des 20. Jahrhunderts besondere und vielleicht neue Formen des Nationalbewusstseins geprägt und ausgebildet haben, nach wie vor unterbelichtet bleibt.[30]

Der zweite Schwerpunkt der kulturwissenschaftlichen Nationalismusforschung, der Blick auf das Verhältnis zwischen nationalen und anderen kollektiven Zugehörigkeiten, begründete seit den späten 1980er Jahren ein eigenes und bis heute sehr fruchtbares Forschungsfeld. Waren die meisten älteren Ansätze davon ausgegangen, dass der Nationalismus sukzessive andere, überkommene Formen der kollektiven Zugehörigkeit überforme, zum Verschwinden bringe oder durch die nationale Dimension ersetze, so wurde jetzt in Forschungen, die explizit nach dem Verhältnis nationaler zu anderen Zugehörigkeiten bzw. Identitäten fragten, sichtbar, wie komplex solche Beziehungen sein konnten.[31] Obgleich nur zögernd wahrgenommen, haben vor allem feministisch orientierte Studien gezeigt, dass die geschlechtliche Co-

---

25 Hobsbawm (1983), vgl. auch Hobsbawm (1992).
26 Zur Denkfigur der ›verspäteten Nation‹ vgl. Plessner (1959) und zu ihrer heutigen Relevanz Koselleck (2000).
27 Vgl. etwa Dörner (1995), Koselleck/Jeismann (1994), Tacke (1995), Hoffmann (1994), Vogel (1997).
28 Nora (1992), Francois (2001).
29 Genauer dazu Geulen (1998).
30 Zum Nationalismus im 20. Jahrhundert siehe etwa Haupt (2000), Breuer (1996), Finzsch (1998), Giddens (1985), Dülffer (1994), Geyer (1990), Allan (1992).
31 Vgl. Haupt (1996), Confino (1997), Goltermann (1998), Smith (1995).

dierung der Nation ein strukturell offenbar viel zu notwendiges Moment der Gemeinschaftsimagination darstellte, als dass der Nationalismus die Geschlechtszugehörigkeit als soziale Identifikationsform ohne weiteres hätte vereinnahmen oder transzendieren können. Vielmehr zeigte sich eine weit verzweigte, bis in die abstrakteste Nationalsymbolik reichende geschlechtliche Imprägnierung der Nation, die auch in radikalnationalistischen Konzepten, die auf Abstammung und biologisch-homogene Reproduktion rekurrierten, eine zentrale Rolle spielten. Wie bewusst den Zeitgenossen in manchen Phasen dieses Spannungsverhältnis zwischen der nationalen und der Geschlechteridentität war, zeigt etwa die frühe Frauenbewegung des ausgehenden 19. Jahrhunderts, die das prekäre Verhältnis von sozialer Emanzipation und nationaler Solidarisierung explizit und ausgiebig thematisierte. Doch auch mit Blick auf das Verhältnis zwischen nationaler und männlicher Identität wurde das ältere Bild eines heroischen Männlichkeitsideals als geradezu natürlicher Bestandteil des Nationalismus in jüngeren Studien korrigiert und gezeigt, wie mühsam und angestrengt ein solches nationales Männlichkeitsideal eingeübt und immer wieder neu hergestellt werden musste.[32]

Ähnliches stellte sich auch beim Blick auf andere Identitäts- und Zugehörigkeitsformen heraus. Hatte man schon früher die erstaunliche Langlebigkeit etwa regionaler und überkommener dynastischer Bindungen beobachtet, die etwa in Deutschland noch bis zur Jahrhundertwende eine echte Konkurrenz zur nationalen, im Sinne von national-staatlichen, Zugehörigkeit darstellten, so zeigten neuere Forschungen, dass dieses Modell einer zähen Langlebigkeit, die dann aber doch vom nationalen Horizont überformt wur-

de, den realen Verhältnissen keineswegs gerecht wurde. Vielmehr war in vielen Fällen die Implementierung nationaler Identität offenbar nur dann möglich, wenn sie auf lokale Zugehörigkeiten Rücksicht nahm, sich mit ihnen verband und verknüpfte, sie somit am Leben erhielt, in den nationalen Horizont einordnete und sie damit sicher auch ver-, jedoch keineswegs überformte.[33] Das wiederum indizierte eine Flexibilität und Vielgestaltigkeit nationaler Bindung, die dem hergebrachten und offiziellen Bild der Nation als eines geeinten, nach innen egalitären und homogenen Vaterlandes zu widersprechen schienen. Dieser Befund wurde noch brisanter, wenn man mitbedachte, dass gerade in der Zeit, für die jene Abhängigkeit nationaler Integration von der Berücksichtigung lokaler und regionaler Sonderidentitäten besonders eindringlich nachgewiesen wurde, nämlich im späten 19. Jahrhundert, mit dem Kolonialimperialismus zugleich auch eine tendenziell radikale Ausdehnung des nationalen Imaginationsraums stattfand.[34]

Insofern dann aber der Erste Weltkrieg 1914/18, auch wenn er durch imperialpolitische Konkurrenz mitverursacht wurde, vor allem ein Krieg der europäischen Nationen und Nationalismen gegeneinander war,[35] ist die Frage, inwieweit die beschriebenen Tendenzen der inneren und äußeren Aufweichung nationaler Grenzen im ausgehenden 19. Jahrhundert bereits das mögliche Ende eines Nationalismus ankündigten, der sich am Ideal des homogenen und klar abgegrenzten Nationalstaats orientiert hatte, kaum weiter verfolgt worden. Hinzu kam, dass im Laufe der 1990er Jahre neben der nationalen Erinnerungskultur und der Frage nach der nationalpolitischen Integration konkurrierender Kollektividentitäten ein weiteres Forschungsfeld intensiv bearbeitet wurde, das die Nationen nicht allein als von innen wachsende imaginäre Einheiten betrachtete, sondern ihre Selbstentwürfe im Medium ihrer gegenseitigen Außenwahrnehmungen und Feindbilder in den Blick nahm. Dabei wurde zunächst das hohe Ausmaß sichtbar, in dem die Konstruktion nationaler Zusammengehörigkeit von der Abgrenzung nach außen und – mehr noch – von der identitären Funktion eines nationalen Feindes abhängig war. Darüber hinaus zeigte sich, dass einmal konstruierte Feindbilder und Feindschaftsordnungen auch noch Jahre und Jahrzehnte nach ihrer ursprünglichen Konstruktion und nachdem sich die politischen Konstellationen,

---

32 Vgl. Blom (1999), Frevert (1996), Frevert (2001), Goltermann (1998), Herminghouse/Mueller (1997), Mosse (1987), Parker (1992), Planert (2000).

33 Vgl. vor allem Confino (1997), Smith (1995), Geulen (1998), Hoffmann (2000).

34 Während in den frühen 1970er Jahren im Zuge einer intensiven Imperialismusforschung auch der Nationalismus (zumindest als ein Faktor) berücksichtigt wurde, rückt die umgekehrte Frage nach dem Einfluss des Imperialismus auf die Entwicklung des nationalen Selbstverständnisses erst in jüngster Zeit in den Blick. Vgl. etwa Friedrichsmeyer (1998), Kundrus (2003).

35 Zum Weltkrieg vgl. Müller (2002).

denen sie sich zu verdanken schienen, sehr verändert hatten, in Kriegs- und Krisenzeiten innerhalb kürzester Zeit reaktivierbar waren, so dass etwa die Feindschaft zwischen Deutschland und Frankreich über das gesamte 19. Jahrhundert hinweg eine identitäre Konstante der Imagination nationaler Gemeinschaft in beiden Ländern darstellte, die unabhängig von sozialen und politischen Kontexten abgerufen werden konnte.[36]

Ein Großteil der Forschung hat daraus den Schluss gezogen, dass nationale Feindschaften zu den strukturellen Grundbedingungen des ›nation-building‹ gehören.[37] Das aber führte wiederum dazu, dass man Fragen nach dem strukturellen Wandel des Nationalismus, der Imaginationsweise von Nationen und der Funktionalität von Feindbildern kaum mehr stellte, zugunsten einer allgemeinen Typologie, der man nun auch die Aspekte Feindbild, Feindschaft und Außenabgrenzung hinzufügte. Dabei hatten einige der das Forschungsfeld überhaupt erst eröffnenden Arbeiten, wie etwa diejenige von Michael Jeismann, der die deutsch-französischen Feindschaftskonstellationen von 1795 bis 1914 verfolgte, explizit darauf hingewiesen, dass die identitäre Funktion des Feindes als Stabilisator des nationalen Selbstbildes spätestens in der Konstellation des Ersten Weltkriegs, der gerade *als* ein Weltkrieg die meist binären Schemata vorangegangener Nationalfeindschaften durchbrach, nicht mehr aufging.[38]

Ein weiteres Feld, auf dem die Komplexität nationaler Identitäts- und nationalistischer Ideologiebildung deutlich wurde und auf dem ebenfalls gewohnte Auffassungen von der Affinität oder Resistenz bestimmter Gesellschaftsteile gegenüber dem Nationalismus an Plausibilität verloren, war und ist das Verhältnis zwischen Nationalismus und Religion, das in den letzten Jahren in seiner ganzen Vielfalt verstärkt erforscht worden ist.[39] Dabei ist die Frage nach der Beziehung zwischen Nation und Religion auf mindestens drei verschiedene Weisen gestellt worden. Zum einen hat man den Nationalismus selber unter Rekurs auf Eric Voegelin als eine ›politische Religion‹ zu interpretieren versucht.[40] Zum zweiten hat man nach dem Verhältnis zwischen dem Nationalismus und den verschiedenen religiösen Konfessionen gefragt, zu denen er sich in mal komplementärer mal konkurrierender Form verhielt.[41] Einen dritten Bereich bilden schließlich

jene Fälle, in denen die Religion bereits von sich aus eine politische oder zumindest politisierbare Dimension besitzt, mithin eine eigene gemeinschaftskonstituierende Funktion jenseits der Gemeinden aufweist, wie es besonders bei den Religionen der Fall ist, die in ihrem Selbstverständnis oder in ihrer Fremdwahrnehmung an eine eigene Form kulturell-ethnischer Gruppenbildung geknüpft sind und damit auch jenseits der eigentlichen Inhalte und theologischen Glaubenssätze eine Konkurrenz zur Sekularreligion des Nationalismus bilden, aus dessen Sicht sie sich entsprechend häufig als ein nicht zu integrierendes und aus der Welt zu schaffendes Übel darstellen. Im Fall des deutschen Nationalismus etwa spielte sein Verhältnis zum Judentum und seine über weite Strecken antisemitische, die Juden aus der nationalen Gemeinschaft ausschließende Funktionsweise eine große Rolle.[42] Heute ist es in vielen westlichen Staaten (einschließlich Deutschlands) vor allem der Islam, mit dessen Integration in das nationale Selbstbild man sich schwer tut.

In diesem Bereich ebenso wie in Bezug auf manche anderen Konkurrenzkollektive wie im deutschen Kaiserreich etwa die als ›vaterlandslose Gesellen‹ ausgegrenzten Katholiken und Sozialdemokraten, ist die generelle Rolle des inneren Feindes für den modernen Nationalismus untersucht und die Frage diskutiert worden, warum gerade im späten 19. Jahrhundert in Deutschland ebenso wie in vielen anderen westlichen Staaten diese Figur des inneren Nationalfeinds und überhaupt binnennationale Konflikte eine signifikant wichtigere Rolle spielten als zuvor.[43] Auch im scheinbar ganz vom Kampf zwischen Nationen geprägten Weltkrieg 1914/18 sowie in der unmittelbaren Nachkriegszeit war insbesondere der deutsche Nationalismus von innernationalen Konfliktlinien geprägt (›Judenzählung‹, ›Dolchstoßlegende‹, ›Kolonialschuldlüge‹), was zu jener doppelten, aber um so radikaleren Feindkonstruktion des Nationalsozialismus führte,

---

36 Vgl. vor allem Jeismann (1992).
37 Vgl. etwa Langewiesche (1995).
38 Vgl. Jeismann (1992) und Jeismann (1999).
39 Vgl. etwa Haupt (2001).
40 Vgl. etwa Berghoff (1997).
41 Vgl. Altgeld (1992) und vor allem Smith (1995).
42 Vgl. Bärsch (1999), Holz (2001), Volkov (1996).
43 Vgl. etwa Groh (1992), Finzsch (1998), Gosewinkel (2001).

dessen Zerstörungswut sich zwar auch gegen andere Nationalstaaten, vor allem aber gegen die eigene jüdische Bevölkerung und das internationale Judentum insgesamt richtete. Auch hierin deuten sich Indizien eines Strukturwandels des Nationalismus beim Übergang vom 19. ins 20. Jahrhundert an, einer in Deutschland besonders weitgehenden Transformation der nationalen in die ›Volksgemeinschaft‹, die der weiteren Erforschung und Interpretation bedarf.[44]

Bislang und in übergreifender Perspektive lässt sich aber ein eigenartiges Missverhältnis der Nationalismusforschung sowohl älterer Provinienz als auch in ihrer neueren, kulturwissenschaftlich orientierten Form beim Vergleich zwischen dem 19. und dem 20. Jahrhundert identifizieren. Schon die Zahl von Studien, die sich mit dem Nationalismus des 19. Jahrhunderts beschäftigen, übersteigt die Zahl der Arbeiten, die das 20. Jahrhundert in den Blick nehmen, um ein vielfaches, zumindest, wenn man den Blick auf den europäischen und nordamerikanischen Kontext beschränkt. Jenseits dessen gibt es allerdings noch das sehr vielfältige und umfassende Feld der Erforschung außereuropäischer Nationalismen, das vor allem aus der Dekolonisationsforschung hervorgegangen ist, und sich naturgemäß auf das 20. Jahrhundert konzentriert.[45] Doch ist dies ein von der hier in den Blick genommenen europäischen Nationalismusforschung bislang deutlich abgekoppelter Bereich. Denn für die europäischen Nationalismen scheint zu gelten, dass sie im 20. Jahrhundert in einer offenbar ganz anderen Weise in Erscheinung traten als in der Zeit vor dem Ersten Weltkrieg. Obgleich die Zahl von europäischen Nationalstaatsneugründungen im 20. Jahr-

hundert sogar höher ist als im 19. Jahrhundert, hat der Blick auf die mächtigeren und historisch zunächst bedeutungsvolleren westlichen Staaten zu der generellen Auffassung geführt, dass der Nationalismus im 20. Jahrhundert nicht mehr die Rolle jener politischen, sozialen und kulturellen Kraft spielte, welche die Nationen erst hervorbringt und am Leben erhält, sondern nurmehr die Rolle einer ›fertigen‹, bereitliegenden und in bestimmten Zeiten aktivierbaren Ideologie, der sich bestimmte Systeme und Regime bedienen und andere nicht. Zumindest mit Blick auf diese westeuropäischen Staaten einschließlich Deutschlands scheint sich die Erforschung des Nationalismus im 20. Jahrhundert auf die Frage seiner periodischen An- oder Abwesenheit zu reduzieren.[46]

Das hat verschiedene Gründe. Zum einen lässt sich objektiv feststellen, dass jene Formen eines leidenschaftlich beschworenen und zugleich radikal ausgrenzenden Nationalismus, wie sie im ausgehenden 19. Jahrhundert in allen westlichen Staaten typisch waren, in dieser Weise im 20. Jahrhundert nicht mehr zu finden sind. Selbst im deutschen Fall, wo sich der Radikalnationalismus bis zur Mitte des 20. Jahrhunderts fortsetzte und im Hitlerregime eine Steigerung ins Totalitäre erfuhr, gingen damit ideologische und strukturelle Transformationen einher, die es nicht erlauben, umgekehrt den NS-Staat ausschließlich oder primär als eine direkte Folgeerscheinung des deutschen Nationalismus und seiner Entwicklung aufzufassen. Zwar stellte der Nationalismus ein zentrales Element im nationalsozialistischen Ideengemisch dar, ohne das sich der Hitlerstaat wohl nicht so ausgebildet und entfaltet hätte wie er es tat, doch lässt sich das ebenso von anderen ideologischen Traditionen sagen, die in seine ›Weltanschauung‹ eingingen: vom Antisemitismus, vom Kolonialimperialismus oder auch vom wissenschaftlichen Rassismus und seinem Glauben an die biopolitische Herstellbarkeit einer Volksgemeinschaft. So eng sich auch diese Phänomene wiederum schon lange vor 1933 an verschiedene Formen des radikalen, etwa völkischen Nationalismus anlehnten, so wenig gehörten sie zu den notwendigen, integralen oder harmonisch komplementären Begleiterscheinungen ›des‹ (deutschen) Nationalismus. Vielmehr verliehen sie dem Nationalismus eine Dynamik, die auch seine Funktionsweise nicht unberührt ließ.[47]

44 Vgl. hierzu Bielefeld (2003), Dülffer (1994), Eley (1991), Eley (1996), Frederickson (1996), Fritsche (1998), Geyer (1990), Groh (1992), Hoffmann (1994), Jeismann (1993), Mosse (1993), Stevens (1999).

45 Statt vieler Einzelschriften sei hier auf drei Zeitschriften hingewiesen, die diesen Bereich unter enger Verflechtung mit den Forschungsfeldern des europäischen und westlichen Nationalismus abdecken: Nations and Nationalism (1994 ff.), Canadian Review of Studies in Nationalism (1974 ff.), Social Identities (1995 ff.).

46 Zu Diskussion über die Rolle des Nationalismus im 20. Jahrhundert vgl. die Angaben in Fußnote 39 sowie Haupt (2000).

47 Vgl. hierzu demnächst Geulen (2004), sowie Mommsen (1979), Arendt (1993), Bielefeld (2003).

Diese strukturellen Transformationen besonders des deutschen Nationalismus zu ignorieren würde nicht nur bedeuten, einige der seit der Jahrhundertwende neu entstandenen und im NS kulminierenden Elemente und Strukturen politischer Integrations- und Ausgrenzungspraxis unter einem dann kaum mehr spezifischen und zum *catch-all*-Begriff werdenden Konzept des Nationalismus zu subsumieren, sondern es bedeutet auch, die Zäsur von 1945 zu einer fast mythischen Wasserscheide zu machen, an der gleichsam über Nacht eine Phase des besonders radikalen Nationalismus von einer Phase seiner völligen Abwesenheit abgelöst wird. An dieser letzteren Auffassung, dass der Nationalismus im Nachkriegs- und geteilten Deutschland zwischen 1945 und 1989 kaum eine siginifikante Rolle gespielt habe, wird noch einmal deutlich, wie sehr das Konzept ›Nationalismus‹ im Blickwechsel der Forschung vom 19. ins 20. Jahrhundert seinen epistemologischen Status zu verändern scheint. Nationalismus ist hier nurmehr ›fertige‹ Ideologie, bezogen auf das fixe und nicht mehr wegzudenkende Gebilde der Nation, über deren staatliche Grenzen gestritten worden sein mag, deren politische Existenz aber außer Zweifel steht, so dass Nationalismus auch gar nichts anderes mehr sein kann als eine nurmehr übertriebene und übersteigerte Wertschätzung dieser Nation, also eine Art nationaler Chauvinismus. Jene anderen, gerade von kulturwissenschaftlichen Ansätzen entwickelten Begriffe des Nationalismus als kontinuierliche Praxis der politischen Gemeinschaftsimagination, als immer wieder neue Konstruktion einer gedachten Ordnung und als Erfindung kollektiver Traditionen – all das spielt beim Blick auf das 20. Jahrhundert und zumal auf dessen zweite Hälfte bislang kaum eine Rolle.[48]

Im Kontext der deutschen Teilung und des Kalten Krieges, als einerseits die politische Souveränität von Nationalstaaten von ihrer jeweiligen Zugehörigkeit zu den Systemblöcken überformt wurde und andererseits gerade deshalb die friedliche Koexistenz von Nationalstaaten als das angestrebte globalpolitische Ordnungsmodell galt, erscheint eine solche Sichtweise auch verständlich und legitim. Mit der vermeintlichen Wiederkehr eines alten Nationalismus nach 1989 aber und vor allem im gegenwärtigen Kontext einer ›Weltordnung‹, in der sich jenes Ideal friedlicher nationalstaatlicher Koexistenz in transnationalen Entwicklungen der Globalisierung, in der Neuverteilung globalpolitischer Hegemonie (derzeit mit den USA als dem scheinbar letzten quasi-imperialen Machtstaat) sowie in der zunehmenden Entstehung kontinentaler Zusammenschlüsse auflöst, kurz: im Kontext der von Jürgen Habermas so genannten ›postnationalen Konstellation‹ erscheint es um so wichtiger, die Entwicklungen von Nation und Nationalismus im 20. Jahrhundert ins Auge zu fassen.[49]

Und das gerade nicht unter der Voraussetzung fixer Nationalgebilde und ›fertiger‹ politischer Gemeinwesen, die allein mit Blick auf ihre zunehmende oder abnehmende Bedeutung untersucht werden, sondern – unter Rückgriff auf die kulturwissenschaftlichen Ansätze – mit Blick auf die Geschichte und Entwicklung der Praktiken und Formen, in denen politische Vergemeinschaftungen, unabhängig davon, ob sie sich mit den offiziellen und staatlichen Grenzen der Nationen decken oder nicht, erfunden, konstruiert und imaginiert werden. Denn so wie sich die so genannte Postmoderne schnell als eine weitere Spielart der Moderne herausstellte, könnte sich auch die so genannte postnationale Konstellation als eine Epoche herausstellen, in der die ältesten Formen des Nationalismus, die ältesten Formen der Erfindung politischer Gemeinschaft in ungewohnten, scheinbar transnationalen Kontexten wiederkehren. An diese Überlegung knüpfen die folgenden abschließenden Bemerkungen zu möglichen Zukunftsaufgaben einer kulturwissenschaftlichen Nationalismusforschung an.

3.2. Neue Kontexte und Fragen

Die Überwindung des Nationalismus gehört zum Gründungsmythos des vereinten Europas. Während dessen politische Identität bis 1989 aber auf primär wirtschaftlicher Kooperation beruhte und zudem von der globalpolitischen Konstellation des Kalten Krieges bestimmt wurde, steht Europa seit dem Ende des Ost-West-Konflikts auch als politische und identitäre Gemeinschaft zur Disposition. Hatte man kurz

---

48 Vgl. etwa die Überblicksdarstellungen von Wehler (2001) und Calhoun (1997).
49 Habermas (1998).

nach 1989 schnell vom wahren Europa gesprochen, dessen Zeit nun endlich angebrochen schien, hat eine Reihe von neuen Problemen inzwischen für eine gewisse Ernüchterung gesorgt: die ethnisch-nationalen Konflikte in Jugoslawien, die Schwierigkeiten bei der Integration vormals zum Ostblock gehörender Staaten, die zunehmenden organisatorischen und bürokratischen Probleme der Zusammenarbeit etwa im Falle der Integration (bzw. Ausweisung) außereuropäischer Einwanderer, die vielfältigen Sorgen über einen eventuell zu weit gehenden Verlust nationalstaatlicher Souveränität, die in letzter Zeit zunehmende Spaltung Europas in Fragen einer gemeinsamen Außenpolitik, die sich immer deutlicher abzeichnende ökonomische Konkurrenz und politische Spannung zwischen Europa und seinem vormaligen globalpolitischen Beschützer, den Vereinigten Staaten, und schließlich die Diskussion über die Notwendigkeit von europäischen Außengrenzen, die sich u. a. an der Frage zum möglichen EU-Beitritt der Türkei als erstem mehrheitlich muslimischen Anwärter entzündete.

Nicht nur dieser letzte Aspekt macht deutlich, dass das vereinigte Europa nach einer ersten Phase ökonomisch induzierter Zusammenarbeit souveräner Nationalstaaten nun am Beginn einer zweiten Phase steht, in der nicht nur in größerem Umfang als bisher politische Souveränität an die übergreifenden Institutionen abgegeben wird (die sich bald auf die Legitimation einer ersten europäischen Verfassung stützen können), sondern Europa auf allen Ebenen, von der Außen- bis zur Kulturpolitik, als ein transnationales Gemeinwesen mit eigener politischer Identität entworfen und imaginiert wird. Je deutlicher sich dieser Strukturwandel von einer Kooperation zu einer tatsächlichen politischen Gemeinschaft abzeichnet und vor allem: je dringender er als der notwendig nächste Schritt gefordert wird, desto deutlicher und häufiger tauchen in den entsprechenden Diskussionen Aspekte und Denkfiguren auf, die eine unverkennbare Ähnlichkeit zu jenen Prozessen des ›nation-building‹ aufweisen, wie sie von der kulturwissenschaftlichen Nationalismusforschung mit Blick auf das 19. Jahrhundert in den letzten Jahrzehnten untersucht worden sind: Der normativ universalistische Anspruch des europäischen Projekts, die derzeit intensive und intensiv geförderte Konstruktion einer europäischen Geschichte, der Ruf nach einer Definition der Außengrenzen der europäischen Union, deren wiederum historische Begründung unter Verweis auf kulturelle Traditionen des Christentums oder der Aufklärung, die besondere Rolle der einzelnen Nationen im Diskursfeld ›Europa‹ als zu bewahrende Kulturräume (was zu einem gewissen ›revival‹ älterer Nationalstereotype führt, die jetzt aber eher jene Rolle einnehmen, die im Nationalstaat des 19. Jahrhunderts regionale Identitäten spielten), und schließlich die aktuellen Debatten über eine europäische Außen- und Sicherheitspolitik, eine europäische Armee oder auch die Einführung eines europäischen Bildungsstandards (einschließlich der etwa mit der ›Pisa-Sudie‹ in Gang gesetzten bildungpolitischen Wettkämpfe zwischen den nationalen Regionen) – alle diese Aspekte zeugen davon, dass die Konstituierung einer politischen Gemeinschaft heute, auch wenn sie formell und ideell einen explizit transnationalen Charakter hat, offenbar nur ein historisches Vorbild hat: die Nation.

So auffallend diese Parallelität identitäts- und gemeinschaftskonstituierender Praktiken auf nationaler Ebene im 19. Jahrhundert und auf europäischer Ebene heute auch ist, selten wird daraus die Schlussfolgerung gezogen, Europa zu einem Gegenstand der Nationalismusforschung zu machen. Zu sehr herrscht bislang noch die meist unausgesprochene Auffassung vor, dass Nationalismus immer nur dann vorliegt, wenn ein Nationalstaat im alten Sinne (im Sinne des 19. Jahrhunderts) Ziel der politischen Bestrebungen ist. Dabei war auch in der Mitte des 19. Jahrhunderts die äußere und innere Gestalt des kommenden deutschen oder italienischen Nationalstaats mindestens so wenig deutlich vorauszusehen wie heute diejenige des künftigen Europa. Und selbst wenn man den Blick über Europa hinaus wirft, fällt auf, dass die Forschung die Konflikte im Nahen Osten, Afrika oder im pazifischen Raum heute meist mit Begriffen eines religiös oder ethnisch bestimmten Fundamentalismus umschreibt, immer seltener aber als Formen des Nationalismus. Und schließlich stehen auch allgemein derzeit Konzepte und Begriffe im Vordergrund der kulturwissenschaftlichen Theoriebildung, die in der einen oder anderen Weise das Ende der Kategorien Nation, Nationalismus, Nationalstaat als politischen Leitbegriffen implizieren:

Globalisierung, postnationale Konstellation, Empire, Neue Weltordnung, Transnationalität, Weltgeschichte und eben – trotz der genannten Parallelitäten – Europa.

Hier scheint sich eine wissenschaftstheoretische und -politische Grundsatzentscheidung anzubahnen. Entweder wird Nationalismus über kurz oder lang ein nur noch historisch relevanter Begriff zur Kennzeichnung der Prozesse und Bewegungen sein, die zu jener in Nationalstaaten aufgeteilten Welt des 20. Jahrhunderts führten, die heute, im 21. Jahrhundert, von transnationalen Entwicklungen und Politikstrukturen wieder aufgelöst und ersetzt wird. Oder aber die Nationalismusforschung folgt weiter dem in den letzten Jahren sich abzeichnenden und dezidiert kulturwissenschaftlichen Trend, neben der Genese des klassischen Nationalstaats die Entstehung, Bildung und Umbildung politischer Gemeinschaften generell in den Blick zu nehmen, transformiert sich also zu einer übergreifenden Erforschung politischer Kollektive. Zu dieser würde es dann auch gehören, Phänomene des religiösen Fundamentalismus, ethnische Konflikte oder auch die Konstituierung transnationaler politischer Gemeinwesen wie etwa der europäischen Union danach zu befragen, in welchem Sinne es sich dabei um Formen und Praktiken der Nationalisierung handelt, der Imagination und Konstituierung politischer Gemeinschaften.[50]

Ob diese Art von Forschung dann noch Nationalismusforschung (oder vielleicht ›politische Identitätsforschung‹, ›Partikularismusforschung‹ o. ä.) genannt wird oder nicht, ist dabei weniger entscheidend als der Umstand, dass in dieser Sichtweise sowohl aktuelle politische Entwicklungen auf lokaler wie globaler Ebene historisiert, das heißt im Licht einer inzwischen breit erforschten Geschichte nationaler Identitätsbildung komparativ untersucht werden können, als auch die eigentlich historische Analyse der Nationalismen des 19. und 20. Jahrhunderts neue Impulse erhalten kann, indem die Rolle etwa ethnischer, religiöser, transnationaler oder medialer Zusammenhänge in der Entstehungs- und Entwicklungsgeschichte der Nationen und Nationalstaaten im Licht heutiger Phänomene betrachtet werden. Daraus ergeben sich zwei Gruppen möglicher Forschungsfragen einer kulturwissenschaftlichen Nationalismusforschung.

Die eine betrifft die mögliche Interpretation aktueller Entwicklungen als Fortsetzungen der Geschichte des Nationalismus oder zumindest von Nationalisierungsformen: Orientiert sich die gegenwärtige Ausbildung einer europäischen Gemeinschaft an der Nation als ihrem unausgesprochenen Vorbild? Lässt sich die gegenwärtige Rekonstruktion einer europäischen Geschichte als ›Erfindung einer Tradition‹ deuten? Stehen wir tatsächlich am Beginn einer postnationalen Konstellation und damit vor dem Ende des Nationalstaats, oder gibt es nicht vielmehr eine umfassende Bewegung der Rückbesinnung auf nationale Einheiten und Identitäten in Form einer neuen Selbstbehauptung lokaler Autonomie gegenüber globalen Integrationsmechaniken?[51] Sind diese Rückbesinnungen ganz neue Formen des Nationalismus oder schließen sie sich an frühere Ausprägungen an? An welchen Vorbildern orientieren sich – andererseits – die Bemühungen zur Schaffung global-integrativer Strukturen? Kehrt hier der Gedanke imperialer Weltreiche wieder, der sich seinerseits bereits im 19. Jahrhundert mit dem Nationalismus verknüpft hatte, oder speisen sich Vorstellungen einer zentral gelenkten Weltsicherheitspolitik oder auch einer Weltinnenpolitik aus ganz anderen Quellen? Geht die gegenwärtige Vormachtstellung der Vereinigten Staaten mit einer Wiederbelebung des amerikanischen Nationalismus einher? Wie ist politische Identitätsbildung jenseits der Nationalzugehörigkeit heute überhaupt zu denken? Wer sind die eigentlichen Akteure einer scheinbar die Nationen transzendierenden Globalisierung und welche Form des politischen Gemeinsinns steht den vielfältigen Gegenbewegungen als zu verteidigende Lebensform oder als Alternative vor Augen? Wohin verschwinden bzw. worin verwandeln sich nationale Identitäten und Zugehörigkeitsgefühle im postnationalen Zeitalter? Wie verhalten sich heute politische Gemeinschaften und Öffentlichkeiten zueinander? Gibt es noch eine Trennung etwa zwischen Weltöffentlichkeit, europäischer Öffentlichkeit, nationalen Teilöffentlichkeiten und regionalen Formen des öffentlichen Lebens?[52] In welcher Form lässt die postnationale Konstellation

---

50 Vgl. hierzu auch Jenkins (1995).
51 Vgl. hierzu etwa Bright/Geyer (1995).
52 Vgl. hierzu Requate (2002).

noch nationale Feindschaften zu? Sind die heutigen politischen und kriegerischen Konflikte noch Formen nationaler Feindschaft? Tritt die Nation im Kontext transnationaler Vernetzungen und Bedingungen als politische Identifikations- und Appellationsinstanz zurück oder könnte es sein, dass sie in naher Zukunft als Vermittlerin zwischen dem Globalen und dem Lokalen eine ungeahnte Wiederbelebung erfährt?

Auch rückblickend auf das 19. und 20. Jahrhundert lassen sich ähnliche Fragen stellen: Wie verhielt sich die Nation zu transnationalen Zusammenhängen ökonomischer, kultureller oder politischer Art etwa im Zeitalter des Kolonialimperialismus, in Kriegs- und Besatzungszeiten oder eben auch in jener ersten Phase der europäischen Einigung von der Mitte bis zum Ende des 20. Jahrhunderts? Wie genau funktionierte der Export des nationalen Modells in außereuropäische Regionen im Verlaufe von Kolonisierung und Dekolonisierung? Welche alternativen Identifikationsinstanzen unterhalb und/oder jenseits der gesetzten nationalstaatlichen Grenzen, etwa verbunden mit Konzepten der ›Rasse‹, des ›Volks‹, der ›Klasse‹ oder der ›westlichen Zivilisation‹, tauchten im 20. Jahrhundert auf?[53] Wann, aus welchen Gründen und wie entwickelte sich Europa als eine weitere Identifikationsinstanz, von der Aufklärung über das 19. Jahrhundert (das so genannte Jahrhundert des Nationalismus) bis zur Phase der imperialen und totalitären Herrschaftssysteme? Ab wann lässt sich von globalen Strukturen etwa des Welthandels und der Kommunikation sprechen und welchen Einfluss hatten diese auf die Entwicklung der nationalen Zugehörigkeitsvorstellungen? Lassen sich bestimmte Erscheinungsformen des Nationalismus rückblickend vielleicht eher als Formen eines sozial oder kulturell determinierten Fundamentalismus beschreiben? Welche anderen als die bisher untersuchten Medien der Nationalisierung spielten vor allem im 20. Jahrhundert eine Rolle bei der weiteren Implementierung und Verfestigung oder auch beim Bedeutungsschwund eines nationalen Bewusstseins? Welche Beziehung etwa bestand zwischen der Entwicklung des Nationalismus oder nationaler Identität und dem Aufstieg der modernen Massenkommunikationstechnologien wie dem Radio oder dem Fernsehen? Welches waren die entscheidenden Prozesse und Wendepunkte in der Entwicklungsgeschichte des modernen Nationalismus, die zur gegenwärtigen Situation eines zumindest scheinbaren Rückgangs der Bedeutung des Nationalen führten?

Besonders die letzte Frage verweist noch einmal auf die dringende Notwendigkeit, das 20. Jahrhundert verstärkt in den Blick der kulturwissenschaftlichen Nationalismusforschung zu rücken, ohne dabei allein nach Kontinuitäten aus dem 19. Jahrhundert zu fragen. Vielmehr gilt es, gerade aus der gegenwärtigen Situation heraus, den Transformationsprozess nationaler Formen der Gemeinschafts- und Identitätsbildung im Auge zu behalten, um den Nationalismus weder vorschnell zu einer überhistorischen Macht zu erklären, die bis zu ihrer endgültigen Überwindung in einer ›wahren Weltgesellschaft‹ fatalerweise immer wiederkehrt, noch als etwas, dessen Geschichte mit dem Übergang ins 21. Jahrhundert beendet wurde. Insofern Nation, Nationalismus und nationale Identität die wirkungsmächtigste Form politischer Partikularitäten in der Moderne markieren, ist deren Geschichte auch in einer postmodernen und postnationalen Welt keineswegs beendet. Die politischen Ansprüche von Partikularismen lassen sich ebenso wenig zum Verschwinden bringen wie man hinter den normativen Anspruch des modernen Universalismus zurückfallen kann, der gerade heute den allermeisten Partikularidentitäten inhärent ist.[54] Nicht zuletzt die Entfaltung dieser Zusammenhänge hat die kulturwissenschaftliche Nationalismusforschung seit Mitte der 1980er Jahre ins Auge gefasst. Insofern bleibt ihr auch und besonders in einer Gegenwart, in der einerseits nationale Denkfiguren bisweilen dort auftauchen, wo die Überwindung nationaler Grenzen Programm ist, und andererseits scheinbar klassische Konflikte zwischen Nationalstaaten von ganz anderen religiösen oder ökonomischen Dimensionen determiniert zu sein scheinen, weiterhin genug zu tun. Das gilt zumindest dann, wenn sie sich nicht auf einen zu engen Begriff der Nation (im Sinne des Nationalstaats wie ihn das 19. Jahrhundert entwarf) festlegen lässt und offen bleibt auch für neue und ungewohnte Formen der Bildung und Entwicklung politischer Gemeinschaf-

---

53 Vgl. etwa Aly (2003).
54 Vgl. hierzu Vogl (1994), Michaels (1995).

ten. In diesem Sinne unterstreichen die derzeitigen Transformationsprozesse des Nationalen nur dessen Bedeutung als eines der wichtigsten Felder, auf denen sich die Kulturwissenschaften der Erforschung des Politischen widmen.

Literatur

ALLAN, WILLIAM S. (1992), »The Collapse of Nationalism in Nazi Germany«, in: Breuilly, John (Hg.), *The State of Germany*, London: Longman, S. 141–153. ■ ALEXANDER, JEFFREY (Hg.) (1990), *Culture and Society: Contemporary Debates*, Cambridge: UP. ■ ALTER, PETER (1987), *Nationalismus*, Frankfurt/M.: Suhrkamp. ■ ALTGELD, WOLFGANG (1992), *Katholizismus, Protestantismus, Judentum: Über religiös begründete Gegensätze und nationalreligiöse Ideen in der Geschichte des deutschen Nationalismus*, Paderborn: Schöningh. ■ ALY, GÖTZ (2003), *Rasse und Klasse: Nachforschungen zum deutschen Wesen*, Frankfurt/M.: Fischer. ■ ANDERSON, BENEDICT (1983), *Imagined Communities: Reflections on the Origin and Spread of Nationalism*, London: Verso. ■ ARENDT, HANNAH (1993³), *Elemente und Ursprünge totaler Herrschaft*, München: Piper. ■ BALIBAR, ETIENNE / WALLERSTEIN, IMMANUEL (1990), *Rasse, Klasse, Nation: Ambivalente Identitäten*, Hamburg: Argument Verlag. ■ BALIBAR, ETIENNE (2003), *Sind wir Bürger Europas?*, Hamburg: Hamburger Edition. ■ BÄRSCH, CLAUS-E. U.A. (Hg.) (1999), *Die Konstruktion der Nation gegen die Juden*, München: Fink. ■ BERDING, HELMUT / GIESEN, BERNHARD (Hg.) (1991–96), *Studien zur Entwicklung des kollektiven Bewußtseins in der Neuzeit*, Bd. 1–3, Frankfurt/M.: Suhrkamp. ■ BERGHOFF, PETER (1997), *Der Tod des politischen Kollektivs: Politische Religion und das Sterben und Töten für Volk, Nation und Rasse*, Berlin: Akademie Verlag. ■ BERLIN, ISAIAH (1990), *Der Nationalismus. Seine frühere Vernachlässigung und gegenwärtige Macht*, Frankfurt/M.: Hain. ■ BHABHA, HOMI (Hg.) (1990), *Nation and Narration*, London: Routledge. ■ BIELEFELD, ULRICH (2003), *Nation und Gesellschaft: Selbstthematisierungen in Deutschland und Frankreich*, Hamburg: Hamburger Edition. ■ BINDER, BEATE U.A. (Hg.) (2001), *Inszenierung des Nationalen: Geschichte, Kultur und die Politik der Identitäten am Ende des 20. Jahrhunderts*, Köln: Böhlau. ■ BLITZ, HANS-MARTIN (2000), *Aus Liebe zum Vaterland: Die deutsche Nation im 18. Jahrhundert*, Hamburg: Hamburger Edition. ■ BLOM, IDA U.A. (Hg.) (1999), *Gendered Nations: Nationalism in the Long 19th Century – Europe and Beyond*, Oxford: UP. ■ BÖCKENFÖRDE, ERNST-W. (1999), *Staat, Nation, Europa*, Frankfurt/M.: Suhrkamp. ■ BREUER, STEFAN (1996), »Der neue Nationalismus in Weimar und seine Wurzeln«, in: Berding, Helmut (Hg.), *Mythos und Nation*, Frankfurt/M.: Suhrkamp, S. 257–274. ■ BREUILLY, JOHN (1993), *Nationalism and the State*, Chicago: UP. ■ BRIGHT, CHARLES / GEYER, MICHAEL (1995), »World History in a Global Age«, in: *American Historical Review*, 100, S. 1034–1060. ■ BRUBAKER, ROGER (1992), *Citizenship and Nationhood in France and Germany*, Cambridge: UP. ■ BRUBAKER, ROGER (1996), *Nationalism*

Reframed: Nationhood and the National Question in the new Europe, Cambridge: UP. ■ CALHOUN, CRAIG (1997), *Nationalism*, Minneapolis: Minnesota UP. ■ CHICKERING, ROGER (1984), *We Men who feel most German: A Cultural Study of the Pan-German League*, Boston: Allen & Unwin. ■ CONFINO, ALON (1997), *The Nation as Local Metaphor: Württemberg, Imperial Germany and National Memory 1871–1918*, Chapel Hill: North Carolina UP. ■ CONNOR, WALKER (1994), *Ethnonationalism: The Quest for Understanding*, Princeton: UP. ■ CONRAD, CHRISTOPH U.A. (Hg.) (1998), *Kultur und Geschichte: Neue Einblicke in eine alte Beziehung*, Stuttgart: Reclam. ■ CONZE, WERNER (1963), *Die deutsche Nation: Ergebnis der Geschichte*, Göttingen: Vandenhoek & Ruprecht. ■ DANN, OTTO (1993), *Nation und Nationalismus in Deutschland 1770–1990*, München: C.H.Beck. ■ DEUTSCH, KARL W. (1962), *Nationalism and Social Communication*, Cambridge: UP. ■ DÖRNER, KLAUS (1995), *Politischer Mythos und politische Symbolik: Sinnstiftung durch symbolische Formen am Beispiel des Hermannsmythos*, Opladen: Westdeutscher Verlag. ■ DÜLFFER, JOST (1994), »Hitler, Nation und Volksgemeinschaft«, in: Dann, Otto (Hg.), *Die deutsche Nation*, Vierow: SH-Verlag, S. 96–116. ■ ECHTERNKAMP, JÖRG (1998), *Die Entstehung des Nationalismus in Deutschland*, Frankfurt/M.: Campus. ■ ELEY, GEOFF (1991), *Wilhelminismus, Nationalismus, Faschismus*, Münster: Westf. Dampfboot. ■ ELEY, GEOFF (Hg.) (1996), *Society, Culture, and the State in Germany 1870–1930*, Ann Arbor: Michigan UP. ■ ELEY, GEOFF (Hg.) (1995), *Becoming National*, Oxford: UP. ■ EUCHNER, WALTER (1995), »Das Nationsverständnis Ernest Renans im Kontext seines politischen Denkens«, in: Renan, Ernest, ›*Was ist eine Nation?*‹ *und andere Essays*, Wien: Folio, S. 7–29. ■ FINZSCH, NORBERT, U.A. (Hg.) (1998), *Identity and Intolerance: Nationalism, Racism, and Xenophobia in Germany and the United States*, Cambridge: UP. ■ FRANCOIS, ETIENNE, U.A. (Hg.) (1995), *Nation und Emotion*, Göttingen: Vandenoek & Ruprecht. ■ FRANCOIS, ETIENNE U.A. (Hg.) (2001), *Deutsche Erinnerungsorte*, 3 Bde, München: C.H.Beck. ■ FREDERICKSON, GEORGES M. (1996), *The Comparative Imagination: Racism, Nationalism, and Social Movements*, Berkeley: UP. ■ FREVERT, UTE (1996), »Nation, Krieg und Geschlecht im 19. Jahrhundert«, in: Hettling, Manfred / Nolte, Paul (Hg.), *Nation und Gesellschaft in Deutschland*, Festschrift Hans-Ulrich Wehler, München: C.H.Beck, S. 151–170. ■ FREVERT, UTE (2001), *Die kasernierte Nation: Militärdienst und Zivilgesellschaft in Deutschland*, München: C.H.Beck. ■ FRIEDRICHSMEYER, SARA U.A. (Hg.) (1998), *The Imperialist Imagination: German Colonialism and its Legacy*, Chicago: UP. ■ FRITSCHE, PETER (1998), *Germans into Nazis*, Cambridge: UP. ■ GELLNER, ERNEST (1995), *Nationalismus und Moderne*, Hamburg: Rotbuch. ■ GEULEN, CHRISTIAN (1998), »Identität in Metamorphose: Zur ›Langlebigkeit‹ des Nationalismus«, in: Assmann, Aleida u.a. (Hg.), *Identitäten*, Frankfurt/M.: Suhrkamp, S. 346–373. ■ GEULEN, CHRISTIAN (2004), *Wahlverwandte: Rassendiskurs und Nationalismus im späten 19. Jahrhundert*, Hamburg: Hamburger Edition. ■ GEYER, MICHAEL (1990), »Krieg, Staat und Nationalismus im Deutschland des 20. Jahrhunderts«, in: Dülffer, Jost u.a. (Hg.), *Deutschland und Europa: Kontinuität und Bruch. Fs. Andreas Hillgruber*, Berlin: Propyläen, S. 250–271. ■ GID-

DENS, ANTHONY (1985), *Nation-State and Violence*, London: Blackwell. ■ GLASER, HERMANN (1993), *Bildungsbürgertum und Nationalismus: Politik und Kultur im Wilhelminischen Deutschland*, München: dtv. ■ GOLTERMANN, SVENJA (1998), *Der Körper der Nation: Habitusformierung und die Politik des Turnens 1860–1890*, Göttingen: Vandenhoek & Ruprecht. ■ GOSEWINKEL, DIETER (2001), *Einbürgern und Ausschließen: Die Nationalisierung der Staatsangehörigkeit vom deutschen Bund bis zur Bundesrepublik Deutschland*, Göttingen: Vandenhoek & Ruprecht. ■ GREENFELD, LIAH (1992), *Nationalism: Five Roads to Modernity*, Cambridge: UP. ■ GROH, DIETER u.a. (1992), ›*Vaterlandslose Gesellen‹: Sozialdemokratie und Nation 1860–1990*, München: C. H.Beck. ■ HABERMAS, JÜRGEN (1998), *Die postnationale Konstellation: Politische Essays*, Frankfurt/M.: Suhrkamp. ■ HARDTWIG, WOLFGANG u.a. (Hg.) (1996), *Kulturgeschichte heute* (GG-SoH 16), Göttingen: Vandenhoek & Ruprecht. ■ HAUPT, HEINZ-GERHARD / TACKE, CHARLOTTE (1996), »Die Kultur des Nationalen«, in: Hardtwig, Wolfgang / Wehler, Hans-Ulrich (Hg.), *Kulturgeschichte heute* (GG-SoH 16), Göttingen: Vandenhoek & Ruprecht, S. 255–283. ■ HAUPT, HEINZ-GERHARD (2000), »War vor allem das 20. Jahrhundert das Jahrhundert des Nationalismus?«, in: *Jahrbuch für Europäische Geschichte*, 1, S. 31–49. ■ HAUPT, HEINZ-GERHARD u.a. (Hg.) (2001), *Nation und Religion in der deutschen Geschichte*, Frankfurt/M.: Campus. ■ HERMINGHOUSE, PATRICIA / MUELLER, MAGDA (Hg.) (1997), *Gender and Germanness: Cultural Productions of the Nation*, London: Routledge. ■ HETTLING, MANFRED u.a. (Hg.) (1996), *Nation und Gesellschaft in Deutschland*, Fs. Hans-Ulrich Wehler, München: C. H.Beck. ■ HOBSBAWM, ERIC J. / RANGER, TERENCE (Hg.) (1983), *The Invention of Tradition*, Cambridge: UP. ■ HOBSBAWM, ERIC J. (1992), *Nationen und Nationalismus: Mythos und Realität seit 1780*, Frankfurt/M.: Fischer. ■ HOFFMANN, LUTZ (1994), *Das deutsche Volk und seine Feinde: Die völkische Droge – seine Aktualität und Entstehungsgeschichte*, Köln: Böhlau. ■ HOFFMANN, STEFAN-L. (2000), *Die Politik der Geselligkeit: Freimaurerlogen in der deutschen Bürgergesellschaft 1840–1918*, Göttingen: Vandenhoek & Ruprecht. ■ HOFFMANN, STEFAN-L. (1994), »Sakraler Monumentalismus um 1900: Das Leipziger Völkerschlachtdenkmal«, in: Koselleck, Reinhart / Jeismann, Michael (Hg.), *Der Politische Totenkult: Kriegerdenkmäler in der Moderne*, München: Fink, S. 249–280. ■ HOLZ, KLAUS (2001), *Nationaler Antisemitismus*, Hamburg: Hamburger Edition. ■ HROCH, MIROSLAV (1998), »Real and Constructed: The Nature of the Nation«, in: Hall, John A. (Hg.), *The State of the Nation*, Cambridge: UP, S. 91–106. ■ HUTCHINSON JOHN (1987), *The Dynamics of Cultural Nationalism*, London: Allen & Unwin. ■ HUTCHINSON, JOHN u.a. (Hg.) (1994), *Nationalism*, Oxford: UP. ■ JEISMANN, MICHAEL (1992), *Das Vaterland der Feinde: Studien zum nationalen Feindbegriff und Selbstverständnis in Deutschland und Frankreich 1792–1918*, Stuttgart: Klett Cotta. ■ JEISMANN, MICHAEL (1999), »Der letzte Feind: Die Nation, die Juden und der negative Universalismus«, in: Bärsch, Claus-E. u.a. (Hg.), *Die Konstruktion*, S. 173–190. ■ JEISMANN, MICHAEL u.a. (Hg.) (1993), *Grenzfälle: Über neuen und alten Nationalismus*, Leipzig: Reclam. ■ JENKINS, RICHARD (1995), »Nations and Nationalism: Towards more open models«, in: *Nations and Nationalism*, 1, S. 369–390. ■ JUREIT, ULRIKE (Hg.) (2001), *Politische Kollektive: Die Konstruktion nationaler, rassischer und ethnischer Gemeinschaften*, Münster: Westf. Dampfboot. ■ KEMILÄINEN, AIRA (1964), *Nationalism: Problems Concerning the Word, the Concept and Classification*, Helsinki: Jyväskylä. ■ KOHN, HANS (1967), *Nationalismus*, Frankfurt/M.: Suhrkamp. ■ KOSELLECK, REINHART (1979), »Zur historisch-politischen Semantik asymmetrischer Gegenbegriffe«, in: Koselleck, Reinhart, *Vergangene Zukunft: Zur Semantik geschichtlicher Zeiten*, Frankfurt/M.: Suhrkamp, S. 211–259. ■ KOSELLECK, REINHART u.a. (1992), »Art. ›Volk, Nation, Nationalismus, Masse‹«, in: *Geschichtliche Grundbegriffe*, Bd. 7, Stuttgart: Klett Cotta, S. 141–451. ■ KOSELLECK, REINHART / JEISMANN, MICHAEL (Hg.) (1994), *Der Politische Totenkult: Kriegerdenkmäler in der Moderne*, München: Fink. ■ KOSELLECK, REINHART (2000), »Deutschland – eine verspätete Nation?«, in: Koselleck, Reinhart, *Zeitschichten: Studien zur Historik*, Frankfurt/M.: Suhrkamp, S. 359–80. ■ KUNDRUS, BIRTHE (Hg.) (2003), *Phantasiereiche: Zur Kulturgeschichte des deutschen Kolonialismus*, Frankfurt/M.: Campus. ■ LANGEWIESCHE, DIETER (1995), »Nation, Nationalismus, Nationalstaat: Forschungsstand und Forschungsperspektiven«, in: *Neue Politische Literatur*, 40, S. 190–236. ■ LANGEWIESCHE, DIETER u.a. (Hg.) (2000), *Föderative Nation*, München: C. H.Beck. ■ LANGEWIESCHE, DIETER (2000 a), *Nation, Nationalismus, Nationalstaat in Deutschland und Europa*, München: C. H.Beck. ■ LEPSIUS, M. RAINER (1993), »Nation und Nationalismus in Deutschland«, in: Jeismann, Michael / Ritter, Henning (Hg.), *Grenzfälle: Über neuen und alten Nationalismus*, Leipzig: Reclam, S. 193–214. ■ LINK, JÜRGEN / WÜLFING, WULF (Hg.) (1991), *Nationale Mythen und Symbole in der zweiten Hälfte des 19. Jahrhunderts*, Stuttgart: Klett Cotta. ■ LIPP, WOLFGANG (1999), *Heimat, Nation Europa: Wohin trägt uns der Stier?*, Würzburg: Ergon. ■ MEINECKE, FRIEDRICH (1969[9]), *Weltbürgertum und Nationalstaat*, München: Oldenbourg. ■ MERGEL, THOMAS u.a. (Hg.) (1997), *Geschichte zwischen Kultur und Gesellschaft: Beiträge zur Theoriedebatte*, München: C. H.Beck. ■ MICHAELS, WALTER B. (1995), *Our America: Nativism, Modernism, and Pluralism*, Durham: Duke UP. ■ MOMMSEN, HANS (1979), »Der Nationalismus als weltgeschichtlicher Faktor: Probleme einer Theorie des Nationalismus«, in: Mommsen, Hans, *Arbeiterbewegung und nationale Frage*, Göttingen: Vandenhoek & Ruprecht, S. 15–60. ■ MOSSE, GEORGES L. (1993), *Die Nationalisierung der Massen*, Frankfurt/M.: Campus. ■ MOSSE, GEORGES L. (1987), *Nationalismus und Sexualität*, Reinbek: Rowohlt. ■ MÜNKLER, HERFRIED (1996), *Reich, Nation, Europa: Modelle politischer Ordnung*, Weinheim: Beltz. ■ MÜLLER, S. OLIVER (2002), *Die Nation als Waffe und Vorstellung: Nationalismus in Deutschland und Großbritannien im Ersten Weltkrieg*, Göttingen: Vandenhoek & Ruprecht. ■ NAIRN, TOM (1977), *The Break-up of Britain: Crisis and Neo-Nationalism*, London: Verso. ■ NORA, PIERRE (Hg.) (1992), *Les lieux de mémoire*, Paris: Gallimard. ■ PARKER, ALAN., u.a. (Hg.) (1992), *Nationalisms and Sexualities*, London: Routledge. ■ PLANERT, UTE (2000), *Nation, Politik und Geschlecht: Frauenbewegungen und Nationalismus in der Moderne*, Frankfurt/M.: Campus. ■ PLESSNER, HELMUT (1959[2]), *Die verspätete Nation: Über die politische Verführbarkeit bürgerlichen*

Geistes, Stuttgart: Klett Cotta. ■ RENAN, ERNEST (1995), ›*Was ist eine Nation?‹ und andere Essays*, Wien: Folio. ■ REQUATE, JÖRG U.A. (Hg.) (2002), *Europäische Öffentlichkeit: Transnationale Kommunikation seit dem 18. Jahrhundert*, Frankfurt/M.: Campus. ■ RICHTER, DIRK (1996), *Nation als Form*, Opladen: Westdeutscher Verlag. ■ RÜSEN, JÖRN (1994), »Identität und Konflikt im Prozeß der Modernisierung«, in: Hübinger, Gangolf u.a. (Hg.), *Universalgeschichte und Nationalgeschichten, Fs. Ernst Schulin*, Freiburg: Rombach, S. 333–343. ■ SCHIEDER, THEODOR (1992), *Nationalismus und Nationalstaat. Studien zum nationalen Problem in Europa*, hg. v. Dann, Otto u. Wehler, Hans-Ulrich, Göttingen: Vandenhoek & Ruprecht. ■ SCHULZE, HAGEN (1994), *Staat und Nation in der europäischen Geschichte*, München: C.H.Beck. ■ SELLIN, VOLKER (1988), »Nationalbewußtsein und Partikularismus in Deutschland im 19. Jahrhundert«, in: Assmann, Jan / Hölscher, Tonio (Hg.), *Kultur und Gedächtnis*, Frankfurt/M.: Suhrkamp, S. 241–264. ■ SHELL, MARC (1993), *Children of the Earth: Literature, Politics, and Nationhood*, Oxford: UP. ■ SMITH, ANTHOY D. (1991), *National Identity*, London: Penguin. ■ SMITH, HELMUTH W. (1995), *German Nationalism and Religious Conflict: Culture, Politics, Ideology 1870–1914*, Princeton: UP. ■ STEVENS, JACQULINE (1999), *Reproducing the State*, Princeton: UP. ■ TACKE, CHARLOTTE (1995), *Denkmal im sozialen Raum: Nationale Symbole in Deutschland und Frankreich im 19. Jahrhundert*, Göttingen: Vandenhoek & Ruprecht. ■ THOM, MARTIN (1990), »Tribes within Nations: the ancient Germans and the History of modern France«, in: Bhabha, Homi (Hg.), *Nation and Narration*, London: Routledge, S. 23–43. ■ VOEGELIN, ERIC (1933), *Rasse und Staat*, Tübingen: Mohr. ■ VOEGELIN, ERIC (1993 [1937]), *Die Politischen Religionen*, München: Fink. ■ VOGEL, JAKOB (1997), *Nationen im Gleichschritt: Der Kult der ›Nation in Waffen‹ in Deutschland und Frankreich 1871–1914*, Göttingen: Vandenhoek & Ruprecht. ■ VOGL, JOSEPH, (Hg.) (1994), *Gemeinschaften: Positionen zu einer Philosophie des Politischen*, Frankfurt/M.: Suhrkamp. ■ VOLKOV, SHULAMIT (1996), »Nationalismus, Antisemitismus und die deutsche Geschichtsschreibung«, in: Hettling, Manfred / Nolte, Paul (Hg.), *Nation und Gesellschaft in Deutschland. Fs. Hans-Ulrich Wehler*, München: C.H.Beck, S. 208–219. ■ WEBER, MAX (1985⁵), *Wirtschaft und Gesellschaft*, Tübingen: Mohr. ■ WEHLER, HANS-ULRICH (1997), *Deutsche Gesellschaftsgeschichte*, Bd. 3: 1849–1914, München: C.H.Beck. ■ WEHLER, HANS-ULRICH (2001), *Nationalismus*, München: C.H.Beck. ■ WEICHLEIN, SIEGFRIED (1997), »Nationalismus als Theorie sozialer Ordnung«, in: Mergel, Thomas / Welskopp, Thomas (Hg.), *Geschichte zwischen Kultur und Gesellschaft*, München: C.H.Beck, S. 171–200. ■ WEICHLEIN, SIEGFRIED (1999), »Qu'est-ce qu'une Nation? Stationen der statistischen Debatte um Nation und Nationalität in der Reichsgründungszeit«, in: von Kieseritzky, Wolther / Sick, Klaus-Peter (Hg.), *Demokratie in Deutschland: Chancen und Gefährdungen im 19. und 20. Jahrhundert, Fs. Heinrich-August Winkler*, München: C.H.Beck, S. 71–90. ■ WINKLER, AUGUST (1978²), *Nationalismus*, Königstein: Athenäum. ■ WINKLER, AUGUST (Hg.) (1993), *Nationalismus, Nationalitäten, Supranationalität*, Stuttgart: Klett Cotta. ■ ZIZEK, SLAVOJ (1994), »Genieße Deine Nation wie Dich selbst! Der Andere und das Böse – Vom Begehren des ethnischen ›Dings‹«, in: Vogl, Joseph (Hg.), *Gemeinschaften: Positionen zu einer Philosophie des Politischen*, Frankfurt/M.: Suhrkamp, S. 133–166.

15.4 Kulturwissenschaft der internationalen Politik

Christine Chwaszcza

Der Ausdruck »internationale Politik« bezeichnet einen komplexen Phänomenbereich, dessen engere Bestimmung selbst zu den immer wieder strittigen Punkten seiner wissenschaftlichen Reflexion gehört. Denn wie die meisten Kulturphänomene sind politisches Handeln und politische Organisationen »gestaltbar«; daher ist ihre theoretische Konzeptualisierung offen für kontroverse Interpretationen.

Im alltagssprachlichen Sinne verstanden, kann die internationale Politik Gegenstand verschiedener Kulturwissenschaften sein; neben der Politischen Wissenschaft zu nennen sind z. B. die Geschichtswissenschaft, das Völkerrecht, die Ökonomie und die Soziologie.[1] Desgleichen gilt, dass systematische Überlegungen und Ergebnisse eines recht breiten Spektrums von Einzelwissenschaften für die wissenschaftliche Beschäftigung mit der internationalen Politik relevant sind, weil sie Phänomene und Prozesse untersuchen, die die Agenda und die Interaktionsstrukturen der internationalen Politik (mit-)bestimmen.[2]

Systematische Reflexionen über die angemessene Form einer theoretischen Erfassung der »internationalen Politik«, die – soweit dies möglich ist – inter-

disziplinäre Aspekte zusammenführt, gewichtet etc., sowie Anstrengungen zur Entwicklung von theoretischen Ansätzen der Analyse und Fortentwicklung internationaler Politik finden sich jedoch vorwiegend in der Politikwissenschaft (in den Teildisziplinen »Internationale Beziehungen« und »Politische Theorie«) und in der Politischen Philosophie.[3]

Die Gestaltungs- und Interpretationsoffenheit des Begriffs der internationalen Politik nötigt zu immer wieder erneuten Anstrengungen um eine angemessene begriffliche und phänomenale Erfassung des Untersuchungsgegenstandes, die wahrscheinlich grundsätzlich nicht abschließbar sind, weil die praktische Wirklichkeit und das Handeln in ihr einem Wandel unterliegen. Das gilt sowohl in Hinblick auf explanatorische als auch hinsichtlich normativer Fragestellungen der internationalen Beziehungen. Auf explanatorischer Ebene beginnen die Kontroversen bereits bei der Bestimmung der »Akteure« der internationalen Politik: Soll man von Staaten, Regierungen, kulturellen Gemeinschaften, politischen Gesellschaften, Völkern oder »anderem« sprechen – und wie sind diese komplexen sozialen Phänomene zu interpretieren und theoretisch zu erfassen? Welche Rolle spielen globale oder multilaterale Organisationen, Nicht-Regierungsorganisationen etc.? Eine andere klassische explanatorische Kontroverse dreht sich um die Frage, welche Handlungsmotive – in welchem Ausmaß – internationales politisches Handeln bestimmen: Machtstreben vs. Vorstellungen der Gerechtigkeit; (völker-)rechtliche Normen, politische Ideale, religiöse Motive vs. »rationale« und »nationale« Interessen; Kulturzugehörigkeit vs. ökonomische Strukturen.[4] Im Zentrum der normativ orientierten Reflexion steht erstens die Diskussion von Rahmenbedingungen internationaler Politik, von wünschenswerten (oder aus Klugheitsgründen oder normativ geforderten) Zielen und von Fragen der Wünschbarkeit, Nützlichkeit und Machbarkeit einer (völker-)rechtlichen Implementierung dieser Ziele angesichts der gegebenen Rahmenbedingungen. Teilweise in Über-

1   Aus diesem Grund wird in der entsprechenden politikwissenschaftlichen Disziplin der Ausdruck ›internationale Beziehungen‹ bevorzugt.

2   Für einen Einblick in die Breite des Themen- und Forschungsspektrums der Theorie der internationalen Beziehungen vgl. Russett/Starr (1996) oder Carlsnaes/Risse/Simmons (2002).

3   Als Ausnahmen vgl. z. B. Lehmkuhl (2001) für eine explizit kulturwissenschaftliche Reflexion der Diplomatiegeschichte; die Interpretation der Entwicklung des Völkerrechts in Koskenniemi (2002); den disziplinübergreifenden Band von Osterhammel/Loth (2000).

4   Die Darstellungen von verschiedenen Ansätzen in den Politikwissenschaften sind inzwischen aufgrund ihrer Vielzahl kaum noch überschaubar; vgl. Boucher (1998) für einen Überblick über die Geschichte und das historische Spektrum der Theorie der internationalen Beziehungen; neuere Überblicke über zeitgenössische Theorien bieten z. B. Groom/ Light (1994), Viotti/ Kauppi (³1999), Griffiths (1999), Menzel/ Varga (1999), Menzel (2001).

schneidung, teilweise parallel hierzu werden zweitens Fragen hinsichtlich der Wünschbarkeit und der Gestaltung globaler, regionaler oder in anderer Weise transnationaler Institutionen[5] und Organisationen zur Koordination politischen Handelns, zur Konfliktregelung und/oder zur Förderung politischer Ziele und Vorhaben diskutiert.

Fast alle diese Fragestellungen weisen eine dezidiert normen- und kulturtheoretische Dimension auf, die sowohl deskriptiver als auch präskriptiver Art sein kann. Diese Dimension wird zwar von unterschiedlichen Ansätzen unterschiedlich stark reflektiert,[6] und die theoretische Aufmerksamkeit, die ihr gewidmet wird, ist nicht ganz unabhängig vom realpolitischen Geschehen – gleichwohl bildet sie einen durchgängigen Topos der theoretischen Reflexion internationaler Politik. Die Auseinandersetzung mit normen- und kulturtheoretischen Aspekten hat im Anschluss an die theoretische Aufarbeitung des Zerfallsprozesses der Sowjetunion und nach den Veränderungen der Agenda der internationalen Politik seit der Überwindung des Ost-West-Konfliktes einen enormen Aufschwung erfahren – sowohl im Rahmen der explanatorisch interessierten als auch der normativ orientierten Theoriebildung. So scheint zur Zeit die Analyse des Einflusses und Stellenwertes von ›Werten‹, ›Kultur‹, ›Identität‹ und Religion im Vordergrund explanatorischer Fragestellungen zu stehen. Aber die Theoriebildung hat noch nicht eine Stufe der Konsolidierung erreicht, die eine kompakte und strukturierte Darstellung der Problemfelder und Ansätze erlauben würde.[7] Der folgende Beitrag konzentriert sich daher auf die normative Theorieentwicklung und greift zwei Teilaspekte aus diesem Diskussionsfeld auf:[8] erstens die Diskussion um die systematische Struktur einer normativen Theorie der internationalen Beziehungen; zweitens die Diskussion um die normative Bedeutung politischer Grenzen. Im Zentrum des ersten Problemfeldes steht der Begriff der Menschenrechte, der starken Einfluss auf die Weiterentwicklung des Völkerrechts hatte und im letzten Drittel des 20. Jahrhunderts zum zentralen Legitimitätsstandard auch internationalen politischen Handelns avanciert ist; im Zentrum des zweiten Problemfeldes stehen Fragen nach der Struktur und dem Inhalt transnationaler politischer Gerechtigkeit. Bevor diesen Fragen nachgegangen

wird, müssen zwei allgemeine moraltheoretische Überlegungen vorangestellt werden.

1. Allgemeine moraltheoretische Aspekte einer normativen Theorie der internationalen Beziehungen

Jede normative Theorie muss mit zumindest einigen normativen Voraussetzungen beginnen. Diese Voraussetzungen tragen erhebliche Begründungslasten für die Entwicklung konkreter und substantieller normativer Bewertungen, lassen sich aber selbst nicht mehr in einem strengen Sinne normativ begründen. Die Unvermeidlichkeit, mit solchen Voraussetzungen zu beginnen, hat im Bereich der Ethik der internationalen Beziehungen die Frage aufgeworfen, ob ein solches Unternehmen überhaupt möglich ist. Denn, so die skeptische Ausgangsthese, im kulturellen Vergleich zeige sich, dass unterschiedliche Kulturen nicht nur an verschiedenen, sondern auch an konfligierenden normativen Überzeugungen festhalten. Diese These hat zu zwei Debatten geführt, die als Universalismus-Relativismus-Kon-

---

5 Darunter fällt auch die Fortentwicklung und Vertiefung des Völkerrechts und anderer Normensysteme, Regime, »Konferenzen« etc.

6 Einige (keineswegs alle) Vertreter der vor allem in den USA verbreiteten Schule des »Realismus« erheben zwar einen (anti-normativistischen) Anspruch empirisch-wissenschaftlicher Theoriebildung und zeigen eine skeptische Haltung gegenüber Werturteilen (vgl. dazu Vasquez 1983), aber diese Position basiert oft auf inzwischen überholten wissenschaftstheoretischen Ansätzen; eine Forderung nach Exklusion normativer Aspekte und Überlegungen – sei es aus skeptischen Gründen oder aus Zweifel an ihrer sachlich-objektiven Relevanz – wird heute kaum noch vertreten. Darüber hinaus gab es immer gleichzeitig nicht nur Kritiker, sondern auch alternative Ansätze und sogar alternative »Schulen«, wie z. B. die sog. »Britische Schule«, die sich explizit in eine »humanistische« Tradition gestellt und für »normative« Theoriebildung plädiert hat (vgl. z. B. Jackson 2000); vgl. auch Schmidt (2002).

7 Vgl. für ein erstes Resümee zu Kultur und Identität: Kratochwil/Lapid (1996).

8 Der ungeheure Aufschwung, den die normative Theorie der internationalen Beziehungen in den letzten Jahren nahm, hat zu einer thematischen Diversifikation sowie zu einer derart komplexen und filigranen Theoriebildung geführt, dass es nicht mehr möglich ist, auf dem begrenzten Raum eines Handbuchartikels einen auch nur einigermaßen gehaltvollen Überblick über Themen und Positionen zu geben.

troverse und als Kosmopolitismus-Partikularismus-Debatte bezeichnet werden können.

1.1. Die Kosmopolitismus-Partikularismus-Debatte

Die Universalismus-Relativismus-Kontroverse und die Kosmopolitismus-Partikularismus-Debatte können sich überschneiden, sind aber nicht idetisch, da erstere eine metaethische Frage betrifft, während letztere auch eine substantiell-moralische Position bezeichnen kann. So wird unter »Kosmopolitismus« die Auffassung verstanden, dass politische Grenzen nicht von grundsätzlichem Belang für die Bestimmung normativer Beziehungen zwischen Personen sind. Dieser Auffassung stehen drei konkurrierende Positionen gegenüber: der sog. »Realismus«,[9] der Partikularismus[10] und ein »eingeschränkter Universalismus«, der auch als »Internationalismus« bezeichnet wird. Der »Realismus« vertritt die Ansicht, dass normativ orientiertes Handeln im Bereich der internationalen Politik schädlich ist, da die strukturellen und institutionellen Voraussetzungen für die Gewährleistung reziproker Normbefolgung nicht gegeben sind. Die Kontroverse zwischen »Realisten« und – wie man letztlich wohl sagen muss – »Normativisten« wird im Folgenden nicht eigens aufgegriffen, weil sie sowohl theoretisch wie praktisch inzwischen überholt erscheint.[11] Der Partikularismus betrachtet politische und kulturelle Gemeinschaften als normativ autonom und unabhängig; er verlangt eine moralische Bevorzugung der Belange und Interessen von Mitgliedern der eigenen politischen Vereinigung gegenüber Mitgliedern anderer politischer Vereinigungen. Demgegenüber erkennt eine »internationalistische« Position grenzüberschreitende Forderungen der Gerechtigkeit an, hält

aber domestische und zwischenstaatliche Forderungen der Moral und Ethik nicht für deckungsgleich. Welche Position vertreten wird, hängt in hohem Maße von der Interpretation des Menschenrechtsgedankens und der Bewertung des normativen Stellenwerts politischer Grenzen ab. Dieser Beitrag verteidigt eine »internationalistische« Position.

1.2. Die Universalismus-Relativismus-Kontroverse

Die Universalismus-Relativismus-Kontroverse betrifft demgegenüber Fragen der Begründung und der normativen Geltungsbedingungen moralischer Normen. Die Position des metaethischen Relativismus kann wie folgt beschrieben werden: Ethische und moralische Normen sind soziale oder kulturelle Konventionen, die nur innerhalb einer einigermaßen wohldefinierten sozialen oder kulturellen Gemeinschaft Geltung beanspruchen können. Daher kann es keine sozial oder kulturell übergreifenden ethischen und moralischen Normen geben – und infolgedessen auch keine normative Theorie und Praxis der internationalen Beziehungen. Mit dieser Position stellt sich der metaethische Relativismus einerseits in die moderne Tradition der Ethik und Moraltheorie, die theologisch und ontologisch begründete Normauffassungen ablehnt und den Geltungsanspruch moralischer und ethischer Normen von der Zustimmung der von ihnen betroffenen und an ihrer Aufrechterhaltung beteiligten Personen abhängig macht. In diesem Sinne vertritt der Relativismus ein konventionalistisches Norm- und Wertverständnis. Andererseits macht der metaethische Relativismus den Geltungs- und Befolgungsanspruch von Normen davon abhängig, dass bestimmte Gemeinsamkeiten vorliegen, die einen gruppenspezifischen Normenkonsens verbürgen und damit überhaupt erst den Bestand solcher Konventionen ermöglichen.

Die Gemeinsamkeiten, auf die dabei zurückgegriffen wird, sind im Wesentlichen zwei: durch Erziehung und Sozialisation vermittelte »moralische Gefühle« oder »ethische sentiments« und/oder eine gemeinsame Sprache und geteilte Kultur. Die erste Begründungsstrategie des Relativismus wird meistens durch Rückgriff auf die Moralphilosophie David Humes abgestützt, die zweite in (oftmals eher vage)

---

9 Diese Titulierung entstammt der Selbstbezeichnung der politikwissenschaftlichen Schule, die diese Auffassung vertritt. – Vgl. Fn. 6.

10 Partikularistische Positionen in der normativen Theorie der internationalen Politik stehen häufig, aber nicht ausschließlich, in theoretischer Verbindung mit der Liberalismus-Kommunitarismus-Kontroverse, sind aber nicht damit identisch.

11 Für eine ausführliche philosophische Auseinandersetzung vgl. z. B. Cohen (1985); Laubach-Hintermeier (1998).

Anbindung zu Wittgensteins Sprachphilosophie gebracht. Prominente Vertreter dieser Positionen sind z. B. Richard Rorty, Michael Walzer und Alasdair MacIntyre.[12] Zur Abstützung seiner Position stützt sich der metaethische Relativismus häufig auf deskriptiv-explanatorische Überlegungen, die durch »empirische Evidenzen« gestützt werden, die sich jedoch kritisch hinterfragen lassen:[13]

Eine *prima facie* naheliegende Evidenz für die relativistische Position bietet das Faktum der diachronen und interkulturellen Divergenz moralischer und ethischer Überzeugungen. Aber diese Evidenz ist aus zwei Gründen trügerisch: Erstens ist der Verweis darauf, dass es etwas bislang nicht gab, kein hinreichender Grund für die Annahme, dass es etwas nicht geben könne.[14] Zweitens suggeriert die Berufung auf diese Evidenz, dass Normüberzeugungen jeweils innerhalb von sozialen oder kulturellen Gemeinschaften homogen sind, sich zwischen Gesellschaften aber strikt unterscheiden. Ein etwas genauerer Blick lässt aber erkennen, dass einerseits auch im intersozialen und interkulturellen Bereich viele Übereinstimmungen feststellbar sind – insbesondere hinsichtlich menschenrechtlicher Standards –, während andererseits abweichende Überzeugungen häufig auch im intrasozialen und intrakulturellen Bereich auftreten. Konvergenz und Divergenz moralischer Überzeugungen lassen sich nicht eindeutig entlang der Grenzen von sozialen oder kulturellen Gemeinschaften ziehen und auch nicht entlang von Sprach- oder Sympathiegrenzen. Darüber hinaus ist nicht erkennbar, dass soziale und kulturelle Grenzen oder Sprach- und Sympathiegrenzen entlang *politischer* Grenzen verlaufen.[15] Daher lässt sich, und zwar auch unabhängig von den theoretischen Überlegungen, die die beiden Begründungsstrategien des Relativismus tragen, keine grundlegende, metaethische Skepsis gegenüber dem Projekt einer normativen Regelung zwischenstaatlicher Beziehungen rechtfertigen.

Demgegenüber verteidigt der metaethische Universalismus die Auffassung, dass sich *zumindest einige* moralische Normen und Überzeugungen, z. B. die Menschenrechte, überkulturell und transnational begründen lassen. Der Verweis darauf, dass Konvergenz und Divergenz von Normüberzeugungen nicht gemeinschaftsgebunden sind, verpflichtet allerdings nicht zur Übernahme eines spezifischen universalistischen Begründungsansatzes: Diskutiert werden hier

u. a. vertragstheoretische, diskursethische, tauschtheoretische und kohärenztheoretische Ansätze, die ebenfalls alle konsensualistische und uneingeschränkt säkulare Konzeptionen der Moralbegründung darstellen. Sie konfligieren daher mit dogmatischen, z. B. religiös fundamentalistischen, oder kulturessentialistischen Auffassungen.[16] Hier sehen sich Vertreter eines säkularen und konsensualistischen Moral- und Normverständnisses tatsächlich mit einer Form normativer Divergenz konfrontiert, die allerdings auf konfligierenden nicht-moralischen Überzeugungen beruht. Denn das säkulare und konsensualistische Moral- und Normverständnis basiert vorwiegend auf *theoretischen* Überzeugungen, z. B. hinsichtlich der Exegese historischer Schriften und des »Wesens« der physikalischen Natur; ferner auf wissenschafts- und begründungstheoretischen Theorien, soziologischen, kulturanthropologischen und sozialpsychologischen Thesen. Der Kritiker des religiösen Fundamentalismus und Kulturessentialismus hat in solchen Fällen durchaus gute Gründe, von der Richtigkeit der eigenen Auffassung überzeugt zu sein.[17]

Im Folgenden wird eine kohärenztheoretische Position gewählt, die sich an John Rawls' Modell des *reflective equilibrium* anlehnt. Diese Wahl rechtfertigt sich durch drei Überlegungen: (1) Moralische Überzeugungen lassen sich weder aus evidenten Prämissen ableiten, noch singulär, sondern nur relativ über ihre Verknüpfung mit weiteren Überzeugungen begründen, wobei diese »weiteren« Überzeugungen nicht ausschließlich selbst normative Überzeugungen sind. Denn der Gegenstand der Moral ist die Praxis, und die Praxis unterliegt auch nicht-norma-

---

12 Vgl. Rorty (1996); Walzer (1992); MacIntyre (1993).

13 Vgl. Jones (1999) für eine ausführliche *theoretische* Kritik verschiedener Spielarten des Relativismus.

14 Das Faktum der Divergenz lässt sich nur indirekt über das Argument der besseren Erklärung als Stütze für einen begründungstheoretischen Relativismus ausmünzen; vgl. dazu Mackie (1990, S. 36 ff.), zum Relativitätsargument auch Chwaszcza (2003, Kap. 6 und 7).

15 Vgl. im gleichen Sinne Jones (1999, Kap. 7).

16 Zur Kritik des Kulturessentialismus vgl. z. B. Senghaas (1998); Shue (1998) und Kersting (2000 b).

17 Leider garantiert dies nicht, dass diese Überzeugungen auch faktisch geteilt werden; daher kann die politische Praxis nicht auf Verständigungsbemühungen verzichten.

tiven Gelingensbedingungen, wie Machbarkeit, Effizienz, Funktionalität, Tauglichkeit und Klugheit.[18] Derartige Gesichtspunkte lassen sich in einen kohärenztheoretischen Rahmen besonders gut integrieren. (2) Begründungen werden nötig, wenn praktische Konflikte bestehen, die eine normative Lösung verlangen. Praktische Konflikte sind aber eher selten von so umfassender Art, dass sie uns vor eine normative »tabula rasa« stellen. Ihre theoretische Vermessung verlangt weniger die Erfindung eines gänzlich neuen Moralsystems, sondern Transfer- und Distinktionsleistungen. (3) Sofern Begründungen zu einigermaßen inhaltlich-substantiellen Ergebnissen führen sollen, müssen sie auch mit inhaltlichen Vorgaben beginnen. Auch in dieser Hinsicht ist ein kohärenztheoretischer Ansatz prozeduralistischen Ansätzen wie dem Kontraktualismus und der Diskursethik vorzuziehen.

Abschließend seien die normativen Prämissen genannt, auf denen die nachfolgenden Überlegungen zu einer Konzeption zwischenstaatlicher Gerechtigkeit beruhen.

1.3. Normative Prämissen

Die nachstehenden Überlegungen legen, erstens, ein anthropozentrisches sowie säkulares Normativitätsverständnis zugrunde und interpretieren den Grundsatz der Gleichheit der Personen in moralischer Hinsicht als ein formales Prinzip der Gerechtigkeit. In diesem Sinne wird die Egalitätsforderung so aufgefasst, dass allen Personen, unabhängig von ihrer empirischen Verschiedenheit und ungeachtet ihres sozialen Status, ein egalitärer moralischer Status zuerkannt werden muss. Eine unmittelbare Folge dieser Ausgangsannahme besteht in der Differenzierung zwischen Religion und Politik, zwei weitere moralbegriffliche Konsequenzen sind: a) die Verpflichtung auf einen ethischen Individualismus sowie die Ver-

teidigung einer universalistischen Konzeption von Menschenrechten; b) die Beschränkung des normativen Gehalts des Gleichheitsgrundsatzes auf das Prinzip der Unparteilichkeit. Diese Beschränkung ist vor allem in Verbindung mit einer gerechtigkeitstheoretischen Überlegung relevant: Weist man der Gerechtigkeit die Aufgabe zu, zwischen konkurrierenden und konfligierenden Handlungsinteressen zu vermitteln,[19] fordert das Unparteilichkeitsprinzip a) gleiche Berücksichtigung personaler Interessen und b) gleiche Behandlung von Personen. Ein solches Gerechtigkeitsverständnis konkurriert mit substantiell egalitaristischen Auffassungen, die den Begriff der Gerechtigkeit über das Ziel einer Gleichverteilung von Gütern bestimmen.[20]

Zweitens bewegen sich die nachfolgenden Überlegungen im Paradigma des philosophischen Liberalismus. Sie legen daher eine pluralistische Güter- und Werttheorie zugrunde, die – innerhalb der Grenzen der sozialen und zwischenstaatlichen Verträglichkeit – Respektierung und Toleranz gegenüber unterschiedlichen Wert- und Güterauffassungen einfordert. Aus diesem pluralistischen Wert- und Güterverständnis folgt als strukturelle Konsequenz die Akzeptanz prozeduraler, i. e. politischer Entscheidungsverfahren zur Regelung konfligierender und konkurrierender Wert- und Zielorientierungen unterhalb der Schwelle grundlegender moralischer Rechte. Dass politische Entscheidungsverfahren selbst normativen Restriktionen unterliegen, sollte nicht darüber hinwegtäuschen, dass ein pluralistisches Güter- und Wertverständnis den Raum des modernen Politikverständnisses überhaupt erst aufspannt. Politik findet ja nicht erst statt, wenn es um Fragen bezüglich der Maßnahmen zur Verwirklichung kollektiver Ziele geht, sondern bereits auf der Ebene der Vermittlung konkurrierender Ansprüche und konfligierender Erwartungen hinsichtlich dieser Ziele und Maßnahmen. Dieser Raum des Politischen ist nicht nur gegen illegitime Machtausübung und partikulare oder private Vorteilnahme zu verteidigen, sondern auch gegen überbordende Moralisierungsbestrebungen. Die Grenzziehung zwischen den Bereichen der Moral und der Politik ist bereits auf gesellschaftlicher Ebene keine leichte Aufgabe, da sie auf Grund der Bedingung der Sozialverträglichkeit selbst konsensabhängig ist; aber auf zwischenstaatlicher Ebene ist sie noch schwieriger. Die Bestimmung einer solchen Grenzziehung ist daher

---

18 Ein eindrucksvolles Plädoyer für die Unverzichtbarkeit der Kategorie der Klugheit gerade im Bereich der politischen Praxis der internationalen Beziehungen bietet Jackson (2000).

19 Vgl. für eine ausführliche Diskussion dieses Gerechtigkeitsverständnisses z. B. Mackie (1990, S. 105 ff.).

20 Vgl. zur Kritik substantiell orientierter Interpretationen des Gleichheitsgrundsatzes: Kersting (2000 a).

eine der zentralen Aufgaben einer Theorie internationaler Gerechtigkeit.[21]

2. »Gegenstände« einer normativen Theorie der internationalen Politik

Internationale Politik findet – von einem institutionellen Gesichtspunkt aus betrachtet – weitgehend als zwischenstaatliche Politik statt, sei es auf der Ebene bi- und multilateraler Interaktionen oder im Rahmen supranationaler Organisationen. Individualpersonen treten auf der Bühne der internationalen Politik nur selten als politische Agenten auf, und nicht-staatliche Organisationen spielen – rein quantitativ betrachtet – nach wie vor eine vergleichsweise geringe Rolle. Trotzdem würde es zu kurz greifen, eine normative Theorie der internationalen Politik rein auf zwischen*staatliche* Verhältnisse zu beschränken. Denn der Umstand, dass die *Agenten* internationaler Politik weitgehend »Staaten« resp. ihre politischen Repräsentanten sind – was schlicht dem Umstand geschuldet ist, dass die vorherrschende politische Organisationsform die des Nationalstaates ist – beinhaltet nicht, dass auf der *Agenda* der internationalen Politik nur »Staatsverhältnisse« auftauchen. Die Behandlung von Individualpersonen sowie ihr rechtlicher und normativer Status sind durchaus Gegenstand völkerrechtlicher Regelungen und zwischenstaatlicher Politik. In vielfältiger Weise sind Individualpersonen »Gegenstand« der Agenda: als Flüchtlinge, Asylsuchende, Migranten, Kriegsgefangene, Touristen, Auswanderer, Vertriebene, Gastarbeiter oder als Mitglieder von Staatsgrenzen überschreitenden Gemeinschaften, Vereinigungen oder Organisationen (wobei es zunächst keinen Unterschied macht, ob diese Personengruppen ethnisch, religiös, professionell oder durch besondere Ziele verbunden sind und ob sie ein legitimes oder ein kriminelles Interesse verfolgen).

Darüber hinaus kommt »Staaten« weder ein ontologischer noch ein ethischer Status *sui generis* zu; »Staaten« sind artifizielle und funktionale Institutionen. Daher kann die normative Theorie zwischen*staatlicher* Beziehungen »Staaten« nicht als *blackbox* behandeln, die die Grenzen des Analyse- und Betrachtungshorizontes bezeichnen.[22] Aus dem gleichen Grund bietet das Prinzip der territorialen

Souveränität keine Rechtfertigung für eine inhaltliche Ausgrenzung von Individualpersonen. Gleichwohl muss auch eine normative Theorie der internationalen Politik den Umstand reflektieren, dass sowohl internationale Politik weitgehend über staatliche Institutionen vermittelt stattfindet als auch dass nationale Politik weitgehend im Rahmen staatlicher Institutionen ausgeübt wird. Die Vermittlung und theoretische Gewichtung von individuen- versus institutionenbezogenen Überlegungen wird an drei Punkten prekär, die in der Diskussion einer normativen Theorie der internationalen Politik eine zentrale Rolle spielen: in der normativen Bewertung des völkerrechtlichen Grundsatzes der Nichteinmischung in die inneren Angelegenheiten und der Interventionsthematik, in der Migrationsproblematik und in der Bestimmung der Grenzen und Pflichten globaler sozialer Gerechtigkeit.

Eine normative Theorie der internationalen Beziehungen bedarf daher eines Begriffs legitimer Politik, der nicht nur die moralischen Legitimitätsbedingungen, sondern auch den Begriff des Politischen zumindest umrisshaft klärt. Eine Möglichkeit, dieser theoretischen Problemlage gerecht zu werden, besteht in der Konstruktion einer »internationalistischen« Position, die auf der Unterscheidung zwischen universellen moralischen Forderungen (Menschenrechten) einerseits und Forderungen der politischen Gerechtigkeit andererseits basiert. Eine solche Unterscheidung ermöglicht die Berücksichtigung sowohl der normativen Ansprüche von Individualpersonen als auch von politischen Vereinigungen. Außerdem schließt sie an die normative Struktur der Praxis an und hat daher den Vorteil der Realitätsaffinität. Der Menschenrechtsgedanke hat im Anschluss an die Nürnberger Prozesse, den Helsinki-Prozess und die wiederholte Konfrontation mit Genozid zunehmend

---

21 Eine dritte Voraussetzung bezieht sich auf die Aufgabenstellung einer Theorie zwischenstaatlicher Gerechtigkeit, die hier so verstanden wird, dass sie in der Entwicklung von Standards für Institutionen und Verhaltensweisen besteht, die gegenwarts- und zukunftsbezogen sind. Probleme retributiver Gerechtigkeit bleiben daher im Folgenden ausgeklammert.

22 Genau genommen gilt dies nicht nur für die normative, sondern auch die deskriptiv-explanatorische Theorie der internationalen Beziehungen. Darauf haben Kritiker des Realismus immer wieder aufmerksam gemacht. Vgl. dazu z. B. die Beiträge in Risse-Kappen (1995).

normative und auch praktische Bedeutung gewonnen und sich in der zweiten Hälfte des 20. Jahrhunderts als normativer Standard sowohl im Völkerrecht als auch in der internationalen Politik etabliert.

2.1. Der theoretische und normative Status von Menschenrechten

Im Rahmen eines kohärenztheoretischen Ansatzes, der dem Grundsatz der Gleichheit von Personen in moralischer Hinsicht verpflichtet ist, geht es nicht so sehr um die Frage, wie man Menschenrechte begründen kann, sondern wie sie strukturell und inhaltlich zu interpretieren sind und welche systematische Position sie in der normativen Theorie der internationalen Politik einnehmen. Hierbei sind drei Fragen von zentraler Bedeutung: Die Klärung ihres Bezugsgegenstandes, ihres Adressatenkreises und ihres »Rechts«-Charakters. Angesichts relativistisch und partikularistisch begründeter Kritik gegenüber der Menschenrechtsidee können Begründungsfragen jedoch nicht gänzlich übergangen werden. Sie werden passim angesprochen.

a) Anmerkungen zur Struktur und zum Geltungsanspruch von Menschenrechten
Betrachten wir zunächst die Struktur von Menschenrechten. In der Rechtsphilosophie wird der Rechtsbegriff gewöhnlich als eine dreistellige Relation interpretiert. Die drei Relata sind: Rechtsinhaber, Rechtsinhalt und Rechtsadressat, wobei der Kreis sowohl der Rechtsinhaber als auch der Rechtsadressaten eine einzige Person, eine besonders ausgezeichnete Personengruppe oder universell alle Personen umfassen kann. In der philosophischen Diskussion werden Menschenrechte gewöhnlich so interpretiert, dass sowohl Rechtsinhaber als auch Rechtsadressaten universell bestimmt sind, d. h. dass Menschenrechte als

Rechte interpretiert werden, die allen Personen gegenüber allen anderen Personen zukommen. Darin unterscheidet sich die philosophische Interpretation des Menschenrechtsbegriffs von der dominierenden völkerrechtlichen Interpretation, die zwar den Kreis der Rechtsinhaber universell bestimmt, aber ›Staaten‹ als Adressaten von Menschenrechten ansieht.[23] Hinter dieser Interpretationsdifferenz steht mehr als eine hermeneutische Uneinigkeit. Denn die völkerrechtliche Interpretation reflektiert die besondere funktionale Rolle, die »Staaten« als politische Akteure und als Garanten von Menschenrechten zukommt.[24]

Für die philosophische Interpretation spricht der Umstand, dass Menschenrechte sinnvoller Weise als Rechte zu interpretieren sind, die nicht an einen politischen Status (*status civilis*) gebunden sind. Wären sie dies, gingen, worauf 1949 bereits Hannah Arendt hingewiesen hat, staatenlose Personen oder Personen in Bürgerkriegssituationen ihrer Menschenrechte verlustig und auch die Forderung nach Gewährleistung der Menschenrechte von sich in fremden Staaten aufhaltenden Personen wäre schwierig zu begründen. Gegen die philosophische Interpretation spricht allerdings, dass die meisten der für grundlegend erachteten Menschenrechte sich nicht auf interpersonelle Verhältnisse, sondern auf den subjektiven Rechtsstatus von Personen gegenüber staatlichen Gewalten beziehen; z. B. das Recht, im Falle einer Verhaftung einem Richter vorgeführt zu werden; das Verbot retroaktiver Anklagen; das Recht, das Staatsgebiet zu verlassen etc. Ebenso scheinen zwei Umstände für die völkerrechtliche Interpretation zu sprechen: Zum einen sind der historische Ort von Menschenrechtserklärungen Verfassungen; zum anderen sprechen wir von Menschenrechts*verletzungen* überwiegend dann, wenn sie entweder von Repräsentanten staatlicher Gewalt oder sich politisch definierenden Akteuren (Bürgerkriegsparteien etc.) begangen (oder geduldet) werden oder wenn sie im politischen Raum stattfinden. Jeder Mord verletzt das Recht auf physische Integrität und jedes Redeverbot das Recht auf Meinungsfreiheit. Aber Morde werden gewöhnlich nicht als Menschenrechtsverletzungen charakterisiert und Redeverbote nur dann, wenn die Situation, in der sie ausgesprochen werden, politischen Charakter hat.

Zusammengenommen legen diese Überlegungen nahe, dass »Staaten« resp. staatliche Institutionen

---

23 Unter dem Titel »Dritte Generation von Menschenrechten« und/oder »(Menschen-)Recht auf Entwicklung« wird seit einiger Zeit auch die Frage diskutiert, ob unter den Kreis der Rechtsinhaber auch Kollektive fallen können. Im Rahmen eines ethisch und methodologisch individualistischen Ansatzes lassen sich kollektive Rechte jedoch nur als kollektiv wahrgenommene Individualrechte interpretieren.

24 Vgl. Donnelly (1999, S. 86) sowie Donnelly (1989).

nicht Adressaten, sondern *Bezugsgegenstand* von Menschenrechten sind. Eine solche Interpretation hebt das universalistische Verständnis von Menschenrechten nicht auf, ist aber zugleich vereinbar mit der Auffassung, dass denjenigen Personen, die staatliche Institutionen repräsentieren, eine prioritäre Aufgabe hinsichtlich ihrer Gewährleistung zukommt. Sind diese Personen nicht willens oder nicht fähig, die Einhaltung der Menschenrechte zu gewährleisten, greift eine universelle Verpflichtung, die sich an jedermann richtet. Dabei sind allerdings sowohl unterschiedliche Möglichkeiten der Einflussnahme zu berücksichtigen als auch der Grundsatz *ultra posse nemo obligatur* und ferner Überlegungen der Verhältnismäßigkeit in Anschlag zu bringen. Grob skizziert erweitert sich der Adressatenkreis gemäß der Einflussmöglichkeiten von den Repräsentanten staatlicher Institutionen zunächst auf die Mitglieder der entsprechenden politischen Vereinigungen, schließt dann aber auch Mitglieder anderer politischer Vereinigungen mit ein. Auf die Einschränkungen der Machbarkeit und der Verhältnismäßigkeit wird noch zurückzukommen sein. Zuvor muss jedoch auf die inhaltliche Bestimmung[25] und den »Rechts«-Charakter von Menschenrechten eingegangen werden.

b) Anmerkungen zum Inhalt und Rechtscharakter von Menschenrechten

Bislang wurden nur staatliche Institutionen als Bezugsgegenstand von Menschenrechten angesprochen, aber eine universalistische Interpretation unterstellt, sollten nicht nur staatliche, sondern auch allgemein politische und daher auch zwischenstaatliche Institutionen als Bezugsgegenstand von Menschenrechten in den Blick genommen werden, in Sonderheit das Völkerrecht und supranationale Institutionen. Denn akzentuiert wird in dieser Bestimmung des Bezugsgegenstandes die Orientierung an »Institutionen«. Menschenrechte werden in dieser Interpretation so verstanden, dass sie den Rechtsstatus individueller Personen gegenüber und im Rahmen von politischen Institutionen umschreiben, nicht aber Forderungen, die sich unmittelbar auf personale Interaktion beziehen, wie Forderungen der Tugend oder des interpersonellen moralischen Umgangs miteinander. In diesem Sinne bringt die Rede von Menschenrechten die Auffassung zum

Ausdruck, dass alle Personen gleichermaßen und unabhängig von sozialem Stand, Geschlecht, natürlichen Eigenschaften, besonderen Vereinbarungen etc. als Rechtssubjekte anzusehen sind und dass ihnen im Rahmen der Institutionen, deren Mitglieder sie sind, ein originärer und egalitärer Rechtsstatus zukommt. Begründet wird diese Auffassung durch die normative Verpflichtung auf den Grundsatz der Gleichheit der Personen in moralischer Hinsicht und einen ethischen Individualismus, die letztlich mit der theoretischen Verpflichtung auf ein anthropozentrisches Normativitätsverständnis identisch sind. Diese Anbindung des Menschenrechtsgedankens an ein anthropozentrisches Normativitätsverständnis mag *prima facie* trivial anmuten, zeigt aber die theoretische Unabhängigkeit des Menschenrechtsgedankens von besonderen Traditionen der christlichen Religion, dem christlichen Naturrecht sowie einer besonderen kulturhistorischen Epoche.[26]

Eine inhaltliche Bestimmung des Rechtsstatus von Personen in und gegenüber Institutionen sowie nationaler und internationaler menschenrechtlicher Pflichten lässt sich aus dieser Interpretation von Menschenrechten nicht »ohne weiteres« gewinnen; gleichwohl gibt sie einige Interpretationshilfen vor. So beinhaltet die Rede von einem originären und egalitären Rechtsstatus bereits, dass Menschenrechte nicht alles das umfassen, was normativ bedeutsam oder regelungsbedürftig ist, sondern nur grundlegende Rechte, Freiheiten und Ansprüche, die den Subjektstatus von Personen innerhalb und gegenüber politischen Institutionen betreffen. Des Weiteren lenkt die Bezugnahme auf politische Institutionen die Aufmerksamkeit darauf, dass Institutionen nicht nur normativ, sondern auch funktional definiert sind. Verschiedene Institutionen können verschiedene Funktionen ausfüllen und Personen können in

---

25 Die *Allgemeine Erklärung der Menschenrechte* und die beiden *Internationalen Pakte zum Schutz der Menschenrechte* enthalten zwar eine ganze Reihe recht umstrittener inhaltlicher Bestimmungen, können aber im Rahmen eines kohärenztheoretischen Begründungsansatzes einen geeigneten Ausgangspunkt für die Diskussion bieten; daher wird im Folgenden auf sie zurückgegriffen.

26 Vgl. Bielefeldt (1998) für die Diskussion des Verhältnisses von christlicher Religion und Menschenrechtsidee und Finnis (1980) für die Rückführung des Menschenrechtsgedankens auf das christliche Naturrecht.

unterschiedlichen Institutionen in unterschiedlicher
Weise agieren und unterschiedlichen Gefährdungen
unterliegen. Entsprechend können die Interpretationen des originären und egalitären Rechtsstatus, der
Personen in und gegenüber diesen Institutionen zukommt, unterschiedlich aussehen. Im vorliegenden
Kontext entscheidend ist natürlich der Unterschied
zwischen staatlichen und zwischenstaatlichen Institutionen. Die strukturelle Interpretation erlaubt eine
menschenrechtlich[27] basierte, normativ differenzierte
»internationalistische« Konzeption der internationalen Beziehungen.

c) Menschenrechte auf domestischer Ebene
Auf staatlicher Ebene beinhaltet die Anerkennung
von Personen als Rechtssubjekte zweifellos die Gewährleistung der physischen und psychischen Integrität der Person, d.h. das Verbot willkürlicher
Tötung, der Folter und der Sklaverei sowie Rede-,
Meinungs-, Religions- und Vertragsfreiheit; das
Recht auf Eheschließung und freie Partnerwahl;
weiterhin Grundsätze der Rechtsstaatlichkeit, die
Freiheit zu politischer Partizipation, einschließlich
der Versammlungsfreiheit und Bildung von Interes-
senvertretungen, sowie das Verbot der Diskriminierung hinsichtlich der Partizipation in ökonomischen, kulturellen und gesellschaftlichen Institutionen. Da diese menschenrechtlichen Forderungen,
die dem Schutz des Subjektes und seiner Handlungsfähigkeit dienen, kaum ernsthaft bestritten
werden, verzichte ich darauf, sie zu verteidigen.
Strittig ist vielmehr, ob nicht viel mehr unter den
Begriff des Menschenrechtes fällt, z.B. ein Recht auf
Subsistenzerhaltung,[28] sowie wirtschaftliche, kulturelle und soziale Rechte, die über die Gewährleistung egalitärer Partizipationsbedingungen hinausgehen.[29]

Die Inklusion eines Rechtes auf Subsistenz ist
schwer abzuweisen, wenn man den Schutz der physischen und psychischen Integrität akzeptiert. Ein
häufig erhobener Einwand gegen eine solche Inklusion arbeitet mit der Unterscheidung von negativen
Rechten (Freiheiten, *liberties*) und positiven Rechten
(Anspruchsrechte, *claim-rights*) und besteht darauf,
dass Menschenrechte nur negative Rechte umfassen
können, weil diese lediglich Unterlassungen fordern,
nicht aber Leistungen oder materielle Aufwendung,
die vom Vorliegen ausreichender Ressourcen und
Verteilungsmöglichkeiten abhängen. Aber dieser
Einwand wird zu Recht ebenso häufig durch den
Gegeneinwand zurückgewiesen, dass auch die Gewährleistung von »negativen Rechten« Leistungen
und materielle Aufwendungen erfordert: Auch der
Rechtsstaat ist nicht umsonst zu haben. Die Gewährleistung eines Rechtes auf Subsistenz kann in prekären Mangel- oder Notsituationen praktisch schwierig
oder sogar unmöglich sein. Aber prekäre Mangel-
und Notsituationen gefährden nicht nur die Gewährleistung eines Rechtes auf Subsistenz. Daher spricht
dieser Verweis nicht grundsätzlich gegen die Inklusion eines solchen Rechtes.

Die Gewährleistung von Menschenrechten ist
nicht nur ressourcenabhängig, sondern auch abhängig von sozialen Faktoren. So erfordert Rechtsstaatlichkeit z.B. das Vorhandensein einer funktionierenden und einigermaßen korruptionsresistenten
Bürokratie und Verwaltung. Diese Bedingungen
sind keineswegs global oder universal erfüllt.
Gleichwohl sollte der Geltungsanspruch von Menschenrechten nicht von den faktischen Voraussetzungen ihrer Implementierung und Gewährleistung
abhängig gemacht werden, sondern von der Möglichkeit einer solchen unter »Normalbedingungen«.
In diesem Sinne können Menschenrechte als pro-

---

27 Nicht dezidiert menschenrechtlich orientierte, alternative Positionen eines eingeschränkten Universalismus vertreten z.B.
Rawls (1999) und Höffe (1999). Rawls' Begründungskonzep-
tion orientiert sich an dem in der *Theory of Justice* entwickelten Kontraktualismus und betrachtet Fragen der domestischen Gerechtigkeit und des Völkerrechts unter Hinsicht a)
der funktionalen Differenz dieser Institutionen und b) der
institutionellen und empirischen Gegebenheiten. Höffe begründet eine Differenzierung zwischen domestischer und internationaler Gerechtigkeit ausgehend von einem universalistischen Ansatz über das normativ zu verstehende Prinzip der
Subsidiarität und pragmatische Überlegungen. Hinsichtlich
der »Ergebnisse« unterscheiden sich beide Ansätze im Detail,
aber nicht in den strukturellen Grundlinien von dem hier
gewählten Ansatz.

28 Ein solches Recht dürfte basale Gesundheitsversorgung ein-
schließen. Prononcierter Verteidiger eines Menschenrechts
auf Subsistenz ist Shue (1980); vgl. auch Jones (1999).

29 Vgl. Koller (1999) und Pogge (1995). Pogge legt sich jedoch
nicht auf eine bestimmte Theorie- oder Argumentationsstruk-
tur fest, sondern begründet seine inhaltlichen Forderungen mit
verschieden strukturierten Überlegungen. Er sollte daher nicht
unter die Vertreter eines dezidiert menschenrechtlich orientierten Ansatzes gezählt werden. Vgl. auch Pogge (2002).

grammatische Rechte verstanden werden, deren Positivierung erstrebenswert ist, aber nicht über ihren Geltungsanspruch entscheidet.[30]

Schwieriger zu beurteilen als die Forderung nach einem Subsistenzrecht ist die Forderung zur Integration konkreter wirtschaftlicher, kultureller und sozialer Rechte, wie etwa einem Recht auf Arbeit oder Eigentum, auf Ausbildung und auf angemessenen Wohnraum oder Sozialversicherung. Auch hier gilt, dass auf der Basis einer Unterscheidung positiver versus negativer Rechte kein Argument gegen die Integration derartiger Rechte gewonnen werden kann. Ebenso kann der Verweis auf den häufig programmatischen Charakter solcher Rechte nicht gegen ihre Interpretation als Rechte angeführt werden. Die entscheidende Frage ist, ob derartige Rechte tatsächlich als *Menschen*rechte betrachtet werden sollten. Vier Überlegungen sprechen gegen eine solche Kategorisierung: Erstens beziehen sich wirtschaftliche, kulturelle und soziale Rechte gewöhnlich nicht auf den Subjektstatus von Personen, sondern auf ihren sozialen Status. Zweitens erfordern ihre inhaltliche Bestimmung und ihre Konkretion Güterabwägungen, die i.d.R. nicht nur funktionaler Art sind, sondern unterschiedliche Ansichten über das Nötige, das Nützliche, Zweckmäßige, Angenehme, Wünschenswerte etc. vermitteln oder zwischen ihnen entscheiden müssen. Drittens verlangt auch die Verwirklichung derartiger Rechte, wenn sie nicht singulär, sondern als »Gesamtpaket« betrachtet werden, in der Regel Güterabwägungen, da sie auf Implementierungsebene partiell konfligieren oder konkurrieren können. Viertens lassen sich sowohl strukturell als auch graduell unterschiedliche Grade der Umsetzung dieser Rechte rechtfertigen. Dies alles spricht dafür, sowohl die konkrete Bestimmung dieser Rechte als auch ihre Umsetzung normativ restringierten politischen Entscheidungsprozessen zu unterwerfen und diese Rechte als Gegenstand der politischen Gerechtigkeit zu betrachten. Reduziert man den Begriff des Politischen nicht auf die Verfolgung egoistischer Interessen, sondern belässt ihm eine normative Dimension, die die Berücksichtigung der individuellen und kollektiven Wohlfahrt einschließt, ist die Einordnung wirtschaftlicher, kultureller und sozialer Rechte in den Raum der politischen Gerechtigkeit angemessener als eine Charakterisierung dieser Rechte als Menschenrechte.

Eine derartige Grenzziehung entkräftet viele der partikularistischen Argumente, die gegen die theoretische und praktisch-normative Orientierung an Menschenrechten angeführt werden. Die am häufigsten erhobenen Vorwürfe sind der Vorwurf der Oktroyierung »westlich-liberaler« Wert- und Gesellschaftsvorstellungen,[31] der Vorwurf eines kulturindifferenten Universalismus[32] und der Vorwurf einer gemeinschaftsvergessenen Verklärung des Individuums.[33] Eine begriffliche Grenzziehung zwischen Menschenrechten und Forderungen der politischen Gerechtigkeit, wie die hier vorgeschlagene, restringiert den Begriff der Menschenrechte auf solche Rechte, Freiheiten und Ansprüche, die den Schutz der Person betreffen und Rechtsstaatlichkeit sowie egalitäre Partizipationsmöglichkeiten an kollektiven Interaktionssphären (wie Wirtschaft, Kultur etc.) gewährleisten. Ein solcher Menschenrechtsbegriff betont, dass Personen als Individuen ein normativer Wert zukommt – und zwar allen Personen ein gleicher –, enthält aber keine konkreten Wert- und Güteraussagen. Eine solche Interpretation des Menschenrechtsbegriffes verweist die normative Regelung von Fragen, die materiale Wertorientierungen und Vorstellungen des Guten involvieren, an die Adresse der politischen Gerechtigkeit und ist offen für plurale, gesellschafts- und kulturvariante »Lösungen« dieser Fragen. Er ist sogar offen für gesellschafts- und kulturvariante Divergenzen der Gerechtigkeit, sofern die Grundsätze der Unparteilichkeit, der Berücksichtigung des individuellen Wohlergehens, der kollektiven Wohlfahrt und der Sozialverträglichkeit beachtet werden.[34] Es lassen

---

30 Für die Auffassung, dass Menschenrechte erst dann Geltung beanspruchen können, wenn sie positiviert wurden vgl. Habermas (1998). Habermas geht es primär um eine diskursethische Rechtfertigung des Geltungsanspruches von Menschenrechten im Rahmen einer verfassunggebenden Versammlung. Dabei geht er von einem Verständnis von Menschenrechten als subjektiver Rechte aus, das sehr eng am Begriff der Grundrechte im Grundgesetz der Bundesrepublik angelehnt ist.

31 Für eine differenzierte und gemäßigt affirmative Aufnahme dieses Vorwurfes s. Brown (1999).

32 Vgl. für eine ausführliche Diskussion Parekh (1999).

33 Vgl. für interkulturelle Auffassungen der Menschenrechte An-Na'im (1992).

34 Diese Grundsätze können hier nicht begründet werden, dürften aber als solche auch nicht strittig sein. Strittig ist vor allem

sich zwei Gründe für diese Beschränkung des Menschenrechtsbegriffes anführen: zum einen die Anerkennung eines Pluralismus von Wert- und Gütervorstellungen, zum anderen die Aufgabe der Vorstellung, dass Normbegründungen eine deduktive Struktur haben, an deren Begründungsausgangspunkten Menschenrechte stehen, aus denen sich alle weiteren Forderungen ableiten lassen. Gegen diese Auffassung wird eine bereichsspezifizierte Form der Begründung gesetzt, die Menschenrechten die Funktion zuweist, den originären Rechtsstatus von Personen gegenüber Institutionen zu umschreiben, der politischen Gerechtigkeit dagegen die Aufgabe der Regelung von normativen Fragen, die im Bereich sozialen Handelns entstehen.

Aufgrund der Anerkennung pluraler Wert- und Gütervorstellungen laufen der Vorwurf der Oktroyierung westlicher Werte und eines kulturindifferenten Universalismus ins Leere. Demgegenüber beinhaltet die Anerkennung eines originären und egalitären Rechtsstatus individueller Personen ein unzweideutiges Bekenntnis zur Position des ethischen Individualismus und philosophischen Liberalismus. Denn sie ist unvereinbar mit der Auffassung, dass der politische, rechtliche und gesellschaftliche

---

die Abwägung zwischen den Grundsätzen der Berücksichtigung des individuellen Wohlergehens und der kollektiven Wohlfahrt in den Fällen, in denen beides nicht zusammenfällt. Insbesondere von Seiten sog. »Entwicklungsländer« wird häufig der Einwand erhoben, dass die Förderung der kollektiven Wohlfahrt zumindest zeitweise Einschränkungen individueller Freiheiten rechtfertigen kann. Eine ausführliche Diskussion dieses Problems kann im Rahmen des vorliegenden Artikels nicht geleistet werden.

35 Empirisch betrachtet dürften hierbei nicht Mangel- oder Notsituationen die größte Herausforderung darstellen, sondern Phänomene des »Staatszerfalls«.

36 Im Anschluss an Rawls (1999) und Koller (1998) könnte man auch zwischen idealen und nicht idealen Bedingungen unterscheiden.

37 Partikularistische Positionen müssen nicht grundsätzlich die Orientierung an Menschenrechten verwerfen; sie können z. B. »Staaten« als Adressaten von Menschenrechten betrachten und/oder die Grundsätze der territorialen Souveränität und der Non-Intervention aus normativen und/oder politischen Gründen verteidigen. Vgl. dazu Walzer (1992) und Jackson (2000). Für eine nicht an der Interventionsproblematik und Menschenrechtsdiskussion, sondern an der Interpretation des Rechts auf politische Selbstbestimmung orientierte partikularistische Argumentation vgl. Margalit/Raz (1990).

Rechtsstatus individueller Personen durch Stand, Geburt, Geschlecht oder religiöse Faktoren bestimmt wird. Dieses Personen- und Gesellschaftsverständnis ist allerdings weniger »westlich-liberal«, als vielmehr »modern« und beschränkt sich schon lange nicht mehr auf Europa und Nordamerika.

d) Menschenrechte auf internationaler Ebene

Die wohl wichtigste Konsequenz einer strukturellen, interpretationsbezogenen Interpretation von Menschenrechten besteht in der Forderung, nicht nur Staaten, sondern auch Personen als Rechtssubjekte im Völkerrecht anzuerkennen – und zwar über die Übereinkommen, Protokolle und Konventionen zum Rechtsstatus von Flüchtlingen, Asylsuchenden, Staatenlosen und Kriegsgefangenen hinaus. Da auf der einen Seite die Funktion sowohl des Völkerrechts als auch supranationaler Organisationen primär in der Regelung interkollektiver Verhältnisse besteht, auf der anderen Seite weder »Staaten« noch »Völker« als Entitäten *sui generis* anerkannt werden können, wird diese Forderung vor allem dann theoretisch relevant, wenn staatliche Institutionen resp. ihre Repräsentanten entweder nicht willens oder nicht in der Lage[35] sind, die Einhaltung von Menschenrechten auf domestischer Ebene zu gewährleisten. Im Rahmen eines universalistischen Verständnisses von Menschenrechten, das politische Institutionen (»Staaten«) nicht als Adressaten, sondern als Bezugsgegenstand von Menschenrechten ansieht, und ihre Repräsentanten als prioritär *verantwortliche* Personen für ihre Gewährleistung betrachtet, korrespondieren Menschenrechten internationale Pflichten. Im Gegensatz zu kosmopolitischen Positionen und zu nicht-institutionellen Interpretationen des Bezugsgegenstandes von Menschenrechten wird die internationale Dimension von Menschenrechten in dieser Interpretation jedoch als ein Problem des Umgangs mit »Ungerechtigkeit«, »Versagen« oder »Notsituationen« aufgefasst;[36] weil von einer prioritären Verantwortung staatlicher Repräsentanten ausgegangen wird; im Gegensatz zu einer substantiell partikularistischen Position werden Menschenrechtsverletzungen als eine Form von Ungerechtigkeit verstanden, die internationale Verpflichtungen zu ihrer Behebung impliziert.[37] Die Anerkennung solcher Verpflichtungen berührt den zum *ius cogens* des Völkerrechts zählenden Grundsatz der Nichteinmischung in die inneren Angelegenheiten und führt, sofern der Einsatz militärischer Mittel erforderlich ist, zur Problematik der (bewaffneten) humanitären Intervention;[38] sie erfordert ferner die Anerkennung globaler Verpflichtungen zur Bekämpfung subsistenzgefährdender Armut und eine Erleichterung der Aufenthalts- und Immigrationsmöglichkeiten im Falle durch Menschenrechtsverletzungen ausgelöster Migrationsbewegungen.[39]

Nähert man sich diesen Thematiken unter der Problemperzeption des Umgangs mit Ungerechtigkeit, wird von vornherein deutlich, was in kosmopolitischen Ansätzen eher als Folge- oder Implementierungsproblem auftaucht: Die internationalen Verpflichtungen zum Schutz der Menschenrechte können, insbesondere dann, wenn ihre Nicht-Gewährleistung nicht auf Unfähigkeit, sondern auf mangelnde Bereitschaft zurückzuführen ist, nicht absolute oder obligatorische Pflichten sein. Die Bekämpfung von Ungerechtigkeit und die Kompensation von nicht selbst verschuldeten Mängeln und Fehlleistungen tangiert i.d.R. moralische Ansprüche und Rechtsansprüche derjenigen Personen, denen eine solche Aufgabe zugewiesen wird. Daher sind Güterabwägungen unvermeidlich. Weiterhin sind Machbarkeits- und Effizienzüberlegungen zu berücksichtigen. Da weder Intervention noch eine Kompensation fremdverschuldeter Menschenrechtsverletzungen Dauerlösungen sein können, müssen hierbei insbesondere auch die Chancen zu einer Veränderung des institutionellen *status quo* in Anschlag gebracht werden; desweiteren natürlich auch die Verträglichkeit der regionalen und globalen Folgen mit anderen normativen Zielen. Schließlich gilt es, vor dem Hintergrund des Fehlens einer rechtsdurchsetzenden Institution und einer klaren Aufgaben- und Verantwortungsverteilung auf internationaler Ebene auch die Probleme der Wahrnehmung von Verantwortung in diffusen Verantwortungssituationen zu berücksichtigen. Für alle diese Probleme gibt es keine allgemeinen oder theoretisch formalisierbaren Lösungen. Man kann der Diffusion von Verantwortung durch die Forderung nach institutionalisierten Mechanismen der Verantwortungszuteilung oder -wahrnehmung begegnen;[40] aber selbst dann bleiben die anderen Probleme weitgehend unberührt. Sie erfordern Urteilskraft, empirische Sachkenntnis und Einzelfallbetrachtungen.

Ebenso lassen sich zwar Grundsätze wie Verhältnismäßigkeit und Zielgenauigkeit der Maßnahmen sehr leicht grundsätzlich einklagen, aber wie Verhältnismäßigkeit und Zielgenauigkeit im Einzelnen bestimmt sind, ist wiederum eine Frage, die Urteilskraft, empirische Sachkenntnis und Einzelfallbetrachtungen erfordert. Diese Probleme bilden den zentralen Gegenstandsbereich normativer Diskussionen der genannten Thematiken.[41] Sie zeigen überdeutlich, dass auch die *normative* Theorie der internationalen Politik nicht auf *politischen* Sachverstand verzichten kann. Die theoretische Konzeptualisierung dieser Schwierigkeiten in Anschlag bringend darf die These gewagt werden, dass diese Thematiken ein theoretisches Problemfeld bezeich-

---

38 In der völkerrechtlichen Praxis wurden bewaffnete humanitäre Interventionen in der Vergangenheit mehrmals nicht direkt als Maßnahme zum Schutz der Menschenrechte begründet, sondern über die Gefährdung des internationalen Friedens; dies gilt jedoch nicht für jüngere Maßnahmen. Völkerrechtlich gilt eine humanitäre Intervention bereits heute als gerechtfertigt, wenn sie entweder vom UN-Sicherheitsrat unter Berufung auf Kap. 7, Art. 39 der UN-Charta oder von der UN-Generalversammlung unter Berufung auf GA Res. 337 (»Uniting for Peace«) gebilligt ist, wobei in der Praxis vor allem die Billigung durch den Sicherheitsrat relevant ist. Vgl. z.B. Nederveen Pieterse (1998) für politiktheoretische und völkerrechtliche Beiträge zur Interventionsthematik. Für eine normative-völkerrechtliche Perspektive vgl. Abiew (1999). Für eine philosophische Diskussion vgl. Barry (1996) und Kersting (2000c). Eine Theorie und Praxis gleichermaßen berücksichtigende Diskussion findet sich in Weiss/Collins (1996) und Chatterjee/Scheid (2003).

39 Die Migrationsthematik wird hierbei nicht nur auf den Ebenen der Asyl- und (Kriegs-/Bürgerkriegs-)Flüchtlingspolitik relevant. Denn, sofern Subsistenzgewährleistung als Menschenrecht betrachtet wird, müssen auch Fragen der Wahlfreiheit eines Lebens- und Wohnortes berücksichtigt werden. Die Migrationsdebatte wird jedoch nicht breit verfolgt und ist selten auf menschenrechtliche Überlegungen fokussiert. Den besten Überblick über Beiträge zur Migrationsthematik aus der Perspektive einer Ethik der internationalen Beziehungen dürften nach wie vor Barry/Goodin (1992) geben. Vgl. zur Migrationsthematik unter Berücksichtigung von gesellschaftlichen und bürgerrechtstheoretischen Fragen z.B. Bauböck (1994) und Bader (1997).

40 Vgl. Höffe (1999) als Vertreter eines grundsätzlich stark institutionalistisch orientierten Ansatzes; vgl. u.a. Zanetti (1999) für institutionelle Regelungen im speziellen Bereich »humanitäre Intervention«.

41 Rein theoretisch orientierte Auseinandersetzungen mit dem Souveränitätsprinzip sind angesichts der realen Entwicklungen inzwischen in den Hintergrund getreten.

nen, dessen Bewältigung die normative Theorie der internationalen Politik noch geraume Zeit beschäftigen wird.

2.2. Der Gegenstandsbereich zwischenstaatlicher Gerechtigkeit

Zum Bereich »internationaler zwischenstaatlicher« Gerechtigkeit werden drei Problemkreise gezählt: Erstens die Thematik des »gerechten Krieges« (*ius ad bellum* und *ius in bello*), die sich partiell mit der Interventionsdebatte überschneidet; zweitens die durch die ungleiche Verteilung von Reichtum und Lebenschancen provozierte Frage, ob und inwieweit hierunter auch Fragen der »sozialen« Gerechtigkeit fallen; drittens gerät zwar noch vereinzelt, aber vermehrt, auch das Problem »zwischenstaatlicher Demokratie« in den Blickpunkt.[42] Da die zweite Debatte inzwischen wohl den breitesten Raum einnimmt, soll näher auf sie eingegangen werden.

Die Ansätze und Positionen im Bereich sozialer Gerechtigkeit lassen sich nach folgenden Gesichtspunkten strukturieren: (i) Auf konzeptioneller Ebene geht es um die Frage, ob soziale Gerechtigkeit auf den domestischen Bereich beschränkt ist,[43] bzw. wenn nicht, ob »internationale soziale Gerechtigkeit« zwischenstaatlich oder global (kosmopolitisch) zu verstehen ist.[44] (ii) Hinsichtlich der theoretischen Fundierung werden bedürfnis-, rechts- und menschenrechtsbasierte, pflichtentheoretische, utilitaristische sowie am Gleichheitsgrundsatz, am Unparteilichkeitsprinzip, am Prinzip der fairen Distribution (kooperativ erstellter) Güter[45] orientierte Ansätze vertreten, die hinsichtlich der materialen

Bestimmung von Forderungen der sozialen Gerechtigkeit voneinander abweichen. (iii) Bezüglich der praktischen Forderungen konkurrieren institutionelle Vorschläge und Forderungen von Transferleistungen. (iv) Außerdem variieren die Ansichten über die Ursachen von Armut und der ungleichen Verteilung von Gütern unter globaler Perspektive sowie die ökonomischen Analyseinstrumentarien.[46]

Angesichts dieser Vielfalt, die sich vor allem der Vielfalt moraltheoretischer Positionen verdankt, ist es sinnvoll, sich auf die strukturellen Kernfragen (i) und (iii) zu konzentrieren.

Weist man der »Gerechtigkeit« die Aufgabe zu, zwischen konkurrierenden und konfligierenden praktischen Interessen zu vermitteln, bezieht man sie auf Handlungs- und Interaktionssphären. Damit werden zugleich die Grenzen und die Beziehungsdichte von Handlungs- und Interaktionssphären gerechtigkeitstheoretisch relevant. Infolge werden kosmopolitische Auffassungen sozialer Gerechtigkeit problematisch, weil diese die strukturellen Differenzen zwischen domestischen und globalen Handlungssphären negieren. Die Welt ist zwar »zusammengewachsen«, aber die Aktions- und Interaktionssphären von Personen sind noch immer institutionell abgegrenzt, und auch angesichts supranationaler Zusammenschlüsse ist nicht zu sehen, dass sich dies *grundsätzlich* ändern wird. Staatliche Grenzen können daher nicht nur als kontingente Zuweisungen eines Geburtsortes betrachtet werden. Sie umgrenzen auch den Raum, in dem politische und gesellschaftliche Selbstorganisation stattfindet. Ein funktionales Äquivalent für die Institution »Staat« zu finden, dürfte insbesondere dann, wenn man eine demokratische Form gesellschaftlicher Selbstorganisation bevorzugt, nicht einfach sein. Daher muss man keineswegs einer partikularistischen Position anhängen oder einen Primat des nationalen Eigeninteresses vertreten, um kosmopolitischen Auffassungen der Gerechtigkeit skeptisch gegenüberzustehen: Die normative Relevanz staatlicher Grenzen für Fragen der transnationalen »sozialen Gerechtigkeit« basiert auf der interaktionstheoretischen und demokratietheoretischen Bedeutung politischer Vereinigungen für die kollektive Organisation von Wohlfahrt und sozialer Gerechtigkeit.

Normativ relevant werden politische Grenzen aber auch dann, wenn man die Auffassung nicht

---

42 Vgl. z. B. Held (1995); Höffe (1999) und die Beiträge in Smith (2000).

43 Dezidiert bejaht wird diese Frage von Rawls (1999); als Begründer der kosmopolitischen Position können Beitz (1979) und Pogge (1988) angesehen werden.

44 Für eine explizit zwischenstaatliche Auffassung argumentieren Chwaszcza (1996); Kersting (1997); Höffe (1999).

45 John Rawls selbst hält die Ausweitung seiner Gerechtigkeit als Fairness-Konzeption auf die internationale Ebene aus kohärenztheoretischen Gründen für nicht gerechtfertigt.

46 Vgl. A. Chwaszcza (1996); einen Überblick, der auch spätere Arbeiten berücksichtigt, bietet O'Neill (2000, S. 115 ff.); vgl. auch die Beiträge in *Metaphilosophy*, 32 (2001).

preisgeben möchte, dass die Moral die Politik nicht ersetzen kann. Die Ungleichverteilung von Reichtum und Lebenschancen in der Welt ist zweifellos eine moralische Provokation. Aber das Bestreben, dieser Ungleichverteilung entgegenzuwirken, sollte nicht den Blick dafür verstellen, dass ihre Behebung nicht nur Wohltätigkeit verlangt, sondern häufig auch eine Veränderung politischer Strukturen und fast immer politische Entscheidungen, die sowohl aus normativ-politischen als auch aus pragmatischen Gründen in den politischen Vereinigungen zu treffen oder zu fällen sind, um die es geht. Daher ist insbesondere die Forderung nach materiellen Transferleistungen problematisch, wenn nicht zugleich die Möglichkeit politischer Einflussnahme gewährleistet wird.[47] Im domestischen Rahmen, zumindest in demokratischen Staaten, haben diejenigen, von denen solche Transferleistungen verlangt werden, noch immer die Möglichkeit, politischen Einfluss auf ihre Höhe und ihre Verwendung zu nehmen; im globalen Rahmen gilt dies nur sehr eingeschränkt und wird häufig als unzulässige Fremdbestimmung betrachtet.

Die Ablehnung des Kosmopolitismus bestreitet nicht, dass es transnationale Forderungen der sozialen Gerechtigkeit gibt, die einer normativen Regelung bedürfen, sondern betrachtet sie als Fragen der zwischenstaatlichen politischen Gerechtigkeit. Wirtschaftliche, finanzielle und technische Unterstützung, wie sie z. B. im Rahmen der sog. »Entwicklungshilfe« geleistet wird, ist sicherlich nicht nur aus Klugheitsgründen angeraten, sondern auch aus Gründen der politischen Chancengleichheit gefordert. Darüber hinaus unterliegen selbstverständlich auch kooperative zwischenstaatliche Unternehmungen Gerechtigkeitsbedingungen. Gleiches gilt für politische Lösungen der Probleme eines sich immer stärker globalisierenden ökonomischen Sektors, der Eindämmung negativer externer Effekte der Finanzwirtschaft auf die Einzelstaaten etc. Die normative Vermessung dieser Probleme erfordert allerdings nicht nur politische Phantasie, sondern auch interdisziplinäre Zusammenarbeit. Denn ein großer Teil dieser Probleme lässt sich ohne Kenntnis der internationalen Ökonomie und fachlicher Fragen der Wohlfahrtsökonomie gar nicht behandeln.[48]

Eine traditionelle moraltheoretische Antwort zum Zweck einer institutionellen Regelung dieser Probleme ist die Einrichtung einer zentralen staatlichen Koordinationsinstanz. Auf zwischenstaatlicher und globaler Ebene kann auf diese traditionelle Antwort aber nur begrenzt zurückgegriffen werden, weil ein Weltstaat weder wünschenswert ist, noch machbar erscheint. Daher müssen genuin transnationale, dezentrale Organe und Ebenen politischer Entscheidungsfindung entwickelt werden. Da die überwiegende Zahl normativ gefilterter Prozesse und/oder Verfahren der kollektiven Entscheidungsfindung, die bislang untersucht wurden, sich an demokratischen Verfahren orientiert, die eng an das Staatsmodell gekoppelt sind, werden hier neue Verfahren und neue Organisationsformen entwickelt werden müssen.[49] Auch in diesem Problembereich steht die normative Theorie der internationalen Beziehungen vor nicht nur praktisch, sondern vor allem auch theoretisch anspruchsvollen Herausforderungen.

Literatur

ABIEW, FRANCIS KOFI (1999), *The Evolution of the Doctrine and Praxis of Humanitarian Intervention*, Den Haag u.a.: Kluwer International Law. ▪ AN-NA'IM, ABDULLAHU AHMED (Hg.) (1992), *Human Rights in Cross-cultural Perspectives*, Philadelphia: University of Philadelphia Press. ▪ BADER, VEIT-MICHAEL (Hg.) (1997), *Citizenship and Exclusion*, Basingstoke u.a.: Macmillan Press. ▪ BARRY, BRIAN / GOODIN, ROBERT E. (Hg.) (1992), *Free Movement. Ethical Issues in the Transnational Migration of People and Money*, New York: Pennsylvania State University Press. ▪ BARRY, BRIAN (1996), *Nationalism, Intervention and Redistribution*, in: IIS-Arbeitspapier, 3/96, Bremen: Institut für Interkulturelle und Internationale Studien. ▪ BAUBÖCK, RAINER (1994), *Transnational Citizenship. Membership and Right in International Migration*, Aldershot: Elgar. ▪ BEITZ, CHARLES (1979), *Political Theory and International Relations*, Princeton: Princeton University Press. ▪ BIELEFELDT, HEINER (1998), *Philosophie der Menschenrechte. Grundlagen eines weltweiten Freiheitsethos*, Darmstadt: Wissenschaftliche Buchgesellschaft. ▪ BOUCHER, DAVID (1998), *Political Theories of International Relations. From Thukydides*

---

47 Nothilfe ist hiervon nicht betroffen.

48 Das gleiche Problem stellt sich hinsichtlich der normativen Theorie globaler »policies«, z. B. des transnationalen Umweltschutzes. – Vgl. für die Konzeption einer vertikalen Integration im Zusammenhang mit Fragen der »global governance«: Zürn (1998).

49 Sehr eng an »traditionellen« Formen der Politikgestaltung orientieren sich Held (1995) und Höffe (1999). Für einen alternativen Ansatz plädieren die Beiträge in Smith (2000); vgl. A. Gill (1999), Kersbergen (1999).

to the Present, Oxford: Oxford University Press. ■ BROWN, CHRIS (1999), »Universal Human Rights: A Critique«, in: Dunne, Tim / Wheeler, Nicholas (Hg.), Human Rights in Global Politics, Cambridge: Cambridge University Press, S. 103–127. ■ CARLSNAES, WALTER / RISSE, THOMAS / SIMMONS, BETH A. (2002) (Hg.), Handbook of International Relations, London u. a.: Sage. ■ CHATTERJEE, DEEN / SCHEID, DON (Hg.) (2003), Ethics and Foreign Intervention, Cambridge: Cambridge University Press. ■ CHWASZCZA, CHRISTINE (1996), »Politische Ethik II. Ethik der Internationalen Beziehungen«, in: Nida-Rümelin, Julian (Hg.), Angewandte Ethik. Die Bereichsethiken und ihre theoretische Fundierung, Stuttgart: Kröner, S. 155–199. ■ CHWASZCZA, CHRISTINE (2003), Praktische Vernunft als vernünftige Praxis, Weilerswist: Velbrück. ■ COHEN, MARSHALL (1985), »Moral Scepticism and International Relations«, in: Philosophy and Public Affairs, 13, S. 299–346. ■ DONNELLY, JACK (1989), Universal Human Rights in Theory and Practice, Ithaca: Cornell University Press. ■ DONNELLY, JACK (1999), »The Social Construction of Human Rights«, in: Dunne, Tim / Wheeler, Nicholas (Hg.), Human Rights in Global Politics, Cambridge: Cambridge University Press, S. 71–102. ■ FINNIS, JOHN M. (1980), Natural Law and Natural Rights, Oxford: Clarendon Press. ■ GILL, STEPHEN (1997) (Hg.), Globalization, Democratization and Multilateralism, Tokyo u. a.: United Nations University Press/ New York: St. Martin's Press/Houndsmill u. a.: MacMillan. ■ GRIFFITHS, MARTIN (1999), Fifty Key Thinkers in International Relations, London/ New York: Routledge. ■ GROOM, ARTHUR JOHN R. / LIGHT, MARGOT (1994) (Hg.), Contemporary International Relations. A Guide to Theory, London/New York: St. Martin's Press. ■ HABERMAS, JÜRGEN (1998), Faktizität und Geltung: Beiträge zur Diskurstheorie des Rechts und des demokratischen Rechtsstaats, Frankfurt/M.: Suhrkamp. ■ HELD, DAVID (1997), Democracy and the Global Order, Cambridge: Polity Press. ■ HÖFFE, OTFRIED (1999), Demokratie im Zeitalter der Globalisierung, München: C. H.Beck. ■ JACKSON, ROBERT (2000), The Global Covenant. Human Conduct in a World of States, Oxford: Oxford University Press. ■ JONES, CHARLES (1999), Global Justice. Defending Cosmopolitanism, Oxford: Oxford University Press. ■ KERSBERGEN, KEES VAN / LIESHOUT, ROBERT H. / LOCK, GRAHAM (1999) (Hg.), Expansion and Fragmentation. Internationalization, Political Change and the Transformation of the Nation State, Amsterdam: Amsterdam University Press. ■ KERSTING, WOLFGANG (1997), »Globale Rechtsordnung oder weltweite Verteilungsgerechtigkeit? Über den systematischen Grundriss einer politischen Philosophie der internationalen Beziehungen«, in: Kersting, Wolfgang, Recht, Gerechtigkeit und demokratische Tugend. Abhandlungen zur praktischen Philosophie der Gegenwart, Frankfurt/M.: Suhrkamp, S. 243–316. ■ KERSTING, WOLFGANG (2000 a), Theorien der sozialen Gerechtigkeit, Stuttgart: Metzler. ■ KERSTING, WOLFGANG (2000 b), »Globaler Liberalismus und kulturelle Differenz. Fukuyama, Huntington und die politische Philosophie der internationalen Beziehungen«, in: Kersting, Wolfgang, Politik und Recht, Weilerswist: Velbrück, S. 211–236. ■ KERSTING, WOLFGANG (2000 c), »Dürfen Menschenrechte mit Gewalt zwischenstaatlich durchgesetzt werden? Rechtsphilosophische Überlegungen zu einer Ethik der Intervention«, in: Kersting, Wolfgang, Politik und Recht,

Weilerswist: Velbrück, S. 237–272. ■ KOLLER, PETER (1998), »Der Geltungsbereich der Menschenrechte«, in: Gosepath, Stefan / Lohmann, Georg (Hg.), Philosophie der Menschenrechte, Frankfurt/M.: Suhrkamp, S. 96–123. ■ KOLLER, PETER (1999), »Die Internationalisierung der Menschenrechte und die Grenzen staatlicher Souveränität«, in: Brunkhorst, Hauke / Köhler, Wolfgang R. / Lutz-Bachmann, Matthias (Hg.), Recht auf Menschenrechte, Frankfurt/M.: Suhrkamp, S. 228–245. ■ KOSKENNIEMI, MARTTI (2002), The Gentle Civilizers of Nations: The Rise and Fall of International Law 1870–1960, Cambridge: Cambridge University Press. ■ KRATOCHWIL, FRIEDRICH / LAPID, YOSEF (1996) (Hg.), The Return of Culture and Identity in IR Theory, Boulder/Colorado: Lynne Rienner Publishers. ■ LAUBACH-HINTERMEIER, SONJA (1998), »Kritik des Realismus«, in: Chwaszcza, Christine / Kersting, Wolfgang (Hg.), Politische Philosophie der internationalen Beziehungen, Frankfurt/M.: Suhrkamp, S. 73–95. ■ LEHMKUHL, URSULA (2001), »Diplomatiegeschichte als internationale Kulturgeschichte: Theoretische Ansätze und empirische Forschung zwischen Historischer Kulturwissenschaft und soziologischem Institutionalismus«, in: Geschichte und Gesellschaft, 27, S. 394–423. ■ LOTH, WILFRIED / OSTERHAMMEL, JÜRGEN (2000) (Hg.), Internationale Geschichte: Themen – Ergebnisse – Aussichten, München: Oldenbourg. ■ MACINTYRE, ALASDAIR C. (1993), »Ist Patriotismus eine Tugend?«, in: Honneth, Axel (Hg.), Kommunitarismus: eine Debatte über die moralischen Grundlagen moderner Gesellschaften, Frankfurt/M.: Campus, S. 84–102. ■ MACKIE, JOHN L. (1990), Ethics: Inventing Right and Wrong, Harmondsworth: Penguin Books. ■ MARGALIT, AVISHAI / RAZ, JOSEPH (1990), »National Self-Determination«, in: Journal of Philosophy, 87, S. 439–461. ■ MENZEL, ULRICH / VARGA, KATHARINA (1999), Theorie und Geschichte der Lehre von den Internationalen Beziehungen, Hamburg: Schriften des Deutschen Übersee-Instituts Hamburg. ■ MENZEL, ULRICH (2001), Zwischen Idealismus und Realismus. Die Lehre von den Internationalen Beziehungen, Frankfurt/M.: Suhrkamp. ■ NEDERVEEN PIETERSE, JAN (1998) (Hg.), World Orders in the Making. Humanitarian Intervention and Beyond, London u. a.: Macmillan Press/New York: St. Martin's Press.O'Neill, Onora (2000), Bounds of Justice, Cambridge: Cambridge University Press. ■ PAREKH, BHIKHU (1999), »Non-ethnocentric Universalism«, in: Dunne, Tim / Wheeler, Nicholas (Hg.), Human Rights in Global Politics, Cambridge: Cambridge University Press, S. 128–159. ■ POGGE, THOMAS (1988), »Rawls on Global Justice«, Canadian Journal of Philosophy 18, S. 227–256. ■ POGGE, THOMAS (1995), »How Should Human Rights Be Conceived«, in: Jahrbuch für Recht und Ethik, 3, S. 103–120. ■ POGGE, THOMAS (2002), World Poverty and Human Rights. Cosmopolitan Responsibilities and Reforms, Oxford: Polity Press. ■ RAWLS, JOHN (1999), The Law of Peoples, Cambridge/Mass. u. a.: Harvard University Press. ■ RISSE-KAPPEN, THOMAS (1995), Bringing Transnational Relations Back In. Non-state Actors, Domestic Structures and International Relations, Cambridge: Cambridge University Press. ■ RISSE, THOMAS / ROPP, STEPHEN C. / SIKKING, KATHRYN (1999) (Hg.), The Power of Human Rights. International Norms and Domestic Change, Cambridge: Cambridge University Press. ■ RORTY, RICHARD (1996), »Menschenrechte, Rationalität und Gefühl«, in: Shute, Stephen /

Hurley, Susan (Hg.), *Die Idee der Menschenrechte*, Frankfurt/M.: Fischer, S. 144–170. ■ Russett, Bruce / Starr, Harvey (1996⁵), *World Politics: The Menu for Choice*, New York: W. H. Freeman and Company. ■ Schmidt, Brian C. (2002), »On the History and Historiography of International Relations«, in: Carlsnaes, Walter / Risse, Thomas / Simmons, Beth A. (Hg.), *Handbook of International Relations*, London u. a.: Sage, S. 3–23. ■ Senghaas, Dieter (1998), *Zivilisierung wider Willen*, Frankfurt/M.: Suhrkamp. ■ Shue, Henry (1980), *Basic Rights: Subsistence, Affluence, and U. S. Foreign Policy*, Princeton: Princeton University Press. ■ Shue, Henry (1998), »Menschenrechte und kulturelle Differenz«, in: Gosepath, Stefan / Lohmann, Georg (Hg.), *Philosophie der Menschenrechte*, Frankfurt/M.: Suhrkamp, S. 343–377. ■ Smith, Hazel (2000) (Hg.), *Democracy and International Relations. Critical Theories / Problematic Practices*, London u. a.: Macmillan Press/New York: St. Martin's Press. ■ Vasquez, John A. (1983), *The Power of Power Politics: A Critique*, New Brunswick/N. J.: Rutgers University Press. ■ Viotti, Paul R. / Kauppi, Mark V. (1999⁵), *International Relations Theory. Realism, Pluralism, Globalism, and Beyond*, Boston u. a.: Allyn and Bacon. ■ Walzer, Michael (1992² [1977]), *Just and Unjust Wars*, New York: Basic Books (Harper Collins Publishers). ■ Weiss, Thomas G. / Collins, Cindy (1996), Humanitarian Challenges and Intervention. World Politics and the Dilemmas of Help, Boulder/Colorado: Westview Press. ■ Zanetti, Veronique (1999), »Die Verrechtlichung der humanitären Intervention: eine Chance oder eine Bedrohung?«, in: Kuschel, Karl-Josef (Hg.), *Ein Ethos für eine Welt? Globalisierung und ethische Herausforderung*, Frankfurt/M./New York: Campus, S. 220–224. ■ Zürn, Michael (1998), *Regieren jenseits des Nationalstaates*, Franfurt/M.: Suhrkamp.

15.5 Politik zwischen Differenz und Anerkennung: Multikulturalismus und das Problem der Menschenrechte

Shingo Shimada

Das Verhältnis von Menschenrechten und »Kultur« wird erst seit kurzem thematisiert. Die Vorstellung, dass die Menschenrechte im Zusammenhang unterschiedlicher kultureller Differenzen gedacht werden müssten, konnte so lange nicht aufkommen, wie ein bestimmtes Wertesystem als universell und kulturunabhängig angenommen wurde. Offensichtlich hat sich dies geändert, so dass die Relevanz der Menschenrechte angesichts der kulturellen Differenzen ein ernstzunehmendes, aktuelles Problem geworden ist. Daher hat sich die Diskussion um die Menschenrechte mittlerweile stark »interkulturalisiert«,[1] und der Ausdruck »Multikulturalismus« verweist auf die innergesellschaftlichen Wandlungsprozesse, in denen der Aspekt der »Kultur« wiederum eine entscheidende Rolle spielt. Dennoch scheinen die sich zum Teil überschneidenden und sich gegenseitig beeinflussenden englisch- und deutschsprachigen Diskurse zu diesen Themen zwei eurozentrische Diskurse zu sein. Das Phänomen und die Möglichkeit der multikulturellen Gesellschaft werden vornehmlich im Kontext der westlichen Gesellschaften diskutiert, und der Diskurs um die Menschenrechte erweckt auf den ersten Blick den Anschein eines Kulturkampfes, in dem der Westen *seine* Werte gegen die »Anderen« zu verteidigen sucht.[2] So besteht bei der Behandlung dieses Themas die Gefahr, aus-

schließlich in diese politischen Grabenkämpfe einbezogen zu werden. Dabei werden allzu häufig und auch allzu leichtfertig dichotomische Gegensätze zwischen z. B. dem »Westen« und dem »Rest« aufgebaut, die den heutigen globalen Austauschbeziehungen nicht gerecht werden können. Während die politischen, ökonomischen und kulturellen Situationen der Gegenwart eine differenzierte und prozesshafte Vorgehensweise erfordern, beharrt der Diskurs um Menschenrechte weitgehend auf der herkömmlichen Denkweise der Identität, nach der eine kulturelle Einheit klar abgegrenzt sowie statisch in sich ruhend und homogen verstanden wird.

Im vorliegenden Beitrag möchte ich versuchen, durch die Analyse der unterschiedlichen Positionen im Diskurs um die Menschenrechte einen Blickwinkel zur Neubetrachtung der Problemlage zu suchen. Dabei werde ich zunächst den Hintergrund beleuchten, vor dem »Kultur« zum gesellschaftlichen und auch weltpolitischen Thema erhoben wurde. Denn es war lange Zeit keineswegs selbstverständlich, dass »Kultur« eines Tages als Problem (wieder) auftauchen würde. Ein Problem in diesem Diskursthema liegt wie eingangs erwähnt in der dichotomischen Gegenüberstellung zwischen dem »Westen« und dem »Rest« der Welt, als ob die Erde in zwei Teile mit gegensätzlichen Charaktereigenschaften unterteilt werden könnte. Obwohl die Einsicht, dass eine solche Sichtweise der Welt die Wirklichkeit verfehlt, von vielen geteilt wird, kehrt diese Denkweise in der Diskussion um die Kultur immer wieder und wird häufig in den theoretischen Gegensatz zwischen dem Universalismus und dem Kulturrelativismus eingebettet. Darauf wird im zweiten Abschnitt gesondert eingegangen.

Auffällig ist dieser Umstand, wenn im Rahmen des Kulturdiskurses über den Gegensatz von Individualismus und Kollektivismus sowie über die Frage nach der Trennung von Politik und Religion diskutiert wird. Hier wird sichtbar, wie die Grenzen zwischen dem »Westen« und dem »Nicht-Westen« immer wieder konstituiert und gezogen werden.

---

1 Dazu besteht mittlerweile eine umfangreiche Literatur, von der nur einige Autoren genannt werden können vgl.: An-Na'im (1992); Brunkhorst u. a. (1999); Schubert (1999 b); Bauer/Bell (1999); Bell (2001). Dies ist ein auffälliger Kontrast zur Situation der 80er Jahre, in denen das Thema der Menschenrechte so gut wie nie in Zusammenhang mit der »Kultur« behandelt wurde.

2 So fasst Gunter Schubert seinen Eindruck zu diesem Punkt wie folgt zusammen: »Zieht man aus den vielen politischen Stellungnahmen, wissenschaftlichen Erörterungen und nicht zuletzt aus der Abschlusserklärung der Wiener Konferenz ein Resümee, so steht auf den ersten Blick der vom Westen postulierten Universalität der Menschenrechte die Forderung der nicht-westlichen Welt nach einer relativierenden Kontextualisierung des Menschenrechtsgedankens gegenüber.« Schubert (1999 a, S. 19).

Auf diese Weise gerät auch der Diskurs um Menschenrechte und Kultur häufig in die Falle des »Orientalismus« im Sinne Edward Saids, durch den die imaginären Grenzen diskursiv konstruiert werden und damit auch die Vorstellung der Kulturen als abgrenzbaren Einheiten verfestigt wird.[3] Dies werden die Themen im dritten und vierten Abschnitt sein. Schließlich werde ich dann eine theoretische Position erarbeiten, die mir angemessen zu sein scheint, die Politik zwischen Differenz und Anerkennung unter den Bedingungen der gegenwärtigen weltpolitischen Situation zu behandeln.

1. Thematisierung der »Kultur« im Kontext des Multikulturalismus

Es gibt wie eingangs erwähnt einen offensichtlichen Wandel in der Thematisierung der Menschenrechte im interkulturellen Kontext. Für diesen Wandel stehen einige Menschenrechtsdeklarationen wie die Banjuncharta der Menschenrechte und Rechte der Völker 1981 und die Kairoer Deklaration der Menschenrechte im Islam 1990, die die Differenz zum »Westen« zum Ausdruck bringen.[4] Besonders bezeichnend und zugleich einflussreich für diese Entwicklung ist aber sicherlich die Wiener Weltmenschenrechtskonferenz 1993, auf der zum ersten Mal von nicht-europäischen Ländern deutlich der Standpunkt der kulturellen Differenz vertreten wurde.[5] Dies bedeutet, dass bei der Thematisierung der Menschenrechte eine Pluralisierung der Stimmen stattfand. Während bei allen vorhergehenden Deklarationen diese Form der Gegenartikulation (ob vom Standpunkt der Kultur oder des Geschlechts) kaum vorkam, mussten auf der Weltkonferenz die Stimmen der »Anderen« berücksichtigt werden.[6] Dies ist auch ein Ausdruck des weltpolitischen Wandels seit dem Anfang der 90er Jahre. Zwar spielt das vielfach konstatierte Ende des Kalten Krieges sicherlich eine wichtige Rolle für die verstärkte Thematisierung der Kultur; der Aufsatz und später das Buch von Samuel Huntington mögen stellvertretend für diese Sichtweise stehen.[7] Aber die Rückführung dieser Entwicklung auf das Ende des Kalten Krieges allein scheint mir verkürzt zu sein. So stellt Charles Taylor einen allmählichen Wandel des gesellschaftlichen Selbstverständnisses

zum Verhältnis zwischen der liberalen Demokratie und den kulturellen Differenzen in den nordamerikanischen Gesellschaften seit den 60er Jahren fest. Lag der herkömmlichen Vorstellung einer modernen demokratischen Gesellschaft das Konzept des »Volkes« mit einer starken kollektiven Identität und damit einer gemeinsamen Kultur zugrunde, verlagert sich das demokratische Selbstverständnis zunehmend zur Akzeptanz einer kulturellen Pluralität.[8] Die bis dahin selbstverständliche Annahme, dass man sein Anderssein an die dominante Kultur anzupassen und sich somit zu assimilieren hätte, habe seither ihre Relevanz verloren. Seit dieser Zeit fordern »Feministinnen, kulturelle Minderheiten, Homosexuelle, religiöse Gruppen, [...] dass das herrschende gesellschaftliche Selbstverständnis so modifiziert wird, dass es die ganze Vielfalt der Unterschiede aufnehmen kann, statt sie länger zu ignorieren oder auszuschließen«.[9] Vor diesem Hintergrund werde die Assimilationspolitik, die von den Migranten eine Anpassung an die dominante Gastlandkultur verlangt, nicht mehr akzeptiert.

Für diesen Verlagerungsprozess des gesellschaftlichen Selbstverständnisses steht stellvertretend das Konzept des Multikulturalismus, der zuerst 1971 in

---

3 Vgl. Frank (2002).
4 Zur Banjun Charta vgl. Simma/Fastenrath (1992); zur Kairoer Deklaration vgl. Mayer (1994).
5 Michael Ignatieff weist mit Recht darauf hin, dass es bereits 1947 bei der Verfassung der Allgemeinen Erklärung der Menschenrechte Einwände von der saudiarabischen Delegation gab, Ignatieff (2002, S. 79 f.). Auffällig ist jedoch, dass dies zu keinem »Kulturdiskurs« wie 1993 führte.
6 Es ist hierbei wichtig zu beachten, dass kulturalistische und feministische Positionen aus vergleichbaren Perspektiven gegen die bisher bestehenden Konzepte der Menschenrechte argumentieren, aber dass diese beiden Positionen unter Umständen auch miteinander in Konflikt geraten können, worauf Susan Moller Okin hinweist: »Die zunehmende Akzentuierung der Frauenrechte als Menschenrechte konfligiert mit der vermehrt erhobenen Forderung, kulturelle und religiöse Differenzen im Menschenrechtsdiskurs zu respektieren. Das Zusammentreffen dieser beiden Strömungen, die in den siebziger Jahren ihren Anfang nahmen und in den Neunzigern immer stärker wurden, entwickelte sich zu einem der größten Konflikte in der internationalen Menschenrechtsdebatte.« Moller Okin (1998, S. 322).
7 Huntington (1993, 1997).
8 Taylor (1997 a).
9 Taylor (1997 a, S. 87).

Kanada als offizielle Politik eingeführt wurde.[10] Der Hintergrund für die Einführung dieses neuen politischen Konzeptes liegt wohl in der Einsicht, dass in einer liberal-demokratisch verfassten Gesellschaft wie der kanadischen die Berücksichtigung der unterschiedlichen kulturellen Differenzen wider Erwarten unumgänglich wurde. Diese Entwicklung bedeutet für die liberale Demokratietheorie, die lange Zeit den Aspekt der Kultur unberücksichtigt ließ, eine Herausforderung.[11] Denn der Ignoranz gegenüber der »Kultur« liegt die modernisierungstheoretische Haltung zugrunde, dass mit der zunehmenden Modernisierung der Gesellschaft der Aspekt der Kultur und damit die nationalen Identitäten der Minderheiten auf die Dauer keine Rolle spielen würden. So wurde auch angenommen, dass die individualrechtlich verfasste liberale Demokratie die soziale Integration garantiere, da sie allen Mitgliedern der Gesellschaft Gleichheit verschafft. Will Kymlicka verweist auf den Trugschluss dieser Erwartung: »Der Mythos, ein Staat könne schlicht und einfach auf demokratischen Prinzipien gegründet sein, ohne eine bestimmte nationale Identität oder Kultur zu unterstützen, hat es bisher unmöglich gemacht, die Gründe zu

erkennen, warum nationale Minderheiten so erpicht darauf sind, politische Einheiten zu bilden oder zu erhalten, in denen sie die Mehrheit stellen.«[12] Dies ist auch der Hintergrund, vor dem Charles Taylor zu folgender Feststellung gelangt ist: »Es fehlt uns an Modellen, die es den Menschen erlauben, sich zusammenzutun und untereinander Bindungen zu entwickeln – unter Wahrung ihrer Differenzen und ohne von diesen Differenzen zu abstrahieren.«[13] Bereits in diesem Diskurs finden wir die Grundkonstellation der Debatte um die Menschenrechte wieder: Auf der einen Seite steht der individualrechtlich begründete Liberalismus mit dem Universalitätsanspruch, auf der anderen Seite die Forderung zur Anerkennung der kulturellen Differenzen.

2. Universalismus vs. Kulturrelativismus

Der wohl im Kontext der Menschenrechte und Kultur am häufigsten thematisierte Aspekt ist das Verhältnis zwischen Universalismus und Kulturrelativismus. Dabei werden die beiden Positionen in der Regel dichotomisch gedacht, und je nach der politischen Einstellung wird diese oder jene Stellung bezogen. Dies ist jedoch eine konstruierte Polarisierung und die Diskussion um das Für und Wider bestimmter Positionen bleibt unfruchtbar.

Denn zunächst ist festzustellen, dass dieses Problem ehemals auf einer epistemologischen Ebene im Kontext der Ethnologie diskutiert wurde. Die Frage bestand darin, wie eine fremde Kultur wissenschaftlich verstanden und erfasst werden kann. Während die eine Seite die Erfassbarkeit aller menschlichen Kulturen durch eine Theorie wie den Evolutionismus vertrat, plädierte die andere Seite dafür, jede einzelne Kultur in ihrer Eigenheit aus sich heraus zu verstehen und zu untersuchen.[14] Bei dieser Debatte sind folgende Punkte zu beachten: Erstens war die Position des Kulturrelativismus politisch motiviert mit der Absicht, die damals als unterlegen geltenden Kulturen aufzuwerten. In diesem Sinne ist dieser wissenschaftliche Standpunkt als eine politische Reaktion auf den Universalismus zu betrachten, der in der Tat im Dienst des Imperialismus stand. Denn mit den sozialdarwinistischen Argumenten sollte aus der universalhistorischen Perspektive die Unterlegenheit der fremden Kulturen begründet werden,

---

10 Die Auseinandersetzung um den Multikulturalismus Kanadas ist sicherlich ein hoch komplexer Vorgang, in dem unterschiedliche Liberalismus- und auch Kulturkonzepte ausgehandelt werden. An dieser Stelle kann zwar auf diesen Diskurs nicht weiter eingegangen werden, doch für das Verständnis der Situation scheint mir der Punkt wichtig zu sein, dass zumindest zwei unterschiedliche Vorstellungen von Multikulturalismus in diesem Diskurs konkurrieren. In dem einem Multikulturalismuskonzept wird zwar die kulturelle Heterogenität der Gesellschaftsmitglieder anerkannt, doch ihre politische Integration wird unabhängig von der Kulturzugehörigkeit als möglich erachtet. Nur die Frankokanadier Quebecks werden davon ausgenommen, so dass der französischen Sprache neben dem Englischen ein Sonderstatus zugebilligt wird. Im anderen Multikulturalismuskonzept wird die Kulturzugehörigkeit als die elementar notwendige Bedingung der individuellen Handlungsfähigkeit verstanden. Dieses Konzept begründet die Forderung auf Kollektivrechte, die unter Umständen zu separatistischen Bewegungen führen kann. Näher zu dieser Problematik vgl. Vauteck (2002).
11 Vgl. Kymlicka (1999, S. 13).
12 Kymlicka (1999, S. 46).
13 Taylor (1997 a, S. 91).
14 Ich verkürze für das Thema des vorliegenden Beitrages den geschichtlichen Zusammenhang gewaltig, näher zu dieser Problematik vgl. Stagl (1993).

was wiederum die imperialistischen Vorstöße in diese Kulturen oder gar die Vernichtung der Angehörigen dieser Kulturen legitimieren sollte. Daher kann dieser Theoriestreit nur im politischen Zusammenhang dieser Zeit in der *Relation der Theorien zueinander* verstanden werden. Zweitens war dieser Diskurs, in dem die Mitglieder der Kulturen, über die gesprochen wurde, keine Stimme besaßen, rein wissenschaftlich-eurozentrisch. Die Welt der »Eingeborenen« und die Welt der Wissenschaftler waren konzeptuell vollkommen getrennt.[15]

Betrachtet man den heutigen Diskurs um Menschrechte und Kultur, fallen zwei Verschiebungen auf. Dieser Diskurs verläuft nicht mehr auf einer rein epistemologischen, sondern auf einer politisch-ethischen Ebene, wobei die wissenschaftlichen Diskurse (vornehmlich der rechtsphilosophische und politikwissenschaftliche) in den politischen eingreifen. Das ehemals wissenschaftliche Problem des Fremdverstehens verlagerte sich zu einem politischen Problem. Dies beruht zum Teil darauf, dass fremde Kulturen schon längst keine »getrennten Welten« mehr darstellen, sondern die Mitglieder dieser Kulturen selbst Einspruch erheben können. Sie verwenden dabei häufig die Rhetorik des Kulturrelativismus einschließlich des herkömmlichen Konzeptes von Kultur als einer essentialistisch-homogenen Einheit. Die nicht-westlichen Kulturen *müssen* sich des kulturrelativistischen Konzeptes der Kultur bedienen, um sich überhaupt Gehör verschaffen zu können. Dieser politisch-strategische Prozess verweist auf die universalistische Anlage des relativistischen Kulturkonzeptes. Denn hier wird *jede* Kultur gleichförmig als geschlossene Einheit mit einer kollektiven Identität vorgestellt, woraus das Selbstbestimmungsrecht abgeleitet wird. In diesem Sinne ist der Kulturrelativismus eine Variante des Universalismus, der zur Lösung des Problems sicherlich wenig taugt, doch politisch wirksam bleibt.

Auf der anderen Seite ist festzuhalten, dass ein Universalitätsanspruch zu einer politischen Reaktion *zwingt*. Häufig wird nicht gesehen, dass eine Aussage mit universalgültigem Anspruch eine *politische Handlung* darstellt. Und im Sinne einer politischen Handlung grenzt jeder Universalitätsanspruch »Andere« aus, die nicht im Besitz dieser Wahrheit sind, die man selbst zu besitzen beansprucht. Auf diese Weise betrachtet bedeutet jegli-

cher Universalitätsanspruch nicht Universalität, sondern im Gegenteil Partikularität oder besser ausgedrückt: Provinzialität.[16] Doch bevor wir auf diese Weise den Universalismus generell ablehnen, sollten wir einige seiner Varianten näher betrachten, da sie ja in der Diskussion der Menschenrechte eine wichtige Rolle spielen.

Eine erste Variante des Universalismus vertritt als Erbe der Modernisierungstheorie die Perspektive der universalhistorischen Entwicklung, dass alle Gesellschaften derselben entwicklungsgeschichtlichen Logik folgen würden. In dieser Sichtweise stellen die westlichen postindustriellen Gesellschaften das Muster und den Endpunkt der Entwicklung dar, und alle anderen Gesellschaften folgen auf demselben Pfad, aber sie liegen entwicklungslogisch hinter den westlichen Gesellschaften. Prominente Vertreter dieser Position im deutschsprachigen Raum sind Jürgen Habermas und Dieter Senghaas. Beide Autoren vertreten die Ansicht, dass viele nicht-westliche Gesellschaften gerade in der Gegenwart mit vergleichbaren sozialen, politischen und ökonomischen Problemen konfrontiert sind, mit denen die europäischen Gesellschaften an der Schwelle zur Moderne beschäftigt waren. So schreibt Habermas: »Denn heute sind andere Kulturen und Weltregionen den Herausforderungen der gesellschaftlichen Moderne auf *ähnliche* Weise ausgesetzt wie seinerzeit Europa, als es die Menschenrechte und den demokratischen Verfassungsstaat in gewisser Weise erfunden hat.«[17] Senghaas formuliert diese Sichtweise noch drastischer. Nachdem er den Diskurs der »Asiatischen

---

15 In diesem Sinne waren die Menschenrechte im Kontext der »Eingeborenenkulturen« nicht denkbar. Dies verweist wiederum auf einen wichtigen Punkt, nämlich auf den, dass die Idee der Menschenrechte trotz oder wegen ihres Universalitätsanspruchs abgrenzend wirken kann.

16 Diese Haltung könnte man einen missionarischen Universalismus nennen. Hans-Georg Möller sieht eine Parallele zwischen der Rhetorik der christlichen Missionare in China im 19. Jahrhundert und der Rhetorik der Menschenrechte heute, Möller (1999).

17 Habermas (1999, S. 219); (Hervorhebung S. S.). Einige Seiten später wiederholt Habermas diesen Satz fast wörtlich: »Die Konzeption der Menschenrechte war die Antwort auf ein Problem, vor dem heute andere Kulturen in ähnlicher Weise stehen wie seinerzeit Europa, als es die politischen Folgen der Konfessionsspaltung überwinden musste.« Habermas (1999, S. 225).

Werte« »als Antwort auf die Herausforderung der europäisch-westlichen Moderne«[18] zusammengefasst hat, kommt er zu folgender Aussage: »In Ostasien wiederholt sich damit die grundlegende Entwicklungserfahrung Europas.«[19] So wenden die beiden Autoren ein spekulatives Modell der teleologisch und universalhistorisch verstandenen Geschichtsentwicklung an, in dem es streng genommen keine Fremde geben kann. Alle Kulturerscheinungen werden in dieser Denkweise lediglich zu unterschiedlichen Stadien der eigenen Kultur. Und sie gehen davon aus, dass Menschenrechte auch von anderen Kulturen akzeptiert würden, wenn sie dieselben Erfahrungen wie Europa durchlebt hätten. Diese Haltung impliziert die Überlegenheit des Westens im Sinne des historischen Fortgeschrittenseins und vertritt den »Universalismus des allumfassenden Gesetzes« (Walzer). Denn das entwicklungsgeschichtliche Gesetz gilt in allen Kulturen und Gesellschaften, und diese Autoren beanspruchen für sich, dieses allumfassende Gesetz zu kennen. Es ist wenig verwunderlich, dass Mitglieder der nicht-westlichen Gesellschaften empfindlich darauf reagieren, denn mit dieser Haltung werden ihre Eigenständigkeit und eigenständige Entwicklung negiert. In diesem Sinne ist der auf dieser Position basierende Universalitätsanspruch der Menschenrechte imperialistisch.[20]

Eine andere Variante des Universalismus wendet sich *gegen* diesen entwicklungshistorischen Universalismus, indem sie in den partikularen traditionellen Kulturen Anlagen zu allgemeinen Menschenrechten konstatiert. Universal ist hier nicht das Gesetz der

historischen Entwicklung, sondern die Anlage zu Menschenrechten. Auf die chinesische Kultur bezogen vertreten Heiner Roetz und Gregor Paul diese Position, wobei die beiden Autoren unterschiedliche Aspekte zu universalen Konstanten erklären. Roetz entdeckt in den klassischen Schriften des Philosophen Menzius Aussagen, die seiner Meinung nach die individuelle menschliche Würde begründen.[21] Damit versucht Roetz nachzuweisen, dass die Anlage zur Idee der Menschenrechte schon immer in der chinesischen Tradition vorhanden gewesen sei. Er tritt somit gegen den erstgenannten Universalismus ein, der ja das Konzept der Menschenrechte mit einer bestimmten universalhistorischen Entwicklung in Zusammenhang denkt. Insofern wird diese Betrachtungsweise von einer emanzipatorischen Bestrebung gegenüber dem zuerst genannten Universalismus getragen, mit der Absicht, eine fremde, traditionelle Kultur als menschenrechtswürdig anzuerkennen.

Einen ähnlichen Weg schlägt Paul ein, indem er auch vorwiegend in der traditionellen chinesischen Kultur Anlagen zum rationalen Denken sieht. So wird versucht zu beweisen, dass auch von der Tradition einer nicht-westlichen Kultur ausgehend das rationale Argumentieren und damit die Begründung der Menschenrechte möglich sind. Die folgende Aussage verdeutlicht, dass dieser Position eine defensive Haltung zugrunde liegt: »Sind meine Erörterungen stichhaltig, so ist jeder Versuch absurd, chinesische Kulturen als Besonderheiten ausweisen zu wollen, die aufgrund traditionalistischer Züge Werte wie Menschenrechte ausschlössen, oder gar zu Recht ausschlössen. Soweit sie nicht ohnehin selbst Grundlagen und Ansätze zu Menschenrechtskonzepten bieten, sind sie in ihren rationalen, durch kritisch-argumentativen Diskurs bestimmten Zügen, oder in ihrem rationalen Potential offen für die Anerkennung und Verwirklichung von Menschenrechten.«[22] Ausgangspunkt dieser Position ist die Universalität der Logik und Rationalität, die in allen Kulturen anzutreffen sein sollen. Entsprechend ist das Konzept der »Kultur« bei Paul von einer ernüchternden Einfachheit: »Das Fremde ist ja nur ein anderer Sonderfall einer spezifischen Differenz eines allgemeineren Phänomens als das Bekannte. ›Japanische Kultur‹ ist nur eine andere Art menschlicher Kultur als etwa ›europäische Kultur‹.«[23] Unterschlagen wird hier der geistesgeschichtliche Hintergrund

---

18 Senghaas (1998, S. 181).

19 Senghaas (1998, S. 184).

20 Gerade in dieser Position wird der enge Zusammenhang zwischen dem Universalismus und dem Kulturrelativismus besonders deutlich. Denn, wie Sven-Uwe Müller bezogen auf die chinesische Kultur aus der Position des Universalismus des allumfassenden Gesetzes argumentiert, besaß ja die chinesische Tradition kein Konzept der unveräußerlichen Menschenrechte. Diese partikulare Kultur sei demnach vollkommen anders als die westliche, nur eine weitere gesellschaftliche Entwicklung könne ihr die Idee der Menschenrechte beibringen, Müller (1996).

21 Hans-Georg Möller stellt überzeugend eine andere Übersetzungs- und Interpretationsmöglichkeit der besprochenen Passagen dar, Möller (1999).

22 Paul (1999, S. 107).

23 Paul (1998, S. 10).

im Europa des 19. Jahrhunderts, vor dem die vermeintlich *menschliche* Kultur aus der Perspektive der europäischen Kultur als eigenkulturelle Abstraktion bestimmt wurde.[24] Von der eigenkulturellen Erfahrung ausgehend bestimmte man das Menschliche und betrachtete anhand dieser Konzeptualisierung fremde Kulturen. Es war durch diese theoretische Operation möglich, verschiedene Kulturen in eine weltpolitische Ordnung einzugliedern und gerade ihre das europäische Selbstverständnis bedrohende Fremdheit zu »beschwören« (Matthes). In den Kontext des Imperialismus gestellt, wurde die Unterwerfung der fremdkulturellen Bevölkerungen deshalb als legitim angesehen, weil sie nur eine unterlegene Variante der eigenen (und damit *menschlichen*) Kultur darstellten. Berücksichtigt man diesen historischen Umstand, wird erst das Ausmaß der Entwürdigung der *Anderen* in dieser Formulierung greifbar. Sicherlich wird diese universalistische Position zunächst mit einer moralischen Absicht vertreten, indem sie andere Kulturen aufzuwerten versucht.[25] Doch dieser Versuch der Anerkennung schlägt letztendlich in sein Gegenteil um. Auf der methodischen Ebene geschieht hier genau das, was Joachim Matthes mehrfach als problematische Form des Kulturvergleichs kritisiert: Man abstrahiert die eigenkulturellen Konzepte zu allgemein menschlichen (anthropologischen Konstanten), sucht sie in anderen Kulturen und findet sie tatsächlich.[26] So kommt Paul zu dem folgenden Schluss: »Die skizzierten Formen chinesischer Traditionskritik dokumentieren, dass man erstens für unbedingte moralische Autonomie eintrat, zweitens Reziprozität (Goldene Regel) und bestimmte Formen der Gleichheit und Gerechtigkeit forderte sowie drittens eine Reihe bedingter Pflichten formulierte, deren Erfüllung einer bedingten Anerkennung und Achtung menschlicher Würde und des Rechts auf Leben gleichkommt.«[27] Dies ist ein Beispiel für die eurozentrische Perspektive, auf die Matthes aufmerksam macht: »Wir gießen das ›Andere‹ in die uns vertrauten, als kulturell ›bereinigt‹ verstandenen Konzeptualisierungen und vollziehen das ›Vergleichen‹ dann als eine gedankliche Operation des ›Angleichens‹, des Auflösens des ›Kontrastes‹.«[28] Kein Wunder, dass für Paul nichts Fremdes in der Welt existiert.

Schließlich existiert eine dritte Form des Universalismus, die man als gemäßigten oder minimalen

Universalismus bezeichnen könnte. Diese Position erkennt durchaus die kulturellen Differenzen an, nimmt jedoch einen minimalen gemeinsamen Nenner zwischen den Kulturen an und begründet darauf die Verständigungsmöglichkeit. So unterscheidet Michael Walzer zwischen dem oben genannten »Universalismus des allumfassenden Gesetzes« und dem »wiederholenden Universalismus«. Während der erste Universalismus nach Walzer die universalhistorische Sinngebung an die gesamte Menschheit überträgt und daher in seiner Anlage missionarisch ist, sieht der zweite Universalismus die Möglichkeit, dass sich bestimmte Erfahrungen wie die Befreiung eines Volkes in unterschiedlichen gesellschaftlichen Zusammenhängen wiederholen können. Demnach »gibt es keine Universalgeschichte, sondern nur eine Reihe von Geschichten, die jeweils für sich wertvoll sind.«[29] Tendenziell kann man in dieser Betrachtungsweise die Nähe zum Kulturrelativismus sehen, jedoch liegt ein wichtiger Unterschied darin, dass Walzer eine Gemeinsamkeit unter den verschiedenen Kulturen annimmt, die die Verständigung ermöglicht. Dies korrespondiert mit der Unterscheidung zwischen der minimalen und maximalen Moral. Während die maximale Moral als »kulturell integriert und Teil eines komplizierten Gewebes« verstanden wird,[30] entstünde die minimale Moral dadurch, »dass die Vertreter verschiedener vollentwickelter moralischer Kulturen ihn [den Minimalismus; Anm. S. S.] wechselseitig anerkennen«.[31] Und diese wechselseitige Anerkennung ist nach Walzer deshalb möglich, weil bestimmte moralische Prinzipien wie »Gerechtigkeit« trotz der kulturellen und historischen Differenzen von den Beteiligten wiedererkannt (also als wiederholend empfunden) werden. Also der Minimalismus »enthält Grundsätze und Regeln, die sich zu verschiedenen Zeiten, an unterschiedlichen Orten wiederholen und die – selbst wenn sie in verschiede-

---

24 Vgl. dazu Shimada (2000, S. 49 ff.).
25 Genau aus diesem Grund wird diese Argumentationsfigur häufig von nicht-westlichen Autoren auf der Suche nach Anerkennung verwendet.
26 Vgl. Matthes (1993 a, S. 83).
27 Paul (1999, S. 107).
28 Matthes (1993 a, S. 95).
29 Walzer (1996, S. 145).
30 Walzer (1996, S. 17).
31 Walzer (1996, S. 33).

nen Sprachen ausgedrückt sind, verschiedene Geschichten und verschiedene Versionen der Welt spiegeln – als ähnlich angesehen werden«.[32] Das klingt
zunächst plausibel und praktikabel, doch Walzer verkennt in seiner Darstellung zwei Probleme: Zum
einen bleibt die hermeneutische Frage, wie etwas in
einer historisch entfernten Epoche oder in einer
fremden Kultur als »ähnlich« oder als eine Wiederholung desselben interpretiert wird. Es ist eine hermeneutische Binsenweisheit, dass diese Interpretation von der eigenen Perspektive oder, um mit Gadamer zu reden, vom eigenen Sinnhorizont geprägt
wird. Das obige chinesische Beispiel verdeutlicht die
Schwierigkeit, die bei einer leichtfertigen Identifikation eines eigenkulturellen Konzeptes mit dem fremden auftauchen kann.[33] Zum anderen wird nicht
thematisiert, wer die »Ähnlichkeit«, oder auch die
Anerkennungswürdigkeit der anderen Kulturen feststellt. Wer kann und soll beurteilen, ob eine Kultur zu
den vollentwickelten moralischen Kulturen gehört
oder nicht? Woher nimmt Walzer Kriterien für diese
Beurteilung? Seine weiteren Ausführungen legen den
Verdacht nahe, dass Walzer letztendlich die jüdisch-
christliche Tradition als Quelle seiner Abstraktion
und damit zur Grundlage der Definition der minimalen Moral nimmt. Die Definitionsmacht bleibt
schließlich bei ihm.

Eine vergleichbare Position nimmt mit dem folgenden Argument Otfried Höffe ein, wenn auch
seine Perspektive insgesamt aufgrund der Absicht,
die Menschenrechte rechtsphilosophisch zu begründen, wesentlich universalistischer als diejenige Walzers ist: »Den Grundgedanken der Menschenrechte
dürfen wir anderen Kulturen in der Tat zumuten,
mehr als den Grundgedanken, die wechselseitig zu
gewährende Unverletzlichkeit jedes Menschen, freilich nicht. Und genau deshalb, weil für die nähere

Ausgestaltung ein hohes Maß an Freiheit bleibt,
enthalten die Menschenrechte noch die Kraft zu
einer Vision, zur Vision einer Menschheit, die einerseits allerorten dieselben elementaren Bedingungen
anerkennt und sich andererseits nicht von einer einzigen Kultur, etwa der europäisch-amerikanischen,
dominieren lässt.«[34] Auch hier wird zwischen den
universal gültigen »Grundgedanken« und den kulturabhängigen Rechten unterschieden. Postuliert
wird die Möglichkeit der kulturellen Entfaltung im
Rahmen des Grundgedankens der Menschenrechte
ohne westliche Dominanz. Abgesehen davon, dass
dieses Wunschweltbild wie ein anachronistischer
Entwurf nach Herder anmutet und wiederum eine
sehr eurozentrische Sichtweise der Kulturen darstellt, ist Höffes Versuch, die Universalität der Menschenrechte zu begründen, von Interesse. Denn im
Gegensatz zu allen anderen Diskutanten der Menschenrechte bringt Höffe ein Element in den Blick,
das mir für die weitere Diskussion wichtig zu sein
scheint, nämlich den *Tausch*: »Weil Menschenrechte
einen Anspruch meinen, stellen sie kein Geschenk
dar, das man sich entweder wechselseitig oder – aus
Sympathie, aus Mitleid oder auf Bitte – einseitig
offeriert. Vielmehr handelt es sich um eine Gabe,
die nur unter Bedingung der Gegengabe erfolgt.
Menschenrechte legitimieren sich aus einer Wechselseitigkeit heraus, pars pro toto: aus einem
Tausch.«[35] Dies begründet er durch das als universell
vorhanden angenommene *transzendentale Interesse*,
das sowohl positiv im Sinne der Kooperation als
auch negativ im Sinne des Gewaltverzichts verstanden wird. Mir scheint trotz meiner Vorbehalte gegenüber den weiteren Ausführungen Höffes hier eine
Perspektive zur interkulturellen Behandlung der
Menschenrechte eröffnet. Denn der Tausch ist ein
Phänomen, das zwischen Individuen, aber auch zwischen Kulturen verlaufen kann; es ist somit grenz-
überschreitend und relational.[36] Es handelt sich »um
eine beachtliche, kulturübergreifende soziale Praxis«.[37] Diese Praxis überschreitet die kulturellen
und gesellschaftlichen Grenzen, ohne sie jedoch aufzuheben. Somit konstituieren und befestigen die
Tauschbewegungen intra- und interkulturelle Grenzen. In diesem Sinne ist Höffe anzurechnen, dass er
dieses Element in die Menschenrechtsdiskussion
eingeführt hat. Allerdings ist seine Behandlung des
Tausches für die Problematik der Interkulturalität

---

32 Walzer (1996, S. 33).
33 Hinter dieser Vorstellung steht das Sprachmodell, in dem
   eine von verschiedenen Sprachen unabhängige, unveränder-
   lich-allgemeingültige semantische Ebene angenommen wird.
   Dieses Sprachmodell stellt m. E. ein Hindernis für die Problematik der kulturellen Differenz dar, worauf ich hier nicht
   näher eingehen kann.
34 Höffe (1996, S. 79).
35 Höffe (1996, S. 73).
36 Vgl. zur relationalen Hermeneutik: Straub/Shimada (1999).
37 Shue (1999, S. 375).

m. E. zu sehr auf die rechtsphilosophische Perspektive beschränkt. Notwendig wäre eine Einbettung dieses Problems in die breitere kulturanthropologische Theorietradition der Reziprozität. Erst dann wird auch deutlich werden, dass Höffes Vorstellung der Reziprozität als neutral-gleichwertige Wechselseitigkeit als naiv zu bezeichnen ist, denn gerade die häufig als paternalistisch oder gar korrupt bezeichneten ostasiatischen Gesellschaften sind durch und durch von vielfältigen Gabe-Gegengabeverhältnissen geprägt,[38] in denen das Prinzip der Gleichheit gerade nicht zum Tragen kommt. Darüber hinaus müsste das Konzept der wechselseitigen Kontakte durch den Tausch auch auf das kulturtheoretische Konzept übertragen werden. Denn Höffe selbst bleibt bei der Behandlung der Interkulturalität in der herkömmlichen essentialistischen Vorstellung von Kultur haften, was seiner Perspektive des Tausches Grenzen setzt.[39]

Das grundsätzliche Problem der Diskussion um die Universalität der Menschenrechte liegt m. E. in der allgemein verbreiteten Annahme als Ausgangspunkt der Überlegungen, dass zwischen unterschiedlichen Kulturen feste, unveränderliche Differenzen bestünden. Die Vorstellung der Kultur als abgeschlossener homogener Einheit liegt dem dichotomischen Denken zwischen Universalismus und Kulturrelativismus zugrunde und führt die Diskussion in eine Aporie. Die Thematisierung des Tausches im Kontext der Menschenrechte bietet aber zumindest Ansätze für eine andere Zugangsweise zu dem Problem, wenn auch Höffe selbst in dem herkömmlichen Denken der Kultur verfangen bleibt. Ich sehe einen Ansatz der globalen Verständigungsmöglichkeit in den schon lange und wohl auch schon immer existierenden kulturellen Wechselwirkungen. Und diese Wechselwirkungen liegen quer zu den kulturellen, und zivilisatorischen Grenzen, ohne sie aufzuheben. Doch bevor ich auf die theoretische Möglichkeit zur Behandlung der Menschenrechte eingehe, werden anschließend die Formen der kulturellen Grenzziehungen anhand der Beispiele zum einen des Gegensatzes zwischen dem Individualismus und Kollektivismus und zum anderen der Trennbarkeit von Politik und Religion diskutiert, da in den beiden Themen das Problem der »Kultur« im Menschenrechtsdiskurs besonders auffällig in Erscheinung tritt.

3. Individualismus und Kollektivismus

Ein Aspekt, der im Kontext der Diskussion um die Menschenrechte sowohl von der islamischen und afrikanischen als auch von der asiatischen Seite her immer wieder als problematisch empfunden wird, liegt in der aus ihrer Perspektive gesehen allzu einseitigen Gewichtung der Individualrechte im Gegensatz zu den Kollektivrechten. Hier wird argumentiert, dass das Konzept des individuellen Freiheits- und Würdebegriffs eine kulturabhängige Wertvorstellung des Westens sei und daher nicht auf andere Kulturen übertragen werden könne.[40] Auf dieser Argumentationsebene herrscht wiederum die Logik des Gegensatzes, nach der im Westen das Prinzip des Individualismus und in den anderen Teilen der Welt das Prinzip des Kollektivismus wirksam sei. Zwei Argumentationsstränge werden sichtbar, die zu problematisieren sind. Auf der einen Seite steht die normative Forderung einiger westlicher Diskursteilnehmer, gerade die individualistisch geprägten Rechte als Grundlage der Menschenrechte universal zu verbreiten.[41] Auf der anderen Seite stehen Vertreter nichtwestlicher Kulturen, die diese Forderung als mit ihrem kulturellen Selbstverständnis nicht vereinbar ablehnen. Die Fronten scheinen verhärtet und eine Verständigung zwischen den Kulturen kaum möglich zu sein. Doch besteht auch hier die Möglichkeit, diese Haltung der Gegenüberstellung von den historischen

---

38 Vgl. Abe (1993); Gransow (1991).
39 Vgl. Höffe (1996, S. 62).
40 Es ist bekannt, dass in der Diskussion der »Asiatischen Werte« immer wieder die Zentralität des Gemeinschaftskonzepts in den asiatischen Gesellschaften im Gegensatz zum Westen hervorgehoben wird, vgl. Senghaas (1998, S. 175 ff.); Heinz (1999).
41 Heiner Bielefeldt vertritt diese Position, indem er die Würde des Menschen in den Mittelpunkt seiner Überlegungen stellt. So versteht er die Menschenrechte als kulturunabhängigen Versuch, »den religiösen, weltanschaulichen und kulturellen Pluralismus der modernen Gesellschaft dadurch ›aufklärerisch‹ zu bewältigen, dass sie ihn um der mündlichen Verantwortung und Würde des Menschen willen politisch-rechtlich anerkennen und schützen.« Bielefeldt (1999, S. 61). Die Forderung nach den Individualrechten ist aus der Perspektive des minimalistischen Universalismus deshalb problematisch, weil sie zu sehr die kulturellen Semantiken in sich tragen. Mit Recht kritisiert Michael Walzer die Diskursethik von Habermas, die ein bestimmtes Sprechsubjekt voraussetzt; hierzu Walzer (1996 S. 27).

Prozessen der kulturellen Wechselwirkung ausgehend zu analysieren. Dabei wird deutlich, dass die Betonung des Kollektivismus als Eigenzuschreibung in den nicht-westlichen Kulturen als eine Gegenreaktion auf die als dominant empfundenen westlichen Einflüsse zu interpretieren ist.[42] Angesichts der Gefahr einer gänzlichen Verwestlichung bedienen sich häufig die eher konservativen Intellektuellen in den nicht-westlichen Gesellschaften des Begriffs »Gemeinschaft« für den eigenen gesellschaftlichen Zustand, um der Differenz zum Westen Ausdruck zu verleihen und die Eigenständigkeit ihrer Nation hervorzuheben. Durch den Gegensatz zwischen der individualistisch organisierten westlichen Gesellschaft und der kollektivistisch organisierten Eigengemeinschaft kann die Eigenständigkeit gegenüber dem Westen behauptet werden, und in diesem Moment wird der Westen wiederum als eine Einheit entworfen, die die Andersartigkeit gegenüber der eigenen Kultur verkörpert.

Um von diesem dichotomischen Denken loszukommen, möchte ich noch einmal auf das Beispiel der kanadischen Gesellschaft zurückkommen, wo gerade das Verhältnis zwischen dem individuellen und dem kollektiven Recht in der neueren Verfassungsdebatte eine zentrale Rolle spielt.[43] In Kanada greift die gängige Differenz zwischen dem Westlichen und Nicht-Westlichen nicht mehr, denn der Anspruch auf das Kollektivrecht wird nicht nur von den als nicht-westlich klassifizierbaren indigenen Bevölkerungsgruppen, sondern vor allem von den Frankokanadiern Quebecks erhoben. Für die mit der Einführung des Konzepts des Multikulturalismus

aufgekommene Diskussion spielt die folgende Frage eine zentrale Rolle: Wie kann eine liberale Demokratie, die sich von ihrem Entstehungszusammenhang her auf die kulturspezifisch definierte Konzeption der individuellen Autonomie stützt, kollektive Minderheitenrechte akzeptieren? Diese innergesellschaftliche Problematik der liberalen Demokratie verweist auf die allgemeine Perspektive, dass die Frage nach den individuellen und kollektiven Rechten nicht weiter auf die Differenz zwischen dem Westen und dem Rest beschränkt bleiben kann.[44]

Für das Verständnis der kanadischen Situation ist es zunächst wichtig, den Ausgangspunkt der politischen Konflikte festzuhalten. Die kanadische Regierung vertrat zwischen 1968 und 1984 unter Premierminister Trudeau zunächst die herkömmliche Vorstellung einer liberalen Demokratie, in der die Freiheit gleichberechtigter Individuen den zentralen theoretischen Kern darstellte und jede Art der Anerkennung von kollektiven Rechten, z. B. von nationalen Selbstverwaltungsrechten als äußerst problematisch angesehen wurde. Doch diese Politik stieß mit dem eingangs erwähnten wachsenden Bewusstsein der Wichtigkeit der Differenz auf Widerstände in den unterschiedlichen Gruppierungen der kanadischen Gesellschaft, die nach kultureller Selbständigkeit verlangten. Zum einen erhoben wie erwähnt die Frankokanadier der Provinz Quebeck den Anspruch auf kulturelle Sonderbehandlung wie beispielsweise die besondere Sprachregelung in den Schulen und in der Öffentlichkeit. Zum anderen protestierten die Gruppen der indigenen Bevölkerungen mit ihrem aufkommenden kulturellen Selbstbewusstsein gegen die Auflösung von Reservaten. So traf hier die »Politik der allgemeinen Menschenwürde« auf die »Politik der Differenz«.[45]

Von diesem Ausgangspunkt ausgehend versuchen Theoretiker wie Will Kymlicka und Charles Taylor eine Möglichkeit der Verankerung der kulturellen Kollektivrechte innerhalb der liberalen Demokratie herauszuarbeiten. Kymlicka kommt zu der Einsicht, dass die Anerkennung der kulturellen Kollektivrechte keinen Widerspruch zur individuellen Autonomie darstellt. Denn für ihn kann die individuelle Handlungsfähigkeit nur im Kontext der jeweiligen Kultur garantiert werden.

Eine andere Reflexionsmöglichkeit auf das Problem der individuellen Rechte bietet Charles Taylor.

---

42 Diese Problematik habe ich anhand des japanischen Beispiels näher dargestellt: Shimada (2000, S. 77 ff.).

43 Die Anregungen zu den hier dargelegten Überlegungen verdanke ich Benjamin Vauteck: vgl. Vauteck (2002).

44 Die Politik des Multikulturalismus definiert Will Kymlicka wie folgt: »Unter ›Politik des Multikulturalismus‹ verstehe ich eine Reihe von faktischen – oder zumindest vorgeschlagenen – Vorgehensweisen auf verschiedenen Ebenen, mit denen der ethnokulturellen Identität und den Verhaltensformen von Einwanderergruppen Rechnung getragen werden soll.« Kymlicka (1999, S. 48; weitere Spezifizierungen des Multikulturalismus ebd. S. 60 f.) Ergänzend ist anzumerken, dass diese Politik nicht nur die Einwanderergruppen, sondern auch die indigenen Bevölkerungsgruppen betrifft.

45 Taylor (1997 b, S. 28).

Zur Erklärung für das heute aufgekommene Interesse an Identität und Anerkennung unterscheidet er das Konzept der »Würde« und das der »Ehre«.[46] Dabei ordnet er die beiden Konzepte in einen historischen Entwicklungszusammenhang ein. Während er das Konzept der Ehre auf die hierarchische Gesellschaftsstruktur in der europäischen Vergangenheit zurückführt, verknüpft er das Konzept der Würde mit dem modernen demokratischen Prinzip. Die Ehre wird als ein Ausdruck der Ungleichheit und der persönlichen Bevorzugung verstanden, während der Begriff der Würde die Gleichheit der Gesellschaftsmitglieder voraussetzt. So zeigt Taylor überzeugend, dass aus diesem historischen Verlagerungsprozess vom Konzept der Ehre zum Konzept der Würde das folgenreiche Verständnis der individuellen Autonomie und Authentizität entstand, das für die Interpretation einer Politik der Anerkennung unumgänglich ist. Hierbei ist für meine Argumentation ein Punkt wichtig, auf den Taylor allerdings nicht weiter eingeht, nämlich, dass diese konzeptionellen Veränderungen Ausdruck einer emanzipatorischen Bewegung waren. Insofern waren individuelle Autonomie und Authentizität Kampfbegriffe gegen die hierarchische Gesellschaftsstruktur und Religion, in deren Kontext das Konzept der Ehre einen der wichtigsten Bezugspunkte der sozialen Integration darstellte. Und in diesem politischen Prozess war es wichtig und notwendig für die Eigenlegitimation, die eigene Position als universell darzustellen, zumal sie gegen die wiederum sich selbst als universell verstehende Religion vorzugehen hatte. Darin liegt meiner Ansicht nach der historische Hintergrund des Universalismus, der auch tief in dem Konzept des Individuums enthalten ist. Aus diesem historischen Kontext heraus beansprucht dieses Konzept ein Element des »allumfassenden Gesetzes« zu sein. Nun ist zu fragen, wie das Verhältnis zwischen diesen beiden Konzepten in vielen nichtwestlichen Gesellschaften zu betrachten ist. Zum einen machen die Ausführungen Taylors deutlich, dass in den Gesellschaften *ohne* die genannte historische Erfahrung das Verständnis der individuellen Würde wohl nicht immer leicht fällt.[47] Doch dies bedeutet keineswegs, dass diesen Gesellschaften das moderne Individuumskonzept unbekannt oder völlig fremd wäre. Durch die Verbreitung der modernen Institutionen wie Schule, Militär, aber auch Krankenhäuser wurde dieses Konzept und mit ihm verbunden das

Konzept der methodischen Lebensführung durchaus in die nicht-westlichen Gesellschaften eingeführt.[48] Insofern spielt das Individuumskonzept sicherlich eine wichtige Rolle für das Selbstverständnis der Mitglieder nicht-westlicher Gesellschaften. Nur scheint mir der Unterschied darin zu liegen, dass dort dieses Konzept nicht zu einem allumfassenden moralischen Gebot transformiert wurde, wie es in den westlichen Gesellschaften der Fall zu sein scheint.[49] Daher wird dort die Form des Individualismus als moralisches Gebot als bedrohend für die Eigenkulturalität empfunden, weil der Individualismus als ehemals emanzipatorischer Kampfbegriff den missionarischen Universalismus in sich trägt.

Aus der Perspektive der nicht-westlichen Kulturen grenzte man sich häufig gegen diesen als bedrohlich empfundenen Universalismus ab durch den Gegenentwurf eines kulturalistisch begründeten Kollektivismus, wobei das Konzept des Kollektivismus wiederum vom westlichen Diskurs angeboten wurde.[50] Diesem Umstand lag wiederum die historische Erfahrung zugrunde, dass in der Regel das Konzept der »Kultur« als Kampfbegriff gegenüber der Dominanz der westlichen Zivilisation eingesetzt wurde. Es ist ein häufig beobachtbares Phänomen, dass man sich angesichts der Gefahr der »Verwestlichung« des Konzepts der Kultur bediente. Hierbei wurden die gegensätzlichen Stereotypen belebt, indem man gegenüber dem westlichen Individualismus die eigenkulturelle Tradition hervor-

---

46 Taylor (1997 b, S. 15 ff.).

47 Zu fragen ist hier, wie eine historische Erfahrung als kulturell relevant überliefert wird. Denn die heutigen Mitglieder der europäischen Gesellschaften haben genauso wenig wie die Mitglieder anderer Gesellschaften den direkten Zugang zu dieser Erfahrung.

48 Vgl. Shimada (2000, S. 97 ff.). Vgl. zur Bedeutung dieser Institutionen für die Genese des modernen Individuums Foucault (1977).

49 So verdeutlichen die folgenden Formulierungen Taylors diesen Gebotscharakter: »Mir treu sein bedeutet: meiner Originalität treu sein, und sie kann nur ich allein artikulieren und entdecken. Indem ich sie artikuliere, definiere ich mich. Ich verwirkliche eine Möglichkeit, die ganz meine eigene ist. Diese Auffassung bildet den Hintergrund für die moderne Idee der Authentizität und für die Ziele der Selbsterfüllung und der Selbstverwirklichung, in denen sie meist zum Ausdruck kommt.« Taylor (1997 b, S. 20).

50 Vgl. Shimada (2000, S. 37 ff.).

hob. Und in dieser gegenseitigen orientalistisch-ok-
zidentalistischen Zuschreibung definierten sich diese Kulturen häufig selbst als kollektivistisch geprägt.
Daher spielten in diesem politischen Kampf um
Anerkennung die Konzepte der Kultur und des
Kollektivismus für die Definition der Eigenidentität
eine zentrale Rolle.

Die wechselseitige Verständigung zwischen den
Kulturen ist hier deshalb möglich, weil den beiden
Konzepten der individuellen und kollektiven Rechte ähnliche emanzipatorische Bewegungen zugrunde liegen. Es ist auch daran zu erinnern, dass die
Konzeptualisierung des kollektivistischen Gesell-
schaftsmodells bereits innereuropäisch vor allem
im deutschsprachigen Raum als Gegenentwurf zu
dem als dominant und individualistisch empfundenen französischen Staatsmodell aufkam. Dies ist
auch der Hintergrund, vor dem das romantisch-
organistische Staatskonzept von einem Land wie
Japan bereitwillig übernommen wurde.[51] Es ist in
der Tat möglich, von einem sich »wiederholenden
Universalismus« im Sinne Walzers zu sprechen,
wobei unterschiedliche Bedingungen und Kontexte,
in denen unterschiedliche Konzeptualisierungen
von anderen Kulturen übernommen und dominant
wurden, genauer untersucht werden müssten.

Ein weiterer Punkt ist, dass in vielen nicht-westlichen Gesellschaften die Konzepte von Ehre und
Würde parallel in einem engen Wechselwirkungsverhältnis existieren, wobei das Konzept der Würde
durch das vom Westen übernommene Verständnis
und durch bestimmte institutionelle Einrichtungen
stark beeinflusst wird. Dies bedeutet, dass die kon-
zeptuelle historische Trennung, wie sie Taylor für das
europäische Verhältnis überzeugend darstellt, hier
nicht vorausgesetzt werden kann. Es liegt also eine
überaus komplexe Situation vor, in der sicherlich
auch das besprochene moderne Konzept der Würde
im Zusammenhang mit den Menschenrechten eine
wichtige Rolle spielt, aber in seinem innerkulturellen
Wechselwirkungsverhältnis mit anderen Konzepten
wie z. B. dem der Ehre betrachtet werden muss.

---

51 Vgl. Shimada (2000, S. 183 ff.).
52 Höffe (1996, S. 56).
53 Matthes (1993 b); Tenbruck (1993).
54 Matthes (1993 b, S. 23).

4. Trennbarkeit von Politik und Religion

Ein anderes Thema, das in der Diskussion der Menschenrechte in ihrem Verhältnis zu den Kulturen
wichtig ist, ist die Frage nach der Trennung von
Politik und Religion. So kommt beispielsweise Höffe
zu der folgenden eurozentrisch-normativen Empfehlung gegenüber dem Islam: »Lösen muss sich der
Islam vom so genannten Modell von Medina, das
heißt vom Ideal eines durch göttliche Autorität geleiteten Gemeinwesens, in dem Religion und Politik
derart ineinander greifen, dass die religiösen Gesetze
– fast – das gesamte soziale, kulturelle und politische
Leben unmittelbar bestimmen.«[52] Ähnliche Formulierungen lassen sich in vielen Diskussionen um den
Islam finden. Auf Ostasien bezogen gibt es zu dieser
Frage wenig Diskussionen, was wohl daran liegt, dass
die religiösen Phänomene in den asiatischen Kulturen für die westliche Perspektive schwieriger zugänglich sind. Mir scheint, dass diese Problematik noch
deutlicher als das Verhältnis zwischen den Indivi-
dual- und Kollektivrechten die eurozentrisch-impe-
rialistische Ausprägung der Menschenrechtsdiskussion aufzeigt. Zunächst ist festzuhalten, dass der Begriff
der Religion aus einem spezifisch christlich-europäi-
schen Zusammenhang entstand und nur aus diesem
Zusammenhang »dicht« beschreibbar ist. Joachim
Matthes und Friedrich H. Tenbruck verweisen in
ihren Arbeiten zum Begriff der »Religion« ausdrücklich auf diesen Umstand und warnen mit Recht vor
einer leichtfertigen Anwendung dieses Begriffs auf
nicht-westliche Kulturen.[53] Für die Diskussion der
Menschenrechte ist hierbei von Interesse, dass die
Konzeption der Religion als einem von allen anderen
gesellschaftlichen Sphären unterscheidbaren Bereich
nur vor dem historischen Hintergrund Europas verständlich wird. In diesem Sinne trägt dieser Begriff
einen spezifischen Erfahrungshorizont in sich, wenn
er auch universell verwendet wird, worauf Matthes
hinweist: »Dem westlichen Christenmensch ist spätestens seit der allmählichen Auflösung der nach-
reformatorischen sozialen Formen der Frömmigkeit
mehr und mehr geläufig geworden, sein ›religiöses‹
Leben – und überhaupt die Existenz von ›Religion‹ –
als eine eigene, gesonderte Sphäre zu erfahren und zu
betrachten.«[54]

Nur aufgrund dieser spezifischen historischen
Erfahrung sind unterschiedliche Bereiche wie Poli-

tik und Religion entstanden, die es auch normativ getrennt zu halten gilt. Die Übertragung dieses Begriffs, der eine gewisse Säkularisierung aller außerreligiösen Bereiche voraussetzt, auf andere Kulturen, in denen dieser Prozess anders verlaufen ist, muss als schwierig und die Interpretation der dortigen Wirklichkeit anhand dieses Begriffs als verzerrend bezeichnet werden. Dies bedeutet keineswegs, dass diese Kulturen von dem europäischen Konzept der Religion unberührt geblieben wären. Im Gegenteil, ich habe an anderer Stelle aufzuzeigen versucht, dass die angeblich traditionelle Religion des Shintoismus, die einen wichtigen Kern der kulturellen Identität Japans ausmacht, ohne die Übernahme des westlichen Religionsbegriffs in der zweiten Hälfte des 19. Jahrhunderts nicht denkbar ist.[55] Zugleich ist die Modernisierung dort im Gegensatz zum europäischen Prozess als ein Sakralisierungsprozess zu verstehen. Dieser Umstand weist darauf hin, dass die am Anfang dieses Abschnittes zitierte normative Forderung der Trennung von Politik und Religion die Wirklichkeit der anderen Kulturen verkennt und das eigenkulturelle Gesellschaftsmodell auf sie überträgt. Dagegen ist davon auszugehen, dass die Politik in vielen nicht-westlichen Gesellschaften durch und durch von tief religiösen Denk- und Handlungsweisen geprägt ist, wenn auch diese religiösen Denk- und Handlungsweisen gerade aufgrund ihres spezifischen Entstehungskontextes mit dem gängigen Religionsbegriff nicht erfasst werden können. Gerade für die Diskussion der Menschenrechte im interkulturellen Kontext ist daher eine Neukonzeptualisierung des Verhältnisses zwischen Politik und Religion notwendig.

5. Multikulturalismus und Menschenrechte im Zeichen der Transdifferenz

Nachdem ich den bisherigen Diskurs um Multikulturalismus und Menschenrechte kritisch beleuchtet habe, komme ich schließlich zu der Frage, wie man heute über diese Problematik sinnvoll sprechen kann, ohne in einen naiven Eurozentrismus oder in einen Kulturrelativismus zu verfallen. Für diesen Zweck führe ich das Konzept der Transdifferenz ein, mit dem man m. E. die Sachlage differenzierter betrachten kann.[56] Zunächst ist darauf hinzuweisen, dass

dieses Konzept, wenn es auch abstrakt und schwer zugänglich erscheint, einen einfachen Umstand beschreiben soll, nämlich den, dass zum einen in der heutigen Situation die herkömmlichen, auf Kultur, Nation, Geschlecht usf. basierenden Differenzverhältnisse zunehmend fließend werden, dass sie aber nicht einfach aufgehoben werden. Die Grenzen bleiben erhalten, wenn sich auch ihre Bedeutung ständig verändert. Dieses Konzept zielt also auf eine stärkere Gewichtung der grenzüberschreitenden Bewegungen und kulturellen Wechselwirkungen, die unter Umständen neue Grenzen konstituieren oder auch bestehende Grenzen festigen können. Dieses Konzept verweist zum anderen aber auch darauf, dass unterschiedliche Differenzverhältnisse innerhalb und außerhalb einer Kultur aufeinander verweisen und miteinander korrespondieren. Dieses Verweisverhältnis verläuft also quer zu den kulturellen Differenzen, wodurch also das Präfix »Trans-« seinen Sinn erhält. Wenn beispielsweise ein chinesischer Student für die Demokratisierung seiner Gesellschaft demonstriert, verweist er eindeutig auf den im Westen geführten Diskurs der liberalen Demokratie, womit wiederum um die Solidarität aus dem Westen geworben wird. Dieser Bezug symbolisiert zugleich die innergesellschaftliche Differenz in den Vorstellungen von einer gerechten Gesellschaft. Doch ist dies nur ein Gesichtspunkt, denn der besagte Student bezieht sich mit seiner Handlung ebenso auf den emanzipatorischen Diskurs in China, der seit dem 19. Jahrhundert durch die Übersetzung der westlichen philosophischen und sozialwissenschaftlichen Werke eingeleitet wurde.[57] Insofern bildet diese sicherlich immer wieder auf den Westen verweisende Denktradition einen festen Bestandteil der heutigen chinesischen Kultur, die schon längst nicht mehr von der angeblich authentisch-chinesischen Tradition klar trennbar als ein äußerlicher Einfluss beiseite geschoben werden kann. Gerade dies demonstriert auch die offizielle

---

55 Shimada (2000, S. 137).

56 Diesen Ausdruck verdanke ich dem Graduiertenkolleg »Kulturhermeneutik im Zeichen der Differenz und Transdifferenz«, das seit 2001 mit finanzieller Unterstützung der Deutschen Forschungsgemeinschaft an der Friedrich-Alexander-Universität Erlangen-Nürnberg angesiedelt ist. Näheres zum Ausdruck der Transdifferenz vgl. Breinig/Lösch (2002).

57 Vgl. Gransow (1992).

Stellungnahme der Volksrepublik China zu der Frage der Universalität der Menschenrechte. Denn sie beruft sich auf die Souveränität, damit also auf die kollektiven Selbstbestimmungsrechte, die wiederum nur vom westlichen Diskurs zum Verhältnis zwischen Nationalstaat und Kultur abgeleitet werden können.[58] Die beiden politischen Positionen verweisen also auf die im Westen geführten Diskurse und können sich auch nur durch sie legitimieren. So gesehen ist die chinesische Kultur – wie jede andere – schon längst eine hybride Erscheinung, in der anhand der vom Westen übernommenen Theorien, Konzepte und Institutionen Aushandlungsprozesse um innergesellschaftliche Differenzen geführt werden und auch ökonomische Verteilungskämpfe stattfinden.[59] In diesem Sinne sind die Diskurse wie der um die Menschenrechte heute in der Tat universal geworden. Denn in ihnen wurden die ursprünglich aus der europäischen Geschichte stammenden Konzepte mit den ihnen zugrunde liegenden Theorien von unterschiedlichen Kulturen zwangsläufig übernommen.[60] Nur bedeutet diese Übernahme der Konzepte und Theorien keineswegs, dass ihre Bedeutungen identisch bleiben. Vielmehr verändern sich ihre Bedeutungen zwangsläufig durch den kulturellen Aufnahmeprozess.[61]

Das Konzept der Transdifferenz plädiert dafür, nicht mehr von bestehenden Grenzen auszugehen, denn vor allem die Denkweise der Differenz zwischen dem Westen und dem Nicht-Westen in einem dichotomischen Verhältnis verkennt die Realität des Mit-Einander-Verwoben-Seins der unterschiedlichen Kulturen.[62] Doch das Konzept der Transdifferenz ermöglicht zugleich, die Wichtigkeit der Bedeutung der bestehenden Grenzen anzuerkennen. Sowohl die Grenzen zwischen dem Westen und Nicht-Westen als auch die nationalstaatlichen Grenzen spielen gerade unter den Bedingungen der Globalisierung eine wichtige Rolle für unsere Sinnorientierung. Nur ermöglicht die Perspektive der Transdifferenz eine stärkere Thematisierung der grenzüberschreitenden kulturellen Wechselwirkungsverhältnisse, wofür sowohl der Multikulturalismus als auch die Menschenrechte ein hervorragendes Beispiel darstellen. Dieser Prozess verdeutlicht die Bedeutungsverschiebung der herkömmlichen Grenzen, sie sind nicht mehr als »naturalisiert« und statisch zu verstehen, sondern als ein ständiger Prozess, der gerade von den die bisherigen Grenzen überschreitenden Bewegungen getragen wird.

Die Konsequenz dieser Betrachtungsweise für die Behandlung des Verhältnisses von Menschenrechten und Kultur liegt zum einen darin, nicht mehr von einer überlegenen Position des Westens auszugehen, in der der Universalismus des allumfassenden Gesetzes vertreten wird. Wenn auch die Genese dieser Idee in der europäischen Geistesgeschichte anzuerkennen ist, ist ihre Thematisierung schon längst keine Eigenheit der europäischen Gesellschaften mehr. Spätestens seit dem 19. Jahrhundert liegen unterschiedliche kulturelle Wechselwirkungsverhältnisse überall auf der Erde vor, die zu intensiven innergesellschaftlichen Diskussionen führten.[63] Zum anderen sind die Menschrechte als ein sinnvolles Thema im Kontext der globalen Wechselwirkungen zwischen den Kulturen zu betrachten, das ständig ausgehandelt werden müsste. Dies bedeutet, dass es einen endgültigen Stand der Menschenrechte nicht geben kann, sie können nur heuristisch als Diskussionsgrundlage betrachtet werden. Einen konkreten Ansatz zur interkulturellen Diskussion um die Menschenrechte bietet das bereits erwähnte Phänomen des Tausches an. Die Frage, wie eine Gemeinsamkeit, in der die wechselseitige reziproke Anerkennung möglich wird, durch gegenseitige, grenzüberschreitende Tauschhandlungen konstituiert werden kann, wäre ein wichtiges Forschungsthema für die interkulturell angelegten Kulturwissenschaften in der nahen Zukunft. Doch erste Schritte in dieser Richtung müssten in der

---

58 In diesem Punkt wirft Inoue Tatsuo mit Recht dem Diskurs der Asiatischen Werte Inkonsequenz in der Behandlung der vom Westen übernommenen Konzepte vor: »Although the Asian values discourse criticizes the Western concept of human rights, it accepts the Western concept of sovereignty without reservation.« Inoue (1999, S. 30).

59 Siehe zum Begriff der Hybridität auch den Beitrag von Ackermann (12.9) in diesem Band.

60 Diesen Prozess habe ich in meinem letzten Buch bearbeitet, Shimada (2000).

61 Diesen Prozess haben wir in einem anderen Kontext anhand des Begriffs »Religion« aufgezeigt: Straub/Shimada (1999).

62 Ich entleihe das Konzept des Verwobenseins von Randeria (1999).

63 Sicherlich stellt die Problematik der Menschenrechte unter den Bedingungen des Kolonialismus in den ehemaligen kolonisierten Gesellschaften ein komplexes und auch ambivalentes Problem dar, das noch näher untersucht werden müsste.

Bereitschaft der ehemaligen imperialistischen Mächte zu einer »Vergangenheitsbewältigung« liegen. Während zum Thema »Holocaust« unzählige Abhandlungen und Bewältigungsversuche erscheinen, ist die Thematisierung der imperialistischen Handlungen gegen die Menschenwürde in Afrika, Asien und Lateinamerika nach wie vor unterbelichtet und die Geschichte dieser Vorgänge kaum systematisch aufgearbeitet. Solange diese Perspektive unbewältigt bleibt, würde jeder Begründungsversuch der Universalität der Menschenrechte von den ehemaligen kolonisierten Gesellschaften zu Recht mit Skepsis betrachtet.

6. Ausblick

Im vorliegenden Beitrag wurde das Verhältnis zwischen Menschenrechten und Kultur weitestgehend auf der wissenschaftlich-diskursiven Ebene behandelt. Auf die Behandlung der politisch-pragmatischen Seite der Menschenrechte musste im Rahmen dieses Bandes verzichtet werden. Es wurde jedoch herausgearbeitet, dass die universalistischen theoretischen Positionen im wissenschaftlichen Diskurs für die interkulturelle Behandlung dieses Themas eher hinderlich wirken. Anhand des Konzeptes der Transdifferenz wurde aufgezeigt, dass ein wesentliches Problem in dieser Diskussion in dem für die heutige Situation nicht mehr tauglichen Kulturkonzept liegt. Vorgeschlagen wird hier, die Perspektive von der statischen Einheit der Kultur auf die Wechselwirkungen zwischen den Kulturen zu verlagern.

Daraus leiten sich einige weitere Forschungsperspektiven ab. Zum einen besteht die Notwendigkeit einer Untersuchung des Prozesses, wie die für die Menschenrechte konstitutiven eurogenen Konzepte und Theorien von den verschiedenen Kulturen übernommen und verarbeitet wurden.[64] Hierbei wäre nicht nur das Übernahmeverhältnis zwischen dem Westen und einer nicht-westlichen Kultur von Interesse, sondern auch die gegenseitigen Einflussverhältnisse zwischen den nicht-westlichen Kulturen wie zwischen China und Japan, denn die chinesische Kultur übernahm bei der Auseinandersetzung mit den westlichen Wissenssystemen im 19. Jahrhundert zahlreiche Begriffe aus dem Japanischen, die die japanischen Intellektuellen zuvor

für die Übersetzung der westlichen wissenschaftlichen Werke benutzt hatten.

Zum anderen ist eine Theorie des Tausches im Kontext der Menschenrechte zu entwickeln, die jedoch – anders als bei Höffe – die hierarchische Machtproblematik in den Mittelpunkt der Betrachtung stellt, die im Gabe-Gegengabe-Verhältnis inhärent existiert. Die Frage muss geklärt werden, wie die grundsätzlich asymmetrisch angelegten zwischenmenschlichen Beziehungen in diesem Verhältnis mit der menschenrechtlichen Vorstellung der Gleichheit zu vereinbaren sind. Dies würde einen Beitrag zur Diskussion um liberale Demokratie und Kultur gerade im interkulturellen Zusammenhang liefern.

Es bleibt mir noch abschließend auf einen Punkt hinzuweisen: Die Geschichte der Moderne zeigt allzu deutlich, dass wir durch unsere Fähigkeit zum symbolischen Handeln *unabhängig von der Existenz der Menschenrechte* in der Lage sind, bestimmte Gruppen von Menschen aus unserem Konzept des Menschseins auszuschließen. Es ist eine traurige Einsicht, dass, wenn überhaupt eine anthropologische Konstante existiert, sie in diesem Punkt gesehen werden muss.

Literatur

ABE, KINYA (1993), »Wesen und Wandel der Reziprozität in Europa und Japan«, in: Matthes, Joachim (Hg.), *Zwischen den Kulturen? Die Sozialwissenschaften vor dem Problem des Kulturvergleichs*, Göttingen: Schwarz, S. 239–248. ■ AN-NA'IM, ABDUHLAHI A. (Hg.) (1992), *Human Rights in Cross-Cultural Perspectives. A Quest of Consensus*, Philadelphia: University of Pennsylvania Press. ■ BAUER, JOANNE R. / BELL, DANIEL A. (Hg.) (1999), *The East Asian Challenge for Human Rights*, Cambridge/New York: Cambridge University Press. ■ BELL, DANIEL A. (2001), *East Meets West. Human Rights and Democracy in East Asia*, Princeton: Princeton University Press. ■ BIELEFELDT, HEINER (1999), »Universale Menschenrechte angesichts der Pluralität der Kulturen«, in: Reuter, Hans-Richard (Hg.), *Ethik der Menschenrechte. Zum Streit um die Universalität einer Idee I*, Tübingen: Mohr Siebeck, S. 43–73. ■ BREINIG, HELMBRECHT / LÖSCH, KLAUS (2002), »Introduction: Difference and Transdifference«, in: Breinig, Helmbrecht u. a. (Hg.), *Multiculturalism in Contemporary Societies on Difference and Transdifference*, Erlanger Forschungen Reihe A Geisteswissenschaften. Erlangen: univ.-Bund Erlangen-

---

64 Ein Beispiel für das japanische Verhältnis zu dieser Betrachtungsweise bietet Seifert (1999).

Nürnberg, S. 11–36. ▪ Brunkhorst, Hauke u. a. (Hg.) (1999), *Recht auf Menschenrechte. Menschenrechte, Demokratie und internationale Politik*, Frankfurt/M.: Suhrkamp. ▪ Foucault, Michel (1977), *Überwachen und Strafen. Die Geburt des Gefängnisses*, Frankfurt/M.: Suhrkamp. ▪ Frank, Michael (2002), *Europa und seine Grenzen*, Erlangen: (unveröff. Manuskript). ▪ Gransow, Bettina (1991), »Die Gabe und die Korruption. Form- und Funktionswandel des Tausches in China«, in: *Internationales Asienforum*, 22, H. 3–4, S. 343–360. ▪ Gransow, Bettina (1992), *Geschichte der chinesischen Soziologie*, Frankfurt/M./New York: Campus. ▪ Habermas, Jürgen (1999), »Der interkulturelle Diskurs über Menschenrechte«, in: Brunkhorst, Hauke u. a. (Hg.), *Recht auf Menschenrechte. Menschenrechte, Demokratie und internationale Politik*, Frankfurt/M.: Suhrkamp, S. 216–227. ▪ Heinz, Wolfgang S. (1999), »Vom Mythos der ›Asiatischen Werte‹«, in: Schubert, Gunter (Hg.) (1999), *Menschenrechte in Ostasien. Zum Streit um die Universalität einer Idee II*, Tübingen: Mohr Siebeck, S. 53–73. ▪ Höffe, Otfried (1996), *Vernunft und Recht. Bausteine zu einem interkulturellen Rechtsdiskurs*, Frankfurt/M.: Suhrkamp. ▪ Huntington, Samuel P. (1993), »The Clash of Civilizations?«, in: *Foreign Affairs*, 72, H 2, S. 307–404. ▪ Huntington, Samuel P. (1997), *Der Kampf der Kulturen: die Neugestaltung der Weltpolitik im 21. Jahrhundert*, München: Europa Verlag. ▪ Ignatieff, Michael (2002), *Die Politik der Menschenrechte*, Hamburg: Europäische Verlagsanstalt. ▪ Inoue, Tatsuo (1999), »Liberal Democracy and Asian Orientalism«, in: Bauer, Joanne R. / Bell, Daniel A. (Hg.) (1999), *The East Asian Challenge for Human Rights*, Cambridge/New York: Cambridge University Press, S. 27–59. ▪ Kymlicka, Will (1999), *Multikulturalismus und Demokratie. Über Minderheiten in Staaten und Nationen*, Berlin: Rotbuch. ▪ Matthes, Joachim (1993 a), »The Operation Called ›Vergleichen‹«, in: Matthes, Joachim. (Hg.), *Zwischen den Kulturen? Die Sozialwissenschaften vor dem Problem des Kulturvergleichs*, Göttingen: Schwarz, S. 75–99. ▪ Matthes, Joachim (1993 b), »Was ist anders an anderen Religionen?«, in: Bergmann, Jörg u. a. (Hg.), *Religion und Kultur*, Sonderband 33 der Kölner Zeitschrift für Soziologie und Sozialpsychologie, Opladen: Westdeutscher Verlag, S. 17–30. ▪ Mayer, Ann Elisabeth (1994), »Universal versus Islamic Human Rights: A Clash of Cultures or a Clash with a Construct«, in: *Michigan Journal of International Law*, 15, H 2, S. 307–404. ▪ Möller, Hans-Georg (1999), »Menschenrechte, Missionare, Menzius. Überlegungen angesichts der Frage nach der Kompatibilität von Konfuzianismus und Menschenrechten«, in: Schubert, Gunter (Hg.) (1999), *Menschenrechte in Ostasien. Zum Streit um die Universalität einer Idee II*, Tübingen: Mohr Siebeck, S. 109–122. ▪ Moller Okin, Susan (1998), »Konflikte zwischen Grundrechten. Frauenrechte und die Probleme religiöser und kultureller Unterschiede«, in: Lohmann, Georg / Gosepath, Stefan (Hg.) (1998), *Philosophie der Menschenrechte*, Frankfurt/M.: Suhrkamp, S. 310–342. ▪ Müller, Sven-Uwe (1996), »Konzeptionen der Menschenrechte im China des 20. Jahrhunderts«, in: *Mitteilungen des Instituts für Asienkunde*, Nr. 274, Hamburg. ▪ Paul, Gregor (1998), »Ziele, Voraussetzungen und Methoden interkultureller Theorie«, in: Robertson-Wensauer, Caroline Y. (Hg), *Japan im interkulturellen Kontext*, Baden-Baden: Nomos, S. 9–24. ▪ Paul, Gregor (1999), »Menschenrechtsrelevante Traditionskritik in der Geschichte der Philosophie in China«, in: Schubert, Gunter (Hg.), *Menschenrechte in Ostasien. Zum Streit um die Universalität einer Idee II*, Tübingen: Mohr Siebeck, S. 75–108. ▪ Randeria, Shalini (1999), »Geteilte Geschichte und verwobene Moderne«, in: Rüsen, Jörn u. a. (Hg.), *Zukunftsentwürfe. Ideen für eine Kultur der Verständigung*, Frankfurt/M./New York: Campus, S. 87–96. ▪ Reuter, Hans-Richard (1996), »Menschenrechte zwischen Universalismus und Relativismus. Eine Problemanzeige«, in: *Zeitschrift für Evangelische Ethik*, 40, S. 135–147. ▪ Roetz, Heiner (1997), »China und Menschenrechte: Die Bedeutung der Tradition und die Stellung des Konfuzianismus«, in: Paul, Gregor / Robertson-Wensauer, Caroline Y. (Hg.), *Traditionelle chinesische Kultur und Menschenrechtsfrage*, Baden-Baden: Nomos, S. 37–55. ▪ Schubert, Gunter (1999 a), »Zwischen Kant und Konfuzius. Ansätze zur Operationalisierung eines interkulturellen Menschenrechtsdialogs mit Ostasien«, in: Schubert, Gunter (Hg.), *Menschenrechte in Ostasien. Zum Streit um die Universalität einer Idee II*, Tübingen: Mohr Siebeck, S. 19–52. ▪ Schubert, Gunter (Hg.) (1999 b), *Menschenrechte in Ostasien. Zum Streit um die Universalität einer Idee II*, Tübingen: Mohr Siebeck. ▪ Seifert, Wolfgang (1999), »Westliches Menschenrechtsdenken in Japan. Zur Rezeption einer ›ausländischen Idee‹ zwischen 1860 und 1890«, in: Schubert, Gunter (Hg.), *Menschenrechte in Ostasien. Zum Streit um die Universalität einer Idee II*, Tübingen: Mohr Siebeck, S. 297–344. ▪ Senghaas, Dieter (1998), *Zivilisierung wider Willen. Der Konflikt der Kulturen mit sich selbst*, Frankfurt/M.: Suhrkamp. ▪ Shue, Henry (1999), »Menschenrechte und kulturelle Differenz«, in: Lohmann, Georg / Gosepath, Stefan (Hg.) (1998), *Philosophie der Menschenrechte*, Frankfurt/M.: Suhrkamp, S. 343–377. ▪ Shimada, Shingo (2000), *Die Erfindung Japans. Kulturelle Wechselwirkung und nationale Identitätskonstruktion*, Frankfurt/M./New York: Campus. ▪ Simma, Bruno / Fastenrath, Ulrich (1992), *Menschenrechte. Ihr internationaler Schutz*, München: C. H. Beck. ▪ Stagl, Justin (1993), »Eine Widerlegung des Kulturellen Relativismus«, in: Matthes, Joachim (Hg.), *Zwischen den Kulturen? Die Sozialwissenschaften vor dem Problem des Kulturvergleichs*, Göttingen: Schwarz, S. 145–166. ▪ Straub, Jürgen / Shimada, Shingo (1999), »Relationale Hermeneutik im Kontext interkulturellen Verstehens. Probleme universalistischer Begriffsbildung in den Sozial- und Kulturwissenschaften, erörtert am Beispiel ›Religion‹«, in: *Deutsche Zeitschrift für Philosophie*, 47, H 3, S. 449–478. ▪ Taylor, Charles (1997 a), »Demokratie und Ausgrenzung«, in: *Transit*, 7, 14, S. 81–97. ▪ Taylor, Charles (1997 b), »Die Politik der Anerkennung«, in: Taylor, Charles, *Multikulturalismus und die Politik der Anerkennung*, Frankfurt/M.: Fischer, S. 13–78. ▪ Tenbruck, Friedrich H. (1993), »Die Religion im Maelstrom der Reflexion«, in: Bergmann, Jörg u. a. (Hg.), *Religion und Kultur*, Sonderband 33 der Kölner Zeitschrift für Soziologie und Sozialpsychologie, Opladen: Westdeutscher Verlag, S. 31–67. ▪ Vauteck, Benjamin (2002), *Kulturelle Grenze als Problem des liberalen Staates am Beispiel Kanadas*, Erlangen: (unveröff. Manuskript). ▪ Walzer, Michael (1996), *Lokale Kritik – globale Standards*, Berlin: Rotbuch.

15.6 Zur politischen Kultur von Demokratie und Zivilgesellschaft. Nach der Globalisierung der Gesellschaft – Vor der dritten demokratischen Transformation?

Hauke Brunkhorst

In seinem Buch »Democracy and its Critics« hat Robert Dahl drei demokratische Transformationen der Weltgeschichte unterschieden.[1] Die *erste* bestand in der Einführung der Volksherrschaft in Athen im 3. Jahrhundert v. Chr., in der Ableitung aller Macht aus der einen Quelle des Volkes (*potestas in populo*) und der Etablierung einer republikanisch verfassten Zivilgesellschaft (Tugendherrschaft und *rule of law*) im antiken Rom und der Fortsetzung dieser Tradition in den christlichen Stadtrepubliken Oberitaliens in der Renaissance. Die Erfindung von Demokratie und Zivilgesellschaft (= Republik = *res publica* = *socitas civile* = politische Gesellschaft = bürgerliche Gesellschaft im alten, vorhegelschen Sinn) in der Antike hatte zwei kulturelle Voraussetzungen, ohne die sie unmöglich gewesen wäre:

(1) die Erfindung und

(2) die kommunikative Nutzung der Schrift.[2]

So wie die im kulturellen Subsystem der Gesellschaft (Parsons) verfügbar gehaltene Idee der Demokratie jedoch partikularistisch als *eine* von *vielen* Möglichkeiten und legitimen Herrschaftsformen verstanden wurde, so blieben auch Demokratie und Republik bis Ende des 18. Jahrhunderts stets im Schatten hierarchisch organisierter Großreiche (Imperien) – mit den zwei bedeutsamen und wirkungsmächtigen Ausnahmen des formal bis zum letzten Tag stadtrepublikanisch organisierten *Imperium Romanum* und seines unmittelbaren Rechtsnachfolgers, des römisch-katholischen Kirchenstaats, in dem sich seit der Rechtsrevolution des 11. und 12. Jahrhunderts bereits die Konturen moderner Rechtsstaatlichkeit abzuzeichnen beginnen.[3] Von der Idee der Demokratie bleiben Spuren erhalten, sowohl an der Basis (etwa in der Gottesfriedensbewegung des 11. Jahrhunderts) wie im Repräsentativsystem (Konziliarismus). Schließlich blieb die erste demokratische Transformation auf Europa beschränkt und konstitutiver Bestandteil eines eurozentrischen Weltbildes.[4]

Der alteuropäische Partikularismus wird erst in der *zweiten* demokratischen Transformation zugunsten eines eurozentrischen Universalismus überwunden. Die zweite demokratische Transformation ist das Produkt der in Holland und England im 16. und 17. Jahrhundert vorbereiteten und in Frankreich und Amerika Ende des 18. Jahrhunderts vollendeten Verfassungsrevolution, in der zum ersten Mal Rechtsstaatlichkeit und radikale Demokratie miteinander verschränkt und aus dem einen Prinzip der individuellen und egalitären Selbstgesetzgebung abgeleitet wurden.[5] Aus der populistischen Herrschaft der Mehrheit über die Minderheit (Athener Demokratie) wurde im Paris des 18. Jahrhunderts die Idee einer paradox verfassten, sich selbst dekonstruktiv aufhebenden »Herrschaft Beherrschter«.[6] An die Stelle der Differenz tritt die *Identität*[7] von Herrschenden und Beherrschten.

Das spiegelt sich im Wandel des Begriffs der Repräsentation. War Repräsentation im klassischen Verständnis stets Darstellung des Ganzen durch den *besten* Teil, so verschwindet im streng egalitären, modernen Repräsentationsbegriff (schon bei Hobbes!) genau diese Differenz, die das römische Verfassungsrecht zur Zeit Ciceros auf die Formel: *potestas in populo, auctoritas in senatu* gebracht hatte.[8] Modern und egalitär wird Repräsentation zur Darstellung der *Identität* von Herrschenden und Beherrschten und der Repräsentant ist und bleibt einer von uns, ist Volksvertreter und bleibt als dessen bloßes »Organ« (Art, 20 II GG) seiner Herrschaft unterworfen,

---

1 Dahl (1989). Ich übernehme nur das Schema der drei Transformationen von Dahl, lege dann aber meine eigenen Überlegungen zur Evolution der Demokratie zugrunde. Dazu: Brunkhorst (2000, 2002 b).

2 Brunkhorst (2000, 2. Kap. S. 43 ff.).

3 Berman (1991).

4 Flaig (1994, S. 422); vgl. A. Hunter (1994, S. 154 ff.); Brunkhorst (2002 b, S. 40 ff.).

5 Vgl. Parsons (1972).

6 Möllers (1997, S. 97); Brunkhorst (2002 b, S. 97 ff.).

7 Kelsen (1981, S. 6 ff., S. 60 f., S. 84 f.).

8 Cicero, De legibus III, S. 28; vgl. A. Brunkhorst (2000, S. 94 ff.).

während der König zum Bürger Capet dekaputiert wird.[9] Der altrömische Republikanismus, von dem die Revolutionäre in Frankreich und Amerika so sehr geschwärmt haben und der die Staatssymbole ziert, wird vollständig verrechtlicht. Hier tritt mit den individuellen Freiheitsrechten und dem Legalismus des funktional ausdifferenzierten Rechtssystems

1. die *Differenz* der individuellen oder assoziierten Rechtssubjekte,

2. die *Differenz* der sozialen Wertsphären und Funktionssysteme und

3. die scharf geschnittene *Differenz* von Recht und Moral an die Stelle der altrömischen Einheit des Politischen: von Bürger und Bürgergesellschaften, von Moral, Recht und öffentlicher Tugend (*virtus*).[10]

Der Ort der zweiten demokratischen Revolution war nicht mehr die alte Stadtrepublik, sondern der moderne National- und Territorialstaat. Dieser ist, durch den Jakobinismus der Menschenrechte beflügelt, von vorne herein universalistisch *und* eurozentrisch, ebenso global *wie* »imperialistisch« orientiert. Wenn man es auf allen vier Feldern des Parsonschen AGIL-Schemas durchspielt, kann man sagen: Die zweite demokratische Transformation erscheint *ökonomisch* (*a*daptation-Funktion) als Nationalökonomie, die sich auf dem Weltmarkt verkaufen muss, *politisch* (*g*oal-attainment-Funktion) als Gleichzeitigkeit von nationaler Selbstbestimmung und postnationalem Imperialismus, *sozial* (*i*ntegration-Funktion) als globalisierter Klassenkampf, *kulturell* (*l*atency-Funktion) als dialektischer Spannungsbogen von »jakobinischem Menschenrechtspatriotismus« (H. Arendt) und europäischer oder nationaler Hegemonie. Und wiederum sind es zwei kulturelle Voraussetzungen, ohne die es niemals zur zweiten demokratischen Transformation gekommen wäre:

(1) die Erfindung und

(2) die kommunikative Nutzung der Druckerpresse.[11]

Damit ist die zweite, universalistisch motivierte, demokratische Transformation vom ersten Tag an

die *politisch* treibende Kraft eurozentrischer Globalisierung, und im *kulturellen* Gedächtnis der Weltgesellschaft schrumpfen (aus der imperialen, europäisch-nordatlantischen Perspektive) am Ende alle Möglichkeiten auf die Alternative »Demokratie oder Barberei« zusammen.

Gesellschaftlich wird durch die Globalisierung aller, in Europa *entstandenen* Funktionssysteme, von der Wirtschaft über die Politik, die Wissenschaft, den Verkehr, das Militär, das Recht bis zum Sport der Eurozentrismus in der zweiten Hälfte des 20. Jahrhunderts vollständig dezentriert. Er ist durch seinen globalen Erfolg, durch den überall auf der Welt die funktionale Differenzierung den Primat sozialer Stratifizierung abgelöst hat, als besondere Perspektive verschwunden.[12] Heute, *nach* der Globalisierung der europäisch-nordatlantischen Gesellschaft, stehen wir, so sieht es auch Dahl, an der Schwelle einer *dritten* demokratischen Transformation, von der freilich noch niemand weiß, ob mit ihr Freiheit und Gleichheit zu einer postnationalen und poststaatlichen Ordnung (Verfassung) der Weltgesellschaft expandiert werden oder in einem neuen »Empire« verschwinden.[13] Wie demokratisch wird die kommende (und heute schon vorhandene) inter- oder transnationale Zivilgesellschaft sein? Wird der entstaatlichte *global constitutionalism*, der sich schon heute als (rechtspluralistisches) Faktum konstatieren lässt, zu einer demokratischen und zu einer postdemokratischen Verfassung der Weltgesellschaft führen? Auf diese Fragen möchte ich die folgenden Ausführungen zur politischen Kultur von Demokratie und Zivilgesellschaft zuspitzen.

1. Öffentlichkeit

Ich beginne mit dem Begriff der *Öffentlichkeit*, der ohne Zweifel der Grundbegriff der politischen Kultur Europas seit der Athener *polis*, der römischen *res publica* und der evolutionären Erfindung des römischen Rechts ist. Er ist zugleich ein kultureller, politischer und sozialer Begriff, denn das *kulturelle* Wissen republikanisch verfasster Gesellschaften vom antiken Rom bis zu den Vereinten Nationen und der World Trade Organization ist öffentliches Wissen; und *Politik* oder das Erreichen befriedigender Zustände (Parsons: *goal attainment*) für eine

---

9 Vgl. A. Hofmann (1974); Mansfield (1968).
10 Brunkhorst (2002 b, S. 100 ff.).
11 Brunkhorst (1999; 2000, 4. Kap., S. 158 ff.).
12 Brunkhorst (2002 b, Kap. II, S. 111 ff.).
13 Vgl. Hardt/Negri (2002).

urbane, nationale, europäische oder globale Bürgerschaft vollzieht sich im Streit um die öffentlichen Angelegenheiten; und *sozial* wird die Zivilgesellschaft durch öffentliches Recht, öffentliche Meinung und öffentliche Assoziation integriert. Das latente kulturelle Wissen wird im Medium der öffentlichen Diskussion sozial und politisch umgesetzt und konkretisiert. »Öffentlichkeit« ist in republikanisch und demokratisch verfassten Gesellschaften ein zugleich deskriptiver und normativer Begriff, der gut hegelianisch eine nicht nur *evolutionär* entstandene, sondern auch *revolutionär* geschaffene, normative Realität beschreibt: die *Faktizität des Normativen*, die sich der »Normativität des Faktischen« (Jellinek) entgegenstemmt.[14] Mit diesem Begriff beginne ich, um zunächst starke von schwacher Öffentlichkeit zu unterscheiden.

Den normativ anspruchsvollen Begriff der Öffentlichkeit verstehe ich mit Dewey als kommunikatives Wachstum, mit Hannah Arendt als kommunikative Macht, mit Jürgen Habermas als inklusive Diskussion. Das nennt man heute deliberative oder »auditive democracy«.[15] Damit ist der Begriff der Demokratie aber unterbestimmt, denn demokratische Selbstbestimmung erfordert *mehr* als ein Recht auf Äußerung.[16] Ich werde zur näheren Bestimmung des Unterschieds auf Parsons Medientheorie, verfassungstheoretische Überlegungen und Rawls' Unterscheidungen von egalitären und hierarchischen Gesellschaften zurückgreifen, um die demokratische Komponente der Unterscheidung präziser zu bestimmen und vor allem um die ursprünglich im nationalstaatlichen Kontext entwickelte Unterscheidung für die Untersuchung der transnationalen Zivilgesellschaft fruchtbar zu machen.

Eine *starke* Öffentlichkeit, und hier folge ich Parsons' Unterscheidung der Medien Einfluss und Macht, hat moralischen Einfluss *und* politische (oder mit Habermas) administrative Macht.[17] In einer starken Öffentlichkeit sind *inklusive* Diskussion und *egalitäre* Entscheidungen strukturell, nämlich durch rechtlich stabilisierte Erwartungen gekoppelt.[18] Die strukturelle Kopplung von inklusiver Diskussion und egalitärer Dezision setzt zweierlei voraus:

1. ein normativ wirksames System von *Grundrechten*,
2. ein normativ wirksames System demokratischer *Staatsorganisationsnormen*.

Ohne eine *normative* und nicht nur »nominalistische« oder »symbolische« Verfassung im Sinne der Unterscheidung Karl Löwensteins[19] gibt es keine starke Öffentlichkeit. Paradigma einer starken Öffentlichkeit sind nicht nur (wie bei Frazer und Habermas) das demokratische Parlament oder andere hochformalisierte Diskurse wie Gerichtsverhandlungen, sondern das ganze Netzwerk öffentlicher Debatten, Zeitungen, Werbung, Fernsehen, Internet, Talk-Shows, teach-ins, politische Protestbewegungen und Vereinigungen, Parteien, Gewerkschaftskongresse, Parlamentsdebatten, Gerichtsverhandlungen, kooperative Verwaltung, staatliche oder alternative Selbstverwaltung usw. Das Netzwerk öffentlicher Assoziationen, Diskursforen und spontaner Aktionen ist dann und nur dann eine *starke Öffentlichkeit*, wenn *deliberative Problemlösungsdiskurse* durch *Rechte* und *Organisationsnormen* mit *egalitären Entscheidungsverfahren* verbunden sind. Eine starke Öffentlichkeit ist also eine diskutierende Öffentlichkeit, die durch Wahlen, Abstimmungen, Klagemöglichkeiten, lokale Partizipationsrechte usw. mit administrativer Macht ausgestattet ist.

Eine schwache Öffentlichkeit ist demgegenüber eine Öffentlichkeit, die moralischen *Einfluss* hat, aber keine direkte *Macht* ausüben kann. Eine schwache Öffentlichkeit kann gewaltigen, bisweilen revolutionären Einfluss auf das politische Geschehen haben, – auch ohne Zugang zur Staatsgewalt. Man

---

14 Vgl. Habermas (1990); Habermas (1992, S. 373 ff.). Zur Faktizität des Normativen vgl. A. Joerges/Vos (1999, S. 16 f.).

15 Zur Theorie der deliberativen Demokratie: Bohman (1996); Bohman/Rehg (1997); Cohen/Sables (1997); kritisch: Schmalz-Bruns (1999). Zum Begriff der »auditive democracy« vgl. Eriksen/Fossum (2002, S. 420).

16 Möllers (2002, S. 5); zur Kritik deliberativer und auditiver Verkürzungen des Demokratiebegriffs vgl. A. Eriksen/Fossum (2003); Eriksen (2001).

17 Parsons (1980).

18 Zur Unterscheidung »structural« vs. »loose coupling« vgl. Luhmann (1990, 1997, S. 92 ff.). Die strukturelle Kopplung zwischen den Kommunikationssystemen der Diskussion und der Dezision lässt sich im Anschluss an Teubner generell als strukturelle Kopplung von »Spontanbereichen« (z. B. Diskussion) kommunikativen Handelns mit dem »Organisationsbereich« (z. B. Dezision) des jeweiligen Funktionssystems beschreiben: Teubner (2000 a, 2000 b, 2002).

19 Löwenstein (1997, S. 148 ff.); Neves (1992, S. 45 ff., S. 65 ff.); vgl. A. Müller (1986, S. 13, S. 34, S. 38).

denke nur an die Jahre 1789 und 1989. Was Parsons »Einfluss« nennt, kann man mit Dewey, Arendt, Habermas als *kommunikative* Macht beschreiben und diese dann vom funktionalistischen Begriff *administrativer* Macht unterscheiden.[20]

Der Begriff der kommunikativen Macht lässt sich aber besser an Dewey als an Arendt und den frühen Habermas anschließen, vor allem weil Dewey ihn konsequent antidualistisch konstruiert und mit Wachstum und Expansion verbindet, was von vorne herein besser zur entgrenzten Weltgesellschaft passt, als die Begriffe der republikanisch oder staatlich verfassten Öffentlichkeit. Der Anschluss an die Evolutionstheorie, die Aufhebung der dualistischen Trennung von Praxis und Technik, die Idee eines wachstumsintensiven, expandierenden Netzwerks von »problem solving communities«, die alle Klassenschranken, kulturellen, religiösen und nationalen Gräben überwinden, passt vorzüglich zur sozial heterarchischen und kulturell heterogenen Globalisierung.[21]

Aber »insight and blindness« (Paul de Man) liegen auch bei Dewey dicht beieinander. Für Dewey und Neopragmatisten wie Rorty oder Putnam spielen die funktionalen Differenzen verschiedener Sozialsysteme oder »Wertsphären«, die *innerhalb* des Kontinuums gesellschaftlicher Kommunikation aufbrechen, praktisch keine Rolle. Die pragmatistische Identifikation von Demokratie mit den *Problemlösungsprozeduren inklusiver Kommunikation* führt zu einer systematischen Vernachlässigung der für demokratische Verfassungsregime grundlegenden Unterscheidung von Deliberation und Dezision. Deshalb kommt bei den Pragmatisten und den meisten Bewunderern deliberativer Demokratie das Problem der *Institutionalisierung* egalitärer *Entscheidungsverfahren* regelmäßig zu kurz.[22] Eine *schwache* Öffentlichkeit, deren kommunikative Infrastruktur Dewey, Arendt und Habermas so eindrucksvoll beschrieben haben, ist in meinem Schema deshalb eine strukturell defizitäre Öffentlichkeit. Sie wird durch die Existenz expliziter oder impliziter, starker oder schwacher *Rechte* ermöglicht, aber sie hat *keinen organisationsrechtlich gesicherten Zugang* zu politisch bindenden Entscheidungen. Es ist deshalb kein Zufall, dass sie in der Regel eher *abwehrrechtlich* an Herrschafts*begrenzung* als demokratisch an Herrschafts*begründung* orientiert ist.[23]

Paradigmatisch ist der Fall der amerikanischen »Rights Revolution« der 60er und 70er Jahre, der sich – zumindest in der öffentlich-intellektuellen Wahrnehmung und in den anschließenden Debatten und Theorien zur wiederentdeckten »civil society« – durch die herrschaftsbegrenzende Kombination aus Protestbewegungen, zivilem Ungehorsam, Gerichtsentscheidungen, vor allem Grundsatzurteilen des Verfassungsgerichts, auszeichnet.[24] Das war zu einem Zeitpunkt, als in Amerika die herrschafts*begründenden* demokratischen Institutionen und Organisationen bereits deutlich in die Defensive geraten waren.[25] Deshalb unterscheidet sich, legt man die Wahrnehmung des Geschehens in der Theorie der »civil society« zugrunde, der Fall der »Rights Revolution« auch signifikant vom »New Deal« der dreißiger Jahre,

---

20 Habermas (1992, S. 182 ff., S. 431 ff.); Habermas (1978).

21 Vgl. Dewey (1984, 1949); Putnam (1991 a, S. 217; 1991 b, S. 64); Rorty (1996, 1986); Mead (1973, S. 211, S. 260 f.); Kloppenberg (2000); Festenstein (1997).

22 Das gilt auch für Joerges/Neyer (1997), bei denen zwar nicht die institutionellen Entscheidungsprozeduren, wohl aber ihre egalitäre Ausgestaltung zu kurz kommt.

23 Vgl. Möllers (2003).

24 Vgl. z. B. Arendt (1989); Frankberg/Rödel (1981).

25 Die Konzentration politischer Macht beim industriell-militärischen Komplex und die damit verbundene, reale Einschränkung demokratischer Legitimation und parlamentarischer Herrschaftsausübung während des Vietnamkriegs hat freilich die Wahrnehmung der Bürgerrechtsaktivisten und ihrer intellektuellen Beobachter auch verzerrt und allzu sehr auf das Zusammenspiel von außerparlamentarischer Opposition und Gerichtsentscheidungen konzentriert. Das hat nicht nur bei den außerordentlich einflussreichen Theoretikern der »civil society«, die in den späten 70er Jahren von Marx zu Arendt umgeschwenkt sind, zu einer Vernachlässigung der Rolle der demokratischen Legislativgewalt geführt und den Blick auf die Gerichte fixiert, sondern auch bei Rawls (1977, 1994), der für selbstverständlich unterstellt, dass »das Verfassungsgericht eines Staates« gerade im Vergleich mit der offenbar weniger vernünftigen Legislative das »Musterbeispiel für öffentlichen Vernunftgebrauch« (Rawls, 1994, S. 6) sei, und der dabei den kategorialen Fehler macht, die Rationalität legislativer Volkswillensbildung an der ganz anders gearteten Rationalität juristischer Diskurse zu messen. Besonders drastisch argumentiert hier Dworkin (1984), der zwar einen radikalen Egalitarismus des rule of law stark macht, an dessen Rechtsphilosophie sich aber gar nichts änderte, würde der Staat auf die demokratische Volkslegislative verzichten. Anders und zur Rolle parlamentarischer Gesetzesprogramme für den Vollzug und Erfolg der »rights revolution«, die jenen auch in Zeiten massiv geschwächter demokratischer Institutionen noch zukommt, vgl. Sunstein (1993).

der durch die herrschafts*begründende* Kombination aus Wahlkampagnen, gewerkschaftlicher Mobilisierung und Parlamentsentscheidungen, die dann *gegen* den Widerstand des Verfassungsgerichts durchgesetzt wurden, charakterisiert ist.

Bei schwachen Öffentlichkeiten existiert nur eine lose Kopplung von Diskussion und Dezision. Die paradigmatischen Fälle sind vordemokratische Regimes wie die europäische Intellektuellenöffentlichkeit vor der Großen Französischen Revolution oder die Sowjetunion zur Zeit Chruschtschows oder Gorbatschows, aber auch die nominalistischen Verfassungsregime Lateinamerikas oder vieler neuer Staaten Osteuropas, also alle »defekten« (Puhle) und »deligativen« (O'Donnel) Demokratien gehören in diese Kategorie. Die westlichen Demokratien »in der Defensive« (Müller), in die sie heute geraten sind, kommen ihr freilich schon bedenklich nahe, – allen voran die Vereinigten Staaten, in denen die sozial exkludierte, politisch passive Bevölkerung zusammen mit den wahlberechtigten Nichtwählern bereits die verfassungsändernde Zweidrittelmehrheit des Art. V der US-Bundesverfassung erreicht hat, so dass man von einem stillen Verfassungswandel (i. S. Jellinecks) ausgehen kann: der normativen Kraft des Faktischen.[26]

Gesellschaften oder Regimes mit schwacher Öffentlichkeit sind im Unterschied zu den egalitären Demokratien *sozial hierarchisierte* Gesellschaften. In hierarchischen Gesellschaften ist alles Recht *hegemoniales Recht*.[27] Das ist Recht, das günstigsten Falls (wie etwa im deutschen Kaiserreich) alle Bürger gleichermaßen bindet, dessen Inhalt aber durch eine herrschende Klasse oder eine dominante Kultur determiniert wird. Hegemoniales Recht ist

nicht, wie in Rousseaus oder Habermas' Modell der *input*-Legitimation, herrschaftsbegründend »*by* and *through* the people« legitimiert – sondern nur herrschaftsformend »*for* the people«, wie in Lippmanns oder Schumpeters elitären und expertokratischen Modellen der *out*put-Legitimation, das auch das dominierende Legitimationsverfahren des EU-Rechts ist.[28] Zum Problem wird das spätestens, wenn Unionsorgane von der »Verteilung von Freiheitsrechten zum Eingriff in solche« übergehen, denn dann schlägt die scheinbar liberale Herrschaftsbegrenzung in demokratisch nicht mehr begründete Herrschaft *über* das Volk um.[29]

Gesellschaften mit schwacher Öffentlichkeit können mehr oder weniger »wohlgeordnete« hierarchische Gesellschaften i. S. von Rawls, also Rechtsstaaten oder *rule of law* Regimen sein.[30] »Wohlgeordnet« ist eine hierarchische Gesellschaft, wenn elementare Bürgerrechte zumindest als »soft law« oder als »Reflexrechte« (Jellineck) wirksam sind. Das ist keine hinreichende, aber die *notwendige Bedingung* einer schwachen Öffentlichkeit: Eine Verfassung mit Rechten, aber ohne demokratische Staatsorganisationsnormen. Die *hinreichende Bedingung* ist die kommunikative Nutzung von Verbreitungstechniken wie Buchdruck, Elektronik, Computer usw. Ohne die Erfüllung der beiden kulturellen Voraussetzungen der *dritten*, globalen Transformation der Demokratie (Dahl), (1) der Erfindung und (2) der kommunikativen Nutzung elektronischer Medien könnten sich eine globale Öffentlichkeit und eine transnationale Zivilgesellschaft nur rudimentär und ohne die Grenzen des Nationalstaats zu sprengen, entwickeln. Das folgende Schema dient nur der Veranschaulichung der getroffenen Unterscheidungen:

	+ (Rechte)	+ Rechte)
Einfluss		
	+ (egalitäres Organisationsrecht)	–
Macht		
Medien Öffentlichkeit	stark	schwach

---

26 Vgl. Müller (2001, S. 92). Zu Verfassungswandel vs. Verfassungsänderung: Jellinek (1906).

27 Brunkhorst (2002 b, S. 171 ff.).

28 Scharpf (1999); Brunkhorst (2002 a).

29 Möllers (2002).

30 Rawls (1993).

Dcm folgt meine *erste These*: Starke Öffentlich-keit (= Öffentlichkeit mit Rechten *und* egalitären Organisationsnormen) gibt es nach wie vor nur im Rahmen demokratisch verfasster Nationalstaaten. Aber seit Durchsetzung und globaler Positivierung eines bindenden Kerns subjektiver Rechte, allgemei-ner Grundsätze des Völkerrechts usw. *und* der kom-munikativen Nutzung elektronischer Medien hat auch die *Weltgesellschaft* eine schwache Öffentlich-keit (= Öffentlichkeit mit Rechten, aber ohne effek-tive und egalitäre Organisationsnormen) und eine transnationale Zivilgesellschaft.

Um nun die Frage, von der wir ausgegangen waren, zu beantworten, ob der sich mit der schwa-chen Weltöffentlichkeit abzeichnende globale Kon-stitutionalismus am Ende zu einer demokratischen Verfassung der Weltgesellschaft mit starker Öffent-lichkeit und damit nicht nur zu einer *transnationa-len*, sondern auch *demokratischen* Zivilgesellschaft führen könnte, muss zunächst die weniger weit gehende Frage beantwortet werden, ob eine *moderne* Verfassung ohne modernen Nationalstaat über-haupt denkbar ist. Immerhin hat die deutsche Staatsrechtslehre der 20er Jahre des vergangenen

Jahrhunderts diese Frage von Kelsen über Thoma und Heller bis Schmitt rundheraus negativ beant-wortet und dementsprechend Globalverfassungen (wie das Völkerrecht und die UN-Charta) entweder verworfen (Heller, Schmitt) oder als globalen Staat (Kelsen, Verdroß) konstruiert. Dieselbe Position findet sich (mit Schmittschem Akzent) auch noch im Maastricht-Urteil des Bundesverfassungsgerichts und in der gegenwärtigen Staatsrechtslehre links (Grimm) wie rechts (Kirchhof). Ich werde im nächsten Abschnitt (3.) ganz entschieden das Ge-genteil behaupten und den Begriff der Verfassung vom Staat ablösen.

2. Verfassung

Die Ehe von Staat und Verfassung ist keine notwen-dige Verbindung. Das wäre sie nur dann, wenn man wie Rawls Staat und Gesellschaft identifiziert oder die Gesellschaft, wie Hegel, dem Staat als Subsystem unterordnet.[31] Der Staat ist aber nur ein Subsystem der Weltgesellschaft.[32] Verfassungen lassen sich ver-schiedenen Typen von Subsystemen oder gar der Weltgesellschaft im Ganzen zuordnen, nicht nur dem Staat.

Schon die herrschafts*gründenden* (Arendt), *revo-lutionären* Verfassungen des 18. Jahrhunderts wa-ren zunächst keine *Staats*verfassungen wie die preu-ßischen und deutschen des 19. Jahrhunderts, in denen ein bereits existierender Staat sich selbst durch eine Verfassung gebunden und in seinem Herrschaftsanspruch begrenzt hat.[33] Im Gegensatz dazu waren die frühen Verfassungen Amerikas und Frankreichs Hervorbringungen der bürgerlichen Gesellschaft, in denen die Nation oder das Volk sich zunächst nur als »association politique« oder »societé civil« verfasste und den *vorgefundenen* oder überhaupt erst *entstehenden* Staatsapparat dem Wil-len des Volkes *unterordnete*.[34] Was die Verfassungs-revolutionen des 18. Jahrhunderts voraussetzten, war die Nation, nicht der Staat.

Heute zeigt sich, dass die rechtliche Bindung der Verfassung an den Staat nicht nur, wie Christoph Möllers für das Grundgesetz gezeigt hat,[35] rechtsdog-matisch fragwürdig ist, sondern auch, dass die fak-tische Bindung der Verfassung an den Staat nur eine weltgeschichtlich kurze Episode war. Inzwischen stel-

---

31 Wenn der späte Rawls (1993) von »well-ordered societies« spricht, meint er staatlich organisierte Sozialsysteme, und in derselben Weise identifiziert er sie (wie die klassischen Lehren vom Gesellschaftsvertrag) in Rawls (1975). Zur etatistischen Subsumtion der Gesellschaft unter den Staat, in den dann die Differenz von Staat und Gesellschaft (i. S. eines *re-entry*) als staatsinterne wiedereingeführt wird, siehe Hegel (1955).

32 Luhmann (1997, 1970 a, 1970 b); Willke (1992); Albert (2002).

33 Zur Rolle der Gründung im 18. Jahrhundert Arendt (1974); zum deutschen (und englischen) »Sonderweg« der herr-schaftsbegrenzenden Verfassung eines bereits bestehenden Staats, den die Jellinecksche Selbstbindungslehre verfas-sungstheoretisch dogmatisiert hat vgl. Schönberger (1997). Dieses Buch räumt auch mit dem von Carl Schmitt bis Böckenförde immer wieder nacherzählten Narrativ vom konstitutionellen Klassenkompromiss des Kaiserreichs auf, der zwischen Fürsten- und Volkssouveränität vermittelt und die Gewichte langsam zugunsten der letzteren verschoben hätte. Das Gegenteil ist wahr. Die Volkssouveränität hatte zu keinem Zeitpunkt eine Chance, und alle Veränderungen unterhalb der Schwelle der Revolution mussten Flickwerk bleiben. Die einzige interne Entwicklungsmöglichkeit, die innerhalb der Verfassungsinstitutionen des Kaiserreichs eine Chance hatte, war der Bonapartismus.

34 Maus (1992). In der Rechteerklärung von 1789 kommt das Wort Staat noch gar nicht vor.

35 Möllers (2001).

len die gründenden Verträge internationaler Organisationen wie die United Nations, die World Trade Organization oder die Europäische Union funktionale Äquivalente für Staatsverfassungen dar. Nicht nur der Europäische Gerichtshof, auch das Bundesverfassungsgericht nannte schon in den 60er Jahren die Verträge von Rom »gewissermaßen eine Verfassung«.[36] Andere Juristen (Thürer, Rosas usw.) sprechen mit Blick auf das bestehende Völkerrecht von einem »global constitutional project«[37] oder versuchen – wie Tomuschat und Fassbender – zu zeigen, dass die UN-Charta die Verfassung der Weltgesellschaft sei.[38] Rechtspluralisten wie Teubner wiederum machen einen besonders ausgedehnten Gebrauch vom Begriff entstaatlichter, systemspezifischer Funktionsverfassungen,[39] aber auch im konventionellen Wirtschaftsrecht (etwa Stefan Langer) werden die WTO-Verträge als Verfassung des Funktionssystems Weltwirtschaft betrachtet.[40] Während dem Staat viele und zum Teil sehr mächtige Konkurrenten auf den Titel des Verfassungsregimes entgegengewachsen sind, signalisiert der immer wichtiger werdende Begriff des »failed state« einen dramatischen Verfassungsschwund auf der Ebene der segmentären Gliederung der Weltgesellschaft in Staaten.[41]

Es bleibt die heikle Frage, in welchem Sinn genau wir von einer poststaatlichen Verfassung der Weltgesellschaft sprechen können?

3. Weltgesellschaft

Zweifellos – und das ist mein erster Punkt – hat die Weltgesellschaft eine *autonome Rechtsordnung*, die autopoietisch geschlossen und in viele Rechtsordnungen spezialisiert ist und im Ganzen eher eine heterarchische als eine hierarchische Struktur der Rechtserzeugung und Rechtsanwendung aufweist.[42]

In diesem System, in dem alle Menschen Rechte haben, wird Recht *auch* durch die spontane Aktivität einer schwachen Weltöffentlichkeit fortentwickelt, mit-erzeugt, in Geltung gesetzt. Darin besteht die *kulturelle* Einflussstärke der *politisch* schwachen Öffentlichkeit der globalen Zivilgesellschaft.[43] Und es versteht sich von selbst, dass der wachsende und tagtäglich spürbare Einfluss der schwachen Weltöffentlichkeit *ohne* die evolutionäre Errungenschaft der kommunikativen Nutzung elektronischer Me-

dien vom Telegraph über das Fernsehen bis zum Internet und zum elektronisch gesteuerten Flugverkehr nicht existieren würde, nicht einmal existieren könnte. Wie funktioniert die Evolution der Rechte im Medium einer schwachen Weltöffentlichkeit? Das kann man am Beispiel sozialer Protest- und Menschenrechtsbewegungen in der peripheren Moderne (Lateinamerika, Indien usw.) verdeutlichen.

Global remedies, weltweit artikulierte Rechtsansprüche, werden zunehmend von nationalen und internationalen Gerichten aufgegriffen, weiterentwickelt, ins Rechtssystem übersetzt und integriert, schließlich auch durchgesetzt. Die Fälle Milosevic, Pinochet und Kissinger sind nur die Spitze des Eisbergs. Das globale Recht funktioniert mit einer spätmodernen Mixtur aus nationaler, internationaler und transnationaler Jurisdiktion. Beispielhaft sind Fälle wie die der »street-kids« in Brasilien oder die der »Verschwundenen« in Argentinien.[44] Was hier passiert, wird von postmodernen und dekonstruktionistisch nachsozialisierten Juristen wie Fischer-Lescano oder Teubner treffend als ein »Herbei-rufen« (Derrida) oder »ins-Sein-rufen« (Heidegger) *neuer Rechte* beschrieben.[45] Das geschieht:

– *zunächst* durch »lawmaking in the streets« (Khan), also durch die Arendtsche *schwache Öffentlichkeit* der Madres auf den großen Straßen und Plätzen von Buenos Aires.

– Davon angestoßen werden im *zweiten* Schritt internationale Juristenvereinigungen, NGO's wie *Amnesty, Human Rights Watch* usw. aktiv, – also das ganze Netzwerk der Deweyschen deliberativen Demokratie gerät in Schwingung, – unterstützt

---

36 Weiler (1991, S. 2407); Augustin (2000, S. 274); Grimm (2001, S. 204).

37 Rosas (1995); Thürer (1997, bes. S. 10, S. 15 ff.; 2000); Oeter (2000).

38 Fassbender (1998); skeptischer: Tomuschat (1995, 2002). Kritisch: Fischer-Lescano (2002 b).

39 Teubner (2002 a); Teubner (2002 b); Teubner (2000 b, 2000 a, 1997, 1996, 2000 c); Fischer-Lescano (2002 b).

40 Langer (1994).

41 Thürer (1997).

42 Luhmann (1993, S. 574); Teubner (2000 c, 1997, 1996); Fischer-Lescano (2002 b).

43 Cohen (1996).

44 Serra (1996); Fischer-Lescano (2002 b); vgl. A. Khan (2001).

45 Fischer-Lescano (2002 b).

und verstärkt vom Rauschen der internationalen Presse, des globalen Fernsehens, des Internets.

– Was *drittens* folgt, sind mehr oder minder hektische Aktivitäten globaler, regionaler und nationaler Gesetzgebung und Rechtsprechung, und am Ende stehen Prozesse vor – in der Regel – nationalen Gerichten. Im Fall der »Verschwundenen« wurden sie in Spanien, der Schweiz, Frankreich, Deutschland, Italien, Schweden und – zivilrechtlich – in den USA aktiv.

Herbeigerufen werden die Rechte durch die *Arendtsche* kommunikative Macht der Straße und die *Deweyschen* »problem-solving communities« der deliberativen Demokratie, und *implementiert* wird die neue *universal jurisdiction* von nationalen Gerichten, die sich auf Staatsgewalt verlassen können. Wir haben es hier mit dem typischen Fall einer *losen Kopplung* von Diskussion und Dezision zu tun, – zentriert auf das Zentrum des Rechtssystems, die Gerichte.[46]

Was wir an solchen Fällen – aber auch an der EU – beobachten können, ist das *evolutionär neue Phänomen einer Gewaltenteilung zwischen entstaatlichter Rechtsordnung und verstaatlichtem Gewaltmonopol.*[47] Was dieser neuen, internationalen Gewaltenteilung, die in der EU nahezu perfekt,[48] in den globalen Rechtsregimes mit erheblichen Friktionen funktioniert, fehlt, ist die herrschaftsbegründende Kraft einer starken Öffentlichkeit.

Das Weltrecht kennt weder beim *lawmaking in the streets* noch sonst eine herrschafts*begründende* demokratische »Legitimationskette« (Böckenförde) oder einen entsprechenden »Legitimationskreislauf«

(Müller) oder einen Stufenbau des Rechts (Merkel, Kelsen). Aber es speist sich politisch aus der Peripherie einer schwachen Öffentlichkeit und bildet selbst ein autopoietisch geschlossenes Rechtssystem.[49] Natürlich spielt der Staat dabei nach wie vor eine große Rolle, auch ohne »back in« zu sein.[50] In der Terminologie der Parsonsschen Steuerungshierarchie könnte man das globale Rechtssystem als *informationell* geschlossen beschreiben, aber es bleibt trotzdem offen an die *Energiebasis* der Staatsgewalt und die nicht zu unterschätzende, rechtsdogmatische Interpretationsmacht der Staaten angeschlossen. Die transnationalen Privatrechtsregime (und public law-regime: Menschenrechte) sind also mit dem öffentlichen Recht der Staatenwelt strukturell gekoppelt. Staaten bilden zusammen mit den transnationalen Rechtsordnungen ein Weltsystem jeweils autonomer Rechtssysteme. Abhängigkeit und Unabhängigkeit der segmentär und funktional gegliederten Rechtsordnungen voneinander wachsen gleichzeitig. Staaten können ihre Autonomie nur noch durch wachsende Abhängigkeit von und reziproke Durchdringung mit den globalen Systemen steigern.[51] Aber sie können die Entwicklung nicht mehr selbständig steuern oder gar umkehren. Die vielen Verträge, die ursprünglich staatliche Herren hatten, haben keine mehr.

Damit komme ich zum *zweiten* Punkt der Verfassungsfrage. Die komplexe und in sich pluralisierte Weltrechtsordnung, vom »lawmaking in the streets« über das Sportrecht bis zur Lex Mercatoria, wird – sonst könnte eine *weak public* wie die der Madres in Argentinien gar keinen Erfolg haben – von *höherstufigem Menschen- und Völkerrecht* normiert, das in seinem Erstdimensionskern *hard law*, bindendes *ius cogens* ist, und es bindet Staaten, Organisationen, Völker und sogar einzelne Individuen, selbst wenn von ihnen (oder in ihrem Namen) nie ein Vertrag unterzeichnet wurde, also *ius erga omnes.*[52] Das ganze System funktioniert – ob nun mit Kelsen und Fassbender unitarisch oder mit Luhmann und Teubner pluralistisch – *wie eine Verfassung.* Zwei Beispiele:

(1) Die *Lex Mercatoria* hat in den WTO-Verträgen spätestens seit Einrichtung der Genfer Schiedsgerichtsbarkeit eigene Verfassungsorgane. Das *Dispute Settlement Understanding* (DSU) bindet die beiden Instanzen der Schiedsgerichtsbarkeit an die »conventional rules of Interpreting the Law of the

---

46 Wobei es sich wiederum um Gerichte in der Peripherie des Zentrums handelt. Vgl. Fischer-Lescano (2002 b).

47 Am Beispiel der EU: Brunkhorst (2002 a, S. 542).

48 Vgl. vor allem die Studien von Alter (1998); Alter/Meunier-Aitsahalia (1994, zur Unabhängigkeit und Integrationskraft der europäischen Gerichtsbarkeit); Alter (1996).

49 Außer den zahlreichen Schriften Teubners siehe auch Luhmann (1993); Fischer-Lescano (2002 b).

50 Evans/Rueschemeyer/Skocpol (1985).

51 Das hat am Beispiel Europas der neoetatistische Realismus in den politischen Wissenschaften exemplarisch gezeigt, auch wenn er die Beherrschbarkeit der Entwicklung durch die Staaten bei weitem überschätzt. Vgl. kritisch: Marks/Hooghe/ Blank (1996).

52 Kokott (1999, S. 177 ff., S. 182 f.); Fischer-Lescano (2002 a); Hoß/Miller (2001).

Peoples«.[53] Durch die juristische Eigenlogik des Instanzenzuges wird das Völkerrecht auch im Sinne des Gleichheitssatzes wirksam, denn spätestens die zweite und letzte Instanz ist bei »hard cases« in der Rolle von Dworkins Richter Herkules und muss die widersprüchliche, komplexe und unübersichtliche Rechtsmaterie nach *universellen Prinzipen*, die sie dem Völkerrecht entnimmt, kompatibilisieren.[54] Die Folge: Kleine Staaten kriegen gegen große Recht, auch wenn diese sich – anders als im Fall des Europarechts – nicht immer daran halten.

Aber trotz dieser Fortschritte bleibt die *Lex Mercatoria* und das WTO-Regime *hegemoniales* Recht, das durch die Übermacht partikularer Interessen korrumpiert wird.[55] Das Recht der Lex Mercatoria ist hegemoniales Recht, weil es zwar herrschafts*formende* Rechte und Gerichte gibt, aber keine herrschafts*begründende* und hinlänglich egalitäre Entscheidungsverfahren der Bildung und Darstellung einer *volonté générale*, die – wie Peter Muchlinski schreibt – für »direct access […] for all the interests concerned« sorgen. Es fehlt der globalen Rechtsordnung deshalb die »stamp of legitimacy«.[56]

(2) Das gilt auch für die *UN-Legislation*. Während die UN-Charta plausibel als Verfassung des »We, the peoples of the United Nations« und nicht nur ihrer Staaten beschrieben werden kann, sorgen die Organe dieser »We«, Vollversammlung und Sicherheitsrat, für die Erzeugung und Durchsetzung des Sekundärrechts oder einfachen Rechts der vielen Resolutionen.[57] Die Verfassung der Vereinten Nationen hat eine klare Stufenordnung zwischen Verfassungs- und einfachem Recht, und die Charta hat im Konfliktfall eindeutig Vorrang vor innerstaatlichem Recht (Art. 103). Auf dieser Rechtsgrundlage hat der Sicherheitsrat 1984 in seiner Südafrikaresolution (Res. 554) die Apartheidverfassung für »null und nichtig« erklärt.[58] Legte man hier den Maßstab der alten, durch die *Pax Westfalia* bestimmten Völkerrechtsordnung, der das vom Grundsatz der *gleichen Souveränität* der Staaten abgeleitete Prinzip der Nichteinmischung in die inneren Angelegenheiten des souveränen Nachbarn heilig war, zugrunde, so wäre das eine ungeheuerliche Anmaßung des Sicherheitsrats. Aber eben diesen Grundsatz der *gleichen Souveränität* hebt der für die UN-Verfassung grundlegende Artikel 2 Abs. 1 auf. Er geht nämlich nicht mehr von der gleichen *Souveränität*, sondern von der souveränen

Gleichheit (»sovereign equality«) der Staaten *und* Völker aus und subsumiert damit nicht nur, wie schon das »We« der Präambel, die Staatssouveränität der Volkssouveränität der *united nations*, sondern bindet überdies das Handeln souveräner Staaten rechtlich an die Legalität des Gleichheitssatzes.[59]

Aber das Völkerverfassungsrecht der Charta folgt – nicht anders als die globale Wirtschaftsverfassung – einer negativen Dialektik der Hegemonie. Das Völker*grundrecht* des Artikels 2 wird bereits durch die Vetoklausel des Völker*organisationsrechts* des Chapter VII und der Artikel 108 und 109 gebrochen. Der Anspruch des Sicherheitsrats, die jeweils politisch bindende »Entscheidung der internationalen Gemeinschaft in ihrer Gesamtheit« darzustellen,[60] ist symbolische Politik auf der Grundlage einer nominalistischen Verfassung, keine »normative Verfassung«.[61] Außerdem haben die Staaten und ihre Vertreter in den Organen das Sagen und nicht die in der Präambel sich selbst für verfasst erklärenden Völker – von der Repräsentation der einzelnen Individuen, die im Völkergrundrecht der Charta ebenfalls als dessen Rechtssubjekte angesprochen werden, ganz zu schweigen. Die *Charta* bindet alle Rechtssubjekte, Völker und Individuen gleichermaßen, entscheiden tun aber nur die Staaten in klar hierarchisierter Ordnung. Schließlich ist die übliche demokratische Gewaltenteilung auf den exekutiven Kopf gestellt und ein Großteil der verschiedenen Gewalten dort konzentriert. Das hierarchische Völkerorganisationsrecht *widerspricht* dem egalitären Völkergrundrecht der UN-Verfassung. Die positive *Rechtslage*, nach der die fünf großen Atommächte im Zweifelsfall die ganze Welt legal erpressen dürfen, kann mit Martti Koskenniemi nur als »pervers« bezeichnet werden.[62] Das fatal Dialektische daran ist: *Die empirische Bedingung*

---

53 Art. 3 Abs. 2 DSU; vgl. Günther/Randeria (2001); Oeter (2002).
54 Dworkin (1984).
55 Brunkhorst (2002 b, S. 171 ff.).
56 Muchlinski (1997, S. 99 f.).
57 Fassbender (1998, S. 574).
58 Tomuschat (1995, S. 18).
59 Fassbender (1998, S. 582); vgl. auch Tomuschat (1995, S. 8).
60 Tomuschat (2002, S. 12).
61 Im Sinne von Löwenstein (1997, S. 148 ff.); Neves (1992, S. 45 ff., S. 65 ff.).
62 Koskenniemi (1998).

der Möglichkeit eines effektiven Weltrechtssystems ist bislang nur durch die Struktur hegemonialen Rechts erfüllt. Blauäugige Reformen à la Höffe[63] – schon die Abschaffung des Vetorechts – könnten das System rasch zerstören. *Aber die Gefahr, dass es sich – wie einst die Weimarer Republik – durch permanenten Verfassungsbruch der Exekutive, deren Resolutionen weitgehend den Charakter von Notverordnungen haben, selbst zerstört, ist mindestens ebenso groß.* Das wäre schon passiert, hätte der Sicherheitsrat im Irak-Konflikt den *preemptive war* legalisiert, und die Resolutionen, die er zuletzt verabschiedet hat, liegen dicht an dieser Schwelle.

Nun: Hat die Weltgesellschaft eine Verfassung? – Einerseits ja, andererseits nein. Das *pro*-Argument ist meine *zweite These*: Vom Standpunkt der herrschafts*begrenzenden* Rechts*evolution* von *soft* zu *hard law* Menschen- und Völkerrecht und zu einem effektiven und reflexiven System der Organisation inter- und transnationalen Rechts hat die Weltgesellschaft eine Verfassung.

Aber im Vergleich mit den herrschafts*begründenden* Verfassungen demokratischer Nationalstaaten fällt das Fehlen egalitärer Organisationsnormen auf. Global gibt es heute *Rechtsstaatlichkeit* ohne Staat, aber keine *Demokratie* ohne Staat.[64]

Durch die Positivierung egalitärer Menschenrechte wird – wie bei Kant im Naturzustand »provisorischen Rechts« – nur die *halbe Freiheit* der modernen Zeiten, die *private Autonomie* der Weltbürger garantiert. Ohne *öffentliche Autonomie* demokratischer Selbstgesetzgebung jedoch bleibt die Freiheit der Weltbürger so »abstrakt« (Hegel) und »provisorisch« (Kant) wie die Freiheit der Europäischen Unionsbürger. Es fehlt beiden ein *funktionales Äquivalent* für das *demokratische Staatsorganisationsrecht.*[65] Denn die menschenrechtliche, private Autonomie kann dann und nur dann *ohne Freiheitsverlust*

rechtlich konkretisiert werden, wenn sie der öffentlichen Autonomie demokratischer Willensbildung entspringt. Die bestehenden Verfassungen der Weltgesellschaft erzeugen zwar eine wachsende, zumindest erhebliche *output*-Legitimation »for« »the peoples of the United Nations«, aber kaum *input*-Legitimation »by and through« »these peoples«. Dem folgt das *con*-Argument zur Weltverfassung.

Dritte These: Vom Standpunkt der herrschaftsbegründenden Verfassungs*revolutionen* des 18. Jahrhunderts – und das ist auch noch der Standpunkt des Grundgesetzes – hat die Weltgesellschaft *keine Verfassung.* Das globale Rechtssystem ist bislang evolutionärer Konstitutionalismus ohne Verfassungsrevolution.[66]

Die menschen- und völkerrechtlich immerhin gesicherte und legalisierte, globale Rechtspersonalität ist nämlich nur, mit Joseph Weiler zu reden, »the effect of the law« – Jellineks »Reflexrecht« – und nicht Ausdruck des Willens einer Weltbürgerschaft oder auch nur, worauf Weiler sich bezieht, Ausdruck des Willens der europäischen Bürgerschaft, die ja schon in unseren Pässen steht und in verlässlichen und vielfältigen Rechten verankert ist. Das ist, mit Hegel zu reden, nicht Nichts. »But« – so Weiler über den »direct effect of European Law«, »you could create rights and afford judical remedies to slaves. The ability to go to court to enjoy a right bestowed on you by the pleasure of others does not emancipate you, does not make you a citizen. Long before women and Jews were made citizens they enjoyed direct effect.«[67] Gesetzesherrschaft *ohne* Selbstgesetzgebung ist nicht wohlgeordnete Freiheit, sondern wohlgeordnete Knechtschaft.

4. Weltöffentlichkeit

Damit komme ich zu meiner – optimistischen – *vierten und letzten These*: Die aktuelle Weltöffentlichkeit ist eine *schwache Öffentlichkeit mit starken (hard law) Rechten*, und eine solche Öffentlichkeit kann (im Unterschied zu einer *schwachen Öffentlichkeit mit schwachen – soft law – Rechten*) hoffnungsvoll als *starke Öffentlichkeit im Werden* beschrieben werden.

Das lässt sich am gegenwärtigen *Menschenrechtsdiskurs* verdeutlichen. Die transnationalen Men-

---

63 Vgl. Höffe (1999); dazu jetzt auch mit einigen kritischen Beiträgen: Gosepath/Merle (2002). Bisweilen erinnert der Diskurs der Philosophen über die Frage, ob der Weltstaat gerechtfertigt sei, an die Debatte spätscholastischer Sekten, wie viele Engel auf einer Nadelspitze Platz fänden.

64 So auch Teubner (2002 a, 2002 b).

65 Ähnlich ebenfalls Teubner (2002 a, 2002 b).

66 Möllers (2003); Brunkhorst (2002 b, S. 203 ff.; 2002 a).

67 Weiler (1997, S. 503).

schenrechte sind zwar *positives Recht*, aber ihnen fehlt die gesetzgeberische Ausgestaltung und juristische Konkretisierung des staatlich kodifizierten Rechts, das seine nachhaltige Wirkung nicht dem Lärm der Barrikaden und öffentlichen Plätze verdankt, sondern den deliberativen Diskursen der Parlamentsausschüsse, Urteilsbegründungen, Drittwirkungslehren und esoterischen Fachjournale.[68] Die globalen Menschenrechte sind deshalb für echte oder geheuchelte, wohlbegründete oder manipulierte moralische Empörung nicht nur, wie das verstaatlichte Menschenrecht, *empfindlich*, sondern *hängen* in ihrer Aktualisierung und Anwendung und von solcher Empörung *ab*.[69] Sie leiden unter moralischer Dauerüberlastung, denn der machtlose moralische *Einfluss* einer schwachen Öffentlichkeit muss kontrafaktisch die Stelle des egalitär legitimierten, demokratischen Gesetzgebers vertreten. Aber das Leiden der Moralisierung ist *zugleich* die Stärke der globalen Zivilgesellschaft, denn die moralische Überlastung der Menschenrechte ist *ambivalent*, Gefahr ebenso wie Chance und einzige Möglichkeit, der Überwältigung der Schwachen durch hegemonial verzerrtes Recht demokratischen Widerstand entgegenzusetzen. Das Fegefeuer des moralischen Diskurses ist nicht nur Brandgefahr fürs erkaltete, positive Recht, sondern zündet auch das Triebwerk einer starken Öffentlichkeit im Werden.

Gerade die Offenheit der Menschenrechte für hochgradig instrumentalisierbare, moralische Deutungen und Besetzungen, die vom Standpunkt des *Rule of Law* ein Desaster ist, erscheint aus der Perspektive der *schwachen-Öffentlichkeit-mit-Rechten* als Vorteil und Gewinn, als *Chance, stärker zu werden und Einfluss Zug um Zug in Macht zu verwandeln*. Die Sprache der NGO's, die sie der offiziellen Sprache der Nationalstaaten und ihrer Regierungsvertreter entgegensetzen, ist die *noch moralische, aber schon juristische* »Sprache der Menschenrechte«.[70] Sie ist deshalb für beide, für die öffentliche Klientel der NGO's *als* moralische mobilisierungsfähig und für die verwalteten Ohren der Berufspolitiker *als* juristische verständlich. Die NGO's sind die Organisationskerne der schwachen Weltöffentlichkeit und sie »repräsentieren« diese Öffentlichkeit in einer ähnlichen Weise wie die politischen Parteien in der parlamentarischen Demokratie, sie »wirken an der Willensbildung des Volkes mit«

(Art. 21 Abs. 1 Satz 1GG). Aber ihr Mangel an demokratischer *und* rechtsstaatlicher Verfasstheit macht die innerstaatlich unproblematische Trennung inklusiver von exklusiven Vereinen schwierig. Amnesty International ist ebenso eine NGO wie die PLO, Al-Qaida oder die Internationale Handelskammer. Die Kehrseite der organisationsrechtlichen Defizite des Völkerrechts ist die Instrumentalisierbarkeit der Menschenrechte.

Solange es global aber noch keine legal wirksamen Verfahren demokratischer Willensbildung und Repräsentation gibt, – und das *wird* in der Weltgesellschaft vielleicht nie der Fall sein –, solange wird die Sprache der Menschenrechte, wird der gleichzeitig moralische *und* juristische Appell an diese Rechte die fehlende Demokratie substituieren müssen. Denn die Menschenrechte sind, weil der Begriff der Freiheit nicht teilbar ist, nichts anderes als der Platzhalter oder Lückenbüßer für fehlende und nie vollständig realisierbare Demokratie.[71] Demokratische, herrschaftsbegründende Rechte sind sie aber nur für eine öffentliche Politik des Appells, der die – im *kulturellen* Gedächtnis der Gesellschaft als ein »Ereignis, das sich nicht vergisst« (Kant) – gespeicherte Erinnerung an das immer noch unvollendete Verfassungsprojekt des 18. Jahrhunderts wach hält: »Wir sind das Volk« – »Ihr seid G8, wir sind 6 Milliarden«.

Werden individuelle Rechte hingegen direkt, *ohne* (nationale oder transnationale) Vermittlung der starken Öffentlichkeit demokratischer Gesetzgebung von Gerichten oder Tribunalen angewandt oder gar von Menschenrechtsarmeen durchgesetzt, dann fehlt ihnen die demokratische Legitimation. Denn gerichtlich oder polizeilich angeordnete Frei-

---

68 Vgl. Möllers (2001 a, S. 49); Zumbansen (2001).
69 Vgl. A. Fischer-Lescano (2002 b, S. 130 f., S. 135 f.).
70 Zumbansen (2001, S. 25).
71 Vgl. Brunkhorst (2002 b, S. 106 ff.). Ich glaube nicht, dass es eine von der Demokratie unabhängige Begründung der Menschenrechte gibt, die mit dem modernen Freiheitsverständnis kompatibel ist. Historisch sowieso nicht, man lese nur die französischen und amerikanischen Verfassungstexte des 18. Jahrhunderts und die ihnen zugrunde liegenden Theorien von Locke und Rousseau bis Kant und Sieyes. Aber auch nicht systematisch, und zwar deshalb nicht, weil die Freiheit nur *eine* ist und nur analytisch in negative und positive Portionen zerstückelt werden kann.

heits*eingriffe* sind nur dann mit der positiven Geltung individueller Freiheits*rechte* kompatibel, wenn ihnen Gesetze zugrunde liegen, die – mit Rousseau zu reden – nichts anderes sind als »die Verzeichnisse unseres Willens«.[72] Aber ein globales oder auch nur europäisches Funktionsäquivalent für den demokratischen Gesetzesvorbehalt ist bislang nirgends in Sicht – trotz so großartiger Errungenschaften wie der UN-Charta.

Literatur

ALBERT, MATHIAS (2002), *Zur Politik der Weltgesellschaft*, Weilerswist: Velbrück. ■ ALTER, KAREN J. (1996), »The European Court's Political Power«, in: *West European Politics*, 19, 3, S. 458–487. ■ ALTER, KAREN J. (1998), »Who Are the ›Masters of the Treaty‹?: European Governments and the European Court of Justice«, in: *International Organization*, 52, S. 121–147. ■ ALTER, KAREN J. / MEUNIER-AITSAHALIA, SOPHIE (1994), »Judical Politics in the European Community. European Integration and the Pathbreaking Cassis de Dijon Decision«, in: *Comparative Political Studies*, 4, S. 535–561. ■ ARENDT, HANNAH (1974), *Über die Revolution*, München: Hanser. ■ ARENDT, HANNAH (1989), »Ziviler Ungehorsam«, in: *Zur zeit*, München: Deutscher Taschenbuch-Verlag, S. 119–160. ■ AUGUSTIN, ANGELA (2000), *Das Volk der Europäischen Union*, Berlin: Duncker&Humblot. ■ BERMAN, HAROLD (1991), *Recht und Revolution*, Frankfurt/M.: Suhrkamp. ■ BOHMAN, JAMES (1996), *Public Deliberation. Pluralism, Complexity, and Democracy*, Cambridge: MIT. ■ BOHMAN, JAMES / REHG, WILLIAM (Hg.) (1997), *Deliberative Democracy*, Cambridge: MIT. ■ BRUNKHORST, HAUKE (1999), »Die Sprache im Zeitalter ihrer technischen Reproduzierbarkeit«, in: *Leviathan*, 2, S. 250–263. ■ BRUNKHORST, HAUKE (2000), *Einführung in die Geschichte politischer Ideen*, München: Fink (UTB). ■ BRUNKHORST, HAUKE (2002 a) »Verfassung ohne Staat? Das Schicksal der Demokratie in der europäischen Rechtsgenossenschaft«, in: *Leviathan*, 30, 4, S. 530–543. ■ BRUNKHORST, HAUKE (2002 b), *Solidarität. Von der Bürgerfreundschaft zur globalen Rechtsgenossenschaft*, Frankfurt/M.: Suhrkamp. ■ COHEN, JEAN (1996), »Rights and Citizenship in Hannah Arendt«, in: *Constellations*, 2, S. 164–189. ■ COHEN, JOSHUA / SABLES, CHARLES (1997), »Directly-Deliberative Polyarchy«, in: *European Law Journal*, 3, Heft 4, S. 318ff. ■ DAHL, ROBERT (1989), *Democracy and its Critics*, Yale: University Press. ■ DEWEY, JOHN (1949), *Demokratie und Erziehung*, Berlin: Westerman. ■ DEWEY, JOHN (1984), »The Public and its Problems«, in: *The Later Works*, 2, Carbondale: Southern/Ill. University Press, S. 235–381. ■ DWORKIN, RONALD (1984), *Bürgerrechte ernstgenommen*, Frankfurt/M.: Suhrkamp. ■ ERIKSEN, ERIK ODDVAR (2001), *Democratic or technocratic*

governance, Jean Monnet Working Paper, NYU Law School. ■ ERIKSEN, ERIK ODDVAR / FOSSUM, JOHN ERIK (2002), »Democracy through Strong Public in the European Union?«, in: *Journal of Common Market Studies*, 40, 3, S. 401–424. ■ ERIKSEN, ERIK ODDVAR / FOSSUM, JOHN ERIK (2003), »Europe at a Crossroads – Government or Transnational Governance?«, (erscheint in: Joerges, Christian u.a. (Hg.), *Constitutionalism and Transnational Governance*, London: Hart). ■ EVANS, PETER B. / RUESCHEMEYER, DIETRICH / SKOCPOL, THEDA (Hg.) (1985), *Bringing the State Back In*, Cambridge: Cambridge University Press. ■ FASSBENDER, BARDO (1998), »The United Nations Charter as Constitution of the International Community«, in: *Columbia Journal of Transnational Law*, 3, S. 529–619. ■ FESTENSTEIN, MATHEW (1997), *Pragmatism and Politics*, Cambridge: Polity. ■ FISCHER-LESCANO, ANDREAS (2002 a), »Globalisierung der Menschenrechte«, in: *Blätter für deutsche und internationale Politik*, 10, S. 1236–1244. ■ FISCHER-LESCANO, ANDREAS (2002 b), *Globalverfassung. Die Geltungsbegründung der Menschenrechte im postmodernen ius gentium*, Diss.-jur., Frankfurt/M.: Goethe-Universität. ■ FLAIG, EGON (1994), »Europa begann bei Salamis«, in: *Rechtshistorisches Journal*, 13, S. 421 ff. ■ FRANKBERG, GÜNTHER / RÖDEL, ULLRICH (1981), *Von der Volkssouveränität zum Minderheitenschutz*, Frankfurt/M.: EVA. ■ GOSEPATH, STEFAN / MERLE, JEAN-CHRISTOPHE (Hg.) (2002), *Weltrepublik, Globalisierung und Demokratie*, München: C. H.Beck. ■ GRIMM, DIETER (2001), »Braucht Europa eine Verfassung«, in: Grimm, Dieter, *Die Verfassung und die Politik*, München: C. H.Beck, S. 203–224. ■ GÜNTHER, KLAUS / RANDERIA, SHALINI (2001), *Recht, Kultur und Gesellschaft im Prozess der Globalisierung*, Manuskript, Reimann-Stiftung Bad Homburg. ■ HABERMAS, JÜRGEN (1978), »Hannah Arendts Begriff der Macht«, in: *Politik, Kunst, Religion*, Stuttgart: Reclam, S. 103–126. ■ HABERMAS, JÜRGEN (1990), *Strukturwandel der Öffentlichkeit*, Frankfurt/M.: Suhrkamp. ■ HABERMAS, JÜRGEN (1992), *Faktizität und Geltung*, Frankfurt/M.: Suhrkamp. ■ HARDT, MICHAEL / NEGRI, ANTONIO (2002), *Empire. Die neue Weltordnung*, Frankfurt/M.: Campus. ■ HEGEL, GEORG WILHELM FRIEDRICH (1955), *Grundlinien der Philosophie des Rechts*, Hamburg: Meiner. ■ HÖFFE, OTFRIED (1999), *Demokratie im Zeitalter der Globalisierung*, München: C. H.Beck. ■ HOFMANN, HASSO (1974), *Repräsentation*, Berlin: Duncker & Humblot. ■ HOSS, CRISTINA / MILLER, RUSSELL A. (2001), »German Federal Constitutional Court and Bosnian War Crimes: Liberalizing Germany's Genozide Jurisprudence«, in: *German Yearbook of International Law*, 44, Berlin: Duncker & Humblot, S. 576–611. ■ HUNTER, VIRGINIA J. (1994), *Policing Athens*, Princeton: University Press. ■ JELLINEK, GEORG (1906), *Verfassungsänderung und Verfassungswandlung*, Berlin: Häring. ■ JOERGES, CHRISTIAN (1999), »Bureaucratic Nightmare, Technocratic Regime and the Dream of Good Transnational Governance«, in: Joerges Christian / Vos, Ellen, EU Committees: Social Regulation, Law and Politics, Oxford: Hart, S. 3–17. ■ JOERGES, CHRISTIAN / NEYER, JÜRGEN (1997), »From Intergovernmental Bargaining to Deliberative Democracy«, in: *European Law Journal*, 3, S. 274–300. ■ JOERGES, CHRISTIAN / VOS, ELLEN (Hg.)

---

72 Rousseau (1977, S. 41).

(1999), EU Committees: Social Regulation, Law and Politics, Oxford: Hart. ■ KELSEN, HANS (1981), *Vom Wesen und Wert der Demokratie*, Aalen: Scientia. ■ KHAN, RAHMATULLAH (2001),»The Anti-Globalization Protests: Side-show of Global Governance, or Law-making on the Streets?«, in: *Zeitschrift für ausl. öffentl. Recht und Völkerrecht*, 61, S. 323–355. ■ KLOPPENBERG, JAMES T. (2000),»Demokratie und Entzauberung der Welt: Von Weber und Dewey zu Habermas und Rorty«, in: Joas, Hans (Hg.), *Philosophie der Demokratie*, Frankfurt/M.: Suhrkamp, S. 44–80. ■ KOKOTT, JULIANE (1999),»Der Schutz der Menschenrechte im Völkerrecht«, in: Brunkhorst, Hauke / Köhler, Wolfgang R. / Lutz-Bachmann, Matthias (Hg.), *Recht auf Menschenrechte*, Frankfurt/M.: Suhrkamp, S. 176–198. ■ KOSKENNIEMI, MARTTI (1998),»Die Polizei im Tempel. Ordnung, Recht und die Vereinten Nationen: eine dialektische Betrachtung«, in: Brunkhorst, Hauke (Hg.), *Einmischung erwünscht?*, Frankfurt/M.: Fischer, S. 63–87. ■ LANGER, STEFAN (1994), *Grundlagen einer internationalen Wirtschaftsverfassung*, München: C. H.Beck. ■ LÖWENSTEIN, KARL (1997), *Verfassungslehre*, Tübingen: Mohr. ■ LUHMANN, NIKLAS (1970a), »Gesellschaft«, in: *Soziologische Aufklärung*, 1, Opladen: Westdeutscher Verlag, S. 51–71. ■ LUHMANN, NIKLAS (1970b),»Weltgesellschaft«, in: *Soziologische Aufklärung*, 2, Opladen: Westdeutscher Verlag, S. 137–153. ■ LUHMANN, NIKLAS (1990),»Verfassung als evolutionäre Errungenschaft«, in: *Rechtshistorisches Journal*, 9, S. 175ff. ■ LUHMANN, NIKLAS (1993), *Das Recht der Gesellschaft*, Frankfurt/M.: Suhrkamp. ■ LUHMANN, NIKLAS (1997), *Die Gesellschaft der Gesellschaft*, Frankfurt/M.: Suhrkamp. ■ MANSFIELD, HARVEY C. (1968),»Modern and Medieval Representation«, in: Pennock, J. Roland / Chapman, John W. (Hg.), *Representation*, New York: Atherton Press, S. 76ff. ■ MARKS, GARY / HOOGHE, LIESBET / BLANK, KERMIT (1996),»European Integration from the 1980s: State Centric v. Multi-level Governance«, in: *Journal of Common Market Studies*, 37, S. 341–378. ■ MAUS, INGEBORG (1992), *Zur Aufklärung der Demokratietheorie*, Frankfurt/M.: Suhrkamp. ■ MEAD, GEORG HERBERT (1973), *Geist, Identität und Gesellschaft*, Frankfurt/M.: Suhrkamp. ■ MÖLLERS, CHRISTOPH (1997),»Der parlamentarische Bundesstaat – Das vergessene Spannungsverhältnis von Parlament, Demokratie und Bundesstaat«, in: *Föderalismus – Auflösung oder Zukunft der Staatlichkeit?*, München: Boorberg, S. 86ff. ■ MÖLLERS, CHRISTOPH (2001a),»Globalisierte Jurisprudenz«, in: *Archiv für Rechts- und Sozialphilosophie, Beiheft*, 79. ■ MÖLLERS, CHRISTOPH (2001b), *Staat als Argument*, München: C. H.Beck. ■ MÖLLERS, CHRISTOPH (2002), *Policy, Polities oder Politische Theorie*, Manuskript. ■ MÖLLERS, CHRISTOPH (2003),»Verfassungsgebende Gewalt – Verfassung – Konstitutionalisierung. Begriffe der Verfassung in Europa«, erscheint in: v. Bogdandy, Armin (Hg.), *Europäisches Verfassungsrecht*, Berlin: Springer. ■ MUCHLINSKI, PETER T. (1997),»‹Global Bukowina› Examined: Viewing the Multinational Enterprise as a Transnational Law-making Community«, in: Teubner, Gunther (Hg.), *Global Law Without a State*, Aldershot: Dartmouth, S. 79–107. ■ MÜLLER, FRIEDRICH (1986), *Richterrecht*, Berlin: Duncker & Humblot. ■ MÜLLER, FRIEDRICH (2001),»Welcher Grad an sozialer Ausgrenzung kann von einem demokratischen System noch ertragen werden?«, in: *Demokratie in der Defensive*, Berlin: Duncker&Humblot, S. 73–96. ■ NEVES, MARCELO (1992), *Verfassung und positives Recht in der peripheren Moderne*, Berlin: Duncker&Humblot. ■ OETER, STEFAN (2000),»Internationale Organisation oder Weltföderation? Die organisierte Staatengemeinschaft und das Verlangen nach einer ›Verfassung der Freiheit‹«, in: Brunkhorst Hauke / Kettner, Matthias, (Hg.), *Globalisierung und Demokratie*, Frankfurt/M.: Suhrkamp, S. 208–239. ■ OETER, STEFAN (2002), »Gibt es ein Rechtsschutzdefizit im WTO-Streitbeilegungsverfahren?«, in: Nowak, Carsten / Cremer, Wolfgang (Hg.), *Individualrechtsschutz in der EG und in der WTO*, Baden-Baden: Nomos, S. 212–238. ■ PARSONS, TALCOTT (1972), *The System of Modern Societies*, Englewood Cliffs: Prentice Hall. ■ PARSONS, TALCOTT (1980), *Zur Theorie der Interaktionsmedien*, Opladen: Westdeutscher Verlag. ■ PUTNAM, HILARY (1991a),»A Reconsideration of Deweyan Democracy«, in: Brint, Michael / Weaver, William (Hg.), *Pragmatism in Law and Society*, Boulder/Coll.: University Press, S. 212ff. ■ PUTNAM, HILARY (1991b),»Interview«, in: Borradori, Giovanna, *The American Philosopher*, Chicago: University Press, S. 64. ■ RAWLS, JOHN (1975), *Eine Theorie der Gerechtigkeit*, Frankfurt/M.: Suhrkamp. ■ RAWLS, JOHN (1977), »Die Rechtfertigung bürgerlichen Ungehorsams«, in: *Gerechtigkeit als Fairness*, München: Alber, S. 165–191. ■ RAWLS, J. JOHN (1993),»The Law of the Peoples«, in: Shute, Steven / Hurley, Susan (Hg.), *On Human Rights*, New York: Basic Books, S. 41–82. ■ RAWLS, JOHN (1994),»Das Ideal des öffentlichen Vernunftgebrauchs«, in: *Information Philosophie*, 1, S. 5–18. ■ RORTY, RICHARD (1986),»Solidarity and Objectivity«, in: Rajchman, John / West, Cornel (Hg.), *Post-Analytic Philosophy*, New York: Columbia, S. 3–19. ■ RORTY, RICHARD (1996),»Menschenrechte, Vernunft und Empfindsamkeit«, in: Shute, Steven / Hurley, Susan (Hg.), *Die Idee der Menschenrechte*, Frankfurt/M.: Fischer, S. 144–170. ■ ROSAS, ALLAN (1995),»State Sovereignty and Human Rights: forwards a Global Constitutional Project«, in: *Political Studies, Special Issue: Politics and Human Rights*, S. 61–78. ■ ROUSSEAU, JEAN-JACQUES (1977), *Der Gesellschaftsvertrag oder die Grundsätze des Staatsrechtes*, Stuttgart, Reclam. ■ SCHARPF FRITZ (1999), *Regieren in Europa. Effektiv und demokratisch?*, Frankfurt/M.: Campus. ■ SCHMALZ-BRUNS, RAINER (1999),»Deliberativer Supranationalismus«, in: *Zeitschrift für internationale Beziehungen*, 2, S. 185–243. ■ SCHÖNBERGER, CHRISTOPH (1997), *Das Parlament im Anstaltsstaat*, Frankfurt/M.: Klostermann. ■ SERRA, SONIA (1996),»Multinationals of Solidarity: International Civil Society and the Killing of Street Children in Brazil«, in: Bramann, Sandra / Sreberny-Mohammadi, Anabelle (Hg.), *Globalization, Communication and Transnational Civil Society*, Cresskill: Hampton, S. 219–241. ■ SUNSTEIN, CASS R. (1993), *After the Rights Revolution. Reconceiving the Regulatory State*, Cambridge/Mass.: Harvard. ■ TEUBNER, GUNTHER (1996),»Globale Bukowina. Zur Emergenz eines transnationalen Rechtspluralismus«, in: *Rechtshistorisches Journal*, 15, S. 255–290. ■ TEUBNER, GUNTHER (Hg.) (1997), *Global Law Without a State*, Aldershot: Dartmouth. ■ TEUBNER, GUNTHER (2000a),»Das Recht der globalen Zivilgesellschaft, in: *Frankfurter Rundschau*, 253/2000, S. 20. ▪ TEUB-NER, GUNTHER (2000 b), »Privatregimes: Neo-spontanes Recht und duale Sozialverfassungen in der Weltgesellschaft?«, in: Simon, Dieter / Weiss, Manfred (Hg.), *Zur Autonomie des Individuums. Liber Amocorum Spiros Simitis*, Baden-Baden: Nomos, S. 437–453. ▪ TEUBNER, GUNTHER (2000 c), »Des Königs viele Leiber: Die Selbstdekonstruktion der Hierarchie des Rechts«, in: Brunkhorst, Hauke / Kettner, Matthias (Hg.), *Globalisierung und Demokratie*, Frankfurt/M.: Suhrkamp, S. 240–273. ▪ TEUBNER, GUNTHER (2002 a), *Globale Zivilverfassung? Alternativen zum staatszentrierten Konstitutionalismus*, hekt. Manuskript, Frankfurt/M. ▪ TEUBNER, GUNTHER (2002 b), *Digitalverfassung: Alternativen zur staatszentrierten Verfassungstheorie*, Man., Frankfurt/M. ▪ THÜRER, DANIEL (1997), »Der Wegfall effektiver Staatsgewalt: The Failed State«, in: *Berichte der deutschen Gesellschaft für Völkerrecht*, 34, S. 15–41. ▪ THÜRER, DANIEL (2000), »‹Citizenship› und Demokratieprinzip: Föderative Ausgestaltung im innerstaatlichen, europäischen und globalen Rechtskreis«, in: Brunkhorst, Hauke / Kettner, Matthias (Hg.), *Globalisierung und Demokratie*, Frankfurt/M.: Suhrkamp, S. 177–207. ▪ TOMUSCHAT, CHRISTIAN (1995), »Die internationale Gemeinschaft«, in: *Archiv des Völkerrechts*, 1, 7, S. 1–20. ▪ TOMUSCHAT, CHRISTIAN (2002), »Der Sicherheitsrat ist gestärkt«, in: *FAZ*, 262, 11. Nov. 2002, S. 12. ▪ WEILER, JOSEPH H. H. (1991), »The Transformation of Europe«, in: *The Yale Law Review*, 100, S. 2403–2483. ▪ WEILER, JOSEPH H. H. (1997), »To be a European citizen – Eros and civilisation«, in: *Journal of European Public Policy*, 4, 4, S. 495–519. ▪ WILLKE, HELMUT (1992), *Ironie des Staates*, Frankfurt/M.: Suhrkamp. ▪ ZUMBANSEN, PEER (2001), »Spiegelungen von Staat und Gesellschaft: Governanceerfahrungen in der Globalisierungsdebatte, in: Archiv für Rechts- und Sozialphilosophie, Beiheft 79, S. 13–40.

15.7 Gewalt und Legitimität

Burkhard Liebsch

In menschlichen *Lebensformen* hat Kultur zuerst Gestalt angenommen – lange bevor sich überlebensfähige Kulturen zu behaupten vermochten, deren dingliche Hinterlassenschaft sich Spätere als sogenannten »Kulturbesitz« aneignen konnten. Ironischerweise beginnt die Geschichte der Kultur*wissenschaften* aber mit geschichtlichen Aneignungsversuchen der *toten Hinterlassenschaft* fremder Kulturen sowie der »eigenen«, in ihrer Vergangenheit ebenfalls fremden Kultur. Erst spät dringt sie zum *originären Geschehen* der Zeitigung kultureller Objektivationen in Formen kulturellen Lebens vor, um die Frage aufzuwerfen, welchen *elementaren Herausforderungen* sie gerecht werden müssen.[1] Zu diesen Herausforderungen zählt gewiss die Notwendigkeit (und der Wunsch), *zusammen* zu leben – sei es, weil das *Überleben* anders nicht zu sichern ist, sei es, weil nur so *gut* zu leben ist. In Lebensformen nehmen aber Verhältnisse zwischen Individuen Gestalt an, die einander als ebenso *aufeinander angewiesene* wie *verletzbare* und *verletzende Andere* begegnen. Selbst *im* »Miteinander« einer Vergemeinschaftung laufen die einander Zugehörigen ständig Gefahr, sich in dem Maße auseinander zu leben, wie die jeweilige Lebensform einseitige oder gegenseitige Verletzungen heraufbeschwört. Schwerlich lassen sich Lebensformen auch nur denken, die dieser Gefahr gar nicht ausgesetzt wären. Das heißt aber nicht, dass sich menschliche Lebensformen eben wegen dieser Unvermeidlichkeit zur Frage der Verletzung Anderer gleichgültig verhalten könnten. Selbst wenn diejenigen, die in ihrem Aufeinanderangewiesensein zusammenleben müssen oder zusammenleben wollen, ein gewisses Ausmaß an Verletzung »in Kauf nehmen« müssen, stellt sich ihnen doch unweigerlich die Frage, ob und bis zu welchem Grade dies als zumutbar oder gerechtfertigt erscheint. So wirft die Verletzbarkeit kultureller Wesen, die »koexistieren« müssen oder wollen, von Anfang an die Frage der Gewalt und ihrer problematischen Legitimität auf. Diesen Zusammenhang möchte ich im Folgenden zunächst explizieren (1.), um dann die Frage aufzuwerfen, inwiefern ein Versprechen des Gewalt-Verzichts, das sich gegen eine vermeidbare Verletzung Anderer richtet, für den legitimen Sinn menschlicher Lebensformen konstitutiv sein könnte (2.). Im nächsten Schritt wird in dieser Perspektive die aktuelle Diskussion um eine Gewaltsamkeit aufgegriffen, die jeder, speziell jeder politischen und juridischen Ordnung menschlichen Zusammenlebens inhärent zu sein scheint (3.). Am Beispiel des (verletzten) Sinns für Ungerechtigkeit wird sodann das Problem der unvermeidlichen Gewaltsamkeit auf Spielräume geringerer oder größerer Gewalt zurückbezogen, in denen sich ein effektiver Gewalt-Verzicht bewegen muss, der diese Gewaltsamkeit nicht verleugnet (4.). Am Schluss lenke ich den Blick weg von einer »innenpolitischen« Fokussierung des Zusammenhangs von Gewalt und Legitimität, um den Mythos einer im Staat aufgehobenen Gewalt in Frage zu stellen. In ihren äußeren Verhältnissen gelingt es den Staaten ohnehin nur schwer, über einen internationalen Naturzustand hinauszugelangen.[2] Über diesen, allen staatlichen Ansprüchen auf Gewalt-Aufhebung Hohn sprechenden Naturzustand beginnt sich freilich ein Versprechen des Gewalt-Verzichts hinwegzusetzen, das am außer-ordentlichen Anspruch des Anderen Maß nimmt, als der jeder andere begegnen kann – auch ohne unser Verwandter oder Mitbürger zu sein. Die Frage, wie im Lichte dieses Versprechens, das keineswegs auf das innere Leben beschränkter politischer Ordnungen zu reduzieren ist, der Zusammenhang von Ge-

---

1 Vgl. Cassirer (1990, Kap. XII).

2 Zwar hat seit 2003 der Internationale Strafgerichtshof in Den Haag seine Arbeit aufgenommen, doch wäre es verfrüht, den Naturzustand zwischen den Staaten für überwunden zu erklären. Eine unheilige Allianz diktatorischer Regimes und der größten ehemaligen Großmächte weigert sich nach wie vor, sich einer unabhängigen juristischen Instanz zu unterwerfen. Im beschränkten Rahmen dieses Aufsatzes kann auf die in diesem Zusammenhang sich ankündigende Transformation der Rechtfertigungsbedürftigkeit und -fähigkeit der Gewalt nicht weiter eingegangen werden.

walt und Legitimität zu verstehen ist, markiert den Fluchtpunkt der folgenden Überlegungen.

1. Leben in und mit Gewalt

Gewalt und Legitimität stehen *vermittels eines Dritten* in einem spannungsreichen Zusammenhang: vermittels der Notwendigkeit oder des Wunsches, mit Anderen *zusammen zu leben*.[3] Wo ein Zusammenleben verletzbarer Wesen stattfinden *muss* oder *soll*, *kann* und *darf* Gewalt nicht unbeschränkt herrschen. Bliebe sie unbeschränkt, dann müsste sie früher oder später jede Möglichkeit einer beständigen und kulturell produktiven Lebensform zerstören. Denn die Gewalt kennt von sich aus keine Beschränkung, kein Maß und keine Grenze, an die sie sich unbedingt zu halten hätte. Gewalt kann nur als *potenziell excessive* gedacht werden. Gerade durch ihre potenzielle Exzessivität, die als latenter Horizont selbst in ihren subtilen Erscheinungsformen gegenwärtig ist, erklärt sich die spezifische Virulenz der Gewalt als *der* primären, im menschlichen Zusammenleben selber liegenden Herausforderung, der es auf Gedeih und Verderb gerecht werden muss. Was auch immer menschliche Lebensformen *darüber hinaus* vermögen, *wenigstens*

---

3 Vgl. dazu ausführlich Liebsch (2001, S. 342). Das Zusammenleben ist nicht vorschnell auf sog. *face-to-face*-Beziehungen zu beschränken. Als »sozietäres« erstreckt es sich ohne weiteres auch auf anonyme Zeitgenossen, die man vermutlich niemals kennen lernen wird.

4 Die aktuelle Diskussion um die Zunahme von sog. *low intensity conflicts* (M. v. Creveld) und sog. »Kleine Kriege«, denen seit dem Ende des Zweiten Weltkriegs schätzungsweise 20 Millionen Menschen zum Opfer gefallen sind, gehört hierher; vgl. v. Trotha (1999, S. 87–93).

5 Dieser Rechtfertigungsanspruch ist nicht von vornherein als Geltungsanspruch zu verstehen. Ein entsprechender Geltungsanspruch stellt selber nur die Antwort auf einen Erfahrungsanspruch dar, der sich in der Sensibilität für das erschließt, was in seiner Verletzlichkeit Anspruch darauf erhebt, entweder gar nicht gewaltsam oder doch wenigstens nicht unnötig gewaltsam behandelt zu werden. So gesehen stellt sich aber die Frage, wodurch dieser Anspruch (bzw. das Angesprochenwerden) seinerseits überhaupt maßgeblich ist. Historisch ist jedenfalls der Befund von »Kulturen der Gewalt« nicht zu bestreiten, die den Anspruch der Rechtfertigungsbedürftigkeit einschränken, um nach innen oder nach außen der Gewalt selektiv freien Lauf zu lassen.

müssen sie die Gewalt zu begrenzen versprechen. Weder als bloße Subsistenzformen noch gar als hoch entwickelte kulturelle Lebensformen können sie sonst von Dauer sein. Wenn menschliches Zusammenleben jedweder Art eine »Form« (Lebensform) annimmt, dann wird diese durch nichts so bedroht wie durch eine Gewalt, die kein Maß und keine letzte Grenze kennt und die, indem sie auf allen Registern der Verletzbarkeit Anderer spielt, im Prinzip (freilich nicht in jedem Falle faktisch) jederzeit die Ordnung bzw. die Normalität der jeweiligen Lebensform zu sprengen droht.

Wenn es jemals eine »wilde« Gewalt *vor* der Konstitution menschlicher Lebensformen gegeben haben sollte, so muss diese Gewalt wenn nicht vernichtet, so doch beschränkt oder durch in gewissen Grenzen legitimierte Formen der Gewalt ersetzt worden sein. Lässt sich die Gewalt nicht gänzlich beseitigen, besteht vielmehr der Verdacht, dass die Lebensformen sogar der Gewalt bedürfen, um sich als Lebensformen behaupten zu können, so müssen sie die Gewalt, die sie zulassen, doch dem Rechtfertigungsanspruch unterstellen. Nur als gerechtfertigte erscheint die Gewalt überhaupt *im Rahmen* menschlicher Lebensformen und *umwillen* ihrer Existenz als hinnehmbar. Insofern müssen menschliche Lebensformen die Gewalt in ihrer Ordnung und Normalität als »wilde«, um jegliche Rechtfertigung unbekümmerte ausschließen – auch wenn sich die Drohung einer für ihre Existenz ruinösen Wiederkehr der wilden Gewalt niemals gänzlich ausschließen lassen wird.[4] Menschliche Lebensformen können also wilde Gewalt (die wir hier nicht etwa durch ihre besonders »barbarische« Erscheinungsform, sondern durch ihre Indifferenz gegen jeglichen Rechtfertigungsanspruch definieren) nicht zulassen. Deshalb ist ihre Existenz mit dem Anspruch der Rechtfertigungs*bedürftigkeit* von Gewalt unauflöslich verknüpft.[5] Gewalt kann entweder gerechtfertigt werden (von Entschuldigungen einmal ganz abgesehen), oder sie kann nicht gerechtfertigt werden und zieht dann vielfach Sanktionen auf sich, die letztlich aber weniger einen nachträglich-korrektiven, als vielmehr einen präventiven Sinn haben. Bestimmte Formen der Gewalt, die die Existenz der jeweiligen Lebensform gefährden könnten, sollen gar nicht erst auftreten dürfen. Vor allem von Staats wegen verhängte Sanktionen können dieser Gefahr nur nachträglich begegnen, wenn es womöglich bereits zu spät ist.[6] Insofern hat das Verhältnis menschlicher Lebensformen zur Frage der Gewalt, das sich primär nicht in Sanktionen, sondern im *vorgängigen Anspruch der Rechtfertigungsbedürftigkeit* ausprägt, vor allem einen der Zukunft sozialen und politischen Zusammenlebens zugewandten Sinn. Der Sinn dieses Anspruchs ist es, die Schwelle der Manifestation von Gewalt *wenigstens* so hoch zu setzen, wie es mit einer dauerhaften Existenz der jeweiligen Lebensform vereinbar erscheint.[7] Kann die Gewalt aber nicht gänzlich ausgeschlossen werden, muss sie vielmehr in Grenzen hingenommen und sogar im Dienste der Aufrechterhaltung der jeweiligen Lebensform »akzeptiert« werden, so wird nicht nur eine Rechtfertigungsbedürftigkeit, sondern entweder eine explizite Rechtfertigungs*fähigkeit* oder wenigstens eine *Zumutbarkeit* der Gewalt unterstellt.[8] Im Fall unterstellter Zumutbarkeit wird nicht die Gewalt selbst gerechtfertigt, wohl aber die Tatsache, dass man ihr unvermeidlich ausgesetzt bleibt. Insofern bleibt auch hier der Rechtfertigungsanspruch im Spiel. Nur die Rechtfertigung der Gewalt scheint ihre Vereinbarkeit mit der jeweiligen Lebensform zu gewährleisten, um ein Leben *in* und *mit* Gewalt zu ermöglichen, soweit sie sich nicht liquidieren, sondern nur in der Ordnung des Zusammenlebens »aufheben« lässt.[9]

Einerseits lässt sich so die Rechtfertigung als der vorrangige Modus der »Aufhebung« der Gewalt in der Ordnung menschlichen Zusammenlebens verstehen; andererseits geht der Versuch der Aufhebung der Gewalt nie glatt auf. Rechtfertigung von Gewalt ändert nichts daran, dass *Gewalt* gerechtfertigt wird, deren Gewaltcharakter durch die Rechtfertigung keineswegs einfach *getilgt* wird. Zudem wirft gerechtfertigte Gewalt einen Schatten in die Zukunft, in der die Rechtfertigung der Gewalt neue Gewalt heraufbeschwört, der sie die gegenwärtige Rechtfertigung als Grund für Gegen-Gewalt an die Hand gibt.[10] Darüber hinaus wird wilde Gewalt nicht einfach durch gerechtfertigte oder ungerechtfertigte (aber *als solche* der Rechtfertigungszumutung immer schon unterstellte) Gewalt *abgelöst*. Können sich gewisse Formen der Gewalt nicht auch dort gegen jegliche Rechtfertigung *indifferent* geben, wo ihnen eine nachträgliche Rechtfertigung *zugemutet* wird? Oder erweist sich Gewalt *an sich* in jedem Falle als rechtfertigungsbedürftig, wie wir zu Beginn angenommen haben? So »einschneidend« Gewalt vielfach

6 In diesem Sinne betont Balibar (1998) den präventiven Charakter der Gesetze. Ich habe im Vorangegangenen freilich keineswegs nur staatliche Sanktionen im Blick.

7 Was nicht ausschließt, dass die Schwelle noch höher gesetzt wird, um nicht nur die »gröbsten« Formen der Gewalt zu verhindern.

8 Einen hier nicht weiter zu diskutierenden Sonderfall (nicht den Normalfall, wie Agamben (2002) glauben macht) stellt die Kultivierung von Formen der Gewalt dar, denen ausgewählte Menschen ausgesetzt werden, die im Innern einer politischen Ordnung vom Schutz durch diese Ordnung ausgeschlossen werden. Zur Frage der Kritik einer solchen Gewalt speziell mit Blick auf die römischen Grausamkeiten vgl. Veyne (1992, S. 10 ff.) sowie Liebsch (2002 b).

9 Ich werde weiter unten aber dem Gedanken einer solchen »Aufhebbarkeit« der Gewalt vermittels ihrer Rechtfertigung widersprechen. Ohnehin kann nur Gewalt gerechtfertigt werden, die als solche begegnet und artikuliert wird. Das aber trifft für latente oder strukturelle Gewalt nicht ohne weiteres zu. Schon deshalb wäre es fahrlässig, aus der Rechtfertigung der Gewalt auf deren »Aufhebung« (im Hegelschen Sinne) schließen zu wollen. Genau so anfechtbar erscheint die Position, die Gewalt für den Inbegriff des nicht zu Rechtfertigenden ausgibt, um die auf diese Weise als »böse« qualifizierte Gewalt einer Gegen-Gewalt auszuliefern, die nun, auf dem Gipfel der Selbstgerechtigkeit, alle Rechtfertigung gegen das schlechterdings nicht zu Rechtfertigende auf ihrer Seite zu haben scheint. So mündet die Ablehnung jeglicher Rechtfertigung der Gewalt umstandslos in eine generelle Rechtfertigung »guter« Gegen-Gewalt. Infolge dessen kann die Grenze zwischen Gewalt und Gegen-Gewalt vollends verschwimmen: Bis heute hat sich allemal jede Gewalt als Gegen-Gewalt gerechtfertigt.

10 Vgl. zu diesem doppelten Missverhältnis von Gewalt und Rechtfertigung Waldenfels (1990, Kap. 7, S. 117). – Wie wenig im Übrigen selbst in Kulturen, die einem sog. Gewaltmonopol des Staates verpflichtet sind, die Rechtfertigung (und in diesem Sinne die Aufhebung) innerer (nicht zuletzt von der Polizei verübter) Gewalt gelingt, zeigen Neidhardt (1988); Apter (1997) und Dinges (1998). Dinges macht deutlich, in welchem Ausmaß eine auf den Zusammenhang von Rechtsstaatlichkeit und Gewalt fixierte Diskussion der Legitimationsfrage Phänomene »sozialer« Gewalt und Fragen ihrer weder im engeren Sinne politischen noch gar juristischen Regulierung übersieht. Eine genealogische Aufklärung dieser Fixierung ist ein wichtiges Desiderat. Ihre »ideologischen Ecksteine« sind die folgenden Annahmen: (1.) dass (illegitime) Gewalt vor allem als Verletzung der Rechte Anderer zu denken ist (H. Grotius); (2.) dass der Staat der Hüter dieser Rechte ist; und (3.) dass ihm in dieser Funktion das Gewaltmonopol zusteht (M. Weber). Vgl. Röttgers (1974, S. 561 ff.). – Gegen 1. wäre die Frage zu wenden, ob Gewalt nicht auch diesseits und jenseits des Rechts verletzt (vgl. Liebsch 2001, S. 313 ff.), gegen 2., ob nicht die »soziale«, nicht allein in rechts-staatlicher Verfassung zu garantierende Tragfähigkeit von Lebensformen unterbelichtet bleibt, die in ihrem praktischen Geschehen (im kultu-

auch erfahren wird, es ist nicht einmal generell klar, was eigentlich *als* Gewalt zu gelten hat. Das müsste man aber schon wissen, um über einen eindeutigen Begriff des Rechtfertigungsbedürftigen zu verfügen. Mangels eines solchen eindeutigen Begriffs lässt sich die Grenze zwischen wilder und zu rechtfertigender Gewalt nicht unmissverständlich ziehen. Was für den einen bereits Gewalt ist, die mit »menschlichem« Zusammenleben nicht verträglich ist und dem Verdikt der Illegitimität verfällt, muss einem anderen nicht einmal als Gewalt erscheinen, der eine Rechtfertigung auch nur *zuzumuten* wäre. Wer aber eigenes Tun für rechtfertigungsunbedürftig (der Rechtfertigungszumutung selber entzogen) hält, bedient sich in den Augen anderer, die diesen Standpunkt nicht teilen, womöglich wilder Gewalt, die in ihrer prätendierten Rechtfertigungsunbedürftigkeit als mit menschlichem Zusammenleben gänzlich unvereinbar erscheinen kann. Wo für die einen *gar kein der Rechtfertigung bedürftiges* Tun vorliegt, fällen andere das Urteil, es sei im Rahmen einer gemeinsamen Lebensform überhaupt nicht hinnehmbar – was wiederum Anlass dazu bietet, Gegen-Gewalt gegen eine außer-ordentliche, die Lebensform von innen unterhöhlende wilde Gewalt zu rechtfertigen.

An dieser Stelle empfiehlt es sich, analytisch eine (wilde) Gewalt »vor« der Ordnung und eine sie transzendierende Gewalt von einer der Ordnung selber anhaftenden Gewalt zu unterscheiden. (Was nicht so zu verstehen ist, als ließe sich diese Unterscheidung etwa mit drei heterogenen Realitätsbereichen korrelieren.) Wilde, scheinbar jeglicher Rechtfertigungszumutung entzogene Gewalt sehen wir inmitten menschlicher Lebensformen ausbrechen.[11] Und dabei können wir keineswegs davon ausgehen, es handle sich allemal um ein regressives Phänomen. Auch eine revolutionäre Gewalt, die im Namen eines die gegebene Ordnung des Zusammenlebens transzendierenden Maßstabs (Ausbeutung, Entfremdung, Anerken-

nung, Demütigung usw.) gewisse Formen der Gewalt überhaupt erst als solche zum Vorschein bringt, entzieht sich in gewisser Weise der Rechtfertigung: Sie weigert sich, sich an Maßstäben der gegebenen Ordnung messen zu lassen, um einen neuen Maßstab der Gewalt zur Geltung zu bringen. So gerät dieser Maßstab der revolutionären Gewalt nicht in einen Widerspruch, sondern in einen Widerstreit *in* und *mit* der etablierten Ordnung des Zusammenlebens: *Über* dieser und dem neuen Maßstab gibt es kein Drittes, das es gestattete, das Rechtfertigungsbedürftige und das Rechtfertigungsfähige eindeutig zu bestimmen. Aus der Sicht der etablierten Lebensform kann auch eine angeblich »progressive« Gewalt, die die Gewalt dieser Lebensform im Zuge ihrer Zerstörung zu überwinden verspricht, gar nicht gerechtfertigt werden. Aus der Sicht einer die Lebensform transzendierenden Kritik der Gewalt, welche die Lebensform als Form der Gewalt verwirft, kann deren Fortdauer nicht gerechtfertigt werden. Doch hebt selbst eine revolutionäre Kritik der Gewalt nicht jegliche Gemeinsamkeit mit der ihr widerstreitenden Lebensform auf: *Gemeinsam* ist beiden gerade die *Strittigkeit* dessen, was als Gewalt zu gelten hat und ob die angefochtene Gewalt nicht zu rechtfertigen ist. Brandmarkt die revolutionäre Kritik in diesem Sinne Gewalt, so rechtfertigt sie eben dadurch die Gewalt revolutionären Handelns als Überwindung derjenigen Gewalt, die der kritisierten Lebensform innewohnt.

Unabhängig davon, ob man die Aspirationen einer »totalen« Kritik, die schließlich welt-revolutionäre Züge annehmen muss, für nicht mehr glaubwürdig oder attraktiv hält,[12] behält die analytische Unterscheidung der Gewalt, die einer Ordnung *innewohnt*, von Gewalt *vor* und *jenseits* der Ordnung ihren Sinn. Existieren Gesellschaften und Kulturen praktisch in einer Vielzahl heterogener, aber miteinander verflochtener Lebensformen, und impliziert jede Lebensform ihre eigene Weise der Rechtfertigung von Gewalt, so bleibt doch jede Ordnung menschlicher Lebensformen unabdingbar mit dem Problem der Unaufhebbarkeit der Gewalt in ihrer Ordnung konfrontiert. Nicht nur »deckt« sich die Gewalt niemals mit ihrer Rechtfertigung; jederzeit kann auch in ihrer Mitte eine »wilde« Gewalt, die sich der Rechtfertigungszumutung entzieht, aber auch eine »transzendierende« Gewalt auftreten, die die Maßstäbe der Rechtfertigung selber übersteigt (ohne darum etwa

---

rellen Leben selber) versprechen müssen, der Gewalt zu begegnen; gegen 3., ob so nicht mit einem unzulässig restriktiven Gewaltbegriff gearbeitet wird, der überdies dazu verführt, staatliche Gewalt eo ipso als legitim einzustufen. Das ist weder in »innenpolitischer« noch gar in »außenpolitischer« Hinsicht überzeugend (s.u.).

11 Vgl. Liebsch/Mensink (2003).

12 Vgl. Walzer (1990).

auf jede Rechtfertigung zu verzichten). In diesem Falle ist die Gewalt nicht mehr das bloße *Objekt* der Legitimation; vielmehr vollzieht sich die Legitimation *ihrerseits gewaltsam*, insofern sie eine gegebene Lebensform aufsprengt, die sich nicht von sich aus für die Maßstäbe der sie transzendierenden Kritik aufgeschlossen zeigt. So zieht sich die Rechtfertigung von Gewalt selber Gewalt zu und macht sich angreifbar. Es erscheint deshalb fraglich, ob sich überhaupt eine ganz der *Gewaltlosigkeit* verpflichtete, »transzendierende« Kritik denken lässt, die nicht ihrerseits wiederum Gewalt heraufbeschwören würde.

Nach dem bisher Gesagten bestätigt sich, dass der Begriff der Gewalt »eine bewertende, abwägende Kritik« auf jeden Fall nur mit Bezug auf eine oder mehrere, konfligierende »Sphäre[n] des Rechts und der Gerechtigkeit oder in der der ›sittlichen Verhältnisse‹« gestattet.[13] Demnach wäre es gar nicht möglich, sich der Frage nach dem Zusammenhang von Gewalt und Legitimität allein von der Gewalt her zu nähern. Gewalt erschiene immer schon im Lichte ihrer – von vornherein oder im nachhinein – fragwürdigen, zweifelhaften Legitimität. Nur unter der Voraussetzung legitimatorischer *Anfechtbarkeit* der Gewalt lassen sich auch Theorien der Stiftung des Zusammenhangs von Gewalt und Legitimität denken, die ihn genealogisch auf seine Voraussetzungen hin befragen. In der Tradition der politischen Philosophie der frühen Neuzeit, deren Prämissen sich bis heute folgenreich auswirken, steht bekanntlich der Begriff des Naturzustandes für die Situation, die den Sinn dieser Stiftung begründet.[14] Der Naturzustand ist aber kein »natürlicher« Zustand, den man etwa am Beginn der menschlichen Gattungsgeschichte ansiedeln könnte. In diesem Sinne bezeichnet dieser Begriff keinen *zeitlichen* Urzustand, der als dem anfänglichen Wesen des Menschen gemäß zu betrachten wäre. Vielmehr wird der Naturzustand bereits bei Hobbes nur negativ bzw. privativ vom *Verlust* aller Sicherheiten her verständlich, die menschliches Zusammenleben »normalerweise« gewährt. Hobbes lehrt, dass die Ordnungen menschlichen Zusammenlebens keinen vor-gegebenen idealen oder transzendenten Sinn erfüllen, dass sie vielmehr prekäre, kontingente und auf Zeit eingerichtete Gebilde sind, deren Sinn allein menschlicher Einsicht zu verdanken ist.[15] Nichts garantiert die Dauerhaftigkeit und Verlässlichkeit ihrer zerbrechlichen »Normalität« –

nichts außer dem freiwilligen Übereinkommen derer, die als aufeinander Angewiesene an der Aufrechterhaltung der Form des Zusammenlebens interessiert sind und sich in diesem Sinne zu gegenseitigem Gewalt-Verzicht bereit erklären. Angesichts der im englischen Bürgerkrieg des 17. Jahrhunderts offenkundigen Zerbrechlichkeit menschlicher, speziell politischer Lebensformen, die im Begriff des Naturzustandes gänzlich ihrer Sicherheit beraubt gedacht werden, macht Hobbes die Dringlichkeit einer kollektiven Erinnerung an das verständlich, was die *ständige Überwindung* des Naturzustandes erst ermöglicht. Weit entfernt, nur Reminiszenz einer archaischen, den Raubtieren verwandten Wildheit zu sein, ist der Naturzustand der *Inbegriff einer in jedem »normalen« Zusammenleben latent gegenwärtigen Drohung einer radikalen Entsicherung*. Dafür steht das viel zitierte Diktum, demzufolge der Mensch des Menschen Wolf ist. Mitnichten vertritt Hobbes eine schwarze Anthropologie, die alle Menschen als »schlechte Menschen« bzw. als wilde Tiere dastehen ließe.[16] Es genügt ihm, anzunehmen, dass im Fall einer solchen Entsicherung *einige* zu unbeschränkter Gewalt greifen *könnten*, um diese Bedrohung zur Maßgabe der kollektiven Sinnstiftung einer wenigstens intern pazifizierten Lebensform zu machen. Wie auch immer die Teilnahme und die Teilhabe, die Zugehörigkeit und die Mitgliedschaft in Formen sozialer und politischer Koexistenz im Einzelnen gestaltet werden, wenigstens muss jede Lebensform eine Antwort auf diese Bedrohung versprechen.

An dieser Stelle soll nicht die von Bodin und Hobbes ins Leben gerufene Lehre politischer Souveränität rekapituliert werden, die diese Antwort in der Instituierung einer unanfechtbaren Macht sieht, der allein das Gesetz und die (legitime) Gewalt zu Gebote stehen. Die Kritik hat die problematischen Voraussetzungen dieser Konzeption längst deutlich ge-

---

13 Vgl. Derrida (1991, S. 70).

14 So wird, in bis heute folgenreicher Weise, die Frage nach dem Zusammenhang von Gewalt und Legitimität sofort auf den Staat zugespitzt. Als ob sich diese Frage nicht schon »zwischenmenschlich« stellen könnte.

15 Vgl. Collins (1989) sowie Bauman (1991, S. 44), der an Collins anknüpft.

16 Vgl. dazu die Reinterpretation von Matala de Mazza/Vogl (2002).

macht. U. a. nimmt diese Konzeption nicht oder nur sehr unbefriedigend Stellung zur Frage, wer mit wem in welcher (Macht-) Position einen »Vertrag« eingeht, der verlangt, auf »Selbstjustiz« zugunsten eines Souveräns zu verzichten, welcher seinerseits nicht an den Vertrag gebunden zu sein scheint. Kann das Versprechen des Gewalt-Verzichts überhaupt unbedingt gegeben werden? Selbst Hobbes kennt zwar ein legitimes Widerstandsrecht (wenn die eigene Selbsterhaltung durch den Souverän bedroht ist), doch denkt er nicht eine prinzipiell bedingte und begrenzte Legitimation der zentralen politischen Macht. Über deren Verhältnis zu Grenzen legitimer Gewalt sagt er fast nichts. Dafür wird dem Souverän als dem Inhaber der legitimen Gewalt die Wahrung der Ordnung des Zusammenlebens allein anvertraut. Das »Auge des Gesetzes«[17] muss alle Verstöße feststellen und ahnden können, um mittels seiner Sanktionskraft im Zuge legitimer Gewaltanwendung diese Funktion erfüllen zu können. Eine innere Motivation, sich etwa nach den Gesetzen zu richten, kommt auf Seiten der Beherrschten nicht in Betracht. Es genügt, wenn sie die Konsequenzen einer Übertretung der Gesetze hinreichend fürchten. Im Übrigen geht ihr Interesse am Tun des Souveräns kaum über die Frage hinaus, ob er die Sicherheit wirklich gewährleistet, die den Naturzustand in Schach hält, dessen Aufhebung der Sinn des sogenannten Gesellschaftsvertrages ist. Die weitaus problematischste Voraussetzung dieses Modells liegt aber in der suggestiven Alternative: Naturzustand als unbegrenzter Kriegszustand vs. souveräne Erzwingung einer äußerlich per Gesetz pazifizierten Ordnung. Nur das Phantasma einer in Abwesenheit

des Gesetze gänzlich anarchischen Form menschlicher Koexistenz rechtfertigt den Gedanken einer Erzwingung des Friedens durch ein nicht mehr kritisch zu befragendes Gesetz. Das Phantasma der Anarchie verliert allerdings einiges von seinem Schrecken, wenn man bedenkt, dass die hypothetische Situation, in der es zur Instituierung einer intern befriedeten Ordnung des Zusammenlebens kommt, doch immerhin einen Vertragsabschluss ermöglicht, d. h. ein gegenseitiges Versprechen, das auf das gegebene Wort vertrauen lässt. Nur unter dieser Voraussetzung, die *in* der An-Archie der Stiftung der politischen Ordnung gelten muss, kann ein Vertrag in Kraft gesetzt werden, der nicht von Anfang an nichtig ist. Bevor also eine politische Ordnung instituiert werden kann, muss bereits ein »soziales« Verhältnis zwischen denen möglich sein, die einander das Wort geben können, zugunsten des Souveräns auf Gewalt zu verzichten.[18] Dieses Versprechen kann kein unbedingtes sein, denn es wird umwillen kollektiver Sicherheit gegeben, die gewissermaßen im Gegenzug tatsächlich gewährleistet werden muss. Das ist Teil der Legitimität der durch den Gesellschaftsvertrag instituierten politischen Macht, die so gesehen ihrerseits keineswegs mit einer unbedingten Unterwerfung der Beherrschten rechnen kann.

Die Gesetze, die sie erlässt, haben dementsprechend weniger »imperativen« als vielmehr »direktiven« Charakter, wie Hannah Arendt im Anschluss an Alexandre Passerin d'Entrèves sagt. Sie werden nicht in erster Linie *auferlegt*, sondern *angenommen*. Sie gleichen *Spielregeln*, denen ich nicht unter dem Diktat einer überlegenen Macht »gehorchen« muss, die vielmehr zu beachten sind, weil »ich praktisch nicht mitspielen kann, wenn ich mich ihnen nicht füge; ich nehme sie an, weil ich mitspielen möchte […]. Jeder Mensch wird in eine Gemeinschaft mit bereits bestehenden Gesetzen hineingeboren, und er gehorcht ihnen vorerst deshalb, weil er, um leben zu können, mitspielen muss. Ich kann wie der Revolutionär die Spielregeln ändern wollen, oder ich kann für mich eine Ausnahme machen wie der Verbrecher; aber sie prinzipiell zu leugnen bedeutet nicht Ungehorsam, sondern die Weigerung, innerhalb der menschlichen Gemeinschaft zu existieren. […] Alle Gesetze, außer den Geboten eines Gottes, sind ›Direktiven‹ und nicht ›Imperative‹. Sie lenken das menschliche Miteinander wie Regeln das Spiel. Und ihre Gültigkeit

---

17 Vgl. Treitschkes Rede von einem »universellen Blick des Staates« (1859, Kap. 12). W. Dilthey spricht später von den »hundert Augen des Gesetzes«; vgl. Pankoke (1991, S. 725), sowie Foucault (1977, Kap. III, 3) zum Panoptismus.

18 Dieses Verhältnis schließt nicht nur ein, dass man eine gemeinsame Sprache sprechen kann, sondern auch, dass man den Anderen als potenziell Verletzenden und Verletzten wahrnimmt. Im Lichte gegenseitiger Verletzbarkeit wird ja die Frage der Abwendung von Gewalt durch ein gegenseitiges Versprechen überhaupt erst virulent. Von daher ist eine Reduktion der Gewalterfahrung, die dem Gesellschaftsvertrag zugrunde liegt, auf Widerrechtlichkeit ausgeschlossen. Mittels des Vertrags wird ja erst das Recht instituiert; es gilt nicht vor dem Vertrag. Aber »vor« dem Vertrag existieren verletzbare Wesen, die angesichts ihrer Verletzbarkeit das Versprechen geben, auf Gewalt zu verzichten, soweit das überhaupt möglich ist.

gründet sich letztlich auf die römische Maxime: *Pacta sunt servanda.*«[19] Wer aber in eine schon existierende Lebensform hineingeboren wurde, ohne vorher um seine Einwilligung in die Regeln des Zusammenlebens bzw. in den Gesellschaftsvertrag gebeten worden zu sein, muss gegebenenfalls erst nachträglich an ein gegenseitiges Versprechen des Gewalt-Verzichts erinnert werden, das dem Zusammenleben angeblich zugrunde liegt. Was nützen, so möchte man fragen, alle Regeln und Gesetze, wenn ihre Befolgung nicht von dem Willen getragen ist, auf Gewalt wenn nicht absolut, so doch im Rahmen des Möglichen zu verzichten?[20]

2. Gewalt – Verzicht

Die Tatsache, dass man sich immer schon in eine Gemeinschaft hineingeboren findet, in der bereits Gesetze gelten, bedeutet zweifellos, dass man nach ihren Regeln zunächst »mitspielen« muss, nicht aber, dass diesem »Müssen« an sich normative Verbindlichkeit zukäme. Normativ gültig werden Regeln erst im Zuge ihrer Bekräftigung, die den Sinn eines *Versprechens* hat, sich künftig nach ihnen zu richten. *Sinngenetisch* gesehen ruht die Verbindlichkeit bzw. die Kraft der Gesetze auf dem Versprechen derer, die ihnen gehorchen; und zwar auch dann, wenn die meisten niemals ausdrücklich ein solches Versprechen gegeben haben. Gerade das faktische »Eingespieltsein« in Regeln des Zusammenlebens lässt die Grundlagen, auf denen es beruhen muss, vergessen. Wenn Gesetze »direktiven« Charakters auf einer Annahme durch diejenigen beruhen, die sich nach ihnen richten wollen, und wenn diese Annahme den Sinn eines Versprechens hat, dann müssen diejenigen, die das »vergessen« haben, u. U. an den Sinn der Grundlagen ihres Zusammenlebens erst erinnert werden. Und zwar gerade deshalb, weil Formen der Koexistenz, die nicht gänzlich neu, sei es in einem politischen Schöpfungsakt, sei es als technisches »Werk«[21] politischen Handelns, eingerichtet wurden, durch ihre geschichtliche Dauer aus dem Auge verlieren, worauf sie »sinngenetisch« eigentlich beruhen.

Das erklärt zu einem guten Teil die Faszination, die für viele von der im 18. Jahrhundert erfolgten originären Stiftung einer neuen Form politischer Koexistenz auf amerikanischem Boden bis heute

ausgeht. In diesem Falle konnte man sich nicht einfach auf eine transzendente Autorität,[22] auf eine überlegene Macht oder auf die überkommene Geltung von Gesetzen berufen. Man war gezwungen, sich mangels dieser Möglichkeiten auf die einzige sinngenetische Grundlage zu besinnen, auf der eine neuartige Ordnung des Zusammenlebens von Individuen, die aufeinander angewiesen sind, beruhen kann: auf das einander gegebene Wort, diese Ordnung im gemeinsamen Interesse tragen zu wollen. Wenn Locke sagt, ursprünglich war die ganze Welt ein Amerika, so ist dem auch diese Wendung zu geben: Im historischen Ereignis der Besiedelung Amerikas ist paradigmatisch die sinngenetische Fundierung politischer Koexistenz hervorgetreten, auf der alle Formen des Zusammenlebens letztlich beruhen müssen, die sich nicht einer transzendenten Autorität, geschichtlicher Überlieferung oder einer überlegenen Macht versichern können.

Hannah Arendt hat dies in ihrer Schrift *Über die Revolution* eindrucksvoll beschrieben. Nicht zuletzt unter dem Druck einiger, die angekündigt hatten, in der Neuen Welt »das Gesetz in die eigene Hand zu nehmen« und sich diese Freiheit niemals mehr von irgend jemandem nehmen zu lassen, hatten viele Auswanderer »Angst vor einer Art Naturzustand [...], vor der unbegrenzten Initiative von Menschen, die keine Gesetze mehr in Schranken hielten. Die Furcht zivilisierter Menschen, die aus gleich welchen Gründen beschlossen haben, der Zivilisation den Rücken zu kehren und gleichsam von vorn zu beginnen, ist berechtigt genug. Was an der Geschichte so überraschend großartig ist, ist nicht die Furcht, die sie voreinander hatten, sondern vielmehr, dass diese Furcht von einem nicht weniger offenbaren Vertrauen in die Wirksamkeit der eigenen Macht begleitet war, da ja diese Macht erst einmal von niemandem garantiert oder bestätigt und auch nicht durch Gewaltmittel irgendeiner Art geschützt war. Sie, so wie sie da auf dem Schiffe [der *Mayflower*] waren, ein zusammengewürfelter Haufen, verfügten über die Macht, sich zusammenzutun und einen ›civil body

---

19 Arendt (1995, S. 96); Liebsch (1999).
20 Liebsch (2001, Kap. XII; 2002 a).
21 Zur »politischen Form« als »Werk des Volkes« vgl. Treitschke (1859) sowie Nancy (1990).
22 Vgl. aber Arendt (1994, S. 216).

Politick‹ zu etablieren, der von nichts zusammengehalten war als dem Vertrauen auf die Kraft gegenseitiger Versprechen, die sie sich abgaben [...].«[23]

Angesichts der konkret drohenden Gefahr einer
weitgehenden Entsicherung aller Regelungen des
Zusammenlebens, denen auf dem Boden der Neuen
Welt keine selbstverständliche Geltung mehr zukommen konnte, besannen sich die Auswanderer
auf die *an-archische Kraft des Wort-Gebens*, das allein
die in einem neuen Naturzustand drohende Gewalt
zu beschränken und zugleich die Legitimität einer
machtgestützten politischen Ordnung zu fundieren
versprach. Diese Kraft konnte sich auf kein vorgängiges Vertrauen ineinander stützen. Das gegenseitige
Versprechen schrieb vielmehr Anderen ohne Rekurs
auf eine vorab begründete Sicherheit Vertrauens-
würdigkeit zu und mutete jedem Einzelnen zu, Anderen »grundlos« zu vertrauen. Auf einer solchen
sozialen An-Archie, in der man sich das Wort gibt,
beruht für Hannah Arendt die Stiftung des Sinns der
politischen Ordnung und ihrer Legitimität, die Gewalt gegen die Ordnung delegitimiert und jeden, der
ihr angehört, zum Gewalt-Verzicht verpflichtet.

Nun sind aber nach Hannah Arendt zwei »Gesell-
schaftsverträge« zu unterscheiden: »Der eine ist ein
Vertrag zwischen einer Anzahl von Privatpersonen,
aus dem angeblich die Gesellschaft entstanden sein
soll; der andere wird zwischen einem Volk und
seinem Herrscher geschlossen, und aus ihm entsteht
dann der Rechtsstaat.« Handelt es sich wirklich in
beiden Fällen um »Aspekte eines identischen Typs,
der sich gleichsam in zwei Phasen entfaltet« – gemäß
einer theoretischen (aber durch die amerikanischen
Siedler zum ersten Mal als konkret anwendbar erscheinenden) Fiktion, »die dazu dienen sollte, die
wirklich existierenden gesellschaftlichen Verhältnisse einerseits und die Beziehungen zwischen der Gesellschaft und dem Staat andererseits genetisch zu
erklären«? Auf diese diffizile Frage gibt die Autorin
eine überraschend schroffe Antwort: Das eine habe
mit dem anderen so gut wie nichts zu tun. Denn »in
dem auf Wechselseitigkeit beruhenden und Gleichheit voraussetzenden Gesellschaftsvertrag, in dem
eine Anzahl von Menschen sich zusammenschließt,
um eine Gemeinschaft zu bilden, ist der eigentliche
Inhalt des Vertrags*aktes* ein Versprechen und sein
Resultat eine *consociation* oder *societas* im römischen
Sinn, also ein Bündnis«, das lediglich auf gegenseitigem Vertrauen in das gegebene Wort basiert. »Im
Unterschied dazu handelt es sich bei dem sogenannten Gesellschaftsvertrag zwischen einer bereits bestehenden Gesellschaft und einem außer ihr stehenden
Herrscher um einen nirgends belegten hypothetischen Urvertrag, der dazu dient, die Herrschaft zu
rechtfertigen. In ihm wird vorausgesetzt, dass jeder
Einzelne seine isolierte, von anderen unabhängige
Kraft aufgibt und auf seine Macht verzichtet, um
der ›Segnungen‹ einer regelmäßigen Regierung teil-
haftig zu werden. Was nun diesen Einzelnen anlangt,
[...] er büßt seine präpolitische Macht, weil sie
außerstande ist, ihm Sicherheit zu verschaffen, durch
den Vertrag ein, und der Vertrags*akt* verlangt von
ihm auch nicht eigentlich ein Versprechen, sondern
nur seine ›Zustimmung‹, sich von einem Staat beherrschen zu lassen.«[24]

Auf diese Weise wird aber gerade der Sinn einer
Stiftung politischer Macht, die durch einen als gegenseitiges Versprechen rekonstruierbaren Gesellschaftsvertrag legitimiert wird, verfehlt. Denn sie ruht ja
gerade auf der Gleichheit (ohne Rekurs auf eine
»außer ihr« liegende Herrschaft); und die politisch
instituierte Macht erwächst aus der Einwilligung der
Gleichen, die nicht bloß darauf hinauslaufen darf,
sich in Zukunft zumindest solange »beherrschen«
zu lassen, wie die Macht eben die Sicherheit tatsächlich gewährleistet, die der Naturzustand zu rauben
droht. Die Gleichen, die im Gesellschaftsvertrag ein
gegenseitiges Versprechen geben, *können* dies nicht
unter dem Vorbehalt dieser Sicherheitsgewähr tun,
die, wenn sie versagt, ohne weiteres von der Bindung
an das Versprochene entbinden würde. Im Fall dro-
hender Entsicherung der Form politischer Koexistenz würde unter dieser Voraussetzung nur allzu
leicht eine allgemeine Desolidarisierung die Folge
sein, und diese Form würde sich in keiner Weise
auf das Versprechen stützen können, gerade auch
dann zu ihr zu stehen und für ihre Gewährleistung
zu sorgen, wenn sie in eine existenzbedrohende Krise
zu geraten droht. Wer lediglich in seiner »isolierten
Vereinzeltheit gegen alle anderen geschützt«[25] zu

---

23 Vgl. Arendt (1994, S. 217) sowie die einschlägigen Doku-
    mente in A. u. W. P. Adams (1987, S. 116 f., 268, 270).
24 Arendt, (1994, S. 220 f.).
25 Arendt, (1994, S. 220).

werden verlangt und die Legitimität staatlicher Macht allein daran misst, für den muss sich eine nachhaltige Delegitimierung der politischen Ordnung immer dann ergeben, wenn diese Erwartung nicht hinreichend erfüllt wird. Statt diejenigen, die versprochen haben, in politischer Form zusammen zu leben, an die Verbindlichkeit des gegebenen Wortes und an den Sinn dieses Versprechens zu erinnern, verführte jede nachhaltige Krise der politischen Ordnung nur dazu, sich auf sein reines Eigeninteresse zu besinnen und sich von der Einwilligung, sich beherrschen zu lassen, zu entbinden. Denn diese Einwilligung wurde doch gleichsam gegen das Versprechen der Sicherheitsgewähr eingetauscht; und sie verliert ihre legitime Grundlage, wenn die staatliche Macht die versprochene Gegenleistung nicht erbringt.

Selbst wenn man diese Macht nicht aus einem Vertrag zwischen Gleichen ableitet, kann der »vertikale« Gesellschaftsvertrag so gesehen als ein gegenseitiges Versprechen rekonstruiert werden. Aber ein derart bedingtes Versprechen wird sich für den Fall einer Krise der politischen Ordnung niemals als sehr tragfähig erweisen können. »Horizontal«, zwischen den »Beherrschten« (die ihren eigenen Willen mitnichten »aufgeben«), stiftet es dem Anschein nach *überhaupt keine* Verbindlichkeit. Die Lösung kann freilich auch nicht im entgegengesetzten Extrem der Formation eines allgemeinen Willens liegen, dem jeder gleichsam seinen Willen delegiert, um ihn als eigenen geradezu aufzugeben, insofern die Delegation an keinerlei Bedingungen mehr geknüpft ist. Es geht vielmehr gerade darum, wie aus der »horizontalen« Beziehung zwischen Gleichen kraft eines gegenseitigen Versprechens eine »vertikale«, durch das Versprechen legitimierte Machtbeziehung abzuleiten ist, die doch nicht auf ein passives Unterwerfungsverhältnis oder auf eine »Abgabe« jeglicher Macht hinauslaufen darf.[26] Denn wo legitime Macht instituiert wird, kann die Legitimation auch entzogen werden. Darin hat Hannah Arendt ganz Recht: Im Unterschied zu Gewalt beruht Macht wesentlich auf der Zustimmung derer, denen gegenüber sie zum Zug kommt.[27] Delegitimation zerstört früher oder später die Macht. Aber zur Delegitimation bzw. zu einer nachfolgenden Erosion ihrer politischen Form kommt es in Krisen der Sicherheit des Zusammenlebens (ganz zu schweigen von Krisen der Teilhabe und der Teilnahme) nur dann nicht ohne weiteres,

wenn die Beherrschten nicht nur zu ihrem eigenen, isolierten Vorteil die »Abgabe« ihrer individuellen Macht gegen eine gewisse Sicherheitsgarantie eintauschen, wenn sie vielmehr im gegenseitigen Versprechen den Sinn politischer Koexistenz stiften, zu dessen Verteidigung sie gerade dann aufgerufen sind, wenn die legitimierte staatliche Macht in dieser Hinsicht zu versagen scheint. Nur wenn das Versprechen nicht bloß eigennützige Motive hat und sich auf den Sinn gemeinsamer politischer Koexistenz bezieht, kann es für den Fall, dass diese in eine Krise gerät, einspringen und den drohenden Naturzustand abwehren. Als Alternative zur Herrschaft des Naturzustandes, in dem niemand unangefochten, legitimiert und ohne Gewalt herrschen kann, vermochte sich Hobbes nur eine quasi *natur*gesetzliche Herrschaft des Gesetzes vorzustellen, in der auch die Gewalt als legitimierte aufgehoben sein sollte. Wenn Gesetze aber wie Regeln zu verstehen sind, deren Sinn ganz und gar darauf beruht, dass man sie sich zu eigen macht, um nach ihnen gemeinsame Lebensformen einzurichten, dann wird das Zusammenleben einerseits niemals derart (naturgesetzlich) gesichert sein können; andererseits bleibt es auf Dauer auf eine Erinnerung an den an-archischen Sinn eines Versprechens angewiesen, das sich gerade dann als eine Art Ausfallbürgschaft für Recht und Gesetz erweisen könnte, wenn diese zu versagen drohen.

Kann man aber einem gegenseitigen Versprechen wirklich diese menschliches Zusammenleben tragende Bedeutung aufbürden? Erweist es sich bei näherer Betrachtung nicht als ein überaus zerbrechliches Phänomen? Und haben wir, die wir nicht wie jene Auswanderer eine Form politischer Koexistenz ganz neu haben einrichten können, je wirklich ein Versprechen gegeben, auf dem der Sinn der politischen Ordnung ruhen könnte, in der wir leben? Diese Frage hat sich sinngemäß schon John Locke gestellt, der von wirklicher Mitgliedschaft in einem politischen Gemeinwesen im Rahmen einer legitimierten Herrschaft nur unter der Bedingung eines »wirklichen Eintritts durch positive Verpflichtung und ausdrückliches

---

26 Vgl. Rousseau (1977, S. 73).

27 Das schließt keineswegs aus, vielmehr in der Regel ein, dass sich die Macht mehr Macht anzumaßen neigt, als durch eine irgendwann einmal eingeholte (oder auch nur unterstellte) Zustimmung gedeckt wäre.

Versprechen« ausgehen wollte.[28] Locke mochte auf den Gedanken eines historisch datierbaren Gesellschaftsvertrages nicht gänzlich verzichten, betonte andererseits aber mit Recht, dass die Menschen in der Regel erst dann nach den Grundlagen ihres Zusammenlebens zu fragen beginnen, wenn die Erinnerung an sie »schon längst überlebt« ist. »Denn bei den Staaten ist es wie bei den einzelnen Menschen, in der Regel wissen sie nichts von ihrer eigenen Geburt und Kindheit. Falls sie aber etwas über ihren Ursprung wissen, verdanken sie es den zufälligen Aufzeichnungen, die andere davon bewahrt haben.«[29] Spätere Autoren – von Rousseau über Kant bis hin zu Rawls – haben es denn auch nahe gelegt, den Gedanken einer *historischen Vorgängigkeit* des Gesellschaftsvertrages (bzw. des gegenseitigen Versprechens) ganz aufzugeben und diesen Begriff im Sinne eines *nachträglichen Legitimitätstests* zu reinterpretieren. Demzufolge beruhen Formen politischer Koexistenz, die ihren Namen verdienen, auf »stillschweigend angenommenen und anerkannten« (Rousseau) Vertrags-Bedingungen, die einerseits besagen, inwiefern und in welchen Grenzen diese Formen für legitim gehalten werden, und andererseits die – prekäre, keineswegs unlösliche – Bindung an ein legitim geregeltes Zusammenleben erklärlich machen sollen. Selbst Rousseau, der einer *vorbehaltlosen* Übereignung aller Rechte an die politische Gemeinschaft das Wort geredet hat, hat damit nicht den Gedanken einer *unaufkündbaren* Unterwerfung verbunden, sondern an der Bedingung festgehalten, dass der Gesellschaftsvertrag nicht *verletzt* wird.[30]

Der Vertrag hat wie gesagt einen fiktiven Status; und nur nachträglich, durch die erfahrene Verletzung seines Sinns gewinnt er paradoxerweise überhaupt

Kontur. Erst die Verletzung lässt nachträglich auf »stillschweigend Angenommenes und Anerkanntes« schließen, ohne dass freilich von Anfang an klar wäre, was als Verletzung zu gelten hat. Rousseau vergleicht *en passant* die moralische Verletzung des Einzelnen mit körperlichen Verletzung. Wie jeder Einzelne über seinen Körper, so herrscht analog der moralische Gemeinwille (*volonté générale*) über die Einzelnen. Rousseau kommt nicht auf den Gedanken, eine Selbstverletzung durch den Gemeinwillen in Betracht zu ziehen, in dem der Wille aller restlos vereinigt sein soll. Der Gemeinwille, der mit dem Willen aller *identisch* vorgestellt wird, wird nicht gegen diejenigen, die er repräsentiert, verletzende Gewalt üben, es sei denn Gewalt, die zu seiner und zur Erhaltung aller notwendig ist, legitime Gewalt im Innern als Akt der Selbsterhaltung also. Wenn aber der Wille aller im Gemeinwillen restlos aufgeht, wird dann nicht die Rede von einer solchen inneren Gewalt gegenstandslos? Ist von Gewalt, die *Andere* verletzt, überhaupt noch sinnvoll zu reden, wenn alle sich in einer sozietären *Identität* aufgehoben finden? Müsste die problematische *Differenz* von Gewalt und Legitimität unter dieser Voraussetzung nicht am Ende in einer *restlos legitimierten* Gewalt verschwinden, die einer souveränen Macht zu Gebote steht? Wenn sie aber *nicht* verschwindet, birgt dann nicht auch jede Form des Zusammenlebens, die von einem einheitlichen Willen regiert wird, anfechtbare Verletzungspotenziale in sich? Scheinbar nicht, wenn wir Hannah Arendt folgen, für die Gewalt (und damit Verletzung durch Gewalt) nicht zum »Wesen« menschlichen Zusammenlebens gehört.

Mit Recht wendet sich Hannah Arendt zunächst gegen eine *Gleichsetzung* von Macht und Gewalt: Letztere enthebt sich ihrer Meinung nach der Zustimmung Anderer, wohingegen Macht unumgänglich der Rechtfertigung und der Legitimation[31] bedarf, ohne die sie zerfallen muss. Gewalt tritt auf, wo Macht verloren ist oder wo gar nicht erst die Zustimmung Anderer in Betracht gezogen wird. So gesehen gehört wohl Macht, nicht aber Gewalt zum Wesen gelingender menschlicher Lebensformen. Diese säuberliche Scheidung von Macht und Gewalt wird durch den Nachweis unvermeidlicher Gewaltsamkeit »machtvollen« Handelns unterlaufen.[32] Wenn Macht nicht gewalt*tätig* verfahren muss, so kann sie sich doch einer gewissen *Gewaltsamkeit* kaum entledigen. Gewalt hat nicht nur eine instrumentale Dimension,

---

28 Locke (1974, S. 95).

29 Locke (1974, Teil VIII, S. 77).

30 Rousseau (1977, S. 73).

31 Terminologisch schließe ich mich Arendt (1995, S. 53) nicht an, die sagt, Gewalt könne niemals legitimiert, wohl aber gerechtfertigt werden. Dabei unterscheidet die Autorin Legitimation und Rechtfertigung vor allem temporal: Legitimation erfolgt unter Berufung auf die Vergangenheit, Rechtfertigung im Hinblick auf vorweggenommene Zukunft.

32 Vgl. Derrida (1991, S. 23), der von Pascals Diktum (»Gerechtigkeit ohne Kraft [Gewalt]« sei »ohnmächtig«) zur Annahme eines unvermeidlichen Überantwortetseins der Gerechtigkeit an die Gewalt übergeht.

sondern auch strukturelle und mediale Dimensionen. Man zieht sich, heißt das, Gewaltsamkeit u. U. selbst dann zu, wenn man erklärtermaßen auf den Einsatz von Gewalt *als Mittel* des Handelns *verzichtet*. Selbst dann nämlich nimmt man unfreiwillig und unumgänglich strukturelle und mediale Bedingungen des eigenen Handelns in Kauf, ohne die man *gar nicht* handeln kann. Dagegen glaubt Hannah Arendt offenbar an eine weitestgehende Liquidierung der Gewalt durch erklärten Gewalt-Verzicht und hält an einer Aufhebbarkeit der Gewalt in legitimierter Macht fest. Sie liebäugelt mit einer Gewalt, die sich *idealiter* nur noch als völlig legitimierte Macht manifestieren würde (um auf diese Weise *als* Gewalt zu verschwinden). Wenn aber Macht »aus dem Machtursprung« stammt, der mit der »Gründung« einer Form der Koexistenz zusammenfällt, dann wird sie schon aus diesem Grunde die Gewalt nicht los. Wie das Beispiel der europäischen Auswanderer paradigmatisch zeigt, kann keine solche Gründung ohne jegliche Gewaltsamkeit erfolgen. Stets stiften einige, die ohne vorherige Legitimation *für andere* sprechen, die derselben Ordnung angehören werden, den Sinn dieser Ordnung, *ohne sich dabei schon auf diesen Sinn berufen zu können*. Dieser ursprüngliche, in keinem Akt der Gründung aufzuhebende Mangel an ursprünglicher Legitimation wird noch verstärkt durch eine ihrerseits nicht »ursprünglich« legitimierbare Antwort auf die Frage, *wer* denn zu der zu stiftenden Ordnung gehören soll. Grenzziehungen der genealogischen, der ethnischen oder kulturellen *Zugehörigkeit* und der rechtlichen *Mitgliedschaft* grenzen stets einige oder viele aus, ohne diese Exklusion unter Rekurs auf die erst zu etablierende Ordnung rechtfertigen zu können. Die Stiftung einer europäisch inspirierten Ordnung auf amerikanischem Boden hat selbst die dort bereits Ansässigen ausgeschlossen, ohne dass sich diese »Ortung« (mit Carl Schmitt zu sprechen) der Ordnung der Neuen Welt auf ein höheres oder vorgängiges Recht hätte berufen können. Das »Recht der Okkupation«, das sich Schmitt zufolge auf vermeintlich erdrückende kulturelle Überlegenheit stützen durfte, ist (ganz abgesehen von seiner Fragwürdigkeit) allemal ein einseitiges Recht, das sich, mangels eines übergeordneten Maßstabs, nicht im Widerspruch, sondern im Widerstreit zum Recht der Indianer befand, sich gegen eine genozidale Landnahme zur Wehr zu setzen.[33] Selbst wenn man von der langen Geschichte der Gewalttaten absieht, die die Entdeckung des amerikanischen Kontinents nach sich gezogen hat, ist die Hypothek der Gewaltsamkeit der Gründung und Ortung einer neuen politischen Ordnung auf dem Boden der Neuen Welt nicht in Abrede zu stellen. Abgesehen von diesem speziellen historischen Kontext ist jede politische Ordnung mit einer solchen Hypothek auf Dauer belastet zu sehen, wie Derrida im Anschluss an W. Benjamin deutlich gemacht hat. Gewalt, die zu verletzen droht, bleibt demnach auch dann virulent, wenn eine legitime Macht anerkannt ist, die nicht »zur Gewalt greift«, um sich durchzusetzen. Es wird sich freilich erst zeigen müssen, ob die Akzentuierung der *unvermeidlichen Gewaltsamkeit*, die jeder politischen Ordnung innewohnt, nicht ihrerseits einer Rückbesinnung auf ein Mehr oder Weniger an *vermeidbarer Gewalttätigkeit* bedarf, um dem Anspruch einer *Kritik der Gewalt* an allen ihren (ungerechtfertigten *und* gerechtfertigten, vermeidbaren *und* unvermeidlichen) Formen gerecht werden zu können.[34]

3. Unaufhebbare Gewaltsamkeit

Vom historischen Bezug auf die Amerikanische Revolution abgesehen, hat Derrida aus der unvermeidlichen Gewaltsamkeit der Gründung einer politischen, rechtlich verfassten Ordnung prinzipielle Konsequenzen gezogen. Von der Annahme ausgehend, das Recht einer politischen Ordnung bedeute gerechtfertigte Gewalt,[35] geht er dem Grund dieser

---

33 Zum Rechtstitel der Eroberung bzw. der Okkupation, der angeblich kraft des Europäischen Völkerrechts bereits das Handeln der Kolonisatoren Amerikas legitimiert haben soll, vgl. Schmitt (1988, S. 16 f., 55, 76 f., 83, 102); A. u. W. P. Adams (1987, S. 113); Greenblatt (1994).

34 In diesem Anspruch treffen sich nicht nur Arendt und Derrida, sondern alle Autoren, die sich zum Thema einschlägig geäußert haben.

35 Derrida (1991, S. 12). Ganz offensichtlich verhält sich dieser Ansatz zu Arendts Analyse von Macht und Gewalt heterogen. Derridas strategischer Terminus ist *force*, den er bewusst zwischen *violence* (worunter wiederum allzu schnell Gewalttätigkeit und Gewaltsamkeit subsumiert werden) und »legitimer Gewalt oder Macht« changieren lässt, um die reziproke Kontamination von Legitimität und Illegitimität herauszuarbeiten: Im Begriff der Kraft (*force*) spielt ständig das eine in das andere hinein Derrida (1991, S. 13).

Rechtfertigung bis in die Gründung oder Stiftung der Ordnung selber nach. Insofern diese Gründung ihrerseits durch kein vorgängiges Recht verbürgt ist, kann sie nicht umhin, gewaltsam zu erfolgen. Damit soll nicht gesagt sein, sie verstoße gegen ein Recht, sondern vielmehr, sie erfolge unvermeidlich *vor* dem Recht (insofern weder gerechtfertigt noch ungerechtfertigt)[36] – aber gleichsam auf dem Weg zum Recht *in statu nascendi* bereits im Horizont der Rechtfertigungsbedürftigkeit. Widerstreit mit einem bereits existierenden heterogenen Recht, das der neu zu stiftenden Ordnung auf demselben Boden, auf dem sie »geortet« werden soll, entgegenstehen könnte, zieht Derrida hier nicht in Betracht. Ihm geht es um die Folge der ursprünglichen Gewaltsamkeit für das künftige Verhältnis der Ordnung zur Gewalt. Weit entfernt, einfach mit der Stiftung der Ordnung erledigt zu sein, setzt sich diese Gewaltsamkeit nämlich in die rechtserhaltende Gewalt fort, weil es gar

---

36 Dennoch spricht Derrida von einer »Gewalt(tat)«, die dem Ursprung einbeschrieben ist (Derrida, 1991, S. 29). So droht die wichtige Differenz zur Gewaltsamkeit nivelliert zu werden. Ich komme darauf zurück.

37 Derrida (1991, S. 83).

38 Wie Derrida mit Blick auf die Polizei zeigt: Derrida (1991, S. 93, 110, 117).

39 Die Gewaltsamkeit *im* Recht ist von einer Gewalt *des* Rechts (im Verhältnis zu einer es überfordernden Gerechtigkeit) zu unterscheiden. Wenn es aber eine Gerechtigkeit *in Gestalt des Rechts* gibt, kann erstere nicht generell als Gegenteil der Gewalt gelten, wie es den Anschein hat, wenn man Gewalt geradezu als Ungerechtigkeit versteht. Vgl. dazu P. Gehring (1997, S. 226–255).

40 Derrida (1991, S. 49).

41 Genauer heißt es: Die Beziehung zum Anderen ist die Gerechtigkeit, Derrida (1991, S. 45).

42 Es ist hier nicht der Ort, diese Problematik ausführlich zu vertiefen. Nur soviel: Stellenweise identifiziert Levinas die Beziehung zum singulären Anderen mit der Frage der Gerechtigkeit, dann wieder lässt er sie erst mit der Beziehung zum Dritten einsetzen, der eine vergleichende und berechnende Perspektive ins Spiel bringt. In beiden Fällen kommt eine Pluralität von Gerechtigkeiten nicht in den Blick. Unterschiedliche Begriffe wie Tausch-, Rechts-, Verteilungs-, Chancen- oder Beteiligungsgerechtigkeit werden kaum auch nur genannt. Damit gerät auch der Widerstreit heterogener Gerechtigkeitsordnungen und -perspektiven aus dem Blick. Überwiegend bleibt die an Derrida und Benjamin anknüpfende Diskussion im Übrigen eindeutig rechtsfixiert und dreht sich um die Frage, ob eine außer-ordentliche, vom (»unendlichen«) Anspruch des singulären Anderen geforderte Gerechtigkeit dem Recht einbeschrieben zu denken ist bzw. ob es von diesem Anspruch wenigstens inspiriert zu denken ist, selbst

keine reine rechtssetzende Gewalt geben kann. »Es gehört zur Struktur der (be)gründenden Gewalt, dass sie jenes (be)gründet, was erhalten werden und erhaltbar sein muss: dem Erbe und der Überlieferung versprochen, dem Teilen. Eine Gründung (eine Grundlegung) ist ein Versprechen. Jede Setzung ermöglicht und verspricht (etwas), jede Setzung bringt (etwas) vor [*promet*], jede Setzung setzt (etwas), indem sie (etwas) ein- und vorbringt. Selbst wenn ein Versprechen nicht in die Tat umgesetzt und gehalten wird, schreibt die Iterabilität das Versprechen des Erhaltens in den Augenblick der Gründung ein, der für den gewaltsamen Durchbruch sorgt. Sie schreibt so die Möglichkeit der Wiederholung in das Herz des Ursprünglichen ein; im Herzen des Ursprünglichen ist sie die Inschrift dieser Möglichkeit. Damit gibt es keine reine Rechtsetzung oder -gründung, es gibt keine reine (be)gründende Gewalt, ebenso wenig wie es eine rein erhaltende Gewalt gibt.«[37] So kann sich die Gewaltsamkeit, die der Stiftung der rechtlich verfassten Ordnung inhärent ist, in die Gewaltsamkeit hinein fortschreiben, mit der die Ordnung aufrecht erhalten wird.[38] Darüber hinaus zeigt sich in mehrfacher Hinsicht eine Gewaltsamkeit *im* Recht:[39] im Missverhältnis von Gesetzen und deren Anwendung (die ihrerseits nicht wiederum gesetzlich geregelt werden kann), im Moment der Unentscheidbarkeit, das sich in einer Entscheidung darüber, wie und nach welcher Regel verfahren werden soll, nicht aufheben lässt;[40] und schließlich im Sinn des Rechts selber, insofern es einer Gerechtigkeit verpflichtet ist, der es unmöglich gerecht werden kann.

Ein Recht, das wie ein Algorithmus funktionierte, wäre kein Recht mehr, vielmehr eine Karikatur des Rechts, in der jeglicher Anspruch, dem sich das Recht als Recht zu stellen hat, getilgt wäre. Es würde vielleicht »rechtmäßig« verfahren, wäre aber gewiss nicht gerecht. Woher aber zieht sich die rechtliche Verfassung einer politischen Ordnung des Zusammenlebens einen solchen, in der »normalen« Rechtmäßigkeit nicht aufgehenden Anspruch zu? Worin liegt der Anspruch, dem sie gerecht werden soll? Mit Levinas antwortet Derrida: in der Beziehung zum Anderen, der nach Gerechtigkeit verlangt.[41] Man kann weder vom singulären Anderen noch von einer Pluralität von »Anderen« reden, die in menschlichen Lebensformen »koexistieren«, ohne diesem Verlangen Rechnung zu tragen.[42] Aber nichts garantiert, dass es ein Recht geben kann, das einem schlechterdings nicht »normalisierbaren« Anspruch des Anderen gerecht zu werden vermöchte. Selbst wenn es »differenzsensibel« verfährt, wie heute vielfach gefordert wird, wenn es also der Differenz, der Besonderheit, der Individualität oder der Singularität des Anderen, jedes Anderen gegenüber »sensibel« zu sein sucht, lässt sich kein Recht denken, dem das effektiv gelingen könnte.[43] Das unaufhebbare, Gewaltsamkeit in sich bergende Missverhältnis zum außer-ordentlichen Anspruch auf Gerechtigkeit zu vergessen und ein solches Recht für möglich zu halten, hieße, sich der blanken Selbstgerechtigkeit zu überantworten. Im Namen tatsächlich möglicher Gerechtigkeit (insofern: geringstmöglicher Gewaltsamkeit) des Rechts muss man gerade dessen eingedenk bleiben, was es verfehlt. Derrida spricht von der »Gewalt eines von der Gerechtigkeit vollkommen dissoziierten Rechts«.[44] Aber es lässt sich auch eine ethische, bloß jener Gerechtigkeit angesichts des Anderen verpflichtete Gewalt denken, die die rechtlich verfasste Ordnung politischer Koexistenz gänzlich ignorierte. *Im Widerstreit* zwischen einem außer-ordentlichen Gerechtigkeitsanspruch einerseits und dem Recht andererseits sucht Derrida deren gegenseitigen, aber unaufhebbaren Bezug zu denken, um einer denkbaren Entbindung dieser Gerechtigkeit vom Recht einerseits und des Rechts von der außer-ordentlichen Gerechtigkeit andererseits entgegen zu wirken.[45]

So arbeitet Derrida mit Blick auf die Möglichkeit geringstmöglicher Gewalt den »Grund« politisch-rechtlicher Ordnungen heraus, die in der Gewaltsamkeit ihrer Gründung zugleich das wirklich praktizierbare Recht in seiner Inspiration durch die Gerechtigkeit *in sich ermöglichen* wie auch eine der Gewalt radikal absagende Ordnung *unmöglich* machen. Wer unter diesen Bedingungen glaubt, noch Gewalt-Verzicht versprechen zu können, wird dies glaubwürdig nur tun können, wenn er eine unvermeidliche Gewaltsamkeit in Rechnung stellt, die der Gründung und Aufrechterhaltung eben der Ordnung innewohnt, die die Gewalt minimieren und wenn möglich beseitigen soll. So gesehen ist es aber unumgänglich, zwischen Gewalttätigkeit und Gewaltsamkeit zu unterscheiden, was Derrida nicht deutlich tut. Die von ihm herausgearbeitete innere Gewaltsamkeit, die jeder rechtlich verfassten politischen Ordnung inhä

rent sein muss (so weit sie jenem Gedanken einer »übermäßigen«, außer-ordentlichen und nicht normalisierbaren Gerechtigkeit verpflichtet ist), entbindet uns nicht von der Frage nach der Möglichkeit einer politisch-rechtlichen Ordnung, in der wir uns in *geringerem* Ausmaß *vermeidbarer* Gewalttätigkeit schuldig machen würden.[46]

Hannah Arendt zieht umgekehrt die Kritik auf sich, mit ihrer »instrumentellen« Definition der Gewalt ein ganz ungeklärtes Verhältnis zu struktureller Gewaltsamkeit zu haben, die von Anfang an auch legitimierter Macht innewohnt. Die Rückbeziehung politischer Macht auf den Machtursprung und auf eine ursprüngliche Sinnstiftung politischer Koexistenz führt sie nicht in der von Derrida verfolgten Richtung dazu, nach einer nicht zu tilgenden Gewaltsamkeit der Macht zu fragen. Im Gegenteil hält sie die Rede von »gewaltloser Macht« für einen bloßen Pleonasmus.[47] So wäre jeder, der Macht hat, der Gewaltsamkeit und der Gewalttätigkeit unverdächtig. Wenn wir aber Macht relational verstehen, dann zeigt sich, dass sich Macht, um nicht als Gewalt zu gelten, immer an *bestimmte* Adressaten wenden muss, durch die sie Legitimation erfahren kann. *Anderen* kann freilich das, was diesen Adressaten als legitime Machtausübung erscheint, zugleich

---

wenn es ihm nicht »gerecht« zu werden vermag. Zu unterscheiden wäre in diesem Sinne eine (stets beschränkte) Gerechtigkeit des Rechts von einer unendlichen Gerechtigkeitsforderung, die an das Recht ergeht (wobei eine unendliche Forderung einerseits von der Unendlichkeit der außer-ordentlichen Forderung andererseits wiederum zu unterscheiden ist). Auf bedenkliche Weise wird das Missverhältnis zwischen Gerechtigkeit und Recht als Aporetik jeglicher ethisch-politischen Ordnung derart zugespitzt, dass man kaum mehr erkennt, *welche* Rechtsordnung vielleicht besser mit ihm »umgeht« als andere. Darüber hinaus wird die Pluralität der Gerechtigkeiten so zum Verschwinden gebracht, dass sich der Eindruck einer doppelten theoretischen Gewaltsamkeit aufdrängt, die bestätigt, dass ein Reden von Gewalt nirgends gänzlich befreit von ihr stattfinden kann. Vgl. Weber (1994, S. 99, 103); sowie zur Gewaltsamkeit einer Nivellierung der Unterschiede zwischen verschiedenen Ordnungen La Capra (1994, S. 151).

43 Vgl. Derrida (1991, S. 41).

44 Derrida (1991, S. 118).

45 Vgl. Liebsch (2003).

46 Was Derrida zum Kommen und zum Ereignis einer un-möglichen Gerechtigkeit sagt, ist kaum geeignet, diesen Einwand auszuräumen; vgl. Derrida (1991, S. 56).

47 Arendt (1995, S. 57).

als Gewalt widerfahren. Und es fragt sich, ob sich überhaupt eine Form der Macht denken lässt, die nicht in dieser Weise als anfechtbar erscheinen würde. Wo immer Macht selektiv (direkt oder indirekt) im Verhältnis zu Anderen ausgeübt wird, stellt sich die Frage, ob sie nicht von *anderen* Anderen auch als Gewalt erfahren wird. Überdies kann keine Legitimation im Einzelnen legitimieren, *wie* die Macht ausgeübt wird. Wer eine legitimierte Position, Rolle oder Funktion einnimmt, verfügt damit keineswegs über eine Art Generalbevollmächtigung zu jeder Art der Machtausübung. So gesehen gehört es zu jeder sensiblen Machtpraxis, zu realisieren, wie sie als Gewalt erscheinen kann. Überschreitet eine um diese stets prekäre, frag-würdige Grenzziehung zwischen Macht und Gewalt gänzlich unbesorgte Machtpraxis nicht ihrerseits schon die Schwelle zur Gewalt?

Diese Frage kann sich überhaupt nur stellen, wenn man das Problem der rechtfertigungsbedürftigen Gewalt nicht schon mit dem Hinweis auf legitimierte Macht für erledigt hält, wie es scheinbar Hannah Arendt tut, wenn sie erklärt, solche Macht müsse als der Gewalttätigkeit bzw. der Gewaltsamkeit unverdächtig gelten. Legitimierte Macht wird das Problem, ob sie *als* Gewalt erfahren wird, nicht los, wenn sich die Frage stellt, ob sie ungeachtet ihrer Legitimation durch Andere dennoch etwas oder jemanden *verletzt*. Wie dies geschehen kann, ist unter Rekurs auf gängige Begriffe der Legitimation (Webers, Arendts oder Habermas' etwa), in denen die Erfahrung, das Widerfahrnis der Verletzung keine maßgebliche Rolle spielt, freilich nicht zu klären. Nebenbei kommt Arendt zwar auf den politischen Affekt der Empörung zu sprechen, der sich einstellt, »wenn unser Gerechtigkeitssinn verletzt wird«.[48] Doch diese Begriffe sind bloße Problemtitel. Über eine hinreichend differenzierte Phänomenologie und Hermeneutik der Verletzung bzw. der Verletzbarkeit verfügen wir nicht.[49] Und

der Begriff des Gerechtigkeitssinns leidet an der notorischen Vieldeutigkeit des Begriffs der Gerechtigkeit. Keineswegs verfügen wir etwa von Natur aus über einen Sinn für eine *bestimmte* Gerechtigkeit. Das zeigt sich, wenn wir auf die Erfahrung der Ungerechtigkeit zurückgehen, die vielfach Empörung und politischen Zorn auslöst. So deutlich und energisch sich der Sinn für Ungerechtigkeit artikulieren mag – auf welche Gerechtigkeit er indirekt abzielt, bleibt meist im Dunkeln, wie zuletzt Judith Shklar gezeigt hat.

4. Gewalt und Gerechtigkeit

Shklar will Theorien der Gerechtigkeit darauf verpflichten, der Erfahrung der Ungerechtigkeit gerecht zu werden. Deshalb schlägt sie einen »pathologischen« Zugang zur Frage nach Gerechtigkeit vor, der von einer Phänomenologie des Sinns für Ungerechtigkeit ausgeht. Dieser Sinn hat freilich ganz verschiedene Quellen, Gründe und Anlässe – von der Erfahrung der Verrats und der Enttäuschung, über den Zorn, nicht berücksichtigt (oder nicht einmal wahrgenommen) zu werden, bis hin zum Schmerz angesichts ungerechter Behandlung Anderer. Immer, meint Shklar, ist aber die *wahrgenommene Verletzung von (eigenen und fremden) Ansprüchen* im Spiel, wenn der »Sinn für Ungerechtigkeit« sich zu Wort meldet.[50] Allerdings ist keineswegs klar, ob dieser Sinn eine konkrete Idee der Gerechtigkeit positiv vorzeichnet und welche Maßstäbe er im Einzelfall impliziert. Handelt es sich überhaupt um ein einheitliches Phänomen? Offenbar gibt es große Unterschiede schon in der *Wahrnehmung* von Ungerechtigkeit, aber auch in der sprachlichen Artikulation von Ansprüchen, die man in der Ungerechtigkeit verletzt sieht.[51] Shklar schreibt der Sozialisation in dieser Hinsicht eine entscheidende Rolle zu: Lehrt sie uns nicht die Maßstäbe, an denen sich bereits die Wahrnehmung orientiert? Ist eine »überlegte und vermeidbare Verletzung« von Ansprüchen, die die Philosophin für den Brennpunkt der Erfahrungen von Ungerechtigkeit hält, überhaupt ohne gewisse Maßstäbe und Kriterien *als solche zu erkennen*? Selbst innerhalb ein und desselben sozialisatorischen Kontextes bleiben die Kriterien der Ungerechtigkeit häufig ebenso umstritten wie die Frage, wer im Einzelfall

---

48 Arendt (1995, S. 64).
49 Vgl. Liebsch (2001, Teil III) sowie die Beiträge von Hirsch und Delhom in Dabag/Kapust/Waldenfels (2000); ferner Erzgräber/Hirsch (2001).
50 Vgl. Shklar (1997, S. 110).
51 Shklar (1997, S. 137, 141, 112, 133). Eindringlich (ohne speziellen Bezug auf Gerechtigkeitsfragen) dazu: MacKinnon (1994, S. 12 ff.).

befugt ist, sie festzulegen. Da die konkrete Erfahrung von Ungerechtigkeit die Möglichkeiten einer juridischen Artikulation weit überfordert, muss man von einem Versagen der rechtsförmigen Gerechtigkeit angesichts einer Vielzahl von Ungerechtigkeitserfahrungen sprechen, denen sie nicht gerecht werden kann. Shklar spricht aus diesem Grunde selbst von einer »Ungerechtigkeit in der Gerechtigkeit«.[52] Dabei geht sie vom an den demokratischen Staat adressierten Anspruch aus, »jeden [!] Ausdruck eines Unrechtsempfindens […] fair zu behandeln«. Für Shklar ist Demokratie das *Versprechen*, diesem Anspruch gerecht zu werden. Darauf ruht ihre Legitimität.

Dieser Anspruch scheint besonders dann überzogen, wenn man ihn auf den Sinn für Ungerechtigkeit *jeder Art* bezieht. Schon die politisch-institutionell und juridisch realisierte Gerechtigkeit wird niemals der individuellen Unrechtserfahrung und Ungerechtigkeitserfahrung umfassend gerecht werden können. In ihrer allgemeinen Form wird sie angesichts jedes individuellen Falles in der einen oder anderen Hinsicht versagen müssen. Die »Pathologie« des Sinns für Ungerechtigkeit geht aber weit über die Gerechtigkeit hinaus, die politisch-institutionell und juridisch geregelt werden kann.[53] So früh erste Erfahrungen der Benachteiligung, der Zurücksetzung, der Diskriminierung bereits gemacht werden, so tief sind sie verwurzelt, ohne dass freilich klar wäre, ob und inwiefern sich die in solchen Erfahrungen zutiefst verletzende »Ungerechtigkeit« wirklich als ein Problem der Gerechtigkeit verstehen lässt und – falls das der Fall ist – wie man sie gewährleisten könnte, um der verletzenden *Gewalt* zu begegnen, *die in der Ungerechtigkeit widerfährt*. Aus Gefühlen der Ungerechtigkeit folgt nicht eindeutig, nach *welcher* Gerechtigkeit sie verlangen und verlangen *können* im Rahmen gewisser politischer Möglichkeiten, die ihrerseits davor bewahrt werden müssen, von radikalen Ansprüchen *gewaltsam überfordert* zu werden. Zweifellos gibt es ja private Erfahrungen der Ungerechtigkeit, die keine politische Antwort finden können und die, wenn wie im Fall der Rache ein erbarmungsloser, ultimativer und einseitiger Gerechtigkeitsanspruch aus ihnen abgeleitet wird, geradewegs in eine politisch extrem gefährliche Form ungezügelter Gerechtigkeit münden. Diesen Erfahrungen muss ein Recht, das die Rache verbietet, Gewalt antun, zumal wenn es für erlittenes Unrecht und irreversiblen Schaden keinerlei Kompensation oder Wiedergutmachung in Aussicht stellen kann.

Nicht jede Verletzungserfahrung, die als ungerecht erlebt wird, wirft aber ein politisches Problem auf. Vielfach werden solche Erfahrungen gar nicht erst artikuliert, weil die Betroffenen nicht erwarten, Gehör oder Unterstützung zu finden. »Das ist offenbar der Grund dafür, warum wir das wirkliche Ausmaß der Ungerechtigkeiten wie des Sinnes für Ungerechtigkeit, das unter uns verbreitet ist, nicht kennen.«[54] Selbst wenn die in der Weise der Ungerechtigkeit widerfahrene Gewalt artikuliert wird, bleibt offen, ob sie alle angeht und wer darüber befinden darf. Will man nicht wie Marx eigenmächtig theoretisch vorentscheiden, wer »ein erniedrigtes, geknechtetes, verlassenes und verächtliches« Wesen ist, das gerechten Anspruch darauf geltend machen kann, dass die gewaltsamen Ursachen dieser Erfahrung abgestellt werden, der muss die Erfahrung der subjektiven Verletzung erst einmal zu Wort kommen lassen. Aber selbst wenn das ausführlich geschähe, wäre die Frage noch nicht beantwortet, ob sich politisch-juridische Verhältnisse einrichten ließen, die der Verletzung wenigstens vorzubeugen versprächen. Von der individuellen Erfahrung der Ungerechtigkeit und der gewaltsamen Verletzung, die in ihr liegt, müsste sich eine allgemeine politische Lösung wie gesagt allemal entfernen. Verschärfend kommt hinzu, dass sich die Maßstäbe der Ungerechtigkeit, der Verletzung und der Gewalt in einer pluralistischen Gesellschaft in einem unaufhebbaren Widerstreit miteinander befinden, so dass es aussichtslos erscheint, der erlittenen Ungerechtigkeit in jeder Hinsicht gerecht zu werden.[55] Jeder entsprechende Versuch wird seinerseits schon dann gewaltsam verfahren, wenn er eine (politische) allgemeine Gerechtigkeit in einer bestimmten (etwa distributiven oder verfahrensmäßigen) Form neu zu etablieren sucht. So kehrt

---

52 Shklar (1997, S. 153 f.).

53 Und selbst das Unrechtsempfinden im engeren Sinne läuft oft genug nicht bloß auf eine Klage über eine im Einzelfall verfehlte oder mangelhaft verwirklichte Gerechtigkeit hinaus, die rechtsförmig bereits etabliert ist.

54 Shklar (1997, S. 138).

55 Shklar (1997, S. 52, 61, 64).

die »Ungerechtigkeit in der Gerechtigkeit« wieder. Mit anderen Worten: Selbst im Rahmen einer legitimierten politischen Ordnung, die Gewalt umwillen eines auf Gerechtigkeit beruhenden Zusammenhalts delegitimiert, erscheint eine innere Gewaltsamkeit als unvermeidlich.[56] Wenn Gerechtigkeit Formen politischer Koexistenz zusammenhält, wie Judith Shklar meint, so ist dies doch nur *in* einer Ungerechtigkeit möglich, die zugleich desintegriert. Und da wir nicht wissen, in welchem Ausmaß diese Ungerechtigkeit überhaupt artikuliert wird oder artikulationsfähig ist, besteht eine bemerkenswerte Unklarheit darüber, in welchem Ausmaß selbst weitgehendem Gewalt-Verzicht und der Gerechtigkeit verpflichtete Gesellschaften ihren Mitgliedern ein Leben in erlittener Gewaltsamkeit zumuten, die angesichts der offenkundigen »Ungerechtigkeit in der Gerechtigkeit« zu ungezügelter, gewalttätiger Gerechtigkeit verlockt.

Diese Gewaltsamkeit, die die Legitimität der Ordnung des Zusammenlebens immerfort in Frage stellt, erschließt sich nur einem pathologischen Zugang zum Problem der Gerechtigkeit, der mit der Erfahrung der Verletzung einsetzt und es nicht allein einer Theorie überlässt, gleichsam am grünen Tisch zu entscheiden, wie sich Fragen der Gerechtigkeit stellen. Diesen Anschein hat es beispielsweise bei John Rawls, der Gerechtigkeit von vornherein als ein Problem der »Güterverteilung« begreift und annimmt, alle, die als Mitbürger zusammen leben, seien in der Lage, sich auf entsprechend eindeutige Maßstäbe zu einigen.[57] Demgegenüber kennt Habermas, der von Max Webers Begriff der legitimen Herrschaft ausgeht, einen Widerstreit der Maßstäbe, der nur solange nicht zum Vorschein kommt, wie sich die legitime Herrschaft auf einen ungebrochenen Legitimitätsglauben stützen kann. Bricht dieser Glaube in Legitimationskrisen aber auf und wird die strukturelle Gewalt kenntlich, die dieser Glaube bis dahin mit

gedeckt hat, so werden auch die Maßstäbe der Kritik dieser Gewalt strittig. Als politisch interpretierbare Gewalt sollen dann wenigstens *systematische*, in die Form des Zusammenlebens selber eingebaute Verletzungen von legitimen Ansprüchen gelten.[58] Der *theoretische* Anspruch, diesen Verletzungen durch das Modell einer »*gewaltfreien*« Konfliktlösung gerecht zu werden, um es nicht im Sinne von Webers Wertepluralismus zu einem bloßen Kampf der Maßstäbe und zu gewalttätiger Durchsetzung von Ansprüchen gegen andere, heterogene Ansprüche kommen zu lassen, bleibt freilich uneingelöst.[59] Zum einen behandelt Habermas Widerstreit unter der Hand als Widerspruch und kann daher am hegelschen Modell der Aufhebung des Gegensätzlichen orientiert bleiben. Darin liegt eine theoretische Gewaltsamkeit eigener Art, da sich eine solche Theorie der Wahrnehmung und Anerkennung nicht »aufhebbarer« Konflikte von vornherein widersetzt.[60] Zum anderen nimmt die Theorie gewalt*freier* Konfliktlösung, die sich ganz und gar der Wiederherstellung eines brüchig gewordenen politischen Legitimitätsglaubens verschreibt, die *Gewaltsamkeit* kaum zur Kenntnis, die selbst eine dem Gedanken des Gewalt-Verzichts oder der geringstmöglichen Gewalt verschriebene Gesellschaft ihren Mitgliedern doch unvermeidlich zumutet – und zwar selbst dort, wo sie sich mit besten Absichten um Konfliktlösung[61] bemühen.

Immerhin verpflichtet diese Theorie des fraglichen Zusammenhangs von Gewalt und Legitimität diejenigen, die zusammenleben müssen und/oder wollen, dazu, in ihren Lebensformen nicht Anderen Verletzungen zuzumuten, die sich vermeiden ließen und eine latente oder strukturelle Gewaltsamkeit nicht als Alibi zu nehmen. Insofern macht sie es zum Kern politischer Identität, auf Gewalt so weit wie möglich zu verzichten zu wollen. Dieser Wille schlägt aber in eine fragwürdige Ideologie um, wenn er aufgrund erklärten Gewalt-Verzichts auch diejenigen Formen der Gewaltsamkeit für liquidiert hält, die sich in der Form des Zusammenlebens selber reproduzieren, ohne eigentlich in bewusstem Tun zu liegen. Kein erklärter Gewalt-Verzicht kann einfach, per Dekret gleichsam, die Erfahrung der Verletzung beseitigen, von der er herausgefordert wird. Umgekehrt macht gerade der Nachweis, in welchem Ausmaß menschliche Lebensformen von ihrer Gründung und Ortung her in ihrem Geschehen immerfort Gewaltsamkeit

---

56 Shklar (1997, S. 130).
57 Vgl. Rawls (1979, S. 20 f. sowie das Kapitel 8 über den Gerechtigkeitssinn).
58 Vgl. Habermas (1979, S. 160).
59 Vgl. Liebsch (2002 c).
60 Vgl. Liebsch (2001).
61 Dass für Konfliktlösung nicht einfach Konsens einzusetzen ist, hat die Kritik an Habermas immer wieder betont; vgl. etwa: Schluchter (1991).

reproduzieren, Arbeit am Gewalt-Verzicht, d. h. die *Suche nach Spielräumen geringerer Gewalt*, zu einer unverzichtbaren Angelegenheit aller – sofern sie in ihrem, Andere stets auch verletzenden Zusammenleben Gewalt für rechtfertigungsbedürftig halten.[62] Diese Arbeit muss mit der Wahrnehmung und Artikulation von Gewalt *als Gewalt* beginnen; sie muss sich um die Wahrnehmungs- und Artikulations*möglichkeiten* sorgen und dafür Sorge tragen, dass zum Vorschein gebrachte Gewalt auf ihre Zumutbarkeit, Rechtfertigung und Vereinbarkeit mit menschlichem Zusammenleben hin geprüft wird – ohne sich aber der Illusion hinzugeben, solche Verfahren der Prüfung könnten ihrerseits ganz gewaltlos vonstatten gehen. An dieser Sorge und an der Frage, wie sie zum *Selbstverständnis* derer, die zusammen leben wollen oder müssen, gehört, geht eine fundamentale Kritik der Gewalt vorbei, die nur die *jeder* politischen und rechtlich verfassten Ordnung innewohnende Gewaltsamkeit im Blick hat. So irritiert es, dass die im Anschluss an Walter Benjamins »Kritik der Gewalt« entwickelte Dekonstruktion am Ende größte Mühe hat, anzugeben, inwiefern sie noch auf ein anderes und *besser* eingerichtetes Verhältnis von Gerechtigkeit und Recht abzielen kann. Zwar verpflichtet Derrida die Politik der Dekonstruktion ausdrücklich auf das außer-ordentliche Versprechen, einer »unendlichen« Gerechtigkeitsforderung gerecht zu werden und so der Gewalt abzusagen. Aber wie konkret dieses Versprechen »sozial«, im Zusammenleben besser einzulösen wäre, erfahren wir nicht.[63] Um so energischer wird das Denken des Zusammenhangs von Gewalt und Legitimität vom außer-ordentlichen Anspruch des Anderen her, der jeder andere sein kann, einer staatlichen Monopolisierung entzogen, der vor allem macht-politisches Denken das Wort geredet hat.[64] Der Annahme, der Staat hebe die legitime Gewalt in seiner rechtlichen Verfassung auf, muss doppelt widersprochen werden: unter Hinweis auf die fortdauernde Virulenz einer inneren Gewalt, die sich als rechtlich und politisch nicht zu bändigen erweist und den *sozialen Verhältnissen der Bürger* überlassen bleibt; und unter Hinweis auf den Befund, dass die schlimmsten Formen der Gewalt im vergangenen Jahrhundert allemal die von Staats wegen legitimierten gewesen sind. Mit dieser Okkupation von »legitimer Gewalt« in der Hand staatlicher Macht, die sich im internationalen Naturzustand weiterhin von

jeglicher Rechtfertigung entbunden sehen konnte, ist es endgültig vorbei, seit ein »postkonventionelles« Bewusstsein[65] dem Anspruch der Anderen – ganz gleich, wer er oder sie ist – weltweit Gehör verschafft. Nicht nur universalen Rechten, die keinem politischen System zu Gebote stehen sollen, sondern auch einem außer-ordentlichen Anspruch jedes Anderen wird aber Geltung verschafft, der nun *inmitten* aller nationalstaatlichen Ordnungen *gegen* sie vorgebracht werden kann – und zwar nicht zuletzt, um der Wiederkehr wilder Gewalt auf staatlicher Ebene[66] zu begegnen. Vorbei ist die Zeit, wo die Gewalt im Innern als in einer legitimen Ordnung aufgehoben gelten konnte, um nach außen, im Naturzustand der Staaten, den auch das Europäische Völkerrecht nicht hat aufheben können, ungehindert exzessiv zu Tage zu treten. Vom außer-ordentlichen Anspruch, keinen Anderen in seiner Andersheit zu verletzen, wird auch das Gewaltmonopol souveräner Staaten in Zweifel gezogen: Es ist ihnen nicht erlaubt, Andere, die dem eigenen politischen System nicht angehören,

---

62 Von dieser – anfechtbaren – Annahme war ich ausgegangen, wohl wissend, dass Rechtfertigung stets einen Adressaten hat. (Jemand rechtfertigt etwas gegenüber *jemandem*; usw.) Wer als solcher überhaupt in Betracht kommt und wem gegenüber gar nicht erst eine Rechtfertigungszumutung akzeptiert wird, wirft wiederum die Frage nach einer Gewaltsamkeit auf, die der Rechtfertigung (mit ihren wie auch immer beschränkten Hinsichten) inhärent zu sein scheint.

63 Ausdrücklich wird das Versprechen nicht etwa als Kantische regulative Idee verstanden, die noch eine Art Leitlinie abgeben könnte.

64 Dieser Anspruch »existiert« sozial, politisch und rechtlich jedoch ebenso wie jene radikale Gerechtigkeit nur durch diejenigen, die sich ihn zuziehen und in gewisser Weise in ihrem Selbstverständnis »zu eigen« machen – so sehr sie Gefahr laufen, ihn in seiner Außer-Ordentlichkeit eben dadurch zu verfehlen.

65 In diesem gelegentlich belächelten Kohlbergschen Terminus liegt doch eine Wahrheit, nämlich die, dass der Anspruch, nicht mutwillig oder unzumutbar oder auf vermeidbare Weise zu verletzen oder verletzt zu werden, sich von autoritärer Bevormundung durch eine nationalstaatliche Ordnung zu emanzipieren begonnen hat.

66 Auf die Geschichte ihrer progressiven Delegitimierung, die von E. de Vattel, über Kant und den Briand-Kellogg-Pakt, der den Krieg kriminalisiert hat, bis hin zur Anerkennung des Individuums als Subjekt des Völkerrechts reicht, kann hier nicht näher eingegangen werden; vgl. Kimminich (1997). Vieles spricht dafür, dass die Entwicklung des internationalen Rechts nur der Gewalt-Kritik der Einzelnen hinterherhinkt.

binnen- oder zwischen-staatlicher Machtpolitik zum Opfer fallen zu lassen; und im Innern kann sich der sogenannte Gesellschaftsvertrag nicht mehr in einem Gewalt-Verzicht zugunsten eines legitimierten Gewalt-Monopols erschöpfen, das nach außen jeglicher Rechtfertigung enthoben wäre. So sieht sich jenes ursprüngliche, aber vielfach »vergessene« Versprechen des Gewalt-Verzichts, das den Sinn politisch und rechtlich geregelten Zusammenlebens in menschlichen Lebensformen stiftet, nachhaltig im kosmopolitischen Horizont durch die Frage herausgefordert, ob er sich nicht auch dem Anspruch zahlloser anonymer Anderer stellen muss, mit denen wir in ganz verschiedenen Lebensformen, aber auf derselben Erde, koexistieren.

Literatur

ADAMS, ANGELA / ADAMS, WILLI PAUL (Hg.) (1987), *Die Amerikanische Revolution und die Verfassung 1754–1791*, München: Deutscher Taschenbuch-Verlag. ▪ AGAMBEN, GIORGIO (2002), Homo Sacer. *Die souveräne Macht und das nackte Leben*, Frankfurt/M.: Suhrkamp. ▪ APTER, DAVID, E. (Hg.) (1997), *The Legitimization of Violence*, Hampshire/London: Macmillan. ▪ ARENDT, HANNAH (1994[4]), *Über die Revolution*, München/Zürich: Piper. ▪ ARENDT, HANNAH (1995[10]), *Macht und Gewalt*, München: Piper. ▪ BALIBAR, ETIENNE (1998), »Violence, Ideality and Cruelty«, in: *New Formations*, 35, S. 7–18. ▪ BAUMAN, ZYGMUNT (1991), »Moderne und Ambivalenz«, in: Bielefeld, Ulrich (Hg.), *Das Eigene und das Fremde*, Hamburg: Junius, S. 23–49. ▪ CASSIRER, ERNST (1990 [1944]), *Versuch über den Menschen*, Frankfurt/M.: Fischer. ▪ COLLINS, STEPHEN, L. (1989), *From Divine Cosmos to Sovereign State. An Intellectual History of Consciousness and the Idea of Order in Renaissance*, Oxford: Oxford University Press. ▪ DABAG, MIHRAN / KAPUST, ANTJE / WALDENFELS, BERNHARD (Hg.) (2000), *Gewalt*, München: Fink. ▪ DERRIDA, JACQUES (1991), *Gesetzeskraft. Der »mystische Grund der Autorität«*, Frankfurt/M.: Suhrkamp. ▪ DINGES, MARTIN (1998), »Formenwandel der Gewalt in der Neuzeit. Zur Kritik der Zivilisationstheorie von Norbert Elias«, in: Sieferle, Rolf P. / Breuninger, Helga (Hg.), *Kulturen der Gewalt*, Frankfurt/M.: Campus, S. 171–194. ▪ ERZGRÄBER, URSULA / HIRSCH, ALFRED (Hg.) (2001), *Sprache und Gewalt*, Berlin: Berlin-Verlag Spitz. ▪ FOUCAULT, MICHEL (1977), *Überwachen und Strafen*, Frankfurt/M.: Suhrkamp. ▪ GEHRING, PETRA (1997), »Gesetzeskraft und mystischer Grund«, in: Gondek, Hans-Dieter / Waldenfels, Bernhard (Hg.), *Einsätze des Denkens. Zur Philosophie von Jacques Derrida*, Frankfurt/M.: Suhrkamp, S. 226–255. ▪ GREENBLATT, STEPHEN (1994), *Wunderbare Besitztümer*, Darmstadt: Wissenschaftliche Buchgesellschaft. ▪ HABERMAS, JÜRGEN (1979[5]), *Legitimationsprobleme im Spätkapitalismus*, Frankfurt/M.: Suhrkamp. ▪ KIMMINICH, OTTO (1997[6]), *Einführung in das Völkerrecht*, Tübingen/Basel: Francke. ▪ LA CAPRA, DOMINICK (1994), »Gewalt, Gerechtigkeit und Gesetzeskraft«, in: Haverkamp, Anselm (Hg.), *Gewalt und Gerechtigkeit. Derrida – Benjamin*, Frankfurt/M.: Suhrkamp, S. 143–161. ▪ LIEBSCH, BURKHARD (1999), »Versprechen, ethische und moralische Ausrichtung des Selbst«, in: Liebsch, Burkhard (Hg.), *Hermeneutik des Selbst – Im Zeichen des Anderen. Zur Philosophie Paul Ricœurs*, Freiburg/München: Alber, S. 224–259. ▪ LIEBSCH, BURKHARD (2001), *Zerbrechliche Lebensformen. Widerstreit – Differenz – Gewalt*, Berlin: Akademie-Verlag. ▪ LIEBSCH, BURKHARD (2002 a), »›Sprechende‹ Gewalt«, in: Platt, Kristin (Hg.), *Das Reden von Gewalt*, München: Fink, S. 150–174. ▪ LIEBSCH, BURKHARD (2002 b), »Fremdheit im Gegenwartsbezug. Praktische und geschichtstheoretische Dimensionen einer Geschichte der Gewalt im Ausgang von Paul Veyne«, in: FS für P. Novack, Ulm, S. 149–180. ▪ LIEBSCH, BURKHARD (2003 a), »Lebensformen zwischen Widerstreit und Gewalt«, in: Liebsch, Burkhard / Straub, Jürgen (Hg.), *Lebensformen im Widerstreit*, Frankfurt/M.: Campus. ▪ LIEBSCH, BURKHARD / MENSINK, DAGMAR (Hg.), *Gewalt – Verstehen*, Berlin: Akademie Verlag. ▪ LIEBSCH, BURKHARD (2003 b), »Sinn für Ungerechtigkeit und institutionalisierte Gerechtigkeit im ›globalen‹ Horizont«, in: *Archiv für Rechts- und Sozialphilosophie*, (i.E.). ▪ LOCKE, JOHN (1974), *Über die Regierung*, Stuttgart: Reclam. ▪ MacKINNON, CATHERINE, A. (1994), *Nur Worte*, Frankfurt/M.: Fischer. ▪ MATALA DE MAZZA, ETHEL / VOGL, JOSEPH (2002), »Bürger und Wölfe«, in: Geulen, Christian / von der Heiden, Anne / Liebsch, Burkhard (Hg.), *Vom Sinn der Feindschaft*, Berlin: Akademie-Verlag, S. 207–218. ▪ NANCY, JEAN-LUC (1990[2]), *La communauté desœuvrée*, Paris: Bourgois. ▪ NEIDHARDT, FRIEDHELM (1988), »Erscheinungsformen von Gewalt in der Öffentlichkeit«, in: *Gewalt als Phänomen der modernen Gesellschaft*, Düsseldorf/Wien/New York: ECON, S. 17–30. ▪ PANKOKE, ECKART (Hg.) (1991), *Gesellschaftslehre*, Frankfurt/M.: Deutscher Klassiker Verlag. ▪ RAWLS, JOHN (1979), *Eine Theorie der Gerechtigkeit*, Frankfurt/M.: Suhrkamp. ▪ RÖTTGERS, KURT (1974), »Gewalt«, in: *Historisches Wörterbuch der Philosophie*, Bd. 3, Basel/Stuttgart: Schwabe, Sp. 562–570. ▪ ROUSSEAU, JEAN-JACQUES (1977), *Politische Schriften*, Bd. 1, Paderborn: Schöningh. ▪ SCHLUCHTER, WOLFGANG (1991), *Religion und Lebensführung*, Frankfurt/M.: Suhrkamp. ▪ SCHMITT, CARL (1988[3], [1950]), *Der Nomos der Erde*, Berlin: Duncker und Humblot. ▪ SHKLAR, JUDITH (1997), *Über Ungerechtigkeit*, Frankfurt/M.: Fischer. ▪ TREITSCHKE, HEINRICH V. (1859), *Die Gesellschaftslehre*, Leipzig. ▪ TROTHA, TRUTZ V. (1999), »Formen des Krieges. Zur Typologie kriegerischer Aktionsmacht«, in: Neckel, Sighard / Schwab-Trapp, Michael (Hg.), *Ordnungen der Gewalt*, Opladen: Leske und Budrich, S. 71–96. ▪ VEYNE, PAUL (1992), *Foucault: die Revolutionierung der Geschichte*, Frankfurt/M.: Suhrkamp. ▪ WALDENFELS, BERNHARD (1990), *Der Stachel des Fremden*, Frankfurt/M.: Suhrkamp. ▪ WALZER, MICHAEL (1990), *Kritik und Gemeinsinn*, Berlin: Rotbuch-Verlag. ▪ WEBER, SAMUEL (1994), »Im Namen des Gesetzes«, in: Haverkamp, Anselm (Hg.), *Gewalt und Gerechtigkeit. Derrida – Benjamin*, Frankfurt/M.: Suhrkamp, S. 97–128.

15.8 Globalisierung als Metamachtspiel der Weltinnenpolitik: Zehn Thesen zu einer Neuen Kritischen Theorie in kosmopolitischer Absicht

Ulrich Beck

Am Beginn des dritten Jahrtausends erscheint die Zukunft der Menschheit plötzlich dramatisch offen. Damit tritt ein, was Friedrich Nietzsche, Karl Marx, Immanuel Kant und Max Weber vorhersagten.[1]

Nietzsche forderte bereits vor 150 Jahren: dass sich endlich »Europa entschließen müsste [...] damit die langgesponnene Komödie seiner Kleinstaaterei und ebenso seine dynastische wie demokratische Vielwollerei zu einem Abschluss käme. Die Zeit für kleine Politik ist vorbei: schon das nächste Jahrhundert bringt den Kampf um die Weltherrschaft – den *Zwang* zur Großen Politik.«

Vor mehr als 200 Jahren visionierte Immanuel Kant die Leitideen dieser Großen Politik: »Sich als ein nach dem Staatsbürgerrecht mit in der Weltbürgergesellschaft vereinbartes Glied zu denken, ist die erhabenste Idee, die der Mensch in seiner Bestimmung denken kann und welche nicht ohne Enthusiasmus gedacht werden kann.«

Karl Marx sah und sagte voraus, dass es das sich globalisierende Kapital und nicht die Politik der Staaten ist, die die nationale Politikaxiomatik durchbricht und das Spiel der Großen Politik eröffnet. »An die Stelle der alten globalen, nationalen Selbstgenügsamkeit und Abgeschlossenheit tritt ein allseitiger Verkehr, eine allseitige Abhängigkeit der Nationen voneinander. Und wie in der materiellen so auch in der geistigen Produktion. Die geistigen Erzeugnisse [...] werden Gemeingut. Die nationale Einseitigkeit und Beschränktheit wird mehr und mehr unmöglich, und aus den vielen nationalen und lokalen Literaturen bildet sich eine Weltliteratur.«

Max Weber schließlich zog die Konsequenzen für die historischen Kulturwissenschaften. »Aber irgendwann wechselt die Farbe: Die Bedeutung der unreflektiert verwerteten Gesichtspunkte wird unsicher, der Weg verliert sich in der Dämmerung. Das Licht der großen Kulturprobleme ist weiter gezogen. Dann rüstet sich auch die Wissenschaft, ihren Standort und ihren Begriffsapparat zu wech- seln und aus der Höhe des Gedankens auf den Strom des Geschehens zu blicken.«

Diese Perspektiven der Globalisierung möchte ich in diesem Beitrag in ihren Konsequenzen für die Sozial-, Politik- und Kulturwissenschaften im Sinne eine *Metaspiels der Weltinnenpolitik* skizzieren.

Mit »Metaspiel« meine ich: Alte *regelanwendende* nationalstaatliche Politik und neue *regelverändernde* Weltinnenpolitik greifen ineinander, sind – was einzelne Akteure, Strategien und Bündnisse betrifft – gar nicht zu trennen und verwirren auf diese Weise die Köpfe der Handelnden ebenso wie die der sozial- und kulturwissenschaftlichen Beobachter. Die Perspektive, dass im Zwielicht der vergehenden nationalen und entstehenden kosmopolitischen Epoche Politikhandeln und kulturelle Wahrnehmung zwei völlig verschiedenen und doch ineinander verwobenen Drehbüchern, Bühnen und Schauspiel-Ensembles zugehören, sodass das etablierte und das alternative, das schließende und das öffnende weltpolitische Drama paradoxienreich ineinander greifen – diese Perspektive, so präzise sie auch gedacht sein mag, verwirrt die Köpfe ebenso wie die Realität. Genau diese realexistierende Verwirrung der Kategorien, Regiebücher, Schauspiele und Schauspieler – ja, das Umschreiben der Theaterstücke der Weltpolitik im laufenden Theater – dieses Metaspiel nicht zu entwirren (wer würde sich das anmaßen!), aber möglichst präzise nachzuzeichnen: darum geht es in diesem Text.[2]

---

1 Die folgenden Argumente werden ausgeführt in Beck (2002). – Auf Einzelnachweise der im Folgenden zitierten Stellen wird verzichtet.

2 Es war Helmuth Plessner, der mit einem kritischen Seitenhieb gegen die typisch deutsche Haltung zur Politik, die man mit »weinender Seele« tut – »dem Deutschen ist nicht leicht ums Herz, wenn er Politik treibt, weil er sich nicht zu spielen traut« (Plessner, 1962, S. 104, 22) – den Spielbegriff zum Zentralbegriff des Politischen gemacht hat. Mit dem Spielbegriff bejaht Plessner die Gesellschaft und die Öffentlichkeit und wendet diese gegen die Gemeinschaftsidylle – eben um der wachsenden »Spielmöglichkeit« willen (S. 38). Der Spielraum steht bei

Dafür werden zunächst einige Unterscheidungen eingeführt, dann soll die Theorie des Metaspiels thesenartig skizziert werden.

Spielregelsysteme der Weltpolitik lassen sich nach Institutionen und Organisationen unterscheiden. Mit *Institutionen* sind die geltenden Basis- und Hintergrundregeln in der Ausübung von Macht und Herrschaft gemeint, also formale und informelle Verhaltensvorschriften, die dazu dienen, bestimmte Formen nationaler und internationaler politischer Praxis zu ermöglichen oder vorzuschreiben. Zu den Institutionen des nationalstaatlichen Machtspiels in der ersten Moderne gehören beispielsweise die staatliche Kontrolle über ein begrenztes Territorium, internationale Anerkennung und Diplomatie, Gewaltmittel-

monopol, Rechtssouveränität, aber auch wohlfahrtsstaatliche Sicherheiten, zivile und politische Grundrechte etc. Während Institutionen gleichsam die Basisnormen und -formen, also den kategorialen Rahmen der kulturellen Wahrnehmung und des politischen Handelns vorgeben, meinen *Organisationen* besondere Akteure, die über eine bestimmte Zahl von Mitgliedern, finanziellen, räumlichen etc. Ressourcen sowie über einen bestimmten Rechtsstatus verfügen. Ich unterscheide grob vereinfacht drei Organisationen im weltinnenpolitischen Metaspiel: Staaten, weltwirtschaftliche Akteure sowie die Akteure der globalen Zivilgesellschaft; letztere schließen auch Gewalt-NGOs ein, also – nach dem 11. September – transnationale Terrornetzwerke.

Das Zusammenspiel von Institutionen und Organisationen lässt sich der vorherrschenden Theoriekontroverse nach durch zwei Logiken des Handelns bestimmen und entschlüsseln, die James March und Johan Olsen die *Logik der erwarteten Konsequenzen* und die *Logik der Angemessenheit* nennen. Nach der Logik der Konsequenzen folgt politisches Handeln und deren Ergebnisse einem rationalen Verhaltenskalkül, das der Maxime gehorcht, einen bestimmten gegebenen Satz unerklärter Präferenzen zu maximieren; Beispiele dafür sind die klassische Spieltheorie sowie die neoklassische Ökonomie. Die Logik der Angemessenheit versteht politische Aktionen demgegenüber als ein Produkt von Macht, Rollen und Identitäten, die angemessenes Verhalten in gegebenen Situationen stimulieren.[3]

Das Metamachtspiel der Weltinnenpolitik folgt *weder* der Logik erwarteter Konsequenzen, *noch* der Logik angemessenen Verhaltens, sondern der *Logik der Regelveränderung*.[4] Das heißt: Die alte nationalstaatlich-internationale Institutionenordnung ist keine ontologische Gegebenheit, sondern steht selbst auf dem Spiel. Das Verhältnis von Institutionen und Organisationen dreht sich um. Institutionen geben nicht mehr den Raum und den Rahmen vor, innerhalb derer Organisationen politisch handeln; vielmehr *brechen* Organisationen – beispielsweise weltwirtschaftliche Akteure, aber auch tansnationale Terrorgruppen, ja, selbst Staaten – aus dem Institutionengehäuse aus und stellen die »nationalen Aprioris« der Sozial- und Kulturwissenschaften im Sinne »reflexiver Modernisierung« in Frage.[5]

Plessner für den öffentlichen Raum strategischer Handlungsmöglichkeiten. Diese Möglichkeiten sind realer als die Wirklichkeit, die letztlich nur – wie Robert Musil bemerkt – eine Hypothese ist, über die man noch nicht hinaus gekommen ist. Plessner betont die historische Offenheit des Politischen: »In dieser Relation der Unbestimmtheit zu sich fasst sich der Mensch als Macht und entdeckt sich für sein Leben […] als offene Frage. Was er sich in diesem Verzicht versagt, wächst ihm als Kraft des Könnens wieder zu. Was er an Fülle der Möglichkeiten dadurch gewinnt, gibt ihm zugleich die entschiedene Begrenzung gegen unendlich andere Möglichkeiten des Selbstverständnisses und des Selbstbegreifens, die er damit schon nicht mehr hat.« (Plessner, 1924, S. 188).
Das Spiel ist das wechselseitige Spiel mit Kontingenzen, das die Zähmung derselben zum Thema hat. Allerdings ist es letztlich bei Plessner das Regelsystem der *Konventionen*, welches die Überhand gegenüber den außerordentlichen, grenzensprengenden Chancen des Politikspiels gewinnt. Plessner analysiert entsprechend die Diplomatie, welche die wilde Kontingenz des entfesselten Politikspiels vertragsförmig zügelt: »Diplomatie ihrerseits bedeutet das Spiel von Drohung und Einschüchterung, List und Überreden, Handeln und Verhandeln, die Methoden und Künste der Machtvergrößerung, die mit den Künsten der Machtverteidigung und -rechtfertigung, dem Spiel der Argumentationen, der Sinngebung des Sinnlosen innerlich notwendig verbunden sind« (S. 99). Gegenüber dieser fast schon wieder unpolitischen »Möglichkeit eines politischen Apriori«, das »um die Politik in ihrer menschlichen Notwendigkeit« (S. 131, 142) kreist, verwende ich die Spielmetapher im Sinne des *Metaspiels*, das heißt eines Politikspiels um die Grundlagen, Grundregeln, Grundbegriffe von Macht und Herrschaft im Übergang von der Ersten zur Zweiten Moderne (dazu Beck/Bonß/Lau 2001).

3 March/Olsen (1989).
4 Das schließt nicht aus, dass sich diese Theorieperspektiven nicht auch ergänzen können.
5 Siehe Beck/Giddens/Lash (1996); Beck/Bonß (2001).

Regelveränderndes Metaspiel der Weltinnenpolitik meint also: eine zweite *Great Transformation*,[6] und zwar sowohl sozialen und politischen Handelns wie der sozialwissenschaftlichen Kategorien und Bezugsrahmen, der kulturwissenschaftlichen Imagination. Staaten konstituieren nicht mehr exklusiv die dominante Arena kollektiven Handelns in dem Sinne, dass sie den Raum und das Spielregelsystem politischen Handelns vorgeben, einschließlich der unverzichtbaren gesellschaftlichen Institutionen der kollektiven Entscheidungsfindung und Entscheidungsdurchsetzung. Mit dem reflexiven Metaspiel bricht *in der Wirklichkeit* die Frage auf, inwieweit die Grundlagen, der Grundrahmen und die Grundbegriffe staatlicher Macht (welche Polanyi noch selbstverständlich voraussetzen konnte), *selbst* zum Gegenstand weltpolitischer und weltökonomischer Machtstrategien werden. Das aber heißt: Globalisierung und nicht »der Staat« bestimmt und verändert die Arenen kollektiven Handelns sowie ihrer sozialwissenschaftlichen Erforschung. Schlüsselthema wird eine Transformation *zweiter Ordnung*: die Große Transformation der staatszentrierten (Denk)Ordnung *per se*! Das exklusive Szenario, nach dem die Nationalstaaten und das System internationaler Beziehungen zwischen Staaten den Raum kollektiv politischen Handelns bestimmten, wird, zugleich von innen und außen, aufgebrochen und sukzessive ersetzt durch ein komplexeres, Grenzen übergreifendes, Machtregeln veränderndes, paradoxienreiches, unberechenbares, sub- und weltpolitisches Meta-Machtspiel mit offenem Ausgang.[7] Dazu 10 Thesen:

1. Das alte Spiel ist nicht mehr möglich. Globalisierung heißt zweierlei: Es ist erstens ein neues Spiel eröffnet worden, zweitens ist allein dadurch das alte Spiel mit seinen Regeln, seinen Grundbegriffen, das weitergespielt wird, entwirklicht. Mindestens gilt: Das alte Spiel *allein* ist nicht mehr möglich. Das alte Spiel hat viele Namen, beispielsweise »Nationalstaat«, »nationale Industriegesellschaft«, »nationaler Kapitalismus«, im Westen Europas auch »nationaler Wohlfahrtsstaat«; in den damit befassten Wissenschaften wird es im Rahmen eines »methodologischen Nationalismus« abgebildet und erforscht. Es war relativ simpel. Es glich – sagen wir – dem Dame-Spiel. In diesem verfügen bekanntlich die gegnerischen Spieler über einen homogenen Satz von Steinen und entspre-chenden Spielzügen und setzen diese nach dem Zufallsprinzip des Würfelns gegeneinander in Marsch. Mit Globalisierung ist ein neuer Handlungsraum und neuer Handlungsrahmen entstanden: Politik wird *entgrenzt* und *entstaatlicht*; zusätzliche Spieler, neue Rollen, neue Ressourcen, unbekannte Regeln, neue Widersprüche und Konflikte. Im alten Spiel – Dame bzw. Nationalstaat – hatten alle Steine einen einzigen Zug. So viel ist klar: Das gilt für das neue, namenlose Spiel nicht mehr. Beispielsweise haben sich die Kapitalsteine eine neue Mobilität eröffnet, die dem Springer oder dem Turm des Schachspiels ähnelt. Jedenfalls gibt es eklatante Unterschiede und merkwürdige Polyvalenzen in der strategischen Qualität der Steine und Spielzüge. Vor allem aber müssen die alten und neuen Akteure ihre Rollen und Ressourcen im globalen Spielfeld selbst überhaupt erst finden oder erfinden, also definieren und konstruieren. Unklar sind nicht nur die neuen Spiel*züge*, sondern auch die neuen Spiel*ziele*. Bei Dame ging es darum, alle Steine des Gegenspielers abzuräumen. Wäre das neue Spiel Schach, dann käme es darauf an, den König matt zu setzen. Aber auch das ist nicht sicher, (noch) nicht ausgemacht, ausgespielt.

Im alten Politikspiel »nationaler (Wohlfahrts)Staat« galt das Ziel: möglichst große Sicherheit für alle. Gilt das noch? Es galt das Politikziel des »sozialdemokratischen Zeitalters«:[8] ein Höchstmaß

---

6 Polanyi (1944).

7 «Was wir nun haben, ist nicht eine rigide Zwangsjacke, sondern ein neues komplexeres Spielfeld. In vielfacher Hinsicht ist das Spiel der *politischen* Globalisierung noch weit offen. In der Tat, das neue Machtspiel wird nicht nur von der einen Seite diktiert; es ist ein sich wechselseitig wiederholendes und aufschaukelndes Spiel, das unendlich weiter gespielt wird; mit Strategien und Taktiken der Spieler und ihrer epistemologischen ›Schatten der Zukunft‹, die zurückwirken in einem sich immer neu figurierenden Satz von Handlungsmöglichkeiten und Handlungshemmnissen. Mehr noch, dieses Spiel ist dadurch charakterisiert, dass es eine Fülle alternativer Ergebnisse oder ›multipler Gleichgewichte‹ eröffnet – von einer Weltregierung bis zum Chaos mit einer Fülle verschiedener Möglichkeiten dazwischen. Einige Formen eines unausgeglichenen Globalismus oder der sektoralen Hegemonie von Finanzmärkten und quer- oder multinationalen Kooperationen gehören ebenso dazu, wie die ›doppelte Unordnung‹, die manchmal als neues Mittelalter bezeichnet wird – dies sind einige der wahrscheinlichsten Szenarien. Und die Unterschiede zwischen diesen Ereignissen sind auch schon enorm.« (Cerny, 2000, S. 35).

8 Dahrendorf (2000).

an sozialer Gleichheit auf dem Hintergrund nationaler Homogenität. Wie viel kulturelle Differenz, wie viel soziale Ungleichheit soll, muss man zulassen? Im alten national-internationalen Spiel galten die Regeln des Völkerrechts, was zur Folge hatte, dass man im Binnenraum des Staates mit den eigenen Bürgern machen konnte, was man wollte. Gilt das noch? Oder gilt längst die unscharfe Regel der »eingeschränkten Souveränität«, nach der jeder Staat im Falle »ethnischer Säuberungen« oder schwerer Menschenrechtsverletzungen gegenüber seinen Bürgern mit »humanitären Interventionen« der Staatengemeinschaft auf der Grundlage der Weltbürger- und Menschenrechte rechnen muß? Können Regierungschefs, Minister oder Botschafter, die in ihrem Lande die Weltbürgerrechte ihrer Staatsbürger mit Wort und Tat eklatant verletzt haben, noch mit diplomatischer Immunität oder müssen sie schon damit rechnen, dass sie in dem Lande, das sie besuchen, verhaftet und vor Gericht gestellt werden?

Im alten Spiel galten bestimmte Fairness-Regeln: Wer eine Sechs würfelt, setzt aus, oder die Spielzüge verdoppeln sich. Oder es galt die Regel, nach jedem Spielzug kommt der Gegenspieler zum Zuge. Man wechselt sich also ab. Gilt das noch? Gilt es unter bestimmten Umständen, also Machtverhältnissen, unter anderen für andere dagegen nicht? Wer entscheidet, was gilt oder nicht gilt? Politik im Wechsel der Epochen gerät in ein merkwürdiges Zwielicht, in das Zwielicht der *doppelten Kontingenz*: Weder die alten Basisinstitutionen und Spielregelsysteme, noch die spezifischen Organisationsformen und Rollen der Handelnden liegen fest, sondern werden im laufenden Spiel aufgebrochen, umgeschrieben, ausgehandelt; wie weit das geht, ist ebenso unklar, abhängig von kontingenten Umständen, wie die Ziele und Alternativen der Politik.

2. Die Handlungschancen der Mitspieler hängen wesentlich von deren Selbstdefinition ab: Der Witz des Metaspiel-Argumentes liegt darin, neue Kategorien, neue Definitionen des Kulturellen und Politischen sind Voraussetzungen für den Erfolg! Die Akteure müssen sich und ihren Handlungsraum, Handlungsradius neu definieren. *Nur* Kritik der nationalstaatlichen Orthodoxie, nur neue Kategorien, die einen kosmopolitischen Blick anleiten, eröffnen neue Handlungs- und Machtchancen. Ein Spielstein im Dame-Spiel ist kein Spielstein im Dame-Spiel mehr, vielleicht ein Springer, ein König, ein Turm. Dies hängt nicht zuletzt von der Selbst- und Situationsdefinition der Gegenspieler ab. Wer das nicht sehen (lernen) will, den bestraft das Leben. Wer an der alten Dame-Dogmatik (z. B. dem Fetisch Souveränität) festhält, wird übersprungen, überrollt und darf sich darüber noch nicht einmal beklagen. Es sind die *Kosten*, die das Festhalten an den alten Dame-Spielregeln beispielsweise für Staaten bedeuten, die den kosmopolitischen Blickwechsel konditionieren. Mit anderen Worten: Der methodologische Nationalismus – das Beharren auf dem Standpunkt, das weltpolitische Metaspiel ist und bleibt ein nationales Dame-Spiel – ist äußerst kostspielig. Er verbarrikadiert den Blick und blockiert zugleich den Zugriff auf neue Spielzüge und Machtressourcen. Ja, die Möglichkeit, die Gewinn-Verlust- oder Verlust-Verlust-Regeln des Metaspiels in Gewinn-Gewinn-Regeln zu verwandeln, von denen Staat, globale Zivilgesellschaft *und* Kapital profitieren, bleibt theoretisch, empirisch und politisch unerschlossen. Es gilt die Umkehrung des Marxschen Grundsatzes: Nicht das Sein bestimmt das Bewusstsein, das Bewusstsein der neuen Handlungssituation – der kosmopolitische Blick – maximiert die Handlungschancen der Spieler im weltinnenpolitischen Metaspiel. Es gibt einen Königsweg, um die eigene Stellung (möglicherweise sogar die Welt der Politik) zu verändern: Man muss den Blick auf die Welt ändern. Eine skeptische, realistische Weltbetrachtung – ja, aber eine *kosmopolitische*!

3. Die neoliberale Agenda: Die Kapitalperspektive, radikal zuende gedacht, setzt sich selbst absolut und autonom und entfaltet so den strategischen Macht- und Möglichkeitsraum der klassischen Ökonomie als subpolitisches, weltpolitisches Machthandeln. Danach ist das, was gut ist für das Kapital, zum Besten aller. Alle werden reicher. Letztlich profitieren auch die Armen. Die Verführungskraft dieser neoliberalen Ideologie liegt also nicht in der Entfesselung der Egoismen oder in der Maximierung der Konkurrenz, sondern in dem Versprechen globaler Gerechtigkeit. Die Unterstellung lautet: Die Maximierung der Kapitalmacht ist *letztlich* der bes-

sere Weg zum Sozialismus. *Deswegen* wird der (Sozial)Staat überflüssig.

Die neoliberale Agenda pocht allerdings auch darauf: Im Neuen Metaspiel hat das Kapital zwei Steine und zwei Spielzüge. Alle anderen haben weiterhin wie bisher einen Stein und einen Spielzug. Die Macht des Neoliberalismus beruht also auf einer radikalen Ungleichheit der Regelverletzung in eigener Sache und Regelfestsetzung der anderen: Regelveränderung ist und bleibt das revolutionäre Privileg des Kapitals. Alle anderen sind zur Regelkonformität verdammt. Der nationale Blick der Politik (und der methodologische Nationalismus der Kultur- und Politikwissenschaft) zementiert diese Spielüberlegenheit, Machtüberlegenheit des Kapitals, das aus dem nationalen Dame-Spiel ausgebrochen ist, dessen Überlegenheit aber wesentlich darauf beruht, dass Staaten nicht nachziehen, Politik sich selbst im ehernen Gehäuse der nationalen Dame-Spielregeln fesselt.

4. Die Gegenmacht der globalen Zivilgesellschaft: Die Rolle der Gegenmacht zum regelsprengenden Kapital fällt im öffentlichen Bewusstsein und in vielen Untersuchungen nicht den Staaten, sondern der globalen Zivilgesellschaft und ihren pluralen Akteuren zu. Im alten Spiel Kapital gegen Arbeit wurden die Beziehungen zwischen Macht und Gegenmacht nach der Herr-Knecht-Dialektik gedacht. Die Gegenmacht des Knechtes – des Arbeiters – liegt darin, dass dieser seine Arbeitskraft vorenthalten kann. Der Kern der Gegenmacht ist der organisierte Streik: Die Arbeiter legen ihre Arbeit nieder. Grenzen dieser Gegenmacht liegen unter anderem darin, dass die Arbeiter Arbeit, Arbeitsverträge haben, also Organisationsmitglieder sein müssen, um streiken zu können. Auch droht ihnen im Gegenzug die Entlassung (Aussperrung). Dies begründet die Gegenmacht des Kapitals. Diese Form der Herr-Knecht-Dialektik besteht weiter, wird aber eben ausgehöhlt durch die neuen, grenzüberschreitenden Mobilitätsspielzüge des Kapitals. Wie dies geschieht, konnte man wieder einmal exemplarisch im Sommer 2001 in Deutschland beobachten.

VW, ein profitabler Weltkonzern, will neue Mitarbeiter länger arbeiten lassen und weniger bezahlen – und alle sind begeistert! Die Gewerkschaften, der sozialdemokratische Bundeskanzler Schröder, die

Unternehmer sowieso – alle preisen das neue Modell als vorbildlich, auch für andere Branchen. Schon fordern die Arbeitgeber, das Gehaltsgefüge zu »öffnen« – nach unten, versteht sich. Das heißt, »Flexibilität« – im Klartext: unter Bedingungen globaler Konkurrenz geraten die Arbeits- und Lohnverhältnisse in eine Abwärtsspirale. VW hatte gedroht, den neuen VW-Minivan in der Slowakei zu bauen. Oder in Indien. Der Jubel der »Arbeiterpartei« und der Gewerkschaften galt dem Erfolg, dass dies verhindert werden konnte.

Demgegenüber gründet sich die Gegenmacht der globalen Zivilgesellschaft auf der Figur des *politischen Konsumenten*. Der Konsument steht *jenseits* der Herr-Knecht-Dialektik. Seine Gegenmacht beruht darauf, dass dieser immer und überall den Kauf verweigern kann. Die »Waffe des Nichtkaufens« ist weder örtlich noch zeitlich noch sachlich einzuschränken. Sie beruht auf einigen Bedingungen, beispielsweise darauf, dass man überhaupt über Geld verfügt, oder auch darauf, dass es ein Überangebot von Produkten und Dienstleistungen gibt, zwischen denen der Konsument wählen kann und muss. Genau mit diesen Bedingungen, also mit der Pluralität der Kauf- und Konsummöglichkeiten schwinden die subjektiven Kosten, *dieses* Produkt *dieses* Konzerns durch organisierten Nichtkauf zu bestrafen.

Fatal für die Interessen des Kapitals ist es, dass es gegen die wachsende Gegenmacht der Konsumenten *kein* Gegengift, keine Gegenstrategie gibt: Selbst allmächtige Weltkonzerne können ihre Konsumenten – leider! – nicht entlassen. Konsumenten sind – anders als Arbeiter – weder Mitglieder, noch wollen sie es werden. Also ist auch die Androhung der Entlassung kein wirkungsvolles Erpressungsinstrument. Auch das Erpressungsmittel, in anderen Ländern zu produzieren, wo die Konsumenten noch brav sind und alles schlucken, was ihnen vorgesetzt wird, ist ein gänzlich untaugliches Instrument. Erstens ist der Konsument globalisiert und als solcher für die Konzerne hocherwünscht. Zweitens kann man die Flammen des Konsumentenprotestes in einem Lande nicht durch den Ausmarsch in andere Länder löschen, ohne sich selbst zu schaden. Auch gelingt es nicht, die nationale Solidarität der Konsumenten gegeneinander auszuspielen. Konsumentenproteste sind *als solche* transnational. Die Konsumgesellschaft ist eine banale Form der real existierenden Weltgesellschaft. Konsum kennt keine Grenzen – weder die der Herstellung noch die des Verbrauchs. Also: Die Konsumenten sind alles das nicht, was die Arbeiter sind; und sie können nicht wegrationalisiert werden, werden im Gegenteil für das Kapital immer wichtiger: Das macht ihre bislang kaum entfaltete Gegenmacht für die Macht des Kapitals so gefährlich.

Ist die Gegenmacht der Arbeiter – gemäß der Herr-Knecht-Dialektik – an direkte raum-zeitliche Interaktions- und Vertragsbeziehungen gebunden, so ist der Konsument frei von diesen territorialen, lokalen und vertraglichen Bindungen. Gut vernetzt und gezielt öffentlich mobilisiert kann der entbundene, entörtlichte, freie Konsument, transnational organisiert, zu einer scharfen Waffe geformt werden. Streik ist persönlich riskant; bestimmte Produkte nicht kaufen und auf diese Weise gegen die Politik der Konzerne zu stimmen, dagegen völlig risikolos. Allerdings muss diese Gegenmacht des politischen Konsumenten organisiert werden: Ohne advokatorische, zivilgesellschaftliche Akteure bleibt die Gegenmacht der Konsumenten stumpf. In den Grenzen der Organisierbarkeit liegen damit auch die Grenzen der Gegenmacht der Konsumenten. Der Käuferboykott richtet sich an Nichtmitglieder, ist also schwer organisierbar, bedarf der gezielten Dramaturgie in den öffentlichen Medien, der Inszenierung symbolischer

---

9 Diese Frage nach einem *kosmopolitischen Machiavellismus* darf nicht verwechselt werden mit der Geheimrezeptur eines menschenverachtenden Absolutismus. Ich knüpfe vielmehr an die Tradition des *republikanischen* Machiavellismus, die – wie Pocock in seinem Buch *The Machiavellian Moment* (1975) zeigt – Einfluss auf die Väter der US-amerikanischen Verfassung und ihren Begriff der politischen Freiheit und Souveränität gewonnen hat. Für Machiavelli (1986) heißt Macht gesellschaftlich eingebettete und verfasste Macht. Sie kann nur in der Einsicht in ihre soziale Genese und Dynamik angemessen verstanden und praktiziert werden. Macht ist in seiner Sicht im Innern republikanisch verfasste Macht, so dass diese Begriffe geradezu bedeutungsgleich sind. Macht setzt Gegenmacht voraus und kann nur im Wechselspiel mit Gegenmacht errungen, muss immer durch Gegenmacht konterkariert werden: im strategischen Interaktionsprozess auf der Grundlage institutioneller Ordnung. Diese Sicht der Dinge musste Machiavelli gegen die vormodernen Formen des Unpolitischen frei denken. Heute ist diese Fragestellung verstellt durch die gegensätzlichsten Denkkoalitionen des Unpolitischen, die von der Politik der Systemtheorie (Luhmann) über die Anti-Politik der Postmoderne und die neoliberale Selbstaufhebung des Staates bis zu den Anti-Staats-Theoretikern (nicht den Akteuren!) der Zivilgesellschaft reicht.

Politik, und er fällt mit der öffentlichen Aufmerksamkeit in sich zusammen. Geld ist und bleibt die Voraussetzung. Ohne Kaufkraft keine Konsumentenmacht. All dies setzt der Gegenmacht der Konsumenten immanente Grenzen.

5. Es führt kein Weg an der Redefinition staatlicher Politik vorbei: Die Advokatoren und Akteure der globalen Zivilgesellschaft sind zweifellos unverzichtbar im globalen Spiel der Mächte und Gegenmächte, insbesondere für die Durchsetzung globaler Werte und Normen. Die Abstraktion von der Grundlagenveränderung von Staat und Politik aber verleitet zu der großen Illusion der neuen extra-politischen Friedfertigkeit einer ökonomisch-kulturell entfesselten Welt. Der neue zivilgesellschaftliche Humanismus erlaubt die weiche Schlussfolgerung: Die absehbaren Widersprüche, Krisen und Nebenfolgen der laufenden Zweiten Großen Transformation könnten durch den neuen Hoffnungsträger des zivilgesellschaftlichen Engagements im globalen Maßstab aufgefangen und zivilisiert werden. Diese Denkfigur gehört in die Ahnengalerie des Unpolitischen, die in der Welt schon viel Unheil angerichtet hat.

Demgegenüber ist diese Einsicht wesentlich: Das Metaspiel kann *nur* durch die Veränderung staatlicher Politik (bzw. Politik- und Staatstheorie) von einem Verlust-Verlust- in ein Gewinn-Gewinn-Spiel verwandelt werden. Die Schlüsselfrage lautet also: Wie können und müssen der Begriff und die Organisationsform des Staates für die Herausforderungen wirtschaftlicher und kultureller Globalisierung geöffnet und umdefiniert, umgestaltet werden? Wie wird eine kosmopolitische Selbsttransformation des Staates möglich? Anders gefragt: Wer sind die im Sinne eines kosmopolitischen Machiavellismus »demokratischen Fürsten« der Zweiten Moderne?[9] Kein Zweifel, man muss Gramsci zustimmen: Der kosmopolitische Fürst ist ein kollektiver Akteur. Aber welcher? Sind die neuen Fürsten die Konzernchefs, die die Schumpeter'sche »schöpferische Zerstörung« ins Globale wenden? Oder sind es vielleicht doch die neuen Davids, die den neuen Goliaths trotzen, also die Akteure von Greenpeace und Amnesty International? Oder können die Helden des wohlfahrtsstaatlichen Abrisses, die sich »Modernisierer« nennen und die neoliberale Agenda umsetzen, als solche gelten?

Nein: So unpolitisch die Vorstellung ist, dass die globale Zivilgesellschaft die Erneuerung der staatlichen Politik zu ersetzen vermag, so neu und unerprobt ist die Vorstellung, dass sozusagen *die Zivilgesellschaft die Macht ergreift.* Eine derartige Symbiose von Zivilgesellschaft und Staat nenne ich »*kosmopolitischen Staat*«. Die gesuchten demokratischen Fürsten des globalen Zeitalters wären also die kosmopolitischen Erneuerer des Staates. Die Schlüsselfrage sowohl für die Stabilisierung der globalen Zivilgesellschaft als auch des weltweiten mobilen Kapitals als auch für die Erneuerung der Demokratie – also die Frage nach den Gewinn-Gewinn-Regeln der Weltinnenpolitik – ist die Frage, wie die Ideen, Theorien und Institutionen der Kultur, der Politik und des Staates aus den nationalen Bornierungen befreit und für die kosmopolitische Epoche geöffnet werden können.

Um in diesem Sinn eine Diskussion der falschen Alternative zwischen staatlicher und zivilgesellschaftlicher Politik im globalen Zeitalter zu vermeiden, ist es notwendig, klar zwischen *Staats*zentriertheit und *National*staatszentriertheit zu unterscheiden. So richtig es ist, die Nationalstaatsfixierung abzustreifen, weil Staat nicht mehr *der* Akteur des internationalen Systems, sondern *ein* Akteur *unter anderen* ist, so falsch wäre es, das Kind mit dem Bade auszuschütten, und mit der Kritik am nationalstaatsfixierten Blick die Frage nach der Handlungsfähigkeit und der Selbsttransformation des Staates im globalen Zeitalter aus dem Blick zu verlieren. Metamachtspiel heißt also: Auch Staaten müssen als kontingent und politisch veränderbar gedacht, gemacht und erforscht werden.

6. Transnationalisierung der Staaten: Es ist keineswegs so – wie meist unterstellt wird –, dass die Politik der Globalisierung durch die Globalisierung der Wirtschaft diktiert wird. Vielmehr verfügt die Politik bei ihren Reaktionen auf die Herausforderungen der Globalisierung durchaus über strategische Wahlmöglichkeiten; wobei diese – und das ist zentral – sich wesentlich danach unterscheiden, inwieweit sie *im* Rahmen des alten nationalen Dame-Spiels verbleiben oder mit diesem *brechen*. Der Nationalstaat, der weiterhin Dame spielt, das Kapital dagegen Schach, vermag zwar seine Chancen hier und da zu verbessern. Allerdings bleibt die nationalstaatlich borniere Staatenwelt abgeschnitten von strategischen Machtquellen und Machtressourcen, die ihnen das globale Metaspiel eröffnet; zugleich wird der weiter »national« spielende »Dame-Staat« von den mobilen Kapitalstrategien überrollt, »geschlagen«. Es gilt dieses Gesetz des nationalstaatlichen Machtverfalls: *Wer im globalen Metaspiel nur die nationale Karte spielt, verliert.* Notwendig ist eine Umkehrung der Perspektive, nach der der Nationalstaat einen Stein, einen Zug, das Kapital dagegen zwei Steine, zwei Züge spielt. Das heißt, es gilt auch dieses Gesetz: *Die Gegenmacht der Staaten erschließt sich mit der Transnationalisierung und Kosmopolitisierung derselben.* Nur wenn es den Staaten gelingt, mit dem mobilen Kapital gleichzuziehen und ihre Machtpositionen und Spielzüge neu zu definieren und zu organisieren, kann der Zerfall staatlicher Macht und Autorität international aufgehalten, ja in sein Gegenteil gewendet werden.

7. Die politische Macht globaler Zivilisationsrisiken: Eine Kosmopolitisierung von Politik und Staat mag notwendig und wünschenswert sein – aber ist sie auch realistisch? Anders gefragt: *Wie* kann sie realistisch gemacht werden? *Eine* der Antworten ist die folgende: Die globale Wahrnehmung der globalen Zivilisationsrisiken entfacht eine politische Reflexivität, die die nationale Orthodoxie durchbricht, den politischen Handlungsraum öffnet und einen kosmopolitischen Blickwechsel ermöglicht.

Es lässt sich so etwas wie das *Gesetz der gegensätzlichen politischen Wertigkeit von globalen Finanz- und globalen Zivilisationsrisiken* aufstellen: Globale ökonomische Risiken sind *individualisierbar* und leisten damit einer Re-Nationalisierung Vorschub; Zivilisationsrisiken dagegen sind *kosmopolitisierbar.* »Globalität« meint in diesem Sinne die Erfahrung der zivilisatorischen Selbstgefährdung und der planetarischen Endlichkeit, welche das plurale Gegeneinander der Völker und Staaten aufhebt und einen geschlossenen Aktionsraum intersubjektiv verbindlicher Bedeutungen schafft. Globale Finanzrisiken – wie das Beispiel der Asien-Krise im Jahre 1997/98 zeigt –, lassen ganze Bevölkerungsgruppen in Arbeitslosigkeit und Armut versinken, aber schlagen sich, weil es sich um die Vernichtung von Eigentum und Erwerbschancen handelt, zunächst in Form von Millionen »Einzelschicksalen« nieder; demgegenüber verweist die Globalität zivilisatorischer Gefahren auf den alltäglichen Sinn einer kosmopolitischen Schicksalsgemeinschaft. Sie eröffnet damit einen neuartigen Erfahrungsraum, für den gilt: Er ist zugleich global, individuell *und* lokal und stiftet auf diese Weise (möglicherweise!) kosmopolitische Sinn- und Handlungszusammenhänge. Diese Kosmopolitisierung von Zivilisationsrisiken ist ein zentraler Ansatzpunkt für die advokatorischen Strategien zivilgesellschaftlicher Bewegungen.

8. Unechte und echte Transnationalisierung des Staates: Man muss zwei Typen der transnationalen Selbsttransformation von Staaten unterscheiden – *unechte* und *echte* Transnationalisierungsstrategien. Transnationalisierung kann ein Spielzug im alten Nationalstaatsspiel sein; dann bleibt er diesem verhaftet und zielt auf die »Neue Staatsräson«.[10] So können beispielsweise Bündnisse zwischen der Welthandelsorganisation und einzelnen Staaten dazu dienen, Souveränität nach innen, beispielsweise gegenüber zivilgesellschaftlichen Mitwirkungsansprüchen zu gewinnen. Man kann etwa via Europa, über die Nato oder über die WTO usw. die eigene Opposition ausspielen. Transnationalisierung kann aber auch mit der nationalen Axiomatik brechen und ein erster Schritt bei der Herausbildung eines kosmopolitischen Staates oder Staatsverbandes sein. Im letzteren Fall spreche ich von echter Transnationalisierung.

9. Paradigmawechsel der Legitimität: Die Frage der Fragen, die das radikal zu Ende gedachte Metaspiel aufwirft – gleichsam die Ernstfallfrage – lautet: Wer oder was entscheidet über die Legitimität des Spielregel-*Wechsels?* Findet die Transformation der Spielregeln auf der alten Legitimationsgrundlage des alten nationalen Dame-Spiels statt? Oder stehen die nationalen Quellen der Legitimität von Macht und Herrschaft im Metaspiel selbst zur Disposition? Wer plädiert für was? Wer spielt das Spiel-Ändere-Dich-Spiel unter welchen Hintergrundannahmen?

Die Vermutung liegt nahe, dass die Antwort auf diese Schlüsselfrage in den jeweiligen Handlungsperspektiven der Spieler, also interaktionslogisch gegensätzlich beantwortet wird. Das aber hätte –

mindestens – zur Folge: Das Metaspiel um die Weltpolitik steht unter dem Vorzeichen eines *grandiosen Missverständnisses.* Die Anhänger der nationalen Dame-Ordnung – befangen im »methodologischen Dame-Ismus«, das heißt: im Glauben an die säkular überirdische, unüberwindliche Legitimitätsgültigkeit des alten national-internationalen Regelsystems – spielen das neue große Machtspiel befangen in der Annahme, dass jegliche, also auch die zukünftige Spielordnung letztlich der Legitimität der nationalen Dame-Ordnung entsprechen muss. Die globale Ordnung ist in ihren Legitimationsgrundlagen eine *inter*nationale Ordnung, also *abgeleitet* aus der nationalstaatlichen Legitimität. Anders gesagt: Die nationalen Dame-Regeln der Legitimität werden nach dem Zwiebelmodell auf die nächste »Zwiebelschale«, die supranationalen Institutionen übertragen gedacht. Der methodologische Nationalismus setzt den Nationalstaat als Legitimitätsquelle supranationaler Normen und Organisationen voraus, konstant und absolut. Eine Selbstlegitimation, welcher Art auch immer, der globalen Ordnung – sei es pragmatisch, vernunftsphilosophisch oder rechtspositivistisch – bleibt ausgeschlossen.

Nein, sagen einige Gegenspieler, Kosmopolitik verfügt über autonome Legitimationsquellen. Die neuen Regeln und Quellen für Regeln entstehen beispielsweise aus der Verbindung von *Menschenrechten* und *Herrschaft*, die diese Menschenrechte im Konfliktfall gerade auch gegen die nationalen (Dame-) Spielregeln durchsetzen. Das muss nicht heißen, dass das kosmopolitische Regime im direkten imperialistischen Anspruch einer moralisch-militärisch-ökonomischen Weltmacht – zum Beispiel der USA – entsteht und sich festigt. Es ist vielmehr umgekehrt so, dass die Geltung eines kosmopolitischen Regimes – Frieden, Gerechtigkeit, Dialog – einen Machtraum stiftet, der nach einer militärischen Auffüllung und Fundierung ruft (UN-Missionen, Nato etc.). Es ist der Zusammenhang und Zusammenklang einer *moralischen, ökonomischen und militärischen Selbstlegitimation*, welche – jedenfalls dem Anspruch nach – das kosmopolitische Regime begründen und im Konfliktfall auch gegenüber dem Gewaltmonopolanspruch der Einzelstaaten sanktionsfähig macht.

Hier wird deutlich: Erst die Unterscheidung und Entgegensetzung von nationalem Blick und kosmo-

---

10 Wolf (2000).

politischem Blick erschließt nicht nur die neuen Handlungsräume und Machtressourcen, sondern klärt überhaupt erst darüber auf, worum im Metaspiel letztlich gespielt wird, nämlich um die Legitimationsgrundlagen des Politischen und Gesellschaftlichen schlechthin. Nur in den Bornierungen des methodologischen Nationalismus, welcher die supranationale Akteurs- und Machtordnung als die *internationale* Machtordnung denkt, muss die Transformation der Machtspielregeln im Rahmen der alten nationalen Dame-Ordnung vollziehen. Tatsächlich aber schließt das Metaspiel die Möglichkeit eines *Paradigmenwechsels der Legitimität* ein. Doch hier kommt die Spielmetapher an ihre Grenzen. Denn es ist der Legitimitätswechsel, welcher – am Beispiel des Kosovo-Krieges 1999 erfahrbar – die völkerrechtlich sanktionierte nationalstaatliche Souveränität aufhebt und für legitime Interventionen eines »militärischen Humanismus« öffnet.[11] Der Ruf nach Gerechtigkeit und Menschenrechten wird zum Schwert, mit dem in fremden Ländern eingefallen wird. Wie kann man die kosmopolitische Legitimität behaupten und entfalten, ohne dass Krisen und Kriege zur blutigen Widerlegung dieser Idee werden? Wer zügelt die Nebenfolgen eines kosmopolitischen Moralprinzips, das Frieden sagt und Krieg ermöglicht? Was heißt »Frieden«, wenn dieser die Möglichkeit des Krieges verallgemeinert? In diesem Sinne ist das Metaspiel vollständig offen und gerade nicht geschlossen. Die Zeiten, wo man sich ins Schneckenhaus des Dame-Spiels zurückziehen konnte, um kleine Fragen kleinräumig, sozusagen unter der Lupe zu bearbeiten und zu beantworten, sind vorbei. Das Metaspiel stellt jede und jeden vor absolute Fragen und radikale Alternativen.

Spätestens hier wird erkennbar, eingetaucht in welches Zwielicht das Metaspiel stattfindet und welches Zwielicht es selbst wirft und entwickelt. Im Sinne des republikanischen Machiavellismus ist es notwendig, eine Unterscheidung zwischen *echtem* und *unechtem* Kosmopolitismus mit großer Klarheit zu treffen. Aber gerade diese Klarheit ist, in der Sache begründet, oft schwer zu erreichen, weil die überragende Legitimitätsgeltung des kosmopolitischen Rechts deren national-imperiale Instrumentalisierung so verlockend macht. Unechter Kosmopolitismus instrumentalisiert die kosmopolitische Rhetorik – des Friedens, der Menschenrechte, der globalen

Gerechtigkeit – für national-hegemoniale Zwecke. Von unechtem und/oder symbolischem Kosmopolitismus kann und muss daher dann gesprochen werden, wenn universelles Recht, transzendentale Moralansprüche, wie sie beispielsweise von Immanuel Kant in seinem Traktat »Vom ewigen Frieden« erhoben werden, mit nationalen Großmachtansprüchen verschmolzen und zur Legitimationsquelle einer globalhegemonialen Rhetorik des »neuen Spiels« verschmolzen werden. Dafür gibt es historisch ganz unterschiedlich gelagerte Fallbeispiele.

Unechter, für nationale Zwecke instrumentalisierter Kosmopolitismus war in diesem Sinne die Politik Stalins, der die *Kommunistische Internationale* ihrer Eigenständigkeit beraubte und zu einem verlängerten Arm nationaler Interessen Russlands machte. Im Bereich der Philosophie hat Johann Gottlieb Fichte das Skandalon der kosmopolitischen Selbstüberhebung des Nationalen – wie Peter Coulmas darlegt[12] – exemplarisch vorargumentiert. Fichte schreibt dem deutschen Volk eine kosmopolitische Vorreiterrolle zu, weil es wie kein zweites durch seine Leistungen im Bereich der Wissenschaft und der Philosophie dazu prädestiniert sei. Nur der Deutsche kann – so Fichte – diese kosmopolitische Rolle des Geistes wollen, »denn unter ihm hat die Wissenschaft begonnen und in seine Sprache ist sie niedergelegt: es ist zu glauben, dass in derjenigen Nation, welche die Kraft hatte, die Wissenschaft zu erzeugen auch die große Fähigkeit liegen werde, die erzeugte zu fassen. Nur der Deutsche kann dies wollen; denn nur er kann, vermittelst des Besitzes der Wissenschaft, und des ihm dadurch möglich gewordenen Verstehens der Zeit überhaupt einsehen, dass dieses der allernächste

---

11 Den Begriff »militärischer Humanismus« habe ich angesichts des Kosovo-Krieges in einem Artikel in der *Süddeutschen Zeitung* geprägt. Unter dem Titel *military humanism* hat Noam Chomsky (2000) eine harsche Ideologiekritik der Kosovo-Kriegstreiberei der Nato sowie des US-amerikanischen militärisch-industriellen Komplexes vorgetragen. Dabei hält er aber nostalgisch an der Militärlogik des methodologischen Nationalismus fest und verkennt auf diese Weise die eigentliche Gefahr, die in dem Begriff »militärischer Humanismus« aufscheint, nämlich dass sich *jenseits* des nationalen Blickes und des ewigen Imperialismusverdachtes die neue Gefahr einer globalen militärischen Menschenrechtsfürsorge entsteht, die die Grenzen von Krieg und Frieden aufhebt.

12 Coulmas (1990).

Zweck der Menschheit sei. Jener Zweck ist der einzig mögliche patriotische Zweck; wo er kann, im Zwecke für seine Nation, die gesamte Menschheit umfassen; dagegen von nun an, seit der Erlösung des Vernunftinstinktes und dem Eintritt allein des Egoismus in Klarheit, jeder anderen Nation Patriotismus selbstisch, engherzig, und feindselig gegen das übrige Menschengeschlecht ausfallen muss.«[13]

Ein völlig anders gelagertes Beispiel sind die USA, die die globale Durchsetzung der Menschenrechte« als die nationale Mission einer Weltmacht betreiben. Nicht zuletzt ist die Wiederkehr der mittelalterlichen Rede vom »gerechten Krieg« ein weiteres zentrales Indiz für unechten Kosmopolitismus.

Die Schwierigkeiten, zwischen echtem und unechtem Kosmopolitismus zu unterscheiden, entstehen nicht zuletzt daraus, dass die unterstellte *Existenz* des kosmopolitischen Regimes die Voraussetzung seiner Verwirklichung zu sein scheint. Gerade die Umkehrung von Projekt und Realität scheint eine besonders wirkungsvolle Strategie zu sein, um das Unerreichbare erreichbar zu machen, nämlich die Einheit der vielen, die das kosmopolitische Regime erfordert, herzustellen. Das behauptete *erreichte* Ziel wird zum Mittel seiner Durchsetzung. Nur wenn die Globalität *als real unterstellt wird,* kann sie gegen die fortbestehenden Gegensätze der Nationen, Weltregionen, Weltreligionen, Lager und Lagen hergestellt werden.

---

13 Zitiert nach Coulmas (1990, S. 420). Dabei bietet der »große« Denker Fichte exemplarische Beispiele für die Verführbarkeit des Denkens durch opportunistische Fehlschlüsse. In der zitierten Schrift »Der Patriotismus und sein Gegenteil« von 1806 definiert Fichte: »Kosmopolitismus ist der herrschende Wille, dass der Zweck des Daseins des Menschengeschlechts im Menschengeschlecht erreicht werde. Patriotismus ist der Wille, dass dieser Zweck erreicht werde zuallererst in derjenigen Nation, deren Mitglieder wir selbst sind, und dass von dieser aus der Erfolg sich verbreite über das ganze Geschlecht« (Ebd., S. 229). Kosmopolitismus setzt also Patriotismus voraus; woraus – logisch! – folgt: Der Kosmopolitismus muss patriotisch weltweit verbreitet werden. Dann gibt es noch einige historische Akzidentia: »Welches ist das Vaterland des wahrhaft ausgebildeten christlichen Europäers? Im Allgemeinen ist es Europa, insbesondere ist es in jedem Zeitalter derjenige Staat in Europa, der auf der Höhe der Kultur steht« (Ebd., S. 212). Da das nun einmal die Kulturnation Deutschland ist, folgt daraus mit der unerbittlichen Schärfe des opportunistischen Geistesblitzes: Am deutschen Wesen soll die Welt genesen.

10. Neue Kritische Theorie in kosmopolitischer Absicht: Die Unterscheidung zwischen nationalem und kosmopolitischem Blick muss noch einmal unterschieden werden, und zwar danach, ob damit die *Handlungsperspektiven der Akteure* (nationaler Blick) gemeint ist, oder aber die *kultur-* oder *sozialwissenschaftliche Beobachterperspektive* (methodologischer Nationalismus). Für die Erste Moderne lässt sich in dieser Hinsicht charakteristischerweise eine Verschmelzung zwischen dem nationalen Blick politischstaatlichen Handelns und dem methodologischen Nationalismus der Sozialwissenschaften feststellen. Es handelt sich dabei im Sinne Max Webers um eine »nationale Wertbeziehung«, die sowohl für den »Gegenstandsbereich« sozialwissenschaftlicher Forschung wie für diese selbst galt und gilt. Diese verdeckte und daher ultrastabile Harmonie der sozial und sozialwissenschaftlich leitenden Wertgesichtspunkte und Hintergrundannahmen gilt für den Übergang in die Zweite Moderne offensichtlich gerade nicht mehr. Hier müssen zwei Konstellationen unterschieden werden: vereinzelte Aus- und Aufbrüche in den »kosmopolitischen Blick« und »methodologischen Kosmopolitismus« sowohl im Felde der politischen Spieler (NGOs, politische Parteien, supranationale Organisationen, Konzerne) als auch im Bereich der Sozialwissenschaften. Die Majorität dagegen – der *Mainstream* – sowohl in den Szenen der nationalen Politik wie der Kultur- und Sozialwissenschaften handeln bzw. forschen ungebrochen in der Axiomatik des nationalen Blicks.

Es sind hier also aufbrechende Dissonanzen quer zur Unterscheidung von Handlungs- und Beobachterperspektive, von Politik und Politikwissenschaften, Kultur- und Kulturwissenschaften zu beobachten, welche allerdings wiederum überhaupt erst jenseits des nationalen Blicks mit der Erarbeitung und Eroberung eines kosmopolitischen Blicks ins Blickfeld gerückt werden können. Die historisch erblindete Wissenschaft des nationalen Blicks, die in Kategorien von »internationalem Handel«, »internationalem Dialog«, »nationaler Souveränität«, »nationalen Gemeinschaften«, dem »Staatsvolk« usw. denkt und forscht, wird zur Unwirklichkeitswissenschaft des Nationalen.

Nicht weniger wichtig wird es, zwischen den (Miss)Erfolgschancen des methodologischen Kosmopolitismus und den (Miss)Erfolgschancen des kosmopolitischen Blicks bzw. eines möglichen kosmopolitischen Regimes zu unterscheiden. Wenigstens der Möglichkeit nach ist es denkbar, dass in den Kultur- und Sozialwissenschaften ein Horizontwechsel vom methodologischen Nationalismus zum methodologischen Kosmopolitismus an Überzeugungskraft gewinnt, *ohne* dass dadurch irgendetwas über die Erfolgschancen einer Kosmopolitisierung der Staaten und Gesellschaften ausgesagt wäre. Also: Ein Optimist des Blickwechsels kann sehr wohl ein Pessimist des Kultur- und Politikwechsels sein. Geradezu lächerlich wäre es, von einem kulturwissenschaftlichen Paradigmawechsel auf eine kosmopolitische Öffnung der Staaten zu schließen. Alle Versuche, auf dem Wege der Einführung des methodologischen Kosmopolitismus in die Sozial– und Politikwissenschaften zugleich den kosmopolitischen Staat und ein kosmopolitisches Regime einzuführen, wären nun wirklich grenzenlos naiv.

		Politisches Handeln	
		nationaler Blick	*kosmopolitischer Blick*
Politische Wissenschaft	*methodologischer Nationalismus*	nationalstaatszentrierte Kultur und Gesellschaft sowie Kultur- und Sozialwissenschaft	historisch erblindete Wissenschaft des Nationalen
	methodologischer Kosmopolitismus	kosmopolitische Kritik der nationalstaatlich zentrierten Gesellschaft und Politik, Soziologie, Kultur- und Politikwissenschaft; Neue Kritische Theorie und Empirie in kosmopolitischer Absicht	kosmopolitischer Staat; kosmopolitisches Regime.

Tabelle 1: Blick- und Paradigmawechsel von der nationalen zur kosmopolitischen Moderne und Sozialwissenschaft

Wenn man in diesem Sinne politisches Handeln und politische Wissenschaft einerseits unterscheidet und andererseits nationalen bzw. kosmopolitischen Blick sowie methodologischen Nationalismus und methodologischen Kosmopolitismus unterscheidet, dann ergibt sich eine Vierfeldertafel: (1) Nationalstaatlich zentrierte Gesellschaft und Sozialwissenschaft; (2) erblindete Wissenschaft des Nationalen; (3) Kosmopolitische Kritik der nationalstaatlich zentrierten Gesellschaft, Politik, Soziologie und Politikwissenschaft: Neue Kritische Theorie; (4) Kosmopolitischer Staat; Kosmopolitisches Regime.

Die Wahrscheinlichkeit dieser Entwicklungsvarianten von Politik und Kultur, Politikwissenschaft und Kulturwissenschaft kann man allerdings sehr unterschiedlich einschätzen. Es ist sehr wohl möglich – jedenfalls was den historischen Nahbereich betrifft – *beides:* sowohl den politischen Perspektivenwechsel wie den kulturwissenschaftlichen Paradigmenwechsel *negativ* einzuschätzen. Beide *positiv* einzuschätzen, also den unmittelbaren Durchbruch des kosmopolitischen Staates und der kosmopolitischen Kultur- und Sozialwissenschaften zu behaupten, zu erhoffen oder zu befürchten, dürfte die Optimismusfähigkeit der meisten Zeitgenossen überfordern. Was selbst dem skeptischen Weltbeobachter als absehbare Zukunftsaufgabe bleibt, ist die Erfindung und Durchsetzung des methodologischen Kosmopolitismus *ohne* den realpolitischen Aufbruch in die kosmopolitische Ära der Gesellschaft und des Staates. Das aber wäre immerhin die Geburtsstunde einer *Neuen Kritischen Theorie in kosmopolitischer Absicht.*

Literatur

BECK, ULRICH / GIDDENS, ANTHONY / LASH, SCOTT (1996), *Reflexive Modernisierung – Eine Kontroverse*, Frankfurt/M.: Suhrkamp. ■ BECK, ULRICH / BONSS, WOLFGANG (Hg.) (2001), *Die Modernisierung der Moderne*, Frankfurt/M.: Suhrkamp. ■ BECK, ULRICH / BONSS, WOLFGANG / LAU, CHRISTOPH (2001), »Theorie reflexiver Modernisierung«, in: Beck, Ulrich / Bonß, Wolfgang (Hg.), *Die Modernisierung der Moderne*, Frankfurt/M.: Suhrkamp, S. 11–59. ■ BECK, ULRICH, *Macht und Gegenmacht im globalen Zeitalter*, Frankfurt/M./Suhrkamp 2002. ■ CERNY, PHILIP G. (2000),

»Contemporary Theories«, in: Palan, Ronen (Hg.), *Global Political Economy*, London/New York: Routledge. ▪ CHOMSKY, NOAM (2000), *Der neue militärische Humanismus: Lektionen aus dem Kosovo*, Zürich: Ed. 8. ▪ COULMAS, PETER (1990), *Weltbürger. Geschichte einer Menschheitssehnsucht*, Reinbek: Rowohlt. ▪ DAHRENDORF, RALF (2000), »Die globale Klasse und die neue Ungleichheit«, in: *MERKUR*, 54/11. ▪ MACHIAVELLI, NICCOLÒ (1986), *Il Principe / Der Fürst*, hg. von Rippel, Philipp, Stuttgart: Reclam. ▪ MARCH, JAMES G. / OLSEN, JOHAN P. (1989), *Rediscovering Institutions: the Organizational Basis of Politics*, New York: Free Press. ▪ PLESSNER, HELMUTH (1924), *Grenzen der Gemeinschaft – eine Kritik des sozialen Radikalismus*, Bonn: Cohen. ▪ PLESSNER, HELMUTH (1962), »Die Emanzipation der Macht«, in: *Gesammelte Schriften V*, Frankfurt/M.: Suhrkamp. ▪ POCOCK, JOHN G. A. (1975*)*, *The Machiavellian Moment*, Princeton: Princeton University Press. ▪ POLANYI, KARL (1944), *The Great Transformation. The Political and Economic Origins of Our Time*, Boston: Beacon [dt. Ausgabe: Frankfurt/M.: Suhrkamp 1997]. ▪ WOLF, KLAUS DIETER (1999), *Die Neue Staatsräson – zwischenstaatliche Kooperation als Demokratieproblem in der Weltgesellschaft*, Baden-Baden: Nomos.

Ausblick

Sinnverlust und Transzendenz – Kultur und Kulturwissenschaft am Anfang des 21. Jahrhunderts

Jörn Rüsen

> The day is short, the task is great, the laborers
> are lazy, the reward is great, and the Master is
> pressurizing. [...] It is not up to you to finish the
> work, nor are you free to give it up [...].
> Talmud[1]

Es wäre vermessen, eine Synthese des vorliegenden Handbuches zu versuchen. Seine Beiträge sind selber schon Synthesen, und sie ließen sich nur zu Abstraktionen zusammenfassen, in denen der Reichtum kulturwissenschaftlichen Denkens verschwände. Außerdem ist es aus erkenntnistheoretischen Gründen unmöglich, einen Standpunkt oberhalb der Autorenstandpunkte in den kulturwissenschaftlichen Diskursen einzunehmen und eine Perspektive zu entwickeln, die die Perspektiven der einzelnen Beiträge umgriffe.

Stattdessen könnte es förderlicher sein, einige Gesichtspunkte und Fragestellungen zu erörtern, von denen her Zukunftsperspektiven der Kulturwissenschaften eröffnet und ihre weitere Erkenntnisarbeit angeregt werden können. Es sind Defiziterfahrungen, Kontroversen und Widersprüche, die die Dynamik dieser Arbeit über die Dauer ungestörter Forschungsroutinen in Gang halten. Daher sollen Problemlagen angesprochen werden, die solche weitertreibenden Impulse in Kraft setzen können.

1. Klärungsbedarf – die Kultur und ihre Wissenschaften

Nach wie vor ist eine Klärung des Kulturbegriffs vonnöten. Das gilt umso mehr, als die Bezeichnung der mit diesem Begriff gekennzeichneten Wissenschaften eine eigene Tradition hat, die mit dem Bedeutungsgehalt des heutigen Wortgebrauchs durchaus nicht immer kompatibel ist. Die ›Kulturwissenschaften‹ lösten als Sammelbezeichnung der akademischen Fachdisziplinen, die sich mit dem Menschen und seiner Welt beschäftigen, zeitweilig ›die Geisteswissenschaften‹ ab. Der Wechsel vom ›Geist‹ zur ›Kultur‹ indiziert eine paradigmatische Änderung in den fundierenden Hintergrundannahmen über die Eigenart dessen, was jeweils als das Nicht-natürliche am Menschen zu gelten hatte und wie es denkend erschlossen werden konnte. ›Kulturwissenschaften‹ war kein ausgesprochener Gegenbegriff zu ›Geisteswissenschaften‹. Er spielte lediglich die idealistischen Konnotationen herunter, die der ›Geist‹ im deutschen Sprachgebrauch hervorruft.[2] Das lässt sich schlaglichtartig an folgendem Befund erläutern: Johann Gustav Droysen, der die Bezeichnung ›die Geisteswissenschaften‹ zum ersten Mal benutzte,[3] war der Auffassung (wie übrigens auch Ranke), dass diese Wissenschaften letztlich auf einem religiös-theologischen Grund beruhen. »Unser Glaube gibt uns den Trost, daß eine Gotteshand uns trägt, daß sie die Geschicke leitet, große wie kleine. Und die Wissenschaft der Geschichte hat keine höhere Aufgabe, als diesen Glauben zu rechtfertigen; darum ist sie Wissenschaft.«[4] Demgegenüber erklärte Max Weber die Wissenschaften generell und grundsätzlich als »spezifisch gottfremde Macht«.[5]

Innerhalb der neuen Bezeichnung »Kulturwissenschaften« wurde dem Begriff »Kultur« eine umfassendere Bedeutung als vorher zuteil. Davor galt ›Kultur‹ nur als Teil des Gegenstandsbereichs der Humanwissenschaften. »Kulturgeschichte« z. B. war ein Spezialgebiet der Geschichtswissenschaft, das gegenüber der politischen Geschichte nur eine untergeordnete Bedeutung hatte.

---

1 Talmud – Mishnah Avot 2, 20–21
2 Vgl. Schleier (2000).
3 Droysen (1960, S. 378).
4 Droysen (1886, S. 4f.).
5 Weber (1994, S. 12).

Ab den späten sechziger Jahren des vorigen Jahrhunderts war es dann der Sammelbegriff ›die Sozialwissenschaften‹, mit dem eine Wende des konzeptuellen und methodischen Selbstverständnisses der Humanwissenschaften eingeleitet wurde. Wenn nunmehr seit den 1980er Jahren wieder von ›den Kulturwissenschaften‹ oder gar ›der Kulturwissenschaft‹ die Rede ist, dann handelt es sich nicht einfach um eine Rückkehr zum älteren Wortgebrauch, sondern auch um einen Gegenbegriff, der eine eigene Wissenschaftskonzeption gegen diejenige der ›Sozialwissenschaft‹ bezeichnet. Zwischen beidem liegt ein ›cultural turn‹ in den Humanwissenschaften, der ein neues Verständnis der menschlichen Welt andeutet und beansprucht.

Worin dieses Neue wirklich besteht, ist nicht hinreichend klar geworden. »Kulturwissenschaft« beansprucht, entweder die Deutungs- bzw. Erklärungsangebote der »Sozialwissenschaft« zu überbieten und in sich zu integrieren, oder aber einen vernachlässigten Bereich humanwissenschaftlicher Forschung neu zu erschließen. Die avantgardistische Position ist umfassend und integrativ, und sie ist es auch, die in den Debatten um den Kulturbegriff dominiert. In der Geschichtswissenschaft argumentiert die »Sozialgeschichte« geradezu spiegelbildlich,[6] indem sie den Erfahrungsbereich der Kultur dem umfassenderen der Gesellschaft ein- und unterordnet. Das ist durchaus paradigmatisch für den Gesamtbereich der Humanwissenschaften. In beiden Fällen bleiben die jeweiligen erkenntnisleitenden Kategorien ›Kultur‹ und ›Gesellschaft‹ unklar, insbesondere aber ihr Verhältnis zueinander.

›Kultur‹ hat als Bezeichnung eines Erfahrungsbereichs wissenschaftlicher Deutung und der Denkweise dieser Deutung selber eine äquivoke Bedeutung. Der Begriff deckt den gesamten Bereich einer nicht-biologischen, sondern humanwissenschaftlichen Erkenntnis vom Menschen und seiner Welt ab und soll zugleich eine spezifische Art dieser Erkenntnis im Unterschied zu anderen bezeichnen. Er zielt auf einen weiten Bereich des Denkens und Erkennens und wird doch in verschiedenen Diszip-

linen zur Geltung gebracht. Zugleich wird er in einer kritischen Wendung gegen die etablierten Humanwissenschaften zur Begründung einer eigenen Disziplin mit einem eigenen Studiengang verwendet. Ja, er dient zur Beförderung eines Einzelfaches, das mit dem Zuständigkeitsanspruch auftritt, als Fach inter- oder gar transdisziplinär angelegt zu sein.[7]

Diese Ansprüche indizieren einen Paradigmawechsel, dessen Form unübersichtlich und dessen Ergebnis offen ist. Der damit verbundene Klärungsbedarf verlangt eine Reflexionsarbeit auf mehreren Ebenen und in mehreren Dimensionen: (a) in der konkreten empirischen Einzelforschung, (b) in eigenen (meta-)theoretischen Reflexionen und (c) in übergreifenden Thematisierungen von allgemeinen Wissens- und Wissenschaftsformationen.

(a) Zentrale und konstitutive Begriffe wie derjenige der Kultur müssen an den Dingen selbst, an den Phänomenen der menschlichen Welt abgearbeitet und plausibel gemacht werden. In der Tat hat die kulturwissenschaftliche Wende in den Humanwissenschaften zu neuen Fragestellungen und Einsichten geführt. Ganze Themenfelder wurden neu abgesteckt und sowohl disziplinär als auch interdisziplinär bearbeitet. Das markanteste Beispiel dafür ist das Themenfeld ›Erinnerung‹. Es gab dem Bereich der historischen Erfahrungen eine neue Qualität, die sich im Bereich von Forschungsgegenständen gar nicht halten ließ, sondern die das Selbstverständnis aller historischen Wissenschaften berührte und ihre Rolle in der Geschichtskultur der Gegenwart problematisierte.

Mit der Kategorie ›Kultur‹ konnten disziplinär abgesicherte Tatbestände neu dimensioniert und das Feld disziplinärer Zuordnungen in Bewegung (manchmal sogar zum Tanzen) gebracht werden.

Die heuristische Fruchtbarkeit des Kulturbegriffs steht außer Zweifel. Aber ist er dadurch schon hinreichend klar geworden? Man wird diese Frage wohl kaum bejahen können, sondern muss auf die Gegenfrage gefasst sein, wozu theoretische Klarheit gut sein soll. (Der ›cultural turn‹ in den Humanwissenschaften hat ein Element von Theorie-Phobie mit sich gebracht, als es darum ging, sich von der ihm vorhergehenden sozialgeschichtlichen Wende abzusetzen.) Das gilt für den Erinnerungsdiskurs, der quer durch alle historischen Disziplinen gegangen ist, und das gilt genauso für die Inspirationen, die die Ethno-

---

6   Vgl. z. B. Kocka (2000); Wehler (2001); Wehler (1998); Daniel (1993).

7   Vgl. Böhme/Matussek/Müller (2000, S. 10).

logie im Überschneidungsfeld der humanwissen-schaftlichen Disziplinen erzeugt hat. Ähnliches ließe sich über die transdisziplinäre Fruchtbarkeit des Trauma-Begriffs sagen, der Psychoanalyse, Literatur-wissenschaft und Geschichte neu konstelliert.[8]

Theoretische Unklarheit macht die Methoden prekär: Ohne klare Begriffe lassen sich keine metho-dischen Verfahren entwerfen und praktizieren, die zu geltungsstarken Erkenntnissen führen. Schon in den Einzeldisziplinen verschwimmen die erkennt-nisförderlichen Unterscheidungen und die ihnen geschuldeten Analyseverfahren, wenn ›Kultur‹ als neue Fragehaltung und kognitive Einstellung auf traditionelle Forschungsstrategien stößt. Geht z.B. der sozialgeschichtliche Aspekt bruchlos in den kulturgeschichtlichen auf? Was geschieht mit dem spezifisch ästhetischen Charakter der Kunstwerke, wenn sie in den Kontext kultureller Diskurse und Orientierungen rücken?

Im Machtkampf von Wissenschaftsformationen droht die Begriffsklärung auf der Strecke zu bleiben, es sei denn, die Chance des Erkenntnisfortschritts durch Reflexion der Grundbegriffe wird genutzt, und klärende Reflexionen mit analytischer Stringenz werden zum integralen Bestandteil der Forschungs-praxis. Der Kulturbegriff würde damit an Profilie-rung gewinnen, hätte sich freilich mit einer Ausrich-tung von Forschung neben anderen zu bescheiden.

(b) Dieser Reflexionsbedarf führt zwingend ins Ge-biet der (Meta-)Theorie. Hier stellt sich nicht nur das Gebot der Klärung forschungsleitender Begriffe und ihrer ›disziplinären‹ Ausprägung, sondern überdies die Frage nach der kategorialen und konstitutiven Funktion des Kulturbegriffs im Wissenschaftssystem.

Kultur ist ein Gegenbegriff zur Natur und bezeich-net insofern den Gesamtbereich aller nicht-natürli-chen Sachverhalte der menschlichen Welt. Zugleich aber ordnet der Kulturbegriff diesen Bereich in einer bestimmten Hinsicht, die sich von andern (z.B. Ge-sellschaft, Politik, Wirtschaft) unterscheidet. Diese Hinsicht bezieht sich auf die sinnbildenden Tätig-keiten des menschlichen Geistes in allen Formen und Dimensionen der Lebenspraxis. Sie rückt die menschliche Subjektivität ins Zentrum der Fragestel-lung und lässt die Vorgänge und Geschehnisse der menschlichen Welt in Raum und Zeit im Lichte der Deutungen verstehen, die ihnen die Betroffenen an-

gedeihen lassen. Das ist nicht die einzige Hinsicht humanwissenschaftlicher Forschung, und es bedarf einer theoretischen Ausdifferenzierung verschiedener Perspektiven (z.B. der sozioökonomischen, ökologi-schen, politischen), um Eigenart und Stellenwert des spezifisch Kulturellen im Verhältnis zu anderen Hin-sichten zu klären. Erst dann können die Ansprüche begründet und kritisiert werden, die sich mit der kulturellen Wende der Humanwissenschaften ver-binden.

Eine umstandslose Verallgemeinerung des Kultu-rellen zum schlechthin Menschlichen handelt sich zwei höchst problematische Defizite ein: Zum einen wird das kulturwissenschaftliche Denken naturver-gessen und steht hilflos vor den dramatischen Er-kenntnissen der Biologie und Gehirnphysiologie. Es ist nur ein Ausdruck von Verlegenheit, wenn natur-wissenschaftliche Erkenntnisse, z.B. diejenigen der gehirnphysiologischen Gedächtnisforschung, um-standslos in den Memory-Diskurs der Kulturwissen-schaften einverleibt und als Bestätigung von deren Auffassungen ausgegeben werden. Die schwierige Vermittlung oder gar Synthese der beiden ganz un-terschiedlichen Denkweisen und Forschungsverfah-ren wird dabei im Ernst gar nicht erst versucht. Entsprechend hilflos fällt die kulturwissenschaftliche Reaktion auf den (historisch nur allzu vertrauten) naturwissenschaftlichen Reduktionismus der Natur-wissenschaften aus, die Naturwissenschaften selber seien ja auch nur kulturelle Gebilde.

Der Sinn, den die Kultur im und für das mensch-liche Leben macht und den die Kulturwissenschaften durch ihre Erkenntnisleistungen selber (mit-)voll-ziehen, hat seine Bewährungsprobe noch vor sich: Wie kann er vor dem Naturalismus seiner Bedingt-heiten bestehen, dessen Erkenntnisse ihre metho-dische Stringenz gerade dadurch gewinnen, dass sie (wie alle Naturwissenschaften) von allem Sinn ab-sehen? Bedeutet die wachsende Einsicht in die na-türlichen Grundlagen der menschlichen Kultur (bis in alle Verästelungen des Gehirns hinein) einen kul-turspezifischen Sinnverlust oder eine Chance, die sinnbildenden Leistungen der menschlichen Kultur besser zu verstehen?

---

8 Z.B. Caruth (1996); Bronfen/Erdle/Weigel (1999); Rüsen/Straub (1998).

Zum anderen trübt eine undifferenzierte Verallgemeinerung menschlicher Deutungsleistungen zur entscheidenden Triebkraft der Lebensführung den kulturwissenschaftlichen Blick. Da die Kunst heutzutage als dominantes Paradigma von Sinnbildung gilt, legen sich die Humanwissenschaften (zumeist unvermerkt) eine ästhetische Fundierung ihres Umgangs mit der Erfahrung zu. Sie leisten dadurch in der Orientierungsfunktion ihrer Erkenntnisse, in der praktischen Verwendung kulturwissenschaftlichen Wissens, einer Entpolitisierung Vorschub. Das kann in die Nähe einer ideologieträchtigen Verstellung von Wirklichkeit führen (wenn man z. B. soziale Konflikte nur noch durch die Brille kultureller Differenz betrachtet).

(c) Auf der Meta-Ebene reflexiver Theoriebildung muss aber nicht nur der Kulturbegriff geklärt werden; vielmehr sind auch die kognitiven Strategien zu reflektieren, die durch ihn inspiriert werden. Dies hat erhebliche methodische und institutionelle Konsequenzen. Institutionell geht es um die disziplinäre Verfasstheit der Humanwissenschaften und methodisch um ein genaueres Verständnis vom Erkenntnisverfahren der Interpretation in Abgrenzung von und im Bezug auf die rhetorisch-ästhetische Komponente der Darstellung forschend gewonnener Erkenntnisse.

Der ›cultural turn‹ war von Anfang an eine Herausforderung, traditionelle Disziplingrenzen zu überschreiten und die einschlägigen Fachdisziplinen neu zu konstellieren, interdisziplinär zu vernetzen, wenn nicht gar transdisziplinär zu überschreiten oder zu hintergehen. Das eröffnet zweifellos neue Erkenntnischancen, kann aber auch zu einem Trend der Entdisziplinierung werden, der das kognitive Potential von Wissenschaftlichkeit schmälert und die Grenze zwischen rationaler Argumentation und literarischer Fiktion verwischt.

Dieser Trend lässt sich an dem Ausmaß ablesen, in dem im Selbstverständnis der Kulturwissenschaften die Bedeutung der Repräsentation diejenige der Interpretation überlagert oder gar zum Verschwinden bringt. Interpretation ist ein methodisches Verfahren der Forschung und als solches grundsätzlich theorie-

fähig, während die Repräsentation ganz anderen Gesichtspunkten als denen der explanatorischen Rationalität folgt, nämlich rhetorischen. Beides sind Vorgänge ein und desselben Erkenntnisprozesses, hängen also aufs engste zusammen und sind doch ganz unterschiedlichen Gesichtspunkten, Plausibilitätskriterien und Pragmatiken verpflichtet. Die Verdeckung der methodischen Rationalität der Interpretation durch die ästhetisch-rhetorische der Repräsentation schmälert das Rationalitätspotential, das den Kulturwissenschaften als Fachdisziplinen eingeschrieben ist.

Das Gleiche gilt für alle Versuche ihrer Entdisziplinierung zugunsten eines neuen transdisziplinären Status. (Interdisziplinarität setzt demgegenüber den disziplinären Status voraus und schlägt aus den Fachdifferenzen den Funken eines Erkenntnisgewinns erweiterter und komplexerer Perspektiven.) Entdisziplinierung und Transdisziplinarität kommen dem Synthesebedürfnis kultureller Orientierung nach Wissen und Erkenntnis entgegen, bleiben aber genau diejenige Geltungsstärke des Wissens schuldig, die die Wissenschaften beanspruchen und die ihren Erkenntnisleistungen immer wieder auch lebenspraktisch abverlangt wird.

2. Praxisbedarf – die Kulturwissenschaften und ihre sozialen Funktionen

Die Kulturwissenschaften gehören zu der Kultur, die sie erforschen. Ihnen liegt das Erkenntnisinteresse konstitutiv zugrunde, »teilzuhaben an der Gemeinschaft der ›Kulturmenschen‹.«[9] Sie erfüllen durch ihre Deutungsarbeit eine Orientierungsfunktion, mit der sie an der kulturellen Sinnbildungspraxis ihrer Gegenwart teilhaben.

Der Modus dieser Teilhabe ist unterschiedlich. Er kann sich darauf beschränken, in vorgegebenen Forschungsroutinen ein Wissen zu produzieren, von dem Gebrauch gemacht werden kann oder nicht. Diese Wissensproduktion folgt der Direktive eines fachwissenschaftlichen Selbstzwecks, der innerwissenschaftlich viel und außerwissenschaftlich wenig Sinn macht. Innerwissenschaftlich stabilisiert er eine Distanz zwischen Wissenschaft und Lebenswelt, die eine institutionelle Bedingung methodischer Sachlichkeit und strenger Geltungsansprüche darstellt. Außerwissenschaftlich ist diese Suspension von Le-

---

9 Weber (1994, S. 14).

bensdienlichkeit ambivalent. Sie kann das produzierte Wissen gleichgültig für die Belange kultureller Orientierung machen. Sie kann aber auch im Gegenteil mit dem Rationalitätsgewinn methodischer Geltungssicherung die gesellschaftlichen Diskurse um handlungsleitende Sinnbestimmungen von Rationalitätschancen sowie um den Intersubjektivitätsgewinn empirisch gesicherten und theoretisch kohärenten Wissens bereichern.

Allemal besteht zwischen den kulturellen Orientierungsbedürfnissen im Leben einer Gesellschaft und der kulturwissenschaftlichen Erkenntnis ein innerer Zusammenhang. Kulturelle Orientierungsbedürfnisse verlangen genauso wie die Erfordernisse technischer, instrumenteller und strategischer Handlungskompetenz wahrheitsfähige Erkenntnisse. Daher wohnen jeder kulturellen Sinnbildung Wahrheitsverlangen und Plausibilitätsgebote als Gesichtspunkte inne, nach denen der Streit der Meinungen (auch) entschieden wird. Die Sinnkriterien der kulturellen Orientierung bleiben grundsätzlich auch innerwissenschaftlich in Kraft, wenn auch in methodisch ›disziplinierter‹ Form. Schließlich wurzelt die Heuristik kulturwissenschaftlicher Erkenntnis in den Sinnbedürfnissen ihres gesellschaftlichen Kontextes. Je mehr ihnen methodisch reflektiert in sensibler Zeitgenossenschaft Rechnung getragen wird, desto stärker können die erzielten Forschungsergebnisse in den Wissensbeständen wirksam werden, die das menschliche Leben zur kulturellen Orientierung braucht.

Dem kulturwissenschaftlichen Denken wachsen also die Sinnbedürfnisse und Sinnerwartungen ihres gesellschaftlichen Kontextes zu. Sie bleiben ihnen nicht äußerlich, sondern sind innere bewegende Kräfte. Diese Kräfte erfahren durch die Erkenntnisarbeit der Wissenschaften eine spezifische Ausformung, eine ›Rationalisierung‹ durch methodisch geregelte Forschung. Die Logik dieser Forschung führt unvermeidlich zum Spezialistentum der Forscher und zu entsprechend hoch ausdifferenzierten Wissensbeständen. Mit ihnen werden die Sinnbedürfnisse des gesellschaftlichen Lebens natürlich nicht befriedigt, sondern eher enttäuscht: Das Expertenwissen korrespondiert nicht mit der Pragmatik kultureller Orientierung der Lebenspraxis. Insbesondere ist es nicht passförmig auf orientierungsbedürftige Situationen zugeschnitten. Es bedarf einer reflexiven

Zubereitung, einer Einpassung in diese Pragmatik, um kulturwissenschaftliche Erkenntnisse mit der Qualität der Lebensdienlichkeit zu versehen.

Eine besonders exponierte und wissenschaftsnahe Ausprägung dieser Lebensdienlichkeit ist die Bildung. Bildung ist eine an Erkenntnis festgemachte Sinnkompetenz der Lebenspraxis. Sie elaboriert die vorgängige Erschlossenheit von Welt und Selbst, unter der einzig menschliches Leben möglich ist, zu reflektierten Deutungsleistungen, in denen empirisch gehaltvolles und normativ triftiges Wissen kritisch verwendet wird. Mit diesem Wissen können die Subjekte ihre Autonomieansprüche mit Anderen in einem gemeinsamen Lebenszusammenhang verhandeln. Bildung macht deutungsstark durch Erkenntnis und stärkt damit zugleich die menschliche Subjektivität, die reflexiven und dynamisch-diskursiven Elemente menschlicher Identität, persönlicher ebenso sehr wie kollektiver. Zugleich reicht die Sinnkompetenz über den kognitiven Bereich der Welt- und Selbstdeutung hinaus – in die Sinnlichkeit einer Welterfahrung und -erschließung hinein, die allem Denken voraus- und zugrunde liegt und die das menschliche Selbst mit der Welt vorgängig und folgenreich zusammenschließt.

In Bildungsprozessen wird Erfahrung erschlossen und zu Wissen gedeutet. Wissen wird auf lebensweltlich relevante Situationen beziehbar und zugleich zum Medium des menschlichen Selbstverhältnisses im Umgang mit Anderen. Erst wenn die Kulturwissenschaften das von ihnen forschend produzierte Wissen auf eine solche welt- und subjekterschließende Funktion hin formieren, können sie ihre Orientierungsfunktion der Bildung erfüllen. Erst dann vollziehen sie die Sinnbildung der Kultur ungeschmälert mit, von der sie ein Teil sind. Erst dann können sie sich lebenspraktisch als unverzichtbares (kognitives) Element kultureller Orientierung zur Geltung bringen, ohne die alle anderen Lebensbereiche an Sinndefiziten litten.

Es ist fraglich, ob die Kulturwissenschaften dieser lebenspraktisch notwendigen Bildungsfunktion hinreichend entsprechen. In den Hochschulen dominiert das Expertentum, – oft auf Kosten einer systematischen Vermittlung der professionell erzeugten Wissensbestände und Denkweisen in die Erziehungs- und Bildungssysteme hinein. Schon die Professionalisierung der Fachleute wird fast regelmäßig mit Bildungsdefiziten erkauft; die Bildungsfunktion der Kulturwissenschaften findet im Betrieb ihrer akademischen Praxis keine systematische Pflege, und sie hat auch in den Curricula der Fächer keinen festen Platz.

Natürlich ist das Expertentum der Fachleute eine unhintergehbare Bedingung für ein applikationsfähiges, d. h. erfahrungsgesättigtes und diskursiv verhandelbares Wissen um den Menschen und seine Welt. Aber diese Möglichkeit zur Bildung verkümmert zur Sinnlosigkeit akkumulierender Wissensbestände, wenn sie nicht durch eigene Reflexionsarbeit an und mit diesem Wissen verwirklicht wird.[10]

Solche Erfordernisse reichen tief in die Logik der Forschung hinein. So bedarf es beispielsweise heutzutage im Prozess der Globalisierung einer neuen Kultur der Anerkennung. Sie hat die Konflikte zu bändigen, die aus neuen und dramatischen Konstellationen kultureller Differenz entstehen. Zugehörigkeit (Identität) ist ein wesentliches kulturelles Merkmal von Vergesellschaftung, und sie wird durch Ab- und Ausgrenzung von Anderen vollzogen. Dabei laden sich die Vorstellungen von Selbst- und Anderssein mit asymmetrischen Wertungen auf, die einen konfliktgeladenen ›clash of civilizations‹ hervorrufen. Die Logik ethnozentrischer Identitätsbildung stellt sich geradezu naturwüchsig ein, wenn es um die kulturellen Praktiken geht, in denen sich Selbstsein des Eigenen durch Differenz zum Anderssein der Anderen konstituiert.[11]

Es bedarf einer historischen Anthropologie der menschlichen Identitätsbildung, um die Stärke des Ethnozentrismus im Leben der Kulturen und die Chancen seiner Überwindung zugunsten einer Kultur abschätzen zu können, in der Differenz weniger als ein Schrecken fürs Eigene, sondern eher als eine Herausforderung der Selbstgewinnung erfahren und gedeutet wird. Empathie, Perspektivenübernahme, kritische Reflexion identitätsfundierender Wertsysteme, Relativierung des eigenen Wertsystems und andere Modi der Anerkennung müssen vor dem Hintergrund anthropologisch tief verwurzelter Tendenzen des Selbstgewinns durch Exklusion und auf Kosten der Anderen erörtert werden. Ihre Erfolgschancen in Gesellschaft und Politik könnten realistisch und kritisch abgeschätzt werden. Ohne eine kulturwissenschaftliche Aufbereitung entsprechender historischer Erfahrungen und Entwicklungen bleiben die zahlreichen Versuche und Hoffnungen, kulturelle Differenz in integrativen Lebensformen erträglich zu machen, ja sogar als Gewinn von Lebenschancen anzuerkennen, kognitiv blind und normativ schwach.[12]

Umgekehrt bedarf es eines schärferen Blicks auf die kulturellen Elemente menschlicher Gewaltausübung und Destruktivität, um den Herausforderungen der Schreckenserfahrungen des vergangenen Jahrhunderts und der jüngsten Ereignisse religiös inspirierten Terrors gerecht zu werden. Sinn ist nicht eo ipso human, sondern kann im Gegenteil durch eine dehumanisierende Deutung von Anderen und eine apokalyptische Aufheizung von Handlungszielen zur exzessiven Gewaltausübung bis zum Genozid führen. Hier wächst den Kulturwissenschaften eine zentrale Aufgabe zu. Sie sind in den dialektischen Bogen eingespannt, der die menschliche Sinnbildung zwischen Anerkennung und Vernichtung im Verhältnis von Selbst und Anderen situiert. Sie stehen dieser Dialektik nicht bloß äußerlich als einem Forschungsgegenstand gegenüber, sondern ihre Diskurse selber werden von ihr bewegt, und sie haben sich zu ihr zu verhalten: Entweder sind sie ihr blind unterworfen, oder sie greifen sie auf und tragen zu ihrer Lösung, – eben zu einer Kultur der Anerkennung bei.

Unter welchen identitätstheoretischen Prämissen werden kulturelle Phänomene analysiert? Die Wissenschaftstradition ist ethnozentrischen Vorgaben genauso verhaftet wie ihr sozio-politischer Kontext, und ohne kritische Reflexion dieser Prämissen kann sie als Waffe im ›clash of civilizations‹ dienen. Das zeigt nicht zuletzt die weit verbreitete Vernachlässigung nicht-westlicher Kulturen im Erfahrungs- und Deutungshorizont der Humanwissenschaften. Damit geht ein entsprechendes Defizit kulturvergleichender Untersuchungen in den aktuellen Forschungsroutinen einher,[13] – von einer intensiven und bewusst vollzogenen interkulturellen Kommunikation über deren leitende Fragestellungen und Interpretationsrahmen ganz zu schweigen.[14]

---

10 Vgl. Mittelstraß (2002 a, 2002 b); Steenblock (1999).
11 Vgl. Rüsen (2002 a, S. 207 ff.; 2002 b); Müller (2000).
12 Dazu Ackermann/Müller (2002); Renn/Straub/Shimada (2002); Wimmer (1997).
13 Erfreuliche Ausnahmen: Haupt/Kocka (1996); Kocka (2003); Osterhammel (1996, 2001).
14 Eine Art Bestandsaufnahme im historischen Denken versucht Rüsen (1999).

Ohne methodische Einführung eines Kulturverständnisses, das der regulativen Idee wechselseitiger Anerkennung von Differenz verpflichtet ist, erliegen die Kulturwissenschaften (oft ohne es zu wissen), der Traditionsmacht ethnozentrischer Sinnbildung, statt sie in neue Formen von Verständigung hinein aufzubrechen. Nicht selten liegen Spengler'sche Vorstellungen von Kulturen als semantischen Universen den Versuchen zu Kulturvergleichen oder interkultureller Untersuchungen zugrunde. Oder – schlimmer noch – es werden westliche Ausprägungen kultureller Orientierungen unreflektiert als Parameter des Vergleichs oder als Medium interkultureller Verständigung unterstellt. Noch problematischer ist freilich ein erkenntnistheoretisch wenig durchdachter Relativismus von Geltungsansprüchen im anthropologischen Blick auf die Fülle unterschiedlicher kultureller Interpretationsrahmen. Als Schatten eines westlichen Kulturimperialismus kehrt dieser Relativismus ihn nur in sein Gegenteil – ein Anstoß zu, aber noch keine Leistung interkultureller Verständigung. Eine Relativierung von Geltungsansprüchen, die sich mit der Kontextabhängigkeit von Erkenntnis begründet, liefert die Kulturwissenschaften nur hilflos dem Kampf der Kulturen aus und verfehlt die Chance, Machtansprüche durch Wahrheitsverlangen zu bändigen.

Ähnlich ist es mit der Kategorie des Fremden bestellt. In kritischer Wendung gegen die hermeneutische Einvernahme kultureller Differenz in eine gesteigerte Selbstwahrnehmung (Gadamer) wird der Begriff des Fremden ontologisch zum schlechthin Anderen aufgewertet, an dem das je Eigene eine unübersteigbare Grenze findet. Diese Begrenzung soll den Anderen in sein unvordenkliches Anderssein hinein befreien. Die Folgen dieser Befreiung sind freilich prekär: Es fehlen die Gründe dafür, dass das Fremde in dieser Abgeschiedenheit vom Eigenen noch etwas für das eigene Selbst bedeuten soll. In der Erwartung, das Fremde jenseits aller kommunikativen Intersubjektivität als das Andere erst wirklich wahrzunehmen und anzuerkennen, steckt ein Widerspruch. Dessen praktische Auflösung – der Umgang mit inkommensurabler Fremdheit – dürfte wohl der hermeneutischen Selbstbescheidung kulturwissenschaftlicher Erkenntnis kaum entsprechen. Die harmloseste Konsequenz wäre wohl eine Toleranz der Gleichgültigkeit. Eher dürften ethnozentri-

sche Ausgrenzungen mit verhängnisvollen praktischen Auswirkungen nahe liegen.

Letztlich münden diese Probleme in die Schlüsselfrage, mit welchen Sinnpotentialen die Kulturwissenschaften die Orientierungsprobleme der Gegenwart aufgreifen, bearbeiten und mit einiger Aussicht auf Erfolg zu ihrer Lösung beitragen können.

3. Sinnbedarf – die Quellen des kulturwissenschaftlichen Denkens

Schon die Sinnkategorie selber (das Lebenselixier des kulturwissenschaftlichen Denkens) signalisiert ein Problem: Begriffsgeschichtlich stellte sie sich ein, als die traditionellen religionsnahen Sinnpotentiale moderner Gesellschaften ihre Überzeugungskraft verloren.[15] Mit der schwindenden Überzeugungskraft spätidealistischer Weltdeutungen, für die paradigmatisch Max Webers methodologische Schriften stehen mögen, machte der Sinnbegriff Konjunktur. Die Sinnressource Religion wurde unter die Kategorie Kultur vereinnahmend subsumiert und diese selber als Produkt subjektiver Deutungsleistungen verstanden, deren Schwäche auf der Hand lag:[16] Weltlosen Sollensbestimmungen standen sinnlose Wirklichkeitskonzepte gegenüber, und ›Kultur‹ wurde zur schwankenden Brücke über dem gähnenden Abgrund einer dem Rationalismus der modernen Wissenschaftskultur geschuldeten Subjekt-Objekt-Spaltung. Die phänomenologische Beschwörung einer dieser Spaltung noch voraus- und zugrundeliegenden sinnträchtigen Lebenswelt konnte dort nur auf historische Erfahrungen als Sinnquelle verweisen. Selbst wenn diese nicht einfach zur historistischen Heilung von Modernisierungsschäden zur Geltung gebracht wurden,[17] sondern aus ihnen durchaus auch der Funken einer zukunftsfähigen ›Kultursynthese‹ (Troeltsch) geschlagen werden sollte, hat das Odium eines Defizits, eines Verlustes, die Kulturwissenschaften seit der Wende zum 20. Jahrhundert (zumindest in Deutschland)[18] begleitet.

---

15 Vgl. die Befunde von Stückrath (1997).
16 Jaeger (1994).
17 Z. B. Marquard (1986).
18 Das zeigt sehr deutlich ein deutsch-amerikanischer Vergleich bei Jaeger (2001).

Dieser Verlust lässt sich mühelos im jüngsten ›cultural turn‹ der Humanwissenschaften wiederauffinden. Paradigmatisch dafür mag die Zukunftsvergessenheit des *memory*-Diskurses stehen. Dieser Diskurs gab den enttäuschten Fortschrittshoffnungen der westlichen Gesellschaft beredten Ausdruck, verstellte aber in der Rückbesinnung auf die Hoffnungsträchtigkeit kultureller Traditionsbestände zugleich den Blick in die Zukunft. Es ist kein Zufall, dass die wirkungsmächtigen geschichtswissenschaftlichen Arbeiten der neuen Kulturgeschichte sich auf die Frühe Neuzeit als Ursprung der Moderne konzentrieren. Das geschah durchaus in kritischer Wende gegen alle modernisierungstheoretischen Versuche, die Gegenwart in einen zukunftsfähigen historischen Zusammenhang zu rücken. Es dominierte eher eine Verlustperspektive: Der entzaubernden Kraft modernisierender Rationalität, aus der sich auch die Zukunftsperspektive des Fortschritts gespeist hat, wird eine pralle Sinnwelt entgegengesetzt. Sie wird in unterschiedlichen Brechungen zumeist bei den Opfern des Siegeszuges okzidentaler ökonomischer, wissenschaftlicher und politischer Rationalität aufgewiesen, und aus ihrer Perspektive heraus erscheint die Modernisierung als Verlust. Im Modus der Erinnerung wird am Sinn vor seiner Entzauberung trotzig gegen seine Zukunftsunfähigkeit nach seiner Entzauberung festgehalten.

Auch hier stellt Max Weber ein beeindruckendes Beispiel dafür dar, wie eine Verlusterfahrung als geradezu transzendentale Voraussetzung des kulturwissenschaftlichen Fragens nach den Sinnformationen menschlicher Lebenspraxis im Wandel der Zeiten wirkt. Die Austreibung des Sinns aus den sich selbst regulierenden Systemen moderner ökonomischer und bürokratischer Rationalität wendet den Blick zurück auf den Ursprung dieser Systeme. Die Erinnerung daran, dass sie ohne starken religiösen Sinn nie entstanden wären, soll über dessen Verlust hinwegtrösten. Tut sie das wirklich?

Die Kulturwissenschaften selber vollziehen durch und in ihrer fachwissenschaftlichen Verfassung, ihrer ›disziplinären‹ Struktur, diesen Rationalisierungsprozess mit. Sie entzaubern die Sinngebilde der Kultur zu Gegenständen methodisch geregelter Forschung. Dagegen wird dann die Kraft vor- und

außerwissenschaftlicher Erinnerung mobilisiert, die immer noch und weiterhin das Leben der Menschen kulturell orientiert. Reicht aber die Erinnerung aus, um eine tragfähige Zukunftsperspektive moderner Gesellschaften zu entwickeln? Oder kompensiert sie nicht doch bloß deren Verlust?

Es gibt keine zukunftsträchtige kulturelle Orientierung ohne das erinnernde Widerlager lebenskräftig erhaltener Traditionen.[19] Kulturwissenschaftliche Erkenntnis ist ein Medium zur Vermittlung von Traditionen. Allerdings werden sie dabei in kognitive Diskurse verflüssigt. Sie werden kritisch der Erfahrungskontrolle unterworfen und als fungibel, veränderbar und anpassungsfähig an aktuelle Legitimationsbedürfnisse erwiesen. Sie verlieren dabei die Überzeugungskraft zeitüberdauernder Geltung und gehen damit einer starken Sinnqualität der Erinnerung verlustig. Geltungsdauer wird durch Applikationsfähigkeit ersetzt. Die Traditionsbestände der Vergangenheit werden in die Veränderungsdynamik der Gegenwart hinein integriert, ohne dass sie damit schon in den Strudel atemloser Überbietungen der Vergangenheit durch die Zukunft geraten müssten.

Kulturwissenschaftliche Deutungen wirkungsmächtiger Traditionen dienen dieser Applikationsfähigkeit, aber reichen sie aus, um den Wandel selber noch zu deuten, der neue Applikationen verlangt? Können sie den Bedeutungsverlust aufhalten, den die Entzauberungsthese indiziert, oder ihn gar in einen kulturellen Gewinn verkehren, den die Freisetzung von Veränderungspotentialen aus den Grenzen mehr oder weniger geschlossener Sinnwelten erbringt? Wenn man Vielfalt, Divergenz und Verzeitlichung gegenüber Einheit, Kohärenz und Zeitlosigkeit in den kulturellen Prozessen der Sinnbildung als Freiheitschance der sinnbildenden Subjekte ansieht, dann wird man diese Frage bejahen.

Allerdings stehen die historischen Erfahrungen mit dieser Subjektivität und ihrem Autonomieanspruch auch für das Gegenteil: Dieser Anspruch hat sich immer mit einem entfesselten Willen zur Macht, zur Verfügungsgewalt über Welt und Mensch, verbunden. In dieser Verbindung verkehrt sich subjektive Freiheit in Zwangsgebilde unerhörter Macht, die die befreiende Menschheitsqualität selbstverantworteten Denkens im Kern zerstört. Autonome Subjektivität, »daß wir Kulturmenschen

---

19 Vgl. dazu Assmann (1999).

sind, begabt mit der Fähigkeit und dem Willen, bewußt zur Welt Stellung zu nehmen und ihr einen Sinn zu verleihen«,[20] konnte den Sinn nicht stiften, der den ungeheuren Zuwachs an Zweckrationalität in der Welt- und Selbstbemächtigung des modernen Menschen gebändigt, d.h. in humane Lebensformen kanalisiert hätte.

Gerade dort, wo emphatisch Zukunft entworfen und mit dem Sinnpotential utopischer Weltverbesserung aufgeladen wurde, vernichtete die diesem Sinn geschuldete Praxis dessen Überzeugungskraft. Die modernisierende Entfesselung zweckrationaler Machtverfügung des Menschen hat Schreckenserfahrungen gezeitigt, denen gegenüber das Sinnpotential moderner Gesellschaften selber in radikalen Zweifel geraten ist. Paradigmatisch für dieses Ende des Gestaltungswillens aus dem Pathos machbarer Sinnerfüllung steht der »Zivilisationsbruch« des Holocaust.[21] Ihm zur Seite stehen nicht wenige Schreckenserfahrungen, die aus der Selbstermächtigung des Menschen zur grenzenlosen Verfügung über Welt und Natur herrühren: das Verenden der Geschichtsteleologie im Gulag, der Wahnsinn einer technischen Verfügbarkeit über den Menschen und seine Lebensumstände im ›Großen Sprung nach Vorne‹ des kommunistischen China und in den Killing Fields Kambodschas und ähnliche Verkehrungen von Menschheitshoffnungen in nackte Barbarei.

»Zivilisationsbruch« heißt, dass die kulturellen Sinnpotentiale moderner Gesellschaften, und damit natürlich auch diejenigen der Kulturwissenschaften, einer Dialektik der Selbstzerstörung anheim gefallen sind. Und doch müssen diese Erfahrungen, muss diese Dialektik selber noch kulturwissenschaftlich eingeholt und sinnbildend bearbeitet werden.

Wie ist das möglich? Die Kulturwissenschaften haben sich dieser Aufgabe auf doppelte Weise gestellt: Durch eine radikale Selbstkritik der Moderne und durch eine Überschreitung des historischen Horizontes ihrer Selbstwahrnehmung und Selbstdeutung durch Anthropologisierung. Das erste hat in den Diskurs der Postmoderne geführt. Er hat die innere Selbstgewissheit und Stringenz der okzidentalen Rationalität aufgelöst und ein Problembewusstsein generiert, das Differenz, Heterogenität und Fremdheit als wesentliche Elemente kultureller Sinnbildung einsehbar gemacht hat. Offen ist dabei

geblieben, welche Geltungsansprüche sich noch quer durch diese neue Divergenz hindurch erheben lassen. Eher wurden relativistische Konsequenzen durch die kritische Auflösung universalistischer Rationalitätskonzepte nahegelegt.

Ist die methodische Rationalität wissenschaftlichen Denkens selber der Dialektik der Rationalisierung anheim gefallen, die die Selbstkritik der Moderne aufgedeckt hat? Können die Kulturwissenschaften dieser Dialektik entgehen?

Mit ihrer neuen Emphase für Kultur versuchen sie die Sinnrationalität gegenüber der Zweck- oder instrumentellen Rationalität aufzuwerten, und dabei überschreiten sie den historischen Horizont, innerhalb dessen bislang die Zweckrationalität sinnrational gesteuert wurde. Durch *Anthropologisierung* weitet sich der Blick auf die sinnbildenden Leistungen der menschlichen Kultur. Das Verdrängte und Marginalisierte gewinnt den Reiz des Alternativen, mit dem sich Hoffnungen auf neuen Sinn aufladen. Damit mögen sich freilich nur Kompensationserscheinungen wiederholen, die die Entzauberungsprozesse der Moderne immer wieder ausgelöst haben, – zugleich aber können auch Tiefenschichten in der kulturellen Orientierung der menschlichen Lebenspraxis freigelegt werden, in denen die Widerstandskraft des menschlichen Geistes gegenüber seiner Selbstzerstörung durch Weltbemächtigung wurzelt.

Mit ihrer Anthropologisierung verlegen die Kulturwissenschaften die geschichtsträchtige Zeitlichkeit menschlicher Lebensverhältnisse in die Tiefe der Gattung selber. Die alte Einsicht des Historismus, dass Geschichte die (kulturelle) Gattungsnatur des Menschen ausmacht, wird über allen Ethnozentrismus hinweg empirisch eingeholt. Damit stellen sich aber zwei Probleme ein, die das Verhältnis von Anthropologie und Geschichte betreffen. Einmal droht die Differenz menschlicher Zeitlichkeit zu verschwimmen, die die disziplinäre Unterscheidung zwischen Anthropologie und Geschichtswissenschaft mehr vorausgesetzt als schon hinreichend zum Ausdruck gebracht oder gar reflektiert hatte. Nicht jede Zeitlichkeit menschlicher Lebensführung

20 Weber (1968, S. 180).
21 Diner (1993).

hat schon eo ipso die Dynamik, die die Kategorie des Historischen seit dem Ende des 18. Jahrhunderts zum Ausdruck gebracht hatte und deren empirische Triftigkeit im Zeitalter der Globalisierung unbestreitbar ist. Es bedarf einer neuen starken Binnendifferenzierung von Zeitlichkeit, um die Verschiedenheit der Zeit im Leben der Menschen und damit auch Modi menschlicher Geschichtlichkeit zur Geltung zu bringen und nicht im Einheitsbrei eines anthropologisierten Zeitbegriffs verschwinden zu lassen.

Damit ist aufs engste ein zweites Problem verbunden: Geschichte als narrativ verfasste Wissensform menschlicher Zeitlichkeit hat (zumindest im Sinnhorizont modernen Geschichtsdenkens) eine Gerichtetheit der Veränderung, die Zukunft als eine vergangenheitsüberhobene und handlungsstimulierende Perspektive eröffnet. Mit ihrer Anthropologisierung droht der Historie die Einsicht in diese Gerichtetheit und der von ihr ausgehenden Konsequenzen für die menschliche Handlungsorientierung verloren zu gehen. Die traditionellen Teleologien großkultureller Meistererzählungen haben der Anthropologisierung des Historischen nicht standhalten können. Das kann durchaus als Gewinn an interkultureller Kommunizierbarkeit historischer Erfahrungen angesehen werden, aber wie nun statt dessen die Irreversibilität zeitlicher Veränderung als Grunderfahrung der Historisierung mit diesem Gewinn sinnträchtig gedacht werden kann, ist eine ungelöste Frage.

»Erinnerung« ist eine anthropologische Universalie menschlicher Sinnkompetenz. In ihr gründet ein Zeitverständnis, in dem jedes Geschehene zukunftsfähig gehalten oder gemacht wird. In ihr manifestiert sich ein innerer Sinn des menschlichen Geistes, mit dem er die Härte der lebensbedrückenden Erfahrung in die Erwartung einer befreienden Zukunft übersetzt. Diese Überbietungstendenz des Sinns über das je Gegebene in der Zeitform des menschlichen Lebens ist ebenfalls anthropologisch universell. Sie ist freilich dem Utopieverdacht unterworfen und im Rahmen kulturwissenschaftlicher Erkenntnis weitgehend stillgestellt. Sie ist der Kritik

an utopischen Entwürfen der Weltverbesserung zum Opfer gefallen, die der Logik technischer Machbarkeit folgten. Freilich übersah diese Kritik, dass die Machbarkeitsvorstellung, die die Utopien der Neuzeit begleitet hatte, gerade das Spezifikum des Utopischen negiert, dass es nämlich über alles örtlich und zeitlich Gegebene und Positivierbare hinaus ist.

Die Sinnquelle für eine aus solchen Restriktionen und Verkehrungen befreiten Überschwänglichkeit menschlicher Weltdeutung und Handlungsorientierung verdiente eine neue intellektuelle Aufmerksamkeit.[22] Können die Kulturwissenschaften mit ihr dem Wiederholungszwang der zerstörerischen Dialektik der Rationalisierung entgehen? Das könnte wohl nur dann gelingen, wenn der Erfahrungsdruck der zerbrechenden Zivilisation stark genug ist und der Blick auf elementare Leidens- und Verlusterfahrungen im Grunde der Kultur selber freigelegt würde. Erst dann erschlössen sich die Kräfte der Kultur, mit denen Sinnverluste bewältigt und handlungsstimulierende und lebensdienliche Orientierungen ermöglicht werden.

Unvordenkliches und unbegriffenes Leiden als elementare Sinnlosigkeitserfahrung konstituiert in letzter Instanz die Anstrengung und die Leistung kultureller Sinnbildung. Der Sinnverlust in und durch kulturwissenschaftliches Denken indiziert eine grundsätzliche Leidensvergessenheit. Deren Überwindung kann Sinnpotentiale mobilisieren, die das disziplinierte Denken der Wissenschaften vom Menschen und seiner Welt bisher verschmäht hatte. Eines davon wäre die Trauer;[23] andere könnten erschlossen werden, wenn den Spuren des Leidens entschieden genug in den historischen Zügen und in den gegenwärtigen Prozessen der Kultur nachgegangen würde.

Leiden gebiert Sinn, und so lange der Versuch menschlicher Sinnbildung, dem Leiden gewachsen zu sein und über es hinaus zu gelangen, die Spuren des Gebändigten und vielleicht Überwundenen an sich trägt, bleibt dieser Sinn lebendig. Er nimmt mit diesen Spuren die Sinnlosigkeit mit sich, der er sich verdankt und stellt sich damit als Direktive auf Dauer, dass Leiden nicht sein soll.

Es ist diese Direktive, die der Kultur in ihren gelungensten Deutungsleistungen das Signum des Humanen gibt. Es vermittelt zwischen Leid und Glück, zwischen dem dauernden Druck von Sinn-

---

22 Dazu demnächst: Rüsen/Fehr (2004).
23 Vgl. Liebsch/Rüsen (2001).

losigkeitserfahrung, die die Kultur zu immer neuen Deutungsleistungen herausfordert, und zwischen der dauernden Überschwänglichkeit einer Sinnerwartung, in der sich alle kulturellen Deutungsleistungen erfüllen und die doch immer wieder enttäuscht wird.

Genau in dem Maße also, in dem die Kulturwissenschaften denkend und erkennend den Spuren des Leidens in den Deutungen der Kulturen nachgehen, können sie Sinnlosigkeit selber in die Sinnhaftigkeit ihrer Erkenntnisse integrieren und den Wiederholungszwang unbegriffenen Leidens aufbrechen. Zugleich damit können sie aber auch die Transzendierung von Deutung über das Gegebene hinaus erkennend mitvollziehen und dem Zwang entrinnen, der dem Sinn der Kultur das Versprechen des Anderen und Besseren abverlangt.

Literatur

ACKERMANN, ANDREAS / MÜLLER, KLAUS E. (Hg.) (2002), *Patchwork: Dimensionen multikultureller Gesellschaften. Geschichte, Problematik und Chancen*, Bielefeld: transcript. ■ ASSMANN, ALEIDA (1999), *Zeit und Tradition. Kulturelle Strategien der Dauer (Beiträge zur Geschichtskultur*, Bd. 15), Köln: Böhlau. ■ BÖHME, HARTMUT / MATUSSEK, PETER / MÜLLER, LOTHAR (2000), *Orientierung Kulturwissenschaft. Was sie kann, was sie will*, Reinbek: Rowohlt. ■ BRONFEN, ELISABETH / ERDLE, BIRGIT R. / WEIGEL, SIGRID (Hg.) (1999), *Trauma. Zwischen Psychoanalyse und kulturellem Deutungsmuster*, Köln: Böhlau. ■ CARUTH, CATHY (1996), *Unclaimed experience. Trauma, narrative and history*, Baltimore: The John's Hopkins University Press. ■ DANIEL, UTE (1993), »‹Kultur› und ›Gesellschaft‹. Überlegungen zum Gegenstandsbereich der Sozialgeschichte«, in: *Geschichte und Gesellschaft*, 19, S. 69–99. ■ DINER, DAN (1993), »Zwischen Aporie und Apologie. Über Grenzen der Historisierbarkeit des Nationalsozialismus«, in: Diner, Dan (Hg.), *Ist der Nationalsozialismus Geschichte? Zu Historisierung und Historikerstreit*, Frankfurt/M.: Fischer, S. 62–73. ■ DROYSEN, JOHANN GUSTAV (1886²), *Vorlesungen über das Zeitalter der Freiheitskriege*, Gotha: Perthes. ■ DROYSEN, JOHANN GUSTAV (1960⁴), *Historik. Vorlesungen über Enzyklopädie und Methodologie der Geschichte*, hg. von Hübner, Rudolf, Darmstadt: Wissenschaftliche Buchgesellschaft. ■ HAUPT, HEINZ-GERHARD / KOCKA, JÜRGEN (Hg.) (1996), *Geschichte und Vergleich. Ansätze und Ergebnisse international vergleichender Geschichtsschreibung*, Frankfurt/M.: Campus. ■ JAEGER, FRIEDRICH (1994), *Bürgerliche Modernisierungskrise und historische Sinnbildung. Kulturgeschichte bei Droysen, Burckhardt und Max Weber*, (Bürgertum. Beiträge zur europäischen Gesellschaftsgeschichte, Bd. 5), Göttingen: Vandenhoeck & Ruprecht. ■ JAEGER, FRIEDRICH (2001), »Traditionen der Kulturwissenschaften im deutsch-amerikanischen Vergleich«, in: Jaeger, Friedrich (Hg.), *Kulturwissenschaftliche Perspektiven in der Nordamerika-Forschung*, Tübingen: Stauffenburg, S. 209–238. ■ KOCKA, JÜRGEN (2000), »Historische Sozialwissenschaft heute«, in: Nolte, Paul u.a. (Hg.), *Perspektiven der Gesellschaftsgeschichte*, München: C. H.Beck, S. 5–24. ■ KOCKA, JÜRGEN (2003), »Comparison and beyond«, in: *History and Theory*, 42, S. 39–44. ■ LIEBSCH, BURKHARD (1999), *Moralische Spielräume. Menschheit und Andersheit, Zugehörigkeit und Identität*, (Essener Kulturwissenschaftliche Vorträge, Bd. 5), Göttingen: Wallstein. ■ LIEBSCH, BURKHARD / RÜSEN, JÖRN (Hg.) (2001), *Trauer und Geschichte*, (Beiträge zur Geschichtskultur, Bd. 22), Köln: Böhlau. ■ MARQUARD, ODO (1986), »Über die Unvermeidlichkeit der Geisteswissenschaften«, in: Marquard, Odo, *Apologie des Zufälligen. Philosophische Studien*, Stuttgart: Reclam, S. 98–116. ■ MITTELSTRASS, JÜRGEN (2002 a), »Bildung und ethische Maße«, in: Killius, Nelson / Kluge, Jürgen / Reisch, Linda (Hg.): *Die Zukunft der Bildung*, Frankfurt/M.: Suhrkamp, S. 151–170. ■ MITTELSTRASS, JÜRGEN (2002 b), »Welches Bildungsideal braucht eine offene Wissensgesellschaft?«, in: *Universitas*, 57, Nr. 678, S. 1263–1271. ■ MÜLLER, KLAUS E. (2000), »Ethnicity, Ethnozentrismus und Essentialismus«, in: Eßbach, Wolfgang (Hg.), *Wir – Ihr – Sie. Identität und Alterität in Theorie und Methode*, Würzburg: Ergon, S. 317–343. ■ OSTERHAMMEL, JÜRGEN (1996), »Sozialgeschichte im Zivilisationsvergleich. Zu künftigen Möglichkeiten komparativer Geschichtswissenschaft«, in: *Geschichte und Gesellschaft*, 22, S. 143–164. ■ OSTERHAMMEL, JÜRGEN (2001), *Geschichtswissenschaft jenseits des Nationalstaats. Studien zu Beziehungsgeschichte und Zivilisationsvergleich*, Göttingen: Vandenhoeck & Ruprecht. ■ RENN, JOACHIM / STRAUB, JÜRGEN / SHIMADA, SHINGO (Hg.) (2002), *Übersetzung als Medium des Kulturverstehens und sozialer Integration*, Frankfurt/M.: Campus. ■ RÜSEN, JÖRN / STRAUB, JÜRGEN (Hg.) (1998), *Die dunkle Spur der Vergangenheit. Psychoanalytische Zugänge zum Geschichtsbewusstsein*, (Erinnerung, Geschichte, Identität, Bd. 2). Frankfurt/M.: Suhrkamp. ■ RÜSEN, JÖRN (Hg.) (1999), *Westliches Geschichtsdenken. Eine interkulturelle Debatte*, Göttingen: Vandenhoeck & Ruprecht. ■ RÜSEN, JÖRN (2002 a), *Geschichte im Kulturprozeß*, Köln: Böhlau. ■ RÜSEN, JÖRN (2002 b), »Comparing Cultures in Intercultural Communication«, in: Fuchs, Eckhardt / Stuchtey, Benedikt (Hg.), *Across Cultural Borders: Historiography in Global Perspective*, Lanham/Maryland: Rowman & Littlefield, S. 335–347. ■ RÜSEN, JÖRN / FEHR, MICHAEL (Hg.) (2004), *Die Unruhe der Kultur. Potentiale des Utopischen*, Weilerswist: Velbrück. ■ SCHLEIER, HANS (2000), *Historisches Denken in der Krise der Kultur. Fachhistorie, Kulturgeschichte und Anfänge der Kulturwissenschaften in Deutschland*, (Essener kulturwissenschaftliche Vorträge, Bd. 7), Göttingen: Wallstein. ■ STEENBLOCK, VOLKER (1999), *Theorie der kulturellen Bildung. Zur Philosophie und Didaktik der Geisteswissenschaften*, München: Finck. ■ STRAUB, JÜRGEN (1999), *Verstehen, Kritik, Anerkennung. Das Eigene und das Fremde in der Erkenntnisbildung interpretativer Wissenschaften*, (Essener kulturwissenschaftliche Vorträge, Bd. 4), Göttingen: Wallstein. ■ STÜCKRATH, JÖRN (1997), »›Der Sinn der Geschichte‹. Eine moderne Wortverbindung und Vorstellung?«, in: Müller, Klaus E. / Rüsen, Jörn (Hg.), *Historische Sinnbildung – Problemstellungen, Zeitkonzepte, Wahrnehmungshorizonte, Darstellungsstrategien*, Reinbek: Rowohlt, S. 48–78. ■ WEBER, MAX (1968³), »Die ›Objektivität‹ sozialwissenschaftlicher und sozialpolitischer Erkenntnis«, in: Weber, Max, *Gesammelte Aufsätze zur Wissenschaftslehre*, hg. von Winckelmann, Johannes, Tübingen: Mohr/Siebeck, S. 146–214. ▪ Weber, Max (1994), *Wissenschaft als Beruf 1917/1919 – Politik als Beruf 1919*, (Studienausgabe der Max-Weber-Gesamtausgabe, Bd. I/17),Tübingen: Mohr/Siebeck. ▪ Wehler, Hans-Ulrich (1998), *Die Herausforderung der Kulturgeschichte*, München: C. H.Beck. ▪ Wehler, Hans-Ulrich (2001), *Historisches Denken am Ende des 20. Jahrhunderts. 1945–2000*, (Essener kulturwissenschaftliche Vorträge, Bd. 11), Göttingen: Wallstein. ▪ Wimmer, Andreas (1997), »Die Pragmatik der kulturellen Produktion. Anmerkungen zur Ethnozentrismusproblematik aus ethnologischer Sicht«, in: Brocker, Manfred / Nau, Heino-Heinrich (Hg.), *Ethnozentrismus. Möglichkeiten und Grenzen des interkulturellen Dialogs*, Darmstadt: WBG, S. 120–140.

Autorinnen und Autoren

Andreas Ackermann, Lehrbeauftragter am Institut für Historische Ethnologie, Universität Frankfurt am Main. *Arbeitsschwerpunkte*: Ethnologie der Migration, des Multikulturalismus und der Diaspora. *Ausgewählte Veröffentlichungen*: Yeziden in Deutschland: Von der Minderheit zur Diaspora, in: Paideuma, 2003, 49, S. 157–177; (Mithg.) Patchwork: Dimensionen multikultureller Gesellschaften. Geschichte, Problematik und Chancen, Bielefeld 2002; Das virtuelle Universum der Identität. Überlegungen zu einer Ethnographie des Cyberspace, in: Schomburg-Scherff, Sylvia / Heintze, Beatrix (Hg.), Die offenen Grenzen der Ethnologie. Schlaglichter auf ein sich wandelndes Fach, Frankfurt/M. 2000, S. 276–290; Ethnologische Migrationsforschung – ein Überblick, in: Kea. Zeitschrift für Kulturwissenschaften, 1997, 10, S. 1–28; Ethnic Identity by Design or by Default? A Comparative Study of Multiculturalism in Singapore and Frankfurt am Main, Frankfurt/M. 1997. *(Beitrag 12.9).*

Ulrich Beck, Professor für Soziologie an der Universität München und an der London School of Economics und Political Science. *Ausgewählte Veröffentlichungen*: Macht und Gegenmacht im globalen Zeitalter. Neue weltpolitische Ökonomie, Frankfurt/M. 2002. *(Beitrag 15.8).*

Franz-Josef Brüggemeier, Dr. phil. und Dr. med., Professor für Wirtschafts- und Sozialgeschichte an der Universität Freiburg. *Arbeitsschwerpunkte*: Sozial- und Wirtschaftsgeschichte des 19. und 20. Jahrhunderts, in den letzten Jahren mit Schwerpunkt auf der Umweltgeschichte; Geschichte der Medizin und des modernen Sports. *Ausgewählte Veröffentlichungen*: (Mitautor) Blauer Himmel über der Ruhr. Geschichte der Umwelt im Ruhrgebiet 1840–1990, Essen 1992; Das unendliche Meer der Lüfte. Luftverschmutzung, Industrialisierung und Risikodebatten im 19. Jahrhundert, Essen 1996; Tschernobyl, 26. April 1986. Die ökologische Herausforderung, München 1998; (Mithg.) Die Welt im Jahr 1000, Freiburg 2000; (Mithg.) Der Ball ist rund. Die Fußballausstellung, Essen 2000. – Mitglied der Lenkungsgruppe großer historischer Ausstellungen, darunter: Feuer und Flamme. 200 Jahre Ruhrgebiet (Gasometer Oberhausen 1994/1995); mittendrin. Sachsen-Anhalt in der Geschichte (Kraftwerk Vockerode 1998); Der Ball ist rund. Die Fußballausstellung (Gasometer Oberhausen 2000). *(Beitrag 12.5).*

Hauke Brunkhorst, Professor für Soziologie an der Universität Flensburg; Juni 1985 Visiting Professor am Institute for Advanced Studies Wien; April 1995 bis Dezember 1996 Fellow am Kulturwissenschaftlichen Institut Essen; November bis Dezember 1997 Visiting Professor am Institute for Cultural Studies, University of Aarhus, Dänemark. *Ausgewählte Veröffentlichungen*: Solidarität. Von der Bürgerfreundschaft zur globalen Rechtsgenossenschaft, Frankfurt/M. 2002; Einführung in die Geschichte politischer Ideen, München 2000; Hannah Arendt, München 1999; Adorno and Critical Theory, Cardiff 1999; Solidarität unter Fremden, Frankfurt/M. 1997; Demokratie und Differenz, Frankfurt/M. 1994; (Mithg.) Globalisierung und Demokratie, Frankfurt/M. 2000; (Mithg.) Das Recht der Republik, Frankfurt/M. 1999; (Mithg.) Recht auf Menschenrechte, Frankfurt/M. 1999; (Hg.) Demokratischer Experimentalismus, Frankfurt/M. 1998; (Hg.) Einmischung erwünscht? Menschenrechte und bewaffnete Intervention, Frankfurt/M. 1998; (Mithg.) Gemeinschaft und Gerechtigkeit, Frankfurt/M. 1993. *(Beitrag 15.6).*

Christine Chwaszcza, Privatdozentin am Philosophischen Seminar der Universität Kiel. *Arbeitsschwerpunkte*: Politische Philosophie; Handlungs- und Rationalitätstheorie; Metaethik. *Ausgewählte Veröffentlichungen*: (Mithg.) Politische Philosophie der Internationalen Beziehungen, Frankfurt/M. 1998; Praktische Gründe. Vorarbeiten zu einer ethischen Anthropologie, i.E. *(Beitrag 15.4).*

Mario Erdheim, Johann-Wolfgang-Goethe Universität, Institut für Sozialpsychologie. *Arbeitsgebiete*: Psychoanalytische Kulturtheorie; Adoleszenz und Kulturwandel. *Ausgewählte Veröffentlichungen*: Die gesellschaftliche Produktion von Unbewusstheit. Eine Einführung in den ethnopsychoanalytischen Prozess, Frankfurt/M. 1982; Psychoanalyse und Unbewusstheit in der Kultur. Aufsätze zur Ethnopsychoanalyse, Frankfurt/M. 1988; Psychoanalyse, Adoleszenz und Nachträglichkeit, in: Psyche, 47: Psychoanalyse und Nachträglichkeit, Stuttgart 1993, S. 934–950; Freuds Erkundungen an den Grenzen zwischen Theorie und Wahn. Einleitung zu: Freud, Sigmund, Zwei Fallberichte, Frankfurt/M. 1997, S. 7–95. *(Beitrag 12.7)*.

Egon Flaig, Professor für Alte Geschichte an der Universität Greifswald; Träger des Hans Reimer Preises der Aby-Warburg-Stiftung (1997); Fellow am Wissenschaftskolleg zu Berlin (2003/04). *Arbeitsschwerpunkte*: Normenkonstitution (v.a. Hellas); Entscheidungsverfahren (v.a. Hellas); politische Dimension von Ritualen (v.a. Rom); Felder und Regeln von Kommunikation und Interaktion (v.a. Rom); antike Memorialpraktiken; Geschichtstheorie; Historiographiegeschichte. *Ausgewählte Veröffentlichungen*: Angeschaute Geschichte. Zu Jacob Burckhardts »Griechische Kulturgeschichte«, Rheinfelden 1987; Den Kaiser herausfordern. Die Usurpation im Römischen Reich, Frankfurt/New York 1992; Ehre gegen Gerechtigkeit. Adelsethos und Gemeinschaftsdenken in Hellas, in: Assmann, Jan u. a. (Hg.), Gerechtigkeit. Richten und Retten in der abendländischen Tradition und ihren altorientalischen Ursprüngen, München 1998; Ödipus. Tragischer Vatermord im klassischen Athen, München 1998; Soziale Bedingungen des kulturellen Vergessens, in: Vorträge aus dem Warburg-Haus Bd. 3, 1999; Ritualisierte Politik. Zeichen, Gesten und Herrschaft im Alten Rom, Göttingen 2003. *(Beitrag 14.5)*.

Christian Geulen, Juniorprofessor für Neuere und Neueste Geschichte und ihre Didaktik an der Universität Koblenz-Landau. *Arbeitsschwerpunkte*: Historische Nationalismus- und Rassismusforschung; moderne deutsche Kultur- und Sozialgeschichte; vergleichende politische Ideengeschichte und Geschichtstheorie. *Ausgewählte Veröffentlichungen*:

Wahlverwandte: Rassendiskurs und Nationalismus im späten 19. Jahrhundert, Hamburg 2004; (Mithg.), Vom Sinn der Feindschaft, Berlin 2002. *(Beitrag 15.3)*.

Burkhard Gladigow, Professor für Allgemeine Religionswissenschaft und Klassische Philologie an der Universität Tübingen, Seminar für Religionswissenschaft; Wissenschaftlicher Beirat am Zentrum für Interdisziplinäre Forschung (Bielefeld); Fellow am Kulturwissenschaftlichen Institut (Essen). *Arbeitsschwerpunkte*: Antike und Europäische Religionsgeschichte; Religionsgeschichte naturwissenschaftlicher Entwicklungen; Wissenschaftsgeschichte; Systematische Religionswissenschaft. *Ausgewählte Veröffentlichungen*: (Mithg.) Handbuch religionswissenschaftlicher Grundbegriffe, Stuttgart 1988 ff.; (Mithg.) Die Religionen der Menschheit, Stuttgart 1973 ff.; (Mithg.) Text und Kommentar, München 1995; Welche Welt passt zu welchen Religionen? Zur Konkurrenz von ›religiösen Weltbildern‹ und ›säkularen Religionen‹‹, in: Zeller, Dieter (Hg.), Religion im Wandel der Kosmologien, Frankfurt/M. 1999, S. 13–31; Polytheismus, in: Kippenberg, Hans G./Riesebrodt, Martin (Hg.), Max Webers ›Religionssystematik‹, Tübingen 2001, S. 131–150. *(Beitrag 12.2)*.

Manfred Hettling, Professor für Neuere und Neueste Geschichte; Martin-Luther-Universität Halle-Wittenberg, Institut für Geschichte. *Arbeitsschwerpunkte*: Sozial-, Politik- und Kulturgeschichte; Theorie der Geschichte. *Ausgewählte Veröffentlichungen*: Totenkult statt Revolution. 1848 und seine Opfer, Frankfurt/M. 1998; Politische Bürgerlichkeit. Der Bürger zwischen Individualität und Vergesellschaftung in Deutschland und der Schweiz 1860 bis 1918, Göttingen 1999; (Mithg.) Bürgerliche Feste. Symbolische Formen politischen Handelns im 19. Jahrhundert, Göttingen 1993; (Mithg.) Nation und Gesellschaft in Deutschland, München 1996; (Mithg.) Der Bürgerliche Wertehimmel, Göttingen 2000; (Mithg.) Struktur und Ereignis in der Geschichtswissenschaft, Göttingen 2001; (Mithg.) In Breslau zu Hause? Juden in einer mitteleuropäischen Metropole der Neuzeit, Hamburg 2003; (Hg.) Volksgeschichten im Europa der Zwischenkriegszeit, Göttingen 2003. *(Beitrag 14.1)*.

Friedrich Jaeger, Privatdozent für Neuere Geschichte an der Universität Bielefeld und Mitarbeiter des Kulturwissenschaftlichen Instituts in Essen. *Arbeitsschwerpunkte*: Amerikanische Geschichte des 18.–20. Jahrhunderts; Kommunikations- und Mediengeschichte der Neuzeit; Geschichte der Geschichtswissenschaft und Geschichtstheorie. *Ausgewählte Veröffentlichungen*: (Mitautor) Geschichte des Historismus, München 1992; Bürgerliche Modernisierungskrise und historische Sinnbildung, Göttingen 1994; Amerikanischer Liberalismus und zivile Gesellschaft, Göttingen 2001; Religionsphilosophie im Angesicht der Moderne: Ernst Troeltsch und der amerikanische Pragmatismus (vorauss. 2003).

Peter Janich, Professor für Theoretische Philosophie am Institut für Philosophie der Philipps-Universität Marburg. *Arbeitsschwerpunkte*: Philosophie der Naturwissenschaften, der Mathematik, der Informatik und der Technik; Erkenntnistheorie; Sprachphilosophie; Wahrheitstheorie; Methodischer Konstruktivismus und Kulturalismus. *Ausgewählte Veröffentlichungen*: Die Protophysik der Zeit, Frankfurt/M. 1980 (engl. 1985); Euklids Erbe. Ist der Raum dreidimensional?, München 1989 (engl. 1992); Grenzen der Naturwissenschaft, München 1992 (ital. 1996); Konstruktivismus und Naturerkenntnis, Frankfurt/M. 1996; Was ist Wahrheit?, München 1996, 2000^2 (chines. 2002); Das Maß der Dinge, Frankfurt/M. 1997; Logisch-pragmatische Propädeutik, Weilerswist 2001; (Mithg.) Methodischer Kulturalismus, Frankfurt/M. 1996; (Mithg.) Die Kulturalistische Wende, Frankfurt/M. 1998; (Mithg.) Biodiversität. Wissenschaftliche Grundlagen und gesellschaftliche Relevanz, Berlin/Heidelberg 2002. *(Beitrag 12.11)*.

Wulf Kansteiner, Assistant Professor für deutsche Geschichte und Judaistik an der State University of New York (SUNY) in Binghamton. *Arbeitsschwerpunkte*: Forschungen in den Bereichen Mediengeschichte, Geschichtstheorie und Geschichtskultur, insbesondere über die Darstellung und Aufarbeitung der nationalsozialistischen Vergangenheit. *Ausgewählte Veröffentlichungen*: Ein Völkermord ohne Täter: Die Darstellung der ›Endlösung‹ in den Sendungen des Zweiten Deutschen Fernsehens, in: Tel Aviver Jahrbuch für deutsche Geschichte, 2003,

S. 229–262; Finding Meaning in Memory: A Methodological Critique of Collective Memory Studies, in: History and Theory, 2002, 41, S. 179–197; The Rise and Fall of Metaphor: German Historians and the Uniqueness of the Holocaust, in: Rosenbaum, Alan S. (Hg.), Is the Holocaust Unique? Perspectives on Comparative Genocide, Boulder/Colorado 2001^2, S. 221–244. *(Beitrag 12.8)*.

Olaf Karitzki, Universität Witten/Herdecke, wissenschaftlicher Mitarbeiter am Lehrstuhl für Volkswirtschaft und Philosophie. *Arbeitsschwerpunkte*: Politische Ethik; Institutionentheorie; Wirtschafts- und Unternehmensethik; Diversity-Management; Organisations- und Gesellschaftsentwicklung. *Ausgewählte Veröffentlichungen*: Gerechtigkeit und Pluralismus: Eine Weiterentwicklung von John Rawls' »Das Recht der Völker«, vorauss. 2004; (Mitautor) How Can We Act Morally in a Merger Process?, in: Journal of Business Ethics, 2003, 43, S. 137–152. *(Beitrag 13.5)*.

Wolfgang Kersting, Professor für Philosophie und Direktor am Philosophischen Seminar der Universität zu Kiel. *Arbeitsschwerpunkte*: Politische Philosophie und praktische Hermeneutik. *Ausgewählte Veröffentlichungen*: Theorien der sozialen Gerechtigkeit, Stuttgart 2000; Politik und Recht, Weilerswist 2000; Kritik der Gleichheit, Weilerswist 2002. *(Beitrag 13.4)*.

Martina Kessel, Professorin für Neuere Geschichte / Geschlechtergeschichte, Universität Bielefeld. *Arbeitsschwerpunkte*: Kultur- und Geschlechtergeschichte 18.-20. Jahrhundert. *Ausgewählte Veröffentlichungen*: Westeuropa und die deutsche Teilung. Englische und französische Deutschlandpolitik auf den Außenministerkonferenzen 1945–1947, München 1989; Langeweile. Zum Umgang mit Zeit und Gefühlen in Deutschland vom späten 18. bis zum frühen 20. Jahrhundert, Göttingen 2001. *(Beitrag 14.6)*.

Gertrud Koch, Professorin für Filmwissenschaft an der Freien Universität Berlin; Forschungsaufenthalte u. a. am Kulturwissenschaftlichen Institut in Essen und am Getty Research Center in Los Angeles. *Arbeitsschwerpunkte*: Ästhetische Theorie; Film- und Medientheorie. *Ausgewählte Veröffentlichun-*

gen: (Mitautorin) Herbert Marcuse zur Einführung, Hamburg 1987; »Was ich erbeute, sind Bilder«. Zur filmischen Repräsentation der Geschlechterdifferenz, Basel 1989; Die Einstellung ist die Einstellung. Zur visuellen Konstruktion des Judentums, Frankfurt/M. 1992; Siegfried Kracauer zur Einführung, Hamburg 1996; (Hg.) Auge und Affekt. Wahrnehmung und Interaktion, Frankfurt/M. 1995; (Hg.) Bruchlinien – Zur Holocaustforschung, Köln 1999; (Hg.) Kunst als Strafe, München 2003. Mitherausgeberin zahlreicher deutscher und internationaler Zeitschriften. *(Beitrag 13.3)*.

Eva Labouvie, Professorin für Geschichte der Neuzeit (17.-19. Jh.) mit dem Schwerpunkt Geschlechterforschung am Institut für Geschichte der Otto-von-Guericke-Universität Magdeburg. *Arbeitsschwerpunkte*: Kultur-, Sozial-, Frauen- und Geschlechtergeschichte; Religions-, Kriminalitäts-, Wahrnehmungs- und Körpergeschichte; Geschichte der Weltdeutungen und Imaginationen. *Ausgewählte Veröffentlichungen*: Zauberei und Hexenwelt, Frankfurt/M. 1991, 1993; Verbotene Künste, Univ.-Verlag St. Ingbert 1992; Andere Umstände. Eine Kulturgeschichte der Geburt, Köln/Weimar/Wien 1998, 2000; Beistand in Kindsnöten, Frankfurt/New York 1999; Saarländische Geschichte. Ein Quellenlesebuch, Univ.-Verlag St. Ingbert 2001; (Hg.), Frauenleben, Univ.-Verlag St. Ingbert 1993; Ungleiche Paare, München 1997; (Mitautorin) Die Saar. Geschichte eines Flusses, Univ.-Verlag St. Ingbert 1992, 1993. *(Beitrag 12.6)*.

Burkhard Liebsch, seit 1995/6 Privatdozent an der philosophischen Fakultät der Ruhr-Universität Bochum; 1996/7 Gastprofessor für Philosophie an der Universität Ulm; ab 1997 Fellow am Kulturwissenschaftlichen Institut, dort ab 1999 mit Jürgen Straub Leitung der Studiengruppe »Lebensformen im Widerstreit«; derzeit Research Fellow am Forschungsinstitut für Philosophie Hannover. *Arbeitsschwerpunkte*: Philosophie der Geschichte; praktische und Sozial-Philosophie in kulturwissenschaftlicher Perspektive. *Ausgewählte Veröffentlichungen*: Geschichte als Antwort und Versprechen, Freiburg/München 1999; Moralische Spielräume, Göttingen 1999; Zerbrechliche Lebensformen. Widerstreit – Differenz – Gewalt, Berlin 2001; (Hg.) Hermeneutik des Selbst,

Freiburg/München 1999; (Mithg.) Vernunft im Zeichen des Fremden, Frankfurt/M. 2001; (Mithg.) Trauer und Geschichte, Köln 2001; (Mithg.) Vom Sinn der Feindschaft, Berlin 2002; (Mithg.) Gewalt – Verstehen, Berlin 2003. *(Beitrag 15.7)*.

Rolf Lindner, Professor für Europäische Ethnologie an der Humboldt-Universität zu Berlin. *Arbeitsschwerpunkte*: Stadtforschung; Wissenschaftsforschung; Cultural Studies. *Ausgewählte Veröffentlichungen*: Die Entdeckung der Stadtkultur. Soziologie aus der Erfahrung der Reportage, Frankfurt/M. 1990; The Reportage of Urban Culture. Robert Park and the Chicago School, Cambridge 1996; Die Stunde der Cultural Studies, Wien 2000. *(Beitrag 14.7)*.

Klaus Lüderssen, Professor emer. für Strafrecht, Strafprozessrecht, Rechtsphilosophie und Rechtssoziologie an der Universität Frankfurt am Main. *Arbeitsschwerpunkte*: Grundfragen der Kriminalpolitik; wissenschaftstheoretische Probleme strafrechtsgeschichtlicher und rechtsphilosophischer Forschung; Wirtschaftsstrafrecht; Recht und Literatur. *Ausgewählte Veröffentlichungen*: Zum Strafgrund der Teilnahme, Baden-Baden 1967; Erfahrung als Rechtsquelle, Frankfurt/M. 1972; Kriminalpolitik auf verschlungenen Wegen, Frankfurt/M. 1981; Kriminologie, Baden-Baden 1984; Der Staat geht unter, das Unrecht bleibt? Regierungskriminalität in der ehemaligen DDR, Frankfurt/M. 1992; Abschaffen des Strafens, Frankfurt/M. 1995; Genesis und Geltung in der Jurisprudenz, Frankfurt/M. 1996; »Entkriminalisierung« des Wirtschaftsrechts, Baden-Baden 1998; Produktive Spiegelungen. Recht und Kriminalität in der Literatur, Baden-Baden 2002[2]; (Hg.) Aufgeklärte Kriminalpolitik oder Kampf gegen das »Böse« – Ein Gegensatz?, 5 Bde., Baden-Baden 1998. *(Beitrag 15.2)*.

Thomas Mergel, Privatdozent für Neuere und Neueste Geschichte an der Ruhr-Universität Bochum und DAAD-Gastprofessor für Moderne Deutsche und Europäische Geschichte an der Karls-Universität Prag. *Arbeitsschwerpunkte*: Sozialgeschichte des 19. und 20. Jahrhunderts; Kulturgeschichte der Politik; Theorie und Geschichte der Geschichtswissenschaft. *Ausgewählte Veröffentlichungen*: Zwischen Klasse und Konfession. Katholisches Bürgertum im Rheinland

1794–1914, Göttingen 1994; Parlamentarische Kultur in der Weimarer Republik. Politische Kommunikation, symbolische Politik und Öffentlichkeit im Reichstag 1919–1933, Düsseldorf 2001; (Mithg.) Geschichte zwischen Kultur und Gesellschaft. Beiträge zur Theoriedebatte, München 1997; Großbritannien 1945–2000. »Decline« und »Consensus«, vorauss. Göttingen 2004. *(Beitrag 15.1).*

Georg W. Oesterdiekhoff, Dr. soz.wiss. und Dr. phil., Privatdozent für Soziologie an der Universität Karlsruhe. *Arbeitsschwerpunkte:* Makrosoziologie; Soziologische Theorie; sozialer Wandel; Zivilisationstheorie; Historisch-genetisches Theorieprogramm; Wirtschaftssoziologie. *Ausgewählte Veröffentlichungen:* Traditionales Denken und Modernisierung, Opladen 1992; Unternehmerisches Handeln und gesellschaftliche Entwicklung, Opladen 1993; Die Rolle des Bevölkerungswachstums in der sozialökonomischen Entwicklung, Kiel 1993; Kulturelle Bedingungen kognitiver Entwicklung, Frankfurt/M. 1997; Zivilisation und Strukturgenese, Frankfurt/M. 2000; Familie, Wirtschaft und Gesellschaft in Europa, Stuttgart 2002; Der europäische Rationalismus und die Entstehung der Moderne, Stuttgart 2002; (Mitautor) Jugend zwischen Kommerz und Verband, Münster 1999; (Hg.) Lexikon der soziologischen Werke, Opladen 2001; (Mithg.) Schlüsselwerke der Soziologie, Opladen 2001; (Mithg.) Werte und Wertwandel in westlichen Gesellschaften, Opladen 2001; (Mithg.) Die Verbesserung des menschlichen Zusammenlebens, Opladen: 2003. *(Beitrag 14.2).*

Birger P. Priddat, Universität Witten/Herdecke, Wirtschaftsfakultät, Lehrstuhl für Volkswirtschaft und Philosophie. *Arbeitsschwerpunkte:* Institutional economics; Theoriegeschichte der Ökonomik; Political Economy; New Public Governance; Modernisierungstheorien. *Ausgewählte Veröffentlichungen:* Hegel als Ökonom, Berlin 1990; Die andere Ökonomie: Gustav Schmoller, Marburg 1995; Moralischer Konsum, Stuttgart 1998; Arbeit an der Arbeit, Marburg 2000; (Hg.) Der bewegte Staat, Marburg 2000; (Mitautor) Electronic Government, Stuttgart 2001; Le concert universel: Physiokratie, Marburg 2001; Theoriegeschichte der Ökonomie, München 2002; Nachlassende Bildung, Marburg 2002. *(Beitrag 13.5).*

Jürgen Raab, wissenschaftlicher Assistent am Lehrstuhl für Soziologie an der Universität Konstanz; Lehrbeauftragter für Soziologie an der Universität St. Gallen; Studium an der Freien Universität Berlin und an der Universität Konstanz; Promotion 1999 (Universität Konstanz). *Arbeitsschwerpunkte:* Wissenssoziologie; Kultursoziologie; Visuelle Soziologie. *Ausgewählte Veröffentlichungen:* Soziologie des Geruchs. Über die soziale Konstruktion olfaktorischer Wahrnehmung, Konstanz 2001. *(Beitrag 14.4).*

Andreas Reckwitz, Dr. phil., Universität Hamburg, Institut für Soziologie. *Arbeitsschwerpunkte:* Kulturwissenschaftliche Sozialtheorie; Theorie der Moderne. *Ausgewählte Veröffentlichungen:* Struktur. Zur sozialwissenschaftlichen Analyse von Regeln und Regelmäßigkeiten, Opladen 1997; Die Transformation der Kulturtheorien. Zur Entwicklung eines Theorieprogramms, Weilerswist 2000. *(Beitrag 12.1).*

Jörn Rüsen, Präsident des Kulturwissenschaftlichen Instituts im Wissenschaftszentrum Nordrhein-Westfalen in Essen und Professor für allgemeine Geschichte und Geschichtskultur an der Universität Witten-Herdecke. *Arbeitsschwerpunkte:* Fragen der Geschichtskultur und der Geschichtsdidaktik, der Menschenrechte und der Sinnbildung im Prozess der Geschichte und Historiographiegeschichte. *Ausgewählte Veröffentlichungen:* Zeit und Sinn. Strategien historischen Denkens, Frankfurt/M. 1990; (Hg.) Geschichtsbewusstsein. Psychologische Grundlagen, Entwicklungskonzepte, empirische Befunde, Köln 2000; Zerbrechende Zeit. Über den Sinn der Geschichte, Köln 2001; Geschichte im Kulturprozess, Köln 2002; Kann gestern besser werden? Essays zum Bedenken der Geschichte, Berlin 2003. *(Beitrag: Ausblick).*

Shingo Shimada, Professor für Kulturvergleichende Soziologie am Institut für Ethnologie, Universität Halle-Wittenberg. *Arbeitsschwerpunkte:* Theorie und Methode des Kulturvergleichs; Kulturtheorie; Wissenssoziologie; empirische Forschungen im europäisch-asiatischen Vergleich. *Ausgewählte Veröffentlichungen:* Grenzgänge – Fremdgänge. Japan und Europa im Kulturvergleich, Frankfurt/New

York 1994; Die Erfindung Japans. Kulturelle Wechselwirkungen und nationale Identitätskonstruktion, Frankfurt/New York 2000; Constructions of Cultural Identity and Problems of Translation, in: Friese, Heidrun (Hg.), Identities, New York/Oxford 2002; Zur Vergleichbarkeit von gesellschaftlichen Zeitlichkeitsregelungen – Bericht über ein empirisches Forschungsprojekt, in: Seifert, Wolfgang / Weber, Claudia (Hg.), Japan im Vergleich, München 2002. *(Beitrag 15.5)*.

Hans-Georg Soeffner, Professor für Allgemeine Soziologie an der Universität Konstanz; Studium an den Universitäten Tübingen, Köln, Bonn; Professuren an der Universität Essen, der FernUniversität in Hagen und an der Universität Potsdam. *Arbeitsschwerpunkte*: Wissenssoziologie; Kultursoziologie; Religionssoziologie; Kommunikationssoziologie; Rechtssoziologie. *Ausgewählte Veröffentlichungen*: Auslegung des Alltags – Der Alltag der Auslegung. Zur wissenssoziologischen Konzeption einer sozialwissenschaftlichen Hermeneutik, Frankfurt/M. 1989; Die Ordnung der Rituale – Die Auslegung des Alltags 2, Frankfurt/M. 1992; Gesellschaft ohne Baldachin. Kultur und Religion in der pluralistischen Gesellschaft, Weilerswist 2000. *(Beitrag 14.4 und 14.8)*.

Ruth Sonderegger, Assistant Professor am Philosophischen Institut der Universiteit van Amsterdam. *Arbeitsschwerpunkte*: Kunst- und Kulturtheorie; Sprachphilosophie; Kritische Theorie. *Ausgewählte Veröffentlichungen*: Für eine Ästhetik des Spiels. Hermeneutik, Dekonstruktion und der Eigensinn der Kunst, Frankfurt/M. 2000; (Mithg.) Falsche Gegensätze. Zeitgenössische Positionen zur Ästhetik, Frankfurt/M. 2002; (Mithg.) Golden Years: Materialien und Dokumente zur queeren Subkultur und Avantgarde zwischen 1959 und 1974, Graz 2003. *(Beitrag 12.4)*.

Nico Stehr, Paul-Lazarsfeld-Professor der Human- und Sozialwissenschaftlichen Fakultät der Universität Wien im akademischen Jahr 2002/2003; Senior Research Fellow am Forschungszentrum Karlsruhe (ITAS) und der GKSS (Institut für Küstenforschung); Mitglied des Kollegiums des Kulturwissenschaftlichen Instituts Essen. *Arbeitsschwerpunkte*:

Die moderne Gesellschaft als Wissensgesellschaft; Ideengeschichte; gesellschaftliche Folgen wissenschaftlicher Erkenntnisse; Wissenspolitik; Interaktion von Klima und Gesellschaft. *Ausgewählte Veröffentlichungen*: Die Zerbrechlichkeit moderner Gesellschaften, Frankfurt/M. 2000; Governing Modern Societies, Toronto 2000; Wissen und Wirtschaften, Frankfurt/M. 2001; Knowledge and Economic Conduct, Toronto 2002; Wissenspolitik, Frankfurt/M. 2003; The Governance of Knowledge, New Brunswick/NJ 2004. *(Beitrag 12.3)*.

Jakob Tanner, Professor für Geschichte der Neuzeit an der Forschungsstelle für Sozial- und Wirtschaftsgeschichte der Universität Zürich. *Arbeitsschwerpunkte*: International vergleichende Wirtschafts- und Finanzgeschichte der Schweiz; Wissenschafts-, Medizin- und Körpergeschichte mit Konvergenz im Feld der Ernährungsgeschichte; Geschichte von Wissensdispositiven; Kulturgeschichte des Sozialen; Historische Anthropologie. (Mit)-Herausgeber verschiedener historischer Zeitschriften (Historische Anthropologie; Zeitschrift für Unternehmensgeschichte; Gesnerus; Food & Foodways). *Ausgewählte Veröffentlichungen*: Fabrikmahlzeit. Ernährungswissenschaft, Industriearbeit und Volksernährung in der Schweiz 1890–1950, Zürich 1999; (Mitautor) Eine kleine Geschichte der Schweiz, Frankfurt/M. 1998; (Mithg.) Geschichte der Konsumgesellschaft. Märkte, Kultur und Identität (15.-20. Jahrhundert), Zürich 1998; (Mithg.), Physiologie und industrielle Gesellschaft. Studien zur Verwissenschaftlichung des Körpers im 19. und 20. Jahrhundert, Frankfurt/M. 1998; (Mithg.) Arbeit im Wandel – Le travail en mutation. Deutung, Organisation und Herrschaft vom Mittelalter bis zur Gegenwart – Interprétation, organisation et pouvoir, du Moyen Age à nos jours, Zürich 1996. *(Beitrag 13.1)*.

Michael Vester, Professor für Politische Soziologie am Institut für Politische Wissenschaft der Universität Hannover. *Arbeitsschwerpunkte*: Politische Soziologie sozialer Strukturen, Mentalitäten, Milieus, Bewegungen und politischer Partizipation. *Ausgewählte Veröffentlichungen*: (Mitautor) Alte Ungleichheiten – Neue Spaltungen, Opladen 1998; (Mitautor) Soziale Milieus im gesellschaftlichen Strukturwandel, Frankfurt/M. 2001; (Mithg.) Soziale Milieus und Kirche, Würzburg 2002. *(Beitrag 14.3).*

Thomas Welskopp, PD Dr., 2003 Fellow am Center for Advanced Study in the Behavioral Sciences, Stanford/Ca.; 2002 Lehrstuhlvertreter am Institut für Wirtschafts- und Sozialgeschichte der Universität Göttingen. *Arbeitsschwerpunkte*: Unternehmensgeschichte; Arbeitergeschichte; Geschichte der politischen Kultur; Theorieprobleme der Geschichtswissenschaft; aktuelles Forschungsprojekt zur National Prohibition in den Vereinigten Staaten, 1919–1933. *Ausgewählte Veröffentlichungen*: Arbeit und Macht im Hüttenwerk. Arbeits- und industrielle Beziehungen in der deutschen und amerikanischen Eisen- und Stahlindustrie von den 1860er bis zu den 1930er Jahren, Bonn 1994; Das Banner der Brüderlichkeit. Die deutsche Sozialdemokratie vom Vormärz bis zum Sozialistengesetz, Bonn 2000. *(Beitrag 13.2).*

Harald Welzer, Professor Dr., Leitung der Forschungsgruppe »Erinnerung und Gedächtnis« am Kulturwissenschaftlichen Institut Essen. *Arbeitsschwerpunkte*: Erinnerungsforschung; Tradierungsforschung; Täterforschung; Methoden der empirischen Sozialforschung. *Ausgewählte Veröffentlichungen*: Das kommunikative Gedächtnis. Eine Theorie der Erinnerung, München 2002; (Mitautor) »Opa war kein Nazi«. Nationalsozialismus und Holocaust im Familiengedächtnis, Frankfurt/M. 2002; (Hg.) Das Soziale Gedächtnis. Geschichte, Erinnerung, Tradierung, Hamburg 2001. *(Beitrag 12.10).*